CHINA COPYRIGHT YEARBOOK

中国版权年鉴

2014

中国版权年鉴编委会 编

中国人民大学出版社
·北京·

2013 年 1 月 31 日，国家版权局与中国文联共同举办“去伪存真——书画作品版权保护研讨会”。

2013 年 2 月 21 日，推进使用正版软件工作部际联席会议第二次全体会议在京召开。

2013 年 3 月 22 日，国家新闻出版广电总局局长、党组副书记，国家版权局局长蔡赴朝（左）与国家新闻出版广电总局（国家版权局）党组书记、副局长蒋建国（右）共同为新匾“国家新闻出版广电总局”、“国家版权局”揭牌。

2013 年 4 月 15 日，国家版权局在安徽省合肥市召开全国版权示范工作经验交流会，会上对全国版权示范工作经验进行了总结、交流，通报了推进版权示范工作的思路和政策取向。

2013 年 4 月 15 日，在全国版权示范工作经验交流会上，国家版权局正式授予江苏省苏州市和昆山市“全国版权示范城市”称号。图为国家新闻出版广电总局副局长、国家版权局副局长阎晓宏（右）为昆山市授牌。

2013 年 4 月 24 日，中央人民广播电台与中国音乐著作权协会举行音乐作品使用报告交接仪式暨新闻发布会。

2013 年 4 月 25 日，北京市使用正版软件工作联席会议办公室召开 2013 年第二期软件正版化服务推介培训工作会。

2013 年 4 月 26 日，江苏省举办“版权保护校园行”活动。图为江苏省副省长曹卫星在活动启动仪式上致辞。

2013 年 4 月 26 日，“软件正版化在中国”展览在京举办。图为国家新闻出版广电总局（国家版权局）党组书记、副局长蒋建国（前排左二）等领导一同参观展览。

2013 年 5 月 21 日，由国家版权局主办、广东省版权局和中国版权保护中心承办的作品登记工作推进会在广州举行。

2013 年 6 月 6 日，由中国出版集团、央视网等 70 余家国内知名机构发起的首都版权联盟正式在京成立。图为首都版权联盟第一次会员大会。

2013 年 6 月 20 日，国家版权局正式批复在青岛开发区设立国家级国际版权交易中心。

2013 年 6 月 28 日，北京国际版权交易中心在北京印刷学院举行了“数字版权保护中心”的签约揭牌仪式。

2013 年 6 月 28 日，国家新闻出版广电总局原副局长邬书林（左三）参加北京地区版权输出统计工作推进会。

2013 年 6 月 28 日，中国代表团在摩洛哥马拉喀什签署《关于为盲人、视力障碍者或其他印刷品阅读障碍者获得已出版作品提供便利的马拉喀什条约》。

2013 年 8 月 23 日，中国摄影著作权协会第二次会员代表大会在京召开，会议选举产生新一届理事会和领导机构。

2013 年 9 月 5 日，第九届中韩著作权研讨会在青岛举行。

2013 年 9 月 15 日，华中国际版权高峰论坛在武汉国际博览中心举办。

2013 年 10 月 11—12 日，推进使用正版软件工作部际联席会议办公室在北京召开 2013 政府机关软件正版化培训会议。

2013 年 10 月 29 日，在 2013 西部影视节目交易会开幕式上，国内首家专业影视版权仲裁机构——西安影视版权仲裁中心正式挂牌。

2013 年 11 月 16 日，中国文字著作权协会第二次全国会员代表大会在京召开，会议选举产生新一届理事会和领导机构。

2013 年 11 月 16—17 日，首届“亚太知识产权论坛”在中国人民大学苏州校区举行。

2013 年 11 月 30 日，第六届中国版权年会在北京召开，年会以“移动互联网时代的版权运营与保护”为主题。图为国家新闻出版广电总局（国家版权局）党组书记、副局长蒋建国在年会开幕式上致辞。

2013 年 11 月 30 日，第六届中国版权年会颁发了“中国版权事业终生成就者”、“中国版权事业卓越成就者”、“2013 年中国版权最具影响力企业”等奖项。图为“中国版权事业终生成就者”奖项获得者上台领奖。

2013 年 12 月 4 日，国家新闻出版广电总局（国家版权局）党组书记、副局长蒋建国会见英国知识产权局局长、首席执行官约翰·奥尔蒂先生一行。

2013 年 12 月 6—8 日，中国人民大学国家版权贸易基地举办第一期文化产业版权运营与管理高级研修班。

2013 年 12 月 9 日，在 2013 中国（广州）国际纪录片节上，国家版权局授予广州市“全国版权示范城市”牌匾。图为广州市副市长欧阳卫民（右）从国家新闻出版广电总局副局长聂辰席（左）手中接过牌匾。

2013 年 12 月 30 日，国家新闻出版广电总局（国家版权局）联合国家互联网信息办公室、工业和信息化部、公安部召开 2013 年打击网络侵权盗版专项治理“剑网行动”新闻通气会，会上通报了“剑网行动”十大案件。

中国版权年鉴

2014

（总第六卷）

中国版权年鉴编委会　编

中国人民大学出版社
· 北京 ·

图书在版编目（CIP）数据

中国版权年鉴. 2014/《中国版权年鉴》编委会编. —北京：中国人民大学出版社，2014.12
ISBN 978-7-300-20290-7

Ⅰ.①中… Ⅱ.①中… Ⅲ.①版权-中国-2014-年鉴 Ⅳ.①D923.41-54

中国版本图书馆CIP数据核字（2014）第268181号

中国版权年鉴2014（总第六卷）
中国版权年鉴编委会　编
Zhongguo Banquan Nianjian 2014

出版发行	中国人民大学出版社		
社　　址	北京中关村大街31号	**邮政编码**	100080
电　　话	010－62511242（总编室）		010－62511770（质管部）
	010－82501766（邮购部）		010－62514148（门市部）
	010－62515195（发行公司）		010－62515275（盗版举报）
网　　址	http：//www.crup.com.cn		
	http://www.ttrnet.com（人大教研网）		
经　　销	新华书店		
印　　刷	涿州市星河印刷有限公司		
规　　格	210 mm×297 mm　16开本	**版　　次**	2014年12月第1版
印　　张	34.25 插页 65	**印　　次**	2014年12月第1次印刷
字　　数	1 119 000	**定　　价**	300.00元
广告经营许可证	京海工商广字第0086号		

《中国版权年鉴 2014》编纂委员会

《中国版权年鉴》特约编辑

（以姓氏笔画为序）

丁智勇　国家版权局版权管理司综合处副处长
于少海　山东省版权管理处副主任科员
于晓白　最高人民法院知识产权庭审判长
万进萍　江苏省版权局版权处主任科员
马云虹　云南省版权局版权处处长
马永志　广西壮族自治区版权局版权处处长
马继超　中国音像著作权集体管理协会副总干事
王少朋　工业和信息化部软件服务业司软件应用处处长
王志坚　四川省版权局版权处主任科员
王建华　文化部政策法规司法规处处长
王晓燕　江西省版权局版权处处长
王培舒　吉林省版权局版权处处长
王新民　陕西省版权局版权处调研员
左图强　重庆市版权局版权处处长
卢文俊　湖北省版权局版权管理处处长
史文霞　中国电影著作权协会副秘书长
付成久　青海省文化和新闻出版厅政策法规（版权）处主任科员
朱严政　中国音乐著作权协会信息宣传部主任
闫　石　黑龙江省版权局版权处主任科员
孙　悦　中国版权协会秘书长
孙　雷　全国人大教科文卫委员会文化室副主任
严庆荣　浙江省版权局版权处处长
李冬群　河北省版权局版权处主任科员
李安庆　辽宁省版权局版权法规处处长
杨建新　新疆维吾尔自治区版权局版权处副处长
邱建宏　福建省版权局版权处处长
沈　欣　广东省版权局版权管理处副调研员
宋　亮　湖南省版权局版权管理处副调研员

张百忍　西藏自治区版权局版权处处长
张秀年　宁夏回族自治区版权局版权处副处长
张露娜　天津市版权局版权处处长
季　梅　安徽省版权局版权处副处长
赵　杰　国家版权局版权管理司执法监管处处长
赵洪波　中国文字著作权协会办公室主任
郝子谋　山西省版权局版权处副主任科员
侯健江　中国摄影著作权协会副总干事
夏　玲　甘肃省版权局版权处处长
徐　梅　贵州省版权局版权处副处长
郭锦云　内蒙古自治区版权局版权处科员
韩　璐　中国版权保护中心办公室科员
焦艳娜　河南省版权局版权处科员
曾伯林　海南省版权局版权处副处长
薛　彬　上海市版权局版权管理执法处处长

《中国版权年鉴》编辑部

主　　编：阎晓宏
执行主编：牛维麟　于慈珂
执行副主编：段玉萍　彭　翊　孟　超
编辑部主任：李方丽
策划编辑：王宏霞
责任编辑：彭理文　霍殿林
执行编辑：高川婷
装帧设计：池海玉
广告经营：肖　力　李玉彬

编纂说明

一、《中国版权年鉴》由国家版权局组织编纂，中国人民大学出版社和中国人民大学国家版权贸易基地编辑出版，是我国唯一全面系统反映全国版权创造、运用、保护和管理基本概貌的大型专业性工具书。本年鉴于2009年创刊，逐年编纂，连续出版，每年一卷，2014年卷为第六卷。

二、本卷年鉴主要汇辑2013年全国版权保护与版权相关产业发展的综合概况、动态信息、文献资料和统计数据，港澳台版权信息及国际版权动态。

三、本卷年鉴采用分类编辑法。根据2013年我国版权创造、运用、保护和管理的基本情况与主要特点，采用类目、分目和条目三个层次的结构，以文章、条目、条文和图表的形式表述。全书共设14个类目，分列38个分目或次分目。

四、本卷年鉴在延续前五卷编纂总体框架下，为实现年鉴的整体性和在有限篇幅里反映高度密集有效信息，对年鉴内容进行了必要的补充及调整，使之方便读者查阅。

1. 专栏. 以文字和图片形式介绍中国推进使用正版软件工作的重要进程及主要成效，包括综述、大事记、图片展示三部分内容。

2. 专文：刊载国家新闻出版广电总局（国家版权局）党组书记、副局长蒋建国《为移动互联网创造良好版权环境——在2013年中国版权年会开幕仪式上的致辞》以及国家新闻出版广电总局副局长、国家版权局副局长阎晓宏《关于出版、数字出版和版权的几个问题》。

3. 版权工作概览：全面记录2013年我国各级版权行政管理部门、版权司法审判机构及版权管理与社会服务组织开展的版权工作概况。

4. 版权扫描：翔实记载2013年全国版权相关立法、司法、行政管理、宣传教育、交流研讨、社会管理与服务、国际交流与合作、版权产业等方面的动态信息及港澳台版权信息。

5. 版权相关产业与版权贸易：反映2013年我国新闻出版、广播电视、电影、计算机软件、动漫、网络游戏等版权相关产业及图书版权贸易的基本状况与发展趋势。

6. 典型案件选编：刊登2013年中国著作权司法保护典型案件、2013年度打击侵权盗版十大案件、2013年“剑网行动”十大案件、2013年地方著作权司法保护典型案件以及2013年地方著作权行政执法案件。

7. 法律法规及规章文件：汇辑国务院关于修改《计算机软件保护条例》、《中华人民共和国著作权法实施条例》、《信息网络传播权保护条例》的决定以及国务院办公厅、国家新闻出版广电总局（国家版权局）等印发的有关版权工作的规章文件。

8. 表彰评奖：主要介绍2013年度查处侵权盗版案件有功单位及个人、2013 CPCC十大中国著作权人、2013年中国版权协会年度评选，以及2013年（第六届）全国大学生版权征文获奖名单、第十三届输出版引进版优秀图书推介活动获奖名单。

9. 理论研究：集中反映2013年全国版权领域的理论研究成果。对2013年中国著作权法理论研究现状进行了梳理和回顾，并特别转载了反映版权界热点问题的11篇学术论文。同时对2013年出版的版权相关图书进行了简要介绍。

10. 统计资料：收集2013年与版权管理和版权贸易有关的统计数据，以及新闻出版业、广播影视业和软件业的统计资料。

11. 名录：刊登版权行政管理部门、版权公共服务机构、版权协会、著作权集体管理组织、版权相关行业协会、版权代理公司、国家级版权交易机构及知识产权教学与研究机构最新的通信联络信息。

12. 国际版权动态：作为附录介绍2013年国际版权法律制度发展的最新动向，包括立法与行政、司法判例及业界动态。

13. 索引：采用内容分析和主题词检索的方式，按汉语拼音字母顺序编制本卷内容的主题索引。

14. 宣传广告：以彩色图文展现2013年版权管理相关的重要活动，并宣传展示版权示范城市及版权相关企事业单位。

五、本卷年鉴中所载内容无特别说明外，均按时间先后顺序排列；涉及各省（自治区、直辖市）的内容，均以全国行政区划为序。因组稿条件有限，本卷年鉴未包含香港、澳门特别行政区和台湾省的版权工作概况及相关统计数据。

六、本卷年鉴配备双重检索系统：书前刊有详细目录，书后备有内容索引。

七、本卷年鉴中全国版权统计数据由国家版权局版权管理司，国家新闻出版广电总局规划发展司、发展研究中心，工业和信息化部软件服务业司提供；各省（自治区、直辖市）版权局的统计数据由相关版权局领导确认。

八、本卷年鉴同时出版纸质版和电子版（光盘），其中电子版采用多媒体和全文检索技术，并随纸质版附赠；同时发行纸质版和电子版，其中电子版通过国家版权交易网（www. copyrightmall. com）等数字化平台发行。

九、本卷年鉴在组稿和编辑过程中，得到了国家版权局版权管理司、国家新闻出版广电总局规划发展司、中国人民大学知识产权学院、工业和信息化部软件服务业司、国家新闻出版广电总局发展研究中心、中国软件行业协会、各省（自治区、直辖市）版权局（处）以及其他版权相关单位的大力支持和帮助，在此一并谨致谢意。

十、因编辑部人员的水平和能力所限，本卷年鉴中定存有疏漏与错误之处，诚请版权界同仁和广大读者给予批评、指正。

目 录

专栏：推进使用正版软件工作

专 文

版权工作概览

典型案件选编

法律法规及规章文件

理论研究

统计资料

名　录

附录：国际版权动态

索　引

宣传广告

Contents

Features: Promotion of Software Legalization

Special Articles

Copyright Work Overview

Copyright Scanning

Copyright Industry and Trade

Selected Typical Cases

Regulatory Documents

Theoretical Study

Statistics

版权

专栏：推进使用正版软件工作

ZHUAN LAN: TUI JIN SHI YONG ZHENG BAN RUAN JIAN GONG ZUO

综述

中国的软件正版化工作进程

软件产业是国家战略性新兴产业，是国民经济和社会信息化的重要基础，是信息产业的核心与灵魂。软件正版化是指软件终端用户使用已取得合法软件著作权人授权许可的正版软件。完善软件版权保护、实施软件正版化是保证软件产业健康发展的重要条件。中国政府高度重视软件版权保护，推进软件正版化，综合运用经济、法律和行政手段，通过保护软件版权，增强公众版权意识，促进软件产业持续健康发展，为创新型国家建设服务。

进入21世纪，中国政府积极推进软件正版化工作。中国建立了推进使用正版软件工作部际联席会议制度，部际联席会议在国务院领导下负责协调推进政府机关和企业使用正版软件工作，研究和制定有关政策措施，督促检查软件正版化工作落实情况，组织相关宣传、培训和表彰活动，确保推进软件正版化工作各个阶段的目标和任务顺利完成。地方政府也建立了相应的工作机制，负责指导推进本地区软件正版化工作。中国政府不断完善软件版权保护的法律法规体系，加大对软件知识产权的司法保护力度。中国构建了完善的综合性鼓励使用正版软件配套措施，在软件正版化的实施过程中，按照循序渐进、扎实推进的思路，从中央政府到地方各级政府、从大型企业到中小型企业，逐步推进软件正版化工作，保证了软件正版化工作的可行性和进度。通过实施软件正版化，全社会保护软件版权意识不断增强，软件产业连续多年快速发展，为国民经济发展作出了重大贡献。

一、软件正版化背景和意义

随着经济全球化进程的加快，世界各国为了增强综合国力和提升国际竞争力，推动现代化进程，抢占经济发展的制高点，都把发展高新技术产业摆在十分重要的位置。面对知识经济时代的挑战，2012年中国共产党第十八次全国代表大会提出实施知识产权战略，加强知识产权保护。在信息化时代背景下，中国已将软件产业作为国家优先发展的战略性先导产业和信息产业、信息服务业的核心，通过一系列强有力的政策措施，予以大力扶持，其中最基础的一项工作就是积极推进软件正版化。

推进软件正版化对于我国鼓励自主创新、建设创新型国家具有重要意义。通过软件正版化加强软件知识产权保护，是鼓励和促进知识与技术创新的重要举措，是企业长期坚持创新的根本机制保证。创新的关键就是知识和信息的生产，通过实施软件正版化，有助于不断完善现代知识产权制度，推动知识、技术等无形要素真正成为促进经济增长的要素，为转变经济发展方式、调整经济结构发挥重要作用。

软件正版化在促进软件产业健康发展过程中发挥着不可替代的作用。开展软件正版化工作，有助于保护软件著作权人的合法权益，使软件市场得以有效规范和净化，使软件行业的创新环境切实得到改善和优化，有利于营造良好的产业生态环境，促进软件产业的持续健康发展。

推进软件正版化工作是保证软件系统安全运行的客观要求。随着信息化进程的深入，人们逐渐意识到，软件已经成为一项重要的资产，软件安全是软件系统高速稳定运行的基础。盗版软件在侵害软件著作权人利益的同时，对用户的信息安全也会造成严重的影响。正版软件在售后服务和技术升级方面更有保证，软件正版化在客观上提高了软件系统的安全水平，保证了软件用户的信息安全。

软件正版化是优化投资环境、树立良好国家形象的内在需要。推进软件正版化、保护软件知识产权是尊重创造性劳动的体现，是建设法治国家和诚信社会的重要内容，有利于营造保护知识产权的良好法治环境，增强投资者对市场的信心。同时，推进软件正版化工作也是中国政府履行国际义务、践行国际承诺的重要行动，开展软件正版化工作向国际社会树立了中国坚持使用正版软件、尊重和保护知识产权的良好国际形象。

二、软件正版化基本状况

2000年以来，中国政府不断加强软件正版化工作。自2001年政府机关启动软件正版化工作到2013年政府和企业软件正版化工作取得阶段性成果，中国经历了13年的软件正版化之路，并取得了举世公认的成就。

软件正版化工作历程

——政府机关初步完成软件正版化工作。2001年10月，国务院办公厅印发《关于使用正版软件清理盗版软件的通知》，对中央政府机关使用正版软件工作进行全面部署，并于2002年5月完成了中央政府机关软件正版化工作。2004年5月，国务院办公厅下发《关于地方人民政府使用正版软件的通知》，对省、市级政府机关使用正版软件工作进行部署，并分别于2004年12月、2005年12月完成了省、市两级政府机关软件正版化工作。

——推进和部署企业软件正版化工作。在各级政府部门的引领下，软件正版化工作向企业推进。2006年4月，国家版权局等9部委联合发布《关于印发〈关于推进企业使用正版软件工作的实施方案〉的通知》，全面部署企业软件正版化工作。2007年2月，国务院批准同意建立由原新闻出版总署（国家版权局）等9部门组成的“推进企业使用正版软件工作部际联席会议”，进一步加强对企业软件正版化工作的组织领导和统筹协调。此项工作随着国务院加大对政府机关软件正版化的检查整改力度也在同时加紧推进。

——软件正版化向纵深方向发展。2010年10月，国务院办公厅印发《关于进一步做好政府机关使用正版软件工作的通知》，部署中央、省、市、县四级政府机关软件正版化检查整改工作，软件正版化工作向纵深推进。2011年1月，国务院印发关于《进一步鼓励软件产业和集成电路产业发展的若干政策》的通知，要求进一步推进软件正版化工作，探索建立长效机制。2012年1月，国务院批复同意建立由原新闻出版总署（国家版权局）牵头、15个部委组成的“推进使用正版软件工作部际联席会议”，负责协调推进政府机关和企业使用正版软件工作，初步构建了政府和企业软件正版化工作长效机制。2013年8月，国务院办公厅印发《政府机关使用正版软件管理办法》，为建立政府机关软件正版化长效机制提供了制度保证。

软件正版化成效

——中央政府机关带头作出表率。在2010年开展的软件正版化检查整改工作中，中央政府机关积极按照国务院要求，带头实现软件正版化并将此项工作不断向纵深推进。国务院办公厅、中宣部等31家打击侵权假冒专项行动领导小组和推进企业使用正版软件工作部际联席会议成员单位率先于2010年12月完成软件正版化检查整改工作。其他中央和国家机关于2011年5月完成软件正版化检查整改工作。

——各地政府全面完成。各地政府狠抓落实，扎实推进软件正版化工作。省级政府机关和市、县级政府机关分别于2012年6月、2013年12月全面完成软件正版化检查整改工作。

自2010年10月开展政府机关软件正版化检查整改工作以来，中央和地方共四级政府机关共采购操作系统、办公及杀毒三类软件592.09万套，采购金额34.38亿元，其中操作系统、办公及杀毒三类软件的采购套数分别为139.5万套、371.65万套、80.94万套，采购金额分别为14.74亿元、18.84亿元、0.8亿元。

——行业企业积极推进。在中央政府机关全面实现软件正版化的基础上，中国政府扎实推进企业使用正版软件工作。截至2013年12月底，全国累计列入年度完成工作目标企业29 729

家，累计完成软件正版化企业 20 848 家，累计举办培训班 1 812 次，参训企业 5.07 万家（次），培训人员 10.13 万人（次）。中央企业三级以上企业、大中型金融机构、新闻出版行业企业集团总部全部实现软件正版化，煤炭、旅游饭店、网吧、勘察设计、新闻出版等重点行业取得突破性进展。25 家大中型企业带头完成软件资产管理试点工作，探索建立符合中国企业实际的软件资产管理制度。

——软件产业快速发展。随着软件版权保护力度的不断加大，中国软件产业连续多年保持稳步快速发展势头。软件产业年产值从 2001 年的 750 亿元跃升到 2013 年的 3.1 万亿元，软件产业发展环境得以优化，效益和结构进一步提升和优化。

软件正版化长效机制

——建立有效的工作机制。中国政府在推进软件正版化工作过程中不断完善推进使用正版软件工作协调机制。继 2007 年国务院批复成立“推进企业使用正版软件工作部际联席会议”后，国务院整合政府机关与企业软件正版化工作，于 2012 年批复同意成立“推进使用正版软件工作部际联席会议”。部际联席会议成员单位积极发挥各自职能，从源头上防止盗版软件的流入，从资金上保障正版软件的采购，激励与约束机制并行，鼓励使用正版软件，追究使用盗版软件的责任，建立起分工明确、协作有力、配合密切的长效工作机制。为更好地发挥协调沟通和组织领导作用，部际联席会议建立了相应的工作制度，包括会议制度、信息通报制度、督促检查制度、宣传培训制度等制度体系。同时，还建立了常态化年度检查机制。

各地也结合实际，积极探索建立适合地方实际的推进工作长效机制，成立推进使用正版软件领导机构或建立联席会议制度，探索出多种适合地方的检查机制和激励约束机制，形成了各具特色、协调灵活的长效工作机制。

——建立系统的政策体系。中国政府以继承、延续、突破、创新为指导，出台一系列推进软件正版化的政策措施和管理办法，建立了包括以部际联席会议为主导的工作协调，以计算机预装正版操作系统软件为手段的源头治理，以落实软件采购经费为内容的经费保障，以规范化和制度化管理为基础的资产监管和以专项检查、审计监督与社会监督相结合的监督检查在内的相互配合、能够持续、长期稳定的软件正版化政策体系。

——营造良好的社会氛围。积极开展培训，提高使用正版软件积极性。各地积极举办各种形式的培训班，逐步提高政府机关和相关企业对使用正版软件工作的认识，增强使用正版软件的积极性和主动性。

主动加强宣传，营造良好使用正版软件氛围。各地通过新闻发布会、通气会、在线访谈，以及专栏文章、专题节目等形式，主动宣传软件正版化工作意义和成效，营造自觉使用正版、抵制盗版的良好氛围。

加强国际交流，营造良好国际形象。中国政府不断增加软件正版化工作透明度，充分利用知识产权多双边合作机制和场合，及时梳理、传达和发布使用正版软件工作成果，向国际社会展现中国政府保护知识产权的决心，树立了良好的国际形象。

加大市场监管，营造良好产业发展环境。部际联席会议办公室多次对各地区推进使用正版软件工作进行督促检查，相关成员单位对各自监管企业进行专项督促检查，严厉打击软件侵权盗版行为。加强市场监管，引入激励和约束机制，营造良好的软件产业发展环境。

三、软件正版化法律法规政策

软件正版化工作的推进需要软件著作权法律法规保驾护航。中国政府已制定了以《中华人民共和国著作权法》和《计算机软件保护条例》为主、其他法律法规关联辅助的软件保护法律法规。这些法律法规的有效实施保障了软件正版化工作的顺利开展。

保护软件著作权法律规定

——相关法律为软件著作权提供了全面保护。《中华人民共和国著作权法》明确将计算机软件列为法定作品类型，纳入著作权保护客体范围。计算机软件著作权人，依法享有著作人身权和著作财产权。《中华人民共和国刑法》将盗版软件侵权行为纳入刑事处罚体系，明确将以营利为目的，未经著作权人许可复制发行其计算机软件，或销售明知是计算机软件侵权复制品的行为达到一定程度的，定为侵犯著作权罪或销售侵权复制品罪，依法追究刑事责任。《中华人民共和国行政处罚法》、《中华人民共和国行政诉讼法》和《中华人民共和国行政复议法》为著作权行政执法提供相关依据，从实体和程序两方面保证计算机软件著作权人权益的维护。

——专门法规的出台深化了软件的法律保护。《计算机软件保护条例》是一部专门针对计算机软件保护的法规，旨在保护计算机软件著作权人的权益，调整计算机软件在开发、传播和使用中发生的利益关系，鼓励计算机软件的开发与应用，促进软件产业和国民经济的发展。该条例明确将使用正版软件列为软件使用者的法定义务。详细界定了计算机软件保护过程中的相关问题，并就其适用与保护范围、享有权利与期限、许可转让等行为作了详细规定，同时就侵权行为及处罚等作了明确规定，是保护计算机软件的重要法规。

——软件信息网络传播权的保护是网络时代软件合法权益保护的重要举措。《信息网络传播权保护条例》是因应科学技术的发展、网络时代的到来，信息网络传播权进入知识产权保护领域而生的，专门针对信息网络传播权提供保护。该条例共 27 条，包括合理使用、法定许可、避风港原则、版权管理技术等内容，对保护计算机软件著作权人的信息网络传播权、促进计算机软件的创作传播、推动软件产业的进一步发展有重要意义。

——软件登记办法的出台促进了软件著作权交易。为贯彻《计算机软件保护条例》，促进软件产业发展，增强中国信息产业的创新竞争能力，鼓励软件登记，国家版权局 2002 年发布《计算机软件著作权登记办法》，就有关软件著作权登记、软件著作权专有许可合同和转让合同登记问题进行相关规定。

此外，《实施国际著作权条约的规定》、《行政执法机关移送涉嫌犯罪案件的规定》、《互联网信息服务管理办法》等相关法规对计算机软件保护起到了一定的作用。

推进软件正版化政策制度

软件正版化政策与软件正版化工作二者相互促进、相互推动，共同促进中国软件产业的进一步发展。

——建立软件产业发展的鼓励政策。《国务院关于印发鼓励软件产业和集成电路产业发展若干政策的通知》和《国务院关于印发进一步鼓励软件产业和集成电路产业发展若干政策的通知》建立了促进软件产业发展的以加大资金支持和拓宽融资渠道为主要内容的投融资政策，以税收优惠和税收减免为主导的税收政策，以科技创新支持计划和研发中心建设计划为核心的产业技术政策，以信贷支持和信用保险为支撑的出口政策，以收入分配激励机制和股权激励机制为主体的收入分配政策，以多层次人才培养和全球化人才战略为关键的人才培养与吸引政策，以加强软件著作权登记制度建设和加大对走私、盗版软件的打击力度为特色的知识产权保护政策，以规范软件市场秩序和加强反垄断工作为重点的市场政策。

——建立政府机关使用正版软件制度。《国务院办公厅关于进一步做好政府机关使用正版软件工作的通知》和《国务院办公厅关于印发政府机关使用正版软件管理办法的通知》建立了以切实增强保护知识产权意识、科学合理制定软件采购计划、规范政府采购软件行为、正版软件工作部际联席会议工作机制、定期开展使用正版软件专项检查工作、切实落实预装正版操作系统软件的规定、落实政府机关使用正版软件管理监督责任为主要内容的政府机关使用正版软件制度。

——建立软件正版化源头治理机制。由原信息产业部、国家版权局、商务部联合下发的《关于计算机预装正版操作系统软件有关问题的通知》，要求在我国境内生产的计算机，出厂时应当预装正版操作系统软件；进口计算机在国内销售，销售前应当预装正版的操作系统软件。《关于政府部门购置计算机办公设备必须采购已预装正版操作系统软件产品的通知》进一步要求各级政府部门在购置计算机办公设备时，必须采购预装正版操作系统软件的计算机产品。上述政策措施从源头上有效地保障了操作系统软件正版化。

——建立正版软件经费预算制度。财政部印发《财政部关于进一步做好政府机关使用正版软件工作的通知》和《政府机关办公通用软件资产配置标准（试行）》，要求各级财政部门要采取措施，将政府机关需要采购的正版软件经费纳入预算，并规定了政府机关办公通用软件资产配置标准，建立了正版软件经费预算制度。

——建立正版软件资产管理制度。财政部印发了《关于进一步规范和加强政府机关软件资产管理的意见》；国务院机关事务管理局印发了《中央行政事业单位软件资产管理暂行办法》、《关于进一步加强中央行政事业单位软件资产管理工作的通知》和《中央国家机关通用办公软件配置标准》；推进企业使用正版软件工作部际联席会议在企业开展软件资产管理试点工作，审定出版了《软件资产管理手册》，规范和完善了配置、使用、处置和监督等软件资产管理重点环节。建立了符合中国实际的软件资产管理制度。

——建立正版软件监督检查制度。审计署办公厅印发《关于加强政府机关使用正版软件审计监督工作的通知》，要求做好对软件采购资金管理使用和软件资产管理情况的审计工作，相关审计结果要纳入审计报告并向社会公告。建立了正版软件审计监督制度，连同推进使用正版软件工作部际联席会议每年的督促检查机制，有机构成了正版软件监督检查制度。

——建立中央企业软件正版化工作长效机制。国资委负责推进中央企业使用正版软件工作，建立了自上而下的工作机制，为有效推进中央企业软件正版化工作提供了保证。自2006年起，国资委根据整体推动、分步实施、实事求是、厉行节约的总体思路，通过制定总体规划、加强宣传培训、开展软件资产管理试点等措施积极推进中央企业软件正版化工作。从三个方面入手推进建立中央企业软件正版化工作长效机制：一是国资委推动正版软件集中采购工作，组织中央企业做好集中谈判，以更低的价格和更优的服务实现软件正版化；二是要求中央企业确保软件正版化工作经费，有条件的企业将软件采购经费纳入预算管理；三是要求中央企业结合本企业特点，从管理理念、制度建设、软件应用等方面进一步探索建立或完善软件资产管理制度。中央企业在推进软件正版化工作中，进一步提高了对使用正版化软件的认识，总结出了许多好的经验和做法，采取了从源头上杜绝使用盗版的有效措施，加强了软件资产的管理和制度建设，正在逐步建立使用正版软件长效机制。

——建立金融机构软件正版化规章制度。中国银行业监督管理委员会将推进银行业软件正版化与银行业信息科技监管有机结合，在《商业银行信息科技风险管理指引》等规定中明确软件正版化要求，并将软件正版化融入信息科技非现场监管和现场检查等常态化工作，一方面将软件正版化纳入商业银行监管评级体系，有效传导监管要求，另一方面每年结合信息科技现场检查工作开展银行机构软件正版化情况核查；中国证券监督管理委员会成立了证券期货行业推进使用正版软件工作联席会议，统一组织和协调推进行业软件正版化工作；中国保险监督委员会成立了软件正版化工作领导小组，将“知识产权保护”和“软件正版化”相关条款与要求写入保监会出台的《保险公司信息化工作管理指引（试行）》和《保险公司信息系统安全管理指引（试行）》等相关制度中，要求保险公司加强知识产权保护工作。建立了银行业、证券业和保险业软件正版化规章制度。

四、软件正版化工作措施

在政府机关和企业软件正版化进程中，国务院、部际联席会议、各地区和各部门都积极采取了一系列卓有成效的措施。

国务院全面部署

国务院高度重视软件知识产权保护和软件产业的发展，发布实施了一系列鼓励软件产业发展的政策。实施软件正版化工作以来，国务院要求政府机关带头使用正版软件。国务院不断加大指导力度，多次召开会议研究部署软件正版化工作，对软件正版化工作作出具体部署，明确要求扎实推进软件正版化。

部际联席会议积极推进

——建章立制，着眼长远。部际联席会议各成员单位共同研究制定工作方案，明晰细化各成员单位的工作内容和职责范围。根据国务院划定的职责分工，各成员单位强化软件正版化工作中的服务意识，严格履行工作职责。15 个成员单位着眼于软件正版化的长远发展，按照各自职责分工，分别在软件产业政策、财政经费、软件采购、资产管理、审计、反不正当竞争、培训宣传等重点领域建章立制。

——统一部署，分步实施。部际联席会议每年总结工作经验，研究制定年度工作计划，明确每年的工作内容、重点、工作目标及责任落实等。在推进政府机关软件正版化工作中，细化中央、省、市、县政府机关完成时间表和路线图，保证工作落实到位。在推进企业使用正版软件工作中，坚持以大型企业为重点，以国有、外商投资、民营大型企业在先，中小企业在后的原则依次分步推进。做到有计划、有步骤、脚踏实地地推进，确保企业软件正版化工作的可持续发展。

——强化组织协调，合力推进工作。部际联席会议制度进一步加强了软件正版化工作的组织协调力度。部际联席会议各成员单位按照职责分工，主动研究并推进使用正版软件工作，认真落实联席会议议定事项；加强信息沟通，相互配合，相互支持，充分发挥联席会议的作用，协调解决工作中出现的问题，组织相关督促检查和宣传表彰。

中央企业在企业软件正版化工作推进中起到了带头作用，国资委每年召开“中央企业信息化工作会议”，按照总体目标和年度计划加大力度推进中央企业使用正版软件组织协调工作，要求中央企业集团总部及所属子企业制定出年度计划和保障措施，做到人员落实、责任落实、资金落实、目标落实、任务落实，切实从组织上保障中央企业软件正版化工作的协同推进。

——加大督查力度，确保实效。部际联席会议每年坚持对中央政府机关以及各地政府机关软件正版化工作进行督查，督促落实国务院的部署和要求，确保工作进度。自 2011 年以来，部际联席会议共派出 59 个督查组，每年对中央政府机关和地方政府软件正版化工作开展 2 次督促检查。通过强化督查，有力保障了软件正版化工作落到实处。

——重拳出击，打击侵权盗版。中国政府打击侵犯知识产权行为始终保持高压态势。自 2010 年以来，国务院在每季度召开的打击侵犯知识产权和制售假冒伪劣商品工作领导小组会议中，对软件正版化工作进行部署。2005 年以来，国家版权局、公安部、工信部、司法部、国家互联网信息办公室等部门相互协作，持续部署并开展打击网络环境下的侵权盗版专项治理。迄今为止，共开展了 9 次打击网络侵权盗版专项治理的“剑网行动”，有效规范了软件版权经营秩序，营造了软件正版化的良好社会环境。对轰动一时的“番茄花园案”的严厉惩办，充分表明了中国政府严厉打击侵犯软件版权的行为。

各地区各部门积极响应

——领导高度重视，健全工作机制。各部门、各省（自治区、直辖市）政府主要领导高度重视，积极行动，亲自部署软件正版化工作，分管领导研究部署具体工作，制定详细的工作方案，明确相关职能部门的工作职责，确定了具体的工作目标，形成了相关职能部门分工协作、积极部署实施的推进格局。

——典型示范，扎实推进。在政府机关软件正版化过程中，各部门、各地区积极探索，创新工作方式，涌现了一些典型做法。中宣部“使用正版、统筹推进”、农业部“集中部署、集中推进”、国家知识产权局“长效管理、长期保持”、国资委“正版化与信息化协调推进”等模式成为中央政府机关推进软件正版化工作的范例。借助先进典型的示范效应，各地区不甘落后，上海、浙江、广西、山东、四川、江苏 6 省（自治区、直辖市）提前完成省、市、县三级政府机关检查整改工作。上海“明确分工、共享信息、层层负责、落实到人”、浙江“三级联动、分级负责、统谈价格、多样化采购”、广西“加强保障、集中推进、狠抓落实”、山东“组织保障有力、责任落实到位、创新工作思路、三级齐头并进”、四川“落实责任、强化实施、健全机制”、江苏“统一采购、奖励补贴、长效管理”等模式成为各地政府机关推进软件正版化工作的典范。其中，山东省青岛市将政府机关使用正版软件工作作为保护知识产权、整顿和规范市场经济秩序、创建全国版权示范城市、塑造政府良好形象的重要举措全力推进。西藏自治区克服地域、资金的困难，也提前完成了政府机关软件正版化工作任务。

各地区、各部门不断加强对本地区、本部门和所属行业的企业使用正版软件的培训工作，积极开展软件版权知识、资金预算、资产管理和软件技术知识培训，及时总结企业在软件正版化工作中可供借鉴的成功经验，并在企业中广泛推广。不断加大宣传力度，通过开展多种形式的主题活动，利用电视、报刊和网络等媒体开展多角度、多层次的宣传，不断提高企业的版权保护意识。企业软件正版化工作启动实施后，涌现出了一批使用正版软件的先进典型企业。为发挥典型企业的示范带头作用，迄今为止，部际联席会议先后授予了423家企业“全国软件正版化工作示范单位”称号，通过典型示范，企业软件正版化逐步由点到面向纵深推进。

——加强督导检查，狠抓工作落实。各地每年均组织多个督查组，对本地区各级政府软件正版化工作进行实地多轮、全面的督查。各地区主要负责同志切实履行第一责任人责任，按照分级负责的原则，督促本地区各级政府按时完成检查整改，狠抓软件正版化工作落实。2013年，江西开展了三次督促检查，分别对82个省直机关和11个地市级政府进行了实地检查，有力推动了本省市工作的落实。

各地结合实际，探索出了多种适合地方推进企业使用正版软件的督导和检查方式。有的地方确定一定数量的目标企业，并对企业进行检查验收，严格处罚违规企业；有的地方要求完成软件正版化的企业报送软件正版化开展情况，及时整改问题、巩固成果，并确定进一步整改检查的目标企业；有的地方组织有关部门深入推进实施正版软件的目标企业，对软件正版化工作的组织机构、制度建设、工作开展情况进行督导检查；有的地方教育、执法并重，对目标企业进行专题培训，对多次警告拒不整改的企业进行立案查处，督促其实施软件正版化整改工作；有的地方坚持依法行政与优化服务有机结合，搭建企业使用正版软件的信息查询、投诉举报、纠纷调处、沟通协调平台，促进企业自觉使用正版软件。中央和省级政府的相关行业主管部门加强对企业使用正版软件工作的督查和检查验收。广大企业的依法诚信经营意识有了明显增强，“拒绝盗版、使用正版”的理念得到认同。

——巩固工作成果，建立长效机制。各地区在基本完成各级政府机关软件正版化检查整改之后，大力推进各级政府机关软件正版化长效机制建设，通过建立健全软件采购经费预算、软件资产管理和软件使用责任追究制度，从制度建设方面巩固工作成果，确保软件正版化工作制度化、规范化。广西建立起软件采购经费预算、软件资产管理和软件使用责任追究等制度，利用正版软件管理系统实现对全区软件正版化相关信息进行管理。

结束语

软件盗版是世界各国共同面临的难题。中国作为发展中国家，在打击软件盗版、推进软件正版化工作方面已经作出了巨大的努力，取得了显著的成就，很好地履行了保护知识产权的国际责任，赢得了国内外的广泛认可与赞赏。但是中国并不满足于已经取得的成绩，作为一个发展中国家，在完善软件正版化工作方面还有很多工作要做。一方面，中国在改革开放后用30多年的时间就基本建立起发达国家用100多年时间才逐步完善的知识产权制度，这一制度在经济社会发展中正发挥着越来越重要的作用，但也要清醒地认识到，中国建立现代软件正版化制度的时间不长，全社会的软件版权保护意识还不是很强，对全面实现软件正版化工作目标构成了制约。另一方面，现代科学技术的发展，对软件正版化工作提出了新的要求。信息产业仍在快速发展的过程中，科技进步日新月异，软件应用所依托的载体与传播手段更趋多样与复杂，软件侵权的新情况、新问题会不断出现，加大了软件版权保护的难度，这些都是推进软件正版化工作必须面对的挑战。

保护知识产权、打击软件盗版行为是一项长期而艰巨的任务，需要全社会的共同努力。当前，中国的信息化建设正在不断推进，软件产业正在高速发展，推进软件正版化工作已经进入新的阶段。可以确信，在总结软件正版化工作已经取得的成功经验的基础上，通过政府引领、企业示范、社会参与，全面贯彻落实软件正版化的各项举措，进一步把软件正版化工作向纵深推进，中国的软件正版化工作必将不断取得新的进展，迈上新的台阶，为中国软件产业发展、为中国信息化建设作出新的贡献。

大事记

2000 年

6 月 《国务院关于印发〈鼓励软件产业和集成电路产业发展的若干政策〉的通知》规定，任何单位在其计算机系统中不得使用未经授权许可的软件产品。

2001 年

10 月 国务院办公厅印发《关于使用正版软件 清理盗版软件的通知》，对国务院系统使用正版软件工作进行了全面部署。2002 年 5 月完成了国务院系统软件正版化工作。

2004 年

5 月 国务院办公厅印发《关于地方人民政府使用正版软件的通知》，对省、市级政府机关使用正版软件工作进行部署。2004 年 12 月、2005 年 12 月分别完成了省、市两级政府机关软件正版化工作。

2006 年

4 月 国家版权局等九部委联合发布《关于印发〈关于推进企业使用正版软件工作的实施方案〉的通知》，全面部署企业软件正版化工作。

2007 年

2 月 国务院发布《国务院关于同意建立推进企业使用正版软件工作部际联席会议的批复》，同意建立由国家版权局牵头的推进企业使用正版软件工作部际联席会议制度。

2008 年

4 月 29 日 推进企业使用正版软件工作部际联席会议印发《关于印发〈2008 年推进企业使用正版软件工作计划〉的通知》，对 2008 年推进企业使用正版软件工作进行了全面部署。

10 月 9 日至 11 月 9 日 由国家版权局等九部委组成 7 个推进企业使用正版软件工作部际联席会议督导组，分别对北京、天津等 14 个省（自治区、直辖市）的推进企业使用正版软件工作进行督导检查。新闻出版总署副署长、国家版权局副局长阎晓宏参加了督导检查工作。

12 月 9 日 国资委、国家版权局在北京联合召开推进中央企业使用正版软件工作经验交流会，介绍、交流了中央企业使用正版软件工作取得的成绩。2008 年有 109 家中央企业集团总部实现软件正版化，占检查验收单位的 96％；在列入 2008 年度企业软件正版化名单的近 7 600 家企业中，完成检查验收的企业占 80％。

2009 年

1 月 8 日 推进企业使用正版软件工作部际联席会议第三次全体会议在北京召开。会议通报了 2008 年推进企业使用正版软件工作开展情况，审议了《2009 年推进企业使用正版软件工作计划》。2 月 12 日，印发《2008 年推进企业使用正版软件工作总结》、《2009 年推进企业使用正版软件工作计划》，对全国推进企业使用正版软件工作进行总结部署。

3 月 18—19 日 企业软件正版化及版权执法专题工作会议在北京召开。新闻出版总署副署长、国家版权局副局长阎晓宏出席会议并讲话。会议对 2009 年企业软件正版化工作和 2009 年版权执法与社会监管重点工作进行具体部署。来自全国 31 个省（自治区、直辖市）及广州、青岛、石家庄、杭州等 19 个中心城市版权管理部门的相关负责人参加会议。

6月11日　国家版权局联合国资委在北京举办2009年企业软件正版化工作第一期培训班，围绕计算机软件版权保护、软件资产管理、企业软件正版化工作典型经验介绍等领域对中央企业二级企业和勘察设计行业企业进行培训，提高企业开展软件正版化工作的积极性和主动性。

12月23—31日　国家版权局开展2009年企业软件正版化督导检查工作。协调部际联席会议相关成员单位组成三个联合工作组，赴陕西、四川、上海、浙江、河南、安徽等地进行督导检查，指出存在的问题，提出下一步工作建议，推动了地方企业软件正版化工作的健康发展。

2010 年

1月6日　新闻出版总署、商务部、工信部、国务院机关事务管理局在北京召开软件正版化阶段性成果新闻通气会，共同发布了政府机关软件正版化阶段性成果。

3月11日　国家版权局、工信部、财政部、商务部、国资委、银监会、证监会、保监会、全国工商联等九部门联合下发《关于授予大庆油田有限责任公司等257家企业“全国软件正版化工作示范单位”称号的决定》。

4月27日　由银监会信息中心、推进企业使用正版软件工作部际联席会议办公室主办的银行业软件正版化经验交流会在北京召开。推进企业使用正版软件工作部际联席会议办公室主任、国家版权局版权管理司司长王自强在会上肯定了银监会在推进银行业软件正版化中所作的努力。

6月11日　根据国务院九部委《关于推进企业使用正版软件工作的实施方案》及国家版权局《2010年推进企业使用正版软件工作计划》的要求，北京市使用正版软件工作联席会议办公室举行了2010年推进企业使用正版软件工作部署会。

10月18日　国务院办公厅发出《关于进一步做好政府机关使用正版软件工作的通知》，要求政府机关进一步做好使用正版软件工作，并在全国开展使用正版软件专项检查工作。

2011 年

1月　国务院发布关于印发《进一步鼓励软件产业和集成电路产业发展的若干政策》的通知，要求进一步推进软件正版化工作，探索建立长效机制。

3月1日　全国软件正版化工作会议暨推进企业使用正版软件工作部际联席会议第五次全体会议在京召开。

5月　135家中央国家机关完成软件正版化检查整改工作。

5月　国务院机关事务管理局开通“正版软件采购网”。

8月10日　推进企业使用正版软件工作部际联席会议办公室在北京组织召开“企业软件资产管理试点项目动员及培训工作会议”，启动全国第一批30家大型企业软件资产管理试点工作。国务院机关服务管理局、中国软件联盟、商业软件联盟、中国版权保护中心和全国15个省（自治区、直辖市）版权局以及30家试点企业的代表共90余人参加会议。

11月14日　国务院办公厅发布《关于进一步做好政府机关软件正版化检查整改工作的通知》，要求各省、自治区、直辖市及国务院各部委、各直属机构对软件正版化工作的阶段性成果进行限期整改。

11月23日　北京市政府机关使用正版软件专项检查整改工作总结表彰大会召开。大会宣布，截至2011年10月底，北京市政府机关软件正版化专项检查整改工作已完成全部工作任务，各级政府部门正版化率均达到了100％。

2012 年

1月　国务院批复同意建立推进使用正版软件工作部际联席会议制度。联席会议由新闻出版总署（国家版权局）、工信部、财政部、商务部、审计署、国资委、工商总局、知识产权局、国管局、法制办、银监会、证监会、保监会、中直管理局、全国工商联等15个成员单位组成。

2月10日　推进使用正版软件工作部际联席会议第一次全体会议在京举行。会议审议通过了推进使用正版软件2011年工作总结、2012年工作计划、联席会议办公室工作制度等，并要求各成员单位进一步提高认识，采取有力措施，确保按期完成国务院确定的2012年软件正版化工作目标。

6月　31个省（自治区、直辖市）省级政府机关完成软件正版化检查整改工作。

2013年

2月21日　推进使用正版软件工作部际联席会议第二次全体会议在京召开。会议对2012年工作总结、2013年工作计划及督查方案进行了审议，讨论通过了《政府机关使用正版软件管理办法》（代拟稿）并拟向国务院报送。新闻出版总署副署长、国家版权局副局长阎晓宏在会上汇报了2012年推进使用正版软件工作进展情况和2013年重点工作。

4月25日　北京市召开2013年推进市属国有企业使用正版软件工作动员部署会，会议要求2013年内完成全部市属国有企业总部和100余家重要子企业总部的软件正版化。

4月26日　由推进使用正版软件工作部际联席会议举办的“软件正版化在中国”展览在京揭幕，国家新闻出版广电总局党组书记、副局长蒋建国，商务部副部长王超为展览揭幕。国家新闻出版广电总局副局长、国家版权局副局长阎晓宏主持展览开幕式。中纪委驻国家知识产权局纪检组组长肖兴威、国务院机关事务管理局副局长李宝荣出席开幕式。展览共设置“领导重视 部署有力”、“齐抓共管 初见成效”、“服务产业 促进发展”、“完善机制 务求实效”四个主题展区。《中国推进使用正版软件工作状况》报告也同时发布。

5月21日　国家推进使用正版软件工作部际联席会议在京召开2013年软件正版化第一次督查工作总结会。国家新闻出版广电总局副局长、国家版权局副局长阎晓宏出席会议并认真听取了8个检查组的汇报，对下一步工作提出具体要求。

8月15日　国务院办公厅印发《政府机关使用正版软件管理办法》，对各级政府机关使用正版软件工作提出具体要求。《办法》明确要求各级政府机关的计算机办公设备及系统必须使用正版软件，禁止使用未经授权和未经软件产业主管部门登记备案的软件。各级政府机关工作人员不得随意在计算机办公设备及系统中安装或卸载软件。

10月11—12日　2013政府机关软件正版化培训会议在京召开，会议主要指导各地、各部门深入领会国务院办公厅于2013年8月印发的《政府机关使用正版软件管理办法》精神，推动建立健全软件正版化工作长效机制。国家新闻出版广电总局副局长、国家版权局副局长阎晓宏出席会议并讲话，各省（自治区、直辖市）推进使用正版软件工作机制成员单位相关负责人与会。

截至12月底　中央至地方四级政府机关、中央企业三级以上企业、大中型金融机构、新闻出版行业企业集团总部全部实现软件正版化。

2007 年 12 月 10 日，全国软件正版化工作会议在北京召开，新闻出版总署署长、国家版权局局长柳斌杰（中）出席会议并作报告。

2007 年 12 月 10 日，在全国软件正版化工作会议上，六家单位获得“全国软件正版化工作示范单位”称号。

推进使用正版软件工作展示

2009 年 11 月 23 日，“正版校园”计划启动暨北京大学—金山软件合作签约仪式在北大博雅国际会议中心举行。

2009 年 12 月 29 日，中央企业正版软件集中采购网站开通暨首批采购签约仪式在北京举行。

2010 年 2 月 26 日，推进企业使用正版软件工作部际联席会议第四次全体会议在北京举行。国家版权局、工信部、财政部、商务部、国资委、银监会、证监会、保监会、全国工商联九部委相关负责人出席。

2010 年 6 月 18 日，由国资委信息化工作办公室和国家版权局版权管理司共同举办的 2010 年第一期推进中央企业使用正版软件工作培训会议在北京举行，各中央企业负责软件正版化工作人员近 200 人参加会议。

推进使用正版软件工作展示

2011 年 3 月 1 日，由全国打击侵犯知识产权和制售假冒伪劣商品专项行动领导小组办公室、新闻出版总署（国家版权局）联合召开的全国软件正版化工作会议暨推进企业使用正版软件工作部际联席会议第五次全体会议在北京举行。

2012 年 2 月 10 日，推进使用正版软件工作部际联席会议第一次全体会议在北京举行。

2013 年 4 月 26 日，国家新闻出版广电总局（国家版权局）党组书记、副局长蒋建国（前排左二）和国家新闻出版广电总局副局长、国家版权局副局长阎晓宏（前排右二）等领导一同参观“软件正版化在中国”展览。

2012 年 7 月 17 日，国务院新闻办公室举办新闻发布会，通报软件正版化工作，新闻出版总署副署长、国家版权局副局长阎晓宏（左二）回答记者提问。

推进使用正版软件工作展示

2011 年 5 月 25 日，国务院机关事务管理局副局长李宝荣开通“正版软件采购网”。

2011 年 11 月 9 日至 11 日，由中国保险监督管理委员会统计信息部和全国保险业标准化技术委员会联合举办的“软件正版化培训与保险业‘十一五’标准化宣贯会”在京举行。

2012 年 7 月 19 日，中国银行业监督管理委员会副主席郭利根就推进银行业软件正版化工作情况接受中国网络电视台专访。

2012 年 4 月 24 日，北京市召开 2012 年推进企业使用正版软件工作动员会。会上，北京市使用正版软件工作联席会议办公室主任、北京市新闻出版局党组书记、局长冯俊科宣读了《北京市 2012 年推进企业使用正版软件工作方案》。

推进使用正版软件工作展示

2011 年 3 月 18 日，天津市召开天津市政府机关使用正版软件工作动员会，副市长张俊芳，市政府办公厅副主任殷向杰，全市 48 个委、办、局，16 个区县政府及塘沽、汉沽、大港管委会负责人共 110 余人参加了会议。

2012 年 7 月 9 日至 12 日，国家推进使用正版软件工作督查组对河北省省级政府机关软件正版化工作进行督导检查。图为河北省省级政府机关软件正版化工作汇报会。

2011 年 1 月，山西省召开省政府机关使用正版软件工作会议，对全省政府机关使用正版软件工作进行了安排部署。

2012 年 3 月，内蒙古自治区政府副主席刘新乐（左四）作软件正版化工作部署。

推进使用正版软件工作展示

2012年9月6日，辽宁省人民政府新闻办公室举行新闻发布会，通报了辽宁省省级政府机关使用正版软件检查整改工作情况。

2012年3月27日至28日，国家推进使用正版软件工作督查组到吉林省就政府机关和企业单位使用正版软件工作推进情况进行督导检查。图为吉林省推进使用正版软件工作情况汇报会。

2012 年 8 月 28 日，黑龙江省政府召开全省市地级政府机关软件正版化工作推进会。

2012 年 11 月 21 日，上海版权执法部门开展软件市场巡查活动。

2011 年 7 月 8 日，江苏省使用正版软件工作领导小组召开省级机关软件正版化实施工作大会。

2010 年 6 月 12 日，浙江省使用正版软件工作领导小组召开全省企业软件正版化工作会议。

2011 年 4 月 29 日，安徽省版权局等 9 家省推进企业使用正版软件工作联席会议成员单位主持召开全省政府机关和企业软件正版化推进工作会议。

2012 年 7 月 9 日，国务院督查组到福建检查软件正版化工作。图为福建省推进政府机关使用正版软件工作汇报会。

推进使用正版软件工作展示

2012 年 3 月 30 日，江西省人民政府召开省级政府机关软件正版化工作会议，部署开展政府机关软件正版化检查整改工作。

2012 年 5 月 27 日，山东省政府召开全省政府机关软件正版化工作会议。副省长张建国出席会议并讲话。

2012 年 5 月 18 日，河南省推进使用正版软件工作联席会议召开第一次会议。

2012 年 6 月 1 日，湖北省召开省直机关软件正版化推进督办会，会议要求省直机关确保在 2012 年 6 月底前完成软件正版化检查整改任务，副省长张通出席并讲话。

推进使用正版软件工作展示

2012 年 10 月，湖南省委省政府组织召开省级机关进一步推进软件正版化工作会议，部署省市级政府机关推进使用正版软件工作。

2012 年 4 月 26 日，广东省直、广州市直机关代表与金山公司代表签署办公软件采购合同。

2011 年 4 月 12 日，广西壮族自治区人民政府召开自治区政府软件正版化检查整改工作暨 2010 年企业软件正版化工作情况汇报会。

2012 年 7 月 6 日，海南省召开完成省级政府机关软件正版化检查整改工作新闻发布会。

2013 年 4 月，重庆市政府召开重庆市区县政府机关软件正版化新闻发布会，通报了截至 2013 年 10 月 31 日，重庆市 38 个区、县（自治县）完成本级政府机关软件正版化检查整改工作。

2012 年 7 月 9 日，四川省人民政府新闻办公室召开省级政府机关推进使用正版软件工作新闻发布会，省新闻出版局副局长张晓杰通报了四川省省级政府机关推进使用正版软件工作情况。

2012年7月9日，国家推进使用正版软件工作督查组在贵州省检查软件正版化工作。图为贵州省推进政府机关正版软件工作汇报会。

2012年12月6日，云南省推进政府机关使用正版软件工作电视电话会议在昆明举行。云南省推进使用正版软件工作领导小组组长、副省长高峰出席并讲话。

推进使用正版软件工作展示

2012 年 7 月 5 日，西藏自治区版权局召开自治区级机关安装正版软件办公室主任会议。

2011 年 10 月 12 日，陕西省召开政府机关使用正版软件工作培训暨现场交流会。

2012 年 5 月 25 日，甘肃省使用正版软件工作领导小组组长、甘肃省委常委、副省长咸辉主持召开甘肃省使用正版软件工作领导小组会议，部署全省政府机关软件正版化工作。

2008 年 9 月 11 日，青海省召开全省企业使用正版软件工作会议。

推进使用正版软件工作展示

2012 年 4 月 12 日，国家推进使用正版软件工作督查组赴宁夏回族自治区进行政府机关和企业软件正版化工作督导检查。图为宁夏回族自治区软件正版化工作汇报会。

2011 年 1 月，新疆维吾尔自治区版权局、建设厅共同召开新疆勘察设计行业 CAD 软件正版化示范单位挂牌仪式。

版权

专文

ZHUAN WEN

为移动互联网创造良好版权环境

——在2013年中国版权年会开幕仪式上的致辞

国家新闻出版广电总局（国家版权局）党组书记、副局长　蒋建国

刚刚闭幕的党的十八届三中全会通过的《中共中央关于全面深化改革若干重大问题的决定》提出，进一步解放思想，解放和发展社会生产力，解放和增强社会活力，让一切劳动、知识、技术、管理、资本的活力竞相迸发，让一切创造社会财富的源泉充分涌流，让发展成果更多更公平惠及人民；并明确提出，要加强版权保护。这为做好版权保护工作指明了方向、提供了遵循，我们一定要认真贯彻执行。

如果追本求源，我们就会发现，提出“保护创作者”这种道德上的诉求远比保护版权法律制度历史悠久。虽然中国是印刷术的故乡，却一直难以孕育起现代版权制度。谁能想象，1979年的华盛顿，《中美高能物理协定》中方谈判代表对“版权”、“国际版权公约”等字眼表现出的陌生与尴尬；谁又能想象，2012年的北京，世界知识产权大家庭齐聚一堂，《视听表演北京条约》让世界震惊，让国人扬眉！经过短短几十年的艰苦努力，我国已基本建立起了一整套既符合国情又与国际规则接轨的版权法律制度，在实施创新型国家建设和知识产权战略方面取得了令世人瞩目的成就。

从全球视角看，管理和保护包括版权在内的知识产权越来越成为一国提升综合实力的重要选择。近年来，美国、欧盟、日本、澳大利亚等发达国家和地区已经或将要把包括版权在内的知识产权产品作为资产加以管理，并纳入其国民经济核算体系，这充分表明各国对知识产权管理和保护的重视。

从我国情况看，随着创新型国家建设和文化强国建设的推进，人的智力创造在经济和社会发展中的作用越来越突显，基于作品的创作、传播和社会公众的消费而形成的版权产业迎来了蓬勃发展的新时期。加强版权保护，激励繁荣创作，促进传播和产业发展的良好环境，已成为我国一项任重道远的重要事业。

数字技术特别是移动互联网技术最大的特征是，彻底改变了信息、作品的复制和传播方式。其催生的商业应用日新月异，业务模式层出不穷，在带来无限发展空间和发展机遇的同时，也不可避免地导致权利细分趋势更加明显，利益关系更加复杂，给版权的立法、司法、行政执法和社会管理等工作带来了更加严峻的冲击和挑战。

“明者因时而变，知者随世而制”。为了进一步加大版权保护力度，有效遏制各类侵权盗版行为，激励创作者的积极性，同时也为了进一步便捷传播者获得授权，畅通授权机制，完善交易规则，促进版权产业健康发展，有必要对现行的版权法律做出必要的调整。为此，国家版权局在广泛征求全社会意见的基础上，已于去年底向国务院正式呈报了《著作权法（修订草案送审稿）》，全国人大也将其列为条件比较成熟、十二届常委会任期内拟提请审议的法律草案。

行政保护与司法保护相结合的双重保护，是中国版权保护的一大特色。近年来，国家新闻出版行政管理部门和国家版权局在版权行政保护方面做了大量工作，特别是针对网络版权保护现状，联合公安部、工信部和国家互联网信息办公室连续8年开展了打击网络侵权盗版“剑网行动”，不断加大对网络侵权盗版的打击力度。我们将一如既往地重视和加强版权工作，进一步完善版权法律政策体系；加大软件正版化工作力度；保持对各类侵权盗版行为打击的高压态势；强化版权公共服务与管理；搭建有效的版权市场交易平台；建立版权要素市场流转秩序；扩大版权事务对外交流与合作。

（本文为国家新闻出版广电总局暨国家版权局党组书记、副局长蒋建国在2013年11月30日中国版权年会开幕仪式上的致辞，发表时略有删减。）

关于出版、数字出版和版权的几个问题

国家新闻出版广电总局副局长、国家版权局副局长　阎晓宏

问题一：关于出版和数字出版的概念

关于出版的概念。出版是有文字以后随着出版印刷术的发明而发展起来的。出版的概念包括了三个方面：一个是编辑，一个是复制，一个是发行或者传播。现在的一些表述里，也有不严谨的地方。比如“百度文库”里面讲，有文字以后发展起来的金文、石刻及人工抄写，是一定意义上的出版。但以我来看，实际上不是。石刻不是出版，手抄也不是出版。什么才叫出版呢？核心内容是复制，就是把一个有内容的东西复制为多个有内容的东西，这是出版的本质。编辑加工是不是出版呢？编辑加工是出版的一个环节，但不是出版最重要的条件。为什么这么说呢？其实，即使没有经过编辑加工，就算把它复制为多份内容一致的，也是出版。其行为是出版行为，其没有经过编辑加工而复制出来的产品也是出版物。发行或传播虽然也归纳在出版活动的范畴之中，但从它自身的含义来看，应该说已超出出版即复制这个概念之外。出版的核心是什么呢？就是复制。就是把一个有内容的东西复制成多个有内容的东西，不具备这个要件一定不是出版。

关于数字出版的概念。数字出版现在也有很多概念，我也拿了两个跟大家探讨一下。什么叫数字出版呢？“百度名片”关于数字出版的定义是：数字出版是人类文化的数字化传承，它是建立在计算机技术、通讯技术、网络技术、流媒体技术、存储技术、显示技术等高新技术基础上，融合并超越了传统出版内容而发展起来的新兴出版产业。数字出版是新兴出版产业，实际上是很不严谨的概念，在逻辑上属于重复定义，什么都没有说。“百度名片”上紧接着描述：数字出版是在出版的整个过程中，将所有的信息都以统一的二进制代码的数字化形式存储于光盘、磁盘等介质中，信息的处理与接收则借助计算机或终端设备进行。它强调内容的数字化，生产模式和运作流程的数字化，传播载体的数字化和阅读消费、学习形态的数字化。这里它实际上要说的就是数字出版是以二进制方式进行处理的。中国新闻出版研究院有位学者关于数字出版的定义是这么讲的：数字出版是以标记语言为基础、以全媒体为显示形式、以链接搜索功能和个性化定制功能为特征的知识组织和生产方式。虽然不同的数字化出版形态的出版模式各不相同，载体与传播渠道也可能不同，甚至内容格式差别很大，但都有一个共同特征，即出版物的内容是数字化的，所有形式的内容都以计算机可识别和处理的二进制方式，就是0和1进行编码。无论终端介质是什么，只要介质是数字化的，并以二进制方式处理，这种出版物一定是数字出版物。这里我们看到百度和中国新闻出版研究院学者的这两个定义，核心是通过二进制进行处理的信息内容，就是数字出版。二进制是数字出版概念中的核心问题。二进制是计算机技术里面广泛使用的一种数制，它以0和1两个数码来表示，它的基数是2，进位规则是“逢二进一”，借位规则是“借一当二”。二进制是莱布尼茨发明的。莱布尼茨是德国的一位大数学家，也是一位著名的哲学家，与牛顿齐名，微积分就是他和牛顿共同发明的。所有内容信息都用二进制方式进行处理的就是数字出版，这是这个概念的核心。但如果这个概念的逻辑成立，就推翻了前面关于出版就是把一个有内容的东西复制成多份有内容的东西这个定义，并可以推出这样的结论，以雕版或活字版或激光照排版制版，通过纸张和油墨，在印刷机上印制出来的有内容的出版物就是出版，或者说是传统出版。这个定义是以技术和生产的流程来给出版下定义的，没有抓住事物的本质。实际上，无论是雕版，或者活版（活版有多种版，有木版、有泥版，有铜的还有其他金属的版），还是激光照排制版，甚至是无版印刷，本质上都是一种复制，都没有改变把一份内容复制为多份内容的本质特征。简单来说，如果按照以二进制方式处理的就是数字出版，那就可以推出：用油墨和纸张在印刷机上印制出来的就是传统出版。所以这在逻辑上是个问题。这个问题我今天是第一次在公开场合来讲。虽是一个概念，但它反映出数字

出版这个产业的年轻性、不稳定性，也说明加强基础理论研究仍是较为紧迫的。

我见到国外关于数字出版的一个定义，是澳大利亚学者提出的。在2009年6月份，维也纳举行第十七届国际数字出版会议，澳大利亚的学者提交了由澳大利亚政府基金支持的一个课题项目，这个课题名称是“出版在发展”，副标题是“数字出版的潜能”，实际上和我们所说的出版的转型和发展，是一个很接近的概念。这个课题对数字出版下了这样一个定义：数字出版是依靠互联网，并以之为传播渠道的出版形式。其生产的数字信息内容，建立在全球平台之上，通过建立数字化的数据库，达到在未来重复使用的目的。这里面有这样几点：第一，是通过互联网进行传播的；第二，它生产的数字信息建立在全球平台之上；第三，通过建立数字化的数据库达到在互联网环境下重复使用的目的。这个概念的核心是重复使用。这个重复使用和把一份纸质的东西变成多份，通过多份变成多人阅读，在本质上也是一致的。我比较赞成澳大利亚学者关于数字出版这个概念所下的定义。当然，这个定义也不是绝对严谨，但基本说清楚了。为什么说它也不是特别严谨呢？主要是这个定义的范围窄了一点，互联网是互联互通的，这叫互联网，而互联网之外还有局域网，因此信息网络的概念才是一个更加科学的概念，它包括互联网，也包括局域网。

问题二：版权在出版包括传统出版和数字出版中的意义

无论传统意义上的出版还是数字出版，我们都统称为内容产业。实际上，内容产业的概念当然是比这个还要更大，内容产业应该把文化、广电、新闻出版全部涵盖了。我们现在用部门职能来定义学科范围是非常危险的一件事。实际上，在高新技术发展的条件下，学科的界限会发生很大的变化，并呈现交叉性特点。学科之间的互相渗透非常强，不能削足适履。所以要说明一下，这里讲的传统出版、数字出版都涵盖在内容产业之中，但不是全部。关于出版和版权，从一般意义上来讲，任何一个出版单位或者出版企业，自己是不创作作品的，而是通过版权制度，遵循市场经济原则，根据供求关系，通过购买的方式获得作品的版权，通过获得作品的版权从而获得了对作品进行复制、加工、传播的控制权。版权的控制权实际上是文化和内容的控制权，控制了版权就控制了文化和内容，甚至控制版权后也可以选择不出版。例如，出版单位或其他法人或非法人，购买了作者的版权（主要是复制权）以后，就把它搁到那儿了，作者这时候就不能再许可他人出版了，当然这种情况是非常少的。我说出版单位自己一般不创作作品，也不是绝对的，有些出版社自己也组织编写一些工具书，比如说大百科全书，这部书的整体版权就由大百科全书出版社自己拥有，但这也是非常个别的。一般情况下，出版单位都是先和作者约稿、组稿，签订授权协议，才获得了它的复制权。所以，版权在出版中是极为重要的，是本源性的东西。脱离了各类作品，出版就是无米之炊。脱离了对各类作品版权的拥有和控制，出版是谈不上的。讲到这里，顺便提一下自主知识产权和自主创新这两个概念，自主知识产权是成立的，自主创新在科学意义上是有瑕疵的。自主知识产权是指这个东西可能不是我研发的，但是我购买了它的版权、专利权、商标权以后，我就拥有了对它进行商业或非商业使用的权利，无论创作者、研发者是谁。如果说哈利·波特这个作品，你买了中文版在中国首发，只要你把它买来了，就是仅限你有使用权，而美国人、英国人则没有使用权，所以我们说知识产权可以讲自主知识产权。这里的自主是指支配使用，而不是创造。自主创新为什么有瑕疵呢？创新本身是一种主体自觉的活动，没有“他主创新”。这个概念逻辑上实际是不通的，我们说建立创新型国家指的是中国，一定是以我们为主体的。

版权在数字出版和传统出版中，都是具有战略性、资源性意义的，脱离了版权，就不要去谈数字出版，也不要去谈出版。

问题三：版权在出版或者数字出版中的实现方式

版权是从哪里来的？不是从天上掉下来的，也不是出版单位固有的，版权是因创作者创作出来作品而产生的。这里需要把《伯尔尼公约》中关于作品的概念讲一下。《伯尔尼公约》中的“文学艺术作品”一词包括文学、科学和艺术领域内的一切成果，不论其表现形式或方式如何。关于文学和艺术好理解，但是关于科学怎么理解？比如《哥德巴赫猜想》，这篇论文是享有专利权还是享有版权呢？正确的结论是它享有版权而不享有专利权。因为哥德巴赫猜想属基础理论，只有将其应用到其他领域研制了一种技术，其才享有专利权。凡是在基础科学理论层面研究的东西，无论是社会科学还是自然科学，享有的都是版权。还有十分重要的一点，就是版权基于表达，版权不保护思想，保护的是表达出来的东西，即作品。这个定义中有两个概念非常重要，一个是它所界定的作品范围涉及文学、科学和艺术领域，范围非常之宽；一个是表现形式或方式，在脑子中构不成作品。作品需要表现出来，无论表现形式或方式如何。著作权领域的表现是一个很宽泛的概念，它包括文字、声音、形象等不同方式的表现。舞蹈是通过形象表现的，音乐是通过声音表现的，图书是通过文字表现的。表现方式虽不同，但都在《伯尔尼公约》界定的“作品”范畴之中。

有些人一直认为版权是由出版单位天然拥有的，实际上这是一个比较幼稚的想法。从版权制度产生来看，版权的确是出版催生出来的，但它却是创作者、作者的权利。在公元 15 世纪左右，欧洲开始出现对出版商利益的保护。在中国宋代也出现了版权禁令（南宋时期刻印的《东都事略》一书的牌记：“眉山程舍人宅刊行，已申上司，不许复版”），但这只能被看做是版权的萌芽，还不是本来意义的版权。现代版权制度的建立，就是使权利从出版者的身上回归到创作者的身上，其标志是 1709 年《安娜法典》的颁布。版权包括了人身权利和财产权利，人身权利作为作者的权利，无论在什么环境下，都是不容改变的，它包括发表权（可以发表，也可以不发表）、署名权（可以署真名，也可以署笔名）、修改权（作者可以修改，编辑也可以修改，但是不能违背作者意愿）。财产权中权重最大并与出版和数字出版关联度最高的是复制权和信息网络传播权。复制权是作者一项非常重要的财产权利，一般来说，作者和出版社签约主要是就复制权进行签约，这个权利一般也被称为出版权，或者称为专有出版权。网络的出现，使作者产生了一项新的权利——信息网络传播权。在互联网上，大量信息内容在网络空间里传送，这些信息包括了文字、声音和图像三种形式，而这三种形式恰恰都是受版权控制的。对于在网络上传送的这三种形式的内容，如果不赋予作者相应的权利，就会产生这样的矛盾：出版图书需要获得作者的授权，但是在网络环境下不需要获得作者授权，这从逻辑上和法律上都是不可思议的。所以作者在传统出版领域享有复制权，延伸到网络领域享有信息网络传播权，是一个必然。有人提出：可不可以把信息网络传播权并入复制权（出版权），由出版者一并行使？这从法理到实践来看都是行不通的，因为复制权和信息网络传播权是作者可以单独行使的两种权利。随着网络的发展，有可能作品先在网络上传播，再出纸介质出版物，如果网络传播商提出把复制权并入信息网络传播权可以吗？同样不可以。但是，出版商或网络传播商都可以通过契约方式，从作者那里同时拿到这两种权利的授权。

传统出版和数字出版的共同点即它们的目标：都是为了满足人们对文化的需求，实现传播。出版只有实现规模性的复制，或者叫规模性的使用，才能形成产业，网络环境下的规模就体现为重复使用的次数。所以说产业的基础和规模是相关的，和广泛传播也是相关的，这一点无论在现实社会里还是在互联网环境下，其本质都应该是一致的。

传统出版和数字出版的不同点是什么呢？传统出版需要获得复制权，数字出版需要获得信息网络传播权。两者生产方式和传播方式不同，一个是在真实的社会里，一个是在虚拟的空间里。传统出版的生产方式，需要出版商印书成册，然后通过不同区域的批发商、零售商或电子商务等环节才能将书送到读者手中；数字出版的生产方式，首先是建立一个充分获取了授权的作品信息数据库和平台，然后通过网络运营商提供的服务实现传送，使许许多多的人在不同时间、不同地点获取任何一部数字作品。数字出版要求版权的集约化程度高。在传统出版领域，一些较小的出版单位一年可以只出几十种、几百种书，这在全世界范围内都很普遍，但在数字出版领域，这就远远不够。如果不能集约或控制相当数量的作品授权或控制某一领域，如文学、艺术、儿童读物或医学等最具代表性且有相当比重的作品版权，而在信息网络环境下，面对上百万个网站，以传统出版的方式投送数量有限的作品，这样去做数字出版，无疑像在海里撒盐一般。近年来，一些出版单位在数字出版上投了不少钱，也花了不少精力，效果却不大，版权集约不够可能是一个需要注意的问题。

问题四：从版权的角度看我国内容产业发展存在的问题

第一，对版权的认识不够。现在很多文化单位回避版权，不知道在所有文化产品当中，天然的已经有了版权的因素在里面，甚至有的搞文化产业的却不了解版权。

第二，定位不清楚。我们讲实现出版的转型，是把自己放在一个传播者的位置上来考虑问题。在传统出版里面，作为出版者，是要通过复制、发行来进行传播，通过传播获得效益；在数字出版领域，传播需借助网络内容提供商和网络运营商两个层面，它既需要有大的运营商，也需要有大的内容提供商，现在，大的运营商已经有了，比如联通、移动、电信，而大的内容提供商还没出现。

第三，数字出版平台的纷纷建立具有一定的盲目性。目前，数字平台纷纷涌现，其好处是大家都很重视数字出版，都建平台，都投入那么多人在做，都在进行实践和探索，但由于对数字环境下内容投送的性质和方式不清楚，内容提供商规模不大，优质版权资源不够集中。内容提供商把一定数量的版权集约起来，过于窄小分散，只能湮没在浩瀚的网络之中，产生不了效益。有学者认为全世界数字出版有几家就够了，听起来好像有些极端，但道出了网络环境下作品传播的特点与规律。如我国的视频网站，前几年大大小小的视频网站数百家，现在越来越少，只有十几家了，2012 年土豆和优酷又合并。视频网站的数量虽然少了，但它们能控制的作品版权数量却更大了，并且形成了更大的传播能力和效益。今后，视频网站预计还将有进一步的整合，这是符合数字出版规律的。整合是数字出版产业发展的必然趋势，版权集约是数字出版得以实现的前提。

问题五：整合版权资源，推动数字出版产业发展

第一，要深刻理解版权，要整合版权资源，集约版权。把内容资源整合、集约、控制了，远远比建平台重要。出版人要转型成为网络环境下的内容提供商，一定要形成和运营商的对等谈判能力，或者和大平台的对等谈判能力。

第二，可以进行一些联合，这种联合应该是在资本控制下进行资源整合，整合版权资源，整合人才资源，整合我们的特定作品市场资源。

第三，国家在数字出版过程中，要对企业进行规划指导、政策支持和资金支持。现在，国家对文化的投入很多，但真正投入到对资源控制上的不多，对文化资源的控制不够。如果我们从文化产业发展和文化安全的角度来看，国家控制了相当数量的文化资源，对我们唱响网上、网下主旋律都是非常重要的。

（本文根据国家新闻出版广电总局副局长、国家版权局副局长阎晓宏 2012 年 12 月在中国传媒大学编辑出版研究中心硕博士学术讲座上的发言整理，发表于 2013 年第 3 期《现代出版》杂志。）

《量子宇宙》

《量子宇宙》共11章，为读者拔开笼罩着量子理论的迷雾，向读者展示出人人都能够理解最艰深的量子力学。量子力学为我们提供了一个具体的大自然模型，在本质上可与牛顿的运动定律、麦克斯韦的电磁理论和爱因斯坦的相对论相媲美。本书用时钟、鼓面、吉他等形象方式，准确、生动、直观地描述了艰深的量子力学，能为普通读者理解和基本掌握，能让读者很好地了解大自然的本质，洞悉宇宙存在的物质基础。

本书探讨人们在自然界里观察到的什么现象是导致我们必须引入量子理论的，量子理论又是如何建立起来的，并且为什么我们对此充满信心。

（供稿：重庆出版集团）

《病毒性肝炎》

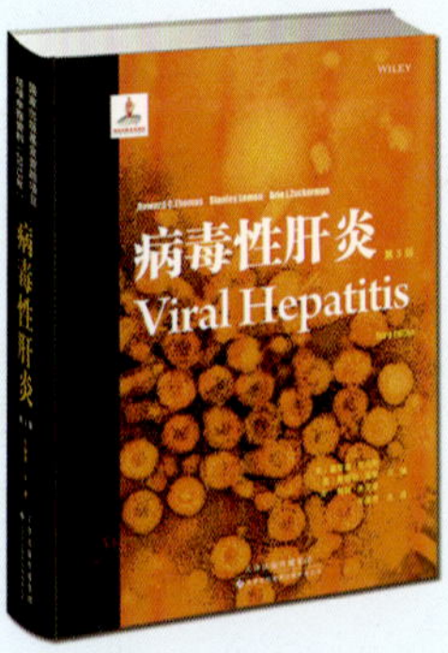

本书为世界著名肝病学家经典力作，是涵盖病毒性肝炎各领域知识的综合性参考书，内容包括病毒性肝炎从基础到临床、从流行病学到预防、从诊断到治疗等方面的知识。本书的引进出版对我国从事病毒性肝炎防治工作的广大临床医生及科研人员掌握关于病毒性肝炎的理论与治疗技术，了解当今国际上诊断和治疗的最新进展具有重要指导意义，有助于推动我国病毒性肝炎的临床诊治及研究水平的提高，对我国病毒性肝炎防治工作起到促进和指导作用。

本书已入选“十二五”国家重点图书出版规划项目，列入400种精品项目；入选2013年国家出版基金项目，并被评为优秀项目；获2013年引进版科技类优秀图书奖。

（供稿：天津科技翻译出版有限公司）

《DK儿童能力培养百科全书·美食出自我的手》

《DK儿童能力培养百科全书·美食出自我的手》是英国DK公司出版的一套全新概念的能力培养百科全书，它的作者安娜贝尔·卡玛被英国女王授予了勋章，以表彰她在儿童营养领域做出的杰出贡献。

这是一套改变了以往固有的阅读和思维模式，融入了全新的编辑理念，将百科知识部分和动手能力融合在一起，将植物的生长与美食的制作相结合的能力培养百科全书，它可以帮孩子实现从认知事物到活学活用的飞跃，实现智能的综合开发。

独立的生活本领在动手中提高，温馨的亲子关系在协作中升华！每一个孩子都是动手的行家，这套书让孩子在游戏般的烹饪过程中学习各种生活技能，养成勤用脑、多动手的好习惯。让孩子从小体会到生活中的美好！

（供稿：中国大百科出版社）

《小儿骨科手术技术》

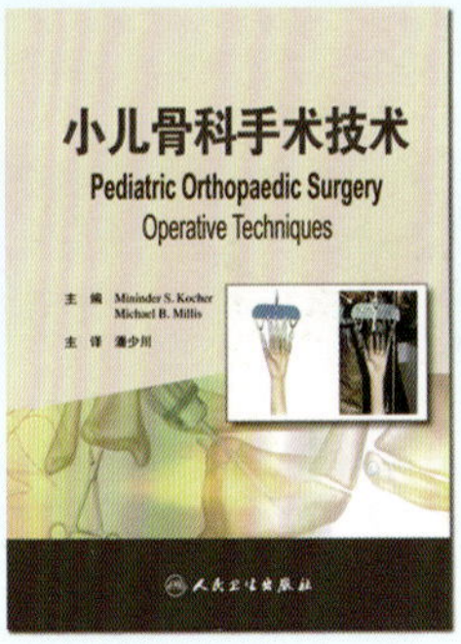

本书在内容上详细介绍了目前临床小儿骨科各种手术技术的手术入路、手术器械和内植物、具体操作步骤、术后发育影响、手术要点和注意事项，配有全彩术中照片、插图及DVD，帮助读者全面掌握所有小儿骨科领域的最新和最佳手术技术。

小儿骨科的手术不仅要考虑恢复当前功能与结构的需要，还要充分顾及儿童骨骼的发育规律，必须避免手术区域因儿童的正常发育而形成的次生结构与功能缺陷。因此，每次手术对于小儿骨科医师来说都是一次挑战。本书是目前市场上仅有的一本小儿骨科手术技术指导专著，应用大量精美图片，一步步指导手术步骤的实施，并配有手术要点和注意事项，涵盖了当今小儿骨科领域权威的实践经验。

（供稿：人民卫生出版社）

《人的宗教》

本书由海南出版社引进，介绍了世界七大宗教传统，包括印度教、佛教、儒家、道家、伊斯兰教、犹太教、基督教以及各种原初宗教。这部书被称为“世界宗教第一部可用的教科书”，其特点在于作者史密斯尝试用个人的亲身体验，以说故事、讲历史与哲学思辨的方式把世界宗教的精神性传达给大众，环绕宗教所引发的价值深入地挖掘人性的奥秘。书中的内容丰富而精彩，语言生动流畅、通情达理，这也是其畅销、长销的最大秘密所在。

本书作者休斯顿·史密斯（Huston Smith），出生于一个来华传教的传教士家庭，先后在华盛顿大学、麻省理工学院任教，是宗教史权威，也是比较宗教哲学的领袖人物。

（供稿：海南出版社）

《灿烂千阳》

继畅销过百万册的《追风筝的人》之后，卡勒德·胡赛尼在《灿烂千阳》里展现了半个世纪阿富汗妇女所要忍耐的种种。个人，要忍耐饥饿、病痛的约束。家庭，要承受战争的创伤、难民的流离失所。国家，要忍耐前苏联、塔利班与美国的战争。这是一部阿富汗忍耐的历史。《灿烂千阳》再次以阿富汗战乱为背景，时空跨越三十年，用细腻感人的笔触描绘了阿富汗旧家族制度下苦苦挣扎的妇女，她们所怀抱的希望、爱情、梦想与所有现实的失落。

（供稿：新疆人民出版社）

《拉维尼娅的学校》

《拉维尼娅的学校》是明天出版社2014年出版的“当代外国儿童文学名家比安卡·皮佐尔诺作品”系列中的一本。比安卡·皮佐尔诺是意大利著名儿童文学作家，她被认为是意大利儿童文学的领军人物，并于2011年代表意大利获得国际安徒生文学奖的提名。比安卡·皮佐尔诺的作品想象力丰富，语言生动，情节曲折而引人入胜，人物形象立体丰满，故事结局往往出乎意料，不同于一般的儿童文学作品，令孩子惊讶之余还能明白深刻的道理。《拉维尼娅的学校》是比安卡·皮佐尔诺的代表作品之一。

（供稿：明天出版社）

“青少年情绪美学漫画心理丛书”

本套“青少年情绪美学漫画心理丛书”共4册，分别为《与恐慌跳支舞》、《焦虑真的不见了》、《扭转情绪危机》、《游出忧郁之海》。作者以独特的才智、心得与实践技巧，告诉人们如何战胜恐慌、焦虑、忧郁等情绪，走出迷雾。

本丛书以漫画的形式，轻松、活泼地讲述焦虑、恐慌、忧郁症等症状的表现形式及舒解、治疗方法，是治疗情绪病症最有效的陪伴手册。近年来，人们对健康的关注不仅仅体现在生理方面，同样体现在心理方面。过去的励志是教人们如何成功，现在的励志则更关照内心；而且心灵励志，更偏于心理，而非励志。很多人必须面对内心问题，才能舒解压力。可见，通过对内心的探究，从而更好面对自己的生活，成为这类图书的最大价值所在。

（供稿：江西科学技术出版社）

《Lewin基因X》

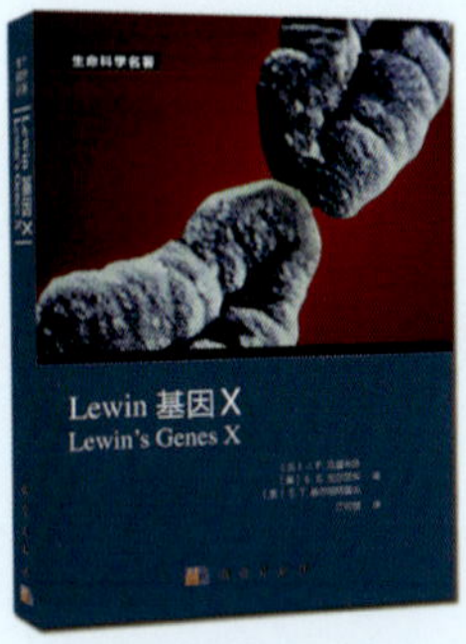

《Lewin基因X》对分子生物学和分子遗传学进行了精彩的论述，内容涵盖了基因的结构、序列、组织和表达。21位科学家编写和修正了其各自领域的相关内容，使得本书成为相关领域当今最新颖、全面的参考书。其中大部分修订和重新编排是基于Lewin的《基因精要》第二版，并在内容上增加了一些新的章节，结构上也进行了一些调整，使得全书各个主题在排列上更加富有逻辑性。许多章节也重新命名，以便更好地体现它们包含的内容。

本书是分子生物学和分子遗传学最经典的名著之一，是生命科学各个分支学科的师生和研究人员必备的教科书和参考读物。

（供稿：中国科技出版传媒股份有限公司）

《肿瘤生殖学》

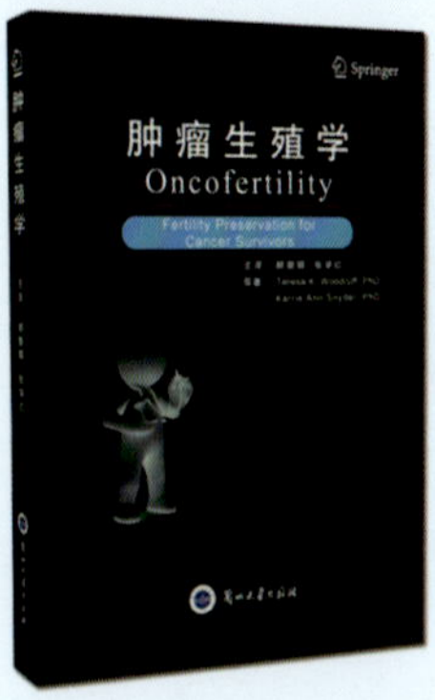

肿瘤生殖学是随着肿瘤学和生殖医学的进步而出现的一门新兴交叉学科，旨在研究如何治疗因肿瘤以及肿瘤治疗而导致的患者生殖功能的损伤。肿瘤生殖学历经近10年的发展，而在国内这一新兴的医学问题还未引起足够关注。

该书从Springer公司引进，详细介绍了肿瘤生殖学相关的基础理论技术研究以及临床实践指南，全面展现了生殖医学、生物工程等方面基础研究的最新进展，以及肿瘤生殖学临床研究方法及最新研究成果。其内容涉及围绕卵泡生长的潜在的生物学问题、卵巢组织的低温保存、新技术在临床实践中的应用、癌症相关的不孕症的社会心理学意义、肿瘤生殖研究对于患者及其家庭的社会心理学意义等。

（供稿：兰州大学出版社）

《禽肉加工》

中国农业大学出版社引进版权。书中系统介绍了影响禽肉品质的宰前因素，前期加工处理，二次加工处理，禽肉检验与分级，包装，肉品质量，病原微生物，禽源致病菌，禽肉腐败菌，重组和乳化肉制品，裹涂禽肉制品，煮制、腌制，质量保证和过程控制，营养价值，水和废水处理，可食和不可食副产物，动物福利和有机标准，饮食法律在禽肉制品中的应用等内容。

我国目前尚缺乏一本系统介绍从屠宰到终产品、集理论性和可操作性于一体的禽肉加工专门书籍。本书的翻译出版填补了这一空白，在完善我国禽肉业质量安全控制技术，提升加工自动化与标准化水平，丰富禽肉产品类型，提高禽肉深加工程度方面具有重要意义。

（供稿：中国农业大学出版社）

《生物质评估手册》

中国农业大学出版社引进版权。书中系统介绍了生物质资源、生物质原料供应和消费的评估方法、遥感技术的应用，以及生物能开发利用的案例研究。全书概述了生物能的作用、潜力、传统与现代应用，并分析了数据获得和分类中存在的困难、大规模应用的障碍和生物质的未来，介绍了生物质评估的方法论基础、木质生物质供应、非木质生物质和二次燃料、生物质消费评估及遥感技术在生物质生产和碳封存项目中的应用。基于实证研究，重点介绍5个案例，包括生物质能的国家贸易、生物能市场建立、沼气和生物柴油的应用、生物能对碳封存和气候变化的潜在影响。本书对生物质能源供应和消费的评估提供了实用、标准化的方法，作者都是资源、环境和农村发展领域的国际知名专家，本书对推动我国新兴的生物质能资源评估和产业发展将大有裨益。

（供稿：中国农业大学出版社）

《我有友情要出租》

《我有友情要出租》是台湾著名儿童阅读推广人、儿童文学作家方素珍的代表作之一。该书荣获“《联合报》年度最佳童书奖”，入选班级读书会新书目、生命教育主题书目。交朋友对孩子来说是一门学问，那友情是可以出租的吗？租回来的友情就不是真正的友情了。这本书让孩子懂得怎样才算真正的朋友。其实孩子的身边从来不缺少朋友，只是缺少发现的眼睛，告诉孩子，想要交朋友，就随时注意身边的同伴吧。读这本图画书，除了感受作者所传达的真友情外，也要仔细地观察图画里的玄机。画者通过细致的描绘传达了大猩猩和小女孩的精致感情，更大量运用暖色调让友情持续加温，构成温馨感人的画面。

（供稿：新疆青少年出版社）

“最励志校园童话”

从韩国最新引进的畅销励志读物“最励志校园童话”让孩子在自主阅读中自我成长。“最励志校园童话”（注音版）专为一、二年级学生打造，是畅销读物“最励志校园小说”的姊妹版，入选辽宁、黑龙江、江苏、湖北等多个地区学校推荐书目及《中国图书商报》“中国影响力图书”。《我是正能量小孩》告诉孩子，只要能聚集正能量，就会更快乐、更成功。《我爱唠叨的妈妈》告诉孩子，唠叨的妈妈其实很爱他，教孩子学会正确看待父母老师的唠叨。《我不怕作业魔王》告诉孩子，作业并不可怕。

（供稿：长江少年儿童出版社）

《策略思维——商界、政界及日常生活中的策略竞争》

本书用许多活生生的例子，向没有经济学基础的读者展示了博弈论策略思维的道理。简而言之，这是关于了解对手打算如何战胜你，然后你战而胜之的艺术。怎样打赢一场网球，少数如何战胜多数，你最讨厌的对手等等，都在讨论之列。

（供稿：中国人民大学出版社有限公司）

《古老的农夫 不朽的智慧——中国、朝鲜和日本的可持续农业考察记》

《古老的农夫 不朽的智慧——中国、朝鲜和日本的可持续农业考察记》为“亲历中国”系列丛书之一，是美国农业科学家弗兰克林·哈瑞姆·金在清代末年考察中国、日本、朝鲜等国的农作实践后写的一部纪行。本书完全是从一位科学家的视野展开，对中国、日本、朝鲜等国各个季节的农作物种植，农作实践经验等方面进行了非常详尽的记录与描述。作者还拍摄了大量农作场景照片，以实图更加形象地记录了这些国家古老的农夫及他们千百年来积累下的经验与智慧。本书不但为大众提供了一百年前我国在外国人眼中的客观形象，研究价值也很大，不失为一本详尽的农作实践与土壤物理学方面的参考书。

（供稿：国家图书馆出版社）

《振荡微分方程的保结构算法》英文版

本书反映了二阶振荡微分方程保结构数值解法研究的最近进展和发展动向，系统阐述了作者及其合作者近五年在常微分方程的ARKN方法、ERKN方法、两步ERKN方法、Falkner型方法、辛方法、对称方法、保能量方法以及偏微分方程多辛方法等方面的重要研究成果。

本书内容新颖，观点鲜明，结构合理，图文并茂，注重严格的理论分析与启发性的数值实验相结合。可供从事计算数学、应用数学、计算物理、计算化学、天文学等相关领域的研究人员，大专院校理工类相关专业的教师、高年级学生、研究生使用，也可供工程师和技术人员使用和参考。

（供稿：中国科技出版传媒股份有限公司）

"中华美少年"

"中华美少年"丛书共9册，分别是《宝莲灯》、《曹冲称象》、《后羿射日》、《精忠报国》、《孔融让梨》、《木兰从军》、《哪吒闹海》、《司马光砸缸》、《武松打虎》，讲述了9位家喻户晓的中华小英雄的故事。对于海外读者来说，该书也是了解中华传统文化的一个窗口，语言简洁明快，故事富于意趣。每本书配有20幅图画，契合青少年的心理特点和学习需求，让读者通过引人入胜的故事情节和活灵活现的精美插图感受中华文化的魅力。

（供稿：北京时代华文书局）

《白银秘史》韩文版

古代中国曾是世界上首屈一指的"白银帝国"。它是世界白银的"归宿地"，还是"全球经济一体化"的古老轴心。然而，恰恰是由于西方殖民国家对"新大陆"的血腥掠夺，却在无意之中促成了明清两代中国"出口经济"的繁荣。在二战的前夜，美国的"白银大亨"构筑了一个针对中国的白银阴谋。而结果，却是美国的白银集团搬起石头砸了自己的脚，无意中助长了日本侵略者的罪行。

在书中，你将看到一个个真实而又神秘的历史场景、一场场凶险诡谲的阴谋交锋：真的是罗斯福的竞选需要，最后导致了蒋介石政府的垮台吗？而白银"空心化"的中国，又将面临怎样的全面崩溃？21世纪初的世界金融体系，将面临怎样的危机与挑战……

（供稿：重庆出版集团）

《温文尔雅》英文版

自2003年以来，温家宝总理在国内外记者招待会等不同场合，多次引用我国古典诗文名句表情达意，既表现出我国领导人的政治理念、品德修养，又宣传了中华民族的传统文化、精神追求以及价值取向，画龙点睛、生动传神，增强了语言魅力和感染力，给国内外听众留下了深刻印象。

由学者何长江和汪龙麟等主编、国务院副秘书长焦焕成作序的解读温家宝总理引用经典诗文名句的《温文尔雅》一书，以文学赏析的形式，详细解读其背景出处，既有对文本的知识性分析，又有对原文义理的评述，阐述了诗词的语境和深刻内涵。中国言实出版社将其译成英、法、德、日等10种语言及中文繁体版，由北京大学王继辉教授担任总审校。本书在全球出版发行。

中国言实出版社与美国按需出版集团合作的《温文尔雅》英文版，已正式出版。

（供稿：中国言实出版社）

《中国语言生活状况报告》英文版

本书是《中国语言生活状况报告》的英文版。《报告》是教育部“中国语言生活绿皮书”的主打产品，每年由国家语言文字工作委员会发布，旨在贯彻落实《中华人民共和国国家通用语言文字法》，引导社会语言生活和谐发展，为构建和谐社会做贡献。英文版从中文版本改造，到专业翻译审校，在“中国学术 国际表达”方面做了成功的探索和尝试，向世界传递中国语言学、中国学术、中国政府的正能量声音，给中国文化“走出去”积累了宝贵的经验。

（供稿：商务印书馆）

《腧穴热敏化：艾灸新疗法》日文版

本书讲述了热敏点灸的基本理论和20余种常见多发病的具体治疗方法，易于领会与操作。书中提出，人体腧穴存在敏化态与静息态两种功能态，当人体发生疾病时能使体表腧穴发生敏化，敏化的类型多种多样，而腧穴热敏化是腧穴敏化的一种新类型。热敏化腧穴是灸疗的最佳选穴，其最佳刺激为艾热刺激，临床疗效优于常规静息态腧穴的针灸疗法。腧穴热敏化态在艾热刺激下极易激发灸性感传，乃至气至病所，临床疗效大幅度提高。本书是作者18年潜心研究的结晶，分上下两篇。上篇探讨了腧穴热敏化相关理论，下篇介绍了26种常见病、难治病的腧穴热敏化灸疗方法。本书对中医临床、理论、科研工作者均有重要的参考价值。

（供稿：人民卫生出版社）

《天啊！错啦！》

这本书的灵感来自《庄子·齐物论》“庄周梦蝶”的故事：有一天庄周梦见自己变成了一只翩翩起舞的蝴蝶，悠游自在，根本不知道自己原来是庄周。突然梦醒了，却发现自己分明是庄周，而不是蝴蝶。那么，是庄周做梦变成了蝴蝶，还是蝴蝶做梦变成了庄周呢？书中无意指出谁对谁错，我们希望这本书给孩子带来欢乐的同时，也能够让他们思考，世间没有一样东西是一成不变的，对不同的人来说，只要适合自己就是对的。

（供稿：二十一世纪出版社）

《腰门》

它是从腰门挤进来的。那时，我以为它是妖精变的。“喵——”白猫冲着我叫了一声，声音软绵绵的，听得我心里也软绵绵的。

我常常搬了张小板凳站在腰门边，把头搁在门框上，看着从青石板路上走过的行人。

边边站在腰门后，看着她，仿佛看见了童年的自己。七年，我从这腰门出出进进，我的时光就在它每一次开启和闭合之间一点点地流走。然后，我长大了，走了……

（供稿：二十一世纪出版社）

“贾平凹散文典藏大系”

本书系收录了贾平凹从20世纪70年代到21世纪初的500余部散文作品，分为七个篇章：《静虚村记》、《关于女人》、《商周初录》、《坐佛》、《动物安详》、《大唐芙蓉记》和《定西笔记》。这不仅为贾平凹散文最全收录，作者还亲自作序，自选插图。作品极富想象力，在通俗中寓有真情，于平淡中可见悲悯，文字纯熟，笔力丰富，字里行间展现出对生活与人性的思考，意蕴深长而发人深省，并集中体现了作者对生活的独特感悟。贾平凹称这套书系收录了他目前为止最满意的作品。

（供稿：安徽文艺出版社）

《中国天机》

《中国天机》系中国著名作家王蒙对新中国诞生以来中国历史的发展过程进行诠释的最新力作，全书以回忆录的写法，通过对旧中国的批判、对中国共产党执政后辉煌与曲折的分析，展示了作者爱党、爱国、爱人民的情怀。作者占有大量的第一手资料，亲历很多共和国大事，有其独到的政治见解。本书对研究中国现当代史具有重要史料价值。

（供稿：安徽文艺出版社）

《中国新闻事业通史》英文版

本书是一部全面评述中国新闻事业历史的专著。时间的跨度从公元前2世纪到20世纪90年代，历时2 000余年。内容涉及报纸、期刊、通讯社、广播、电视、新闻摄影、新闻纪录电影、新闻漫画、新闻法制、新闻教育、报业经营管理、新闻思想，以及各时期的名记者、名报人活动等新闻事业的各个方面，订正了大量的已出版的新闻史专著中的错误，填补了新闻史研究中的不少空白，为读者勾勒了一幅有关中国新闻事业发展的绚丽多彩的历史画卷。

（供稿：中国人民大学出版社有限公司）

《中国经济体制改革重大事件(上、下)》波兰文版

本书记述了我国改革开放30多年来经济体制改革中发生的重大事件，记录了我国经济体制改革中重大政策、举措的酝酿、出台、实施过程，客观呈现了经济体制改革的发展脉络。

本书以年份为序，生动翔实地再现了从改革之初农村家庭联产承包责任制的诞生，城市扩大企业经营自主权、逐步放开重要产品价格的改革，到邓小平理论的创立，社会主义市场经济体制的建立等史实。在向世人展示改革开放30多年的辉煌成果的同时，也展现了改革者艰辛探索和勇于创新的精神。

（供稿：中国人民大学出版社有限公司）

《中国食品安全管理：食品质量控制体系》英文版

本书是《中国食品安全管理：食品质量控制体系》的英文版，同时是周洁红教授主持的国家自然科学基金应急项目“食用农产品质量安全监管机制研究”的研究成果之一。

本书选择中国重要的农产品蔬菜、猪肉以及水产品为研究对象，从供应链纵向结合的“集成式”角度，根据不同产品产业化发展程度，选取蔬菜、猪肉以及水产品质量安全控制的关键环节，就食品质量安全控制的关键制度建设，如HACCP质量控制体系、食品质量安全追溯体系的建设等开展实证分析，深入剖析和梳理不同经营主体实施食品质量安全管理的动力机制、绩效，推广中国试点地区、企业先进经验的瓶颈及深层次成因，并提出以蔬菜、猪肉、水产品为主的中国长效的食品质量安全管理机制建设的思路和对策建议，为政府科学设计食品质量安全管理政策提供依据，也为其他国家食品质量安全管理提供依据。

（供稿：浙江大学出版社）

《智能影子：普适计算模型与方法》英文版

普适计算是一种在计算高度泛化的背景下兴起的全新计算模式，目标是在计算和通信无所不在的条件下建立以人为中心的计算环境。目前，普适计算正在引领新一轮的信息技术革新。

本书系统性地提出了一种新型的普适计算理论“智能影子”，它是一种统一框架下的普适计算理论与方法，不仅从新的角度阐释了普适计算模式，也为其他以人为中心的计算提供了重要参考。全书重点描述了智能影子的模型、任务迁移、情境感知机制、文件建模方法、支持智能影子的软件平台，以及智能影子在智能汽车中的应用等内容。

本书获“国家科学技术学术著作出版基金”和“中国图书对外推广计划”项目资助，并获得了“第十三届输出版优秀图书奖”。

（供稿：浙江大学出版社）

《衙门口：为官中国千年史》

衙门制度也就是官僚制度，是中国历史的一大特产，而种种官场病态的集大成者就是千年以来弥漫在中国社会细部的“官本位”文化。

《衙门口：为官中国千年史》作者张程以信史的眼光、人文的视野、轻松通俗的语言，梳理了古代官员从录取到退休的方方面面，从社会史的角度厘清历史变迁，力图呈现给读者一个既简明又深入的视角。正史与小说、典故与白话、权力斗争与制度变迁、政治史与社会史并肩而立。读者可以穿梭在达官显贵、下僚小吏、落第士人、隐士僧侣甚至市井小民中间，徜徉在不同的朝代和形形色色的衙门之间。

（供稿：陕西人民出版社）

“杨红樱画本馆 · 科学童话系列”

“杨红樱画本馆 · 科学童话系列”是杨红樱以近20年的时间，潜心为孩子们创作的科学童话精品总汇。这些科学童话涉猎森林、海洋、沙漠等孩子们必须了解的自然知识，而且将知识点融入到有趣的故事、优美的语言和童话的意境之中，在爱的教育、美的陶冶中，满足孩子们的求知欲、想象力、审美情趣和心灵成长的需要。

该系列堪称目前中国最优美的杨红樱作品版本，每页都配以精美插图。这些插图采用铅笔淡彩的手法精绘细描，造型真实，毛发毕现，达到了科学性和艺术性的完美融合。小读者在愉快的阅读中不仅学到科学知识，更受到艺术美的熏陶。

（供稿：长江少年儿童出版社）

版权工作概览

BAN QUAN GONG ZUO GAI LAN

2013年全国版权工作

2013年全国版权行政管理工作

国家版权局版权管理司

2013年版权工作紧紧围绕科学发展主题、加快转变经济发展方式主线，不断深化改革创新，切实改进工作作风，着力实施《版权工作"十二五"规划》，各项工作取得新的进展。

一、大力加强版权行政执法监管

（一）认真做好打击侵权假冒和制售假冒伪劣商品工作

按照国务院有关工作部署，国家版权局继续以抓源头、清市场、打网络、查破大要案为主线，全面开展打击侵权假冒和制售假冒伪劣商品各项版权工作，加强重点案件督办查处，与全国"扫黄办"、公安部、高法院和高检院联合挂牌督办8起重大案件，直接挂牌督办20起重大案件。2013年，各地版权行政执法部门共查办侵权盗版案件647件，其中行政结案456件，移送司法机关追究刑事责任的84件。针对社会热点，国家版权局部署开展了打击假冒他人署名书画作品、打击含有著作权的标准类侵权盗版等多个重点领域的专项治理行动，取得良好效果。

（二）组织开展第九次互联网专项治理"剑网行动"

国家版权局联合公安部、工信部、国家互联网信息办公室于6月部署开展第九次打击网络侵权盗版"剑网行动"，围绕网络文学、音乐、影视、游戏、动漫、软件等重点领域以及图书、音像制品、电子出版物、网络出版物等重点产品，严厉打击各种网络侵权盗版行为。2013年第九次"剑网行动"各地共接到各类投诉举报案件512件，行政处理190件，移送司法机关刑事处理93件；没收服务器及相关设备137台，关闭网站201家。同时，进一步改进网站版权主动监管工作。扩大监管范围，列入版权主动监管的网站达到25家。启动了重点视听作品版权监管预警保护，完善了工作程序和措施。印发了《互联网传播作品著作权监督管理办法》，版权主动监管工作长效机制进一步健全。

（三）积极查处侵权盗版大案要案

先后破获江苏"一点智慧"软件被侵权案、南京"1·10"重大网络侵权案、黑龙江"第一教育网"侵权案、北京"思路网"盗版数字高清作品案以及安徽"DY161电影网"涉嫌侵犯著作权案、江苏"速酷电影网"等视频网站涉嫌侵犯著作权系列案、广西"威盘网"涉嫌侵犯著作权案、北京何某某等涉嫌侵犯网络游戏软件著作权案、山东淄博李某等涉嫌侵犯网络游戏著作权案、安徽"999宝藏网"涉嫌侵犯著作权案、"上海复旦网上书店"和"上海惠生图文"网店涉嫌销售盗版图书案及上海王某等利用互联网销售侵权盗版ISO标准案等一批大要案件，震慑了违法犯罪分子。在加强对地方执法指导的同时，国家版权局还对重大案件直接进行查处，相继处理了360公司侵权盗版案、亚马逊出版物发行网络交易平台销售盗版图书案，特别是对百度公司、快播公司以侵犯著作权分别处以25万元的行政处罚，有力震慑了侵权盗版分子，引起了极大的社会反响，起到了很好的宣传效果。

（四）整合加强版权执法力量

开展直辖市版权执法与信息化建设工作座谈会，发挥文化市场执法机构在版权执法当中的重要作用。举办4期版权执法培训班，对31个省（自治区、直辖市）各级版权执法部门400余名同志进行培训。开展2012年度查处侵权盗版案件有功单位和有功个人奖励工作。对查处侵权盗版作出突出贡献的230家有功单位和157名有功个人进行奖励，奖励金额485.8万元。推动京版"十五社"反盗版联盟与淘宝网在北京举行合作签约仪式，充分发挥企业自律作用，减少侵权盗版权行为。

二、深入推进使用正版软件工作

（一）软件正版化工作取得显著成效

国家版权局协调推进使用正版软件工作部际联席会议各成员单位于4月对14家中央国家机关和16个省份进行督查，10月对12个省份进行督查；会同国资委、银监会、证监会和保监会对10家中央企业和18家大中型金融机构软件正版化情况进行检查。截至2013年底，79.7%的中央和国家机关推进全部直属事业单位完成软件正版化任务，各省（自治区、直辖市）扎实推进市县级政府机关和各级党委、人大、政协等机关开展软件正版化检查整改工作。市县级政府机关全部按期完成软件正版化检查整改任务。

2013年全国共有3 449家企业列入年度完成使用正版软件工作目标，其中3 066家企业完成检查验收；共举办培训班318次，参训企业7 783家（次），培训人员1.72万人（次）。截至2013年12月底，全国累计列入年度完成工作目标企业29 729家，累计完成软件正版化企业20 848家，累计举办培训班1 812次，参训企业5.07万家（次），培训人员10.13万人（次）。

中央企业三级以上企业、大中型金融机构、新闻出版行业企业集团总部全部实现软件正版化，新闻出版、勘察设计、旅游饭店、网吧、煤炭等重点行业积极推进软件正版化工作。25家大中型企业带头完成软件资产管理试点工作，探索建立符合中国企业实际的软件资产管理制度。

（二）加强软件正版化长效机制建设

研究起草《政府机关使用正版软件管理办法》，国务院办公厅于2013年8月颁布实施，进一步完善了政府机关软件正版化长效机制。推动企业加强软件资产管理，完成对软件资产管理试点项目的25家企业的考核验收。

（三）做好软件正版化宣传培训工作

通过编发快报、月报，出版《软件正版化工作巡礼》专刊，召开新闻发布会，举办“软件正版化工作成果展览”等形式宣传软件正版化工作成果，会同推进使用正版软件工作部际联席会议有关成员单位联合开展了9期行业企业软件正版化培训，开展了1期全国政府机关软件正版化培训。

三、着力提高版权管理服务水平

（一）进一步推进作品登记工作

2013年，通过完善登记信息和排名发布制度，全国作品登记工作保持良好发展态势。2013年，全国包括作品登记、计算机软件著作权登记、著作权质权登记在内的著作权登记总量首次突破百万件。其中作品登记845 064件，较2012年的687 651件增长了22.89%；软件著作权登记量延续了近年来高速增长的发展势头，达到164 349件，登记量较上年增长18.04%；著作权质权登记为244件，涉及主债务金额31亿多元。

（二）继续开展全国版权示范建设工作

4月15日，召开全国版权示范工作经验交流会。经考核验收，同意苏州、昆山、广州为全国版权示范城市；授予北京中文在线数字出版股份有限公司、上海版权服务中心/上海版权纠纷调解中心全国版权示范单位称号；授予浙江省中国轻纺城、景德镇国际陶瓷艺术创意中心、章丘市龙山黑陶研制中心全国版权示范园区（基地）称号。

（三）规范监督著作权集体管理组织及境外著作权认证机构驻京代表处的业务活动

加强与集体管理组织的沟通，参与其理事会等相关会议并提供指导意见。协助处理集体管理组织开展审计及中国摄影著作权协会、中国文字著作权协会开展换届事宜。处理中国音像著作权集体管理协会卡拉OK收费等投诉。参与配合境外著作权认证机构驻京代表处申请延期等事宜的审批工作。与驻京代表处保持密切联系，做好监管与服务工作。

（四）着力推进国家版权监管平台建设

2013年，经过研究制定需求、公开招投标、确定承建单位等程序，国家版权监管平台（二期）进入到承建单位进行概要设计阶段。同时针对平台（一期）的恢复运行升级改造工作于2013年底完成。通过建设国家版权监管平台，以技术手段提高国家版权局版权监管及公共服务水平。

四、积极促进版权产业健康发展

（一）推进版权贸易中心（基地）建设

同意福建建立“国家海峡版权交易中心”，青岛建立“国际版权交易中心”，加快版权资源优势向版权产业优势转变，实现版权资源共享和版权使用价值最大化。

（二）推动版权贸易发展

继续举办北京国际图书博览会（BIBF）国际版权贸易研讨会；支持福州海峡版权（创意）产业精品博览交易会、东莞国际影视动漫版权保护和贸易博览会等重要版权展会；加强对国家版权贸易基地等相关机构的指导和管理，充分发挥其在版权交易、评估、融资等方面的作用。

（三）开展版权资产管理试点及相关课题研究

以出版业版权资产管理为试点，委托相关机构开展调研，了解我国文化产业版权资产的种类、数量、运用和管理状况，为出台指导文化企业版权资产管理的文件做准备。继续开展2010、2011年度版权产业国民经济贡献率调研，受到中央领导高度重视。完成《2012年中国网络版权年度报告》，为规范行业管理和推动产业发展提供了有益的参考。

五、努力营造良好的版权保护氛围

（一）开展“4·26知识产权宣传周”系列宣传活动

坚持面向公众、面向行业、面向社会的原则，创新性地统一宣传标志和口号，围绕版权示范、著作权集体管理、软件正版化、“剑网行动”等重点版权工作，采用多种形式和媒体开展主题宣传，激发了社会各界及公众对版权工作的关注度和支持度。

（二）开展版权产业专题宣传

为落实中央领导同志向社会介绍“版权产业”概念的批示精神，国家版权局制定统一方案，采取专题访问、制作专版和专刊、录制“政务直通车”、“对话”栏目等形式，全方位、多角度地进行集中研究、宣传、普及，使社会公众对版权产业有了较为直观、基础的认识，取得了预期效果。

（三）利用敏感、热点版权问题进行宣传

充分利用钱锺书书信手稿拍卖引发的版权争议等敏感、热点版权问题，建立版权热点问题应对机制，在《人民日报》、新华社、中央电视台等发布口径，运用各种媒体特别是国家版权局网站等信息网络渠道，及时回应社会关切，宣传阐释版权知识，提高全社会的版权保护意识。

六、持续强化版权对外交流合作

（一）积极参与国际版权事务

参加商务部第五次WTO对华贸易政策审议有关应对工作，参与完成WTO对美国等11个经济体的贸易政策审议。巩固与WIPO的良好合作关系，与其在上海联合举办“版权和相关权地区研讨会”和“视听表演保护与北京条约国际研讨会”。向国务院法制办上报我国加入《视听表演北京条约》的请示。完成澳门特区适用《世界知识产权组织版权条约》和《世界知识产权组织表演和录音制品条约》的相关工作。参加WIPO摩洛哥外交会议，缔结《关于为盲人、视力障碍者或其他印刷品阅读障碍者获得已出版作品提供便利的马拉喀什条约》。推进WIPO在福建德化设立版权保护优秀案例示范点调研活动。参加亚太经合组织（APEC）第35次、第36次知识产权专家组会议，积极应对有关版权事务。

（二）妥善处理版权涉外关系

在中美商贸联委会（JCCT）以及中美战略经济对话（SED）项下，积极做好中美版权相关应对工作。推进中美版权战略合作谅解备忘录的实施，并经双方同意将备忘录自动续期5年至2018年。积极推进中英版权相关事项，确定双方2014年合作计划。参与中欧知识产权工作组第11次、第12次对话及相关工作，参与中国与欧盟知识产权合作项目三期工作。参与中瑞、中澳、中韩、中日韩自贸区谈判和中俄、中巴知识产权工作组会议。举办中韩著作权研讨会及中韩著作权工作组会谈。签署中泰2013—2015年工作计划。完成“2013年海峡两岸著作权交流活动”及“著作权工作组会谈”。推动香港、澳门尽早加入《视听表演北京条约》。

（三）跟踪研究国际版权发展态势

依托中南财经政法大学知识产权研究中心，成立国家版权局国际版权研究基地，吸收版权领域的专家学者及有关政府和实务部门的代表作为研究员共同参与，了解国际版权发展情况，研究有关版权问题，为提高我国版权工作整体水平、有效应对国际知识产权谈判提供对策。

七、不断完善版权法律政策体系

2013年国家版权局继续推动《著作权法》的第三次修改。与国家发改委联合公布《教科书法定许可付酬办法》。修订发布《全国版权示范城市、示范单位和示范园区（基地）管理办法》。推动修订《出版文字作品报酬规定》。协助、配合国管局制定《中央行政事业单位国有资产管理暂行办法》，就最高人民法院制定网络民事侵权司法解释、发改委制定推动文化创意与相关产业融合发展的若干意见等提供意见。

2013 年全国版权司法保护工作

最高人民法院知识产权庭

2013 年，全国各级人民法院积极贯彻落实党的十八大精神，紧紧围绕“让人民群众在每一个司法案件中都感受到公平正义”的目标，坚持服务大局、司法为民、公正司法，著作权审判和整个知识产权审判工作实现新的发展。

一、全国法院审理著作权纠纷案件的基本情况

2013 年，全国地方人民法院受理和审结的知识产权案件数量增幅趋缓，共新收和审结知识产权民事一审案件 88 583 件、88 286 件，分别比 2012 年上升 1.33% 和 5.29%。其中，新收著作权案件 51 351 件，同比下降 4.64%。侵犯知识产权犯罪的刑事案件也在 2008 年以来首次出现下降趋势。2013 年，全国地方人民法院共新收涉知识产权刑事一审案件 9 331 件，比 2012 年下降 28.79%。其中，侵犯知识产权罪案件 5 021 件（假冒注册商标等侵犯注册商标案件 3 473 件，侵犯著作权案件 1 484 件），同比下降 35.96%。人民法院审理的著作权案件中影响较大的有：杨季康与中贸圣佳国际拍卖有限公司涉及钱锺书书信手稿拍卖案、李国强诉前行为保全案、圆谷制作株式会社等与上海音像出版社等侵害著作权纠纷案、王莘与谷歌公司侵害著作权纠纷案、蒋友柏与周为军案、江苏人民出版社有限公司案、北京凤凰联动文化传媒有限公司侵害著作权纠纷案等。

2013 年，人民法院知识产权审判工作全面加强，呈现出新特点：案件增幅趋缓，但审理难度增大；审判质效明显提高；诉讼调解效果显著；司法透明度增强；审判的社会影响力不断提升。

二、积极推进阳光司法，增强司法透明度

2013 年人民法院工作的一大亮点是推进阳光司法，加大司法公开力度，提高司法透明度，知识产权审判方面也有突出表现。第一，进一步完善和规范知识产权裁判文书网络公开制度。最高人民法院知识产权审判庭发布了《人民法院知识产权裁判文书上网公布暂行办法》。截至 2013 年底，通过网络公开的全国各级人民法院生效知识产权裁判文书已达 61 368 份。第二，强化重大案件的深度公开。对于社会关注度高的案件，以“全媒体”形式对案件审理进行全景展示，不断加强公开力度。奇虎公司与腾讯公司不正当竞争纠纷案、强生公司垄断纠纷案等重大案件的公开审判，赢得社会高度肯定。第三，不断拓宽司法公开渠道。通过直播庭审、邀请人大代表旁听知识产权案件庭审、开展公众开放日活动、发布司法保护状况白皮书和典型案例等方式，全面公开知识产权案件审判情况和各类知识产权审判资讯，回应社会关切。最高人民法院发布了《中国法院知识产权司法保护状况（2012 年）》，编辑出版了《中国知识产权司法保护年鉴（2012 年）》。北京、河北、上海、江苏、安徽、山东、广东、海南、甘肃、新疆等地高级人民法院也分别发布了本辖区 2012 年知识产权司法保护状况。人民法院另通过强化裁判文书说理性，增进群众对司法裁判的了解和理解。第四，自觉接受监督，广泛听取社会各界对司法保护工作的意见和建议。最高人民法院高度重视第十一届全国人民代表大会常务委员会第三十次会议对《最高人民法院关于知识产权审判工作情况的报告》的意见建议，认真研究制定了贯彻落实工作方案，完成了专门报告，确保将全国人民代表大会常务委员会的审议意见落到实处。

三、提高司法公正公信，大力加强审判调研指导

知识产权司法保护工作面对的是创新活动最为活跃的经济、科技、文化和艺术领域，新问题新情况层出不穷，知识产权司法保护不断面临新要求和新挑战。加强对知识产权案件和审判工作的调研指导，及时统一裁判标准，及时有效回应知识产权司法保护新需求，是实现知识产权审判工作科学发展的重要手段。最高人民法院一贯重视加强审判指导，采取多种措施进行调研指导，统一法律适用。

2013年1月，最高人民法院在福建省厦门市召开了全国互联网领域新技术、新商业模式及商业竞争状况调研会。2013年3月，最高人民法院在陕西省西安市召开了全国法院第三次知识产权审判工作会议，会议深入学习贯彻党的十八大和第十二届全国人民代表大会第一次会议精神，总结了2008年以来人民法院知识产权审判工作取得的成绩和经验，分析了当前知识产权审判工作面临的形势，明确了全国法院知识产权审判工作的指导思想和工作任务，研究了知识产权审判法律适用方面应当注意的问题。会议的召开为做好知识产权审判工作指明了方向，具有非常重要的意义。2013年4月，最高人民法院在江苏省苏州市举办了全国法院知识产权审判庭庭长研讨班，紧密结合知识产权审判实际，突出加强司法公正、增强司法公信力和推进依法治国的主题，着重对知识产权审判工作面临的形势、需要准确把握的司法政策等进行了研讨，达到了统一思想、推动工作的目的。为贯彻落实全国法院第三次知识产权审判工作会议精神，浙江、福建、山东、广东等地高级人民法院也召开了全省法院知识产权审判工作会，对做好2013年的知识产权审判工作进行了安排和部署，确保了知识产权审判工作的规范有序进行。地方各级人民法院还紧密结合审判工作实际，开展了内容丰富的调研活动。重庆市高级人民法院与有关单位联合举办了“云计算环境下计算机软件版权司法保护高层论坛”；天津市高级人民法院开展了“天津市文化创意企业知识产权保护状况”调研活动。以上活动均有力指导了审判工作的开展。

最高人民法院围绕多项课题进行了专项调研，其中包括《著作权法》修改相关问题、涉卡拉OK经营者著作权纠纷法律适用等。为推动提高裁判文书质量，进一步推进调研工作的开展，最高人民法院筹备第三届全国知识产权优秀裁判文书和首届全国知识产权优秀调研成果评选活动，完成对483份裁判文书、193篇调研报告的初评工作。

四、坚持推进基层基础建设，不断提升司法队伍素质

人民法院始终高度重视加强知识产权审判队伍建设，以实现让人民群众在每一个司法案件中都感受到公平正义为目标，以正规化、专业化、职业化为方向，全面提高队伍建设科学化水平，努力建设一支政治坚定、业务过硬、作风优良、公正廉洁的高素质知识产权法官队伍。

坚持司法为民、公正司法，提升司法公信力，关键在队伍，重点在基层。完善的机构设置是做好知识产权审判工作的前提。2013年，人民法院认真贯彻落实《关于贯彻实施国家知识产权战略若干问题的意见》，继续大力加强知识产权专门审判机构建设，打牢知识产权审判的基层基础。西藏自治区在林芝、山南、那曲、阿里四个中级人民法院设置了知识产权专门审判机构；福建省在鼓楼、思明、晋江三个基层法院成立了知识产权审判庭；湖北省在襄阳、宜昌、黄石、黄冈、荆门等中级人民法院成立了知识产权审判庭，通过专门审判机构的建设，促进知识产权审判的专业化发展。北京市海淀区人民法院设立了全国首家以审理知识产权案件为主的基层法院派出法庭，为保障中关村国家自主创新示范区建设提供助力。与此同时，各级人民法院继续加强审判组织人员配备，选派执法办案综合能力强的法官充实知识产权审判队伍，为推进知识产权审判工作提供良好的人才支持。

人民法院始终坚持把提升知识产权法官司法能力作为推进知识产权司法保护工作的重要环节抓紧抓好，充分运用专题培训、专题研讨、在职培养、交流挂职、庭审观摩、建立知识产权保护实践基地等形式，不断加大学习教育培训力度，不断扩大学习教育培训覆盖面，加强政治理论学习，加强业务培训。最高人民法院继续以国家法官学院知识产权培训课程为载体，开展对全国法院知识产权法官的业务培训活动；加强对中西部地区法院知识产权法官的培训力度，选派知识产权法官参加西部巡回讲师团巡回授课活动。黑龙江省高级人民法院推行知识产权专业领域培养计划，并组织法官讲坛活动，努力培养专家型法官；湖北省高级人民法院开展队伍建设“五个一”活动，打造学习型审判队伍；浙江省高级人民法院与省法官学院联合举办知识产权审判业务培训班和业务骨干培训班，加强对审判人员的业务培训力度；北京市高级人民法院积极探索实训制培训模式，加强对青年法官的培养，为知识产权审判工作可持续发展打下了坚实基础。

2013年全国推进使用正版软件工作

推进使用正版软件工作部际联席会议

根据国务院对推进使用正版软件工作部署和部际联席会议《2013年推进使用正版软件工作计划》，部际联席会议各成员单位密切协作，以推进政府机关软件正版化检查整改工作为重点，同时积极推进企业使用正版软件，开展了大量工作，取得了显著成效。

一、取得的成效

（一）政府机关软件正版化

中央和国家机关继2011年5月底前完成软件正版化检查整改后，进一步巩固软件正版化工作成果，带头积极推进直属事业单位使用正版软件。

各省（自治区、直辖市）推进省级政府机关按期于2012年6月底前完成软件正版化检查整改后，扎实推进市县级政府机关软件正版化检查整改工作。截至2013年12月底，市县级政府机关按期完成软件正版化检查整改任务。

（二）企业软件正版化

2013年全国共有3 449家企业列入年度完成使用正版软件工作目标，其中3 066家企业完成检查验收；共举办培训班318次，参训企业7 783家（次），培训人员1.72万人（次）。截至2013年12月底，全国累计列入年度完成工作目标企业29 729家，累计完成软件正版化企业20 848家，累计举办培训班1 812次，参训企业5.07万家（次），培训人员10.13万人（次）。

中央企业三级以上企业、大中型金融机构、新闻出版行业企业集团总部全部实现软件正版化，新闻出版、勘察设计、旅游饭店、网吧、煤炭等重点行业积极推进软件正版化工作。25家大中型企业带头完成软件资产管理试点工作，探索建立符合中国企业实际的软件资产管理制度。

（三）软件采购情况

自2010年10月开展政府机关软件正版化检查整改工作以来，各级政府机关共采购操作系统、办公和杀毒软件592.09万套，采购金额34.38亿元，采购的套数占比81.25%。

二、具体做法

（一）国务院领导高度重视，亲自部署

2013年国务院召开了四次打击侵权假冒工作领导小组会议，对软件正版化工作作出具体部署，明确要求扎实推进软件正版化，督促地方确保2013年底前完成市县级政府机关软件正版化工作，指导各地一并抓好同级党委、人大、政协等机关检查整改，把软件正版化纳入信息化建设统筹安排，推动经费预算、软件资产管理、审计监督等制度落到实处，加大中央企业和国有大型金融机构软件正版化推进力度，有计划、有步骤地推进国有企业软件正版化，开展专项督查，发现问题依照规定追究相关人员责任。国务院副秘书长毕井泉多次听取软件正版化有关工作汇报，研究部署具体工作，并在12月14日召开的全国政府系统秘书长和办公厅会议上对各地软件正版化工作进展情况进行了通报。9月，全国打击侵权假冒工作领导小组印发《关于市县级政府机关软件正版化检查整改工作进展情况的通报》，督促进展较慢的地区加快工作进度。

（二）部际联席会议各成员单位密切协作，积极推进

《国务院办公厅关于印发〈政府机关使用正版软件管理办法〉的通知》（国办发［2013］88号）出台，进一步规范政府机关使用计算机软件行为，为政府机关软件正版化工作规范化和常态化提供了制度保障；国家版权局会同工业和信息化部、财政部、商务部、国资委、国管局等部门共同组织举办大型政府机关软件正版化工作培训会。

工业和信息化部继续做好新出厂计算机预装正版操作系统数据统计分析工作；做好软件产业政策规划落实，加强和完善软件行业管理，加快安全可靠关键信息系统应用推广。

财政部加强经费保障，将中央部门正版软件采购经费纳入年度财政预算，安排推进使用正版软件工作经费；进一步加强软件采购管理，把通用软件

列入政府集中采购目录；研究制定《政府机关办公通用软件资产配置标准（试行）》（财行［2013］98号），规范政府机关办公通用软件配置工作。

商务部会同财政部、国家版权局、国资委、银监会等有关部门在中美商贸联委会、中美战略经济对话、亚太经合组织等多双边交流机制和在美国举行的中国知识产权海外交流中积极宣传中国软件正版化工作取得的进展和成效，积极应对外方有关议题和要价。

审计署对58个中央部门软件正版化情况进行了重点检查，审计发现的问题纳入审计报告并向社会进行了公告，同时建立健全审计整改跟踪机制，督促相关部门积极进行整改；指导地方审计按照"统一组织、分级实施"的组织方式，采取"单独立项与结合其他审计项目并行开展"等工作模式，分别对本级政府机关开展监督检查。

国资委向中央企业印发《关于做好2013年推进中央企业使用正版软件工作的通知》（国资厅发［2013］19号），明确提出到2015年底基本实现中央企业软件正版化的"三年目标"；指导中央企业正版软件集中采购谈判小组与软件厂商进行价格谈判，降低中央企业软件采购成本；联合国家版权局对部分中央企业使用正版软件情况进行专项检查；通过报刊、网站、会议、外事活动等形式，加强对中央企业使用正版软件工作的宣传。

国家工商总局会同有关部门积极依法查处不正当竞争和垄断行为，对涉嫌违反《反垄断法》的某软件公司启动核查程序，维护软件市场公平竞争秩序和消费者合法权益。

国家知识产权局两次带队赴有关地区和部门督查政府机关软件正版化工作开展情况。

国管局维护"正版软件采购网"，确保全国各级政府机关能够方便快捷采购到价格合理的软件，实现了"一地招标，全国适用"的政府集中采购模式；研究制定《中央国家机关通用办公软件配置标准》（国管资［2013］42号），规范中央国家机关通用办公软件配置行为。

国务院法制办认真审核并积极推动《政府机关使用正版软件管理办法》颁布实施。

银监会将新闻宣传和舆论引导放在推进工作的重要位置，向国内外充分展示和宣传银行业软件正版化工作的积极进展和实际成效；会同国家版权局、工业和信息化部组织开展了2013年银行业软件正版化专项督查；在全国范围开展调研并构建中小银行业金融机构软件正版化工作评价体系。

证监会推进证券期货机构加强软件资产管理工作，选取了深交所等16家单位作为软件资产管理试点单位；会同国家版权局开展证券期货机构软件正版化工作督促检查；指导中国证券业、基金业和期货业等协会加大软件正版化政策宣传力度。

保监会修订了《中国保险监督管理委员会计算机软件管理办法》等四项信息化制度，将软件正版化工作作为信息化建设的重要内容，逐步通过桌面运维管理软件加强对计算机的使用管理，为长效推进软件正版化工作提供了重要保障；开展了保险行业企业软件正版化专项检查整改，并会同国家版权局对部分保险企业进行了实地检查。

中直管理局为中直机关提供全方位正版软件采购服务，通过多种形式积极宣传引导中直机关落实软件正版化工作要求，指导中直机关加强软件资产管理。

全国工商联积极推进省级直属商会和常委企业带头使用正版软件。

商务部、国家版权局和国管局等部门分别约谈微软公司高层负责人，明确指出微软在中国的销售模式、软件价格、售后服务等方面存在的问题。

国资委、银监会、保监会、全国工商联和国家版权局等部门积极推动25家大型企业完成软件资产管理试点工作，为推进企业建立软件正版化长效机制积累了重要经验。

国资委、银监会、证监会、保监会、国家版权局分别针对各自监管企业开展了软件正版化专题培训，国家版权局指导中国机械联合会和中国勘察设计协会开展了机械设计、勘察设计行业企业软件正版化培训。

部际联席会议办公室认真做好协调、服务工作，组织开展了两次督查，第一次派出8个督查组，分别由国家版权局、工业和信息化部、财政部、商务部、审计署、国家工商总局、国家知识产权局、国管局等8个部门有关司局负责人带队，对天津等16个省（自治区、直辖市）和国家发展改革委等14家中央和国家机关软件正版化工作进行了督查，第二次派出6个督查组，分别由国家版权局、工业和信息化部、商务部、国家工商总局、国家知识产权局、国管局等6个部门分管领导带队，对吉林等12个省（自治区、直辖市）进行了督查。

在部际联席会议各成员单位的大力支持下，部际联席会议办公室还通过编发快报、月度通报，发布"中国政府推进使用正版软件工作报告"，举办"软件正版化工作成果展览"，出版《软件正版化在中国》专刊，在《人民日报》、《光明日报》、《法制日报》以及人民网、新华网等媒体刊登专题文章，在《中国新闻出版报》开辟专版，在国家版权局网站和新华网设置专栏等多种形式，宣传软件正版化成果，其中国家版权局、工业和信息化部、国资委、国管局、银监会等部门分管领导亲自撰文或接受专访，营造了良好的舆论氛围。

（三）各部门、各地区加强领导，狠抓落实

中央和国家机关进一步巩固软件正版化工作成果，加强长效机制建设，积极推进直属事业单位开展软件正版化检查整改工作。中央办公厅将软件正版化工作与信息化工作结合，研究制定了《信息化设备及软件配置更新管理办法》，每年开展软件使用情况核查。中宣部利用安全监管平台，对计算机安装软件进行监控，通过技术手段堵住安装非正版软件漏洞。外交部制定软件资产管理细则，明确软件资产管理负责人，定期检查软件资产使用和保管情况，加大对国产软件的支持力度，办公软件全部使用国产软件。国土资源部要求各单位将软件正版化工作纳入年度考核，制定《软件资产管理暂行办法》，定期对软件使用情况进行检查。国家体育总局要求所有工作人员按照谁使用、谁负责的原则使用软件资产，签订《软件正版化承诺书》。国家知识产权局采用技术手段加强对已安装软件的合规性扫描，在“用户不想装、想装装不上”基础上，实现“装上能发现”。

各地区进一步加强组织领导，采取有效措施，推进软件正版化工作顺利开展。

一是领导高度重视，健全工作机制。各省（自治区、直辖市）政府主要领导亲自部署软件正版化工作，分管领导研究部署具体工作，成立了由版权部门牵头、多部门参与的专门工作机制，深入推动工作。

二是采取多种措施，扎实推进工作。安徽继2012年9月提前完成市级政府机关软件正版化检查整改后，将县级政府机关软件正版化工作作为省政府重点工作，列入目标管理考核内容；建立企业基本信息数据库，动态掌握各企业软件正版化工作进度，针对不同情况，采取相应措施，推动120家企业完成软件正版化任务。贵州将县级政府机关软件正版化检查整改工作纳入年度考核，并针对机关工作人员不习惯、不信任使用国产软件问题，积极在各级政府机关开展国产办公软件试用和培训工作，在得到认可后，采购国产软件实现办公软件正版化，有效缓解了资金压力。西藏采取先试点、后推开、分步走的方式，在部分单位先行试点，随后总结经验，加快推进速度，并克服经费困难，优先安排软件采购资金。河北采取省使用正版软件工作领导小组各成员单位分别负责联系并督导一个设区市软件正版化工作的方式，进一步细化责任。新疆将政府和企业软件正版化工作都纳入对地州政府的行政效能考核指标体系。青海推进软件正版化工作领导小组与各州（地、市）主管领导签订《2013年各州地市（县）政府机关软件正版化检查整改目标责任书》，进一步明确和落实领导责任。

三是加强督促检查，确保工作落实。江西开展了三次督促检查，分别对82个省直机关和11个地市级政府进行了实地检查。云南实行“月报告”和“季度通报”制度，省政府督查室两次牵头对16个州市政府机关软件正版化工作进行实地督查；以国有企业和金融机构为重点，将软件正版化列入信息安全检查的重要内容，推进128家企业完成软件正版化工作任务。湖北对全部市县级政府开展了两轮督查，对工作进展滞后的2个地级市政府进行了现场督办，对2个地级市、3个县级政府主管部门领导进行了约谈。辽宁采取集中督查与重点督查相结合的方式，对市县级政府机关软件正版化工作进行了多次专项检查，对检查结果进行通报，并开展了企业专项检查，推动128家企业完成软件正版化工作。山西在市县级政府机关完成软件正版化检查整改后，开展了抽查验收，对相关政府机关软件正版化工作进行考核评分。广东采取各市版权局普查与省推进使用正版软件工作联席会议办公室重点抽查相结合的方式，对列入年度督办的企业进行了全面检查，130家企业通过检查验收。甘肃对进展缓慢的县区采取“动态管理、一日一报”、“工作包干、跟踪落实”等措施，做到：工作任务未完成，督查任务不结束。

四是巩固工作成果，建立长效机制。广西2011年完成全部县级以上政府机关软件正版化检查整改任务后，大力推进政府机关软件正版化长效机制建设，建立健全软件采购经费预算、软件资产管理和软件使用责任追究等制度，并创新管理模式，利用正版软件管理系统实现对全区软件正版化相关信息的管理。山东继2012年9月完成省市县三级党政机关软件正版化检查整改任务后，不断巩固党政机关软件正版化工作成果，加大企业软件正版化工作力度，开展了市县级党政机关软件正版化督导检查“回头看”工作，以行业骨干企业为重点，推进526家企业完成软件正版化工作。四川继2012年12月完成省市县三级党政机关软件正版化检查整改后，出台《四川省省直行政事业单位软件资产管理暂行办法》，部分市（州）制定

《加强政府机关软件管理办法》，进一步健全软件正版化工作长效机制。宁夏各市县建立软件正版化信息管理系统，全面掌握每个单位计算机软件使用情况，地市级政府均制定了《软件正版化工作管理制度》，确保软件正版化工作制度化、规范化。

三、存在的问题

（一）思想认识问题。部分地区和部门对软件正版化工作的认识有待提高，突击性推进的现象比较明显。

（二）长效机制问题。部分地区和部门没有将软件正版化作为一项常态化工作来抓，对软件正版化相关政策要求落实不到位。部分完成检查整改的单位仍然存在采购了正版软件、实际使用未经授权软件现象，没有制定具体的日常检查、经费预算、软件资产管理等制度。

（三）软件采购问题。部分地区和部门没有采购预装正版操作系统计算机，重新采购操作系统实现正版化，以及部分地区和部门因为用户使用习惯等原因，盲目采购国外高价办公软件，增加了软件采购成本。

2013年地方版权工作

北　京　市

2013年，北京市版权局认真贯彻落实市委市政府关于2013年版权工作的指示要求，紧紧围绕服务首都经济建设大局，有效宣传普及著作权法，扎实推进软件正版化工作，切实加强版权保护力度，大力促进版权相关产业发展，积极推动版权“走出去”，圆满完成了各项工作任务，取得了较好业绩。2013年，北京地区作品自愿登记量达428 701件，同比增长15.6%，连续11年位居全国第一；计算机软件登记量为41 712件，占全国总量的25.38%，位列全国第一；完成142家市属国有企业的软件正版化工作，采购各类软件1.4万套，采购金额达2 000多万元；完成400余家政府序列外机关的软件正版化，涉及计算机3万余台，采购软件约1.5万套，采购金额高达2 000万元。

一、积极谋划，不断创新，开创版权宣传工作新局面

提高社会公众的版权保护意识是版权工作的重点之一，多年来，市版权局始终以此作为重要的职责和使命，将日常宣传和集中宣传相结合，多渠道宣传版权保护知识和法律法规。2013年，市版权局进一步创新宣传形式、丰富宣传内容，抓住第十三个世界知识产权日、《视听表演北京条约》签署一周年、中国软件博览会、北京国际图书节等重要契机，积极谋划，周密部署，将版权宣传推向一个又一个高潮，取得了较好的社会效果和宣传效果。

4月20日至26日的全国知识产权宣传周以“贯彻北京条约 加强版权保护”为主题，活动内容丰富、形式多样，除了组织18个区县集中开展版权宣传外，市版权局还组织了保护数字音乐版权研讨会、知识产权庭审观摩、版权保护视频访谈、版权保护微博有奖转发等一系列专题活动，引起了社会的广泛关注。为了配合做好活动，市版权局积极做好选题策划，组织媒体进行了大量采访报道。期间，媒体刊发了百余篇报道，人民网、新华网、中国网、新浪等多家网站转载达数千次，形成了强大的宣传声势。联合新浪微博发起的“版权保护 从我做起”微博有奖转发活动，转发高达48万多次，充分发挥了新媒体的作用，在网络上掀起了版权宣传的高潮。

二、加强协作，攻坚克难，稳步推进软件正版化工作

2013年是北京市推进软件正版化工作的关键一年，北京市按照国务院的统一要求，部署完成了政府序列外机关及部分市属国有企业的软件正版化工作，确保了2013年软件正版化目标的实现，并在此基础上进一步深化宣贯培训、建立长效机制，推进全市软件正版化工作持续健康发展。这项工作的顺利开展主要得益于以下几个方面：

1. 领导高度重视，责任落实到位。北京市一贯高度重视软件正版化工作。4月25日，市版权局组织召开了推进市属国有企业使用正版软件工作动员部署会，市版权局副局长王野霏进行了工作部署，市政府副秘书长侯玉兰发表了讲话并提出了工作要求。7月18日，又组织召开了国家机关软件正版化专项检查整改工作会议，时任版权局局长冯俊科作了动员部署，市委副秘书长傅华发表讲话并提出了要求。会后，各单位积极贯彻落实会议精神，认真开展自查自纠，正版化自查整改工作进展顺利。

2. 耐心细致督导，充分做好服务。北京市2013年正版化检查整改工作时间紧、覆盖广、任务重，北京市版权局采取有效措施，做好全面服务。安排专业技术人员深入有关单位进行调研，了解实际情况，并责成专人对各单位报送信息进行细致指导，掌握第一手资料，为全面做好整改工作提供数据支持。针对被检单位在工作中遇到的问题，市版权局多次安排人员现场培训辅导，编发了多期《软件正版化常见问题解答》、《企业软件资产管理制度》等材料提供给各单位参考，受到普遍好评。

3. 协调解决问题，强力有序推进。在推进软件正版化过程中，出现了个别单位资金协调困难、工作消极懈怠等问题。为此，市版权局先后多次召开全市“专项检查整改工作”动员工作会和推进会，及时督促纠正思想认识偏差，并先后向3个单位下发了限期整改通知书，当面约谈了2个单位负责人，取得了显著的效果。此外，市版权局多次协调财政局、经信委等相关单位召开协调会，帮助各单位克服困难、解决问题；另外，还授权北京市正版软件服务工作站建设开发了北京市正版软件采购平台，为相关单位节省了大量采购资金，受到了好评。

4. 严格检查整改，确保不留死角。2013年10月，市版权局对列入2013年检查范围的单位开展了严格的督导检查。制定了检查标准和流程，通过召开检查验收工作专项培训会，对检查人员进行了严格培训。随后，组成了10多个检查组，通过现场听取汇报、查阅文件资料、对安装情况进行随机抽查等方式，对各单位进行了认真的检查验收，并联合纪检部门安排市部分纪检监察员对检查全过程进行监督。对于检查中发现的问题督促各单位限期整改，确保不留死角。

5. 加强培训宣贯，建立长效机制。为全面提升全市企业正版化工作水平，北京市版权局就教育培训编制了详细的工作计划，并举办了多期培训会和宣贯会，通过常态化培训帮助政府和企业解决正版化工作实施过程中遇到的各种技术问题，并指导各单位进一步健全软件资产管理制度，建立软件资产管理长效机制。

三、加强监督，抓好大案，切实加强版权保护力度

通过各种手段有效加强监督监测，切实抓好大案要案，不断增强版权保护的力度和实效。

1. 继续实施版权护航工程。协助国家版权局实施网络主动监管任务，继续推动《信息网络传播权保护指导意见》的贯彻实施。对大型综合性网站的版权使用情况进行跟踪监测、主动监管，并按期召开网络企业工作会议，通报监控情况。

2. 进一步推行《版权声明试行办法》。结合主动监管工作，重点加强在版权资源信息中心网站发布版权声明的作品保护工作，通过网络推送版权声明和侵权预警通知等方式，支持正版传播，推进互联网行业自律，基本上杜绝了大中型视频网站互相侵权盗播的现象。

3. 积极组织版权调解。对被举报投诉的网站进行定向监测，约谈违规单位，指导其制定整改方案并督促落实，通过版权纠纷调解，确保权利人的合法权益得到有效保护。

4. 坚持与广电、通信部门的快速反应机制。对有侵权行为同时未经许可从事视听服务或未经登记的非法网站实施快速清理，进一步净化网络版权环境。

5. 协助公安机关查办涉嫌侵权的案件。配合公安机关对网上的一些长期、大量上传影视和音乐作品的“热心用户”进行调查、跟踪、取证，积极参与重大案件的调查取证工作。

6. 进一步推进重点版权企业保护工程。目前列入重点保护的企业已有央视、乐视、爱奇艺、搜狐、优酷、盛世骄阳等6家。市版权局通过版权声明、监控代理等方式对这些企业的版权实施重点保护。

7. 积极支持、配合司法机关办理侵犯著作权刑事案件。全年共受理公安司法机关涉及侵犯著作权疑难问题的书面请求文件9件，均按期给予书面答复，为公安司法机关顺利办理侵犯著作权刑事案件提供有力支持。

8. 实施清源行动。对经版权行政机关认定属于“专门或主要从事侵权盗版活动的网站”采取停止广告投放业务、停止结算已经产生的广告收入等措施；对于违规继续为“盗版网站”提供广告投放业务的企业，由版权行政管理部门或相关行业协会采取约谈、公开谴责等方式予以警示；对经警示无效的企业，提请有关执法部门追究其共同侵权的法律责任。

9. 成功办结百度、快播侵犯著作权行政处罚案。按照国家版权局的统一部署，市版权局参与了百度、快播侵犯著作权案的查处工作，并在规定期限内顺利办结案件。

10. 贯彻落实“2013年打击网络侵权盗版专项治理‘剑网行动’”相关工作。市版权局与市互联网信息办公室、市公安局等联合成立了“北京市打击网络侵权盗版专项行动领导小组”，围绕网络文学、音乐、影视、动漫、软件等重点领域以及图书、音像制品、网络出版物等重点产品，加强对重点视频网站、网络销售平台的监管力度，严厉打击各种网络侵权盗版行为。

四、整合资源，突出重点，大力促进版权相关产业发展

1. 利用技术手段，完善版权服务体系。充分利用技术手段，加强版权管理和版权服务信息化建设，建立统一高效的平台，实现数据统计、台账管理、数据共享等功能，不断完善版权登记、版权贸易等一体的版权服务体系。经统计，2013年北京地区作品版权自愿登记数总计428 701件，同比增长15.6%。

2. 整合优势资源，成立首都版权联盟。为了整合首都版权资源优势、推动首都版权产业发展，市版权局积极筹备并发起成立了首都版权联盟。联盟成立后，筹备了联盟刊物及网站，建立了日常工作机构——秘书处，开展了日常办公和相关外联工作，并围绕着音乐、书画等重点版权保护领域展开了调研。

3. 多策并举，有效加强数字音乐版权保护。2013年上半年，网络音乐或将下载收费成为社会关注的热点话题。为此，市版权局将数字音乐版权保护作为2013年的重点工作之一，通过出台行动计划、召开专题研讨、组织专家访谈等一系列有效措施，促进数字音乐产业健康有序发展，取得了良好成效。

（赵晓鹏）

天　津　市

2013年，天津市版权局在市委、市政府的领导下，在国家版权局的指导下，全面积极推进天津市的版权工作，主要完成了以下几方面的工作：

一、推进天津市区县政府机关软件正版化工作

按照国务院文件要求和国家版权局的工作计划，在市政府指导下，天津市区县政府机关软件正版化工作顺利完成。2013年初，市版权局代市政府起草了《天津市推进使用正版软件工作2012年工作总结和2013年工作计划》，并上报国家版权局，建立了软件信息每月统计报送制度，及时了解各区县的软件正版化推进情况，并按期向国家版权局上报情况。4月25日至26日，国家推进使用正版软件工作督查组到津检查。5月中旬，召开了“天津市区县政府机关软件正版化工作技术培训会”。下发了7个达到软件正版化要求必备文件，建立健全规范软件资产管理文档。

2013年4月至9月，市版权局先后三次组织相关人员对区县进行了软件正版化工作检查，前两次主要是对16个区县普查，对146台计算机的软件使用情况进行检查；9月份主要是对完成情况不好或没有启动软件正版化工作的区县进行走访，宣传软件正版化工作的意义和完成此项工作的必要性和紧迫性，通过走访，天津市16个区县全部将此项工作列入工作重点，先后有10个区县已基本完成政府机关软件正版化工作。

10月下旬，天津市版权局又针对没有完成软件正版化工作任务的区县进行了走访，进一步督促区县在国务院规定的时间结点内完成软件正版化工作任务。其中，6个区县已基本落实采购正版软件资金，进入采购正版软件阶段。宁河县，东丽区、武清区、北辰区、河东区等5个区县政府高度重视政府机关软件正版化工作，在2011年已购置了一批政府机关办公软件的基础上，2013年对全区政府机关和部门使用的软件进行了详细排查，进一步查遗补缺，决定再购买一批正版软件，确保全面按时保质完成软件正版化工作。

截至2013年底，全市16个区县733个部门共有计算机22 972台，在已安装正版软件的基础上，购买操作系统软件8 730套、办公软件11 099套、杀毒软件2 641套，共计投入软件采购资金1 890.80万元，全部完成了市区县政府机关软件正版化检查整改任务。

二、2013年打击网络侵权盗版的“剑网行动”

按照国家新闻出版广电总局《关于印发〈2013年打击网络侵权盗版专项治理“剑网行动”实施方案〉的通知》要求，市版权局与市公安局、市通信管理局、市文化市场行政执法总队、市互联网信息办公室联系，成立了“剑网行动”领导小组，联合下发了《天津市2013年打击网络侵权盗版专项治理“剑网行动”实施方案》，与市公安局联合，检查了天津市的部分网站。联合有关部门开展了打击网络侵权盗版专项治理“剑网行动”，对本市28个重点网站在内的100余个网站以及54个服务器托管商、网络接入商进行了检查，要求其对接入用户及内容开展自查，严禁出现网络侵权行为的发生。

9月，国家版权局下发了《关于加强重点网站版权主动监管的实施意见》，针对需重点监管的网站名称，市版权局与市公安局联合查找了网站的管理所在地，经查天津市无以上网站，已将情况报国家版权局。

三、打击侵权盗版案件的认定

1. 完成了两个案件的侵权盗版制品的认证工作。参加了天津“905”大案的收尾工作。参加市政法委召开的“905”案件协调会议，并为以侵权盗版罪处罚的案件提供著作权法律支持。

2. 调处两件版权纠纷。一是天津外国语大学附属外国语学校的老师投诉南开大学出版社不付稿酬的纠纷；二是湖北一作者的作品转载未付酬的纠纷。两件版权纠纷案在市版权局的调处下得到圆满解决。

3. 完成版权先进集体和个人的推荐工作。天津黄金生贩卖盗版、淫秽光盘案专案组荣获国家版权局授予集体一等奖（天津市“扫黄打非”办公室、市文化市场行政执法总队、市新闻出版局、市版权局、市公安局南开分局、南开区人民检察院、南开区人民法院）。

四、版权管理工作

组织天津各出版单位参加了2013年北京国际图

书博览会。审核涉外图书合同278项、电子出版物2个、音像复录加工合同10个，作品登记84件，软件认证登记57件，版权咨询200余人（次）。

协助完成了天津市知识产权战略实施评估和《天津市知识产权战略推进计划（2014—2016年）》。

（张　倩）

河　北　省

2013年，在省委、省政府的领导和国家版权局的指导下，河北省各级著作权行政管理部门认真贯彻落实国家知识产权战略纲要，大力推进软件正版化工作，严厉打击侵权盗版行为，强化社会服务意识，采取多种形式加强版权保护，取得了显著成效。

一、提前完成市县两级政府机关软件正版化检查整改工作，进一步巩固了省级政府机关和企业软件正版化成果

10月底，全省11个设区市、2个省管县（市）和192个县级政府全部完成了软件正版化检查整改任务，比国务院要求的时限提前了2个月。市县两级政府共落实采购资金13 444万余元，采购操作系统软件69 280套，办公软件118 878套，实现了市县两级政府（含同级党委、人大、政协、法院、检察院、民主党派和人民团体）的全覆盖。为完成此项工作，省市县三级政府高度重视，版权部门履职尽责。

一是政府领导亲自抓工作。张庆伟省长、杨汭副省长多次作出批示，杨汭副省长还亲自给各市市长写信，对落实资金、完成时限等方面工作提出要求。省政府及时印发《关于加快推进市县政府机关软件正版化检查整改工作的紧急通知》（办字[2013] 11号），对市县政府的正版化工作作出部署。市县政府站在讲政治、讲大局的高度，坚决贯彻落实国务院和省政府的部署要求，建立了主要领导亲自抓、分管领导具体抓的良好工作机制。

二是职能部门加强指导。省使用正版软件工作领导小组办公室不仅组织各成员单位组成11个督导组，对分包的设区市进行了实地督导，而且加强日常性指导，全年共编印工作简报50期，编号文件近30份，编写工作资料10余份，发送工作邮件500多次。各地使用正版软件工作领导小组办公室也及时成立若干督导组，分批次进行了拉网式的督导检查。

三是足额落实采购资金。全省落实50万元及以上的县级政府数量达120个，占总数的62.5%。设区市中，财政情况十分紧张的衡水市，在分管副市长的亲自协调下，筹措资金达323.44万元。

四是及时完成招标采购。各地立足实际，多数采取场地许可方式采购国产办公软件，一次性解决了普通岗位的办公需求。石家庄、邢台、张家口、秦皇岛等市还采取市县统一谈判、共享采购价格的方式，加快了进度，节约了采购经费。

五是完成培训安装和检查验收。市县政府先后组织了339次培训，参训人员达17 943人（次）。软件安装后，各地分批次组织了检查验收，各单位均建立了软件资产管理制度和账目，张贴了资产贴标。

六是组织开展“回头看”活动，对100多家省直机关软件正版化工作加强日常监管。同时，有针对性地开展勘察设计、汽车等企业软件正版化工作，取得了明显效果。2013年4月、10月，国家推进使用正版软件工作督查组两次对河北省软件正版化工作进行督查，给出了“组织有力，责任到位；督导有力，落实到位；保障有力，资金到位；管理有力，制度到位；宣传有力，意识到位”的高度评价。

二、积极开展打击侵犯知识产权和制售假冒伪劣商品专项行动及打击网络侵权盗版专项治理“剑网行动”

全省版权部门认真贯彻落实国务院和省政府关于知识产权保护的文件精神，采取有力措施，加大打击和整治力度，取得了明显效果。

一是省版权局对打击侵犯知识产权和制售假冒伪劣商品专项行动及打击网络侵权盗版专项治理工作进行了周密部署，结合全省实际，制定了详细的实施方案，及时印发到各设区市和成员单位。

二是加强行业监管。通过“净网”、“秋风”等专项行动，检查出版物市场、店档摊点和印刷复制企业3.82万家（次），收缴各类侵权出版物10万余件，查处侵犯著作权案件12起，向公安部门转办涉嫌侵犯著作权案件2起，协调关闭网站29家，严肃处理出租、出售、转让出版权问题，维护了新闻出版秩序。

三是开展了打击网络侵权盗版第九次“剑网行动”。重点围绕网络文学、音乐、影视、游戏、动漫和软件以及网络销售平台等领域，严厉打击未经许可非法上传、传播他人作品等违法行为，严厉打击故意为侵权盗版分子提供搜索链接、信息存储空间以及服务器托管、网络接入等服务的违法行为。行动期间，省版权局向通信管理部门发函5次，协调查询6个网站IP地址信息，督促设区市版权部门查处了游视网、听微微网、点点网、“5·1音乐”网及江西音乐网等5起网络侵权盗版案件。

四是与省公安厅等11部门共同印发了《联合打击防范侵权假冒违法犯罪工作协作机制》，建立了联合打击防范侵权假冒违法犯罪工作协作机制。

三、高度重视软件正版化、案件查处等版权保护活动所取得成果的宣传工作

在推进软件正版化、保护知识产权宣传周活动及案件查处过程中，省市县三级版权部门充分利用当地的报纸、电台、电视台、网络等新闻媒体，及时发布信息，介绍工作成果，扩大社会宣传的影响力。

一是省使用正版软件工作领导小组办公室利用2013年4月、10月国家推进使用正版软件工作督查组检查之机，邀请省内主流媒体开展跟踪报道，《河北日报》、《燕赵都市报》、《河北青年报》、河北电视台等媒体纷纷发布消息，及时跟进宣传。各市县利用当地媒体，宣传正版化工作，提高使用正版软件的意识。沧州市版权部门印制了近千份《沧州市推进政府机关使用正版软件指导手册》，在推进工作中发放给各单位。

二是加强知识产权保护宣传周期间的重点宣传。4月25日，省版权局组织11个市同时举行集中销毁侵权盗版制品及非法出版物活动，在活动现场向公众免费发放“拒绝盗版，拥抱梦想”为主题的绿书签，张贴“绿书签行动2013”宣传海报，开展了“加入绿书签行动”签名活动。同期，保定、唐山、廊坊、邯郸、承德等市版权部门走上广场宣传著作权法，发放各种宣传材料15 000余份，接受群众咨询350余次。石家庄市先后深入110家企业走访调研，宣传版权知识，督导检查软件使用情况，收到了明显的效果。

三是总结推荐了各类先进单位及个人并公开进行表彰。根据国家版权局的相关通知精神，推荐了8个单位和4名个人为2012年度查处侵权盗版案件有功单位及个人。7月2日，国家版权局印发《关于奖励2012年度查处侵权盗版案件有功单位及个人的决定》（国版字〔2013〕9号），河北省推荐的单位和个人全部获得奖励，其中张志强等侵犯著作权案专案组、“11·16”销售侵权复制品案件专案组分别获得有功单位一等奖，陈建彬等侵犯著作权案专案组获得有功单位二等奖，保定市文化广电新闻出版局、石家庄市新华区文广新局、石家庄北部湾歌厅音乐作品侵权案专案组、省通信管理局市场监管处、省版权局版权管理处等5个单位获得有功单位三等奖；刘强、蒋绮芳、王丽峰、王玉恒等人分别获得有功个人一等奖、三等奖。

四、不断加大文化市场日常巡查及侵权盗版案件的查处力度

省版权局根据工作需要，先后多次指导设区市开展执法工作。市县版权行政部门加大日常巡查和执法力度，查处了一系列侵权盗版案件。

3月7日，石家庄市桥东区文体局执法人员在对辖区书店进行日常检查时，发现辉芳书店和盛达书店分别销售盗版《新华字典》和《阿衰全集》彩色版图书，执法人员依法对两书店做出了没收盗版图书、罚款2 000元和罚款1 000元的行政处罚。

3月至8月，赵县文广新局执法人员在对娱乐场所进行例行检查时，发现明星泡泡堂、星光大道和红河谷等歌厅未经权利人许可，经营性使用音乐作品，执法人员依法对其分别做出了罚款8 000元、4 000元和10 000元的行政处罚。

3月中下旬，三河市版权局根据举报，查处了王磊销售盗版自学考试教材案，依据《著作权法》之相关规定，对当事人做出没收《管理会计（一）》等侵权出版物960册、罚款5 000元的行政处罚。

6月16日，新乐市文广新局执法人员在对辖区内部分印刷厂进行例行检查中，发现辉煌印刷厂正在印刷《八年级历史试卷（河北版）》辅导材料，印刷成品400份。执法人员经过调查询问，依法对该厂做出了没收侵权制品《八年级历史试卷（河北版）》辅导材料400份、罚款2 000元的行政处罚。

7月11日，根据群众举报，石家庄市版权局和新华区文体局执法人员，在警方配合下对卢国胜租住地进行了检查，发现其非法盗印《多孔砖砌体结构技术规范》和《2013国家司法考试分类解析》等书籍。版权部门依法对其做出了罚款3 000元的行政处罚。

9月上旬，石家庄市桥西区文体局执法人员对涉案人员连彩彬依法做出停止在网络平台上销售盗版图书、罚款50 000元的行政处罚。经查，自2013年1月至8月，涉案人在未经著作权人许可的情况下，擅自在“天天批发吧”、“完美图书城”、“八方来客图书城”、“淘宝图书批发社”等网络交易平台上销售《笑猫日记》、《查理九世》等盗版图书650套。执法人员依法对涉案人员做出上述行政处罚。

9月21日，石家庄市新华区文体局执法人员在对杜北乡印刷企业进行检查时，发现新鑫印刷厂内有《注册公用设备工程师执业资格考试复习教程》60册。经调查询问，该厂不具备出版物印刷资质，且提供不出涉案图书的相关手续，属于盗印。执法人员依法对该印刷厂做出了责令其停止侵权行为、罚款5 000元的行政处罚。

10月18日，石家庄市桥西区文体局依法对非法销售侵权盗版图书的“泽榕书社”给予没收盗版出版物4 650册、没收非法所得300元、罚款30 000元的行政处罚。经查，《保险基础知识》、《统计法基础知识》、《经济法》等30个品种4 650册涉案图书均系伪造、假冒“中国财政经济出版社”、“经济科学出版社”、“中国建筑工业出版社”的盗版出版物。

10月18日，石家庄市桥西区文体局依法对“教育书城0311”网店做出停止在网络平台上销售盗版图书、没收盗版图书3 000册、罚款5 000元的行政处罚。经查，依法查扣的《遇见未知的你》、《查理九世》等图书3 000册，为盗版图书。

10月25日，石家庄市裕华区文体局接群众举报，称河北科大商城有商户经营盗版图书。执法人员现场执法中，发现商户学海书店正在销售的《肖秀荣命题人1 000题》涉嫌侵权盗版，执法人员依法对涉案书店做出没收侵权制品《肖秀荣命题人1 000题》26册、罚款480元的行政处罚。

五、不断提高服务意识和业务水平，为社会公众提供维权和版权服务

全省版权部门不断加强业务学习，提高自身素质和业务水平，努力为社会公众和企业提供热情、高质的服务。

2月中旬，根据国家版权局要求，省版权局认真研究和讨论了《中华人民共和国著作权法（修订草案）》，并提出了反馈意见。

3月20日，省版权局派人参加了秦皇岛市举办的软件正版化工作业务培训，为市直机关和各县区文广新局代表共计80余人讲解了正版化相关知识。

4月中旬，参加了国家版权局在合肥举办的“全国版权示范工作经验交流会”，学习了兄弟省市在版权保护方面的经验。

8月14日至15日，省版权局组织河北日报报业集团、河北出版传媒集团及河北省新华书店有限责任公司有关人员，赴北京参加2013年新闻出版行业企业使用正版软件培训会议。

9月中旬，省版权局组织河北省基层版权执法人员，参加国家版权局在成都举办的“2013年全国版权执法培训会议”，进一步加强了执法能力建设，提高了执法水平和依法行政能力。

10月11日至12日，省版权局组织省政府办公厅、省工信厅、省财政厅、省机关事务管理局和省国资委有关人员，参加了在北京召开的2013年全国政府机关软件正版化培训会议，有力地推动了全省政府机关软件正版化工作的顺利开展。

10月至11月，省版权局指导邯郸市版权局查处了江苏省盐城市唐明干先生的投诉案件，使得侵权人就侵权一事很快与作者达成赔偿协议，为权利人挽回了损失。

此外，省版权局从尊重知识产权、树立企业形象、履行社会义务、规避法律风险等保护企业的角度，引导企业主动更换盗版软件，妥善调解了两起某国外软件公司对省内两家企业涉嫌侵权的投诉，及时化解了矛盾纠纷。

2013年，省版权局为出版社登记外国及港澳台图书出版合同197件，为社会公众登记美术、文字和音乐等作品190件。各地为企业组织软件正版化培训14次，参训企业160家，参训人数达到1 320人（次）。

（李冬群）

山 西 省

2013年，是认真贯彻落实党的十八大精神的开局之年。山西省版权局按照国家版权局和山西省政府2013年的总体工作部署，坚持创新思维、依法行政、加强管理、服务大众的宗旨，积极拓展版权宣传范围，着力加强版权监管力度，全面提高版权服务质量，攻坚克难，扎实推进，较好地完成了打击侵权盗版、市县级政府机关软件正版化和企业软件正版化等各项重点工作任务。

一、打击侵权盗版工作成效显著，版权行政执法和市场监管工作全面加强

版权管理与执法工作是山西省打击侵犯知识产权和制售假冒伪劣商品工作的重要内容。2013年是全国开展“双打”工作的第4年，随着“双打”工作的逐步进展，要求逐年提高，任务日益繁重。虽然2013年市、县级政府机关使用正版软件工作耗费了很大的精力，但省版权局坚持打击侵权盗版的劲头不松，市场监管的力度不减，“双打”工作标准不降。全年版权领域的“双打”工作主要呈现以下特点：

（一）注重传统出版物市场的整顿规范

2013年，省版权局根据国家版权局和省“双打”领导组的安排，结合版权工作实际情况，认真组织开展了全省新闻出版系统“双打”工作，对全年“双打”工作任务进行细化分解，分别制订了省版权局一、二、三、四季度“双打”工作要点，在山西省范围内开展了图书、软件、音像制品流通环节的集中整治工作。其中，突出加强了重点时段的版权监管工作，下发了《山西省新闻出版（版权）局关于开展“两会”、“两节”期间出版物市场专项治理行动的通知》。全年全省各级新闻出版、版权、文化行政执法、公安部门共查办各类侵权盗版案件97起，其中比较有代表性的是离石盗版教材教辅案。

（二）注重网络侵权盗版的专项整治

为加强网络环境下的版权行政执法和监管工作，根据国家版权局等四部门的安排，省版权局于7月10日至10月20日联合省公安厅、省通信管理局、省互联网信息办公室四部门共同开展了打击网络侵权盗版专项治理“剑网行动”。行动中，突出加强对重点网站的主动监管和排查工作，全省各市共主动监管网站100余个，其中包括省级重点监管网站6个。比较典型的案例是省版权局联合运城市、临猗县文化执法、公安部门查办的“YY456音乐网”侵犯著作权案件。该网站未经著作权人授权擅自提供大量音乐作品供公众试听、下载，并通过刊登淘宝广告获利，国际唱片协会掌握了其大量的侵权证据，并将该网站举报至国家版权局，之后国家版权局将该案件转至省版权局。省版权局接收案件后立即对该音乐网站进行了调查取证，并通过运城市联通公司确定了音乐文件服务器的物理地址和案件当事人，案件从侦办到告破只用了两天时间。该案件的快侦快破有效地维护了中国的版权管理国际形象，成为山西省2013年“剑网行动”中的一大亮点，也为查办网络侵权盗版案件这一难题积累了大量有效的经验。

（三）注重涉刑案件的衔接配合工作

根据《关于在打击侵犯著作权违法犯罪工作中加强衔接配合的暂行规定》精神，省版权局组织专业技术人员对长治市版权管理部门查获的涉嫌著作权犯罪案件的涉案光盘进行了认真鉴定，为侵犯著作权犯罪行为的定罪量刑提供了准确有力的证据。

（四）注重将查办案件与宣传教育有机结合

公众良好的版权意识是版权秩序不断改善的重要前提。为全面提升公众的版权保护意识，在全社会逐步形成“尊重知识、尊重劳动、尊重创作、尊重版权”的舆论氛围，2013年“4·26知识产权宣传周”期间，省版权局紧紧围绕“实施知识产权战略，支撑创新驱动发展”的宣传主题，结合“双打”工作，从4月18日起组织各级新闻出版部门大范围、多角度地开展版权保护宣传进校园、进社区、进媒体活动。全省共发放各类宣传资料17万余件，销毁各类侵权盗版制品60余万件，活动直接受众达到23万余人，省内各大新闻媒体进行了全程跟踪报道。如省版权局与太原市版权局在太原科技大学开展了“版权进校园”宣传咨询活动，共发放《版权保护手册》、《计算机软件保护条例》、主题宣传海报等宣传资料和宣传品3 800余份，现场解答各类版权咨询190余次，3 000余名师生参加了活动。此外，在太原市100个中小学校的科普、学习栏中张贴了版权“宣传专刊”。

二、政府机关软件正版化工作圆满完成，企业软件正版化工作成效明显

（一）全面完成市、县级政府机关使用正版软件工作任务

政府机关使用正版软件工作是省版权局2013年工作的重中之重。按照国务院办公厅、国家版权局的要求，市、县级政府机关使用正版软件工作应于2013年底前完成。省版权局积极争取各方支持，深入挖掘自身潜力，勤督促、勤管控、勤汇报、勤指导，努力通过一切可能的途径向市、县级政府施加压力，经过一年来的艰苦努力，全省11个市、127个县（含开发区）的政府机关使用正版软件工作最终圆满完成。

1. 加强组织领导，强化工作责任落实

省版权局在组织市、县级版权管理部门开展工作的基础上，积极依托省政府办公厅和省“双打”办等部门，千方百计争取支持，发挥其组织领导优势，督促市、县级政府机关加快推进政府机关使用正版软件工作。

1月18日，省版权局在全年新闻出版工作会上对正版化工作进行了专题部署，要求各级版权管理部门要认真履行协调、组织职能，督促、指导各市、县按时限高质量完成工作任务。

2月22日，在山西省“双打”领导小组工作会议上，王一新副省长在讲话中专门拿出很大的篇幅讲正版化工作，有效推动了正版化工作的进展。

2月28日，省版权局组织召开了市、县级政府机关使用正版软件工作推进会议，对加速推进正版化的协调工作作出具体安排，并对各市有关工作人员进行了专门培训。

3月28日，山西省“双打”领导小组向各市人民政府下发了《关于加快推进市、县级政府机关使用正版软件工作的实施意见》，重申了各市、县人民政府主要领导是政府机关软件正版化工作的第一责任人，明确了经费落实、采购安装、检查验收的时

间表。

5月，为进一步加大市、县级政府机关使用正版软件工作力度，山西省政府办公厅再次下发了《关于加快推进市、县级政府机关使用正版软件工作的通知》，要求各市、县严格按照规定的时间节点推进工作，务必于9月底前落实软件采购资金并进入实质性采购安装，从10月起山西省政府将陆续对市、县级政府机关使用正版软件情况进行检查验收。

国务院《政府机关使用正版软件管理办法》发布实施后，省政府办公厅下发了专门通知，要求进一步明确工作责任、构建工作机制、抓好制度建设，并突出抓好当前市、县级政府机关使用正版软件各项工作，确保如期完成工作任务。

10月17日，国务院推进使用正版软件部际联席会议对山西省的督查工作结束后，省政府办公厅发出通报，并对正版化工作再次作出部署，有效加快了正版化工作进程。

2. 加大督查力度，确保资金及时到位

根据国务院的有关要求，山西省确定了正版软件实行政府集中采购、所需经费由本级财政部门集中支付的原则。要求各级政府在充分考虑实际工作需要和本级政府财政状况的基础上，确定和落实政府机关软件正版化工作所需经费。

为加快市、县级政府机关使用正版软件工作进度，尽快落实采购资金，确保如期完成工作任务，省版权局加大了督促检查力度。从5月起实行政府机关使用正版软件情况逐月通报制度，每月对全省工作进展情况进行通报，并直接报送省长、分管副省长、各市市长和分管副市长。2013年7月，组成7个督查组分赴全省11个市督促检查使用正版软件工作，在认真听取工作情况汇报和对具体工作进行指导的基础上，专门约见了长治、晋城、临汾、运城等市分管软件正版化工作的领导，当面指出问题，明确有关要求，督促市政府主要领导认清形势、明确责任，抓紧落实经费，确保按时完成工作任务。8月下旬，又组成5个督查组，对山西省11个市级政府和40余个工作进展相对滞后的县级政府再次进行督查，重申了国务院和省政府的有关要求，约见了部分工作未完成市、县的市长、县长或分管软件正版化工作的副市长、副县长，督促落实正版软件采购资金，要求当场对落实资金数额和完成正版化工作的时间作出明确承诺。

为推动工作在9月底前取得重大突破，省版权局将8、9月确定为政府机关使用正版软件工作攻坚月，多措并举，全力推动市、县级政府机关使用正版软件工作。一是加强进度管理。在5月以来按月通报的基础上，日日统计工作进度，天天督促工作进展，随时解决工作中存在的困难和问题，要求各市软件正版化工作每天都要有新成果。二是加大督查力度。在两次督查工作的基础上，多次向部分市的市长或分管市长致电致函，督促所辖县（区）尽快落实软件采购经费。三是注重业务指导。结合山西省级政府机关和兄弟省（市）政府机关使用正版软件工作的经验，本着既要实现软件正版化工作目标又要节约经费的原则，指导各市优化工作方案，降低财政负担，减少工作阻力，确保工作如期完成。

3. 主动跟踪管理，指导安装使用工作

10月起，山西省在继续督促少数未落实采购资金县级政府机关的基础上，重点督促各市、县做好软件采购安装和使用管理工作。对市、县级政府机关软件采购安装工作进行跟踪管理，指导他们在遵守政府集中招标采购有关规定的前提下，选择合法快捷的采购方式，科学合理地采购性价比高的软件。在软件安装过程中，要求各市、县做到责任到人，搞好安装备案。要求严格计算机软件日常使用管理，把软件作为国有资产纳入本部门资产管理范围，建立软件使用管理制度档案，做到专人负责、台账齐全、管理严格、使用有序。工作过程中，力求及时发现问题、纠正问题，力求工作无失误、无疏漏。

4. 狠把质量关，严格开展检查验收

为有效保证市、县级政府机关使用正版软件工作质量，省版权局结合省级政府机关检查验收经验，制定了《山西省市、县级政府机关使用正版软件工作检查验收方案》、《山西省市、县级政府机关使用正版软件工作检查验收评分标准》，于11月28日至12月15日对市、县级政府机关使用正版软件工作进行了抽查验收，从组织领导责任落实情况、工作计划制定及完成情况、软件采购资金落实情况、软件采购安装情况、软件使用管理和工作长效机制构建情况五个方面对市、县级政府机关使用正版软件工作进行了考核评分。检查结果显示：各抽检市、县软件安装到位、制度建设到位、工作落实到位，市、县级政府机关使用正版软件工作达到了预定目标。

10月中旬，国务院推进使用正版软件部际联席会议督导组赴山西省检查督导政府机关使用正版软件工作时，对山西省在政府机关使用正版软件工作中的推进措施、管理方法、工作质量和短时间内取得的巨大成绩给予了充分肯定。

（二）继续坚持不懈地抓好企业软件正版化工作

山西省在对历年企业软件正版化工作认真总结

的基础上，遵循“以大型企业为重点，以国有、外商投资、民营大型企业在先，中小企业在后依次推进”的工作方针，全年 100 家企业实现软件正版化的工作目标已基本完成。此外，根据国家版权局的统一部署，从 2013 年 9 月起，开展了全省新闻出版行业二级企业的软件正版化工作。

1. 100 家企业的软件正版化工作圆满完成

在企业软件正版化工作中，山西省坚持因地制宜、逐步推进的原则，全年在全省选择 100 家企业开展软件正版化工作。对企业软件正版化工作实施目标责任管理，2013 年初将全省重点推进企业的软件正版化工作任务全面分解落实到各市。各市在对全市企业进行认真梳理的基础上，按数量要求选择有条件的企业开展软件正版化工作，明确各市推进企业名录。在企业软件正版化工作中，山西省注重加强对各市版权管理部门和目标企业的督促指导，指导企业开展软件使用情况调查摸底、软件资产管理等工作，严格开展企业软件正版化工作的检查验收。全省 100 家企业软件正版化工作任务基本完成。

2. 扎实推进新闻出版行业二级企业软件正版化工作

根据国家新闻出版广电总局办公厅《关于进一步推进新闻出版行业企业使用正版软件工作的通知》（新出厅字［2013］274 号）精神，新闻出版行业大型企业集团的二级企业软件正版化工作应于 2014 年底前完成。山西省积极推进新闻出版行业二级企业软件正版化工作，确定了拟推进企业目录。在此基础上，召开了专门会议对工作进行安排部署，明确了自查整改、采购安装、资产管理等重点工作。所有目标推进企业的使用正版软件自查工作基本完成，山西出版传媒集团的全部二级企业和山西新华书店集团的部分二级企业软件正版化工作提前完成，约占到全省新闻出版行业二级企业软件正版化工作总任务量的一半。

三、版权公共服务体系逐步完善，版权服务质量全面提升

在版权公共服务体系建设中，省版权局特别注意加强作品版权登记工作，努力为广大著作权人提供可靠便捷的版权保护服务，为版权贸易的不断拓展保驾护航。省版权局在山西首届文博会会场设立了版权工作站，为太原理工大学艺术学院等的 87 件参展作品提供版权登记服务，发放各类版权宣传资料共计 3 000 余份，解答群众版权咨询 200 余人（次）。该次服务工作是省版权局创新开展版权工作的一次有益尝试，也是转变作风、服务群众、推进文化产业发展的一项重要举措，同时也有效扩大了作品登记工作的社会影响。全年完成作品版权登记 262 件，同比增长 26%。完成版权贸易合同备案 55 件，同比增长 139%。

省版权局在努力完成各项行政工作任务的同时，注意热情接待来访群众，提供咨询服务。注重发挥行政调解职能，耐心调解各类侵权纠纷，总计答复著作权方面的社会咨询 500 余人（次），受理著作权侵权投诉 11 件。比较典型的是叶永烈投诉《太原晚报》侵权案件和华影公司投诉案。

（郝子谋）

内蒙古自治区

2013 年，内蒙古自治区版权工作坚持以邓小平理论和“三个代表”重要思想为指导，坚持科学发展观，贯彻落实党的十八大精神和自治区“8337”发展思路，紧紧围绕大局，以营造良好版权环境、推动版权相关产业繁荣发展为目标，加强版权行政执法，大力推进政府机关软件正版化工作，坚持不懈地开展版权法律知识宣传教育，各项工作取得了显著成绩。

一、加大版权执法工作力度

2013 年，全区版权执法案件共立案 40 起，涉案金额 5.15 万元。其中，重大案件 1 起，移送司法机关 1 起。

第一，2013 年 4 月，联合自治区公安厅，赴呼和浩特、赤峰、通辽、兴安等地区，对开展侵犯音乐版权执法工作进行专项督促检查。督查期间，组织有关地区市县两级版权、公安等部门，对部分商场、酒店、卡拉 OK 等经营场所使用他人音乐作品的授权情况进行实地检查。

第二，按照国家版权局等有关部委的统一行动，自治区版权局、公安厅、通信管理局、互联网信息办公室联合印发了《关于印发〈2013 年全区打击网络侵权盗版专项治理“剑网行动”实施方案〉的通知》，组织开展了全区第九次打击网络侵权盗版专项治理“剑网行动”，成立专项治理工作领导小组，统一协调、指导专项治理工作。专项行动强化了网络环境下版权执法和监管工作，促进了互联网产业的健康发展。

第三，持续开展打击网络、软件预装、图书馆等领域侵权盗版专项治理，有力打击了重点领域的侵权盗版行为，营造了公平有序的版权市场秩序。

第四，开展打击侵犯知识产权和制售假冒伪劣商品专项行动。按照国家版权局和自治区专项行动领导小组要求，严格落实版权执法信息月报制度，全面掌握全区版权执法案件进展情况及重要成果，并将有关情况按时上报国家版权局和自治区打击侵犯知识产权和制售假冒伪劣商品专项行动领导小组。

二、推进政府机关和企业软件正版化

内蒙古自治区高度重视软件正版化工作，认真贯彻落实国务院工作部署，建立专门机构主抓，坚持和强调各级政府、各部门主要负责同志切实承担第一责任，综合采取宣传、培训、执法、督查等措施，从经费保障、政府集中采购、资产管理、年度报告、审计监督、检查验收等环节落实长效工作机制，按照国务院要求，全面完成了自治区、盟市、旗县三级政府机关软件正版化检查整改工作任务。

（一）加强工作部署

自治区政府办公厅于2013年1月10日印发《关于进一步做好政府机关软件正版化工作的通知》（内政办发［2013］3号），进一步明确工作任务和工作责任。自治区政府于2013年9月11日召开了全区软件正版化工作电视电话会议，自治区副主席刘新乐出席会议并讲话。自治区政府副秘书长杨玺主持会议，自治区新闻出版（版权）局党组成员、巡视员王东生代表自治区推进使用正版软件工作联席会议对全区政府机关和企业软件正版化工作进展情况进行了通报。自治区工作联席会议16家成员单位的有关负责同志和相关处室负责人在自治区主会场参加会议，各盟市、旗县政府分管领导，盟市、旗县软件正版化工作领导机构各成员单位有关负责同志和相关科室负责人，以及各盟市文化市场综合执法局、各旗县承担版权执法任务的有关机构负责同志，列入自治区企业软件正版化工作目标的160家企业的有关负责同志，按照属地在各盟市、旗县分会场参加会议。会议规模2 500余人。该次会议是在自治区软件正版化工作处在攻坚克难的关键时期召开的一次重要会议，会议进一步统一思想，提高认识，明确目标，为按期完成盟市、旗县两级整改任务做了新的全面部署。

（二）加强工作督查

按照自治区政府工作安排，自治区政府副主席刘新乐，自治区新闻出版局、审计厅、知识产权局、法制办等部门厅级领导带队，组织联席会议各成员单位先后于2013年5月、10月两次对各盟市旗县进行软件正版化工作督查。2013年10月24日、11月2日、11月11日，刘新乐到呼和浩特、呼伦贝尔、乌海进行检查指导。上半年督查中，各盟市向自治区政府、各旗县向所属各盟市签订了完成工作的承诺书；下半年督查中，督查组对盟市、旗县两级70多个政府机关单位的450余台计算机软件安装使用情况进行了实地抽查。督查工作有力地推进了各地区工作进度。

（三）加强信息报送工作

按照国务院要求，每月月底前协助自治区政府办公厅向国家版权局报送自治区政府机关软件正版化工作落实情况。按照自治区政府专题会议精神，要求各盟市每周报送一次软件正版化工作信息，自治区联席会议办公室及时向国家版权局和自治区政府上报工作进展情况和存在的问题。

（四）继续推进企业软件正版化工作

重点推进新闻出版行业企业及其他大型国有、外资金融、勘察设计等行业企业软件正版化整改工作。对于盗版使用情况严重、拒不整改，反应强烈的企业，及时部署版权执法力量进行查处。对权利人投诉的企业，及时组织盟市、旗县两级版权执法部门进行执法检查，督促整改。

（五）接待国家推进使用正版软件工作督查组两次工作督查

2013年4月23日至25日、10月14日至15日，分别由商务部条法司副司长杨国华，国家工商总局党组成员、副局长孙鸿志带队的督查组，到自治区进行软件正版化工作督查。督查组对自治区、鄂尔多斯市、达拉特旗三级机关单位计算机软件安装使用情况进行了随机抽查，听取了自治区政府的工作汇报。督查组对自治区工作取得的成绩给予肯定，并就进一步提高工作认识，加强宣传培训、加快工作进度、完善长效机制建设等方面提出明确要求。

三、开展版权公共服务

坚持以“科学发展、富民强区”为第一要务，积极为版权产业发展服务，充分发挥版权工作在保护文化创造力、激励自主创新方面的重要作用。

第一，完善内蒙古自治区版权保护协会运行机制，充分发挥版权保护协会在版权研究、培训、服务方面的积极作用。支持著作权集体管理组织开展工作。

第二，全面实施《内蒙古自治区著作权管理办法》，积极开展著作权民事调解，为作品权利人和作品使用者提供日常咨询和法律服务。

第三，组织参加国家版权局于5月20日至22日在广州举行的作品登记工作会议，加强和完善版权登记工作，规范作品登记程序。2013年共完成了作品登记170件。

第四，积极组织自治区出版单位参加第二十届北京国际图书博览会的预备会议、正式展会，推动实施自治区出版工作走出去战略。

第五，积极参与自治区知识产权局、高级人民法院建立的知识产权专家库，积极参与有关活动。

第六，与自治区高级人民法院、文化厅、知识产权局、工商局联合印发了《关于建立知识产权多元化纠纷解决机制的规定》，提高著作权行政调解的效率，增强行政调解的可行性。

第七，进行版权公共服务平台和版权监管平台建设的调研工作，完成关于建设版权公共服务平台建议（草案）；参与自治区知识产权局主持的内蒙古自治区知识产权战略纲要编制工作。

四、组织版权宣传培训教育

2013 年，自治区版权局始终将宣传教育工作贯穿于版权执法监管和管理服务之中，建立起版权宣传、教育和培训的常态机制。

第一，组织基层版权执法人员参加了国家版权局在沈阳和成都召开的两次全国基层版权执法培训会议，以及国家版权局在北京举办的《政府机关使用正版软件管理办法》培训会议。组织推荐自治区 2012 年度查处侵权盗版案件有功单位和个人评选，获得有功单位一等奖 1 个、二等奖 2 个，有功个人二等奖 1 个、三等奖 1 个，是自治区历年来获得此类奖项级别最高、奖项最多的一次。

第二，全区各级版权部门围绕“4·26 世界知识产权日”，开展了版权知识宣传周活动。

第三，有效利用内蒙古政府网、《内蒙古日报》、《内蒙古法制报》、《内蒙古晨报》、内蒙古新闻网、《北方新报》，以及自治区版权局网站等各种媒介，宣传自治区打击侵权盗版、开展作品登记、推进软件正版化工作成果等的宣传报道，积极营造良好版权环境，提升全社会版权意识。

第四，2013 年共编印了 9 期《内蒙古版权工作简报》，及时通报、宣传自治区版权工作进展情况和工作成果。

五、加强队伍建设和党风廉政建设

按照自治区党委和局党组党风廉政建设要求，全面梳理本处室的工作职能、职责和重点工作环节，共梳理出会议培训、版权管理、版权执法、作品登记四方面的工作内容和廉政风险点，制定了严格的风险管控制度，认真落实，取得良好效果。

（牛焕炜）

辽　宁　省

2013 年，辽宁省版权局在省委、省政府的领导下，在国家版权局的指导下，全面积极推进辽宁省的版权工作，主要完成了以下几方面的工作：

一、严厉打击新闻出版版权领域侵权假冒行为

2013 年 2 月，按照国家新闻出版广电总局要求和省政府统一部署，省版权局制定并印发了《2013 年度全省新闻出版版权领域打击侵权假冒工作实施方案》，要求各市与正在开展的印刷业、版权、“扫黄打非”领域各专项行动有机结合，统筹安排，紧紧围绕印刷业源头治理、出版物市场巡查、非法预装计算机软件、打击网络侵权盗版、推进政府机关软件正版化等工作任务，进一步加大打击侵权假冒工作力度，强化对打击侵权假冒工作的督导检查。

针对第十二届全国运动会在辽宁举办，省版权局派专门人员进驻十二运组委会，负责对组委会发布的会歌、会徽、宣传画、吉祥物等系列版权作品进行了版权登记，同时对该系列作品的版权保护及推广给予指导。对市场销售盗版纪念品进行检查，对网站销售侵权产品进行防范和处理等，做到在思想观念上预防、生产制造源头上遏制、流通环节上封堵、销售市场上严查。

按照《实施方案》部署，省版权局会同省新闻出版局、省“扫黄打非”办组成督查组，分赴省内各市以及重点地区、重点市场开展督导检查 30 余批次，分阶段、有重点地开展了印刷复制企业治理，以及对省内书报刊、音像、软件和电子出版物的市场集中清理整顿，督促各地不断加大打击侵权假冒、保护知识产权的工作力度。

专项行动期间，全省各有关部门累计出动执法检查 2.8 万余人（次），检查各类出版物经营单位 12 605 家（次），印刷、复制企业 15 326 家（次），主动监管各类网站 45 家，取缔、关闭无证无照和有严重违法违规行为的出版物经营店档摊 63 家，关闭网站 4 家，行政处罚违法案件 143 件，共收缴各类侵权盗版及非法出版物 422 251 盘（册），没收服务器 19 台，查处案值和社会影响较大的侵权盗版、非法出版以及网络违法犯罪案件等 58 起，4 人被依法追究刑事责任。

二、开展年度打击网络侵权盗版专项行动

2013 年 7 月中旬，结合国家版权局、公安部等四部门联合开展的打击网络侵权盗版专项治理“剑网行动”的统一部署，省版权局牵头成立了由省通信管理局、省公安厅、省互联网宣传管理局等部门组成的“全省打击网络侵权盗版专项治理‘剑网行动’工作领导小组”，制定并印发《辽宁省 2013 年打击网络侵权盗版专项治理“剑网行动”实施方案》，在全省范围内组织开展打击网络侵权盗版专项治理行动。

专项行动期间，充分发挥领导小组办公室职能，组织协调各市文化执法、公安、通信等部门针对本辖区内提供作品、表演、录音录像制品等内容的网站，提供存储空间或搜索链接服务的网站，以及提供网络交易平台的网站展开全面排查，围绕网络环境下的文学、音乐、影视、游戏、动漫、软件等重点领域和图书、音像制品、电子出版物、网络出版物等重点产品，加大监管力度。组织省通信管理、公安、互联网宣传等部门对各市各有关部门专项行动开展情况进行了3次督查，对存在问题的部分网站，要求限期整改。2013年9月，国家版权局交办3件网络侵权案件，省版权局组织精干力量，在相关市公安、文化执法和通信管理部门的积极支持和大力配合下，在短短的7天时间里就顺利完成了案件的调查取证工作，依据国家法律法规对相关当事人作出处理，并及时将查办结果上报国家版权局。

专项行动期间，全省共主动监管网站45家，查处案件15起，责令停止侵权行为10家，没收服务器19台，关闭网站4家，行政罚款10万元。

2013年12月30日，国家版权局、公安部等四部委在京召开新闻发布会，对辽宁省紧扣十二运主题，将打击网络侵权盗版作为工作重点，严厉打击未经许可擅自转播十二运赛事、活动以及向公众提供十二运会歌、吉祥物、赛馆建筑设计等作品的行为，以及及时查办网络侵权盗版案件等工作给予充分肯定。

三、广泛开展版权宣传，取得良好成效

2013年4月，以“4·26知识产权宣传周”为重点，结合开展全省集中销毁非法及盗版出版物活动等，在全省范围内，组织开展了系列版权保护集中宣传活动。在全国集中销毁侵权盗版及非法出版物活动辽宁分会场现场，省版权局启动了以“拒绝盗版、助力创新”为主题的“绿书签行动”系列宣传活动。省、市版权、公安、工商、知识产权等部门还在现场开展了法律法规宣传、咨询，知识产权鉴定，投诉案件受理，散发宣传品等活动。

在知识产权宣传周期间，省版权局联合省知识产权局、省工商局召开了省政府新闻发布会，集中发布省版权保护取得的新成果。

四、扎实推进全省政府机关和企业软件正版化工作

（一）政府机关软件正版化检查整改工作

在省委省政府和各市委市政府的高度重视和大力支持下，推进市县级政府机关软件正版化工作取得丰硕成果。截止到2013年11月底，全省14个市100个县（市）区（含开发区、高新园区等）提前一个月完成了包括同级党委、人大、政府、政协、党派、群团、检法等部门的软件正版化检查整改任务，共采购正版软件77 842套，采购资金7 761.985万元。

政府机关软件正版化工作的重点和难点在于经费落实、统一采购和长效机制建设。在完成检查整改任务后，长效机制的建设和巩固成果成为首要任务。2013年8月15日，国务院办公厅印发了《政府机关使用正版软件管理办法》，为此，省版权局印发了专门文件，要求全省各级政府机关要把学习宣传和贯彻落实《办法》精神与当前正在开展的推进市县级政府机关软件正版化检查整改工作结合起来，做好宣传培训，落实各项责任，建立考核制度，抓好安装使用，严格资产管理，加大督查力度，做好日常监督、信息统计和年度报告等工作，确保政府机关软件正版化工作成果持续巩固，向纵深推进。

（二）深入推进企业使用正版软件工作

根据《辽宁省2013年推进使用正版软件工作实施方案》的部署，以新闻出版行业企业为重点，继续深入推进其他各领域企业软件正版化工作。按国家版权局统一要求，重点以新闻出版行业企业软件正版化平台为抓手推进新闻出版行业企业软件正版化工作，省版权局指定专门人员兼职平台推进工作，分阶段进行指导、培训、督促。此外，通过召开企业负责人的培训会议、实地抽查企业软件使用情况等方式，全面推进省内企业软件正版化工作，鼓励和指导企业加强软件资产管理。年内共组织企业软件正版化培训会议6期，参训企业200余家，其中150家通过了省版权局的检查验收。

五、组织全省版权管理与执法人员参加版权执法业务培训

省版权局于2013年7月、8月、9月、11月分四批举办专门培训。特别是2013年7月中旬，借助国家版权局年度培训班在沈阳举办之际，省版权局组织全省市、县版权执法骨干60余人参加版权执法业务培训。

六、以设立版权工作站为抓手，切实加强版权公共服务体系建设

按照《辽宁省版权局设立版权工作站实施方案》的部署，2013年10月，省版权局设立了大连世品版权工作站，新建及已建的工作站全面覆盖了新闻出版、文化旅游、网络游戏、文化创意、重工装备、艺术品展览展示及交易等领域。依托版权工作站，进一步拓展了作品登记、版权宣传等版权公共服务与管理，同时帮助企业在自身业务发展中引入版权保护机制，不断提高文化创意企业的创新能力和版权创造的整体水平。通过几年来的工作站战略的实施，有力促进了全省版权公共服务体系的建立完善。版权工作站模式基本形成了省、市、县三级版权行政机关与园区、企业等相衔接的网络化版权管理和服务体系，进一步提高了辽宁省版权创造、运用、保护和管理能力。

七、积极促进图书版权贸易

2013 年 8 月，省版权局组织辽宁出版集团所属出版社、大连理工大学出版社、东北财经大学出版社等参加一年一度的北京国际图书博览会，认真做好辽宁展团参展的图书策划、选题侧重、展位安排等各项协调与服务工作，确保辽宁展团各单位便捷高效地做好布展和版贸洽谈工作，同时，通过与展会组织方及各出版单位的沟通协调，出色地完成了辽宁展团参展任务，版权输出数量屡创新高。

八、全省作品自愿登记和版权贸易数量

2013 年，辽宁省作品自愿登记数量达到 21 126 件。图书版权贸易情况中，版权引进数量达到 327 件，实现版权输出 234 件。

（李安庆）

吉 林 省

2013 年，在吉林省委、省政府和国家版权局的领导下，全省各级版权管理部门认真学习贯彻党的十八大、中共吉林省委十届二次会议精神，紧紧围绕规范行政执法，维护市场秩序，服务产业发展的工作主线，扎实工作，全面推进版权产业发展，完成预定工作目标，开创了崭新的工作局面。

一、完成全省市县两级政府机关软件正版化整改

按照国务院办公厅《关于进一步做好政府机关使用正版软件工作的通知》（国办发［2010］47 号）、省政府办公厅《进一步做好政府机关使用正版软件工作的通知》（吉政办明电［2013］34 号）和国务院有关会议精神要求，省版权局作为牵头业务部门，与省推进使用正版软件工作领导小组相关成员单位密切配合，周密部署，加强督导，采取有效措施积极推进，克服省内很多市县级政府的财政困难，创新式地采取各地自行采购和省里统一垫资采购相结合的方式，在国务院规定的时限内全面完成全省市县级政府机关软件正版化检查整改工作。截止到 2013 年 12 月 15 日，吉林省 10 个市（州）级政府和 67 个县（市、区）级政府全部完成了软件正版化检查整改工作。全省各市县级财政共投入正版软件采购资金 4 420 万元，其中市（州）级 3 155 万元，县（市、区）级 1 265 万元；采购正版通用软件 74 840 套，其中操作系统9 979 套，国外办公软件 8 000 套，国产办公软件56 861 套。各市县级政府各部门按照要求对采购的正版软件进行了安装，制定完善软件资产管理制度，建立软件资产管理台账，形成了软件正版化工作长效机制。

在全面完成政府机关软件正版化检查整改工作的同时，继续推进企业软件正版化工作。结合吉林省实际，制定印发《2013 年吉林省推进使用正版软件工作的实施方案》，通过调查统计、培训指导、督促检查等措施，积极推进各相关企业使用正版软件工作。在完成吉林省新闻出版行业企业集团（总部）软件正版化工作的基础上，部署推进集团所属二级企业开展使用正版软件工作，指导各企业制定正版化实施方案，并通过“新闻出版行业软件正版化工作平台”完成了基础信息及正版化工作计划的填报；吉林银监局、吉林证监局、吉林保监局分别将所监管的银行、证券、保险公司使用正版软件工作纳入行业系统信息科技监管法规体系，并建立完善了软件资产管理制度，推动软件资产管理规范化，形成软件正版化长效机制；通过督促检查及个案调查，推动了省内勘察设计行业企业的专业软件正版化工作。通过整改，十几家尚未落实软件正版化工作的设计企业采购了正版专业设计软件，完成整改任务。

二、加强和规范版权行政执法，维护市场秩序

打击侵权盗版，维护公平竞争的市场秩序，是各级版权管理部门一项重要的工作任务，2013 年再次列入省打击侵犯知识产权和制售假冒伪劣商品工作绩效目标体系中，全年开展了如下几项工作：

（一）强化市场监管

省版权局对长春图书批发市场和印刷复制企业进行两次集中执法检查，发现问题及时处理，对严重的侵权违法行为进行行政处罚。同时，通过对各地版权管理部门的工作调度，及时掌握各地版权行政执法和案件查处情况，对于疑难案件进行工作指导，对重点案件进行督办。全省各级版权管理部门重点清理学校使用盗版教材及教辅读物行为，严厉查处不法商贩复制、发行盗版学生教辅读物的违法行为。截止到 2013 年 12 月底，全省共调查处理侵权盗版案件 144 起，行政处罚案件 78 件，移交公安机关 1 起，取缔违法业户1起，行政罚款45.2万元，没收盗版教辅材料19 890册，盗版教材13 000册。

（二）加强对网络侵权的集中治理

为进一步加强网络环境下版权执法和监管工作，打击利用信息网络进行侵权盗版的行为，根据国家版权局的统一部署，组织开展了第九次打击网络侵权盗版专项治理“剑网行动”。结合吉林省实际，省版权局牵头制定了《吉林省2013年打击网络侵权盗版专项治理“剑网行动”工作方案》，经省互联网信息办公室、省通信管理局、省公安厅会签，四部门联合下发，对吉林省各地开展“剑网行动”进行了全面部署。开展行动以来，共查办案件18起，约谈涉嫌违规的网站负责人6次；发现有侵权风险的网站15家，进行侵权风险提示30余次；对23家网吧和6家网络经营单位进行了检查，对检查中发现的7家单位设立网络游戏私服外挂的违法行为进行处理，指导相关网站建立版权管理和自律性防范制度，规范网站的经营活动。

（三）加强行政调解，探索解决著作权纠纷的途径

2013年，省版权局通过行政调解，处理了4起版权侵权纠纷案件，总案值近50万元，促成双方和解，化解了矛盾，既维护了著作权人的合法权益，也对侵权单位进行了必要的警示教育。

三、加强改进服务措施，推动版权产业发展

在严厉打击侵权盗版行为，维护著作权人合法权利的同时，采取切实有效措施，加强和改进版权服务，推动版权产业的健康发展。

（一）做好版权登记工作

继续向社会公众广泛宣传作品自愿登记制度，在省内众多网站上设立宣传专栏和链接，扩大版权作品登记的社会影响，作品登记数量明显增加。全年版权作品登记数量2 250件，与2012年相比增长40%。通过对企业单位作品实行自愿登记服务，帮助企业建立通过版权保护提升核心竞争力的机制。

（二）创新开展版权登记标识征集使用工作

2013年，省版权局在全国率先策划开展了“吉林版权登记标识征集活动”，面向全国征集吉林版权登记标识的设计方案。征集活动得到了国内媒体的热情支持和公众的广泛参与。通过作品征集和专家评审，最终评选确定了“吉林版权登记标识”，并制定了《吉林省版权登记标识使用管理办法》，为吉林省的原创版权作品增加一个版权认证公示手段和具有地域性的作品识别标志，《中国新闻出版报》对这一创新工作做了专门报道和宣传，此标识的使用对推动吉林省版权相关产业的发展具有重要的作用。

（三）开展版权示范基地创建指导工作

鼓励和支持省内有条件的文化创意产业园区开展“吉林省版权保护示范园区（基地）”的创建活动，并对创建活动提供政策咨询和工作指导，带动版权产业的快速、健康发展。在省版权局指导下，通化关东文化产品交易市场和白山江源松花石产业园区分别提交申请，创建省级版权保护示范园区，并根据省版权局提供的建议和指导，进行相关制度建设，开展一系列创建活动。

四、加强宣传，扩大版权工作的影响

围绕推进政府软件正版化工作、纪念“4·26世界知识产权日”及版权登记标识征集使用等重点工作，开展了系列宣传活动。

一是就推进全省市县级政府机关使用正版软件工作进行广泛宣传。吉林省开展政府软件正版化有关工作情况的宣传稿被《吉林要情》采用；《吉林日报》多次在要闻版介绍省推进市县级政府机关使用正版软件工作，为开展此项工作创造了良好的舆论环境，也进一步宣传了著作权法。

二是围绕纪念“4·26世界知识产权日”，在全省范围内组织开展版权宣传周活动，指导各地通过网站、报刊等媒体广泛开展宣传著作权法的活动。在宣传周期间，省版权局编印了《帮你认识版权》版权知识宣传读本，宣传和普及版权法律知识；组织版权登记进校园活动，免费为广大高校毕业生的毕业论文和毕业设计进行版权登记。

三是大力宣传推广吉林版权登记标识。通过本地相关媒体就组织开展的吉林版权登记标识征集使用活动进行了全程集中宣传，向社会公众公布了吉林版权登记标识评选结果，设计并印制宣传海报，将版权登记标识向社会公众进行宣传展示，进一步提高了吉林版权登记标识的认知度，同时扩大了版权保护的社会影响。

（田庆权）

黑龙江省

2013年，黑龙江省版权局在省委、省政府的领导和国家版权局的指导下，全面积极推进黑龙江省的版权工作，主要完成了以下几方面的工作：

一、抓难点，全力推进软件正版化工作

按照国务院的统一部署，截止到2013年12月30日，黑龙江省所辖13个市（地）政府机关（包括党群和检法系统），已经全部完成了预定的工作任

务。市级政府机关共采购操作系统 4 128 套、办公软件 14 714 套，采购金额 1 394 万元。截止到 12 月 24 日，黑龙江省所辖 132 个县（市、区）政府机关（包括党群和检法系统），已经全面完成了整改工作任务。县级政府机关共采购操作系统 5 068 套、办公软件 16 058 套，采购金额 1 564 万元。按照国家的要求，如期完成整改工作。2013 年 5 月和 10 月，国家推进使用正版软件工作督查组两次来黑龙江省督促检查政府机关软件正版化工作，省版权局组织联席会议成员单位召开汇报会，准备汇报材料，并抓住这一时机，全力协调有关部门配合做好推进工作；同时，局主要领导努力争取省政府分管领导的大力支持。

软件正版化取得良好成效，主要得益于以下几点做法：

一是领导同志亲力亲为，亲自催办。在推进市（地）、县政府机关软件正版化过程中，省政府分管领导亲自部署工作，多次专题听取汇报，要求相关部门加大工作力度。对工作后进的市（地），省政府分管副省长、副秘书长亲自去当地督办；多次召集具体工作部门的同志，商讨推进措施；约谈部分市（地）分管负责同志。省政府分管副秘书长，给工作进展缓慢市（地）的主管副市长反复打电话，督促落实工作。作为推进工作的牵头部门，省新闻出版局的主要负责同志，不间断地给当地文广新局局长打电话，询问工作进展情况，提出推进方法和整改措施，落实采购资金。

二是建立工作机制。根据国家的要求，2013 年 10 月，经省政府领导同意，黑龙江省及时调整了省使用正版软件工作领导小组，建立了省推进使用正版软件工作联席会议制度，完善和充实了联席会议的组成单位和成员，进一步明确了工作机构和各成员单位的职责分工，加强了工作力量。同时，要求各市（地）健全组织机构。各部门密切配合，有力地促进了推进工作。省版权局抓住推进工作资金落实难这一难点，协调省财政厅下发了《关于切实做好推进政府机关软件正版化资金保障工作的通知》，要求各级财政部门高度重视软件正版化工作，切实加大经费保障力度，并安排专人给后进县（市、区）财政部门负责同志打电话，督促落实采购资金；全省整改工作尚未结束，为确保政府机关软件正版化工作常态化，省财政厅和省推进软件正版化联席会议办公室多次商讨，制订、印发了《关于建立健全政府机关软件正版化工作长效机制的通知》，在资金保障、采购、配置和使用等方面，进行了规范，逐步建立长效管理机制。知识产权、工信、商务等部门，适时配合联席会议办公室组织的督促检查工作。

三是召开专题会议进行部署。2013 年 8 月 28 日，为推进市地工作，省政府召开了由各市（地）主管副市长、副专员和财政、新闻出版等部门主要负责同志参加的专题推进会，但推进依然缓慢。针对这种情况，10 月 17 日，分管副省长亲自组织召开了全省政府机关推进软件正版化工作电视电话会议，重点推进县（市、区）的工作。各地政府机关主管副市长、副专员、副县长、副区长和财政、新闻出版、工信、审计、国资委、法制办等部门负责同志参会。会议对推进市地和县级政府机关软件正版化工作，特别是对县区级软件正版化工作做出了部署，明确了相关部门的责任；同时提出作为一项政治任务，整改任务年底前必须完成的时间要求。

四是组织督查组进行督促检查，加大工作力度。为确保软件正版化工作的进度和工作的质量，省政府把机关软件正版化工作列入政府督办事项，进一步明确了督办内容和工作责任。省版权局定期通过电话、发文等形式对下督促，按时催要、催报各地的工作进展完成情况。对工作进展相对后进的市（地），反复去人督办。2013 年底前，对工作进展特别缓慢的六个市地，由省新闻出版局的各位负责同志带队、成员单位参加，组成软件正版化工作专项督查组，顶风冒雪，进行了普遍督查。

二、抓大案要案，开展以打击侵权盗版为主题的专项行动

（一）组织开展打击网络侵权盗版“剑网行动”

国家版权局、公安部、工信部、国家互联网信息办公室《关于印发〈2013 年打击网络侵权盗版专项治理“剑网行动”实施方案〉的通知》（新出明电［2013］13 号）下发后，局领导高度重视，要求针对黑龙江省网络出版规模小、网络市场发展缓慢的特点，加强对网络市场的主动监管。7 月 19 日，省新闻出版局与省网信办、省通信管理局、省公安厅结合黑龙江省“打击侵犯知识产权和制售假冒伪劣商品专项行动”要求，下发了《关于印发〈黑龙江省 2013 年打击网络侵权盗版专项治理“剑网行动”实施方案〉的通知》（黑权联［2013］1 号），确定了监控的重点网站和监管内容。省版权局还通过新闻媒体和网站向社会公布专项行动情况，宣传版权保护法律法规，提高公众的网络版权保护意识。各市、地根据本地区的网络分布情况，制定了工作方案，并在媒体上公布了反盗版举报电话。

为便于对各地专项行动进行统一指导，增强各部门的协调配合，省版权局与省网信办、省通信管理局、省公安厅建立了密切的工作协调机制，四部门承担具体工作处室建立了重大信息互通共享机制，明确了各自职责。版权管理部门开展网站监管工作，加大网络版权法律宣传教育力度；网宣部门积极加强网络文化信息服务管理，落实网上意识形态重大情况的处理和热点敏感问题的舆论引导；通信管理部门对版权部门确定的重点监控网站不定期抽查审看；公安部门的网监队伍加强网络监控，及时和通信、版权部门沟通网络监控情况。各市（地）版权管理部门牵头，组织公安、通信等部门对辖区内的网站进行不定期检查。

在“剑网行动”期间，省版权局要求各地转变工作方式，改变被动查办侵权投诉案件为主动监管网站。要求摸清网站数量，认真组织互联网企业和网站开展自查自纠，加强和通信管理部门的合作，从严规范网络接入服务、网络服务器主机托管业务机构、网站等的设立标准，提高网络服务行业从业水平；帮助互联网企业和网站树立“先授权，后传播”的法律意识，增强抵制侵权盗版行为的自觉性。在日常管理工作中，省版权局要求各地要抓住监管重点，增强部门间的配合意识，协调通信管理部门加强对互联网出版单位资质的审查、监管，把大型网站及专门从事传播图书、电影、音乐、软件、游戏等内容的网站、大型网络公司、网吧作为监管重点，严厉打击非法传播文学、影视、音乐等作品的侵权行为。

省内版权管理部门会同公安、通信、工商等部门对省内各市（地）网吧进行了专项治理检查，对经营者及从业人员进行了版权知识宣传教育。对少数网吧擅自卸载计算机经营管理系统监管软件行为进行了纠正和查处，共检查网吧 3 994 家（次），对 14 家网吧予以警告，有力规范了网吧的经营行为。同时，对黑龙江省的互联网企业和网站进行检查，对违反信息网络传播权的部分网站限期整改，并侦办了“纳奇网络科技有限公司被侵犯著作权案”、“第一教育网侵犯著作权违法网站案”等多起网络侵权案件。“纳奇网络科技有限公司被侵犯著作权案”、“第一教育网侵犯著作权违法网站案”这两起案件，影响巨大，特别具有典型性，被国家版权局和公安部列为督办案件。

（二）打击侵犯知识产权和制售假冒伪劣商品专项行动

根据《黑龙江省关于进一步做好打击侵犯知识产权和制售假冒伪劣商品工作实施方案的通知》要求，组织开展打击侵犯知识产权和制售假冒伪劣商品专项行动。加强领导，设立了由省版权局主要领导担任组长、班子成员为副组长、有关处室负责人为成员的打击侵犯知识产权和制售假冒伪劣商品专项行动领导小组，由专项行动领导小组办公室（版权管理处）具体负责组织协调、部署专项行动，督促检查工作进展，督办重大案件。加强市场监管专项行动开展以来，省版权局指导各市（地）新闻出版（版权）部门对所在地重点区域、重点市场每周一检，确保专项行动期间整治工作取得实效。“双打行动”期间和节假日，组织有关部门对黑龙江省大部分城市的出版物及计算机软件市场开展检查，加强日常监管。截至 2013 年 11 月 15 日，全省各级新闻出版、版权、“扫黄打非”办共计出动行政执法人员 24 150 人（次），检查出版物市场、店档摊点 14 409 个（次），检查印刷复制企业 11 607 家（次），取缔游商摊点 285 个（家），查封互联网单位 2 家（次）。查缴侵权盗版音像制品 46 074 件，侵权盗版图书30 820 册（件），盗版电子出版物 5 370 件（个），盗版教材教辅读物 29 610 件（册）。

三、积极调解各种版权纠纷

为维护权利人权益，积极调解各类著作权侵权纠纷。先后调解欧特克公司诉黑龙江省大庆、牡丹江等市多家建筑设计部门涉嫌侵权行为。鉴定出版物 110 余种。

四、加强宣传工作

结合“4·26 知识产权宣传周”活动，省版权局下发了《关于开展黑龙江省 2013 年知识产权宣传周活动的通知》，并印制了《中华人民共和国著作权法》、《计算机软件保护条例》、《信息网络传播权保护条例》，向社会免费发放。同时，设立版权咨询电话，解答群众及各出版单位相关问题。通过参加“行风热线”、召开知识产权新闻发布会、接受省内新闻媒体的采访等方式，开展宣传活动，阐明打击侵权盗版重要意义，帮助群众提高保护知识产权意识。在省“扫黄打非”办公室组织销毁大会期间，向社会散发“拒绝盗版，从我做起”绿书签。

（闫　石）

上　海　市

2013 年，上海市版权局在国家版权局和市委市政府的领导下，认真贯彻实施《国家知识产权战略纲要》和市政府《关于本市实施国家知识产权战略纲要的若干意见》，紧紧围绕“创新驱动、转型发展”的大局，积极努力，破难攻坚，扎实工作。以项目促产业发展、以行业自律促监管等创新举措和有益探索，成为上海版权管理工作的特色和亮点，为上海版权产业的健康发展提供了良好的条件。

一、推动软件正版化工作，督查成果获得新巩固

在 2011 年 10 月底完成地方两级政府（包括街道、乡、镇）正版软件整改与采购工作的基础上，进一步规范政府机关使用计算机软件行为。

一是加强检查，建立常态化年度检查机制。按照国务院办公厅印发的《政府机关使用正版软件管理办法》的要求，市使用正版软件工作领导小组办公室两次组织联合检查组对县政府机关使用正版软件的情况进行督查。

二是积极推广国产软件应用，促进国产软件产业发展。市财政专项安排预算，采用政府集中采购的形式，采购国产软件及测试实验室建设、国产数据库、中间件、防病毒软件，并支付后续的技术支持服务费用。

三是规范软件采购行为，建立软件资产管理制度。对正版软件的购置、使用、维护、报废等实行全生命周期的管理。针对市级财政预算单位，制订了《统一采购软件管理规范》，对统一采购软件的申领对象、申领流程、申领要求、服务保障等，进行了明确的规定。要求申领单位按照《固定资产分类与代码》等有关国家标准和规定，把申领的软件产品纳入资产管理体系，严格执行国有资产管理相关制度。

在推进企业使用正版软件工作方面，根据国家推进使用正版软件工作部际联席会议办公室的部署，市使用正版软件工作领导小组重点推进新闻出版行业企业、旅游饭店业和大型国有企业三级集团公司的使用正版软件工作，取得了较大的成效。

一是完成市所属新闻出版行业二级企业对本单位现有的计算机已有正版软件的种类、数量等的自查，加强落实新闻出版行业二级企业软件正版化工作。

二是着力推进四星级酒店使用正版软件工作，基本形成了上海旅游业高星级饭店使用正版软件、自觉抵制盗版软件的氛围。

三是对大型国有企业本部、二级集团、三级集团使用正版软件情况进行专项检查，18 家大型国有企业在本部、二级、三级企业完成了软件正版化整改工作。

二、严厉打击各类版权侵权行为，保护大局呈现新气象

深入开展打击侵犯知识产权和制售假冒伪劣商品专项行动、以打击网络侵权为重点的“剑网行动”，查出一批侵权盗版案件。

一是继续发挥部门协作优势，精心部署，各司其职，确保按时保质完成任务。根据中央对 2013 年“剑网行动”的部署，市版权局作为牵头单位，充分发挥市网络版权综合治理机制作用，制定具体工作方案，分解六大任务，确保职责明确、守土有责。各成员单位根据职责分工，狠抓落实，扎实推进，确保了各项专项行动取得实效。

二是加强行政与刑事衔接，加大对网络侵权盗版行为的执法力度。“剑网行动”期间，市版权局围绕重点领域，发挥联合执法优势，通过大要案件会商以及案件查处协助取证机制，成功查处网络侵权大案多起。全年共立案查处网络侵权盗版刑事案件 22 起、网络侵权盗版行政处罚案件 6 起。

三是积极联系协调市文化执法总队、市公安局、市通信管理局等单位，积极构建版权执法、主动监管、公共服务“三位一体”的“大版权”管理模式。

三、坚持他律与自律结合，自律联盟再上新台阶

注重源头治理，积极推动互联网企业开展版权保护自律工作，不断扩大互联网版权自律公约的影响力。

一是立足服务。市版权协会、版权服务中心等机构为成员单位优先提供作品登记、合同备案、版权交易、版权维权法律咨询等服务。通过服务，切实帮助会员增强了抵御盗版的自觉性，强化了正版经营的意识与理念，同时，也提高了会员对版权自律联盟的归属感与认同感。

二是引导规范。挖掘梳理网络版权管理先进方法，树立典型，示范引导，积极引导帮助成员单位实现版权全生命周期长效管理。

三是突出机制建设。制定《上海互联网企业版权自律公约联盟工作条例》等，将联盟各项活动通过透明、公开、公平的机制来予以保障，确保自律工作日常化、常态化。

2013 年，上海互联网版权自律公约成员单位已有 20 家，上海互联网版权自律与版权主动监管工作已初步形成以自律促进监管、以监管带动自律的良好局面。

四、继续做好版权基础服务，公共服务凸显新亮点

一是加强作品登记工作，完善作品登记平台二期建设，更加注重用户体验。进一步优化作品登记平台二期的相关功能，增加并完善手机客户端、网络追踪与监控、在线版权交易、跨区域联网等功能。不断提高登记效率，加强宣传力度，办理作品登记8万余件。

二是完善诉仲调合作机制，提高纠纷调解服务质量。加强与法院、仲裁委的对接，不断探索合作机制，逐步完善版权调解、诉讼、仲裁三者的有效衔接，进一步保护著作权人的合法权益。受理调解项目近200件，涉案金额上千万元。

三是以软件登记资助为抓手，积极推动上海市软件产业发展。颁布《上海市计算机软件著作权登记资助管理办法》，设立"上海市计算机软件著作权登记资助资金"，制定《上海市计算机软件著作权登记资助实施细则》，研发"软件登记资助网上受理系统"，完成资助申请8 000件。

五、强化基层建设，服务主力军得到新提高

一是充分调动版权工作站积极性，不断提高服务水平。在不断完实版权服务工作站组织架构，完善体制机制的同时，充分发动各工作站组织开展新闻出版专项资金、市文创资金、2013年度版权示范单位、示范园区（基地）申报工作。以工作站为依托，开展作品登记、软件登记资助等相关工作，不断扩大版权工作宣传力度。

二是理顺体制机制，版权协会作用逐步凸显。上海市版权协会在2013年初换届改选之后，逐渐理顺相关制度，积极拓展工作领域，改版上海版权综合信息网，启动协会官方微博，筹建版权代理机构自律联盟，服务版权示范单位，各项工作有序推进，协会的社会功能逐步凸显。

六、抓好重点项目申报、培育，产业推动有了新抓手

一是组织开展2013年度版权示范单位、示范园区（基地）申报工作。加强与各区县知识产权联席会议办公室的联系，充分发动各版权服务工作站参与组织推荐，评出第二批上海版权示范单位、示范园区（基地）。

二是以中法建交50周年为契机，加大版权"走出去"扶持力度。对版权已"走出去"的优秀图书项目、已与境外出版单位签订出版合同但还未出版的优秀图书项目、已有输出意向且正在翻译中的优秀图书项目予以扶持。全力协助上海以主宾城市身份组团参加2014年法国巴黎图书沙龙，扩大中华文化的国际竞争力和影响力。

三是培育发掘优秀项目，积极引导产业发展。全市7家单位的8个项目入选，得到200万元的新闻出版专项资金支持，主要用于版权公共服务项目。

四是结合自贸区建设，争取国际版权交易中心落户外高桥。

七、加强调查研究，科学发展获得新依据

一是通过座谈会、走访等形式对上海市相关版权产业进行调研，完成版权课题——"互联网环境下的版权公共管理与服务研究"的调研和撰写工作。

二是积极推进《版权产业报告》撰写工作，完成《上海版权产业报告（2006—2010）》。

八、加大宣传力度，公众意识得以新提升

一是进一步加大版权保护宣传力度，通过以案说法，向市民普及版权基本知识，开展2012年度上海版权保护十大典型案件评选活动，并通过新闻发布会对外正式发布，取得良好反响。

二是以做好基层服务为抓手，以提高企业版权意识为突破，继续开展企业软件正版化专题培训。累计对全市近两百家各类企业进行了软件正版化专题培训，大大提高了企业的正版化意识。

三是通过《中国新闻出版报》、《中国知识产权报》等国内各级媒体继续加强对上海版权工作的宣传力度，在全社会营造良好的版权环境。

四是承办版权领域大型国际会议，积极树立上海版权保护良好国际形象。受世界知识产权组织和国家版权局的委托，成功协办"视听表演保护和《视听表演北京条约》国际研讨会"，来自国内外版权界的120余名代表参加了会议，会议取得圆满成功，并受到国内外版权同仁一致好评。

（吴瑾君）

江　苏　省

2013年，江苏省版权局认真落实年度工作安排，围绕中心，服务大局，认真实施知识产权战略，发扬优势，夯实基础，锐意创新，各项重要工作整体推进，取得了较好的工作成效。2013年7月份荣获国家版权局2012年度查处侵权盗版案件有功集体一等奖，9月份被国家人力资源和社会保障部、国家知识产权战略实施工作部际联席会议办公室表彰为国家知识产权战略实施工作先进集体，是全国版权行政管理部门中的唯一获奖者。

一、立足当前，着眼长远，谋划版权工作新思路

（一）版权工作体系建设调研任务圆满完成

省版权局制定翔实方案，以书面调研和实地调研相结合，向各省辖市下发书面调研问卷并对回收信息进行了汇总；先后赴南通家纺市场、江苏省文化产权交易所、上海版权服务中心等地进行实地调研，获得了大量一手资料。完成题为《关于通过加强版权管理和服务，促进版权产业又好又快发展》的调研报告，确立了版权工作发展的方向和思路。

（二）版权产业经济贡献率调查统计工作稳步推进

为摸清江苏省版权相关产业发展底数，为省委省政府决策提供依据，省版权局着手对江苏省版权产业经济贡献率情况进行调查统计。通过深入学习、借鉴国内外版权相关产业统计的先进经验与成果，结合江苏实际情况，制定了切实可行的工作方案。自省统计局、南京海关和省外汇管理局等单位获取江苏省版权相关产业对产业增加值、就业人数和外贸出口管线的第一手数据并加以汇总。与上海知识产权研究所合作，对数据进行整理、分析，完成了《江苏省版权产业的经济贡献（2012）》调查报告。

（三）加紧筹备成立江苏省版权协会版权保护中心，实现全省一般作品免费登记

为在全省营造尊重版权、鼓励创造的良好氛围，创造有利于版权保护的社会环境和有利于版权相关产业发展的市场环境，更好地贯彻党的群众路线精神，省版权局把实现全省一般作品的免费登记作为2013年的重点工作。在经过全面调研、充分论证后，在江苏省版权协会下成立江苏版权保护中心，2013年12月27日版权保护中心正式成立，全省一般作品的登记从2013年10月1日开始免费。

二、突出重点，狠抓落实，力求打击侵权假冒专项行动新突破

在打击侵权假冒专项行动常态化的新形势下，省版权局根据省政府要求，并结合自身任务情况，把软件正版化和打击侵权盗版作为开展“双打”专项行动的工作重点，明确任务，狠抓落实，成效明显。

（一）软件正版化工作整体推进

制定全年软件正版化工作方案，明确以“巩固机关软件正版化成果，企业软件正版化取得新突破”为总基调，在体制机制创新和重点领域有效推进上下工夫。2013年政府机关软件正版化工作的重点是做好对各地软件正版化工作长效机制建设情况进行督查，从11月中旬开始，利用三周时间，通过自查、互查和抽查等方式对各地政府机关软件正版化工作进行督查。企业软件正版化工作则联合省国资委，重点推进江苏省新闻出版印刷企业和省属重点国有企业软件正版化，制定了工作方案，下发了联合通知，并举办了一期企业软件正版化培训。

（二）版权执法工作进一步深入

2013年省版权局注重加强对各地版权执法工作的指导和督办，并组织基层版权行政执法人员参加各级培训，对正在查办的大案要案提供办案补贴，提高基层版权行政执法机构和一线办案人员的执法能力和办案积极性。2013年全省共立案侵权盗版案件91起，涉案金额3.69亿元，其中重大案件16起；办结案件63起，其中重大案件7起。张家港“国泰新点”软件被侵犯著作权案和扬州“动漫屋”传播盗版漫画案入选国家版权局、公安部等四部门评选的2013年度打击网络侵权盗版专项治理“剑网行动”十大案件。在国家版权局通报表彰的2012年度查处侵权盗版案件有功单位和个人名单上，江苏省的有功单位、有功个人数和奖金总额连续第三年高居全国第一，省版权局版权管理处也被表彰荣获有功单位一等奖。

（三）加大版权执法宣传培训力度

为充分发挥典型案例的示范引导作用，提高社会对版权保护的认知度，省版权局结合往年版权执法所取得的显著成效，组织开展2011—2012年度侵权盗版十大案件评选，在“4·26世界知识产权日”活动期间通过新闻媒体和广场活动向社会公布，并制作了宣传展板在全省巡回展出，起到了很好的宣传教育和警示效果。在张家港市举办了全省版权执法培训班，来自全省基层版权行政管理、文化行政执法及专业市场版权管理部门的100余名代表参加了培训。国家版权局版权管理司副司长汤兆志出席培训班，培训班力图解决基层版权管理和版权行政执法中所面临的一些新问题和突出问题，编印了《著作权法律法规与政策汇编》并下发；在课程的设置上也做了精心安排，既有国内著名著作权法专家讲授著作权法基本理论，也有来自基层一线的版权行政管理工作人员介绍查处网络侵权盗版和在淘宝网寻找侵权案件线索的经验；既有来自省局的专家对版权执法案卷的规范化进行评析，也有来自文化行政执法和公安机关的办案人员分析典型案例的办案过程。培训班还组织了分组交流活动，由参训学员交流在基层版权执法过程中遇到的法律和技术难题及解决之道，并进行答疑解惑。

三、强化宣传，示范引领，开创版权宣传教育活动新境界

（一）创新开展版权保护专题宣传教育活动

为深入宣传江苏省版权管理工作成果，展示全省在版权创作、运用、保护和管理中的先进典型，提高公民版权保护意识和能力，提高社会对版权保护的认知度，创造有利于版权保护的社会环境和有利于版权相关产业发展的市场环境，省版权局2013年的版权宣传工作注重创新和实效，力争提高版权保护的社会认知度。一是面向社会有奖征集江苏省版权保护的标志和宣传词，以增强全民的版权保护意识。二是精心制作版权登记实用手册，指导权利人申请作品登记。精心制作展板在全省各地巡回展示，大力宣传法律法规、典型案例和版权登记等知识。三是于世界知识产权日当天在《新华日报》专版介绍江苏版权保护工作成果，并公布2011—2012年江苏省版权执法十大案件以及江苏版权保护标志及宣传词。四是在全省的四所高校举办“版权保护校园行”活动，普及版权基本知识，开展版权保护宣传活动，并借机推动高校的作品登记和软件正版化工作，收到了良好的社会效果。

（二）大力开展版权示范创建活动

2013年初，江苏省苏州市、昆山市分别被国家版权局评为全国版权示范城市，成为全国首个地级和首个县级版权示范城市，张家港市也获国家版权局批准创建全国版权示范城市。在2013年4月份召开的全国版权示范城市创建经验交流会上，苏州、昆山、张家港分别作交流发言介绍经验。为树立典型，表彰先进，充分发挥典型的示范引导作用，省版权局还在4月份批准淮安市为“江苏省版权示范创建工作先进市”，批准苏州国际科技园等三个园区为“江苏省版权示范园区”，苏州浩辰软件股份有限公司等四家公司为“江苏省版权示范单位”。通过示范的创建工作，积极推进了各地市著作权作品登记、软件正版化和版权保护工作。省版权局还根据国家版权局新修订的《全国版权示范城市、示范单位和示范园区（基地）管理办法》，通过广泛征求全省各地意见建议，制定了《江苏省版权示范城市、示范单位和示范园区（基地）管理办法》。

四、巩固提高，创新发展，版权公共服务工作迈上新台阶

（一）认真做好版权登记工作

2013年江苏省的著作权登记工作继续保持良好势头，全年共登记一般作品32 288件，同比增长56.3%；软件著作权登记4 419件，居全国第三。

（二）积极推动版权贸易工作

积极推动版权贸易“走出去”战略，鼓励和提倡省内的版权相关企业参加各类版权贸易展会，同时认真做好版权贸易统计工作。认真开展引进版权合同登记，2013年完成版权引进合同登记611份，境外印刷版权审核622份。

（三）围绕产业发展开展工作

省版权局先后到苏州、南通、淮安、镇江、泰州等地的版权产业园区和企业调研，了解各企业和园区对版权保护工作的需求，以更好地拟定版权发展战略，促进版权产业更好更快发展，同时鼓励省内的版权相关企业积极申报江苏省文化产业引导资金；鼓励并支持泰州壁纸基地成立版权管理办公室。

（万进萍）

浙 江 省

2013年，浙江省版权局认真履行版权保护工作职责，进一步推进党群系统和企业软件正版化工作，积极组织开展打击侵犯知识产权和制售假冒伪劣商品等专项行动，着力打击损害公共利益的侵权盗版行为，开展丰富多彩的版权宣传培训活动，促进版权产业发展，版权工作又上一个新台阶。

一、版权主题宣传培训力度进一步加大

（一）组织开展“4·26知识产权宣传周”版权主题宣传活动

在第13个“4·26世界知识产权日”来临之际，省版权局与浙江工商大学联合举办了“创造力，下一代”为主题的浙江省首届“知识产权杯”创意设计大赛。2013年4月26日上午在浙江工商大学举行了颁奖典礼及“4·26知识产权宣传周”宣传活动启动仪式。省版权局副局长单烈、浙江工商大学副校长李金昌出席会议并讲话。相关单位领导、教师、学生代表及新闻媒体记者共150余人参加了现场活动。启动仪式后，还召开了“版权保护与创新”主题研讨会，与会领导、专家先后作了主题发言，来自工商大学艺术学院、法学院的师生及新闻记者60余人认真听取主题发言后，就知识创新、版权保护等方面问题进行了深入的交流。

“4·26”期间，省版权局还参与了2013年长三角地区知识产权发展与保护状况新闻发布会以及第九届中国国际动漫节举办的“动漫知识产权保护论坛”。

（二）重视有关打击侵权盗版的宣传工作

一是通过浙江新闻出版网站和浙江新闻出版通

讯宣传打击侵权盗版政策、案件查处信息。二是通过浙江省打击侵犯知识产权和制售假冒伪劣商品工作领导小组办公室的工作简报宣传日常工作动态，该工作简报第 24 期、25 期，先后刊登了《浙江省版权局组织检查重点网站的版权主动监管工作》、《浙江省版权局有序开展打击侵权盗版和推进软件正版化工作》。三是通过有关公开报纸宣传。《浙江日报》2013 年 8 月 1 日 16 版刊发了《浙江剑指网络盗版》文章，重点报道了打击网络侵权的对象及近几年浙江省查处的重大案件，取得了很好的警示教育效果。四是在杭州市公交车上刊登打击盗版广告，利用两辆公交车外观和 25 辆车内拉手配上“保护正版，打击盗版”字样及图片，进行广泛版权保护知识宣传，以进一步提升公众的版权保护意识。

（三）展示软件正版化工作成果

多年来，省版权局始终把使用正版软件宣传工作放在重要位置，利用多种形式、多种渠道进行宣传报道，以营造良好氛围、凝聚广泛共识。一是利用省使用正版软件工作领导小组《工作简报》进行宣传；二是用精练的文字、翔实的数据、生动的图片在推进使用正版软件工作部际联席会议办公室举办的“软件正版化在中国”展览活动中集中展示浙江省软件正版化成果；三是利用公开媒体宣传浙江省软件正版化工作取得的成绩，省版权局局长陈昆忠的《齐抓共管，多方推进，软件正版化工作成绩显著》文章分别在《中国出版》和国家版权局网站上发表，充分展示了浙江省软件正版化工作的成绩。

（四）开展有关版权法律法规宣传培训活动

2013 年 7 月 31 日下午，省版权局在杭州召开了全省版权主动监管网站负责人会议，全省 57 家主动监管网站的 60 多人参加了会议。会上针对网络侵权盗版问题，国家有关部门对主动监管网站的具体要求作了说明，并对下一步加强重点网站的版权主动监管工作进行部署，要求各主动监管网站树立起“先授权，后使用”的理念。

（五）开展版权执法培训活动

2013 年 7 月 31 日上午，浙江省版权局在杭州举办了全省版权行政执法培训班，各市分管执法的负责人和具体从事版权执法主管人员共 40 多人参加了培训。

二、版权保护管理水平继续提升

（一）组织开展 2013 年“剑网行动”

根据国家版权局等四部委《关于印发〈2013 年打击网络侵权盗版专项治理“剑网行动”实施方案〉的通知》要求，成立了以省版权局副局长单烈为组长，省版权局、省公安厅、省通信管理局、省互联网信息办公室相关部门负责人参加的专项行动领导小组，并多次召开会议，商讨相关工作。

2013 年 7 月 9 日，省版权局等四部门联合下发了《关于印发〈2013 年浙江省打击网络侵权盗版专项治理“剑网行动”实施方案〉的通知》（浙新出电［2013］7 号）明传电报，明确了该次专项行动的工作目标、主要任务、职责分工、工作要求、实施步骤等。

根据“剑网行动”工作要求，省版权局会同省公安厅、省通信管理局、省互联网信息办公室确定了淘宝网、皮皮网等 7 家网站为省级主动监管网站。2013 年 8 月 21 日，省版权局与省公安厅、省通信管理局组成联合检查组对淘宝网、华数在线、皮皮网进行了实地检查，从检查情况看，这 3 家网站通过自查自纠，建立了一套比较完善的版权审查制度，版权保护已取得了初步成效。

2013 年 9 月，省版权局接到国家版权局转办单，国际唱片协会向国家版权局投诉，称“爆米花网”未经权利人许可，擅自上传权利人享有版权的《岁月无声》等 52 部影视作品，供其会员在线观看和下载，要求省版权局查处。经查实，“爆米花网”由爆米花（杭州）科技有限公司于 2006 年在北京创办，2009 年 3 月总部由北京迁往杭州，有生活热点、搞笑、娱乐、游戏、体育、财经、微电影、纪录片、影视等频道，并主要以收取广告费方式运营。在运营过程中，该公司也购买了部分影视作品的网络传播权，但仍有一些影视作品未经权利人授权，擅自上传给会员观看和下载，这其中包括国际唱片协会投诉的《岁月无声》等 52 部影视作品及《谢谢你给的温柔》等 10 部 MV 歌曲，侵权事实清楚，证据确凿。该公司行为违反了《著作权法》的有关规定，侵犯了著作权人的合法权益，且损害了社会公共利益。

鉴于爆米花（杭州）科技有限公司案发后能积极配合调查处理，且认错态度较好，对涉嫌侵权作品作了及时下线处理，根据《著作权法》第 48 条第（一）款、第（四）款，《信息网络传播权保护条例》第 18 条、第 19 条及《著作权法实施条例》第 36 条的规定，决定给予爆米花（杭州）科技有限公司警告、责令删除涉嫌侵权的影视作品、罚款人民币 10 万元的行政处罚。

“爆米花”网站侵犯影视作品著作权案，被国家版权局等四部门评为 2013 年打击网络侵权盗版专项治理“剑网行动”十大案件、2013 度打击侵权盗版全国十大案件之一。

“剑网行动”期间，各市县也查处了一批案件，全省共立案查处65件，关闭违法网站3家，警告19家，责令停止侵权2家，移送司法机关19件，没收违法所得2 743元，行政罚款168 000元。

（二）以非诉方式解决版权纠纷

2013年，省版权局继续加强对部分版权纠纷的行政调解，主要包括：

（1）浙江省摄影家协会会员杨先生投诉浙江省农业厅侵犯其摄影作品著作权，经多次调解，最终成功。浙江省农业厅向杨先生赔礼道歉并给予经济补偿。

（2）杭州第二中学学生葛方洲投诉浙江工商大学出版社未经权利人授权，擅自使用其作品作为新书封面，经多次调解，达成了和解意向，出版社已经重新制作该书封面，并向权利人赔礼道歉和给予经济补偿。

除开展行政调解工作外，省版权局还与有关部门一起建立了知识产权仲裁机制。省版权局与省知识产权局、省工商行政管理局、杭州市仲裁委员会一起探索建立知识产权仲裁机制，经过多次协商，于2013年3月共同签署了《关于建立知识产权仲裁机制备忘录》，正式建立起知识产权仲裁机制。

（三）做好相关评优推荐工作

根据国家版权局通知要求，省版权局及时推荐了浙江省2012年度全国知识产权保护重大案件及查处侵权盗版案件有功单位及个人名单，经评选，省版权局承办的“杭州世纪联线网吧多媒体系统”侵犯著作权案被评为全国知识产权保护十大重大案件之一，省版权局被评为2012年度全国知识产权保护重大事件、案件及有影响力人物评选活动优秀推荐单位。省版权局等4家单位荣获2012年度查处侵权盗版案件有功单位一等奖，义乌市文化市场行政执法大队等6家单位荣获二等奖，宁波市文化市场行政执法总队等7家单位荣获三等奖；吾晓红等9人荣获有功个人二等奖，王晓红等7人荣获有功个人三等奖。

三、软件正版化工作稳步推进

（一）政府机关软件正版化工作

根据省委办公厅、省政府办公厅《关于加快推进软件正版化工作的通知》（浙委办［2012］90号）文件要求，2013年底前要完成市、县（市、区）两级党委、人大、政协、法院、检察院和民主党派的软件正版化检查和整改工作，这是2013年软件正版化工作的重点。为确保此项工作的落实，2012年9月份，省使用正版软件工作领导小组办公室专门下发了通知，要求各地做好2013年软件采购经费预算，省版权局局长陈昆忠、省人民政府副省长郑继伟在全省文化广电新闻出版工作电视电话会议上又作了专门部署。

为落实浙江省两办［2012］90号文件精神，2013年7月31日在杭州召开了版权重点工作专题会议，会上对市县两级党委、人大、政协等机关软件正版化工作进行了再督促。2013年6月17日至18日、2013年11月18日至20日又组成督查组，对温州、丽水、舟山市党委、人大、政协等机关软件正版化工作进行了督促检查。经过各方的共同努力，浙江省已按照上级要求，如期完成市、县（市、区）两级党委、人大、政协等机关软件正版化工作。全省各地共计采购安装各类办公软件40 964套，投入采购资金3 461.6万元。

（二）企业软件正版化工作

根据国家新闻出版广电总局办公厅下发《关于进一步推进新闻出版行业企业使用正版软件工作的通知》（新出厅字［2013］274号）要求，在巩固2012年新闻出版集团（总部）软件正版化工作成果的基础上，各新闻出版上市企业、大型出版集团、报刊集团、发行集团所属二级企业应于2014年12月底前完成使用正版软件工作。

为确保该项任务如期完成，2013年8月15日，国家版权局在北京召开了新闻出版企业使用正版软件培训工作会议。培训会议结束当天，省版权局在京召开了7家新闻出版行业企业使用正版软件工作会议。要求各单位进一步提高认识、积极部署、各负其责，扎实推进所属二级企业使用正版软件工作，务必按照国家新闻出版广电总局办公厅［2013］274号文件规定的时间节点完成各项工作任务。

四、版权对外交流与合作活动继续推进

第二十届北京国际图书博览会于2013年8月28日至9月1日在北京中国国际展览中心举办，浙江省14家图书出版社、浙江华硕国际贸易公司集体亮相，参展出版物达1 000多种，其中包括近年来代表浙版图书“走出去”最新成果的外文版图书、一批代表浙江出版实力的重点图书，充分展示了浙江新闻出版业的风采。

2013年10月16日至17日，省版权局召开了全省新闻出版业“走出去”工作交流会，全省图书、电子音像出版单位，部分印刷复制、发行单位和文化公司的代表60多人参加了会议。会上，各单位代表汇报交流了一年来实施新闻出版业“走出去”工

作取得的成果及面临的困难。省商务厅相关业务处室负责人解读了商务厅支持文化产品出口的有关政策，省版权局通报了一年来全省新闻出版业“走出去”工作的基本情况及文化出口重点项目进展情况。

此外，省版权局还积极组织在巴西、阿联酋举办的浙江版权贸易图书展；和省商务厅一起做好2013—2014年度浙江省文化出口重点企业和重点项目的推荐认定工作；对部分文化出口重点项目进行资助。

五、加强版权公共服务，做好版权登记工作

2013年，全省共登记计算机软件著作权11 863件，一般作品16 050件，核准登记出版境外图书合同278件，办理涉外音像制品、电子出版物、图书印刷和计算机软件著作权合同登记985件。

（严庆荣）

安　徽　省

2013年安徽省版权局按照国家版权局、省委省政府的部署要求，围绕贯彻落实党的十八大和十八届三中全会精神，突出重点，创新手段，强化治理，认真实施国家知识产权战略，进一步增强工作主动性、创造性和执行力，着力提升全省版权创造、运用、管理和保护水平。

一、政府软件正版化工作有新跨越

2011年9月，安徽省全面完成省级政府机关软件正版化工作，共采购各类正版软件43 000套，采购资金3 500万元，走在了全国前列。

2012年9月底前，全省16个市级政府机关完成软件正版化工作，共采购各类软件80 000余套，采购资金5 800多万元。

2013年以来，省版权局将县级政府机关软件正版化工作列为省政府目标管理考核内容，作为重点工作来抓，充分利用省“双打”工作领导小组和省软件正版化工作联席会议等不同平台，开展专项督促检查，并三次对县（区）政府完成情况进行全省通报或一对一的通报，敦促各地政府对照通报进行检查，认真履职，抓紧时间完成整改工作。2013年7月底前，全省105个县（区）完成软件正版化工作，共采购各类软件110 000余套，采购资金5 900万元。实现了省、市、县（区）三级政府部门软件正版化的全面覆盖。

二、市场及网络监管有新成效

2013年以来，省新闻出版局（省版权局）组织全省新闻出版、版权执法部门开展对图书、音像制品市场的监督检查，重点检查各印刷复制企业、出版物批销场所、零售书店、超市、过街天桥地道、车站码头机场、高速公路服务区等出版物销售网点，查缴侵权盗版出版物，严肃查处违法违规经营行为。8月，组织开展2013年全省秋季中小学教辅读物市场执法检查。10月，组织对全省印刷企业开展专项检查。

为进一步提高对网络进行主动监管的针对性和有效性，省版权局会同省通信管理局确定重点网站名单，分配至各地版权部门进行主动监管。同时，省版权局对本地有影响力的电子商务交易平台进行直接监管。2013年，全省共确定主动监管网站60个，其中重点监管网站20家。各市执法人员对监管网站进行实时跟踪监管；安排专人定时对网站上传音乐、电影、软件、游戏、图书等内容传播情况进行网上巡查；并深入到上述网站进行现场检查，逐一登记在册，同时进行网络版权知识的宣传；主动约谈一些经营中存在涉及侵权内容的网站，增强网站经营者的法律意识。“剑网行动”期间，省版权局会同省通信管理局关闭违规网站34家。

三、查处大案要案有新亮点

省新闻出版局（省版权局）结合第九次打击网络侵权盗版专项治理“剑网行动”，继续把大案要案的查处放在重中之重的位置，组织各市版权执法队伍，集中力量，做好横向联合、纵向调度，积极协调联合执法工作，加大行政处罚力度，加强刑事移送工作，努力在全省建立起快速、联动的执法机制，狠抓大案要案的查处工作。

2013年，全省共立案13起，查处的重点案件有“天长10·19游戏私服案”、“999宝藏网侵犯著作权案”、“中国特色美食网销售盗版音像制品案”、“‘音扑网’侵犯著作权案”、“‘Dj疯吧音乐网’侵权案”、“定远网络游戏私服侵权案”、“宿州销售盗版教材教辅案”等。其中4起案件获国家版权局挂牌督办，1起案件列入全国2013年“剑网行动”十大案件。

四、版权执法督查有新举措

在开展版权执法工作中，省版权局一直注重与新闻出版、“扫黄打非”、公安、通信管理等部门联系，积极建立完善部门协作机制。联合“剑网行动”领导小组成员单位对部分地区的“剑网行动”开展情况进行督查；会同省公安厅对案件的“两法衔接”情况进行了解，要求地方公安机关以联合执法的形式提前介入案件调查，及时锁定违法分子，做好取证工作；会同省“扫黄办”、省公安厅、省高检、省高法对重大案件进行督办推动，协调各方就案件的性质、走向、时限等问题形成共识，保障案件的顺利推进。通过以上方式，加大对案件的督查指导力度，确保涉嫌犯罪案件及时移交公安部门，确保年度著作权刑事案件依照法定期限进入司法程序。

五、宣传培训工作有新进展

2013年3月和11月，省版权局分两次组织开展全省版权执法培训工作会议，对全省市、县共约220名版权执法一线人员开展版权执法实务培训，邀请版权部门、公安部门、通信管理部门相关人员分别就版权执法实务、版权执法监管工作重点、重点案例分析、市级执法部门如何开展版权执法、两法衔接、网络版权监管等问题授课，成效明显，受到了广泛好评。

省版权局利用各种渠道报道打击侵权盗版工作措施、进展和成效。利用“政风行风热线”节目，介绍打击侵权盗版工作要求，同时向社会公布了举报电话和举报奖励办法；在案件查处过程中，邀请媒体跟踪采访，对一些有影响力的案件进行主动曝光；在进行出版物市场和网络主动监管工作中，结合现场检查，宣传有关版权法律法规知识，扩大了打击侵犯著作权工作影响力。

六、版权作品登记数量有新突破

2013年安徽省进一步加强和规范了作品版权登记工作，指导省版权交易中心全面接管全省版权登记工作，启用国家统一的登记证书和格式编码，开通网络登记新渠道，采取现场受理、网上办理、展会宣传、媒体报道、上门服务等多种方式，努力拓展版权登记覆盖面；走访五千年文博园，全面梳理汇总园区内版权资源，分门别类，建立台账，对园区200多部版权作品进行全方位登记和保护。2013年，安徽省版权作品登记数量达645件，同比增长20%。

（琚迎迎）

福建省

2013年，福建省版权局在省委、省政府的领导和国家版权局的指导下，全面积极推进福建省的版权工作，主要完成了以下几方面的工作：

一、推进市县政府机关软件正版化工作

根据国务院要求，市县政府机关必须在2013年12月前完成软件正版化工作，党委、人大、政协、法院、检察院、人民团体、民主党派机关参照执行。2012年11月省政府办公厅转发版权局等四部门《关于加快推进市县政府机关软件正版化工作的实施意见》，对推进市县政府机关软件正版化工作提出明确具体要求。市县政府机关软件正版化工作责任主体是市县两级政府，政府主要负责人是第一责任人。省版权局会同财政、审计、信息化、机关事务管理等部门负责对市县政府机关软件正版化工作进行督促、指导。2013年以来，省版权局不断加大对各地的督促、指导力度。省政协主席、原省版权局局长郭振家先后两次给部分设区市市长写信，要求加强领导，加快推进软件正版化工作。省版权局党组书记李闽榕多次在各设区市文广新局局长参加的有关会议上，就做好软件正版化工作做强调、提要求，并于12月中旬带队到南平、宁德等地进行实地检查，督促其加快进度。这对市县政府机关软件正版化工作起到很大的推动作用。省版权局版权处对各地工作进展情况实行每两周通报一次、每一周电话沟通一次，并两次会同有关部门组成联合督查组赴各地进行实地检查，指导推进工作。

市县机关软件正版化工作难度极大，各地工作开展很不平衡，部分地区进展顺利，但是大部分地方进展缓慢，究其原因，有的是领导不重视、资金不落实，有的是责任不明确、方法不得力，有的是等待观望、消极被动。针对这种情况，省版权局方面与各地进行不间断的沟通协调，了解情况，加强指导；另一方面主动向省政府办公厅及时报告各地进展情况及存在问题并提出工作建议，积极争取从省政府层面督促各地落实责任。11月下旬，副省长李红专门约谈工作进展较慢的设区市市长及分管副市长，明确要求相关市采取有力措施，确保按时完成任务。12月18日，省政府办公厅下发《关于加快推进市县机关软件正版化工作的紧急通知》，明确限定各地必须在12月25日前完成任务。对此各地高度重视，进度明显加快。

截止到2013年12月底，全省市、县两级政府机关（包括党委、人大、政协、法院、检察院、人民团体、民主党派机关）相继完成了软件正版化工作任务。

二、开展打击侵权盗版违法犯罪活动

2013年，省版权局继续组织开展打击侵权假冒工作，重点是会同公安、通信管理等部门开展为期4个月的打击网络侵权盗版专项治理“剑网行动”。各级版权行政执法部门共查缴各类侵权盗版制品55万多件，查获侵权盗版案件52起，厦门、福州、莆田文化市场综合执法支队会同公安机关先后查获了25起侵犯著作权刑事犯罪案件，其中福州“5·06”通过网络平台批销盗版考试类图书案，涉案图书25

万多册，涉案金额200多万元；莆田“6·19”下载淫秽、盗版影音视频案，涉案盗版影视作品多达600多万部。

在“剑网行动”中，省版权局接到各类举报网络侵权案件23余起，其中涉外案件9起，对每起案件都进行了前期调查，在查清基本情况后按照属地管理原则移送各地版权行政执法部门查办，并进行指导跟踪或联合查处。“剑网行动”期间，各级版权行政部门共对全省65家音视频网站、11家网络服务提供单位进行主动监管，关闭侵权网站3家。

与此同时，省版权局积极做好侵权制品的认定工作，接受公安、文化市场综合执法等部门申请，对涉及32起违法犯罪案件的28 852种、80 458件侵权盗版制品进行版权认定，出具认定意见，为案件查办提供有力的证据支持。

三、做好作品版权登记及涉外版权贸易（引进）合同备案等工作

国家版权局高度重视作品版权登记，要求把它作为重点工作，不断提高作品版权登记数量。作品登记是省版权局工作量非常大的一项重要的业务工作。福建省作品登记数量一直位居全国前列，2012年达到15 000件，2013年达到21 038件，同比增长36%，实现了历史性的突破，继续位居全国前列。在作品登记工作中，省版权局注重便民服务，积极支持各地、各有关单位设立作品版权登记服务机构，为著作权人提供作品登记免费代办服务。同时，2013年以来，省版权局对70项涉外版权贸易（引进）合同进行审核把关、登记备案。

四、开展版权法律宣传教育活动

2013年以来，省版权局以“2·21福建省知识产权日”和“4·26世界知识产权日”为契机，开展一系列版权宣传活动，包括在《福建日报》刊登宣传文章，上街开展版权法律咨询活动，在东南卫视少儿频道、各地电视频道以及新浪、腾讯官方微博等播放《版权知识宣传》系列动画片。省版权局召开新闻发布会，通报版权工作情况，回答记者提问。同时，省版权局还多次派人到各类培训班给新闻出版（版权）行政执法人员、图书编辑、侨刊乡讯负责人、高校老师、版权相关企业设计人员讲授版权法律知识。另外，2013年省版权局还完成了《福建省知识产权志——版权志》初稿编纂工作。

五、完成世界知识产权组织（WIPO）“关于版权保护促进中国德化陶瓷业发展的研究”项目调研报告撰写工作

该项目调研报告在2012年5月形成第一稿的基础上，经征求国家版权局、WIPO以及有关部门和专家意见，多次论证、多次修改，2012年底已基本完稿。2013年初，局党组书记李闽榕带领版权处和产业处工作人员再次到德化调研，深入了解相关情况，在此基础上对调研报告作进一步补充完善，并报国家版权局、WIPO审核。调研报告的完成也利于德化通过版权保护促进陶瓷业发展的成功经验在全球发展中国家进行推广。

六、参与申办中国国际版权博览会工作

2010年、2011年福建省在福州成功举办了两届海峡版权（创意）产业精品博览会（简称海峡版博会）。根据国家版权局领导意见，省版权局积极推动海峡版博会与在北京举办的中国国际版权博览会进行资源整合。省版权局积极做好中国国际版权博览会申办工作，研究制定举办中国国际版权博览会总体方案，做好相关协调工作。2013年10月，省政府正式发函国家版权局，申请福建省与北京市每年轮流举办中国国际版权博览会。

七、申请设立国家海峡版权交易中心工作

2012年初，省版权局提出在福建省设立海峡版权交易中心的构想，并组成课题组对设立海峡版权交易中心的可行性进行研究。2012年8月，课题组在充分调查研究的基础上，经过反复修改完善，完成了《海峡版权交易中心项目可行性报告》，并通过专家论证。2013年初，根据国家版权局《版权工作“十二五”规划》，参照湖北省设立国家华中版权交易中心的做法，省版权局进一步提出设立国家海峡版权交易中心的建议，并经省政府研究同意，由省政府发函向国家版权局提出申请。6月3日，国家版权局正式批复省政府，同意在福建省设立国家海峡版权交易中心。根据省政府领导意见，国家海峡版权交易中心设在厦门。版权局积极做好相关工作，起草《国家海峡版权交易中心组建总体方案》、《关于组建国家海峡版权交易中心的推进方案》等，组织协调交易中心的筹备组建工作。到2013年底，已初步确定国家海峡版权交易中心投资主体、经营场所、注册资金数额、交易中心治理结构、组织架构、经营范围与运营模式等。

（彭　剑）

江　西　省

2013年，江西省版权部门深入贯彻党的十八大和十八届三中全会精神，紧紧围绕全国版权工作部署，全面加强版权行政执法，不断推进版权法制体系建设，广泛开展版权宣传教育活动，积极构建版权公共服务体系，拓展版权对外合作，取得了明显成效。

一、全面加强版权行政执法

江西省紧紧围绕深入开展打击侵犯知识产权和制售假冒伪劣商品工作，不断加大版权行政执法力度，推进版权法制体系建设。

一是“剑网”出击，查源堵漏。2013年，在全省范围内组织开展了打击网络侵权盗版专项治理“剑网行动”，采取网上与网下治理相结合，加大对网络文学、网络游戏、视听节目网站等网络新兴领域的重点整治，彻底切断利益链。“剑网行动”期间，对省内400余家网站进行了实时监控，检测网页230万页，核查违规出版物546部、游戏74款、违规信息2万多条，查禁网络出版物10余种，根据有关线索查办各类侵犯著作权案件21起，已依法移送司法机关的大案要案2起。

二是“双打”铺开，全面清理。全省各级版权部门铺开了新闻出版、版权工作领域的“打击侵犯知识产权和制售假冒伪劣商品”活动，按照“从内到外、由点带面、抓住源头”的要求，对全省印刷和光盘复制企业进行了全面清理整顿，有效扼制了侵权盗版违法活动。2013年，全省各级版权部门共查缴各类盗版音像制品51 317件、盗版软件及电子出版物2 880件、盗版教材教辅读物9 384件，检查网站24家（次），查办各类侵犯著作权案件32起。

三是积极构建版权法制体系。工作中，江西省不断理顺版权执法工作机制。针对多年来各地政府机构改革形成的机构、队伍变化，版权执法在“队伍不强、力量不足、机制不顺”等方面存在突出的问题，省版权局明确要求各地版权部门建立市、县局“版权分管负责人统一领导、版权工作部门牵头协调、稽查队伍具体负责”的版权执法工作机制，使版权执法做到“责任明确、任务到人”。同时，建立完善版权执行“双打”绩效考核机制。将版权执法工作作为“双打”专项工作的重点任务。在省、市、县全面推行“双打”年度绩效考核机制，使版权执法任务在省、市、县三级真正“落地”，并作为版权保护工作绩效评价的主要依据，推动各地版权执法工作抓紧抓实。

二、加快推进全省政府机关软件正版化

自国务院做出工作部署以来，省版权局作为主要牵头责任部门，密切会同各相关单位，加快推进全省政府机关软件正版化工作，取得了较好的阶段性成效。

一是全面完成了各项工作任务。全省各级机关累计采购安装正版软件10.018 1万套，正版软件采购资金总额6 689.198 7万元，实现了市县级机关“全面覆盖”、采购资金“全面落实”、正版软件“全面使用”和资产管理“全面加强”。

二是实现了多项指标“走前列”。继2012年4月完成了省级政府机关软件正版化检查整改任务之后，2013年4月完成省级党委、人大、政协、法院、检察院、民主党派、人民团体机关软件正版化检查整改任务，2013年6月完成市级机关软件正版化检查整改任务，2013年7月完成县级机关软件正版化检查整改任务。

2013年10月，江西省代表在全国政府机关软件正版化培训工作会上作了典型发言。省政府机关软件正版化工作受到了推进使用正版软件工作部际联席会议办公室的通报表扬和省政府主要领导的充分肯定。

三、积极组织版权宣传教育培训

为进一步提高全社会版权保护意识，江西省密切结合当前版权保护工作的重点领域、重点任务、重点对象，积极搭建版权保护宣传平台，扩大版权知识的普及面。

一是以“4·26世界知识产权日”为契机，开展集中宣传。2013年，省版权局与省委宣传部联合、大江网协同开展了“实施知识产权战略，支撑创新驱动发展”——“4·26知识产权宣传周”主题活动，利用大江网平台，与网民互动，在线答疑解惑。

二是积极参加“3·15”宣传活动。3月15日，省版权局积极参加省委宣传部举办的江西（南昌）“3·15国际消费者权益日”宣传咨询服务暨江西省打击侵犯知识产权和制售假冒伪劣商品专项行动宣传活动，专门制作了“打击盗版、人人有责”、“版权保护就在我身边”等签名册，在现场接受群众咨询，发放版权保护宣传资料。

三是省版权局领导做客专栏节目。2013年，省版权局领导作客江西省人民政府网站“在线访谈”栏目，围绕“加强版权保护，推动产业发展”，与网友们进行了互动交流。

四是与高校联合开展宣传。先后在全省范围内开展了“版权法律知识百题竞赛活动”、“大学生版权保护创意大奖赛”、“版权保护进高校”、“版权在线访谈”等多种形式的社会宣传活动，有效提高了社会各界的版权保护意识；联合省教育厅、南昌大学，组织在校大学生担任“版权义务宣传员”，在大学制作发放版权保护宣传品，激发大学生参与版权保护宣传的热情。

五是指导各地开展特色宣传。为加强对各地版权部门的指导，江西省还下发文件对各地提出明确要求，指导其开展好版权宣传活动。赣州市编印反盗版宣传资料2 000份发放到学生手中，号召青少年“拒绝盗版，拥抱梦想”。上饶市组织了新闻出版、文化、工商、公安等相关部门走进上饶市师范学校，与广大师生联合开展了一次别开生面的知识产权保护宣传活动，现场解答师生关于著作权有关问题，散发宣传单，提升了广大师生对版权保护的认知度和知晓率。

四、不断推进版权公共服务体系建设

2013年，江西省持续推进版权公共服务体系建设，推动版权产业快速发展。

一是推进版权保护示范园区、示范单位建设。截至2013年底，江西省已经拥有1个全国版权示范基地和7个省级版权保护示范单位。为促进版权保护成果的广泛运用，省版权局采取“以点带面”的做法，以推进国家级和省级版权保护示范基地（单位）建设为抓手，带动一批具有较强版权保护意识和版权创新能力的企业，充分发挥版权创造、运用、保护和管理的示范作用。

二是积极扶持版权产业项目。为了更好地发挥景德镇陶瓷特色版权产业资源优势，省版权局对景德镇陶瓷国家版权保护示范基地，在作品版权登记和打击侵权盗版方面给予了重点扶持。

三是启动江西版权保护公共服务平台项目建设工作。在省政府的大力支持下，2013年底，省财政厅正式批准省版权局开展“江西省版权公共服务平台”项目建设，并拨专款100万元。该项目将建成一个涵盖版权在线登记申请、受理、审核、查询服务等功能，服务于全省各级版权管理部门、版权保护重点企业和权利人的项目平台。

四是进一步扩大作品登记覆盖面。江西省积极创新服务方式，将作品登记管理权限下放给11个设区市，鼓励各类作品权利人自愿进行作品登记，扩大作品登记覆盖面。2013年，省作品登记数达643件，同比增长近86%。

五是推动版权行业自律。大力倡导企业版权保护自律，指导成立了“江西版权保护示范企业联盟”，发布了《版权保护示范企业自律公约倡议书》，充分发挥了企业在版权保护领域的推动和示范作用。

五、拓展版权对外合作

一是出台鼓励政策。出台了鼓励省内出版单位开展版权国际贸易“走出去”的具体措施，大力支持江西出版集团成为中国图书对外推广计划的牵头企业，先后对一批成绩突出的出版企业和个人给予了奖励。

二是广泛搭建交流平台。积极组织省内出版单位参加第二十届北京国际图书博览会。博览会期间，江西省共展出1 500多种优秀图书及研发的最新数字出版产品，举办了版权签约、新书签售、名家访谈等7场丰富多彩的活动，与中外出版界开展了更多领域、更深层次的交流与合作。

三是广泛开展“走出去”调研。根据省委宣传部部长姚亚平对做好省出版企业“走出去”工作要求，江西省召开了新闻出版企业“走出去”专题调研会，对省出版企业“走出去”现状进行调研，并形成调研报告及相关扶持政策建议报省委宣传部。2013年，江西省共实现版权输出210种，版权引进191种，其中，《牡丹亭》项目入选国家出版基金“走出去”项目；《高岭文化研究：景德镇陶瓷文化渊源探微》入选“中国图书对外推广”翻译资助；《王晓明心情童话绘本》等5种图书获得输出版权优秀图书奖；《不一样的卡梅拉动漫绘本》获得引进版权优秀图书奖；二十一世纪出版社荣获“2013年中国版权产业最具影响力企业”奖。

（万　静）

山　东　省

2013年，山东省版权局认真贯彻落实十八大精神，践行群众路线，积极学习中国特色社会主义理论，以科学发展观为指导，继续围绕中心、服务大局开展工作，争先创优，创新管理思路，探讨版权工作新突破的途径。

一、加强版权执法与版权保护工作

2013年，山东省高度重视并积极部署打击网络侵权盗版专项行动的“剑网行动”，并取得有效成果。全省共主动监管网站26家，查处网络侵权盗版案件14起，其中刑事移交9起，有效维护了全省网络版权环境。

10月，省打击侵权盗版与制售假冒伪劣商品工作领导小组召开全省打击侵权假冒会议，确定省版权局介绍软件正版化工作经验，副省长夏耕听取汇报。

2013年国家版权局表彰查处侵权盗版案件有功单位和个人，山东省共获特等奖1项，一等奖4项，二等奖22项，三等奖12项，其中省新闻出版局和高睿同志均获一等奖。获奖数量和奖金数额均居全国第二位。

在成都、沈阳举办的全国版权执法培训会议上，国家版权局安排山东省青岛文化市场综合执法局、济宁文化市场执法局就版权执法经验进行了典型发言。

二、积极推进软件正版化工作

山东省在全面完成省市县三级党政机关软件正版化工作任务的基础上，采取“回头看”措施，有效地巩固了成果，企业软件正版化工作走在全国前列。2013年主要在新闻出版行业企业、上市公司和企业园区（基地）推进企业软件正版化，12月份验收，有526家企业完成整改任务。

鉴于山东省在软件正版化工作中的突出成绩，国家版权局在北京举办的推进正版化与版权执法培训会议上，特邀山东省介绍软件正版化工作经验。“巩固成果、继续推进”的好做法多次受到国家版权局的表扬。

为鼓励各地积极推进软件正版化工作，在各市、各部门认真总结经验基础上，省版权局表彰111家软件正版化工作先进单位、209名软件正版化工作先进个人。

三、加强版权管理与服务，促进版权创意产业发展

（一）产业调研和产业扶持工作同时进行

“山东省版权创意产业调查研究”被省政府列为全省重大课题，根据调研结果形成的《版权产业应成为山东支柱产业——山东省版权创意产业调研报告》，经进一步修改完善，已经上报省版权局领导。在进行产业调研的同时，开展了版权创意产业扶持专项基金申请工作。

（二）版权基地（园区）培育和产业推进取得新进展

第一，国家版权局正式批复建立国家级青岛国际版权交易中心，这是继2012年台儿庄国家版权贸易基地后又一成果，国家版权局副局长阎晓宏亲自授牌。

第二，以青岛国际版权交易中心为依托，举办了首届青岛·东北亚版权创意精品展示交易会，取得圆满成功，实现版权项目交易意向签约近60亿元，现场版权作品登记超过1万份。

第三，青岛工艺美术博览会首次植入版权元素，现场版权作品登记超过3 000件。

第四，经过考察验收，省版权局正式批复潍坊高新区建立省级“云计算”版权交易中心，为潍坊市高新区数字出版、动漫创意研发、云计算版权交易等产业发展注入了新的活力和动力。

第五，经严格推荐、考察，授予山东出版集团等56家单位省级版权示范单位、园区（基地），省级版权保护示范单位、园区（基地）和省级版权科研基地称号。在国家版权局于安徽举办的全国版权示范基地（园区）工作座谈会上，山东省版权局推荐的章丘龙山黑陶国家版权示范基地和台儿庄国家版权贸易基地代表作了典型发言。

四、继续加大版权宣传力度，推进作品登记工作和版权公共服务体系建设

（一）加大媒体版权宣传力度

版权工作紧紧围绕“抓住机遇，扎实有效，创新思路”的新特点，争取领导重视，得到媒体关注与推介。由国家版权局领导带队，新华社、《人民日报》等中央12家主要媒体赴山东，采访软件正版化工作经验和版权创意产业发展成果。《中国新闻出版报》、中国新闻网、中国广播网、新华网、中新社等发表山东省版权工作新突破的稿件、文章多达50余篇。

（二）举办知识产权宣传周活动

配合“4·26世界知识产权日”活动主题“创造力，下一代”，在全省进行了声势浩大的打击盗版、使用正版宣传，积极协调国产软件公司，为中小学捐赠50 000套金山WPS办公软件。

（三）推进作品登记工作

截至2013年12月31日，山东省全年版权作品登记数量达30 292件。从登记作品类型看，主要是以文字作品、美术作品、摄影作品、工程设计图、产品设计图、计算机软件为主。从登记作品内容看，工程设计图、产品设计图登记数量增长迅速，共登记了9 526件。省软件产品开发稳步推进，产品数量也不断增加，2013年已有1 000多种软件产品进行了登记。山东省版权作品登记数量和质量位居全国前列。

（四）建设版权公共服务平台

数字版权保护平台一期工程——版权资料库与版权登记平台正式建成，主要实现了省版权局近20年纸质作品的数字化、社会公众在线注册与版权登记、数字版权在线智能登记、移动智能在线版权登记、移动智能版权证书验证、版权信息公告、版权资讯信息发布、版权法律法规发布等项功能。

五、加大侵权盗版案件查处力度，督办大案要案

省版权局与公安局、通信管理局等部门密切配合，进一步加大查处打击力度，对案件查处情况进行督办指导，以查破办结大案要案为目标，对于案件查办过程中遇到的问题和困难，进行分析和指导，保证了案件件件有落实、件件有结果。

（高　睿）

河　南　省

2013年，河南省版权工作紧紧围绕推进使用正版软件、强化版权执法、加强普法宣传教育、提升公共服务水平等重点任务展开，各个方面工作任务均圆满完成。

一、软件正版化工作开展情况

（一）顺利完成市县两级政府机关软件正版化检查整改工作任务

2013年，河南省委、省政府高度重视推进市县级政府机关使用正版软件检查整改工作，将其纳入重要议事日程，切实加强组织领导。着重抓了四个方面的工作，保证河南省市县级政府机关使用正版软件检查整改工作顺利完成。

一是强调加强组织领导，落实工作责任。按照国务院办公厅《关于进一步做好政府机关使用正版软件工作的通知》的要求，各省辖市的市长、各县（区）的县（区）长是第一责任人，各级各部门主要领导切实承担起第一责任人的责任，亲自部署，亲自安排，亲自协调和解决各种实际困难。

二是认真制定年度政府机关使用正版软件工作实施方案。结合河南省实际，河南省推进使用正版软件工作联席会议制定并下发了《河南省政府机关使用正版软件检查整改工作实施方案》、《2013年推进使用正版软件工作计划》和《2013年软件正版化工作督查方案》，明确了全省政府机关使用正版软件工作的指导思想、组织领导、目标任务、时间节点、方法步骤及部门职责等，对检查整改工作进行总体安排部署并提出具体要求，对全省政府机关软件正版化工作开展起到了强有力的指导作用。

三是召开全省政府机关软件正版化工作会议，专题安排部署。鉴于2013年上半年市县级政府机关软件正版化工作力度不够、发展不平衡的情况，为加快推进河南省政府机关软件正版化工作步伐，省政府又专门召开了全省市县级政府机关软件正版化工作会议。

四是加强督导检查，强力推进检查整改。2013年4月至11月，省推进使用正版软件工作联席会议督查组先后多次对18个省辖市政府机关软件正版化工作进行督导检查。在加强督查的同时，省联席会议办公室适时印发通报、简报和通知，及时通报全省软件正版化工作进展情况，指导各级政府机关开展使用正版软件检查整改工作。

截至2013年11月30日，全省18个省辖市和158个县级政府机关全部完成了政府机关软件正版化检查整改工作，共采购软件565 721套。

（二）巩固政府机关软件正版化工作成果

河南省财政厅印发了《关于进一步规范和加强行政事业单位软件资产管理的通知》，对软件资产管理职责、软件资产配置、经费保障、报废软件处置、审计监督等作出明确规定。河南省联席会议办公室及时下发通知要求省直机关及各市县在落实软件采购资金的同时，抓紧建立软件资产管理制度、年度报告制度。

2013年8月，省联席会议办公室《关于对省级政府机关软件正版化工作进行复查、巩固的通知》，要求省直各单位要巩固软件正版化检查整改成果，继续抓好软件正版化工作，将此项工作制度化、常态化，要经常复查、抽查本单位软件使用情况；要根据本单位实际，进一步完善软件资产管理制度，切实巩固软件正版化检查整改工作成果，防止反弹。

2013年9月，河南省联席会议办公室组织督查组，对省直单位软件正版化工作进行了复查，大多数机关严格执行软件正版化工作制度和软件资产管理制度，巩固了软件正版化工作成果，有个别单位出现了反弹，已要求单位限期进行整改。

（三）积极推动企业软件正版化工作

本着先易后难、循序渐进、突出重点的原则，省推进企业使用正版软件工作联席会议确定了35家省属大型国有企业（总部）作为2013年企业软件正版化的主要工作目标。根据与省国资委联合下发的《关于推进我省省属国有企业使用正版软件工作的通知》（豫版联［2012］1号），对省属国有企业的软件正版化检查整改工作提出具体目标和要求，加强督导检查和信息报送，及时掌握正版化工作进展情况，指导帮助企业积极稳妥地推进使用正版软件工作。截至2013年底，35个省属国有大型企业（总部）已经完成软件使用情况自查摸底工作。河南日报报业集团、中原出版传媒投资控股集团有限公司已经采购了正版软件，建立了软件资产管理制度，全面完成了软件正版化检查整改工作。

二、版权行政监管执法情况

（一）扎实开展打击侵权假冒工作

根据新闻出版总署、国家版权局和全国“扫黄打非”工作小组办公室的部署和要求，河南省新闻出版局、河南省版权局、河南省“扫黄打非”办联合制定下发了《关于贯彻落实〈新闻出版总署、国家版权局和全国“扫黄打非”工作小组办公室关于深入开展打击侵犯知识产权和制售假冒伪劣商品工作及进一步推进使用正版软件工作的通知〉实施方案》，成立了省新闻出版局、省版权局、省“扫黄打非”工作领导小组办公室打击侵犯知识产权和制售假冒伪劣商品工作领导小组，设立了办公室；要求并指导各省辖市、省直管试点县（市）新闻出版部门成立相应的领导机构，加强了对全省新闻出版系统开展打击侵权假冒工作的组织和领导，确保打击侵权假冒工作各项任务切实落到实处。

（二）认真开展打击网络侵权盗版专项治理“剑网行动”

为加大网络环境下的版权行政执法和监管力度，按照国家版权局、公安部、工业和信息化部、国家互联网信息办公室《2013年打击网络侵权盗版专项治理“剑网行动”实施方案》的统一部署，2013年7月至10月，省版权局、省公安厅、省通信管理局在全省联合开展了第9次打击网络侵权盗版专项治理“剑网行动”，转发了国家四部门《2013年打击网络侵权盗版专项治理“剑网行动”实施方案》，成立了由省版权局、省公安厅、省通信管理局组成的“剑网行动”领导小组。各部门密切配合，通力合作，严厉查处各类网络侵权行为。专项行动期间，全省共关闭违法违规网站20余个，查处相关行政案件15起，刑事拘留8人，治安拘留10人，收缴一批涉案盗版计算机软件。

（三）加强出版物市场日常监管

2013年，全省各级版权行政管理部门加强对出版物市场的监管执法，突出教材教辅、音像制品、计算机软件、网络侵权等重点领域的有效监管，坚持日常监管和专项治理相结合，进一步强化与公安、工商、通信、“扫黄打非”、文化市场综合执法等相关部门的联合执法，严厉打击各类侵权盗版行为。

三、宣传培训教育工作开展情况

（一）加强软件正版化相关知识培训

省版权局采取以会代训、座谈交流、提供咨询服务等多种形式，加强对基层人员正版软件相关知识培训，帮助增强正版软件知识，树立自觉使用正版软件、抵制使用盗版软件意识，为推进河南省使用正版软件工作建立基础。

（二）扎实开展普法宣传活动

“4·26知识产权宣传周”期间，河南省积极开展各项版权宣传活动，向社会公众展示河南省新闻出版系统自打击侵权假冒专项行动开展以来取得的阶段性成果。同时指导各地新闻出版（版权）行政部门积极开展著作权法律法规的宣传教育活动，突出宣传重点，拓宽宣传渠道，丰富宣传形式，扩大宣传范围，最大限度地提高宣传效果，进一步调动社会公众参与打击侵权盗版的积极性，提高全社会保护知识产权的公共意识，努力营造“尊重知识、尊重劳动、尊重创造、尊重版权”的社会氛围。

（三）积极开展版权执法培训活动

2013年9月，省版权局在郑州举办了全省版权执法培训班。省高级人民法院、郑州市公安局等部门的专家分别就如何提高版权监管执法水平、积极查处各类侵权盗版案件进行了授课。省版权局副局长来有功作了动员讲话，就全省的版权监管执法工作进行了具体部署并提出了目标和要求。18个省辖市、10个直管县（市）版权行政管理部门及文化市场综合执法部门130余人参加了培训。

四、版权公共服务工作情况

2013年，省版权局对作品登记网上申请、公示、查询服务系统进行了升级改造，版权登记网络平台得到进一步完善，作品登记更加方便快捷。全年共受理各类作品著作权登记504件，审核登记出版单位从国、境外引进版权贸易合同195件。

此外，省版权管理部门还认真做好法律咨询服务和受理投诉举报工作，做到每起咨询有答复、每起举报有回复、每起投诉有结果、每起案件有查处。

（焦艳娜）

湖 北 省

2013年以来，省版权局坚持以软件正版化和建设华中国家版权交易中心为重点，以“双打”、“剑网”等专项行动为抓手，注重加大版权行政执法力度，严厉打击各类侵权盗版行为，加速推进版权产业发展，切实加强自身能力建设，努力提升公共服务管理水平，各项任务圆满完成。

一、软件正版化工作稳步推进

国务院推进使用正版软件工作部际联席会议明确提出要求：2013年是软件正版化攻坚提升年，市县二级政府机关要在2013年底前完成检查整改任务，同时要以中央企业和大型金融机构为重点，深入推进企业使用正版软件工作。

（一）注重加大对软件正版化工作的组织领导力度

4月8日，组织省推进使用正版软件工作领导小组成员单位召开联席会议，通报 2012 年工作情况，研究部署 2013 年工作，省推进使用正版软件工作领导小组副组长、省政府副秘书长骆新华出席会议，并明确指出：没有完成任务的县市分管领导，要进行约谈交流，切实督促工作落实。4 月下旬和 10 月上旬，按照联席会议安排，由省推进使用正版软件工作领导小组成员单位的厅局级领导带队，组成五个联合督查组，代表省政府对全省 17 个市州、107 个县政府机关和企业软件正版化工作完成情况进行了 2 次专项督查，累计检查各级单位 744 家、计算机 4 464 台（次），有效推动各项工作落实，确保检查整改任务按时完成。

（二）上下联动，共同努力，整改效果明显

为保证省直系统正版软件全覆盖，在第一批集中采购的基础上，省版权局又积极争取财政经费 300 万元用于解决省直群团组织、民主党派和部分参公事业单位软件正版化问题，共采购正版操作系统软件 994 套，价值 119.28 万元。2013 年初，为确保按时完成市县两级政府机关软件正版化工作，省版权局专门组织各市州分管软件正版化工作的局长和版权科长参加了为期 1 天的专题培训，针对实际工作中出现的难点、焦点问题，讲政策、教方法，帮助理清工作思路，掌握具体方法，积极主动地开展工作。为了帮助边远贫困地区完成好软件正版化工作，湖北省积极联系部分软件厂商开展免费捐赠活动，4 月 10 日广西一铭软件股份有限公司一次性向监利、竹山、通城、宣恩、鹤峰、长阳等 13 个县的政府机关，分别捐赠了价值总共约 650 万元的办公软件和操作系统场地授权，帮助其一次性解决工作难题。市县两级版权行政部门也积极行动，转变工作思路，加大工作力度，争取采购经费，组织招标采购，整体工作较以往有较大突破，确保年初目标顺利实现。

截至 2013 年 11 月底，湖北省省直系统已全面实现正版化，17 个市级政府机关软件正版化工作也基本完成，所有县（区）级政府正版软件已采购安装到位。截至 11 月，全省累计投入采购资金 4 826.498 8 万元，其中，省直系统正版软件采购经费合计 1 200.802 9 万元，17 个市州 107 个县区共投入采购经费 3 625.695 9 万元，共采购各类软件 115 959 套，其中，操作系统软件 21 891 套，办公软件 94 068 套。

（三）加强后期制度化建设，在用管环节上狠下功夫

为确保省直单位 2012 年所采购正版软件能用好管好，防止出现反弹，省版权局利用将近一个半月的时间，对省直 80 余家单位软件后期使用管理情况进行了检查，针对出现的问题及时予以纠正，并专题向省政府汇报。8 月 15 日国务院《政府机关使用正版软件管理办法》颁布实施后，省版权局及时将通知精神传达到各成员单位及市州版权行政部门，并结合实际出台了具体落实意见；与此同时，还积极争取将软件正版化工作纳入政府年度目标责任制考核，积极探索建立软件资产年度统计报告、软件管理先进集体和个人评比活动等长效机制，巩固整改工作成果。

（四）有效推动企业软件正版化工作

国家版权局于 8 月 13 日下发了《关于进一步推进新闻出版行业企业使用正版软件工作的通知》（新出厅字［2013］274 号），要求 2014 年底前要全面实现新闻出版行业企业软件正版化工作目标，将新闻出版行业二级企业软件正版化工作列入了工作日程。省版权局按国家版权局的工作要求，对省新闻出版行业企业软件正版化工作进行了部署，8 月中旬组织省部分新闻出版上市企业、大型出版集团、报刊集团、发行集团的相关负责同志到北京参加了推进新闻出版行业企业软件正版化工作培训会；8 月 28 日，按照总局通知要求，制定和下发了《湖北省推进新闻出版行业企业使用正版软件工作的通知》，拟定了省工作目标、工作内容、工作要求。9 月 11 日至 13 日，省版权局和省经信委配合国家版权局、工信部、中国软件联盟在武汉召开了 2013 年勘察设计行业、机械行业软件正版化工作交流会。

二、版权产业发展取得新突破

紧紧围绕华中国家版权交易中心这个华中地区唯一的国家级版权交易平台开展相关工作，积极推动版权产业及其相关产业发展。

（一）抓紧做好交易中心建设工作

华中国家版权交易中心揭牌运营后，受到各界的高度关注，《中国新闻出版报》、《湖北日报》等相关媒体进行了大篇幅报道，福建、陕西、辽宁等省版权局先后派员来中心学习交流。省版权局充分利用这一有利时机，积极争取编制，经多方努力，2 月 18 日，省编办正式批复设立湖北省版权服务中心，与华中国家版权交易中心合署办公。在争取编制的同时，还积极推动交易中心电子商务平台及相关平台建设，搭建集信息发布、产品展示、网上竞价、在线支付于一体的版权交易平台，截至 2013 年底，交易中心网站已建设完毕，积极开展调试运行工作，已有部分权利人慕名而来，传奇报刊集团、

江通动漫等企业主动提出要将自己的作品委托在中心平台上交易。

（二）注重发挥平台效应

依托中国武汉期刊交易博览会，9月16日华中国家版权交易中心、中南财经政法大学知识产权研究中心共同承办了首期华中国际版权高峰论坛活动，国家新闻出版广电总局副局长邬书林，省人大常委会副主任周洪宇、副省长甘荣坤出席活动，国内外知名学者、行业精英分别就版权行业发展的热点、难点问题进行了讨论研究。

（三）积极协调交易中心产业园区“落地”工作

3月中旬，投资方南山集团相关负责人与省版权局副局长陈锋、曾向阳一起对联投集团梧桐湖新城、金口镇、江夏区藏龙岛等三地进行了实地考察，了解相关优惠政策，并与江夏区达成初步落户意向。3月28日，江夏区政府正式来函申请华中国家版权交易中心产业园区落户江夏区藏龙岛。4月8日，省版权局正式批复同意华中国家版权交易中心产业园区落户江夏区，5月23日，《楚天都市报》等媒体进行了相关报道。下半年，省版权局会同南山集团先后就园区项目用地等问题与江夏区政府组织了4次会商，三方已就产业园区第一期工程270亩建设用地达成初步协议，二期1 000亩建设用地也列入议程。

（四）积极争取各级财政经费支持

为争取财政支持，省版权局先后以交易中心名义申报了新闻出版改革发展项目库、财政部2013年度文化产业发展项目、省服务业项目等项目，5月初新闻出版广电总局已正式批准华中国家版权交易中心产业园区为新闻出版改革发展项目库2013年度入库项目。

三、版权执法管理工作进一步加强

按照全国和湖北省“两打”领导小组的统一部署和要求，依托“双打”、“剑网”专项行动，查处了一批侵权盗版案件，有效打击了各类侵权盗版行为。

（一）加大侵权盗版案件查处力度

“剑网行动”以来，湖北省各级版权行政部门先后办理了国家版权局移转的“看啦”AVI音乐网、“我要MP4”网等6起涉嫌侵犯音乐作品著作权案件和3起涉嫌亚马逊卓越销售疑似盗版书的案件。根据举报查处了慧文书店网上销售盗版图书案、“天网手机软件”涉嫌提供非法软件下载案、刘某制作并网上销售盗版音像制品案等案件，对侵权行为进行了行政处罚，涉嫌犯罪的已移送公安机关处理。

（二）积极办理各类侵权投诉

先后受理了“我爱故事网”、33视频网、魔音网等网站涉嫌侵犯著作权的投诉，经调查后责令删除涉嫌侵权链接和内容，并进行整改。协调处理黄世猛与安陆市人口计划生育局关于《鲜艳的红纽带》一书的著作权纠纷等工作。

（三）稳妥处理版权“突发”事件

5月初，崇文书局2013年1月出版的《学生新华字典》涉嫌侵权盗版被中央电视台等媒体报道后，省版权局及时联合反非处组成调查组对相关情况进行了调查，并就是否存在侵权盗版问题征询了武汉大学、华中科技大学、中南财经政法大学等高校知识产权法学和语言文字专家意见，同时委托专家对2013年版《学生新华字典》与相关字典工具书的关联性进行了比对认定，最终认定不存在盗版行为，并将相关情况向国家版权局作了专题报告。

（四）建立版权行政执法数据月报告制度

为督促市州版权行政执法部门开展好集中打击侵权盗版专项行动，确保发现苗头及时处置，省版权局建立了版权行政执法数据月报告制度。半年来，各级市州版权行政执法部门共出动检查人员112 615人（次），检查各类市场、摊点29 870家（个），查处侵权盗版案件56起，收缴各类侵权盗版复制品556 963多件（盘）。在强化自身职能的同时，还积极配合公安机关开展打击侵权盗版行动，先后配合武汉市公安机关查处侵权盗版光盘案件80多起，出具《侵权复制品认定书》84份，认定侵权音像制品累计28 756种、92 189张。

（五）所获奖励

3月5日，在国务院“双打”督查组的检查中，省版权局负责的软件正版化工作和“双打”工作得到督查组的一致好评，并在考核中获得额外加分。在国家版权局组织的2012年度查处侵权盗版案件有功单位及个人评选中，湖北省获有功单位一等奖2个、二等奖7个、三等奖5个和有功个人二等奖2人、三等奖6人。在中国版权协会主办的第六届中国版权年会上，原中南财经政法大学校长吴汉东获“中国版权事业卓越成就者”奖。

四、版权公共服务质量显著提升

2013年，省版权局把完善版权社会公共服务体系、提升版权公共服务质量、提高著作权登记率和版权法律服务等作为全年工作的着重点。按照局党组的要求，及时将湖北省版权保护中心和华中国家版权交易中心的公共服务职能合二为一，对外统一承担著作权登记、著作权合同备案等职能。

（一）积极拓展作品登记范围

通过与湖北省摄影协会、大枫纸业、江通动漫等权利密集型企（事）业单位联系，宣传作品登记的重要意义，主动上门提供服务，受到权利人好评。一年来累计作品登记总量达 1 015 件，合同备案 239 份。

（二）开展著作权报酬收转、著作权法律服务和鉴定等服务

与中国文字著作权协会协商在湖北地区各大报纸期刊中开展报酬收转工作，已与《武汉晚报》进行了联系，并联合湖北省软件行业协会等共同推动企业软件正版化工作。

（三）依托局新兴媒体，开展版权法律法规宣传教育活动

通过媒体对外发布年度十大侵权盗版典型案件，以案说法，加大威慑震慑力度。组织开展“4·26”侵权盗版复制品公开销毁活动和“绿书签”活动，引导公众自觉支持正版、抵制盗版、保护原创。公布投诉举报专用电话 027－68892525，畅通投诉维权渠道。组织开展街头公益宣传活动，进院校、进社区居民点开展版权法律法规宣传活动，悬挂横幅，张贴海报，发放各类宣传资料，营造尊重知识、尊重创造的良好社会氛围。

（张　威）

湖　南　省

2013 年以来，湖南省版权局按照“加强监管与服务发展并重”的工作思路，认真贯彻落实年初全省文化广电新闻出版工作会议的有关工作部署和安排的重点工作任务，版权行政管理和版权服务方面均取得明显成效。

一、加强版权公共服务，促进版权相关产业发展

一是在长沙开展了代办试点工作，促进了版权登记业务大幅度增长。2013 年，全省版权登记量首次突破 1 000 件，达到 1 235 件，较 2012 年增长 108%。启动“版权网上登记系统”建设工作，提升作品登记信息化水平，组织开展了项目评审，确定了建设方案。

二是推动并指导长沙市开展版权优势企业培育工程，向 12 家版权优势企业发放培育资金 134 万元。深入天心区文化产业园、湘绣研究所等 10 余家版权产业聚集园区开展调研，指导推动沙坪湘绣产业基地创建全国版权示范园区。

三是积极推动版权贸易。全年共完成引进合同备案审查 537 件，办理承接国外印刷著作权备案 38 件，比上年增加 260%。指导长沙银行与省内知名动漫企业等开展版权质押业务，指导并推荐天舟科教获评“2013 年中国版权产业最具影响力企业奖”。

四是做好新形势下的纠纷调处工作。成功调处了微软、甲骨文、黑龙江少儿社、湖南少儿社等与权利人之间的版权纠纷，有效化解了矛盾，增强了版权工作的权威性。

二、全力推进软件正版化，基本实现预计工作目标

一是加强工作部署。5 月，组织召开了市州软件正版化推进会，各地软件正版化领导小组相关负责人交流了软件采购和长效机制建设等方面的经验。6 月 28 日，协调省政府召开全省市县软件正版化工作电视电话会议，副省长李友志到会讲话。10 月，报请省政府办公厅向工作进度较慢的益阳、常德、自治州、衡阳、永州下发了《关于全面完成市县政府机关软件检查整改工作的通知》，要求按时完成工作任务。

二是强化指导协调。引导各地采取“集中采购、统一支付”的方式，以最优的性价比解决了本地区机关正版化问题，印发工作简报 13 期，组织编印《软件正版化工作参考手册》等工作资料，指导各地组织开展软件正版化培训班、培训会议 32 次，培训人员 4 350 人（次）。对于财力确实有困难的湘西自治州，省版权局联系协调广西一铭软件公司免费赠送了所需软件，保障了全省的整体进度。

三是加大督查力度。组织人员到各市州地开展了现场督办，约谈了各地政府分管副秘书长。协调和督促常德市、汉寿县以及省卫生厅、省民政厅、省司法厅，认真做好国家推进使用正版软件工作督查组对湖南省正版化工作的两轮现场检查，并得到了督查组的充分肯定。向各市州政府主要负责人、分管负责人，邮寄督查专函 420 余件，有力推进工作进程。

全省各级党政机关在本轮软件正版化中累计投入资金 7 601.44 万元，采购软件 19.24 万套（许可数）。全省政府机关软件正版化工作任务基本完成。

四是有序推进企业软件正版化工作。全省共举办软件正版化培训班 10 次，参训企业数量近 131 家，培训企业人员 287 人。53 家新闻出版企业全面完成自查工作，按要求制定经费方案。同时，积极推动其他行业 41 家企业完成软件正版检查整改。

三、加强版权执法，规范市场秩序

一是坚持集中整治与日常巡查相结合。加强了

对48家主要音频、视频分享网站的主动监管，建立了侵权盗版行为预警和约谈机制。组织开展了打击侵犯知识产权和制售假冒伪劣、打击网络侵权盗版以及打击非法预装软件等专项整治行动，指导和督促各地立案查处了“申探网”、“五天视频”、“旋律街”网络侵权等各类侵权盗版案件134件，没收用于侵权的服务器3台，关闭网站7家。

二是加强执法队伍建设。联合警察学院开展网络执法培训，57名市县一线版权执法人员参加培训，收到了很好的效果。因执法成果显著，一年来，全省有6家单位和34名个人被评为全国查处侵权盗版案件有功单位和有功个人。

三是加强两法衔接，加大刑事打击力度。配合长沙市雨花区公安分局成功查处了长沙昆赛计算机有限责任公司销售盗版软件案，昆赛公司和4名相关责任人犯销售侵权复制品罪，分别被处以罚金和一至两年有期徒刑不等。

四、积极开展版权宣传，营造良好工作氛围

一是加强面向社会的宣传。“4·26知识产权宣传周”活动期间，公布了湖南省打击侵权盗版十大案件，参与组织了湖南省2012年知识产权保护状况新闻发布会。长沙、岳阳等地深入高新区为企业提供版权法律咨询和知识普及。常德、邵阳组织开展反假冒盗版宣传活动，均收到良好的社会效果。

二是突出面向企业和权利人的宣传。株洲、怀化市举办了网吧业主、网站负责人网络版权法制培训。长沙市分别举办了面向文艺界和湘绣企业的专题培训班，提升了权利人依法维权的意识和能力。

三是创新面向校园版权的宣讲。在湖南师范大学工商学院举办了“版权在我们身边”主题讲座，并发放了版权主题邮折和知识读本；长沙市组织专家来到国防科大附小等中小学开展校园版权知识有奖问答等班队活动，受到学生欢迎。

（宋亮）

广　东　省

2013年，广东省版权局按照国家和省委、省政府的部署，深入实施省知识产权战略纲要，强化版权行政管理，维护版权产品市场秩序，认真履行监督指导检查职责，协调全省各级行政管理部门有关机构有计划、有组织地开展各类版权的宣传活动和知识产权（版权）专项行动。

一、推进政府机关使用正版软件工作

根据《国务院办公厅关于进一步做好政府机关使用正版软件工作的通知》（国办发［2010］47号）要求，2013年，省版权局通过举办全省部分县级（区、县级市）政府机关软件正版化培训工作会议、召开省推进使用正版软件工作联席会议成员单位联络员会议、举办全省政府采购监管部门和服务机构负责人正版软件采购业务培训班及召开省推进使用正版软件工作联席会议成员单位联络员会议，确保实现广东省政府机关软件正版化工作目标。

2013年，省版权局根据省政府办公厅《关于对县级政府机关软件正版化工作完成情况进行重点抽查的通知》（粤府办明电［2013］131号）的要求，联合省经信委、省公安厅、省工商局、省知识产权局等成员单位组成5个督查组对全省县级政府机关推进使用正版软件工作进行了重点抽查。全省共抽查66个县级（市、区）、198个政府机关单位，共1 584台计算机。

二、打击侵犯版权和制售假冒伪劣商品工作

（一）进一步加大版权行政执法力度

省版权局各部门通力协作，联合开展版权执法统一行动，尤其是加大对重点区域、重点部位的检查力度。执法行动共清理规范22个灯光夜市，查处取缔违法音像制品经营摊点140个。“3·15”和“5·1”期间，广州市和深圳市开展专项整改，共检查音像、书报刊经营场所98家（次），收缴侵权盗版和非法音像制品共12 050张，吊销了3家音像店的经营许可证。1月至6月，全省查处侵权盗版出版物案件136起，查获盗版音像制品1 184 145件、盗版图书116 219件、盗版电子出版物10 219件、盗版教材教辅材料993件。转办并查处网络侵权举报投诉信函、邮件等56件，所有线索都得到认真核实和查处。先后向9个申请要求公开“双打”案件投诉办理情况的单位，公开了行政执法的过程或结果等，得到申请单位来函来电给予的好评。通过集中整治，使全省出版物市场面貌明显好转，制售非法、假冒出版物活动明显减少。

（二）加大网络及软件侵权盗版的打击力度

协调省、市有关通信管理部门加强对互联网站动态管理，强化网站基础管理工作，协调公安及通信管理部门对省内重点网络广告代理商进行整治，督促落实网站加盟准入和实名登记、站点日常检查、相关广告内容审核制度等一系列管理措施和制度，坚决杜绝虚假及有害信息的传播。全省共协调通信管理部门关闭违规违法大小网站近千家。同时，省版权局还将推进软件正版化工作作为“双打”的一项重要内容，上半年重点抓了全省县级政府机关的软件正版化和国有企业和大型民企的软件正版化工作。

三、版权保护和版权服务工作

第五届中国国际影视动漫版权保护和贸易博览会于 2013 年 8 月 22 日至 26 日在东莞举行。为充分体现漫博会版权保护的特点和凸显版权保护的重要性，切实保护著作权人的合法权益，根据历届漫博会的成功经验，省版权局和东莞市版权局继续在漫博会上设立版权服务工作站，做好该届漫博会的版权保护工作，全面负责漫博会期间著作权维权、纠纷调解、版权执法、著作权及相关法规知识的宣传，以及对该届漫博会的参展作品实行“作品著作权免费登记”等服务工作。

四、版权兴业工程

为了发展独具地方特色的版权产业，促进文学、艺术和科学作品的创作、制作和传播，2013 年，授予深圳第七大道科技有限公司、广宁县广绿玉步行街、广东色色婚纱摄影有限公司、珠海三木科技有限公司、东莞动漫城、广东小白龙动漫玩具实业有限公司、惠州报业传媒集团全媒体产业基地、揭东巴黎万株纱华纺织有限公司、广宁宝锭山实业发展有限公司等 9 家单位“广东省版权兴业示范基地”称号，并颁发“广东省版权兴业示范基地”证书和牌匾。到 2013 年底，全省共有 71 个“广东省版权兴业示范基地”。

2013 年认定了珠海金山办公软件有限公司软件作品“金山 WPS office 2012 专业版办公软件 V8”、东莞市溢源动漫城投资有限公司美术作品“卡卡虎”、肇庆市砚语堂艺术品有限公司美术作品“智圆行方砚”为广东省最具价值版权产品，累计已有 24 个作品为最具价值版权产品。

2013 年批准了汕尾市设立广东省版权基层工作站，到 2013 年底全省共建立了版权基层工作站 14 个。全省版权登记代办机构快速发展，工作覆盖面有效拓展，共批准了 18 个单位为广东省作品登记代办机构。全省新增作品著作权登记 14 192 件，同比增长 72%；完成出版外国图书合同备案 190 件，售付汇合同备案 49 件。

五、粤港版权产业交流

2013 年 9 月 7 日，省版权局应香港海关的邀请，赴港参加版权保护研讨会，会上专门介绍广东展会的版权保护办法和香港权利人如何加强在内地的版权保护，并回答了权利人的提问，增进了香港权利人对内地版权保护体系的了解。

2013 年 1 月，省版权局、肇庆市版权局率肇庆颂德学校 15 名中学生前往香港开展了交流活动。3 月 28 日至 30 日，香港海关和香港版权署组织 15 名“青网大使”到肇庆市与颂德学校中学生开展了版权知识和版权保护交流活动。

香港知识产权署于 2013 年 3 月 7 日至 8 日组团来粤进行版权产业交流活动。座谈会主题为版权管理与版权贸易。2013 年 4 月 17 日至 19 日，广东省版权局组团 18 人赴港进行了交流。

2013 年，省版权局继续加强粤港版权案件协作处理机制，持续更新“粤港版权资料库”与“粤港版权合作专栏”，派出专门人员参加由香港海关组织的版权保护研讨会，组织粤港两地中学生版权知识和版权保护交流活动，并组织粤版权相关企业赴港进行版权产业交流活动。

（张同英　沈　欣）

广西壮族自治区

2013 年，广西壮族自治区版权局努力贯彻执行国家版权局和自治区人民政府有关工作安排，认真做好全年工作部署，扎实履行工作职责，持续深入组织开展打击侵犯知识产权工作，持续深化推进与巩固机关和企业使用软件正版化工作成果，建立健全正版化长效管理机制，持续做好版权培训、教育和宣传工作，持续做好版权工作调研和版权公共服务等工作。

一、强化整体部署，全年工作按计划有步骤进行

早在 2013 年初，按国家版权局和自治区政府相关工作要求，自治区版权局制定了全年工作计划。制定下发了《2013 年广西版权工作要点》、《2013 年版权主要工作任务和要求》等，做到全年版权工作有计划、有步骤、有措施、有实效。为将全年工作扎实落实到位，每个季度按计划分别召开了全区阶段性版权工作会议，督促检查落实抓好各项工作。真正做到各项工作有部署、有要求、有检查、有落实、有责任。

二、全面加强打击侵权盗版工作，单位和个人获国家奖励

（一）强化部署，积极行动，持续深入开展“双打”工作

国家和自治区 2013 年有关继续开展打击侵犯知识产权和制售假冒伪劣商品专项行动的通知要求下达后，自治区版权局积极研究部署开展专项行动。一是以自治区新闻出版局、版权局、“扫黄打

非”工作小组办公室的名义下发了《关于继续深入开展打击侵犯知识产权和制售假冒伪劣商品及进一步巩固推进使用软件正版化工作的通知》，并将“双打”专项行动列入了2013年版权工作要点，组织全区实施。二是以自治区新闻出版局、版权局的名义，在当年3月，组织召开全区专门会议，对全区“双打”工作进行部署。三是会同公安、通信管理等有关部门，发文部署，集中力量开展第九次打击网络侵权盗版的“剑网行动”。四是分别与公安、通讯、政府互联网办公室等部门建立健全了联动工作机制。

（二）积极协调各相关部门全面加强源头监管、市场监管和网络监管

一方面加强开展印刷复制企业源头管理。协调印刷处等部门通过开展印刷复制企业年度核验，加强对印刷复制企业的教育宣传，确保从源头上有效防止和堵塞漏洞。另一方面加大对图书、软件、音像制品的市场监管。加强对全区各市所在城区、所辖市县的图书、软件、音像制品零售企业、出租门店、光盘复制企业等音像市场的日常监管和巡查工作，重点开展了对电脑城、音像城、软件城、图书批发集散地和印刷复制企业等重点部位、重点区域、重点领域的市场检查。

（三）继续开展“剑网行动”

在“剑网行动”期间，全区各级版权部门与公安、通信管理、网络运营商等部门紧密配合，充分发挥各自优势，强化主动监管和适时监控，采取主动深入重点网站现场查看等措施，加强了对全区网站的监管。

（四）组织行政执法专项行动

2013年4月，专门下发《关于组织开展做好“4·26”版权保护周活动的通知》，统一部署全区各市开展了2013年第一次集中行动，查办了一批案件。各市新闻（文化）出版（版权）局也都制定了实施方案，并在规定的时间内开展了行动。自治区版权局督查组也专门组织到河池市和都安县进行了出版市场检查。

（五）行政查处与司法判决版权案件

2013年，自治区进一步加强了版权行政执法与司法衔接工作，强化了对侵权盗版案件的打击力度。截至2013年12月，全区版权行政处罚案件2起，移送司法立案32起，其中司法判决26起。

由于查处侵权盗版工作表现突出，2013年7月，自治区版权局版权管理处等6单位获得2012年度全国查处侵权盗版案件有功单位三等奖，自治区版权局龙毅和石卫获得2012年度全国查处侵权盗版案件有功个人二等奖。

三、党政机关和企业使用正版软件工作继续领先全国

（一）再接再厉，巩固成果

2011年10月，自治区按国务院要求全面完成三级政府机关使用正版软件检查整改工作任务。2012年继续全面推进其他机关全面完成正版化检查整改工作任务，包括县级以上各级党委、人大、政协、法院、检察院、民主党派和人民团体等。2013年，自治区全面推进“回头看”，扎实开展查漏补缺工作。截至2013年12月，全区县级以上财政共投入资金1.26亿元人民币，采购正版软件20多万套（件），总量分别比上年增加了20%。

（二）强化部署，持续推进

为继续稳步深化软件正版化工作，巩固软件正版化成果，自治区版权局2013年初就制定计划，对全面巩固推进使用正版软件工作和长效机制建设进行了部署。之后又印发了《关于召开全区巩固推进使用正版软件长效管理机制建设暨版权重点工作会议的通知》，组织召开了全区推进正版化工作会议，对工作进行扎实推进。

（三）加强督查，保持态势

2013年4月、7月和10月，自治区版权局多次部署全区各市进行了软件正版化工作专项督查。组织自治区督查组分别深入到河池、百色、柳州、玉林、贵港、钦州等市、县（市、区）进行了软件正版化工作调查研究和督促检查，取得了明显效果。同时，自治区部署了对全区五批共1 140家企业进行软件正版化工作“回头看”活动，组织查漏补缺，强化督查工作，推进企业落实使用正版软件长效管理机制，取得成效。

（四）研发管理软件，加强机制建设

为落实使用正版软件工作长效机制建设，自治区版权局指导广西一铭软件股份有限公司自主研发了正版软件管理系统，通过管理系统，将正版软件相关数据载入管理平台，可以基本实现软件资产管理、合同与授权书备案管理、计算机硬件和软件使用者责任管理、正版软件管理相关数据分析与报送等功能，帮助各单位和各级政府实现软件正版化长效管理的目标。该软件已经取得国家版权局颁发的《计算机软件著作权登记证书》、自治区工信委颁发的《软件产品登记证书》和广西软件协会颁发的《优秀软件产品荣誉证书》，在产品推广中得到了用户的认可。2013年12月，国家版权局版权管理司

领导专程来广西进行了使用管理软件的现场专题调研。

（五）加强宣传推广，总结先进经验

广西软件正版化工作连续多年领先全国，成果显著。2013年初，原国家新闻出版总署在《落实国务院专项工作快报》中，向全国通报表扬了广西、浙江等8个省（自治区、直辖市）推进企业使用正版软件工作情况，广西名列全国先进8强之首。2013年4月，国家新闻出版广电总局在北京展出广西等7省（自治区、直辖市）推进政府和企业正版化工作成果。2013年10月，在国家召开的2013年全国政府机关使用软件正版化工作培训会议上，广西代表作了题为《提高认识，强化措施，扎实推进，全面完成广西全区推进使用正版软件检查整改工作任务》的典型经验介绍。此外，广西推进正版化工作经验被国家推进使用正版软件工作部际联席会议办公室收录进中国出版杂志社出版的《软件正版化在中国》专刊，进行全国宣传推广。

四、加强版权宣传教育和相关调研，做好社会公共服务

2013年4月，自治区版权局重点组织全区开展了“4·26知识产权宣传周”活动，先后组织专家学者到广西艺术学院开展了“版权进校园”活动，进行高校版权咨询，开展版权作品登记。自治区版权局还在南宁召开了媒体通报会，组织全区主流新闻媒体刊发了宣传稿件12篇（件）。2013年，广西组织全区14个市在各中心城市开展了多种多样的版权宣传活动；自治区版权局举办了全区机关与企业推进软件正版化工作培训会议，还先后在各市进行了版权执法工作培训，编辑出版了《版权行政执法法律法规文件选编》，撰写了《当前版权行政执法亟须解决问题的调研》，此外，积极做好版权登记和涉外版权合同备案工作，全年登记版权作品125件，备案涉外版权登记合同272件。

五、加强侵权案件认定和两法衔接工作，保护权利人权益

根据各市提供的相关材料，以自治区版权局名义对各市、县公安机关查处涉嫌侵权盗版案件进行了版权认定。对20多起著作权版权纠纷案件进行了调解。同时，为自治区和各市法院办理相关版权案件提供调研意见，加强了同自治区高院的两法衔接工作，并和自治区公安厅建立打击著作权犯罪的联合机制。

（石　卫）

海南省

2013年，海南省版权工作坚持以党的十八大和十八届三中全会精神为指导，紧紧围绕建设创新型国家和推进海南国际旅游岛建设，认真贯彻国家及省政府有关版权工作的精神，积极开展软件正版化工作，加强网络侵权盗版打击力度，认真做好版权宣传和服务工作，取得了良好成绩。

一、软件正版化工作

2013年，根据国务院关于推进使用正版软件工作要求和国家推进使用正版软件工作部际联席会议工作计划，省使用正版软件工作领导小组各成员单位积极协作，结合海南省实际，围绕市县政府机关软件正版化检查整改工作和推进企业软件正版化工作，克服海南省经济欠发达、软件正版化任务重而工作人员少等困难，积极开展工作，全面完成了市县政府机关软件正版化检查整改工作，推动企业软件正版化向纵深发展。

（一）如期完成市县政府机关使用正版软件工作

按照国务院办公厅《关于进一步做好政府机关使用正版软件工作的通知》（国办发［2010］47号）、《关于进一步做好政府机关软件正版化检查整改工作的通知》（国办函［2011］130号）和国家推进使用正版软件工作部际联席会议要求，海南省认真贯彻落实国务院和国家推进使用正版软件工作部际联席会议部署和要求，较好地完成了检查整改任务。

省使用正版软件工作领导小组办公室及时督促各市县认真完成调查摸底，落实软件采购经费，组织软件采购和安装，截至2013年12月中旬，全部完成了市县党委、人大、政府、政协、法院、检察院、民主党派、人民团体等的检查整改任务。19个市县自开展检查整改工作以来，共计采购操作系统、办公软件、杀毒软件29 166套，采购金额3 065.47万元。

（二）积极推进企业使用正版软件工作

2013年5月，海南省召开了省使用正版软件工作领导小组工作会议，积极推进企业软件正版化工作。全省纳入软件正版化计划的企业含上市公司、高星级酒店、建筑设计企业等15家，完成软件正版化的企业10家；按照国家新闻出版广电总局（版权局）要求，督促海南日报报业集团、海南凤凰新华出版发行有限责任公司对其所属二级企业开展自查，并引导其他新闻出版行业企业开展软件正版化检查整改；举办培训班2次，培训企业15家，培训人员30人；组织检查组对已完成软件正版化的企业进行复查，防止反弹。

二、版权保护相关工作

（一）开展打击网络侵权盗版“剑网行动”

按照国家新闻出版广电总局《关于印发〈2013年打击网络侵权盗版专项治理“剑网行动”实施方案〉的通知》（新出明电［2013］13号）的统一部署，海南省于2013年7月至10月在全省范围内开展了打击网络侵权盗版专项治理“剑网行动”，省公安厅、省通信管理局、省互联网信息办公室等部门召开了打击网络侵权盗版专项行动工作会议。为做好海南省打击网络侵权盗版专项治理工作，成立了专项治理“剑网行动”领导小组，制定了《海南省2013年打击网络侵权盗版专项治理“剑网行动”工作计划》。将南海网、蓝网等省内7家大型网站纳入主动监管范围，并要求各网站开展自查自纠行动。在《海南日报》、《南国都市报》、南海网等海南省主要媒体和网站上发布开展专项治理行动通知，公布举报电话，鼓励著作权人和社会公众举报侵权盗版行为，增强了监管力量，扩大了监管范围。

经开展专项治理行动，海南省关闭了以“天涯易读”为名的13个不同域名、不同IP的网站，注销网站备案信息、域名纳入黑名单管理的网站10家。

（二）开展集中销毁盗版制品活动和“绿书签活动”

按照全国“扫黄打非”工作小组的统一部署，4月25日，海南省“扫黄打非”领导小组办公室在海口市蓝天路名门广场门前与全国同一时间隆重举行“2013年全国侵权盗版及非法出版物集中销毁海南分会场活动”，该次活动销毁侵权盗版及非法出版物35万多件，这是海南省在“4·26世界知识产权日”到来之际举行的一次大规模销毁活动。活动现场还开展了现场签名和发放绿书签活动，表达对“打击侵权盗版，支持正版，保护知识产权”的坚定决心。

（三）开展“双打”行动和出版物市场清理

根据国务院办公厅关于开展打击侵犯知识产权和制售假冒伪劣商品专项治理行动的通知，制定海南省贯彻落实“双打”工作2013年计划，以省版权局牵头成立了打击侵犯知识产权和制售假冒伪劣商品专项行动领导小组，部署开展行动。海南省各市县文体局（版权局）、文化市场行政执法大队等单位，在省版权局的指导和协调下，积极开展行动，严厉查处省内印刷复制企业和图书、软件、音像市场的侵权盗版行为。全省共出动检查执法人员5万多人（次），检查书店、印刷厂、邮政报刊亭、音像制品销售点等各类文化经营场所4万多家（次），立案调查案件400多件，结案率95%，吊销许可证6家，收缴非法音像制品12.5万张，非法书报刊2.3万册，罚款117万多元。共有9宗案件因触犯刑法，依照法定期限移送公安机关立案侦查。

（四）打击盗版和维权相关工作

开展全国2013年度查处侵权盗版案件有功单位和个人表彰的初评和推荐工作，调动公安、检察、法院、文化稽查、海关、工商等部门参与打盗维权的积极性。根据国家通知要求的评选标准对各单位报送的材料进行了严格审查，最终确定推荐2个集体参评有功单位、8名个人参评有功个人。

畅通侵权盗版举报渠道，积极调处版权投诉举报。其中典型案例有海南省原戏剧学校教师邢益森投诉其书《海南乡情揽胜》在网上出现盗版销售，经查明，网上销售图书为旧书。江苏盐城尚庄中学唐明干老师诉海南省部分中学教师剽窃其论文《函数及其图象中体现的辩证观点》，经查明情况后进行了调处，双方达成和解。

三、第23届书博会版权保护工作

4月19日至22日，全国第23届图书交易博览会在海口举办，由海南省政府与原新闻出版总署主办，海南省文化广电出版体育厅承办。为确保此次书博会取得圆满成功，海南省文化广电出版体育厅组织版权处工作人员开展了一系列版权保护工作。一是对展前各参展单位送来的参展出版物进行清理；二是对参展出版物进行现场抽查；三是现场接受盗版举报，以便及时处理所涉盗版纠纷。

四、版权宣传培训工作

一是积极开展2013年知识产权宣传周活动，联合省知识产权局、省工商局、省公安厅等单位举办知识产权宣传周广场宣传活动，开展现场版权咨询，发放版权知识小手册。

二是组织市县文化行政执法大队工作人员参加国家版权局在沈阳举办的2013年第一期基层执法培训，提高基层版权行政执法人员的业务能力；组织海南日报报业集团、海南凤凰新华出版发行有限责任公司负责人和信息技术人员参加国家版权局在北京举办的新闻出版企业软件正版化培训，提升企业版权保护自觉意识。

三是组织开展市县政府机关软件正版化培训。省版权局分别针对海口市、五指山市等部分市县的市县直机关办公室和信息中心负责人举办了软件正版化培训，参培人员达到300多人。

五、版权服务与版权贸易工作

2013年，省版权局对作品自愿登记申请严格把关，提量保质，全年受理作品自愿登记申请145件，发放作品自愿登记证125份，比上年增长23.76%；受理全省出版单位涉外图书出版合同登记申请287件，备案登记合同249件，比上年增长36.81%；输出图书版权1种。

（曾柏林）

重　庆　市

在市委、市政府的领导下，重庆市版权局认真按照国家版权局的部署，优化监管，强化服务，促进发展，较好地完成各项目标任务，有力促进了重庆文化和科技事业的发展。

一、优化监管

（一）深入推进政府机关软件正版化工作

全市38个区县（自治县）政府全面完成了软件检查整改工作。定期与各区县政府联系，及时掌握区县政府机关软件正版化工作进展情况和存在的问题，协助区县政府推进整改工作。深入秀山、酉阳、南川、开县等区县，就版权法规、软件正版化实务、自查整改情况对区县政府进行业务指导、督促检查。市政府办公厅印发了《关于区县政府机关推进使用正版软件工作情况的通报》，督促未完成此项工作的区县政府认真整改，并建立软件正版化长效机制。国家推进使用正版软件工作部际联席会议检查组到重庆检查区县政府软件正版化工作，充分肯定了重庆政府机关软件正版化工作。

（二）有序推进企事业单位软件正版化

一是推进高校软件正版化和智力成果保护工作。与市教委联合印发通知，大力推进高校使用正版软件和智力成果保护工作。

二是推进企业软件正版化和智力成果保护工作。以“突出重点”和“广泛推进”相结合的方式，推进重庆勘察设计行业企业开展软件正版化和智力成果保护工作。

（三）开展打击网络侵权盗版“剑网行动”

与市公安局打假总队建立侵权案件移交机制。联合市公安局、市通信管理局、市文化市场行政执法总队、市网信办开展为期4个月的打击网络侵权盗版专项治理“剑网行动”，严厉打击各种网络侵权盗版行为，有力维护网络环境下健康、规范的版权秩序。加强对市内大型网站内容的主动监管，协助查处侵权盗版案件16件。全市7个单位及个人被国家版权局评为2012年度查处侵权盗版案件有功单位和个人。

二、强化服务

（一）优化作品登记

优化登记流程，全年办理作品著作权登记35 370件，同比增长135.17%，位居全国第四。严格登记审查，缩短办证周期，不断提升作品登记质量和效率。其中，为《填四川》、《爱情天梯》、《巴国风云》、《西南铝徽标》、《重庆历史地图集》、《莲花闹海棠》等众多设计类、文艺类优秀作品办理版权登记。创新计算机软件著作权登记服务模式，办理计算机软件著作权登记892件，同比增长44.6%。办理图书版权贸易合同备案登记361件，同比增长38.3%。

（二）改进服务机制

结合版权服务职能，深入开展群众路线教育实践活动，前往荣昌、梁平、綦江、九龙坡、猪八戒网、中冶赛迪、中机中联工程有限公司、重庆博鼎建筑设计有限公司、重庆帝华传媒有限公司、重庆药交所、天安数码城、重庆云环文化发展公司、重庆黄桷坪艺术园区等版权相关企事业单位，提供作品登记、打盗维权、版权交易和教育培训“四个上门”服务。全年共走访企事业单位110余家，开展现场版权服务70余次，派出工作人员160余人（次），为企业提供版权专业服务，深受企业和园区欢迎。

三、促进发展

（一）建立版权服务工作站

在重庆广播电视集团（总台）建立“版权服务工作站”，将版权保护和服务触角前移，依托重庆广播电视集团版权服务工作站，针对实际需求，开展作品登记、展示、交易、维权、培训等方面的个性化版权服务，协助服务对象建立完善版权工作机制，指导创作者依法保护和维权。

（二）狠抓版权兴业

推动市版权保护中心、猪八戒网络有限公司、重庆邮电大学签署《产学研战略合作协议》，成立中国首个威客创意网络版权保护中心，创立中国威客创意版权保护合作机制。会同市外经贸委、市经信委、市教委举办首届中国重庆大学生服务外包创新应用技能大赛。参与组办2013“开放的六月·四川美术学院艺术游”。

（三）助推版权质押

会同9部门制定并印发《关于加快培育和发展

知识产权服务业的实施意见》。会同银监、工商等部门转发《商业银行知识产权质押贷款业务指导意见》。对重庆帝华广告传媒有限公司制作的《嘻哈游记》动画片进行全面版权保护，并为其利用版权为质押成功贷款300万元提供专业服务。

（四）推动版权贸易

与市外经贸委联合组团，组织各区县新闻出版主管部门及新闻出版企业参加2013年伦敦书展、博洛尼亚少儿书展、法兰克福书展，着力展示巴渝文化风采。推动重庆出版集团与韩国子音与母音出版集团、法国菲利浦皮克尔出版社正式签署了“中韩法国际合作出版项目”协议书。确立了中韩法三方出版集团（社）在文化交流方面长期稳定的合作关系。全市新闻出版单位引进图书版权270项，输出版权74项，版权引进输出量双增长。

（五）开展版权保护产值统计

为科学了解和评估版权的产业价值及对经济的贡献，自2013年9月1日起，对登记作品进行产值统计，统计数据来源于申请者的申报。9—12月统计的普通作品和计算机软件的版权保护产值110 865.973万元，实现零的突破。

四、加强宣传

在“世界知识产权日”、“世界读书日”期间，参加市政府新闻办举行的新闻发布会，接受《重庆晚报》、《重庆商报》等媒体的采访。参加“阳光重庆”节目，宣传“作品登记、版权交易”工作，接受听众的版权咨询。深入重庆邮电大学、重庆理工大学、重庆文理学院、重庆科技学院、重庆勘察设计协会、荣昌县等地以案说法，向广大师生和权利人宣讲版权专业知识，提高勘察设计、服装、陶器等行业的版权保护水平。

联合市文化市场行政执法总队举办版权执法培训会，全市40个区县（自治县、开发区）文广新局、文化市场行政执法大队负责人与执法骨干130多人参训。在西南师范大学出版社开展文字音乐美术作品版权保护培训，产生良好效果。全年共举办版权培训近20次，136家企事业单位约1 400人参训。

（许家伟）

四　川　省

2013年，按照国家版权局版权工作总体部署和四川省版权战略纲要要求，四川省版权局结合本省工作实际，积极开展宣传培训工作，加强版权行政执法，大力巩固正版化工作成果，积极开展版权公共服务工作。

一、开展著作权法律法规宣传培训工作

为加强版权宣传工作力度，省版权局和各级版权行政管理部门及时制定下发版权宣传工作方案，通过“4·26知识产权宣传周”广泛宣传，发布版权政务微博，开展行政执法培训，着力推进著作权法宣传工作。

在“4·26知识产权宣传周”期间，省版权局采取媒体宣传、街头咨询、墙报等多种形式，开展了版权法律法规及版权知识进入社区的系列宣传活动。专门编制印发了新修订的《著作权法实施条例》、《计算机软件保护条例》、《信息网络传播权保护条例》汇编本1 000册、《2012年度四川省版权保护典型案例》1 000册，主动赶印了版权公益宣传广告5 200份发放各市州，在城市广场、大型商场、公交站台、主干道（公益广告点位）以及公共阅报栏、农家书屋等地进行张贴。

精心组织版权保护典型案例评选，召开新闻发布会，向社会发布了“2012年度四川省版权保护典型案例”，接受《中国新闻出版报》和《中国知识产权报》记者专访，宣传版权案例和工作。

4月25日，会同省“扫黄打非”工作领导小组办公室，联合组织举行了侵权盗版制品集中销毁活动和“绿书签”活动，共销毁盗版图书、盗版音像制品、盗版电子出版物及非法书报刊190万件。同时，还牵头组织省级公安、工商、质检、知识产权等部门，深入成都新世纪电脑城、数码广场开展联合执法检查。重点围绕计算机软件市场开展突击检查，打击非法预装计算机软件行为，努力营造“正版光荣、盗版可耻，尊重版权、保护创新”的社会氛围。

为提高各级版权工作人员的版权意识和工作能力，2013年8月，举办了全省版权工作培训会，分别进行了著作权法律法规宣讲、网络侵权案件查办经验交流、软件正版化工作经验交流，来自各市州和县的100多人参加了培训。此外，版权处还与西南交通大学传播学院学生就做好作品保护进行交流座谈；配合国家版权局做好在成都举办的版权执法培训会的相关工作，来自15个省、直辖市、单列市的160余人参加了会议，组织四川的21个市州局版权行政执法负责同志参加了培训。

二、开展版权行政执法工作

2013年，按照省政府要求，省版权局加强行政执法权力监督，开展了监督行政执法相关权利公开运行的启动工作。同时，不断加强版权行政执法保护体系建设，完成了版权行政处罚案件评审工作，规范行政执法行为，统一案件受理标准、办案程序，规范执法行为，强化执法手段，提高版权行政执法能力和水平。

组织全省版权行政管理部门参加国家版权局2012年度查处侵权盗版案件有功单位、有功个人评选活动。四川高巧、唐清燕侵犯著作权案专案组等7家单位获二等奖，四川省高级人民法院刑二庭等10家单位获三等奖，6名同志获个人奖项，其中，一等奖2名、二等奖1名、三等奖3名，获奖数在全国名列前茅。

2013年，四川省继续开展了一系列的版权保护专项行动，包括“剑网行动”和“打击侵犯知识产权和制售假冒伪劣产品专项行动”，联合省公安厅、省通管局、省委宣传部网信办，组织开展了为期4个月的全省打击网络侵权盗版专项治理的第九次“剑网行动”，对重点视听网站、网络销售平台等侵权盗版行为开展专项治理，及时上报案件信息。获取了170余家门户网站的IP地址和相关信息资料，主动将其纳入监管范围。国家版权局下达四川省办理的网络案件12起，全部结案。

2013年，全省新闻出版版权系统共检查出版物批销市场、物流企业和印刷复制企业、复打印门店共1.98万个（次），出动检查人员2.36万人（次），行政执法共立案115个，行政处罚、行政调解案件80个，移送司法机关案件35个；捣毁、取缔非法音像制品、图书、印刷、软件等的非法批销窝点、地摊游商872个，收缴盗版、淫秽音像制品和盗版图书、软件231.61万余盘（册、张）。督导成都、内江、绵阳、遂宁、乐山等市州及时查处省版权局移转案件。省版权局直接对销售盗版教材和销售盗版十八大学习读本的鑫赫书店和文丰公司两家单位进行了行政处罚。市州局查处了王飞非法销售淫秽色情盗版音像制品等一批大要案件。

三、开展软件正版化工作

按照推进使用正版软件工作部际联席会议的工作要求，充分发挥省软件正版化工作领导小组成员单位的工作职能，积极开展市（州）和省级部门工作的督促检查，重点开展了长效机制建设等工作。

2013年3月，充实调整了省领导小组机构及成员单位，增加了省审计厅、省直机关事务管理局、省工商行政管理局、省知识产权局。5月，召开四川省政府推进软件正版化工作领导小组成员单位联络员会议，部署对县级政府机关软件正版化检查验收工作。7月至8月，按照副省长黄彦蓉的指示，由省版权局、省经委、省国资委、省发改委、省政府法制办、省国防科工办、省工商联等部门组成4个督查组，对四川省14个市（州）的28个县（市、区）140个部门的完成情况进行了督促检查，针对检查中存在较为明显问题的6个市（州），进行了情况通报，责令限期整改。

8月以来，积极贯彻落实《国务院办公厅关于印发〈政府机关使用正版软件管理办法〉的通知》（国办发［2013］88号），开展了正版化长效机制建设工作，完成了2013年四川省软件正版化工作年度总结报告。

2013年四川省政府机关补充采购正版软件92 092套，采购资金895.53万元。启动了省新闻出版行业集团下属企业的软件正版化工作，5家集团的21家单位完成相关自查工作。

四、做好产业发展和公共服务工作

认真落实全国版权示范工作会议精神，于5月召开了14个市州的版权示范专题工作座谈会。在副局长周青的带领下，分别对成都、眉山、绵阳的版权工作进行调研，对德阳的绵竹年画基地开展了调研，对成都市申请创建“成都数字音乐版权保护园区”给予支持。

积极扶持出版单位实施“走出去”战略，大力推进版权贸易。省内12家出版单位在2013年签订并备案对外版权贸易合同共206项，其中，图书输出86项，比2012年增加13项；图书引进115项，期刊引进4项。省版权局对在版权贸易工作中取得成绩的出版单位，给予开展版权贸易工作经费30万元的政策补贴。

2013年完成作品登记1 309件，比2012年增加278件。版权投诉、纠纷调解以及版权工作站等公共服务平台逐步建立，版权社会服务及集体管理组织服务体系日益完善，版权服务水平不断提高。

（王志坚）

贵　州　省

2013年，贵州省版权局按照国家版权局的工作部署，紧紧围绕实施《国家知识产权战略》、建设创新型国家的方针，以服务贵州省经济、文化建设发展为版权工作的出发点，认真开展版权行政执法与监管工作。

一、推进软件正版化工作

（一）提前5个月全面完成全省县级政府机关使用正版软件工作，实现政府部门软件正版化工作既定目标

省版权局代拟下发《贵州省政府办公厅关于进

一步做好政府机关软件正版化检查整改工作的通知》，全省89个县级政府机关于2013年7月30日全面完成使用正版软件工作，距国务院要求12月30日前完成县级政府部门软件正版化工作的时间提前5个月。贵州省是推进使用正版软件部际联席会议办公室通报的提前完成检查整改工作的14个地区之一。89个县（区、市）级财政共投入正版软件采购资金5 332万元，采购正版通用软件236 081套（许可），其中正版操作系统68 826套，国外办公软件14 989套，国产办公软件234 226套（许可），杀毒软件14 509套（许可）。

为实现县级政府部门软件正版化工作目标，省版权局加大督查、培训力度。5月至12月，先后组成省、市联合督查组对全省45个县（市）进行督导检查，共检查150个县级政府机关的1 000多台计算机，与各市（州）、县级版权部门联合举办软件正版化检查整改工作培训班13期，培训人员达千余人（次）。通过培训，基层版权工作人员加强了版权保护和正版化意识，提高了识别鉴定正版与盗版软件的能力。这些培训确保软件正版化工作技术环节达到检查整改标准。

（二）企业软件正版化工作持续推进

一是推进新闻出版行业企业软件正版化工作。制定下发了《贵州省新闻出版局、贵州省版权局关于进一步推进新闻出版行业企业使用正版软件工作的通知》，部署新闻出版行业企业软件正版化工作，要求省内新闻出版行业企业在上年全面完成集团总部软件正版化的基础上，开展所属二级企业软件正版化工作。贵州省版权局走访调研企业，掌握各个企业实际情况，宣传新闻出版行业软件正版化工作的重要性和必要性，在此基础上，完成了行业企业相关数据收集上报、软件正版化工作平台的对接工作。

二是推进各行业企业软件正版化工作，推动一批国有、民营企业实现软件正版化。省版权局作为使用正版软件工作领导小组办公室单位，注重组织协调作用，加强与成员单位的联系与合作。5月，与省国资委联合下发《关于进一步推进国有企业软件正版化工作的通知》，要求省国资委监管的28家企业，扎实推进软件正版化工作。12月，与省银监局共同推进地方银行软件正版化工作。企业软件正版化工作，树立了企业尊重创新、诚信经营的形象，提高了企业信息化管理水平。严格依据版权法律法规维护版权所有人权益，省版权局全年接到有关企业正版化投诉13件，办理结案13件。

二、规范市场秩序，加强版权保护工作

（一）组织开展“剑网行动”

省版权局、省公安厅、省通信管理局、省互联网信息办公室联合召开了工作会议，成立了“剑网行动”工作领导小组，确定了全省重点监管网站，向社会公布了“剑网行动”举报电话和电子邮箱，四部门还联合向全省各市（州）下发了《关于开展2013年打击网络侵权盗版专项治理“剑网行动”的通知》。省内各市（州）版权局也按照省领导小组的统一部署，制订了工作方案。全年无国家四部委督办案件。

省版权局组织引导合法经营的互联网企业开展“先授权、后传播”的自查自纠活动，同时对重点网站进行重点督促检查。经查，重点网站各类证照齐全，建有版权保护制度，无侵权行为。

（二）积极开展“双打”行动

在总局与省打击侵犯知识产权和制售假冒伪劣商品工作领导小组的领导下，继续开展打击侵犯知识产权和制售假冒伪劣商品工作，完成“双打”各项工作任务，及时填报各类报表。全年无督办案件。

三、做好版权公共服务工作，服务全省经济与文化发展

作品登记是权利人确权的重要手段，对于在作品交易流转过程中证明作品权利有极大作用。作品登记涉及社会经济市场要素的成分较多。省版权局把作品登记作为版权服务地方经济、文化建设的重要切入点来抓，努力提升版权公共服务水平。全年审核登记作品191件，登记作品类型涉及商品生产等环节、文化创意产业等各类行业。

四、支持经济不发达地区版权工作

省版权局积极贯彻《国务院关于进一步促进贵州经济社会又好又快发展的若干意见》文件精神，组织协调相关软件公司，向省内经济发展较落后的地区安顺市和毕节市捐赠和试点使用国产办公、操作软件，推动经济困难地区完成正版化工作任务。

（徐　梅）

云 南 省

2013年，云南省版权局在省委、省政府的正确领导下和国家版权局的具体指导下，按照国家版权局的统一部署和年初制定的计划，圆满完成了2013年版权工作各项任务，取得了显著成绩。

一、以州市县级政府机关软件正版化工作为重点，扎实推进政府、企业使用正版软件工作

（一）州市县级政府机关软件正版化工作取得实效

省委、省政府高度重视政府机关使用正版软件工作，多次就政府机关软件正版化工作做出部署或重要批示。截止到 2013 年 6 月底，全面完成了州市县级政府机关软件正版化检查整改工作任务，比国务院要求的时限提前半年完成，全省州市县两级政府机关软件正版化检查整改工作累计投入财政经费 5 894.69 万元，采购安装操作系统软件 54 594 套，除少数部门因工作特殊需要采购 1 438 套微软公司办公软件以外，全部安装省政府统一采购并获得金山公司场地授权的办公软件。全省政府机关软件正版化工作取得阶段性成效，主要做法如下：

1. 各级领导重视，加强组织领导

云南省各级政府从尊重知识、保护知识产权、维护软件市场正常秩序的高度来认识政府机关软件正版化检查整改工作的重要性。

一是机构健全，工作有落实。各州市县级政府、各级政府机关按省里的统一部署，成立了软件正版化工作领导小组，全力组织实施政府机关软件正版化工作。

二是领导重视，工作有要求。省长李纪恒对全省政府机关实施软件正版化工作做出批示，常务副省长李江主持召开政府机关软件正版化专题工作会议，分管副省长高峰先后 3 次主持召开软件正版化专题工作会议，4 次就推进软件正版化工作做出批示，2013 年 3 月初又给工作进度慢的州市领导写信，要求落实责任，加大工作力度，确保 6 月底前完成检查整改任务。

三是措施有力，工作有部署。在省政府办公厅印发的《云南省政府机关软件正版化检查整改工作方案》（云政办发［2012］38 号）的基础上，2013 年初又制定下发了《2013 年云南省软件正版化工作实施方案》（云新出［2013］9 号），全面部署全省软件正版化工作。各州市县级政府结合工作实际制定了相应的软件正版化工作方案，扎实推进政府机关软件正版化工作。同时，省版权局多次组织召开全省推进使用正版软件工作会议，有效推动了全省软件正版化工作。

2. 查清软件情况，明确整改任务

政府机关使用软件数量大，摸底核实情况的工作繁重。各级正版化工作领导小组办公室在分级分层次培训的基础上，由各部门进行自行检查登记并撰写软件使用自查情况报告，领导小组办公室依据各部门软件正版化工作领导小组负责人签字的报表，再组织人员到各单位核实正版软件需求数量，确保了政府机关使用软件数量的具体翔实。

3. 加强经费保障，依法招标采购

省新闻出版局、省财政厅、省工业和信息化委员会印发了《云南省政府机关正版软件采购工作方案》、《关于政府机关正版软件政府采购有关事宜的通知》，对采购正版软件做出具体安排，指导各级进行依法规范采购。办公软件全省统一采用“统谈统采”方式，以“单一来源方式”谈判进行采购，以 1 000 万元价格获得金山公司对省、州（市）、县（区、市）级政府机关及省级政府序列外机关办公软件的场地授权，所需经费由省财政承担；操作系统各州市主要采用“统谈统采”、“统谈分采”的方式，统一谈成最低价格后进行采购。所需经费由各级各部门从预算中列支。

4. 抓好业务培训，注重骨干培养

为巩固成果，如期完成州（市）、县（区、市）级政府机关软件正版化工作，领导小组办公室及时组织召开了云南省州（市）、县（区、市）级政府机关软件正版化工作推进会，为 6 月底全面完成全省州市县软件正版化工作打下了良好的基础。省版权局通过培训会、协调会、工作推进会等，及时有效地协调解决问题，迅速推广好的经验。在正版软件安装工作中，要求软件供应商制定安装计划，由各地软件正版化工作领导小组办公室审定并督促落实安装工作。

5. 加大督促检查，确保工作落实

建立工作责任制，各级政府分管软件正版化工作的领导、各部门主要负责人为工作的第一责任人，切实把软件正版化工作列入议事日程，精心计划安排，抓好各项工作落实，把督促检查贯穿于软件正版化检查整改工作全过程。在全省正版化工作中实行月报告制度、季度通报制度等，准确掌握各州市工作进度，有效督促各地工作。同时，明确由省政府督查室负责牵头组织软件正版化工作督查，由省监察厅负责抓好软件正版化的监督约谈工作。省政府督查室两次牵头组成督查组，对 16 个州市政府机关软件正版化工作情况进行实地督查，对县、区、市政府机关软件正版化工作进行抽查。省政府对督查中发现的问题进行了通报，要求各州市及时整改。6 月底前各州市完成辖区内的整改，并向省推进使用正版软件工作领导小组办公室提交由分管软件正版化工作的政府领导签字确认的《软件正版化完成

任务确认书》。

（二）企业使用正版软件工作有新进展

2013年，云南省推进企业使用正版软件工作坚持逐步推进省内国有企业、政策性银行、商业银行、股份制银行、邮政储蓄银行、保险企业、证券企业软件正版化，将软件正版化列为信息安全检查的重要内容，不断完善软件正版化长效机制。

9月16日至17日，由云南省版权局牵头，与省国资委、省银监局、省证监局、省保监局四家单位共同组织召开云南省企业软件正版化工作培训会，来自全省90家省属国有企业和银行、保险、证券、新闻出版行业代表120余人参加培训会。

12月10日，召开云南省企业软件正版化工作推进会。全省60家省属国有企业和银行、保险、证券、新闻出版等行业代表80余人参加了会议。会议为圆满完成全省企业软件正版化工作任务，迎接相关职能部门对企业软件正版化工作的督查打下坚实的基础。

同时，按照国家版权局的统一部署，积极推进云南省新闻出版行业企业下属二级企业的软件正版化工作，取得明显成效。

根据年初制定的目标，2013年共完成128家目标企业使用正版软件工作的任务。

（三）软件资产管理制度有效建立完善

为建立长效机制，加强软件资产管理，在2012年6月下发的《关于加强政府机关软件使用管理的通知》（云新出联［2012］115号）基础上，2013年3月省版权局又与省工信委、省财政厅、省工商局、省招标采购局联合下发了《关于印发云南省计算机正版软件产品管理规定的通知》（云工信政研［2013］77号），要求各级政府机关通过制定《软件资产管理规范》、《软件资产管理运行监督规范》、《软件报废处置办法》等制度，对软件资产的种类、采购配置、领用归还、统计评估、清查盘存、监督责任等作出规定，明确各相关环节和流程中的工作细节和职责，建立完善的资产管理制度。对全省正版软件采购、软件资产、产品管理等长效机制的建立完善等方面做了具体要求。同时要求政府机关各部门将《使用软件登记统计表》报送领导小组办公室存档备案，按照国有资产管理规定做好软件管理工作，确保不造成软件资产损坏、流失。

二、以“4·26世界知识产权日”为契机，大力开展版权宣传教育

“4·26知识产权宣传周”期间，省版权局在昆明佰腾数码广场、一二一大街文昌巷口举办以“拒绝盗版，拥抱梦想”为主题的宣传活动，在现场设置宣传展位，发放宣传资料，提供咨询服务等，对广大市民进行了多种形式的知识产权宣传，除发放保护知识产权的宣传材料和进行版权现场咨询外，还组织市民进行现场签名，加入绿书签行动。3月5日学雷锋活动日和4月25日全省侵权盗版及非法出版物集中销毁活动主会场也进行了保护版权、打击盗版的宣传。利用云南人民广播电台“金色热线”，就听众提出的版权保护等问题进行了现场解答，很好地宣传使用版权知识。全年共发放各类宣传材料10余种，共计90 000余份（册），接受社会公众咨询5 000余人（次）。

三、以查处侵权盗版案件为目标，积极开展专项行动

2013年，按照国家版权局的统一安排，云南省通过教育和打击相结合、自查自纠与抽查督查相结合、主动收集案源与接受投诉相结合等方式，在全省范围内开展了专项治理行动，严厉震慑和打击了各类网络侵权盗版行为，保护了权利人的合法权益。

在“剑网行动”中，专门制定了《云南省2013年打击网络侵权盗版专项治理“剑网行动”实施方案》，严厉打击各种网络侵权盗版行为，取得良好效果。

在全省打击侵犯知识产权和制售假冒伪劣商品工作中，打击侵犯知识产权专项治理工作取得了积极成果：全省新闻出版系统共出动检查人员152 289人（次），检查出版物市场（店档、摊点）104 882个（次），检查印刷复制企业30 283家（次）；收缴盗版图书、音像制品、电子出版物等各类侵权盗版音像制品共439 057册（张），行政处罚案件共54起。

为进一步提高全省版权行政执法能力和水平，适应新技术条件下的版权执法工作，11月13日，省版权局联合省公安厅在楚雄市召开全省版权执法培训班，来自全省16个州市版权、公安部门的版权执法人员共100余人参加培训。

四、以作品自愿登记为抓手，着力抓好版权公共服务工作

一是积极开展作品自愿登记服务工作。为鼓励云南省作品的创作和合法有效使用，云南省加大作品登记工作宣传力度，开设作品登记绿色通道，提高登记工作效率，尽量缩短登记审核时间，2013年共登记作品161件。

二是积极推动云南省对外版权贸易。2013年完成图书引进合同的备案登记105件。

三是积极开展企业软件正版化备案工作，全年共备案 33 份。

（马云虹）

西藏自治区

2013 年，西藏自治区版权局认真贯彻落实党的十八大精神，按照国家版权局统一部署，以积极开展“双打”行动为抓手，深入推进全区政府机关软件正版化工作，大力开展新闻出版法律法规宣传教育活动，各项工作稳步推进。

一、积极主动开展“双打”行动

（一）加强市场监管，依法查处侵权盗版行为

认真贯彻落实《关于印发〈2013 年第一季度全国打击侵权假冒重点工作安排〉的通知》（商秩电［2013］225 号）和国务院办公厅《关于印发 2013 年全国打击侵犯知识产权和制售假冒伪劣商品工作要点的通知》（国办发［2013］36 号）等文件精神，积极开展新闻出版系统打击侵犯知识产权和制售假冒伪劣商品专项行动，加强市场监管，依法查处侵权盗版行为。1 月至 10 月，全区共收缴各类非法出版物 69 万余件，其中“藏独”反动出版物及宣传品 35 556 件、淫秽色情出版物 8 000 件、盗版出版物 65 万余件，删除网络有害信息 13 万余条，查处案件 58 起。协调查处拉萨市“5·27”销售盗版音像制品案件，查缴各类盗版光盘 11 万余张，从源头上打击了印制复制领域的侵权盗版活动，有效净化了出版物市场环境。

（二）周密部署，积极开展打击网络侵权盗版专项治理“剑网行动”

根据国务院 2013 年打击侵犯知识产权和制售假冒伪劣商品工作的部署，国家版权局、公安部、工业和信息化部、国家互联网信息办公室《关于印发〈2013 年打击网络侵权盗版专项治理“剑网行动”实施方案〉的通知》（新出明电［2013］13 号）精神，制定《西藏自治区 2013 年打击网络侵权盗版专项治理“剑网行动”方案》，召开协调会，成立版权、公安、工信等部门为主要成员的打击网络侵权盗版专项治理领导小组，在全区开展 2013 年打击网络侵权盗版专项治理“剑网行动”。

积极贯彻落实国家版权局《关于加强重点网站版权主动监管的实施意见》（权司［2013］114 号）文件精神，加强对区内音视频、文学网站、动漫游戏网站及电子商务网站的版权主动监管，严厉打击未经著作权人许可非法上传、传播他人作品及通过电子商务平台兜售盗版音像、软件产品等违法犯罪活动。

同时，对西藏新闻网、中国西藏网等 12 家网站进行主动监管，动态监控。通过监管，有效净化了网络环境，为西藏经济发展、社会稳定、文化大发展大繁荣营造了良好的网络环境。

二、全面推进软件正版化工作

（一）制定工作方案

认真贯彻推进使用正版软件工作部际联席会议相关文件精神，结合本区实际，制定了《2013 年全区推进使用正版软件工作计划》和《2013 年全区推进使用正版软件工作督查方案》，进一步明确工作目标和任务，有力地推动了自治区机关软件正版化的各项工作。

（二）调整联席会议成员

按照推进使用正版软件工作部际联席会议的要求，在 2012 年成立自治区推进使用正版软件工作厅际联席会议及办公室的基础上，及时调整和充实全区推进使用正版软件工作厅际联席会议成员单位，并对成员单位职责分工进行了明确。

（三）下发督办通知

自治区推进使用正版软件工作厅际联席会议办公室联合自治区人民政府下发了《关于全区地（市）县级机关软件正版化推进工作的情况通报》（藏政办发［2013］8 号）和自治区人民政府督办通知（藏政办督字［2013］12 号），要求各地（市）县按照 6 月 30 日前完成地（市）县两级政府机关软件正版化检查整改工作的时间节点，紧紧围绕检查摸底、政府采购、更换整改、检查督导四个环节，切实加强对区（市）、县软件正版化工作的组织领导，积极推进自治区软件正版化工作。

（四）认真开展培训

为切实巩固全区政府机关软件正版化工作成果，持续不断地把软件正版化工作深入推进，自治区推进使用正版软件工作厅际联席会议办公室积极组织协调有关专家，在拉萨、山南、林芝、日喀则、昌都、那曲等地区，累计举办培训班 7 期，发放软件正版化工作宣传资料 3 000 余册，培训各级机关干部2 000 余人。通过培训，进一步巩固全区软件正版化工作成果，充实各级机关干部的计算机知识，有力地推进了全区软件正版化工作的开展。

（五）协调软件援助

针对自治区经济基础薄弱、部分县级政府机关财政困难的实际，在国家推进使用正版软件工作部际联席会议的协助下，积极协调金山软件公司向自

治区捐赠金山正版办公软件7 000套，解决了全区各地（市）38个县的正版办公软件问题，为当地政府累计节约资金近700万元。自治区版权局下发《关于做好接收北京金山办公软件公司捐赠软件的通知》（藏新出字［2013］244号）文件，要求各地（市）新闻出版局做好接收捐赠软件的相关工作。

（六）积极开展督查

根据推进使用正版软件工作部际联席会议《关于开展软件正版化工作督促检查的通知》（新出明电［2013］19号）文件要求，为切实巩固自治区各级机关软件正版化工作成果，自治区推进使用正版软件工作厅际联席会议相关成员单位组成联合督导组，于2013年6月23日至7月2日对那曲和日喀则两个地区进行督导检查，并以自治区人民政府办公厅名义下发了《西藏自治区人民政府办公厅关于对全区软件正版化工作督查工作的通知》（藏政办发明电［2013］222号），通报全区软件正版化工作督查结果。

同时，针对软件正版化工作进展缓慢的地区，及时去电函通报软件正版化工作开展情况，下发《关于开展软件正版化工作督促检查的通知》（藏新出明电［2013］21号），要求全区各地（市）、自治区各单位积极开展自查工作，迎接推进使用正版软件工作部际联席会议督查组的检查。

（七）建立健全机制

认真贯彻执行《国务院办公厅关于印发〈政府机关使用正版软件管理办法〉的通知》（国办发［2013］88号）文件精神，从软件正版化工作的经费保障、软件采购、日常监督、资产管理、审计监督、与信息化工作相结合、年度报告等方面建立健全软件正版化长效机制。

截至2013年底，全区累计投入资金5 242.449万元，采购正版软件41 518套，其中，正版操作系统21 518套，正版办公软件2 000套，完成了64个自治区级机关（含党委、人大、政府、政协、检察院、法院），全区7个地（市）和74个县（区）地直机关的软件正版化检查整改工作。

三、认真开展著作权法宣传工作

紧扣“4·23世界读书日”、“4·26世界知识产权日”时间节点，开展“绿书签行动2013”系列宣传活动。

一是刊登公益广告。分别于4月19日、20日在《西藏日报》、《拉萨晚报》、《西藏商报》等主流媒体上刊登公益广告，积极主动宣传“绿书签行动2013”活动。

二是设计制作藏汉双语宣传资料。按照全国“扫黄打非”工作小组办公室和国家版权局提供的宣传海报和绿书签，设计印制了藏汉双语宣传海报、绿书签和问答形式的藏汉双语保护知识产权法律法规宣传折页。

三是开展绿书签行动进校园活动。4月23日，自治区、拉萨市“扫黄打非”办公室和新闻出版（版权）局面向校园开展了以“拒绝盗版、拥抱梦想”为主题的“绿书签行动2013”系列宣传活动，号召广大师生签名加入绿书签行动。拉萨市第一小学还向全区青少年学生发出了加入绿书签行动倡议书。自治区、拉萨市“扫黄打非”办公室和新闻出版（版权）局还向拉萨北京中学赠送了价值近3 000元的《古代汉语字典》和《新华字典》200余册。整个活动累计向北京中学等四所学校发放绿书签、宣传海报和保护知识产权法律法规宣传折页2 000余份。《西藏商报》、西藏电视台、《拉萨晚报》、拉萨电视台等主流媒体报道了此次绿书签行动走进校园活动情况。

四是深入开展“绿书签”进文化经营场所行动。在全区各电影院、新华书店、民营书店和音像制品零售店张贴宣传海报和签名横幅，号召全社会签名加入绿书签行动。同时，为了扩大宣传效果，提升绿书签行动的影响力，自治区“扫黄打非”办公室、新闻出版（版权）局积极协调西藏自治区新华书店、拉萨市新华书店、拉萨电影院、拉萨乐百隆电影城和有条件的地区开展绿书签优惠购书和看电影活动，广大读者和电影观众可在4月20日至26日凭绿书签在上述文化经营场所购书看电影享受8折优惠。

五是联合《西藏日报》、《西藏法制报》、西藏新闻网等西藏主流媒体，从知识产权法制宣传、制度建设、绿书签行动和法制访谈等方面着手，以西藏侵权盗版案例为切入点，以大众群体通俗易懂的方式，在全区开展了以“盗版，那么近又那么远”为主题的系列宣传活动，宣传报道西藏近年来在知识产权保护方面所取得的成果，引起广泛的关注和讨论。通过宣传活动的开展，进一步巩固了“绿书签行动2013”系列宣传活动成果，为在全区营造绿色健康的文化环境，形成拒绝盗版、保护知识产权的良好社会风尚打下了坚实的基础。

“绿书签行动2013”系列宣传活动中，全区累计销毁各类侵权盗版出版物4 800余种、24万余件。设计制作藏汉双语宣传资料132 000余册（张），其中宣传海报2 000张，绿书签10 000张，保护知识产权法律法规宣传折页15种、120 000册。发放宣传资料近 8 万册（张），其中，宣传海报 4 000 张，绿书签 20 000 张，保护知识产权法律法规宣传折页 50 000 余册。

紧密结合法制宣传节点，积极参与和加大知识产权法律法规的宣传。同时，根据自治区综治委的安排，紧扣维稳工作大局，先后组织 30 多人（次）集中开展 4 次大规模的街头法制宣传教育活动，发放宣传材料 3 000 余份（本）。

四、履职尽责做好日常工作

（一）积极参加国家版权局组织的培训活动

先后派送人员参加 3 个班次的著作权法等方面的培训活动，巩固和提高业务水平和能力，及时汇报培训情况，并结合自治区实际，提出自治区开展版权法制工作对策建议。

（二）认真开展查处侵权盗版案件有功单位及个人推荐工作

按照相关文件精神和要求，结合西藏自治区实际，积极开展查处侵权盗版案件有功单位及个人申报工作。自治区的“西藏 10・11 联合专案组”经国家版权局评定，荣获全国查处侵权盗版案件有功单位三等奖。

（三）适时启动全区作品登记工作

认真贯彻执行国家版权局《关于进一步规范作品登记程序等有关工作的通知》（国版字［2011］14 号）文件精神，根据 2013 年版权工作要点要求，积极与北京市版权局沟通衔接，研究制定自治区作品登记工作方案，以尽快启动全区的作品登记工作。

（周详祎）

陕 西 省

2013 年，陕西省版权局在省委、省政府的领导和国家版权局的指导下，全面积极推进版权工作，主要包括以下几个方面：

一、版权宣传与教育工作

（一）开展“4・26 知识产权宣传周”活动

制定《陕西省版权局 2013—2014 年度知识产权战略推进计划》。向各市（区）印发《关于开展 2013 年知识产权宣传周活动的通知》，安排部署全省开展 2013 年知识产权宣传周活动。宣传周期间，参加陕西省知识产权保护状况新闻发布会，宣传 2012 年陕西省版权保护工作；开展绿书签版权保护宣传活动，在西安第三十中学举办全省绿书签进校园活动启动仪式，在西安书林举办全省绿书签进市场启动仪式。

（二）软件正版化宣传工作

参加省政府门户网站“在线访谈”，访谈的主题是推进软件正版化工作。组织新闻媒体对全省市县级政府机关软件正版化培训、省使用正版软件工作领导小组会议、国家推进使用正版软件工作督查组在陕督查等工作进行宣传报道，同时利用简报、政务博客等形式广为宣传。

（三）举办版权法律培训活动

一是举办全省市县政府机关软件正版化整改工作培训班，对近 300 名市县级工作人员进行软件正版化培训。二是与西北大学法学院协商共建著作权法律教学实践基地，面向高校培养版权人才。

（四）开展表彰评奖工作

在全省开展版权示范单位和示范园区（基地）、知识产权战略实施工作先进集体和先进工作者推荐评选工作；举办首批陕西省版权示范单位授牌仪式；经省版权局推荐，西安电视剧版权交易中心获评“2013 年中国版权最具影响力企业”，是西北地区唯一获此殊荣的企业。

二、版权公共服务工作

一是拓展作品登记和合同登记范围，推动作品自愿登记工作。截止到 2013 年 12 月 17 日，作品登记数量达到 566 件，合同登记数量达到 291 件。作品登记比上年增长 142.92%，增速居全国第四；合同登记比上年增长 35.98%，创历史新高。

二是组织全省出版单位参加北京国际图书博览会，取得可喜的交易成果，输出图书版权意向 15 种、23 册，引进图书版权意向 26 种、60 册。

三是与陕文投等部门联合举办“西部影视节目交易会”，来自海内外的影视、文学、金融等行业机构代表，以及编剧、作家、独立制片人等业界人士 300 余人齐聚古城西安，推动影视版权交易。

三、打击侵权盗版工作

（一）开展打击网络侵权盗版专项治理“剑网行动”

省版权局与省互联网信息办公室、省通信管理局、省公安厅联合印发《陕西省 2013 年打击网络侵权盗版专项治理“剑网行动”工作计划》，对 6 月至 10 月集中开展“剑网行动”进行部署。对国家版权局移转的“邂逅好音乐”、“073 漫画网”、“高清在线”等涉嫌网络侵权案予以调查并回复。

（二）开展侵权盗版案件查处工作

省版权局查办移交的陕西佳创卓讯信息技术有限公司及何丹销售酒店管理软件侵权案由西安市中级法院进行审判，最终判处侵权人罚金 18 万元、有期徒刑2年（缓刑3年），并附带民事赔偿软件著作权人经济损失50万元，有力地打击了侵权行为，维护了著作权人的合法权益。

省版权局督办的西安嘉业航空科技有限公司侵权复制使用软件案结案，对西安嘉业航空科技有限公司处以罚款人民币10 000元的行政处罚。

依法对李启元和杨利图书复制销售侵权案作出立即停止侵权行为、罚款人民币4 000元的处罚决定。

依法对西安市碑林区卿宗利印务部图书复制销售侵权案作出立即停止侵权复制行为、罚款人民币2 000元的处罚决定。

另外，还立案调查广州奋力食品有限公司销售“路虎”瓶装饮料涉嫌美术作品著作权侵权案、李智APE无损音乐网侵权案等。

由于在查处侵权盗版工作中的突出表现，在国家版权局组织的2012年度查处侵权盗版案件表彰活动中，陕西省获得有功单位二等奖2个，有功单位、有功个人三等奖各3个。

四、软件正版化工作

陕西省各级政府高度重视软件正版化工作，加强部署、督查，协调推进。各地、各部门上下联动，密切配合，深入贯彻落实中央、省软件正版化工作部署，采取多种措施，扎实做好整改工作。

（一）领导重视，周密部署

省政府高度重视，要求把软件正版化工作作为一项刚性任务来抓。2013年初，省使用正版软件工作领导小组办公室印发《关于推进市、县政府软件正版化整改工作的通知》和《陕西省2013推进使用正版工作实施方案》，召开省使用正版软件工作领导小组各成员单位联络员会议，通报全省2012年软件正版化工作进展情况及2013年工作计划，就全年做好政府机关软件正版化工作进行了部署。

（二）多措并举，有效推进

为确保全省各市县区按期完成软件正版化整改任务，省使用正版软件工作领导小组采取多种措施，加大力度，指导推进工作。

一是进行不定期通报。省使用正版软件工作领导小组办公室不定期印发陕西省市县区整改工作进展情况通报，及时反映各市县区软件正版化的工作部署，使用情况摸查统计、软件正版化工作培训、正版软件采购、软件资产管理等各项工作，以及取得的阶段性成效，同时指出存在问题，有力推动软件正版化工作按计划推进。

二是组织实地督查。省使用正版软件工作领导小组办公室结合市县政府机关软件正版化工作时间节点和阶段性任务，先后在4月和7月两次协调成员单位，组成多个督查组，有针对性地开展督查。对滞后的市县，省使用正版软件工作领导小组办公室领导于10月、11月多次组织人员，对整改工作滞后的市县进行实地督查，提出具体要求。

三是省政府直接督办。11月中下旬，省政府对整改工作落后的3个地市就县区整改工作发函进行了直接督办，加大了工作推进力度。

四是采取省长写信方式催办。省使用正版软件工作领导小组组长、副省长白阿莹同志亲自给工作进度慢的市的市长写信，要求按期完成正版化整改任务。

五是市、县层层督查督办。尤其是在国家软件正版化督导组赴陕督导后，对进展缓慢的市县采取政府直接督办、实地督导等方式，落实采购资金，推动采购加速进行。

（三）完善软件资产管理，建立长效机制

在省使用正版软件工作领导小组的督导下，各市县借鉴省版权局、省财政厅、省工信厅、省机关事务管理局等部门联合制定的《陕西省省级机关软件资产管理办法》，加强软件资产管理等制度建设。商洛市建立了政府机关正版软件购置管理制度和资产管理制度，将政府机关正版软件购置经费纳入年度财政预算。西安、咸阳、宝鸡、汉中、铜川等市制定印发了软件资产管理制度等相关文件，将计算机软件纳入资产管理，对本级政府机关的软件资产管理职责、监督检查，以及软件资产配置、经费保障、计价、验收、处置等各项制度做出了明确的规定。

（四）抓好业务培训，强化骨干培养

省使用正版软件工作领导小组办公室集中举办专题培训班，对全省市县有关部门负责人和信息化工作人员近300人，进行了软件正版化工作培训。参加学习培训的人员，在正版化工作中发挥了骨干作用。

（五）注重软件正版化工作宣传，扩大社会影响

省使用正版软件工作领导小组办公室组织编写出版并向省市县政府机关发放《使用正版软件工作指导手册》6 000余册，接受社会公众各方面的咨询千余次。另外，省使用正版软件工作领导小组办公室还结合正版化工作进展情况，编发工作动态简讯，配合媒体采访，通过省政府知识产权保护状况新闻发布会、报纸、电台、互联网政务微博等各种渠道，宣传软件正版化工作进展和好的经验及做法。

截止到 2013 年 12 月，全省 97 个省级机关单位、11 个市级政府机关、107 个县（区）级政府机关全部完成了软件正版化整改任务。全省共采购了操作系统软件 25 274 套；办公软件 75 726 套，其中国产办公软件 67 934 套、国外办公软件 7 792 套，共计采购金额 8 561.16 万元。

（沙庆超　王新民）

甘肃省

2013 年，甘肃省版权局在省委、省政府的领导下，全面积极推进甘肃省的版权工作，主要完成了以下几方面的工作：

一、著作权法律制度体系建设

做好工作实践中的理论研究和经验总结，配合国家版权局对《著作权法》的第三次修订，对《政府机关使用正版软件管理办法》、《著作权行政执法指导意见》、《全国版权示范城市、示范单位和示范园区（基地）管理办法》、《甘肃省人民政府关于促进信息扩大内需的实施意见》等规章提供修改建议。

二、版权行政执法工作

（一）持续开展“双打”行动

根据国务院办公厅部署，甘肃省以省新闻出版局、省版权局、省“扫黄打非”工作领导小组办公室名义向市州文广新局及局有关处室等转发了《2013 年全国打击侵犯知识产权和制售假冒伪劣商品工作要点》，并结合甘肃省实际情况提出了落实要求。

2013 年的“双打”工作基本沿用 2010 年以来所确定的工作重点：加大对印刷复制企业的源头监管；加大对图书、软件、音像制品的市场监管；强化打击网络侵权盗版工作力度；全面做好政府机关和企业使用正版软件工作等。

（二）积极开展“剑网行动”

根据国家版权局于 2013 年 6 月 20 日至 10 月底在全国范围内开展第九次打击网络侵权盗版专项治理“剑网行动”的工作部署，省版权局会同省公安厅、省通信管理局、省网信办，制定下发了《2013 年打击网络侵权盗版专项治理“剑网行动”方案》，成立了由省版权局主管副局长任组长，省通信管理局、省互联网信息办公室、省公安厅治安总队、省版权局有关负责人为成员的甘肃省打击网络侵权盗版专项治理“剑网行动”领导小组，统一领导全省打击网络侵权盗版专项行动。全省各市州也积极部署，认真开展了一系列打击网络侵权行动。

三、软件正版化工作

（一）大力推进市县政府机关软件正版化工作

2012 年 6 月 30 日，在省级政府机关正版任务如期完成后，省版权局立即调整工作重心，全力推进市县级政府机关软件正版化工作，及时下发了 2013 年推进市县两级政府机关正版工作安排的一系列通知，对市县级政府机关工作进行了全面部署，

1. 强化组织领导，明确任务目标

2010 年 10 月，《国务院办公厅关于进一步做好政府机关使用正版软件工作的通知》下发后，一是甘肃省领导高度重视。省长刘伟平多次过问和作出批示，要求抓好落实，确保按期完成。副省长张广智多次听取汇报，了解情况，协调解决工作中存在的困难和问题。二是在省领导的高度重视下，甘肃省及时成立了使用正版软件工作领导小组，并根据工作需要，于 2013 年 11 月 12 日增加了省电子政务办、省公共资源交易局两个成员单位，使成员单位由原来的 13 个增加到了 15 个。三是为扎实推进软件正版化工作，甘肃省及时制定下发了《关于进一步做好全省政府机关使用正版软件工作的通知》，全面部署了工作，把“2013 年年底前”及“百分之百正版化”作为两个刚性目标确定下来，要求市县政府机关如期全面完成政府机关软件正版化工作任务。四是细化分工。根据工作推进情况，省使用正版软件工作领导小组前后三次对成员单位进行了责任分工，并且在领导小组办公会议上，明确要求成员单位按照职责分工，各负其责，密切协作，分别就软件资产管理、采购资金预算、软件采购、管理审计、年度考核等相关内容初步建立了制度，实施了管理。五是优先保证软件采购资金。面对经济欠发达的省情，面对旱灾、水灾、震灾等严重的自然灾害，各级政府仍明确要求各级财政必须优先足额保证正版化所需经费。

2. 形成工作机制，加强统筹协调

省政府在下发的《关于 2013 年推进政府机关使用正版软件工作安排的通知》中，对市县级政府机关软件正版化工作进行了全面部署。一是建立由各级政府部门和机关单位的主要负责人为第一责任人、分管领导为直接责任人的工作机制。二是研究确定了“统一安排资金，统一招标采购，统一配发安装，统一检查验收”的四统一原则，指导市县落实软件采购资金，推进软件正版化工作。三是根据工作需要，建立领导小组办公会议制度，由省政府分管负责人担任总召集人，共召集全省性的协调会 2 次、

推进会2次、领导小组办公室召开办公会议10余次，协调解决工作中存在的困难和问题，及时部署推进工作。2013年，共召集全省性的协调会2次、推进会2次、领导小组办公室办公会议10余次。四是针对市县软件正版化工作中的任务急、困难多、时间紧的现实，实行了“信息直报制度”。对一些重大问题及正版工作推进的一些关键节点的重要情况，以及市州政府上报给省领导小组的进展情况和重要信息，均及时直报省政府、省长、分管副省长。五是落实责任，在进一步明确各成员单位的职责分工的基础上，加强了各部门及其职责间的有机衔接。

3. 积极采取措施，全力以赴推进

为加快工作进度，确保按期完成全省县区级政府机关软件正版化工作任务，我省积极采取有效措施，全力推进市县级政府机关软件正版化工作。一是进一步细化了工作任务。省使用正版软件工作领导小组将政府机关软件正版化检查整改的工作重点、时间节点、任务要求和工作目标逐一细化，使工作任务清晰、时间明确、要求具体、环节步骤衔接紧密。同时，为了全省工作一盘棋，通盘调整了工作节奏，明确了工作重心，将国家原定的市州2013年底前完成任务的时间提前到了2013年6月30日前，以利于市州集中力量指导县区工作推进，同时也为县区做好工作示范。二是摸清软件底数，夯实了工作基础。为夯实检查整改工作的基础，根据在省市县软件正版化工作推进中的经验积累，研究制作了《甘肃省政府软件正版化调查摸底统计表》，印发全省。通过大量的工作，摸清了全省各县区计算机的底数，为推进正版化工作奠定了坚实的基础。三是加强督导检查，落实工作任务。在市县正版化工作推进的关键阶段，国家先后三次督查了甘肃省正版化工作。2013年，甘肃省也先后三次对市县软件正版化工作进行了专项督查。同时，针对工作推进中存在的问题，甘肃省还采取打电话、下发督办函和重点督导等方式，逐一对资金落实不到位的市州政府进行了工作督导。在此期间，省政府主管领导也分别向工作进展缓慢的市州政府领导打电话进行督导。四是明确工作原则，落实了各方责任。按照“分级负责”和“政府主导、部门负责”的原则，建立起各级政府负责本级政府机关，省重点督查市州、抽查县区，市州全面督查县区的工作机制。建立起政府将责任落实到各部门、各部门将责任落实到计算机使用人员的政府、部门两级责任追究机制。五是采取有效措施，高速推进了工作。2013年11月，在市县政府机关软件正版化推进的关键阶段，采取了“动态管理，一日一报”、“工作包干，跟踪落实”、“盯紧跟上，及时上报”、“严格责任，通报批评”等督导措施，并每天将市县推进情况统计上报给省政府领导。

4. 建立长效机制，巩固工作成果

省版权局始终坚持把建立健全软件资产管理制度作为推进政府机关使用正版软件工作的重中之重，常抓不懈。在软件采购配发过程中，一是创造性地提出“四个一”制度。即各地、各部门要建立起“确定一个标准，建立一份台账，规范一本单据，制作一个双联单”的制度。二是建立联络员制度。在领导小组办公会议制度基础上，由各成员单位分别确定一名处级领导、各市州领导小组办公室分别确定一名专职人员，作为办公会议的联络员，加强了工作的上下联络和信息沟通。三是确立属地管理制度。明确了各地、各部门的责任主体，提高了推动软件正版化的工作效率。四是建立了信息通报制度。定期发布政府机关软件正版化工作简报，通报工作推进情况，推广先进典型经验，鼓励先进、批评落后。五是建立正版软件采购审核管理制度。对需要购置的纳入政府集中采购目录的正版通用软件全部实行了政府集中招标采购。六是建立了软件工版化工作年度考核制度。将政府机关软件正版化工作纳入了全省“双打”工作考核体系，分值由2011年的6分增加到2012年的12分。七是建立了正版软件审计制度。对政府机关软件采购资金预算编制、预算执行、采购实施以及更新、购置的软件资产管理情况进行了审计，并将审计结果纳入审计报告。

市县根据国家和省软件管理长效制度、机制建立的要求，也积极探索制定了各级政府及政府部门的软件管理制度、机制，软件管理得到初步规范。

5. 认真落实资金，全面完成任务

通过进一步加强领导、强化措施、跟进制度等方式方法，甘肃省市县级政府机关软件正版化工作得到快速有效推进。截止到2013年12月底，全省14个市州级政府机关共落实采购资金2 717.05万元，采购各类正版软件27 096套（其中，操作系统软件11 032套，办公软件16 064套）；全省86个县区和兰州新增的3个区，共落实采购资金4 976.23万元，采购各类正版软件51 652套（其中，操作系统软件24 982套，办公软件26 670套）。

甘肃省市县两级政府机关2013年集中采购，共落实资金7 693.28万元，共计采购正版软件78 746套，全面完成了市县政府软件正版化工作。国务院副总理汪洋对此专门批示：“甘肃的做法值得借鉴”。

（二）继续推进企业软件正版工作

按照“属地管理、统一领导、行业监管、协会辅助、企业自律”的工作格局，省版权局重点推进第一批 50 家企业先行完成软件正版化工作任务。以此为基础，2013 年 5 月下旬，省版权局又召开了全省第二批企业软件正版化工作推进会议。省使用正版软件工作领导小组成员单位负责人、行业主管部门分管领导、全省 60 家大中型企业领导及信息化部门负责人近 150 人参加了会议。省政府主管负责人参加了会议并提了要求。会议部署了 2013 年推进企业使用正版软件工作，印发了《甘肃省 2013 年推进企业软件正版化工作计划》，计划纳入目标企业 60 家，用一年左右的时间，全面完成各企业软件正版化工作任务。会议同时明确：对未按要求完成正版化工作任务的企业进行媒体曝光、通报批评。版权行政管理部门对企业软件正版化工作依法监督，对被媒体曝光、通报批评等的软件正版化工作开展严重不力的企业依法进行行政处罚。在整体推进的同时，积极采取以政府引导为主、行政执法为辅的方式，进一步加大企业软件侵权盗版案件查处力度，严厉打击企业软件侵权盗版行为。

在推进企业使用正版软件的工作中，尤其注重新闻出版行业企业使用正版软件工作。甘肃省在 2012 年甘肃新华书店集团、读者出版集团、甘肃报业集团三家企业有效完成工作的基础上，根据国家版权局要求，为甘肃省新闻出版行业企业集团及所属二级企业创建企业用户账号，并按要求及时汇总报送正版化工作信息。

三、加强日常监管，严查大案要案

一是在日常工作中不断加大监管力度。全年共查缴各类非法出版物 149 万件、各类侵权盗版出版物 80 万件，查办各类案件 77 起，其中行政处罚 64 起，刑事处理 13 起。

二是加强对软件侵权案件投诉的处理。在整体推进的同时，积极采取了以政府引导为主、行政执法为辅的方式，进一步加大企业软件侵权盗版案件查处力度，严厉打击企业软件侵权盗版行为。2013 年 7 月上旬，根据投诉，对 7 家企业下达《行政建议书》，要求其立即开展自查整改工作，现上述 7 家企业均按期完成了本单位软件正版化工作任务。

四、版权宣传培训工作

一是面向社会公众加强版权知识宣传。省版权局积极以“4·26 知识产权宣传周”等为平台，积极组织、创新形式，充分利用各种媒体扩大版权宣传。

二是针对软件正版化工作亮点进行宣传。在软件正版化工作中，金昌市市长与各市级政府机关负责人均签订了责任书；武威市政府办还与本单位使用人员签订了《使用正版软件承诺书》；甘南州专门就新安装软件进行了各种形式的专题培训；临潭县、民勤县两县对全县政府机关的所有计算机均进行了统一的资产编号，为每台计算机制作了专门的标贴，标贴与资产编号一一对应，并且在软件管理台账中进行了登记，使软件管理有效可行。针对上述工作亮点，省版权局及时向全省进行了宣传推荐。

三是编制工作简报，加强宣传。为增强工作推进的自觉性和积极性，促进各方力量形成合力，加大工作推进力度，省版权局专门创办了推进政府机关软件正版化工作简报，主要用以及时通报情况、传达政策、表扬先进、批评落后。截至 2013 年底共编发 45 期，向国家版权局报送信息 40 多条。为此，国家版权局 2013 年给省版权局致信表扬。

四是利用新闻媒体加强宣传。在软件正版化工作推进的主要阶段，《中国新闻出版报》、《甘肃日报》、甘肃省广电总台等媒体以及网络新媒体也以新闻、专题、访谈等不同形式对甘肃省正版化工作进行了报道，收到了较好的宣传效果。

五是组织参加国家版权局组织的版权培训。省版权局多次组织各市州版权执法人员参加国家版权局组织的版权法律和实务培训，以提高版权行政管理人员的执法水平。

（夏　玲）

青　海　省

2013 年，青海省版权局在省委、省政府的领导下，按照工作部署和要求，围绕法制建设、版权管理和推进全省政府机关软件正版化等重点，认真谋划，积极工作，圆满完成了各项工作任务。

一、强化版权管理，依法查处侵权案件

（一）加大出版物市场监管力度

通过开展打击侵权盗版专项行动，有效规范了市场经营秩序。7 月上旬，根据外语教学与研究出版社有限公司的投诉，对西宁市区的兰亭书店、红太阳书店、晨智书店等三家图书经销店销售盗版《新概念英语》进行了查处，分别给予了警告、没收盗版图书的行政处罚。对省公安厅、湟中县公安局送审的 22 种图书、3 种 173 张涉嫌非法销售的光盘和青藏铁路公安局西宁公安处查缴的 54 种 1 364 张涉嫌淫秽色情及非法出版物的光盘进行了审视审听，并提出了鉴定意见。2013年全省共查缴各类侵权盗版出版物3.5万余件。

（二）组织参加版权执法培训工作

一是组织了12名版权管理人员，分别参加了5月21日国家版权局在广州举办的作品登记工作推进会、9月17日至18日国家版权局在成都举办的2013年版权执法第二期培训班、10月11日至12日国家版权局在北京举办的2013年政府机关软件正版化工作培训班。二是举办了全省市（州）、县鉴别软件培训班。各市（州）、县软件正版化工作领导小组办公室具体负责软件鉴别工作的人员共69人参加培训。三是举办了全省文化市场综合行政执法岗位大练兵与技能大比武培训班。对全省180名文化市场综合执法人员进行了为期3天的集中培训。

（三）开展集中销毁侵权盗版及非法出版物活动

根据全国“扫黄打非”工作小组办公室的统一部署，4月25日，省“扫黄打非”工作领导小组办公室、省文化新闻出版厅（省版权局）和西宁市“扫黄打非”工作领导小组在省会西宁举行侵权盗版及非法出版物集中销毁活动。同时启动青海省2013年“绿书签行动”系列宣传活动。省“扫黄打非”工作领导小组各成员单位负责同志，省版权局机关全体工作人员，西宁市“扫黄打非”工作领导小组成员单位负责同志和西宁市四区三县文化市场管理执法人员、出版物经营单位代表等100余人参加了活动。

在活动现场开展了以“拒绝盗版，拥抱梦想”为主题的“绿书签行动”系列宣传活动，与会领导带头销毁非法出版物，并与参会单位人员和现场群众一起在“打击侵权盗版，拥抱梦想”的宣传横幅上签名。同时，现场向与会人员派发“绿书签行动”的宣传海报和绿书签。全省集中销毁2012年以来查缴的侵权盗版及各类非法出版物共16.4万件。

二、全面推进政府机关软件正版化检查整改工作

为切实推进全省各级政府机关软件正版化的检查整改工作，确保国务院部署的政府机关软件正版化工作如期完成，2013年1月，省版权局制定了《青海省2013年推进软件正版化检查整改工作计划》，2月份与各州、市主管领导签订了目标责任书，4月召开专题会议，再次进行部署，5月组织人员赴州、市督促检查并举办全省软件鉴别培训班，8月起每月通报各县（区）的推进情况，10月起每周电话督促未完成的地区。针对整改工作进展缓慢的个别县，厅领导及时与当地政府的负责同志进行沟通协调。截至2013年11月底，青海省提前完成了州（市）县政府机关软件正版化的检查整改工作。

在此项工作的推进中，省政府领导高度重视，多次做出批示，并协调有关部门密切配合，确保了青海省政府机关软件正版化整改工作与全国同步推进。8个市、州政府及主管部门制定工作计划，签订目标责任书，认真落实责任，积极筹措资金，于2013年6月底提前半年完成了市、州政府机关软件正版化的检查整改工作。46个县（区、行委）于2013年11月底提前一个月完成了政府机关软件正版化的检查整改工作。

全省各级政府机关软件正版化检查整改工作中，省、州（市）、县（区）三级政府机关共采购软件61 765套，采购金额4 350.78万元。其中，省级政府采购16 210套，采购金额592.99万元；州（市）级政府采购18 290套，采购金额1 374万元；县（区、行委）级政府采购27 265套，采购金额2 383.79万元。

三、开展打击网络侵权盗版专项治理“剑网行动”

根据新闻出版广电总局《关于印发〈2013年打击网络侵权盗版专项治理“剑网行动”实施方案〉的通知》（新出明电［2013］13号）要求，省版权局与省公安厅、省通信管理局联合制定了《青海省2013年打击网络侵权盗版专项治理“剑网行动”工作计划》，对全省开展“剑网行动”做出了安排和部署。要求各州、市积极查办网络侵权案件，主动开展视频网站监管工作，不断加强网络交易平台的版权监管和宣传教育。帮助企业树立保护版权、“先授权、后传播”的法律意识，使其自觉遵守相关法律法规。

一是充分利用报纸、电台、网络等媒体，积极宣传网络版权保护知识，树立“先授权、后传播”的网络传播意识，努力营造打击网络侵权、保护网络作品传播的社会氛围。

二是公布网络侵权举报电话，面向社会积极征求案件线索。

三是要求省内各互联网企业和网站以自查自纠为手段，以严格遵守“先授权、后传播”网络作品传播为原则，指定专人，对本网站传播的作品是否经过授权进行审查。同时，要求省内各网站建章立制，规范本网站使用和传播作品的行为，避免发生版权侵权事件。

经过四个月的专项治理，各省级网站版权保护意识得到极大提高，网络作品传播方式更加规范有序，全省未发生一起网络版权侵权案件，专项行动取得了预期的成果。

（付成久）

宁夏回族自治区

2013年，宁夏回族自治区版权局在自治区党委、政府的领导和国家版权局的指导下，围绕十八大科学发展的主题和扎实推进社会主义文化强国建设的主线，切实提高版权公共服务水平，积极加强版权工作，着力规范出版物市场秩序，不断改进队伍建设，确保版权工作顺利开展。

一、软件正版化工作

2013年初，自治区版权局积极筹备全区市（县、区）软件正版化招投标工作。2月，完成了全区市（县、区）软件正版化招投标工作，宁夏智杰伟业软件工程有限公司、银川鑫天图工程有限公司两家公司中标。随后，宁夏版权局对五市（县、区）软件正版化安装调试工作进行了检查督导；至5月，全区市、县、区完成使用正版软件工作，各市均组织机关、事业单位人员参加培训，使正版软件使用率达95%以上。8月，宁夏版权局派员参加了全国企业正版化培训班，在培训班上，确定自治区黄河传媒集团和宁夏报业集团在2014年9月30日前完成二级公司软件正版化工作。

二、开展版权保护活动

一是开展以“拒绝盗版，拥抱梦想”为主题的“绿书签行动”。2013年4月26日，自治区版权局在银川市步行街组织版权知识的宣传，发放宣传法规1 000册，发放绿色书签9 500张。4月20日开始，银川市、吴忠市、石嘴山市、中卫市、固原市新闻出版局、文化市场执法队在属地5所中小学、5家影剧院、20家书（音像）店、5个大型广场和社区张贴“绿书签行动2013”宣传海报，向学生和群众派发绿书签，组织“加入绿书签行动”签名活动。4月20日至26日，组织5家书店开展为期一周的绿书签优惠购书活动，读者凭绿书签享受购书优惠。

二是开展侵权盗版及非法出版物集中销毁活动。共计销毁侵权盗版制品及非法出版物72 100件，其中盗版及非法图书13 740册，盗版及非法音像制品58 360盘。销毁活动不仅表明了自治区党委、政府保护知识产权、净化出版物市场、严厉打击侵权盗版和政治性非法出版物的一贯立场和坚定决心，而且在全社会大力倡导了反对盗版、共同培育和打造使用正版的意识，并对非法出版物的制造者、经营者和犯罪分子给予了警示和震慑。

三、开展版权执法专项行动

一是开展打击网络侵权盗版专项治理“剑网行动”。围绕网络文学、音乐、影视、游戏、动漫、软件等重点领域以及图书、音像制品、电子出版物、网络出版物等重点产品，加强对重点音视频网站、网络销售平台的监管力度，严厉打击各种网络侵权盗版行为。

二是开展少儿出版管理和市场整治专项行动。在专项行动中，自治区版权局、自治区“扫黄”办加强少儿出版市场整治力度，严厉打击各种非法出版和盗版制品销售活动。全年共出动检查126人（次），检查书报刊经营单位37家（次）、音像电子出版物经营单位16家（次），责令整改4家（次），取缔无证游商4家；检查印刷经营单位37家（次），责令整改2家（次）。共计收缴非法出版物及盗版音像制品458件。

四、建立健全版权法制体系

建立版权相关产业的管理制度，草拟了《宁夏回族自治区著作权合同备案办法制度》、《宁夏回族自治区版权示范城市、示范单位和示范园区（基地）管理办法》、《宁夏回族自治区作品自愿登记奖励办法（试行）》，其中《宁夏回族自治区著作权合同备案办法制度》已经局务会通过实施，《宁夏回族自治区版权示范城市、示范单位和示范园区（基地）管理办法》、《宁夏回族自治区作品自愿登记奖励办法（试行）》上报自治区政府办公厅进行立法项目审核。

五、其他工作

一是编辑出版了《新闻出版及版权执法指南》和《著作权资产评估初探》，完成了宁夏版权管理工作调研报告，摸清了现状和存在的问题，找出了对策和建议，为下一步工作奠定了坚实的基础。

二是举办“扫黄打非”暨版权执法培训班。全区“扫黄打非”办成员单位和五市新闻出版局及文化市场有关人员，以及县（市、区）负责出版物市场监管部门工作人员共86人参加了培训。

三是举办阿拉伯语翻译、编辑制作及版权贸易人才培训班。自治区新闻出版、版权、执法队的管理人员，图书、报刊出版印刷发行单位，数字出版制作发行单位，宁夏软件园的有关工作人员，宁夏伊斯兰教经学院学员，共180人参加培训。

（王高阳）

新疆维吾尔自治区

2013年，新疆维吾尔自治区版权局结合学习贯彻十八大精神，对全年工作认真谋划，创造性地开展各项工作，为做好全年的版权管理和对外合作交流工作奠定了良好的基础。

一、做好软件正版化工作

一是起草报告提请自治区人民政府对软件正版化开展专项督查，自治区人民政府督查室以2013年第一号督查通知对全区软件正版化工作进行通报。督查通知下发后，各地高度重视，大部分地州的主管领导都召开了软件正版化工作会议，要求做好实施软件正版化工作的方案，并按照督查通知要求全部报送了软件正版化责任人信息表。

二是积极与自治区效能办沟通协商，尝试将软件正版化纳入行政效能考核的范畴。自治区效能办已同意将软件正版化工作纳入对地州市政府考核的指标体系，并于6月底将细化的考核方案发各地州新闻出版局、效能办。

三是积极反映工作，将软件正版化工作纳入政府重要工作议程。7月，副主席艾尔肯吐尼亚孜向未完成软件正版化工作的8个地州市党政一把手打电话，加速了自治区软件正版化工作的进程。10月30日，自治区主席努尔白克力亲自主持主席常务会，专题听取自治区版权局关于软件正版化的汇报，并做出重要指示，确保自治区全面完成政府机关软件正版化工作。

四是在5月和9月两次接受国家推进使用正版软件工作督查组督查。国家版权局副局长阎晓宏对自治区的软件正版化工作给予高度评价，认为自治区的软件正版化工作高位推动、创新举措、协调有力，企业正版化深入推进，具有鲜明特色。

五是加强软件正版化信息报送工作，按时向国家版权局报送软件正版化进展情况，每月编发软件正版化快报一次。通过电话、QQ群等方式及时向各地传达软件正版化工作要求，对喀什、塔城、阿勒泰、阿克苏、和田等地的软件正版化工作进行电话催办。当发现昌吉州软件正版化工作出现统计数据不清楚、不能分辨正版和盗版等基础性问题的情况后，立即请自治区版权局领导亲自沟通，并发出了《关于在软件正版化工作中如何认定盗版软件的函》，指导昌吉州的软件正版化工作。举办软件正版化培训2次，受训人员达300人。

六是积极与相关成员单位协调开展工作。先后与自治区证监局、住房与城乡建设厅、卫生厅、中国人民银行乌鲁木齐中心支行联合下发文件，在这4个厅局所属的行业开展软件正版化工作。

七是加大软件正版化检查督导力度，现场督办各类企业20家。另外，采取发函督办、电话通知要求提交正版软件授权的方式推动，已有6家上市和拟上市企业对软件正版化工作做出规划，并实现了总部的软件正版化，采购金额达160余万元；14家商超企业在接到正版化通知后，积极与正版软件厂商联系采购正版软件，表现出较高的依法经营的素质。6月底，又向8家企业发出了进行软件正版化整改工作的函，督促相关上市企业和商超企业开展软件正版化工作。

截止到2013年10月底，全区已有13个地州市和71个县市区完成了正版软件采购工作。

二、提升效能，做好版权执法和管理服务

一是查办案件，接受国家版权局委托，对一起软件侵权案件开展调查；对喀什维吾尔文出版社未经许可出版图书纠纷进行调解，喀什维吾尔文出版社向作者赔礼道歉，赔偿经济损失8.96万元；继续开展规范KTV行业授权付费使用作品行动，对缤纷一号娱乐会所侵权服务器进行扣押，并调解该娱乐会所与中国音像集体管理协会达成授权协议；协助国家“扫黄打非”办对阿克苏地区发行盗版党章事宜出具版权证明；对新疆电子音像出版社与武汉出版社商标权纠纷进行协调，帮助出版社避免了经济损失。

二是整理2012年打击侵犯知识产权和制售假冒伪劣商品专项行动材料，并将自评报告报自治区“双打”办，做好迎接国务院“双打”办的绩效考核准备工作；组织开展2012年度全国有功单位和个人的评选推荐工作，自治区推荐的5个单位和1名个人获得全国打击侵权盗版有功单位和个人称号。

三是做好2013年“剑网行动”的各项工作。成立了由自治区版权局、通信管理局、公安厅、互联网办公室联合组成的自治区“剑网行动”工作领导小组，向全区下发“剑网行动”方案，指导乌鲁木齐市对一起网络侵权案件进行查处，对快乐宽频和56567两家视频网站开展主动监管工作。

四是做好版权服务。截至10月底，共办理作品登记900余件，办理出版外国图书合同登记14件，接待咨询1 000余人（次）；做好消费维权活动的筹备工作，编印《新闻出版、版权法律法规问答》宣传册，印刷1 000份，在“3·15”活动中向公众发放宣传；向自治区政府法制办报送了关于《著作权法》修订草案的建议。

在“4·26知识产权宣传周”中，新疆版权局推荐的一起著作权侵权案例被评为自治区知识产权十大案例，并在媒体公布；在大学生知识产权知识竞赛中，自治区版权局作为评委单位，为活动的顺利举行提供了支持；自治区版权局参与了自治区侵权盗版制品集中销毁活动；6 月，自治区版权局赴实验小学开展“爱读书、知版权”活动，向实验小学的同学们介绍了版权基本知识，开展了版权知识互动，使小学生对版权保护有了初步的印象，起到了很好的宣传效果，《新疆经济报》、《新疆晨报》、《新疆都市报》均进行了报道，天山网、亚心网转载了消息，新疆电视台派记者进行了全程录像。

三、积极稳妥推动对外交流与合作

一是成功组织参加 2013 年哈萨克斯坦“丝绸之路”国际书展，预定 3 个国际标准展位，展出适宜与中亚国家开展版权贸易的 300 种新疆版图书，文种涵盖哈萨克文、维吾尔文、柯尔克孜文、英文、俄文和汉文。参展图书异彩纷呈，展示了中国新疆各民族的优秀文化，集中表现了新疆各民族绚丽多姿的文化精粹和多年来的出版成果。

二是向自治区外宣办报送了 2013 年 5 月参加哈洽会以及向吉尔吉斯斯坦赠送《玛纳斯》图书、在塔吉克斯坦举办《大陆桥》（塔文版）创刊仪式的方案。根据外宣办的要求，协调各出版社提交向埃及使馆赠送的新疆图书目录。

三是组织指导新疆电子音像出版社与美国纽约商务出版社继续深化合作交流，开展与美国的出版文化交流。受美国纽约商务出版社、国际作家书局、美国克鲁格出版社、美国生活知识书局等多家出版单位的邀请，2013 年 5 月 4 日至 15 日，在团长古力先·吐拉洪带领下，由新疆新闻出版局、新疆版权保护协会、新疆美术摄影出版社、新疆电子音像出版社等单位组成的新疆出版代表团，赴美开展了一系列出版文化交流活动。

四是在土耳其伊斯坦布尔书展—中国主宾国展上，精心安排部署，完成了“中国—土耳其合作出版新疆题材图书首发式”的组织实施，展示了自治区落实“走出去”工作的成果。

五是做好 2013 年睦邻固边工程项目方案的编制工作。组织睦邻固边工程各项目开展总结验收工作；向中国图书对外推广计划报送了自治区 2013 年“两个工程”图书 64 种翻译项目资助，6 月份又再次组织相关出版社向对外推广办报送 16 种。

六是指导各出版社做好“走出去”工作。2013 年有 2 家出版单位与国外出版社达成合作出版或版权输出项目 53 种。

（杨建新）

2013年版权公共服务机构与社会服务组织工作

中国版权保护中心

2013年，中国版权保护中心（以下简称中心）在总局党组和国家版权局的领导下，贯彻落实总局党组战略部署和工作要求，根据中心“十二五”时期发展规划的整体谋划和布局，紧紧围绕打造数字化网络化环境下中国规模最大、功能最强、最值得信赖的国家版权公共服务机构的战略目标，以“整合、攻坚”为工作主旋律，以加强基础工作为重点，以“项目带动”为推动工作的重要手段，继续狠抓重大项目的整合建设和重要业务的整合推进，找准各项基础性工作的关键点全力攻坚，深入开展版权服务技术、模式和机制体系化创新，版权公共服务的能力和水平不断提升，数字版权公共服务体系建设取得很大进展，服务模式得到业界认可，深入行业拓展市场服务领域取得新突破，各项服务整合程度不断提升，版权服务综合平台优势不断显现，科学管理理念和制度体系逐步内化，干部职工队伍的管理意识、规范意识和工作活力显著增强。

2013年7月，中心顺利实现了迁入西城区天桥艺术大厦新址办公，10月实现北京东城西城两个登记大厅同时运营，同时以搬迁新址为契机，进一步改善和加强管理，保证了各项工作的平稳运行。新的办公环境给中心发展提供了更大的发展空间和新的工作起点，各项工作都呈现新格局、新气象。

2013年全年，中心实现整体收入12 468.72万元，其中上交国家财政5 126万元。

一、不断深化以版权登记为基础的版权公共服务体系内涵，DCI数字版权公共服务体系建设攻坚取得突破，版权公共服务能力和水平进一步提升

（一）不断夯实基础，积极拓展服务，推动版权登记服务能力和数量持续提升

中心始终将版权登记作为公共服务职能的核心业务，持续大力加强版权登记基础工作建设，认真查找工作中的薄弱环节，不断改进、完善和细化工作流程和操作规范，着力整合优化著作权登记信息管理系统功能，进一步提高登记工作质量和效率；在中心搬迁新址过程中克服各种困难，确保了登记工作的平稳运行，实现北京市东城区和西城区两个登记大厅同时运营，进一步提升了服务能力。

2013年全年，中心共完成计算机软件著作权登记164 349件，同比增长18.04%；软件著作权转让合同登记76件，同比增长153.33%；软件著作权专有许可合同登记37件，同比减少30.19%；软件登记事项变更或补充登记9 633件，同比增长1.07%；查询软件登记档案27 009件，同比增长9.57%；司法机关查调档52件，同比增长100%；法院查封软件119件，同比增长230.56%。

完成作品著作权登记140 558件，比2012年的128 725件增长9.19%。其中，作品登记33 411件（系列），涉及作品54 786件；著作权合同备案798件（系列），涉及作品85 701件；邻接权登记35件（系列），涉及作品71件；变更登记82件（系列），涉及作品131件；撤销登记97件（系列），涉及作品287件；撤回登记21件（系列），涉及作品35件；补发换发登记证书83件（系列），涉及作品83件；重印国外期刊合同登记4件（系列），涉及作品8件；完成出版境外音像制品合同登记1 683件，比2012年的1 219件增长38.1%，其中录音制品642件，影视作品970件，公版影视作品71件。

完成著作权质权登记244件（其中软件著作权质权登记198件、作品著作权质权登记46件），涉及作品1 041件（其中软件686件、其他作品355件），涉及主债务金额3 100 726 000元（其中软件221 279.6万元、作品88 793万元）。

版权登记大厅在搬迁新址和东西城两个登记大厅同时运营过程中，不断改进工作方式方法，为各类登记申请者提供高效优质的“一站式”的服务。2013年全年，大厅现场受理著作权登记合计103 515件，其中软件著作权登记申请77 404件，作品著作权登记申请26 111件（系列）。接待党政机关、社会团体、海内外参观者，社会人士全年约14万人（次），收到了良好的经济效益和社会效益。

按照国家版权局要求，继续扎实规范地做好全国作品登记信息统计工作，每月按时完成全国31个省区市登记机构报送信息的审核、统计、汇总等工作，全年共审核作品登记信息数据1 040 755条。不断优化工作流程，改进工作方式，进一步修改完善了《全国作品登记信息报送工作规范手册》及《全

国作品登记信息数据库管理平台培训手册》，协助国家版权局完成全国作品登记推进会和全国作品登记信息统计系统上机操作培训工作。根据对全国 31 个省（自治区、直辖市）和中心的作品登记信息统计，2013 年全国共完成作品登记 845 064 件，较 2012 年的687 651 件增长 22.89%。

（二）挖掘软件登记权威数据，不断深化服务内涵，服务版权行业发展大局

软件登记所采集的信息逐步成为全面反映中国软件产业发展的重要数据，为充分发挥国家版权公共服务机构的职能作用，有效地开发和利用软件登记信息资源，更好地为软件产业和版权产业发展服务，2013 年中心进一步加强对软件登记数据进行深入挖掘和分析研究，不断完善和深化软件著作权登记数据分析服务，各项工作取得突破性进展。完成 2012 年全国软件著作权登记信息分析报告，在 2011 年分析报告客观分析登记统计数据和软件产业发展环境的基础上，还特别根据登记数据反映的软件产业发展和创新状况，针对性地提出了相关发展建议，给相关产业发展决策部门提供重要参考；首次开展的定制性软件著作权登记数据分析服务成效显著，根据深圳市知识产权服务中心、苏州市知识产权局和北京计算机软件登记中心的需求，为其提供区域定制的软件著作权登记信息分析，得到两地的高度认可，并进一步达成了持续合作的意向。软件著作权登记数据分析服务在业界的影响力不断扩大，特别受到相关政府管理部门以及软件和版权行业研究机构的高度关注。

（三）以 DCI 体系为核心的数字版权公共服务体系建设取得重要突破，服务模式开始投入行业示范应用

作为 DCI 体系建设的重要基础研究，中心牵头的国家科技支撑计划项目——“基于版权的数字内容服务平台及示范应用”的攻坚工作在标准制定、服务模式确定、技术平台研发等方面取得了全面突破，完成《数字版权标识》等三项标准的征求意见稿，与三家示范应用单位商定业务模式投入试运行，计划 2014 年初完成技术平台集成方案，DCI 体系的核心技术支撑原型架构初步搭建。全国版权标准化技术委员会正式成立，版权标委会秘书处正式组建并开展工作，进一步加快推动相关标准研制工作。

DCI 体系应用实施取得新突破。着力开发建设数字作品版权登记平台，计划 2014 年正式启动数字作品版权登记工作；先期开展的中国电信音乐基地数字音乐作品合同备案工作，2013 年全年共完成 1 072 份合同审查，涉及 64 976 件音乐作品，成立了中华版权代理中心音乐版权费用结算中心，开发的“华云音乐”平台正式启动上线，以公开透明的第三方音乐版权费用结算机制为核心模式，实现数字音乐作品的在线版权登记、盗版监测、快速维权、版权交易及费用清算服务，迈出了数字版权结算服务的重要一步。

网络音视频版权监测平台影响力和服务范围不断扩大，平台自 2010 年 6 月启动以来，截至 2013 年底，已接受 20 余个权利人的委托，为 10 586 部作品进行网络监测及维权，发现侵权链接 776 822 条，已删除侵权链接 717 643 条，删除率达到 92.38%。监测范围由以视频节目监测为主，扩展为视频和音乐监测并重，以监测平台为依托的网络快速维权机制运行效率大幅提高，快速维权服务对象从点播类节目维权扩大到直播类节目维权。

截至 2013 年底，以数字作品版权登记、费用结算、监测取证为核心的数字版权公共服务模式逐步成型，并得到了业界的认可，在中心与中国电信、新华社金融信息交易所等行业龙头企业达成的数字版权服务协议中均体现了各服务板块的整合服务。

（四）版权咨询服务基本理论研究与实践应用相互推动发展，专业化服务水平和行业融合度不断提升

2013 年，中心全面推进版权资产管理服务咨询，在工作模式和流程不断完善的基础上，业务实践领域取得新突破，承担了国家版权局国有文化企业版权资产管理调研试点项目；参与中央文资办中央文化企业版权资产管理试点工作组，为出版社提供版权资产管理咨询服务；与多家企业达成版权资产管理咨询服务意向，首家试点工作已经启动。全国首批大型企业软件资产管理试点项目基本完成，积累了丰富的软件资产管理工作经验，形成了科学完善的软件资产管理实施规范和流程，为提升中国企业合理运用、管理软件资产的意识和水平，建立软件正版化工作长效机制奠定了基础。

与青岛市文化广电新闻出版局达成开展“青岛经济中的版权产业”研究的初步意向，不断总结经验，继续深入研究探索“区域版权产业经济贡献”咨询服务的常态化工作模式。

（五）中国 ISRC 中心各项工作顺利开展

不断完善 ISRC 业务相关工作流程和制度规范，截至 2013 年 12 月 31 日，中国 ISRC 中心完成 ISRC 编码发放 49 339 件，历史累计 ISRC 编码发放已达到 98 891 件。同时与国际唱片业协会（IFPI）总部

等国际ISRC组织保持常态沟通，形成紧密的关系和良好的互动，及时了解相关信息，为中国民族音乐产业“走出去”奠定了基础。

二、着力加强整合协调机制建设，深入产业价值链加强服务平台和渠道建设，版权市场服务体系不断完善，核心服务能力不断提升

（一）不断加强整合协调管理和机制建设，全流程、全方位版权服务体系成效显著

以加强横向的业务资源整合和服务平台建设，以及纵向的服务项目整合和工作流程衔接为目标，着力加强工作机制建设和整合协调管理，不断优化业绩考核指标，在进一步深化专业分工的基础上，版权公共服务衍生业务、版权授权、维权、咨询等服务项目的整合程度不断加强，与版权产业价值链紧密融合的全流程、全方位版权服务体系和营销体系初步形成，整体服务优势进一步凸显，版权市场服务的整体业绩持续提升。

成功举办了“整合·攻坚”2013 CPCC中国版权服务年会、CPCC十大中国著作权人年度评选、第七次全国版权经纪人专业实务培训班和第四届数字出版与版权管理培训等活动，不断完善中心与著作权人和业界交流互动的综合平台。

（二）着力加强平台和渠道建设，深入产业链提供专业服务，拓展服务领域

以参股形式与华代影视启动全面合作，深入影视版权产业提供服务，与中国文联下属的中国电视艺术家协会、中国电影家协会等共建“中国影视版权产业联盟”，参与筹建歌华、中影等在内的“院线进家”网络交易平台，与中广传播、华代共建移动电视平台，通过多种方式整合内容资源和播放终端，形成完整的影视版权服务平台。组建衍生品事业部，为文化企业提供衍生品版权登记、代理、开发、交易和运营的全价值链衍生增长服务，成功促成洛宝贝公益形象在贵金属领域的衍生品开发，启动了与云南民族村有限公司共建“云南民族文化衍生品体验交易中心”活动，推动民族民间工艺品的发展和升级。针对艺术品市场赝品泛滥的问题，开展了艺术品数字信息保真录入和比对工作，建立了艺术品保真数字版权信息数据库，融合科技手段创新性地展开对艺术品版权的保护工作。着眼前沿技术发展，组建了3D打印事业部，已与相关技术公司达成合作意向，积极探索3D打印版权管理和服务模式。

（三）不断深化区域战略合作，以高水平的综合版权服务助推地区版权产业发展

与东城区共同建设的国际版权交易中心已发展成较为成熟的版权交易公开市场和版权金融服务创新基地，中心牵头成立的“全国版权交易共同市场”成员增加到18家，在建立规范综合性版权要素市场过程中发挥着日益重要的作用；交易中心以“版权价值”为核心开展的文化金融服务，全年为企业提供资金担保共5.2亿元。

不断深化与北京市西城区人民政府的合作，积极推进国家数字版权产业基地建设，正式迁入西城区天桥演艺区新址办公，成立专项工作小组针对天桥演艺区特点进行曲艺版权运作模式的研究与合作，为园区发展提供专业化服务。与河北大厂县政府合作推进圆梦园设计谷建设项目，探索以版权为支撑助力地区经济转型升级的服务模式。

（四）依托版权服务国际化体系建设，不断加强版权国际交流与合作

组织了“第三方版权服务模式与标准研究考察团”赴德、法两国，与当地版权管理权威机构就数字网络环境下版权管理等问题进行了深入交流；依托英国、日本等国家窗口单位不断加强国际版权交流与合作，英国窗口单位组织举办的第五届英国万象国际华语电影节对增强中国文化海外影响力发挥了积极作用；继续深化与韩国著作权委员会的合作，提供集版权法律服务、作品登记、版权纠纷调解、维权等内容于一体的服务机制，成功举办了第九届中韩著作权研讨会；对外版权贸易和交流成绩显著，以图书版权贸易为例，共引进约400本图书版权，成功输出约20部国内经典作品到俄罗斯、西班牙、韩国、泰国、中国港澳台等国家和地区。

（韩　璐）

中国版权协会

2013年，中国版权协会（以下简称协会）换届改选后，新一届领导班子在国家新闻出版广电总局和国家版权局的领导下，根据2013年度重点工作计划，以围绕大局、服务会员为宗旨，做了以下几方面的工作：

一、成功举办第六届中国版权年会及年度评选活动

2013年11月30日，协会在北京成功举办了第六届中国版权年会，年会包括以“移动互联网时代的版权运营与保护”为主题的论坛和2013年会员大会暨年度评选颁奖大会。来自全国各地版权管理部门、版权企业和相关单位的负责人500余人参加了年会。

主题论坛上，国家新闻出版广电总局（国家版

权局）党组书记蒋建国，中国作家协会主席铁凝，国家互联网信息办公室专职副主任王秀军，全国工商联副主席、百度公司董事长李彦宏，诺贝尔文学奖获得者莫言，中国联通总经理陆益民，金山软件董事长、小米科技董事长雷军，中国音乐家协会党组书记、常务副主席徐沛东，腾讯主要创始人、终身荣誉顾问陈一丹，中国出版集团党组书记、副总裁王涛，乐视网首席运营官刘弘等发表精彩演讲，共同探讨了移动互联网背景下版权发展的机遇与挑战，得到了与会者及社会各界的广泛认可与关注，国内众多的媒体对此进行了报道，在社会上引起了一定的反响。

颁奖大会上，评选产生 4 个“中国版权事业终生成就者”奖、12 个“中国版权事业卓越成就者”奖、37 个“中国版权最具影响力企业”奖和 12 个“2013 年中国版权年会优秀组织”奖，并举行了隆重的颁奖仪式。其中“中国版权事业终生成就者”奖的首次评选成为该届年会的最大亮点，中央电视台《新闻联播》进行了报道。

二、组织版权培训，提高会员单位版权管理与版权保护水平

为进一步提高会员单位版权管理与版权保护水平，协会分别举办了版权培训班和全国软件正版化培训班。

（一）举办版权培训班

2013 年 6 月 16 日至 17 日，协会举办了版权培训班，围绕版权业当前遇到的热点、难点问题，结合版权工作的实际情况进行培训。来自全国各地的会员单位代表 200 余人参加了培训。

国家新闻出版广电总局副局长、国家版权局副局长、中国版权协会理事长阎晓宏，国家版权局版权管理司副巡视员段玉萍，腾讯主要创始人陈一丹，中国出版集团副总裁王涛，东方雍和国际版权交易中心董事长殷秩松，北京大学出版社社长王明舟，金山软件副总裁葛珂，FAB 精彩集团副总裁陈仁学，北京中视瑞德文化传媒有限公司总经理王旗，雅昌文化集团副总裁张东，北京国际版权交易中心董事长兼总裁李蘅等围绕当前版权业、数字出版产业面临的热点和难点问题进行了精彩的演讲与授课。段玉萍还向与会者介绍了国家版权局 2013 年重点工作。为使培训工作达到预期效果，协会还与国家新闻出版广电总局人事司的有关部门协商，将该次培训纳入从业人员的再教育时间，并获得相关部门的资格认证。培训班结束后，与会人员普遍反映该次培训时间虽短，但受益匪浅。

（二）受国家版权局委托，组织全国软件正版化培训班

2013 年 10 月 10 日，受国家版权局委托，协会组织了全国各省级的国资委、工信局、新闻出版局等七个部门联合举办的软件正版化培训班。

阎晓宏副局长出席会议并讲话。来自国家版权局、工信部等单位的领导、专家就软件正版化的工作形势和任务、政府机关使用正版软件管理办法等内容进行了详细的讲解与培训。来自各省（自治区、直辖市）政府办公厅、版权、工信、财政、商务、国资、机关事务管理部门等推进使用正版软件工作机制成员单位相关负责同志共 250 余人参加培训。

三、继续做好海峡两岸的版权交流活动，促进两岸民间交流

2013 年，协会继续做好海峡两岸的版权交流活动。2013 年 10 月 14 日至 19 日，协会理事长阎晓宏、国家版权局版权管理司司长于慈珂、协会秘书长孙悦等 19 人组成代表团，对台湾进行了为期 6 天的交流与访问。访问团主要完成了以下六项工作议题及参访活动，并与台湾版权业界人士进行了深入交流：第一，成功举行两岸版权交流座谈会，在思想上和目标上达成两岸在加强著作权保护方面的一致性；第二，举行两岸著作权工作组会晤；第三，拜访台湾出版发行业著名的诚品企业，双方就全球图书发行业和打击盗版等面临的问题进行研讨，并就加强图书发行和版权保护方面的工作达成合作共识；第四，参观台湾电影企业秀泰影城，双方在两岸电影产业的发展与电影版权保护的问题上进行了深入交流，并就加强合作、共同推进电影市场正规化达成了一致意向；第五，参访台湾影音节目制作业代表性单位大爱电视台，双方初步达成了共同推进版权产业发展、保护版权的意向；第六，与台湾唱片出版业代表单位进行交流座谈，双方表达了希望进一步加强两岸著作权集体管理组织交流与合作的愿望。

四、与青岛市政府合作举办中国首届青岛·东北亚版权创意精品展示交易会

中国首届青岛·东北亚版权创意精品展示交易会于 2013 年 11 月 7 日至 10 日在青岛市举办。展会主题是“版权·创意·梦想”。近 70 家国外参展商的 390 多家版权创意领域的企业参展，展示了新闻出版、动漫游戏、影视音乐、艺术美术、工业设计等方面的最新版权创意成果及山东省版权保护与创意成果。同时，展会开展了全国青少年版权创意作品大赛、参展作品（产品）评选、著作权免费登记

和咨询、版权交易签约和推介等四项主要活动，共接待专业观众和社会观众9万余人（次），中央电视台《新闻联播》进行了报道。

据统计，本届展会共实现版权项目交易意向签约近60亿元、50多项，其中韩国KBS广播电视台与青岛国际版权交易中心西区“KBS全球影视数码体验创意城”项目总投资达50亿元，一期投资10亿元；版权项目融资签约10亿元，青岛华商汇通投资有限公司与青岛国际版权交易中心东区融资授信项目4亿元。另外，根据参展企业的需求，展会期间先后举办电视频道著作权保护研讨会、工业版权研讨会、全国版权交易共同市场年会暨数字化版权管理与运营论坛、网络著作权司法保护理论与实务研讨会等一系列专业研讨会。

五、积极支持并参与有关版权的各种研讨、培训工作

协会积极支持并参与各界版权相关活动，扩大了协会在理事单位中和社会各界的影响。2013年4月26日世界知识产权日期间，协会支持FAB精彩集团举办“付费下载 尊严消费”活动；7月16日，支持北京浩天信和律师事务所等单位组织的“有关著作权的追续权问题”国际研讨会；年底，派员赴日本参加由全国人大法工委组织的版权培训班。

六、为配合协会工作，出版了内部期刊《版权新视点》

为宣传版权知识，增强协会服务能力，协会编辑出版专业刊物《版权新视点》。截至2013年11月，共出版四期。

（刘双阳）

中国音乐著作权协会

2013年是中国音乐著作权协会（以下简称音著协）平稳发展的一年。面对日新月异的市场变化和挑战，音著协仍围绕以会员为中心的宗旨，积极发展会员、提升服务；不断拓展授权许可各项业务，保持许可收入的持续增长态势；优化升级管理系统和软件，细化分配操作，以追求版税分配更加高效、公开、透明；着重进行具有开拓意义的法律诉讼，为维护会员权益、推进许可业务保驾护航。

一、会员发展与资料管理

（一）会员发展

2013年，音著协新发展会员398名，其中词作者163人、曲作者210人、继承人20人、出版公司3家，其他2人，会员总数达到7 301名。

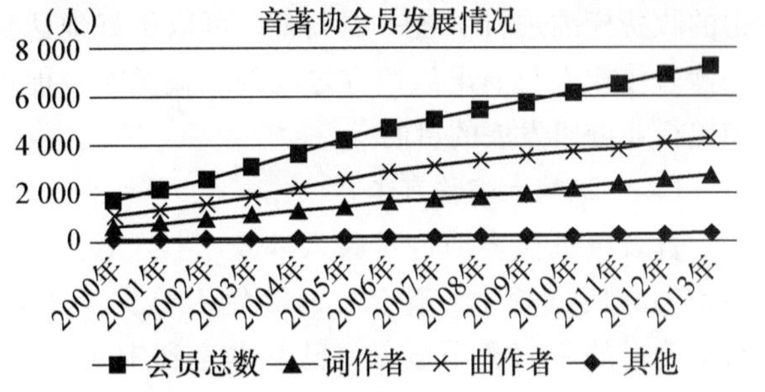

（二）音乐作品资料管理

截止到2013年底，DIVA数据库作品数目达到498万余首，其中音著协会员登记作品为31万余首，申请ISWC作品为10.8万余首。

为逐渐改变邮寄纸质作品资料的传统作品登记方式，以降低成本、提高效率，顺应新形势的发展，2013年音著协首次尝试启用电子登记，方便会员更便捷地登记新作品。经过半年的试点，已有近百位会员尝试进行了网上电子作品登记，登记音乐作品总数达1 732首。

继2012年首次实现中国的广播权使用费分配后，2013年，音著协继续保持和推进对已签约电视台的资料整理和录入，以帮助分配工作顺利、准确进行。2013年音著协共完成中央电视台74个电视栏目共5 684期、104台晚会共32 245首歌曲、91部影视剧共2 982集，地方电视台82个电视栏目3 779期、60台晚会共36 283首歌曲以及影视剧59部总共2 041集的作品录入工作。

为避免署名争议，保证音乐词曲作者的合法权益不受侵害，2013年音著协承担了部分电视台综艺节目歌曲资料署名核查的工作，以周为单位，对栏目所需现场演出的歌单进行词曲作者等版权信息的实时核查，严格把关，避免署名争议的发生。

二、音乐作品许可使用工作

2013年，音著协许可总收益约为人民币1.12亿元（含海外分配收益500余万元），较2012年增长2.13%。

2013年，音著协表演权许可收益约为人民币5 289万元。

（一）现场表演许可工作

从2013年演出市场整体看，受政策的影响，部分地区的演出场次与2012年相比有所下降。在国内经济快速发展与物价水平不断提高的环境下，一些地方在实际操作中执行的现场表演许可收费标准仍处于较低水平，与社会经济发展严重脱节。针对这一突出问题，音著协在对市场进行深入调查研究、征求多方意见后，于2013年初对现场表演实际操作中的收费标准进行了统一的调整，可以更好地达到平衡著作权人与演出组织方之间的利益关系，促进演出行业健康发展的目的。

（二）机械表演许可工作

音著协机械表演许可收入涉及卡拉 OK、商场超市、酒店、餐厅、航空公司等使用单位。其中，航空公司的版权音乐覆盖率已基本达到 100%，除个别民营航空公司因机型较小、短途飞行等原因而不使用音乐外，国航、东航、南航、海航、深航等各大航空公司均在其航班上提供高品质音乐服务且均获得了音著协的著作权使用许可。

背景音乐市场是版权服务与内容服务并行的市场，音著协一方面主动与部分音乐服务公司及音乐使用者沟通，加强版权宣传；另一方面积极与音乐服务公司建立合作关系，为音乐使用者使用音乐提供更多渠道，并充分保证其音乐使用的合法性。

（三）广播权许可工作

2013 年音著协广播权许可收益约人民币 3 474 万元。

2013 年是音著协广播权工作开展的第四个年头，工作思路逐渐清晰，工作成果继续扩大。继与中国广播电视协会电视版权委员会达成行业付酬方案并与其各主要成员台完成签约、续约后，音著协于 2013 年初开始积极推进与中国广播电视协会广播版权委员会成员台的新一轮付酬工作。双方各自成立了谈判小组，经过长达半年的多轮谈判后，终于达成付酬方案。至 2013 年底，已有 20 余家广播电台依据此付酬方案与音著协完成签约。

（四）复制权及新媒体许可工作

2013 年音著协复制权许可收益约人民币 457 万元，新媒体业务许可收益人民币 1 473 余万元。

1. 音像、图书

随着互联网技术的不断发展，传统领域音乐产业的许可业务不断萎缩。录音制品著作权许可使用费收入从 2012 年的 210 万元人民币降至 2013 年的 70 万元人民币，部分与音著协保持长期许可业务往来的传统音像出版单位正在逐渐转型。

2. 影视、广告

随着中国文化产业的强势发展，影视剧产量逐年增加，进而带动音乐作品的使用量大幅提升。由于广告、影视剧许可属于著作权人专有许可，因此音著协根据不同使用者的要求和情况，为著作权人提供针对性服务，尽力使每一位著作权人都能获取最大的版权收益。

同时，音著协充分发挥工作人员的积极性及职业敏感度，在日常生活中也密切关注会员音乐作品的使用情况。如某饮品公司擅自使用音著协会员作品《春节序曲》，后经核查完成使用费的追索，维护了会员合法权益。

3. 工业产品

传统的工业产品领域的许可业务也面临不断的萎缩趋势。在点歌机许可业务方面，随着最后一个合作伙伴万利达合约的到期，全部点歌机业务均已消失，这也是市场发展的必然结果。手机内置等产业也被互联网或闪存的形式取代。儿童玩具市场因对音乐缺乏唯一的依赖性，厂家往往选择使用版权保护期已过的音乐作品来规避版权问题。传统工业领域很难再现类似点歌机的大规模使用音乐作品的局面，这势必影响传统复制权许可业务。

在新兴的工业产品领域，音著协同第一兴商电子贸易有限公司达成合作，在移动硬盘、闪存形式的点歌机新兴市场，整体解决 3 424 首歌曲的版权问题。随着传统工业领域的萎缩，音著协及时观察行业动态，收集行业信息，迎接新的机遇。

4. 新媒体许可业务

2013 年，数字音乐市场发生了深刻变化，上下游音乐产业都出现了大的并购和整合。多家实力互联网企业投入巨资，不断收购音乐版权，以期在未来的数字音乐版权市场形成一定的垄断格局。面对此种局面，音著协积极调研市场，制定应对解决方案。

三、音乐作品许可使用费分配与诉讼维权工作

2013 年，音著协面向会员合计参与分配金额约 1.13 万元人民币（其中主要为 2012 年到账的使用费）。其中，来自图书、音像制品、点歌机等的使用费分配金额为人民币 764 万元，来自互联网、无线网络的使用费分配金额为人民币 1 084 万元，来自卡拉 OK 的使用费分配金额为人民币 1 881 万元，来自经营性场所播放背景音乐的使用费分配金额为人民币 1 024 万元，来自广播电台、电视台的使用费分配金额为人民币 6 025 万元，来自海外许可的使用费分配金额为人民币 515 万元。

2013 年，音著协共承办民事诉讼案件 157 件，指导外地律所代理的诉讼 128 件，通过诉讼等方式共索赔和追回著作权使用费（已到账）达人民币 129.34 万元，待执行款 18.43 万元，诉讼花费总支出为 37.27 万元（其中往年支出 13.14 万元）。

四、信息宣传工作

2013 年音著协共制作完成《会讯》两期——第 24 期、第 25 期，既面向广大会员，也面向产业界人士、法律界人士、相关政府等，为各方了解协会情况提供一个窗口。从制作完成后业界相关人士的反应和广大会员的反馈来看，《会讯》初步实现了展示协会自身工作、促进信息交流、推动会员之间及会员与产业主体之间互动的重要宗旨。

除《会讯》外，为了使音著协的理事对协会工作有更及时、深入的了解，2013年音著协开始每月为全体理事制作并寄发工作简报。

2013年11月7日至10日间，"青岛·东北亚版权创意精品展示交易会"在青岛举办，音著协作为该展会的支持单位和中国大陆地区唯一的音乐著作权集体管理组织参展。展会期间，音著协一方面展示了部分会员的代表作品，另一方面，集中展示了音著协20年来的主要工作进展和成果，包括会员发展、资料管理、法律服务等内容，以及在音乐版权产业所经历的重大事件和外界普遍关心的最新的许可收入和著作权使用费的分配情况。

五、国际事务

音著协继续保持和完善同海外音乐著作权集体管理组织之间关于国际事务的交流协作。截至2013年底，同音著协达成相互代表协议的各国家及地区音乐著作权集体管理机构已达63家。2013年新增4个著作权集体管理机构同音著协签订相互代表协议，分别是：越南的VCPMC、葡萄牙的SPA、斯洛伐克的SOZA和土耳其的MESAM。

2013年10月29日，由包括八名议员在内的欧洲议会法律事务委员会［欧洲议会是欧盟三大机构(欧盟理事会、欧盟委员会、欧洲议会）之一，为欧盟的立法、监督和咨询机构。欧洲议会法律事务委员会中有专门负责艺术家著作权集体管理的部门］代表团一行20余人，在欧盟驻华代表团官员的陪同下来到音著协进行访问并座谈。代表团成员来自意大利、法国、波兰、德国、瑞典、奥地利、英国、罗马尼亚等国家，其中八名议员分属欧洲人民党、欧洲社会民主进步联盟、欧洲自由民主联盟、欧洲绿党、欧洲自由民主集团、欧洲保守改革集团等不同团体，随行的还有各党派的顾问以及欧洲议会法律事务委员会的工作人员。各国议员普遍对中国打击互联网音乐盗版行为、收取版税等问题十分关注，并询问了中国在推进保护版权方面的立法动态及维权的实践操作。音著协副主席兼总干事屈景明、副总干事刘平、副总干事杨东锴、信息宣传部主任朱严政接待了来访客人，并分别对这些问题进行了详细解答。此次欧洲议会代表团的来访，体现了国际社会对中国版权保护事业的关注以及对音著协音乐版权保护工作的重视和肯定。

（张　群　朱严政）

中国音像著作权集体管理协会

2013年，在国家新闻出版广电总局（国家版权局）的指导下，在全体会员的支持与配合下，中国音像著作权集体管理协会（以下简称音集协）2013年共收取著作权使用费1.42亿元，会员数增加到112家，涵盖权利人250家。

一、提升服务意识，增强会员凝聚力

为推进发展会员工作，音集协一方面积极宣传协会职能，提高服务质量。经过积极的努力，代理48家权利人的映月石公司于2013年入会，这是音集协在理顺会员关系上取得的又一个进步。另一方面，音集协积极关注市场动态，通过各种途径与音像权利人主动沟通，取得权利人的认可和支持，新发展会员17家。截止到2013年12月31日，音集协共有授权曲目99 066首，比2012年增加10 289首。

2013年，音集协继续积极为会员制作和推广歌曲，将会员歌曲推广到钱柜和麦乐迪两家全国连锁KTV，其中钱柜投放405首，麦乐迪投放469首。另外，根据协会与宝声在新歌方面达成的合作共识，音集协通过宝声渠道投放新歌1 418首，最大程度地实现会员利益，使会员的凝聚力不断增强。

二、打击侵权行为，促进版权收费

为推动卡拉OK著作权使用费的收取工作，截至2013年12月16日，音集协在全国27个省（自治区、直辖市）与46家律师事务所合作开展了维权活动，共对1 600余家KTV经营者进行了取证，提起诉讼20 000多起（许多法院分案，每首歌曲为一个案件）。音集协的诉讼目的是打击侵权行为，促使使用人与音集协签订许可合同，建立良好的授权机制，在此原则的指导下，大部分诉讼案件都是通过和解解决，卡拉OK经营者与音集协签订了著作权许可使用合同，并支付著作权使用费，有效地促进了音集协在当地的收费工作，强化了付费使用观念。

除对侵权的卡拉OK歌厅进行民事诉讼外，2013年音集协还与各地有关政府部门进行充分沟通，分别在10个省市针对KTV侵权提起了821例行政投诉，得到了各级主管部门的大力支持。在江苏、浙江、上海等地，在政府主管部门和法院的协调下，音集协通过和娱乐行业协会合作，建立诉讼案件的调解机制，通过著作权集体管理方式解决卡拉OK经营者的著作权问题，实现权利人和使用人的共赢。

为在全国范围内开展卡拉 OK 版权费收取工作，音集协委托天合文化集团在全国 28 个省市设立的天合子公司作为卡拉 OK 收费的代办机构。

三、积极处理非会员诉讼法律事务

为推进收费工作，音集协为依法交纳著作权使用费的卡拉 OK 经营者提供全面的法律服务，处理个体权利人诉讼是其中最为繁重的一项工作。个体权利人是指一些拥有少部分权利的音像权利人，个体权利人权利在市场使用份额极小，但其以营利为目的的诉讼行为，却给市场正常的著作权集体管理秩序造成极大困扰。在处理这些案件的过程中，音集协积极工作，大部分个体权利人最终加入协会。同时，音集协通过多种渠道与法院及其他各方进行充分沟通，北京、福建、内蒙等地法院做出了“已经向协会付费的卡拉 OK 歌厅不承担赔偿责任”的判决，上海、云南等地的法院做出了“已经向协会付费的卡拉 OK 歌厅承担较轻的赔偿责任”的判决。以上司法实践，遏制了个体权利人以卡拉 OK 歌厅为对象的商业诉讼，促进了著作权集体管理工作的良好运转。但是，也有个别法院在判决赔偿数额时，并不考虑卡拉 OK 歌厅是否已经向协会付费因素，对音集协的工作造成了很大的困扰。

2013 年音集协共处理了 269 个非会员诉讼案件。其中，EQ 唱片 90 个案件，华夏金马 115 个案件，重庆金盾 49 个案件，王海成 15 个案件，到 2013 年底已经调解和判决结案的 239 件，还在一审和二审中的 30 件，上述案件的妥善处理，最大限度地排除了音集协在开展卡拉 OK 收费工作中的干扰因素。

四、完善著作权使用费分配，规范财务工作

根据以前年度分配工作的开展情况，在 2013 年考虑会员实际情况和授权歌曲等信息的变化，按照会员大会通过的分配方案，结合《中国音像著作权集体管理协会 KTV 歌曲点唱调查报告（2011—2012）》及时修订了《2012 年度卡拉 OK 著作权使用费分配细则》，并将该细则提交第一届理事会第六次会议审议并通过，据此对 2012 年度卡拉 OK 著作权使用费进行了分配工作，涉及会员单位 104 家；完成了对 2013 年度新入会会员相关著作权使用费的支付工作，涉及会员单位 3 家。

五、加强自身建设，扩大协会宣传

2013 年音集协经过大量的信息整理、数据核对等工作，已于 2013 年 10 月制作出第一批用于卡拉 OK 营业场所的正版曲库（含歌曲 20 152 首），并开始在广东地区试点发行，对已经向音集协支付著作权使用费的卡拉 OK 歌厅免费发放，实现了对已付费卡拉 OK 歌厅的服务。

音集协简报和网站是协会对外宣传的窗口。在各方紧密的配合下，音集协每月定期出版发行协会简报，将协会的主要工作及时向会员、主管行政机关和相关部门通报。音集协网站还根据服务工作的需要，对网页内容进行扩充，并适时对网站内容进行更新与维护，加强了与会员及社会各界的沟通和了解。

（马继超）

中国文字著作权协会

2013 年，中国文字著作权协会（以下简称文著协）在国家新闻出版广电总局的领导下，按照总局的整体工作部署，在维护会员权利，推广会员作品，推动国家启动对《著作权法》的修改，配合国家版权局制定《教科书法定许可付酬办法》和修改文字作品稿酬规定，认真履行报刊转载和教科书法定许可稿酬收转的法定职能，探索数字版权授权业务，努力向数字版权要效益，积极推动中国作家作品“走出去”，加强国际版权交流和国际版权贸易等方面做了大量工作，取得了一些成绩。

一、顺利完成换届工作

按照国家新闻出版广电总局的统一要求和部署，在总局主要领导和人事司、版权管理司、财务司的指导下，在换届筹备工作领导小组的领导下，经过半年多的筹备，2013 年 11 月 16 日，文著协第二次全国会员代表大会在中国现代文学馆召开。大会以无记名投票的方式选举产生了新一届理事会。第一届理事会理事长陈建功再次当选为会长，廖奔、高善罡、王春法、白玉良、张抗抗、曹效业、吕薇、汤兆志、刘晓霞、刘春田、李明德等 11 人当选为副会长，张洪波连任总干事。《文艺报》总编辑阎晶明、华东政法大学教授王迁等 22 人当选为常务理事。

国家新闻出版广电总局副局长、国家版权局副局长阎晓宏，中国作协党组副书记、副主席、书记处书记钱小芊，中国作协副主席、党组成员、书记处书记廖奔，原新闻出版总署副署长、中国期刊协会会长石峰和中国文联党组成员、书记处书记李前光等出席了大会开幕式。

阎晓宏在开幕式致辞中充分肯定了文著协成立五年来所取得的成绩，同时也对文著协未来的工作和发展提出了新的期望和更高的要求。他指出，中国公众的著作权保护意识尚待增强，著作权集体管理制度在中国更是属于新生事物，尚不完善，需要更多的艰辛付出，才能把这项开拓性的事业做好。文著协自2008年成立以来，在文字作品的著作权保护、集体管理制度宣传等方面做了大量卓有成效的工作，取得了可喜的成绩，特别是在推动中国《著作权法》第三次修订以及相关的著作权法律法规和部门规章的完善过程中，作出了很大贡献，提出了很多有建设性和可操作性的意见和建议。

二、年检审计及收转分配情况

（一）年检和换届审计

按照原新闻出版总署和民政部的要求，文著协每年按时开展年检工作，自觉进行财务审计工作。2013年换届财务审计和年度财务审计结果都正常，由于延期一年换届，民政部根据有关规定评定年检结果为基本合格。

（二）收转分配工作

根据有关法律法规和国家版权局2009年下发的《关于明确中国文字著作权协会“法定许可”使用费收转职能的复函》，文著协是向著作权人转付报刊转载和教科书“法定许可”使用费的法定机构。因此，“法定许可”稿酬收取和分配工作是文著协工作的重中之重。文著协采取主动查找作者、主动核实作者信息和转载信息、主动发放转载稿酬的“三主动”方法，向作者转付报刊转载和教科书选文稿酬，确保工作不出错，把每一笔稿酬发放到真正的权利人手中。

2013年，文著协共收取著作权使用费294万元，其中数字版权使用费115万元，代理汇编作品使用费37万元，报刊“法定许可”使用费26万元。文摘类报刊交纳转载由于几家报刊社和教科书出版社单位领导变动，部分著作权使用费延迟支付。

三、发展会员情况

2013年文著协新增会员838人，比较知名的有刘白羽、贺敬之、张胜友、李鸣生、乌热尔图、孙云晓、柯岩、柯蓝等；截止到2013年12月底，会员总数达到7 908人，会员授权作品40 416件（部）。

四、版权代理工作

（一）汇编作品授权代理

2013年，文著协利用长期积累的会员和作者信息，与机械工业出版社、华文天下图书公司、辽宁人民出版社、新疆青少年出版社、译林出版社、中国中福会出版社、接力出版社、武汉大学出版社等30余家出版社和民营出版策划机构签订了《汇编作品委托代理协议》，代理解决了百余种汇编作品的作者授权问题。

（二）版权贸易代理

2013年，文著协与台湾萤火虫出版社、韩国爱力阳版权代理会社、新加坡名创教育出版社、香港教育局、俄罗斯有关出版机构等相关机构签订了5份版权贸易合同，输出老舍、矛盾、沈从文、丰子恺、俞平伯、朱光潜、冯友兰、季羡林、冯至、史铁生、毕淑敏、苏青、李锐等多位知名作家的作品。

（三）承办总局外事司“中俄现代与经典作品互译出版项目”

按照国家新闻出版广电总局与俄罗斯出版与大众传媒署签署的《关于中俄经典和现代作品互译出版项目合作备忘录》的设计，中俄两国计划用六年左右的时间分别翻译、出版对方国家的50种文学图书。鉴于文著协多年来为中俄新闻出版交流与版权贸易做了很多工作，有较强的组织协调能力和丰富的版权贸易经验，总局进口管理司批准文著协为中方承办单位。为此，文著协成立了工作小组，指派专人负责日常工作。根据总局领导和进口管理司领导的要求，组织协调中俄专家对双方书目进行多次遴选，总局进口管理司已批准中方50种必选书目和30种备选书目，同时批准了俄方50种书目。在文著协的组织协调下，双方已经布置了2014年中俄互译任务，同时加紧落实作家授权、出版社翻译出版工作等工作。按照工作进度，双方计划到2014年底翻译出版20余种中俄文学经典作品。

（四）其他领域的版权代理

2013年6月，文著协为中国集邮总公司设计出品的《小蝌蚪找妈妈》个性化邮票小本票、《水墨童真》水墨画邮册、《喵天使——名家笔下的猫咪》珍藏邮票书等邮品成功解决了所涉作家作品的授权。会员作品首次以邮品形式传播，得到会员好评。

五、数字版权集体管理业务

2013年，文著协与中国移动、亚马逊、多看科技等数字出版商合作，通过数字新媒体平台推广会员作品，为会员创造数字版权收益115万元，已陆续向会员分配。

很多会员在收到发放的数字版权稿酬后，通过各种形式对文著协工作表示积极肯定和表扬。会员阮直说：“承蒙你们的辛苦劳动，昨天收到第一笔电子书稿酬，多谢了。没有你们的辛勤工作，这些钱就是打狗的肉包子，如今肉包子回来了。这是你们的功劳！眼下谁都不缺这几个小钱，就缺一份温暖，这份温暖就是还有一些像你们这样的人在坚守着规则，不屈不挠地为了作家们的权益在默默地奉献着，想起来真的敢扬眉吐气了，我们也有了自己的娘家了”。会员李华章还在《中国新闻出版报》等媒体发表文章《第一次收到电子书稿费》，对文著协的工作大加赞扬。

2013 年，文著协还与国家图书馆、人民出版社、中央党校等单位签订了数字版权授权合同，为国家公共文化建设服务，解决作品授权问题，推广会员作品，并为会员争取收益。

数字版权收益将成为会员版权收入的新的增长点，体现了集体管理组织在解决数字版权授权方面的优势。

六、法律服务

（一）向苹果公司网上应用商店维权

2013 年 4 月 11 日和 11 月 12 日，苹果公司两次派代表来华与文著协会谈。在国家版权局的指导下，双方积极探讨苹果商店侵权纠纷的协商解决机制。同时，根据会员投诉，文著协委托律师事务所做好起诉准备。

（二）向教辅侵权出版社维权

2012 年，文著协针对很多会员投诉教辅出版单位未经作者授权擅自出版教辅图书的情况，对教辅图书市场进行了初步调查。经过调查，文著协已掌握部分出版社编写出版教辅的侵权情况，进行了维权准备工作。邓友梅、鲍鹏山、张胜友等许多著名作家对文著协这种主动帮助作家监控教辅侵权的做法非常支持。

（三）其他维权服务

2013 年，文著协自行处理和委托律所处理版权纠纷逾百件。

七、推动著作权法律法规和部门规章的完善

（一）宣传、贯彻《教科书法定许可使用作品支付报酬办法》

2013 年 12 月 1 日，国家版权局和国家发改委联合发布的《教科书法定许可使用作品支付报酬办法》正式实施。12 月 5 日，为了更好地宣传和贯彻该办法，受国家新闻出版广电总局政策法制司委托，文著协邀请全国人大法工委、国家发改委、教育部、有关集体管理组织、专家和多家出版社代表，组织召开了“《教科书法定许可使用作品支付报酬办法》宣传贯彻座谈会”，同时组织媒体进行宣传报道。

（二）征求会员对《使用文字作品支付报酬办法》的意见

2013 年 9 月，国家版权局通过国务院法制办的网站，向社会公开征求对《使用文字作品支付报酬办法》的意见。文著协及时通过邮件、短信、信函等形式，向全体会员作了通报。将会员意见收集整理后，咨询有关专家，向总局提出了文著协的意见和建议。

（三）继续推动国家对《著作权法》进行第三次修改

2013 年初，在国务院法制办就《著作权法（第三次修改草案征求意见稿）》定向征求意见时，文著协提交了专业意见和建议。下半年，文著协联合其他协会向全国人大常委、全国人大教科文卫委主任委员柳斌杰提交了加快修改《著作权法》的建议，并得到其批示。11 月下旬，文著协再次联合其他九家协会，向国务院法制办提交了加快修改《著作权法》的建议。

八、参加的一些重要版权活动

2013 年，文著协多次参加了与自身业务发展紧密相关的版权宣传推广活动，如北京国际图书博览会、青岛·东北亚版权创意精品展示交易会、第二届中国（北京）国际服务贸易交易会（即“京交会”）国际文化版权贸易专业大会、中韩著作权研讨会等，利用文字、图片、视频展示、演讲等形式，通过发放宣传资料、现场咨询等活动，宣传文著协的职能、宗旨、服务理念、重要活动和取得的成绩，向广大公众普及著作权基本知识和著作权集体管理的相关知识。

九、国际交往

2013 年，文著协接待了国际影印复制权组织（IFRRO）代表和澳大利亚等国集体管理组织代表来访，协调国家版权局版权管理司领导会见外宾，协助国家版权局邀请澳大利亚版权专家参加北京版权贸易高级研修班和华中版权国际论坛。

2013 年 10 月，文著协派员参加了 IFRRO 年度大会（土耳其）；10 月派员随中国版权协会代表团参加“两岸著作权交流座谈会”及工作组会谈；11 月，在国家新闻出版广电总局进口管理司的安排下，派员随同文化部代表团赴俄罗斯圣彼得堡参加“中俄文化旅游论坛”活动，并做书面发言。

十、获奖情况

2013 年 11 月，文著协副会长张抗抗和刘春田被中国版权协会授予“中国版权事业卓越成就”奖。

（张洪波）

中国摄影著作权协会

2013 年中国摄影著作权协会（以下简称摄著

协）以“捍卫摄影的权利，促进影像的繁荣”为宗旨，大力发展会员，积极配合国家第三次全面修改《著作权法》相关工作，积极宣传、落实《教科书法定许可使用作品付酬办法》，推进法定许可使用费收转工作，依照协会章程如期召开了会员代表大会并顺利完成了换届工作。

一、会员发展与服务工作

2013年，摄著协认真做好为会员服务工作，积极向会员转付教科书法定许可使用稿酬，新发展会员人数占到了会员总数的18.7%。

二、呼吁加快《著作权法》修法工作进程

摄著协继续为国家第三次全面修改《著作权法》开展相关调研和配合工作。与其他几家著作权集体管理协会联名向全国人大提交了加快修改《著作权法》进程的意见，呼吁加快修法草案征求意见和相关行政程序，推进修法工作的进程。摄著协的呼吁得到全国人大的积极回应，全国人大把意见转给了相关政府部门。

三、宣传并执行国家发改委、国家版权局颁布的政府令，推进法定许可收费工作

积极配合国家版权局做好《教科书法定许可使用作品支付报酬办法》的公告和宣传，为此，组织了由美术家、摄影家参加的座谈会，征求对《办法》的意见。《办法》颁布后，摄著协积极组织媒体对《办法》进行宣传和报道，并以此为契机安排部署了向国内88家有教材出版资质的出版社发函，愿意就《办法》相关规定与出版社积极配合，促成法定许可使用费的支付，推动《办法》得到落实，还向这些出版社发送了《办法》复印件和相关媒体报道，为下一步做好摄影作品稿酬收转工作奠定了基础。

四、教科书法定许可使用费分配工作

为做好教科书法定许可使用费分配工作，将出版社已向摄著协付酬的摄影作品继续发布在协会官网上，通过教科书使用摄影作品网上查询平台，向社会公告教科书使用摄影作品的情况，使相关摄影著作权人了解自己的作品是否被教科书使用，目的是使相关摄影著作权人尽早获得稿酬。

摄著协在落实教科书法定许可法律规定中，一直秉承对权利人负责、对使用者负责、对法律负责和对社会负责的精神，认真履行《著作权法》和《著作权集体管理条例》所赋予的权利和义务，在转付教科书摄影作品使用费时，遵守著作权集体管理行业倡导的公开、公正、透明原则，认真寻找摄影著作权人，并以此增进与广大摄影著作权人的联络、沟通和互信，做好为摄影著作权人的服务工作。

五、顺利召开会员代表大会并举行换届选举

（一）召开第二次会员代表大会暨换届工作会

2013年8月23日，摄著协在北京召开第二次会员代表大会暨换届工作会，国家新闻出版广电总局纪检组组长宋明昌、人事司司长余昌祥、版权管理司司长于慈珂、人事司副巡视员王彤等领导出席开幕式并观看了《中国摄影著作权协会工作回顾展》。宋明昌代表总局讲话，来自全国各地126名摄影权利人代表出席了会议。会上，摄著协常务副主席王郑生代表第一届理事会做了题为《积极探索，勇于实践，开创中国摄影著作权集体管理工作的新局面》的工作报告，总干事解海龙做了《财务工作报告》，副总干事杨再春做了《修改章程的说明》。全体代表审议通过了《工作报告》、《财务工作报告》和修改后的《章程》。会议按程序选举产生了新一届领导集体：李前光当选协会主席，王郑生、于云天、李玉光、宋明昌、陈小波、解海龙当选副主席，林涛当选总干事。

换届会受到了多方领导的高度重视，新闻出版广电总局主管司局的主要领导出任了换届筹备领导小组的副组长，中国文联和中国摄影家协会对换届会给予了财力和人力等方面的大力支持。换届会议的成功召开，得到了国家新闻出版广电总局和中国文联等部门的充分肯定，会议达到了团结、鼓劲、凝聚力量和继往开来的目的。与会代表和广大摄影权利人对未来中国摄影著作权保护事业充满信心。

（二）修改《中国摄影著作权协会章程》

根据四年的工作实践，摄著协对不适应协会发展、入会意见较大的内容进行了修改，增加了有利于协会发展、有利于推动协会工作的内容。如：权利人入会的授权从原来的17项减少到8项；经各方反复协商，把召开会员大会改为召开会员代表大会并确定最低参会人数；在协会工作职能中，增加了组织奖励、评比，举办摄影展览、比赛、培训等活动。修改后的《章程》，降低了权利人入会的代价，拓宽了协会工作的业务领域，明确了协会最高权力机构为会员代表大会。

（三）换届会文件起草工作

摄著协认真准备并详细梳理自2008年11月成立以来的工作，在以下几个方面取得了开拓性成绩：建立国际上少有的以摄影著作权为保护对象的集体管理机制；不到五年时间，会员遍布全国31个省（自治区、直辖市）；将立法多年但未能得到执行的教科书使用摄影作品付酬工作给予有效落实，与人民教育出版社签署协议，向摄影著作权人付酬，使教科书不向摄影家付酬的时代终结；积极参与国家修改《著作权法》工作，在第三次全面修改《著作权法》的工作中，经充分调研，摄著协提出三项修法建议，被新的修法草案全部采纳；2010 年摄著协获得了世界知识产权组织最高奖——版权金奖。这些工作在报告中一一呈现，为代表提交了一份客观、真实、负责的工作报告。

（四）举办中国摄影著作权协会工作回顾展

2013 年，摄著协为向会员代表全面汇报协会工作，精心策划、组织了中国摄影著作权协会工作回顾展，展览内容涵盖摄著协自 2004 年筹备成立到 2013 年换届近十年的时间跨度，分为八个方面，以图片的形式向代表展现摄著协这些年所走过的历程。展览受到了各方的高度称赞。

六、新一届领导班子谋划、推进著作权事业发展

换届后，摄著协召开了新一届主席团一次会议和工作会，会议对摄著协二代会及换届会进行了总结，并对摄著协面临的形势进行了分析，确立了“7 大工程”、“9 项任务”工作目标，对未来工作提出了要求和部署，摄著协全体员工在新一届领导班子的带领下开拓进取，满怀信心，共同迎接新的发展。

（马　骏）

中国电影著作权协会

2013 年，在国家新闻出版广电总局（国家版权局）的领导下，在 71 家会员单位的支持下，中国电影著作权协会（以下简称影著协）同人齐心协力，在新形势下开拓进取，各项工作进展顺利。

一、发放许可和收费工作

（一）筹建网络影视供片和收费平台

发放电影著作权使用许可并收取电影著作权使用费，是影著协工作的重中之重，也是影著协区别于其他电影团体的根本特征。在 2010 年 4 月第一次会员大会决定收取网吧和长途汽车电影著作权使用费后，影著协做了大量工作，奔赴各地，聘任首席代表，签订合作协议，只待一声令下，收费工作即可在全国十几省市陆续开展。但是，就在临门一脚的时刻，由于网吧行业的主管部门不支持、不配合甚至公然反对，致使工作无法开闸。在网吧行业不断萎缩，行政收费却有增无减，业主们叫苦不迭的情况下，又逢宽带资费下调、免费增速，大部分网吧取消自设服务器而直接上网，使收费的合理性不复存在，这项业务被迫停滞。

面对新的情况、新的问题，经过反复思考研究，影著协只得另辟蹊径，探索新的举措。

鉴于网络观众数十倍于影院观众，但权利人收益甚微的情况，影著协不断与业界沟通，推行电影网络点播收费，以期电影产业和视频产业取得双赢。在 2013 年初的理事会扩大会议上，该设想得到了一致赞同。2013 年 4 月，在中国广播电视协会领导张海涛、张丕民的支持下，决定以中国广播电视协会的名义向国家新闻出版广电总局申请部级社科调研项目“关于网络传播电影作品的调研报告”，由影著协负责起草。经深入调研，多方征求意见，数易其稿，题为《关于网络传播电影作品的调研报告——历史、现状、问题与对策》的调研报告，于 12 月初呈送国家新闻出版广电总局，并由总局办公厅分发相关领导和部门。《调研报告》有两个附件：附件一《QVOD 连接的盗版网站》、附件二《关于组建网络影视供片和收费系统的设想》。

（二）筹办中小学生影音学堂

多年以来，儿童电影和向少年儿童推荐的爱国主义教育影片的发行渠道不多且不够通畅，致使经济效益和社会效益未能充分发挥，投资方和制片人拍摄这类影片的热情也越来越小。根据国务院及教育部、国家发改委、财政部、文化部、国家广播电影电视总局等有关部委先后下发的通知，影著协自 2013 年初开始启动“影音学堂”项目。

“影音学堂”集合国内最丰富的爱国主义教育、革命传统教育影片以及有益于少年儿童德、智、体、美全面发展的影视节目编辑的各类教材，邀请电影和教育专家共同把关，为广大中小学校师生提供多样化、个性化、现代化的观影学习服务，实现了影像与教学相结合，为学校一揽子解决了影视教学难题，辅助教育部门共同推动教学内容的数字化和多媒体化。“影音学堂”的优势就是它的针对性和便利性，利用网络优势，通过学校已有的硬件设备和局域网，向全校师生提供优秀的正版视频资源。学校可以在电脑室、图书馆、教室、宿舍、电脑终端等场所和设备上浏览使用。

截至 2013 年底，基础技术攻关及视频内容制作已基本结束，业务推广正在逐步开展，已完成天津扶轮小学的安装调试，并与山西、陕西、江苏、四川、浙江、内蒙等地接洽确定试点学校。如果试点成功，就可以为儿童提供更多与教学相关的精神食粮，从而为权利人带来一定的经济收益，实现电影作品的社会价值。

（三）尝试向服务行业发放电影著作权使用许可

随着电脑的普及和网络的发达，影视作品的传播速度越来越快，范围越来越广，出现了一些新领域、新业态，比如视听馆、台球厅、洗脚屋就是其中的代表。为了规范这些新领域、新业态的著作权使用，影著协将北京云川台球厅和重庆金色印象足浴城作为试点，与电影频道所属电影网协调并达成共识后，由电影网提供其“HD高清播放器”以及影视库供上述两家单位使用。到2013年底，已经与相关使用者签订了协议并完成了设备的安装调试工作。影著协计划继续跟进试点情况，以了解此类行业的需求，希望能以此激活相关领域的市场需求。

（四）为导演、编剧转付海外著作权使用费

影著协2010年与西班牙著作权人和音乐人协会签订了相互代表协议，委托其代收中国电影在西语和欧洲地区使用时导演和编剧享有的著作权使用费。2013年，影著协通过中国电影导演协会转付了张艺谋、陈凯歌、冯小刚等16位导演及部分编剧著作权使用费。对于其他联系不上的作者的著作权使用费，已在相关媒体和中国电影著作权协会网站上（www. cfca-c. org）进行公示，告知他们前来领取。

另外，根据《著作权集体管理条例》的要求，影著协积极建立权利信息查询系统。影著协与相关单位共同搭建“影视在线注册平台”，包括影视剧本、影视作品、微电影等内容产品的注册以及后续的商业开发正在进行中。

二、关于电影作品的维权

（一）打击快播等影音播放软件的侵权行为

宽带技术的发展，特别是Qvod（快播）、百度影音等搜索软件被上亿网民使用之后，催生了许多提供盗版和不良节目源的无名网站，近两年，盗版和不良节目的传播又呈燎原之势。百度、快播公司使用其建立的技术系统扶持建立盗版网站群并免费为受众和盗版网站提供链接服务，使许多影片尚未上映或刚上映，高清版便在网络上广泛传播，严重损害了权利人的权益。

国家新闻出版总局电影局、版权管理司领导多次要求影著协在维权工作上要有所作为。为此，影著协2013年将打击目标锁定在Qvod和百度影音上。年初，影著协向优酷、爱奇艺、乐视和电影网四家主要视频网站通报情况，开展专题研究，形成共识，协调打击快播侵权盗版事宜，形成《针对快播的维权方案》。

为了证明快播公司与小网站的关系，影著协深入调查，搜集材料，向全国“扫黄办”发出《关于快播和百度影音涉黄影视作品的举报》，同时将相关情况向版权管理司作了汇报。司领导对此非常重视，组织调研，并与北京市版权局等地方主管部门、法院和公安等相关单位协调，采取措施。影著协还鼓励会员单位和视频网站通过民事诉讼的方式制止这类侵权行为。2013年9月，中影股份公司的《我愿意》诉快播公司侵权案，经一审判决快播公司败诉。这是司法判决首次认定影音播放软件应在侵权案件中承担责任。影著协协调会员单位及时向国家版权局版权管理司相关领导和处室做了汇报。2013年10月，中影股份公司的《中国合伙人》诉快播公司侵权案一审又胜诉。

为在舆论上造成声势，2013年11月13日，影著协同优酷土豆集团、搜狐视频、腾讯视频、乐视网、美国电影协会（MPAA）、日本内容产品流通海外促进机构（CODA）、万达影业、光线传媒、乐视影业等单位启动了中国网络视频反盗版联合行动，并发布《中国网络视频反盗版联合行动宣言》，联合对抗快播、百度等日益严重的网络视频盗版和盗链行为。

在行政主管部门、司法机关、社会团体和权利人等多方压力下，快播公司终于主动与影著协联系并递交《承诺书》，郑重承诺凡影著协书面告知通报的影片，在规定期限内，快播都将采取有效措施，使受众不能通过Qvod获得盗版内容。百度影音紧接着也向影著协表达了类似意愿。

（二）对电视台播放电影作品进行监播

2013年，影著协重新启动了对电视台的监播工作，根据监播对发现的侵权盗版问题进行取证和公证，以此为基础给涉嫌侵权电视台发函并视进展情况采取进一步法律手段。对比年初和年底的监播记录，省级及计划单列市台基本杜绝了国产电影的盗版行为，但省级以下的地、市、县电视台盗播国产电影情况依然严重，盗播港台及外国影片的数量更是惊人。2013年，影著协共计给11个电视台发送了停止侵权、要求赔偿的函件，并准备依据《祁连山的回声》等影片被盗播的事实提起诉讼。影著协还为华谊兄弟传媒集团等会员单位提供监播得到的证据，协助会员单位维权。

此外，影著协应北京市版权局、山东省版权局、淄博市公安局、哈尔滨市公安局请求，鉴定了涉嫌侵权影片的权属及有无许可，其中涉及电影频道、华谊兄弟、盛世骄阳等会员单位影视作品千余部（集），为加强行政监管和司法救济发挥了影著协的作用和职能。

（三）研究解决维权的热点、难点问题

电影《人再囧途之泰囧》（以下简称《泰囧》）

热映之后，电影《人在囧途》（以下简称《人囧》）的制片方武汉华旗影视制作有限公司（原告）向北京市高级人民法院提起诉讼，控告《泰囧》的制片方北京光线传媒股份有限公司、北京光线影业有限公司、北京影艺通影视文化传媒有限公司和北京真乐道文化传播有限公司（被告）涉嫌不正当竞争及侵犯原告作品著作权，要求赔偿人民币一亿元，引起社会各界广泛关注。影著协经与北京高院知识产权庭联络，为促进行业健康发展，以案说法，以法定案，宣传普及版权知识，增强权利人的版权观念，4月25日在京组织召开《人囧》与《泰囧》侵权纠纷研讨会。为使与会专家学者对案件背景有较具体的了解，会前影著协向各与会专家学者发送了诉状以及两部影片的光盘；研讨开始时，先请原、被告律师及相关人员就案情和两部影片的摄制过程分别作了介绍；还请电影学院的赵玉忠教授专题讲解《影视剧作品名称与主创人员职责的行业惯例与规范》。

在研讨过程中，中国社会科学院知识产权中心主任李明德，中南财经政法大学校长吴汉东，华东政法大学教授、博士生导师王迁，上海大学知识产权学院院长陶鑫良，中国政法大学民商经济法学院教授张今，北京航空航天大学法学院教授孙国瑞等近十位著名版权专家从剧本、拍摄、人物等多方面，复制权、改编权以及所谓的“续拍权”等多角度分析论证，一致认为被告并不侵犯著作权。蒋志培、马晓刚两位律师也从实务操作的层面，分析了案件案情，结论与上述专家观点一致。对于不正当竞争，与会专家则认为，从会上原告列举的证据和法律依据来看，诉不正当竞争也有些牵强，还需要原被告双方在法庭上提交更多的证明材料才能判断。

国家新闻出版广电总局电影局副巡视员张玲及中国电影制片人协会执行理事长明振江发言表示，涉案双方应该冷静下来，多听听专家的建议，不要炒作，力戒偏执，以事业发展为重，努力寻求和解之道。会后，影著协将会议记录报送相关管理部门和北京市高院知识产权庭，供其参考。

近年来，不少电视台和网络视频以介绍、评论影片为名，未经电影著作权人许可，大段或分段使用电影作品的情况泛滥成灾。节目制作方和电影权利人对该种行为是否属于《著作权法》第二十二条规定的合理使用范围各执一词，争论不休。为此，影著协于12月8日在青岛市召开“影视片段使用界定研讨会”。全国人大教科文卫委员会，最高人民法院知识产权庭，国家新闻出版广电总局法规司、版权管理司、电影局等相关部门领导以专家身份出席会议。为了使会议有的放矢，影著协准备了六段不同类型的视频节目供专家观看。参加会议的中国人民大学知识产权学院院长刘春田，北京大学知识产权学院常务副院长张平，中国社会科学院知识产权中心主任李明德，中南财经政法大学校长吴汉东，华东政法大学教授王迁，北京电影学院教授赵玉忠，北京市浩天信和律师事务所高级合伙人马晓刚，美国电影协会法律顾问杨军等近20位专家、学者，从汇编作品、演绎作品、合理使用、法定许可及司法实践和国外经验等不同角度畅谈了对这一问题的看法。经过讨论，与会专家一致认为，大量使用电影片段而又未能形成独立享有著作权的新作品，不应适用《著作权法》第二十二条第二款的规定，使用者必须获得电影著作权人的许可并支付著作权使用费；即便在使用电影片段之后形成了享受著作权的新作品，使用者一般也应向权利人支付报酬。根据研讨会形成的意见，影著协组织相关权利人做了几个典型案例，纠正侵权行为，维护合法权益，以期引起相关部门的关注，平衡相关行业的利益。

此外，应海淀法院知识产权庭的邀请，影著协还主持了以乐视网等四家公司为原告、电影网为被告、涉及百余部电影作品的侵权纠纷案件的调解工作，这是影著协在庭外调解方面做出的有益尝试。

（史文霞）

中国互联网协会网络版权联盟

2013年，中国互联网协会网络版权联盟（以下简称联盟）积极开展互联网行业版权热点研讨等行业交流活动，举办“《著作权法修改草案》意见征集研讨会”分论坛，推动互联网知识产权宣传工作，参与司法合作进行纠纷调解。

一、举办行业交流活动，促进产业发展

2013年1月11日，联盟与北京市朝阳区人民法院知识产权庭共同召开“互联网开放平台法律研讨会”。会议邀请最高人民法院、北京地区三级法院代表以及互联网代表企业参加。与会者围绕开放平台的定义、使用技术、商业模式、发展前景以及开放平台经营中的法律困惑和风险防范等问题进行讨论，为进一步推动开放平台的发展提供支持，为司法审判工作提供所需的理论指导与支撑。

4月1日，联盟与首都广播电视节目制作业协会在第十二届“北京电视节目交易会”上联合举办“《著作权法（修改草案）》意见征集研讨会”的分论坛。多家互联网视频企业及影视制作公司、版权人参加会议，围绕《著作权法（修改草案）》中相关条款展开讨论。互联网企业、影视制作公司作为电影电视节目的制作和传播产业链中至关重要的一环，共同维护产业利益，为立法机构完善司法保护提出有价值、公正、有理有据的意见。

4月16日，联盟与北京市第一中级人民法院知识产权庭联合举办“涉微博著作权问题研讨会”，邀请最高人民法院、北京地区三级法院代表，腾讯、新浪、搜狐等相关互联网企业代表及北京大学、中国人民大学、清华大学的专家学者共同参加会议。会议围绕各互联网运营商在微博实际运营中遇到的相关著作权问题进行沟通，借此促进学术界、司法界与实务界的广泛交流，推动这一领域的深入研究。

4月25日，为加大首都互联网领域的知识产权保护力度，加强涉网知识产权纠纷调解工作，联盟与北京市高级人民法院知识产权庭联合举办以“调判结合促发展，法治护航保和谐”为主题的第四届“首都知识产权保护论坛”。工业和信息化部科技司、中国互联网协会、北京市知识产权局、北京市版权局、中关村知识产权促进局等相关部门的领导，北京市高级人民法院及各基层法院知识产权庭、刑事审判庭的30名法官代表，50多名互联网企业代表、调解员代表，共百余人参加会议。

会上，法官代表分别就网络服务提供者的过错认定、涉微博著作权问题研究、侵犯商标权案件中团购网站法律责任的定性与分析、互联网开放平台相关问题探讨、网络著作权诉讼中追加的几个问题开展交流，互联网企业代表围绕互联网新型不正当竞争及相关法律问题探讨、互联网开放平台的知识产权问题分析、商业模式创新与知识产权保护等主题进行互动。

借助该次活动，北京市高级人民法院知识产权庭与中国互联网协会调解中心联合发布了各基层法院与中国互联网协会调解中心2009—2013五年间共同参与调解的、涉及互联网的知识产权领域十大案例，并特别对建立委托调解机制以来，互联网领域纠纷调解工作表现优秀的法官、调解员以及积极配合调解工作的互联网企业法务人员表示感谢。

9月17日，联盟与广东省高级人民法院知识产权庭在广州联合主办“互联网知识产权司法保护座谈会”。广东省高级人民法院知识产权庭庭长陈国进、副庭长张学军、邱永清和法官代表，以及互联网企业代表参会讨论。法官代表分别就涉网知识产权纠纷中存在的问题及对行政、立法、司法的相关建议和意见与互联网企业代表进行交流讨论，听取企业建议。

广东省高级人民法院知识产权庭庭长陈国进表示，为了更加突出人民法院为整个经济发展和互联网发展提供司法保护和司法保障的职责，适应司法审判新需求，知识产权庭计划继续开展如何加强知识产权互联网司法保护，促进互联网经济公平有序发展专项调研。

二、加强司法合作，有效化解网络知识产权纠纷

2013年2月28日，在中国互联网协会调解中心的调解下，环球唱片公司、华纳唱片公司、索尼（中国）有限公司、金牌大风娱乐有限公司等四大唱片公司与北京搜狐互联网信息服务有限公司、北京搜狗信息服务有限公司在北京市高级法院的主持下签订和解协议，确认双方共同致力于互联网音乐作品的运营模式创新以及互联网音乐作品著作权保护模式创新，展开全面的合作，并就全面合作的具体方式及内容签订了合作协议及反盗版协议等，该案得以圆满解决。据此，搜狐公司、搜狗公司与四大唱片公司多年的版权纷争得以彻底化解，亿万网民从此可以在搜狗网站获得大量正版歌曲。

该案由北京市高级人民法院委托调解，涉及音乐作品105首，涉案总标的达5 400万元，在国际上产生很大影响。

2013年7月23日，杭州市西湖区人民法院与中国互联网协会调解中心签订委托调解协议，正式委托中国互联网协会调解中心对西湖法院受理的部分涉互联网纠纷进行行业调解工作。杭州作为中国电子商务的中心，西湖法院作为涉互联网纠纷典型案例的中心，双方建立合作调解机制，共同探索涉互联网纠纷的多元化解决机制，为法院审判工作和中国互联网产业的健康发展发挥积极有效的辅助作用。

9月，北京市高级人民法院下发《关于民事纠纷立案阶段委托调解试点工作的规定（试行）》，中国互联网协会调解中心作为互联网行业的专业调解机构，成为该次试点工作中五家指定调解组织的其中一家，民事纠纷立案阶段委托调解试点工作是为了进一步完善立案阶段多元化解工作机制，促进诉调对接工作，探索建立人民调解、行业调解、行政调解和协调为主要内容的诉前调解网络，为人民群众提供更多可供选择的纠纷解决方式，引导当事人以调解方式理性和平解决纠纷，加大矛盾纠纷的源头和基层化解力度。该试点工作先行在北京市东城区人民法院、北京市西城区人民法院、北京市朝阳区人民法院、北京市海淀区人民法院、北京市丰台区人民法院五个基层法院试点开展。

10月15日，中国互联网协会调解中心与北京市人民检察院第一分院在北京签署《关于加强工作协作、保护知识产权的框架协议》。双方建立的沟通联络机制以及与互联网企业搭建的合作平台，是构建知识产权检察监督格局的重要探索。根据协议，双方合作开展知识产权民事和行政案件的调解、和解及协调工作，学术研讨活动等；双方加强信息沟通和共享工作。

10月18日，杭州市余杭区人民法院与中国互联网协会调解中心在杭州签署《关于建立涉网纠纷诉调衔接机制的合作意向书》。双方在诉讼与非诉讼相衔接、知识产权纠纷解决机制等方面开展合作，在改善互联网纠纷解决机制方面开拓新的模式。合作内容还涉及中国互联网协会建立中国互联网协会调解中心驻余杭法院工作站，该工作站成为中国互联网协会调解中心成立的第一家派驻工作站。

（张燕桦）

中国软件联盟

2013年，中国软件联盟继续以软件正版化为工作重点，积极配合国家版权局、工业和信息化部及推进使用正版软件工作部际联席会议开展了一系列工作：

一、2013年4月26日，由推进使用正版软件工作部际联席会议举办的“软件正版化在中国”展览在京揭幕，联席会议成员单位的相关部门负责人、中国软件联盟理事长邹忭出席并参观了展览。

二、2013年5月21日，推进使用正版软件工作部际联席会议在京召开2013年软件正版化第一次督查工作总结会。国家新闻出版广电总局副局长、国家版权局副局长阎晓宏出席会议并认真听取了8个检查组的汇报，对下一步工作提出具体要求。作为联席会议办公室专家组成员，中国软件联盟理事长邹忭出席了会议。

三、2013年6月6日，由中国出版集团、央视网等70余家国内知名机构发起的首都版权联盟正式在京成立。中国软件联盟理事长邹忭、秘书长孙彦作为成员单位负责人参加了会议。

四、2013年6月22日，以“计算机软件著作权法律保护”为主题的研讨会在广州举行，该研讨会由华南理工大学知识产权学院主办，来自法院、高校、律师界以及BSA商业软件联盟、中国软件联盟等行业协会的60余名专家代表出席了会议，并就盗版软件对产业发展的危害和加强软件知识产权执法等议题进行了深入探讨。

五、由国家版权局指导，中国软件联盟和金山办公软件共同承办的正版软件与信息安全座谈会于2013年7月17日在京召开。推进使用正版软件工作部际联席会议部分成员单位代表及业界专家就如何将软件正版化工作与信息安全结合在一起展开讨论。

六、2013年8月16日，由中国机械工业联合会主办的“2013年机械行业企业软件正版化现场培训会”在辽宁沈阳召开。中国软件联盟秘书长孙彦参加会议并作演讲。

七、2013年9月12日，由国家版权局、工业和信息化部指导，湖北省版权局、中国软件联盟、中国勘察设计行业协会联合承办的使用国产CAD协同解决方案推进行业正版化工作研讨会在武汉召开。

八、由中国版权协会主办、中国联通协办的第六届中国版权年会2013年11月30日在北京召开。中国软件联盟理事长邹忭荣获“中国版权事业卓越者”奖。

（李　赜）

版权扫描

BAN QUAN SAO MIAO

版权界动态

◆立　法

【《计算机软件保护条例》等三条例正式施行】 2013年3月1日起，国务院新修改的《计算机软件保护条例》、《中华人民共和国著作权法实施条例》、《信息网络传播权保护条例》正式施行。三个条例中均对行政处罚罚款数额进行了调整和修改，特别是对中国现行《著作权法》第四十八条规定的侵犯著作权的行为提高了罚款上限，由原来的可处5万元和10万元以下的罚款，提高到可处20万元和25万元以下的罚款。

在新修改的《计算机软件保护条例》中将原来第二十四条第二款所列侵权行为的“可以并处每件100元或者货值金额5倍以下的罚款”，修改为“可以并处每件100元或者货值金额1倍以上5倍以下的罚款”；将原来的有前款第三项、第四项或者第五项行为的，“可以并处5万元以下的罚款”，修改为“可以并处20万元以下的罚款”。

在新修改的《中华人民共和国著作权法实施条例》中将原来第三十六条“有著作权法第四十七条所列侵权行为，同时损害社会公共利益的，著作权行政管理部门可以处非法经营额3倍以下的罚款”，修改为“有著作权法第四十八条所列侵权行为，同时损害社会公共利益，非法经营额5万元以上的，著作权行政管理部门可处非法经营额1倍以上5倍以下的罚款”；将原来的“非法经营额难以计算的，可以处10万元以下的罚款”，修改为“没有非法经营额或者非法经营额5万元以下的，著作权行政管理部门根据情节轻重，可处25万元以下的罚款”。

在新修改的《信息网络传播权保护条例》中将原来的第十八条、第十九条中的“并可处以10万元以下的罚款”，修改为“非法经营额5万元以上的，可处非法经营额1倍以上5倍以下的罚款；没有非法经营额或者非法经营额5万元以下的，根据情节轻重，可处25万元以下的罚款”。

（资料来源：《中国新闻出版报》　作者：赖名芳）

【国家版权局公开征求《使用文字作品支付报酬办法》修改意见】 2013年9月23日，国家版权局发布关于《使用文字作品支付报酬办法（修订征求意见稿）》公开征求意见的通知，面向全社会征集稿酬修改建议和意见。

《使用文字作品支付报酬办法（修订征求意见稿）》规定，原创作品每千字稿酬为100元至500元，翻译作品为每千字80元至300元，改编作品为每千字30元至150元，汇编作品为每千字10元至30元。相比1999年施行的《出版文字作品报酬规定》，此次修订征求意见稿中规定的稿酬标准有较大的提高。

此外，与1999年施行的《出版文字作品报酬规定》相比，此次《办法》中原创作品的版税率由原来的3%～10%提高到5%～15%，演绎作品的版税率则由之前的1%～7%提高到3%～10%。《办法》还明确规定了报刊刊载作品的支付方法：未与著作权人约定付酬标准的，应按每千字不低于150元的标准向著作权人支付报酬。报刊依照《著作权法》的相关规定转载、摘编其他报刊已发表的作品，应当自报刊出版之日起2个月内，按每千字150元的付酬标准向著作权人支付报酬。报刊出版者未按前款规定向著作权人支付报酬的，应当将报酬连同邮资以及转载、摘编作品的有关情况送交中国文字著作权协会代为收转。

同时，《办法》还规定，在数字或者网络环境下使用文字作品，除合同另有约定外，使用者应当参照该办法规定的付酬标准和付酬方式付酬。

（资料来源：新浪读书　作者：邱　琪）

【《使用文字作品支付报酬办法》征求意见座谈会召开】 2013年10月24日，国家版权局在北京召开《使用文字作品支付报酬办法》征求意见座谈会。

国家新闻出版广电总局副局长、国家版权局副局长阎晓宏在会上强调，《办法》修订工作要依据著作权法律法规的相关规定，坚持公正、公开的原则，处理好权利人与使用者、传播者和社会公众间的利益平衡关系。《办法》实行的是以指导性为主、指令性为辅的付酬标准；坚持契约优先的原则，作者可以和使用者通过合同约定的方式自行约定稿酬标准，如果两者没有合同或合同中约定不明确的，才应当按照《办法》来执行；报刊转载属于强制性付酬，应按照法定的标准向作者支付报酬。针对与会代表要求提高稿酬个人所得税起征点的问题，阎晓宏表示，国家版权局将尽快把意见反映给相关部门。

会上，肖复兴等5位作家及来自中国文联、中国作协、中国出版协会、中科院、文著协、北京高院、北京一中院和有关出版社、报刊社、数字出版单位、知识产权界等方面的20余位代表，对9月23日发布的《使用文字作品支付报酬办法（修订征求意见稿）》相关内容与条款进行了讨论。与会人员对中国国家版权局修改制定新的稿酬标准、付酬办法的举措表示充分肯定，认为《办法》既要符合当前的基本形势，又要为今后物价的上涨留下空间。

中国社科院法学所知识产权研究室主任管育鹰在发言中特别强调，《办法》与《著作权法》、《信息网络传播权保护条例》的相关规定不应相冲突，建议在《办法》第十三条“在数字或者网络环境下”前应该加上“依法”两个字。因为依照《著作权法》、《信息网络传播权保护条例》规定，只有在取得作者授权的前提下，网络才可以转载。

会上，与会代表还呼吁《办法》应尽快出台。国家版权局政策法制司负责人表示，将在开门、透明、公开的前提下广泛吸纳社会各界提出的科学、理性的意见，加快将《办法》补充完善后出台实施。

国家新闻出版广电总局政策法制司、版权管理司、新闻报刊司、出版管理司、数字出版司相关负责人参加了会议。

（资料来源：《中国新闻出版报》 作者：赖名芳）

【《教科书法定许可使用作品支付报酬办法》正式施行】 2013年10月29日，《中国新闻出版报》刊发了国家版权局与国家发展和改革委员会联合公布的《教科书法定许可使用作品支付报酬办法》，对教科书使用已发表作品支付报酬问题进行了明确与规范。该《办法》于2013年12月1日起正式施行。

《办法》对教科书的适用范围作了明确规定：“本办法适用于使用已发表作品编写出版九年制义务教育和国家教育规划教科书的行为。本办法所称教科书不包括教学参考书和教学辅导材料”。同时对稿酬标准进行了调整：教科书使用文字作品稿酬标准为每千字300元；音乐作品每首300元；美术摄影作品每幅200元，用于封面或者封底的每幅400元；在与音乐教科书配套的录音制品教科书中使用已有录音制品每首50元。教科书汇编者应当自教科书出版之日起2个月内每年向著作权人支付一次报酬。

12月5日，国家版权局在北京就《办法》的宣传贯彻问题召开座谈会。座谈会上，权利人代表和集体管理组织负责人一致认为《办法》出台及时，对广大权利人来讲是一件大好事。出版单位代表也表示，将认真贯彻执行好这个《办法》，做好教科书的付酬工作。与此同时，权利人代表对《办法》正式实施之前12年的作品付酬问题表示忧虑。国家版权局有关负责人表示，希望集体管理机构加强与作者、教科书编写出版单位的协商，双方共同解决历史遗留问题。

（《中国版权年鉴》编辑部综合）

◆ 司　法

【江西省加大卡拉OK作品司法保护】 2013年2月7日，《中国新闻出版报》刊发消息称，江西省赣州市中级人民法院判决：被告赣州市某娱乐有限公司立即停止侵犯《为什么相爱的人不能在一起》、《永远是朋友》等52首音像作品著作权行为，并要求其从歌曲库点播系统中删除上述作品；赔偿原告中国音像著作权集体管理协会（以下简称音集协）经济损失7.8万元，这相当于被告要赔偿原告每首歌曲经济损失1 500元。

法院认为，音集协是依法成立的音像著作权集体管理组织，其经佛山市顺德区孔雀廊娱乐唱片有限公司等著作权人授权取得涉案音像作品著作权有关的放映、复制权，按照合同授权，音集协有权以自己的名义向侵权人主张停止侵权、赔偿经济损失并支付其他合理费用的权利。据此，依法作出前述判决。

同日，赣州市中级法院还判决被告赣州市某餐饮娱乐有限公司立即停止侵犯《豆浆油条》、《祝你平安》等50首音像作品著作权行为，并从歌曲库点播系统中删除上述作品；赔偿音集协经济损失7.5万元。

（资料来源：《中国新闻出版报》
作者：邹征优　温雪岩　胡显耀）

【北京市海淀区法院审理《男人帮》著作权纠纷案】 2013年2月7日，北京市海淀区法院组成合议庭，公开审理了乐视网信息技术（北京）股份有限公司（以下简称乐视公司）诉北京新浪互联信息服务有限公司（以下简称新浪公司）侵犯著作权一案。

乐视公司诉称，其经合法授权，取得电视剧《男人帮》在中国内地的独家专有信息网络传播权，新浪公司未经许可，在其经营的看点网，向公众提供了该作品的在线播放服务。乐视公司认为《男人帮》经济价值与知名度极大，新浪公司的行为给其造成了经济损失，故诉至法院，请求法院判令新浪公司停止侵权行为并赔偿其经济损失及合理支出共计20万元。

新浪公司辩称，其与乐视天津公司签订版权合同，看点网上的播放行为有合法授权，故主张驳回乐视公司的诉讼请求。

庭审中，乐视公司与新浪公司所签订合同中的授权范围，以及新浪公司的行为是否构成超范围使用，成为双方当事人争论的焦点。合议庭也就相关合同条款的解释等问题休庭进行了讨论。

最终，双方就案件达成一致的调解意见，由新浪公司在15个工作日内向乐视公司支付5万元，乐视公司承担该案的诉讼费用。

（资料来源：《中国新闻出版报》 作者：邹 韧）

【四大唱片公司与搜狐、搜狗著作权案和解】 2013年2月28日，国际四大唱片公司与北京搜狐、搜狗公司在北京市高级人民法院的主持下签订了和解协议。至此，涉及105首流行歌曲、涉案总标的达5400万元的著作权案圆满解决，多年的版权纠纷得到彻底解决，亿万网民从此可以在搜狗网站获得大量正版歌曲。

在和解协议里，国际四大唱片公司——环球唱片有限公司、华纳唱片有限公司、索尼音乐娱乐香港有限公司、金牌大风娱乐有限公司与北京搜狐互联网信息服务有限公司、北京搜狗信息服务有限公司共同确认：双方共同致力于互联网音乐作品的运营模式创新以及互联网音乐作品著作权保护模式创新，并就此展开全面的合作，同时就全面合作的具体方式及内容签订了合作协议及反盗版协议；四大唱片公司不再主张上诉请求；搜狗公司投入一笔款项，用作支持国际唱片业协会（IFPI）的反盗版基金。同时，搜狗公司与四大唱片公司另达成协议，搜狗公司支付版税，四大唱片公司同意授权搜狗公司上传其全部完整歌曲目录及即将推出的新歌曲目录；网络用户可以直接从搜狗网站免费在线播放及下载相关歌曲。

（资料来源：《中国新闻出版报》
作者：邹 韧 魏 芳）

【《人在囧途》状告《泰囧》侵犯著作权】 2013年3月2日，影片《人在囧途》制片方武汉华旗影视制作有限公司（以下简称华旗影视）在京召开新闻发布会，宣布正式对《人再囧途之泰囧》（以下简称《泰囧》）发起“侵权”诉讼。被诉方共包括四家公司，分别为：参与《泰囧》制作的北京光线传媒股份有限公司、北京光线影业有限公司、北京影艺通影视文化传媒有限公司以及北京真乐道文化传播有限公司。

华旗影视称，2013年2月28日，北京市高级人民法院已经正式受理了该公司提起的“不正当竞争及著作权侵权之诉”。在当天的新闻发布会上，华旗影视代理律师崔莉向与会媒体展示了北京市高级人民法院下达的受理案件通知书。

（资料来源：《法制日报》 作者：余瀛波）

【建筑设计公司与BSA成员公司就软件著作权纠纷达成和解】 2013年3月18日，商业软件联盟（BSA）对外宣布，其代表欧特克等成员公司，就其与大连六环景观建筑设计院有限公司（以下简称大连六环公司）在大连中院的软件著作权纠纷达成和解。大连六环公司将以主要采购正版软件加部分补偿款的方式向权利人公司支付总计225万元人民币了结此案，同时承诺在企业内部积极推进软件正版化，倡导景观设计行业使用正版软件。

BSA中国区总监兼首席代表王晓艳说：“景观设计与建筑密不可分，尊重和保护软件知识产权，也会为大连六环公司吸引更多重视声誉和长远发展的潜力客户。我们希望此次和解能够提升景观设计行业的知识产权保护意识，加速全行业的软件合规进程。”

大连六环公司何雁表示：“严格遵守法律规定、保护知识产权对于推动景观设计行业的持续创新和规范发展至关重要。作为国内景观设计行业的知名企业，在带头承诺使用正版软件的同时，还会与软件联盟携手合作，共同推进全行业的知识产权保护意识和软件正版化进程。”

（资料来源：中国经营网 作者：杨 颖）

【微软公司在武汉起诉企业侵犯软件著作权胜诉】 2013年4月12日，微软中国有限公司代表专程来到武汉市中级人民法院（以下简称武汉市中院），对该院公正审理了微软公司起诉商业用户侵犯微软Office等系列软件著作权案件表示感谢。

2011年10月，微软公司在武汉起诉北京某科技有限公司（以下简称北京某公司）侵犯Microsoft Office系列计算机软件著作权。

原告微软公司诉称，其开发完成了包括Office 2000、Office XP、Office 2003、Office 2007、Office

2010 版本的 Microsoft Office 系列计算机软件，并在美国首先发布。2011 年 8 月，微软公司发现被告北京某公司未经授权许可，擅自在其位于武汉市洪山区中商广场和北京市朝阳区铜牛国际大厦内的两处主要经营地，以及其他各办事处、服务站、流通研究院、创新中心等的相关计算机上，非法复制、安装并商业性使用了微软公司依法享有著作权的上述办公软件，侵犯了微软公司依法享有的软件著作权，请求法院判令被告北京某公司立即停止侵权行为，删除或销毁持有全部侵权复制件及其载体，同时赔偿微软公司经济损失人民币 2 881 770 元和为制止侵权行为所支付的调查取证费、律师费、公证费、保全费等合理损失人民币 101 191 元；还要求北京某公司在《法制日报》上向微软公司书面道歉。

被告北京某公司则辩称，被抽查的 9 台电脑均为该公司员工个人所有，公司对员工购买电脑无强制要求，也无法控制员工具体使用哪些软件，同时基于员工的流动性强的现状，也无法对员工使用软件状况进行检查；公司对员工购买笔记本电脑发放的经济补贴并未明确说明是对软件使用的补贴；公司对外招聘信息对员工要求仅为笼统要求，也并不代表员工一定必须使用该软件，故请求法院驳回微软公司的诉讼请求。

武汉市中院经审理认为：微软公司开发完成 Microsoft Office 2003、Microsoft Office 2007 和 Microsoft Office 2010 三种办公软件，并在美国版权局进行了著作权登记。根据中国《著作权法》和《计算机软件保护条例》的有关规定，中国与美国均为《伯尔尼保护文学和艺术作品公约》成员国，故原告微软公司对上述三种软件享有的著作权应受到中国法律保护。

2012 年 12 月，武汉市中院一审判定：北京某公司利用职工自有电脑中复制安装的涉案软件完成经营任务的行为，属于未经许可商业使用微软 Office 办公软件，构成对微软公司相关软件复制权的侵犯，应根据其员工实有人数、侵权软件在抽查电脑中所占比例以及正版软件的销售价格计算并赔偿微软公司经济损失人民币 2 368 912 元和为制止侵权行为所支付的合理费用人民币 101 191 元。

该案判决后，被告北京某公司不服，提出上诉，上诉过程中与微软公司达成和解，并撤回上诉。

（资料来源：湖北新闻网　作者：陈　峰　徐丹丹）

【音著协为五首歌曲维权获胜】　2013 年 4 月 11 日，《中国新闻出版报》刊发消息称，深圳市南山区人民法院就中国音乐著作权协会（以下简称音著协）诉深圳市腾讯计算机系统有限公司著作权权属、侵权纠纷五案作出一审判决，腾讯公司侵犯著作权人的复制权及信息网络传播权，被判处赔偿经济损失及合理支出 1.5 万元。

音著协称，其接到会员投诉，腾讯公司未经许可，在其网站上以“搜搜”等栏目形式大量侵权，提供歌曲在线播放、下载服务。音著协在腾讯公司网站的相关栏目中随机选取了《我爱五指山 我爱万泉河》、《女人是老虎》、《乡恋》等五首歌曲进行公证，之后向法院提起诉讼，要求腾讯公司停止侵犯音乐著作权人合法权益，并赔偿涉案歌曲的著作权使用费。

腾讯公司辩称，其经营的网站提供的是搜索引擎和深度链接服务，本身并无使用涉案歌曲的行为，网页显示的歌词为系统自动存储展示的第三方网站内容，不构成侵权；同时，在接到本案诉讼通知后立即断开了与涉案歌曲内容的链接，没有侵权的主观过错，未给权利人造成损失而不应承担侵权赔偿责任。

法院经审理认为，搜索引擎服务不应替代第三方网站直接向用户提供内容，而根据音著协提供的证据，足以认定腾讯公司完整地将涉案歌词放置在其服务器上，并在网站的页面提供了歌词的全部内容，使得用户可直接获取而无须再浏览来源网站。法院确认腾讯公司的此种操作方式已实际起到了取代来源网站的作用，并且这种方式未得到歌词作者的许可，属于侵犯著作权人的复制权及信息网络传播权的行为，故作出上述判决。

（资料来源：《中国新闻出版报》　作者：邹　韧）

【钱锺书书信手稿拍卖案终审宣判】　2014 年 4 月 13 日，杨季康（笔名杨绛）诉中贸圣佳国际拍卖有限公司、李国强侵害著作权及隐私权纠纷一案终审宣判，北京市高院驳回中贸圣佳国际拍卖有限公司的上诉，维持原判。

钱锺书及其配偶杨季康、其女钱瑗与李国强系朋友关系，三人曾先后向李国强寄送私人书信共计百余封，上述信件由李国强保存。2013 年 5 月，中贸圣佳公司发布钱锺书书信手稿拍卖公告，公开拍卖上述私人信件。

钱锺书遗孀杨季康得知后，向法院申请诉前禁令，北京市二中院作出中贸圣佳公司不得在拍卖、预展及宣传等活动中采用公开发表、展览、复制、发行、通过信息网络传播等方式实施侵害钱锺书、杨季康、钱瑗涉案书信手稿著作权行为的禁令。

此后，杨季康向市二中院提起侵害著作权及隐私权诉讼，请求法院判令中贸圣佳公司和李国强停止侵权行为，公开道歉，赔偿经济损失50万元，并支付精神损害抚慰金15万元以及合理费用5 000元。

市二中院一审判决：中贸圣佳公司停止涉案侵害书信手稿著作权行为，赔偿杨季康10万元经济损失；中贸圣佳公司、李国强停止涉案侵害隐私权的行为，共同向杨季康支付10万元精神损害抚慰金；中贸圣佳公司、李国强就其涉案侵权行为向杨季康公开赔礼道歉。中贸圣佳公司随后上诉。

市高院指出，中贸圣佳公司作为拍卖人未能举证证明其履行了《拍卖法》规定的，与委托人签订委托拍卖合同，审查委托人的身份证明，要求委托人提供与著作权、隐私权相关的其他资料等法定义务，对此应承担相应的侵权责任。法院同时指出，中贸圣佳公司召开研讨会、向鉴定专家提供涉案书信，且未与专家就不得对外提供涉案书信等事项进行约定，也未对专家作出此类明示，以及通过其网站转载媒体相关文章等行为，侵犯了杨季康等人对涉案书信享有的发表权、复制权、发行权、信息网络传播权、获酬权及杨季康等的隐私权。

法院指出，本案中权利人的实际损失和侵权人的违法所得均无法确定，故原审法院根据涉案书信的知名度和影响力，中贸圣佳公司的过错程度及侵权行为的时间、规模、性质、情节等因素酌定10万元的著作权侵权赔偿，并根据中贸圣佳公司、李国强的过错程度、侵害手段、场合、行为方式、侵权行为所造成的后果以及侵权人承担责任的经济能力等因素酌情确定10万元的精神损害抚慰金，尚属恰当。因此，法院判决驳回上诉，维持原判。

（资料来源：《京华时报》 作者：孙思娅）

【《风声》作者诉苹果公司网络侵权案胜诉】

2013年4月23日，北京市第二中级人民法院就原告磨铁数盟信息技术有限公司、麦家、于卓诉苹果公司侵犯信息网络传播权纠纷的三起案件作出一审判决。北京二中院依据审理查明的事实，判决苹果公司赔偿北京磨铁数盟信息技术有限公司经济损失人民币52万元及因诉讼支出的合理费用人民币1万元；赔偿麦家经济损失人民币20万元及因诉讼支出的合理费用人民币5 000元；赔偿于卓经济损失人民币1万元及因诉讼支出的合理费用人民币2 000元。

原告北京磨铁数盟信息技术有限公司、麦家、于卓起诉称，其享有《明朝那些事儿》系列丛书、《风语》、《风声》、《暗算》、《解密》、《挂职干部》等作品的著作权。原告于2012年发现被告美国苹果公司经营的应用程序商店（App Store）在线销售原告享有著作权的涉案作品并为iPhone、iPad用户提供下载该作品的服务。苹果公司未经原告许可，将原告享有著作权的涉案作品通过网络向社会公众提供下载服务并获取经济利益，其行为侵害了原告所享有的著作权，给原告带来巨大的经济损失，故起诉至法院，请求判令苹果公司停止侵权并赔偿各原告经济损失及合理支出共计425万元。

被告苹果公司答辩称，美国苹果公司是一家经营硬件为主的企业，其产品主要为iPhone、iPad等多媒体通信设备，涉案的应用程序商店（App Store）并非由其经营，而是由其位于卢森堡的关联企业艾通思公司负责运营和管理，故美国苹果公司并未参与涉案应用程序的上传、传播，也并不存在帮助侵权的情况，故不同意原告的诉讼请求。

苹果公司的全资子公司艾通思公司作为该案的第三人参与了案件的审理，艾通思公司称：艾通思公司是中国的应用程序商店的运营者。应用程序商店向开发商提供信息存储服务，并受其委托向最终用户收取费用，在扣除标准佣金后将全部收益转交给开发商，其并不知道开发人的侵权行为，故不应当承担侵权责任。

根据查明的事实，北京市二中院认为：尽管艾通思公司参与了App Store的部分运营工作，但苹果公司作为综合性网络服务平台App Store的运营者，对App Store网络服务平台具有很强的控制力和管理能力，其通过App Store网络服务平台对第三方开发商上传的应用程序加以商业上的筛选和分销，并通过收费下载业务获取了可观的直接经济利益，故对于App Store网络服务平台提供下载的应用程序，应负有较高的注意义务。在该案中，被告苹果公司并未尽到其适当的注意义务，具有主观过错，故对于涉案应用程序的侵权，应承担相应的法律责任。

（资料来源：中国法院网 作者：沈 冲 涂 浩）

【新浪因侵犯版权被判向央视国际赔款7万元】

2013年4月24日，因未经授权擅自在网站播放大型美食纪录片《舌尖上的中国》，新浪被北京市海淀区法院判决向原告央视国际网络有限公司赔款7万元。

作为中央电视台的网络传播中心及中央电视台官网，央视国际网络有限公司诉称已获中央电视台授权，独占该纪录片的信息网络传播权。然而，原告发现新浪网未经许可，擅自向网友提供该视频内容的在线点播服务，并在网站纪录片首页推荐和展示该片。新浪公司的前述行为，严重侵犯了央视国际对该片享有的的信息网络传播权，故诉至法院请求判令新浪赔偿经济损失及合理开支共 80 万元。

对此，新浪辩称，新浪曾和央视国际相关的一家公司商谈取得授权，后因该片权属发生变化，故新浪未取得相应授权。在接到央视国际的通知后，新浪已经将该视频立即下线，已将损失降到最低，故不同意央视国际的诉讼请求。

海淀法院审理认为，《舌尖上的中国》由一系列有伴音的画面组成，包括了导演执导以及摄像、配音、配乐、剪辑等大量前期创作和后期处理，属于以类似摄制电影的方法创作的作品。根据该片片尾署名情况，在新浪未提交相反证据的情况下，法院确认中央电视台为该片的著作权人。央视国际根据《授权书》，取得该片的信息网络传播权，有权对新浪公司提起侵权之诉。

现有证据表明，新浪未经许可在其网站上提供了该纪录片的在线播放服务，侵犯了央视国际享有的信息网络传播权，应承担相应的侵权责任，故判令新浪赔偿央视国际经济损失 7 万元。

（资料来源：《京华时报》 作者：张淑玲）

【中美芯片著作权诉讼中方胜诉】 2013 年 4 月，美国微芯科技（以下简称美国微芯）诉上海海尔集成电路有限公司（以下简称上海海尔）有关芯片著作权侵权的诉讼，获得终审判决：上海高级人民法院维持上海中级人民法院的判决，美国微芯诉上海海尔的芯片著作权侵权的指控不成立，驳回美国微芯全部诉求。这项历时近 6 年的中美新片著作权诉讼“马拉松”以中国公司胜诉落幕。

上海海尔设立于 2000 年，产品由最初的 8 位通用型 MCU 基础上扩展至 32 位的标准专用产品线，面向白色家电、工业控制、汽车电子、加密应用、智能电表、电力线载波、智能家居、无线射频、触控等广泛领域。在上海海尔受到美国微芯的芯片微代码著作权侵权指控后，国内权威机构组织国内外技术和知识产权专家进行了比对论证，确定上海海尔芯片采用硬连线而非微程序实现指令译码，不存在任何侵权行为。

（《中国版权年鉴》编辑部综合）

【著名翻译家马爱农维权起诉二出版社】 2013 年 7 月 1 日，人民文学出版社编审、著名翻译家、《哈利·波特》译者马爱农委托律师分别将中国妇女出版社、新世界出版社诉至北京市朝阳区人民法院，法院已正式立案受理。

2013 年 12 月 17 日下午，北京市朝阳区人民法院进行了判决。法院认定，马爱农对其翻译后形成的中文本《绿山墙的安妮》享有著作权。经比对，中国妇女出版社版《绿山墙的安妮》与人民文学出版社版《绿山墙的安妮》表达方式相同的字数高达约 97%，属于侵犯马爱农署名权、修改权、复制权及发行权的作品。判决被告中国妇女出版社于本判决生效之日立即停止出版、发行涉案图书，并在行业报刊上刊登致歉函，赔偿马爱农经济损失及合理支出 3 万元。对此判决，马爱农表示，要提起上诉。而妇女出版社认为，《绿山墙的安妮》原著是公版书，马爱农的译本《绿山墙的安妮》仅为翻译作品，并称自己出版的署名周黎的《绿山墙的安妮》与马爱农译本雷同部分应该在 50%以上，未达到马爱农所称的比例，不同意马爱农的诉讼请求。

马爱农诉新世界出版社一案中，原告认为新世界出版社利用马爱农的知名度误导消费者，进行不正当竞争，对原告造成了经济和精神上的损失，因此请求赔偿 50 万元。

新世界出版社则认为，这些书都属于已过著作权保护期的公版图书，任何人都可以进行翻译，“马爱依”的翻译行为并不违法。2014 年 1 月 21 日，朝阳区人民法院判决马爱农胜诉。法院的判决书中写到：“马爱依”与“马爱农”读音相同，该 13 本图书显然属于仿冒马爱农姓名的图书，法院最终判决赔偿马爱农 11.5 万元。

新世界出版社并未提供证据证明孙豆豆的笔名确为马爱依，未对署名尽到合理的注意义务，而且具有利用马爱农的知名度和影响力不正当地增加涉案图书销量，以此获取不正当利益的主观意图，违反了市场竞争中的诚实信用原则，对马爱农构成了不正当竞争，应当为此承担停止侵权、赔偿经济损失的法律责任。

法院同时宣判，新世界出版社于判决生效之日起立即停止出版发行署名“马爱依编译”的涉案图书，赔偿马爱农经济损失 10 万元，赔偿马爱农合理费用 1.5 万元。

（《中国版权年鉴》编辑部综合）

【最高人民法院稳妥推进审判“三合一”试点】 2013 年 7 月 10 日，最高人民法院关于落实全国人大常委会对知识产权审判工作情况报告审议意见的报告介绍，最高法院积极开展建立知识产权专门法院的研究规划，稳妥推进知识产权审判“三合一”试点。

全国人大常委会的审议意见对知识产权审判体制和工作机制问题给予高度关注，特别对建立知识产权专门法院和适时有序扩大知识产权审判“三合一”试点工作提出多个可行性建议。

报告介绍，半年来，最高人民法院根据全国人大常委会审议意见精神，推动知识产权领域改革创新，知识产权审判体制和工作机制进一步优化；为适应日益增长的知识产权司法需求，扩大具有一般知识产权案件管辖权的基层法院数量；根据专利案件不断增长的趋势，修改相关司法解释，适当下放专利案件管辖权，指定符合条件的基层法院管辖第一审专利纠纷案件；实施人民陪审员“倍增计划”，选任更多具有技术背景的人民陪审员参与知识产权审判，规范人民陪审员参与案件审理的方式、流程，改进参审机制，保障人民陪审员依法行使职权，提高参审效果。

（资料来源：《法制日报》 作者：陈丽平）

【常州首例侵权书法美术作品著作权案尘埃落定】 2013年8月8日，江苏常州首例侵权书法美术作品著作权案宣判。被告东莞市万江添美纸品印刷厂将原告杨啸远的书法作品用作笔记本封面，构成侵权。双方达成协议，印刷厂立即停止侵权行为，并一次性支付原告赔偿款11万元。

据原告、常州市书法家协会副主席杨啸远介绍，2012年3月，他偶然发现一套笔记本封面上的书法是自己1986年创作的作品，已授权给上海文化用品进出口公司用作笔记本封面。2012年5月24日，杨啸远向天宁区法院投递诉状，将东莞市万江添美纸品印刷厂及常州关河路某大型超市告上了法庭，要求两被告停止侵权行为、赔偿经济损失50万元，这成为常州市第一例侵权书法美术作品著作权案。

天宁区法院经审理，判决东莞市万江添美纸品印刷厂和超市立即停止生产、销售涉案侵权商品，东莞市万江添美纸品印刷厂赔偿杨啸远经济损失16万元。

宣判后，被告东莞市万江添美纸品印刷厂提起上诉，经天宁区法院受理主持调解，印刷厂和杨啸远自愿达成协议：印刷厂立即停止侵权行为，并于2013年8月31日前一次性支付赔偿款11万元，同时承担案件受理费7 178元。

（资料来源：中国江苏网 作者：刘明珠 谈必行）

【“中国婚博会”会展公司被诉侵权】 2013年8月19日，上海法院网发布消息称，上海相墅企业发展有限公司以著作权侵权为由将上海博万会展有限公司诉至浦东法院。原告诉称，其于2007年6月1日创作完成美术作品《中国婚博会》，并于当日在上海首次发表。经中国版权保护中心审核，原告作为法人对该作品依法享有著作权，国家版权局于2011年9月13日向原告颁发了著作权登记证书。从2012年底起，原告发现，被告分别在上海光大会展中心及世博展览馆承办的婚庆展览会上将原告的《中国婚博会》作为该展会的名称，并在对外宣传、广告以及相关附属产品中大规模使用《中国婚博会》。被告又于2012年12月15—16日在上海世博展览馆召开“中国婚博会”，并在展览馆大范围使用《中国婚博会》。同时，被告在对外宣传中大量使用“中国婚博会”五个字，如在八号线人民广场站南京西路入口处的巨幅广告等。原告认为，被告的行为侵犯其著作权，故诉请判令被告：立即停止在其承办的婚庆展览会上使用原告的《中国婚博会》，包括停止使用“中国婚博会”五字；在其官方网站及《新民晚报》刊登向原告赔礼道歉的声明；赔偿经济损失100万元。该案尚在审理中。

（资料来源：上海法院网 作者：佚名）

【浙江首例微博著作权侵权案落槌】 2013年8月20日，浙江省宁波市中级人民法院判决了浙江省首例微博著作权侵权纠纷案。被告宁波某化妆品公司被判赔偿原告华盖创意（北京）图像技术有限公司15 000元，并停止其侵权行为。

2013年6月，华盖公司向法院起诉称，在未经原告授权的情况下，被告自2013年1月起在其新浪官方微博中采用了华盖公司享有著作财产权的10张摄影作品并用于商业用途，侵犯了原告享有的著作财产权。双方多次协商无果后，华盖公司向法院提起诉讼。

华盖公司系美国Getty Images，Inc. 公司在中国境内的授权代表。法院经审理认为，本案中，被告未经许可，在公司的新浪微博中使用了涉案摄影作品进行商业宣传，将涉案摄影作品置于公开的信息网络中，侵害了原告享有的作品复制权和信息网络传播权，应承担相应的法律责任。

法院判决被告停止侵害原告摄影作品著作权的行为，并立即删除涉案微博中的上述摄影作品，同时赔偿经济损失及为制止侵权支出的合理费用共计15 000元。

法官表示，微博使用者创作的图片类微博，绝大多数是受著作权法保护的摄影作品或美术作品。至于微博文字是否受法律保护，主要的判断依据是该微博是否具有独创性。比如随手发的晒心情、晒生活的微博，并没有体现作者的智力创造过程或是独特思想，因此并不具有独创性，而经过作者字斟句酌创作的笑话、段子或是微小说、散文，能体现作者的智力创造过程，则应当认为具有独创性，理应成为著作权法保护的对象。

（资料来源：新华网　作者：郑　黎）

【因擅用《地下宫殿》片段　《明十三陵》侵权判赔一万】　2013 年 8 月 26 日，媒体发布消息称，因大恒出版社发行的《明十三陵》剪辑了纪录片《地下宫殿》的部分内容，中央新影制片厂起诉大恒发行社侵犯其著作权。最终，北京市海淀区法院审理后认定《明十三陵》侵权，判令大恒出版社赔偿中央新影制片厂经济损失 1 万元。

中央新影制片厂诉称，其完成纪录片《地下宫殿》的制作，并享有该片著作权。后发现大恒出版社发行的《明十三陵》中，未经其授权使用了该纪录片，并擅自进行了大量剪接和编辑。要求其停止侵权时，对方以各种理由拖延，且仍在各大书店、网店继续出售。故诉至法院，请求判令大恒出版社停止侵权、赔偿经济损失并道歉。

大恒出版社辩称，《地下宫殿》与《明十三陵》系不同作品，《明十三陵》运用的是音像素材，《地下宫殿》一片应为新闻纪录片，属于新闻范畴，不在著作权法保护范围之内，且其著作权保护的截止日期为 2007 年 12 月 31 日，目前已不受著作权法的保护。

法院经审理后认为，《地下宫殿》属于纪录片，是中国《著作权法》中规定的“以类似摄制电影的方法创作的作品”，故享有涉案纪录片的著作权。最终，法院判令大恒出版社赔偿中央新影制片厂经济损失 1 万元。

（资料来源：《北京晨报》　作者：彭小菲）

【毕飞宇《推拿》遭侵权案】　毕飞宇《推拿》曾获茅盾文学奖，接连被改编为电视剧和同名话剧，但市场上同时有两本《推拿》：一本是人民文学出版社出版的毕飞宇作品，而另一本是西苑出版社出版的署名陈枰的《推拿》。《中华人民共和国著作权法》规定，出版改编作品应征得原著作权人同意。因此，人文社认为西苑社侵犯了毕飞宇著作权中的改编权，同时也侵犯了人文社的专有出版权。人文社指出，西苑版《推拿》在版权页标注为“长篇小说”，封底注明“建议上架：当代小说”，这都向读者暗示该书是一本小说。

人民文学出版社相关负责人此前曾介绍，毕飞宇虽曾提供给他人长篇小说《推拿》的电视剧改编权，但从未授权他人出版电视剧《推拿》的剧本或小说。据悉，毕飞宇已将诉讼权授予人民文学出版社，人文社随后起诉西苑出版社和北京市新华书店王府井书店，要求二被告承担《推拿》著作权侵权的民事责任。

2013 年 9 月 3 日，北京市东城区法院受理并立案。10 月 25 日，北京市东城区人民法院开庭审理毕飞宇《推拿》遭侵权案。人民文学出版社起诉西苑出版社出版、署名为陈枰著的《推拿》涉嫌著作权侵权，原告要求被告刊登声明致歉，并索赔 42 万元。

在此次案件开庭中，由于意见不一致，双方未达成调解意向，法庭也未当庭宣判。2014 年 3 月 19 日，北京市东城区法院对作家毕飞宇和人民文学出版社诉编剧陈枰、西苑出版社侵权一案作出判决，认定被告陈枰、西苑出版社侵犯毕飞宇《推拿》著作权，剧本《推拿》下架，赔偿毕飞宇经济损失 5 万元；同时认定两被告未对人民文学出版社构成侵权，驳回毕飞宇和人民文学出版社索赔人民币 63 万元的诉求。20 日，身在法国参加巴黎书展的毕飞宇，通过《推拿》责编赵萍表示，他和人民文学出版社都将保留上诉的权利。

（《中国版权年鉴》编辑部综合）

【最高检发布知识产权犯罪十大典型案例】
2013 年 9 月 10 日，最高人民检察院下发 2012 年度打击侵犯知识产权犯罪十大典型案例，加强对检察机关侦查监督部门办理知识产权案件的指导。

这 10 个典型案例中涵盖了侵犯著作权、销售非法制造注册商标标识、销售假冒注册商标商品、侵犯商业秘密等侵犯知识产权犯罪的多项罪名，均是从各省级人民检察院侦查监督部门推荐的案例中选定的。

2013 年是中国实施国家知识产权战略 5 周年。近年来，侵犯知识产权犯罪呈逐年递增趋势。仅 2013 年上半年，中国检察机关就批捕涉嫌侵犯知识产权犯罪案件 1 428 件 2 176 人，起诉 2 253 件 3 805 人。

从 2008 年以来，最高检会同有关部门先后出台 3 个涉及惩处侵犯知识产权行为的司法解释文件，指导各级执法司法部门在惩治侵犯知识产权犯罪中准确适用法律，统一司法尺度。

（资料来源：人民网　作者：彭　波）

【电影《美姐》起诉腾讯视频侵权】 2013年9月17日，由青年导演郝杰执导、叶兰主演的电影《美姐》召开“起诉腾讯视频”新闻发布会。片方负责人孙奎表示，“在《美姐》公映之前，腾讯视频将其公布在腾讯的电影专区里，使所有网友都可以任意观看和下载”，使得“《美姐》的票房受到无法估量的严重影响，还将导致《美姐》今后销售网络版权和境外销售版权价格的降低”。片方要求腾讯视频公开道歉并赔偿损失，并表示深圳市南山区人民法院已经受理此案。

腾讯视频在接到片方声明以后，已经把视频撤下，但是孙奎称，“腾讯视频对此表现冷漠，既无道歉，也没有对传播的继续扩散采取措施”，“希望腾讯视频能够对给电影《美姐》所造成的伤害公开道歉，并依法赔偿给缘起公司（片方）造成的损失”。

孙奎透露，在2013年4月1日发现腾讯视频的侵权行为后，于4月3日向腾讯视频发出声明，并于4月23日发出了律师函。

（资料来源：新浪娱乐　作者：易东莹）

【咸阳3人因摆地摊卖盗版光盘获刑】 2013年9月18日，咸阳市渭城区法院做出陕西首例追究游商地摊非法经营出版物、销售盗版淫秽光盘刑事责任案件的一审判决，张某、赵某、张某某3人因侵犯著作权罪、贩卖淫秽物品牟利罪分别被判刑。

2012年9月3日18时许，省新闻出版局与咸阳市新闻出版、文化执法、公安等部门联合执法检查时，在咸阳渭城区北门口西北角百姓乐大药房门口，将正在摆摊销售盗版淫秽光盘的张某、赵某、张某某抓获，现场查缴张某盗版光盘5 585张、淫秽光盘148张，赵某盗版光盘3 440张、淫秽光盘291张，张某某盗版光盘1 280张。咸阳市渭城区法院以侵犯著作权罪和贩卖淫秽物品牟利罪数罪并罚，分别判处张某有期徒刑二年，缓刑三年，处罚金7 000元；判处赵某有期徒刑一年八个月，缓刑三年，处罚金7 000元。以侵犯著作权罪判处张某某拘役三个月，缓刑五个月，处罚金1 000元。

（资料来源：华商网—《华商报》　作者：佚名）

【百度状告奇虎抄袭败诉】 北京百度网讯科技有限公司认为北京奇虎科技有限公司抄袭百度站长平台文档，起诉对方侵犯著作权。2013年9月23日，北京市西城区法院一审判决驳回了百度的诉讼请求。

百度公司诉称，奇虎公司在未经许可、授权的情况下，抄袭百度公司创作的百度站长平台文档，并通过信息网络向公众传播，侵犯了百度公司的著作权。由于双方存在同业竞争，奇虎公司的侵权行为给百度公司造成了巨大的经济损失，故请求法院判定奇虎公司立即停止侵权、赔偿百度公司经济损失50万元并公开道歉。

奇虎公司称，两公司网站的内容并不相同，双方相同或近似的内容都是遵循行业通行的标准，奇虎公司也是自己创作的。

西城法院认为，百度公司主张被侵权的全部内容或因缺乏独创性，或囿于“表达有限”，均不属于受著作权法保护的具有独创性的表达，不是著作权法意义上的作品，判决驳回了其诉讼请求。

（资料来源：《京华时报》　作者：裴晓兰）

【《传奇》侵权案宣判　原告仅追回2 250元】 2013年9月25日，歌曲《传奇》著作权官司开庭，老扑文化（北京）有限公司将王菲演唱会的主办方、承办方、演唱会策划人及制作方——王菲经纪人陈家瑛的制作公司告上法庭，认为2010—2012年间的王菲中国巡回演唱会中演唱此歌是侵权。11月，该案由北京市第二中级人民法院做出判决，认定部分被告需支付原告《传奇》的词的使用费2 250元，另外被告还将支付原告诉讼费7 510元，驳回原告其他诉讼请求。

法院认为，2 250元仅为《传奇》歌词的著作权使用费，不包括曲，因法院经求证认为，作曲人李健加入了音著协，而王菲演唱会唱《传奇》向音著协支付过曲的费用，可将曲进行表演。

判决书指出，被告交纳给原告的金额，是根据音著协收取涉案演唱会使用费的数额及歌曲词、曲使用费的合理比例等因素酌定；并指出演唱会方向音著协交纳的著作权使用费是24首歌曲13.5万元。

（《中国版权年鉴》编辑部综合）

【中国青年出版社起诉百度文库索赔上千万】 2013年10月10日，百度文库再次因涉嫌侵犯著作权被告上法庭。中国青年出版社中青文传媒公司（下称“中青文传媒”）指控百度在未经授权许可的情况下，通过“百度文库”网站在线提供中青文传媒旗下三本书籍的电子版本，为此向百度索赔损失

1 818.65 万余元。该案在北京市第一中级法院非正式开庭。

根据起诉状，中青文传媒指出百度在未经授权许可的情况下，在“百度文库”网站上擅自向公众提供《高效能人士的七个习惯》、《现在，发现你的优势》和《考拉小巫的英语学习日记》三本书籍的电子版本，侵犯了出版者和作者的著作权，并造成巨大损失。中青文传媒要求百度停止侵权，同时向百度索赔损失 1 818.65 万余元。

中青文传媒的负责人透露，他们为相关维权措施已经准备了很久，同时启动了司法和行政两个渠道，在诉讼之外，还向行政主管部门投诉。据他们了解，百度于 9 月 30 日下午接到了国家新闻出版广电总局就侵权这三本书的行政处罚决定预先告知书，并随即删除了“百度文库”上这三本书的各类版本。

百度在 2011 年就向出版管理机关申请网络出版资格，但由于 2011 年多名作家联名控告百度侵权，国家新闻出版总署对百度作出行政处罚，导致百度 24 个月内不得申请出版资格。如果因为涉及中青文传媒的三本书而再次受到处罚，百度将在未来 24 个月内不得提出申请。因此，百度愿与中青文传媒达成和解。

此前，“百度文库”已多次身陷侵犯著作权纠纷案，多次被作家起诉，此次为出版社首次起诉。

（资料来源：财新网　作者：霍冰一）

【小米盒子被优酷土豆起诉侵权】　小米盒子 2013 年接连面临版权纠纷，继 8 月被迅雷、9 月被湖南卫视起诉侵权之后，2013 年 10 月 11 日，优酷土豆表示，已向北京市海淀区法院起诉小米盒子涉嫌对 10 部剧目侵权点播，优酷土豆要求小米盒子立即停止侵权行为、公开赔礼道歉，并赔偿 510 万元。

优酷土豆方面表示，涉案作品包括《北京青年》、《爱情公寓 3》、《楚汉传奇》等 2012 年以来的热播剧，优酷土豆已购买这些剧的相关权利，是相关信息网络传播权权利人。小米科技有限责任公司擅自在其经营的小米盒子上向公众放映上述作品，侵犯了优酷土豆的权利，严重违反了中国保护知识产权的制度，损害了优酷土豆的利益。目前海淀法院已经受理此案。

优酷土豆表示，除已起诉的 10 部剧目外，优酷土豆集团还对小米盒子侵权的其他多达 173 部的独家片源进行了取证，将逐步进行起诉。

这不是小米盒子第一次被诉侵权。2013 年 8 月，迅雷将小米科技公司告上法庭，称后者生产的小米盒子设置影视点播功能，盗播其电影《武侠》、《泰囧》，并要求赔偿经济损失 10 万元。9 月，湖南快乐阳光互动娱乐传媒有限公司也向海淀法院起诉称，小米盒子盗播湖南卫视王牌节目《天天向上》，请求法院判令被告立即停止侵权行为，并赔偿经济损失 10 万元。

2013 年 10 月 11 日，小米科技第一时间发声明对起诉做出回应，称小米盒子接入的是 iCNTV 未来电视运营的中国互联网电视集成播控平台，已经根据广电总局 181 号文件的要求，与具有牌照的互联网电视集成播控平台进行合作，保障内容合法合规。小米方面指出，包括节目采集与播控系统等全部由 iCNTV 未来电视进行管理，并只能通过播控平台接入视频内容。

（资料来源：《京华时报》　作者：顾梦琳）

【微软诉三公司索赔 50 万】　2013 年 10 月 11 日，北京市三中院已正式受理微软公司起诉公司盗版软件案，微软公司是 Microsoft Windows XP、Microsoft Office 和 Windows7 计算机软件的著作权人。通过公证从北京鸿日东方朝阳数码科技有限公司（简称“鸿日东方”）下属分公司朝阳第一销售分公司购买笔记本电脑，发现这些电脑中预装的 Windows 软件系盗版。在达成和解协议后，盗版行为依然发生。微软公司为此起诉鸿日东方等 3 家公司，索赔 50 万元。

在此之后，微软公司与该销售公司的总公司鸿日东方、北京鸿日新新电子技术有限公司曾经签订过和解协议，后两者均承诺不再进行未经微软授权许可就随机销售计算机预装盗版微软软件的行为。但使用盗版软件的行为依然继续发生。

微软公司随即将上述三家公司诉至法院，要求三被告停止侵权、赔偿经济损失及合理支出 50 万元并刊登声明，消除影响。

（资料来源：《京华时报》　作者：彭小菲）

【陕西佳创卓讯信息技术有限公司侵犯著作权案件宣判】　2013 年 10 月 13 日，陕西省版权局移送、西安市公安局侦办的陕西佳创卓讯信息技术有限公司（原陕西石基西湖软件有限公司）侵犯著作权案件，由西安市中级人民法院一审宣判，以侵犯著作权罪对陕西佳创卓讯信息技术有限公司及该公司负责人作出了刑事附带民事赔偿的处罚。

经法院审理查明，陕西佳创卓讯信息技术有限公司自 2010 年 10 月起，未经著作权人许可，违法销售著作权人的软件作品，非法所得30.945万元，非法经营数额较大，其行为构成侵犯著作权罪。判处陕西佳创卓讯信息技术有限公司罚金人民币16万元，判处该公司负责人何丹有期徒刑两年，缓刑3年，并处罚金人民币2万元。

此案由中国“扫黄打非”办公室等6部门挂牌督办，省“扫黄打非”办公室协调推动。这一案件的审判，成为陕西首例侵犯著作权刑事附带民事赔偿的案件，既有效打击了著作权领域的违法犯罪活动，又对被侵权人造成的损失给予了赔偿，营造了积极保护著作权的良好社会氛围。

（资料来源：华商网—《华商报》 作者：任 娇）

【百度诉360索赔一亿元案开庭】 2013年10月16日，百度以360违反“Robots协议”（机器人协议）为由起诉360侵权一案，在北京市一中院开庭审理。百度以360不正当竞争为名提出10 020万元的赔偿，360公司则反驳说百度滥用“Robots协议”扼杀搜索行业竞争。双方提交的证据超过了两万页，装满了一个小推车。2013年以来，百度和360已经在北京打了5场官司，已经一审判决的两起案件中，双方分别获得一胜。

百度作为原告起诉，指责360违反了“Robots协议”。据了解，搜索引擎的原理是，通过一种爬虫(Spider)程序，自动搜集互联网上的网页并获取相关信息。百度百科显示，“Robots协议”（也称为爬虫协议、机器人协议等）的全称是“网络爬虫排除标准”(Robots Exclusion Protocol)，网站通过“Robots协议”告诉搜索引擎哪些页面可以抓取、哪些页面不能抓取。

百度称，2012年8月，360搜索上线后，他们发现在百度Robots文本中还未将360爬虫写入的情况下，360便违反“Robots协议”内容，强制对“百度知道”、“百度百科”等百度网站内容进行了抓取。百度称，360在抓取、复制了百度网站的网页后，存储于自身的服务器，当网民进行搜索时，360直接向网民提供服务器内存储的内容。

百度认为，360的行为已经构成了不正当竞争。对于起诉，360在法庭上表示，百度和360打官司的背景原因是：360是其直接竞争者，360搜索的上线令百度市场份额直线下降。360表示其不构成不正当竞争。360说，百度旗下拥有百度知道、百度贴吧、百度文库以及百度百科等70多种产品，占互联网网页的15%，是新浪、搜狐和网易的总和。按照“Robots协议”设置的原则，百度应本着公平开放的原则，同时限制应当有正当理由，但百度利用“Robots协议”自设白名单，谷歌、微软必应、雅虎、搜狗等搜索引擎均可以抓取这些内容，而唯独不允许360搜索抓取这些内容。

360认为，这些内容页面实际上是由网友提供的，根据互联网的通行规则，这些页面的相关权利属于网友，360搜索索引这些内容页面并不涉嫌侵犯百度的权益，实际上还为百度带来了大量的用户和流量。“Robots协议”的本质是网站和搜索引擎爬虫的沟通方式，用来指导搜索引擎更好地抓取网站内容，而不是作为企业之间互相限制和不正当竞争的工具。而百度公司滥用“Robots协议”，设置歧视性条款以达到限制正当竞争的目的，会对国内的搜索引擎市场带来负面影响。

庭审中，两名来自北京大学信息学院的教授作为专家证人解释技术问题。法官根据双方的说法及材料当庭总结了三大事实。法官总结称：百度的“Robots协议”不允许360搜索的爬虫抓取及复制；360的爬虫抓取和复制百度网站的相关内容；在360强制抓取和复制后，百度采取了自动跳转百度首页的技术措施，此后360则采取直接提供网页快照的技术措施。

对于法官的总结，双方均表示基本认可。百度称，其强制跳转是对360不遵守“Robots协议”行为而采取的措施。360则称，其提供的网页快照下，还列出了百度网页的链接。此案没有当庭宣判。

（资料来源：《京华时报》 作者：孙思娅）

【经济参考报社诉网易侵权案终审胜诉】 2013年10月21日，广东省广州市中级人民法院就经济参考报社诉广州网易计算机系统有限公司著作权案做出终审判决，驳回上诉，维持原判。

2012年7月，因网易未经授权非法转载《经济参考报》稿件，经济参考报社遂向广州市天河区人民法院提起诉讼，要求被告停止侵权并赔偿损失。

一审法院审理查明，原告经济参考报社对《王健林：一个人的10个亿》等5篇涉案作品享有除署名权之外的著作权其他权利，被告未经原告许可亦未向原告支付任何费用，擅自在其经营的网站转载，其行为已侵犯了原告对上述涉案作品所享有的信息网络传播权。认为网易侵权事实成立，判令其停止侵权，赔偿经济参考报社经济损失包括合理支出共计人民币20 396元，并就部分侵权行为刊登声明向原告赔礼道歉。

随后，网易不服广州市天河区人民法院判决，向广东省广州市中级人民法院提起上诉。广东省广州市中级人民法院经二审庭审，对原法院查明的事实予以确认。法院认为，原审判决认定事实清楚，适用法律正确，予以维持。上诉人上诉理由不充分，不予支持，驳回上诉，维持原判。该判决为终审判决。

（资料来源：《经济参考报》 作者：魏 薇）

【央视网诉土豆网盗播版权内容】 2013年10月17日，央视网在其官方挂出消息称，央视网已就土豆盗播《舌尖上的中国》、《2012年伦敦奥运会开幕式》等版权内容上诉至上海市闵行区人民法院，该法院已经受理上诉请求。

央视网称，在未经授权的情况下，上海全土豆文化传播有限公司经营的“土豆网”将《舌尖上的中国》、《2012年伦敦奥运会开幕式》等内容上传网络传播，并伴有商业化操作，该行为已经客观上造成了央视方面的经济损失，并已构成侵权。

央视网要求，土豆网必须停止侵权节目的在线播放，并承担经济赔偿责任。

（资料来源：搜狐IT 作者：木 南）

【网络公司提供盗版软件下载被罚】 2013年10月23日，广东肇庆中级法院新闻发言人表示，利用设立网站上传盗版软件供网民免费下载牟利的案子目前在该市端州区法院审结，该网站的网络公司被判处罚金60万元，3名“伪站长”分别被判处一年六个月至三年不等有期徒刑并处罚金4万元至10万元不等。

2003年，王某坚设立了宽带网站，把服务器设在肇庆市，并先后注册了多个域名。该网站下设论坛、软件下载站、bt下载站和网址导航等分站点，主要提供由网民自发制作、上传的盗版微软软件供公众免费下载使用。为提升人气和点击量，从2007年开始，王某坚先后雇用于某等人为其制作不同版本的盗版Windows XP、Windows7操作系统软件，同时将盗版软件上传到该网站，供公众免费下载使用。

2008年7月，王某坚成立网络科技有限公司，该公司实际由王某坚一人出资设立并负责经营管理。为营利，在未经微软（中国）有限公司许可下，王某坚指示于某为其制作盗版Windows操作系统软件，并以修改浏览器主页、默认搜索页面、捆绑第三方软件等形式，在制作盗版Windows操作系统软件的过程中捆绑了百度搜索工具条、搜狗拼音输入法、金山毒霸、酷我音乐盒、雅虎搜索工具条等第三方合作软件，并从百度网讯科技有限公司等多家合作企业获取推广费。

梁某钊受雇于该公司，担任网站管理员，在明知未经微软公司授权的情况下，仍按照王某坚的指示，测试于某等人制作的盗版Windows操作系统软件，并制作成bt种子发布到该网站供公众免费下载获利。经查证，该网站发布的各种版本的盗版Windows操作系统软件累计下载数量达15 870次。

端州区法院经审理认为，被告单位网络公司为谋取非法利益，未经著作权人许可，复制、发行其计算机软件，其行为已构成侵犯著作权罪。被告人王某坚作为直接负责的主管人员，被告人于某、梁某钊作为其他直接责任人员，其行为已构成侵犯著作权罪。

根据下载数量，各被告人的行为属于情节特别严重，论罪应处三年以上七年以下有期徒刑，并处罚金。在共同犯罪中，被告人王某坚作为管理人员享有较大的经营决策权，作用相对较大，是主犯，鉴于有一定的悔过，酌情从轻处罚；被告人于某、梁某钊作为受雇者，根据雇主的安排参与其中，起次要作用，是从犯，且二人认罪态度较好，均可减轻处罚。

法院依法判被告单位网络公司处罚金60万元；被告人王某坚、于某、梁某钊犯侵犯著作权罪，分别判处有期徒刑3年并处罚金10万元、有期徒刑1年8个月并处罚金5万元，以及有期徒刑1年6个月并处罚金4万元。

（资料来源：中国新闻网
作者：黄耀辉 彭汉文 麦彦彦）

【央视国际告二公司擅播节目侵权】 因认为两公司销售的“高清播放机”擅自播放CCTV1等24套央视节目，央视国际网络有限公司以侵犯著作权为由将对方诉至法院。该案于2013年10月24日在北京市海淀区法院开庭审理。

原告央视国际诉称，二被告生产、销售的“K670 3D高清播放机”通过互联网向用户提供电视直播、回播和点播服务，涉及CCTV1至CCTV12等共计24个央视频道，而其公司经过中央电视台授权，取得以上所有频道电视节目之独占性的通过信息网络向公众传播、广播提供的权利，二被告在未经授权的情况下向用户提供这些频道节目的直播、回播和点播服务，明显侵犯其著作权，因此要求被告停止提供电视频道的链接信息，并在报纸显著位置上刊登侵权声明，而对于赔偿金额问题，代理律师表示："根据央视国际对类似的使用酌定，授权高于100万元。"

对此，被告深圳开博尔科技有限公司辩称，该公司生产的播放器没有直播、回播、点播央视节目的功能，且公司仅为硬件生产商，不提供网络服务。另一被告北京祥远天意公司的经理王先生也进行了回应。双方均当庭表示同意调解。

（资料来源：《北京晨报》 作者：彭小菲）

【《外婆的澎湖湾》词曲作者告50家酒店、KTV侵权】 被广为传唱的《外婆的澎湖湾》、《乡间的小路》等歌曲的词曲作者、台湾知名词曲作家叶佳修，自2013年1月开始就成了广东省东莞市第三人民法院的"常客"，其以著作权侵权为由，频频将东莞各酒店、KTV告上法庭。至2013年10月25日，该院受理的叶佳修作为原告的著作权侵权案就达到了40宗。

叶佳修的代理律师称，叶佳修于2011年6月28日签订《授权委托书》，委托律师就其音乐著作权遭受不法侵害事宜，在中国大陆执行维权行动。东莞许多歌舞娱乐场所在未缴纳版权使用费的情况下，将叶佳修享有著作权的30余首词曲音乐作品以卡拉OK点歌的形式面向公众进行商业使用。对此，叶佳修已对相关行为进行公证并作为证据提交法院，要求相关酒店、KTV停止侵权行为，并开出了5万元到10万余元的赔偿要求。

在叶佳修主张权利的曲目中，可以看到绝大多数是台湾的民谣，在大陆传唱较广的歌曲有《外婆的澎湖湾》、《乡间的小路》等。

对于叶佳修的起诉，许多酒店、KTV大感愕然并"喊冤"。东莞塘厦镇某酒店就表示，其经营时间不长，当时是向有关公司购买的歌曲点播系统，对系统内有叶佳修的歌曲并不知情，其本身也是受害者，同时认为叶佳修提出108 000元的赔偿金额过高。

东莞市第三人民法院审理认为，该酒店侵犯了叶佳修的著作权，依法应当承担停止侵害、赔偿损失等责任。综合考虑涉案作品的流行时间及相关音乐作品使用的付酬标准，以及酒店的侵权行为方式、持续时间、主观过错程度、经营规模等，法院最终酌定该酒店赔偿叶佳修包含合理维权费用在内的经济损失32 000元。

自2012年9月1日起，东莞市第三人民法院作为第一审法院审理发生在辖区的一般知识产权民事纠纷案件以来，共受理以酒店、KTV等歌舞娱乐场所为被告的著作权侵权纠纷案件达92宗，其中，中国音像著作权集体管理协会起诉50宗，歌词曲作者叶佳修起诉40宗。

针对酒店、KTV频被告的现象，该院经调研发现，歌舞娱乐场所在经营过程中存在几方面问题：首先，部分涉诉歌舞娱乐场所《营业执照》登记的经营范围未包含卡拉OK，或未按法律规定取得《娱乐经营许可证》等相关证照。其次，部分经营者缺乏著作权保护的相关法律知识，认为合法取得《营业执照》、《娱乐经营许可证》等并经年审合格，就说明经营行为得到主管部门认可，不存在侵犯著作权的问题。同时，部分经营者在与歌曲点播系统供应商签订合同前，未尽审查义务，导致其安装使用的歌曲点播系统中存在侵犯相关权利人著作权的作品。再者，缺少相关行业协会的统一协调管理，部分经营者即使想完善相关著作权合法使用的手续，也因缺乏有效的沟通渠道，无法与著作权人或者著作权集体管理协会进行沟通处理。

对此，东莞市第三人民法院向东莞市文广新局发送司法建议，建议加强对新申请成立的歌舞娱乐场所经营者的法制宣传教育，对已登记成立的歌舞娱乐场所定期组织其经营者及管理人员进行政策法规培训。此外，健全歌舞娱乐场所监管体系，促成歌舞娱乐场所行业协会的成立，实现行业规范有序发展。

（资料来源：《法制日报》 作者：章宁旦 钟紫薇）

【贾平凹8本书封面照陷著作权纠纷】 著名作家贾平凹的八本长篇小说系列作品，因封面照片的著作权问题惹上了官司。西安一位摄影人赵先生将贾平凹、漓江出版社、西安图书大厦告上了法庭并索赔15万元。2013年10月31日，西安市中级人民法院公开审理了这起案件。

这组照片是2002年8月21日，赵先生应朋友邀请给贾平凹先生拍摄的一组人物特写照片，2003年曾被《贾平凹长篇散文精选》付酬使用，而在2012年漓江出版社出版了贾平凹的长篇小说系列作品共计八本，使用了赵先生的摄影作品，却未在作品中署名，亦未支付稿酬。

西安图书大厦为侵权作品的销售部门。原告认为三被告的行为已严重侵犯原告的著作权，现在要求被告立即停止侵权，在中国知名媒体上赔礼道歉，并赔偿损失15万元。

贾平凹在答辩词中称，自己并不知道照片是何时拍的，且没有给出版社提供涉及侵权的照片，因此认为原告对自己的诉讼不成立。其辩护律师在庭审中称，贾平凹先生的这八本作品的出版，是全权委托给北京唐品国际文化传媒有限公司的，所以贾平凹先生不是适格被告。

在庭审中，漓江出版社的辩护人说：赵先生替贾平凹先生拍摄照片时，是受人请求而并非本人的有偿活动，而且并没有经过贾平凹先生本人的授权。再加上这组特写照片是2002年拍摄的，至今为止照片一直是公开的，各种渠道均可获得。并且贾平凹长篇小说系列作品的出版封面是由设计公司负责的，而本案涉及的图片来源、审核也全权由设计公司负责。

如果出版社涉及侵权，按照目前市场行情，设计公司设计一本书的封面是1 000元，一张图片也就240元，此次涉及的贾平凹的作品一共是八本，出版社一共印刷9 000册，但销量不到一半，设计费一共支付了8 000元，结合这些情况，即使赔偿也是两千元左右。经过2小时30分的庭审，双方都同意接受调解。

（资料来源：《阳光报》 作者：熊　玺）

【黄以名作品著作权案再次激辩】 知名艺术评论家黄以明、中国美术馆馆长范迪安、著名雕塑家台湾人萧长正，2013年11月6日就后两者是否侵犯黄以明作品著作权一案，在北京市高级人民法院再次展开激辩。

上诉人黄以明不服一审法院判决，向北京高院提起上诉，请求法院认定被上诉人范迪安、萧长正、浙江金华奥托康特种生物开发中心、黑龙江日报报业集团的行为侵犯上诉人作品著作权，判令其停止侵权行为，登报声明，赔礼道歉，并赔偿上诉人经济损失与精神赔偿金及律师费等费用100万元，承担诉讼费。这是该案经过第一轮一审、二审，被发回重审历经一审后的第二轮二审。

黄以明称，他历经多年呕心沥血，于2000年创作《自然精神的现代构成》一文，应与其共事的萧长正之约，交由萧长正发表在台湾《艺术新闻》杂志2000年第10期，因版面所限，原文8 000多字压缩到5 000多字。这是他极具影响力的代表作之一。正是因其作品的影响力，他于2006年6月应邀出席在韩国举办的“世界生命文化论坛——京畿2006”时，代表中国学者以该文为蓝本发表主题演讲，演讲稿后来被俄罗斯科学院院刊《世界文明》全文转载。

2005年4月，萧长正因要在大陆办个人作品展，遂出版《萧长正》一书，前言收录了黄以明的《自然精神的现代构成》7 000多字，署名“黄以明 北京艺评家”。

2006年3月，《空间想象——萧长正的穿透雕塑展》在中国美术馆作为商业展出举办。在萧长正举办的作品展中，中国美术馆在宣传单、会刊、新闻稿中，引用了其作品中最精华的部分。2006年8月13日，隶属黑龙江日报报业集团的《生活报》刊发《〈我的森林〉与自然精神》，署名范迪安，该文共1 626字，经比对，其中1 518个字与黄以明《自然精神的现代构成》完全一致。此后，中华特产网在其网站上挂出此文，来源《生活报》。

黄以明说，过了好长时间，他才在一次偶然的机会中发现了这一切。他向法庭提交的多达54份证据中，许多证据是当时一些媒体发表的作品，其来源均依据中国美术馆编写的新闻稿，证明中国美术馆、萧长正、范迪安侵权。

2013年6月20日，北京市第二中级人民法院判决浙江金华奥托康停止在“中华特产网”上使用涉案作品；黑龙江日报报业集团停止在《生活报》上使用涉案作品，并在判决生效之日起十日内赔偿黄以明经济损失人民币600元及诉讼合理支出人民币6 000元，驳回了黄以明其他诉讼请求。

在这份判决书中，被告范迪安、萧长正均未被提及，也不负任何法律责任。黄以明称，一审判决认定侵权文章《〈我的森林〉与自然精神》的来源事实不清。黑龙江日报报业集团称其所发作品系搜索自某艺术类网站。但黄以明说，在《生活报》发表侵权文章前，世界上所有网站上从来没有《〈我的森林〉与自然精神》此文。而事实上，网站在2006年3月15日，即涉案展会开幕当日，登载了《自然精神的现代构成》。一审法庭在判决书中公然篡改原告提交的证据，将《自然精神的现代构成》变成《〈我的森林〉与自然精神》。黄以明称，北京二中院在两次一审中均已查明范迪安是侵权展会的策展人即责任人，却未追究其侵权责任。

范迪安的代理人当天没有向法庭提交新的证据。其代理人表示，一审判决认定事实清楚，适用法律正确，判决符合法律规定。她同时说，上诉人提交的证据，不能证明《生活报》署名范迪安的作品是范迪安本人所投，因此不能证明范迪安有侵权行为。

萧长正的代理律师称，萧长正本人认为上诉人享有《自然精神的现代构成》一文著作权。但萧长正没有侵权。黄以明的代理律师则认为，被上诉人范迪安存在两种侵权行为，一是在萧长正作品展中，范迪安作为策展人，未经上诉人同意，抄袭了其作品的精华部分；第二次侵权则是在《生活报》上发表侵权作品，他可以不直接投，但可以让手下人投，无论是否亲自投，都是侵权。

此次庭审经过法庭调查、法庭辩论等各个诉讼环节，择日宣判。

（资料来源：《法制日报》 作者：周芬棉）

【电影《白鹿原》片尾曲著作权案再开庭】 2013年11月11日，电影《白鹿原》片尾曲所用“老腔”涉嫌侵权案在西安市中院开庭审理。法院当庭未宣判。

渭南人王元朝说，2006年他创作了四句小诗：“风花雪月平凡事，笑谈奇闻说炎凉。悲欢离合观世相，百态人生话沧桑”，并请华阴民间艺人王振中用华阴老腔的曲调演唱录制，作为渭南电视台《世相》栏目片头曲正式播出，并沿用至今。2012年，王元朝发现电影《白鹿原》没有征得其同意就使用了这四句小诗。

2012年10月，王元朝将该文字作品著作权中的财产权，部分转让给一传媒公司。2012年12月，王元朝与该传媒公司作为原告，将影片的联合出品单位及发行方以著作权侵权名义告上法庭，请求将原告拥有著作权的文字作品内容从《白鹿原》影片中删除，同时要求赔偿损失100万元、赔礼道歉等。

渭南中院受理了此案。但随后有三被告对管辖权提出异议，认为本案所涉五名被告住所地均不在渭南市，涉及电影的拍摄地和片尾曲录制地亦不在渭南市，侵权行为地没有发生在渭南，渭南中院对该案没有管辖权。

一审法院曾驳回被告对该案提出的管辖权异议。被告随后就此上诉，经陕西省高院裁定，该案移送西安中院管辖。

（资料来源：《法制日报》 作者：台建林 唐钰婷）

【暴风影音侵权优酷被判赔偿29.2万元】 2013年11月11日，北京石景山区人民法院就优酷（合一网络技术北京有限公司）起诉暴风影音（北京暴风科技股份有限公司）盗版优酷独家版权内容一案作出一审判决：暴风影音侵权事实成立，判其赔偿优酷经济损失29.2万元。

法院经审理查明，原告优酷对《爱的创可贴》、《华丽一族》、《终极一班2》、《赛车传奇》和《源代码》五部涉案影视剧作品享有独家网络版权。被告暴风影音未经版权所有方许可，在其开发的暴风影音客户端上传播涉案作品，已构成盗版侵权行为。

优酷还对暴风影音侵权的其他60余部独家版权影视作品进行了取证，并将逐步提起诉讼。

（资料来源：《中国新闻出版报》 作者：尹 琨）

【文著协欲起诉苹果公司侵权】 2013年11月17日，中国文字著作权协会召开了代表大会，陈建功连任会长。协会在会上公布，将于近期正式起诉苹果公司，状告苹果公司在未经中国作家授权也没有支付报酬的情况下，在其应用商店（App Store）中提供收费下载服务。

协会工作人员介绍，近年来许多作家向协会投诉苹果公司侵权，随后协会与苹果公司取得联系。2012年12月和2013年4月，苹果公司两度从美国总部专程派人来同协会进行谈判。但到目前为止，苹果公司并没有采取有效措施，协会已经正式准备起诉苹果公司。

文著协成立五年来，向超过万名作者转付稿酬超过600万元，涉及作品超过2万篇。此外，文著协还和200多家报纸杂志社签订了报刊转载的稿酬协议，并且同许多出版社合作，解决了400多起汇编作品的版权纠纷。陈建功介绍称，协会成立五年来，为会员创造了数字版权收益150多万元。

（《中国版权年鉴》编辑部综合）

【盛大游戏起诉百度与37wan侵犯传奇商标和著作权】 2013年11月22日，盛大游戏宣布，将对百度、37wan两家网游平台及北京九天创世、上海恺英网络两家网游公司发起民事维权诉讼，指其相关的多款游戏产品涉嫌侵犯盛大游戏《热血传奇》（以下简称《传奇》）的注册商标专用权、著作权并构成对盛大的不正当竞争。

涉及此次侵权纠纷的主要包括来自百度、37wan网游平台上的多款网页游戏产品，如百度的《热血战纪》，37wan的《烈火战神》、《大裁决》等。此外，北京九天创世科技有限公司的《问战OL》手游以及上海恺英网络科技有限公司运营的页游《烈焰传奇》也成为此次诉讼的对象。

盛大游戏要求上述四家公司公开致歉，停止运营相关游戏及平台，并向盛大游戏赔偿相应经济损失共计5 100万元人民币。

《传奇》是盛大游戏旗下经典游戏产品，迄今已有13年历史。盛大游戏方面称，在此期间《传奇》曾遭遇大量模仿及山寨产品，此次起诉还只是盛大游戏发起清算市场上《传奇》山寨游戏的第一步，盛大游戏已对市面上相关涉嫌侵权《热血传奇》的游戏进行了统一梳理，并拟逐一发起维权诉讼。

（资料来源：腾讯科技　作者：娄　池）

【盛大网络状告三公司索赔经济损失千万】 上海市第一中级人民法院于2013年11月25日立案受理了上海盛大网络发展有限公司起诉广州创思信息技术有限公司、上海我要网络发展有限公司、上海恺英网络科技有限公司不正当竞争纠纷案件，盛大网络诉请三被告共同赔偿经济损失1 000万元。

盛大网络向法院递交的诉状显示，《热血传奇》（业内简称《传奇》）是一款由韩国Wemade Entertainment制作，由Actoz Soft负责海外发行的网络游戏，一经推出便获得成功。盛大网络自2001年获得了该游戏在国内的运营权和著作权，并在中国大陆地区成功运营了该游戏达13年之久，使得该游戏在国内具有极高的知名度，并拥有数以千万计的粉丝玩家和巨大的市场占有率。

2013年9月以来，盛大网络发现创思公司开发了一款网页游戏《烈焰》（又称《烈焰传奇》），并在其网站进行了推广和运营，但该游戏完全抄袭《热血传奇》，在作品名称、MPC、角色形象名称、地图场景、技能、动画特效等多个方面与《热血传奇》构成实质相似。此外，创思公司还授权我要网络、恺英网络通过网络平台对上述游戏进行运营和推广，使得众多网友对《烈焰》及其所在网站与原告的著名网络游戏《热血传奇》等系列游戏发生混淆，更令人对游戏的来源也产生混淆，侵犯了盛大网络的著作权并构成不正当竞争。

盛大网络因此遭受重大损失，故起诉要求判令三被告立即停止侵权及不正当竞争行为，在《中国知识产权报》刊登公告，澄清事实，消除影响，赔偿其经济损失1 000万元及其为制止侵权行为支出的合理费用。上海一中院将择期开庭审理本案。

（资料来源：中国法院网　作者：潘静波）

【首例互联网反垄断案最高法院开审】 2013年11月26日上午九点，北京奇虎科技有限公司（以下简称奇虎360）诉腾讯科技（深圳）有限公司、深圳市腾讯计算机系统有限公司（以下简称腾讯）滥用市场支配地位纠纷案，在最高法院二审公开开庭审理。这是《反垄断法》出台5年以来，最高法院审理的首例互联网反垄断案，也是迄今为止中国互联网领域诉讼标的额最大的垄断案件。

此前的2013年3月28日，广东省高级法院对奇虎360起诉腾讯滥用市场支配地位案一审判决：奇虎360败诉，驳回全部诉讼请求，并承担79.68万元全部诉讼费用。

奇虎360随后向最高法院提起上诉，请求判决腾讯停止“滥用市场支配地位的垄断侵权行为”——包括但不限于限定QQ软件用户不得和奇虎公司交易、在QQ软件中捆绑搭售安全软件产品等，并且赔偿奇虎公司经济损失1.5亿元并赔礼道歉。

腾讯方面则答辩称，本案一审审理程序正当，基本事实认定清楚，适用法律准确，判决结果公正，应驳回上诉请求，维持原判。

上午的庭审中，奇虎360方面称述了主要的上诉事实和理由，腾讯方面也简要称述了答辩意见。之后审判长总结归纳了此案二审期间的争议焦点，双方就此展开了举证和辩论。

首先是关于相关市场界定，奇虎360方面认为，本案的相关产品市场应界定为“综合了文字、语音、视频的个人电脑端即时通讯软件和服务”，而腾讯房方面认为，QQ软件是一款集成了各种互联网应用的综合服务平台，综合性即时通讯产品和单一功能即时通讯产品属于同一相关市场的商品集合，而且社交网站、微博，以及移动即时通讯服务、电子邮箱、手机通讯及短信也在本案同一相关市场之列。

关于相关地域市场认定，腾讯认为应界定为全球市场，奇虎360则认为，应界定为中国大陆市场，因为境外即时通讯经营者不能有效渗透中国市场，无法对中国境内的即时通讯供应商形成竞争约束。

此外，关于腾讯在相关市场上是否具有市场支配地位，是否滥用了市场支配地位，双方也各执一词，争议激烈。

奇虎360和腾讯的矛盾由来已久。2010年初，腾讯推出“QQ医生”（QQ电脑管家），随后以QQ升级时默认捆绑的方式全面推广“QQ医生”。2010年10月，360相继推出针对腾讯QQ的“隐私保护器”和“扣扣保镖”，要为QQ“净身”。此举引发腾讯强烈反应。2010年11月3日，腾讯发布《致广大QQ用户的一封信》，要求用户“二选一”。双方剑拔弩张，置用户利益于不顾，后工信部介入，给予两企业警告处罚。腾讯公司恢复兼容360软件，双方向用户致歉。

2012年4月，腾讯在广东高院起诉360不正当竞争，与此同时360在广东高院起诉腾讯滥用市场支配地位。

2013年3月，奇虎360诉腾讯滥用市场支配地位案一审宣判，法院判决驳回奇虎360全部诉讼请求，认定腾讯不存在滥用市场支配地位的行为。360当庭表示不服判决并上诉至最高法院。

2013年4月，腾讯诉奇虎360不正当竞争纠纷案一审判决，法院认定奇虎360构成不正当竞争，判令其赔偿腾讯经济损失及合理维权费用人民币500万元，并在有关网站和报刊上向腾讯赔礼道歉。奇虎360也不服判决提起上诉。

（资料来源：财新网　作者：张雪泓）

【优酷诉百度盗版案胜诉】 2013年11月29日，北京市海淀区人民法院就优酷土豆集团诉百度盗版案件作出一审判决。百度侵权事实成立，法院要求其立即停止侵权行为，并承担部分诉讼费用，判决总金额达49.1万元。

这也是优酷土豆集团、搜狐视频、腾讯视频、乐视网等版权机构在共同启动针对百度和快播的中国网络视频反盗版联合行动后，在司法诉讼上的初战告捷。

此次判决的案件共计18起，为优酷土豆集团就其享有独占性信息网络传播权的18部影视剧作品，针对百度视频客户端向公众提供播放的侵权行为而提起的著作权侵权诉讼。案件涉及的影视剧作品包括《男儿本色》、《北京青年》、《终极一班》等热播大剧。

法院经审理认定百度公司的行为未经权利人许可，已构成侵权，应当依法承担停止侵权及赔偿损失的侵权责任，判决被告百度公司自判决生效之日起停止涉案侵权行为，赔偿原告的经济损失及合理费用，并承担部分诉讼费用，判决总金额达49.1万元。

2013年11月13日，优酷土豆集团、搜狐视频、腾讯视频、乐视网联合中国电影著作权协会、美国电影协会、日本内容产品流通海外促进机构及万达影业、光线传媒、乐视影业等版权机构共同启动了针对百度和快播的中国网络视频反盗版联合行动，并宣布已向法院起诉百度、快播的盗版侵权案件共立案百余起，涉及百度盗链、盗播移动视频版权的影视作品逾万部，向百度索赔由此带来的损失3亿元。

不同于以往类似案件中很少出现停止侵权的判决，此次法院第一项就提出百度停止侵权的要求，不仅表明百度盗版盗播事实成立，更标志着法院对此类商业模式的直接否定，这对视频反盗版联合行动无疑是一个积极的肯定和促进。

（资料来源：搜狐IT　作者：佚名）

【贵州艺术侵权案尘埃落定】 国家一级美术师、中国工艺美术大师刘雍起诉伍新凤及天海公司侵害著作权案经贵州省高级人民法院审理终结，并于2013年12月3日公开宣判。终审判决书明确指出："合议庭认定本案中所诉的13件作品，刘雍享有全部著作权"，且"伍新凤发表的时间均晚于刘雍"，"伍新凤共有6件作品构成剽窃"。判决伍新凤侵害刘雍著作权行为成立。

刘雍在判决书送达后表示，接受贵州省高院终审判决，今后要为国家和贵州创造出更多好作品。这件折射中国艺术侵权乱象的重大知识产权案历时一年半，可谓一波三折，甚至被列为最高人民法院督办的知识产权案件。

2012年8月24日，刘雍以贵州天海规划设计有限公司董事长、贵州民族大学副教授伍新凤及其公司在14个规划设计项目中侵犯其13件作品，并用涉案作品两次获中国奖项，在其出版的宣传册中至少105次侵权为由将其告上法庭。随后，伍新凤提出反诉，认为原告两件作品侵权。在法庭上，刘雍出示了所有涉案作品的手绘图、发表的公开出版物和著作权证明，也出示了涉及伍新凤侵权证据的9本画册，其中8本为公开出版物。伍新凤出示了一幅《龙舟》的手绘稿，但晚于刘雍同件作品7年，其他并无手绘稿，另外，还出具了一些设计方案文本及民间美术出版物作为证据。这起知识产权案件因其典型性和巨额诉讼而引起了中国各大媒体的广泛关注和报道。

2012年11月23日，贵阳市中级人民法院一审判决指出："涉案的13件作品刘雍享有全部著作权"，但"刘雍、伍新凤的作品均是各自独立创作完成的，均借鉴了民族、民间文学艺术创作元素，并且大多系对相同题材进行的创作，是基于相同创作渊源进行的艺术创作。每件作品的细部特征和整体视觉效果均存在不同程度的差别，因此双方互不构成著作权法意义上的侵权"，并驳回了双方的诉讼请求。

对此，刘雍不服判决，向贵州省高级人民法院提起上诉，他认为："原审判决既不对每件作品是否构成侵权进行逐一认证，也不针对侵权事实进行分析评判，武断地认为被上诉人伍新凤、天海公司不构成侵权，纯属主观臆断。”他还表示，在审理中已对自己每件作品的创作时间、思路与创作过程都进行了说明，并出示了相关证据，而伍新凤的作品完成时间晚于上诉人，且对作品的文化内涵陈述也文不对题。一件作品相似或者相近可能是两人不谋而合，但 13 件作品近似只能是抄袭。

为了避免案件受到人为干预，刘雍还向最高人民法院申诉，要求监督此案的二审过程。此案得到最高人民法院领导的重视，被列为最高人民法院督办的知识产权案件。

2013 年 11 月 23 日，贵州省高院已判决伍新凤侵害刘雍著作权行为成立。终审判决书认定了伍新凤部分作品构成剽窃，还要求伍新凤、贵州天海规划设计有限公司于判决生效之日起 1 个月内书面向上诉人刘雍赔礼道歉并赔偿经济损失。

但让刘雍感到困惑的是：既然认定涉案的 13 件作品，刘雍完成的时间均早于伍新凤，为什么只有 6 件被认定为侵权，另有 7 件不构成侵权？尤其是其中 3 件明显存在侵权嫌疑的作品，即第一组作品刘雍的“驾龙辇的女娲”与伍新凤《贵州博物馆创意》中的“苗姑娘驾神兽”雕塑、第五组作品刘雍的“龙舟”造型与伍新凤的三都西出口大门雕塑门头、第十三组作品刘雍的“铜鼓组合建筑”（以公开发表的用于花溪布依文化研究中心的为准）与伍新凤的贵州博物馆建筑设计作品。

（资料来源：《中华工商时报》 作者：文雪梅）

【因《三国杀》印上 T 恤　天猫被告上法庭】

称自己公司拥有著作权的《三国杀》游戏中的部分文字及人物图案被印在 T 恤衫上在天猫专区销售，北京游卡桌游文化发展有限公司向法院起诉，要求浙江天猫等两被告公司停止侵权，赔偿经济损失 160 万元。2013 年 12 月 7 日，北京市昌平区法院审理了此案。

游卡桌游公司称：该公司拥有《三国杀》卡牌游戏中的部分文字图案及人物形象的著作权。2013 年 5 月，该公司发现北京悦游图商贸有限公司在浙江天猫网络有限公司开办的天猫商城的悦游旗舰店上开设“三国杀专区”，在该专区销售使用了上述部分美术作品的 T 恤衫，销量巨大，而且 T 恤衫对美术作品进行了小幅修改。

游卡桌游公司认为，两家公司构成共同侵权，应当承担连带责任，请求判令二被告立即停止销售涉案侵权产品，赔偿经济损失和合理开支共计 160 万元。

悦游图公司辩称，原告所谓的著作权很大程度上是抄袭了《三国志大战》以及《三国无双日本》以及其他的游戏中的相关图案，游卡桌游公司不拥有上述人物形象的著作权，即便是侵权成立，原告主张的赔偿金额也没有依据。此案没有当庭宣判。

（资料来源：北青网—《北京青年报》 作者：李　罡）

【白先勇发律师函称话剧《最后的贵族》侵权】

2013 年 12 月 17 日，著名作家白先勇委托上海竞衡联合律师事务所向海上话剧工场发出律师函，称 17 日在上海人民大舞台上演的话剧《最后的贵族》侵犯了其著作权。白先勇希望该剧立即停止演出，消除影响并赔礼道歉。海上话剧工场相关人士表示，还没有收到律师函，而且这部话剧拥有上影集团的授权：将电影《最后的贵族》改编成话剧。

律师函中称，白先勇先生是文学作品《谪仙记》的著作权人，并授权谢晋导演将《谪仙记》改编成电影《最后的贵族》，白先勇本人也是电影《最后的贵族》的编剧。因此，白先勇依法享有《谪仙记》及《最后的贵族》的著作权。根据《著作权法》的规定，白先勇对其作品依法享有著作权，其著作权受法律保护，未经白先勇的许可，任何单位和个人以任何形式使用白先勇先生的作品进行改编、演出、传播等行为皆构成对白先勇著作权的侵犯。将白先勇的作品改编成话剧《最后的贵族》并于 12 月 17 日在上海人民大舞台公开表演，没有经过白先勇先生的许可，已经侵犯了其著作权。此外，在未经白先勇同意的情况下，在宣传海报上使用其个人头像照片，也侵犯了其肖像权。因此，希望立即停止侵权行为，停止演出，消除影响并赔礼道歉。如果拒不纠正，将采取包括但不限于诉讼在内的法律途径追究法律责任。

连同这份律师函的还有白先勇亲笔签名的著作权声明，文中写道，“除了将《谪仙记》的电影改编权授予谢晋导演外，我未授权任何其他地方使用我的作品。因此，未经我的许可，以任何形式使用我的作品皆构成对我依法享有的著作权的侵犯。”代理律师隗娜在接受记者采访时称，受白先勇先生的委托已经发出了律师函，目前还没有得到任何回应。

海上话剧工场葛宏伟在接受记者采访时表示第一次听说这个消息，还未收到律师函。至于这部话剧的著作权，他表示有上影集团的授权，将电影《最后的贵族》改编成话剧。此后，这场演出一度照常进行。

华东政法大学教授王迁表示，如果事实成立，话剧工场毫无疑问是侵权的，法律里面有清楚的规定，从电影改编到话剧，要经过双重授权，除了电影公司的授权，还要有原著作者的授权。

根据公开报道，为纪念谢晋导演诞辰90周年，海上话剧工场倾情制作的话剧《最后的贵族》于2013年12月17—22日每晚7：30献演于上海人民大舞台。海上话剧工场是刚刚在上海成立不久的民营话剧机构。

（资料来源：《北京青年报》 作者：罗皓菱）

◆ 行政管理

【国家版权局首次发布著作权质权登记数据】 2013年1月17日，国家版权局对外发布2012年全国作品登记和计算机软件著作权登记统计数据和排名：全国作品登记总量为687 651件，较2011年增长49.05%。计算机软件著作权登记量达139 228件（包括云计算类软件登记1 946件），同比增长27.33%。值得关注的是，国家版权局还首次对外发布了全国著作权质权登记有关数据：2012年共登记146件，涉及软件和作品数量773件，质押金额总计27.51亿元。

2012年全国作品登记数量排名第一的北京市为372 176件，占登记总量的54.12%；中国版权保护中心为128 725件，占登记总量的18.72%；上海市为70 641件，占登记总量的10.27%；辽宁省为20 904件，占登记总量的3.04%；江苏省为20 558件，占登记总量的2.99%。从登记作品类型来看，登记量较多的作品为摄影、文字、美术、影视，录音、录像制品的登记量也有较大突破。

2012年由于企业自主开发软件数量激增，使全国软件著作权登记量再创历史新高。在登记总量139 228件中，北京市为39 125件，占全国登记总量的28.10%；广东省为22 128件，占全国登记总量的近15.89%；上海市为12 814件，占全国登记总量的9.20%；江苏省为12 608件；浙江省为10 005件。此外，2012年全国登记云计算类软件1 946件，同比增长118.65%，登记量增速较为突出。其中，北京市、广东省和上海市登记量位列中国前三，共占全国云计算软件登记量的57.66%。仅北京市521件就占全国云计算软件登记总量的26.77%。

此外，在146件著作权质权登记中，软件著作权质权登记为113件，登记量与2011年基本持平，涉及软件数量435件，质押金额232 824万元，单笔最高金额为127 261万元，注销软件著作权质权登记167件；其他作品著作权质权登记33件，涉及作品数量338件，同比增长32%，质押金额共计4.228亿元，最高一笔质押金额达1亿元，著作权质权合同注销登记20件。

国家版权局版权管理司司长于慈珂分析说，著作权登记数量大幅增长充分反映出，中国文化创造力在不断提升、社会公众版权意识在不断加强，同时表明版权相关企业对加大版权保护、版权运用和版权管理，以及以版权作为核心资产进行融资等方面的需求日益强烈。

（资料来源：《中国新闻出版报》 作者：赖名芳）

【上海市评出2012年上海版权示范单位和示范园区（基地）】 2013年1月，上海市版权局公布了2012年上海版权示范单位和示范园区（基地）名单。

为深入实施《上海知识产权战略纲要》和《上海版权工作“十二五”发展规划》，进一步提升上海市企事业单位、园区（基地）版权创造、运用、保护和管理能力，上海市版权局开展了2012年上海版权示范单位、示范园区（基地）认定工作。2013年1月，根据申报与推荐情况，经专家评审、考察、公示等评选程序，确定上海世纪出版集团等14家单位为2012年上海版权示范单位，上海紫竹高新技术产业开发区等6家园区（基地）为2012年上海版权示范单位、示范园区（基地）。

上海市计划在“十二五”期间共评选出100家示范单位、园区（基地）。

（资料来源：上海市版权局）

【推进使用正版软件工作部际联席会议第二次全体会议在京举行】 2013年2月21日，由新闻出版总署（国家版权局）牵头，工信部、财政部、商务部、审计署、国资委、工商总局、知识产权局、国管局、法制办、银监会、证监会、保监会、中直管理局、中国工商联等15个成员单位联合召开的推进使用正版软件工作部际联席会议第二次全体会议在京举行。

会议对2012年工作总结、2013年工作计划及督查方案进行了审议，讨论通过了《政府机关使用正版软件管理办法（代拟稿）》并拟向国务院报送。新闻出版总署副署长、国家版权局副局长阎晓宏在会上汇报了2012年推进使用正版软件工作进展情况和2013年重点工作，其他相关单位的代表列席会议。

柳斌杰强调，按照国务院要求，2013年要完成全部地市、县级政府软件正版化工作，大力推进以中央企业和金融机构为重点的企业软件正版化工作，任务非常艰巨。他就此提出了四点意见：一是要进一步提高认识。要切实加大对内宣传，使各级政府部门、各有关行业组织及企业领导充分认识到软件正版化工作在加强自主创新和建设创新型国家、保护文化创新、促进民族软件产业发展以及维护国家利益等方面的重要意义，要把软件正版化工作的认识提高到转方式、调结构、提高发展的质量和效益的高度上来。二是要发挥好联席会议的作用。15个成员单位要根据各自的分工，明确各自的责任，积极稳妥地发挥各自的作用，并按照层级负责的原则，指导各地、各部门要做到机构到位、责任到位、制度方案到位、经费到位、督查到位，使政府机关和企业的正版化工作齐头并进。三是要建立长效机制。要着力推动各地、各部门建立软件正版化责任制度，把软件正版化纳入信息化建设统筹安排，尽快出台《政府机关使用正版软件管理办法》。关于企业方面，相关行业主管单位要切实制定实施方案，通过培训、宣传、示范、督查等加以落实，指导企业建立经费预算、资产管理、信息安全、内部审计等长效机制。四是要做好国际应对和对外宣传。软件正版化关系国家大局。我们要针对国际形势，把握好尺度，有力应对国际争端，加大宣传力度，充分利用多双边合作交流机制化解中国在知识产权领域与欧美国家的分歧和矛盾，树立国家形象，推进对外经贸关系的平稳发展。

会议决定部际联席会议部分成员单位将组成多个督查组于4月对16家部委和8个省（自治区、直辖市）已完成正版化任务的省及地市、县级政府进行实地抽查；6月对相关企业进行检查；10月对进展缓慢的相关省（自治区、直辖市）的地市、县级政府进行实地督查。

（资料来源：《中国新闻出版报》 作者：赖名芳）

【安徽省政府首次明确知识产权质押贷款】 2013年2月21日，安徽省委、省政府发布《关于大力发展民营经济的意见》。该《意见》从加强财政资金引导、拓宽融资渠道等20个方面提供优惠措施。其中，在扩大有效信贷的政策扶持方面，明确鼓励金融机构扩大应收账款、仓单、存单、股权、知识产权等权利质押贷款。这是安徽省首次在省委、省政府文件中明确知识产权质押贷款。

“知识产权质押融资”是一种新型信贷模式，已在部分省份实施。企业可以将拥有的专利权、软件著作权等知识产权质押给银行，继而从银行获取以贷款、银行承兑汇票、保函等方式提供的融资支持。安徽省相关部门将向金融机构推荐企业和项目，采取知识产权质押组合的方式融资，缓解省内部分企业尤其是民营企业融资难的问题。

安徽省版权局表示，要积极贯彻落实《意见》精神，联合省版权交易中心和金融机构，在著作权质押、评估等方面开展合作。

（资料来源：《中国新闻出版报》 作者：吴安宁）

【福建受理台港澳作品登记2 738件】 2013年2月，福建省知识产权局表示，2012年福建省受理除计算机软件之外的台、港、澳作品登记2 738件，同比增长101.47%。

为突出版权创意产业政策的先行先试，2011年第二届中国·福州海峡版权（创意）产业精品博览交易会扩大了版权登记范围，经原国家新闻出版总署批准授权，在福州对中国（含台、港、澳）参展作品进行版权登记。福建省由此开启了海峡两岸及港、澳地区版权交流与合作的先河。

两岸版权的交流与合作如今正步入常态化。通过两岸版权产业项目集中展示、评选版权创意精品奖、举办两岸版权产业高峰论坛、开展版权精品拍卖和版权项目对接等活动，海峡版权（创意）产业精品博览交易会已成为两岸版权创意产业交流合作的重要平台。

此外，厦门积极推进两岸知识产权交流互访，为两岸知识产权同业保护、服务、协调和预警应急机制的建立打下了基础。

（资料来源：中国新闻网 作者：黄子瑄）

【《2013年战略性新兴产业知识产权工作计划》印发】 2013年2月，《2013年战略性新兴产业知识产权工作计划》（以下简称《工作计划》）正式印发。该计划由国家知识产权局、发改委、教育部、科技部、工信部、财政部、商务部、工商总局、版权局、中科院等十部门联合编制，明确了2013年战略性新兴产业知识产权工作要点。

《工作计划》从加强知识产权分析评议工作、提升知识产权管理能力、促进知识产权创造布局、加强知识产权转化运用、提升知识产权服务能力、加强知识产权信息平台建设、优化知识产权发展环境、加强涉外知识产权工作等八个方面入手，制定了50条具体措施，并按照各部门职能和工作情况进行了分工，确保各项措施落到实处、产生实效。

《工作计划》内容翔实、具体、可操作、易督导，对相关部门和地方围绕战略性新兴产业开展知识产权工作具有现实指导意义。《工作计划》的印发，充分表明了十部门对战略性新兴产业知识产权工作的高度重视和深刻认识，也标志着战略性新兴产业知识产权工作进入全面实施阶段。

（资料来源：国家知识产权局网站　作者：刘　珊）

【国家新闻出版广电总局正式挂牌】 2013年3月22日上午，新组建的国家新闻出版广电总局挂牌仪式分别在原国家广电总局、新闻出版总署举行。国家新闻出版广电总局局长、党组副书记、国家版权局局长蔡赴朝，国家新闻出版广电总局党组书记、副局长蒋建国出席仪式，并为国家新闻出版广电总局、国家版权局揭牌。

原国家广电总局副局长聂辰席、原新闻出版总署副署长邬书林分别主持揭牌仪式并致辞。原新闻出版总署领导阎晓宏、宋明昌，原国家广电总局领导王莉莉、李秋芳、张丕民、童刚、胡占凡、王求等出席揭牌仪式。

聂辰席、邬书林在致辞中说，国家新闻出版广电总局正式挂牌，标志着新闻出版广播影视业迈向了新的历史进程。总局干部职工要站在党和国家事业发展的全局高度，切实把思想和行动统一到中央精神上来，团结一致、和衷共济，在赴朝、建国同志的领导下，高举旗帜，围绕大局，恪尽职守，真抓实干，抓住当前新闻出版广播影视改革发展的大好机遇，进一步推进新闻出版广播影视业深化改革、加快发展，为推动社会主义文化大发展大繁荣，建设文化强国作出更大的贡献。

根据十二届全国人大一次会议审议通过的《国务院机构改革和职能转变方案》，为进一步推进文化体制改革，统筹新闻出版广播影视资源，将新闻出版总署、国家广电总局的职责整合，组建国家新闻出版广电总局。其主要职责是，统筹规划新闻出版广播电影电视事业产业发展，监督管理新闻出版广播影视机构和业务以及出版物、广播影视节目的内容和质量，负责著作权管理等。国家新闻出版广电总局加挂国家版权局牌子。不再保留国家广电总局、新闻出版总署。

（资料来源：《中国新闻出版报》　作者：冯文礼）

【广东深圳出台知识产权资金申报操作规程】 2013年4月8日，为更好地发挥知识产权专项资金对深圳知识产权事业的促进和引领作用，提高资金的使用效率，深圳市市场监督管理局细化了资金管理办法，出台了8个操作规程。

这8个操作规程分别是：专利申请资助操作规程，计算机软件著作权登记申请资助操作规程，境外商标注册资助操作规程，知识产权优势企业资助操作规程，知识产权分析预警及版权备案公共服务项目资助操作规程，知识产权宣传培训项目资助操作规程，知识产权产业联盟建设项目资助操作规程，重大展会知识产权尊权维权承办示范单位、示范协会及版权兴业基地资助操作规程。

为鼓励发明创造，提高自主创新能力，个人申请专利也可获资助。除了深圳注册的企业、事业单位和社会团体及其他组织外，具有深圳常住人口户籍并在深圳工作、学习的个人，在深圳工作、持有《深圳市人才居住证》或者《出国留学人员来深工作证》的个人，在深圳全日制大专院校学习的学生，在内地全日制大专院校学习的深圳籍学生，申请国内发明专利、国外发明专利和PCT国际申请，且为专利第一申请人的，均可向市知识产权主管部门申请资助。

（资料来源：《深圳商报》　作者：彭　琰）

【苏州、昆山获得“全国版权示范城市”称号】 2013年4月15日，国家版权局正式授予江苏省苏州市和昆山市“全国版权示范城市”称号。授牌仪式在安徽合肥召开的全国版权示范工作经验交流会上举行。

国家版权局相关负责人介绍，苏州市、昆山市在创建全国版权示范城市中形成了政府指导、企业参与、群众支持的创建格局，苏州市已把版权纳入全市整体工作规划。2012年，苏州市版权登记量近1.4万件，同比增长超过40%，动漫、游戏、软件等版权相关产业快速发展。昆山市2009年申请创建“全国版权示范城市”后，及时成立领导小组推出实施方案。经过几年的筹建，昆山市在版权宣传培训、版权作品登记、推进使用正版软件、版权市场监管及版权产业发展等方面成绩显著。2012年，昆山市作品登记发证量达到7 334件，占苏州市总量的一半以上。

国家版权局于2009年出台《中国版权示范城市、示范单位和示范园区（基地）管理办法》，符合相关条件的城市、单位、园区（基地）可自愿申报，并按要求进行创建。截至2013年4月，国家版权局已授予杭州、成都、青岛、苏州和昆山5个城市

“全国版权示范城市”称号，授予了8个“全国版权示范单位”、9个全国版权示范园区（基地）。

（资料来源：《中国知识产权报》 作者：刘 仁）

【北京全面启动市属国企软件正版化】 2013年4月25日，北京市召开2013年推进市属国有企业使用正版软件工作动员部署会，会议要求2013年内完成全部市属国有企业总部和100余家重要子企业总部的软件正版化。

2013年北京市市属国有企业正版化将分为动员部署、制定计划、自查清理、软件采购、检查验收和总结表彰等阶段。按照部署，北京市正版软件服务工作站（北京软件和信息服务交易所）将作为正版软件采购平台，为企业用户提供包括协议采购、批量采购、招标采购等多种方式的软件选型和采购服务，还将开展“团购价格”撮合，力求进一步根据采购用户的需求规模进行让利优惠，确保企业用户以最优惠的价格获得优质正版软件产品。

北京市使用正版软件工作联席会议办公室副主任、北京市版权局副局长王野霏表示，北京市将继续加大工作力度，扩展工作领域，并逐步实现软件正版化工作的常态化、制度化，将全市企业正版化工作认真扎实地向纵深推进，为优化首都发展环境作出贡献。

从2012年起，北京市按照“统筹规划、分步实施、稳步推进”的原则，有计划、分步骤地在市属国有企业全面推进正版软件的使用。在市属国有企业正版化工作试点中，金隅集团、一轻集团、二商集团等9家市属国有企业总部完成了正版化，采购正版软件2 000余套，为市属国有企业软件正版化工作的全面铺开积累了经验。北京市计划利用五年左右的时间，于2016年底前完成全部三级以上企业的正版化，确保各企业所使用计算机安装使用正版软件，软件资产管理制度健全规范。

（资料来源：《中国新闻出版报》 作者：王坤宁）

【上海市实行计算机软件著作权登记资助】 2013年4月，上海市版权局颁布《上海市计算机软件著作权登记资助管理办法》。

在“创新驱动、转型发展”的大背景下，《上海市计算机软件著作权登记资助管理办法》颁布实施，对凡在中国版权保护中心完成软件著作权登记并注册登记在上海市的法人、其他组织以及具有上海市户籍或居住证的自然人予以资助，资助资金已纳入上海市“软件集成电路专项资金”年度预算。

上海市2012年出台了《关于本市进一步鼓励软件产业和集成电路产业发展的若干政策》，其中第十五条明确规定“进一步鼓励软件企业和集成电路企业申请国内外软件著作权、集成电路布图设计专有权或发明权利，对这类企业的申请按照有关规定给予一定资助”。为了更好地落实此项工作，从2013年起，第一责任单位由上海市科委变更为上海市版权局，资助经费也由市版权局向市财政局申请。

（资料来源：《中国新闻出版报》 作者：金 鑫）

【湖北省新闻出版广电局正式成立】 2013年5月10日，湖北省新闻出版广电局正式成立，成为新一轮机构改革后第一个省级新闻出版广电局。

5月10日上午，原湖北省新闻出版局和湖北省广电局召开副处级以上干部会议，宣布成立湖北省新闻出版广电局，并宣布新领导班子的任职决定。湖北省委决定任命原省新闻出版局党组书记、局长张良成为湖北省新闻出版广电局（省版权局）局长、党组书记。

组建湖北省新闻出版广电局，是根据中央、湖北省委要求做出的重要决定，是稳步推进改革的一项重要措施，标志着湖北省新闻出版广电事业进入一个新的阶段。张良成表示，坚决拥护省委决定，积极稳妥、有序推进机构改革工作，切实做到“合”起来、“和”起来、“活”起来、“火”起来，抢抓机遇，加快湖北新闻出版广电业发展。

（资料来源：《中国新闻出版报》 作者：晋雅芬）

【国家版权局首次就作品登记召开全国性专题会议】 2013年5月21日，由国家版权局主办，广东省版权局和中国版权保护中心承办的作品登记工作推进会在广州召开。

国家版权局有关司局负责人表示，2012年全国作品登记涉及作品总量为68.77万件，较2011年的46.14万件增长了49.05%。2013年全国各地根据国家版权局的工作要求，保持了作品登记工作的良好势头。据统计，2013年前4个月全国作品登记总量为18.41万件，较2012年同期增长67.90%。其中，经济发达省份的登记量明显高于经济欠发达省份，北京的登记量仍居首位。西部地区作品登记量较少，但新疆登记量较为突出，实现了快速增长。

会议提出，根据国家版权局委托中国版权保护中心统计的登记信息，作品登记工作仍存在5个问题，即：作品登记证书不规范，未能准确判断作品类别、未正确使用作品分类号，信息统计报送队伍建设不够完善，报送信息的完整性仍需提高，少数地区仍未能按时报送信息等。针对这些问题，会议提出要创新服务方式，扩大作品登记覆盖面，用好全国作品登记信息数据库管理平台，做好作品登记工作人员队伍建设，各地版权行政管理部门要充分发挥作用，进一步落实《关于进一步规范作品登记程序等有关工作的通知》要求。

会上，位于全国作品登记工作量排名前五位的北京市版权局、中国版权保护中心、上海市版权局、辽宁省版权局、江苏省版权局代表以及承办方广东省版权局代表分别介绍了各自作品登记工作的经验。来自全国各省（自治区、直辖市）版权局的60余位代表在分组讨论中，对如何更好地推进作品登记工作及解决实践中遇到的问题提出了意见和建议。专题会还进行了全国作品登记信息数据库管理平台的上机培训。

此次会议是国家版权局首次就作品登记工作召开的全国性专题会议，旨在及时总结经验，查找改进实践工作中遇到的问题，进一步规范作品登记信息统一报送查询等工作，从而建立完善的版权公共服务体系。

（资料来源：《中国新闻出版报》 作者：郜 杋）

【2013年软件正版化第一次督查工作总结会在京召开】 2013年5月21日，国家推进使用正版软件工作部际联席会议在京召开2013年软件正版化第一次督查工作总结会。国家新闻出版广电总局副局长、国家版权局副局长阎晓宏出席会议并认真听取了8个检查组的汇报，对下一步工作提出具体要求。

推进使用正版软件工作部际联席会议在4月至5月初组织了8个检查组，分别由国家新闻出版广电总局（国家版权局）、工信部、财政部、商务部、审计署、工商总局、国家知识产权局、国管局等8个部门的司局级领导带队，采取随机抽查的方式，选取河北省、山西省、天津市等16个省（自治区、直辖市）和国家发改委、教育部、环境保护部等14家中央国家机关，对软件正版化工作进行实地检查。从督查情况看，大部分地区、部门能够高度重视软件正版化工作，加强组织领导，健全工作机构，扎实有序推进，并加强软件资产管理，软件正版化检查整改工作取得阶段性成果。但在督查工作中也发现了中央部门和地方政府在软件正版化工作中的薄弱环节和存在的问题。从整体情况看，中央部门正版化的情况好于地方政府，县级政府存在的问题较为突出。截至2013年4月底，62.15%的市级政府和32.85%的县级政府完成检查整改，中央和地方累计采购操作系统、办公及杀毒三类软件323.20万套，采购金额21.65亿元。国务院相关部委及时研究出台软件经费预算、软件采购、软件资产管理、年度检查、审计监督等制度，初步建立政府机关软件正版化长效机制。

阎晓宏在认真听取8个检查组的反馈意见后强调，按照国务院要求，2013年底前所有市县级政府机关要完成软件正版化检查整改任务，时间紧，任务重，必须进一步加大工作力度。要进一步加强督促检查，加强协调指导，逐级落实地方政府责任，推动各地、各部门建立软件正版化工作责任制，发现问题依照规定追究相关人员责任，并将工作进度、采购经费纳入财政预算、软件资产管理等情况通报各地区及相关部门。要加快研究出台政府机关使用正版软件管理办法，推动软件资产管理、经费预算、审计监督等制度落到实处，巩固成果，防止反弹。要加大软件正版化宣传和培训力度，提高全社会保护软件知识产权意识，积极营造良好舆论氛围。

工信部软件司副司长陈英、财政部教科文司副巡视员居昊、国家知识产权局保护协调司副司长武晓明、国家新闻出版广电总局版权管理司副巡视员段玉萍等参加了会议。

（资料来源：《中国新闻出版报》 作者：赖名芳）

【江苏省评出首批省级版权示范园区和单位】 2013年5月23日，苏州国际科技园、昆山软件园、昆山文化创意产业园被江苏省版权局批准为省版权示范园区；苏州浩辰软件股份有限公司、神州图骥地名信息技术股份有限公司、江苏山猫兄弟动漫游戏有限公司、苏州摩卡童创意设计有限公司获准成为省版权示范单位。这是江苏省首批获得批准的省级版权示范园区和示范单位。

苏州昆山上述园区和企业有较为完善的版权保护运行机制，首批省级版权示范园区和示范单位具有推广价值和自主创新能力，注重版权的创造、运用、管理和保护，在全省具有示范作用。

苏州浩辰软件股份有限公司是中国领先的CAD平台软件提供商，是全球极少数掌握CAD核心技术的软件厂商之一，拥有软件发明专利和著作权100多件，旗下的软件产品畅销到全球70多个国家和地区。苏州摩卡童创意设计有限公司是一家以版权为核心资源的制造企业，主营以可再生且无污染的纸质材料制作系列幼儿教育、工艺美术品、创意家居等各类环保、创意产品，该公司生产的工艺美术品创意设计及创意纸玩在全球尚无同类产品，产品远销欧美，被评为国家文化出口重点企业。江苏山猫兄弟动漫游戏有限公司制作的原创动画片《山猫吉咪》系列动画片被远销到世界 60 多个国家，其系列动漫衍生产品也出口到世界各地，公司的版权产品对外输出创汇超过 4 000 万美元。苏州国际科技园专注于培育软件、动漫、游戏、服务外包及创意产业，2012 年园内全年产值达到 120 亿元人民币，软件出口达 2.5 亿美元。

3 个园区致力于优化版权管理服务体系，提高版权公共服务能力。苏州国际科技园在园区综合服务中心中设立 3 个窗口提供版权相关服务，园区还提供软件即服务（SaaS）产业化平台、软件评测中心、正版软件租赁平台、动漫游戏公共服务平台、知识产权服务中心等公共服务平台为科技园版权工作提供技术及环境支持。昆山文化创意产业园针对园区内画企较多的特点，围绕画品搭建了版权交易平台，并且协助搭建了银企合作平台，创新版权质押这种新的融资模式，将版权变成高经济价值的投资成本。昆山软件园出台了激励政策，对软件研发、影视制作、网络服务、动画卡通等领域的版权作品进行补贴，2013 年还为企业承担了以影视播映权、版权为质押的反担保，金额达到了 2 800 万元人民币。

（资料来源：《中国知识产权报》 作者：万进萍）

【甘肃省加强监管软件正版化不力企业】 2013 年 5 月下旬，甘肃省召开了全省第二批企业软件正版化工作推进会议。甘肃省使用正版软件工作领导小组成员单位、行业主管部门分管领导、全省 60 家大中型企业领导及信息化部门负责人近 150 人参加了会议。甘肃省政府主管负责人参加了会议并提了要求。会议部署了 2013 年推进企业使用正版软件工作，印发了《甘肃省 2013 年推进企业软件正版化工作计划》，计划纳入目标企业 60 家，用一年左右的时间，全面完成各企业软件正版化工作任务。会议同时明确：对未按要求完成正版化工作任务的企业将进行媒体曝光、通报批评。版权行政管理部门对企业软件正版化工作依法监督，对被媒体曝光、通报批评等软件正版化工作开展严重不力的企业依法进行行政处罚。在整体推进的同时，甘肃省采取了以政府引导为主、行政执法为辅的方式，进一步加大企业软件侵权盗版案件查处力度，严厉打击企业软件侵权盗版行为。

（资料来源：甘肃省版权局 作者：夏 玲）

【吉林省版权局免费为高校毕业生登记作品】 2013 年 5 月，吉林省版权局面向全省高校毕业生推出毕业论文免费作品登记活动，凡吉林省 2013 年度的高校毕业生，均可持有效证件向吉林省版权局提出申请，并获得自己的毕业论文或毕业设计作品的著作权登记证书，这也将成为大多数学生获得的人生第一项自主知识产权的证明。

吉林省版权局还向全省大学毕业生发出倡议，号召他们在毕业论文写作中，尊重他人劳动成果，合理引用，独立创作，用辛勤劳动为大学生活画上圆满句号。希望通过此项活动，鼓励大学生诚实创作、积极创新、尊重知识，杜绝抄袭剽窃等行为，并学会采取积极措施保护创作成果不被非法侵害。

（资料来源：《中国新闻出版报》 作者：田庆林）

【2013 年打击网络侵权盗版“剑网行动”启动】 2013 年 6 月 25 日，国家版权局、国家互联网信息办公室、工业和信息化部、公安部联合在京召开新闻通气会，决定利用 4 个月的时间开展 2013 年打击网络侵权盗版专项治理“剑网行动”，围绕网络文学、音乐、影视等重点领域以及图书、音像制品、电子出版物、网络出版物等重点产品，加强对重点音视频网站、网络销售平台的监管力度，严厉打击各种网络侵权盗版行为。

2013 年的工作重点是围绕网络文学、音乐、影视、游戏、动漫、软件以及网络销售平台等领域，严厉打击未经许可非法上载、传播他人作品以及通过电子商务平台销售盗版制品等违法行为；严厉打击故意为侵权盗版分子提供搜索链接、信息存储空间以及服务器托管、网络接入等服务的违法行为；严厉打击利用手机等移动设备、电视机顶盒、电视棒和音视频播放器等软硬件工具侵权盗版的违法犯罪行为。

国家版权局在进一步加大打击网络侵权盗版力度的同时，还会同有关部门深入开展重点网站主动监管工作。国家版权局把苹果商店、淘宝网、亚马逊等网络服务平台纳入主动监管范围内，另外针对音乐视频，第一批将虾米音乐网、酷狗音乐网、多米网和酷我音乐网等 5 家网站纳入主动监管范围。此次“剑网行动”持续 4 个多月，查处了一批案件，关闭了一些违法网站，加大了对侵权违法行为的打击力度。

（资料来源：《中国新闻出版报》 作者：方 圆）

【北京查缴盗版《中国共产党章程》】 2013 年 6 月 27 日，北京市文化市场行政执法总队联合北京市公安局治安管理总队、丰台公安分局等有关部门执法办案人员，对北京邦定达文化交流中心办公场所进行突击执法检查，现场查缴了盗版《中国共产党章程》（维文版）314册，并查扣了涉案电脑、账本等物品，涉案7名犯罪嫌疑人被公安部门刑事拘留。

2013年3月，北京市“扫黄打非”办公室接到全国“扫黄打非”办公室的通知，要求对北京邦定达文化交流中心涉嫌向新疆阿克苏地区销售5万多册盗版《中国共产党章程》（维文版）一案进行查处。北京市“扫黄打非”办公室立即召开案件协调会，责成执法总队与市公安局治安管理总队成立专案组侦破此案。6月初，经过执法人员的不懈努力，案件取得了突破性进展，公安部门锁定了该案主要犯罪嫌疑人的基本信息、活动情况及其办公场所。专案组远赴新疆完成了对侵权出版物的认定、走访调查取证工作，并对已查扣的1.1万余册盗版党章进行了移交。

（资料来源：《中国新闻出版报》 作者：邹 韧）

【北京地区版权输出统计工作推进会在京举行】 2013年6月28日，由国家新闻出版广电总局相关司局与北京市新闻出版（版权）局联合主办的北京地区版权输出统计工作推进会在京举行，国家新闻出版广电总局副局长邬书林出席会议并讲话。

邬书林在讲话中强调，要切实提高对做好版权输出统计工作重要性的认识，在社会主义市场经济条件下推动出版走出去，做好版权输出统计是一项基础性工作；面对实现中华民族伟大复兴和建设出版强国的新要求，版权输出统计工作的地位越来越高，作用越来越大。各单位要充分认识做好版权输出统计工作的重要性和必要性，将其放到重要位置上抓好抓实。

针对北京地区一些出版单位存在的对统计工作不够重视，迟报、漏报、不报和重报等问题，邬书林要求各有关单位要扎实工作，完善措施，健全机制，把版权输出统计工作落到实处。他强调，各有关单位要认真落实统计法的各项要求，确保统计资料的真实性、准确性、完整性和及时性；要建立健全长效机制，把版权输出统计列入经常性工作，不断提高工作水平；要以高度的责任感做好版权输出统计工作，有专人负责，狠抓落实，确保统计工作的稳定性和连续性。

邬书林指出，版权输出统计工作是一项属地化管理的工作，北京市新闻出版部门要切实做好相关服务工作。要完善版权输出统计的科学指标体系，为出版单位提供便捷有效的技术平台，加强统计填报技术培训，及时准确报送和发布版权输出统计数据，积极引导版权输出，同时要制定实实在在的奖惩措施，推动版权输出统计工作迈上一个新的台阶。总局相关司局要积极做好配合和支持工作，切实做好服务工作。推进会上，北京市新闻出版局局长冯俊科、副局长王野霏介绍了北京地区版权输出统计工作的相关情况，指出当前北京地区版权输出统计工作存在认识不到位、管理不完善、填报系统不稳定以及统计项目设置不合理等情况。

中国人民大学出版社、五洲传播出版社介绍了做好版权输出统计工作的先进经验。会上，北京市新闻出版（版权）局相关负责人对与会者进行了统计业务培训。北京市委宣传部副部长张淼，国家新闻出版广电总局相关司局负责人张福海、陈英明等参加会议。

（资料来源：中国新闻出版网 作者：朱烨洋）

【《国家新闻出版广电总局主要职责内设机构和人员编制规定》公布】 2013年7月11日，国务院办公厅公布《国家新闻出版广电总局主要职责内设机构和人员编制规定》。按照《规定》，国家新闻出版广电总局将加强组织推进新闻出版广播影视领域公共服务，大力促进城乡公共服务一体化发展，同时加强推进新闻出版广播影视领域体制机制改革。

根据《规定》，国家新闻出版广电总局是正部级单位，机关行政编制为508名，内设出版管理司、电影局、新闻报刊司、电视剧司、反非法和违禁出版物司、传媒机构管理司、宣传司等22个机构。

《规定》明确国家新闻出版广电总局将加强指导、协调、推动新闻出版广播影视产业发展，加强推进新闻出版广播影视领域公共服务，促进城乡公共服务一体化发展，加强推进新闻出版广播影视领域体制机制改革，加强对数字出版以及网络视听节目服务、公共视听载体播放广播影视节目的规划指导和监督管理，加大反侵权盗版工作力度，加强新闻出版广播影视国际传播能力建设，推动新闻出版广播影视“走出去”。

《规定》明确，国家新闻出版广电总局的主要职责包括：负责拟订新闻出版广播影视宣传的方针政策，把握正确的舆论和创作导向；负责监督管理新闻出版广播影视机构和业务以及出版物、广播影视节目的内容和质量，指导监管广播电视广告播放；负责中国新闻记者证的监制管理；负责对互联网出版和开办手机书刊、手机文学业务等数字出版内容和活动进行监管；负责对网络视听节目、公共视听载体播放的广播影视节目进行监管，审查其内容和质量；推进广电网与电信网、互联网三网融合。

《规定》还指出，国家新闻出版广电总局负责统筹规划新闻出版广播影视产业发展，制定发展规划、产业政策并组织实施；负责组织、指导、协调中国“扫黄打非”工作，组织查处大案要案；领导中央人民广播电台、中国国际广播电台和中央电视台，对其宣传、发展、传输覆盖等重大事项进行指导、协调和管理。

根据《规定》，国家新闻出版广电总局共取消了20项审批职责，其中包括取消举办全国性出版物订货展销活动审批、调控书号总量、在境外展示展销国内出版物审批等。此外，国家新闻出版广电总局还将国外人员参与制作的国产电视剧审查职责，设置卫星电视广播地面接收设施审批职责，音像复制单位、电子出版物复制单位设立审批职责等7项职责下放给省级新闻出版广电行政部门。

（资料来源：新华网　作者：璩　静　王　帅）

【北京市新闻出版局推出出版合同示范文本】

2013年7月23日，北京市新闻出版（版权）局在其官网推出一项新的可下载内容——出版合同示范文本。这是北京市新闻出版（版权）局为有效引导著作权人和出版单位依法签约、履约，保护著作权人利益，鼓励原创，规范出版市场行为而推出的合同范本。北京市新闻出版（版权）局还在京召开出版合同范本推介座谈会，向北京地区出版单位、著作权人推荐使用。为满足不同体制出版发行企业的需求，合同文本设计成三类，分别是《图书出版合同》、《著作权许可使用合同》、《著作权转让合同》，每类附有使用指南。

在现实中，由于出版单位、著作权人信息不对称，经济力量不对等等因素，在签合同的过程中往往会出现利益失衡问题，特别是非知名作家的一般著作权人的利益得不到保障。虽然国家版权局1992年颁布了《图书出版合同》（标准样式），并于1999年进行了修订，但随着数据时代的到来以及面对出版业面临的新情况，该合同样本已无法适用当前形势。

此外，北京市相关法院受理出版合同纠纷案件数量也呈激增趋势。鉴于此，北京市新闻出版（版权）局根据最新的法律法规和当前出版行业发展特点，制定了新合同示范文本，该文本可作为著作权人签约谈判时的参考，使著作权人对其在某一具体合作事项中的权利状况有明确认识，帮助其综合各种因素后决定是否签约，避免因对法律的误解而达不成交易或落入合同的陷阱，从而平衡合同双方的权利、义务关系，促进出版产业健康发展。

座谈会上，与会者认为，合同示范文本从保护著作权人合法权益出发，全面体现了著作权人在法律上的各项权利和对履行合同各环节的控制、监督和知情权，有利于形成诚信出版关系，对著作权人与出版者洽谈或签订图书出版合同都具有重要的指导作用。作家周大新说，合同示范文本保护了著作权人的创作积极性，对维护知识产权和促进创作都将起到积极推动作用。北京出版集团编务管理中心副主任罗琪认为，合同示范文本在平衡著作权人与出版社、文化公司在法律专业知识等方面的不平等状态有积极作用，对出版社有很好的借鉴作用。

为编制好合同示范文本，北京市新闻出版（版权）局历时半年多，先后征求了出版单位、作者、民营企业和律师代表的意见，还邀请法院法官、高等院校和律师事务所的专家学者多次召开会议进行研讨。北京市新闻出版（版权）局还将合同草案上报国家新闻出版广电总局征求意见，并根据总局意见进行修改，最终形成了合同示范文本。

（资料来源：《中国新闻出版报》　作者：王坤宁）

【北京海淀警方破获国内最大电子书盗版案】

2013年7月28日，北京海淀警方通报，涉及200余家网站联盟提供盗版电子书下载，给正版电子书网站造成数千万元损失案件的15名犯罪嫌疑人均已落网。这是海淀警方在中国范围内破获的电子书盗版涉案金额最大、抓捕人数最多的一起案件。

2012年12月底，海淀公安分局网安大队民警在巡检过程中发现，一家名为“快眼看书”的搜索引擎里，有200余家加盟网络文学的网站，每个网站里有大量的侵权网络文学作品，其著作权大多归属于国内某知名文学网站。

警方从“快眼看书”搜索引擎入手，将住在海淀某民房内维护该网站的郑某抓获。郑某网站下有30余家一级加盟网站，这些网站每月都要付给郑某一万元的加盟费。而更多二级加盟网站，每月也要付几千元的费用，郑某网站每月收入至少数十万元。专案组先后派出七个工作组，分赴西安、福州、大连、浙江、湖北等七省市，对涉案的加盟网站进行侦查。经过数月工作，截至2013年7月中旬，专案组共抓获涉嫌侵犯著作权的犯罪嫌疑人15人。

（《中国版权年鉴》编辑部综合）

【上海查获贩卖销售盗版光碟案件】 2013年8月8日，杨浦警方查获了2013年度最大一宗贩卖销售盗版光碟的案件：一名垄断上海地区盗版光碟市场的“大佬”落网。执法部门查获12万张盗版光碟，其中不乏《致青春》等热门影视剧。李某因涉嫌销售侵权复制品罪被采取刑事强制措施。

2013年3月，五角场镇派出所根据线索侦查发现，李某在浦电路一家仓库储藏盗版光碟，数量巨大；后来，其又转到浦东一家灯饰城，租借2楼仓库，每天都会收到大量从广州寄来的快递件。据李某交代，上海市面上的盗版光盘大多来源于她这里。自2011年7月始，李某伙同他人先后在浦东浦电路、东方路等地批发销售盗版光盘，累计已销售10 000余公斤（约30万张）。其以每张光盘1.5元的价格进货，再以3～4元左右的价格卖出，近2年时间里，销售额超过100万元。

（资料来源：《文汇报》 作者：唐愈欣 沈竹士）

【《政府机关使用正版软件管理办法》发布】 2013年8月15日，国务院办公厅印发《政府机关使用正版软件管理办法》，对各级政府机关使用正版软件工作提出具体要求。《办法》明确要求各级政府机关的计算机办公设备及系统必须使用正版软件，禁止使用未经授权和未经软件产业主管部门登记备案的软件。各级政府机关工作人员不得随意在计算机办公设备及系统中安装或卸载软件。

推进使用正版软件工作部际联席会议办公室有关负责人表示，《办法》进一步规范了政府机关使用计算机软件行为，明确了各级政府和推进使用软件正版化工作机制各成员单位的职责，为巩固政府机关使用正版软件工作成果，更好地发挥政府机关带头使用正版软件的表率作用，建立政府机关软件正版化长效机制提供了制度保证。《办法》的颁布，不仅对振兴民族软件产业、提高全社会的版权意识意义重大，也是推进政府部门依法行政、履行国际承诺、树立良好国际形象的客观需要，更重要的是，这是实施创新驱动发展战略、加快创新型国家建设的必然要求。

《办法》充分吸收了软件正版化工作中好的做法、经验和政策措施，从正版软件范围、软件正版化工作责任、软件采购和经费保障、软件资产管理、管理监督责任、责任追究等6个方面，全面规定了政府机关使用正版软件工作机制：第一，《办法》主要对政府机关使用操作系统、办公和杀毒三类通用软件作出了规定。第二，《办法》明确了软件正版化工作职责，规定国务院各部门、地方各级政府及其部门对本部门和本地区政府机关使用正版软件工作负总责，其主要负责人是使用正版软件工作的第一责任人；负责信息化工作的部门及其负责人具体负责使用正版软件的推进工作。第三，《办法》对软件采购和经费保障作出规定，要求各级财政部门应将政府机关软件采购经费纳入本级财政预算，要求各级政府机关规范政府采购软件产品行为，对需要购置的办公软件和杀毒软件一并作出购置计划，从源头上预防使用盗版软件。第四，《办法》严格了软件资产管理制度，规定各级政府机关通过各种方式形成的软件资产均属于国有资产，应纳入部门资产管理体系。第五，《办法》规定了管理监督责任，规定推进使用正版软件工作部际联席会议负责对中国政府机关软件正版化工作的组织、协调和指导，各地人民政府建立相应工作机构，负责本地区政府机关软件正版化工作。《办法》还规定了著作权行政管理等相关部门的职责。第六，《办法》规定了考评和责任追究制度，规定各级政府应将使用正版软件工作纳入年度考核，建立考核评议制度和责任追究制度，定期对使用正版软件工作进行考核、评议，并对保障、监督管理部门和政府机关违反办法规定的责任追究方式进行了规定。

（资料来源：《中国新闻出版报》 作者：赖名芳）

【吉林省新闻出版广电局设立】 2013年8月23日，吉林省政府办公厅下发通知，《吉林省新闻出版广电局主要职责内设机构和人员编制规定》已获省政府批准。根据中央编办《关于吉林省个别机构职能调整备案的函》，设立吉林省新闻出版广电局，为省政府直属机构。

根据《规定》，吉林省新闻出版广电局机关行政编制119个，其中，局长（兼省版权局局长）1名、副局长3名，省版权局专职副局长1名（副厅长级）；处级领导职数42名（含机关党委专职副书记1名）；机关工勤事业编制10名。

省新闻出版广电局加挂省版权局的牌子，在著作权管理上，以省版权局名义行使职权。根据职责，省新闻出版广电局设18个机构。具体为：办公室（对外交流合作处）、人事处、财务处、政策法规处、规划发展处、公共服务处、宣传处（电视剧处）、新闻报刊处、电影处、出版管理处（古籍整理出版规划办公室）、印刷发行管理处、传媒机构管理处（网络视听节目管理处）、数字出版处、反非法和违禁出版物处（省“扫黄打非”工作领导小组办公室）、版权管理处、科技处、保卫处和老干部处。

省新闻出版广电局有 13 项主要职责，取消 8 项职责，下放 4 项职责，承接 6 项职责，加强 7 项职责。

被取消的 8 项职责为：在境外展示、展销国内出版物的审核职责及设立出版物中国连锁经营单位审核职责；从事出版物中国连锁经营业务的单位变更《出版物经营许可证》登记事项，或者兼并、合并、分立审核职责；只读类光盘生产设备引进、增加与更新审核职责；出版物总发行单位设立从事发行业务的分支机构审核职责；期刊变更登记地审核职责；图书出版单位等级评估审核职责，工作改由省出版工作者协会承担；报纸、期刊综合质量评估审核职责，工作分别改由省出版工作者协会和省期刊协会承担；期刊出版增刊审批职责。

同时，《规定》中详细界定了省新闻出版广电局与省文化厅在动漫和网络游戏管理上的职责分工。省新闻出版广电局负责在出版环节对影视动漫和网络视听中的动漫作品进行管理，对游戏出版物的网上出版发行进行前置审批。省文化厅负责动漫和网络游戏相关产业规划、产业基地、项目建设、会展交易和市场监管。

（资料来源：《新文化报》 作者：王小野）

【上海侦破“第一中文网”网络侵犯著作权案】 2013 年 9 月，上海市公安局网安总队表示，公安机关经过缜密侦查，辗转河南省洛阳市、湖南省衡阳市等地，侦破了“第一中文网”网络侵犯著作权案，涉案嫌疑人唐某被抓获，案件涉嫌侵权作品达 2 271 部，造成版权损失 2 000 余万元。

2013 年 5 月，上海浦东公安分局民警接“起点中文网”举报称，一家名为“第一中文网”的电子小说网站在互联网上涉嫌盗用“起点中文网”网站正版小说版权并非法牟利。对此，浦东公安分局立即成立专案组，对“第一中文网”网站全面开展侦查、取证工作。

经缜密调查后发现，犯罪嫌疑人唐某于 2010 年注册“第一中文网”（www.dyzww.com），而其本人则独自在洛阳本地使用网络小说采集系统、网络小说管理系统远程管理“第一中文网”，更新网站内小说的内容。自 2013 年 4 月中旬起，“第一中文网”在未经授权许可的情况下，开始私自刊载“起点中文网”拥有独家信息网络传播权的正版小说并非法牟利，致“起点中文网”网站合法权益受到严重侵害，损失人民币约 2 000 余万元，犯罪嫌疑人违法所得达 15 万元。7 月初，专案组在河南洛阳警方的协助下将涉案嫌疑人唐某抓获归案，当场缴获作案笔记本电脑一台，并在湖南衡阳市将涉案服务器断网扣押。

（资料来源：人民网 作者：吴心远）

【知识产权战略实施先进集体和个人评选结果揭晓】 2013 年 9 月，人力资源和社会保障部与国家知识产权战略实施工作部际联席会议办公室联合下发文件表彰了一批国家知识产权战略实施工作先进集体和先进个人。江苏省版权局版权管理处被评为国家知识产权战略实施工作先进集体，北京市版权局版权管理处处长韩志宇被评为国家知识产权战略实施工作先进个人。

（资料来源：《中国新闻出版报》 作者：方 圆）

【直辖市版权执法工作座谈会在京召开】 2013 年 9 月，国家版权局在京召开直辖市版权执法工作座谈会，会议由国家版权局版权管理司司长于慈珂主持。会上认真听取了北京、天津、上海、重庆四直辖市文化市场行政执法总队对当前版权执法工作的意见。会议还研究议定了将在京津沪渝等重点城市建立“横向联动、纵向贯通”的版权执法快速反应机制等 5 个事项。国家新闻出版广电总局副局长、国家版权局副局长阎晓宏出席会议并讲话。

阎晓宏指出，在当前中国新闻出版系统深入开展党的群众路线教育实践活动的形势下，国家版权局召开此次座谈会对于研究在新形势下充分发挥直辖市文化市场综合执法的重要作用，进一步加强版权执法工作，具有十分重要的意义。党的十八大提出，要扎实推进社会主义文化强国建设，做好版权执法工作对保护知识产权、推动文化大发展大繁荣意义深远。版权执法是文化市场综合执法的重要组成部分，四市在全国版权执法领域具有十分重要的地位，近年来也取得了显著的成绩，在保护知识产权工作中走在了全国前列。国家版权局与四市文化市场执法总队要进一步加强联系，特别是在查处案件方面要建立健全快速反应机制，国家版权局在这方面要进行顶层设计，做好四市联动执法的指导和服务工作。京津沪渝也要加强协同，形成合力，善于利用现代化的执法手段。

座谈会上，四市执法总队相关负责人针对当前版权执法工作的现状、存在问题提出了意见。大家一致认为，近年来在国家版权局的直接指导下，版权执法力度不断加大，查办大要案件取得明显成效。

特别是在数字环境下，网络版权执法成为当前的工作重点和难点。国家版权局近年来开展的“剑网行动”成为版权执法工作的有效抓手。随着全国版权执法信息化水平的不断提高，智能办公监管系统将不断完善。

会议研究议定了5个事项：一是建立“横向联动、纵向贯通”的版权执法快速反应机制。国家版权局与京津沪渝建立一个高效便捷的运行机制，并在此基础上吸收青岛、大连、杭州等中心城市，实现全国版权执法重点城市的全覆盖。二是进一步加强国家版权局对四市版权执法工作的指导，包括给予四市版权执法案件经费补贴、举办业务培训等。三是进一步加大网络版权执法力度，深入开展“剑网行动”，不断拓展网络监管范围，加快国家版权局版权监管平台建设，充分发挥技术手段在版权执法中的积极作用。四是京津沪渝文化市场执法总队与国家版权监管平台进行对接，推进版权执法信息化建设。五是国家版权局将积极协调沟通有关部门，着力解决执法工作中出现的版权认定、鉴定等问题。对四市反映的当前版权认定、鉴定成为制约版权执法瓶颈的问题，国家版权局将对有关情况积极调研，统筹协调，规范完善版权认定、鉴定等基础工作。

（资料来源：《中国新闻出版报》 作者：赖名芳）

【《全国版权示范城市、示范单位和示范园区（基地）管理办法》实施】 2013年10月1日，国家版权局新修订的《全国版权示范城市、示范单位和示范园区（基地）管理办法》开始正式实施。2010年国家版权局发布的原《办法》同时废止。

新《办法》较原《办法》对全国版权示范城市、示范单位和示范园区（基地）进行了重新定义和区分，对申报条件进行了明确、细致的量化要求，同时强化了省级著作权行政管理部门对示范单位和示范园区（基地）的职责。新《办法》删除了原《办法》中第三条、第六条和第十五条，将第五条分拆为第四条和第五条，对11个条款做出内容或文字修改。新《办法》明确规定：申报全国版权示范城市必须符合“政府相关部门软件正版化率达100%，并建立软件正版化长效机制和软件资产管理制度”，“作品登记和计算机软件登记数量年平均增长10%以上，建立完善的版权产业统计制度和作品登记制度”等条件。而申报全国示范单位和示范园区（基地）必须具备“软件正版化率达100%，无恶意侵权盗版行为”等硬性条件。

版权管理司有关负责人说，为充分发挥相关城市、单位、园区（基地）在版权创造、运用、保护和管理方面的示范作用，国家版权局于2010年实施了原《办法》。截至2013年10月，国家版权局已经授予杭州、成都、青岛、苏州、昆山等5个城市全国版权示范城市称号；批准创建广州、厦门、张家港等3个全国版权示范城市；授予安徽省版权交易中心等4个版权单位全国版权示范单位称号和青岛市创意100产业园等9个园区全国版权示范园区（基地）称号。但是，随着全国版权示范城市、单位和园区（基地）建设与管理工作的深入开展，原《办法》对全国版权示范城市、单位和园区（基地）的定义、申报条件、评审和管理程序等规定不够细致，对考核、授牌、日常监管等规定不够明确，在实际操作中尚存在一定问题，影响了全国版权示范建设工作的进一步开展。为更好地开展全国版权示范城市、示范单位和示范园区（基地）的建设和管理工作，国家版权局于2011年开展了《办法》的修订工作，并委托中国人民大学进行课题研究和实证调研，随后根据成果草拟了《全国版权示范城市、示范单位和示范园区（基地）管理办法（修订征求意见稿）》，并向中国31个省、自治区、直辖市著作权行政管理部门广泛征求意见，在充分吸收各地意见的基础上而最终形成了新《办法》。

（资料来源：《中国新闻出版报》 作者：赖名芳）

【广东省版权局正式挂牌成立】 2013年10月9日上午，广东省新闻出版广电局、广东省版权局正式挂牌成立，摘下了省广播电影电视局和省新闻出版局（版权局）两块“旧牌匾”。有关负责人表示，这意味着两局初步完成机构改革和职能转变的相关工作，标志着大部制改革的进一步深化。

新挂牌的省新闻出版广电局，根据省政府公布的合并文件，将重新规范整合原省广播电影电视局和省新闻出版局（版权局）的行政职责，取消“设立出版物中国连锁经营单位审核”等21项行政职责，下放“电子媒体非卖品、计算机软件复制核准”等16项行政职责，新增“电影制片单位以外的单位独立从事电影摄制业务审批”等10项行政职责。

广东省新闻出版广电局（省版权局）由黄小玲任党组副书记、局长，白洁任党组书记、副局长，原广东省新闻出版局局长朱仲南调任省委宣传部副部长（正厅级）。原来省新闻出版局编制59个，原省广播电影电视局编制63个，合并后的新闻出版广电局则拥有行政编制120个，比之前减少2个。内设机构数量为 15 个，比合并前减少了 1 个。机构改革的变化更多体现在职能上的梳理与整合上。

（资料来源：金羊网—《新快报》 作者：周 雯）

【2013 政府机关软件正版化培训会议在京召开】

2013 年 10 月 11—12 日，2013 政府机关软件正版化培训会议在京召开，此次会议主要是指导各地、各部门深入领会国务院办公厅于 2013 年 8 月印发的《政府机关使用正版软件管理办法》精神，推动建立健全软件正版化工作长效机制。国家新闻出版广电总局副局长、国家版权局副局长阎晓宏出席会议并讲话，各省（自治区、直辖市）推进使用正版软件工作机制成员单位相关负责人与会。

阎晓宏指出，软件正版化工作在中国已经进行了 12 年，取得了很大进步。特别是 2010 年 10 月国务院部署软件正版化检查整改工作以来，在国务院的周密部署、各级政府的共同努力下，正版化检查整改进展顺利，取得显著成效，发挥了政府机关在保护知识产权方面的示范作用。政府机关带头使用正版软件，不仅对振兴民族软件产业、提高全社会的版权意识意义重大，也是推进政府部门依法行政、履行国际承诺、树立良好国际形象的客观需要，还是实施创新驱动发展战略、加快创新型国家建设的必然要求。但由于软件版权保护具有复杂性、特殊性、专业性的特点，推进软件正版化工作仍是一项长期、艰巨、复杂的任务，任重道远。特别是软件正版化工作长效机制建设不完善，这是正版化工作的关键。

阎晓宏强调，各地要认真贯彻《政府机关使用正版软件管理办法》，进一步明确各级政府和相关部门的职责，推动构建责任明确、分工协作，保障有力、监管规范，扎实有效、立足长远的软件正版化工作机制。一是要进一步提高认识，把对软件正版化工作的认识提高到转方式、调结构、提高发展质量和效益的高度上来。在推进使用正版软件过程中，大力推广使用国产软件，以促进国家软件产业发展，确保国家信息安全。二是要建立具体的考核制度。各地、各部门要逐级落实责任，按照《办法》要求，将软件正版化纳入信息化建设中，并结合本地区实际将软件正版化工作纳入年度考核。三是要严格软件资产管理，建立健全软件资产监管机制，防止出现反弹。四是要做好日常监管和监督检查，建立年度检查和报告制度，确保软件正版化工作常态化、制度化。五是要做好培训和宣传，提高各地、各部门思想认识和软件正版化工作水平，推广各地、各部门的好做法和经验，充分发挥政府机关使用正版软件的表率作用。

中央和省级政府机关软件正版化检查整改工作已分别于 2011 年 5 月和 2012 年 6 月完成。截至 2013 年 8 月底，89.25%的市级政府和 70.26%的县级政府已提前完成检查整改任务。会议还通报了各省完成检查整改工作的进展情况，其中北京、上海、江苏、浙江、安徽、江西、山东、湖北、广东、广西、四川、贵州、云南、宁夏等 14 个省（自治区、直辖市）已提前完成全部市县级政府机关检查整改工作。

国家新闻出版广电总局版权管理司司长于慈珂及中国“双打”办、工信部、财政部、国管局、国资委等相关部门负责人与会。

（资料来源：《中国新闻出版报》 作者：魏 芳）

【陕西、甘肃开展软件正版化工作督查工作】

2013 年 10 月 21—22 日，根据推进使用正版软件工作部际联席会议工作要求，第二督查组在陕西西安、甘肃兰州两地进行软件正版化督查。督查组由商务部部长助理张向晨同志带领，成员包括商务部、国家版权局、中直管理局、银监会、证监会、工信部的有关同志及技术专家。督查组通过听取汇报、查阅具体部门资料、实地上机检查、反馈意见等多种形式开展督查工作，听取了陕西、甘肃省政府的意见与建议。此外，张向晨同志还在两省商务厅调研，听取了有关工作意见。

（资料来源：中国保护知识产权网 作者：佚名）

【广州市被授予“全国版权示范城市”称号】

2013 年 10 月 22 日，国家版权局复函正式授予广州市“全国版权示范城市”称号，这是广东省第一个创建版权示范城市的城市，是全国第 6 个被授予称号的版权示范城市。

国家版权局在《关于同意授予广州市全国版权示范城市称号的复函》中指出，广州市委、市政委高度重视版权工作，将版权工作纳入城市发展战略总体规划，严格按照国家版权局《全国版权示范城市、示范单位和示范园区（基地）管理办法》的要求，积极有效推进创建工作，形成了政府引导、企业参与、群众支持的报建格局，充分发挥了版权工作在城市经济社会发展中的影响力，有力地促进了智力成果的创造、运用、保持与管理，取得了良好成效。经创建工作考核验收，广州市符合规定条件，同意授予“全国版权示范城市”称号。

国家版权局同时提出希望，要求广州市认真贯彻落实《国家知识产权战略纲要》和《版权工作“十二五”规划》，深入开展版权知识的宣传普及工作，加大版权执法力度，保障著作权法律、法规的有效实施，加强版权保护队伍和版权服务体系建设，努力打造版权产业集群，推动智力成果的创新与运用，促进区域经济、文化、科技和社会全面发展。

（资料来源：广州市人民政府网站　作者：佚名）

【《九江市知识产权战略纲要》颁布实施】 2013年10月25日，经江西省九江市人民政府第十五次常务会议研究通过，《九江市知识产权战略纲要》正式颁布实施，这是九江市政府运用知识产权制度助推发展升级的重要举措。

《纲要》由序言、指导思想、战略目标、战略重点、专项任务、战略措施等六部分组成。《纲要》根据国家战略和江西省战略的总体要求，结合九江实际，提出到2020年要把九江建设成为知识产权创造、运用、保护、管理水平较高的城市。《纲要》细化了具体目标，明确了战略重点和专项任务，制定了详细的战略措施，是指导全市知识产权事业发展的纲领性文件。

《纲要》强调，要按照“激励创造、有效运用、依法保护、科学管理”的方针，加快经济发展方式转变，加速创新型九江建设，全面提升九江知识产权的自主创造能力、转化应用能力、依法保护能力、科学管理能力，为增强城市综合竞争实力、推进鄱阳湖生态经济区建设提供有力的支撑。

（资料来源：九江市知识产权局　作者：胡雄彪）

【甘肃破获最大侵犯知识产权案】 2013年11月27日，兰州市公安局召开新闻发布会，公布甘肃兰州警方破获的甘肃省最大一起侵犯知识产权案件，捣毁3处贩卖盗版光碟窝点，抓获犯罪嫌疑人10余名，查获各类盗版光碟50余万张，涉案价值达500余万元；还挖出了一条由广东、江苏向甘肃省及周边省区贩卖盗版光碟的秘密地下销售通道。

兰州警方依据所接线索，经过1个多月的缜密排查，不仅发现了犯罪嫌疑人郭某和丁某储藏、批发盗版光碟的库房，还挖出了一条通过“网络批发、假名邮寄”方式，由广东、江苏向甘肃省及周边省区贩卖盗版光碟的秘密地下销售通道。通过进一步的调查，警方了解到，犯罪嫌疑人以网上联络、物流发货的形式分别从广州等地购进盗版光盘，再批发给青海、新疆、西藏、宁夏等省份，以及甘肃省兰州、酒泉、武威、临夏等市州的电子商贸城，从中牟取暴利。

甘肃省兰州市公安局经济犯罪侦查支队支队长王永胜介绍说：“此案中的犯罪嫌疑人进行盗版光盘的交易活动主要是采取假名邮寄、不实填写邮包内容等手段，钻了物流管理中的空子。警方在日后进一步打击侵犯知识产权案件时也会加强各方合作，在物流管理方面给予更多重视。”

（资料来源：中国广播网　作者：孟永辉　王居蔚）

【甘肃省组建新闻出版广电局】 2013年12月6日，甘肃省人民政府发出通知，将省新闻出版局、省广播电影电视局的机构和职责整合，组建甘肃省新闻出版广电局。原甘肃省新闻出版局局长管钰年任新组建的省新闻出版广电局局长。

通知说，根据《中共中央国务院关于地方政府职能转变和机构改革的意见》精神，经甘肃省委第62次常委会议和省政府第29次常务会议研究决定，组建甘肃省新闻出版广电局，加挂省版权局牌子，为省政府直属机构。不再保留省新闻出版局、省广播电影电视局。

（资料来源：《中国新闻出版报》　作者：陆　青）

【中央经济工作会议明确强调政府要做好知识产权保护工作】 2013年12月10—13日，中央经济工作会议在北京举行。会议分析了国内外经济形势，总结了2013年经济工作，提出了2014年经济工作的总体要求和主要任务。其中明确提出，大力调整产业结构，要着力抓好化解产能过剩和实施创新驱动发展。会议还强调，政府要做好加强知识产权保护等工作，创造环境，使企业真正成为创新主体。

会议指出，党的十八届三中全会为加快转变经济发展方式、培育经济发展新动力、实现经济持续健康发展确定了行动纲领。要大力推进改革创新，把发展的强大动力和内需的巨大潜力释放出来，以转变经济发展方式的主动、调整经济结构的主动、改革开放的主动，赢得在经济发展上的主动和国际竞争中的主动，努力创造和维护经贸规则有利、发展空间广阔的良好环境。做好2014年经济工作的总体要求是，全面贯彻落实党的十八大和十八届二中、三中全会精神，坚持稳中求进工作总基调，把改革创新贯穿于经济社会发展各个领域、各个环节，着力激发市场活力，加快转方式、调结构，切实提高经济发展质量和效益，促进经济持续健康发展。

会议提出了2014年经济工作的主要任务，其中明确指出，要着力抓好化解产能过剩和实施创新驱动发展。坚定不移化解产能过剩，不折不扣执行好中央化解产能过剩的决策部署。把使市场在资源配置中起决定性作用和更好发挥政府作用有机结合起来，坚持通过市场竞争实现优胜劣汰。化解产能过剩的根本出路是创新，包括技术创新、产品创新、组织创新、商业模式创新、市场创新。大力发展战略性新兴产业，加快传统产业优化升级。创造环境，使企业真正成为创新主体。政府要做好加强知识产权保护、完善促进企业创新的税收政策等工作。强化激励，用好人才，使发明者、创新者能够合理分享创新收益，打破阻碍技术成果转化的瓶颈。

会议指出，做好 2014 年经济工作，要坚持稳中求进，统筹稳增长、调结构、促改革，保持经济增长在合理区间平稳运行；加快转变经济发展方式，促进提质增效升级，推动经济持续健康发展。要紧紧围绕使市场在资源配置中起决定性作用，深化经济体制改革，着力在重要领域和关键环节取得实质进展；深入实施创新驱动发展战略，促进产业结构调整升级。

（《中国知识产权报》综合）

◆ 宣传教育

【知乎等媒体联合发表倡议书呼吁尊重原创保护版权】 2013 年 3 月 20 日，知乎、36 氪、商业价值、虎嗅网等媒体联合发表倡议书，呼吁尊重专业媒体原创内容，保护版权。倡议书称许多人复制原创者的作品并随意改换原创者的名字，许多机构使用原创作品时并未获得授权，这对原创者的基本权利是一种冷漠。对此，他们希望，个人和非商业机构，在使用或转载他人作品时，尊重作者的署名权，在转载文章开头显著位置注明原文作者名、原文出处和原文链接。商业机构和组织，在使用或转载他人作品时，尊重作者的署名权和使用权，除在转载文章开头显著位置注明原文作者名、原文出处和原文链接之外，还应在转载发表前事先与著作权人沟通，取得使用授权。原作者和原出版方明确标示禁止转载的，任何第三方个人或机构都应尊重此权利，除非获得授权。鼓励所有个人或机构保护原创、尊重版权的努力，监督和批评践踏原创、伤害作者的行为。

联合署名的有：知乎、三联生活周刊、创业家、财经天下、环球企业家、全球商业经典、商业价值、创业邦、时间线、36 氪、虎嗅网、爱范儿、极客公园、i 黑马、PingWest、天下网商·经理人、蛮子文摘、逻辑思维、小道消息、快鲤鱼。

（资料来源：知乎 zhihu.com）

【“2012 年北京知识产权保护状况”新闻发布会举行】 2013 年 4 月 10 日，“2012 年北京知识产权保护状况”新闻发布会在京举行。

2012 年，北京市知识产权保护统筹协调力度不断加强，各部门进一步加强协作配合。北京市高级人民法院从 2009 年开始就先后与中国互联网协会调解中心、中国作家协会以及市知识产权局签订协议，积极探索建立知识产权诉讼与非诉讼衔接的司法领域的机制，这四年期间成功调解信息网络传播权纠纷案件 29 件，取得一定成效，得到了社会各界的认可；北京市打击侵犯知识产权和制售假冒伪劣商品领导小组被北京市政府批准为议事协调机构；北京市版权局、广电局与通信部门建立针对从事视听服务非法网站的快速反应机制；北京市知识产权局、工商局、版权局等执法部门对中关村西区电子产品市场开展联合执法，有效改善了中关村电子市场的知识产权执法环境。

2012 年，全市检察机关受理审查逮捕涉嫌侵犯知识产权犯罪案件共 312 件 480 人；公安部门共破获知识产权领域犯罪案件 1 729 件，收缴侵权盗版出版物 40 余万张（册），各类假冒名牌产品涉案金额达 3 亿余元；文化执法部门立案 1 220 件，结案 1 151 件，收缴各类非法出版物、音像制品 200 余万件；北京海关查获侵犯知识产权商品 1 079 批次，立案 47 起，累计查获侵权商品 4.299 7 万件，案值 171 万元。

（资料来源：《中国知识产权报》 作者：张海志）

【全国知识产权宣传周首次“上网”启动】 2013 年 4 月 19 日，由国家知识产权局、中宣部、国家版权局等 25 个部门联合主办的 2013 年全国知识产权宣传周活动在人民网启动。此次宣传周主题为“实施知识产权战略，支撑创新驱动发展”。

国家知识产权局局长田力普代表组委会发表视频致辞时表示，尽管现代知识产权制度在中国确立与实施的时间还比较短，但发展之快前所未有。目前，中国知识产权法律法规日臻完善，行政执法和司法保护持续加强，对外合作交流不断拓宽，知识产权受理、审批、登记量保持快速增长。作品著作权登记量在 2012 年达到了 68.8 万件，软件著作权登记量达 13.9 万件，均创历史新高。世界知识产权组织（WIPO）总干事高锐在发来的视频贺词中提到，下一代的创造力将属于中国。中国在继承了历史文化遗产的基础上，在知识产权科技成果转化方面亦取得了显著的成绩，在中国一些大城市，版权产业产值占国民生产总值 10%以上。

2013 年宣传周启动仪式首次在网络上进行，人民网、中国网、新浪网等网站开设了活动专题。宣传周期间，各组委会成员单位将围绕主题，结合各自工作领域特点，组织开展咨询、论坛、讲座、开放日、报告会、公益广告征集等各种活动。

（资料来源：《中国新闻出版报》 作者：方 圆）

【2012 年中国知识产权状况发布】 2013 年 4 月 25 日，国务院新闻办公室举行新闻发布会，通报 2012 年中国知识产权状况。国家新闻出版广电总局副局长、国家版权局副局长阎晓宏，国家知识产权局局长田力普，国家工商行政管理总局副局长付双建，介绍了 2012 年中国知识产权发展状况并回答了记者提问。

发布会通报：中国知识产权战略实施工作体系基本建立，各地方各领域的战略宏观部署基本完成，战略实施工作由夯实基础阶段转入攻坚阶段。2012 年，各类知识产权数量持续增长，全年受理三种专利申请 205.1 万件，受理商标注册申请 164.8 万件，作品登记量 68.8 万件，软件著作权登记量 13.9 万件。中国检察机关共批捕涉及侵犯知识产权犯罪案件 5 256 件，受理公安机关移送审查起诉的涉及侵犯知识产权犯罪案件 17 244 件。全国版权系统共查处网络侵权盗版案件 282 件，关闭网站 129 家。

阎晓宏就《著作权法（修订草案）》的进展情况、中国软件正版化工作等问题回答了与会记者的提问。他表示，社会各界对于此次修法给予了广泛的关注，问题集中于网络领域的著作权法律设定问题，还有一些传统领域的问题。针对人们关注的互联网领域中的法律设定问题，此次修法将探索如何确定“避风港”原则、如何明确网络内容提供商的责任和运营商的责任，在保护权利人和合法使用之间找到一个平衡。

就中国软件正版化工作，阎晓宏介绍说，中央和地方省级政府机关软件正版化检查整改工作已经完成，2013 年底完成全国市县级政府机关软件正版化整改任务，今后要着重建立一个完善的软件正版化工作机制。

阎晓宏表示，创新驱动发展战略说明社会已经步入更多地依靠智力成果来推动社会进步的阶段，对此，知识产权是极为重要的。他表示，近年来，国家版权局也在重点推进作品登记等工作，通过登记、质押、评估来促进作品在市场中的流通和使用，通过作品的流通和使用带动文化产业和其他相关产业的发展。2008 年中国软件著作权登记量为 4.9 万件，2012 年达到 13.9 万件；2001 年中国软件产值达 750 亿元，而 2012 年增至 2.5 万亿元。阎晓宏认为，由此可以看出软件著作权登记和保护工作在推动软件产业发展方面起到非常重要的作用。从创新驱动发展来看，版权工作仍需要加强，要做的工作还很多，发展的潜力也很大。

针对当下社会关注的网站音乐下载收费问题，阎晓宏表示，互联网环境下的商业模式和传统领域的商业模式有所不同，收费或不收费两种方式都有存在的必然性和可能性。无论收费与否，都必须获得权利人授权，要给权利人付费。

（资料来源：《中国新闻出版报》 作者：哈妮帕）

【中国版权产业经济贡献（2010 年）调研报告发布】 2013 年 4 月 25 日，国家版权局、中国新闻出版研究院在京联合发布 2010 年中国版权相关产业经济贡献调研报告。

最新调研成果表明，全国版权相关产业保持平稳增长态势。2010 年，全国版权相关产业行业增加值为 26 370.26 亿元人民币，占全国 GDP 的 6.57%，比 2009 年增加 4 072.28 亿元人民币；其中，核心版权产业发展较快，明显高于其他产业组。2010 年核心版权产业的行业增加值为 14 141.04 亿元人民币，占全国 GDP 的 3.52%，比 2009 年增加 2 213 亿元人民币；其中，软件和数据库等产业增长明显。

2010 年，全国版权相关产业的就业人数为 1 041.54 万人，占全国城镇单位就业人数的 7.98%，比 2009 年增加 50.14 万人。其中，核心版权产业 534.79 万人，占全国城镇单位就业人数的 4.10%，比 2009 年增加 28.56 万人。

2010 年全国版权相关产业海关统计商品出口额为 2 662.96 亿美元，占全国海关统计商品出口总额的 16.88%，比 2009 年增加 559.79 亿美元。其中，核心版权产业出口额为 41.90 亿美元，占全国出口总额的 0.27%，比 2009 年增加 0.74 亿美元。

全国相互依存版权产业的商品出口额及其占当年版权相关产业商品出口总额的比重仍占绝对优势，2010 年达到 92%以上，说明中国版权相关产业的外贸出口仍以制造业为主。

（资料来源：中国出版网　作者：尚　烨）

【第五届大学生版权征文结果揭晓】　2013 年 4 月 25 日，由国家版权局主办、《中国版权》杂志社承办的第五届中国大学生版权征文颁奖仪式在京举行。国家版权局副局长阎晓宏、国家版权局版权管理司司长于慈珂、中国版权保护中心党委书记邹建华、国家版权局版权管理司副司长汤兆志等出席会议并向获奖学生颁发证书。

由国家版权局主办、《中国版权》杂志社承办的第五届中国大学生版权征文评选结束，共评出本科生组和研究生组各一等奖 10 名、二等奖 20 名、三等奖 30 名、入选奖 60 名和组织奖 27 名。

中国大学生版权征文活动已连续成功举办五年。此次活动共收到 1 128 篇稿件，分别来自 81 所高校的 1 128 名大学生，创历年新高。其中，本科生组来稿 770 篇，研究生组 358 篇。81 所高校既包括北大、清华、人大等著名高校，也包括法律类院校、综合类院校、民族院校和边远地区高校。

从内容上看，此次论文关注点更加多样和深入，很多论文关注议题已不限于中国本土，而是在全球视野下审视著作权保护制度，聚焦最热点、最难点和最前沿的话题。有论文对修订法律以及新技术带来的新挑战、新模式等话题进行了探索，如本科生组获奖论文中涉及的话题包括在线音乐商店版权模式、数码绘画的著作权风险及其防范、电视节目模板的版权保护、网络定时播放的法律适用、汉化软件是否侵犯著作权、法经济学视野下的延伸集体管理制度、论著作权集体管理制度下著作财产权证券化实现的"双重信托模式"、中国报刊转载法定许可中的声明保留制度、中美孤儿作品著作权利用制度的比较研究等。

此次比赛研究生组将研究性探索带入了更深层领域，如延伸性集体管理制度在中国的构建、涉外著作权侵权法律适用的保护国原则、网络时代的版权补偿金制度、版权交易平台建设风险与控制、视听表演者权归属模式、口述历史档案著作权归属问题、职务作品著作权归属规则在劳务派遣中的适用、版权融资模式中的第三方担保制度研究、SaaS 模式下出租权扩张性等。

（资料来源：《中国新闻出版报》　作者：方　圆）

【国务院新闻发布会强调加强版权保护重点推进作品登记等工作】　2013 年 4 月 25 日，国务院新闻办公室举行新闻发布会，国家版权局副局长阎晓宏表示，除了加强版权保护以外，国家版权局也在重点推进作品登记等工作，通过登记、质押、评估来促进作品在市场中的流通和使用，通过作品的流通和使用来带动文化产业和其他相关产业的发展。

阎晓宏表示，创新驱动战略说明我们社会到了更多地要依靠智力成果来推动社会进步的阶段，就是我们现在要转型，从消耗资源到更多地依靠科技进步来实现发展和增长，对此，知识产权是极为重要的。知识产权除了专利、商标、版权之外，还涉及其他一些领域。就版权来看，2008 年中国软件的登记量是 4.5 万件，2012 年的登记量是 13.9 万件，增长幅度很大，表明了创新的增长。另外一个数字是 2001 年中国的软件产值是 750 亿元，而 2012 年产值是 2.5 万亿元，这也能看出软件著作权登记和保护在推动软件产业发展方面起到的作用是非常大的。从创新驱动发展这样一个大的题目来看，版权工作还有些方面需要加强，要做的工作还很多，发展的潜力也很大。无论在著作权作品的创造，还是在市场领域的使用，以及加强版权的保护这几个方面，国家版权局都仍有很多工作要做。

（资料来源：中国网　作者：佚名）

【2012 年知识产权保护满意度调查公布结果】　2013 年 4 月 25 日，中国首次开展的知识产权保护满意度调查公布结果。调查结果显示：2012 年，中国知识产权保护社会满意度得分为 63.69 分，总体评价偏低。

此次调查工作在中国 4 个直辖市和 27 个省会城市开展，共回收 16 292 个有效样本。从调查结果来看，社会各界对宣传教育工作的满意度较高、对执法工作的满意度偏低，对法律与政策保护工作的满意度稍高于总体满意度，对管理与服务的评价基本与总体满意度一致。其中，知识产权执法最受关注，社会各界对知识产权侵权现象严重程度，知识产权纠纷处理的及时性、便捷性和侵权赔偿足额性等几个问题最为关注且最不满意。

从受访者的情况来看，权利人的满意度较社会公众和专业人士稍高。社会公众中，年龄越轻、文化程度越高的受访者对知识产权保护工作的满意度越低。专业人士群体中，律师、知识产权代理人等中介服务机构工作人员满意度明显低于知识产权行政管理及行业组织人员。

为进一步了解社会各界对知识产权保护状况的感知，综合评估中国和各地区知识产权保护工作的整体状况和社会影响，中国专利保护协会、中华商标协会、中国版权协会等单位，于2012年5月至10月在中国针对知识产权权利人、专业人士和社会公众等三类群体开展了社会调查，为进一步明确知识产权保护工作重心、加大工作力度提供指引。

（资料来源：《中国新闻出版报》 作者：方 圆）

【北京软件正版化服务推行培训常态化】 2013年4月25日，北京市使用正版软件工作联席会议办公室召开2013年第二期软件正版化服务推介培训工作会。培训会上，微软公司的技术专家针对云计算解决方案、智能城市、新一代政务办公平台等内容进行了讲解。

北京市开展的常态化培训教育对软件正版化工作起到了很大推动作用。培训不仅帮助有关政府和企业解决正版化工作实施过程中遇到的各种技术问题，而且推动了软件企业和正版化产品用户之间的交流沟通，促使软件企业针对用户需求研发有针对性的产品。此外，也改变了软件企业过去重采购、轻服务的现象，促进软件企业制定更能满足用户需要的服务方式和服务内容，提高了用户开展正版化工作的积极性。

北京市各委办局、区县政府、市属国有企业与部分民营企业正版化和信息化工作有关负责人共200余人参加培训。

（资料来源：《中国新闻出版报》 作者：王坤宁）

【央视办知识产权法律知识竞赛】 2013年4月25—26日，中央电视台首次在全台范围内举办了一场知识产权法律知识竞赛。来自央视21个部门的60名选手参加了角逐，陈伟鸿、孙晓梅、李梓萌等多位央视名嘴也变身参赛选手。经过激烈竞争，综合频道获得一等奖，外语频道等5个部门分获二、三等奖。

此次竞赛是央视世界知识产权日系列活动的重头戏，相关负责人表示，举办比赛源于央视对知识产权的高度重视。近年来，央视作为国内重要的版权生产者和拥有者，在知识产权建章立制、资源回溯、系统搭建、作品付酬、产业开发等方面做了大量开创性的工作，逐步探索出一条符合国际惯例、适应央视台情的知识产权管理路径。

（资料来源：《中国新闻出版报》 作者：牛春颖）

【上海发布2012年度十大版权典型案件】 2013年4月26日，上海市新闻出版局（版权局）召开了"4·26"版权工作新闻发布会，发布了2012年度上海十大版权典型案件。上海市新闻出版局（版权局）副局长蔡纪万、市高级人民法院民三庭副庭长钱光文及参与破获"6·8"特大侵犯著作权案的杨浦公安局行动管理中队队长胡昱出席，并就相关版权工作和案例详情进行介绍。

2012年度上海十大版权典型案件分别为：上海真彩多媒体有限公司侵犯他人信息网络传播权案；胡某、吴某诉上海美术电影制片厂著作权权属、侵权纠纷案；微软公司诉上海瑞创网络科技股份有限公司及韩某等人侵犯计算机软件著作权案；某外籍人员通过分运行李携带盗版物品进出境案；上海玄霆娱乐信息科技有限公司与王某等著作权合同纠纷案；"3·16"侵犯著作权案；余某等人侵犯著作权案；双叶株式会社诉上海恩嘉经贸发展有限公司等侵犯著作权纠纷案；"6·8"特大侵犯著作权案；葛某等人销售侵权复制品案。其中，在涉案内容方面，网络和软件侵权占据半数之多。

此外，上海市版权局发布了《上海版权产业报告（2006—2010）》，对"十一五"期间上海版权产业发展进行了全面统计分析。数据显示，至2010年，上海版权产业的增加值已达到1 821.43亿元，占当年上海GDP的比重为10.61%，年均实际增长速度为17.08%，保持了持续快速增长的势头。

（资料来源：东方网 作者：郭翼飞）

【"软件正版化在中国"展览在京揭幕】 2013年4月26日，作为中国迎接第13个世界知识产权日系列活动的重头戏，由推进使用正版软件部际联席会议举办的"软件正版化在中国"展览在京揭幕，《中国推进使用正版软件工作状况》报告同时发布。报告称，自2001年中国政府启动软件正版化工作以来，软件版权保护力度不断加大，软件产业年产值从2000年的593亿元跃升到2012年的2.5万亿元，上涨了41倍多，软件产业效益和结构进一步提升和优化。

国家新闻出版广电总局党组书记、副局长蒋建国，商务部副部长王超为展览揭幕。国家新闻出版广电总局副局长、国家版权局副局长阎晓宏主持展览开幕式。中纪委驻国家知识产权局纪检组组长肖兴威、国务院机关事务管理局副局长李宝荣出席开幕式。

王超在致辞中表示，"软件正版化在中国"展览集中展示宣传了中国政府对软件版权保护的重视和软件正版化取得的初步成果，彰显了中国政府保护软件知识产权的态度和决心。但由于软件版权保护具有复杂性、特殊性、专业性的特点，推进软件正版化工作仍是一项长期、艰巨、复杂的任务，软件正版化任重道远。

此次展览设置了“领导重视部署有力”、“齐抓共管初见成效”、“服务产业促进发展”、“完善机制务求实效”四个主题展区。

推进使用正版软件工作部际联席会议成员单位的相关部门负责人，中国软件联盟、美国商业软件联盟、日本文化产品海外流通促进机构（CODA）、韩国著作权委员会等行业协会驻京机构负责人和部分软件企业负责人参观了展览。

（资料来源：《中国新闻出版报》 作者：赖名芳）

【浙江“知识产权杯”创意设计大赛落幕】 2013年4月26日，浙江省首届“知识产权杯”创意设计大赛颁奖典礼暨获奖作品展在浙江工商大学举行，拉开了世界知识产权周系列活动的序幕。这是浙江省版权局首次把版权保护活动引入大学校园。在随后举行的“版权保护与创新”主题研讨会上，浙江省版权局的工作人员和工商大学师生探讨了版权保护的相关问题。据统计，2012年浙江省版权登记总数达到15 090件。此次版权保护宣传深入高校，意在培养大学生的版权保护意识，鼓励大学生创新。

（资料来源：《浙江日报》 作者：张雪燕 童 桦）

【《2012年中国软件盗版率调查报告》发布】 2013年5月20日，国家知识产权局委托超元实验室和互联网实验室共同发布了《2012年中国软件盗版率调查报告》。报告显示，按全部安装计算机软件计算，2012年国内电脑软件盗版率为11.8%，与2011年基本持平；按应付费软件计算，数量盗版率由2011年的38%下降至36%。

据“中国软件盗版率调查”课题组负责人王卫华介绍，各类软件的数量盗版率均保持不同程度的下降趋势，其中信息安全类软件由2011年的39%下降为36%；办公软件由2011年的55%下降为53%；操作系统由2011年的24%下降为23%。其中，办公软件盗版率最高，为53%；操作系统软件盗版率继续保持较低水平，为23%。

报告显示，与2011年相比，2012年单机软件安装总数量由6.05套上升至6.7套，增长10.7%。其中应付费软件由1.9套上升至2.22套，增长16.8%；免费及开源软件由4.15套增加至4.48套，增长了8%。免费及开源软件增幅明显扩大，但正版商业软件仍有较大的市场潜力。与2011年相比，盗版软件单机安装数量由0.71套上升至0.79套，增长11%，与安装总数量的提高几乎同步，但是低于正版软件安装的增长速度。

报告对于测算软件盗版率的一些错误做法予以纠正。例如，用未有效激活的软件数量测算盗版率，用不预装Windows电脑比例测算盗版率，用历史累积数据测算盗版率等。此外，报告指出，农村地区正版软件的销售和服务网络建设相对落后，严重制约了正版软件的推广应用，这对于软件知识产权保护提出了新的挑战。

针对中国软件盗版问题，报告提出五点建议：一是着力解决软件正版化区域不平衡问题；二是重视农村地区的正版软件推广和服务；三是扶持民族国产软件企业，促进良性竞争；四是软件定价、升级过程中要注意保护消费者权益；五是坚持用科学的研究方法回应国际舆论。

（资料来源：《中国知识产权报》 作者：冯 飞）

【南京市版权保护协会举办“2013年南京第一期企业软件正版化培训”】 2013年5月23日下午，南京市版权保护协会在江苏会议中心举办“2013年南京第一期企业软件正版化培训”。市版权局版权管理处处长王韶光、副处长张林清，市版权协会常务副会长兼秘书长冯晶、副秘书长陈鄂、协会有关人员，南京部分企业分管正版化工作的领导及有关人员参加了培训。

此次企业软件正版化培训会议的目的是：提高认识，统一思想，培训业务，推进工作。会上，冯晶讲解了为什么要实施软件正版化，南京市企业怎样实施软件正版化及相关法律法规和政策。王韶光指出，要从战略上高度重视软件正版化工作，并就南京市如何开展这项工作提出了几点要求：一要加强组织领导，重视舆论宣传；二要明确工作目标，突出工作重点；三要加大执法力度，打击侵权盗版。

为了更好地贯彻落实培训会议精神，南京市版权保护协会拟建立企业软件正版化工作备案制度。会议强调，2013年是企业软件正版化工作的“提升年”，要求参训单位回去后：一是尽快向主要领导报告，二是尽快制定本单位正版化工作方案，三是尽快开展本单位软件正版化的自查和整改工作，四是尽快把本单位软件正版化工作情况报南京市版权保护协会。

9月16日，南京市举办第二期企业软件正版化培训，26家企业的相关负责人参加培训。

（资料来源：江苏省版权局 作者：万进萍）

【中国发布首份知识产权发展状况报告】 2013年6月5日，国家知识产权局知识产权发展研究中心在京发布《2012年全国知识产权发展状况报告》，这是首份全面反映中国各地区知识产权发展水平的综合性评价报告。《报告》显示，2007年以来中国知识产权综合发展水平逐年提升，特别是2008年实施《国家知识产权战略纲要》以后，提升速度明显加快。

《报告》显示，2012年知识产权综合发展指数位列全国前10位的依次是广东、上海、北京、浙江、江苏、山东、福建、湖北、安徽、四川。从发展速度来看，2007年至2012年间，综合发展指数年均增长率位居全国前10位的省市分别是江苏、湖北、安徽、陕西、辽宁、浙江、重庆、上海、四川、河南。分经济区域来看，全国知识产权综合发展指数呈现出东、中、西部地区逐级递减的趋势，区域差别显著。

从知识产权创造以及运用方面来看，中国正处于数量效率型向质量效益型发展的过程中。知识产权数量增长和效益提升是当前推动中国知识产权创造及运用发展的主要动力。从知识产权保护方面来看，中国对知识产权保护的内在需求逐步显现，沿海地区和经济发达地区对知识产权保护需求更为旺盛。从知识产权环境方面来看，各地知识产权法律法规和战略规划相继出台，知识产权服务业加快发展。

（资料来源：《中国新闻出版报》 作者：方 圆）

【中国版权协会在京召开2013年首期版权培训班】 2013年6月16—17日，中国版权协会在京召开2013年首期版权培训班，国家新闻出版广电总局副局长、国家版权局副局长、中国版权协会理事长阎晓宏出席培训班，并以版权与文化的关系为主题进行授课。

阎晓宏指出，文化与人们的生活密不可分。版权是因创作而产生的一种权利，可带来利益是其产生和存在的根源，易复制和可分享是其特点。文化是一个群体在一定时期内形成的思想、理念、行为、风俗等及由这个群体整体意识所辐射出来的一切活动。

阎晓宏表示，文化和版权因作品而发生联系。版权不能脱离文化独立存在，它体现于各类作品之中。而文化建立在作品使用传播基础上，只有通过许可和授权才能对作品进行加工复制，虽然版权是无形的，但它可在使用和传播中实现文化价值和经济价值。与有形财产一样，版权也要受到法律保护。

谈及版权产业与文化产业的关联时，阎晓宏指出，不要空洞地谈论版权产业，而是要着重挖掘和发挥版权在推动文化发展繁荣中的重要作用。对待版权不能只讲保护，不讲创新和使用。要运用版权和版权制度，努力推出好的作品，为挖掘好作品创造条件。目前国家版权局正在通过版权登记明确权利，便于查询和交易。同时，推动建立公开、公平、公正的评估、评选、奖励制度，促进文化价值和市场价值俱佳的优秀作品的市场运用和传播。通过推动版权贸易平台的基础性建设，在为作品使用者、传播者提供更便捷、更经济获取作品授权渠道的同时，也为作品的权利人拓宽授权领域。

培训班上，腾讯主要创始人之一、终身荣誉顾问陈一丹就知识产权如何助推互联网发展，中国出版集团党组书记、副总裁王涛就出版产业的数字化发展进行了专题讲授。国家版权局版权管理司副巡视员段玉萍、北京大学出版社社长王明舟、金山软件公司首席执行官葛珂、北京国际版权交易中心董事长李蘅、北京东方雍和国际版权交易中心董事长殷秋松等专家学者围绕版权实务对会员进行了培训。

（资料来源：《中国新闻出版报》 作者：方 圆）

【天津版权普法公益活动首进民企】 2013年6月29日，天津市版权协会在天津天士力集团有限公司举办了企业版权法律知识宣传讲座。正在天津市北辰区调研国家级新闻出版装备园产业园项目的国家新闻出版广电总局副局长、国家版权局副局长、中国版权协会理事长阎晓宏应邀作了题为《重视运用版权助推文化产业发展》的专题报告。

阎晓宏表示，国家版权局正在通过版权登记明确权利，便于查询和交易，同时推动建立公开、公平、公正的评估、评选、奖励制度，促进文化价值和市场价值俱佳的优秀作品的市场运用和传播。通过推动版权贸易平台的基础性建设，在为作品使用者、传播者提供更便捷、更经济获取作品授权渠道的同时，也为作品的权利人拓宽授权领域。

天津市副市长曹小红、天津市北辰区区委书记李宝锟、天津市新闻出版局局长荣新海等陪同调研。中国版权协会有关负责人、天津市版权协会常务理事和天士力集团的高级管理人员共100余人参加了此次活动。

（资料来源：《中国新闻出版报》 作者：樊国安）

【《中国知识产权指数报告2013》发布】 2013年7月22日，中国知识产权指数研究课题组在京发布《中国知识产权指数报告2013》，对中国31个省区市（不含港澳台）知识产权综合实力指数进行排名，前十名依次是北京、江苏、上海、广东、浙江、山东、天津、福建、辽宁、重庆。

该报告是由中国知识产权研究会和北京高文律师事务所组成的课题组制作发布，知识产权出版社出版。这是该课题组自2009年始第5次发布年度评价报告。

报告指出，与往年相比，2012年中国省级行政区的知识产权综合实力排名呈"塔形"波动，排名中后部的省份变化大，排名靠前的省份则相对稳定，部分原因是中间省份相互之间差距较小，某个省份个别指标某年表现好，就有可能会出现较大的上升。其中上升最快的为西藏，由2012年的第31位升为第26位，进步了5个名次；其次是吉林和黑龙江，各自进步了3个名次。

据课题组组长、北京高文律师事务所主任王正志介绍，其综合实力评价体系主要使用知识产权产出水平、流动水平、综合绩效和创造潜力4个一级指标做出。其中排名靠前与靠后的省份在4个一级指标的表现上都较为平均，与综合实力排名较为相称。而排名中间的省区市则各项指标间波动较大。例如，西藏综合实力排名较为靠后，但有一个单项指标排名非常靠前，产出水平排第6位，表明西藏在有限的投入及基础上，取得了一定的成效。

（资料来源：《中国知识产权报》 作者：王少冗）

【第十二届输出版引进版优秀图书评出】 2013年8月，"第十二届输出版引进版优秀图书"推介活动获奖图书名单公布。本次活动最终评选出2012年度输出版图书100种，引进版社科类图书50种，引进版科技类图书30种，以及邹学英等优秀版权经理人10名、赵薇等推动输出引进的典型人物10名。

此次活动共收到来自160家出版社的812种图书参评，其中引进版536种（社科类407种，科技类129种），输出版276种。与上届相比，参评出版单位数量基本持平，但报送图书种类明显增多，参评版权经理人和典型人物数量比往届也有所增加。

推介活动由中国版协国际合作出版工作委员会、中国新闻出版研究院、出版参考杂志社联合主办。

（资料来源：《中国新闻出版报》 作者：王坤宁）

【"2013年机械行业企业软件正版化现场培训会"在沈阳召开】 2013年8月16日，由中国机械工业联合会主办的"2013年机械行业企业软件正版化现场培训会"在辽宁沈阳召开。

此次培训会从国家层面、产业层面和企业层面讨论软件正版化的重要性、推进状况、推进政策措施、实施方法等，邀请了国家版权局、工业和信息化部信息化推进司、中国机械工业联合会的有关领导，软件资产管理工作组专家，中国软件联盟讲师，国内软件企业代表，典型企业CIO等，他们介绍了国家推进软件正版化工作的总体思路和政策措施，国家两化融合工作的总体思路和相关措施，机械行业软件正版化的意义和工作思路，软件资产管理，软件知识产权保护，企业软件解决方案和企业使用正版化软件的经验和效果。

（资料来源：中国机经网）

【辽宁省版权局组织开展企业软件正版化培训】 2013年9月3日，辽宁省版权局启动了2013年第3期培训工作，来自省内商业企业、勘察设计、机械制造、金融机构、印刷制版、农牧加工等50家企业及科研单位负责信息化及软件工作的分管领导和业务主管参加了为期半天的正版化培训。

此次培训内容主要涵盖了国家有关软件著作权管理的法律法规及政策文件、企业使用盗版软件的法律风险，以及国家及辽宁推进企业软件正版化工作的要求及工作安排、建立企业软件资产管理长效机制等。

（资料来源：新华网）

【CPCC十大中国著作权人年度评选活动正式启动】 2013年9月12日，由中国版权保护中心主办的"2013 CPCC十大中国著作权人年度评选"活动在天桥艺术大厦正式启动。"演艺为主"是2013年度该项评选活动的主题，评选结果在2013年12月下旬公布，2014年2月举办颁奖典礼。

据主办方负责人介绍，十八大报告提出"提高国家文化软实力"、"增强全民族文化创造活力"，演艺行业作为文化发展中的一大亮点，已成为传播民族文化、孕育优秀创新成果的先锋力量。中国版权保护中心作品著作权登记信息显示，演艺行业涉及的作品登记、质权登记和合同备案登记的数量增长迅速并且在作品登记总量中占有一席之地。

"2013 CPCC十大中国著作权人年度评选"活动以"演艺为主"为主题，意在加强对演艺的版权服务，重视演艺人才培养和版权价值的挖掘与保护，激发著作权人的创造力和行业发展新思维，为演艺行业的优秀企业和个人提供展示创新成果的平台。评选报名活动于2013年4月26日起开始，11月30日结束，2014年2月举行颁奖典礼。

启动仪式上，主办方领导接受了北京新坐标文化发展有限公司、北京高伟宁文化传播工作室现场递交的参评报名表，并向电视剧本《绿洲》的著作权人颁发了作品登记证书。

（资料来源：人民网　作者：张　雨）

【《2012年中国软件著作权登记情况分析报告》发布】 2013年9月30日，由中国版权保护中心编撰的《2012年中国软件著作权登记情况分析报告》在京发布，这是中国软件著作权登记制度实施20年来第二次由软件著作权登记机构完成的专业报告。报告显示，2012年中国软件著作权登记13.92万余件，同比增长27.33%，登记量增长近3万件，上升趋势明显。

根据报告，北京市2012年软件著作权登记量增长9 089件，约占增长总量的30.41%，在国内排名第一。东部地区作为软件产业主要聚集区，共登记软件10.98万余件，占登记总量近八成。中部地区登记软件1.28万余件，同比增长35.37%。中部地区和西部地区登记量增速最快，分别高出中国整体增速8个百分点和5个百分点。此外，宁夏、青海、西藏等历来登记软件较少的地区2012年登记量均实现翻番。报告还显示，2012年中国登记云计算软件1 946件，同比增长118.65%。游戏软件数量也持续增加，登记量达6 907件，同比增加1 460件，其中手机游戏软件登记1 739件，同比增长约74%。

从登记主体看，企业仍是软件登记主体，2012年企业登记软件11.96万余件，约占中国登记总量的85.91%。

（资料来源：新华网　作者：璩　静　严　瑜）

【江苏开展版权行政执法培训】 2013年10月10—12日，江苏省版权行政执法培训班在张家港市举办。此次培训班重点关注基层版权管理和版权行政执法中所面临的突出问题。为此，培训班在课程设置上作了精心安排：既有国内著名著作权法专家讲授著作权法基本理论，也有基层一线的版权行政管理工作人员介绍查处网络侵权盗版和在淘宝网寻找侵权案件线索的经验；既有文化行政执法和公安机关的办案人员分析典型案例的办案过程，也有相关专家对版权执法案卷的规范化进行评析。另外，培训班还安排参训学员交流在基层版权执法过程中遇到的法律和技术难题以及解决之道，并请相关专家答疑解惑。同时，培训班还为参训人员编印了《著作权法律法规与政策汇编》。参训人员反映，培训让他们提高了执法理论水平，也学到了查处网络侵权盗版的经验。

来自江苏省基层版权行政管理、文化行政执法及专业市场版权管理部门等100余人参加培训。江苏省版权局还为获得国家版权局表彰的2012年度查处侵权盗版有功集体和有功个人颁发了奖牌。

（资料来源：中国新闻出版网
作者：万进萍　叶明生）

【北京市一中院法官网上讲法】 2013年10月17日，一中院知识产权庭副庭长、一级法官姜颖的网络公开课正式上线。姜颖法官在网络公开课中，为大家讲解有关微博著作权的法律问题。

“慕课”即MOOC（massive open online courses），是大型开放式网络课程的简称。姜颖法官的公开课——《微博里的著作权》来源于她带领北京一中院知识产权庭完成的一项研究课题。

《微博里的著作权》共有四讲，包括《抄袭别人的微博侵权吗》、《转发微博侵权吗》、《微博不是与世隔绝的世界》、《涉微博侵权的救济途径和民事责任》。姜颖法官用自己的办案经历来讲授法律课。姜颖法官承办过郑码输入法发明人告微软侵权案、国家体育场有限公司告鸟巢烟花侵权案等一系列在国内外有重大影响的案件，曾被评选为北京市法院系统“先进法官”、中国“优秀法官”。

（资料来源：《北京日报》　作者：骆倩雯）

【中国海关知识产权保护展示厅开放】 2013年10月31日，中国海关系统首个大型综合知识产权保护展示厅在义乌正式向公众开放。

该展示厅设在义乌诚信大道“义乌港”一楼，面积约500平方米，除了展示文具、家电、日用品等200余种侵权货物样品外，还展示了中国知识产权保护的法律体系以及知识产权保护的典型案例。侵权商品展柜上，既有摩托车、冰柜等大件商品，也有纽扣、电池等小日用品，还有奢侈品牌的提包、腕表，集合了中国海关系统查处的侵权货物样品，除了出口环节查处的侵权商品，也有一些是侵犯知识产权的进口商品。

杭州海关下属义乌海关是该展厅的日常维护管理单位，也是中国唯一单设知识产权科的隶属海关，自义乌海关开关以来，已成功保护了 37 个国家和地区的 574 项知识产权，其中查办的案件 5 次入选“中国海关保护知识产权年度十佳案例”。

（资料来源：《金华晚报》 记者：张枝昶）

【河南省高级人民法院在大学校园开审著作权案】 2013 年 11 月 19 日下午，河南省高级人民法院知识产权审判庭在河南财经政法大学教学楼报告厅开庭审理了曹某诉郭某著作权纠纷一案。报告厅内座无虚席，该校民商经济法学院 500 余名师生旁听了庭审。庭审结束后，举办了河南省知识产权司法保护热点问题研讨会，河南省高级人民法院知识产权审判庭的法官和河南财经政法大学的部分教师与学生代表参加了研讨。

河南财经政法大学民商经济法学院院长尹西明教授介绍，河南财经政法大学是全省首家开设知识产权法学专业的高校。与其他综合性法学专业相比，知识产权法学专业是一个“小众”学科，很多人觉得应用范围较窄。但是，随着社会经济的发展，知识产权法律必将渗透进人们生活中的方方面面，并且在经济活动中发挥更大的调节、规范、指引作用。所以，培养、储备知识产权法律方面的专业人才，对促进河南省知识经济、信息经济的发展，鼓励和保护创新，将起到重要的作用。目前专业法制教育存在着教学与实践脱节的问题，学生们普遍渴望接触司法实践，通过司法实践检验学习成果，加深对理论知识的理解。

（资料来源：凤凰网 作者：魏金露）

【中国版权保护中心 12 月成功举办两期版权专业培训班】 经国家新闻出版广电总局（国家版权局）新人教〔2013〕23 号文件批准，中国版权保护中心先后于 2013 年 12 月 3—5 日和 2013 年 12 月 10—13 日在北京成功举办了“第三届中国版权登记及代理实务培训班”和“第四届第二期中国版权经纪人（经理人）/代理人专业实务培训班”。

来自北京、上海、河南、山东、广东、台湾等 13 个省、市的知识产权代理机构，律师事务所，出版社，影视、动漫公司等文化企业的百余名代表参加了两期培训。

培训期间，来自国家新闻出版广电总局（国家版权局）相关司局、中央文资办、中国版权保护中心、东方雍和国际版权交易中心、中视新科动漫、华文天下等版权界相关专家以及文创产业领军机构的资深经纪人分别为学员授课。中国版权保护中心党委副书记、纪委书记段即克出席了两个培训班的开班式和结业式，并向学员颁发了总局人事司核发的培训结业证书以及“中国版权交易共同市场”认可的版权经纪人证书。

除课堂授课外，中心还安排两批学员分别参观了位于西城天桥演艺区内的 CPCC 版权登记大厅，实地观摩著作权登记工作的现场办理流程。

（资料来源：中国版权保护中心网站 作者：姜 川）

【天津：30 家媒体走进高法旁听知识产权案庭审】 2013 年 12 月 4 日，《人民日报》、《光明日报》、《科技日报》、中央人民广播电台等 30 家媒体的记者，在中央及外地驻津记者联谊会的协调下，首次走进天津市高级人民法院，并在该院旁听了一起知识产权案件的公开审理。

天津市高级人民法院有关负责人介绍，近年来著作权等知识产权案件数量呈大幅上升态势，该院 2013 年已经审结著作权等知识产权案件 536 件，其中包括周国平等作家和学者诉天津图书馆、北京北大方正电子有限公司著作权纠纷案等具有较大社会影响的案件。

这位负责人指出，中国公民的知识产权保护意识日益增强，司法保护知识产权的主导作用日益凸显。天津市各级人民法院依据“加强保护、分门别类、宽严适度”的知识产权保护基本政策，依法制止各类侵权行为，保障权利人的利益，有效防止了知识产权滥用，为市场主体和文化科技创新创造了良好的发展环境。

（资料来源：《中国新闻出版报》 作者：樊国安）

【中国人民大学国家版权贸易基地举办版权运营与管理高级研修班】 2013 年 12 月 6—8 日，中国人民大学国家版权贸易基地成功举办第一期文化产业版权运营与管理高级研修班，来自全国各地文化企业、版权交易机构、版权服务组织的近 40 名学员进行了为期三天的培训与交流活动。

此次研修班邀请了国家版权局版权管理司的领导和文化产业及版权领域的资深专家授课，从版权的保护、产业化运营与管理、价值评估、投融资等角度深入讲授了全球化与数字化背景下文化产业版权运营与管理的基础知识、前沿理论与方法技巧。

此次研修班是在“国有文化企业版权资产管理研究”课题基础上进行的理论应用，通过课程讲授，帮助学员了解和掌握文化产业版权保护、管理、评估及投资运营等方面的理论知识与实务技巧，为文化企业制定版权战略、提升核心竞争力提供智力支撑。课程结束后，学员纷纷表示收获颇多，希望研修班可以持续开展，为版权从业者提供更加深入的能力进阶培训。

（资料来源：国家版权交易网）

【新闻出版版权法规知识竞赛启动】 2013年12月10日，中国国家新闻出版广电总局开展了主题为“大力弘扬法治精神，促进新闻出版（版权）事业繁荣发展”的普法宣传活动。作为活动的重要组成部分，新闻出版版权法规知识百题竞赛活动正式启动。

竞赛由总局政策法制司主办、中国新闻出版报社承办，共设置了100道选择题，基本覆盖所有现行新闻出版、版权所有法律法规的重要知识点。试题发布和刊发在《中国新闻出版报》、国家新闻出版广电总局网站和中国新闻出版网，参赛者可从上述媒体剪切或下载答题卡，以寄送邮件或电子邮件方式发送答题结果，截止时间为12月31日。

此次竞赛设个人一等奖10名、二等奖20名、三等奖50名，同时评出最佳组织奖10名。活动结束后，由评奖委员会从全部正确答案中随机抽取各奖项获奖者，并颁发证书和奖金。此外，广电总局还开展了在线普法宣传、在线法律知识竞赛、普法主题征文等一系列宣传活动。

（资料来源：《中国新闻出版报》 作者：王玉梅）

◆ 交流研讨

【书画作品版权保护研讨会举办】 2013年1月31日，国家版权局与中国文联联合举办去伪存真——书画作品版权保护研讨会。参加座谈会的有杜大恺、马振声、谢云等书画界重量级人物，还有赵长青、范迪安、王亚民、范存刚、张平等来自艺术界相关协会、美术馆、艺术品交易中心、法学院的六十余位代表。与会专家发出了一致声音：呼吁对书画作品加强版权保护并建立长效机制，杜绝以追逐利益为目的的书画造假行为，特别是对恶意大量制售假冒他人署名书画作品欺骗消费者的违法犯罪分子加大刑事打击力度，同时要加强全社会的诚信教育，树立道德观念，强化行业自律意识，在书画界倡导合法经营。

书画界造假古来有之，而且造假手段随着技术的发展不断更新变化数不胜数，一直被收藏业界评价为“水”深莫测。特别是近年来随着字画等艺术品收藏热的不断升温，一些不法分子瞄准这一市场，恶意制售大量假冒他人署名书画作品欺骗消费者，一时间，赝品漫天飞。这种侵权盗版行为不仅损害了书画著作权人和消费者的合法权益，也严重扰乱了文化市场秩序，甚至给国家形象带来负面影响。

国家版权局版权管理司副司长王志成表示，由于制售假书画目前已形成地下产业链，其隐蔽性很强，给案件查处带来很大难度，因此，打击制售假书画现象要两措施并举：一是相关部门要继续加大对书画作品市场的监管力度，加大对书画作品的版权保护力度，斩断制售假冒他人署名书画作品的利益链，追根溯源，深挖幕后违法犯罪团伙，重点查办一批扰乱书画市场秩序的大案要案；二是要研究探讨保护书画作品市场正常经营秩序的新模式，让违法犯罪分子的违法犯罪成本大大增加。

出席研讨会的北京大学知识产权学院常务副院长张平表示，现在是一个大众收藏的时代，也是大众文化传播的时代，每位艺术家应该有维权意识。目前国外的艺术家也会面临他们的作品被仿冒的现象，他们采取措施更多的是通过自己的经纪人或者是团队来进行技术、司法维权。在我国，依据著作权法可寻求多种渠道的保护，如书画作者可以通过向版权行政管理部门举报侵权者造假行为来寻求行政保护，还可以通过民事诉讼或刑事立案来寻求司法保护。当然，我们在需求法治环境外，更应鼓励社会倡导诚信依法经营，临摹他人作品要真实署名。

（资料来源：《中国新闻出版报》 作者：赖名芳）

【全国版权交易共同市场年会在京举行】 2013年2月28日，2013年全国版权交易共同市场年会在北京东方雍和国际版权交易中心举行。

会议上，全国版权交易共同市场各成员单位共同发起了《2013年全国共同市场宣言》，强调继续坚持“方向一致、厚德自强、互助协作”的联动机制，努力推进服务平台专业化、交易模式标准化、认证体系权威化和信用体系社会化的工作进程，提高版权流通集约化水平，创新版权服务机制、信用机制和运营机制。

为服务好国家文化产业发展的大局，形成覆盖全国的版权产业要素市场的布局，中国版权保护中心、北京东方雍和国际版权交易中心、北京产权交易所、广东省南方文化产权交易所、浙江文化艺术品交易所、江苏省文化产权交易所、广西文化艺术品产权交易所、天津文化产权交易所、陕西文化产权交易所、吉林省文化产权交易所、青岛国际版权交易中心、昆明元盛文化产权交易所、南昌文化产权交易中心等会员单位出席此届年会，新华社金融信息交易所、山东文化产权交易所、宁夏产权交易所、西安电视剧版权交易中心、深圳市中外版权交易中心等相关机构列席参加。

全国版权交易共同市场秘书长、北京东方雍和国际版权交易中心董事长殷秩松表示，此届年会共同市场在通过《共同宣言》的基础上，提出了2013共同行动建议，要共同推动"版权云"建设，建立版权资源公示平台和版权签约认证平台，共同推动建立企业版权管理联盟和版权托管处置联盟，有效推动全国版权交易共同市场的发展壮大。积极倡导在全国版权产业范围内推进"版权集约化运营"的创新实践，进一步推动全国各类版权交易公开市场和平台的建设，欢迎更多的有识之士加入到共同市场的行列中来，共同做大中国版权产业规模。

（资料来源：国际版权交易中心网站　作者：佚名）

【泛珠三角区域知识产权公务人员交流会在港澳举办】　2013年3月12—15日，香港知识产权署和澳门经济局分别在香港和澳门举行泛珠三角区域知识产权公务人员交流会。广东省新闻出版（版权）局党组成员、副局长钱永红出席会议并演讲。此次会议的主题为"知识产权贸易发展"，泛珠三角区域知识产权公务人员及香港知识产权交易所代表共39人与会。

在3月12—14日的香港会议上，香港知识产权署张锦辉署长作了"国际知识产权贸易"的主题演讲，他介绍了世界经济发展趋势、知识产权对经济发展的重要性和知识产权贸易升级转型途径，同时展望了泛珠三角区域加强知识产权贸易合作的前景。

钱永红副局长在演讲中，就加强与港澳知识产权的贸易合作提出了努力方向：一是充分借助信息化平台，为粤港澳权利人提供著作权自愿登记、法律咨询、纠纷调解、维权代理、版权培训、版权交易、著作权集体管理为一体的版权公共服务。二是积极拓展广东省著作权人的贸易需求，推广香港知识产权交易所等贸易平台。三是紧跟版权内容的数字化发展趋势，与港澳共同探索可信时间戳、电子证据固化等新技术在版权登记、交易、维权工作中的运用，不断延伸版权服务链条。

在3月15日的澳门会议上，澳门经济局知识产权厅厅长郑晓敏和澳门海关知识产权厅厅长郑健聪分别作了工作介绍，并同与会代表进行了现场交流。

泛珠三角区域知识产权合作联席会议是为积极推进《泛珠三角区域合作框架协议》的实施，加强泛珠9省区知识产权合作，实现优势互补、互利共赢、共同发展的目标而倡议召开的。

（资料来源：广东新闻出版（版权）局网站）

【山东即墨召开计算机软件侵权案件研讨会】
2013年3月28日，山东省即墨市文化市场行政执法局召开计算机软件侵权案件研讨会。会议就即墨市当前版权执法案件中存在的问题展开讨论：一是软件侵权损害公共利益的界定问题；二是侵权软件货值金额的认定方式；三是办理软件侵权案件证据体系的问题；四是"零口供"案件侵权事实的认定问题；五是软件侵权构成犯罪标准的问题。

针对这些问题，来自青岛市文化市场行政执法局，即墨市人民法院、市法制办、公安局的参会人员进行了深入研讨，最终达成广泛共识：第一，国家版权局版权管理司于2002年9月5日印发的《关于对著作权法第四十七条"损害公共利益"问题的意见》，已明确了著作权法领域的公共利益范围。软件侵权行为不仅侵害了著作权人的合法权益，而且扰乱了社会公平竞争环境，破坏了市场经济秩序，导致国家税收的严重流失，损害了公共利益。第二，建议软件货值金额的认定可采取软件著作权人官方报价与第三方价格认定相结合的方法。第三，进一步细化文化市场行政执法局执法证据体系，要求版权执法过程中应明确告知当事人的权利与义务，向当事人说明不履行义务将负法律责任。第四，明确"零口供"案件取证要求。第五，明确软件侵权涉嫌犯罪情形及标准。

即墨市文化市场行政执法局高度重视版权执法工作，2013年还专门成立了版权执法中队，创新工作模式，实行教育与处罚相结合，有效推动软件正版化工作；通过联系北京金山软件股份有限公司，主动为企业服务，推广国产正版软件；共检查各类企业100余家，查处案件58起，出动执法人员600余人（次），整改企业30余家。

（资料来源：《中国新闻出版报》　作者：高伟杰）

【中国人民大学国家版权贸易基地举办第28期版权人沙龙】　2013年4月10日上午，中国人民大学国家版权贸易基地第28期版权人沙龙在文化大厦举办，主题为"版权资产管理：文化企业掘金之道"。参与单位有国家版权局、中央文资办、北京市文资办以及中央人民广播电台、电影频道、中国出版集团、北京电视艺术中心等25家文化企业。

与会者认为，版权是文化创意产业的核心要素，版权资产是文化企业最重要的资源，而当前文化企业把版权作为资产看待的意识还不够强；同时，与有形资产相比，版权价值的评估比较困难，版权交易和版权质押融资因此还存在很多障碍。大家期待从国家层面建立一套版权价值评估体系和版权管理体系，希望中央在政策上和经济上给予支持，以促进文化企业版权资产管理的规范化和系统化。国家版权局版权管理司副巡视员段玉萍表示，2013年计划在一些出版单位和影视制作单位开展版权资产管理试点工作。

（资料来源：国家版权交易网）

【“中国图书对外推广计划”工作会议在广州举办】 2013年4月11日，“中国图书对外推广计划”工作会议在广州市落幕。国务院新闻办公室副主任王国庆、国家新闻出版广电总局副局长邬书林出席会议并作了重要讲话。国务院新闻办公室三局副局长凌厉代表工作小组作了2012年工作报告。广东省副省长林少春到会致辞。由会议可知，2012年度，中国图书对外版权输出增长13%。

“中国图书对外推广计划”和“中国文化著作翻译出版工程”由国务院新闻办公室、中国国家新闻出版广电总局联合实施，以政府推动、企业主导、市场化运作的方式，调动中国外出版企业在国际市场出版中国图书的积极性。

（资料来源：《广州日报》 作者：吴 波）

【公共文化建设与数字资源版权保护座谈会举办】 2013年4月25日，中国文字著作权协会联合人民出版社、中央党校中国干部学习网在京举办了“公共文化建设与数字资源版权保护座谈会”，邀请国家版权局等有关部门领导、专家和业内人士共同探讨以公共文化建设为目的的数字版权资源运用与版权保护问题。座谈会上，文著协分别与人民出版社和中央党校就“中国共产党思想理论数据库及党政图书馆数据库”和中国干部学习网“网络学习平台”项目签署了数字版权框架合作协议。

座谈会上，人民出版社、中央党校中国干部学习网和国家图书馆的代表分别介绍了以公共文化建设为目的的“中国共产党思想理论数据库及党政图书馆数据库”、中国干部学习网“网络学习平台”和国图数字资源库的情况及面临的版权保护困惑。来自中国文字著作权协会、中国版权保护中心、中国人民大学和中国政法大学等有关专家学者和律师界代表，围绕公共文化建设中涉及的数字版权授权、法人作品版权归属、孤儿作品使用和著作权延伸集体管理等问题，以及为公共文化建设目的而涉及的数字图书资源是否应该纳入《信息网络传播权保护条例》第九条的“准法定许可”适用范畴等问题各抒己见，进行了热烈的讨论。专家一致认为，为了公共文化建设的目的而开发的数字资源应该严格在现有的法律框架内使用和传播，但是现有的法律法规在调整公共文化建设中的数字资源运用问题时，过于狭窄，应该及时修订《信息网络传播权保护条例》，将以公共文化建设为目的的数字资源运用和传播纳入法定许可。

此次签署的数字版权框架合作协议中，两机构开发的两个项目均为主要面向党政干部使用的数字资源平台。国家版权局版权管理司副司长汤兆志在致辞中指出，人民出版社、中央党校和国家图书馆能够在尊重版权、重视版权、尊重权利人合法权益的基础上，在现有的法律框架内，为公共文化建设的目的，开展有关数字资源建设项目，这种意识和做法应当给予充分肯定。

（资料来源：中国知识产权资讯网 作者：窦新颖）

【国际文化版权贸易专业大会在京举行】 2013年5月29日，第二届中国（北京）国际服务贸易交易会期间，国际文化版权贸易专业大会在北京国际会议中心举行。

国家新闻出版广电总局、国家版权局副局长阎晓宏，国家商务部副部长崇泉，北京市委副秘书长傅华各自致辞，国家版权局版权管理司司长于慈珂、中央文资办副主任胡帆、北京商务委员会副主任许康、北京市新闻出版（版权）局副局长王野霏、北京市东城区区委宣传部部长金晖、中国版权保护中心纪委书记段即克、北京市东城区副区长许汇等有关部门领导出席了大会。

大会分别就“中国版权的国际化之路”、“数字环境下的版权授权运营模式”两个议题进行研讨。

在第一个议题“中国版权的国际化之路”研讨中，北京市新闻出版（版权）局副局长王野霏就北京市版权贸易的情况进行了权威发布，韩国文化院院长金辰坤介绍了韩国文化国际化之路的成功经验，北京市东城区副区长许汇就东城区发展版权产业、推动版权贸易的成功经验进行了大会发言。

国际出版电讯委员会主席文森特就数字化时代

新闻内容与版权标准化促进新闻信息国际化传播发表了演讲。另外，中国国际电视总公司总裁助理马润生、作家出版社作品研发中心主任吴滨和国际授权基金秘书长郭羿承在演讲中分别就中国影视、文学、艺术国际化发展前景进行了观点分享。

在大会第二个议题“数字环境下的版权授权运营模式”研讨中，在数字环境下如何建设规范高效的版权流通环境和版权交易平台成为与会嘉宾的热门话题。随着移动互联的发展，手机阅读、手机视频、微博、微信等通讯和娱乐方式的普及，版权的创造和使用越来越频繁，参与的人群越来越多，版权需求越来越分散，传播分享越来越多，而同时版权价值如何实现和保护，授权如何简捷和规范，这对版权流通环境、授权规则和交易模式提出了更高的要求。国家版权局版权管理司副司长汤兆志、国际出版电讯委员会主席文森特、中国中文新闻信息标准化委员会常务副秘书长武国卫、北京版银科技CEO陈一宏、北京东方雍和国际版权交易中心董事长殷秩松等与会嘉宾从版权信息标准、公共服务建设、运营模式创新等角度，对数字环境下的版权开发运营问题阐述了自己的观点。

在下午的论坛中，同时举行了中国贸易报社与北京东方嘉诚文化发展有限公司就“中国国际贸易文化产业促进中心项目”的签约仪式。中国国际贸易促进会副会长张伟、国家版权局版权管理司副司长汤兆志、商务部服务贸易司副司长吕继坚、北京市国有文化资产监督管理办公室副主任刘绍坚、北京市国际贸易促进会副会长林彬、北京市东城区副区长陈之常等领导出席了下午的论坛并见证了签约仪式。

（资料来源：人民网　作者：罗　丹）

【2013粤港知识产权与中小企业发展（清远）研讨会举行】　2013年6月5日，2013粤港知识产权与中小企业发展（清远）研讨会在广东省清远市举行。

研讨会以广东省内的香港中小企业和内地企业为对象，主题为“知识产权贸易与资本化”，旨在加强企业保护知识产权的意识，并向企业介绍如何运用知识产权贸易发展品牌和提高竞争优势。

香港知识产权署副署长梁家丽在开幕礼上表示，研讨会为两地中小企业提供了解区内知识产权制度及知识产权贸易最新发展的平台。

研讨会介绍了香港和内地知识产权制度及专业知识产权服务的最新发展，以及香港知识产权贸易的最新情况。区内企业透过对保护和管理知识产权重要性的理解，以及利用内地与香港提供的知识产权相关服务，可有效地建立品牌或运用知识产权贸易取得先驱优势。

研讨会吸引约200名粤港中小企业代表和政府官员参与，是2013年粤港知识产权合作的重要项目之一。研讨会由香港特别行政区政府知识产权署、香港贸易发展局、广东省知识产权局及清远市人民政府合办，清远市知识产权局及清远市生产力促进中心承办，香港特别行政区政府驻粤经济贸易办事处协办，并得到“粤港保护知识产权合作专责小组”其他成员单位及香港工业总会的支持。

自2004年起，粤港两地合办研讨会，向中小企业推广保护知识产权。到2013年止，同类型研讨会已分别于东莞、韶关、顺德、惠州、江门、湛江、珠海、汕头、中山、广州、肇庆及佛山等城市成功举行。

（资料来源：香港知识产权署网站）

【首都版权联盟座谈《视听表演北京条约》】　2013年6月26日，首都版权联盟在京召开专题座谈会，庆祝《视听表演北京条约》（以下简称《北京条约》）签署一周年。2012年6月26日，历时7天的保护音像表演外交会议以正式签署《北京条约》为标志，在北京落幕。该条约填补了视听表演领域全面版权保护国际条约的空白。

据北京市版权局副局长、首都版权联盟主席王野霏介绍，一年来，北京市围绕贯彻落实《北京条约》、推进版权之都建设采取了一系列有效措施，整合资源优势，加大版权保护，加强版权宣传，积极推动首都版权产业健康快速发展，取得了较为显著的成绩。下一步，首都版权联盟将进一步围绕加强表演者、音乐人等版权权利人的权益维护推出一些具体措施。

北京市版权保护协会秘书长刘志伟认为，《北京条约》大大扩展了电影表演者的权利范围，大大维护了电影表演者的经济利益，激发了电影表演者的工作热情，有利于影视产业的大发展大繁荣；首都版权联盟秘书长韩志宇在发言中表示，首都版权联盟将以《北京条约》签署一周年为契机，紧紧围绕行业发展，扎实开展各项工作，为首都版权产业的发展做好服务。

（资料来源：《北京晨报》　作者：刘　婷）

【中国人民大学国家版权贸易基地举办第29期版权人沙龙】　2013年7月4日上午，中国人民大学国家版权贸易基地第29期版权人沙龙在文化大厦举行。此次沙龙的主题是“教辅出版中的著作权法律问题”，来自中国文联、中国电影著作权协会、中国文字著作权协会、北京市第一中级人民法院、海淀区人民法院、大兴区人民法院、人民教育出版社、外语教学与研究出版社、北京大学出版社、百度、和讯等单位的近百名代表参加了本次沙龙活动。

海淀区法院知识产权庭副庭长闫肃介绍了海淀区法院审理的教辅图书著作权案件数，2005年教辅图书著作权案件是4件，2011年到2013年基本上是16件到23件的趋势，这些案件有一个最突出的特点，就是合作作者比较多。他建议，作为教辅图书出版单位，务必要重视规范著作权人共有人在作品上的署名问题，否则将不利于维权。

中国人民大学知识产权学院副院长郭禾认为，在所有的教辅图书中，由于编者的编辑思想不同，效果可能完全不同，如果没有用原来教材的表达方式，也就不需要征得教材权利人的同意，然而在实务之中，往往遇到的都是混合型的问题，最终还是要具体问题具体分析。

浩天信和律师事务所高级合伙人马晓刚着重从三个方面讲述了教辅与教材的著作权关系：教材与教辅都是受著作权法保护的独立作品，即使侵权也是受著作权法保护的；教辅编写者使用教材的体例进行编写应获得授权；教辅不同于教材，不适用法定许可，也不适用合理使用。

人民教育出版社版权部主任张晓霞从课标、教材、教辅三者关系的视角对教辅出版中的著作权问题进行了探讨。她认为，教材真正的核心和灵魂是自己独创的体系结构和内容编排，依据著作权法，享有著作权；同步教辅往往是依据教材的体例结构编写而成，应该取得教材著作权人的许可，签订合同出版，否则涉嫌侵权。

在自由讨论和提问环节，与会代表提出了在出版实务中的困惑和疑难问题，与四位演讲嘉宾进行了深入的沟通和探讨。此次沙龙为出版界进一步厘清教材和教辅之间的关系以及正确处理教辅出版中涉及的著作权法律问题提供了一次深度交流的机会。

（资料来源：国家版权交易网）

【央视《对话》节目聚焦“版权的创富秘籍”话题】 2013年7月21日，在中央电视台播出的《对话》栏目中，国家新闻出版广电总局副局长、国家版权局副局长阎晓宏，中南财经政法大学校长吴汉东以及来自版权产业界的代表与主持人陈伟鸿一起，就“版权的创富秘籍”这一话题进行对话交流。

引进荷兰节目模式的《中国好声音》，被业界公认是创新节目模式的一个成功案例。阎晓宏对此表示，虽然“好声音”的主体是声音，但并不是说节目模式没有价值——事实上，节目模式是有著作权的，至少其文案是享有著作权的作品。节目模式看似简单，但只要别人没有想到并呈现出来，那么这一节目模式就是独特创意的体现。当主持人问及“是否中国人不够聪明，不懂得把模式当作商品去卖”时，阎晓宏表示，中国人拥有更多聪明才智，只是版权意识相对薄弱，需要挖掘更多类似“好声音”这样的优质版权。

“80后”作家郭敬明是“版权造富”神话的代表之一。据报道，郭敬明5年的版税达7 000万元以上。阎晓宏认为，郭敬明获得的版税是其创作成果的价值体现，像这样的作者在我国并不多，应该鼓励创作并保护他们的版权。伴随着《媳妇的美好时代》等电视剧版权输出并在海外热播，阎晓宏认为，我国电视剧版权输出的黄金时期可能已经到来。要让世界人民接触到中国文化，必须有好的思想内容、鲜明的民族特色以及强大的国际传播力。

良好的版权保护环境是版权交易的基石。阎晓宏指出，中国的版权保护起步比较晚，但一直在这方面追赶着发达国家的脚步。知识经济时代，必须依靠智力成果来推动文化和社会的进步与发展，一方面要进一步加大版权保护力度，另一方面要营造鼓励创新的氛围，让文化的传播有更丰富的资源。

吴汉东认为，一个国家版权产业的规模和效益、地位和影响，既体现了这个国家经济增长的硬实力，同时也体现了这个国家文化传播的软实力，是一个国家和平竞争力的表现。“好声音”的成功昭示了现代版权业发展的一个趋势，那就是文化、技术和商业模式的完美结合。

（资料来源：《中国新闻出版报》 作者：方 圆）

【首届文化创意产业发展模式暨企业法律风险防控高峰论坛在京举行】 2013年8月18日，首届文化创意产业发展模式暨企业法律风险防控高峰论坛在中国传媒大学举行，与会专家就文化创意产业的法律风险防控和应对、知识产权保护及融资等问题进行了深入分析和讨论。中国文化创意产业联盟宣布，将组建中国律师维权体系，以满足文创企业的法律服务需求。

近年来，随着国家经济转型和文化体制改革的深化，文创产业迅猛发展，已成为仅次于金融业的第二大支柱产业，它涵盖了传媒、广告、动漫、影视、出版、会展、设计、旅游、互联网及文物艺术品等广阔的领域。但在高速发展的同时，文创产业也面临着极大的法律风险，缺乏法律意识和国际竞争力，亟待法律法规加以引导和规范。

论坛期间，中国文化创意产业联盟秘书长宋俊生宣布，近期联盟将派出由专业律师和研究人员组成的调研小组，深入北京市 200 家文化创意企业为企业提供法律风险防范的课题预案，同时将回收的数据进行整合并发布。联盟还将组建中国律师维权体系。

论坛认为，创意产业的发展离不开良好的市场环境和法律环境，中国共产党十八大报告中明确提出，要实施创新驱动发展战略和知识产权战略，加强知识产权保护，促进创新资源高效配置和综合集成，把全社会智慧和力量凝聚到创新发展上来。

论坛一致呼吁，在此背景下，尽快启动《著作权法》的修订，不仅是整个创意产业之幸，更是落实十八大精神的重大举措。为此，9 家协会建议国务院法制办将《著作权法》列入 2013 年的一档立法计划，全面修订现行《著作权法》，促进我国文化创意产业的大发展、大繁荣。

（资料来源：《中国新闻出版报》 作者：魏　芳）

【数字媒体与版权保护论坛在京举办】 2013 年 8 月 20 日，Marlin 推广组织 MTMO 在北京举办“数字媒体与版权保护论坛”。Marlin 是国际著名的数字版权管理（DRM）的系列开放标准，Marlin 组织由美国 Intertrust 公司、日本索尼公司、荷兰飞利浦公司、日本松下公司和韩国三星公司共同发起成立，旨在开发针对消费电子领域的精简 DRM 技术和标准，并为新兴内容服务模式保驾护航。

此次论坛汇聚了业界的各路精英，包括 Marlin 开发者社区主席 Talal Shamoon 先生，代表片商的索尼影视、华纳兄弟影视、派拉蒙中国，代表服务提供商的腾讯、未来电视、新华社以及意大利 Tivu 网络，代表 DRM 方案提供商的 Intertrust，Discretix 等。会上大家各抒己见，深入探讨了各自在新媒体生态系统中所关注的问题，分享了新媒体下内容保护和内容运营的经验。

此次论坛是 Marlin 组织在中国大陆地区的第一次推广活动，随着消费者对内容多样化需求的不断增加，Marlin 组织将更多地向中国运营商介绍该标准，帮助其满足消费者的各类需求，成为内容增值业务的有力保障。

（资料来源：千龙网　作者：佚名）

【2013BIBF 国际版权贸易高级研修班在京举办】 2013 年 9 月 1 日，2013BIBF 国际版权贸易高级研修班在京举办。国家版权局领导、中外出版文化产业的专家及业界人士在研修班上发表演讲，围绕“版权贸易的变革与机遇”、“达成贸易的关键因素”、“如何开展版权贸易”等议题，与参会代表展开交流和培训。

此届研修班主题为“版权的价值与责任”，在原北京国际版权贸易研讨会的基础上，不断发展创新，立足权威、专业，更加贴近全媒体时代的版权贸易需求。

研修班上，国际复制权组织联合会亚太委员会主席摩根·卡洛琳与大家分享了版权的质量与价值，特别介绍了澳大利亚在执行版权贸易方面的一些做法；中华书局副总编辑顾青针对版权贸易中如何提高价值、实现责任提出了“八大关系”；法国使馆文化处易杰介绍了法国政府在推动版权贸易、国际合作等方面的运作实践；北京印刷学院数字出版系副教授孙赫男提出了数字环境下，如何从 B2B 的授权过渡到 B2C 的“微授权”新概念；国际版权所有人关系部经理詹姆士·考伯特介绍了面对大众授权及微支付等问题，他所供职的美国版权结算中心（CCC）作为非营利机构在这方面所做的尝试；同方知网（北京）技术有限公司总经理张义民介绍了中国知网在进行全球数字资源的销售方面的版权贸易推广和服务工作计划。

此外，中图公司常务副总经理张纪臣还透露了此届图博会版权贸易统计的情况。经初步统计，此届图博会共达成中外版权贸易协议 3 667 项，比上年增长 11.2%。其中，达成各类版权输出与合作出版协议 2 091 项，比上年同期增长 12%，达成引进协议 1 576 项，比上年同期增长 10.1%，引进与输出之比为 1∶1.33。

国际版权贸易高级研修班作为国际图书博览会的重要活动之一，从 1998 年创办已经成功举办了 12 届，已经逐步发展成为出版界重要的版权学习与交流场所。

（资料来源：光明网　作者：张　薇）

【华中国际版权高峰论坛在湖北武汉举行】 2013 年 9 月 15 日，华中国际版权高峰论坛在湖北武汉举行。来自中外期刊出版、版权业的专家学者齐聚一堂，共商加强版权保护、推动产业发展大计。国家新闻出版广电总局副局长邬书林、湖北省副省长甘荣坤、国际复制权组织副主席吉姆·亚历山大出席论坛并致辞，湖北省人大常委会副主任周洪宇出席论坛。

邬书林指出，改革开放以来，中国版权保护制度不断完善，版权相关产业繁荣发展，取得了举世瞩目的成就。随着科学技术的突飞猛进和经济全球化进程的加快，以版权制度为支撑体系、以智力成果为核心资源的版权相关产业越来越受到世界各国的重视。随着知识经济的深入发展，版权及版权产业的地位将会更加重要，前景将会更加广阔。

针对期刊的版权问题，邬书林提出三点要求：首先，要加强对期刊的版权保护，严厉打击盗版行为，充分调动著作权人的创作热情，促进期刊的内容创新与精品生产；其次，要深入研究数字网络环境下，作者、期刊社、网络传播者之间的关系，平衡各方利益，积极探索解决期刊版权保护问题的新思路、新模式；最后，要积极开展期刊的版权合作，学习借鉴国外先进经验，积极参与国际竞争，使中国期刊对世界文明作出更大贡献。

论坛期间，来自中南财经政法大学、台湾政治大学以及韩国著作权委员会、日本北海道大学、韩国韩中知识产权学会等单位的相关负责人发表主题演讲，并回答观众提问。其演讲内容涵盖创意经济时代的版权策略、数字化时代著作权制度的再探讨、文化产业发展与版权战略、如何定义知识产权侵权及其损害等各个方面。

与会嘉宾认为，版权具有激励作用，是文化创新活动的重要动力，版权制度越完善，文化创意产业越发达。他们认为，版权还具有产业指引功能，所涉及的各种权能，如复制权、广播权、网络信息传播权等，每一项财产权都是一条产业化渠道。因此，在数字化迅猛发展的新形势下，更应该重视版权与版权保护。

华中国际版权高峰论坛由湖北省版权局、中南财经政法大学联合举办，湖北省新闻出版广电局局长张良成、中南财经政法大学校长庚炳汉等参加活动。

（资料来源：湖北省新闻出版广电局　作者：佚名）

【反盗版工作座谈会在长沙召开】　2013 年 10 月 15 日，京版十五社反盗版联盟与湖南省 14 个地市州文化市场综合执法局相关负责人相聚长沙，共同就新形势下的反盗版工作进行座谈。

京版十五社反盗版联盟理事长、外语教学与研究出版社副社长谢文辉表示，联盟成员单位都是国内的大型出版社，也是被侵权盗版的“重灾区”。这次通过联席会议的方式加深文化执法机关与联盟的交流与合作，对于各单位在地方上打盗维权工作的开展具有十分重要的意义。在会上，他提出了目前出版社在维权中面临的一系列问题：一是盗版图书难以鉴别，正版图书读者流失；二是盗版商从书店向校园转移，更加具有隐蔽性；三是网络、数字出版的发展导致网上侵权严重；四是面对公众的版权保护意识宣传不足。希望在今后的维权工作中，探索出更好的工作方法，以解决以上这些难题。

作为此次联席会议的倡议人，长沙市文化市场综合执法局局长王体泽也给出了建议，他认为在新形势下，打击盗版应当探索行政执法与民事赔偿相结合的模式，在维护公共利益的同时保护私权利，能够对侵权人造成更大的打击。他希望在此次会议后能建立有序的联席制度，信息互动，共同发力，搭建更好的著作权保护平台。

来自京版十五社反盗版联盟中的 19 个成员单位代表，纷纷抓住这次难得的沟通机会，与湖南省各地文化执法机关相关负责人互相交流，就进一步加强双向合作达成了初步意向。

（资料来源：中国新闻出版网　作者：邹　韧）

【首届知识产权·中关村国际论坛在京召开】　2013 年 10 月 16 日，以“创新驱动发展与知识产权保护”为主题的首届知识产权·中关村国际论坛在北京大学隆重召开。本次论坛在中关村管委会、北京市知识产权局、民盟中央法制委员会、中国知识产权法研究会的指导下，由中关村知识产权法律保护研究院主办。

开幕式上，全国人大常委会法工委原副主任卞耀武、解放军原副总参谋长张黎、中国工程院院士周丰峻、中国政法大学终身教授江平、中国人民大学教授高铭暄、北京大学教授朱启超、美国巡回上诉法院院长 Rader、韩国中韩著作权委员会主席朴荣吉、最高人民法院知识产权庭副庭长金克胜、中国知识产权法研究会会长刘春田、中国社科院知识产权室主任李明德、中国科学院大学知识产权与法律系主任李顺德等出席论坛并致辞。

与会者围绕“创新驱动发展与产业化”、“商标法律制度的完善”、“网络著作权保护”、“知识产权交易现状与推进”、“商业秘密及其保护”、“技术标准与专利池”等议题展开了研究和讨论。

周丰峻院士在致辞中表示，我们应以中共中央政治局在中关村示范区举办第九次集体学习时习近平总书记重要讲话精神为指导，有机串联创新链、产业链和资金链，消除孤岛现象和制约技术转移扩散的障碍，落实五个“着力”，推进产业发展和经济大变革。中国高新企业服务网在创新驱动发展战略中应运而生，将会为高新技术企业发展提供科学有效的高端服务。

论坛期间，中国高新企业服务网启动仪式、中关村知识产权法律保护研究院知识产权交易研究所挂牌仪式、研究院与清华大学法学院和北京大学产业技术研究院的培训签约仪式同期举行。

中关村知识产权促进局、北京海淀区知识产权局、北京大学产业技术研究院、北京理工大学法学院、清华大学知识产权研究中心、国家预防灾害文化体验和法治保障项目办公室、中关村知识产权服务业联盟等单位给予了大力支持。中关村知识产权法律保护研究院计划每两年举办一届国际论坛，力图打造学术界的制高点，探索政、产、学、研、用五位一体协同创新的科学机制，为中央有关部门决策提供参考依据。

（资料来源：人民网
作者：张　雨　武亚非　王传霞）

【2013 中国互联网创新和知识产权大会在杭州召开】 2013 年 10 月 17 日，2013 第二届中国互联网创新与知识产权保护高峰论坛在杭州举行。来自互联网行业、知识产权界和律师行业等领域的各路精英齐聚一堂，主题是“诚信创新、跨界合作、司法保护”。

与会的最高人民法院知识产权审判庭副庭长金克胜说，中国知识产权民事案件一年大约有 4 万件，其中一半是著作权维权，著作权纠纷中，又有超过一半是发生在互联网上的知识产权纠纷。

司法部律师公证工作指导司公证业务指导处处长黄祎从公证角度进一步阐述，新兴的电子数据公证业务增加显著，在有些公证机构电子数据的保全已经占到保全证据公证的 80%以上。他们正在考虑电子数据公证的云平台问题。

中国互联网协会副理事长、国家知识产权局原局长高卢麟说，互联网商业方法和专利保护中还存在着不少缺陷，需要社会上各行业的跨界创新来解决。

（《中国版权年鉴》编辑部综合）

【2013 年版权相关热点问题媒体研讨班（第一期）举行】 2013 年 10 月 30 日至 11 月 1 日，由国家版权局主办、中国新闻出版报社承办的 2013 年版权相关热点问题媒体研讨班（第一期）在山东举行。研讨班创新活动形式，10 余家中央重点媒体的记者深入部分出版发行单位、版权示范单位，实地了解政府机关、企业软件正版化情况，版权对创意产业发展的促进作用。山东省副省长、省软件正版化领导小组组长季缃绮与记者们进行了座谈，山东省政协副主席、省版权协会会长郭爱玲出席座谈会。

来自《人民日报》、新华社、《光明日报》、《经济日报》、中央电视台、中新社、《法制日报》等 10 余家媒体的近 20 名记者，先后采访了台儿庄国家版权贸易基地、鲁南信息产业园、山东友谊出版社、山东省新华书店、红霖包装设计产品公司、章丘黑陶产业园及世纪金榜书业有限公司等单位。

季缃绮在与记者座谈时介绍了山东省将版权保护作为实施知识产权战略，在推进创新型省份和经济文化强省建设过程中所做出的努力。他说，山东省对各类侵权盗版行为保持高压态势，共查处侵权盗版案件 3 000 多起，没收侵权盗版产品 340 多万件。同时，积极健全公共服务体系，优化版权创意产业发展环境。据统计，山东省版权创意产业增加值从 2006 年的 600 亿元增加到 2012 年的近 3 000 亿元，占 GDP 的比重由 2.7%提高到 5.4%。

山东省新闻出版局局长宿华介绍了软件正版化工作成果。截至 2012 年 9 月底，山东省已经全面完成省、市、县三级党政机关软件正版化检查整改工作，共购买各类正版软件 25 万套，投入资金 2.2 亿元。

（资料来源：中国新闻出版网　作者：方　圆）

【2013 首届中国音乐产业大会探讨音乐作品版权保护问题】 2013 年 11 月 8 日，以“创新　开放　共赢”为主题的 2013 首届中国音乐产业大会在北京举行。围绕着音乐产业发展的推动力等主题，业内人士深入探讨行业热点，展望行业发展，多方促进音乐行业内部的沟通合作，以期打通全音乐产业链，实现信息开放、平台共享。

北京市版权局副局长王野霏表示，靠侵权盗版玩音乐的时代不会很久了，音乐产业链将迎来巨大转变与革新。据他介绍，音乐版权保护是近年版权工作的重点，为此，北京市版权局将通过落实“北京数字音乐版权收入倍增计划”、搭建由首都版权联盟成员共同推出的“版权财富网音乐版权交易平台”、建立首都音乐产业工作委员会等一系列有效举措，整合音乐产业资源，推动实现音乐交易的正版化、公开化、公平化。既要支持正版的原创曲目，也要监控作品的使用和收入的分配，一定要让作者有合理的回报，也要让使用者有可观的利润，同时要让广大的听众有丰富多彩的歌曲。

对王野霏所说的收入倍增计划，北京市版权局版权处处长卢志鹏进行了进一步诠释，他表示，倍增计划实施首选的突破口和试验田就是卡拉OK的使用。为此，北京市一是打造了正版的曲库，二是打造了交易的平台，三是构建了营销体系。

国家新闻出版广电总局出版管理司音像电子处处长许正明认为，良好的版权环境是音乐产业发展的关键。近几年来音乐产品一直是盗版的重灾区，特别是进入数字时代，非法下载成了制约行业发展的顽疾。他表示，作为政府主管部门，总局将通过推动立法工作，加强对音乐作品，特别是数字音乐作品的版权保护，支持并规范相关行业协会，积极探索网络环境下对音乐作品实行有偿使用的途径和方法。

对于许正明所说的有偿使用音乐作品，业内已经有了积极的探索。中国移动无线音乐基地书记闫志强表示，音乐内容收入来源越来越多元化，传统互联网和移动互联网都越来越重视音乐内容的版权收益。

首届中国音乐产业大会由高峰论坛、博览会和音乐嘉年华三个板块组成，北京市版权局、北京国家音乐产业基地主办，中国音像与数字出版协会、国家音乐产业发展促进工作委员会、北京国家音乐产业基地数字音乐园区等众多机构联合协办，无限星空音乐集团和热诚文化共同承办。来自唱片公司、音乐渠道商、音乐投资方及知名音乐人等音乐界及相关行业人士共计400余人参加。主办方表示，今后中国音乐产业大会将每年定期举办，通过这一平台更好地推动数字音乐创新发展、推动中国音乐走出去。

（资料来源：《中国新闻出版报》 作者：方 圆）

【创意产业与版权运营研讨会在京举行】 2013年11月8日，作为第八届中国北京国际文化创意产业博览会的重要活动之一，由北京市贸促会和中国版权保护中心共同主办的“2013创意产业与版权运营研讨会”在京举办。

以“创意成就梦想，版权创造价值”为主题的研讨会，聚集了来自国内外相关政府部门的领导、产业专家，以及创意产业有关企事业单位、机构和媒体等的各界代表，就版权运营与创意产业发展的关系等热点问题和重要议题进行了研讨。

北京市文化创意产业促进中心主任梅松就“转型中崛起的北京文化创意产业”这一主题发表演讲，他认为“文化经济的兴起，为北京推动城市发展转型、建设具有国际影响力的文化中心城市提供了历史性机遇。北京具备率先实现文化经济发展的基础和条件，北京文化创意已成为重要支柱产业和新的增长点，文化消费成为了新的消费增长点，文化投资成为了新的投资热点，城市发展正向文化城市转型”。

专家指出，文化创意企业实施版权保护和版权授权运营，不仅能够在较低的成本下实现版权资产的保值、升值，还能够有效测算版权资产在企业运营过程中的各项经济数据，借助信息化平台工具，实现多样化的版权运营，促进多元化收益。2014年第二届青年奥林匹克运动会组委会法律与监察审计部副部长、原北京奥运会组委会法律事务部综合处处长李雁军就“构建文化产品授权经营的版权保护链条”这一主题发表演讲，他认为，“文化产品正版化是塑造有影响力的文化品牌的重要途径，而版权的保护机制是实现这一目标的重要环节”。

北京歌华文化发展集团与北京天竺综合保税区管委会合作的“国家对外文化贸易基地”是中国首个“文化保税专区”，是树立文化对外贸易专门保税形态的典范。北京市顺义区副区长燕瑛表示，“此次北京市顺义区暨北京天竺综合保税区文化创意产业项目推介，要让大家更明晰地了解顺义区及天竺综合保税区的文化创意产业规划和功能政策，使大家有效地利用顺义区的利好政策，有的放矢地投资顺义区文化创意产业发展”。

云南作为中国众多少数民族聚集区，大量具有民族特色的文化资源还处于待开发状态。为更好地保护民族文化资产，创造出有民族风貌、民族特色和国际影响力的民族文化品牌和产品，中华版权代理中心衍生品事业部与云南民族村有限责任公司合作预计总投资5个亿共同建设“云南民族文化衍生品体验交易中心”。

国内知名卡通动漫形象洛宝贝先后代言中国公益基金会“博客基金”项目，并与中国妇女发展基金会成立“洛宝贝公益基金”助力慈善事业的发展。在文博会上，深圳金叶珠宝品牌运营有限公司牵手洛宝贝公益形象设计方杭州漫奇妙动漫制作有限公司开发洛宝贝形象衍生品，以促进国内优质版权授权运营发展。同时，深圳金叶珠宝品牌运营有限公司作为国内贵金属上市企业，特将此次洛宝贝形象授权开发的产品部分收益捐赠予中国妇女发展基金会。

中华版权代理中心衍生品事业部主任郑文军表示，版权是文化创意企业的核心资产，通过版权的开发和运用，对文化资产进行创造与提升，能产生出高附加值产品，版权衍生具有创造财富和就业机会的潜力。

（资料来源：新华网　作者：平乃超）

【首届亚太知识产权论坛在苏州举行】 2013年11月16—17日，首届亚太知识产权论坛在中国人民大学苏州校区举行，最高人民法院副院长奚晓明、世界知识产权组织副总干事王彬颖、中国人民大学校长陈雨露、江苏省高级人民法院院长许前飞、江苏省知识产权局局长朱宇出席论坛。

论坛中，奚晓明发表了题为《中国知识产权司法理念、政策与经验》的主旨演讲，介绍了中国在知识产权司法保护方面面临的挑战及举措。江苏省高级人民法院院长许前飞就深化知识产权专业审判的紧迫性及必要性进行了演讲。论坛设两个分会场对亚太地区的知识产权热点问题进行了深入探讨，主要涉及“包括专利局、商标局、版权局和国家贸易委员会（ITC）以及类似机构在内的行政机关在知识产权执法中的地位和功能”、“知识产权的限制与例外”、“知识产权与国际贸易的关系”、“知识产权制度与社会经济发展”、“知识产权审判的专门化”、“知识产权侵权中的惩罚性赔偿制度”、“互联网环境下的知识产权执法问题”，以及“《反假冒贸易协议》（ACTA）、《跨太平洋伙伴关系协议》（TPP）对亚太地区知识产权制度的影响”等方面。

亚太知识产权论坛是由中国人民大学、台湾大学、美国加州大学伯克利分校、华盛顿大学、日本北海道大学、韩国首尔大学等亚太地区著名高校联合发起的知识产权高端论坛和交流平台，每年举办一次，由论坛合作方轮流举办。来自美国、加拿大、日本、韩国、新加坡、中国港澳台、世界知识产权组织和中国大陆的专家学者、官员及企业界人士共200余人参加了首届论坛。

（资料来源：国家知识产权局网站　作者：叶　栋）

【中国人民大学国家版权贸易基地举办第30期版权人沙龙】 2013年11月26日，中国人民大学国家版权贸易基地举办第30期版权人沙龙，几位成功将版权卖向海外的“生意人”分享了图书版权走向海外的路径、困境与前景。

在此次沙龙里，参与讨论的出版界人士一致认为，他们的目标不光是让图书版权“走出去”，更大的意义在于用图书这种载体让世界各国读者看到中国灿烂悠久的历史和蓬勃发展的现在。

从中央提出实施文化“走出去”战略开始，国家在相关方面出台了大量的扶持政策。由于图书是文化的重要载体，从2006年开始，国家就实施了中国图书对外推广计划，以鼓励图书出版机构翻译出版中国图书；另外，中外经典互译出版项目已经启动了与俄罗斯、印度、沙特阿拉伯等国家的合作。

中国文字著作权协会总干事张洪波提醒参会的出版界人士，要充分利用国家的鼓励政策、各种评奖、展会等资源，努力寻求各方的支持。他还强调了信息对版权贸易的重要性：首先要抓住国内和国外两个市场，大到一个国家，小到一个出版社，要了解它们的兴趣和需求；其次，出版社最好与输出国的汉学家建立联系，这是做版权贸易非常关键的渠道和桥梁。但不管是引进还是输出，前提是一定要取得合法授权。

除国家层面的支持外，人民文学出版社版权部主任刘乔还建议重视作家、翻译家、汉学家等业内人士及输出国使领馆、孔子学院的作用，“走出去”不光是出版社的想法，作家也有非常大的热情，在进行图书推广的时候，要重视发挥作家本人的影响力，可以依托孔子学院等机构，举行一些读者见面等活动以扩大影响力。

在多年从事图书版权贸易的华文教育出版社海外拓展部主任顾珺看来，版权贸易这项工作涉及很多细节，且必须具备多种能力，具体来说就是要做售前的资讯推介、售中的谈判及售后服务，每个环节都要具备专业知识且细心周到，这项“生意”才能做成功。

沙龙活动中，张洪波透露，国内有机构正在积极筹建中文电子书海外版权推广平台，寻求与亚马逊等成熟的电子书销售平台合作。他认为在网络数字时代，应更多地将眼光聚焦在数字版权的输出上。

（资料来源：中国新闻出版网　作者：魏　芳）

【第六届中国版权年会在京举办】 2013年11月30日，由中国版权协会主办、中国联通协办的第六届中国版权年会暨“移动互联网时代下的版权运营与保护”主题论坛在北京召开。国家新闻出版广电总局党组书记、副局长蒋建国，中国作家协会主席铁凝，国家互联网信息办公室专职副主任王秀军出席并致辞。国家新闻出版广电总局副局长、中国国家版权局副局长、中国版权协会理事长阎晓宏出席年会。

诺贝尔文学奖获得者莫言，中国工商联副主席、百度公司董事长李彦宏，中国联通总经理陆益民，中国出版集团公司党组书记王涛，金山软件董事长、小米科技董事长雷军，著名音乐家徐沛东，腾讯公司终身荣誉顾问陈一丹，乐视网首席运营官刘弘等在会上发表了精彩演讲。

蒋建国在致辞中指出，党的十八届三中全会通过的《中共中央关于全面深化改革若干重大问题的决定》提出，进一步解放思想、解放和发展社会生产力、解放和增强社会活力，让一切劳动、知识、技术、管理、资本的活力竞相迸发，让一切创造社会财富的源泉充分涌流，让发展成果更多更公平地惠及人民，并提出要加强版权保护。这给做好版权保护工作指明了方向、提供了遵循。数字技术特别是移动互联网技术最大的特征是彻底改变了信息、作品的复制和传播方式，其催生的商业应用日新月异，业务模式层出不穷，在带来无限发展空间和发展机遇的同时，也不可避免地导致权利细分趋势更加明显，利益关系更加复杂，给版权的立法、司法、行政执法和社会管理等工作带来了更加严峻的冲击和挑战。为了进一步加大版权保护力度，有效遏制各类侵权盗版行为，激励创作者的积极性，同时也为了进一步便于传播者获得授权，畅通授权机制，完善交易规则，促进版权产业健康发展，有必要对现行的版权法律作出必要的调整，中国国家版权局正在推动《著作权法》的进一步修订。同时，国家新闻出版行政管理部门和中国国家版权局将一如既往地重视和加强版权工作，进一步完善版权法律政策体系；加大软件正版化工作力度；保持对各类侵权盗版行为打击的高压态势；强化版权公共服务与管理；搭建有效的版权市场交易平台；建立版权要素市场流转秩序；扩大版权事务对外交流与合作。希望全社会广泛动员起来，广大著作权人、集体管理组织、各市场主体和相关行业协会充分发挥作用，形成版权管理和保护的强大合力。

铁凝在致辞中表示，版权工作就是对我们文化创造源泉保持活力的守护。中国作家协会历来高度重视作家著作权的保障，随着互联网时代的来临和新媒体的发展，维护作家的著作权也变得更为迫切和艰巨。

王秀军在致辞中就论坛主题评价说，本次论坛站在当前版权行业发展的前沿，针对网络版权保护这个业界老大难问题，确定以移动互联网时代的版权运营与保护为主题，具有强烈的针对性、时代性，具有重要的现实意义。

莫言在演讲中阐述了他对版权保护的理解，他表示，现在作家们已经认识到，维护版权是很光彩的事，因为这是在帮助国家正本清源、建立一个良好的版权形象、尽快地能和国际同步、营造一个良好的创造氛围。版权保护归根到底是对人类创造力的一种保护。

陆益民在演讲中表示，移动互联网的出现给版权经营和保护带来了许多新的情况、新的问题和新的挑战，它具有盗版行为更加隐秘、版权归属更加复杂、有效维权更加困难等特点，但同时版权运营也迎来了新的机遇。

在此次年会上，宋木文、郭寿康、刘杲、谷建芬获得中国首批“中国版权事业终身成就者”称号，陈一丹、张抗抗等12人获“中国版权事业卓越成就者”奖，腾讯、金山、人大版权贸易基地等37家企业获“中国版权最具影响力企业”奖。

来自中国各地版权管理部门、版权企业和相关单位的代表500余人参加了此届年会。

（资料来源：《中国新闻出版报》 作者：赖名芳）

【第十届上海知识产权国际论坛主论坛在沪举行】 2013年12月3日上午，由国家知识产权局和上海市人民政府主办、上海市知识产权局承办的第十届上海知识产权国际论坛在沪举行。此次论坛的主题是“知识产权与创新环境”。

国家知识产权局局长田力普、世界知识产权组织副总干事王彬颖、英国知识产权局局长约翰·奥尔蒂、德国联邦最高法院知识产权庭庭长及首席法官皮特·梅尔·贝克等知识产权界知名人士以及上海市政府领导到会发言，并与听众互动交流。

此届论坛拟通过跨界交流与经验分享，深入探讨知识产权与创新环境的相互关系，借鉴国内外完善知识产权工作与优化创新环境的成功经验，为进一步贯彻落实国家知识产权战略、提升自主创新能力提供积极支持。

上海知识产权国际论坛创办于2003年，先后成功举办了“知识产权战略和企业核心竞争力”、“知识产权和城市竞争力”等九届活动，发展成为中国知识产权领域具有广泛代表性和较强影响力的涉外高层论坛和对外交流平台。

（资料来源：人民网 作者：张丛丛）

【2013 年版权相关热点问题媒体研讨班（第二期）举办】 2013 年 12 月 8—10 日，由国家版权局主办、中国新闻出版报社承办的 2013 年版权相关热点问题媒体研讨班（第二期）举行，与广州多家版权相关企业零距离接触，通过“边学习边调研，边采访边报道”的形式，广泛了解软件正版化对产业发展、建设创新型国家的重要作用，以及中国著作权保护制度对经济、文化发展的促进作用和深远意义。

由中国新闻出版报社总编辑马国仓领队，来自人民日报社、新华社、光明日报社、中央人民广播电台、中央电视台、中新社、人民网、中国网等 19 家中央媒体的 24 名记者走访了漫友、中望龙腾、欧科、朗声图书等 4 家颇具版权特色的文化、高新企业。

在采访中，媒体记者切实了解了版权的创造、运用、保护和管理对于企业发展的重要作用。这种“边学习边调研，边采访边报道”的形式得到了媒体记者和受访单位的一致认可。他们表示：“深入实地，了解企业在实际工作中遇到的版权问题，和坐在办公室里看材料就是不一样，以后写报道更加有针对性了。多组织这样的活动，可以提高记者对版权和版权机构的认识，也可引导媒体的正确导向。”

（资料来源：中国新闻出版网　作者：方　圆）

【第五届“两岸四地著作权法律制度研讨会”在珠海成功举办】 2013 年 12 月 21—23 日，为进一步加强两岸四地著作权法律制度的交流与对话，第五届“两岸四地著作权法律制度研讨会”在珠海成功举办。

此次会议由北京大学知识产权学院与暨南大学法学院/知识产权学院合办，国家数字版权研究基地、国家知识产权司法保护理论研究基地、中国民营科技促进会维权工作委员会以及北京大学互联网法律中心协办。该届研讨会的主题是“著作权的限制与例外”。

此次会议共包括五场主题研讨，国家版权局政策法制司司长王自强，北京市高级人民法院审判委员会专职委员陈锦川，北京大学法学院教授、北京大学知识产权学院常务副院长、国家数字版权研究基地主任张平，清华大学法学院副教授吴伟光，中国社会科学院知识产权中心主任李明德，上海大学知识产权学院院长陶鑫良，台湾政治大学法律系教授冯震宇，香港大学法学院教授李亚虹，美国亚太法学研究院执行长教授孙远钊，百度公司谭俊等近三十位与会专家做了主题发言。与会专家从不同角度总结了“两岸四地著作权法律制度研讨会”的发展历程及其在推动两岸四地著作权法制比较研究方面取得的巨大成绩。

（《中国版权年鉴》编辑部综合）

【《中国版权年鉴 2013》出版】 2013 年 12 月，由国家版权局组织编纂、中国人民大学出版社和中国人民大学国家版权贸易基地编辑出版的《中国版权年鉴 2013》（总第五卷）正式出版发行。

该卷年鉴在延续前四卷编纂总体框架下，对年鉴内容进行了必要的补充、调整和删减，使之方便读者查阅。其中，特别增加了“WIPO 保护音像表演外交会议”特辑。

《中国版权年鉴 2013》全书共设 14 个栏目，分列 37 个分目或次分目，全面反映了 2012 年全国版权行政管理、司法保护、产业发展及相关理论研究的基本状况。

（资料来源：《中国新闻出版报》　作者：方　圆）

◆ 社会管理与服务

【中国网络版权维权联盟在京成立】 2013 年 2 月 28 日，中国网络版权维权联盟在京成立。人民教育出版社、北京京都世纪文化发展有限公司、青岛国际版权交易中心、搜狐、腾讯等 24 家单位在签约仪式上共同签署了《中国网络版权维权联盟自律公约》。

国家版权局版权管理司有关负责人表示，与互联网产业的蓬勃发展如影相随，网络盗版也日益猖獗。由于打击网络侵权盗版的制度和手段尚不完善，盗版不仅给著作权人带来巨大损失，而且破坏了互联网产业赖以生存的版权环境，成为产业发展瓶颈。

为此，中华版权代理中心作为牵头单位，召集著作权人、互联网内容提供商、网络服务提供商及其他互联网相关企业，在中国版权保护中心的指导下，通过签署《中国网络版权维权联盟自律公约》的形式成为联盟签约单位，形成网络版权维权的自律、互助机制。联盟理事长、中国版权保护中心副主任范继红说，联盟将最广泛地集合行业相关单位的加入，整合国内最优秀、最先进的网络版权保护资源，以迅速的维权响应、优质的版权服务实现签约单位的版权价值，在全社会形成网络版权保护的积极影响。

（资料来源：《中国新闻出版报》　作者：方　圆）

【京版十五社反盗版联盟换届】 2013年3月7—8日，京版十五社反盗版联盟召开2012年年会。会议主要议题是换届选举新一届理事长单位，外语教学与研究出版社当选。

新当选的第六届联盟理事长、外研社副社长谢文辉向联盟成员表示，作为新一届理事长单位，外研社深感责任重大，会努力做好服务工作，并担当起桥梁和纽带作用。今后会进一步加强联盟成员间的相互沟通和信息共享，同时还将加强联合行动，组织联盟成员对提供盗版信息人员进行联合奖励、对市场进行联合巡查及组织联合诉讼等多项行动。

此次会议还吸收中国医药科技出版社加入该联盟，至此联盟成员已增至30名。

（资料来源：《中国新闻出版报》 作者：邹 韧）

【文著协再签两个数字版权框架协议】 2013年4月25日，中国文字著作权协会（以下简称文著协）分别与人民出版社和中央党校就“中国共产党思想理论数据库及党政图书馆数据库”和中国干部学习网“网络学习平台”项目签署数字版权框架合作协议。文著协表示将在数字版权管理、授权合作、维权和协调版权纠纷等方面，协助两家机构解决文字作品的数字版权授权问题。

在随后举行的座谈会上，国家版权局版权管理司副司长汤兆志表示，在新技术条件下，对作品的使用如何能够更好地平衡作者、传播者和社会公众的利益，确实是摆在我们面前的问题。而在畅通作品的授权渠道方面，需要集体管理组织发挥重要作用。与会的法律专家和业内人士，还围绕版权保护热点问题展开了讨论。

（资料来源：《中国新闻出版报》 作者：方 圆）

【中国设立首只版权保护公益基金】 2013年4月26日，中国第一只传播和鼓励“版权保护”理念的公益性基金会——版权保护基金会为募集首批善款而举办的“杨再春版权保护公益捐赠”仪式举行。该基金是在国家版权局、北京市版权局的指导下，由北京国际版权交易中心发起成立的。

作为中国著名书法家、书法教育家、摄影家，杨再春曾被中华慈善总会授予“中华慈善美术家”荣誉称号。为维护著作权人的合法权益，解决版权产业领域版权争议等问题，杨再春将其多年积累创作的艺术精品无偿捐赠给北京国际版权交易中心，通过公益认购为版权保护基金募集首批善款。

作为版权保护基金会指导单位，北京市版权局副局长王野霏在捐赠仪式上说，版权产业健康发展需要更广大社会公众的参与和版权企业、从业者的大力支持。募捐现场，来自中国版权协会、中国图书馆标准化委员会、中国文字著作权协会、中国摄影著作权协会、中国音像集体管理协会等协会代表，来自中国人民大学出版社、中央电大出版社等出版社代表，以及中国银行、中国民生银行、北京银行、招商银行等各大银行金融机构代表积极参与募捐活动，这些单位也成为首批加入基金的理事单位。

基金会成立后将设立一系列专项基金，包括版权保护奖励基金、版权侵权举报基金、版权维权援助基金。通过下设专项基金的运作解决版权产业领域维权难等问题，维护著作权人的合法权益，推动中国文化创意产业走向正版化、国际化。

（资料来源：《中国新闻出版报》 作者：方 圆）

【中国首家影视版权研究基地在西安揭牌】 2013年4月26日，中国首家影视版权研究基地在西安揭牌，由西安电视剧版权交易中心策划投拍的微电影《美好夏天》也同期举行开播仪式。

为加快推动学术科研与影视产业、版权产业的融合对接，西安电视剧版权交易中心与西安交通大学知识产权研究中心，联合发起设立了中国首家影视版权研究基地。该研究基地将以“产、学、研”互动为基础，整合政府和产业界、学术界各方资源，在影视版权领域深入开展理论研究和实践探索，推动影视版权知识创新与交流，提高影视版权创造、应用、保护、管理的水平，促进影视版权与科技、法律、金融的结合，努力打造具有国际影响力的影视版权学术和实务研究平台。

（资料来源：《中国新闻出版报》 作者：魏 芳）

【北京调解联盟成立】 2013年4月27日，北京仲裁委员会调解中心、工信部电子知识产权中心争议解决中心、中国互联网协会调解中心、北京电视艺术家协会调解委员会、中关村版权争议调解中心等16家调解组织、研究机构在京宣布共同发起组建北京调解联盟，并召开首届北京调解论坛。

论坛上，谈及知识产权类纠纷，工信部电子知识产权中心争议解决中心主任赵天武说，专业机构在知识产权纠纷中的调解作用不可忽视，它可以促进诉讼调解与行业调解相互配合、相互协调和相互衔接，为当事人提供更多可供选择的纠纷解决方式。中关村版权争议调解中心负责人孙长认为，著作权的使用方式日益多样化，但与此相应的著作权制度环境和相关的著作权管理尚未跟上。事实上，就著作权纠纷案件而言，当事人双方可以选择自行协商解决，也可以借助民间调解、行政查处或调解、仲裁等方式处理。因此，大家呼吁建立以上各种方式共同参与的多元化纠纷解决机制。

（资料来源：《中国新闻出版报》 作者：赖名芳）

【上海知识产权保护发展联盟成立】 2013 年 5 月 8 日，由上海市浦东新区知识产权保护协会联合上海 30 余家产学研界单位、社会团体与服务机构等共同发起的上海知识产权保护发展联盟正式成立。联盟旨在有效聚集上海社会各界知识产权资源，促进长江三角洲地区乃至国内外知识产权领域的事务融合、技术对接、权益交换和资源重整。

该联盟是面向社会开放的非营利机构，主要任务是协同开展知识产权创造、运用、保护和管理活动，努力实行“信息互通、工作互动、维权互助”，鼓励联盟成员与社会各界的信息交流，协调和聚集各方资源，更好地服务企业、政府、上海经济社会发展及建设亚太知识产权中心城市的目标。

（资料来源：国家知识产权局网站
作者：王　康　黄殿英）

【上海艺术版权开发中心发布《三年行动计划》】 作为国内艺术版权领域知名的专业公共服务平台，上海艺术版权开发中心 2013 年 5 月 9 日公布了一份《三年行动计划》（即《加快推动上海艺术版权产业发展行动方案（2013—2015）》），计划在 2013—2015 年的三年内，引导不少于 50 位（家）艺术家或艺术机构达成艺术版权授权协议，带动产业上下游不少于 100 家生产和服务性企业介入艺术版权开发经营活动。

《三年行动计划》显示，为了突破艺术版权产业在艺术原创作品版权授权环节的突出瓶颈，上海艺术版权开发中心将与上海文化产权交易所、上海版权服务中心等机构合作，搭建“艺术家原创作品版权授权交易平台”，确保企业获得权利明晰的艺术作品版权资源以进行产品开发和服务推广，确保授权艺术家获得公开透明的第三方服务和相应的经济回报。同时将探索建立“艺术家版权授权资源库”，精选特别适合产品和商业开发的艺术作品版权，优先推广并提供给优质的制造和商业企业。

（资料来源：《北京商报》 作者：肖湘女）

【中国原创版画交易平台在京启动】 2013 年 5 月 17 日，北京东方雍和国际版权交易中心在京启动中国原创版画交易平台。此平台打造了一种高规格的限量收藏品交易模式。通过完善的制度保障和结构设计，平台将促进原创版画的发售流通，维护原创版画交易市场秩序，让消费者买得放心、买得安心。

该平台拥有“两审、两证、两全”的基本特点。两审，是指国际版权交易中心通过艺术收藏指导委员会和发售审核委员会两个专家委员会，严格执行预审和发审两道独立审核流程。两证，是指国际版权交易中心作为第四方平台机构，对发售标的进行限量认证和提取特征信息进行身份认证。两全，是指国际版权交易中心通过协议和制度安排，确保全部发售的标的产品均进入市场进行封闭流通，确保没有任何一个同类产品在场外销售，以形成一个健康有序的价格体系和市场体系，确保全流通的实现。同时，平台对所有标的产品全程进行监管，对发售流通资金全程进行监管，以确保产品和资金的双安全。

（资料来源：中国知识产权资讯网　作者：刘　仁）

【40 家电影公司捐助版权支持无障碍电影】 2013 年 5 月 31 日，“关爱盲童　助梦成长”无障碍电影公益行动在京启动，活动由中国儿童少年电影学会和中国盲文出版社、中国盲文图书馆联合主办。启动仪式上，华谊兄弟传媒集团等 40 家电影公司首批捐出旗下 50 部优秀国产影片版权资源，支持制作和推广无障碍电影。

启动仪式上，华谊兄弟传媒集团代表宣读了“关爱盲童　助梦成长”无障碍电影公益行动倡议书，号召电影界同人争当无障碍电影文化志愿者，积极参与到无障碍电影的制作与推广工作中；整合资源支持无障碍电影事业，积极向中国盲文图书馆捐赠优质儿童少年电影版权，授权制作和推广无障碍电影；用实际行动服务广大盲人朋友，定期为盲人特别是盲童免费提供无障碍电影专场，丰富盲人的精神文化生活。中国儿童少年电影学会代表 40 家授权影视公司与中国盲文图书馆互赠《电影许可授权协议》和捐赠证书，著名演员陈紫函获得中国盲文图书馆“爱心大使”称号。

活动现场，中国盲文图书馆特地播放了一部为盲童特制的无障碍儿童电影《星空》，让孩子们体验到无障碍电影的魅力。作为中国盲文图书馆在图书馆服务宣传周中的一项重要活动，此次行动呼吁更多的影视公司加入到爱心捐献版权、支持无障碍电影事业发展的队伍中，为盲童提供更多更好的无障碍影视作品。

（资料来源：《中国新闻出版报》 作者：朱烨洋）

【首都版权联盟成立】 2013年6月6日，首都文化产业联盟再添新军，由中国出版集团、百度、金山、歌华等70余家国内知名出版机构、网络企业和视听开发企业发起的首都版权联盟在京宣布成立。

该联盟是经核准登记的非营利性社会组织，旨在加强版权保护、推动版权产业发展。国家版权局版权管理司司长于慈珂在会上表示，联盟成立后将发挥好桥梁纽带作用，在促进首都经济、文化和社会发展中起到积极的推动作用。北京市版权局局长冯俊科表示，北京市版权局将切实承担起指导、监督和服务职责，给予联盟政策扶持和资金支持。

同期召开的联盟第一次会员大会上审议并表决通过了《首都版权联盟章程》，选举产生了第一届理事会理事长、主席、副主席、秘书长、理事及监事人选，北京市版权局副局长王野霏当选为理事长。联盟的主要职责范围包括：积极开展理论及实践研究，为国家制定版权产业政策及版权立法提供建议；大力普及宣传著作权法律法规，提高全社会的版权保护意识；推动媒体尤其是网络媒体的自律管理，净化版权行业秩序；组建网络版权监控平台，配合政府的版权监管，实施版权护航工程；促进版权进出口贸易，进一步推动中国版权“走出去”。

（资料来源：《中国新闻出版报》 作者：王坤宁）

【北京高校首设数字版权保护中心】 2013年6月28日，北京国际版权交易中心在北京印刷学院举行了“数字版权保护中心”的揭牌仪式，这是首次在高校设立专门的数字版权保护机构。

印刷学院数字版权保护中心成立后，将为学院在校师生提供高效权威的版权保护绿色通道，并通过讲座、公开课、选修课的方式普及版权保护的法律知识。同时，中心为校办文创企业发展和学生创业提供专项扶持基金，对印刷学院优秀文创项目进行融资服务，并为在校师生的艺术设计作品提供全方位的展示与推介。

为响应中国国家版权局推动文化创意产业版权保护的工作部署，北京国际版权中心将全面开展“版权保护进高校”系列活动，在中国重点相关大学建设一批“数字版权保护中心”。

（资料来源：《北京日报》 作者：陈 韵）

【国家级国际版权交易中心落户青岛】 2013年7月4日，国家级国际版权交易中心正式落户青岛，国家新闻出版广电总局副局长阎晓宏为其授牌。山东省委常委、青岛市委书记李群在府新大厦会见阎晓宏一行。

阎晓宏充分肯定了青岛在知识产权保护方面取得的成绩和经验，表示国家新闻出版广电总局将一如既往地支持青岛的工作，在政策、项目、人才等方面给予青岛更多支持，更好地满足人民群众日益增长的精神文化需求。

按照规划，青岛版权交易中心设立西区和东区，西区位于青岛经济技术开发区，以文化创意版权交易为主要特色；东区位于市北区，以工业设计版权交易为主要特色。青岛版权交易中心将为促进版权贸易和优秀版权作品的广泛传播、推动版权创意产业发展和创新型城市建设作出积极贡献。

（资料来源：《青岛日报》 作者：刘振兴）

【中国首家知识产权服务业联盟在中关村成立】 2013年7月30日，中国首家知识产权服务业联盟在中关村示范区成立，53家知识产权服务机构成为中关村知识产权服务业联盟首批成员单位。国家知识产权局、北京市知识产权局，以及中关村管委会等单位的相关领导出席成立仪式。

中关村知识产权服务业联盟服务项目涵盖代理、信息、法律、商用化、评估和培训等6大知识产权领域，通过整合知识产权服务业上中下游的资源，有效推动知识产权服务与知识产权创造、运用、保护和管理的全面融合。

（资料来源：《中国知识产权报》 作者：王 康）

【重庆成立企业知识产权保护促进会】 2013年8月17日，重庆市企业知识产权保护促进会正式成立，已有68个单位及个人会员。

促进会计划建立和完善知识产权信息中心和预警系统，对国内外商标、专利、高新技术等信息进行快捷、准确的检索，使重庆市企业能及时了解到国内外知识产权的状况和最新动态，并采取各种应对措施，对自身实施有效的法律保护。

（资料来源：《中国新闻出版报》 作者：张亦筑）

【中国摄影著作权协会选出新一届理事会】 2013年8月23日，中国摄影著作权协会（以下简称摄著协）第二次会员代表大会在京召开，会议选举产生了新一届理事会和领导机构，李前光当选为主席。国家新闻出版广电总局副局长、国家版权局副局长阎晓宏，总局党组成员宋明昌出席会议并讲话。

阎晓宏在会上向上一届摄著协领导班子表示敬意，并向新一届领导班子成员的当选表示祝贺。他指出，摄著协所从事的工作是一项开创性的事业，4年多来，协会做了大量基础性工作，成立时间虽短但取得了可喜的成绩，前景光明、发展空间大。他强调，团结和依靠权利人，并有效维护他们的权利，是摄著协的主要任务，也是需要不断加强研究的课题。他表示，国家新闻出版广电总局将全力支持新一届领导班子开展工作。

宋明昌指出，摄著协积极参与了《著作权法》的修订工作，为完善我国知识产权法律体系作出了贡献；率先与教科书出版机构签订了作品使用付酬协议，在贯彻落实《著作权法》关于法定许可相关规定方面取得了突破性进展；设立的教科书使用摄影作品版税网络公告查询平台，体现了公正透明的分配原则，对于提高著作权集体管理组织的社会公信力，发挥了重要的作用。希望协会扎实推进各项工作，并做好社会宣传，进一步提高凝聚力和影响力。

中国摄影家协会主席、分党组书记王瑶介绍说，在《著作权法》修改过程中，摄著协提出的关于延长摄影作品保护期和完善广播权法定许可，以及增加视觉艺术追续权的三项修法建议全部被采纳。这充分表明，摄著协是一个真正代表广大摄影权利人利益的组织。

李前光在闭幕致辞中说，摄著协是政府指定的国内唯一从事摄影著作权集体管理的社团法人机构，4年多来，不仅维护了摄影作品权利人及其相关权利人的合法权益，并且通过对著作权及其相关权利的集体管理，促进了摄影作品的创作、传播和使用，推动了摄影事业的发展和繁荣。下一步，协会将努力为繁荣摄影事业、保护摄影工作者合法权益提供更坚实的法律服务和帮助。

中国摄影家协会机关各部室、各直属单位相关负责人，以及音著协、文著协等相关集体管理组织负责人出席大会。来自全国各省（自治区、直辖市）的140余名会员代表参加会议并讨论了第一届理事会工作报告、财务工作报告和协会章程修改草案，审议通过了关于报告和修改章程的决议，推举李仁臣为摄著协名誉主席，宋举浦、杨再春被聘为顾问。

（资料来源：《中国新闻出版报》 作者：方 圆）

【北京软件在线团购成交额首破千万元】 2013年9月24日，北京市2013年市属国有企业正版软件集体采购签约仪式在京举行。市属国有企业用户与微软、金山等软件供应商签署了正版软件采购协议，交易额达千万余元。

签约仪式上，北京市新闻出版（版权）局副局长王野霏表示，此次集中团购签约大大推动了北京市软件正版化的工作进程。通过正版软件采购平台进行线上下单、线下交易是一个创新性的尝试，促进了阳光交易，减少了企业的采购成本；同时有效破解了采购流程不透明、用户在谈判中处于弱势等难题。他表示，下一步版权管理部门将在开展严格监督检查的同时，继续做好软件正版化服务工作，确保顺利完成本年度市属国有企业软件正版化工作。

参与2013年正版化工作的161家市属国有企业绝大部分开展了严格的自查自纠，建立了正版化工作领导机构，制定了采购计划。据统计，161家企业中共有计算机近3万台，其中，存在无授权办公软件愈万套，大部分存在正版化软件采购缺口的企业正在开展采购工作。

（资料来源：《中国新闻出版报》 作者：邹 韧）

【北京市法学会知识产权法研究会成立】 2013年10月19日，经北京市法学会批准，北京市法学会知识产权法研究会正式成立。该研究会将通过开展理论研究、普及知识产权知识、开展国际及国内民间学术交流合作等方式，为中国科技和文化发展作出贡献。

北京市法学会知识产权法研究会是具有学术性、公益性的社会团体，由北京市从事知识产权工作及其研究的有关人士和单位自愿组成，依法登记成立。北京市第二中级人民法院党组副书记、副院长宿迟当选为第一届会长。

（资料来源：《法制日报》 作者：李 松）

【中国音像与数字出版协会反盗版工作委员会理事会召开】 2013年10月24日，中国音像与数字出版协会反盗版工作委员会在济南召开理事会，中国音像分销协会联席会议同期举行。理事会会议就音像行业运行现状、转型路径以及协会近两年在打击盗版方面面临的问题进行了探讨。

该协会的反盗维权已覆盖中国18个省（自治

区、直辖市）共40多个城市，从2012年起，反盗版工作委员会受权利人或版权代理人的委托，共调查取证涉嫌侵权案件675起，其中司法诉讼545起，目前已判决34起、和解189起，对提升全行业的知识产权保护意识起到了积极促进作用。协会反盗版工作委员会负责人冯晶表示，盗版一直是我国音像产业发展的最大敌人，协会始终不遗余力地打击盗版，但结果不尽如人意，尤其是网络盗版的出现，对传统的音像产业链是一个巨大的冲击，再加上司法赔偿远远不足以惩戒盗版者，使盗版商更加有恃无恐。与会代表共同呼吁加强政府的监管力和司法判决的震慑力，维护公平、法制化的市场环境。来自中国的20多家音像出版社及分销商等从业人员与会研讨。

（资料来源：《中国新闻出版报》 作者：魏 芳）

【国内首家专业影视版权仲裁机构挂牌运营】 2013年10月29日，国内首家专业影视版权仲裁机构——西安影视版权仲裁中心正式挂牌运营。该中心的成立，使仲裁这一准司法制度与影视产业“亲密接触”，成为有效解决影视行业版权纠纷的新机制和新路径。

近年来，随着影视产业的快速发展，影视作品被抄袭剽窃、盗版盗播等侵权现象时有发生，版权权属不清晰、“一女多嫁”、版权合同约定不明等影视版权纠纷案件数量日趋增多。虽然影视版权纠纷可以通过诉讼方式来解决，但诉讼方式解决纠纷存在着立案难、取证难、耗时长、判罚数额较低、前期投入较大等问题。加之基于未来发展和继续合作的考虑，影视公司也不愿与对方关系破裂，陷入“打官司，自己不专业，耗不起精力，得罪不起人；不打官司，自己的权益得不到保障，创作、制作受阻”的尴尬境地。而仲裁则是兼具自愿、专业、灵活、快捷、保密等特征的纠纷解决机制，与影视产业纠纷解决需求具备天然的契合性。将仲裁制度与影视产业有机对接，能够为我国影视行业及从业人员提供防范风险和化解纠纷的新途径，有助于维护版权人的合法权益，助推影视产业健康有序发展。

为此，西安仲裁委员会与西安电视剧版权交易中心、陕西电视艺术家协会、西安交大知识产权研究中心等相关机构联合发起设立了西安影视版权仲裁中心，这也是迄今为止中国首个从事影视版权仲裁服务的专业服务机构。西安影视版权仲裁中心主任党雷介绍，仲裁中心将以影视产业版权仲裁服务为主，逐步向文字、图片、音乐、设计、动漫、游戏等版权产业全领域扩展，公平、公正、及时、便捷、灵活地解决纠纷，形成化解版权纠纷的新型解决机制。

（资料来源：《法制日报》 作者：王晓雁）

【新华社金融信息交易所与中国版权保护中心达成合作】 2013年11月11日，新华社金融信息交易所与中国版权保护中心在金融信息研究报告领域正式展开合作，合作有望进一步规范研究报告版权保护体系，对于金融市场研究报告行业健康发展具有重要意义。

此次合作主要包括金融信息研究报告版权保护和研究报告业务拓展两部分。新华社金融信息交易所在金融信息研究报告领域力图建设金融市场研究报告交易平台，在研究报告销售、市场渠道建设、衍生产品拓展等方面展开工作。中国版权保护中心立足产业应用，在研究报告领域开展包括数字作品版权登记、版权网络监测、版权快速维权及专项打击盗版等版权服务。

（资料来源：《中国证券报》 作者：毛万熙）

【京版十五社反盗版联盟与淘宝签订《图书版权网络保护协议》】 2013年11月15日，在国家版权局的支持和推动下，京版十五社反盗版联盟与浙江淘宝网络有限公司在京举行了《图书版权网络保护协议》签约仪式。该协议对被权利人举报销售盗版书的卖家处罚力度进行了较大调整。

联盟理事长、外研社副社长谢文辉介绍，这次签约是继2012年6月8日联盟与淘宝网签订《图书版权保护合作备忘录》后的又一次深入合作。双方经过一年多的实践，对《备忘录》中的内容进行了细化，目的是进一步完善网络盗版治理机制，更有力地维护权利人的利益，共同营造绿色网络环境。

协议对处罚调整的主要内容有：之前同一卖家被权利人每举报一次扣2分，累计加分至48分则被关店，现在同一卖家被权利人举报前两次各扣2分，第三次直接扣24分，第四次也扣24分并直接关店；以前到年底卖家被扣分数如不够48分就会被系统自动清零，现在到年底如达到24分将不被清零，直接带到第二年进行累计；以前卖家被扣至12分时，会被处罚停止交易7天，现在变成14天；以前卖家被扣至24分时，会被处罚停止交易14天，现在变成21天。

对于此次签约，国家版权局版权管理司副巡视员段玉萍给予了充分的肯定，她希望“十五联”可以借鉴与淘宝网合作的经验，积极与其他电子商务平台进行合作，共同治理网络销售盗版行为，促进版权产业健康有序地发展。同时，她希望淘宝网扩大与其他传统版权内容提供商的合作，加强网络版权管理。

（资料来源：《中国新闻出版报》 作者：邹 韧）

【中国文字著作权协会换届】 2013 年 11 月 16 日上午，中国文字著作权协会第二次全国会员代表大会在京召开。大会审议通过了《工作报告》和《财务报告》，并以无记名投票方式选举产生了新一届理事会。陈建功再次当选为会长。国家新闻出版广电总局副局长、国家版权局副局长阎晓宏出席了开幕式并致辞。

中国政协常委、中国作协副主席、中国文字著作权协会第一届理事会会长陈建功在《第一届理事会工作报告》中回顾了过去五年的工作历程，指出了存在的问题与不足，并对未来工作做了展望和规划。廖奔、高善罡、王春法、白玉良、张抗抗、曹效业、吕薇、汤兆志、刘晓霞、刘春田、李明德等 11 人当选为副会长，张洪波连任当选总干事，王迁、阎晶明等 22 人当选为常务理事。

中国作协党组副书记、副主席、书记处书记钱小芊，中国作协党组成员、副主席、书记处书记廖奔，原新闻出版总署副署长、中国期刊协会会长石峰，文化部原副部长、中国艺术研究院院长王文章和中国文联党组成员、书记处书记李前光等出席了开幕式。

中国出版协会、中国知识产权研究会、中国音著协、中国音集协、中国摄著协、中国影著协、北京市相关文化产业单位有关负责人以及国际作者和作曲者协会联合会（CISAC）亚太区主席、韩国著作权委员会驻华首席代表等出席会议。国际复制权组织联合会、美国版权结算中心、英国版权许可机构、新加坡版权许可与管理协会、台湾著作权保护协会和高等教育出版社等机构发来了贺信。来自全国的 88 名文著协会员代表参会。

（资料来源：《中国新闻出版报》 作者：方 圆）

【全国版权标准化技术委员会在北京正式成立】 2013 年 12 月 7 日，经国家新闻出版广电总局（国家版权局）批准，全国版权标准化技术委员会成立大会在京召开。该委员会的成立填补了中国版权标准化建设领域的一项空白。

全国版权标准化技术委员会是在版权相关领域内从事版权标准化工作的技术工作组织，负责本专业领域的版权标准化技术归口工作，其主要工作任务是提出版权标准化工作的方针、政策和技术措施的建议，以及负责版权相关标准的研究，组织制定版权标准体系表，提出本专业制修订国家标准和行业标准的规划、年度计划及采用国际标准的建议等。

中国版权标准化工作已取得阶段性成果。《数字版权唯一标识符（DCI）》已开始征求意见，《数字内容版权元数据》和《数字作品版权登记信息元数据规范》等多项标准研究工作已逐步开展。

（资料来源：新华社 作者：徐 硙）

【知乎联合多家媒体倡议保护原创】 2013 年 12 月 12 日，著名网络问答社区知乎网联合《南方周末》、《三联生活周刊》等几十家媒体和科技类原创内容网站，在其新浪官方微博发布“保护原创，尊重版权”的倡议书。

倡议书提出，2013 年新媒体爆发出巨大的传播能量，也产生了更多用文字分享知识、见解和经验的原创者，但在微博、微信等许多自媒体平台，存在大量不带署名和来源的转载，甚至原封不动的抄袭现象。倡议书提出，希望个人和非商业机构，在使用或转载他人作品时，在显著位置注明原文作者、出处和链接；商业机构和组织除上述要求之外，还应事前取得著作权人授权，但权利人明示禁止转载的，任何第三方个人或机构都应尊重此权利。

（资料来源：《中国新闻出版报》 作者：魏 芳）

【江苏省版权保护中心成立】 2013 年 12 月 27 日，江苏省版权保护中心在南京成立，开始接受江苏省版权局委托，免费为著作权人提供一般作品版权登记服务。有关负责人表示，中心将加强对存量数据的分析研究，定期发布研究结果，并力争为版权产业界提供个性化查询服务。同时将利用作品数据库优势，为版权交易牵线搭桥，并逐步开展作品技术比对和鉴定业务，为版权行政执法和司法审判提供技术支持，帮助权利人就已登记作品追查侵权盗版源头。

（资料来源：《中国新闻出版报》 作者：叶明生）

◆ 国际交流与合作

【中国云南文化贸易中心在新加坡开业】 2013 年 4 月 5 日，云南出版集团下属企业云南新华书店集团与新加坡思达出版有限公司合作投资的新加坡中国云南文化贸易中心正式开业运营，这标志着云南出版集团文化走出去迈出实质性步伐。

该中心位于新加坡银行最密集的金融中心，营业面积440平方米。主要开展华文图书及精品出版物，斑铜、紫陶、民族刺绣等工艺美术品，茶叶、咖啡、野生菌等特色产品展示展销，推介云南特色美食，开展文化交流与旅游服务、华文教育与交流合作等。

为大力推介中国文化、云南优秀民族文化，云南出版集团积极实施文化走出去工程，几年内，逐步在东南亚、南亚国家建立中国云南文化贸易中心。中心立足云南出版产业，面向东南亚、南亚开展文化宣传、文化贸易、文化交流服务。

（资料来源：《中国新闻出版报》 作者：黄锦明）

【中国国际广播电台与土耳其广电总台签署合作协议】 2013年4月18日，中国国际广播电台与土耳其国家广播电视总台签署谅解备忘录，达成一系列视频合作协议，在电视纪录片交换和自有播出平台上展开合作。

根据谅解备忘录，双方将整体无偿引进对方拥有版权的人文、地理、旅游类电视纪录片，经译制、加工，打上双方标识后，分别在国际台《环球奇观》数字电视频道与土耳其国家广播电视总台旅游和纪录片频道的黄金时段播出。国际台还享有引进节目在移动媒体、IPTV等所有广播、电视和互联网媒体平台的免费播出权、文字复制和印刷出版权，并可向第三方有偿转让。

与此同时，该项合作打开了中国视频媒体在土耳其国家媒体播出的窗口，为国际台在视频节目领域与国外主流媒体开展合作提供了借鉴。

（资料来源：《中国新闻出版报》 作者：牛春颖）

【福建动漫作品叩开北美市场大门】 2013年4月27日，由福建省嘉泰文化传播有限公司和中国美院传媒学院联合出品的原创动漫《幼童留洋记》，在第九届中国（杭州）国际动漫节上获得金猴奖动画系列片最具潜力奖，并与美国艺术传媒资源公司签订DVD海外销售权。这部动漫作品以清末中国第一批官派留洋学生的求学经历为故事依据，在海外特别是华侨中获得了好评。

《幼童留洋记》全片共52集，分上下两部，全片采用二维动画的制作方式，以清末中国第一批官派留洋学生的求学经历为故事依据，描述了1872年，30名中国孩子带着忐忑不安的心情来到大洋彼岸，他们一边享受着开放自由的快乐，一边承受着精神反叛的痛苦，用自己的智慧将中华传统融入西方文化，最终成为中国第一代精英的故事。从他们中间走出的有中国铁路之父詹天佑、北洋大学校长蔡绍基等。

《幼童留洋记》收到了中国几家知名电视台和网站的播映权邀约，并将在北美市场发行100万张DVD。中国国家扶持动漫产业发展部际联席会议专家委员会专家、亚太动漫协会秘书长王六一称："该片是未来中国最具影响力的十部动漫作品之一。"

（资料来源：《中国新闻出版报》
作者：张福财 翁 莉）

【中国短片签下国际交易第一单】 2013年5月17日，英国短片国际有限公司与深圳时刻网络传媒有限公司签署金鹏奖获奖中国短片海外版权交易协议，这是中国短片国际交易第一单，实现了中国短片国际交易零的突破。此单交易的7部作品分别为《我很勇敢》、《爷爷》、《初吻》、《月神》、《卖猪》、《生日礼物》以及《纪念日快乐》。

金鹏奖评比是中国国际新媒体短片节的重头戏，尽管短片节才举办四届，但其快速发展的势头赢得了全球各界的关注，2013年金鹏奖评委会共收到来自全球五大洲94个国家和地区的3万余部参赛作品。参赛国家及作品数量已经超越有着35年历史、被誉为"短片戛纳"的法国克莱蒙费朗国际短片电影节。而随着短片节影响力的迅速提升，参赛者获得的机会也越来越多。新锐导演陈西峰的剧本作品《猪拱地》获得"最佳剧本奖"，陈西峰因此获得免费赴美国好莱坞学习交流一周和剧本融资的机会，同时还评选出另外3部作品获得"优秀剧本奖"，获奖选手获得优先签约中国电影股份有限公司的机会。

金鹏奖由国家新闻出版广电总局、深圳市人民政府主办，深圳市文体旅游局、深圳广播电影电视集团承办，它是中国唯一的国家级、国际性的短片奖。

（资料来源：《中国新闻出版报》
作者：牛春颖 闫 松）

【中国新闻出版传媒集团与韩国游戏产业协会签署协议】 2013年6月4日，中国全国人大常委会常委、教科文卫委员会主任委员、中国出版协会理事长柳斌杰在京会见韩国新世界党国会议员、韩国游戏产业协会会长、韩国国际数字娱乐嘉年华

(IEF)组织委员长南景弼一行。当天，中国新闻出版传媒集团有限公司与韩国游戏产业协会签署了战略合作协议。

柳斌杰表示，中国的游戏市场正处在高速发展时期，发展空间很大。中国有着世界最大的游戏市场，每年举办的中国国际数码互动娱乐展览会(ChinaJoy)是世界顶级游戏大会。前些年中国以引进外国游戏为主，近几年转向国内自主研发，中国游戏在数十个国家和地区都有使用者。在新的传播业态环境中，中国既是一个巨大的市场，又有良好的投资环境，项目和资本都是对外开放的。他希望双方通过中国新闻出版传媒集团、中国国际数码互动娱乐展览会等平台加强合作。南景弼表示，中国游戏企业在技术、内容等方面发展很快，希望通过此次深入交流，使两国游戏产业分享市场、实现双赢，并期待两国的交流进一步深化与发展。柳斌杰与南景弼还就中国出版协会与韩国游戏产业协会之间的合作进行了交流。

中国新闻出版传媒集团有限公司董事长姜军与南景弼分别代表双方签署了战略合作协议。根据协议，双方将在文化产业国际交流合作、文化科技产业、文化创意产业和文化服务产业等领域，依托各自产品、内容、技术、渠道、服务及市场信息的相关资源与优势，进行全面战略合作。双方将以两国游戏产业的相互交流与共同发展为起点，推进文化产业及相关制度转型和升级；积极利用国际国内两个市场、两种资源，大力推动两国间的文化走出去。

中国新闻出版传媒集团有限公司总经理李忠阐释了双方合作的“三部曲”：一是在韩国游戏产业协会的支持下，促成两国游戏产业的深度交流与合作；二是进一步促进中韩两国优秀企业从产品交流转向深度合资、合作；三是在技术、人员、资本等方面展开深度合作，运用网络游戏等数字娱乐手段，演绎东方经典文化内容。

韩国游戏产业协会是由韩国百家重点游戏企业联合组织成立的行业管理组织。

韩国国际数字娱乐嘉年华组织委员会执行委员长申光五以及韩国众多著名游戏厂商参加了会见及签约活动。

（资料来源：《中国新闻出版报》
作者：孙海悦　姚　贞）

【第五届漫博会授权展赴美举行推介会】 2013年6月18—19日，第五届中国国际影视动漫版权保护和贸易博览会执委会派出授权展招商小组，前往美国拉斯维加斯品牌授权博览会现场招商，并与国际授权协会合作举办了推介会。此次推介会成效显著，华特迪士尼、华纳兄弟、可利可等数十家国际知名品牌企业表示将积极参展第五届漫博会，也希望加强与东莞企业的合作交流。

第五届漫博会定位为“以版权保护和交易为核心、以产业对接为特色、以国际合作为优势的国际性动漫产业交易平台”，致力于将漫博会打造成为国际动漫产业最佳对接平台、中国最具影响力的玩具礼品交易平台，成为中国动漫产业发展的“晴雨表”。

（资料来源：《中国新闻出版报》　作者：吴　明）

【渝版“心理罪”系列图书版权输出泰国】
2013年6月，重庆出版集团与泰国南美出版公司正式签订关于“心理罪”系列图书的版权转让合同，预付版税金额为每本4 000美元，共计1.6万美元。同时，该系列图书的数字版权也一起转让。

由重庆出版集团出版的“心理罪”系列图书以犯罪小说吸引读者。作品中富含犯罪心理学、法学、刑事侦查学、现场勘查学和法医学知识，既有国外真实案例的再现，又不乏大胆诡奇的想象，可读性较强。该系列自2008年陆续出版了《画像》、《教化场》、《暗河》和《城市之光》，在中国的市场表现一直不凡。2009年，《画像》和《教化场》的版权转让到台湾地区。

（资料来源：《中国新闻出版报》　作者：刘蓓蓓）

【阎晓宏出席《中国电力与能源》英文版首发式】 2013年7月3日，《中国电力与能源》英文版首发式暨中国电力出版社与美国约翰威立国际出版公司战略合作谅解备忘录签署仪式在京举行。国家新闻出版广电总局副局长、国家版权局副局长阎晓宏出席仪式时指出，要努力多出版优秀的科技学术著作，加强国际科学文化的交流，这是国家发展的要求，也是时代的要求。

《中国电力与能源》由国家电网公司董事长刘振亚撰写，中国电力出版社出版。该书基于大能源观，立足于当前全球能源态势，从电力的视角出发，深入研究分析了中国能源问题和能源战略问题。该书英文版由约翰威立国际出版公司在全球范围内出版发行。约翰威立是世界最大的独立学术图书出版商和世界第二大学术期刊出版商。

对于双方的合作，阎晓宏给予充分肯定。他表示，中国电力出版社作为中国优秀出版单位和电力能源专业权威出版单位，在这一领域出版了很多高水平的学术著作，在中国、业内都很有影响。约翰威立作为著名的世界性学术出版商之一，在图书产品开发、营销和传播方面有显著优势。双方的合作对于发展和市场开拓，对于中国文化产品走出去具有十分重要的意义。

阎晓宏指出，文化软实力已成为国际竞争的重要因素，《中国电力与能源》英文版的发行，一方面将为中国深入推进文化软实力输出拓宽道路，另一方面也将为中国企业在国际舞台上树立品牌形象，提升品牌价值，实现真正意义上的中国企业国际化奠定良好基础。

中国电力出版社是英大传媒集团旗下全资子公司，此次与约翰威立国际出版公司达成战略合作协议，也是英大传媒集团加强国际交流的一次重要实践。阎晓宏在致辞中希望英大传媒集团认真总结中国在智能电网等领域的创新成果，进一步挖掘具有重要影响力的选题，出版更多具有国际出版价值的精品力作；进一步加强与约翰威立等国际领先出版机构的合作，学习先进出版理念和市场运营模式，发挥优势，放眼全球，通过国际合作，实现文化的交流和双方的共赢，为提高中国文化软实力、增强中华文化在国际上的竞争力和影响力作出新的贡献。

（资料来源：《中国新闻出版报》
作者：牛春颖　郑伟丽）

【阎晓宏率代表团访问瑞典、芬兰、波兰三国】 2013年7月19—25日，国家新闻出版广电总局副局长、国家版权局副局长阎晓宏率中国新闻出版（版权）代表团访问瑞典、芬兰、波兰三国。访问期间，代表团先后与瑞典专利商标局、瑞典文化部、芬兰教育文化部、波兰文化和民族遗产部等政府部门进行了工作会谈，并访问了伯尼尔出版发行集团、芬欧汇川森林工业集团、芬兰电影家协会、拉加代尔波兰分公司等出版、版权、发行及印刷行业的相关机构。

在与瑞典专利商标局代理局长、首席法律顾问豪斯曼·崔特会谈时，阎晓宏介绍了中国在版权立法、执法及著作权集体管理方面取得的成就，并与瑞方就著作权法律修订、版权保护及加入《视听表演北京条约》等相关问题进行了深入交流。瑞方对中国版权制度建设和发展所取得的成绩表示赞赏，认为中国的版权制度虽然起步较晚，但成绩显著。瑞方表示，瑞典和中国在版权基本制度和理念方面有很多共识，愿与中国进一步加强交流合作。

作为瑞典文化、媒体和体育的主管部门，瑞典文化部高度重视此次代表团的访问，瑞典文化部副国务秘书马库斯·哈特曼及有关部门负责人共同会见了代表团一行。阎晓宏重点介绍了近年来中国新闻出版业取得的成就，并就互联网和新技术条件下，图书、音乐及影视作品的出版、传播、收费及保护等问题与瑞方进行了交流。马库斯·哈特曼对近年来中国在经济建设和文化发展等方面取得的成就表示赞赏，双方还就中瑞图书互译等项目合作进行了初步探讨。

访问芬兰教育文化部时，阎晓宏与芬兰教育文化部国务秘书扎姆·林顿王会见并就图书出版、印刷相关产业发展、全民阅读等方面问题进行了深入交流。

波兰文化和民族遗产部是波兰文化、知识产权、媒体等相关领域的主管部门，成立于2005年。与副部长莫妮卡·斯莫伦及相关部门和协会负责人会谈时，阎晓宏重点介绍了著作权集体管理的发展情况，以及中外图书互译计划、中国图书对外推广计划等图书出版领域的对外交流合作鼓励政策。波方十分认同中国在出版和版权保护方面的政策和措施，并希望与中国在图书互译出版、著作权集体管理等方面开展深入合作。此外，双方已就签署双边合作框架协议达成了初步意向。

访问期间，中国驻瑞典大使兰立俊、驻芬兰大使黄兴、驻波兰大使徐坚分别会见了代表团一行。国家新闻出版广电总局有关司局负责人王岩镔、于慈珂、陈英明等随同出访。

（资料来源：《中国新闻出版报》　作者：王玉梅）

【《全能星战》版权卖到以色列】 2013年8月28日，江苏卫视原创大型音乐对战节目《全能星战》和国际知名节目模式公司Armoza（以色列）举行了盛大的海外模式发行签约仪式。除了双方签约代表、节目歌手代表陶喆外，以色列驻华大使马腾先生以及大使馆新闻发言人潘立文先生也出席了仪式，表示对于此次中以双方电视产业交流的重视。这次签约意味着，尚未开播的《全能星战》已经成了中国首个模式输出的音乐节目，也走出了国产原创节目海外模式发行史上的重要一步。

（资料来源：《扬子晚报》　作者：张　漪）

【国家版权局与WIPO在沪举办国际研讨会】 为促进各国在视听表演保护领域的交流与合作，推动《视听表演北京条约》早日生效，2013年8月29

日，国家版权局与世界知识产权组织（WIPO）联合主办的视听表演保护和《视听表演北京条约》国际研讨会在上海开幕。会议就视听表演在文化和经济方面的重要意义，以及各国的保护经验进行了分享，并重点对条约进行了分析和研讨。

2012年6月26日，来自WIPO成员国和国际组织共202个代表团的700多名代表在北京缔结了《视听表演北京条约》，这是首个以北京命名的国际知识产权条约，填补了视听表演领域全面版权保护国际条约的空白。但签署国际条约仅意味着有意愿加入条约，按规定，需要30个国家正式加入，该条约才正式生效，并对签约国家具有约束力。

国家版权局版权管理司司长于慈珂在会上表示，表演对于作品传播和文化传承有着重要的意义，加强表演者权利的保护，特别是为视听作品的跨国界传播和使用提供更为清晰的保护路径和法律依据非常必要。条约从国际立法层面对表演者的权利进行了有效确认和完整保护，完善了国际知识产权保护体系。此次研讨会是国家版权局与WIPO友好合作的又一次例证，有利于扩大条约的影响力。

WIPO文化与创意部版权发展司司长高航表示，此次会议为各国间研究在国际层面上如何保护视听表演者权利提供了平台。

16个国家版权部门的代表，就本国在推动视听表演保护和加入条约方面的最新进展进行了介绍。

（资料来源：《中国新闻出版报》 作者：方　圆）

【第九届中韩著作权研讨会在青岛举行】 2013年9月5日，由中国国家版权局、韩国文化体育观光部主办，中国版权保护中心、韩国著作权委员会、青岛市文化广电新闻出版局共同承办的“第九届中韩著作权研讨会”在青岛举行。此次会议主题是“中韩著作权公共服务与集体管理合作展望”。

“中韩著作权研讨会”每年举办一次，两国轮流主持召开，此次是首次走出北京来到全国版权示范城市青岛举办。会议期间，双方进行专题研讨、案例分析、经验交流、综合讨论等，展示各自在版权公共服务和集体管理方面取得的成果。

青岛市副市长栾新出席研讨会。

（资料来源：《青岛日报》 作者：王　娉）

【山东青岛国际版权交易中心与韩签署合作协议】 2013年9月8日，青岛国际版权交易中心与到访的韩国著作权委员会一行，在西海岸的国家级国际版权交易中心签署了交流合作协议书并举行了签约仪式。此协议将进一步促进开拓中韩两国在版权和以版权为核心的软件外包、工业设计、动漫影视、音乐艺术等公共服务领域内的合作机会和空间。

青岛市政协委员、青岛国际版权交易中心董事长安波表示，通过该协议的签订，双方将共同推进蓝色半岛和大华北地区的以版权为核心的软件、数字化出版、移动数码、网络出版、三网融合、音乐、影视、艺术、演艺、设计等多方面的合作，为中韩两国的创意企业、创意工作者提供国际一流的知识产权保护、维权、发证、评估、交易、鉴定、贷款、投资、股权交易、上市、发债等一条龙服务，将会带动青岛乃至中韩两国版权创意产业和现代服务业的发展。

座谈会中，强调了此次签约对中韩两国进一步加强版权领域合作的重要性；同时，进一步探讨了双方合作的细节问题，初步达成加强影视交易、音乐美术、创意文化等领域的版权合作。协议签署后，两家机构将依据协议规范，为蓝色半岛及韩国版权界提供更为全面、高效的版权服务。

（资料来源：《青岛财经日报》 作者：姜　姗）

【阎晓宏在京会见世界知识产权组织总干事弗朗西斯·高锐一行】 2013年11月12日下午，国家新闻出版广电总局副局长、国家版权局副局长阎晓宏在京会见了世界知识产权组织（WIPO）总干事弗朗西斯·高锐一行。阎晓宏代表中国国家新闻出版广电总局（国家版权局）对高锐此次访华表示热烈欢迎。他表示，在高锐的领导下，世界知识产权组织近年来在推进知识产权保护方面取得了很大成绩。2012年6月，由世界知识产权组织主办、中国国家版权局和北京市政府承办的保护音像表演外交会议在北京举行，会议成功缔结了《视听表演北京条约》。会议的成功举办，既推动了世界知识产权组织与中国国家版权局之间的交流与合作，也体现了双方之间保持的密切联系和良好关系。

阎晓宏表示，世界知识产权组织关心和支持中国版权保护事业，对中国给予了大力支持和诸多帮助。近年来，世界知识产权组织视中国为最主要的成员之一，支持中国在国际版权事务中发挥积极作用，中国国家版权局对此表示十分感谢。

高锐表示，保护音像表演外交会议是世界知识产权组织在中国举办的第一个外交会议。此次外交会议受到各方高度评价，参加外交会议的各个代表团在会议期间展示出的包容、理解和合作精神，被誉为“北京精神”，并受到世界知识产权组织各成员国广泛好评。在2013年6月刚刚通过的、为视障者使用版权作品而缔结的《马拉喀什条约》谈判中，中国代表团也发挥了重要作用。

会见中，双方还就进一步拓宽合作模式等问题进行了商谈。国家版权局表示愿意在世界知识产权组织框架下，通过与成员国之间的充分交流，积极参加版权国际新规则的制定，加快中国相关立法进程，从而在《视听表演北京条约》、视障者使用版权作品等重大议题和重要立法活动中发挥更大的作用，共同为建立公正合理的国际版权制度而努力。

（资料来源：《中国新闻出版报》 作者：方 圆）

【2013大使知识产权圆桌会议在京召开】 2013年11月14日，由美国驻华大使馆举办的2013大使知识产权圆桌会议在京召开。2013年正值《国家知识产权战略纲要》颁布5周年，《著作权法》修法、商业秘密保护和知识产权执法成为此次圆桌会议聚焦的3个主要议题。全国人大科教文卫委员会主任委员柳斌杰、美国驻华大使骆家辉出席会议并作主题演讲。

柳斌杰在主题演讲中说，中国在改革开放特别是加入世贸组织以来，知识产权法律制度日臻完善，执法水平不断提高，保护力度逐步加大，为知识产权事业发展创造了良好的法治环境。主要体现在：建立起较为系统完善的知识产权法律体系、司法保护与行政保护并行的执法体系，坚持不懈推进软件正版化，积极参与知识产权国际规则的制定等。他指出，中国和美国作为世界上最大的发展中国家和发达国家，作为世界上最大的两个经济体、最有创造力的两个国家，有必要在坚持相互尊重、互利共赢原则的前提下，进一步加强在知识产权领域的合作，为双边经贸发展和文化交流注入新活力。他建议，双方加强信息交流，增进相互理解，加强知识产权法治工作的交流合作，特别是推动知识产权领域的民间交流，多平台、多动力推动两国经贸关系和文化交流健康发展。

骆家辉在会上表示，以创新为主的经济需要保护知识产权，也需要强有力的执行机制，保护权利的前提是法律体系需要适当和透明。他指出，中国近年来高度重视知识产权保护，相关的法律体系正在不断更新，知识产权法律体系正朝着正确方向发展。但是，法律制度的完善不能一蹴而就，还需要很长的一段路要走。要确保中国的可持续发展，需要加强商业法制建设，在这方面，中美两国的合作十分必要。他表示，目前这项合作已经在一些领域展开，希望双方找到共同点，共同努力。

作为会议的主要支持机构，商业软件联盟（BSA）与参会嘉宾就知识产权的法律保护等议题进行了广泛深入的交流。BSA亚太区总经理艾拉斯戴尔·格兰特（Alasdair Grant）表示，加强知识产权的保护是鼓励创新、促进产业和经济繁荣发展的必要保障，而保障的基础就是从立法层面进一步完善《著作权法》相关规定。

大使知识产权圆桌会议于2002年首次举办，作为中美两国政府间的一项高层对话和交流活动，为提升和改善中国知识产权保护环境作出了积极贡献。

（资料来源：《中国新闻出版报》 作者：方 圆）

【阎晓宏会见商业软件联盟总裁就软件正版化交换意见】 2013年11月27日，国家版权局副局长阎晓宏会见了商业软件联盟（BSA）全球总裁兼首席执行官艾斯比奈尔一行，双方就软件正版化等共同关心的话题交换了意见。

阎晓宏在会见时表示，中国新一届政府高度重视知识产权保护，坚持把实施知识产权战略作为推动科学发展、加快转变经济发展方式的重要支撑。从2013年4月至今已经就此召开了3次会议，除进行全面部署外，还专门就软件正版化工作进行了安排。为了解各地软件正版化开展情况，2013年，中国国家版权局、工信部、商务部、财政部等八部门已分两批派出16个督查组。从督查情况来看，政府软件正版化工作整体进度较快，但也有个别地方仍存在差距。对已经安装软件的维护和管理，已成为当前正版化工作中最大的难题。他强调，软件正版化既是国际承诺，更是自身发展需要，在中国将坚定不移地进行下去。

阎晓宏同时指出，中国在推进软件正版化工作时也发现了一些问题，特别是2012年10月，微软公司发布Win8操作系统软件后，随即停止销售Win7等低版本操作系统，导致用户无法采购到适用的操作系统；大幅提高Win8销售价格，增加了用户软件采购成本；终止对Windows XP提供服务，使用户计算机面临严重的安全威胁。这些做法影响了软件正版化工作在中国的顺利开展。他表示，中国地域辽阔，用户众多，软件正版化工作的长期推进，对软件产业发展将是一个很好的时机。他希望微软等软件企业立足长远，结合中国发展实际制定价格，并进一步规范销售行为，改进售后服务，维护中国用户利益，为推进软件正版化工作提供支持。

阎晓宏还就BSA每年发布的全球软件盗版率报

告提出了看法，他希望 BSA 不仅公布统计结果，更应公布结果的统计方法和报告形成过程。过去的报告中曾出现关于中国的调查数据与实际有较大出入的情况，希望 BSA 能客观对待中国的软件使用现状，并建设性地共同将正版化工作推向前进。

艾斯比奈尔表示，版权对软件行业而言至关重要，她欣赏中国政府过去 10 年来为推进软件正版化所做的努力及取得的成果。对于阎晓宏指出的问题，她表示，对问题有共识并保持积极态度，是合作的良好开端，BSA 会正视问题，并以有效的方式在软件的管理方面进行更好的合作。

艾斯比奈尔曾是美国白宫首位知识产权执行协调员，2013 年 8 月出任 BSA 全球总裁兼首席执行官，在美国她被媒体誉为“版权皇后”。

国家版权局版权管理司司长于慈珂、BSA 亚太区总经理格兰特等一同参加了会见。

（资料来源：《中国新闻出版报》 作者：方 圜）

【中外童书版权贸易论坛在沪举办】 2013 年 11 月，中外童书版权贸易论坛在上海举办。论坛就童书版权贸易的特点、中外差异、衍生品开发等问题进行了讨论。

论坛上，中国版权保护中心、中华版权代理中心副主任魏红致辞强调，版权贸易是世界各国出版文化交流中最直接、最稳定的渠道，体现的是本土文化与国际文化之间的相互沟通与交融。其中，童书的版权贸易与其他类别的图书相比，更便于交流，成为中外出版版权交流的强项和重点。

新时代出版社副社长许西安、Loyal Kids Creation Ltd. 中国区总裁何在民、当当网副总裁王悦、西班牙益姆瑟出版社总编辑梅尔塞·塞加拉、宁波民和影视动画股份有限公司总经理胡天民以及中华版权代理中心出版事业部总经理赵秀清等在论坛上分别就童书版权贸易特点、中外差异、衍生品开发等问题与现场听众进行了交流。

（资料来源：《中国新闻出版报》 作者：姜 川）

【2013 伦敦华语电影节“中英电影版权市场交易论坛”在中国银行伦敦分行举办】 当地时间 2013 年 12 月 7 日，2013 伦敦华语电影节“中英电影版权市场交易论坛”在中国银行伦敦分行举办，电影节组委会主席孔祥曦，北京航美影视文化有限公司《电影世界》主编范浩然、总经理河汉，优酷土豆集团高级副总裁朱辉龙等来自中国电影产业的知名人士亮相论坛，而 Random Character Pictures 创始人、英国奥斯卡的成员之一、制片人朱利安·阿尔坎塔拉等英国电影行业先锋人物也一同出席，围绕“电影新锐：全球化视野下中国电影的新类型方向”、“资金、技术与人才：中外电影合作新趋势”、“营销的艺术：中国电影如何立足国际市场”、“电影与网络：新海外电影的引进与发行”等几个板块与中方代表兴致勃勃地针对如何加强中英合作、版权买卖等问题进行了高端对话与讨论。

（《中国版权年鉴》编辑部综合）

◆ 版权产业

【中国新闻出版传媒集团获 10 亿元授信支持】 2013 年 1 月 8 日，中国新闻出版传媒集团有限公司与交通银行股份有限公司北京市分行在京签订战略合作协议。根据协议内容，中国新闻出版传媒集团从交通银行获得等值人民币 10 亿元的意向性授信额度，期限 3 年。

协议约定，双方在平等自愿、相互信任的基础上，建立日常交流与沟通机制，共同搭建平台。交通银行北京市分行为中国新闻出版传媒集团提供全方位、优质、高效的金融产品服务，支持其境内外业务发展，配合其探索、创新契合新闻出版企业特点的融资模式等。此外，双方将集中各自在资源与专业方面的优势，在多领域开展全方位的金融合作。

（资料来源：《中国新闻出版报》 作者：闫 松）

【深圳与澳门签署合作协议】 2013 年 1 月 8 日，一年一度的深澳合作会议在深圳举行，两地就经贸、旅游、文化、中医药等六项内容签署了合作协议。在深圳保持 20%以上年增长率的文化创意产业，成为两地未来合作重点。

会议期间，澳门特首崔世安、深圳市长许勤分别介绍了两地经济社会发展的情况，回顾了过去一年双方合作的进展和成果，并就下一步的合作形成了多方面共识。

许勤称，未来双方要本着资源共享、优势互补的原则，完善合作机制，在旅游、会展、创意文化、科技、金融、交通、教育等方面，进一步加强合作。许勤还特别介绍了深圳文化创意产业的发展情况：2012 年，深圳文化创意产业总增加值超过 1 100 亿，增速高达 25%，占经济总量的 9%。崔世安称，澳门将进一步发挥作为中国葡语地区的优势，帮助和推动更多深圳企业在葡语系国家开拓市场。另外，两地将继续深化原有的合作内容，并在此基础上加大文化创意产业的交流与合作。

（资料来源：《南方日报》 作者：杨 磊）

【文化企业长沙行活动签约金额达 154 亿元】
2013 年 1 月 12 日，由长沙市委、市人民政府主办的“文化名城·创意中心”知名文化企业长沙行活动在长沙举行，国际国内知名文化企业及战略投资者、长沙骨干文化企业负责人等聚会长沙，为长沙文化产业发展未来探索新道路。湖南省委宣传部副部长蒋祖烜，长沙市委常委、宣传部部长张湘涛等出席。

现场签约了 20 个文化产业项目，签约金额达 154 亿元，内容涵盖了影视传媒、动漫游戏、文化旅游各门类。包括联东 U 谷研发设计基地、文化旅游投资股权基金、“青铜时代”国际文化创意产业园、曙光 798 城市体验馆、花明国际幸福城等 5 个项目签约金额过 10 亿元，《直观中国》中法文双语网、国际版权交易中心等 5 个项目入驻长沙。

张湘涛介绍，2012 年长沙开工建设了 84 个文化项目，其中 51 个项目投资过亿，总投资规模超过 440 亿元。而未来五年，长沙将着眼打造文化创意中心，加快建设天心文化产业园、中南国家数字出版基地、长沙（国家）广告产业园，规划建设一批省市重点文化创意园区和文化产业项目，使文化产业增加值占地区生产总值 10%左右。

（资料来源：红网长沙 作者：汤红辉 邓丽丹）

【福建省委外宣办通报 2012 年福建文化产业发展情况】 2013 年 3 月 5 日，福建省委外宣办召开新闻发布会，就福建省文化产业运行情况及若干政策相关情况进行通报。2012 年福建省文化产业实现增加值突破 1 000 亿元，占地区生产总值约 5.0%。

福建省文化产业整体结构不断完善，以演艺娱乐业、广告业和动漫游戏业为代表的新兴文化服务业持续保持较快发展，全省动漫游戏产业实现业务收入 102.3 亿元，获播出许可动画片 44 部 2.35 万分钟，居中国第 4 位。以出版发行、广播影视为代表的文化传媒核心服务业维持平稳增长，其中新闻出版业实现增加值 147 亿元，同比增长 12.8%，高于中国新闻出版业增幅 2.1 个百分点。

外向经济得到持续拓展。2012 年福建省文化产品进出口额为 19.53 亿美元，比 2011 年增长 44.4%，居中国第 4 位。海峡两岸文博会、图交会等文化经贸活动品牌影响不断扩大，海峡两岸文博会升级为国家级文化展会。

2013 年，福建省继续实施“310 行动计划”，培育 10 个重点文化产业园区，打造 10 强骨干文化企业，推进 10 个重点文化项目建设，从扶强做大、加快集聚、打造品牌、市场运作、强化保障等五个方面入手，切实增强文化产业整体实力和竞争力。

（资料来源：《中国新闻出版报》
作者：张福财 翁 莉）

【辽宁省大连市文化产业投融资平台正式建立】
2013 年 3 月 6 日，大连市文化广播影视局与中国工商银行大连市分行在大连国际会议中心签署了金融支持文化产业发展战略合作协议（以下简称战略合作协议），这标志着大连市文化产业投融资平台正式建立。大连市副市长朱程清出席签约仪式，并向工商银行大连分行颁授“大连市文化产业发展投融资顾问单位”牌匾。

此次战略合作协议签署后，工商银行大连分行将进一步深化对大连地区文化产业的支持，在今后五年内，为大连市文化产业提供不少于 50 亿元的融资服务。在支持重大文化产业项目、文化产业示范园区（基地）、重点文化企业融资需求的同时，还将扩展服务领域，为中小文化企业提供包括多渠道融资和服务，实行差别化融资服务。

在签约仪式上，工商银行大连分行还分别与大连大青文化产业集团有限公司、海昌（中国）有限公司、大连圣亚旅游控股股份有限公司、大连金石文化旅游投资有限公司 4 家骨干文化企业签署了融资合作协议书。

（资料来源：大连市文化广播影视局
作者：刘成立）

【乐视网购得《新编辑部故事》网络独家版权】
2013 年 3 月 17 日，乐视网宣布以 5 000 万元购得《新编辑部故事》网络独家版权，创下电视剧网络版权价新高。在各家视频网站联手限价，矫正 2011 年以来被炒高至泡沫化的电视剧视频版权的背景下，乐视网仍开价远高于其他网站数倍，对此，乐视网首席运营官刘弘表示，愿意为好剧付出更高的价格。

2010—2011 年，中国各家视频网站资金量充沛，制造了电视剧网络版权价格井喷，一部热播剧网络版权从每集数千元被炒到每集百万元，当时，乐视网以 2 000 万元高价购买了《甄嬛传》独家网络版权，业内普遍认为价格过高无法回收成本。然而，2012年，《甄嬛传》热播一整年，因为分销少而资源集中，该剧为乐视网带来36亿次的总播放量，至今依然在其电视剧排行榜上位列前三，成为中国互联网视频历史上的“剧王”。有《甄嬛传》的成功在先，乐视网首席运营官刘弘自然不惧给郑晓龙的新作再开高价，购得老版《编辑部的故事》网络版权，同步播出。

（资料来源：《北京晚报》 作者：金力维）

【光明日报社文化产业研究中心成立】 2013年3月21日，光明日报社召开文化产业研究中心成立座谈会。《光明日报》从2010年开始设立专版报道文化体制改革和文化产业、文化消费，评选中国文化企业30强，推选中国文化产业年度人物，见证并参与了文化产业发展的主要历程，在文化领域具有特色优势、资源优势。

来自首都多家研究机构的专家在座谈会上为研究中心的发展建言献策。对于研究中心的未来发展，专家认为，这是中国第一家基于中央媒体的文化产业研究机构，应发挥媒体的独特优势，贴近现实，兼顾理论和政策、国内和国际研究，重视原创性、差异性、不可替代性。

（资料来源：《中国新闻出版报》 作者：光　明）

【《河南省文化产业发展战略重点方案》出台】 2013年3月21日，河南省政府出台了《河南省文化产业发展战略重点方案》。《方案》提出，下一步河南省重点发展数字传媒、创意设计、动漫游戏、文化旅游、工艺美术五大文化产业，通过重点产业带动全省文化产业提速，推动文化产业跨越式发展。到2015年，五大文化产业增加值占河南省文化产业增加值比重将超过50％。

《方案》提出，要按照竞争力强、成长性好、关联度高的原则，立足该省资源条件和发展基础，重点发展五大产业。在数字传媒产业发展方面，要加快实现广电网络数字化双向化改造和整体转换，大力推进电信网、广电网、互联网三网融合，实现全省有线广播电视网络一张网；在创意设计产业发展方面，培育和发展具有中原特色的创意产业集群，加快推进郑州创意产业园、郑州广告产业园等重点项目建设；在动漫游戏产业发展方面，开办河南电视台卡通频道，加快华强文化科技产业基地、国家动漫产业发展基地（河南基地）等重点动漫产业园区和基地建设，形成创意、制作、营销、播放、版权交易、衍生品开发的完整产业链，把郑州建设成为具有重要影响力的中西部动漫产业基地。

《方案》提出，郑州市将建设一批富有中原文化特色的文化馆、博物馆、艺术馆、剧场、大遗址公园等，充分展现中原文化的内涵，提高城市品位。

（资料来源：《中国新闻出版报》 作者：张莹莹）

【第九届中国游戏行业年会在济南召开】 2013年3月23日，2012年度（第九届）中国游戏行业年会在山东省济南市召开。年会公布：2012年中国游戏行业生产经营总收入约为1 089.47亿元，其中网络游戏约占整体产值的48.25％，包括家用游戏、掌机游戏、大型游戏三大类在内的游戏机类游戏占整体产值的36.7％，网页游戏和手机游戏迅速发展，约占整个游戏产业产值的11.2％和3.5％。

2012年游戏产业除了继续保持较快的增长水平之外，还呈现出产业规模化发展优势明显、以网页游戏为代表的新兴游戏业态迅速成长、产业多元化发展趋势日渐明朗、中国游戏海外市场拓展迈上新台阶4个较为突出的特点。

此外，当前中国游戏市场环境还存在一系列问题，某些游戏场所经营不规范，山寨盗版泛滥、行业垄断、无序竞争、低俗营销等恶性竞争问题依然明显。而国产网游与国外游戏强国逆向输出不对等，中国游戏文化软实力亟待加强及游戏产品走出去面临的挑战依然严峻。

此次年会还揭晓了2012年度中国游戏行业“金手指”奖，北京完美世界等多家游戏企业获奖。

（资料来源：《中国文化报》 作者：许亚群）

【第二届广州（国际）游戏博览会成功举行】 2013年4月3—5日，第二届广州（国际）网络及数字互动游戏博览会在广州琶洲会展中心举办。2013年博览会集展区展览、交流论坛、竞技大赛和交易签售等内容为一体，由网游、电玩、动漫三大板块组成。

2012年中国网络游戏用户人数由五年前的0.5亿增加到1.4亿，销售收入由185.06亿元人民币增长突破了600亿元大关。广东省网络文化协会的数据显示，2011年，广东省网络文化及相关数字互动游戏产业年收入占中国三分之一，居中国第一；广东省游艺游戏设备产值约占中国的三分之二，而广东动漫产值也占到中国动漫产业总值的三成以上。

（资料来源：《广州日报》 作者：段郴群）

【第23届书博会订货码洋达11亿】 2013年4

月19—22日，为期4天的第23届中国图书交易博览会在海南省海口市主会场和三亚、儋州、万宁三个分会场同时落下帷幕。展会期间，主会场参观总人数达16万人（次），三个分会场参观人数超过10万人（次）；出版物订货码洋达11亿元，馆配近9 000万码洋，主分会场零售累计近4 000万元。

此届书博会上，来自中国各省（自治区、直辖市）、中直出版单位、解放军、港澳台等36个代表团，1 500家出版发行单位展出各类出版物35万多种。各出版机构带来各类新书共计10万多种，比年初的北京图书订货会多出3.5万种左右。期间举办的形式多样、突出展示新闻出版文化特点的各类活动达136项，莫言、王蒙、于丹、阎崇年等100多位名人、作家、学者参加了读者大会、新书发布会等有关活动。

书博会上，港澳台参展商以其颇具创意的展出赢得了各界的喜爱。其中，台湾版书籍首次走进中国书博会，并在展销摊位按汇率现场折价，成为书博会上的又一大亮点。共有20家台湾出版社联手，带来1 500种台湾书籍。

此次书博会还首次尝试民营书业统一组团统一参展。大会设立独立的民营书业展示订货区，展位数达到692个。由中国各地民办图书文化工作室、民办发行公司等组成的集体参展团，占主会场B馆近1/3的面积，规模之大创造了历届书博会之最。民营书业大规模抱团参展是中国民营书业蓬勃发展的集中体现，也是此次书博会的一大特色。

书博会期间，国家新闻出版广电总局特别组织了“情系三沙，慰问赠书大行动”，多家单位组织向海南农家书屋和图书馆捐赠图书活动。此外，书博会开启了“节俭办展”的新模式，简朴但又不失隆重、不失特色，以其宏大的规模和显著的效果赢得了各界的肯定。

（资料来源：《中国新闻出版报》 作者：王玉梅）

【北京国际电影节电影市场签约总额超87亿元】 2013年4月20—22日，为期3天的第三届北京国际电影节电影市场落下帷幕，在此期间共实现27个签约项目，签约总额高达87.31亿元人民币，分别比上届增长近3成和6成，再创中国电影节展交易之最。

作为北京国际电影节重要主体活动之一，此次电影市场推出了丰富多彩的专业性活动，形成了综合、高端的国际化交流交易平台。北京国际电影节组委会副秘书长、原北京市广电局副巡视员赵志勇表示，签约项目涵盖北京电影产业链各个环节，其中投资制作签约额31.08亿元，比去年增长28.38%；影院院线、影视基地及文化地产建设类项目签约额30亿元，比上届增长54%；投融资项目、微电影项目、电影技术等项目签约额为26.23亿元。这些成果生动诠释了北京国际电影节“共享资源、共赢未来”的主旨，充分展示了国际电影交流合作的广阔前景和勃勃生机。在27个签约项目中，过亿项目达21个；中外电影合拍项目达到10个，比上年增长超6成。

此次电影市场集中了电影企业、产业基地、行业组织、政府部门等各类相关机构，签约方涵盖了电影策划、制作、发行、院线、网站等全产业链，共吸引了800余家中外公司和机构、3 000多位业内人士参与。200多家进入展位的中国外电影公司及机构中，有威秀电影亚洲公司、工业光魔、寰亚传媒集团等80余家国际展商，比2012年增长30%。第三届北京国际电影节电影市场已打造成面向电影全产业链、具有世界影响力的电影交易盛事，成为国内外优秀电影资源融汇聚集的优质平台。

（资料来源：国际在线 作者：林 格）

【第九届中国国际动漫节在杭州举行】 2013年4月26日至5月1日，第九届中国国际动漫节在杭州举行。

此次动漫节吸引了美、英、法、瑞、意、韩等10余个国家和地区的200余家企业，以及国内16个国家级基地、14个省市代表团参展，包括动漫彩车巡游、cosplay超级盛典、开幕式动漫交响音乐会、中小学生第二课堂、动漫科技体验馆等一系列吸引市民参与和营造浓厚氛围的活动项目。

此次动漫节更加注重产业化，借鉴国际节展的先进经验，推出了动漫交易网、产业交易会、金猴奖“潜力奖”、商业洽谈预约配对机制和“动漫$+x$”产业馆等一系列创新举措，以便提高洽谈交易的成功率，推进节展与产业的紧密接轨。

此次动漫节上，国家新闻出版广电总局发布了中国动画精品评选结果、专项资金评审结果、中国动画学会课题报告、动漫产业发展政策性文件等一系列权威信息，并牵头举办年度中国动漫重点企业经验交流会。

同时，此次动漫节还加强对国产动漫发展成就的宣传力度，在产业博览会序厅开辟专门展区，用生动活泼的形式，集中展示中国动漫作品销售、出口、重播等产业效益的发展成果及相关统计数据；

在动漫交易会上，集中推荐3～5部国产动漫精品等。

（资料来源：《中国新闻出版报》 作者：段郴群）

【《2013中国动画产业年度发展辑要》发布】 2013年4月27日，由中国动画学会、北京大学文化产业研究院在杭州发布的《2013中国动画产业年度发展辑要》显示，2012年中国动画产业整体产量增速放缓，全年生产动画片共22万余分钟，比上一年下降15%，自2008年以来首次出现了负增长。

据不完全统计，目前中国直接从事动画片生产制作的机构约300家，从业人员约15万；2012年中国出品动画片的企业数首次出现负增长，由2011年的224家减少为215家，但仍然高于2010年的204家。

国家新闻出版广电总局有关负责人表示，近两年来，中国动漫行业在由注重产量规模向注重质量效益转变方面已经取得了可喜的进展，2012年的产量下滑并没有引起行业的恐慌，反而更多的人认为这是科学增长、理性回归。

（资料来源：《中国新闻出版报》 作者：辛 华）

【《传媒蓝皮书·2013年中国传媒发展报告》发布】 2013年4月28日，由清华大学新闻与传播学院主办的2013传媒发展论坛暨《传媒蓝皮书·2013年中国传媒发展报告》发布会在清华大学举行。

该报告指出，中国传媒产业近年来一直保持着高于GDP增速的持续增长，但近三年来增长的速度有所放缓。依据截止到2013年3月的数据统计，2012年中国传媒产业的总产值为7 600.5亿元，比上年增长13.4%。

报告认为，中国传媒产业2013年将持续保持高于GDP的增速；传统媒体、网络媒体与移动媒体构成传媒产业三大板块，相互交叉融合；电视业延续霸主地位，节目内容创新成为其保持生命力的重要因素；2012年可称得上“微信元年”，社会化媒体爆发式增长，报业经营形势严峻。报告预测，中国传媒产业2013年将持续保持高于GDP的增速，预计2013年总体产业规模将超过8 800亿元。

（资料来源：《中国新闻出版报》 作者：晋雅芬）

【阿里巴巴集团战略投资微博】 2013年4月29日，新浪公司宣布：其子公司微博公司与阿里巴巴集团的子公司阿里巴巴（中国）签署战略合作协议。双方将依托各自领先的社交媒体和电子商务优势，打造更为活跃的微博平台，探索和建立更具想象力的微博开放生态体系及商业模式。

双方将在用户账户互通、数据交换、在线支付、网络营销等领域进行深入合作，并探索基于数亿的微博用户与阿里巴巴电子商务平台的数亿消费者有效互动的社会化电子商务模式。这一战略合作预计在未来三年内给新浪微博带来大约3.8亿美元的营销和社会化电子商务的收入。

同时，新浪宣布阿里巴巴通过其全资子公司，以5.86亿美元购入新浪微博公司发行的优先股和普通股，占微博公司全稀释摊薄后总股份的约18%。另外，新浪授予了阿里巴巴一项期权，允许阿里巴巴在未来按事先约定的定价方式，将其在微博公司的全稀释摊薄后的股份比例提高至30%。

（资料来源：新浪科技 作者：佚名）

【文化部公布《2012中国网络游戏市场年度报告》】 2013年4月，文化部公布的《2012中国网络游戏市场年度报告》显示，2012年中国网络游戏市场（包括互联网和移动网游戏市场）收入规模达601.2亿元，同比增长28.3%。其中，传统互联网游戏仍占据主导地位，市场份额达89.2%，但比重首次低于90%。受到网络视频等娱乐方式的冲击和网页游戏、移动网游戏对用户的分流，客户端游戏增速也有所放缓，82.8%的市场占有率较2011年下滑近6个百分点，整体市场特别是一线城市市场趋于饱和，更多的客户端游戏企业正在将精力转移至二三线城市的市场开拓上。与此同时，移动网游戏比重继续上升，达10.8%，较2011年增长近2.5个百分点。网页游戏市场份额进一步增长，达17.2%。移动网游戏市场中，下载单机游戏占据了79.0%的市场份额，移动网在线游戏所占市场份额较2011年上升了2.4个百分点，达21.0%。

《报告》显示，中国网游产品出口规模持续增长，在海外市场的收益良好。据不完全统计，2012年中国新增出口游戏66款，累计出口国产网络游戏产品数量突破260款（自2010年起），参与出口的网络游戏企业近100家，2012年自主研发网络游戏海外收入达5.87亿元。在新增的66款出口网络游戏中，网页游戏31款、客户端游戏17款、移动网游戏18款。移动网游戏数量较2011年有明显提升。

《报告》分析认为，未来几年仍是中国网络游戏发展的机遇期。预计到2015年末，中国网络游戏市场规模将超过1 000亿元，年均复合增长率超过20%。

（资料来源：《中国文化报》 作者：周志军）

【百度3.7亿美元收购PPS视频业务】 2013年5月7日，百度公司宣布，以3.7亿美元的价格收购PPS视频业务，并将PPS视频业务与旗下视频网站爱奇艺进行合并。双方合并后，PPS将作为爱奇艺的子品牌继续为视频用户提供正版视频内容。百度此次收购并未将PPS的游戏业务纳入其中。

继续出任新爱奇艺公司首席执行官的龚宇表示，爱奇艺和PPS的合并将进一步提高市场集中度，合并产生的协同效应将很快体现在新公司为用户提供更多、更好的版权内容，更优秀的用户体验，以及为广告主提供更大的营销价值和营销手段等方面。

联席总裁、PPS创始人张洪禹则称，作为拥有8年历史的中国网络视频最早的品牌，PPS对有机会与爱奇艺一起开拓未来市场、引导行业变革感到兴奋，双方将共同推动资源和团队的整合协同，实现合并价值的最大化，促成中国视频行业的进步和成熟。

对于此次收购和合并，百度负责投资并购业务的企业发展部总经理汤和松表示，规模效应、移动化是视频业务成功的非常核心的战略要素。百度收购PPS并和爱奇艺合并，使两者的用户时长和移动用户量均达到行业第一，与PPS的资源整合可以加强爱奇艺的竞争力。

（资料来源：中国知识产权资讯网　作者：姜　旭）

【工业和信息化部发布2012年软件行业发展数据】 2013年5月10日，工业和信息化部发布的数据显示，2012年中国软件业务收入首次迈上2万亿元台阶，达到2.5万亿元，同比增长近三成。

虽然2012年多家知名软件企业业绩下滑明显，但从总体来看，中国软件行业收入仍然保持稳中有升。随着云计算、大数据、移动互联、物联网等新技术的应用和普及，中国软件行业的发展面临挑战的同时也迎来了新的发展机遇。A股市场上，卫宁软件、用友软件、东华软件等企业已经开始积极调整布局，迎接行业转型期。

（资料来源：第一财经网站　作者：向秀芳）

【深圳着手打造中国影视版权产业基地】 2013年5月16日，深圳市罗湖区政府与中视丰德影视版权有限公司在京签署《影视版权产业化发展战略合作协议》，联手将深圳罗湖区梧桐镇打造成中国影视版权产业基地。

按照合作协议，罗湖区政府将积极支持中视丰德打造梧桐镇中国影视版权产业基地，组建中国影视版权数据库，建立中国影视版权网上交易平台，组建影视版权担保公司、影视版权产业基金和影视版权交易所，并积极推进《影视版权登记条例》的立法调研，推进以影视版权质押为突破口的金融扶持政策。

中视丰德将总部及其相关联企业从北京迁往深圳罗湖区落户的同时，将积极引进影视剧制作、采购、衍生品开发等行业龙头企业落户梧桐镇影视版权产业基地，打造集影视剧产、供、销、衍生品开发等产业链企业为骨干的产业集群。中视丰德以其先发优势和市场地位，通过为影视制作机构解决金融通路和市场通路等专业化服务，孵化和培育一批产业链相关企业，积极推进中国影视工业化、市场化和产业化发展。

（资料来源：人民网　作者：向　兵）

【优酷土豆公布第一季财报：对版权依赖降低】 2013年5月16日，优酷土豆集团公布公司未经审计2013年第一季度财务报告。报告显示，在内容成本结构方面，集团将战略重心放在发展UGC（用户生成内容）、PGC（专业原创内容）、自制内容等方面，进一步降低了对专业版权内容的依赖性。收入的增长和成本结构的改善，使得优酷土豆集团第一季度综合净亏损收窄至1.821亿元，同比缩减8%。综合非美国通用会计准则，毛利润同比由负转正，为人民币2 820万元，占综合净收入的5%。

财报显示，第一季度，优酷土豆集团综合净收入为人民币5.16亿元，较2012年同期的预计综合净收入增长了21%，综合内容成本人民币2.693亿元，占综合净收入的52%，2012年同期占52%。综合内容自制成本及电视剧制作成本为人民币4 660万元。2012年综合预计内容自制成本为人民币4 090万元。

在第一季度，优酷土豆集团在移动视频流量的三大指标性数据上增长很快，月活跃用户超过1亿，日视频播放量超过1.7亿，日人均视频浏览时长达70分钟。优酷土豆已覆盖互联网、电视、移动三大终端，兼具影视、综艺、资讯三大内容形态，涉及视频内容制作、播出、发行三大环节，成为互联网电视媒体平台。集团总裁刘德乐表示，集团将在集团BU化的组织结构下，从品牌、内容、产品等维度，推进优酷和土豆网双平台的差异化发展，从而提升整个集团的媒体价值。在内容方面，将进一步降低对专业版权内容的依赖，强化在自制内容、UGC、PGC领域的优势。

（资料来源：中国知识产权资讯网　作者：窦新颖）

【第九届中国（深圳）国际文化产业博览交易会成交活跃】 2013 年 5 月 17—20 日，第九届中国（深圳）国际文化产业博览交易会在深圳举行。此次文博会总成交额达 1 665.02 亿元人民币，其中，文化产品出口交易额达 123.82 亿元。交易规模超亿元的项目有 162 个，签约总额达 1 164.66 亿元。

据统计，共有 2 118 个政府组团、企业和机构参展，比上届增加 190 个。来自 93 个国家和地区的 16 347 名海外采购商参加文博会。同期，举办了文化贸易与文化对外合作促进政策研讨会、2013 中国文化产品国际营销年会、2013 文化贸易国际论坛等一系列配套活动。此次文博会还提供了培育和展示"文化＋科技"、"文化＋旅游"等新业态的平台。综合馆首设文化新业态展区，16 家首批国家级文化和科技融合示范基地的 60 多家企业集体亮相。首次独立设置文化旅游馆，集中展示了华侨城、香港迪士尼等境外知名旅游企业。展会期间，文化产业项目投融资达 920.69 亿元，占总成交额的 55.30%，内容涵盖文化产业各重点领域。

商务部国际贸易谈判代表兼副部长钟山出席开幕演出招待会并致辞，商务部部长助理仇鸿出席文化贸易与对外文化合作促进政策研讨会并致辞。

（资料来源：商务部网站　作者：佚名）

【起点中文网首届版权拍卖会举行】 2013 年 5 月 18 日，盛大文学起点中文网首届版权拍卖会亮相深圳文博会，起点中文网对"白金作家"血红、辰东、月关、骷髅精灵、天使奥斯卡、耳根等的作品进行了现场竞价拍卖。

湖南人民出版社、福建少儿出版社、长沙魅丽文化、长沙无量文化等出版单位参与了此次竞价，拍卖会再度引发各界对网络原创文学"畅销原始股"的关注。

此次拍卖的"白金作家"级优秀作品共十部，全部拍出。包括：简体版权书忘语的《凡人修仙传》、月关的《步步生莲》、骷髅精灵的《武装风暴》、辰东的《不死不灭》、天使奥斯卡的《宋时归》、血红的《偷天》、徐公子胜治的《天枢》；漫画版权书风凌天下的《傲世九重天》、耳根的《仙逆》、辰东的《不死不灭》。其中《凡人修仙传》简体书首印量达到 7.5 万册，版税率高达 12%；《步步生莲》和《不死不灭》简体书首印量也分别达到 5 万册和 6 万册；三部漫画版权书的单行本首印量也均达到 5 万册。

（资料来源：《深圳商报》　作者：谢晨星）

【湖南文化企业推介会签约逾 200 亿元】 2013 年 5 月 18 日下午，湖南文化产业推介暨"资本点亮文化梦想"主题活动在深圳会展中心举行。包括湖南日报报业集团与农行湖南省分行 50 亿元投资合作项目在内的 23 个项目现场签约，签约总金额达 210 亿元，创造了湖南参加深圳文博会签约金额新高。国家新闻出版广电总局副局长、国家版权局副局长阎晓宏，湖南省委常委、宣传部长许又声，湖南省人大常委会副主任蒋作斌出席活动。

阎晓宏指出，湖南有丰厚的历史文化积淀，近年来大力推进文化强省战略，积极推进文化体制改革，大力发展文化产业，"十一五"以来，文化产业保持了年均 20%左右的增长速度，取得了可喜的成绩。以新闻出版行业为例，在总体规模方面，湖南省相关总产出近 450 亿元，位居中国第十；在新兴产业方面，中南国家数字出版基地营业收入超过 50 亿元，在中国数字出版基地收入中占比超过 10%；在实施重大项目方面，湖南省新闻出版改革发展项目入库率在中国名列前五名。

许又声在讲话中表示，湖南提出了到 2015 年全省文化和创意产业增加值占全省 GDP 比重达到 6%以上、对经济增长贡献率达到 10%的目标，以此推动文化和创意产业实现总量提升、质量更优、位置前移，为文化强国建设作出贡献。要实现这一目标，"十二五"期间湖南文化产业投资总量要达到 5 860 亿元，其中重点领域、重点项目的融资需求 3 550 亿元，这就迫切需要进一步加快产业投融资平台和渠道的建设，进一步推动文化产业与资本的融合对接。

活动中，国务院参事、国务院发展研究中心金融研究所名誉所长夏斌，中国（海南）改革发展研究院院长、著名经济学家迟福林，北京大学文化产业研究院副院长陈少峰，香港睿智金融集团主席胡野碧等 4 人，被聘请为湖南文化创意产业研究中心顾问，共同助力湖南文化产业的发展。

（资料来源：《中国新闻出版报》　作者：闫　松）

【第九届中国金唱片奖奖项数减至 50 个】 2013 年 5 月 21 日，中国唱片界唯一批准冠以"中国"名称的权威大奖第九届中国金唱片奖在北京正式启动。据第九届中国金唱片奖组委会透露，为适应当今唱片出版业状况，从第八届中国金唱片奖开始，组委会着手调整奖项设置，而第九届金唱片奖项数量缩减至 50 个。此次金唱片奖数字音乐不再单设奖项门类，数字出版的音乐作品将与传统出版物共同参评，角逐包括金曲奖在内的各个奖项。

此次中国金唱片奖整体活动由作品推荐评选、参选作品展播、评委会评选及颁奖典礼四部分组成。活动启动后，即面向社会征集作品，凡 2011 年 6 月至 2013 年 6 月在中国出版发行的文艺类音像制品（含以数字新媒体发表传播的作品）均可参加评选，角逐音乐、戏曲、曲艺、少儿、器乐、行业综合类等六大类 50 个奖项。

中国金唱片奖活动由中央人民广播电台、中国唱片总公司主办，中国音像与数字出版协会、中国音乐家协会、中国戏剧家协会、中国曲艺家协会作为支持单位，中国音像与数字出版协会唱片工作委员会协办。

（资料来源：《中国新闻出版报》 作者：赖名芳）

【百度首推数字版权开放平台】 2013 年 5 月 23 日，百度文库正式发布了数字版权开放平台，任何版权机构或版权个人均可申请加入该平台，将正版电子作品自主定价有偿提供给广大网民。同时，百度方面承诺三年内不参与版权收益分成。百度社区知识总监田曦萌表示，任何版权机构或版权个人都可以通过电子邮件或在线申请的方式加入到平台当中，经审核后即可将电子作品发布到该数字平台上，并通过自主定价的方式出售给用户，用户只要开通了网上银行，即可在页面上支付购买。百度文库数字版权开放平台不但将 100％的收益划归版权方，还将作品的定价权也完全交由版权方负责。同时，百度方面承诺将在搜索方面保证合作版权方内容优先展示。

事实上，百度文库数字版权开放平台已经试运营一段时间，截至 5 月 23 日，该平台已经引入了 75 家版权机构和 60 位版权个人，上线各类版权作品 300 万份。

针对接入方的版权问题，百度方面表示，所有版权方提交作品内容，均需提供作品版权资质证明，签订版权授权协议，确保内容是正版的。

同时，个人需要经过严格的身份认证获得资格；对个人上传的售卖作品，也需要经过文库反盗版系统的过滤，并且百度设计有用户投诉下架机制，一经发现版权内容有问题，核实后即做下架处理。

百度方面表示，通过反盗版 DNA 比对技术等一系列措施已经很好地解决了用户上传侵权文档的问题。目前，反盗版 DNA 比对识别技术可以将文档排查控制在 500 字以内，只要内容超过 80％相似，系统就会自动删除。

百度首席产品架构师孙云丰表示，作为自由开放的文档分享平台，此次发布的数字版权开放平台，不仅可以通过百度的技术和平台为版权方带来更多收益，而且能让百度文库增加大量的优质文档，对于用户获取知识是一个极好的资源平台。

2013 年 8 月 18 日，韩寒主编的最新文艺书系的第一部——《一个：很高兴见到你》全面发售，百度文库独家获得《一个：很高兴见到你》的数字版权首发权。

（资料来源：《京华时报》 记者：李 斌）

【张艺谋版权作品入驻乐视 TV】 2013 年 5 月 28 日，乐视影业联合乐视网、乐视 TV 在京举办发布会，宣布正式签约国际著名导演张艺谋，其将担任公司艺术总监，并成立乐视艺谋视频基金，张艺谋电影作品专区落户乐视 TV·超级电视。

根据双方的合作意向，乐视 TV 将会在超级电视上开辟独立的张艺谋作品专区，张艺谋以往的电影和今后的作品，都将会在超级电视播放。不仅如此，依托乐视网的版权内容资源，乐视 TV·超级电视拥有庞大的影视剧版权库。

乐视 TV 高级副总裁彭钢称：乐视 TV·超级电视是内容庞大的网站终端，是一个完整的价值链，而支持这一切的就是“平台＋内容＋终端＋应用”的乐视生态。在乐视生态中，优质的内容是基础，乐视的影视剧内容正是乐视超级电视与其他智能电视最大的区别之一。

（资料来源：《中国知识产权报》 作者：姜 旭）

【创世中文网打造一体化运作平台】 2013 年 5 月 30 日，由起点中文网原创业与骨干团队打造的创世中文网正式上线。当日，创世中文网宣布与腾讯达成战略合作。

作为一个全开放的网络文学平台，创世中文网集阅读、创作、互动社区、版权运营于一体。网站上线伊始就聚集了数百位签约作家。创世中文网总编辑杨晨表示，创世中文网希望真正做大、做强整个产业，提升网络文学产业的规模和影响力，改变当前原创生态和行业标准，真正实现跨平台、全产业模式下的一体化、全环节运作，创造作家、平台、渠道、下游长期共赢的新局面。在此基础上，寻求原创网络文学在文化创意产业中的核心价值、主流文化地位。

（资料来源：《中国新闻出版报》 作者：杨雅莲）

【北京数字动漫科技出口平台成立】 2013年5月31日，在第二届京交会北京市文化局动漫品牌授权洽商会现场，北京数字动漫科技出口平台正式成立。

北京数字动漫科技出口平台由马来西亚育式培创新科技教育集团和轩创国际文化发展（北京）有限公司共同创建。该平台旨在推动中国数字动漫科技教育产品出口，服务于优势科技化教育“走出去、引进来”的双向促进工作。

该届京交会上，中马两企业与16家动漫企业进行了洽商，确定了洋洋兔、翰墨青衣、幸星等7家企业为重点战略合作对象。

（资料来源：《北京日报》 作者：任 敏 牛春梅）

【优酷土豆与新浪微博达成版权合作】 2013年6月7日，优酷土豆集团总裁刘德乐透露，优酷土豆集团已与新浪微博达成战略合作，新浪微博将通过其PC和移动平台面向超过5亿的微博用户推广优酷土豆的版权内容。优酷土豆提供的数据显示，截至2013年第一季度，76.5%的活跃用户通过移动终端访问微博，而优酷的移动日播放量也已超过1.7亿。

根据双方签署的协议，自2013年7月开始，新浪微博首先建立电影、电视剧等热词的“视频主页”产品，优酷土豆集团的视频媒资库是重要信息来源之一。用户可通过搜索微博关键词抵达“视频主页”，获取视频资料信息，进行微博评论和互动，并可通过点击链接直接跳转至优酷和土豆网观看视频。除此之外，双方还将在付费增值业务领域共享推广资源，采取捆绑赠送等营销策略，共同推进付费会员业务。

（资料来源：《中国知识产权报》 作者：窦新颖）

【安徽省5亿资金投向民营文化企业】 2013年6月9日，安徽省《关于促进民营文化企业发展的实施意见》出台，从引导民间资本投资、加大资金扶持力度等九个方面，为民营文化企业发展注入更强劲的动力。

《实施意见》共46条，从鼓励引导民间资本投资、加大资金扶持力度、落实税收优惠政策、改善融资贷款服务、优先安排项目用地、着力建设服务平台、加强人才队伍建设、支持文化品牌建设、优化企业发展环境等9个方面，提出翔实具体的扶持政策条款，许多内容是第一次面向全社会发布。

在市场准入方面，《实施意见》系统阐述民间资本可进入的领域，为民间资本投资文化领域厘清了方向。在资金扶持方面，总额度10亿元的文化产业创业投资基金中，将安排50%以上投向民营文化企业项目，支持打造中国一流文化品牌，并对取得突出业绩的实施重奖。在加强人才队伍建设方面，对高层次人才培养引进给予资金资助，对民间文化传承人给予定额补助，对做出突出贡献的民营文化企业人才给予重奖。

（资料来源：《中国新闻出版报》 作者：宗 和）

【中国城市文化产业发展联盟落户北京雍和园】 2013年6月14日，中国城市文化产业发展联盟在北京市中关村科技园区雍和园内举行了隆重而简单的揭牌仪式。文化部文化产业司原巡视员、联盟常务副主席李小磊，东城区委宣传部长金晖等领导和联盟发起单位的100多名嘉宾出席了揭牌仪式。

联盟于2013年4月11日在北京正式成立。联盟副主席兼秘书长陈喆主持了揭牌仪式。联盟常务副主席李小磊在致辞中表示，联盟自成立以来，各项工作取得了飞速发展，各专业委员会和合作中心已初步建成。

东城区委宣传部长金晖对联盟的揭牌表示祝贺。金晖部长说，东城区近年来文化产业发展非常迅速，成为中国文化产业发展的示范区，很多著名的文化企业和组织机构落户东城。联盟总部落户东城，将与东城区的文化资源相结合，为中国文化产业发展作出贡献。

揭牌仪式现场，联盟执行主席张斌与泛华集团董事长杨天举先生签署了战略合作协议。同时，联盟还成立了“中国城市文化产业发展联盟贡品产业发展中心”、“中国城市文化产业发展联盟文化遗产发展中心”、“中国城市文化产业发展联盟传媒发展中心”三个分中心。联盟还为掌讯东方（北京）信息技术有限公司、北京圣唐古驿创意文化园、三方新华控股（北京）有限公司授予理事单位标牌。

（资料来源：新华网北京频道 作者：鞠安奕）

【海峡国家数字出版产业基地授牌】 2013年6月16日，经国家新闻出版广电总局批准，海峡国家数字出版产业基地福州、厦门两个园区举行授牌。这一围绕促进两岸交流合作、突出闽台特色的基地，将培育发展年产值超百亿元的文化产业。

福建省新闻出版局副局长蒋达德说，基地前期以福州软件园、厦门软件园现有成熟、可拓展的国家级品牌园区为核心和重点，规划陆域面积约25平方公里，后期以福州、厦门两个数字出版产业圈为基点，构筑福州、莆田、泉州、厦门、漳州印刷园区及高新技术园区沿海数字出版产业带，并向平潭综合实验区拓展。

基地以发展数字图书、数字报刊、海峡数据库出版、网游动漫、手机出版、数字印刷、数字版权7大业务板块为重点，并在国家新闻出版广电总局和福建省合作战略框架下，实行管理主体、运营主体、生产主体、服务机构四位一体的运营模式。

根据规划，到“十二五”期末，海峡国家数字出版产业基地将争取实现入驻数字出版相关企业超过300家，年产值超过120亿元。到2020年，基地将与台湾数字出版产业在资金、技术、人才等领域形成有效对接，打造较为完整的数字出版产业链，实现年产值接近340亿元的国家级数字出版示范园区。

（资料来源：新华网　作者：涂洪长）

【浙江宁波市发放首笔软件著作权质押贷款】 2013年6月18日，中国银行宁波市科技支行决定对浙江某印刷科技有限公司发放知识产权质押贷款，第一期放款100万元。这是宁波市成功发放的首笔软件著作权质押贷款，标志着宁波市科技与金融结合迈出了重要一步。

受新兴电子产品的冲击，传统印刷产业面临挑战。浙江某印刷科技有限公司抓住机遇转型发展，在原有印刷业务的基础上，成功研发出多项印刷管理软件。由于前期研发投入过高，市场推广资金不足，企业发展遭遇到了困难。2012年6月，经宁波市科技信息研究院引进，北京某资产评估有限公司入驻宁波市知识产权服务基地，为企业质押贷款、增资扩股、引进风投等提供无形资产价值评估，并与中国银行宁波市科技支行开展合作，为中小微企业解决融资难问题开拓出新渠道。

宁波市科技局副局长杨正平表示，科技创新是中小企业成长的发动机，但融资渠道少、融资门槛高、融资成本高一直制约着科技型中小企业的成长。宁波市知识产权质押贷款业务的开展，为科技型中小企业提供了新的融资渠道，是推进科技与经济有效融合的有力举措。

2012年，杭州银行宁波市科技支行与中国银行宁波市科技支行累计支持中小型科技企业133家，发放科技信贷6.47亿元。

（资料来源：国家知识产权局网站
作者：施　超　张彩娜）

【《推动国产动画电影发展的9条措施》出台】 2013年7月1日，国家新闻出版广电总局电影局出台《推动国产动画电影发展的9条措施》，支持鼓励国产动画电影发展。

《推动国产动画电影发展的9条措施》包括：从2013年起，加大对国产电影资金的扶持力度，对重点企业、重点影片给予重点支持，在现有的对每年电影剧本1 500万元的创作扶持资金中，增加对动画电影创作的扶持；在一年一度的“北京放映”活动中举办中外动画电影合作论坛；召开一年一度的国产动画电影创作座谈会。从2014年开始，举办一年一度的国产动画电影宣传推介展映周活动；组织国内的动画电影企业和产品参加戛纳电影节、多伦多电影节等具有国际影响的电影节，集中宣传营销国产动画电影等。

此外，在《9条措施》中还提出，在中国电影华表奖、中国电影导演协会年度表彰大会、中国国际儿童电影节等活动中适当增加或调剂对国产动画电影的奖项等；在暑期档和寒假档，由电影频道对国产动画电影进行推介，将电视平台宣传国产动画电影的栏目固定化。

电影局局长张宏森表示，在国产电影产业框架和票房阵容中，国产动画电影呈现出良好的发展态势，希望通过9条措施，推动国产动画电影的创作、生产、宣传、发行、放映以及后续产品开发等全产业链的良性运作，实现更好的发展。

（资料来源：《中国新闻出版报》　作者：李　彦）

【国内首个交易声音电商平台上线】 2013年7月1日，国内首个以声音产权为交易内容的电子商务平台在安徽合肥正式上线。无论企业还是个人，都可以通过这个网络平台，对包括原创音乐、数字铃声、影视配乐在内的各类声音产品进行在线交易。“声交所”运行一个月，注册会员已经达到849人，交易成功案例超过60个。

“声音”流通交易借助的是“威客模式”，即人的知识、智慧、经验、技能通过互联网转换成实际收益的互联网模式。有需要的企业在网上发布任务悬赏，注册用户完成任务后获得报酬。而“声交所”的盈利模式主要以收取交易手续费和发布网站广告来获益。一旦交易成功，“声交所”将按照威客模式的交易行规，收取该任务悬赏金额的20%，作为平台的管理费用。

音乐制作人李嘉琦承接了“声交所”网站的一项背景音乐任务，声音作品成功中标后，获得报酬

2 400 元。

“交易双方要先注册实名登记，我们负责对他们的真实身份进行审核，确保交易的真实性和成功率。”安徽音谷声讯科技有限公司总裁秘书周芳说，无论是企业、工作室，还是音乐人、发烧友，都可以通过“声交所”，以发布任务悬赏的方式，对声音产品进行交易，“比如影视、动漫作品的配音，企业、团体之歌，词曲创作，乐器交易等”。

相较于以往的声音产品销售模式，有人认为，“声交所”这一平台的出现，将会为声音产品的流通提供一种新的可能——需求者将以最低的成本，获得更多创意选择的机会，并能得到最优创意声音的产权。

2011 年 9 月，《商标法》修正案草案开始面向公众征求意见，声音作为商标的一种被纳入草案中。有了法律保护，声音未来的经济价值不可估量。音谷声讯科技有限公司正加紧将声音与商标相结合，以声音商标的概念，进行声音产权交易。声音产权保护只能依赖目前的《知识产权保护法》，对于声音商标的注册和保护显得尤为迫切。

“声交所”已被评为首批国家级文化与科技融合示范区合肥示范基地项目之一，并被纳入安徽省“861 计划”和合肥市“十二五”计划重点规划项目。

（《中国版权年鉴》编辑部综合）

【《中国广播电影电视发展报告（2013）》发布】 2013 年 7 月 4 日，《中国广播电影电视发展报告（2013）》（简称广电蓝皮书）在北京举行发布仪式。报告由“总报告”、“发展报告”、“专题研究报告”、“个案分析”等多个部分组成，总结了 2012 年中国广播影视发展的新进展、新亮点，并对 2013 年发展总体趋向做出判断。此次发布的 2013 年广电蓝皮书是连续出版的第八部广播影视年度发展报告，报告由国家新闻出版广电总局发展研究中心组织编写，是中国唯一具有政府背景的广电蓝皮书。

报告指出，2012 年，中国广播影视总收入首次突破了 3 000 亿元，达到 3 268.79 亿元，同比增幅 20.29%。通过对广电行业发展状况和趋向的深入分析和判断，报告还预测，2013 年中国广播影视总收入将继续保持平稳增长的态势，并有望突破 4 000 亿元大关。

电影方面，2012 年中国电影总票房达 170 多亿元，同比增长 30%，同时，中国内地也超越日本成为紧随北美（美国和加拿大）之后的全球第二大电影市场。影片产量方面，2012 年，中国电影总产量达到近 900 部，中国稳坐世界第三大电影生产国的地位。

国家新闻出版广电总局发展研究中心主任、广电蓝皮书主编庞井君还特别提到，在海外影片的强势宣传之下，2012 年本土影片《泰囧》以 12.7 亿元的总票房收入创造了国产影片票房新纪录，成为国产中小成本电影从进口影片的挤压中成功突围的经典案例，同时也为中国的中小成本影片探索发展之路积累了重要的经验。

（资料来源：国际在线　作者：李　严）

【第五届中国数字出版博览会在京开幕】 2013 年 7 月 8 日，第五届中国数字出版博览会在京开幕。全国人大教科文卫委员会主任委员、中国出版协会理事长柳斌杰出席开幕式并致辞。国家新闻出版广电总局副局长孙寿山作了题为《坚持创新，勇于实践，把数字出版产业推向新阶段》的主题讲话。

当天发布的《2012—2013 中国数字出版产业年度报告》显示，2012 年，中国数字出版继续保持强势增长势头，全年总产出达 1 935.49 亿元，比 2011 年的 1 377.9 亿元增长了 40.47%，互联网广告、手机出版与网络游戏依然占据收入榜前三位。

2012 年国内数字出版产业整体收入中：互联网期刊收入达 10.83 亿元，电子书（含网络原创出版物）达 31 亿元，数字报纸（不含手机报）达 15.9 亿元，在线音乐达 18.2 亿元，网络动漫达 10.36 亿元，手机出版（含手机彩铃、铃音、手机游戏等）达 486.5 亿元，网络游戏达 569.6 亿元，互联网广告达 753.1 亿元。截至 2012 年底，中国数字出版产业的累计用户规模达到 11.82 亿人（家、个）。该报告还预测，2013 年，数字出版产业发展趋势将表现在：管理机构合并将进一步推动媒介融合，科技与新闻出版融合的趋势进一步加强，传统新闻出版单位数字化转型将进一步深化，社交化传播成为数字出版的重要方式，大数据分析与挖掘将走进数字出版，微传播的角色地位越来越高等。

来自国内管理部门、新闻出版企业、专业研究和教育机构及数字出版相关企业的近 1 000 名嘉宾与代表参加了开幕式。

（资料来源：《中国新闻出版报》
作者：程晓龙　尹　琨）

【长江出版与盛天文化签署战略合作协议】 2013 年 7 月 9 日，长江出版传媒股份有限公司与盛天文化传媒股份有限公司在京签署战略合作协议，双方计划从资本运营、图书资源开发和影视剧投资参拍等三方面进行更深层次的合作。

长江出版传媒股份有限公司董事长孙永平介绍说，长江传媒采取公司投资或联合其他具有优势资源的投资者的形式，介入影视剧改编，剧本创作，影视剧制作、发行及其衍生品开发，延伸版权价值链，并实现不同内容产品之间的整合营销，全面促进价值链上不同产品的销售增长，以提升公司内容产品的影响力和竞争力。此次与拥有优秀影视制作专业团队和多年市场经验的盛天文化合作，双方将通过影视等新媒体输出内容资源，实现图书资源的开发，快速向影视版权运营、影视剧制作、动漫、网游等产业进行综合和深度延伸。

在依托内容资源和资本力量进军影视业方面，长江传媒已支持和帮助旗下企业湖北省新华书店（集团）有限公司和湖北省电影发行放映总公司进行跨行业强强联合，正式成立湖北新华银兴影视文化发展有限公司，并积极投身院线建设和影视项目投资，新华银兴国际影城深圳店和十堰店已正式营业，运行状况良好，为长江传媒的发展提供了新的利润增长点。

长江传媒也正在积极筹建文化购物中心，使之成为公司出版文化综合体，涵盖影视、餐饮、主题公园等各个产业。

（《中国版权年鉴》编辑部综合）

【《2012年新闻出版产业分析报告》出炉】 2013年7月9日，由国家新闻出版广电总局发布的《2012年新闻出版产业分析报告》新鲜出炉。《报告》显示，2012年中国出版、印刷和发行服务实现营业收入16 635.3亿元，增长14.2%；增加值4 617.0亿元，增长14.8%，新闻出版业保持了平稳较快的发展态势。《报告》对2012年1月1日至12月31日的新闻出版产业数据进行了汇总、审核和分析。

《报告》显示，2012年中国内容创作与出版更加繁荣，中国共出版图书41.4万种，增长12.0%。其中，文化、科学、教育和体育类图书增长19.6%，文学类图书增长30.4%，少年儿童读物增长40.4%，天文学、地球科学类图书增长21.1%，航空、航天类图书增长36.4%。

图书、报纸、期刊的总印数增长趋缓。2012年，中国图书总印数79.3亿册，较2011年增长2.9%；期刊总印数33.5亿册，增长1.9%；报纸总印数482.3亿份，增长3.2%。三者的增长速度均低于2011年水平。

从营业收入来看，印刷复制仍是行业支柱。在出版产业的九大类构成中，排在前三位的依次为印刷复制业、出版发行业和数字出版，三者合计占全行业营业收入的88.5%、增加值的83.0%、总产出的88.4%和利润总额的81.2%。

2012年，在出版物发行单位数量较2011年减少4 900余家（其中个体经营户减少4 100余家）的情况下，出版物发行共实现营业收入2 418.7亿元，较2011年增加255.8亿元，增长11.8%；实现利润总额196.0亿元，增加10.9亿元，增长5.9%，实现重新增长。

数字出版营业收入在全行业占比首次突破10%。2012年，数字出版实现营业收入1 935.5亿元，较2011年增加557.6亿元，增长40.5%，占全行业营业收入的11.6%。

2012年，列入统计的118家图书出版、报刊出版和发行集团共实现主营业务收入2 333.9亿元，增长11.4%；拥有资产总额4 202.2亿元，增长14.2%；实现利润总额194.3亿元，增长12.1%。值得一提的是，其主营业务收入、资产总额、利润总额在中国所占比例分别为57.9%、73.7%和44.6%，出版传媒集团的骨干作用进一步凸显。江苏凤凰出版传媒集团有限公司、湖南出版投资控股集团有限公司、安徽出版集团有限责任公司和山东出版集团有限公司主营业务收入和资产总额均突破100亿元，“双百亿”集团数量翻番，另有8家集团资产总额超过100亿元，较2011年增加3家。

上市公司在引领行业增长方面的作用更加明显。以2012年12月31日收盘价计算，16家在上海和深圳上市的书报刊出版和发行企业共实现营业收入499.3亿元，较2011年增长22.4%；拥有总资产772.9亿元，增长15.8%；实现利润总额56.8亿元，增长13.6%。增长速度均高于出版传媒集团整体水平。

（资料来源：《中国新闻出版报》 作者：王玉梅）

【凤凰新华印务打造网络印刷云平台】 2013年7月10日，江苏凤凰新华印务有限公司与北大方正电子有限公司在上海国际印刷周会场签署了战略合作协议，双方将进一步加快“凤凰印”云平台系统建设。

“凤凰印”云平台上游依托于凤凰出版传媒集团丰富的出版内容资源，下游联合多家印企和连锁印点，旨在建立全球范围内数字网络服务平台，实现数字出版服务、异地按需印刷服务。

网络印刷云平台将实现四个零——出版零距离、印刷零差异、发行零库存、版权零担忧。出版零距离，指印企和客户打破时空局限，无论何时何地都可以进行在线远程编校工作；印刷零差异，指采用德国 GMG、美国 G7 和欧洲 UGRA 等国际标准认证，保证各连锁印企产品的标准和品质一致；发行零库存，指数字资源库提供内容管理服务，按需印刷，一本起印，随订随印；版权零担忧，指系统集成多重版权保护措施，包括高强度文件加密、文件访问授权、印刷有效期设置、绑定印刷设备、验证印刷份数。此外，该模式将为数字资源的采集、加工、存储、管理提供更多的增值服务，实现同一内容、多种形式。

（资料来源：《中国新闻出版报》 作者：左志红）

【第九届中国国际动漫游戏博览会举行】 2013年7月11—15日，由文化部和上海市政府联合主办的第九届中国国际动漫游戏博览会在上海成功举办，初步统计显示，此次展会吸引参观者近 50 万人（次），五天内展览现场吸引参观者 21.3 万人（次），分会场观众突破 28 万人（次）。展会总交易金额突破 18 亿元，其中现场零售交易额超过 3 500 万元，同比增长 40%，各项数据均创历届之最。

11 日开幕式后，作为动漫产业政策的重要发布平台，主办方举办了行业重大政策发布暨重要项目签约仪式。文化部文化产业司副司长高政代表文化部发布了 2012 年中国动漫品牌建设和保护计划名单及手机动漫行业标准；上海市委宣传部发布《2012 年度上海动漫产业报告》和《2012 年度上海游戏产业报告》；上海市文化广播影视管理局副局长王小明公布了推动上海动漫产业发展三年行动计划；中国文化传媒集团党委书记刘杰发布扶持动漫产业发展部际联席会议政务服务平台——国家动漫产业网改版上线及即将陆续推出的动漫游戏海外推广信息服务平台等十大平台的情况。

文化部文化产业司发布的信息显示，2011—2012 年，中国动漫产业在经过一系列调整与改革之后，其巨大市场发展空间与产业链经济价值已初步显现。2012 年中国动漫产业总产值达 759.94 亿元，较 2011 年同比增长逾 22%。2012 年，中国通过文化部、财政部、国家税务总局认定的动漫企业数达到 500 家，重点动漫企业 34 家。其中，产值过亿的已有 13 家，湖南拓维信息系统股份有限公司、广东奥飞动漫文化股份有限公司已在国内上市。“喜羊羊与灰太狼”动画电影、《熊出没》、《虹猫蓝兔》等 20 个动漫品牌入选“国家动漫品牌建设和保护计划”，成为具有品牌化开发价值的民族原创动漫创意代表。

上海市政府发布的报告显示，2012 年，上海动漫产业年产值突破 70 亿元，比 2011 年增长 11.1%。当年，上海共出品动画电影 11 部，累计票房 4.5 亿元，数量与票房均在中国独占鳌头。

（《中国版权年鉴》编辑部综合）

【第 11 届中国国际数码互动娱乐展落幕】 2013 年 7 月 28 日，第 11 届中国国际数码互动娱乐展（ChinaJoy）落幕，开幕四天来共吸引 205 860 名观众入场参观，创历届之最。

2013 年 ChinaJoy 展览 B2C 互动娱乐展示区的参展商首次达到 200 家，展出展品近 700 款，国内展品首次达到 400 款以上，反映了中国自主研发领域和游戏产品正迈向多元化发展。B2B 综合商务洽谈区整体规模也较往年增加 20%，展商超过 300 家，观众人数近 3 万，已经成为全球规模最大的游戏 B2B 展览。统计显示，展会期间商务洽谈数量达到 5 000 多次，现场签单交易总金额约 3 亿美元。

2013 年的 ChinaJoy 移动游戏元素突出。展会上的中国国际数码互动娱乐高峰论坛（CDEC）、中国游戏开发者大会（CGDC）、中国游戏商务大会（CGBC）三大会议均增设了移动游戏板块，移动游戏相关议题达到 50%。此外，中国移动娱乐发展论坛也正式升级为世界移动游戏大会（WMGC），成为面向新兴移动游戏的又一高规格行业交流活动。

一系列数据可以解释移动游戏广受追捧的原因。中国版协游戏工委在此次展会上发布的产业报告称，2013 年上半年中国移动游戏市场销售收入为 25.3 亿元，相比 2012 年同期增长 100.8%。与此同时，全球其他地区也拥有不相上下的强势表现，截至 2012 年，全球移动游戏市场规模达 118 亿美元。

（资料来源：《中国新闻出版报》 作者：金　鑫）

【优酷土豆与英国 Fremantle Media 达成独家战略合作】 2013 年 7 月，网络视频提供商优酷土豆集团与英国顶级节目制作商 Fremantle Media 达成了三年的独家战略合作。此前优酷土豆相继与 BBC 以及 ITV、Shine 达成独家战略合作。

优酷土豆方面称，与上述四家公司达成合作后，其不仅获得了现有的新剧的独播权，还获得了未来合作期中的优先选剧权，以及在宣传活动资源上的支持。

Fremantle Media 为全球主流电视节目制作商，相继推出了《美国偶像》、《全美达人》、《X-Factor》等顶级真人秀节目。在电视剧方面，Fremantle Media 生产了《梅林传奇》、《IT 狂人》等大批经典英剧。

优酷土豆与 FML 的合作涵盖了 FML 出品的《美国偶像》、《全美达人》、《X-Factor》、《天桥风云》、《飞黄腾达》等六档全球热播的大型真人秀节目及多部英剧内容的独家版权，还包括了未来的独家优先购片权。

（资料来源：财新网　作者：郑　斐）

【国务院印发《关于促进信息消费扩大内需的若干意见》】 2013 年 8 月 8 日，国务院印发《关于促进信息消费扩大内需的若干意见》。《意见》提出，到 2015 年，信息消费规模超过 3.2 万亿元，年均增长 20%以上，带动相关行业新增产出超过 1.2 万亿元，其中基于互联网的新型信息消费规模达到 2.4 万亿元，年均增长 30%以上。

《意见》指出，要大力发展数字出版、互动新媒体、移动多媒体等新兴文化产业，促进动漫游戏、数字音乐、网络艺术品等数字文化内容的消费；加快建立技术先进、传输便捷、覆盖广泛的文化传播体系，提升文化产品多媒体、多终端制作传播能力；加强数字文化内容产品和服务开发，建立数字内容生产、转换、加工、投送平台，丰富信息消费内容产品供给；加强基于互联网的新兴媒体建设，实施网络文化信息内容建设工程，推动优秀文化产品网络传播，鼓励各类网络文化企业生产提供健康向上的信息内容。

《意见》强调，要推动全国广播电视网络公司加快组建，推进电信网和广播电视网基础设施共建共享。加快推动地面数字电视覆盖网建设和高清交互式电视网络设施建设，加快广播电视模数转换进程。鼓励发展交互式网络电视（IPTV）、手机电视、有线电视网宽带服务等融合性业务，带动产业链上下游企业协同发展，完善三网融合技术创新体系。

（资料来源：《中国新闻出版报》　作者：宗　和）

【国家新媒体产业基地授牌】 2013 年 8 月 14 日，中关村国家自主创新示范区国家新媒体产业基地授牌仪式在京举行。中汇新视（北京）科技文化传媒有限公司等 10 家新注册企业代表受邀出席入驻企业签约仪式。新媒体产业基地企业咨询服务中心启动仪式、《北京市文化创意产业投资基金合作框架协议》签署仪式同期举行。

国家新媒体产业基地于 2005 年 12 月由科技部正式批复成立，至 2013 年已形成以新媒体产业为核心，以影视制作产业、设计创意产业、出版印刷产业、文化休闲产业为重点的文化创意产业体系。国家新媒体产业基地已办理完成注册企业 140 家，其中千万元以上企业 25 家，亿元以上企业 4 家。

作为签约入驻企业之一，中汇新视（北京）科技文化传媒有限公司签订了《国家新媒体产业基地园主公约》，并获赠“五送”企业服务礼包。“五送礼包”包括送政策、送健康、送服务、送爱心、送平安。签约双方约定以国家新媒体产业基地的优势产业资源、良好政策环境和全面服务体系为依托，以企业的诚信经营、和谐发展为基础，政企携手，把国家新媒体产业基地打造成为国内最具影响力的文化创意产业功能区。

北京市委副秘书长傅华、北京市国有文化资产监督管理办公室主任周茂非、中关村科技园区管理委员会主任郭洪及中国新闻出版传媒集团董事长姜军、中关村发展集团总经理许强等参加当天活动。

（资料来源：《中国新闻出版报》　作者：尹　琨）

【国家新媒体产业基地被纳入中关村示范区】 2013 年 8 月 14 日，国家新媒体产业基地被正式纳入中关村国家自主创新示范区。该基地成为北京市唯一同时享受“中关村＋北京经济技术开发区”双重政策覆盖的文化创意产业园区。

被纳入中关村国家自主创新示范区后，国家新媒体产业基地作为中关村园区和北京经济技术开发区双重政策覆盖区，入驻基地的文化艺术类，软件、网络及计算机服务类，广告会展类，广播、电视、电影类，设计服务类等文创企业可以享受《北京市促进文化创意产业发展的若干政策》、中关村“1＋6”政策、《关于促进新区电子商务的若干意见》、《关于促进新区设计产业发展的若干意见》等一系列国家级、北京市及大兴区等相应的资金及政策支持。

（资料来源：《京华时报》　作者：韩　旭）

【“安徽国家数字出版基地”授牌】 2013 年 8

月 16 日，安徽省新闻出版局组织召开安徽国家数字出版基地建设推进会，副省长谢广祥将由原新闻出版总署颁发的“安徽国家数字出版基地”牌匾授予合肥市和芜湖市两个园区。

推进会上，安徽省新闻出版局局长郭永年通报了安徽国家数字出版基地建设发展情况。他说，安徽国家数字出版基地按照一个基地、两个园区的格局进行推进。经过半年多来的努力，合肥市和芜湖市的数字出版基地建设园区初具规模。其中，合肥园区利用省会城市出版单位集聚、科教资源丰富的优势，重点打造门类齐全的数字出版产业链。2013 年以来，入驻数字出版相关企业 20 家，申办数字出版资质企业 5 家，年产值达 20 亿元。芜湖园区重点发展数字动漫、数字音乐、数字影像、数字博物馆、数字艺术品等，2013 年以来，申办数字出版资质企业 2 家，产值超 12 亿元。

2013 年，安徽省首次从文化强省建设专项资金中安排 1 000 万元，专门用于扶持精品图书创作、数字出版等项目。对此，郭永年表示，在目前信息消费逐步成为经济增长点的新形势下，加快推进数字出版基地建设是安徽省新闻出版业加快推进转型发展的一项重要方略，也是拉动区域经济快速发展的重要途径和强力引擎。

（资料来源：《中国新闻出版报》 作者：涂桂林）

【首个国产动画电影全产业链运营平台正式启动】 2013 年 8 月 20 日，动画电影全产业链运营平台——骑士平台启动仪式在京举行，这是由卡通骑士主导的中国首家针对国产动画电影作品的全产业链运营平台，由制片管理平台、全媒体传播平台、院线发行平台、版权销售平台、整合营销平台和衍生品销售平台等六大子平台组成。

中国动画产业正处于粗放型发展初级阶段，内容制造机构多，产业产值大，创意人才少，产品运营弱。改变动画产业的现状，已经成为摆在中国动画人面前的一道难题。骑士平台致力于用电影全产业运营方式将优质动画品牌价值最大化。

作为骑士平台的运营方——卡通骑士聚集了一批具有成功创作和运营案例的专家团队。据卡通骑士 CEO 胡宗京介绍，平台旗下自有弹匣创设、黑帆和“Summerplan”等三个原创动画工作室，并在外部投资合作了 8 家工作室，培育吸引了一批优秀的国内原创艺术家。

活动现场，骑士平台与团中央少先队发展中心、央视动画、天津静海县政府、中国木偶剧院、腾讯儿童频道以及北京一轻食品集团等六家单位达成项目合作。

（资料来源：人民网文化频道
作者：黄维关　伟　娜）

【第五届中国国际影视动漫版权保护和贸易博览会在东莞举行】 2013 年 8 月 22—26 日，第五届中国国际影视动漫版权保护和贸易博览会（以下简称漫博会）在广东省东莞市举行。作为中国首个以版权保护和版权交易为主题的国家级文化产业盛会，漫博会经过 5 年的培育发展，目前已逐步成为中国动漫产业的“晴雨表”。

此次漫博会设立了东莞市国际会展中心、松山湖展贸中心两大主会场以及 3 个分会场，其中规模最大的是东莞国际会展中心主会场，展会面积达 5 万平方米，设立综合展区、动漫原创展区、动漫游戏展区、动漫衍生品展区、品牌授权展区及互动体验展区等。

漫博会参展企业达 418 家，除了中国本土企业外，还吸引了美国、英国、韩国、日本、西班牙等 15 个国家和地区的 61 家企业参展，比上届增长 13%。如美国华特迪士尼、英国 BBC、韩国卡通协会、香港梦方集团、台湾皮皮家族礼品公司等，这些企业携 110 个国际知名品牌参展并参与品牌授权等产业对接活动。

展会还通过举办品牌法律咨询、品牌授权市场分析、国际品牌推介会等活动，促进传统企业直接对接国际品牌；与此同时，还举办原创企业东莞行、品牌授权专业论坛、中国动漫产业国际高峰论坛等近 20 场专业活动。

此次漫博会由国家新闻出版广电总局、国家版权局、广东省人民政府主办，东莞市人民政府等承办。

（资料来源：新华网　作者：陈　冀）

【首个出版物信息交换行业标准发布】 2013 年 8 月 26 日，《中国出版物在线信息交换》行业标准（以下简称 CNONIX 标准）出版首发式暨新闻发布会在京举行，这也是中国发布的首个出版物信息交换行业标准。国家新闻出版广电总局副局长、中国出版物发行标准化技术委员会主任委员阎晓宏出席首发式并讲话。

阎晓宏指出，CNONIX 标准的出台，是中国在文化体制改革、传统出版业转型重要时期的一项重大成果。中国每年出版图书已达 41 万种，有大量的产品信息需要加工处理，但中国出版发行业还没有一个统一规范的图书产品信息描述和交换标准。该标准的出台实现了图书产品数据信息的一次加工制作、多次利用，对降低成本、打破行业壁垒将产生积极推动作用。

阎晓宏强调，标准的制定是基础，宣传与应用是关键。要解决出版物数据交换格式不统一这一制约中国出版发行产业发展的瓶颈问题，需要加快推进CNONIX标准的应用推广工作。为此他提出5点要求：大力做好宣传工作；做好试点工作，通过试点向中国推广；扎扎实实、有针对性地做好培训工作；在推广实践中不断改进；加强与国际的交流合作。

会上，中南出版传媒集团股份有限公司旗下湖南省新华书店作为CNONIX行业标准的首家试点单位，获得中国出版物发行标准化技术委员会标准应用试点单位授牌。

CNONIX标准是中国出版物发行标准化技术委员会组织业内多家出版发行单位，历时3年编制完成的一项重要的基础标准，它确定了中国传统出版及数字出版与出版发行业务相关的核心元数据，规范了中国出版物流通领域图书产品信息描述与交换格式，提供了出版物产品信息统一数据格式的技术解决方案。

中国出版集团公司自承办中国出版物发行标准化技术委员会秘书处工作后，主动承担了这项国家标准制标项目。集团公司副总裁潘凯雄在首发式上表示，愿与行业单位一道为推进该标准的信息化建设不懈努力。作为首家试点单位，中南出版传媒集团股份有限公司董事长龚曙光表示，将以科学严谨的态度、积极探索的思路，为该标准的实施探索路径和经验，为推动标准的应用工作作出贡献。

发布会由中国出版物发行标准化技术委员会主办，国家新闻出版广电总局、财政部、国家标准化管理委员会、中国出版集团公司、中南出版传媒集团股份有限公司、湖南省新华书店有限责任公司有关负责人与会。

（资料来源：《中国新闻出版报》 作者：王坤宁）

【2013年中国文化产业法人单位增长16.5%】 2013年8月26日，国家统计局发布报告，2012年中国文化及相关产业法人单位实现增加值18 071亿元，按同口径和现价计算，比上年增长16.5%。

报告指出，2012年中国文化产业实现较快增长，在国民经济中的份额稳步提高。当年文化产业法人单位增加值与GDP的比值为3.48%，按同口径计算，比上年提高0.2个百分点；文化产业对当年经济总量增长的贡献为5.5%。

文化产业构成保持相对稳定。2012年中国文化制造业法人单位实现增加值7 253亿元，比上年增长17.4%；文化批零业实现增加值1 187亿元，增长9.4%；文化服务业实现增加值9 631亿元，增长16.7%。文化制造业、文化批零业和文化服务业增加值占文化产业法人单位增加值的比重分别为40.1%、6.6%和53.3%，与上年相比无明显变化。

按照《文化及相关产业分类（2012）》新标准，国家统计局对已发布的2011年文化产业法人单位增加值数据进行了相同口径的调整。根据新口径，2011年中国文化产业法人单位增加值由13 479亿元修订为15 516亿元，与当年GDP之比由2.85%修订为3.28%。

根据国家统计局的指标解释，文化及相关产业是指为社会公众提供文化产品和文化相关产品的生产活动的集合。

（资料来源：新华网 作者：刘 铮）

【中国建成手机动漫行业标准体系】 2013年8月30日，文化部在北京发布"手机（移动终端）动漫内容要求"、"手机（移动终端）动漫用户服务规范"、"手机（移动终端）动漫运营服务要求"三个标准。至此，文化部联合中宣部、工信部等有关部门共同开展的手机（移动终端）动漫标准制定工作顺利完成，中国建立了手机（移动终端）动漫行业完整的标准体系。

据文化部文化产业司司长刘玉珠介绍，此次发布的"手机（移动终端）动漫内容要求"全面归纳了手机动漫内容加工过程中的故事架构、镜头切分、画风实现、表现手法等创作规律，为手机动漫内容创作者的创意方向提供参考，同时，在创作导向上确保手机动漫内容健康向上；"手机（移动终端）动漫用户服务规范"是以保护手机动漫用户利益为根本和核心，对手机动漫的发行、运营、收费、用户投诉等服务行为进行规范，切实保护好用户的权益，同时也让用户维权变得简单可操作；"手机（移动终端）动漫运营服务要求"集成了中国移动、中国电信和中国联通三大运营商的共同需求，推出用于规范手机动漫运营商与手机动漫内容创作生产方之间的接口，在统一规范的标准框架内，使两者能够更好地厘清职责、良性互动、实现双赢，突破手机动漫内容制作与发行的瓶颈问题。

随着手机（移动终端）动漫标准的完整发布，

文化部将启动实施“手机（移动终端）动漫示范应用推广工程”，通过基础改造、平台升级、技术支撑、主题创作、内容示范、应用培训、调研、宣传推广等方式，推动手机（移动终端）动漫标准的应用和持续优化、改版、升级，结合产业发展实际趋势，推出符合手机（移动终端）特点的动漫产品。

刘玉珠认为，这一系列标准统一了内容提供者、用户服务商和运营商的规范要求，手机移动终端动漫产业上下游各个环节有望打通，有助于推出更多更好的适合手机移动终端的动漫产品。

（资料来源：新华网　作者：白　瀛　周　玮）

【同方知网发布 XML 数据库技术产品与 B2B 国际营销平台】 2013 年 8 月 30 日，瞄准数字出版的“出版”与“发行”两个环节，同方知网（北京）技术有限公司（以下简称同方知网）在京同时发布两大国内首创的数字产品——“基于 XML 数据库技术的数字出版平台”和“B2B 国际营销平台”。

其中，“基于 XML 数据库技术的数字出版平台”支持全文检索、知识挖掘、内容碎片化处理与动态重组，全面确保了数字出版各环节的稳定、安全和高效。据同方知网（北京）技术有限公司副总经理张宏伟介绍，这款中国首创的非结构化数据库管理软件，能够有效地嵌入出版社素材采集、协同编纂、在线审校和多形态出版等各个出版流程和环节，是其实现数字化转型不可或缺的重要利器，并有望成为出版行业应对大数据挑战的突破口。

“B2B 国际营销平台”则是同方知网根据海外图书馆市场需求和特点，为国内出版社量身打造的“国际直通车”。应用该平台，国内出版社可按照国际数据标准对自身数字内容进行再加工，以更好地扩展海外图书馆中文馆藏；并借助同方知网的“作品评价”和“定向推送”等个性化功能，将海外机构图书馆的大量读者吸引到国际营销平台上来，最终实现出版物的主动国际营销。

（资料来源：《中国新闻出版报》　作者：王玉梅）

【国家新闻出版广电总局设立电视剧剧本扶持引导专项资金】 2013 年 9 月 2 日，为进一步推动中国电视剧繁荣发展，提升剧本创作的质量和水平，培养优秀中青年编剧人才，国家新闻出版广电总局印发了《关于申报优秀电视剧剧本扶持引导项目的通知》，制定了《优秀电视剧剧本评审章程（暂行）》和《优秀电视剧剧本评审实施办法（暂行）》，设立“电视剧剧本扶持引导专项资金”，用于对优秀电视剧剧本创作的扶持和资助。

《通知》指出，各省级广播影视行政部门负责根据总局评审章程和实施办法，结合当地实际情况制定本省优秀电视剧剧本扶持引导和推荐评审实施方案，评选产生本省重点电视剧剧本扶持引导申报项目。《通知》要求，各省级广播影视行政部门要高度重视优秀电视剧剧本评选工作，按照总局要求认真做好剧本推荐、评审和上报工作。

（资料来源：国家新闻出版广电总局网站）

【第二十届北京国际图书博览会成功举办】 2013 年 9 月 1 日，为期 5 天的第二十届北京国际图书博览会在中国国际展览中心圆满闭幕。

此次书展面积 53 600 平方米，来自 76 个国家和地区的 2 000 多家中外出版单位展览展示 20 万种精品图书，举办 1 000 多场文化交流活动，参展参观人数逾 20 万人（次）。沙特阿拉伯王国主宾国、莫斯科特邀友好城市、湖北主宾省，举办了丰富多彩的专业交流与文化活动。

此次图博会共达成中外版权贸易协议 3 667 项，比上年增长 11.2%。其中，达成各类版权输出与合作出版协议 2 091 项，比上年同期增长 12%，达成引进协议 1 576 项，比上年同期增长 10.1%，引进与输出之比为 1∶1.33。中文图书版权输出成果的进一步扩大，表明图博会作为国际出版业一年一度的交流盛会，已经成为连接中国与世界出版业的重要平台，成为中国出版走出去的重要渠道。

书展期间，第七届中华图书特殊贡献奖颁奖仪式暨第二十届图博会开幕式隆重热烈，6 位贡献奖获奖人的精彩感言，充分表现出中华文化的感染力和文化交流的重要意义。

2013 北京国际出版论坛、“中图易阅通”数字平台大型启动发布仪式、中英国际出版论坛、中英语言教育出版论坛、中国图书馆馆长与国际出版集团 CEO 高层对话、中欧数字出版论坛、6 场 BIBF10+10 国际出版人会议、2013BIBF 国际版权贸易高级研修班等一系列专业出版领域的研讨会，促进了国际间的版权贸易与出版合作，成效明显。

而以 BIBF 主宾国文学之夜为代表的一系列作家活动，成为本届展会的亮点。图博会组委会携手山东省作家协会、莫斯科市政府及光明网，特邀杨志军、江南、德米特里·格卢霍夫斯基、帕维尔·巴辛斯基四位中俄著名小说家及文学评论家，与读者共同分享了他们创作及生活的故事，通过朗诵、对话、讲述等形式，展现了现代文学作品的特点、影响力以及对读者心灵的滋养。此外，来自德国、比利时等国家的作家也参加了此次图博会，在书展现场举办了各种文学活动。

（资料来源：光明网　作者：张　薇）

【腾讯打造“全文学”产业链】 2013年9月10日，腾讯在京召开腾讯文学战略发布会。作为一个全新品牌，腾讯文学整合了腾讯旗下所有与文学相关的资源，包括创世中文网、云起书院、畅销图书以及QQ阅读、QQ阅读中心等；同时还宣布与华谊兄弟等影视公司和机构达成战略合作，成立优质剧本影视扶持联盟，致力于推动文学作品泛娱乐开发。

发布会上，腾讯文学还成立了由诺贝尔文学奖得主莫言以及著名作家阿来、苏童和刘震云组成的腾讯文学大师顾问团，并与4位作家达成数字版权引进等多项合作。4位作家还就网络文学与传统文学的关系进行了探讨。

在诠释腾讯文学战略布局时，腾讯公司副总裁程武表示，腾讯文学将以“全文学”战略推进整体业务布局，关注产业链上下游伙伴的互补优势，打造涵盖文学创作、阅读以及泛娱乐开发的一体化平台。

（资料来源：《中国新闻出版报》
作者：任晓宁　杨雅莲）

【万达300亿元投建全球最大影视产业园】 2013年9月22日，万达集团投资300亿元建设的全球规模最大的影视产业项目——东方影都影视产业园区在青岛开工。

青岛东方影都影视产业园是以影视产业为核心，涵盖旅游、商业等多种功能的大型综合性文化产业项目，也是世界唯一具有影视外景、影视制作、影视会展、影视旅游综合功能的项目。项目占地376万平方米、总建筑面积540万平方米，包括影视产业园、电影博物馆、影视名人蜡像馆、影视会展中心、汽车极限秀、万达文化旅游城、度假酒店群、游艇俱乐部、滨海酒吧街、国际医院等多个分项目。

（资料来源：《中国新闻出版报》　作者：宗　和）

【百度宣布完成对91无线收购】 2013年10月1日上午，百度公司宣布正式完成对91无线的收购。收购完成后，91无线将成为百度的全资附属公司，并继续在其当前的管理团队领导下作为一个独立公司运营。

2013年7月，百度宣布与网龙网络有限公司签署谅解备忘录，将从网龙公司和其他股东处收购91无线网络有限公司100%股权。8月14日，百度与91无线正式签署收购协议。10月1日，百度顺利完成对91无线的收购。

虽然百度与91达成收购交易仅仅一个月，但“百度+91”的协同效应已经开始显现。9月，百度和91联合首发了全球热门的游戏《植物大战僵尸2》，继而拿到了Rovio旗下《愤怒的小鸟2：星球大战》中国区的独家首发权。从应用市场数据来看，截至9月底，百度手机助手与91形成强大合力，日分发总量从两个月前的6 900万增长至8 000万，市场份额超过40%。

对于开发者来说，91有开发者的社区、门户，有游戏接入、Push、跨平台、社交化、货币化、数据统计等对开发者的支持服务。通过分成模式，91已经聚集了10万的开发者。完成收购后，百度将加强“发展和扶持开发者群体”的承诺，为91开发者打造一个更好的服务与变现平台。

手机游戏业务是移动互联网中迅猛增长且利润丰厚的领域，对于投资者来说，百度在完成对91的收购之后，将拥有更多的游戏资源，从而获得更好的利润回报——这对投资者而言，无疑是一大利好。

同时，随着百度91整合的深入，百度巨大流量和91无线应用分发能力的协同将实现倍增效应，进一步夯实百度作为中国第一移动分发平台的地位。

（资料来源：新浪科技　作者：萧　然）

【第九届海峡图交会订销图书4 230万码洋】 2013年10月28日，为期4天的第九届海峡两岸图书交易会在厦门圆满落下帷幕。此次图交会海峡两岸共610家出版机构参展，共举办配套活动88项，现场订购、销售图书4 230万码洋，达成138项图书的版权贸易，协议版权出版总码洋6 600万元，充分展示了两岸华文出版的最新成果。

此次图交会期间举办了18场新书首发式活动。展会期间，凤凰卫视新闻主播吴小莉、台湾知名作家张大春、大陆知名作家商传等两岸三地的32位名家受邀，举办了38场新书签售、读书讲座活动，成为此次图交会一道亮丽的风景线，吸引近30万人（次）的市民读者前往主会场和各分会场参观购书，图书零售额约为250万码洋。

（资料来源：《中国新闻出版报》　作者：冯文礼）

【苏宁、弘毅4.2亿美元投资PPTV】 2013年

10月28日，视频媒体PPTV与苏宁云商、弘毅投资在北京联合宣布，苏宁和弘毅将联合战略投资PPTV，交易规模4.2亿美元。这是继优酷土豆合并、爱奇艺收购PPS后，互联网视频领域最大规模的一次战略投资案例。

此次交易苏宁投资2.5亿美元，占PPTV聚力44%比例，成为第一大股东，这也是苏宁迄今为止最大的一笔战略投资。苏宁副董事长孙为民表示："互联网零售与智能视频行业的结合将大大加快苏宁打造全渠道融合、全产品经营和全客群服务的云商模式。"

针对此次交易，孙为民表示，与PPTV的合作是苏宁互联网路线图的一次完整实践，有助于苏宁抢占互联网的多屏入口，丰富数字内容产品经营，打造全新的互动购物体验，成为苏宁互联网零售战略发展新的支撑点。

（资料来源：《中国新闻出版报》
作者：任晓宁　杨　雯）

【2013西部影视节目交易会举行】　2013年10月29日，2013西部影视节目交易会在西安开幕，国内100余家影视制作企业及相关机构，美国国家地理频道、韩国动漫学会等十余家海外影视制作、播出机构和行业协会参会设展。

此次交易会涉及影视作品推介交易、电视剧产业高峰论坛、文学与影视对接会和陕西卫视专题推介等多项主题活动。电视剧《爱情公寓4》、《十月围城》等100余部优秀影视剧作品、1 000余部文学作品，在交易会期间进行集中亮相、发布和交易。

在交易会现场，西安电视剧版权交易中心专门开设了著作权免费登记集中受理点，重点针对小说、剧本、电视剧、电影、纪录片、微电影等影视及文学类作品，为影视制播机构及作家、编剧等免费办理作品著作权登记手续，并提供影视版权受托代理、版权运营、融剧宝、法律维权、剧宝盒等多项服务。

在2013西部影视节目交易会开幕式上，国内首家专业影视版权仲裁机构——西安影视版权仲裁中心正式挂牌运营。该中心由西安电视剧版权交易中心联合西安仲裁委员会、陕西电视艺术家协会、西安交大知识产权研究中心等相关机构发起设立，旨在使仲裁制度与影视产业"亲密接触"，有效解决影视行业版权纠纷。

交易会开幕式上，国家开发银行陕西分行、中信银行西安分行、民生银行西安分行分别向西安电视剧版权交易中心进行了业务授信。三家银行将在未来三到五年内，向西安电视剧版权交易中心提供总额达15亿元的融资授信支持。

（资料来源：人民网　作者：姜　峰）

【首届东北亚版权创意精品展示交易会青岛启幕】　2013年11月7日，首届青岛·东北亚版权创意精品展示交易会在青岛国际会展中心举行。韩国KBS广播电视台、日本三菱重工、美国电影协会、美国FOX国际频道、香港天映频道等390余家海内外国际知名企业及行业协会参展。

以"版权·创意·梦想"为主题的此次展会由中国版权协会主办，为期4天，旨在通过全面展示新闻出版、动漫游戏、影视音乐、艺术美术、工业设计等方面的最新版权创意成果，打造专业性、国际化的交流交易平台，促进国际间特别是东北亚地区的版权合作。同期，还举办中国青少年版权创意作品大赛、参展作品（产品）评奖及拍卖、著作权免费登记和咨询、版权交易签约及推介等四项主题活动。

（资料来源：中国新闻网　作者：胡耀杰）

【上海创设亚太唯一专业童书版权贸易平台】　2013年11月7日，首届中国上海国际童书展在上海世贸商城展览中心开幕，上海国际童书展是亚太地区专业的童书版权贸易平台。

相比上海书展，童书展是侧重国内外出版人交流的专业展，3天展期仅有1天是公众开放日。首届童书展吸引了来自英国、美国、加拿大等76家境外出版机构，有近2万种新书，占整体展商及书籍数量的一半。

和国际优秀童书引进国内的畅达相比，走出国门、走向世界的中国原创图书却是寥寥，童书版权贸易的引进和输出逆差始终没缓解。为此，童书展组委会首创国际出版人上海访问计划（SHVIP），邀请一批国际知名童书出版人和资深编辑来沪，与中国童书出版领域人士洽谈业务，期望国内出版社能在版权输出上有所斩获。

（《中国版权年鉴》编辑部综合）

【2013中国文化创意产业发展国际论坛成功举办】　2013年11月7日，作为由文化部、国家新闻出版广电总局、北京市政府共同举办的第八届中国北京国际文化创意产业博览会的重要活动之一，"2013中国文化创意产业发展国际论坛"在北京长富宫饭店举办。

此次国际论坛的主题是"文化贸易助力经济升

级”。国际复制权组织联合会（IFRRO）副秘书长兼法律总顾问安妮塔·赫斯·艾克浩特在论坛上从“著作权产业推动国家经济进步”的角度给现场观众带来精彩演讲《创意产业的经济价值——从文本角度和图像的领域剖析》，系统讲述了著作权的生态系统，倡导通过复印权、版权环和制作权的快捷有效授予来促进经济的发展。韩国前副总理林昌烈发表了具有国际视野的精彩演讲《全球一体化下的创新整合与突破》，深入阐述了创意产业在当代的巨大发展机遇，希望通过国际合作，以开放性姿态推进创意产业发展；来自台湾诚品集团的董事长吴清友则带来了见解独到的演讲《城市空间的文化创新》。

（资料来源：中国文化传媒网　作者：郭　松）

【“2013中国文化消费指数”首次发布】 2013年11月9日，中国人民大学文化产业研究院在北京首次发布“2013中国文化消费指数”。据其测算，中国内地文化消费潜在规模为47 026.1亿元人民币，而当前实际文化消费规模为10 338亿元，存在超过3.6万亿元的文化消费缺口。

中国文化消费指数不仅描绘了中国内地省市的文化消费版图，还从总体情况、城乡差异、区域差异、消费结构、消费偏好和影响因素等方面系统勾勒了当前文化消费的现状。指数显示，上海、北京、天津分别位居综合水平前三名。

该指数课题组首席专家、中国人民大学商学院教授江林分析称，据调研数据测算，中国内地文化消费潜在规模为47 026.1亿元，占居民消费总支出30.0%，而当前实际文化消费规模为10 388亿元，仅占居民消费总支出6.6%，存在36 638.1亿元的文化消费缺口。这表明，中国内地潜在文化需求未得到有效满足，文化消费存在着巨大的市场空间。

数据显示，当前中国内地居民文化消费水平整体偏低，近半受访者的年文化消费支出低于2 000元，过半的受访者每天用于文化消费的时间在1～3小时之间；东部地区居民的文化消费意愿、消费水平均比中部和西部地区居民高；报纸、杂志、电视、图书等传统文化产品依然是居民主要偏好的文化产品，游戏、设计、电影等新兴文化产品也逐渐得到消费者的认可，呈现明显的上升趋势。

此次发布的指数覆盖除新疆、西藏外的内地省区市，是在文化消费专项调研数据基础上，历时4个月的系统计算和分析得出。其调查样本分布均衡，调查数据具有较强的效度和信度。

同日发布的还有“2013中国省市文化产业发展指数”，评价范围首次涵盖新疆、西藏两区。结果表明，中国区域文化产业综合发展格局基本未变。综合指数排名中，北京连续4年保持第一，广东、上海、浙江、江苏分别位列第2至5位。排名前十中除四川外，其余省市均位于东部地区。

作为中国内地第一家提供全方位文化产业项目服务的国家级公共服务平台，中国文化产业项目服务平台也于当日正式上线。该平台致力于整合政府、文化企业和金融机构三方资源，汇聚数千个覆盖中国的文化产业精品项目，搭载针对信用评级、项目评价、版权评估的专业金融服务系统，以有效推动文化企业与资本市场对接。

（资料来源：中国新闻网　作者：尹　力）

【第八届北京文博会闭幕 签约总金额破千亿元】 2013年11月10日，第八届中国北京国际文化创意产业博览会主场活动圆满落幕。据不完全统计，此次文博会期间，共签署文化创意产业产品交易、产业园区建设和入驻、项目投资、银企合作等协议总金额1 190.36亿元人民币。其中，文化创意产品贸易成交额317.66亿元人民币，投资类项目协议总金额872.97亿元人民币。

设在中国国际展览中心的文博会主展场，4天接待各界观众21万人（次）；文博会论坛上，有132位国际组织高层负责人、国家产业主管部门的权威人士和国内外业界知名专家、学者和企业家到会演讲，3 800多位业界专业人士到会交流。

与往届相比，此次文博会文化贸易成交量大幅增长，广播影视节目、网络游戏研发制作、动漫研发制作、出版发行、版权贸易、设计创意等贸易成交量增长明显；文化、科技、创意融合的新兴文化产业项目多，文化与经济融合愈加深入；金融资本投入文化内容产业项目多，金融创新对文化产业支持力度加大。

（资料来源：《中国新闻出版报》　作者：王坤宁）

【搜狐视频等发起第二次网络视频反盗版联盟行动】 2013年11月13日，中国网络视频反盗版联合行动在京启动，搜狐视频、优酷土豆集团、腾讯视频、乐视网、中国电影著作权协会、美国电影协会（MPAA）、日本内容产品流通海外促进机构（CODA）、万达影业、光线传媒、乐视影业联合发布《中国网络视频反盗版联合行动宣言》，表示联合对抗百度、快播等日益严重的网络视频盗版和盗链行为。联合行动发起方同时宣布，已向法院起诉百度、快播的盗版侵权案件共立案百余起，涉及百度盗链、盗播移动视频版权的影视作品逾万部，向百度索赔由此带来的损失 3 亿元。

中国电视剧制作产业协会、中国广播电视协会电视制片委员会、首都版权产业联盟、索尼、派拉蒙、华纳兄弟、华谊兄弟、TVBC、迪士尼、BBC、海润影视、完美世界影视、世纪乐成、本山传媒、千乘影视、上海创翊、苏州福纳等机构和版权方也派出代表参会。

（资料来源：搜狐 IT）

【第七届亚青赛签约金额达 3.03 亿元】 2013 年 11 月 22—24 日，第七届亚洲青年动漫与数字艺术大赛暨中国（贵阳）数字产业投洽会在贵州省贵阳市成功举行。其间，国际动漫品牌展、大师画贵阳、新媒体及动漫产业论坛、历届亚青赛优秀作品展、中国水墨漫画作品展等形式新颖、内容丰富的主题活动让贵阳市民及广大的动漫迷们一饱眼福，并与动漫大师们进行零距离的接触与交流。投洽会共有 15 个项目进行集中签约，签约金额达 3.03 亿元。

与以往相对分散的展会活动不同，此次亚青赛展会的展览囊括了静态漫画作品、数字艺术、新媒体等多种形式，以立体、多元的方式积极展现亚太国家和地区动漫与数字艺术的最高水平。与此同时，哆啦 A 梦专卖、“愤怒的小鸟”卖场等知名动漫产品展销区域也成为场内人气较旺的区域。

评委团从 59 个国家和地区报送的近两万件参赛作品中评选出了最佳动画导演、最佳动画编剧、最佳动画艺术风格等多个大奖，其中，由中版数字传媒有限公司出品的《三生万物》获得此次大赛数字艺术漫动画最佳创意奖。

此次亚青赛首次引入产业洽投和版权交易会。历时三天，共涉及 44 个项目，其中，15 个项目进行集中签约，签约金额共计 3.03 亿元，如贵州教育出版社有限公司和北京天视全景文化传播有限责任公司签订了《奇城志之面人麻生》的图书出版协议，北京漫动亚青数字传媒科技有限公司和中国传媒大学动画与数字艺术学院也达成了“3D 虚拟技术系列”项目的合作。

（《中国版权年鉴》编辑部综合）

【《动漫蓝皮书：中国动漫产业发展报告（2013）》发布】 2013 年 11 月 26 日，《动漫蓝皮书：中国动漫产业发展报告（2013）》（以下简称蓝皮书）发布会在京举办。

蓝皮书指出，东部省市和中心城市已成为中国发展动漫产业的主要集聚地。从中国电视动画片制作发行情况来看，中国除海南、贵州、甘肃、青海、西藏之外，其他 26 个省（自治区、直辖市）都有生产制作国产电视动画片。综合近 5 年制作情况来看，中国十大省市和中央直属机构合计产量占中国的 90％以上。从发展趋势看，江苏、广东、福建等省份持续保持增长势头，安徽等省份近几年来增长幅度较大，浙江、辽宁等省份处于不稳定的增长状态，北京等省市相对波动变化不大，湖南、上海等省市则处于明显的下降趋势。从竞争格局看，只有广州、北京等少数城市保持较好的增长态势，苏州、宁波、福州等城市近几年来增长幅度较大，而长沙、杭州、无锡、深圳、沈阳等城市在经过几年快速扩张之后呈现明显的“高台跳水”式下降趋势。

从各地方频频出台短期政策和相互角力情况来看，中国动漫产业的城市集聚效应未能较好实现，这与各地缺乏长远发展规划、良好产业发展环境，以及短期扶持政策同质化有很大关系。这一点在国家动画产业基地格局上表现得更加明显：在现有的 24 个国家动画产业基地中，除了南方动画节目联合制作中心、苏州工业园区动漫产业园外，绝大多数基地无论在制作数量还是市场份额方面都呈现下降趋势。

蓝皮书显示，在专业频道品牌化的战略指导下，中国上星少儿动画频道纷纷走向全产业链的运营模式。随着少儿频道和动画频道成为重要的动画播出平台，电视播出机构不断加强自身建设、采取多元化经营手段，获得了良好的市场回报，一些少儿频道和动画频道在收入方面已经迈入“亿元俱乐部”。金鹰、炫动、卡酷、优漫等卡通频道已经涉足产业运营业务，特别是与动画片播出息息相关的玩具等衍生产品的区域代理销售业务更是成为香饽饽。

统计数据显示，近年来中国广播电视节目交易金额一路走高，2008 年为 2.02 亿元，2009 年为 4.16 亿元，2010 年为 8.20 亿元。但电视播出收入额与动画片投资额之间的缺口差额仍旧偏大，而且很多动画制片人士认为，动画制作单位面临生态环境恶化的倾向。

近年来，国产电视动画片交易价格出现了明显下降。抽样调查显示，其平均交易价格仅相当于 5 年前的 1/5～1/4，而制作成本却在成倍递增。在内容动画片遭遇卖片难、卖价低、音像图书授权走低和衍生商品授权难以入局的整体困局的同时，“产业动画片”却格外红火。近年来，玩具、网游、服装、日化等行业大举进入动画片领域，以此带动原有商品的销售。

（资料来源：中国新闻出版网　作者：孙海悦）

【明天出版社获“2013年中国版权最具影响力企业”】　2013年11月30日，由中国版权协会主办的第六届中国版权年会暨“移动互联网时代下的版权运营与保护”主题论坛、2013年中国版权协会会员大会暨年度评选颁奖大会在北京召开。国家新闻出版广电总局党组书记蒋建国、中国作家协会主席铁凝出席会议并致辞。此次年会评选出了“中国版权事业终生成就者”、“中国版权事业卓越成就者”、“2013年中国版权最具影响力企业”等奖项，并举行颁奖大会。会上，明天出版社被授予“2013年度中国版权最具影响力企业”。

明天出版社始建于1984年，是隶属于山东出版集团的一家出版少年儿童读物的专业出版社。该社在少儿图书版权的引进和输出方面取得了突出的成绩，出版了一大批世界一流的少儿图书精品，如20世纪世界著名儿童文学作家罗尔德·达尔、帕·林·特拉芙斯、埃里希·凯斯特纳、詹姆斯·克吕斯、克里斯蒂娜·涅斯玲格、托芙·扬松等的作品。同时，明天出版社也有一大批原创图书成功实现了版权输出，在中国童书走向国际市场方面产生了十分积极的影响。

（《中国版权年鉴》编辑部综合）

【第十届中国游戏行业年会召开】　2013年12月7日，第十届中国游戏行业年会在安徽省蚌埠市召开。会议公布的数字显示，2013年中国整个游戏行业的生产经营总收入约为1 230亿元人民币，同比增长13%。

年会以“创新创优、引领世界”为主题，除了对做出成绩的先进单位和个人进行行业表彰外，还揭晓了中国软件行业协会游戏软件分会创立的2013年度中国游戏行业最高奖项——金手指奖。人民网游戏频道等10个媒体被评为“2013年度中国动漫游戏行业——优秀动漫游戏媒体”。

（资料来源：《中国新闻出版报》　作者：郭　宇）

【中国电影产业2013年票房突破200亿元】
2013年，中国电影产业用四年时间，实现了从电影票房100亿元到200亿元的突破。在市场份额增长的同时，国内电影市场广告规模也渐长，2008年到2013年，从3.3亿元猛增至28亿元，涨幅超过700%。其中，2013年植入广告规模的比重从2012年的28%增至36%，广告额接近10亿元。

截至2013年12月8日，国产影片的市场份额达到55.52%，中国观影人次达到5.66亿，其中国产影片观影人次占比57.57%，均达到电影产业化改革以来同期最高。面对好莱坞大片的巨大挑战，多年以来处于弱势的国产影片，在本土市场赢得了主体地位。

中国电影市场格局在2013年发生了巨大变化。民营影视公司十分活跃。新入市场的光线传媒、乐视影业等新媒体，锐角锋利，发展迅速，让老牌民营企业华谊兄弟的龙头地位堪忧；中影集团牵手网游公司，华谊兄弟进军手游业务，博纳影业获浦发银行8 000万元信贷额度发展自己的院线，万达集团旗下的美国AMC院线公司于当地时间12月18日正式登陆纽约证券交易所上市交易……无论是加固传统产业还是拓展产业链，2013年各大小影视公司都有所动作。

（资料来源：《中国新闻出版报》　作者：李　彦）

【广州国际纪录片节签约总额达1.5亿元】
2013年12月9—12日，2013中国（广州）国际纪录片节举办，此次纪录片节促成纪录片交易合约价值总额1.5亿元人民币，创历年最高纪录。

此次广州国际纪录片节共72个国家和地区的2 071部纪录片参展，其中报名参加评优影片705部（国内309部，国外396部），报名参加展播影片700部（国内388部，国外312部），报名参加纪录片预售方案113部。

在此次纪录片节高峰论坛上，国家新闻出版广电总局国际合作司司长马黎透露，随着中国国际影响力的日益增强，海外受众越来越关注中国，越来越多的中国纪录片进入国际市场。据不完全统计，2012年中国纪录片出口额约173万美元。其中，一批精品纪录片打响了中国品牌。《故宫》以26种语言销售到了126个国家，《舌尖上的中国》不仅销售到了海外20多个国家和地区，还创下了一集4万美元的纪录。

为了加速中国纪录片迈向国际市场，搭建纪录片交易国际化平台，在此次国际纪录片节上还特别举办了国际市场趋势研讨会、最具国际销售潜力方案预售大会等系列活动，覆盖国际国内纪录片制作机构、播出机构、独立制片人和知名国际节展等。

国产纪录片除了在海外收获颇丰，在国内市场也正迎来发展的春天。按照规划，2014年中国将实施更多扶持纪录片发展的举措，其中包括要求所有34个上星综合频道平均每天必须播出30分钟以上的国产纪录片。

（资料来源：《中国新闻出版报》 作者：杨 雯）

【北京国家数字出版基地落户丰台】 2013年12月17日，北京市新闻出版局与北京丰台区政府签署战略框架协议，正式启动北京国家数字出版基地的建设。据市新闻出版局负责人介绍，该项目已经吸引了一批老牌名出版社和新兴出版商的注意，凤凰出版集团等多家出版机构都将在未来的几年内入驻，该基地预计2020年将基本建成。

北京市丰台区宣传部长孙军民介绍，出版基地选址在北京西南四五环之间，周边交通便利。规划显示，基地将采用一区多园的形式建设，其总部拟于2020年建成。建成后园区总建筑面积约为60万平方米，预计入驻企业400家，其中品牌企业达到50家，实现年产值500亿元人民币，成为中国数字出版产业的“大脑”和“中国新文化硅谷”，打造集数字出版创意策划、内容加工生产、出版平台运营、技术研发、创业孵化、人才培训、版权交易、投融资服务等为一体的综合性数字出版产业链，为北京乃至中国从事数字出版的企业提供集中发展的场所。

（资料来源：中国新闻网 作者：尹 力）

港澳台版权信息

◆香　港

【香港保护知识产权意识调查结果公布】 2013年3月26日，香港知识产权署公布，由该署委托市场研究公司进行的“香港市民保护知识产权意识调查”及“香港商业机构知识产权意识调查”结果显示，香港市民及商界对知识产权的认知程度维持高水平。

超过三分之一（36%）有上网习惯的人士表示，他们绝对会或可能会在合法网站付款下载歌曲、影片、计算机软件、游戏、电子书，比例较2010年调查的29.7%为高。

调查结果也发现只有8.5%的受访者经常或间中购买盗版或冒牌货品，结果与2010年调查的8.4%相若。

超过四成人士（42.5%）表示有听过“正版正货承诺”计划，比例较2010年调查的34.5%有所上升。在认知该计划的人士中，81.5%认为计划对增加消费者及游客在港购物的信心和巩固香港“购物天堂”的美誉有帮助。

香港商业机构知识产权意识调查显示，在1001家商业机构当中，82.9%的机构知道知识产权包括版权、商标和专利及外观设计。大部分的机构（95.9%）认为知识产权是公司的宝贵资产，也有94.8%的机构认为知识产权在香港的商业社会需要受到保护。

有更多机构（70.8%，对比2010年的58%）表示知道《版权条例》中，有关董事或合伙人可以因为公司在业务中管有盗版软件承担刑责，也有更多机构（67.4%，对比2010年的36.6%）表示知道《版权条例》中，有关董事或合伙人可以因为公司在业务中频密或定期复印大量版权作品承担刑责。另外，44%的机构表示知道有关特许计划授权公司在业务中复制本地报章报道、书籍内容，比例较2010年调查的24.7%大幅上升。

（资料来源：香港知识产权署网站）

【“青网大使”肇庆游学增进保护知识产权工作的认识】 2013年3月28日，15名“青少年打击网上盗版大使”（简称“青网大使”）出发前往肇庆游学三天，增进对内地保护知识产权工作的认识。

该项活动由香港海关和知识产权署合办，目的是向青少年宣扬尊重知识产权的信息，培育良好的价值观。

在肇庆游学期间，“青网大使”与知识产权有关机构的政府官员及当地一所中学的师生交流，借此加深对内地保护知识产权工作的认识。回港后，他们与所属团体成员分享经验，并协助向社会推广尊重知识产权的重要性认知。

“青网大使”计划由海关于2006年创立，得到知识产权署和七个版权业界组织支持，成功招募11个本地青少年制服团体近20万名成员参与成为会员。除了协助监察互联网上的非法侵权活动外，“青网大使”计划的会员也会协助宣扬和推广保护知识产权的重要性认知，计划鼓励会员以身作则，拒绝参与任何盗版侵权活动，同时主动把尊重知识产权的正确信息带给身边的亲友，共同保护知识产权。

（资料来源：香港知识产权署网站）

【知识产权贸易工作小组举行首次会议】 2013年4月2日，知识产权贸易工作小组举行首次会议。商务及经济发展局局长苏锦梁及行政会议成员廖长城分别为工作小组的主席及副主席。

苏锦梁说：“知识产权在知识型经济中推动创新及增长的重要性与日俱增。我们会与工作小组各界别的专家集思广益，希望充分发挥香港作为知识产权贸易中心的潜力。”

近年全球知识产权的应用激增，区内对知识产权的需求越来越大，工作小组在此背景下检视了目前的知识产权贸易概况。成员讨论了一些推动知识产权贸易工作可包括的初步策略范畴，并订出可在日后会议进一步探讨的议题。

行政长官在2013年《施政报告》中宣布成立工作小组。工作小组的职权范围包括为研究推广香港作为知识产权贸易中心的整体策略提供意见，以及探索可行的政策及其他支持措施，推动香港的知识产权贸易。工作小组的成员来自与知识产权贸易有关的各个界别，包括不同的知识产权创造者、用户及中介人，亦包括政府及香港贸易发展局的代表。

（资料来源：香港知识产权署网站）

【香港联合知识产权交易所启动】 2013 年 4 月 18 日，首个由香港企业开发、建构的知识产权网上交易平台——香港联合知识产权交易所正式启动。该网站包括下载中心（Download Centre）、创富堡（Treasure Box）、虚拟交易室（Visual Dealing Room）、专业咨询服务（Acquire Professional Service）等几个板块。

香港联合知识产权交易所旨在为卖方（或许可方）与买方（或被许可方）搭建交易平台，卖方可以将其知识产权和创造（IP and creations）以清单的方式（list）在香港联合知识产权交易所网页上展示，潜在的买方可以在任何时间、任何地点通过浏览网页与搜索的方式来获得相关的信息。香港联合知识产权交易所给买方和卖方提供安全的环境来进行直接的对话和交流，可以实现及时沟通并进行秘密性文件（confidential documents）的交换。在对话过程中，如果需要专业人士的咨询服务，经由卖方或者买方的任何一方请求即可获得。在这个过程中，虚拟交易室（VDR）发挥着重要作用，VDR 是用来为交易过程中的卖方、买方以及律师、金融顾问、评估者或其他专业服务提供者分享秘密性文件的有安全保障的在线信息存储空间。

就著作权人而言，除了可以利用虚拟交易室进行著作权的出售和许可之外，还可以利用创富堡进行著作权网上管理。创富堡是香港联合知识产权交易所提供的一个专为著作权人而开设的网上管理服务。企业或个人可以随时随地把他们的设计、艺术品、歌曲、写作、影像和程序等储存于创富堡。创富堡已经设定了 9 个常见著作权种类的文件夹（包括文学作品、艺术作品、电影、音乐作品、广播、戏剧作品等），方便用户储存他们的创作作品。此外，储存于创富堡的文档会附上有时间证明的数字水印，为对外发布作品做好准备。另外，用户可以为储存于创富堡内的文档获取专业律师签发的证书（certification），当日后有需要或发现被侵权时，便可成为有力的证据，为作品增加一重保障。

对于普通公众而言，可以通过浏览网页来获取基本信息，但是要想进行上述的交易，则需要注册为香港联合知识产权交易所的会员。注册会员之后，可以获得有关知识产权（IP）更为详细的、全面的资料，可以免费获得展示智力成果的列表（list）以及获得其他的相关服务。要想成为会员，需要缴纳会员年费以及一次性的（one-off）虚拟交易室创建费用。如果要通过创富堡储存作品或者进行认证，还需要另外缴纳费用。在 IP 交易的过程中，香港联合知识产权交易所并不收取任何许可费用（commission fee）。

（资料来源：http://www.hkipex.com.hk/；http://big5.xinhuanet.com/gate/big5/news.xinhuanet.com/gangao/2013-04/18/c_124599988.htm；http://news.china.com.cn/live/2013-04/18/content_19581747.htm；http://www.hkcna.hk/content/2013/0418/188138.shtml；http://www.iprchn.com/Index_NewsContent.aspx?newsId=59199 信息搜集、编译：刘惠韬）

【“2012—2013 年度尊重互联网上的知识产权创意比赛”结果公布】 2013 年 6 月 21 日，“2012—2013 年度尊重互联网上的知识产权创意比赛”结果公布，得奖作品上载至知识产权署网页：www.ipd.gov.hk/chi/promotion_edu/educational_corner/drama.htm。该届比赛共有 1 929 名小学生参与绘画比赛，196 名中学生参与四格漫画创作比赛。

该届比赛由知识产权署举办，是“互动剧场”的附属活动。“互动剧场”旨在提高学生对创意、原创作品及知识产权的尊重，自 2009 年推出，共吸引 325 家小学及中学、超过 10 万名学生欣赏。超过九成的参与学校认为，有关话剧能有效地向学生传递尊重互联网上的知识产权及鼓励创意的信息。知识产权署计划在第二学年再次举办“互动剧场”。

（资料来源：香港知识产权署网站）

【知识产权贸易工作小组举行第二次会议】 2013 年 6 月 28 日，知识产权贸易工作小组举行第二次会议。

商务及经济发展局局长、工作小组组长苏锦梁说：此次会议就如何推广香港发展为知识产权贸易中心的拟定策略框架，作出了有用的讨论。发展局的愿景是将香港定位并推广为亚洲区首屈一指的知识产权贸易中心。会议就下述四个范畴而拟定的一系列策略措施交换意见：加强知识产权保护制度；支持知识产权的创造和使用；促进知识产权中介服务和提升人力资源；推广、教育和对外合作。

工作小组商讨如何推进有关拟定策略框架，尤其需要相关持份者参与其中，并就建议的一系列策略措施提供了意见；就个别较为重要和专业的项目展开专题讨论。

（资料来源：香港知识产权署网站）

【香港政府就“戏仿作品”发表征询意见并举办公众咨询论坛】 2013年7月11日，香港政府就“戏仿作品”发表咨询文件，探讨在版权制度下如何适当看待戏仿作品，展开为期三个月的公众咨询。此次咨询的目的，是探讨在香港的版权制度下，如何照顾到现实的情况，适当看待戏仿作品，平衡保护版权和表达自由。

根据香港的现行法律，并非所有的戏仿作品均侵犯版权，如果戏仿作品只包含原作品的思想或只复制原作品的非实质部分，或者已经取得版权所有人同意，或者“合理使用”等情况下，则不构成侵权。如果不构成上述豁免，则在香港现行版权法下或须承担民事责任。此外，如果在任何贸易或者商务的过程中向公众分发侵权戏仿作品，或向公众分发侵权戏仿作品而达到损害版权拥有人的权利的程度，或须负刑事责任。

该咨询文件详列了三个方案及制定这些方案的相关考虑因素：

方案一：澄清现行《版权条例》（第528章）的相关刑责条文。

此方案的目的是澄清和进一步凸显立法原意，即戏仿作品如不会取代原作品的合法市场、不会对版权所有人造成“超乎轻微”的经济损害，则不必承担刑事责任。

方案二：为戏仿作品提供刑事豁免。

通过此方案修订时必须首先履行《知识产权协定》下的国际责任，即至少为具有商业规模的蓄意盗版案件订立刑事程序和处罚。

方案三：为戏仿作品提供公平处理的版权豁免。

此方案下，如分发戏仿作品属公平处理，则不属侵犯版权，不会招致刑事责任。

针对上述方案，此次咨询的主要问题包括：

（1）关于戏仿作品现时的使用情况，应否澄清在现行版权制度下针对侵犯版权的刑事制裁的适用范围；

（2）应否在《版权条例》中为戏仿作品或其他类似事宜制定新的刑事豁免或者版权豁免；

（3）如为戏仿作品制定新的刑事豁免或者版权豁免，应如何划定这类刑事豁免或版权豁免的适用范围和须符合的适当条件或应受到何种限制；

（4）不论版权制度给予戏仿作品何种特别处理，应否保留作者和导演的精神权利。

2013年8月17日，香港政府举办了公众咨询论坛。香港政府欲通过此次咨询，凝聚社会主流意见，找出最符合香港利益的处理戏仿作品的方案，并有助于香港政府向立法会重新提交在2011年6月份“条例草案”基础上的“修订条例草案”，以切实更新香港的版权制度。

（资料来源：http://sc.isd.gov.hk/gb/www.info.gov.hk/gia/general/201307/11/P201307110469.htm；http://news.china.com.cn/gangao/2013-08/21/content_29780260.htm；http://www.ipd.gov.hk/sc/intellectual_property/copyright/consultation_on_parody.htm 资料搜集、编译：刘惠韬）

【商务及经济发展局局长苏锦梁访问国家知识产权局】 2013年7月19日，商务及经济发展局局长苏锦梁在北京与国家知识产权局局长田力普会晤，就巩固双方在知识产权领域的长远合作进行交流。知识产权署署长张锦辉也出席了会议。

会晤结束后，苏锦梁和张锦辉参观了中国技术交易所，了解了内地知识产权贸易的最新发展。

离开北京前，苏锦梁拜访了国家新闻出版广电总局副局长聂辰席，就两地的广播和电影业最新发展作了交流。

（资料来源：香港知识产权署网站）

【粤港保护知识产权合作专责小组第十二次会议举行】 2013年8月6日，粤港保护知识产权合作专责小组在广州举行第十二次会议。专责小组同意继续深化及积极推动粤港知识产权合作，推动两地知识产权贸易的发展。

2013—2014年度合作计划包括：积极推动及发展粤港知识产权贸易；为两地企业举办知识产权研讨会和交流活动；举办展会知识产权保护培训班；为两地执法人员举办知识产权专题活动。

会议上，双方代表分别汇报了两地在知识产权合作方面的最新进展并总结了2012年完成的项目，包括“粤港知识产权与中小企业发展研讨会”、继续推动粤港知识产权贸易发展和组织粤港知识产权相关民间机构交流项目等。此外，粤港两地执法部门2012年继续紧密合作，进一步完善了粤港知识产权案件协作处理机制，并加强打击跨境网络侵权的执法合作。

知识产权署署长张锦辉在新闻发布会上说：香港与广东省关系密切，更在粤港保护知识产权合作专责小组这一有力的框架下，使两地知识产权相关单位有充分的合作机会，并成功融合两地优势，令粤港有巨大潜力共同发展成为区内的知识产权贸易枢纽。香港知识产权署未来会继续深化粤港在知识产权上的合作，推动两地知识产权贸易的发展。

专责小组于 2003 年 8 月第六次粤港合作联席会议后成立，旨在加强粤港两地在保护知识产权不同范畴的交流和合作，包括推广和教育、培训、执法、调查研究及信息发布。

（资料来源：香港知识产权署网站）

【知识产权贸易工作小组举行第三次会议】 2013 年 11 月 22 日，知识产权贸易工作小组举行第三次会议，并制定了整体策略框架，以推广香港成为区内首屈一指的知识产权贸易中心。

工作小组副主席廖长城说，该套整体策略涵盖四个范畴，即：加强知识产权保护制度；支持知识产权的创造和使用；促进知识产权中介服务和提升人力资源；致力推广、教育和对外合作。

2014 年，工作小组计划探讨在每个策略范畴内的特定政策及其他支持措施，以推广香港成为区内的知识产权贸易中心。

由工作小组下设的两个分小组继续讨论推动特定范畴的进一步发展，集中探讨较专门的知识产权估值，及知识产权仲裁和调解的课题。

一些进行中及陆续推出的措施包括：落实设立“原授专利”制度，作为协助香港发展为创新及科技枢纽的策略根据实际情况检视版权及戏仿，以在版权保护和表达自由之间取得平衡；特区政府与香港贸易发展局及香港设计中心在 2013 年 12 月 5 日及 6 日合办第三届“亚洲知识产权营商论坛”，为区内知识产权贸易的年度盛事；香港贸易发展局于 2013 年 12 月启动知识产权信息网，强化本港的在线知识产权贸易量、服务能力及联系；在 2014 年就香港知识产权贸易及人力资源情况进行调查，以提供相关的数据及数据，支持工作小组的进一步工作。

（资料来源：香港知识产权署网站）

【第三届“亚洲知识产权营商论坛”在港揭幕】 2013 年 12 月 5 日，第三届“亚洲知识产权营商论坛”在港揭幕，一个集合世界各地逾两万项可供交易的知识产权资料贸易平台也随即启动。

该届论坛邀请了超过 60 名来自世界各地的在知识产权领域的翘楚担任讲者，并设置有两个讨论环节——“反思企业的知识产权策略”和“知识产权的未来发展”，以顾后瞻前的形式向与会者剖析知识产权市场发展。

特区行政长官梁振英表示，当天启动的免费知识产权资料贸易平台展示的两万多个项目来自共 15 个策略伙伴，当中包括美国，丹麦，以及中国北京、上海和香港的研究中心和大学，旨在促进国际知识产权贸易和联系全球各地的知识产权使用者。

（资料来源：香港知识产权署网站）

【香港政府首度与贸发局及香港设计中心合办“亚洲知识产权营商论坛”】 2013 年 12 月 5—6 日，为推广香港发展成为知识产权贸易枢纽，香港政府首度与香港贸易发展局（贸发局）及香港设计中心合办第三届“亚洲知识产权营商论坛”。

商务及经济发展局局长苏锦梁表示：“在知识型经济中，知识产权对推动创新和增长日益重要。近年全球知识产权的应用激增，区内对知识产权的需求殷切，这些因素均会转化为庞大机遇。”

“亚洲知识产权营商论坛”经历两届成功举办，已成为汇聚世界各地知识产权业界精英的盛事。本届论坛吸引了超过 1 400 位来自 23 个国家或地区的专业人士及商界领袖参与，规模为首届的两倍。

（资料来源：香港知识产权署网站）

◆ 澳　门

【“跨域著作权保护”研讨会圆满举办】 2013 年 4 月 18 日上午，由澳门科技大学法学院主办、澳门基金会赞助的“跨域著作权保护”研讨会在澳门科技大学 A 座 501 会议厅举行。来自上海大学知识产权学院的陶鑫良院长、许春明教授、王勉青教授、袁真富副教授及傅文园副教授，澳门大学法学院的涂广建教授、法学院助理院长方泉副教授及“CC. MACAU”团队成员出席研讨会。

本次研讨会分两个环节举行，主题分别为“网络著作权保护研究”和“著作权法修订之探讨”。第一环节研讨由澳门科大法学院易在成助理教授主持并评议，上海大学知识产权学院陶鑫良教授、王勉青教授及袁真富副教授分别就网络环境下“孤儿作品”著作权保护、网络安全与著作权保护及网络新媒体广播权等问题，向与会者分享了他们的研究心得。三位报告人同时指出，现代网络信息时代大环境下著作权保护面临着前所未有的挑战和考验，这给著作权法的发展提供了新的契机，也有很多新的问题值得研究与思考。

接下来的第二环节由澳门大学法学院涂广建教授主持并评议，澳门科技大学法学院沈云樵助理教授首先发言对《澳门著作权及相关权利制度》提出了几点问题及完善意见，上海大学知识产权学院许春明教授及傅文园副教授各自就内地《著作权法》修订中的争议问题如录音制品法定许可制度的存废、“署名权”是否应正名为“作者身份权”等问题作了精彩报告。

（资料来源：澳门科技大学网站）

【首届粤澳创意产业知识产权保护交流活动举办】 2013年5月24日下午，由广东省知识产权局和澳门知识产权厅联合主办，天河区知识产权局和羊城创意园承办的首届粤澳创意产业知识产权保护交流活动在羊城创意园成功举行。澳门知识产权厅厅长郑晓敏、广东省知识产权局副局长朱万昌等领导出席了活动，来自粤澳两地文化创意产业的代表40余人参加了活动。

活动首先在园区内的羊城设计联盟举办了双方代表座谈交流会，来自羊城创意园区管理方、羊城设计联盟组织、欢聚时代公司以及天闻角川动漫有限公司的代表围绕创意产业与知识产权的主题向参会代表介绍了业务情况、知识产权保护的做法与经验。座谈会后，参会代表一起参观了园区内具有代表性的企业，围绕原创保护主题进行了深入交流。

为加强广东与澳门知识产权交流合作，为两地经贸繁荣发展营造良好的营商环境，2012年，粤澳双方成立知识产权工作小组，并签署《粤澳知识产权合作备忘录》，讨论通过《粤澳知识产权合作计划(2012—2014年)》，确定开展信息交流、知识产权联合保护执法等合作。此次粤澳创意产业知识产权交流活动的成功举办大大推动了粤澳创意产业界的相互了解，并为下一阶段合作奠定了良好基础。

（资料来源：天河区知识产权局网站）

【“2013年内地与香港、澳门特别行政区知识产权研讨会”在澳门举行】 2013年7月10日，“2013年内地与香港、澳门特别行政区知识产权研讨会”在澳门举行。来自内地及港澳的知识产权界专家、学者聚首一堂，就当前知识产权保护工作中的热点话题进行交流，为推动知识产权事业发展提出意见和建议。

研讨会以“三地知识产权的最新发展”、“战略性新兴产业的知识产权保护”、“知识产权推动创意产业发展”为主题，探讨相关领域内知识产权事业发展的最新趋势。研讨会还倡议三地加强彼此在知识产权保护领域的合作，提高相关产业知识产权创造、运用、保护和管理能力，并围绕知识产权保护对创意产业发展的重要性展开探讨。

自2000年起，内地、香港及澳门每年轮流举办一次知识产权研讨会，为三地知识产权界人士打造了一个开展交流和加强沟通的平台，对深化三地在知识产权领域的合作与交流发挥了积极作用。

（资料来源：新华网　作者：刘冬杰）

【创意共享澳门项目组应邀参加2013年CC全球峰会】 2013年8月19—24日，创意共享2013全球峰会（Creative Commons Global Summit 2013）在阿根廷首都布宜诺斯艾利斯举行。澳门创意共享（CC Macau）公共项目组负责人方泉副教授、法律组负责人易在成助理教授以及语言组汪诚芳高级讲师出席了此次峰会。

大会主会场富于创意地设在圣马丁文化中心剧院。会议首日，在此次峰会的亚太区分会上，汪诚芳高级讲师代表澳门项目组汇报了近期澳门项目组在CC 3.0版本上所做的翻译工作、文本法律本地化工作进展及对未来的工作规划。此次峰会各项议程包括“Copyright Reform Mini Conference”，“Open Horizons: Welcome to CC 4.0”，“OER Policies Around the World Implementing UNESCO OER Declaration”，“CC 4.0 Translation Hackathon”，“New Development of IP law around the World”，等等。出席会议的各专家就当前全球著作权法的发展与改革背景下CC的发展、澳门著作权法修改、开放教育资源的共享及法律问题、CC 4.0所面临的法律问题及翻译问题等做了交流与探讨，澳方代表就在大中华区进行CC 4.0中文文本统一化问题与全球其他法域的代表们分享了认识并进行了全面的交流。

（《中国版权年鉴》编辑部综合）

【澳门举办“版权知多D嘉年华”活动】 2013年10月20日下午，由作曲家、作家及出版社协会（MACA）主办，并由澳门特区政府检察院、法务局、海关、文化局及澳门少年警讯协办的“版权知多D嘉年华”活动，在澳门佑汉公园举行。

出席活动开幕式的主礼嘉宾包括：澳门特区政府检察长办公室律政厅厅长李建基，法务局法律推广厅厅长罗静萍，澳门海关关务督察何泽文，文化局代表何嘉荣，澳门少年警讯活动委员会总监杜泽诚，作曲家、作家及出版社协会主席吴国恩。随着投入象征以行动支持保护版权的金币，嘉年华正式开始。

吴国恩于致辞时表示，协会的宗旨是“尊重音乐、维护版权”，所以一直以来，除了在学校举办音乐版权讲座外，也举办不同形式的研讨会及音乐会以宣扬版权意识。此次举办的“版权知多D嘉年华”活动，除了希望加强市民对版权的了解、提高市民保护版权的意识之外，也借此机会向公众介绍何谓侵权行为，因为很多时候，市民可能在不自知的情况下做出侵权行为，危害创意产业的发展。

（《中国版权年鉴》编辑部综合）

【“商标、著作权及设计新型保护中的冲突与解决途径”研讨会举办】 2013年10月22—23日，由经济局举办，属第二期欧盟与澳门在法律范畴的合作项目之一的“商标、著作权及设计新型保护中的冲突与解决途径”研讨会，在澳门国际银行大厦七楼经济局演讲厅举办。

此次研讨会由北京君策知识产权发展中心副主任许超主讲，以普通话进行，并辅以葡语实时传译。此次研讨会分析了下列主题和其他相关议题：著作权与设计新型权的关系及其案例分享；著作权与商标权的关系及其案例分享；冲突解决的基本原则与途径；商标权与设计新型权的关系及其案例分享；实践中相关问题的探讨及其案例分享。

第二期欧盟与澳门在法律范畴的合作项目的总体协调工作由法律改革及国际法事务局负责，主办单位为澳门特别行政区的不同部门，包括法律及司法培训中心、法务局、经济局、财政局以及澳门欧洲研究学会。

（《中国版权年鉴》编辑部综合）

【“国际作者和作曲者协会联合会亚太区会议”在澳门举行】 2013年11月11—12日，“国际作者和作曲者协会联合会亚太区会议”首次在澳门举行，来自美国、英国、澳大利亚、韩国、日本等地的联会代表出席了会议。

会议代表分享了2012年的工作成果，探讨未来市场的变化及挑战。作曲家、作家及出版社协会主席吴国恩表示，有与会者反映会员作品多次在澳门被侵权，计划协助他们采取法律行动，追讨损失和维护权益。现时澳门的法律保障足够，但居民版权意识有待提升，部分大用量用户和活动筹办单位以公开播放形式侵权，问题严重。会上，韩国代表亦投诉会员作品长期受侵权，协会计划协助其采取法律行动，争取合理权益，并唤醒公众重视版权。

（《中国版权年鉴》编辑部综合）

◆台　湾

【台湾地区认定色情影片不受“著作权法”保护】 2013年3月21日，就日本色情片片商首次到台湾提起的著作权诉讼，台北检察署认定色情影片不受“著作权法”（台湾地区自己的保护著作权的依据所在）保护，裁定全案不予起诉。

日商主张这些色情影片都是由导演、演员、摄影师、化妆师、灯光师及布景道具人员创作完成的，具有“独特性”，应当享有著作权，同时控告爱尔达科技等11家公司将日制色情片上传网站，并供网友付费下载，涉嫌侵犯著作权。

台北检察署则认为，色情影片不属于“著作权法”所保护的作品，理由有两点：一是“著作权法”所称的作品是文学、科学、艺术等领域的创作，并不包括色情影片；二是色情影片违背公共秩序与善良风俗，不在“著作权法”的保护范围内。虽然“著作权法”的立法目的是保障个人或者法人“智慧的著作”，但仍须受公序良俗原则的限制。

（《中国版权年鉴》编辑部综合）

【台湾著作权保护协会参加第五届海峡新闻出版业发展论坛】 2013年6月16日，台湾著作权保护协会应福建省版权协会之邀，首次参加第五届海峡新闻出版业发展论坛。台湾著作权保护协会副理事长杨泰顺在论坛上做了发言，介绍了台湾著作权保护协会开展的有关工作。论坛期间，福建省版权协会与台湾著作权保护协会就今后两岸著作权协会开展合作与交流进行了多次会谈，取得了良好的效果。

论坛期间，福建省版权协会理事长白京兆、副理事长邱建宏与台湾著作权保护协会副理事长杨泰顺、法务长施育霖、秘书长宋文卿进行了深入会谈，双方互相介绍了各自协会的发展状况、主要业务和发展愿景。白京兆向杨泰顺提出了拟开展闽粤苏台港澳六地版权协会合作项目及轮值举办版权论坛的设想，以及由台湾著作权保护协会作为台湾著作权人向福建省版权登记机构申请作品登记的代理机构，对申请人的申请件进行前期认证等业务。杨泰顺对此提议予以积极响应，并对进一步合作提出建设性意见。

7月3日，福建省版权协会得到台湾著作权保护协会的答复，经过台湾著作权保护协会理监事会的研究，同意参加闽粤苏台港澳六地开展的有关版权方面的合作项目及联合举办论坛等，同时加强在代理台湾著作权人向福建省申请作品登记方面的合作意向，为两岸进一步的交流合作打下良好的基础。

（《中国版权年鉴》编辑部综合）

【两岸著作权（版权）交流座谈会在台湾举办】 2013年10月15日，两岸著作权（版权）交流座谈会在台北喜来登大饭店举行，国家新闻出版广电总局副局长、国家版权局副局长、中国版权协会理事长阎晓宏率多位重要干部和企业代表与会，与台湾影视、音乐等版权各界代表，共同针对两岸现况进行沟通并交换意见。

台方主要与会者包括“经济部智慧财产局局长”王美花，台湾著作权保护协会创会理事长廖治德，台湾著作权保护协会理事长廖伟铭及副理事长李瑞斌、林锡辉、杨泰顺；大陆主要与会者包括国家版权局版权管理司司长、中国版权协会副理事长于慈珂，中国版权协会秘书长孙悦，中国文字著作权协会总干事张洪波，中国音像著作权集体管理协会副总干事马继超，中国版权保护中心副处长张辉，以及阿里巴巴、百度、腾讯网、乐视网、精彩集团等业者代表。

“经济部智慧财产局局长”王美花表示，版权需要跨领域执行保护，目前台湾的“著作权法”正在进行“修法”，预计2014年将针对草案办理公听会，整合各界意见，然而法律架构难以驾驭，网络侵权影响巨大，大陆方面也已进入第三稿阶段，希望两岸交流愈做愈好。

从2008年到2013年，两岸著作权论坛已经迈入第六届，获得了相当丰硕的成果。

（《中国版权年鉴》编辑部综合）

【台港合作举办2013年“短片由我创”制作大赛】 2013年11月29日至12月1日，以主题为“拒绝非法影印教科书、网络侵权”的短片创作大赛颁奖典礼在台北华山1914文化创意产业园区举行。

此次比赛为跨地域的大赛，由台湾国际影视基金会（原名台湾著作权保护基金会）及香港知识产权会合作举办，其目的为宣扬尊重知识产权、提倡创意文化及鼓励创新发明。台湾及香港的高中（职）、大专院校学生及社会人士，通过制作30秒的短片发挥创意参加比赛，以此提高社会大众保护知识产权的意识。大赛评审团由台港知名及专业人士组成。

（《中国版权年鉴》编辑部综合）

【台湾“立法院”初审通过扩大视、听觉认知障碍者合理使用著作规定】 2013年12月18日，台湾“立法院经济委员会”审查通过“著作权法部分条文修正草案”的提案，主要修正“著作权法”第53条相关规定，使“中央”或地方政府机关、非营利机构或团体、依法立案的各级学校，可以为视、听觉障碍者制作无障碍格式版本；另外，视、听觉障碍者本身或其代理人也可以制作无障碍格式版本供其个人非营利使用。

为促进无障碍格式版本的资源共享，避免重复制作造成资源浪费，草案也同时规定合法制作之无障碍格式版本除可以在上述机关、团体或学校及视、听觉障碍者间流通外，并可由上述机关、团体或学校输入专供视、听觉障碍者使用，增加及扩大视、听觉障碍者接触作品的机会。

台湾“智慧财产局”表示，现行“著作权法”第53条虽然已有关于制作无障碍格式版本供视、听觉障碍者使用的规定，但这些无障碍格式版本的流通及输入受到限制。2013年6月，世界知识产权组织缔结《马拉喀什条约》，促进无障碍格式版本资源共享成为国际共识，此次台湾“立法院经济委员会”审查通过的修正草案，符合国际趋势，也能落实对身心障碍者权益的保护。

此外，台湾“立法院经济委员会”也同时初审通过许忠信等委员所提“著作权法”第65条及第87条条文修正草案，通过的条文内容将使著作权之适用更加明确，有助于著作权法制之提升。

（资料来源：台湾“智慧财产局”网站）

版权相关产业与版权贸易

BAN QUAN XIANG GUAN CHAN YE YU BAN QUAN MAO YI

2013年新闻出版产业分析报告

中国新闻出版研究院

一、2013年全国新闻出版产业发展状况

（一）主要经济指标平稳增长，产业规模继续扩大

2013年，全国出版、印刷和发行服务实现营业收入18 246.4亿元，较2012年增加1 611.1亿元，增长9.7%；利润总额1 440.2亿元，较2012年增加122.8亿元，增长9.3%（见图1）。这反映出新闻出版产业继续保持了较强的可持续发展能力。

图1 新闻出版产业增长情况

（二）图书出版稳步增长，品种增速大幅回落

2013年，全国共出版图书44.44万种，较2012年增加3.04万种，增长7.3%（其中，新版图书25.6万种，增加1.4万种，增长5.8%）；总印数83.1亿册（张），增加3.9亿册（张），增长4.9%；图书出版实现营业收入770.8亿元，增加47.3亿元，增长6.5%；利润总额118.6亿元，增加3.4亿元，增长2.9%；总体经济规模综合评价由第五位升至第四位。受文化科学教育体育类图书品种增速显著回落影响，图书品种增速回落4.7个百分点（其中新版图书回落10.8个百分点），重印、重版图书品种增长9.5%，增速提高3.4个百分点。这表明新闻出版行政部门着力实施图书精品战略，采取多种措施引导图书出版单位由追求数量转向提高质量，整顿图书出版特别是教辅类图书出版秩序，已初见成效（见表1）。

表1　　图书出版品种变动比较

类别	2012年			2013年		
	品种（万种）	增减数量（万种）	增减百分比（%）	品种（万种）	增减数量（万种）	增减百分比（%）
全部图书	41.40	4.45	12.04	44.44	3.04	7.35

续前表

类别	2012年			2013年		
	品种（万种）	增减数量（万种）	增减百分比（%）	品种（万种）	增减数量（万种）	增减百分比（%）
新版图书	24.20	3.45	16.62	25.60	1.40	5.78
重印重版	17.20	1.00	6.17	18.84	1.64	9.55
文化教育科学体育类	15.92	2.61	19.64	17.62	1.70	10.68
新版图书	7.98	2.05	34.61	8.51	0.52	6.53
重印重版	7.93	0.56	7.60	9.11	1.18	14.86

（三）报纸出版形势严峻，多项指标明显下滑

2013年，全国共出版报纸482.4亿份，与2012年基本持平；总印张2 097.8亿印张，减少113.2亿印张，降低5.1%；报纸出版实现营业收入776.7亿元，减少85.7亿元，降低9.9%；利润总额87.7亿元，减少11.6亿元，降低11.7%；总体经济规模综合评价由第四位降至第五位。这反映出数字化阅读进一步普及、信息传播与获取方式深刻改变对报纸出版的冲击进一步显现。同时，不同类型报纸出现分化：全国性报纸总印数增长5.3%，总印张增长5.6%，省级与地市级报纸总印数与总印张数减少，

一些有全国影响的地方报纸总印数出现不同程度滑坡。期刊总印数略有下降，收入微有增长。全国共出版期刊 32.7 亿册，降低 0.8 亿册，下降 2.4%（见图 2）。其中，文学艺术类期刊降低 0.2 亿册，下降 5.9%；自然科学技术类期刊降低 0.2 亿册，下降 4.6%。期刊出版实现营业收入 222 亿元，增加 1.1 亿元，增长 0.5%。

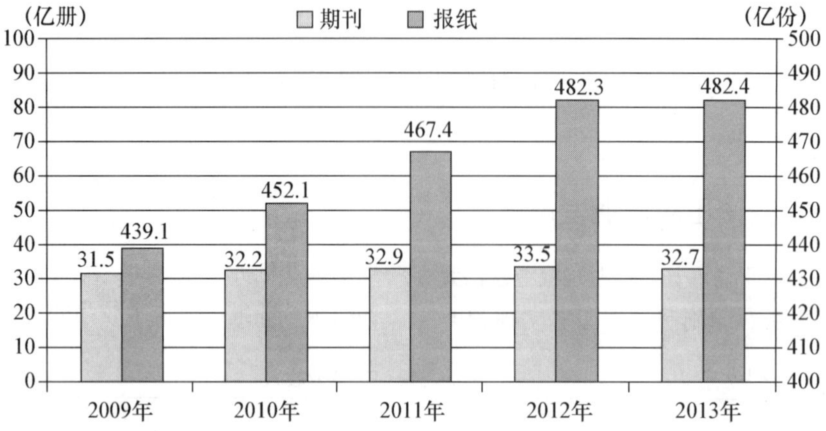

图 2 报纸、期刊总印数变动情况

（四）电子出版物出版数量显著增长，应用服务特征明显

2013 年，全国共出版电子出版物 3.5 亿张，较 2012 年增加 0.9 亿张，增长 34.6%；电子出版物出版实现营业收入 10.2 亿元，增加 1 亿元，增长 10.9%；利润总额 2.8 亿元，增加 0.5 亿元，增长 21.7%。27 种电子出版物当年累计出版数量超过 100 万盒（张），绝大多数为 IT 产品配套程序或中小学教学用软件和课件。这反映出电子出版物出版顺应数字化发展大趋势，通过为相关产业提供应用出版服务，实现融合发展，积极拓展出自身的生存与发展空间。

（五）数字出版收入在全行业占比继续提升，新型数字化内容服务收入增长迅猛

2013 年，数字出版实现营业收入 2 540.4 亿元，较 2012 年增加 604.9 亿元，增长 31.3%，占全行业营业收入的 13.9%，提高了 2.3 个百分点（见图 3）。在线音乐与网络动漫营业收入增长 1.5 倍，继续迅猛发展。这反映出新型数字化内容服务在新闻出版业数字化转型中发力迅猛。与此相比，电子书、互联网期刊与数字报纸营业收入增长速度仅为 7%，远远低于数字出版整体增速，说明传统出版物的数字化转型尚需进一步加强。

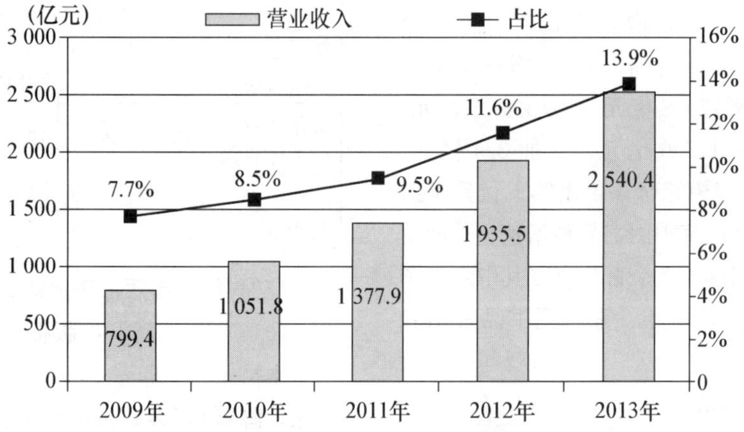

图 3 数字出版营业收入增长情况

（六）印刷复制增速放缓，营业收入所占比重持续下降

2013 年，全国印刷复制实现营业收入 11 094.9 亿元，增加 734.4 亿元，增长 7.1%，较 2012 年增速回落 4.2 个百分点；占全行业营业收入的 60.8%，减少 1.5 个百分点。虽然印刷复制地位有所削弱，但仍是新闻出版业的支柱产业。

（七）出版物发行业向好，图书销售稳步增长

2013 年，出版物发行业实现营业收入 2 710.7 亿元，较 2012 年增加 292.1 亿元，增长 12.1%；利润总额 221.1 亿元，增加 25.1 亿元，增长 12.8%。新华书店系统和出版社自办发行单位实现全国居民和社会团体图书零售总额 659.2 亿元，较 2012 年增加 42 亿元，增长 6.8%；零售数量 63.5 亿册，增加 1.9 亿册，增长 3.1%。这反映出即使受到数字化冲击，图书出版与销售仍存在一定的市场发展空间。

（八）出版物出口突破 1 亿美元，版权输出与引进品种比例继续提升

2013 年，全国累计出口图书、报纸、期刊、音像制品、电子出版物和数字出版物 2 387.4 万册（份、盒、张），较 2012 年增加 299.5 万册（份、盒、张），增长 14.3%；出口金额 10 462.4 万美元，增加 988.3 万美元，增长 10.4%。全国共输出版权 10 401 种（其中出版物版权 8 444 种），增加 1 036 种，增长 11.1%；版权输出品种与引进品种比例由 2012 年的 1∶1.9 提高至 1∶1.7。这反映出新闻出版行业"走出去"持续、较快发展的态势（见图 4）。

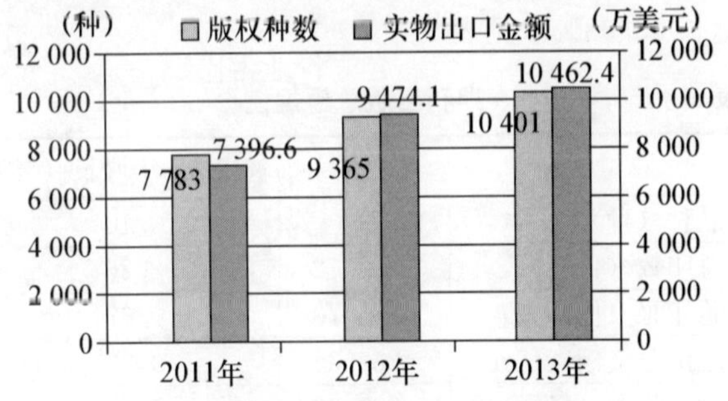

图 4　版权输出与实物出口增长情况

（九）出版传媒集团骨干地位进一步巩固，发行集团业绩突出

2013 年，全国图书出版、报刊出版和发行集团主营业务收入增长 13.3%，在全国书报刊出版与出版物发行主营业务收入中所占比重比上年提高 3.7 个百分点；资产总额增长 14.1%，提高 3.4 个百分点；所有者权益增长 11.6%，提高 2.5 个百分点；利润总额增长 16.2%，提高 4.9 个百分点。江苏凤凰出版传媒集团有限公司、湖南出版投资控股集团有限公司、安徽出版集团有限责任公司、山东出版集团有限公司、江西省出版集团公司与安徽新华发行（集团）控股有限公司主营业务收入、资产总额均超过 100 亿元，"双百亿"集团由 4 家增到 6 家。此外，资产总额超过 100 亿元的集团由 8 家增到 9 家。发行集团主要经营指标增长速度明显高于集团整体水平；图书出版集团继续保持良好增长态势；报业出版集团主营业务收入与利润总额分别降低 14.6%与 6.9%，43 家报业集团中有 15 家营业利润出现亏损，较 2012 年增加 3 家。

（十）上市公司业绩较快提升，投资价值凸显

在国家全面深化改革、大力发展文化产业的政策利好背景下，出版传媒上市公司充分顺应行业发展趋势，多方开拓传统业务市场，积极拓展手机游戏等新兴业务领域，取得不俗经营业绩。2013 年，26 家在上海和深圳上市的出版发行和印刷公司共实现营业收入 804.5 亿元，较 2012 年增加 93.6 亿元，增长 13.2%；实现利润总额 82.9 亿元，增加 8.2 亿元，增长 11%（见图 5）。以 2013 年 12 月 31 日收盘价计算，32 家在境内外上市的出版发行和印刷公司股市流通市值合计 1 740.88 亿元，增加 837.8 亿元，增长 92.77%（见表 2），接近翻番。在 2013 年全国股市总体低迷大背景下，26 家在上海和深圳上市的出版发行和印刷公司，有 22 家（包括全部书报刊出版公司）股价上涨，其中 4 家股价翻番，最高涨幅超过 1.50 倍；其间，多家公司股票连续涨停；股市总市值合计 2 232.1 亿元，增加 730.3 亿元，增长 48.6%。这反映了出版发行上市公司投资价值已逐渐被投资者真正认识，开始受到青睐与追捧。

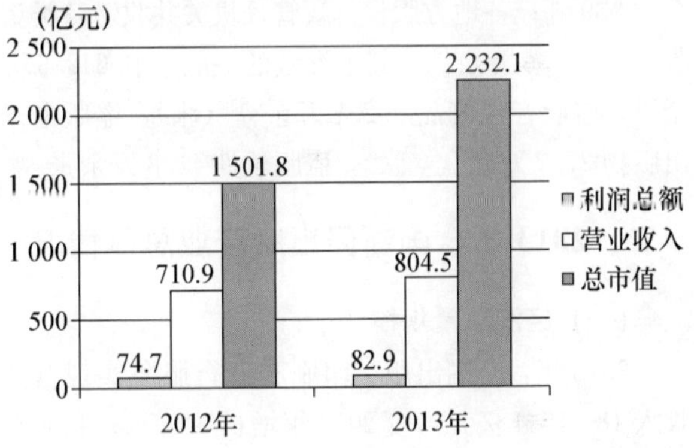

图 5　在上海和深圳上市的出版发行和印刷公司发展情况

表 2　各类别上市公司主要指标及其变动情况

指标		合计	书报刊出版公司	发行公司	印刷公司
流通市值	金额（亿元）	1 740.88	854.39	327.35	559.14
	增长速度（%）	92.77	114.91	94.14	65.93
	所占比重（%）	100.00	49.08	18.80	32.12
	比重变动（百分点）	0.00	5.08	0.10	−5.18
总市值	金额（亿元）	2 232.09	1 370.24	283.60	578.25
	增长速度（%）	48.63	54.65	41.87	39.04
	所占比重（%）	100.00	61.39	12.70	25.91
	比重变动（百分点）	0.00	2.39	−0.60	−1.79
营业收入	金额（亿元）	804.47	488.02	86.17	230.28
	增长速度（%）	13.16	14.44	18.24	8.85
	所占比重（%）	100.00	60.66	10.71	28.63
	比重变动（百分点）	0.00	0.68	0.46	−1.14
利润总额	金额（亿元）	82.92	63.10	8.69	11.13
	增长速度（%）	10.97	28.83	11.10	−37.90
	所占比重（%）	100.00	76.10	10.48	13.42
	比重变动（百分点）	0.00	10.55	0.01	−10.56

（十一）数字出版产业基地（园区）快速发展，示范带动作用进一步增强

2013年，18家报送数据的国家新闻出版产业基地（园区）共实现营业收入1 026.4亿元，利润总额142.2亿元。其中，10家国家数字出版基地（园区）共实现营业收入902.4亿元，较2012年增加277.7亿元，增长44.5%，占数字出版全部营业收入的35.5%，提高3.2个百分点；实现利润总额137.7亿元，增加52.6亿元，增长61.8%。上海张江国家数字出版基地营业收入达到250亿元，江苏国家数字出版基地营业收入超过150亿元，广东国家数字出版产业基地营业收入超过100亿元。

（十二）市场管理力度加强，版权执法取得显著成效

2013年，全国各级版权行政管理机关共检查经营单位103.3万家，取缔违法经营单位1万家，查获地下窝点543个，行政处罚7 019起，移送司法机关案件539件；各地方版权行政管理机关共收缴各类盗版品1 766.6万余件，其中查缴的盗版书刊642.6万余册，盗版音像制品992.1万余盒（张），盗版电子出版物27.2万余盒（张），盗版软件41.3万余张。

二、2013年全国新闻出版产业总体情况

（一）经济总量规模

2013年，全国出版、印刷和发行服务实现营业收入18 246.4亿元，较2012年增长9.68%；利润总额1 440.19亿元，增长9.32%；不包括数字出版的资产总额为17 207.7亿元，增长9.4%；所有者权益（净资产）为9 023.17亿元，增长10.52%（见表3）。

表3　　主要经济指标

经济指标	金额（亿元）	较2012年增长（%）
营业收入	18 246.40	9.68
资产总额	17 207.70	9.40
所有者权益（净资产）	9 023.17	10.52
利润总额	1 440.19	9.32

说明：表内经济指标均未包括版权贸易与代理、行业服务与其他新闻出版业务，资产总额、所有者权益（净资产）均未包括数字出版。

（二）图书出版总量规模

2013年，全国共出版图书44.44万种，较2012年增长7.35%。其中，新版图书25.6万种，增长5.8%；重版、重印图书18.8万种，增长9.6%。总印数83.1亿册（张），增长4.87%；总印张712.58亿印张，增长6.83%；定价总金额1 289.28亿元，增长8.95%。图书出版实现营业收入770.78亿元，增长6.53%；利润总额118.58亿元，增长2.91%（见表4）。

表4　　图书出版总量规模

总量指标	数量	较2012增长（%）
品种（万种）	44.44	7.35
总印数（亿册、张）	83.10	4.87
总印张（亿印张）	712.58	6.83
定价总金额（亿元）	1 289.28	8.95
营业收入（亿元）	770.78	6.53
利润总额（亿元）	118.58	2.91

（三）期刊出版总量规模

2013年，全国共出版期刊9 877种，较2012年增长0.1%；总印数32.72亿册，下降2.26%；总印张194.7亿印张，下降0.67%；定价总金额253.35亿元，增长0.26%。期刊出版实现营业收入221.99亿元，增长0.51%；利润总额28.59亿元，增长13.08%（见表5）。

表5　　期刊出版总量规模

总量指标	数量	较2012年增长（%）
品种（种）	9 877	0.10
总印数（亿册）	32.72	−2.26
总印张（亿印张）	194.70	−0.67
定价总金额（亿元）	253.35	0.26
营业收入（亿元）	221.99	0.51
利润总额（亿元）	28.59	13.08

（四）报纸出版总量规模

2013年，全国共出版报纸1 915种，较2012年降低0.16%；总印数482.41亿份，与2012年基本持平；总印张2 097.84亿印张，降低5.12%；定价总金额440.36亿元，增长1.37%。报纸出版实现营业收入776.65亿元，降低8.88%；利润总额87.67亿元，降低11.66%（见表6）。

表6　　报纸出版总量规模

总量指标	数量	较2012年增长（%）
品种（种）	1 915	−0.16
总印数（亿份）	482.41	0.03
总印张（亿印张）	2 097.84	−5.12
定价总金额（亿元）	440.36	1.37
营业收入（亿元）	776.65	−8.88
利润总额（亿元）	87.67	−11.66

（五）音像制品出版总量规模

2013年，全国共出版音像制品16 972种，较2012年降低8.19%；出版数量4.06亿盒（张），增长3.05%；发行数量3.43亿盒（张），降低1.72%；发行总金额17.1亿元，降低7.92%。音像制品出版实现

营业收入24.72亿元，降低12.79%；利润总额3.35亿元，降低2.76%（见表7）。

表7　　音像制品出版总量规模

总量指标	数量	较2012年增长（%）
品种（种）	16 972	−8.19
出版数量（亿盒、张）	4.06	3.05
发行数量（亿盒、张）	3.43	−1.72
发行总金额（亿元）	17.10	−7.92
营业收入（亿元）	24.72	−12.79
利润总额（亿元）	3.35	−2.76

（六）电子出版物出版总量规模

2013年，全国共出版电子出版物11 708种，较2012年降低0.96%；出版数量3.52亿张，增长33.69%。电子出版物出版实现营业收入10.23亿元，增长10.8%；利润总额2.77亿元，增长21.74%（见表8）。

表8　　电子出版物出版总量规模

总量指标	数量	较2012年增长（%）
品种（种）	11 708	−0.96
出版数量（亿张）	3.52	33.69
营业收入（亿元）	10.23	10.80
利润总额（亿元）	2.77	21.74

（七）数字出版总量规模

2013年，数字出版实现营业收入2 540.35亿元，较2012年增长31.25%；利润总额199.42亿元，增长31.24%（见表9）。

表9　　数字出版总量规模

总量指标	金额（亿元）	较2012年增长（%）
营业收入	2 540.35	31.25
利润总额	199.42	31.24

（八）印刷复制总量规模

2013年，全国黑白印刷产量3.3亿令，较2012年下降0.1%；彩色印刷产量25.6亿对开色令，增长55.2%；装订产量3.6亿令，增长22.1%。印刷复制（包括出版物印刷、包装装潢印刷、其他印刷品印刷、专项印刷、打字复印、复制和印刷物资供销）实现营业收入11 094.92亿元，增长7.09%；利润总额775.78亿元，增长7.48%（见表10）。

表10　　印刷复制总量规模

总量指标	金额（亿元）	较2012年增长（%）
营业收入	11 094.92	7.09
利润总额	775.78	7.48

（九）出版物发行总量规模

2013年，全国新华书店系统和出版社自办发行单位实现出版物总销售额2 346.15亿元，较2012年增长8.62%；全国共有出版物发行网点17.2万余处，降低0.11%。出版物发行实现营业收入2 710.74亿元，增长12.08%；利润总额221.1亿元，增长12.79%（见表11）。

表11　　出版物发行总量规模

总量指标	数量	较2012年增长（%）
出版物发行网点（处）	172 447	−0.11
出版物总销售额（亿元）	2 346.15	8.62
营业收入（亿元）	2 710.74	12.08
利润总额（亿元）	221.11	12.79

（十）出版物进出口总量规模

2013年，全国累计出口图书、报纸、期刊、音像制品、电子出版物、数字出版物数量2 387.43万册（份、盒、张），较2012年增长14.3%；金额10 462.43万美元，增长10.4%。全国累计进口图书、报纸、期刊、音像制品、电子出版物、数字出版物数量2 390.04万册（份、盒、张），下降24.3%；金额48 070.97万美元，增长2.7%。进出口总额58 533.39万美元（见表12）。

表12　　全国出版物对外贸易情况

类型	指标	累计出口	累计进口	总额	差额
图书、期刊、报纸	数量（万册、份）	2 375.31	2 361.54	4 736.84	13.77
	金额（万美元）	8 115.46	28 048.63	36 164.09	−19 933.16
音像制品、电子出版物、数字出版物	数量（万盒、张）	12.12	28.51	40.63	−16.38
	金额（万美元）	2 346.96	20 022.34	22 369.30	−17 675.38
合计	数量（万册、份、盒、张）	2 387.43	2 390.04	4 777.47	−2.61
	金额（万美元）	10 462.43	48 070.97	58 533.39	−37 608.54

说明：(1) 差额为累计出口与累计进口之差。正号表示出口大于进口，存在贸易顺差；负号表示出口小于进口，存在贸易逆差。(2) 表中各数均为四舍五入后的结果。

（十一）版权贸易总量规模

2013年，全国共输出版权10 401种（其中输出出版物版权8 444种），较2012年增长11.06%（其中输出出版物版权增长7.8%）；引进版权18 167种（其中引进出版物版权17 613种），增长3.29%（其中引进出版物版权增长2.4%）；版权输出与引进品种比例由

2012 年的 1∶1.9 提高到 1∶1.7（见表 13、表 14）。

表 13　　对外版权贸易总量规模

总量指标	数量（种）	较 2012 年增长（%）
引进	18 167	3.29
输出	10 401	11.06

表 14　　出版物对外版权贸易构成　　单位：种

类型	引进	输出	总额	差额
图书	16 625	7 305	23 930	−9 320
录音制品	378	300	678	−78
录像制品	538	193	731	−345
电子出版物	72	646	718	574
合计	17 613	8 444	26 057	−9 169

说明：差额为输出与引进之差。正号表示输出大于引进，存在顺差；负号表示输出小于引进，存在逆差。

（十二）单位数量与就业人数

2013 年，全国共有新闻出版单位 34.6 万余家，较 2012 年降低近 0.4%。其中，法人单位约 16.1 万家，较 2012 年降低 0.22%，约占单位总数的 46.38%，提高约 0.10 个百分点；非法人单位近 0.9 万家，降低 6.32%，约占单位总数的 2.48%，降低约 0.2 个百分点；个体经营户约 17.7 万家，降低 0.16%，约占 51.14%，提高约 0.1 个百分点（见表 15）。

表 15　　新闻出版单位数量与构成

类型	数量（家）	较 2012 年增长（%）	比重（%）
法人单位	160 578	−0.22	46.38
其中：企业法人单位	157 682	0.04	—
非法人单位	8 581	−6.32	2.48
个体经营户	177 028	−0.16	51.14
合计	346 187	−0.35	100

说明：未包括数字出版单位、版权贸易与代理单位和行业服务与从事其他新闻出版业务的单位。

2013 年，全国新闻出版业就业人数为 479.24 万人（不包含数字出版、版权贸易与代理、行业服务与从事其他新闻出版业务单位就业人员），较 2012 年提高 0.38%；其中男性约 255.8 万人，女性约 223.5 万人，分别占全行业就业人数的 53.4%和 46.6%，男女比例基本平衡（见表 16）。

表 16　　就业人数的产业类别构成

产业类别	人数（万人）	较 2012 年增长（%）	比重（%）
图书出版	6.48	−3.49	1.35
期刊出版	10.91	−2.26	2.28
报纸出版	26.31	−0.01	5.49
音像制品出版	0.42	−9.33	0.09
电子出版物出版	0.23	2.41	0.05

续前表

产业类别	人数（万人）	较 2012 年增长（%）	比重（%）
印刷复制	362.08	0.68	75.55
出版物发行	72.52	−0.16	15.13
出版物进出口	0.31	−0.06	0.06
合计	479.24	0.38	100

说明：（1）未包括数字出版、版权贸易与代理、行业服务与其他新闻出版业务单位就业人员；（2）表中人数为四舍五入后的结果。

三、结构分析

（一）产品结构

1. *总印数（出版数量）*

2013 年全国共出版图书、期刊、报纸、音像制品和电子出版物 605.8 亿册（份、盒、张）。

图书：占总量的 13.72%，位居第二；增速为 4.87%，位居第二。

期刊：占总量的 5.4%，位居第三；增速为 −2.26%，位居第六。

报纸：占总量的 79.63%，位居第一；增速为 0.03%，位居第五。

录音制品：占总量的比重不足 0.4%，位居第五；增速为 4.82%，位居第三。

录像制品：占总量的比重不足 0.3%，位居第六；增速为 0.6%，位居第四。

电子出版物：占总量不足 0.6%，位居第四；增速为 33.69%，位居第一（见表 17、表 18）。

2. *总印张*

2013 年全国共出版图书、期刊和报纸 3 005.1 亿印张。

图书：占总量的 23.71%，位居第二；增速为 6.83%，位居第一。

期刊：占总量的 6.48%，位居第三；增速为 −0.67%，增速位居第二。

报纸：占总量的 69.81%，位居第一；增速为 −5.12%，增速位居第三（见表 17、表 18）。

表 17　各类出版物在全部出版物总量中所占比重

出版物类型	总印数（出版数量）占比（%）	总印张占比（%）	定价（出版）总金额占比（%）
图书	13.72	23.71	64.33
期刊	5.40	6.48	12.64
报纸	79.63	69.81	21.97
录音制品	0.39	—	0.51
录像制品	0.28	—	0.55
电子出版物	0.58	—	—
合计	100	100	100

说明：音像制品和电子出版物采用出版数量和出版总金额，出版总金额数值的计算公式为出版数量×(发行金额/发行数量)。

表 18　　各类出版物的增长速度与结构变动情况

类型	总印数		总印张		定价总金额	
	增速（%）	变动（百分点）	增速（%）	变动（百分点）	增速（%）	变动（百分点）
图书	4.87	0.55	6.83	2.01	8.95	1.78
期刊	−2.26	−0.16	−0.67	0.10	0.26	−0.72
报纸	0.03	−0.54	−5.12	−2.11	0.37	−0.99
录音制品	4.82	0.01	—	—	−5.63	−0.06
录像制品	0.60	0.00	—	—	2.71	−0.01
电子出版物	33.69	0.14	—	—	—	—

说明：(1) 音像制品定价总金额的计算见表 17 “说明”。(2) 增速系指表内各项指标 2013 年较 2012 年的增长速度；变动系指表内各项指标的结构变动，以百分点表示，由 2013 年各项指标在总量中所占百分比与 2012 年该项指标在总量中所占百分比相减而得。

3. 定价（出版）总金额

2013 年全国出版图书、期刊、报纸和音像制品的定价（出版）总金额为 2 004.2 亿元。

图书：占总量的 64.33%，位居第一；增速为 8.95%，位居第一。

期刊：占总量的 12.64%，位居第三；增速为 0.26%，位居第四。

报纸：占总量的 21.97%，位居第二；增速为 0.37%，位居第三。

录音制品：占总量的 0.51%，位居第五；增速为−5.63%，位居第五。

录像制品：占总量的 0.55%，位居第四；增速为 2.71%，位居第二（见表 17、表 18）。

（二）各产业类别总体经济规模综合评价

选取营业收入、增加值、总产出和利润总额 4 个经济规模指标，采用主成分分析法对图书出版、期刊出版、报纸出版、音像制品出版、电子出版物出版、数字出版、印刷复制、出版物发行和出版物进出口共 9 个新闻出版产业类别的总体经济规模进行综合评价。印刷复制、出版物发行和数字出版分居前三位，三者合计占全行业营业收入的 89.60% 和利润总额的 83.10%，印刷复制和出版物发行两个类别合计占全行业营业收入的 75.70% 和利润总额的 69.20%。

与 2012 年相比，图书出版与报纸出版互换位置，图书出版排名上升，报纸出版排名下降（见表 19）。

表 19　　各产业类别经济规模综合评价

综合排名	产业类别	综合评价得分	2012 年排名	排名变化
1	印刷复制	2.54	1	0
2	出版物发行	0.18	2	0
3	数字出版	−0.15	3	0
4	图书出版	−0.30	5	1
5	报纸出版	−0.31	4	−1
6	期刊出版	−0.50	6	0
7	出版物进出口	−0.58	7	0
8	音像制品出版	−0.59	8	0
9	电子出版物出版	−0.60	9	0

说明：综合评价得分系选取营业收入、增加值、总产出和利润总额四个指标，采用主成分分析方法，通过 SPSS 直接计算所得，仅用来显示各产业类别的相对位置，负数并不代表负面评价。

（三）各地区总体经济规模综合评价

选取营业收入、增加值、总产出、资产总额、所有者权益（净资产）、利润总额、纳税总额 7 项经济规模指标，采用主成分分析方法对全国 31 个省（自治区、直辖市）与新疆生产建设兵团新闻出版业（未包括数字出版）的总体经济规模进行综合评价。

广东、北京①、江苏、浙江、山东、上海、河北、安徽、福建和四川依次位居全国前 10 位（见表 20），10 个地区合计分别占到全行业营业收入的 73.30%、资产总额的 71.10%、所有者权益（净资产）的 71% 和利润总额的 65.10%。其中，广东占全行业营业收入的 13.80%、资产总额的 11.50%、所有者权益（净资产）的 12.70% 和利润总额的 5.80%。

① 包括中央在京新闻出版单位。

表 20　　各地区总体经济规模综合评价（前 10 位）

综合排名	地区	综合评价得分	2012 年排名	排名变化
1	广东	2.60	1	0
2	北京	2.29	2	0
3	江苏	1.80	4	1
4	浙江	1.78	3	−1
5	山东	1.27	6	1
6	上海	1.18	5	−1
7	河北	0.41	7	0
8	安徽	0.30	9	1
9	福建	0.25	10	1
10	四川	0.23	8	−2

说明：(1) 综合评价得分系选取营业收入、资产总额、所有者权益（净资产）和利润总额 4 项指标，采用主成分分析方法，通过 SPSS 直接计算所得，仅用来显示各地区的相对位置；(2) 未包括数字出版、版权贸易与代理、行业服务与其他新闻出版业务。

（本文转载自 2014 年 7 月 10 日的《中国新闻出版报》）

2013年中国广播电视产业发展情况

国家新闻出版广电总局发展研究中心

2013年广播电视行业总收入和创收收入均创历史新高，但增幅放缓。省级广播电视机构创收收入增长最快，对广播电视产业的经济贡献更加突出。经济发达地区广播电视产业仍处于龙头地位，成为产业创新的主力。民营机构更多参与产业发展，市场竞争更加充分，产业发展更具活力。

一、2013年中国广播电视产业总体情况

2013年全国广播电视行业总收入达到3 734.88亿元，比2012年增长14.25%，较2012年20.29%的增幅降低6.04个百分点（见图1），但这一增幅仍是同期国内生产总值增幅7.70%的2倍。增幅放缓是广电产业在结构调整和发展换挡过程中的必然现象，随着产业结构的优化和发展质量的不断提高，未来有望实现更大更持续的增长。

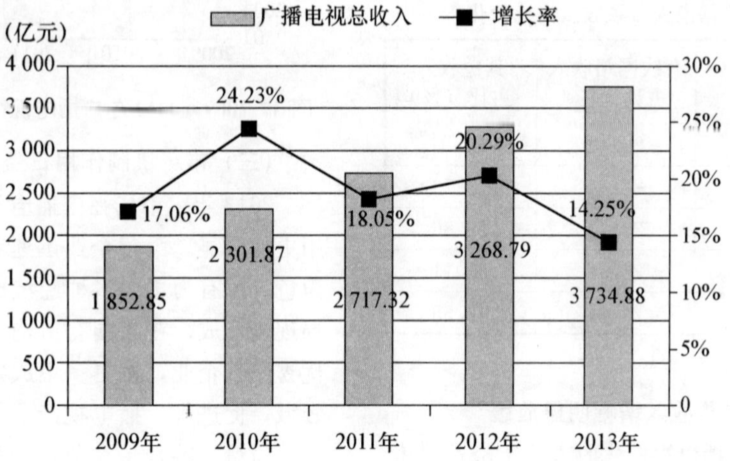

图1 2009—2013年全国广播电视总收入及增长情况

资料来源：国家新闻出版广电总局财务司。

从2013年全国广播电视总收入分级构成情况来看，省级广电机构的贡献率最高，总收入达2 197.54亿元，占据总收入的58.84%；中央级广电机构贡献率居第二，总收入为635.53亿元，占据17.02%的份额；地市级广电机构贡献率居第三，总收入为533.28亿元，占据14.28%的份额；县级广播电视机构产业贡献率较低，只占9.87%，总收入为368.53亿元。

优势地区广播电视产业发展引领作用明显，梯次结构更加分明。一些经济发展和广播电视体制机制改革以及节目创新探索的先行区域成为行业领军。2013年全国广播电视行业创收收入3 243亿元，比2012年的2 873亿元增加370亿元，增幅12.88%。其中，北京市广播电视创收收入稳居全国第一位，达到360.95亿元，同比增长高达48.94%（见图2）。

二、2013年中国广播电视产业发展特点

（一）创收收入结构逐步优化

2013年，中国广播电视行业创收新方式不断涌现，创收渠道日益多元，收入结构不断优化。广告仍然是创收大头，但占比明显收缩，网络收入份额也由第二位退居为第三位，以版权收入等构成的其他收入份额稳步增长，跃升为紧随广告收入之后的第二大收入来源。2013年全国广播电视广告收入达1 387.01亿元，比上年增长9.19%，增幅降低3.93个百分点；有线网络收入达754.91亿元，比上年增

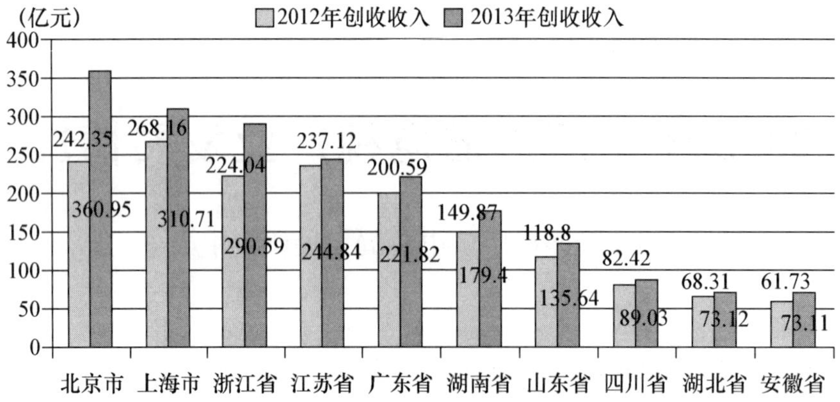

图 2　2013 年广播电视创收收入排名前十位的省份

资料来源：国家新闻出版广电总局财务司。

长 14.21%，增幅略降。从近五年的发展趋势看，广播电视收入结构日趋合理，广告收入在总收入中的比重自 2009 年的几乎一半降低为不到四成，有线网络收入所占比重也下降了 6 个百分点，而其他收入则上升了 18 个百分点（见表 1)。

表 1　2009—2013 年广播电视各项收入占比变化

年份	广告收入占比（%）	有线网络收入占比（%）	其他收入占比（%）
2009	49.42	26.48	24.1
2010	46.93	24.34	28.73
2011	47.36	23.78	28.86
2012	45.31	23.58	31.11
2013	37.14	20.21	42.65

资料来源：国家新闻出版广电总局财务司。

（二）广播电视广告收入增幅明显放缓

2013 年，全国广播电视广告收入达 1 387.01 亿元，同比增长 9.19%，增幅比 2012 年下降 3.93 个百分点（见图 3)。从广播电视广告收入分布情况看，省级广播电视广告收入超过了半壁江山，占比达到 54.84%；中央级广播电视广告收入占比 24.26%；地市级和县级广播电视广告收入占比分别为 17.02%和 3.88%。从地区分布看，东部地区广播电视广告收入占比最高，为 46.56%；其次是中央级、中部地区和西部地区，广播电视收入分别占比 24.26%，20.10%和 9.08%。在互联网媒体的分流下，广播电视广告增幅减缓是全球性趋势，未来其增速可能进一步降低，并可能出现负增长。随着对新媒体环境的逐步适应和媒体运营模式的不断创新，面对新的广告运营环境，各级电视台必须创新经营方式、丰富广告服务、强化广告价值，才能稳住广告增收局面。

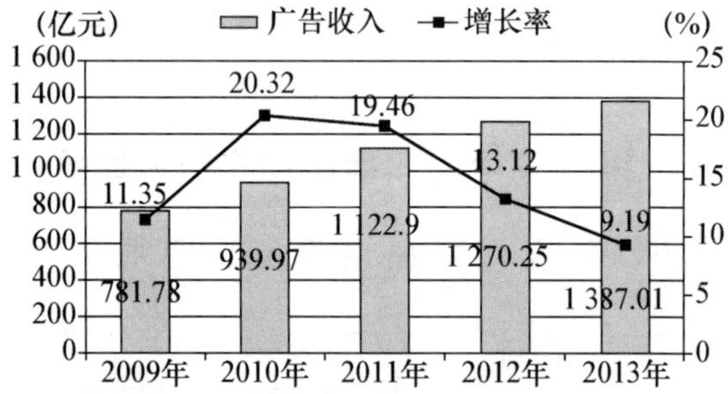

图 3　2009—2013 年广播电视行业广告收入及增幅走势

（三）市场机制作用日益凸显

2013 年，市场在广播电视产业发展中的基础作用更加明显。民营企业迅速壮大，扮演愈加重要的角色，国有为主、多种经济成分共同发展的产业格局逐步形成。在与国有机构合作中成长起来的一批优秀民营企业，将更多更成熟的市场机制带入产业领域，促进了广播电视产业的市场化进程，提升了产业质量。特别是在节目制作领域，民营企业已经成为不折不扣的市场主力和创新主力，它们源源不断地为电视播出机构输送着节目内容，让电视屏幕实现了从未有过的丰富多彩，也为广播电视产业领域注入更多竞争发展的生机和动力。这些机构凭借产品质量和竞争实力逐渐在制播市场获得平等议价权和谈判权，推动中国的电视节目制播市场逐步走向成熟，进而释放充沛的创新力和生产力。

与此同时，行业内人才流动明显加剧。各类人才都在这一领域寻找更适合自己发挥才能的事业高地，用人机构也不断推出发展空间和股权激励等吸引人才的机制，人才市场空前活跃。

（四）产业链实现突破性延展

2013 年，广播电视产业资源整合明显加剧，社会资本、市场资源进一步向优势媒体、优势企业集中，整体产业链实现突破性延伸，以资本为纽带的价值链条组合更加紧密有序。

首先是通过并购实现产业链延伸。2013 年沪深两市涉及影视、广告、游戏等领域的并购事件 55 起，涉及金额近 400 亿元。① 华策影视、华谊兄弟、奥飞动漫等一批影视动漫上市公司，发挥资本优势，引领并购风潮。华策影视通过收购上海克顿文化传媒和入股上海最世文化，迈开打造“文化＋影视”平台的战略步伐。奥飞动漫通过收购资讯港（《喜羊羊与灰太狼》系列品牌运营商意马国际的全资子公司）、广东原创动力（《喜羊羊与灰太狼》制作企业），以及手机游戏公司方寸科技和爱乐游，从原来的玩具公司发展壮大成为拥有制作能力、播出渠道、玩具生产和游戏开发业务的全产业链运营动画公司。

其次是通过核心业务多层次开发布局全产业链。如灿星制作等一些拥有优质品牌资源的影视公司，借助《中国好声音》等节目展开品牌扩张，加长自身产业链条。

这些具有先发优势的影视和动漫公司通过并购和产业联合，进一步补齐了产业链短板，完善了产业布局，扩大了市场份额，产业链深入渗透社会更多层面，从而获得后续发展的雄厚基础，逐步向规模化、集约化、综合性的传媒娱乐集团迈进。

（五）版权交易收入大幅增长

版权内容的国际国内多渠道售卖是广播电视产业新增收入的主要来源。一批实力较强的广播电视机构发挥自有内容优势，不断挖掘优质节目的版权价值。

在国内市场，节目销售额大幅提高。2013 年，电视剧国内销售额超过百亿元，达到 100.09 亿元，电视动画国内销售额 17 亿元，纪录片国内销售额 6.34 亿元，同比增长 29.25%、172.82% 和 381.65%，表现出版权市场的巨大潜力。上海广播电视台旗下五岸传播依托 73 万小时的版权内容，获得版权销售收入 24.50 亿元②，并正式开始运营基于互联网的版权交易平台“秒鸽传媒交易网”。

在国际市场，电视节目海外版权贸易额不断扩大，内容结构更加多元。国内最大的广播影视版权交易平台中国广播影视节目交易中心实现国际签约 1 515 万美元，突破亿元人民币大关，创外销业绩历史新高，市场覆盖全球各大洲 100 多个国家和地区。③ 综艺节目成为版权贸易的新亮点和新增长点。以创新综艺节目模式跻身中国省级广电机构第一阵营的一批广播电视台成为国际版权售卖的领先机构。如江苏广播电视总台 2013 年海外版权贸易创收超过 100 万美元，同比增长 15%，其中《非诚勿扰》、《全能星战》、《超人总动员》等节目销往东南亚、中东、欧洲、大洋洲、北美、非洲以及中国港澳台地区等 50 多个国家和地区。

三、2013 年中国广播电视部分子行业发展情况

（一）电视剧产业

在政策调控和市场杠杆的双重引导下，2013 年电视剧产业总体上调控数量，提高质量，由数量增长转向质量提升的趋势明显。各运营机构品牌意识、市场意识、行业联盟意识明显增强，产业转型升级深入推进。

在电视剧制作方面，2013 年全国的总投资为 103.73 亿元，同比增长 27.13%。生产完成并获得《国产电视剧发行许可证》的剧目共计 441 部 15 770 集，与 2012 年相比减少了 65 部 1 933 集，产量五年来首次回落（见图 4）。电视剧创作题材视野更加开

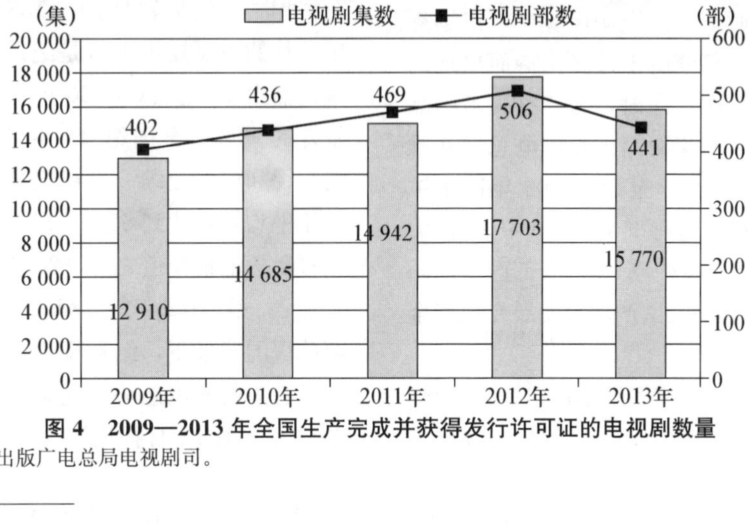

图 4　2009—2013 年全国生产完成并获得发行许可证的电视剧数量

资料来源：国家新闻出版广电总局电视剧司。

---

① 参见《传媒业年内发生 55 起并购案涉及金额近 400 亿元》，载《中国证券报》，2013-11-14。

② 参见《优化管理实现版权价值最大化——访上海广播电视台版权中心主任何小兰》，载《中国知识产权报资讯网》，2014-03-03。

③ 参见《前景光明道路曲折——中国电视剧“走出去”现状观察》，载《中国文化报》，2014-03-14。

阔，贴近现实、关注社会的现实题材成为创作主流。全年共创作生产现实题材剧目242部8 143集，分别占总部数、集数的54.88%和51.63%；历史题材剧目共计192部7 366集，分别占43.54%和46.71%；重大题材共计7部261集，分别占1.59%和1.66%。个别剧目类型“一统天下”的非理性格局不复存在，电视剧题材的差异化、多样化正在形成。

在电视剧播出方面，2013年全国卫视黄金时段电视剧总播出量为616部，其中首播新剧266部，占播出总量的43%。总体来看，多层次多元化播出体系正在形成，独播、定制和跨屏营销成为电视剧播出市场的新特点。在播出市场方面，已初步形成中央、省、地市电视台共同参与，播出方式灵活多样，传统媒体与新媒体相互补充的局面。此外，电视剧在新媒体平台的分发已经成为常态。上星频道播出的“大剧”全部实现网络分发和播出，网络版权收益成为电视剧版权收入的重要增量。各大视听节目网站版权投入的约70%以上都用于购买电视剧①，一些视听网站购剧价格甚至超过了电视台首播价格。

（二）电视动画产业

2013年是中国电视动画进入产业升级的过渡期和攻坚期。从产量上看，国产电视动画已连续两年有所回落；从质量上看，精品创作正成为国内动画业界的主要关注点和实践方向；从产业驱动力来看，政策的扶持拉动逐渐让位于市场的优胜劣汰。

在电视动画制作方面，2013年全国的总投资额为16.14亿元，同比增长65.86%；共制作完成电视动画片358部，总时长为204 732分钟，总量和时长同比分别下降9.37%和8.17%。随着产业发育的日渐成熟，在电视动画产业的资源配置中，市场逐步发挥更主要的作用，部分由于过多扶持而出现的产量虚高被逐渐挤掉水分。同时，国产电视动画品质逐步提高。2013年，国家新闻出版广电总局共推荐优秀国产电视动画49部，至此，2008年以来被推荐的国产电视动画总量达到393部。其中，《新大头儿子和小头爸爸》、《神奇阿呦》等38部国产动画片获评2013年度少儿精品及国产动画发展专项资金优秀国产动画片。

在电视动画播出方面，市场继续保持良好态势。央视少儿稳居所有上星频道4～14岁年龄段收视份额之首，收视份额从2012年的10.53%增长至11.79%；北京卡酷、湖南金鹰、江苏优漫等动画上星频道2013年的儿童收视份额也有0.20%～0.30%的增长。2013年7月，湖南金鹰卡通和上海炫动传播等省级动画媒体和播出平台联合11家动漫企业成立了中国优质动漫项目创投联盟服务平台。这个平台改变了播出机构原来的角色定位，开启了播出机构主动介入动画作品全产业链运营的新模式，促进了动画产业链条之间的相互融通和价值链的逐步完善。

（三）纪录片产业

2013年，中国纪录片产业发展加速，呈现出政府和市场双轮驱动，社会各有关方面积极参与的新格局、新气象。纪录片制播市场全面发展，收入结构多元化趋势逐步显现。

在纪录片制作方面，2013年全国共投入13.03亿元，同比增长近3倍。全国共生产纪录片11 000多小时，同比增长6.80%。其中，来料加工约6 000小时，完全自制约5 000小时；纪录片节目约1 200小时，纪实栏目产品约9 800小时。与2010年相比，总投入增长93.80%，首播节目量增长12.50%，年产量增长26.40%，自制节目比重增长14.80%，行业盈利率增长88%，纪录片创制潜能得到进一步发挥。② 中国梦主题纪录片成为亮点，现实题材作品进一步增加。2013年7月，中国纪录片制作联盟由中央电视台纪录频道发起成立，通过多种模式的合作，逐步建立中国纪录片行业标准，推动国内纪录片制作专业化、市场化进程。

在纪录片播出方面，2013年中国播出纪录片约7万小时，首播节目约1.80万小时，同比增长3%。纪录片的主要播出平台是纪录频道，其中央视纪录频道播出总时长达4 460小时，占全年首播电视纪录片的93%。全国纪录频道在2013年获得了良好的收视和广告业绩。央视纪录频道开播以来收视份额年平均增长达到55%，成为全国中高端电视观众最喜爱的电视频道之一，2013年频道广告总额超过4亿元，是2012年的2倍多。③ 在电视广告整体增幅放缓的背景下，纪录频道广告业绩的翻番显示了其强有力的发展态势。北京广播电视台纪实频道在2013年3月31日播出序号由620转到20，频道关

① 参见《田进：电视剧创作生产播出要严把品质关》，载《中国广播影视》，2014年4月（下半月刊）。

② 参见《平台年的中国纪录片市场》，载《综艺报》，2014-04-14。

③ 参见《央视纪录频道高调亮相戛纳国际联合摄制受追捧》，见搜狐视频，2013-04-10，http://tv.sohu.com/20130410/n372255205.shtml。

注度大大增加，收视率飙升 300%，在全国纪实频道排名前三。[①] 上海纪实频道 7 月改版后，平均收视率上升 20%。

（四）节目制播产业

2013 年，全国广播电视节目制播呈现欣欣向荣的局面，节目制作机构发展进入成熟期，创新创优取得重大进展，节目类型更加丰富多彩，节目市场交易更加活跃。全年生产制作广播节目总量为 739.12 万小时，同比增长 2.82%，增幅较 2012 年有所降低；全年生产制作电视节目总量为 339.78 万小时，同比下降 1 个百分点，但优秀节目和原创节目大幅增加。在政策的调控下，广播电视节目的发展正逐渐由数量规模型向品质效益型转变。具体呈现出以下一些特点：

一是人文教育类节目耀彩回归，在节目娱乐价值、人文价值和教育价值的融合探索方面获得了新经验。《中国汉字听写大会》、《汉字英雄》等一批优秀节目取得超预期的收视佳绩，打破了长期以来文化类节目“叫好不叫座”的魔咒。

二是综艺类节目总量减少，总体品质明显提升。《中国好声音》、《我是歌手》、《中国好歌曲》等一批大片级的综艺节目持续火爆，以专业品质赢得了大众市场，不断推高中国综艺节目的水准，品牌效应大幅提升。《中国好声音》第三季广告招标总收益超过 13 亿元，《爸爸去哪儿》第二季和《我是歌手》第二季广告招标总收益达 18.70 亿元，2014 年全国冠名费前十名的综艺节目冠名收入总计超过 16 亿元。优秀节目因其巨大的产业拉动力成为各台的竞争热点，有力挤压“三俗”节目的空间。

三是节目原创成为中国广播电视节目发展新主题。从节目克隆到节目引进改造、再到节目原创的三级跳已经开始，中国的节目模式市场雏形已成，一批中国原创电视节目走出国门，进入欧美，跻身全球优秀电视节目行列，成为中国文化“走出去”的新生力量。

四是各级广播电视台创新创优工作机制开始常态化、制度化，纷纷设立节目研发部门、设置原创节目专项资金，创新创优成为广播电视节目工作的主旋律。

五是国家新闻出版广电总局以公益、文化、原创为目标优化政策引导，采取资助、评估、推荐等措施，有力推动创新创优，充分发挥了市场与政府各自在节目创新创优中的独特作用。

（五）传输网络产业

2013 年，中国有线电视网络和移动多媒体广播电视（CMMB）积极应对三网融合，产业稳步发展，用户数量和收入持续增长，但增速有所放缓。有线网络和 CMMB 运营商进一步创新业态和盈利模式，推进跨区域合作，进入一个新的发展周期。

2013 年，全国有线电视网络总收入 754.91 亿元，同比增长 14.21%，增速较 2010 年、2011 年、2012 年有所放缓。截至 2013 年底，全国有线电视用户数达到约 2.20 亿户，比 2012 年的约 2.15 亿户增加约 1 385 万户，增幅 6.44%，较 2012 年 6.14% 的增幅略有上升。全国数字电视用户继续保持高速增长，截至 2013 年底，全国数字电视用户约 1.72 亿户，比 2012 年的约 1.43 亿户增加约 2 857 万户，增幅 19.98%，数字电视用户占有线电视用户比重已达 74.95%（见图 5），比 2012 年增长 8.45 个百分点。付费数字电视用户 3 498.41 万户，占数字电视用户数的 20.40%，比 2012 年增长 16.60 个百分

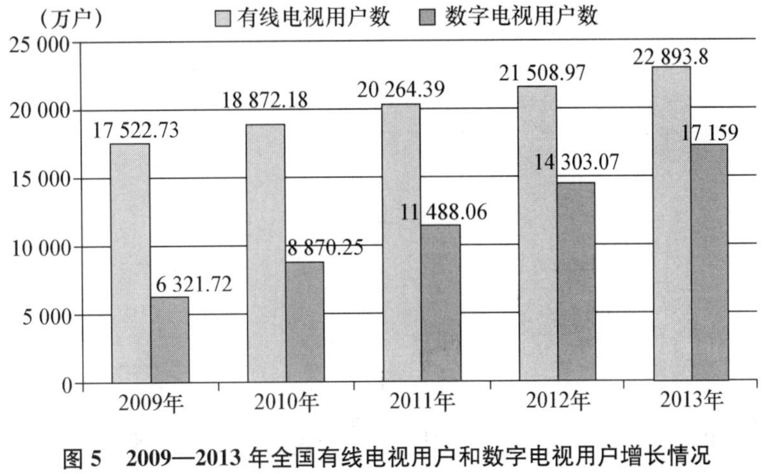

图 5　2009—2013 年全国有线电视用户和数字电视用户增长情况

资料来源：国家新闻出版广电总局财务司。

① 参见《北京纪实频道的战略发展思考》，载《中国电视·纪录》，2013 年 10 月刊，31 页。

点。高品质的数字电视、双向交互高清电视成为有线电视网络服务发展方向。全国有 100 多个有线电视网络传输了高清电视节目，300 多个大中城市的地面数字电视系统具备播出高清电视节目能力。

2013 年，CMMB 产业稳步发展。CMMB 网络已覆盖全国 337 个地级市，主站点覆盖网可用率为 99.97%。运营主体中广传播丰富节目内容，全年推动 120 余个省、地市分支机构对本地睛彩频道改版上线，实现收入 3.70 亿元。

2013年中国电影产业发展报告

国家新闻出版广电总局发展研究中心

2013年，中国电影全面发展，势头强劲，观影人次、银幕数量、票房收入等相关指标都取得新突破。与此同时，电影市场的稳定性和成熟度有所提升，进口影片配额增加对国产影片造成的冲击明显缓解。国产影片在本土电影市场的优势地位进一步巩固，已经成为主导电影市场脉搏的决定性因素。凭借全球第二大电影市场的地位和巨大的发展潜力，中国电影日益影响全球电影格局。

一、电影创作生产

2013年，中国电影创作生产更趋活跃，多样化、多类型的电影不断涌现并受到市场认可，艺术电影市场空间有所拓展，青年导演成为市场主力军。

（一）电影产量稳中略降，中小成本电影迅速崛起

2013年，中国电影创作生产保持稳定，全年生产各类电影总量达824部。其中，故事片638部，位居世界前列（见图1）；动画电影29部，纪录电影18部，科教电影121部，特种电影18部（见表1）。2013年国产故事片产量同比减少107部，有效化解产能过剩的问题，供求基本平衡。

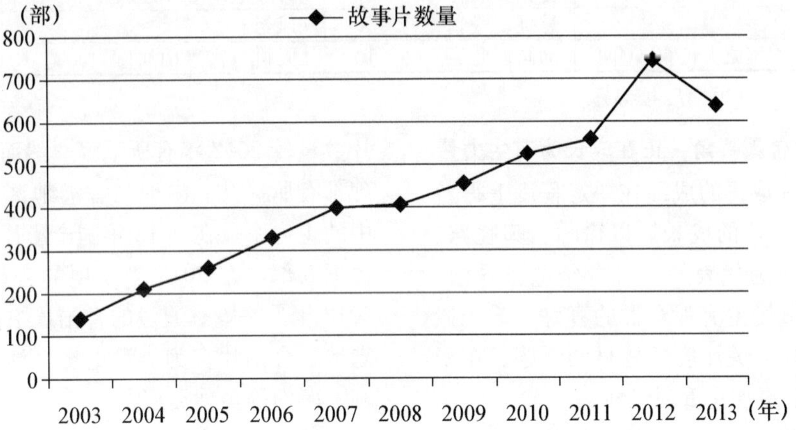

图1　2003—2013年国产故事片生产情况

资料来源：国家新闻出版广电总局电影局。

表1　2007—2013年中国故事片以外的其他影片生产情况　　单位：部

电影种类＼年份	2007	2008	2009	2010	2011	2012	2013
动画电影	6	16	27	16	24	33	29
纪录电影	9	16	19	16	26	15	18
科教电影	34	39	52	54	76	74	121
特种电影	9	2	4	9	5	26	18
合计	58	73	102	95	131	148	186

资料来源：国家新闻出版广电总局电影局。

2013年，国产影片质量整体稳定提升，全年涌现出多部既受到市场认可又获得观众好评的影片。与以往大场面、大制作影片才受市场认可的情况有所不同，2013年一些中小成本影片迅速崛起。在2013年票房收入前十名国产影片中，中等成本影片占据绝大多数。特别是《中国合伙人》、《小时代》

等一些内容贴近时代和观众、叙事节奏明快、表达风格时尚的影片，获得观众热烈欢迎，创造出社会关注的文化热点。这一现象表明，在经历电影产业化初期持续多年的大片垄断阶段后，中国电影影片结构逐渐趋于合理。

（二）创作格局多样化发展，现实题材电影广受欢迎

2013 年，中国电影创作整体呈现出多样化发展趋势，主要体现在电影题材的多样化和电影类型的多元化。全年院线共上映 326 部国产影片。

从影片类型来看，2012 年全国票房收入前十名的国产影片以爱情、喜剧、动作等常规商业片类型为主，而 2013 年青春、魔幻、警匪等多种类型电影焕发活力（见表 2）。特别是《致我们终将逝去的青春》、《北京遇上西雅图》等一批现实题材影片，内容观照普通人的生活、情感和梦想，引发观众和市场的极大共鸣，在票房收入和观众口碑上均大有斩获。自中国电影产业化改革以来，国产商业电影“不接地气”的问题在 2013 年有了很大改进，并经受住市场检验。这也说明国产片创作质量进一步提高，结构进一步合理，电影生产整体呈现出健康发展的良好态势。

表 2　　2012—2013 年全国票房收入前十名国产影片的影片类型

2012 年			2013 年		
序号	片名	类型	序号	片名	类型
1	《人再囧途之泰囧》	喜剧	1	《西游·降魔篇》	喜剧、魔幻
2	《画皮Ⅱ》	爱情、魔幻	2	《致我们终将逝去的青春》	爱情、青春
3	《十二生肖》	喜剧、动作	3	《狄仁杰之神都龙王》	悬疑、动作
4	《一九四二》	战争历史	4	《私人订制》	喜剧
5	《寒战》	动作	5	《中国合伙人》	青春、喜剧
6	《听风者》	悬疑	6	《北京遇上西雅图》	爱情、喜剧
7	《四大名捕》	悬疑、动作	7	《小时代》	青春、爱情
8	《大魔术师》	喜剧、动作	8	《警察故事 2013》	动作、警匪
9	《搜索》	悬疑、爱情	9	《风暴》	动作、警匪
10	《喜羊羊与灰太狼之开心闯龙年》	动画、儿童	10	《天机—富春山居图》	惊险、动作

资料来源：国家新闻出版广电总局电影局。

（三）青年导演崭露头角，正在成长为有生力量

2013 年，国产片取得的成绩在一定程度上得益于新一批青年创作人才的成长。以徐峥、薛晓路、赵薇、非行、金依萌为代表的一批青年电影导演，更加关注当下电影市场主流观众群的喜好，善于抓住现实生活中具有社会关注度的题材和话题，在影片表现形式和风格上更加注重现代性。

2013 年国产片票房收入排名第二位的《致我们终将逝去的青春》，是演员赵薇的导演处女作，该片不仅在同档期进口大片《钢铁侠 3》的竞争下获得高票房，还斩获第二十九届中国电影金鸡奖最佳导演处女作奖，以及第五十届台北金马影展金马奖最佳改编剧本奖。位列第六位的《北京遇上西雅图》是薛晓路导演的第二部电影作品，影片凭借扎实的剧本和良好的口碑取得了市场的认可。这些青年导演为中国电影注入源源不断的创新活力，也正逐渐肩负起发展国产电影的重担。

（四）合拍片走势稳定，内地与香港合拍片成绩喜人

2013 年，在中国电影合作制片公司获准立项的影片共 55 部，涉及中国香港、中国台湾地区，以及法国、美国、英国、韩国等国家。尽管 2013 年合拍片数量较 2012 年有所下降，然而影片质量与市场口碑都有所提升。内地与香港地区合拍片仍为合拍片中的主力军，在 2013 年国产影片票房前十位影片中占据 8 部，在 2013 年立项的合拍片中占 62%，在 2013 年最终审查通过的合拍片中占 68%。内地与香港地区合拍片多为类型电影，涉及警匪、动作、喜剧、魔幻等多种类型。

2013 年，中韩合拍片有所加强，《分手合约》、《大明猩》、《笔仙 2》等影片均为韩国导演执导，讲述与中国有关的故事，主打中国市场，中韩两国合作已经具备一定的市场基础。自 2012 年中法签署政府间合作协议之后，中法合作影片数量快速增长，目前已有包括《我 11》、《狼图腾》等在内的 8 部合拍片。中美合拍片《太极侠》由中国电影股份有限公司、万达影视传媒有限公司、威秀电影亚洲有限公司和环球影业共同投资制作，2013 年 7 月在中国上映，该片在吸引全球电影人才、采用先进电影技术方面进行了有益尝试。随着国际间合作的不断加深，国际化资本的流动加快，多部正在酝酿之中的合拍片值得期待。

（五）科教电影产量提升，国产动画电影取得新成绩

2013 年，科教电影产量明显提升，同比增幅达

63.51%。科教电影的快速增长与农村群众生活水平的提高和对各类知识的需求增长紧密相关，科教电影的内容生产由过去单一种植类、养殖类向科普类、生活类扩展。河南影视制作集团等一些制片单位长期致力于科教电影的创作和发行，已生产出一系列质量较好的科教片，并形成产供销一体化经营，取得良好的市场业绩。

2013 年，国产动画电影在树立品牌、拓展市场方面呈现出良好的发展态势。全年共上映 29 部国产动画电影，创造票房 6.46 亿元，同比增幅高达 48%。国产动画电影主要集中在寒假档、六一档及暑期档，其中《喜羊羊与灰太狼之喜气洋洋过蛇年》以 1.25 亿元票房收入位列 2013 年国产动画电影之首，另有 5 部动画电影取得 5 000 万元以上票房收入。总体来看，2013 年上映的国产动画电影制作水平有所提升，其中不乏制作精良、想象丰富的作品。《青蛙王国》气氛铺陈到位、画工精巧细腻，是完成度较高的佳作；《昆塔：盒子总动员》的场景、角色、动作、光效、色彩、材质等细节均有上佳表现。国产动画电影的品牌意识逐渐得到强化，《潜艇总动员》、《赛尔号》、《魁拔》等动画电影的续集作品已具有一定的市场号召力。

二、电影放映与票房

2013 年，中国电影票房突破 200 亿，稳居全球第二大电影市场的位置，仅次于美国。国产影片票房份额大幅提升，市场份额再度超过进口影片。

（一）电影票房持续大幅增长，平均票价有所回落

2013 年，全年电影票房收入 217.69 亿元，同比增长 27.51%，增幅略有收缩（见图 2），自 2002 年以来的 11 年间平均增幅超过 30%。中国内地电影票房约相当于北美地区（美国和加拿大）票房的 1/3、全球总票房的 10%，中国电影市场对世界电影市场格局的贡献和影响越来越大。

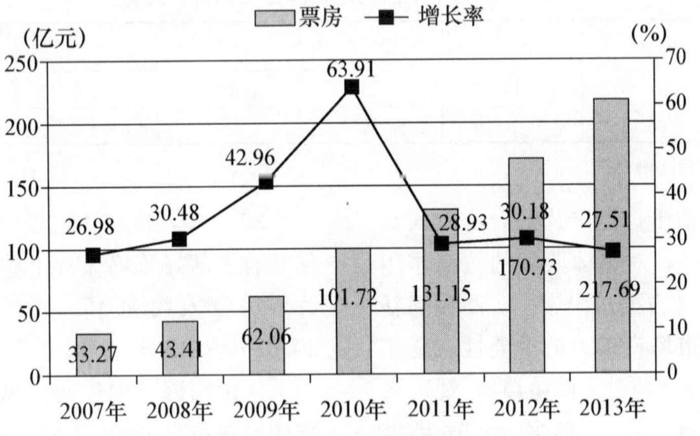

图 2　2007—2013 年全国电影票房及增长率

资料来源：国家新闻出版广电总局电影局。

2013 年，中国城市影院观影人次达到 6.16 亿，同比增长 32.40%①，观影人次增幅略高于电影票房增幅（27.51%）。观影人次连续 3 年保持 30%以上的增长速度，这说明国内观众的观影习惯正在唤醒和逐步形成。若按照国家统计局发布的 2013 年中国城镇化率 53.70%计算，城镇人口年人均观影 0.84 次，为电影产业化改革以来最高值。随着国产片质量的不断提升和影院建设的快速发展，未来中国观影人次上升空间巨大。

2013 年，全国城市院线市场平均票价为 34.91 元，同比回落 0.79 元，电影票价 10 年来首次出现回落（见表 3）。虽然 3D、巨幕制式放映的影片票价较高，但网络售票、银幕数量增多、二三线城市影院建设加速等诸多因素对降低平均票价起了一定作用。

表 3　2008—2013 年全国城市院线市场年度平均票价及涨幅变化

类别＼年份	2008	2009	2010	2011	2012	2013
平均票价（元）	27.55	30.03	34.69	35.04	35.70	34.91
涨幅（%）	12.63	9.00	15.52	1.01	1.88	−2.21

资料来源：中国电影发行放映协会。

① 数据来自中国电影发行放映协会。

（二）国产片打主动仗成效显著，票房份额大幅提升

2013年全国总票房收入中，国产片票房收入127.67亿元，同比增长54.32%，占总票房收入的58.65%，力压进口片17个百分点，同比大幅提升（见表4）。在全年票房收入前十名影片中，国产片占据7席。尽管《钢铁侠3》、《环太平洋》、《地心引力》等片均在全球范围内掀起观影热潮，但在与表现优异的国产片的竞争之中仍显相对弱势。这是国产片市场份额在2012年低于进口片之后，快速打响主动仗、翻身仗的突出成果。在2013年新增的近47亿元票房收入中，国产片贡献率高达96%，体现了与好莱坞电影竞争的实力，强有力地捍卫了国产片的市场主体地位。

表4　2007—2013年国产片和进口片市场份额情况

年份	2007	2008	2009	2010	2011	2012	2013
国产片票房（亿元）	18.01	25.63	35.15	57.34	70.31	82.73	127.67
进口片票房（亿元）	15.26	17.78	26.91	44.38	60.84	88.00	90.02
国产片票房比例（%）	54.13	59.04	56.64	56.37	53.61	48.46	58.65

数据来源：国家新闻出版广电总局电影局。

2013年，全年累计有62部影片票房过亿元，其中国产片35部（含跨年上映影片2部），进口影片27部（见表5）。国产片同比增加13部，增幅59.09%，为历史最高。国产片票房前十名均过3亿元，单片票房增幅明显。

表5　2007—2013年中国内地票房过亿元影片数量　　单位：部

年份	2007	2008	2009	2010	2011	2012	2013
票房过亿元影片总数	7	11	21	27	38	45	62
票房过亿元国产片	3	8	12	17	20	22	35

资料来源：中国电影发行放映协会。

2013年，全国排名前十位国产片的票房收入约占全国总票房的四分之一，对整体票房的拉动作用十分明显。其中，3D影片占据过半席位，凸显高新技术电影应用对于电影市场竞争力的重要性。全年票房收入第一位的影片是《西游·降魔篇》，观影人次逾3 000万，票房达到12.46亿多元，这是继2012年《人再囧途之泰囧》之后国内电影市场第二部单片破10亿元的国产片（见表6）。

表6　2013年全国票房收入排名前十名的国产片

排名	片名	3D版本	票房收入（万元）
1	《西游·降魔篇》	有	124 604
2	《致我们终将逝去的青春》		71 901
3	《狄仁杰之神都龙王》	有	60 220
4	《私人订制》		58 929
5	《中国合伙人》		53 926
6	《北京遇上西雅图》		51 967
7	《小时代》		48 810
8	《警察故事2013》	有	34 538
9	《风暴》	有	30 913
10	《天机—富春山居图》	有	30 014

资料来源：国家新闻出版广电总局电影局。

2013年，进口片市场份额较2012年略有下滑。尽管有多部好莱坞大片上映，但排名前十名的进口片票房收入约为45.3亿元，仅占全国总票房的20.81%，占比较2012年下降9.01个百分点（见表7）。这说明因《中美双方就解决WTO电影相关问题的谅解备忘录》（简称《中美电影协议》）实施而增加的进口片配额并未给进口片票房带来直接拉动，中国电影观众也没有盲目追捧进口大片，观影选择正在趋于理性。

表7　2013年全国票房收入排名前十名的进口影片

排名	片名	票房收入（万元）
1	《钢铁侠3》	76 844
2	《环太平洋》	69 583
3	《地心引力》	43 633
4	《速度与激情6》	41 385
5	《疯狂原始人》	39 488
6	《超人：钢铁之躯》	39 464
7	《007：大破天幕杀机》	37 678
8	《星际迷航：暗黑无界》	35 390
9	《侏罗纪公园》	34 896
10	《雷神2：黑暗世界》	34 350

资料来源：国家新闻出版广电总局电影局。

2013年进口片票房前十名榜单中，续集电影占据过半席位，导演史蒂文·斯皮尔伯格的影片《侏罗纪公园》3D重映版收获较好票房成绩，表明观众对好莱坞“怀旧”及续集电影仍保持较高关注度。《钢铁侠3》以7.68亿多元夺得进口片年度票房冠军，《环太平洋》在北美和日本市场受挫的同时，却在中国市场上意外收获6.95亿多元的好成绩。首部从俄罗斯引进的分账大片《斯大林格勒》取得7 280万元票房收入。

（三）全国电影市场格局稳定，中西部地区增幅水平较高

2013年，全国各地区电影票房收入均呈快速增长趋势，31个省（自治区、直辖市）的观众数量、放映场次及票房均有不同幅度增长。票房前十名的省（自治区、直辖市）排名变化不大（见表8），广东省同比增长25.20%，成为全国票房增长最多的地区，与第二名拉开近10亿元票房距离，连续11年夺得全国冠军地位。江苏保持良好发展势头，以近20.21亿元票房收入赶超北京跃居第二，同比增长29.23%，所增数量仅次于广东。

福建以43.72%的同比增幅取代重庆，从2012年的票房第十二名跃居2013年第十名，显示新兴市场的发展潜力。福建票房快速增长得益于当地政府的政策支持和奖励资助。福建省从2009年起，对全省县级数字影院建设与改造给予资金或设备补助金额达2 200万元，有效地促进了影院的新建与改造，拉动了电影消费。

表8　2011—2013年票房前十名的省（区、市）对比

排名	2013年			2012年			2011年		
	地区	票房收入（万元）	同比增长（%）	地区	票房收入（万元）	同比增长（%）	地区	票房收入（万元）	同比增长（%）
1	广东	296 886	25.20	广东	237 120	27.11	广东	186 544	14.84
2	江苏	202 054	29.23	北京	161 160	19.42	北京	134 952	12.76
3	北京	186 041	15.44	江苏	156 348	43.43	上海	110 339	13.15
4	浙江	180 368	31.17	浙江	137 511	35.60	江苏	109 007	44.12
5	上海	157 877	17.06	上海	134 865	22.23	浙江	101 413	37.41
6	四川	113 566	30.19	四川	87 232	29.99	四川	67 106	7.85
7	湖北	107 472	32.25	湖北	81 265	38.58	湖北	58 643	31.29
8	辽宁	82 793	25.93	辽宁	65 747	35.66	辽宁	48 466	29.54
9	山东	75 538	31.43	山东	57 476	42.20	重庆	42 908	41.15
10	福建	72 013	43.72	重庆	55 420	29.16	山东	40 418	35.39

资料来源：国家新闻出版广电总局电影局。

2013年，中西部地区电影票房收入增幅拉升。票房收入增幅超过40%的8个省（自治区、直辖市）中，除福建外，青海、甘肃、广西、安徽、河北、西藏、江西7个省（自治区）均处在中西部地区。其中，广西发展较快，票房收入超过3亿元。东部地区中小城市电影市场提速较快，泉州、中山、惠州、湖州等城市票房增幅均超过40%。中西部城市电影市场也有新突破，桂林、西宁、岳阳、黄石、大同、乐山、南充、晋城等城市票房收入超过3 000万元。观众观影习惯正逐步培养，中小城市及中西部经济欠发达地区未来将成为中国电影市场发展的重要增长点。

三、院线与影院

2013年，全国共有电影银幕18 195块，大城市影院建设渐趋饱和，竞争压力加大，二三线城市影院建设加速，成为电影票房新兴市场。

（一）影院和银幕数量高速增长，一线城市竞争加剧

2013年，内地新增影院1 048家，新增座位48万个，新增银幕5 077块，平均每天增加14块银幕（见表9）。在18 195块银幕中，2K数字银幕1.8万块，3D数字银幕近1.4万块，以IMAX巨幕（136块）和中国巨幕（40块）为主体的巨幕约200块①，中国已成为全球3D银幕占比最高的国家。银幕数量和技术品质的进一步提高，为中国电影产业的快速发展奠定了坚实的终端基础。

① 数据来自中国电影发行放映协会。

表 9 院线制改革以来中国电影市场院线和银幕增长情况

年份	院线数（条）	银幕数（块）	新增银幕（块）
2003	32	2 197	110
2004	33	2 396	199
2005	36	2 668	272
2006	33	3 034	366
2007	34	3 527	493
2008	34	4 097	570
2009	37	4 723	626
2010	38	6 256	1 533
2011	39	9 286	3 030
2012	45	13 118	3 832
2013	45	18 195	5 077

资料来源：中国电影发行放映协会。

城市院线延续高速发展态势，一线城市影院建设趋于饱和，影院之间竞争压力加大。影院 2012 年票房收入前十名的票房收入总计为 68 983 万元，2013 年这一数字为 70 305 万元，增幅仅为 1.92%，总体持平。2012 年和 2013 年全国票房收入前十名影院，全部集中在北京、深圳、上海、广州等一线城市。其中 8 家影院 2012 年和 2013 年均进入前十，票房收入有升有降，整体格局变化不大。2013 年，票房收入超过 15 亿元的电影院线有 6 条，分别是万达、上海联和、中影星美、广东大地、中影南方、广州金逸，这 6 条院线票房收入共计 115.57 亿元（见表 10），占到全国总票房收入的五成。万达院线疾速发展，龙头地位更加凸显，2013 年度票房收入超过 30 亿元，继 2012 年首次突破 20 亿元后又攀上新高峰，同比增长 28.70%。上海联和与中影星美仍名列第二、第三名。广东大地票房增长 43.87%，院线排名从 2012 年的第六名上升为 2013 年的第四名；放映场次和观影人次同比增长分别为 47.64% 和 36.16%。中影数字票房增长 42.80%，首次进入前十名。

表 10 2013 年票房收入前十名电影院线公司

排名	院线名称	票房收入（万元）	场次（万场）	人次（万人）
1	万达电影院线股份有限公司	316 149	212.41	7 780
2	上海联和电影院线有限责任公司	188 261	161.60	5 111
3	中影星美电影院线有限公司	183 824	181.47	5 217
4	广东大地电影院线有限公司	159 035	277.14	5 242
5	深圳中影南方新干线有限责任公司	154 341	189.23	4 294
6	广州金逸珠江电影院线有限公司	154 136	159.42	4 116
7	浙江时代电影大世界有限公司	90 637	116.36	2 574
8	北京新影联影业有限责任公司	87 559	86.02	2 284
9	浙江横店电影院线公司	77 805	128.49	2 434
10	中影数字院线（北京）有限公司	75 030	123.57	2 261

资料来源：中国电影发行放映协会。

（二）二三线城市影院建设加速，成为院线投资重点

伴随着中国经济快速发展和城镇化进程加速，二三线城市电影市场已经成为新的增长点。2013 年，全国 35% 的县级城市实现了影院覆盖，其中大多数是数字多厅影院。截止到 2013 年底，中国县级城市影院拥有数字银幕超过 5 000 块。

由此，挖掘二三线市场的消费潜力，填补县级城市的影院空白，成为各大院线和影院投资发展方向。广东大地、浙江横店等院线立足于二三线城市，显示出蓬勃发展之势（见表 11）。2010 年才成立的中影数字主攻西部经济欠发达地区，如新疆、内蒙古等地，成效显著。北京万达、中影星美、上海联和等强势院线亦纷纷进驻中小城市，进行“填空式补充”和差异化发展。

表 11 部分院线影院、银幕数量及增幅情况

院线名称	影院			银幕		
	影院总数	2013 年新增影院数	同比增幅	银幕总数	2013 年新增银幕数	同比增幅
广东大地	381	92	31.83%	1 796	477	36.16%
中影数字	199	45	29.22%	1 009	247	32.41%
浙江横店	132	29	28.16%	797	186	30.44%

资料来源：中国电影发行放映协会。

（三）艺术电影放映空间扩大，初步显现院线形态

近年来，中国电影市场快速发展，电影放映空间逐步扩大，电影观众对多元电影文化的需求增长，电影审美水平不断提高，艺术电影受到越来越多观

影群体的喜爱。2013年，艺术电影放映空间呈扩大之势，由独立影院、零散分布向院线联盟、区域发展方向发展，艺术电影放映生态环境有所改善。与中国电影资料馆艺术影院、Moma百老汇电影中心、中国电影家协会金鸡百花影城、尤伦斯当代艺术中心艺术影院等单个影院相比，2013年成立的上海艺术电影联盟与“后窗放映”已初步显现出院线形态。2013年6月14日，上海艺术电影联盟正式成立，该联盟由4条院线、10家影院组成，探索艺术电影放映的跨院线和常态化。2013年5月13日，致力于探索艺术电影全国放映模式的“后窗放映”成立，目前已覆盖南京、杭州、大连、广州、深圳、重庆、成都等20个城市、30家影院。预计艺术电影市场将稳步增长。

四、电影发行与营销

2013年，电影发行主体积极探索新的发行渠道和发行方式，专业化营销机构逐渐成熟，社交媒体在营销中的作用凸显。发行和营销与电影产业链结合更为紧密，成为推动电影产业快速发展的重要环节。

（一）国企拓展新业务，民企持续快速发展

2013年，中国电影股份有限公司（以下简称中影股份）、华夏电影发行有限责任公司（以下简称华夏电影）、上海电影股份有限公司影视发行分公司（以下简称上影发行）等国有电影发行公司依然保持领先地位。中影股份继续扩大市场份额，2013年共发行影片276部，可结算收入票房147亿元，约占全国电影市场票房的67.74%。同时，中影股份尝试以“宣发代股份出品”的合作模式，搭建优质宣传发行平台，针对不同影片采取多种营销手段，全年累计发行《201314》、《101次求婚》、《分手合约》、《等风来》等近20部影片，票房达到十几亿元。2013年，华夏电影共发行影片102部，其中国产片62部，实现票房50.12亿元。其重点发行的《周恩来的四个昼夜》实现票房近8 000万元。上影发行2013年全年发行影片22部，发行票房收入7.1亿元。

民营发行公司不断壮大。华谊兄弟发行了《西游·降魔篇》、《忠烈杨家将》、《狄仁杰之神都龙王》等影片，覆盖元旦档、春节档、暑期档、国庆档等主要档期。光线影业共发行9部影片，包括《致我们终将逝去的青春》、《中国合伙人》、《厨子·戏子·痞子》、《光辉岁月》等多种类型影片。乐视影业凭借《小时代》系列两部、《我想和你好好的》、《控制》、《同谋》等9部影片一跃入围民营电影发行公司三强。此外，博纳影业、万达影视、银都机构、安乐影业等民营发行公司也充分利用自身优势，积极协调市场资源发行国产影片。

（二）营销方式细分多元，社交媒体作用凸显

2013年中国电影营销总费用逾28亿元，相比2007年有近4倍的增长。电影营销正在成为中国电影产业除制作、发行和放映三个传统环节之外的第四个细分环节，是助推电影票房增长的新动力。2013年上映的《小时代》系列，制片费用仅5 000万元，却依靠高达6 000万元的营销发行费用博取了近8亿元的票房成绩。国产片的商业化营销策略正在逐步成熟。在营销投入迅速增长的同时，营销方式趋于多元化发展，从以往的辅助手段提升为拉动票房的重要手段。此外，针对细分观众群而采用的独特、精准的营销方式也颇具成效。

随着观众需求和信息获取习惯的改变，电影营销开始进入“多屏化”时代，社交媒体的作用得到了极大凸显，微博、微信、时光网、豆瓣电影等成为重要阵地。利用官方微博发布影片相关新闻、花絮、预告片已较为普遍，通过与影片受众直接互动、举办线上活动、与微博大号话题炒作等方式提升话题热度、聚集观影人气，这些措施大大推动了影片的宣传造势。

（三）电影“走出去”步伐加快，国际影响力有所提升

2013年，全年共有17家制片单位在海外销售45部影片，其中33部为合拍片，销往49个国家和地区，共计247部次，实现海外票房和销售收入14.14亿元，同比增长33.02%，扭转了中国国产电影2011年以来在海外销售大幅下滑的局面。《西游记之大闹天宫》还未在国内上映便销往40多个国家，居2013年国产片海外票房和销售收入榜首（见表12）。

表12　2013年国产片海外票房和销售收入排行前十名影片

排名	片名	海外票房和销售收入（万元）	主要出品方	是否合拍
1	《西游记之大闹天宫》	34 211.00	星皓娱乐	是
2	《十二生肖》	27 104.42	华谊兄弟	是
3	《一代宗师》	15 075.73	银都机构	是

续前表

排名	片名	海外票房和销售收入（万元）	主要出品方	是否合拍
4	《西游·降魔篇》	7 591.04	华谊兄弟	是
5	《激战》	7 578.26	保利博纳	是
6	《大明猩》	5 516.05	华谊兄弟	是
7	《扫毒》	5 026.06	保利博纳	是
8	《特殊身份》	3 574.98	中影股份	否
9	《逃出生天》	3 371.03	保利博纳	是
10	《魁拔 2》	3 070.20	青春树	否

资料来源：中国电影海外推广公司。

2013 年，国产电影在北美上映的数量达到了创纪录的 22 部，共收获票房 784 万美元，相比 2012 年的 267 万美元增长了近两倍。2013 年，中国共在境外 48 个国家及港澳台地区举办了 113 次中国电影节展活动，展映影片 951 部次。全年共有 429 部次国产片参加了 27 个国家及港澳台地区的 76 个国际电影节，其中 89 部次影片分别在 22 个电影节上获得 116 个奖项。此外，电影卫星频道节目制作中心已经与 31 个非洲国家的 39 家主流电视媒体签署了中国电影播出协议，已经开播的有 10 多个国家。

五、电影投融资

在国家政策鼓励、居民收入增加、消费习惯形成等因素的共同作用下，电影的观影人次、票房和相关收益都呈现快速上升趋势，电影项目赚钱效应扩大，因此，电影业投融资状况在 2013 年宏观经济形势比较严峻的情况下，仍然十分活跃。

（一）投资主体向专业化发展，资本运作日趋活跃

2013 年，中国电影投资环境越来越好，除传统来自电影制片企业（包括国企和民企）的资金外，来自地产、银行、信托、产业资金、互联网等行业实力雄厚的企业，或信贷投入，或投资电影项目，或并购重组电影企业，或投资影院建设，兴起前所未有的投融资热潮。2013 年，地产商起家的万达集团投资建设青岛东方影都，推出了《警察故事 2013》、《太极侠》等作品；恒大集团推出了《粉红女郎》、《天台爱情》等作品；银行对影片制作项目封闭式贷款不断增多。此外，行业外资本逐渐摆脱散兵作战状态，开始通过投资与并购进入大型影视公司，由专业团队操盘。中国电影的投资逐渐进入规范化、专业化轨道，有力推动中国电影产业升级换代。

2013 年中国电影市场的重组、注资、融资十分活跃，华谊兄弟、乐视网、光线传媒、华策影视等公司围绕产业链建构向上下游进行投资并购，迅速做大做强。

（二）投融资形式多样化发展，网络众筹成为融资新模式

2013 年，中国电影投融资模式不断创新，除了传统的直接投资、银行债券融资、广告收入、政府财政投入等融资方式外，股权融资、版权质押、版权预售、演员股份制等新兴的多层次融资体系正在形成，投融资方式呈多样化发展态势，投资模式日渐成熟。

2013 年，利用互联网来筹措制作资金的新型电影融资模式受到业界广泛关注。2013 年 6 月，动画片《大鱼·海棠》在“点名时间”众筹网站 45 天内得到 3 596 人出资，共筹集 158.25 万元，一些投资人通过众筹网站获得电影项目的信息，并最终促成该影片融资成功。2013 年 9 月，众筹网协助天娱传媒推出“快乐男声”主题电影众筹项目，该项目在 20 天内得到 2.8 万名支持者参与，筹集到 500 万元资金。

（三）中美电影产业合作频繁，中国电影国际化进程加快

2013 年，美国好莱坞越来越看重蓬勃发展、潜力巨大的中国市场，与中国电影的合作交流日渐频繁。2013 年上映的中美合拍片《太极侠》由中美两国的 4 家影视公司共同投资制作。好莱坞电影公司出品发行的部分影片在前期就与中国电影公司进行深度合作，如引进片《钢铁侠 3》、《生化危机 5》、《地心引力》、《云图》等专门针对中国市场植入“中国元素”。此外，好莱坞明星频频来中国宣传造势，六大公司巨头来中国寻求合作机会，美国大牌导演在中国建立工作室，这些都说明中国电影产业与世界电影产业在加快接轨。

此外，中国电影企业积极进军国际影视业。继万达收购美国 AMC 院线、小马奔腾收购美国顶级特效公司数字王国、华谊收购国际领先的数字放映公司 GDC9%股权后，2013 年，一批电影企业高调进入美国，或合作制片，或并购，或设立公司。最具电影市场潜力的中国与电影产业最发达的美国在电影产业方面的合作与融合日趋深化，这将对全球电影发展尤其是中国电影产业国际化进程产生重大影响。

六、电影发展政策与管理

（一）电影发展政策环境进一步优化

近年来，国家有关部门就资金扶持、市场规范、人才培养、海外推广等出台了一系列鼓励扶持政策，推动中国电影产业化发展。2013年，电影产业促进法立法进程继续推进，已就财税扶持等重要条款与国家相关部委取得了共识，2014年有望提请审议。

从国内来看，影视、出版、演艺等文化产业将融入国民经济大循环；从国际来看，应加大力度推动原创、高附加值的文化产品走向世界，既提高中国在世界文化贸易中的“硬实力”，又提升中国文化的“软实力”。电影业作为中国文化产业中市场化程度较高和市场较为开放的行业，将获得更有利的发展环境，整体实力将显著增强，发展空间将显著扩大。中宣部、国家新闻出版广电总局等五部门发出通知，要求从2013年12月开始广泛开展以“中国梦”为主题的文艺创作活动，这将有力推动主旋律电影创作，提升电影创作的整体质量。

（二）电影专项资金与优税政策引导作用增强

随着电影票房的增长，电影专项资金收缴额再创历史纪录。2013年全年收缴额达到10.94亿元（按财政年度），比2012年同期增加3.2亿元，同比增长41.3%。2013年电影专项资金完成了多个资助项目。一是多种形式资助全国影院建设，资助影院达2 837家。其中，对980家新建影院“先征后返”项目资助2.38亿元，对1 514家影院数字放映设备补贴1.87亿元，对325家影院放映国产影片达标奖励6 879万元，对18家城市影院改造资助1 055万元。二是推动县城数字影院建设。对符合条件的全国22省（自治区、直辖市）264家县城数字影院，共资助资金2.05亿元。三是返还各省管委会资金4.32亿元。四是中央本级支付补贴资金7 000万元。这些专项资金导向明确，有力促进了电影产业的发展。

2013年8月29日，财政部、国家新闻出版广电总局出台了《关于县城数字影院建设补贴资金申报和管理工作的通知》（财教［2013］249号），进一步加大推进县级影院建设力度，要求电影事业发展专项资金对“十二五”期间新建的县城数字影院建设予以补贴。中央财政补贴资金采取“先建后补”的方式对中西部地区和东部地区县城（含乡镇）数字影院建设予以资助。这一政策有利于推动中西部中小城市影院建设步伐，助力国家“新型城镇化”蓝图的实现。2013年11月29日，国家电影事业发展专项资金管理委员会办公室（以下简称国家电影资金办）发布了《关于对国产高新技术格式影片补贴的补充通知》（电专字［2013］1号），该通知对国产高新技术格式影片创作生产的补贴扶持政策进行细化调整。电影专项资金在2013年先后对《画皮2》、《西游·降魔篇》等14部影片补贴资金7 025万元。这种补贴和奖励，对于稳定国产影片市场占有率发挥了积极作用。

2013年8月1日起，营改增试点扩至全国，这项政策原要求广播影视服务与其他服务一样按6%的税率征税。针对可能对电影行业带来的巨大影响，在国家有关部门的支持下，国家调整了有关政策规定，自2014年1月1日起，电影放映服务可以选择按照简易计税办法计算缴纳增值税（增值税征收率为3%）。预计调整后的增值税率可进一步减轻电影企业税负，增加企业收入和效益。

（三）严厉打击偷漏瞒报票房现象

2013年，电影管理相关部门继续加大规范电影市场力度。国家电影资金办及时对票房异常的影院进行查访，并配合众大合联、华夏监票公司完成了对26省（自治区、直辖市）197家影院违规行为的核实工作，处理了4家影院使用双系统偷漏瞒报票房问题。

为打击屡禁不止的偷漏瞒报票房现象，国家电影资金办与中国电影科学技术研究所联合成立了工作组，对2005年出台的《电影院计算机票务管理系统软件技术规范》（GY/T 207—2005）进行修订。2013年12月31日，国家新闻出版广电总局批准新的技术规范《电影院票务管理系统技术要求和测量方法》（GY/T 276—2013）。2014年1月20日，国家新闻出版广电总局电影局出台《关于加强电影市场管理规范电影票务系统使用的通知》（新广电发［2014］12号），对电影市场违规行为全面宣战，要求严格完善影院票务软件产品市场准入制度，切实加强票务软件产品市场应用管理，严格规范影院经营行为，大力加强行业监督，加大对违法违规行为的打击力度。以上举措，完善了电影市场数字化体系建设，规范了市场秩序，对促进电影产业的健康持续发展将发挥重要作用。

（四）大力扶持国产动画电影发展

2013年7月5日，国家新闻出版广电总局电影局出台《推动国产动画电影发展的 9 条措施》（以下简称“九条措施”），对国产动画电影给予政策扶持。政策包括在现有的对每年电影剧本创作扶持资金 1 500 万元中，增加对动画电影创作的扶持资金；在中国电影华表奖、中国电影导演协会年度表彰大会、中国国际儿童电影节等活动中适当增加或调剂对国产动画电影的奖项等。“九条措施”营造了良好的创作环境和市场环境，将推动国产动画电影的创作、生产、宣传、发行、放映以及后续产品开发，促进全产业链的良性运作和更好发展。

2013 年中国软件产业发展报告

工业和信息化部电子知识产权中心

一、2013 年中国软件产业发展的宏观环境

2013 年，全球经济发展呈现复杂多变的局面，中国作为发展中大国、领先的新兴经济体，继续发挥着全球经济发展领头羊的作用，全年国内生产总值达到 568 845 亿元，比上年增长 7.7%，其中第三产业增加值 262 204 亿元，增长 8.3%。[①] 而软件和信息技术服务业作为国民经济的重要组成部分，是高新技术产业的核心，对促进经济转型发展和创新型国家建设起着重要作用。根据国务院发布的《“十二五”国家战略性新兴产业发展规划》，软件不仅是新一代信息技术产业的核心内容，还为节能环保、生物、高端装备制造等战略性新兴产业提供支撑。

在全球经济复苏的大背景下，软件行业内部变革不断加快，整体呈现企业级应用转型和消费级应用扩张的特点。移动互联网的浪潮席卷全球，新平台逐渐成形，并推动产业格局重塑。一方面，很多传统行业迫切渴望着借助互联网工具进行转型升级，互联网金融、大数据等概念受到广泛关注，软件行业蕴含着爆发性的机会；另一方面，中国软件企业在全球产业链分工中还处于相对弱势，研发能力和技术水平距离世界一流水平还有差距。在全球软件行业转型与扩张的宏观背景下，中国软件行业在 2013 年处于挑战与机遇并存的发展态势中。

二、2013 年中国软件行业发展的基本状况

根据工业和信息化部发布的《2013 年电子信息产业统计公报》[②]，2013 年，信息传输、软件和信息技术服务业产业规模稳步扩大，实现软件业务收入 3.1 万亿元，同比增长 24.6%；全国规模以上软件和信息技术服务企业达 3.3 万家。[③]

经济效益也保持平稳增长。2013 年，软件和信息技术服务业实现利润总额 3 830.5 亿元，同比增长 13.8%；上缴税金 1 556 亿元，同比增长 32.9%；全行业销售利润率 9.2%，比上年下降 0.6 个百分点，但仍高于电子信息制造业 4.7 个百分点，高于工业 3.1 个百分点。

产业快速发展的原因之一是研发投入的持续提升，自主创新能力不断增强。2013 年，软件和信息技术服务业投入研发经费 2 598 亿元，同比增长 19.5%，研发投入比（研发经费占主营业务收入比重）超过 6%。

产业的发展对国民经济的整体贡献日益提升，带动就业，提高人民收入水平。2013 年，软件业创造的增加值超过 1 万亿元，占第三产业的比重为 4%；软件从业人员 470 万人，占全国城镇就业人员的 1.2%，新增就业人员占全国城镇新增就业人员的 4%。

从区域布局上看，东、中、西和东北地区的软件业占比分别为 74.8%、4.4%、10.3%和 10.5%，中西部及东北地区增长较快，总体比重较上年上升 1.3 个百分点。江苏、广东和北京的软件业规模仍居全国前三位，浙江、辽宁、山东、湖北、陕西、安徽等省份增速超过 30%。15 个中心城市软件业聚集效应明显，收入占全国的 57%，比上年提高 2.4 个百分点，同比增长 27.6%，高出全国平均水平 4.2 个百分点。

从行业内企业的构成来看，中小型企业占全部企业数的 91%，实现收入占全行业的 34%；大型企业（营业收入超过 1 亿元，从业人员超过 300 人）

---

① 参见《2013 年国民经济和社会发展统计公报》，见 http：//www.stats.gov.cn/tjsj/zxfb/201402/t20140224_514970.html，访问时间：2014-05-05。

② 公报全文见 http：//www.miit.gov.cn/n11293472/n11293832/n11294132/n12858462/15909429.html，访问时间：2014-05-05。

③ 下文中软件行业的具体数据引用自《2013 年软件和信息技术服务业最终核实统计数据情况》，见 http：//yxj.miit.gov.cn/n11293472/n11295057/n11298508/15974822.html，访问时间：2014-05-06。

达 2 800 家，实现全行业收入的 65%以上。

行业从业人员的素质得到持续提升。2013 年，软件业从业人员年末数为 470 万人，比上年增加 52 万人，同比增长 12.4%。其中软件研发人员 180 万人，增长 2.4%，占全部从业人员的 38.3%；学历为大本及以上人员 314 万人，占全部从业人员的 66.8%。

产业快速发展的同时，也暴露出了一些值得注意的问题，例如随着国际软件业竞争日趋激烈，2013 年产业内企业的市场开拓费用、人员成本等明显增加，其中销售费用增长 35.3%，管理费用增长 28%，财务费用增长 40.6%，利息支出增长 25.2%，增幅均高于收入增长。2013 年应付职工薪酬达 4 706 万元，同比增长 25.50%，高出收入 2.10 个百分点，占主营业务收入的比重达到 11.3%，比上年提高 0.4 个百分点。企业的回款速度也明显下降，全行业应收账款达到 2.6 万亿元，同比增长 143.5%，应收账款占主营业务收入比重达到 62.8%。

三、2013 年中国软件行业发展的特点

2013 年，软件行业的发展呈现了如下特点：

第一，产业转型持续推进，软硬件厂商融合化趋势日益凸显。随着软件业持续向服务化、网络化及平台化模式发展，数据处理和存储服务收入大幅增加，全年实现 5 482 亿元收入，同比增长 31.9%，增速居全行业首位，占全行业收入的比重为 18%，比 2012 年提高 1.20 个百分点。

在整个电子信息产业中，软硬件比重趋于协调。2013 年，中国电子信息产业中，软件业收入比重达到 25%，比上年提高 2.3 个百分点，比“十一五”末提高 6.8 个百分点。软硬件产业融合步伐也大大加快，随着技术进步和产业发展层次的不断提高，“纯粹的硬件设备越来越少见，绝大多数硬件都含有嵌入式软件、平台软件或应用软件，硬件设备的价值越来越多的取决于其中软件产品的价值技术含量”①。例如，传统的电视生产厂商纷纷开发带有操作系统的新一代智能电视，以提高产品对消费者的吸引力。同时，软件企业及互联网企业也开始涉足硬件制造领域，如乐视网推出版权服务，小米公司在维护 MIUI 操作系统的同时生产小米手机，奇虎 360 推出随身 WiFi 设备等。

第二，中国软件企业国际化竞争能力进一步提高。随着全球化程度的进一步加深，中国企业越来越多地参与全球化的竞争，努力在全球产业链中寻找自己的位置。2013 年，在软件产品开发方面，中国软件业务收入同比增长 24.6%，明显高于全球 5.7%的平均水平，所占全球市场份额进一步提高。行业实现软件业务出口收入 469 亿美元，同比增长 19%，其中外包服务出口收入 105 亿美元，同比增长 6%。出口的主要国家为美国和日本，比重分别占 12.4%和 12.2%。

第三，本土软件产业实力逐步增强。2013 年软件业在实际使用外资方面较上年有所下降，2013 年新批准软件行业外商直接投资企业 796 家，比上年下降 14%，实际使用 28.8 亿美元，比上年下降 14.2%。而根据中华人民共和国国家统计局发布的《2013 年国民经济和社会发展统计公报》②，2013 年整个软件和信息技术服务业的投资额达到 3 216 亿元，比上年增长 19.5%。在整个产业增长迅速的背景下，国内企业的增长明显。2013 年，内资软件企业超 3 万家，占全行业企业数的 90.7%，完成软件业务收入 2.3 万亿元，占全行业收入的 75.6%，同比增长 27.8%，高于全行业平均水平 4.4 个百分点。

四、2013 年中国软件正版化工作的开展情况

软件正版化工作，对内关系到软件产业发展所必需的市场环境，直接影响着实施创新型国家战略的工作大局；对外涉及中国履行国际承诺、妥善处理对外关系，营造国家发展的良好外部环境。根据《著作权法》及《刑法》规定，侵权盗版将面临严重的法律风险。同时，使用盗版软件也不利于各级政府和企事业单位的信息安全。

2013 年初，由新闻出版总署（国家版权局）牵头，工信部、财政部、商务部、审计署、国资委、工商总局、知识产权局、国管局、法制办、银监会、证监会、保监会、中直管理局、全国工商联等 15 个成员单位联合召开的推进使用正版软件工作部际联席会议第二次全体会议在京举行。会议指出，2013 年软件正版化工作面临的形势是好的，但更加复杂，

① 《2013 年电子信息产业统计公报》，见 http：//www.miit.gov.cn/n11293472/n11293832/n11294132/n12858462/15909429.html，访问时间：2014-05-05。

② 参见《2013 年国民经济和社会发展统计公报》，见 http：//www.stats.gov.cn/tjsj/zxfb/201402/t20140224_514970.html，访问时间：2014-05-05。

任务更加繁重，既是政府机关的攻坚年，又是企业的提升年。在进一步巩固软件正版化工作成果的前提下，地市、县级政府机关应当于2013年底前完成检查整改任务，同时以中央企业和大型金融机构为重点，深入推进企业使用正版软件工作。①

推进使用正版软件工作部际联席会议随后在4月至5月初组织了8个检查组，分别由国家新闻出版广电总局（国家版权局）、工信部、财政部、商务部、审计署、工商总局、国家知识产权局、国管局等8个部门的司局级领导带队，采取随机抽查的方式，选取河北省、山西省、天津市等16个省（自治区、直辖市）和国家发改委、教育部、环境保护部等14家中央国家机关，对软件正版化工作进行实地检查。从整体情况看，中央部门正版化的情况好于地方政府，县级政府存在的问题较为突出。截至2013年4月底，62.15%的市级政府和32.85%的县级政府完成检查整改，中央和地方累计采购操作系统、办公及杀毒三类软件323.20万套，采购金额21.65亿元。国务院相关部委及时研究出台软件经费预算、软件采购、软件资产管理、年度检查、审计监督等制度，初步建立政府机关软件正版化长效机制。②

工业和信息化部每年采取多项措施推进软件正版化工作，例如推进计算机预装正版操作系统软件工作。根据《信息产业部、国家版权局、商务部关于计算机预装正版操作系统软件有关问题的通知》（信部联产［2006］199号）要求，2007年起，原信产部开始在每年年初发文要求国内部分品牌计算机生产商和操作系统软件提供商，报送上年度计算机销售数量和操作系统软件的预装数量。

① 参见《2013年：软件正版化攻坚提升年》，见http：//news.xinhuanet.com/newmedia/2013-02/22/c_124376282.html，访问时间：2014-5-6。

② 参见《2013年软件正版化督查工作总结会召开》，见http：//www.chuban.cc/yw/201305/t20130523_141422.html，访问时间：2014-05-06。

2013 年中国动漫产业发展报告

牛兴侦

动漫产业作为新兴的文化创意产业，具有典型的高位特征和先导作用，在经济社会发展和文化建设中有着重要的地位。2013 年，中国动漫产业在内容和技术创新、产业融合整合和国家政策扶持等综合因素的推动下，保持了持续增长的良好态势，产业规模继续扩大，产业结构与布局不断优化，企业实力逐步增强，成为支撑文化产业趋于国民经济支柱性产业的重要力量，并在推动文化创意、动漫品牌和相关产业融合发展、支撑经济结构调整和转型升级等方面发挥了积极作用。

一、2013 年中国动漫产业发展基本状况

（一）动漫产业整体规模持续快速增长

在动漫产业化和产业动漫化的共同推动之下，中国动漫产业继续保持快速增长的态势。近年来，中国动漫产业快速发展，产值从“十五”期末不足 100 亿元，增长到“十一五”期末（2010 年）的 470.84 亿元，年均增长率超过 30%。2011 年中国动漫产业总产值为 621.72 亿元，2012 年为 759.94 亿元，2013 年发展速度有所减缓，总产值达 870.85 亿元，较 2012 年增长 14.59%（见图 1）。

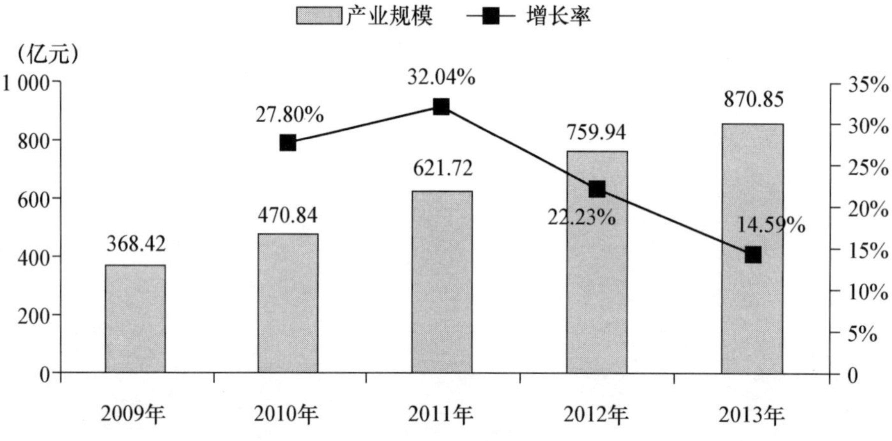

图 1　2009—2013 年中国动漫产业总产值

（二）国产电视动画片产能过剩，电视播出空间已经基本饱和

随着动画精品工程的实施，国产电视动画片正逐步由注重产量、规模向注重质量、效益方向转变。2013 年，全年备案公示的国产电视动画片剧目数量为 465 部、327 955 分钟，全国制作完成的国产电视动画片共 358 部、204 732 分钟，在备案数量增长率走向最低的同时，投资生产完成率创下最高纪录（62.4%）。自 1993 年以来，中国已累计制作完成国产电视动画片 2 659 部、132 515 集、1 508 161 分钟，折合约 25 136 小时。2012 年，全国各级电视频道动画片播出时间为 304 877 小时，其中国产片292 814 小时，进口片 12 063 小时，与 2011 年相比，增长率分别为 8.79%、10.32%和 −18.61%。以当年电视动画片累计时长和播出总时长相比，同一小时长度的动画片在全国所有电视频道的平均播出次数从 2011 年的 14.7 次下降到 2012 年的 13.5 次。国产电视动画片经过多年来的持续高速增长，已经从原来的数量相对稀缺转为总体数量相对过剩但精品力作数量仍旧偏少（见图 2、表 1、图 3）。

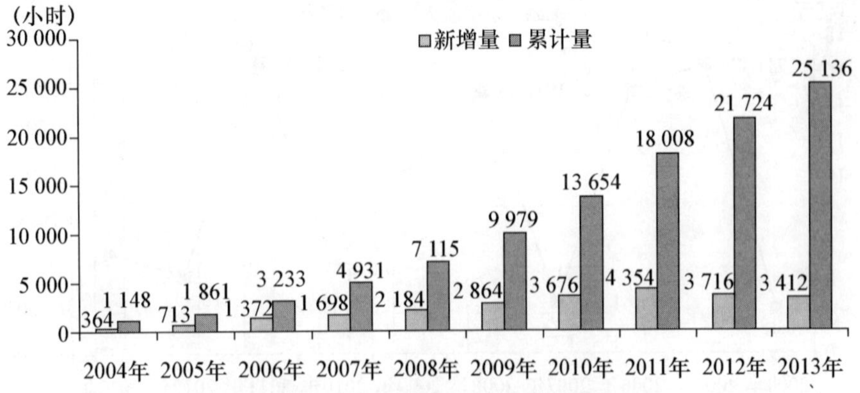

图 2　2004—2013 年国产电视动画片实际产量

表 1

2008—2012 年全国电视动画播出数量

统计指标		2008 年	2009 年	2010 年	2011 年	2012 年
动画电视播出数量	部数	15 447	17 544	19 033	/	/
	集数	518 481	601 776	683 356	/	/
	时长	/	/	/	280 254	304 877
国产动画电视播出数量	部数	14 028	16 458	18 002	/	/
	集数	472 840	560 637	648 790	/	/
	时长	/	/	/	265 432	292 814
进口动画电视播出数量	部数	1 419	1 086	1 031	/	/
	集数	45 641	41 139	34 566	/	/
	时长	/	/	/	14 822	12 063

资料来源：历年《中国社会统计年鉴》。

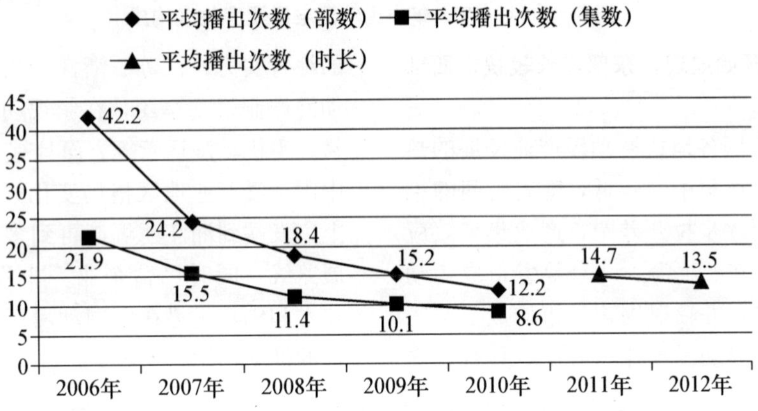

图 3　2006—2012 年同一单位数量的国产电视动画片平均播出次数

（三）产业结构调整进展明显，动画电影成为重要增长点

中国动漫产业长期以来依赖于电视动画的发展路径，随着电视媒体趋于垄断和电影市场日益成熟，越来越多的动画企业开始投资生产制作动画电影。伴随影院建设的快速增长和银幕数量的快速扩张，动画电影票房收入也在随着整体电影市场的快速崛起而持续攀升，国产动画电影无论是票房收入还是市场份额都在大幅提升。2013 年，中国动画电影票房市场持续走高，全年共有 33 部国产动画电影与进口动画电影在国内上映，合计票房收入为 15.91 亿元，同比增长 11.1%（见图 4）。2013 年国产动画电影制作备案 84 部，实际制作完成 29 部，其中公开上映 25 部（含合拍片 2 部），实现票房收入 5.91 亿元，同比增长 45.4%，国产动画电影票房收入再创历史新高。与往年相比，国产动画电影与进口动画电影的票房收入差距正在逐步缩小（见图 5）。随着动画电影市场竞争的加剧和动画品牌发展的需要，动画电影在投资制作方面开始采取系列化和品牌化的发展路线，涌现出《喜羊羊与灰太狼》、《麦兜》、《赛尔号》、《摩尔庄园》、《洛克王国》、《潜艇总动员》、《魁拔》等国产动画品牌系列，《开心超人》、《81 号农场之保卫麦咭》、《高铁英雄》等一批根植于电视动画品牌的影片开始被推上银幕。

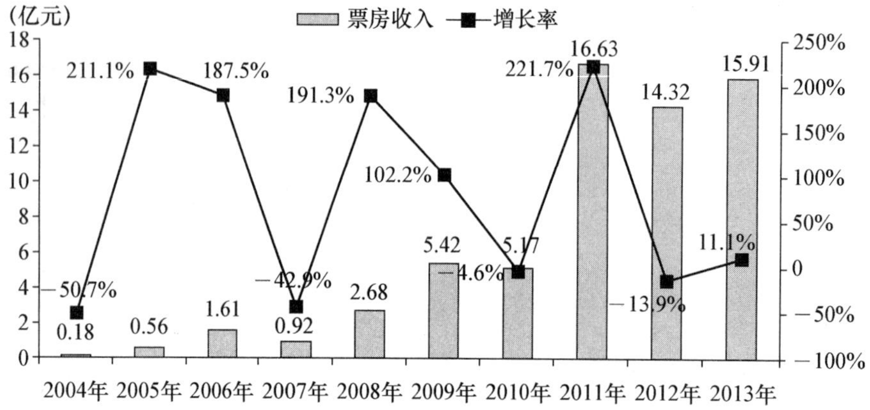

图 4　2004—2013 年中国动画电影票房收入

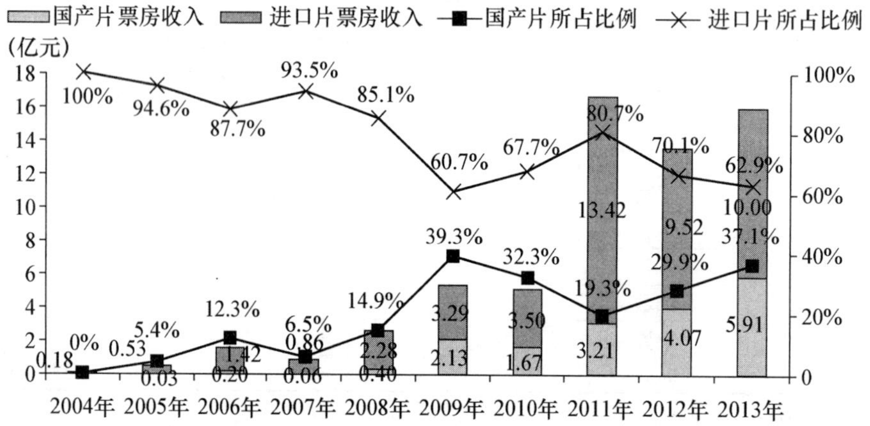

图 5　2004—2013 年中国动画电影票房收入构成

（四）产业集聚开始显现，东部增长较快，西部起伏较大

2006 年以来，全国各地扶持动漫产业发展的热情空前高涨，动漫产业集中度较低，随着时间的推移，各地区之间开始逐步拉开差距，产业集聚效应开始显现。目前，广东、上海、北京等省市成为动漫产业发展的领头羊，并辐射周边省市构成了珠三角、长三角、环渤海等动漫产业核心区，具有较强的综合实力；江苏、浙江、福建、湖南等省市跻身动漫产业第二军团，在影视动画制作、产业展会交易、手机动漫运营等方面具有一定实力。近十年来，中国动漫产业地区格局变化频繁，完成了一条从北上广发端到湘江浙崛起再到多个省市集体扩张的发展路线，同时民营企业等非公经济以体制、资金、技术和创新优势在中国动漫产业发展中起到了决定性的推动作用（见表 2）。

表 2　全国各地获得国家认定的动漫企业和动漫品牌（产品）数量

省份	国家认定的动漫企业数量	国家认定的重点动漫企业数量	文化部认定的重点动漫产品数量	国家动漫品牌建设和保护计划入选项目数量	历年电视动画片产量（分钟）	获得广电总局推荐的优秀国产动画片数量（部）
北京	59	6	13	11	81 333	34
天津	26	3	10	5	22 722	12
河北	12	0	1	0	6 638	5
山西	9	1	1	1	5 269	1
内蒙古	6	0	0	1	10 789	0
辽宁	24	0	0	2	82 858	17
吉林	3	0	0	2	4 416	0
黑龙江	14	2	2	1	16 607	5
上海	34	5	9	15	66 690	28

续前表

省份	国家认定的动漫企业数量	国家认定的重点动漫企业数量	文化部认定的重点动漫产品数量	国家动漫品牌建设和保护计划入选项目数量	历年电视动画片产量（分钟）	获得广电总局推荐的优秀国产动画片数量（部）
江苏	83	3	5	8	270 471	84
浙江	28	2	7	10	216 869	80
安徽	28	1	1	1	54 075	15
福建	31	0	1	2	101 954	33
江西	14	3	3	0	4 371	4
山东	10	0	0	1	17 944	1
河南	21	1	2	1	30 189	18
湖北	21	3	3	4	13 602	7
湖南	26	6	18	11	127 926	36
广东	73	6	13	10	253 246	56
广西	9	0	0	0	3 087	2
海南	1	0	0	1	0	0
重庆	6	1	1	0	27 986	10
四川	10	0	0	3	4 560	1
贵州	9	0	0	0	0	0
云南	9	0	0	0	1 501	2
陕西	8	0	0	1	8 457	1
甘肃	3	0	0	0	—	0
宁夏	3	0	0	0	639	0
新疆	7	0	0	0	675	0
中直机构（含央视）	—	—	—	9	73 002	49
合计	587	43	90	100	1 507 876	501

资料来源：根据文化部、国家新闻出版广播电影电视总局网站资料自行汇总而成。

（五）动漫企业实力持续增强，动漫人才数量增加

作为市场主体的动漫企业在产业化潮流中快速成长，规模实力持续增强，一批有实力、有特色的动漫企业脱颖而出。中国动漫企业数量不断增加，2013 年又有 87 家动漫企业通过文化部、财政部、税务总局的认定，9 家跻身重点动漫企业行列，全国通过认定的动漫企业累计数量达到 587 家，重点企业 43 家，其中有 247 家近年来制作生产过国产电视动画片。2013 年国产电视动画片制作生产机构共有 221 家，占 2013 年度取得《广播电视节目制作经营许可证》的影视节目制作机构数量（6 175 家）的 3.58%。根据统计，目前中国动漫产业共有企业 4 600 余家，从业人数近 22 万人，年产值在 3 000 万元以上规模的动漫企业有 24 家，年产值超过 1 亿元的大型企业有 13 家。根据文化部对通过国家认定的动漫企业的统计，2012 年 519 家动漫企业共实现营业收入约 56.30 亿元（其中主营业务收入近 54.80 亿元），营业外收入约 5.20 亿元（其中政府补助约 3.60 亿元），利润总额 8.50 亿多元。以此推算，单家动漫企业平均所有者权益为 1 834 万元，平均实收资本 1 170 万元（国有资本所占比例为 4.61%），平均营业总收入为 1 085 万元，自主开发生产的动漫产品收入占主营收入的比例为 45.35%，动漫企业总体营业利润率为 7.72%，净资产收益率为 8.97%，政府补助对于利润总额的贡献率为 42.42%。根据统计，519 家动漫企业 2012 年共雇用员工 31 195 名，平均单家企业雇工 60.1 人，共支付工资总额 119 793 万元，职工福利费 12 174 万元，养老、失业等保险费 979 万元，住房公积金和住房补贴 162 万元；平均单个员工领取工资 3.84 万元，获得福利、保险和住房补贴 0.43 万元，合计 4.27 万元/年（见表 3）。

表 3　　**2012 年通过国家认定的动漫企业营业收入和利润**　　单位：千元

企业类别	企业个数	从业人数	营业总收入	主营业收入	营业利润	营业外收入	政府补助	利润总额
漫画创作企业	59	2 512	59 135 3	58 475 4	－20 617	4 884 0	44 918	2 483 0
动画创作、制作企业	365	22 714	396 631 2	3 836 008	367 705	37 479 3	274 451	682 459
网络动漫创作制作企业	27	2 885	51 283 2	51 017 0	14 668	36 137	9 353	45 817
动漫舞台剧目创作演出企业	4	95	8 168	7 268	260	460	460	370
动漫软件开发企业	29	1 313	23 299 0	231 098	33 537	31 409	21 561	5 033 2
动漫衍生产品研发设计企业	35	1 676	31 818 4	306 256	39 339	29 468	11 600	5 039 3
合计	519	31 195	5 629 839	5 475 554	434 892	521 107	362 343	85 420 1

资料来源：《中国文化文物统计年鉴 2013》。

（六）动漫产品数量规模很大，优秀动漫品牌日益显现

随着国家动漫精品工程的实施和动漫企业品牌意识的树立，中国动漫企业推出了一批优秀的动漫精品和动漫品牌。2013 年，《武林外传》、《草莓乐园》、《诺诺森林》、《熊出没》等 7 部电视动画片，《摩尔庄园之海妖宝藏》、《魁拔》、《兔侠传奇》、《喜羊羊与灰太狼之开心闯龙年》等 7 部动画电影，《侠岚》、《漫画中国系列作品》、《爆笑校园》、《张小盒》等 5 部漫画，《天天向上——忽悠讲坛》、《天天健康第一部》、《手机小子》、《Q 版后宫甄嬛传》等 4 部手机动漫，网络动漫《阿狸》被文化部认定为全国重点动漫产品（见表 4）。

2013 年，《熊小米系列》、《坦坦小动员》、《乐比悠悠教育系列之快乐成长》、《疯狂小糖》、《开心宝贝之古灵星历险记》、《阿优之爆笑校园》、《魁拔》、《家族使命》、《新大头儿子和小头爸爸》、《兔侠传奇》、《爵士兔之永恒之曲》、《喜羊羊与灰太狼之开心方程式》等 49 部优秀国产动画片获得广电总局推荐播出，总片长为 28 810 分钟，占全年总产量的 14.1%，为 2005 年以来最低比例（见图 6）。《新大头儿子和小头爸爸》、《三毛历险记》、《兔侠传奇学武篇》、《熊小米系列》、《飞越五千年》、《神奇阿呦》、《图图的智慧王国——数学系列》、《少年师爷之仁善行天下》、《阿优之爆笑校园》、《淮南子传奇（第二季）》、《熊出没之丛林总动员》等 11 部动画片，获得广电总局 2013 年度少儿精品及国产动画发展专项资金优秀国产动画片一等奖。根据央视索福瑞公司 2013 年电视收视调查，《熊出没之过年》、《森林小镇》、《熊出没之丛林总动员》、《魔弹王》、《神兽金刚 2：天神地兽》、《喜羊羊与灰太狼之开心方程式》、《开心宝贝之古灵星历险记》、《新大头儿子和小头爸爸》、《巴啦啦小魔仙之奇迹舞步》、《斗龙战士 2：星龙圣域》等动画片在全国 36 个主要城市中收视率较高，由中央电视台少儿频道播出的《熊出没之过年》在海口创下了 3.24%的收视率和 12.13%的收视份额。

表 4　2010—2013 年文化部认定的重点动漫产品数量

产品类型	2010 年	2012 年	2013 年	合计
动画	21	23	7	51
动画（电影）	0	0	7	7
动画、漫画	1	0	0	1
动漫软件	1	0	0	1
动漫舞台剧	0	2	0	2
漫画	4	3	5	12
漫画期刊	1	1	0	2
手机动漫	5	2	4	11
网络动漫	2	0	1	3

说明：2011 年文化部未认定重点动漫产品。

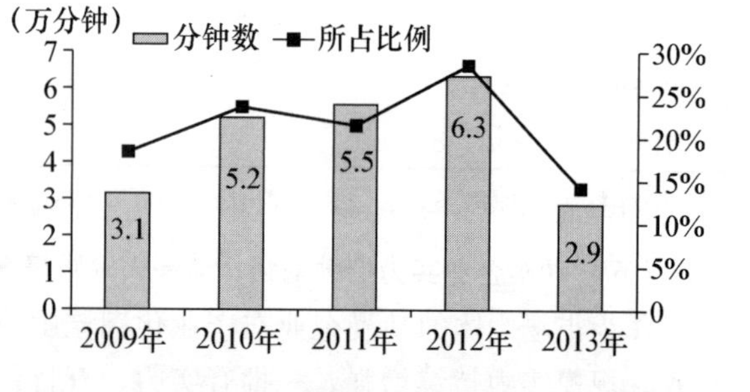

图 6　2009—2013 年国家新闻出版广电总局推荐的优秀国产动画片总片长和比例

（七）动漫版权贸易日益活跃，出口情况波动较大

近年来，随着中国动漫产业快速发展，动漫产品也在积极拓展对外版权贸易。2013 年，中国核心动漫产品出口额达 10.2 亿元，同比增长 22.9%；而 2012 年，该出口额为 8.3 亿元，同比增长 16.25%。2012 年，中国电视动画节目共对外出口 1 677 小时零 49 分，出口贸易金额约 3 105 万元人民币；同期进口 384 小时零 50 分，进口贸易金额约 1 489 万元人民币；实现贸易顺差 1 616 万元人民币（见表 5、图 7）。为鼓励和支持中国文化企业参与国际竞争，扩大文化产品和服务出口，推动中华文化“走出去”，商务部、中宣部、财政部、文化部、新闻出版广电总局根据《文化产品和服务出口指导目录》，经各地组织申报、相关部门评审，共同认定了2013—2014年度国家文化出口重点企业和国家文化出口重点项目。北京天视全景文化传播有限责任公司、央视动画有限公司、幸星数字娱乐科技（北京）有限公司、天津神界漫画有限公司、内蒙古东联影视动漫科技有限责任公司、上海美术电影制片厂、上海炫动传播股份有限公司、湖南金鹰卡通有限公司等30余家动漫企业和中国（浙江）动漫文化出口基地、卡酷影视动画海外投资和合作项目等多个动漫项目被分别认定为2013—2014年度国家文化出口重点企业和国家文化出口重点项目。

表5　2007—2012年中国电视动画节目进出口贸易情况　单位：万元

统计指标	2007年	2008年	2009年	2010年	2011年	2012年
动画电视节目进口总额	981	878	128	247	702	1 489
动画电视节目出口总额	7 354	2 948	4 456	11 133	3 662	3 105
贸易顺差金额	6 373	2 070	4 328	10 886	2 960	1 616

说明：表中数据为四舍五入后的结果。

图7　2007—2012年中国电视动画节目进出口贸易金额

二、中国动漫产业的主要特点和发展态势

（一）产业化进程刚刚开启，中国动漫仍处于初级发展阶段

自2006年中国动漫启动产业化进程以来，中国动漫的商业化、市场化、产业化程度与日俱增。根据产业生命周期理论来看，中国动漫目前正处于从幼稚期向发展期转变的过渡阶段，其阶段特点是产品设计尚未成熟，行业利润率较低，市场增长率较高，需求增长较快，技术变动较大，行业中的佼佼者主要致力于开辟新用户、占领市场，但此时技术上有很大的不确定性，在产品、市场、服务等策略上有很大的余地，对行业特点、行业竞争状况、用户特点等方面的信息掌握不多，企业进入壁垒较低。虽然中国政府基于促进幼稚民族产业发展、保障国家文化安全和经济安全，采取后发国家赶超战略，争取以强大的产业政策来推动动漫产业跨越式发展，但毕竟中国动漫产业发展时间较短，对于产业规律的把握和商业运营仍停留在较为肤浅的层面上，距离跻身世界动漫大国和动漫强国还有很大差距。同时，我们也要客观地看到，经过近十年的产业扶植和快速发展，我们已经形成了“喜羊羊”、“熊出没”等多个能与国外优秀动漫相抗衡的一线品牌，一大批动漫精品和二线品牌，以及众多的较有一定影响的知名动漫产品。根据网民对于国内外动漫产品的关注度分析，可以发现：中国动漫产品与国外动漫产品相比，有一条非常明显的长尾，这是由于国外动漫基于大投资、大制作的精品策略，经过数十年的积累沉淀形成了大量优秀动漫品牌，但由二三线品牌构成的尾部并不长；而国产动漫经过短短几年的发展，更多呈现出来的是一条长尾，犹如水平面以下的巨大冰山，未来必将有大量优秀品牌从中脱颖而出，最终形成一个多维度、多层次的品牌矩阵。以百度搜索风云榜动漫榜单为例，2013年，在其前25名中有16部日本动漫产品、6部国产动漫产品、2部欧美动漫产品和1部其他国家动漫产品，市场份额分别为64%、24%、8%和4%。但随着将更多项目纳入统计范围，就会发现各个国家的市场份额发生了变化：在前200名的榜单中，日本动漫、国产动漫、欧美动漫和其他国家动漫产品的市场份额分别演变为45.5%、33.5%、20%和1%，中日动漫产品市场份额的差距正在逐步缩小。由此看来，我们对于国产动漫需要增强信心、保持耐心，在下一个十年里努力推动中国从动漫大国向动漫强国迈进（见表6）。

表 6　　2013 年百度搜索风云榜动漫榜单构成

	前 25 名				前 50 名			
类别	品种数量	搜索指数	品种份额	指数份额	品种数量	搜索指数	品种份额	指数份额
日本	16	728 721	64%	81.58%	31	802 041	62%	78.48%
国产	6	138 895	24%	15.55%	12	173 175	24%	16.95%
欧美	2	17 602	8%	1.97%	6	38 748	12%	3.79%
其他	1	7 998	4%	0.90%	1	7 998	2%	0.78%
合计	25	893 216	100%	100%	50	1 021 962	100%	100%
	前 100 名				前 200 名			
类别	品种数量	搜索指数	品种份额	指数份额	品种数量	搜索指数	品种份额	指数份额
日本	65	884 350	65%	77.54%	91	912 304	45.50%	74.66%
国产	23	199 826	23%	17.52%	67	234 355	33.50%	19.18%
欧美	11	48 368	11%	4.24%	40	66 825	20.00%	5.47%
其他	1	7 998	1%	0.70%	2	8 410	1.00%	0.69%
合计	100	1 140 542	100%	100%	200	1 221 894	100%	100%

资料来源：根据百度搜索风云榜动漫榜单（http：//top. baidu. com/category? c=5）提供的基础数据进行汇总，前 200 名系根据搞笑、益智、冒险、国产、日本、欧美等 6 个子榜综合而成，数据采集日期为 2013 年 12 月 31 日。

（二）行业洗牌加剧，跨地区、跨所有制兼并重组拉开产业整合大幕

经过多年的积累发展，中国动漫逐步涌现出央视动画、蓝猫卡通、宏梦卡通、江通动画、原创动力、咏声文化、漫友文化、神界漫画、卡米文化、盒成动漫等一批颇具实力和影响的动漫企业，同时也吸引了中南卡通、奥飞动漫、华强动漫、知音传媒、拓维信息等一批大型企业进军动漫领域，并收获不菲。随着中国动漫产业逐步向好、数字技术普及应用和 3C 革命[①]促进产业融合的深度发展，恒大、万达等房地产企业，中国移动、中国联通、中国电信等电信运营商，腾讯、新浪、百度爱奇艺、盛大、淘米等互联网企业，海尔等传统家电企业均不同程度地涉足动漫产品的创作、发行、营销和商业运营等环节，这些战略投资者的加入必将改变原来的产业格局。在规模经济和范围经济的作用下，动漫企业开始频频采取收购、兼并等手段整合行业优质资源，从而达到拓展产业领域、增强企业竞争力的发展目标。2013 年，奥飞动漫（SZ：002292）以 6.342 亿港元收购意马国际（HK：0585）旗下资讯港管理有限公司 100%股权，以及“喜羊羊与灰太狼”等相关动漫形象的商标和版权，同时以 3 639.6 万元人民币收购广东原创动力文化传播有限公司 100%股权；美盛文化（SZ：002699）以 1 980 万元人民币收购浙江缔顺科技有限公司 51%股权及用以增资。拥有优秀动漫内容 IP（intellectual property，知识产权）和强大创意制作能力的动漫企业正在成为战略投资者热衷收购的优质标的。

（三）新媒体动漫爆发增长，数字动漫网络传播进入实质性发展阶段

随着数字动漫制作技术和互联网应用水平的持续提高，民众阅读习惯和观看环境的逐步变化，中国新媒体动漫产业开始进入到高速发展阶段（见图 8）。2013 年，中国 4G 移动通信的正式启动和以 3G 为基础的移动互联网的广泛普及，为手机动漫的发展带来了新的契机。中国互联网络信息中心（CNNIC）发布的第 33 次《中国互联网络发展状况统计报告》显示，截至 2013 年 12 月，中国网民规模达 6.18 亿，互联网普及率为 45.80%，中国手机网民规模达 5 亿，网民中使用手机上网的人群占比提升至 81%。2013 年，手机端对流量要求较大的视频等服务增长迅速，截至 2013 年 12 月，中国手机端在线收看或下载视频的用户数为 2.47 亿，手机视频跃升至移动互联网第五大应用。

新浪、腾讯、盛大等大型互联网企业大举进军在线漫画阅读业务，汇集大陆、港台、日韩、欧美漫画家的海量作品，通过全平台的优势为上千万动漫爱好者提供海量优质漫画的在线阅读，为原创动漫作者提供施展才华的一站式服务。同时，动画也已经成为国内各大视频网站继电视剧、电影和综艺

① 数字技术的发展导致信息产业中的计算机（computer）、通信业（communication）和内容产业（content）互相渗透融合成为一个新的多媒体信息内容产业。

节目之后的第四大内容板块，中国网络电视台、腾讯视频、搜狐视频、爱奇艺、土豆、优酷、乐视、酷6、56网、风行网、激动网、迅雷看看等主流网络视频网站纷纷开设了动漫（动画）频道，同时诞生了酷米网、淘米视频、百田卡通等一批垂直动画视频网站，采购大量国内外正版动漫内容向广大网民进行分发传播。视频网站借助数字产品极低的复制成本和互联网络极低的传播成本，正在取代传统电视频道成为动画内容产品集成分发的首要媒体，新一代动画传播媒体的数字化、网络化、移动化、社交化和融合化特征日趋凸显。

随着“手机动漫文件格式”、“手机（移动终端）动漫内容要求”、“手机（移动终端）动漫运营服务要求”和“手机（移动终端）动漫用户服务规范”四大核心标准组成的手机动漫标准体系的出台，进一步推进手机动漫行业的规范化，有利于动漫作品与运营商、智能终端的无缝连接，降低动漫作品生产及渠道传播的成本，并大大提升运作效率和收益，对开拓移动互联网的动漫市场起到积极作用。2013年，中国移动手机动漫基地业务收入超过10亿元，带动产业收入约200亿元。炫果壳（北京）信息技术有限公司提供的《斗罗大陆》和上海全土豆网络科技有限公司提供的《喜羊羊之羊羊快乐的一年》分别以3 098 257次和309 537次付费观看，成为2013年中国手机动漫销售排行榜的漫画类和动画类冠军。

此外，即时通信（IM）、微博、社交网站（SNS）和论坛等以社交元素为基础的网络应用平台为强化互动性和用户黏性，纷纷使用大量动漫形象作为表情符号，进一步丰富了新媒体动漫的产品形态。2013年，腾讯正式启动QQ表情开放平台战略，并举办了2013腾讯原创表情大赛，在QQ和微信平台上推出了众多国内外优秀动漫形象符号（见表7）。

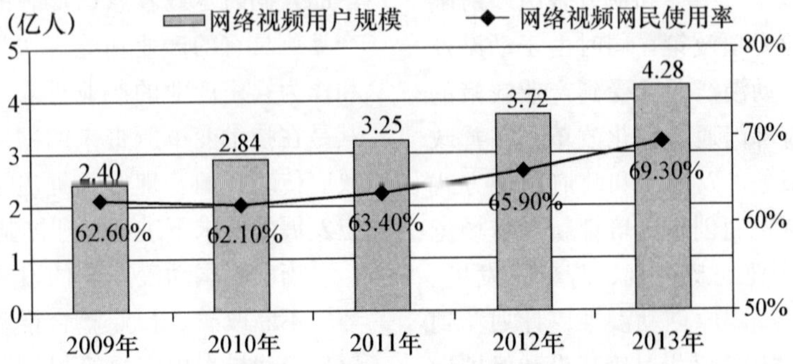

图8 2009—2013年网络视频用户规模和网民使用率

表7 国内网络社交平台主要动漫形象（表情）

平台	主要动漫形象（表情）
QQ	My Melody、灰太狼、喵魂、可爱囧囧、流氓兔、军迷阿哆、葫芦娃、小豌豆、贱度max圆夫、贝肯熊、冷兔什锦包、流氓兔星你版、阿哆、阿狸、小纯洁、我是喵魂、小妖娃儿、炮炮兵、爱要在一起、叫我小纯洁、萌动阿狸、阿狸8周年、爱你左右、萌贱井果、呆萌小香肠、麦拉风、Hello Kitty、仙人掌掌、黄毛兔小妹、招财童子、潘潘达日常篇、Agnes、Larva臭屁虫、双子星、驴小毛驾到、圆宝甜蜜蜜、有爱Peng先森、恋爱日记、多卡王子、米娅暖冬版、小甜甜陪你过年、苏尼兔、节奏大师小师妹、B. Duck过新年、酷企鹅、迪士尼群星大拜年、面包吉咕咕鸡二、贱马贺岁、up喵、圣诞Hello Kitty、大力猫乌嗒、箭人神棍、三口、小猪星球、小熊维尼、米奇、地小主、胡子叔、小幺鸡、怪兽大学、巴布熊猫、栗子君、小哈、小雅文字、小明、二毛、快乐何炅、帽帽鼠、逗比肠、失眠羊、至尊萌宠、神马雷雷、木木猫、拽猫、白蛋儿、箭人神棍、白雪公主、铅笔贱、冷兔、阿狮马、Gongu、郭斯特、但丁、哈咪猫、彼格梨、爆炸头、中秋快乐等212款
微信	兔斯基、蛋先生、海胆君马布、迪士尼新春大拜年、玩具总动员、怪兽大学、欧尼和波吉、咕咪、嗨，蜡笔、嘟噜噜、野丫头小希、饭团人和他的朋友们、加菲猫、小熊维尼、Molang、双重性格的喵小美、咔咔还没长大、神偷奶爸、机器人小6、Q版M78奥特曼、风一样的C哥、隔壁的理查、波波、土豆dori的流浪记、神经蛙与快乐马、挨踢狗、抓狂兔、紧张的小白、小爪派对、汉斯圆滚滚、么么、叽咕叽咕恋爱吧、妞妞、海绵宝宝、史迪奇、甜甜私房猫、野原新之助、Kiki Coco
飞信	王小威、但丁、达达兔、接吻侠、彼格梨、炮炮兵、屁屁狗、贱狗、纳尼兔、UP喵、米悠熊、麦拉风、乌乌君、流氓兔、星星系列、小破孩、肥丝、小土豆、极娃娃、盒子先生、小僵尸、小左、包租婆、titi、贝斯特、铅笔贱、小团子、毛叔、萌宠大联欢、元宵相亲会、小左小右、小囧熊、小季酱、乐动姐妹淘、辛巴狗、那小宝、朵丽羊、发条猪、见特曼、屌狮、咪娜、小贱喵、布布虎、阿狸、Z先森、漫仔、阿拉伯、双子姚姚、贱西西、我是女生、开学季、喵小窗

续前表

平台	主要动漫形象（表情）
来往	来小基、淘公仔、淘必中、天猫、鲸蜀黍、呱呱鸡、黄老实、忍者寿司、公公、爱情公寓、极地小王子、恋爱的季节、阿鸡和阿汁、精灵小仙、来小兔的愚人记、波比与力子、小幺鸡
新浪微博	浪小花、暴走漫画、小恐龙、冷兔、郭斯特、癫当、阿狸、BOBO 和 TOTO、小纯洁、罗小黑、白骨精、hello 菜菜、面瘫萝卜、阿拉兔、小幺鸡、摩丝摩丝、桂宝、懒猫猫、彼尔德、炮炮兵、哎呦熊、块猫、柏夫、萌萌、管不着、臭臭、nonopanda、恐龙宝贝、影子、大耳兔、哈皮兔、亚运会、张小盒、悠嘻猴、小新小浪、大熊、蘑菇点点、酷库熊
腾讯微博	hello 菜菜、达达兔、小纯洁、nono、冷兔、麦拉风、boto、张小盒、哎哟熊、小幺鸡、阿囧、吕查德、想念熊、哎呀猩猩、炮炮兵、魂儿喵喵、唛哩唛哩轰、阿狸、大眼鼓、细哥细妹、几何猫、爱心龟、悠嘻猴、呆呆小熊、桂宝、小哈、瓜皮仔、郭斯特
微米	小幺鸡、二毛叔、胶泥、YOYO、一休、猫咪

资料来源：根据各网络平台自行汇总。截止日期：2014 年 3 月。

（四）政府扶持方式和管理模式发生重要调整

动漫产业的发展离不开政策的支持与引导，政府是中国动漫产业发展的主导力量。中国对于动漫产业的定位承自 2002 年十六大提出的“文化产业”概念，随后动漫产业被定性成为政治指导下的经营性文化产业。2004 年以来，中央和地方各级政府陆续出台了多项动漫产业专项政策，同时由于动漫产业的跨行业特征明显，动漫产业又受到产业政策的裨益。总的来说，政府部门通过深化改革、完善政策、加大管理、加强服务，以市场和政府两种方式大力推进动漫产业体制机制创新，培育新兴市场竞争主体，来促进整个产业的超常规、跨越式发展。从“原创动漫扶持计划”、“原创动漫推广计划”到“国家动漫精品工程”、“国家动漫品牌建设和保护计划”，彰显了国家逐步引导实现从代工到原创、从原创到精品、从精品到品牌的发展路线。从目前来看，动漫产业依旧是各级政府部门大力扶持的战略性文化产业，但在具体的实现方式中存在以文化类综合型扶持政策取代动漫产业专项扶持政策的倾向。同时，鉴于动漫属于具有强烈意识形态的文化产品，对于促进社会主义先进文化和未成年人思想道德建设具有重要意义，政府部门始终在强化行业管理。特别是 2013 年由于江苏男童模仿灰太狼烤羊导致同村两兄弟严重烧伤，司法判决制作方承担部分责任，除了制作方在社会舆论下承担社会责任和主动修改全片内容之外，还引发 20 家动画制作机构和播出机构联合倡议不制作播出含有暴力、低俗、危险情节和不文明语言的动画片，国家新闻出版广电总局当即印发《关于进一步加强国产电视动画片内容审查的紧急通知》，并拟出台国产电视动画片内容标准，对暴力、低俗、危险情节和不文明语言等方面做出严格限制。动漫文化产品属于具有外部性的准公共产品，同时承载着意识形态的宣传功能和作为娱乐产品所具有的产业功能。作为意识形态的政治诉求和作为娱乐产业的产业诉求之间的深层次矛盾，尤其是在技术变革所带来的网络信息传播时代，对于政府传统式的管理方式提出了挑战，未来应当在适应发展的要求下进行管理体制改革。

当前中国动漫产业的发展，既迎来了产业政策环境不断改善、行业整合推动资源优化配置、促进信息消费扩大内需政策提供巨大市场空间、技术进步提供新的发展机会等有利形势，同时也面临着产业发展宏观环境仍待改善、国外企业进军国内市场加剧竞争形势、版权保护市场环境有待改善、产业技术创新和商业模式创新不足等挑战。面向未来，为推动中国动漫实现转型升级，进一步优化产业发展的效率和效益，持续增强中国动漫的市场影响力和国际竞争力，必须按照产业转型发展的要求，以创新思维方法来实现动漫产业的突破，以提高产品品质、品牌价值和产业效益为核心，从数量规模式扩张转变为质量效益型发展。

（作者单位：郑州大有动漫产业有限公司、
河南省中原动漫研究院）

2013 年中国网络游戏产业发展报告

易观国际

一、2013 年中国网络游戏产业发展概况

（一）中国客户端游戏市场发展情况

1. 中国客户端游戏市场规模

2013 年中国客户端网络游戏市场规模达到 551.4 亿元，整体市场规模继续在低位徘徊，增长瓶颈依旧未能突破（见图 1）。其中的根本原因在于，中国客户端游戏市场经历了 10 年的高速发展，行业已经进入成熟期，无论是在参与企业或用户方面，均未有较大成长。

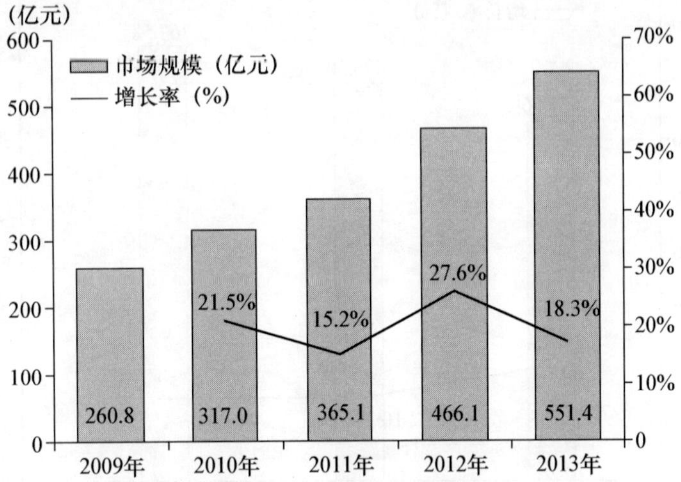

图 1　2009—2013 中国客户端游戏市场规模

说明：中国客户端游戏市场规模，即中国网络游戏企业在客户端游戏业务方面的营收总和，包括大型客户端游戏及平台游戏。具体为其运营及代理运营的客户端游戏产品所创造的用户付费收入，以及企业间的游戏研发与代理费用，游戏周边产品授权、内容外包与海外代理授权费用的总和。

资料来源：易观国际·易观智库。根据上市公司财务报告、专家访谈、厂商深访以及易观智库推算模型得出。

2. 中国客户端游戏用户规模

2013 年，中国客户端网络游戏用户规模达到 1.61 亿人（见图 2），预计 2014 年将达到 1.68 亿人，年增长率低于 10%，网络游戏使用率缓慢降低，中国游戏产业正在逐步发生改变。在用户规模方面，伴随着游戏行业发展时间的加长，用户规模增长也逐步放缓。市场产品方面表现为重游戏向轻游戏发展，需要花费大量时间以及大量金钱的 MMORPG 游戏用户正在流失，符合碎片化使用情景的轻度手机游戏则呈现持续增长态势。

3. 中国客户端游戏市场规模预测

预计 2014 年，中国客户端游戏市场规模将达到 631.66 亿元，较 2013 年增长 14.6%；2015 年将达到 696.30 亿元，较 2014 年增长 10.2%；2016 年将达到 767.58 亿元，较 2015 年增长 10.2%（见图 3）。

（二）中国网页游戏市场发展情况

1. 中国网页游戏市场规模及增长趋势

2013 年中国网页游戏市场规模首次突破 150 亿，达到 169.5 亿元人民币，较 2012 年增长 73%。2013 年中国网页游戏行业规模连续三季度环比增长低于 10%，厂商重心无一例外向移动游戏倾斜，传统的网页游戏研发商和平台纷纷向移动游戏研发和发行转型。网页游戏经历 2010—2012 年的黄金增长后，如今已经步入成熟期。除了页游产品的精良度与日俱增外，商业模式、产业结构、市场格局、竞争规则均已稳定（见图 4）。

体量较大的网页游戏企业都在向移动游戏领域寻找商业机会，将已被验证的经典游戏移植至手机

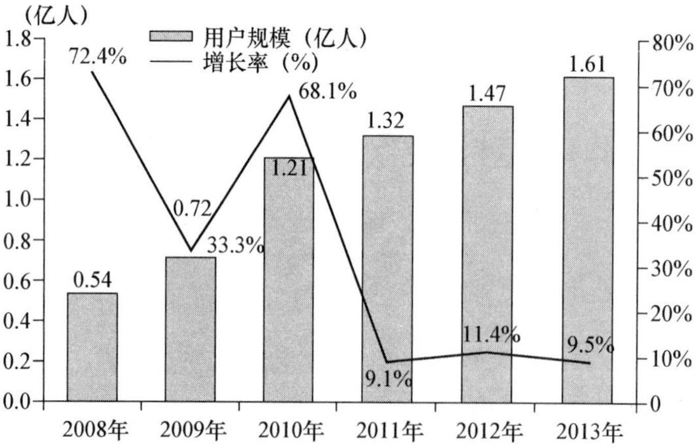

图 2　2008—2013 年中国客户端游戏用户规模

资料来源：易观国际·易观智库。

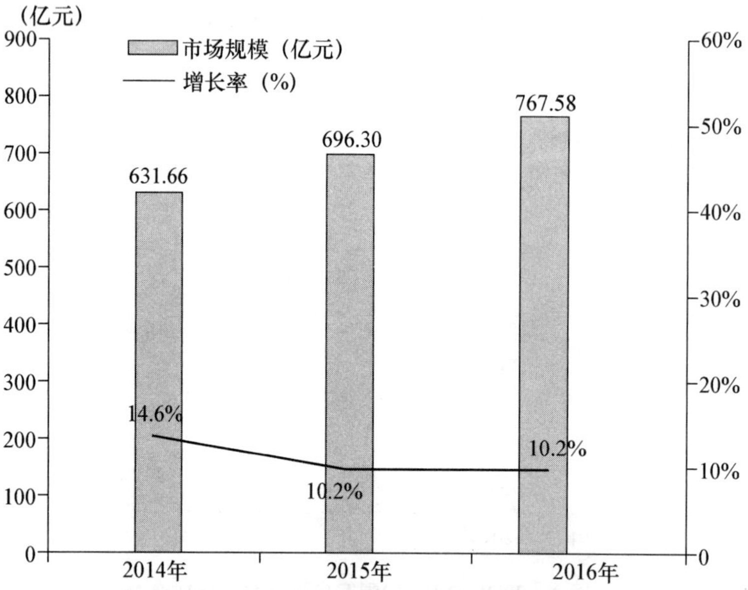

图 3　2014—2016 年中国客户端游戏市场规模预测

说明：中国客户端游戏市场规模，即中国网络游戏企业在客户端游戏业务方面的营收总和，包括大型客户端游戏及平台游戏。具体为其运营及代理运营的客户端游戏产品所创造的用户付费收入，以及企业间的游戏研发与代理费用，游戏周边产品授权、内容外包与海外代理授权费用的总和。

资料来源：易观国际·易观智库。根据上市公司财务报告、专家访谈、厂商深访以及易观智库推算模型得出。

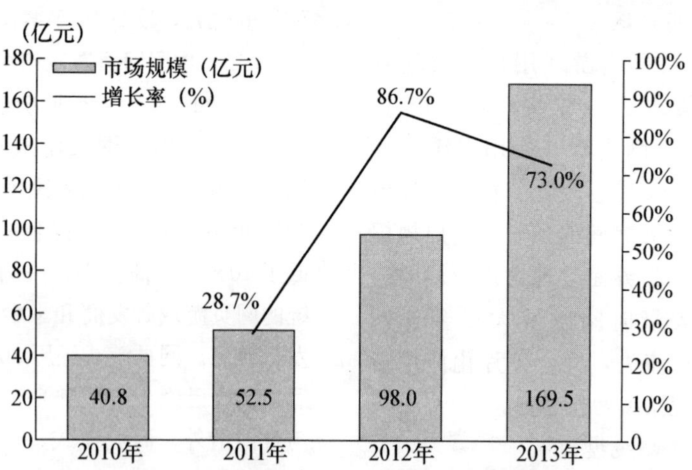

图 4　2010—2013 年中国网页游戏市场规模

说明：中国网页游戏市场规模，即中国网络游戏企业在网页游戏业务方面的营收总和，包括基于网页端呈现的社交游戏。具体为其运营及研发的网页游戏产品所创造的用户付费收入，以及企业间的游戏研发与代理费用、游戏周边产品授权、内容外包与海外代理授权费用的总和。

资料来源：易观国际·易观智库。根据上市公司财务报告、专家访谈、厂商深访以及易观智库推算模型得出。

端，使忠实的玩家群体迁移至移动游戏平台，不仅有效扩大公司业务范围，更重要的是能有效提高产品研发效率和成功概率。但随着市场不断回归理性，传统强势产品在2013年滑落迅速，大量产品由于难以获取用户青睐而纷纷停服，使得网页游戏市场出现了一种前所未有的“洗牌”局面。另外，利用精品化模式打造良好的口碑效应，已经成为页游企业面对市场增速放缓的主要对策。

2. 中国网页游戏用户规模

2013年中国网页游戏用户规模达到8 300万人，同比增长15.3%，网页游戏用户增长速度进一步放缓，出现了与客户端游戏近似的发展趋势，国内网页游戏市场进入挖掘细分市场和细分用户的新阶段。网页游戏市场占有率持续下降，网页游戏产品数量的增长速度逐渐放缓，核心用户正在流失（见图5）。

尽管游戏玩家群体的需求习惯已发生巨大变化，但页游快速、轻便、交互性的游戏体验仍然与当前人们日益快节奏的生活相协调。因此，页游轻量化的特性始终符合当前游戏行业整体碎片化的趋势与未来发展方向，页游仍然在市场中占据重要的需求地位。

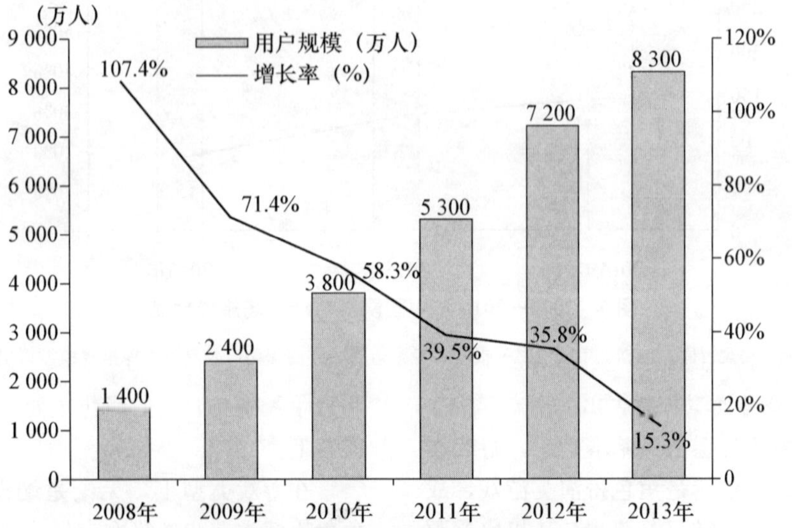

图5　2008—2013年中国网页游戏用户规模

资料来源：易观国际·易观智库。

3. 中国页游研发商发展趋势

2013年网页游戏的发展进入了成熟阶段，页游研发商们也开始了新一轮的动向，其趋势大概可分为以下几类：

（1）专注产品研发，游戏向精品化发展。

专注页游研发的企业主要有第七大道、墨麟集团、仙海网络等。第七大道在其研发能力达到国内领先水平之后，开始逐渐向海外市场拓展，旗下产品《神曲》曾先后成为国内收入最高的网页游戏，并在全球市场获得令人瞩目的成绩。诸多游戏在海外的成功使第七大道的海外营收占总营收的近50%。而墨麟集团仍在专注开发新款页游，并与国内各大平台广泛联运；2014上半年推出了4款页游，分别在百度、37wan等平台上发行。另外，开发《暗黑屠龙》的仙海网络等其他公司也一直延续着网页游戏的研发工作。

（2）研发与发行并重。

研发与发行并重的企业主要有Forgame、游族网络、广州创思等。Forgame是典型的研发与发行并重的页游企业，子公司菲音和捷游是其两大页游研发品牌，曾开发出《明朝时代》和《醉西游》等著名页游。Forgame旗下的发行平台91wan累积注册用户约1.4亿，在国内页游平台格局中属于第二梯队。游族网络则拥有最大的研发厂商自建平台，其平台拥有多款自研产品，同时在海外市场也有所拓展。广州创思主要采用毛利率相对较高的自研自发的独代模式，其自建的9377游戏娱乐平台，因为独家代理《烈焰》、《魅影传说》等优秀自研产品而人气火爆。

（3）进军手游市场。

典型的布局移动游戏业务的页游企业厂商有胡莱游戏、心动游戏、游族网络和上海易娱等。其中第七大道授权胡莱研发的移动游戏《新神曲》为页游企业合作典范，此外胡莱曾在业内率先将原创页游《胡莱三国》移植到iOS和Android平台。《新神曲》、《斩仙》等优秀产品在腾讯平台的独代，证明了游戏质量的同时也确保了日后的营收能力。心动游戏将自研的经典页游《神仙道》移植至手机端，该游戏在2012年年初上线之后长期保持在畅销榜前列，显示出了旺盛的生命力和较长的生命周期。游族网络的《萌江湖》和上海易娱的《天天爱西游》这两款卡牌游戏也分别在 2013 年、2014 年大获成功，而其他页游企业也几乎都在积极地进行移动领域的布局。

4. 中国网页游戏市场规模预测

预计 2014 年中国网页游戏的市场规模将达到 224.26 亿元人民币，较 2013 年增长 32.3%；2015 年将达到 285.03 亿元人民币，较 2014 年增长 27.1%；2016 年将达 330.30 亿元人民币，较 2015 年增长 15.9%。市场规模的增长速度在逐步放缓（见图 6）。

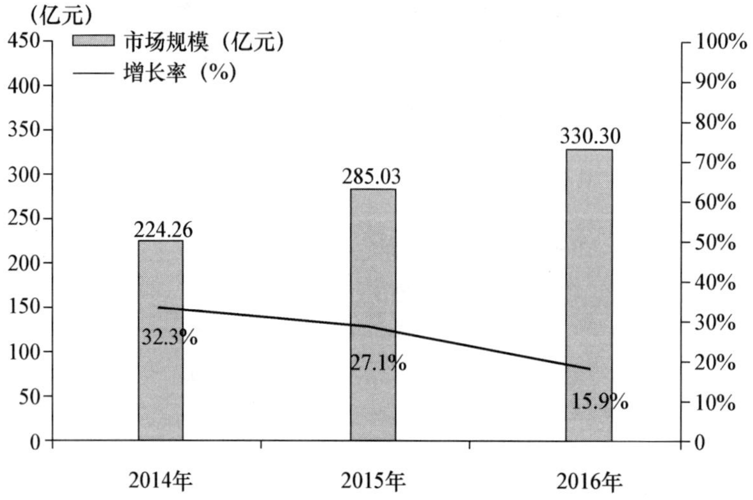

图 6　2014—2016 年中国网页游戏市场规模预测

资料来源：易观国际·易观智库。根据上市公司财务报告、专家访谈、厂商深访以及易观智库推算模型得出，部分数据有待调整。

5. 中国网页游戏各类型份额占比

网页游戏整体主流类型已经基本确定，游戏类型市场份额占比最高的依然是角色扮演类游戏，战争策略、休闲竞技、模拟经营类游戏与其相比差距较大，页游市场产品类型集中度高的特征在游戏细分领域中最为明显（见表 1）。

从用户规模的角度来看，休闲竞技和模拟经营类页游依然拥有大量轻度用户玩家，而角色扮演类和战争策略类游戏的优势主要体现在单个用户变现能力上。

在游戏类型上，无论是端游、页游还是手游，角色扮演类游戏始终在市场中占据首要位置。中国游戏玩家对于角色扮演类游戏存在强烈偏好，此类游戏具有易上瘾、黏性高、认知度强等特点，但核心要素还是因为玩家在此类型游戏中能通过付费获得更强烈、更直接的优越感。

表 1　　中国网页游戏各类型特点比较

	角色扮演	战争策略	休闲竞技	模拟经营
用户类型	核心玩家	核心玩家	休闲玩家	休闲玩家
用户规模	大	小	中等	中等
研发周期	1 年左右	1 年左右	8～12 个月	6～8 个月
生命周期	1 年以上	1～2 年	1～2 年	2～3 年
ARPU（季度）	200～300 元	150～250 元	80～150 元	60～100 元
主要特点	游戏表现力最为华丽，竞争性强，追求短期获得快感，玩家投入精力较大	游戏较为写实，注重数值，游戏门槛高，玩家投入精力大，追求策略和资源管理	多为卡通风格，游戏玩法丰富，可玩性高，追求技巧性，时间投入较为碎片化	多为卡通风格，游戏门槛最低，人群跨度最广，社交化程度最高，追求长期时间投入，时间投入最为碎片化
典型产品	《烈焰》、《神仙道》	《七雄争霸》、《攻城略地》	《弹弹堂》、《塔防三国志》	《QQ 农场》、《开心消消乐》

（三）中国移动游戏市场发展情况

1. 移动游戏产业链研究

2013 年，作为移动游戏市场起航与高速发展的一年，无论在产业规模、经营企业数量、从业人员数量、用户规模等方面均迈上了一个新的阶梯。支撑移动游戏市场发展的主要力量分为如下四个部分（见图 7）：

（1）移动游戏研发商。

移动游戏的研发企业，主要以聚集产品 IP，打造产品研发的核心团队，依靠自身的智力作为游戏内容的创生；此外，或将自主研发的产品授权给发行企业独家代理，或将产品投放到移动游戏的分发渠道，做自主的运营，进而将自己的产品向产业链的下游输出。

（2）移动游戏发行商。

主要经营的业务为独家代理上游研发厂商的移动游戏产品，通过全渠道的发行能力、强大的市场推广能力，将代理的产品投放到多个渠道，进行产品的推广及运营。

（3）移动游戏渠道商。

直接对接用户，是用户接触移动游戏的第一个环节，也是移动游戏内容流向的最后一个环节。移动游戏运营平台以应用商店为主，包括官方（App-Store、GooglePlay）与第三方商店（360 手机助手、91 助手、爱游戏）。而 2013 年下半年微信游戏平台的上线，拓展了以轻游戏为代表的超级 App 的渠道。

（4）移动游戏支撑环节。

包括电信网络、服务器、营销媒体、支付等环节。移动游戏作为互联网化的文化创意产品，在完成内容传达用户、实现用户交互以及用户付费的整个过程中，需要多个环节的支持，包括需要营销来实现产品品牌化的诉求，以及需要支付完成整体游戏运营的最后一环。

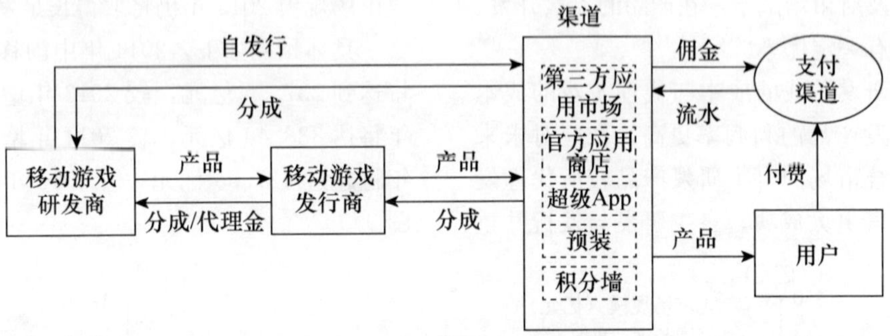

图 7 中国移动游戏产业链

2. 中国移动游戏市场规模

2013 年，中国移动游戏市场高速成长，前三季度的市场规模分别为 21.68 亿、28.73 亿、38.89 亿，保持季度环比 30%左右的高速增长。2013 年第 4 季度，市场规模已经达到 49.52 亿元，较第 3 季度环比增长 27.3%。全年中国移动游戏市场规模达到 138.8 亿元，对比 2012 年 54.3 亿的市场规模，实现同比 155.6%的爆发式增长（见图 8）。

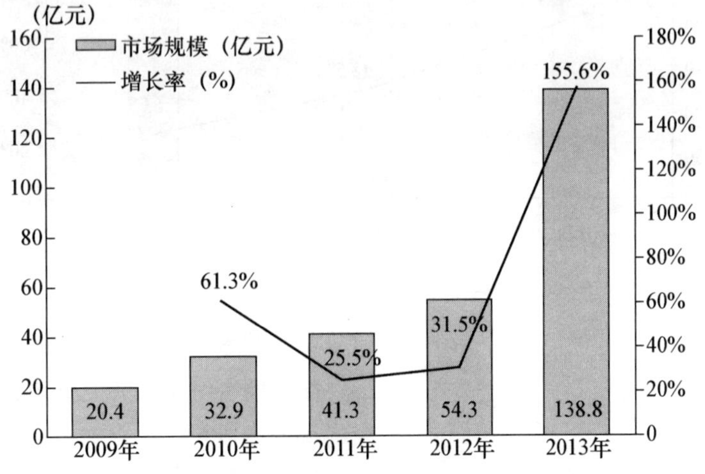

图 8 2009—2013 年中国移动游戏市场规模

说明：中国移动游戏市场规模，即中国游戏企业在移动游戏业务方面的营收总和。具体为其运营及研发的移动游戏产品所创造的用户付费收入，以及企业间的游戏研发与代理费用，游戏周边产品授权、内容外包与海外代理授权费用的总和。

资料来源：易观国际·易观智库。根据上市公司财务报告、专家访谈、厂商深访以及易观智库推算模型得出。

3. 中国移动游戏研发商研究

移动游戏研发商指的是制作、构架、开发网络游戏的企业，主要负责网络游戏的编程、设计、美工、声效、生产及测试等工作，在游戏上线后还负责服务器提供、技术支持、客户服务、产品升级等。自主发行的移动游戏研发商同时还兼具运营商的角色。

游戏研发商处于产业链上游，其产业分工主要是根据市场需求进行产品开发或升级立项，通过游戏策划，组织美术、关卡设计、动作设计、任务设计、副本设计等，按照特定的流程进行游戏开发，经过内部、外部多轮测试并调整完善后形成游戏产品。移动游戏研发商是整个移动游戏产业链的内容提供者，一款游戏产品的成功，较大程度上取决于研发商的研发能力以及对市场的判断。

我国移动游戏产业正处于成长期，市场集中度较为分散，具有较大市场影响力的专业移动游戏研发商还很少，同时具备研发和发行能力的游戏企业则更为稀少。拥有发行能力的移动游戏研发商具有以下几个方面的优势：

第一，具有发行能力的研发商，通过前期在研发方面的积累以及对市场试错，在产品的二次开发、修改、优化上具有一定优势。

第二，自主研发游戏的成本与代理游戏的成本相当，但自主研发产品的利润率更高，在应对未来市场变化时，契合市场的自主研发产品较所代理发行的产品能够获得更大成功。自主研发与发行并重能够有效减少单一产品线所带来的风险。

第三，具备发行能力的移动游戏研发商往往拥有多款成功产品，积累了较充裕的资金储备以及一定的品牌优势，在代理和发行产品上具有更多的话语权。

4. 中国移动游戏市场规模预测

随着中国智能手机渗透率的不断提高、移动互联网的迅速普及以及一大批标杆性产品的推动，2013 年移动游戏迎来了一个快速发展的阶段。尽管市场高速发展的同时暴露出一些问题，部分市场参与者将面临洗牌，但随着智能手机在中国市场的渗透率进一步提升和人口红利进一步被挖掘，移动游戏市场规模 2014 年仍将取得长足发展。

具体预测如下，2014 年中国移动游戏市场规模将达到 237.56 亿元，较 2013 年增长 71.1%；2015 年将达 338.43 亿元，较 2014 年增长 42.5%；2016 年将超过 427.05 亿元，较 2015 年增长 26.2%（见图 9）。

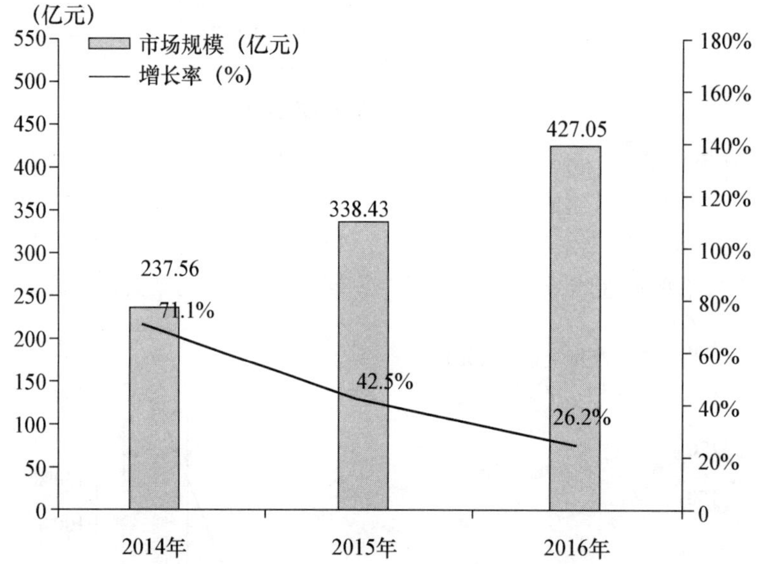

图 9　2014—2016 年中国移动游戏市场规模预测

资料来源：易观国际·易观智库。根据上市公司财务报告、专家访谈、厂商深访以及易观智库推算模型得出。

二、中国网络游戏产业趋势预测

（一）中国网络游戏市场规模及预测

纵观中国的网络游戏市场，经过了 2004—2007 年客户端游戏、2009—2011 年网页游戏所带来的两个高潮，至 2013 年迎来移动游戏的市场爆发，其行业的发展与更新迭代速度远快于端页游市场。2014 年对于移动游戏领域来说进入红海，而 2014 中国游戏市场的“盘整年”，也将主要围绕移动游戏来展开。

2013 年，中国广义游戏市场高速增长，整体市场规模达到 859.68 亿元人民币，其中移动游戏市场规模达到 138.82 亿元，占全行业的 16.15%，就其体量来说，小于客户端游戏与网页游戏的规模，但是其较高的增长速度远高于行业平均水平，成为未来三年内全行业的主要拉动力。

从整体市场规模看，预计 2014 年中国网络游戏市场规模将超过千亿元人民币，达到 1 093.48 亿元，较 2013 年增长 27.2%；2015 年将达到 1 319.76 亿元，较之 2014 年增长 20.7%；2016 年将达到 1 524.93 亿元，较 2015 年增长 15.5%（见图 10）。

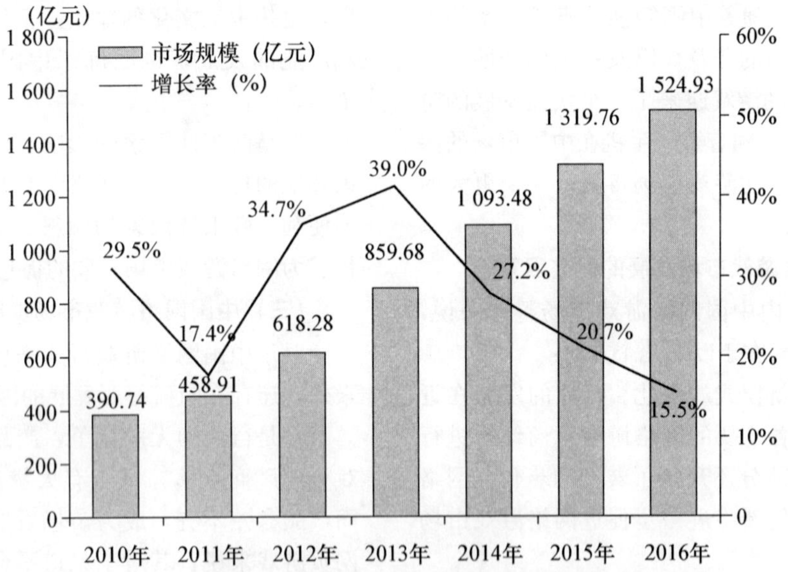

图 10　2010—2016 年中国网络游戏市场整体规模及预测

资料来源：易观国际·易观智库。

从细分市场看，中国的客户端网络游戏经过十多年发展，已步入存量市场，规模增速放缓，部分企业营收增长出现停滞（见图 11）。自 2009 年以来，客户端游戏增长瓶颈始终困扰着整个行业。这一方面是由于移动游戏的兴起对端游市场产生一定分流作用，更重要的原因则在于：端游自身玩法老化、创新不足、同质化现象严重等问题始终没有得到有效解决。不过，随着端游技术的进步和研发周期的完结，2013 年以来新产品推出节奏有所加快，游戏创新程度有所加强，未来对缓解产品老化现象有一定作用，但具体表现仍需等待市场进一步检验。

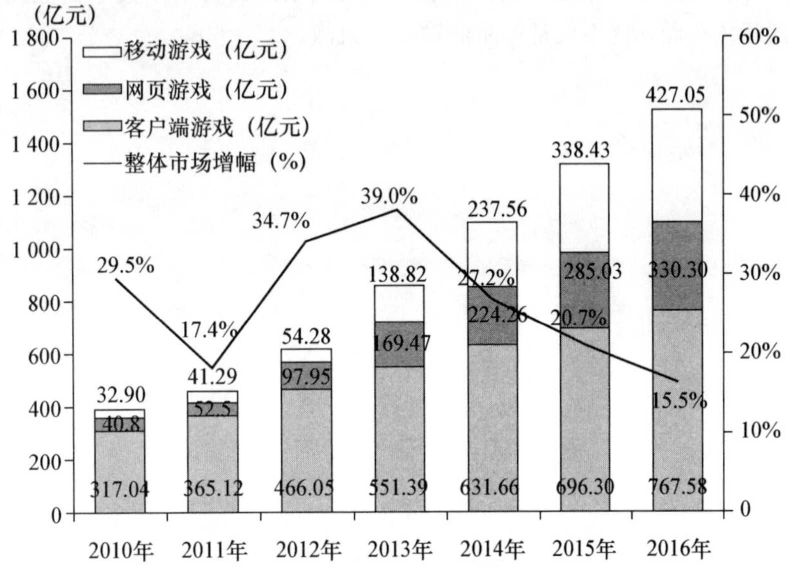

图 11　2010—2016 年中国网络游戏细分市场规模及预测

资料来源：易观国际·易观智库。

网页游戏方面，市场结束了 50%以上的年增长率，步端游后尘进入存量市场，放缓趋势明显。中国页游市场增速放缓一方面由于页游产品自身创新困难、同质化现象严重，另一方面，研发商对于渠道所带来流量的过度依赖也间接制约了页游市场的创新突破。市场在走向集中与成熟的过程中，网页游戏的厂商开始打造自身的品牌形象，领先的厂商将逐步扩大用户认知，建立起品牌壁垒，从而进一步扩大优势。网页游戏企业只有从题材和内容上进行全面创新，通过数据分析对游戏进行优化和细节调整，精耕细作，才有可能提升用户的粘性和产品认可度，从而赢得市场。

移动游戏方面，随着中国智能手机渗透率的不断提高，移动互联网的普及，以及一批标杆性产品的诞生，2013年移动游戏迎来了一个快速发展的阶段。预计在2014年，随着智能手机在中国市场的渗透率进一步提升，移动游戏市场将赢来一个更大的爆发期。

（二）中国网络游戏市场发展的促进因素

对于未来数年内中国网络游戏市场整体来说，行业发展的促进因素在于以下几个方面：

一是新产品、新模式的变化。行业的发展在近两年陷入低谷，而各主要的网络游戏厂商纷纷进行产品的优化升级，部分还开始了转型的步伐。网络游戏产品及模式的创新将进一步促进网络游戏市场的发展。

二是移动互联网爆发，移动终端产品适应用户需求的变化。游戏的承载方式由红白机、街机、主机、掌机、PC直至移动终端，这些终端产品的变化适应了市场的发展，而随着未来中国移动互联网及智能手机的持续爆发式增长，移动游戏的快速发展将进一步促进整体市场的发展。

三是海外市场的发展。随着中国网民数量的增长达到一定的瓶颈，中国的人口红利逐步消失，各主要的网络游戏厂商纷纷瞄准海外市场，执行“走出去”战略，进行国际化布局，这不仅是产品的输出，也是中华文化的输出；不仅促进了中国网络游戏产业的发展，也锻炼了中国网络游戏厂商的竞争力。

四是政策性因素的影响。随着文化创意产业政策环境的持续利好，网络游戏在中国市场的发展更加便利。政策性因素的倾斜、更多资源的投入，都将成为网络游戏市场发展的促进因素。

（三）中国网络游戏市场发展的阻碍因素

对于中国网络游戏行业来说，除了上述促进因素外，还存在阻碍行业发展的因素：

一是行业的无序竞争，产品参差不齐。网络游戏行业厂商众多，每年有大量的新产品推向市场，而产品参差不齐，成为市场发展的一个隐忧。仅就网页游戏来说，其对于渠道平台的依赖过多，产品到达用户的成本过高，一定程度上造成了行业的无序竞争。这些都成为阻碍网络游戏发展的因素。

二是用户增长的难度加大。就国内市场来说，一方面整体网民的增长速度在放缓，人口红利消失，这成为中国网络游戏用户规模增长放缓的一个重要因素；另一方面，随着新生代用户的成长，其娱乐方式与娱乐需求均发生了深刻的变化，网络游戏的需求在降低，如何适应这种变化，吸引更多新用户的到来，成为未来数年内互联网厂商面临的一个挑战。

2013 年中国图书版权贸易分析报告

张洪波

国家新闻出版广电总局公布的《2013 年全国新闻出版业基本情况》显示，2013 年，全国共引进版权 18 167 种，输出版权 10 401 种，其中引进图书版权 16 625 种，输出图书版权 7 305 种，图书版权贸易引进和输出比例为 2.3∶1。与 2012 年的 2.1∶1 相比，版权贸易逆差所有加大。

一、2013 年版权输出五年首次下降

2009—2012 年四年间，我国图书版权贸易逆差一直呈现逐年缩小的趋势，从 2009 年的 4.2∶1 缩小到 2012 年的 2.1∶1（见图 1）。但是到了 2013 年，图书版权输出五年来首次出现下降，版权贸易逆差有加大迹象。2004—2013 年这十年间，图书版权引进增长了 6 585 种，输出增长了 5 991 种，引进和输出比例由 2004 年的 7.6∶1 缩小到 2013 年的 2.3∶1，图书版权贸易逆差基本呈逐年缩小的趋势。

图 1　2009—2013 年中国图书版权贸易情况

二、多地引进数减少

经济发达国家和地区仍然是我国图书版权的主要引进地。2013 年，从全国图书版权引进地来看，美国以 5 489 种高居榜首，全国图书版权引进地按引进数由大到小依次为：美国 5 489 种，英国 2 521 种，日本1 852 种，韩国 1 472 种，中国台湾地区 1 100 种，法国 772 种，德国 707 种，中国香港地区 354 种，新加坡 310 种，加拿大 111 种，俄罗斯 84 种，中国澳门地区 7 种（见图 2）。

与 2012 年相比，在 2013 年的 12 个引进地中，美国、俄罗斯、新加坡、韩国和中国澳门地区的引进量都呈增长势头，而英国、德国、法国、加拿大、日本、中国香港地区和台湾地区则降幅较大（见图 3）。

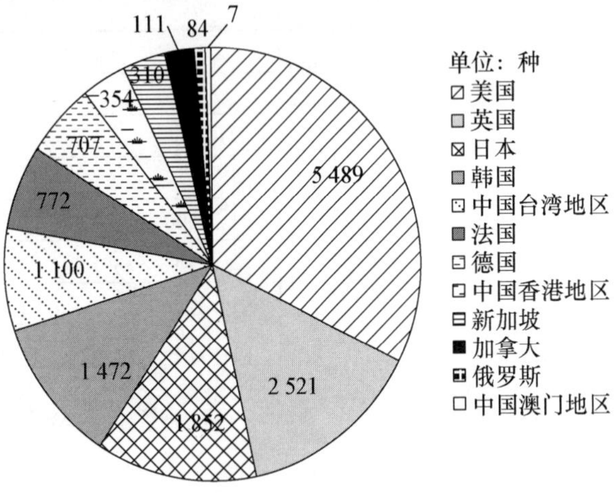

图 2　2013 年中国图书版权引进地分布图

增幅较大的地区依次是：美国（545 种）、韩国（263 种）、新加坡（45 种）、俄罗斯（36 种）、中国澳门地区（2 种）。

降幅较大的地区依次是：中国台湾地区（324种）、德国（167种）、日本（154种）、法国（63种）、英国（60种）、中国香港地区（59种）、加拿大（11种）。

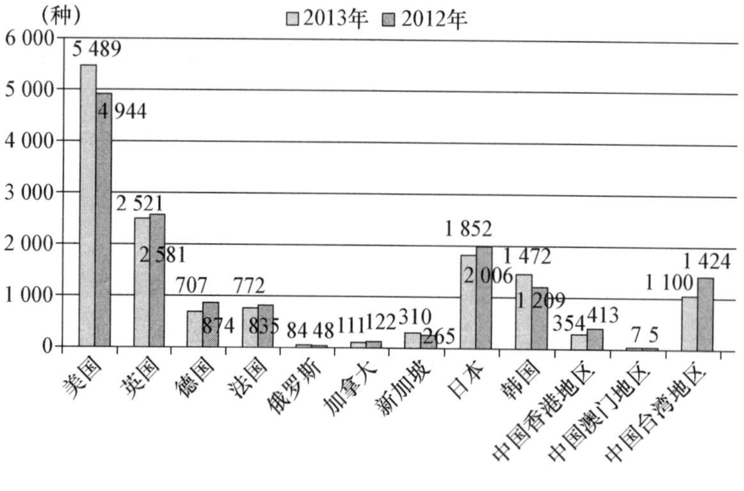

图3 2012—2013年中国图书版权引进地比较

三、多地输出数减少

2013年，从全国图书版权输出地来看，中国台湾地区仍然长期雄踞榜首。全国图书版权输出地按输出数由大到小如下：中国台湾地区1 714种，美国753种，韩国656种，英国574种，中国香港地区402种，德国328种，日本292种，法国184种，新加坡171种，俄罗斯124种，加拿大46种，中国澳门地区24种（见图4）。

与2012年相比，在2013年的12个输出地中，法国、俄罗斯、韩国和中国澳门地区的输出量呈增长势头，而美国、英国、德国、加拿大、新加坡、日本、中国香港地区和台湾地区则降幅较大（见图5）。

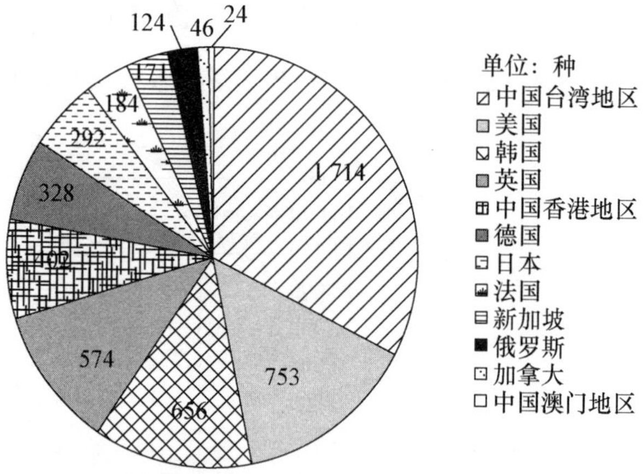

图4 2013年中国图书版权输出地分布图

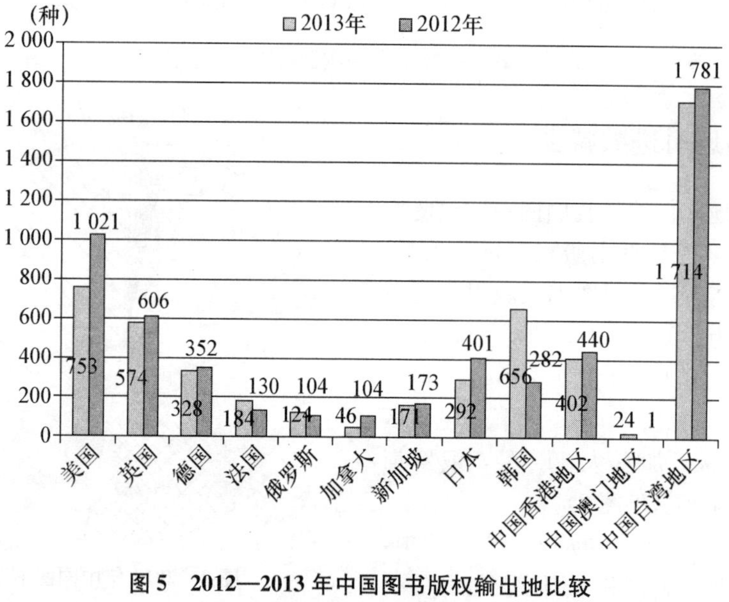

图5 2012—2013年中国图书版权输出地比较

增幅较大的地区依次是：韩国（374种）、法国（54种）、中国澳门地区（23种）、俄罗斯（20种）。

降幅较大的地区依次是：美国（268种）、日本（109种）、中国台湾地区（67种）、加拿大（58种）、中国香港地区（38种）、英国（32种）、德国（24种）、新加坡（2种）。

2009—2013 年五年间，中国图书版权引进地和输出地的变化如下：

与 2009 年相比，引进地增长数量较多的主要是：美国、韩国、日本（见图 6）。

与 2009 年相比，输出地增长数量较多的是：美国、英国、德国、日本、韩国和中国台湾地区（见图 7）。

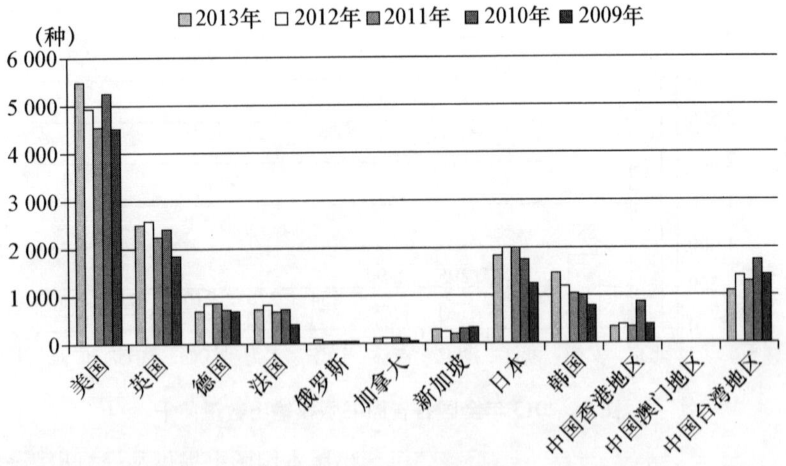

图 6　2009—2013 年中国图书版权引进地比较

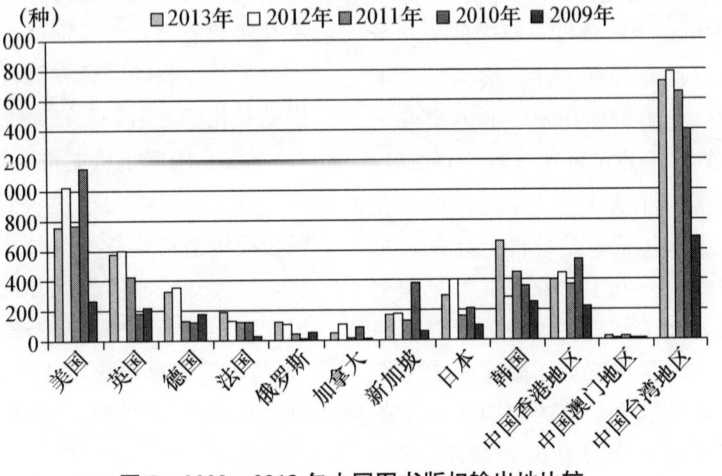

图 7　2009—2013 年中国图书版权输出地比较

四、各省图书版权贸易分布不均

2013 年，图书版权贸易开展较好的仍然是北京和上海。图书版权引进中，北京占全国总数的一半以上。

图书版权引进十强省依次为：北京、上海、湖南、江苏、湖北、山东、辽宁、浙江、广西、陕西（见图 8）。西藏、青海无统计数据，内蒙古不到 10 种，甘肃、宁夏和新疆均不到 20 种。

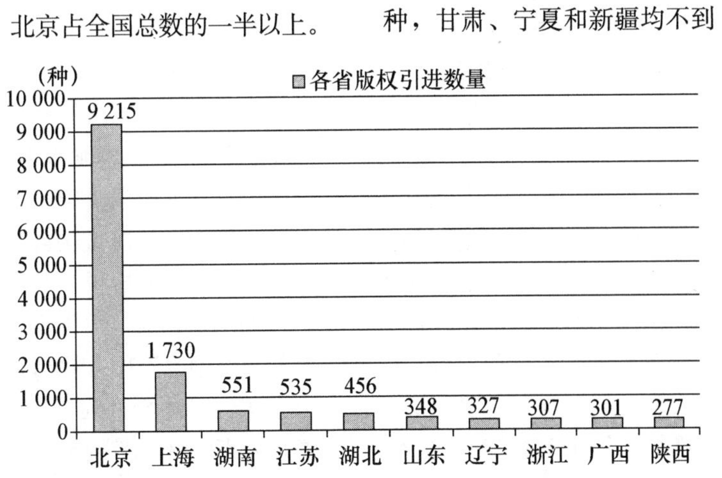

图 8　2013 年全国各省图书版权引进数量前十

在图书版权输出中，北京约占全国总数的一半；安徽跃居全国第二位。

图书版权输出十强省依次为：北京、安徽、浙江、湖北、吉林、辽宁、上海、江西、江苏、广西（见图 9）。

全国图书版权贸易实现顺差的有安徽、浙江。

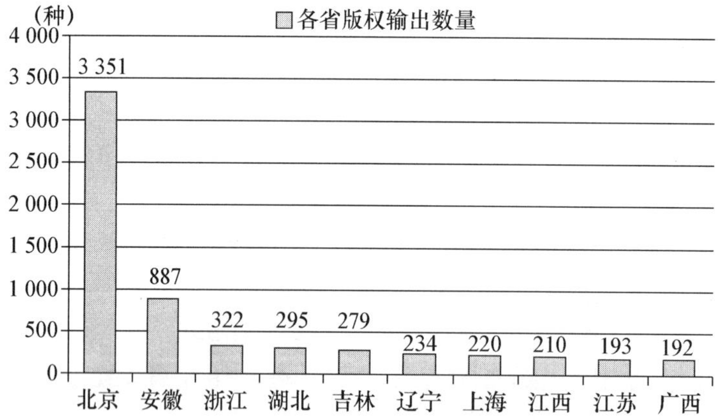

图 9　2013 年全国各省图书版权输出数量前十

五、中国图书版权"走出去"的发展趋势

（一）"标杆式作家"成引领

自 2012 年中国作协副主席莫言获得诺贝尔文学奖以来，中国文学备受国际社会关注。被称为"中国谍战小说之父"、"红色主旋律作家"的麦家登上《纽约时报》等海外媒体，引起轰动。阎连科 2014 年 5 月获得捷克第 14 届"卡夫卡"文学奖，他是获得卡夫卡奖的第一位中国作家，是继村上春树后第二位获此殊荣的亚洲作家。由于"卡夫卡"文学奖得主曾经多次与诺贝尔文学奖得主重叠，所以，在 2012 年莫言获得诺贝尔文学奖之后，阎连科被文学界预言将是下一个获诺贝尔文学奖的中国作家。莫言、麦家、阎连科等作家的作品在海外翻译出版，持续引发海外对中国文学、中国作品的进一步关注。实际上，早在 2012 年诺贝尔文学奖颁发之前，俄罗斯就有出版社策划出版了"诺贝尔奖候选者"丛书，莫言作品赫然在列。

（二）成立专门机构推动"走出去"

2014 年 7 月国家外文局成立中国翻译研究院，旨在组建翻译国家队、提升我国对外话语能力和翻译能力。

从各国推广本国文化的做法来看，韩国、法国、德国、西班牙、俄罗斯等国值得研究和借鉴。韩国设立文化产业振兴基金、出版振兴基金。法国在华设立傅雷计划，资助翻译出版。西班牙在北京设立了塞万提斯学院，德国在北京设立了歌德学院，韩国在北京设立驻华韩国文化院、韩国著作权委员会北京代表处。俄罗斯在莫斯科专门设立了翻译学院，负责对外文学翻译和出版，并为外国出版机构翻译、出版本国图书提供翻译、出版经费补贴。

从国外的实践看，中国图书"走出去"需要专门机构负责。这种机构需要有专业人才和有效机制，要有协调能力，要有资金支持。

另外，我国陆续在海外设立的中国文化中心在推动文化"走出去"方面也很值得期待。

（三）国际机构支持，拓宽"走出去"视野

有关国际组织也加大对中国的关注，很多国际版权机构也将业务重点向中国转移。2012 年 6 月 26 日，世界知识产权组织在北京召开了第三次世界知识产权组织保护音像表演外交会议，成功缔结了《视听表演北京条约》。2014 年初，国际作者作曲者协会联合会（CISAC）将亚太委员会总部从新加坡迁到北京。

从 2010 年起，世界知识产权组织开始在中国设立"版权金奖"，该奖项立足文化创意产业与产业链发展的角度，以维护原创作品权益、传承原创精神为出发点，旨在表彰在版权领域做出卓越贡献的杰出代表，每两年评选一次，奖项分作品奖、推广运用奖和保护奖。《于丹〈论语〉心得》、二十一世纪出版社等曾经获得该奖项。

（四）中外互译硕果累累

国家新闻出版广电总局已经与阿盟、印度、土耳其、俄罗斯等国或国际组织有关政府主管部门启动了"中外互译出版项目"，并且初显成效。

经总局批准，中国文字著作权协会成为"中俄互译出版项目"中方执行协调机构，负责项目的具体落实。2014 年底前，中国将有至少十种文学作品在俄罗斯翻译出版，包括莫言的《生死疲劳》、老舍的《老舍作品选》、王蒙的《活动变人形》、铁凝的

《笨花》、张贤亮的《张贤亮作品选》、何建明的《落泪是金》以及中国古典四大文学名著。与此同时，也将有一些俄罗斯现当代文学作品在中国翻译出版。根据2013年中俄出版部门签署的合作备忘录，五年之内中俄两国各自翻译对方五十部文学作品，两国政府主管部门将提供作家版税补贴、翻译和出版补贴。

（五）数字出版产品亟待“走出去”

无论是版权贸易，还是海外投资、并购出版文化企业，都是从资金、技术等角度“走出去”，需要企业具备相当的实力。随着国内数字出版产业的迅速发展，中文期刊数据库已经在海外逐渐打开市场，但是电子书、客户端等新兴数字出版产品的海外市场还亟待挖掘。中国急需与“亚马逊”这样面向国际市场的电子书海外平台合作，利用海外成熟的电子书交易平台，向海外销售中文电子书，同时加大对客户端等新技术产品的开发力度，充分利用微信等新技术手段，用中国内容、中国故事，打动、感染、吸引外国人，透过各类作品，向海外介绍当代中国，推动中华文化与世界各民族文化的交流。

（六）“高铁外交”将引发海外对中国科技类图书的版权引进

2008年北京奥运会和2010年上海世博会之后，相关图书均被输出到海外翻译出版。李克强总理出访非洲、东南亚、东欧，开展“高铁外交”，被称为中国高铁“超级推销员”。习近平主席在蒙古访问时也介绍中国高铁。“高铁外交”是继我国“乒乓外交”和“熊猫外交”之后的又一成功外交方略，被称为我国的“外交名片”。“高铁外交”不但展示了我国在高铁设计、研发、创新、制造、运行和管理领域的硬实力，体现了中国自主知识产权的成果，体现了中国的科技实力和应用管理水平，更体现了我国在知识产权创造、开发、运用方面的软实力。应该说，“高铁外交”的实质就是“知识产权外交”。可以预言，随着一些国家对我国高铁的关注，将引发海外对我国高铁技术、机械制造、通信、建筑等领域科技类图书的兴趣。

（作者单位：中国文字著作权协会）

版权

典型案件选编

DIAN XING AN JIAN XUAN BIAN

【编者按】 本栏目共刊登五部分内容：1. 2014年4月21日，最高人民法院公布了2013年全国知识产权司法保护十大案件、50个典型案例和十大创新性案件，本栏目选取其中13起著作权司法保护案件；2. 2014年4月18日，国家版权局发布的“2013年度打击侵权盗版十大案件”；3. 2013年12月30日，国家版权局、国家互联网信息办公室、工业和信息化部、公安部通报的2013年“剑网行动”十大案件；4. 2014年“4·26知识产权宣传周”期间，北京市、上海市、广东省、安徽省、湖南省、云南省、甘肃省高级人民法院分别公布了2013年知识产权司法保护案件，本栏目选取其中的著作权司法保护典型案件；5. 部分省、自治区、直辖市报送的2013年著作权行政执法案件。

2013年中国著作权司法保护典型案件

一、杨季康与中贸圣佳国际拍卖有限公司、李国强诉前行为保全案［北京市第二中级人民法院(2013)二中保字第9727号民事裁定书］

【案情摘要】 申请人杨季康称：钱锺书（已故）与杨季康系夫妻，二人育有一女钱瑗（已故）。钱锺书、杨季康及钱瑗与李国强系朋友关系，三人曾先后致李国强私人书信百余封，该信件本由李国强收存，但是2013年5月间，中贸圣佳国际拍卖有限公司（以下简称中贸圣佳公司）发布公告表示其将于2013年6月21日13:00举行“也是集——钱锺书书信手稿”拍卖活动，公开拍卖上述私人信件，并将于2013年6月18日至20日举行预展活动。杨季康认为，钱锺书、杨季康、钱瑗分别对各自创作的书信作品享有著作权。钱瑗、钱锺书先后于1997年3月4日、1998年12月19日病故，钱锺书去世后，其著作权中的财产权由杨季康继承，其著作权中的署名权、修改权和保护作品完整权由杨季康保护，发表权由杨季康行使；钱瑗去世后，其著作权中的财产权由其母杨季康与其配偶杨伟成共同继承，其著作权中的署名权、修改权和保护作品完整权由杨季康与杨伟成保护，发表权由杨季康与杨伟成共同行使；鉴于杨伟成明确表示在本案中不主张权利，故杨季康依法有权主张相关权利。杨季康主张，中贸圣佳公司及李国强即将实施的私人信件公开拍卖活动，以及其正在实施的公开展览、宣传等活动，将侵害杨季康所享有和继承的著作权，如不及时制止上述行为，将会使杨季康的合法权益受到难以弥补的损害，故向法院提出申请，请求法院责令中贸圣佳公司及李国强立即停止公开拍卖、公开展览、公开宣传杨季康享有著作权的私人信件。

【判决结果】 2013年6月3日，北京市第二中级人民法院作出如下裁定：中贸圣佳公司在拍卖、预展及宣传等活动中不得以公开发表、展览、复制、发行、信息网络传播等方式实施侵害钱锺书、杨季康、钱瑗写给李国强的涉案书信手稿著作权的行为。本裁定送达后，被申请人中贸圣佳公司随即发表声明，决定停止2013年6月21日“也是集——钱锺书书信手稿”的公开拍卖。

【典型意义】 本案系因著作人格权而采取诉前行为保全措施的案件。因案件涉及我国已故著名作家、文学研究家钱锺书先生及我国著名作家、翻译家、外国文学研究家杨绛（杨季康）女士，故处理结果受到社会的广泛关注。法院认为，涉案私人书信作为著作权法保护的文字作品，其著作权应当由作者即发信人享有。任何人包括收信人及其他合法取得书信手稿的人在对书信手稿进行处分时均不得侵害著作权人的合法权益。在杨季康明确表示不同意公开书信手稿，并提出如中贸圣佳公司实施公开预展、公开拍卖的行为，将构成对著作权人发表权的侵犯，给其造成难以弥补的损害的情况下，法院根据杨季康的申请，及时、审慎地作出司法裁定，不仅有效地保护了著作权人的相关权利，又避免了对其隐私权的侵害，判决结果对于引导全社会尊重他人依法享有的著作权及隐私权具有积极意义。

二、辛波特·桑登猜、采耀版权有限公司诉圆谷制作株式会社、上海圆谷策划有限公司、广州购书中心有限公司、上海音像出版社侵害著作权纠纷案［广州市中级人民法院(2005)穗中法民三知初字第576号判决、广东省高级人民法院(2010)粤

高法民三终字第63号判决、最高人民法院（2011）民申字第259号裁定]

【案情摘要】 2005年9月30日，辛波特·桑登猜（以下简称辛波特）、采耀版权有限公司（以下简称采耀公司）以圆谷制作株式会社、上海圆谷策划有限公司（以下简称上海圆谷公司）、广州购书中心有限公司（以下简称广州购书中心）、上海音像出版社四被告侵害其著作权为由提起诉讼。请求判令四被告分别停止侵权行为、公开赔礼道歉以及赔偿经济损失，其中广州购书中心、上海音像出版社分别赔偿人民币10万元、30万元，上海圆谷公司、圆谷制作株式会社共同赔偿人民币100万元。辛波特、采耀公司主张权利主要依据如下证据：1. 1976年3月4日的合同（即“1976年合同”）。该合同授予采耀公司总裁辛波特《巨人对詹伯A》等9部奥特曼作品无期限的、在日本国以外的独占专权。2. 1996年7月23日圆谷制作株式会社向辛波特发出的“致歉信”。该信再次提到辛波特根据“1976年合同”取得的独家权利，并对圆谷制作株式会社再次授权他人表示歉意。另外，2001年圆谷制作株式会社在日本国提起著作权确认之诉。经日本国东京地方裁判所、东京高等裁判所、日本国最高裁判所（2004年4月27日）裁决，认定“1976年合同”真实有效，确认辛波特享有在日本国以外的奥特曼作品的独占使用权，驳回圆谷制作株式会社的其他诉讼请求。圆谷制作株式会社在泰国起诉采耀公司、辛波特等四被告侵害著作权，泰国中央知识产权和国际贸易法院于2000年4月4日判决认定“1976年合同”真实有效，圆谷制作株式会社须根据反索赔向辛波特赔偿。圆谷制作株式会社提起上诉。泰国最高法院在2008年2月5日作出的终审判决中，采信了泰国一审法院审理时的鉴定报告（一审未采信）。该鉴定报告的鉴定意见由泰国警察总署证据检验处处长任命的七名文件和伪造品核查方面的专家组成的文件审核委员会出具，对“1976年合同”未予确认，支持了圆谷制作株式会社的诉讼请求。

【判决结果】 一审法院认为，泰国最高法院采信的鉴定报告，是泰国警察总署作出的。该鉴定报告认为，“1976年合同”中两处的“prod. and”与同行的其他字体相比对，打印的水平线不一致，不是同一时间打印。结合对合同中存在的诸多疑点进行分析，该鉴定报告的结论是客观真实的，可以作为证据予以采信。“致歉信”虽然是真实的，但不足以印证“1976年合同”的客观真实性，判决驳回辛波特、采耀公司的诉讼请求。辛波特与采耀公司不服，提起上诉。

二审法院认为，日本、泰国法院判决未经中国民事诉讼程序予以承认，在中国没有法律效力，本案不应以日本、泰国法院判决确认的事实作为本案认定事实的依据。一审法院直接认定泰国鉴定机构的鉴定结论缺乏法律依据。“1976年合同”是真实有效的合同，辛波特、采耀公司分别基于“1976年合同”、“授权书”享有的涉案作品的独占使用权受中国著作权法的保护。圆谷制作株式会社未经许可，通过上海圆谷公司授权上海音像出版社复制、出版、发行、销售涉案作品第6、7、8部，该社使用上述作品、广州购书中心销售涉案第8部作品，均侵害了辛波特、采耀公司的独占使用权。判决：1. 撤销一审判决；2. 广州购书中心停止销售侵权产品，上海音像出版社停止生产和销售，并销毁相关的母带、生产工具等，上海圆谷公司、圆谷制作株式会社停止以任何方式在中国许可任何人生产和销售上述作品的音像制品的行为；3. 上海圆谷公司、圆谷制作株式会社赔偿辛波特、采耀公司人民币30万元及合理费用人民币101 930元，上海音像出版社向辛波特、采耀公司返还其侵权所得利润人民币10万元。

圆谷制作株式会社、上海圆谷公司不服二审判决，向最高人民法院申请再审。其主要理由是：“1976年合同”系伪造，二审判决认定该合同真实、有效，属事实不清，适用法律不当；圆谷制作株式会社和辛波特在二审庭审时均同意对合同上的公章进行司法鉴定，二审法院对此未作评述；“致歉信”不能直接证明“1976年合同”真实有效；二审法院不采信泰国的鉴定结论，有失公允。根据中国与泰国关于民商事司法协助的协定，提请对涉案泰国最高法院民事判决予以承认。2011年2月1日泰国法院刑事判决辛波特因伪造合同进行授权活动，作出判刑并处罚款的判决，该新证据可以在民事案件中加以采用。请求撤销二审判决，维持一审判决。

最高人民法院经审查认为：关于上海圆谷公司、圆谷制作株式会社是否侵害辛波特、采耀公司（简称二者为辛波特）对奥特曼相关作品的独占使用权的问题，鉴于辛波特为支持其主张不仅提供了“1976年合同”，而且还提供了“致歉信”予以佐证，上海圆谷公司、圆谷制作株式会社（简称二者为圆谷公司）主张“1976年合同”系伪造，但未提供充分证据予以证明，且确认“致歉信”的真实性，二审法院据此未支持圆谷公司关于涉案合同系伪造的主张，并根据查明的事实认定圆谷公司侵害了辛波特对奥特曼相关作品的独占使用权并无不当，本院主要针对圆谷公司申请再审新提出的如下问题予以回应：1. 关于是否需要对“1976 年合同”上的“公章”予以鉴定问题。申请鉴定是当事人的诉讼权利，也是当事人的举证义务，但在具体案件审理过程中是否需要对当事人提供的书证、物证进行鉴定，应由法院决定。本案是否需要对“1976 年合同”上的“公章”予以鉴定，因辛波特、采耀公司提交的证据已经能够证明该合同上的“公章”的真实性，故二审法院未委托鉴定机构对此进行鉴定并无不当，但未在判决中予以说明理由欠妥，对此予以纠正。2. 关于泰国警察总署出具的鉴定报告能否予以采信的问题。鉴定机构出具的鉴定结论属于证据的一种形式，作为具有重要诉讼价值的鉴定结论，必须符合客观性、关联性和合法性的要求。作为定案依据的鉴定结论，必要时鉴定人应当出庭接受当事人的质询。实践中，对于鉴定程序合法，当事人没有异议的鉴定结论，一般可以作为人民法院认定相关案件事实的依据。但是，这并不意味着简单地将鉴定结论直接作为裁判的依据，具体案件中对案件事实的实质性审查判断仍是法官是否采信鉴定结论的前提，否则无异于将对案件事实的审查权让渡于鉴定机构。中国法院对涉及外国鉴定机构出具的鉴定结论能否采信，应当按照中国的相关法律进行审查。二审法院认为本案直接认定泰国警察总署出具的鉴定结论缺乏法律依据是正确的。特别是在辛波特对该鉴定结论提出质疑的情况下，二审法院对此未予采信并无不当。3. 关于圆谷公司能否向最高人民法院申请承认泰国法院生效判决问题。根据中国民事诉讼法的规定，圆谷公司申请承认泰国法院生效判决不管能否得到支持，都应向中国有管辖权的中级人民法院申请，并由该院依法进行审查。圆谷公司向最高人民法院申请承认涉案泰国法院生效判决不符合上述规定，超出了本院对本案的审查范围。4. 关于泰国法院刑事判决对本案是否具有证明力问题。鉴于圆谷公司申请再审期间提交的泰国法院刑事判决系一审判决，且仅涉及该刑事案件当事人于 2006 年 5 月 19 日签订的“修订版许可授予合同”是否伪造问题。对此，本院认为，即使该刑事判决系生效判决，且与本案有关联性，也不必然对本案案件事实具有证明力。中国法院审理民事纠纷案件应根据当事人提供的相关证据及案件事实，依据中国的相关民事程序法及实体法作出裁判。圆谷公司以泰国法院作出的刑事判决作为否认二审判决已经认定的事实的证据，于法无据，不予采纳。裁定驳回圆谷公司的再审申请。

【典型意义】 本案虽然为侵权诉讼，但实际争议的焦点在于辛波特、采耀公司是否享有相关著作权，主要涉及的是对“1976 年合同”真实性的判断问题。对该问题，日本国最高裁判所、泰国最高法院分别作出过不同的判决，故本案十分具有典型性。最高人民法院在本案中明确表示，中国法院对涉及外国鉴定机构出具的鉴定结论能否采信，应当按照中国的相关法律进行审查。对于当事人申请承认和执行外国法院生效判决的问题，涉及一方当事人在已提起诉讼的情况下，另一方能否再向法院申请承认外国法院生效判决等法律问题，但该请求不管能否得到支持，都应按照中国民事诉讼法的相关规定，向中国有管辖权的中级人民法院申请，并由该院依法进行审查。

三、北京中文在线数字出版股份有限公司诉北京智珠网络技术有限公司侵害作品信息网络传播权纠纷案［北京市朝阳区人民法院（2013）朝民初字第 8854 号民事判决］

【案情摘要】 北京中文在线数字出版股份有限公司（以下简称中文在线公司）经作者吴雪岚（笔名：流潋紫）授权取得了《后宫甄嬛传》（修订典藏版）1 至 6 部（中文简体和繁体）全球范围内的独占信息网络传播权。178 游戏网 Apple 粉丝站（网址为 http://iFan.178.com）下的 ePub 电子书区由北京智珠网络技术有限公司（以下简称智珠网络公司）运营。2010 年 2 月 1 日，ePub 电子书区“用手抓痒痒”发布了名为“后宫—甄嬛传/流潋紫著”的帖子，帖子有该书的下载链接并对该书进行了介绍，上述内容位于帖子的首页；帖子左侧显示有“用手抓痒痒”声望 40、银币 59 234、人气 1 064 的内容；该帖子被设置为“取消高亮”，下载链接下方显示有“本帖最后由用手抓痒痒（4627964）于 2010-02-08 10：51 编辑”字样；以普通用户身份注册登录 ePub 电子书区后点击上述下载链接能够直接下载到名为“后宫—甄嬛传”的电子书文件。“用手抓痒痒”为 ePub 电子书区版主，拥有将 ePub 电子书区其他用户所发帖子进行提升置顶、删除、编辑整理、添加“高亮”设置的权限，并发布涉及“版规”的帖子。版规规定“发布资源有奖励，发布多部小说加亮加钱”，并且专门针对版主有“本版置顶主题加高亮规则”，而论坛回复或者发布资源将会获得“银币”奖励。智珠网络公司对版主申请的考核会给予一个月左右的期限，相关版主的招募最终确认由该公司完成并授予版主较高级别的会员权限用于帖子管理，该公司会备案版主邮箱等注册信息，但不会备案身份证信息，亦不向版主支付经济报酬。中文在线公司认为智珠网络公司未经许可通过其招募的论坛版主提供涉案作品电子书下载服务的行为侵犯了该公司对涉案作品享有的信息网络传播权。

【判决结果】 法院经审理认为，智珠网络公司为涉案 ePub 电子书区的经营者，其提供的论坛服务本质上属于信息存储空间服务。版主“用手抓痒痒”将涉案侵权内容发布于帖子的首页，并对涉案载有侵权内容的帖子进行了“取消高亮”和编辑等推介行为，其行使了相应的版主权利，而相应的版主权利为智珠网络公司经过审查后授予；智珠网络公司经营的涉案 ePub 电子书区版规中规定有奖励发布资源者的内容，并且论坛回复或者发布资源将会获得“银币”奖励。上述给予版主相应的权利以及提供资源奖励的方式实质上会诱导、鼓励网络用户来实施侵害信息网络传播权的行为。智珠网络公司对涉案侵权行为的发生存在过错，已经构成教唆侵权。故判决：智珠网络公司赔偿中文在线公司经济损失及合理开支共计 40 100 元。

【典型意义】 本案系首例认定网络服务提供者构成教唆侵犯信息网络传播权，并依据《最高人民法院关于审理侵害信息网络传播权民事纠纷案件适用法律若干问题的规定》第七条判令网络服务提供者承担教唆侵权责任的案件。本案的关键在于网络服务提供者构成教唆侵权的主观过错判断，而是否存在主观过错需要结合网络服务提供者所实施的行为进行综合分析。法院充分考虑到涉案作品《后宫甄嬛传》具有较高的知名度、涉案论坛属于专门用于电子图书分享的论坛、涉案侵权内容的发布者为版主、版主将含有相关侵权内容的帖子曾经进行过高亮设置以及论坛版规中有鼓励发布资源的内容却并未对版主可能实施的侵权行为设置合理的预防措施等因素，认定智珠网络公司在涉案作品的传播上构成了教唆侵权行为。该审理思路对于同类案件的审理具有一定程度的借鉴意义。

四、王莘诉谷歌公司、北京谷翔信息技术有限公司侵害著作权纠纷案［北京市第一中级人民法院（2011）一中民初字第 1321 号民事判决、北京市高级人民法院（2013）高民终字第 1221 号民事判决］

【案情摘要】 笔名为棉棉的王莘是《盐酸情人》一书的作者。2009 年 10 月，王莘的委托代理人登录北京谷翔信息技术有限公司（以下简称谷翔公司）经营的域名为 http://www.google.cn 的网站（以下简称谷歌中国网站），进入其图书搜索栏目页面，在搜索框中键入“棉棉”进行搜索，发现第一个搜索结果即为涉案作品。点击该搜索结果进入下一页面，显示有涉案作品的概述、作品片段、常用术语和短语、作品版权信息等内容。在该页面中，使用关键词搜索，可以看到涉案作品含有该关键词的相关作品片段。王莘以谷歌公司电子化扫描涉案作品、谷翔公司在谷歌中国网站上显示涉案作品片段的行为构成侵权为由提起诉讼。

【判决结果】 一审法院认为，谷翔公司提供涉案作品片段的行为构成信息网络传播行为，但该行为构成合理使用；谷歌公司的全文扫描行为不构成合理使用，应当承担侵权责任。一审法院判决谷歌公司停止侵权行为，赔偿经济损失 5 000 元和诉讼合理支出 1 000 元。谷歌公司不服一审判决，上诉主张谷歌公司的复制行为构成合理使用。

二审法院认为，在现行《著作权法》第二十二条规定的具体情形外认定合理使用，应当从严掌握认定标准。除非使用人充分证明其使用行为构成合理使用，否则应当推定使用行为构成侵权。判断是否构成合理使用，一般应当考虑使用作品的目的与性质、受著作权保护的作品的性质、所使用部分的质量及其在整个作品中的比例和使用行为对作品现实与潜在市场及价值的影响等因素。上述考虑因素中涉及的事实问题，应当由使用者承担举证责任。在本案中，谷歌公司仅提交证据证明中国法院对本案无管辖权，并未就复制行为是否构成合理使用提交证据，因此其主张复制行为构成合理使用，证据不足。虽然未经许可的复制行为原则上构成侵权，但专门为合理使用行为而进行的复制，应当与后续使用行为结合起来看待，同样有可能构成合理使用。判决驳回上诉，维持原判。

【典型意义】 网络环境下著作权纠纷案件中有关“合理使用”的认定，是常见的争议焦点之一。本案一审、二审判决都对合理使用的认定规则进行了较为深入的探索。本案二审判决认为，只要未经许可实施了著作权法规定的应当由著作权人实施的行为，原则上应当认定构成侵权，除非使用者提交相反证据证明该行为符合合理使用的构成要件；如果使用行为构成合理使用，专门为了该使用行为而进行的复制行为应当与使用行为结合起来看待，在使用行为构成合理使用的情况下，该复制行为也可能构成合理使用。二审判决对合理使用的具体认定规则的探索及思路具有创新性，对类似案件的审理具有一定的示范作用。

五、景德镇法蓝瓷实业有限公司诉潮州市加兰德陶瓷有限公司侵害著作权纠纷案［厦门市中级人民法院（2009）厦民初字第258号民事判决、福建省高级人民法院（2011）闽民终字第15号民事判决、最高人民法院（2012）民申字第1392号民事裁定］

【案情摘要】 海畅实业有限公司（台湾注册）（以下简称海畅公司）系鸢尾花系列之一、鸢尾花系列之二、小红莓系列、金鱼茶具系列、金鱼摆饰系列、蜂鸟茶具系列等陶瓷产品的著作权人。景德镇法蓝瓷实业有限公司（以下简称法蓝瓷公司）经海畅公司授权，在中国大陆境内专有使用海畅公司享有著作权的全部作品。2009年4月，潮州市加兰德陶瓷有限公司（以下简称加兰德公司）经厦门海关出口一批瓷餐具。法蓝瓷公司认为其中圣诞果系列产品与小红莓系列作品，金鱼系列产品与金鱼茶具系列和金鱼摆饰系列作品，蓝鸢尾花系列产品与蜂鸟茶具系列、蜂鸟摆饰系列、鸢尾花系列之一、鸢尾花系列之二作品相似，侵害了法蓝瓷公司上述作品的著作权。法蓝瓷公司遂申请厦门海关予以查扣。之后，法蓝瓷公司提起诉讼，请求判令加兰德公司立即停止侵权；并在全国性报纸上和境外销售的国家、地区公开刊登致歉声明向法蓝瓷公司赔礼道歉；赔偿法蓝瓷公司经济损失人民币（下同）50万元；赔偿法蓝瓷公司因制止侵权所支付的合理开支10万元；加兰德公司负担本案的全部诉讼费用。

【判决结果】 一审法院认为，实用艺术品不仅表现个性与美感，还能满足生产或生活需要，是美术作品的一种。本案中的作品依法应受我国著作权法保护。加兰德公司圣诞果系列与法蓝瓷公司分别对应的小红莓系列在对设计元素的取材上基本相同，而对这些设计元素的艺术造型设计、色彩使用和搭配、装饰在日用品上的具体位置，以及由此产生的作品的设计风格、整体造型均基本相似，侵害了法蓝瓷公司的著作权。而蓝鸢尾花系列和金鱼系列不侵犯法蓝瓷公司的著作权。判决加兰德公司停止侵权行为，赔偿法蓝瓷公司经济损失及合理费用支出共6万元。法蓝瓷公司及加兰德公司均不服，提起上诉。

二审法院认为，加兰德公司圣诞果系列与法蓝瓷公司小红莓系列瓷制品相比，其立体走向、色彩运用、装饰内容构成实质相似。加兰德公司蓝鸢尾花系列瓷制品中的大盘、杯盘组，与法蓝瓷公司的蜂鸟摆饰系列作品中的大盘、蜂鸟茶具系列作品中的杯盘组合相比，不存在实质性区别。加兰德公司并没有全盘复制，有的还进行了相当的改动，但是系在原作表达基础上的非实质性改动，侵害了法蓝瓷公司的著作权。而加兰德公司蓝鸢尾花系列其他瓷制品与法蓝瓷公司的蜂鸟茶具系列相关作品，虽然都选用了鸢尾花这一元素，但瓷器皿形状和鸢尾花造型设计、位置及色彩搭配等方面均存在较大差异；加兰德公司的金鱼系列瓷制品与法蓝瓷公司的金鱼茶具系列、金鱼摆饰系列相关作品，虽然都选取了金鱼、水草等元素，但不论是杯、盘、壶等瓷器皿的形状，还是金鱼的形状、神态及制作圆润程度，或是水草的叶子宽窄粗细及位置等，均同样存在明显差异。因此，加兰德公司生产、销售的该部分瓷制品不构成对法蓝瓷公司相关著作权的侵害。二审判决变更一审判决为：加兰德公司立即停止生产、销售其圣诞果系列及蓝鸢尾花系列中的大盘、杯盘组瓷器侵权产品，赔偿法蓝瓷公司经济损失及合理费用支出共15万元。法蓝瓷公司申请再审称，加兰德公司蓝鸢尾花系列中的茶壶、奶罐、糖罐以及金鱼系列与法蓝瓷公司相应作品构成实质性相似，构成侵权。

最高人民法院认为，用特定的方式、具有特定审美意义的造型表达，应当予以保护。但是将动植物形象装饰陶瓷制品，在各种器形载体的杯缘、瓶口、把手上刻画出立体生动的动植物造型的设计思路以及相应的工艺方法则不属于著作权法保护的范围。加兰德公司的产品虽然具有模仿海畅公司产品的痕迹，但也有明显差异。相同之处主要是设计主题、思路、位置关系和动植物形象等元素，这些相同之处尚未使两公司产品达到实质性相似的程度，加兰德公司的行为没有超出应有的界限，所以二审法院认为其部分产品不侵权是正确的。裁定驳回法蓝瓷公司的再审申请。

【典型意义】 本案涉及对实用艺术品的保护问题。在认定相关实用艺术品是否构成受著作权法保护的作品、其独创性的体现以及如何判断被告是否利用了原告具有独创性的表达方面，都具有典型意义。

六、哈尔滨秋林食品有限责任公司诉哈尔滨秋林糖果厂有限责任公司、哈尔滨秋林里道斯食品有限责任公司侵害著作权纠纷案［哈尔滨市中级人民法院（2011）哈知初字第19号民事判决、黑龙江省高级人民法院（2012）黑知终字第45号民事判决］

【案情摘要】 1900年，俄国人伊·雅·秋林在哈尔滨创办商贸企业“秋林洋行”，自产自销俄罗斯风味的烟熏红肠等肉灌制品。1953 年 10 月 14 日，我国政府收购“秋林洋行”为国有，将企业定名为秋林公司。秋林公司于 1993 年 5 月 28 日、1998 年 3 月 13 日，先后变更企业名称为哈尔滨秋林股份有限公司（以下简称秋林股份）、哈尔滨秋林集团股份有限公司（以下简称秋林集团）。原秋林公司食品厂、秋林公司糖果厂均为秋林集团的下属企业。秋林公司糖果厂于 2007 年 4 月 20 日更名为哈尔滨秋林糖果厂有限责任公司（以下简称秋林糖果）。秋林公司食品厂于 2007 年 4 月 26 日更名为哈尔滨秋林食品有限责任公司（以下简称秋林食品）。秋林糖果和秋林糖果工会委员会于 2007 年 8 月 2 日以 99.5% 和 0.5% 的比例，共同出资 1 000 万元，成立哈尔滨秋林里道斯食品有限责任公司（以下简称秋林里道斯）。1991 年 11 月 19 日，秋林公司以原秋林公司食品厂职工杜力天设计的“秋林 QiuLin 及图”作为商标图案，向国家商标局申请并获得商标注册。《商标注册申请书》中对商标设计说明的描述为：“秋林”商标设计采用带有花边的圆形构成，圆内上有一个经过概括的四层俄式建筑，代表秋林公司建筑形象；楼形的下方有一条较宽的横带，横带上有活泼的“秋林”汉字……横带下是秋林的拼音“QiuLin”，起到装饰作用，填写人署名为“秋林公司杜力天”。其后，秋林集团将第 617089 号注册商标（啤酒、汽水等）授权秋林糖果使用，并于 2008 年 2 月 15 日将该商标让与秋林糖果；将第 616929 号注册商标（含酒精饮料）授权秋林食品使用；将第 618179 号（面包、糕点、糖果、冰制食品等）注册商标中的面包、糕点商品使用权授权秋林食品使用，将该商标其余的糖果、冰制食品使用权授权秋林糖果使用。秋林股份于 1997 年 12 月 22 日授权秋林公司糖果厂以“秋林 QiuLin 及图”作品为图案，申请并获得在第 29 类商品的第 1266601 号注册商标。秋林糖果以书面合同形式，许可秋林里道斯无偿使用第 1266601 号注册商标、第 617089 号注册商标。在标注为秋林糖果生产的红肠、风干香肠、大虾酥糖、巧克力酒心糖和标注为秋林里道斯生产的红肠、格瓦斯饮料等商品上，均使用了以涉案“秋林 QiuLin 及图”作品为图案的注册商标。杜力天于 2008 年 12 月 3 日出具证明，称其设计“秋林 QiuLin 及图”作品是为完成单位指派任务，著作权属于秋林公司食品厂，即现在的秋林食品。秋林食品认为秋林糖果、秋林里道斯上述使用方式侵犯其著作权，提起本案诉讼，请求判令：秋林糖果、秋林里道斯停止侵犯著作权的行为，消除影响，并在报纸上向其赔礼道歉；给付侵权期间“秋林 QiuLin 及图”图案使用费 30 万元；给付因制止侵权行为所支出的合理费用 5 万元。

【判决结果】 一审、二审法院均认为，本案中，“秋林 QiuLin 及图”作品创作完成时正值我国计划经济向市场经济转型的特殊历史时期。在当时的历史条件下，计划经济占据主导地位，企业的产权制度尚不明晰，具有隶属关系的企业之间，上级部门对下级部门的管理具有强烈的指令性特点。当时，虽然秋林食品形式上是独立的企业法人，但其作为秋林集团的下属企业，在企业生产经营、人员管理等方面均受秋林集团领导。秋林食品自认是按照秋林集团要求责成杜力天设计“秋林 QiuLin 及图”商标，由秋林集团对集团整体品牌统一进行管理，故应认定杜力天创作涉案作品的目的是为秋林集团整体管理商标品牌而使用。涉案作品具有明确的创作指向，代表的均是秋林集团的意志，体现的是秋林集团的元素特点及“秋林”品牌的整体形象。杜力天在填报的《商标注册申请书》上亦署名为“秋林公司杜力天”。因此，结合当时特殊的历史背景，应当认定杜力天创作涉案作品是按照秋林集团的要求，完成秋林集团工作任务的职务行为。在当时的历史条件下，仅凭杜力天的劳动关系在秋林食品不足以认定涉案作品是秋林食品的职务作品。此外，秋林食品在涉案作品设计完成后 20 余年，并未对该作品著作权提出过权属主张，亦表明其对涉案商标状态持认可态度。故秋林食品主张“秋林 QiuLin 及图”的著作权缺乏事实与法律依据，不予支持。涉案作品是在秋林集团主持和要求下创作完成的，在职务作品创作过程中所产生的权利和责任亦应由秋林集团享有和承担。杜力天仅享有涉案作品署名权，秋林食品则不享有该作品著作权及相关权利。秋林糖果和秋林里道斯使用、申请相关注册商标均得到了秋林集团的许可，不侵害秋林食品的权利，驳回秋林食品的相关诉讼请求。

【典型意义】 本案中，“秋林 QiuLin 及图”作品的作者系原秋林公司食品厂职工，涉案作品为职务作品，争议焦点在于该职务作品的归属。本案充分考虑了涉案作品创作时的特殊历史时期，综合考虑企业之间的隶属关系、创作涉案商标的意图以及商标的指向，包括此后长期各方的使用情况，认定涉案作品应归属秋林集团所有，而不是仅凭设计人的劳动关系认定职务作品的权属。

七、吉林美术出版社诉海南出版社有限公司、长春欧亚集团股份有限公司欧亚商都侵害著作权纠纷案［长春市中级人民法院第（2010）长民三初字第180号民事判决、吉林省高级人民法院（2011）吉民三知终字第37号民事判决、最高人民法院（2012）民申字第1150号民事裁定］

【案情摘要】 吉林美术出版社出版了具有独创性版式设计的《儿童学画大全》、《儿童描红大全》、《儿童剪纸大全》和《学前三百字》四本幼儿读物。海南出版社有限公司（简称海南出版社）未经许可，出版了《学画大全》、《描红大全》、《剪纸大全》和《学前三百字》四本图书，长春欧亚集团股份有限公司欧亚商都（以下简称欧亚商都）销售了上述四本图书。吉林美术出版社以海南出版社、欧亚商都出版、销售的四本图书侵害其版式设计专用权为由提起诉讼，请求判令海南出版社、欧亚商都停止侵权、销毁侵权产品；海南出版社在指定报刊与网站上公开赔礼道歉、消除影响并赔偿损失120万元。

【判决结果】 一审法院认为，被诉侵权的四本图书在版式设计方面与吉林美术出版社享有版式设计专用权的四本对应书籍的版式设计除在个别版式设计元素上有微小变动外，基本一致。海南出版社未经许可，在其出版的图书上使用吉林美术出版社的版式设计，构成侵害吉林美术出版社版式设计专有使用权。欧亚商都销售被诉侵权产品的行为也构成侵权。判决：海南出版社、欧亚商都停止侵权，海南出版社登报声明消除影响并赔偿吉林美术出版社48万元。海南出版社不服一审判决，以被诉侵权图书系使用公知领域简单的排版方式为由提起上诉。

二审法院认为，吉林美术出版社的四本幼儿读物中对图书版心、排式、用字、行距、标点等因素的布局安排，是为了便于读者阅读和记忆而刻意完成的创造性劳动成果，具有独创性。海南出版社的四图书仅在一定程度上以改变他人作品的形式进行抄袭，构成对吉林美术出版社版式设计权的侵害，判决驳回上诉，维持原判。海南出版社不服二审判决，向最高人民法院申请再审。

最高人民法院认为，图书和期刊的出版者对其出版的图书、期刊独立进行智力创作的版式设计，应受著作权法保护，禁止其他人未经许可进行复制。吉林美术出版社在主张其享有涉案图书版式设计专用权时，提出了每本书所包含的6～10个版式设计的诸多元素，其中绝大部分是版式设计的内容，完成了涉案图书享有版式设计专用权的初步举证。海南出版社未提交在涉案图书出版之前公开出版的相同或基本相同版式设计的其他图书，也未提交行业通用的排版方式的相关规定以及其他能证明其主张的证据。版式设计的简单复杂或创造性的高低并不是判断出版者享有版式设计专用权的标准，且海南出版社在上下左右的排版方式中对相关图书内容的布局和安排尚有一定的设计空间，并非必须与涉案图书的版式设计基本一致，否则无法实现其图书的版式设计。一审、二审法院认定构成侵权并无不当。裁定驳回海南出版社的再审申请。

【典型意义】 我国《著作权法》第三十六条虽然规定了版式设计专用权，但对其含义及保护范围未作具体规定。该案明确版式设计专用权为出版者对其出版的图书和期刊的版式格式，即版心、排式、用字、行距、标点等版面布局因素的安排，表现为文字、图片和空间的布局中具有独创性的设计部分享有专有权利。任何图书和期刊均有版式设计，只有具有独创性的版式设计才受保护，含有公有领域知识的版式设计不受著作权法保护。版式设计专用权的保护范围较小，任何人未经许可不得擅自原样复制，或者很简单的、改动很小的复制以及变化了比例尺的复制，但并非限制版式设计的创作空间，而是鼓励出版者在公有领域版式设计基础上充分发挥其创造力，创作出更好的版式设计。版式设计专用权不保护受著作权法保护图书和期刊的内容。本案对版式设计专用权的内涵、保护范围以及独创性、创作空间等相关问题进行了界定，对审理侵害版式设计专用权案件有一定的借鉴意义。

八、北京汉仪科印信息技术有限公司诉青蛙王子（中国）日化有限公司、福建双飞日化有限公司、苏果超市有限公司侵害著作权纠纷案［南京市中级人民法院（2011）宁知民初字第59号民事判决、江苏省高级人民法院（2012）苏知民终字第0161号民事判决］

【案情摘要】 北京汉仪科印信息技术有限公司（以下简称汉仪科印）于1998年12月26日创作完成汉仪秀英体（简、繁）字体，于1999年3月23日在北京首次发表，并进行了著作权登记，享有著作权。汉仪科印发现福建双飞日化有限公司（以下简称双飞日化）、青蛙王子（中国）日化有限公司（简称青蛙王子）在其注册商标中，未经许可使用汉仪科印享有著作权的汉仪秀英体字体，并在其生产、销售的产品上，使用该注册商标。遂起诉至法院，请求判令双飞日化、青蛙王子立即停止使用侵害汉仪科印享有著作权的“城市宝贝”注册商标；在媒体上公开赔礼道歉；赔偿汉仪科印经济损失 50 万元及为制止侵权所支出的相关费用。

【判决结果】 一审法院认为，现行的各类字库中的单字以书写方式不同总体分为由书法家用传统毛笔书写的单字和由书体设计人员使用铅笔等现代工具描绘的美术字，该案汉仪秀英体属于后者。汉仪秀英体字库中的每个单字都是用设计者设计的线条和结构，体现设计者创意思想的具体表达方式，这个过程凝聚着设计者的智慧和创造性劳动。其单字所表现出的起舞飞扬动感形象，意寓了女性的柔和、优美曲线，体现了设计者的独创性。该案中涉及的“城、市、宝、贝”四个汉字，体现了汉仪科印创作该字体的笔画特征，其中点、撇、折笔等笔画体现秀英体特色，与现有公知领域包括汉仪科印《汉仪浏览字宝》中其他美术字书体相比，不相同也不相似，具有明显的个性特征，能够独立构成美术作品，同时字库整体也构成美术作品。双飞日化未经许可，在其申请注册的三个商标中使用了汉仪科印享有著作权的“城市宝贝”四字，侵犯了汉仪科印美术作品的复制权、获得报酬权。涉案产品的生产、销售系青蛙王子与双飞日化的共同行为，应共同承担法律责任，苏果超市有限公司（以下简称苏果超市）承担停止侵权的责任。判决各被告停止侵权，双飞日化、青蛙王子赔偿汉仪科印经济损失及合理费用 4.8 万元。汉仪科印以判决数额不足以弥补其维权成本为由上诉，青蛙王子、双飞日化以秀英体字库中单个字不构成美术作品、没有证据证明青蛙王子实施了侵权行为、双飞科印的注册商标系委托他人设计等为由提起上诉。

二审法院认为，秀英体字库中的单字与原稿系不同载体，双飞日化、青蛙王子涉案字体来源于秀英体字库，双飞日化、青蛙王子未使用汉仪秀英体原稿，不构成侵害其字体原稿的著作权。秀英体字库中“城、市、宝、贝”四个汉字具有独创性，属于美术作品，受法律保护。字库整体系软件，是著作权法意义上的作品，一审法院认定字库整体构成美术作品混淆了字库整体与字库经解释执行后显示的单字字体字型的关系。双飞日化、青蛙王子未经许可使用秀英体字库字体，构成共同侵权，一审判决确定的民事责任适当，判决驳回上诉，维持原判。

【典型意义】 该案涉及计算机字库中单个字的著作权保护问题。字库单字应否给予保护以及以何种方式进行保护，在字库产业界以及学界均存在极大争议，该案裁判明确了对字库单字的保护标准，即只有体现较高独特审美，并能够与已有字体明确区分开来的字库单字才有可能被认定为美术作品给以著作权保护。该案还将字库中的单字与字库整体严格区分，认为在满足独创性要求下的字库中的单字属于受著作权法保护的美术作品，字库整体是为了得到可在计算机及相关电子设备的输出装置中显示相关字体字型而制作的由计算机执行的代码化指令序列，属于《计算机软件保护条例》第三条第一款第一项规定的计算机程序，是著作权法意义上的作品，并非简单的单字字型的汇编合集，不属于美术作品。

九、郑子罕诉杭州市普通教育研究室著作权权属纠纷案［杭州市中级人民法院（2011）浙杭知初字第 995 号民事判决、浙江省高级人民法院（2012）浙知终字第 105 号民事判决］

【案情摘要】 杭州市教委于 1998 年向浙江省教育委员会报送了《关于在杭州市区部分中学开展计算机学科课程改革试点工作的请示报告》，浙江省教育委员会亦作出浙教基［1998］63 号批复，同意进行试点工作，并指示：“编写好计算机教学大纲和教材”。涉案作品《中学信息技术》的第一、二册与《信息学基础》内容基本一致，《信息学基础》自 1996 年开始编写，该涉案作品的创作在浙江省教育委员会下达浙教基［1998］63 号批复之前就已开始，其作品的创意并非基于浙江省教育委员会的批复。郑子罕组织他人编写了涉案作品《小学信息技术》、《中学信息技术》，署名为《小学信息技术》编写组、《中学信息技术》编写组，两书的封二均有相关作者的具体名单。2002 年及 2004—2009 年，郑子罕均有缴纳版税的记录，纳税人为郑子罕或包括郑子罕在内的 21 人。2010 年 8 月 11 日，郑子罕因涉嫌挪用公款罪被刑事拘留，同年 8 月 25 日被逮捕。2011 年 7 月 28 日，郑子罕被一审认定犯挪用公款罪，判处有期徒刑六年。郑子罕不服，提出上诉，2011 年 11 月 2 日，郑子罕被二审认定犯挪用公款罪，改判有期徒刑五年。郑子罕于 2011 年提起著作权确权之诉，请求确认其为涉案作品的著作权人。

【判决结果】 一审法院认为，涉案作品虽然署名“《中学信息技术》编写组”、“《小学信息技术》编写组”编写，但实际上系杭州市普通教育研究室（以下简称普教研究室）为完成计算机学科课程改革试点工作而主持编写，在创作过程中，其创作意志始终围绕计算机学科课程改革这个主题，并根据国家教委的有关精神进行创作；创作完成后，又由其向各下属教研室、各学校负责征订并获取收益，相应的法律责任也由其承担。因此，涉案作品符合著作权法规定法人作品的全部构成要件，普教研究室应视为该作品的作者，故该作品的著作权由普教研究室享有，判决驳回郑子罕的诉讼请求。郑子罕不服提起上诉称：涉案作品不符合法人作品构成要件，其著作权归属于在作品上署名的作者享有。

二审法院认为，只有在法人或其他组织自己组织编写的情形之下，才可能构成法人作品。普教研究室既未提交证据证明其组织人员编写涉案作品，也未举证证明其为创作涉案作品提供物质技术支持，而参与涉案作品创作的编写组成员，除郑子罕等个别人员为普教研究室职工外，其余的编写人员均来自不同的单位，并非普教研究室的工作人员。涉案作品作为教材，须报批审定后才能投入使用，有其特殊性，但其报批审定及征订、发行，均没有改变作品的内容，不影响著作权的归属与定性。涉案作品由来自不同单位的郑子罕等编写组成员分别担任各章节的编写及统稿等工作，合作创作完成，属于合作作品。在无相反证据否定编写组在作品封二上署名的情况下，涉案作品的著作权由包括郑子罕在内的编写组的成员共同享有。判决撤销一审判决，支持了郑子罕的诉讼请求。

【典型意义】 本案系郑子罕被刑事终审判决认定挪用涉案作品稿酬，构成挪用公款罪被追究刑事责任后提起的请求确认涉案作品权属的民事纠纷案件。关于涉案作品的性质，涉及个人作品或法人作品或职务作品的界定问题，二审法院根据查明的事实，纠正了一审判决认定为法人作品的错误，将涉案作品定性为公民个人合作创作的作品，郑子罕为著作权人之一，符合著作权法的相关规定。本案的典型意义还在于，知识产权案件中生效刑事判决对在后民事案件的影响问题，是全国首例在民事判决中推翻在先刑事生效判决关于著作权权属认定的案件，对知识产权民事案件如何避免在先刑事生效判决的影响等问题作了有益的探索和尝试。郑子罕最终被刑事再审判决改判无罪，使刑事错案得以纠正。

十、蒋友柏诉周为军、江苏人民出版社有限公司、北京凤凰联动文化传媒有限公司侵害著作权纠纷案［杭州市西湖区人民法院（2010）杭西知初字第254号民事判决、杭州市中级人民法院（2013）浙杭知终字第13号民事判决］

【案情摘要】 蒋友柏（台湾居民）系网址为http://www.yubou.tw的“白木怡言博客”上文字的作者。蒋友柏发现周为筠（系周为军笔名）所著的《悬崖边的贵族——蒋友柏：蒋家王朝的另一种表达》一书中有13 641字与其博客文字内容完全一致，略改的有4 304字。该书由江苏人民出版社有限公司（以下简称江苏人民出版社）出版，其封面及书脊下端显示：“凤凰出版传媒集团 凤凰联动 江苏人民出版社”字样。该书亦通过卓越亚马逊等网站销售。网易等多家网站、《北京晚报》等多家报刊对涉案书籍进行了介绍、摘录或连载。2010年，蒋友柏委托的律师多次致函周为军和江苏人民出版社，要求其停止侵权、赔礼道歉，同时致函《北京晚报》、人民网等媒体，要求其停止对涉案书籍的介绍、评论、连载等行为。另查明，涉案书籍累计印制数量为70 000册。一审庭审中，北京凤凰联动文化传媒有限公司（以下简称凤凰公司）确认对涉案书籍进行了策划、宣传推广，并参与销售。后蒋友柏将周为军、江苏人民出版社及凤凰公司诉至法院，请求判令其停止侵权、赔礼道歉、消除影响、赔偿经济损失50万元，支付合理费用6万元并负担本案诉讼费用。

【判决结果】 一审法院认为，蒋友柏在博客上发表的涉案文字构成著作权法意义上的文字作品，其享有该作品的著作权。周为军在未经蒋友柏许可、未支付报酬的情况下，使用了蒋友柏的博文，其未加注引号，未指明出处，并非属于为介绍、评论某一作品或者说明某一问题而进行的适当引用，不构成合理使用，且其未进行独立创作，故其行为已构成抄袭，侵害了蒋友柏的著作权。江苏人民出版社未对涉案书籍的内容尽到合理注意义务，凤凰公司系出版发行涉案书籍的全程策划人，对涉案书籍进行了宣传、推广营销、召开新闻发布会及转载相关报道等，其应当对涉及具有较高知名度人物的出版物的授权、稿件的来源、署名、内容尽到合理注意义务，但其未尽到合理注意义务，其行为已构成帮助侵权，依法应承担共同侵权责任。判决：1. 周为军、江苏人民出版社停止出版、发行《悬崖边的贵族——蒋友柏：蒋家王朝的另一种表达》一书，并销毁库存侵权书籍。2. 周为军、江苏人民出版社、凤凰公司停止所有形式的传媒宣传活动，并清除各自在各大报刊及网站上刊载的对上述侵权书籍的推介报道及内容连载。3. 周为军、江苏人民出版社、凤凰公司在《人民日报》（海外版）、《浙江日报》、新浪网、搜狐网上刊登赔礼道歉声明（内容须经本院审核）。4. 周为军、江苏人民出版社、凤凰公司赔偿蒋友柏经济损失（含合理费用）人民币40万元，并互负连带责任。5. 驳回蒋友柏的其他诉讼请求。周为军、江苏人民出版社、凤凰公司不服，提起上诉。

二审法院认为，根据现有证据，不能认定周为军就撰写涉案书籍而使用蒋友柏博文一事获得了蒋友柏的许可。虽然创作传记的过程中参考第一手资料是合理的，但参考不等于抄袭，且本案中，周为军使用蒋友柏的博文时既没有为蒋友柏署名，也没有指明出处，使用数量近 2 万字，不符合构成《著作权法》所规定的“为介绍、评论某一作品或者说明某一问题，在作品中适当引用他人已经发表的作品”的合理使用的条件，如：应指明作者姓名、作品名称，使用文字的数量在一定的范围内等。故被诉侵权行为已超出了合理使用的范畴。综合考虑蒋友柏的社会知名度、其家族在中国近现代史上的重大影响及该书销量等因素，并考虑蒋友柏支付的律师费、公证费等费用的情况，一审判决周为军、江苏人民出版社、凤凰公司向蒋友柏赔偿 40 万元，并无不当。判决驳回上诉，维持原判。

【典型意义】 本案系一起涉台侵害著作权纠纷案件。通过博客发表的具有独创性的作品受著作权法保护，未经著作权人许可使用其作品，且没有法定事由或合理理由的系侵权行为，应依法承担侵权责任。根据著作权法及司法解释的相关规定，出版者对其出版行为的授权、稿件来源和署名、编辑出版物的内容等未尽合理注意义务的；对侵权出版物进行宣传、推广营销的策划人，未尽合理注意义务的，亦应承担相应的侵权责任。在确定赔偿数额时，法院综合考虑了侵权行为人的主观过错程度、侵权范围和影响、侵权文字数量和内容以及侵权出版物的售价和销量等因素。

十一、广州万唯建设工程顾问有限公司诉广州市番禺交通建设投资有限公司、广东海外建设监理有限公司侵害著作权纠纷案［广州市南沙区人民法院（2011）穗南法民二知初字第 243 号民事判决、广州市中级人民法院（2012）穗中法民三终字第 96 号民事判决］

【案情摘要】 广州万唯建设工程顾问有限公司（以下简称万唯公司）于 2010 年 3 月与广东青年干部学院签订了《工程施工招标顾问协议》，并于 2010 年 4 月，将《2009 建设工程施工合同专用条款研究》A 版通过电子邮件发送给了广东青年干部学院。广东青年干部学院于 2010 年 11 月 18 日在广州建设工程交易中心网站上发布了一份招标文件，文件第三部分“专用条款”的内容与万唯公司后经版权登记的《2009 建设工程施工合同专用条款研究》A 版的内容基本一致。2011 年 6 月 8 日，广州市番禺交通建设投资有限公司（以下简称番禺公司）也在广州建设工程交易中心网站上发布了一份招标文件，即《倚莲半岛居住小区一期低层住宅工程施工总承包招标公告》。该公告第三部分“专用条款”系由广东海外建设监理有限公司（以下简称海外监理公司）向番禺公司提供，其内容与万唯公司《2009 建设工程施工合同专用条款研究》A 版的相同率达 92.9%。番禺公司与海外监理公司之间签有《工程建设项目招标代理协议书》，双方约定海外监理公司为番禺公司提供招标合同文本。万唯公司认为番禺公司抄袭了其作品，遂诉至法院，请求判令番禺公司立即从广州建设工程交易中心网上删除侵权文件并在该网上发布赔礼道歉声明，赔偿万唯公司的经济损失 12.08 万元，支付因本案产生的公证费 2 000 元、律师费 6 000 元、证据文件装订费用 315 元，并承担本案诉讼费用。

【判决结果】 一审法院认为，根据万唯公司提交的著作权登记证书，万唯公司依法对《2009 建设工程施工合同专用条款研究》A 版作品享有著作权。该作品是万唯公司在《广东省建设工程施工合同 2009 年版》中的“通用条款”以及万唯公司的《2006 建设工程施工合同专用条款》的基础上，将部分散见于其他合同条款中的内容，结合建设工程施工过程中可能遇到的问题，有针对性地重新进行选择、编辑、修改以及完善后形成的新的作品，整体上体现了万唯公司独立的创作思路、结构编排以及条款内容的修改完善等，是有别于其他在先作品而独立存在的新的作品。番禺公司使用的被控侵权作品的行为构成对万唯公司著作权的侵犯。判决番禺公司停止侵权、赔偿万唯公司经济损失及合理费用 5 万元。番禺公司不服，提起上诉。

二审法院认为，从万唯公司提供的关于涉案合同文件之使用情况来看，该文件发挥的是实用技术功能，是为了解决经济生活中的施工承包中产生的法律问题，是针对不同情况设计的具有一定普适性的条款，具有相关人员根据实际需要进行增删、修改后进行使用的功能。番禺公司对于被控侵权文本的使用方式也是实用性质使用。万唯公司的《2009 建设工程施工合同专用条款研究》A 版与《广东省建设工程施工合同 2009 年版》的章节结构相同，不同的是条款数量、条款内容以及排列顺序，从万唯公司增删的条款以及排列来看，该文本的主要贡献在于前瞻性解决实际问题，这些条款本身是根据合同法、其他法律、相关部门规章以及工程承包施工的实际情况而制作，但合同条款约定的是当事人之间的权利义务，法律表达方式较为有限，且准确而简洁的表达方式尤为有限。万唯公司的合同文件本身只是将缔约当事人的意思表示书面化和成文化。如果允许合同文本书写较优的权利义务表达方式享有著作权，则意味着其他人在碰到相同法律问题时不能使用相同的表达方式，这实质是对思想形成垄断，违背著作权法的本意。综上，二审判决认定万唯公司的《2009建设工程施工合同专用条款研究》A版不是著作权法意义上的文字作品，也不属于著作权法所保护的其他类型的作品范畴，故不受著作权法保护。改判驳回了万唯公司的诉讼请求。

【典型意义】 合同文本是否属于著作权法意义上的作品是本案争议的焦点问题，一审、二审法院对此也存在不同认识。二审判决从作品的法律属性以及合同文本的使用属性、表达方式的有限性以及公众利益平衡的角度进行考量，并根据本案的具体情况，认定涉案合同文本不属于著作权法意义上的作品，故不受著作权法保护的理由，为以后类似案件的审理以及学术研究提供了素材。

十二、窦骁诉北京新画面影业有限公司演出经纪合同纠纷案［北京市第二中级人民法院（2012）二中民初字第16451号民事判决、北京市高级人民法院（2013）高民终字第1164号民事判决］

【案情摘要】 2010年3月23日，北京新画面影业有限公司（以下简称新画面公司）与窦骁签订合约，约定新画面公司从2010年3月23日至2018年3月22日作为窦骁的演艺工作代理方，对窦骁参加的所有演艺活动，新画面公司收取酬金的30%。此后，新画面公司为窦骁安排了电影《山楂树之恋》和《金陵十三钗》的演出机会，以及其他13场商业活动，但窦骁认为上述活动并非新画面公司所安排。新画面公司主张，2010年10月至2012年8月期间，窦骁未经新画面公司许可，擅自参加了59场演艺活动，且未向公司支付任何酬金。窦骁认可其参加了相关活动，但主张其中仅Zegna（杰尼亚）品牌及佳洁士品牌代言带有商业性质，其余活动都不具有商业性质，其并未获得报酬。针对Zegna（杰尼亚）品牌及佳洁士品牌代言，窦骁亦只获得了70%的代言费。窦骁认为新画面公司没有依约履行合同，并且涉案合同的订立存在违法情形，故诉至法院要求确认合同无效或予以解除。新画面公司认为其已履行了合同，并以窦骁违反了合同约定为由提起反诉，要求确认合同有效，双方应继续履行合同。并请求判令窦骁向新画面公司交付其擅自与第三方签约参加演艺活动的全部合同原件并说明履行情况，赔偿其违约行为给新画面公司造成的损失494万元；如判令解除合同，则请求判令窦骁赔偿因违约造成的损失494万元，以及因毁约造成的损失2 000万元。

【判决结果】 一审法院认为，涉案合同合法有效。由于演艺经纪合同既非代理性质也非行纪性质，是综合性合同，孤立地适用“单方解除”规则有违合同权利义务的一致性、均衡性及公平性。由于涉案合同具有特定人身属性的非金钱债务的性质，可以适用《合同法》第一百一十条的规定予以解除，但窦骁应当依法承担相应的违约责任。鉴于新画面公司未能举证证明其所主张的损失，一审法院驳回了新画面公司关于窦骁应赔偿其经济损失的诉讼请求。新画面公司不服，提起上诉。

二审法院认为，涉案合约具有居间、代理、行纪的综合属性，属于演出经纪合同，不能依据合同法关于代理合同或行纪合同的规定由合同相对方单方行使解除权。在演艺行业中，相关从业人员（即艺人）的价值与其自身知名度、影响力紧密相关，而作为该行业从业人员的经纪公司，在艺人的初期培养、宣传以及知名度的积累上必然付出商业代价，同时艺人是否能够达到市场的影响力，存在不确定性，由此经纪公司在艺人的培养过程中存在一定风险。在艺人具有市场知名度后，经纪公司对其付出投入的收益将取决于旗下艺人在接受商业活动中的利润分配，故若允许艺人行使单方解除权，将使经纪公司在此类合同的履行中处于不对等的合同地位，而且也违背诚实信用的基本原则，同时会鼓励成名艺人为了追求高额收入而恶意解除合同，不利于演艺行业的整体运营秩序的建立，因此在演艺合同中单方解除权应当予以合理限制。本案中，在窦骁明确不再履行合约义务的情况下，新画面公司一方面要求继续履行合同，一方面又主张若合同解除，应由窦骁承担解除合同给新画面公司造成的经济损失，故虽新画面公司未明确表示同意解除合同，考虑到涉案合约的履行需要双方当事人在相互信任的基础上实现合同的根本目的，在窦骁已经明确表示不再履行合同主要义务，而新画面公司对于合同解除亦存在意向的情况下，应当本着有利于合同当事人实现各自利益及发展，遵循公平、有价、平等的基本原则，在实现合同当事人真实意思的情况下，确定合同权利、义务关系。若涉案合约解除后，在窦骁赔偿相应损失的情况下，不仅新画面公司作为经纪公司能够实现培养艺人的经济收益，而且窦骁亦能够正常发展其自身演艺事业。故综合考虑在案情况，依法解除涉案合约将有利于双方当事人维护各自的合同利益。涉案合约的解除，系因窦骁根本违约所致，窦骁应当依法承担相应的违约责任，赔偿新画面公司相应的经济损失。关于违约责任的承担，其不仅可以依据合同约定条款进行确定，亦可根据守约方的实际损失进行确定。实际损失的确定，包括合同履行后可以获得的利益，但不得超过违反合同一方订立合同时预见到或者应当预见到的因违反合同可能造成的损失。在窦骁应当承担的赔偿数额的确定上，应综合考虑新画面公司前期对窦骁演艺发展的培养投入、宣传力度，艺人自身的影响力、知名度、发展前景以及可能给经纪公司带来的收益等因素。故二审法院维持了一审判决关于涉案合同有效，该合同于判决生效之日起解除等判项，同时改判窦骁承担因其擅自参加演艺活动和违约给新画面公司造成的经济损失人民币 100 万元和 200 万元的赔偿责任。

【典型意义】 本案裁判通过分析演出经纪合同的具体内容，明确了该类合同的性质既非代理性质亦非行纪性质，而是具有多类型合同相结合的综合性合同，因此不能依据合同法关于代理合同或行纪合同的规定由合同相对方单方行使解除权。二审判决在充分考虑到涉案合约的履行需要双方当事人在相互信任的基础上实现合同的根本目的，在窦骁已经明确表示不再履行合同主要义务，而新画面公司对于合同解除亦存在意向的情况下，依法解除涉案合约，并判令违约方承担相应的赔偿责任，有利于双方当事人各自合同利益的维护。

十三、尤艳、宋兵峰、马化涛犯侵犯著作权罪案［安徽省蚌埠市禹会区人民法院（2013）禹知刑初字第 00002 号刑事判决］

【案情摘要】 2011 年底至 2012 年 11 月 8 日，尤艳及其丈夫姚运震创办了“中国特色美食创业网”。尤艳、姚运震将从互联网收集到的各类美食制作的电子文档资料、视频母盘提供给宋兵峰，要求其对上述资料进行加工复制，制作成教学光盘。宋兵峰按照尤艳、姚运震的要求，复制了价值 16 万元的盗版教学光盘、外包装若干。宋兵峰除自己复制外，还将上述资料交与马化涛，由马化涛复制了盗版教学光盘 8 000 张。尤艳在全国范围内销售上述盗版光盘，非法经营额达 100 余万元。蚌埠市禹会区人民检察院提起公诉，指控被告人尤艳、宋兵峰、马化涛犯侵犯著作权罪。

【判决结果】 法院审理认为，尤艳、宋兵峰、马化涛以营利为目的，未经著作权人许可，复制发行其作品，数额巨大，情节特别严重，均已构成侵犯著作权罪。三人中，尤艳是主犯，宋兵峰、马化涛是从犯。一审法院结合尤艳、马化涛坦白的事实，以及三人退回全部违法所得的事实，判决尤艳犯侵犯著作权罪，判处有期徒刑 5 年，并处罚金人民币 100 万元；宋兵峰犯侵犯著作权罪，判处有期徒刑 3 年，宣告缓刑 5 年，并处罚金人民币 16 万元；马化涛犯侵犯著作权罪，判处有期徒刑 2 年，宣告缓刑 3 年，并处罚金人民币 6 000 元；尤艳退回违法所得 204 246.17 元，宋兵峰退回违法所得 2 万元，马化涛退回违法所得 800 元，以及罚金人民币 116.6 万元，共计 1 391 046.17 元，予以上缴国库；扣押的盗版光盘，依法予以没收销毁。

【典型意义】 本案审理法院充分发挥知识产权刑事司法保护的职能作用，依法惩处侵害著作权刑事犯罪行为，判决结果对于加大知识产权的保护力度，遏制侵权行为具有典型意义。

2013年度打击侵权盗版十大案件

一、快播公司、百度公司侵犯影视作品著作权案

【案情摘要】 2013年下半年，国家版权局陆续接到优酷、腾讯、乐视、搜狐公司等权利人对深圳快播科技有限公司（以下简称快播公司）和北京百度网讯科技有限公司（以下简称百度公司）涉嫌通过播放器软件传播侵权视频作品的投诉。11月19日，国家版权局正式立案。调查表明，快播公司和百度公司通过其运营的播放器软件，向公众提供定向搜索、定向链接服务，直接定向搜索、链接到大量盗版网站，具有一定主观过错，已构成侵犯信息网络传播权，且同时损害公共利益。12月27日，国家版权局根据《著作权法》、《著作权法实施条例》等相关规定，分别对快播公司和百度公司作出罚款人民币25万元的行政处罚。

【典型意义】 通过播放器软件传播侵权作品是2013年互联网视频行业重点关注的问题。此案的查处，表明了版权部门打击网络视频侵权盗版、净化网络版权传播环境的坚定决心，在互联网视频行业产生了积极影响。

二、江苏扬州"动漫屋"网站侵犯动漫作品著作权案

【案情摘要】 2013年10月，江苏省扬州市文化行政综合执法支队根据香港动漫联合会的投诉线索，对"动漫屋"网站（www.dm5.com）涉嫌未经权利人许可擅自向公众提供漫画作品案立案调查。经查，该网站由浙江省瑞安市我喜欢网络有限公司创办经营，网站存放数据库的服务器托管于江苏省扬州市，存储了未经权利人授权的漫画作品。11月6日，扬州市文化行政综合执法支队根据《著作权法》、《信息网络传播权保护条例》等相关规定，对当事人浙江省瑞安市我喜欢网络有限公司作出立即停止侵权行为、删除侵权漫画作品、罚款人民币10万元的行政处罚。

【典型意义】 该案为香港权利人投诉动漫作品被侵权的典型案件。该案的查处受到了香港海关和权利人的肯定，也为办理此类案件提供了较好的经验。

三、浙江杭州"爆米花"网站侵犯影视作品著作权案

【案情摘要】 2013年9月，浙江省版权局根据国际唱片业协会的投诉线索，对"爆米花"网站（www.baomihua.com）侵犯著作权案立案调查。经查，"爆米花"网站由爆米花（杭州）科技有限公司创办，其未经相关权利人许可，擅自上传权利人享有著作权的影视作品，供其会员在线观看和下载，其中包括国际唱片业协会投诉的《岁月无声》等52部影视作品及《谢谢你给的温柔》等10部音乐视频作品。10月14日，浙江省版权局根据《著作权法》、《信息网络传播权保护条例》和《著作权法实施条例》相关规定，对爆米花（杭州）科技有限公司作出警告、责令删除侵权影视作品、罚款人民币10万元的行政处罚。

【典型意义】 该案是通过互联网传播侵权影视作品的典型案件，行政处罚力度大，对于打击网络侵权盗版行为具有积极的示范作用。

四、湖南长沙好乐迪音乐娱乐广场侵犯音乐音像作品著作权案

【案情摘要】 2013年11月29日，湖南省长沙市文化市场综合执法局根据中国音像著作权集体管理协会的投诉线索，对长沙好乐迪音乐娱乐广场未经著作权人许可，擅自复制音乐音像作品从事KTV经营行为进行立案调查。经查，该单位曲库存有音乐音像作品6.5万余首，其中未取得著作权人许可使用的音乐音像作品近5 000首，占该单位曲库总数的7.69%。2012年至2013年间，该单位利用未取得许可使用权的近5 000首音乐音像作品牟利达71 571元。12月4日，长沙市文化市场综合执法局根据《著作权法》和《著作权法实施条例》相关规定，对长沙好乐迪音乐娱乐广场作出责令删除侵权作品、罚款人民币12万元的行政处罚。

【典型意义】 此案是KTV经营单位未经权利人许可，擅自复制其音乐视频作品用于经营获利的典型案件。此案的查处，有利于我国著作权集体管理组织的依法维权行动。

五、山东青岛正大有限公司侵犯软件著作权案

【案情摘要】 2013年8月6日，山东省即墨市文化市场行政执法局执法人员依法检查青岛正大有限公司计算机43台。经查，该公司未经授权，使用21套盗版办公及绘图软件，用于公司经营活动，情节严重。9月11日，即墨市文化市场行政执法局根据《著作权法》、《著作权法实施条例》、《计算机软件保护条例》相关规定，对青岛正大有限公司作出罚款人民币 9.884 1 万元的行政处罚。

【典型意义】 此案为侵犯软件著作权案件，且涉及软件种类较多，具有较好的典型意义。

六、安徽滕某某等侵犯网络游戏著作权案

【案情摘要】 2012 年 7 月 11 日，安徽省天长市公安局治安大队对滕某某等涉嫌侵犯著作权案立案调查。滁州市版权和公安部门及天长市版权和公安部门组成专案组对该案展开调查。经查，滕某某等人未经上海盛大网络发展有限公司许可，于 2011 年 3 月至 2012 年 7 月间非法经营《热血传奇》游戏，开设游戏私服牟利，其中滕某某、陈某累计非法经营收入 294 万余元。2013 年 12 月 26 日，安徽省天长市人民法院依据《刑法》等相关规定，以侵犯著作权罪分别判处滕某某有期徒刑 3 年 6 个月，并处罚金 150 万元；陈某有期徒刑 3 年 6 个月，并处罚金 150 万元；判处其他 5 人有期徒刑缓刑，并处罚金 4 万元至 15 万元不等。

【典型意义】 此案为架设网游私服牟利的典型案件，涉案人数多、涉案金额大、判决有力，具有较强的示范作用。该案为全国“扫黄打非”工作小组办公室、国家版权局、公安部、最高人民法院、最高人民检察院联合挂牌督办案件。

七、上海朱某某等销售盗版教材案

【案情摘要】 2012 年，上海市版权部门和公安部门根据举报线索对某团伙通过互联网销售盗版教材案进行调查。经查，自 2011 年起，朱某某、游某某、喻某等人为获取非法利益，在未取得权利人授权的情况下，组建了统一供货、统一进价、统一市场销售价格的销售非法复制的注册会计师、注册金融分析师教材的团伙。截至案发，该团伙共计销售盗版教材 2 万余册，涉案总值逾人民币 2 亿元，违法所得共计 135 万元。2013 年 2 月 1 日、6 月 24 日、8 月 12 日及 9 月 25 日，杨浦区人民法院依据《刑法》等相关规定，分别以侵犯著作权罪判处朱某某有期徒刑 3 年 8 个月，并处罚金人民币 15 万元；以侵犯著作权罪判处游某某有期徒刑 3 年 3 个月，并处罚金人民币 5 万元；以销售侵权复制品罪判处喻某有期徒刑 1 年 6 个月，并处罚金人民币 7 万元；以侵犯著作权罪判处其他 17 人有期徒刑缓刑并处罚金。

【典型意义】 此案为犯罪团伙销售盗版教材牟利的典型案件，涉案人数达 20 多人，影响力较大，具有较好的震慑作用。该案为全国“扫黄打非”工作小组办公室、国家版权局、公安部、最高人民法院、最高人民检察院联合挂牌督办案件。

八、江苏南京“6·4”销售侵权盗版光盘案

【案情摘要】 2012 年 6 月 4 日，南京市公安局地铁分局根据线索对“6·4”特大批销侵权盗版及淫秽光盘案立案侦查，并由公安、文化、版权等部门组成专案组，开展两次集中行动抓获 7 名犯罪嫌疑人，现场查获涉嫌侵权盗版光盘 50 余万张、淫秽光盘 10 余万张。随后专案组在五省十余市县捣毁跨省制售窝点 4 处，查封 18 条制造、刻录、印刷生产线，扣押 20 台大型刻录机，抓获犯罪嫌疑人 23 名，侵权盗版案值高达 1 500 余万元，非法生产线案值 3 000 余万元，总涉案金额约 5 000 余万元。2013 年 3 月 28 日，南京市雨花台区人民法院依据《刑法》等相关规定，以侵犯著作权罪判处王某有期徒刑 4 年，并处罚金 5 万元，以贩卖淫秽物品牟利罪判处有期徒刑 6 年，并处罚金 5 万元，决定执行有期徒刑 8 年，并处罚金人民币 10 万元；以侵犯著作权罪判处罗某某有期徒刑缓刑，并处罚金人民币 1 万元。

【典型意义】 此案涉案盗版音像制品数量巨大，涉案金额巨大，涉案人数众多，是侵犯音像制品著作权的一起大案。

九、山东济南李某某等印刷发行盗版图书系列案

【案情摘要】 2012 年至 2013 年，山东省济南市文化市场综合行政执法局先后向章丘市公安机关移送了李某某等 2 人、郝某某等 2 人及卢某某等 5 人盗印中国建筑工业出版社及中国计划出版社图书等 3 起案件，涉案盗版图书数量分别为 30 余万册、23 万余册、8 万余册。2013 年，章丘市人民法院依据《刑法》等相关规定，以侵犯著作权罪分别判处相关被告人有期徒刑 6 年至有期徒刑缓刑不等，并处罚金人民币 1 万元至 50 万元不等，分别没收所有盗印图书及涉案设备。

【典型意义】 近年来，出版社的权利屡屡受到侵害，但其维权工作较为艰难。此系列案件的查处，有力维护了相关出版社的合法权益。其中，章丘“9·3”印制盗版图书案为全国“扫黄打非”工作小组办公室、国家版权局、公安部、最高人民法院、最高人民检察院联合挂牌督办案件。

十、天津冯某某等印刷发行盗版图书案

【案情摘要】 自 2012 年 9 月起，天津市公安局治安总队、网监总队、河北区分局多警种密切配合，对冯某某等涉嫌非法印刷发行图书案进行调查，并联合天津市文化市场行政执法总队和市公安局治安管理总队等相关部门，查获盗版图书2万余册，非法出版物7万余册，抓获多名犯罪嫌疑人。2013年7月9日和7月11日，天津市河北区人民法院依据《刑法》等相关规定，以侵犯著作权罪分别判处冯某某有期徒刑6年，并处罚金人民币15万元；判处梁某和冯某有期徒刑缓刑并处罚金。

【典型意义】 此案是天津市近年来破获的最大一起非法印刷发行图书团伙案，也是落实《最高人民法院、最高人民检察院、公安部关于办理侵犯知识产权刑事案件适用法律若干问题的意见》第十一条关于侵犯著作权犯罪案件“未经著作权人许可”的认定意见和第十二条关于“发行”的认定意见办理刑事案件的典型范例。该案为全国“扫黄打非”工作小组办公室、国家版权局、公安部、最高人民法院、最高人民检察院联合挂牌督办案件。

（以上案件由国家版权局于2014年4月18日发布）

2013年"剑网行动"十大案件

一、快播公司、百度公司侵犯著作权案

案件详情，参见本栏目"2013年度打击侵权盗版十大案件一"（267页）。

二、北京"思路网"盗版数字高清作品案

2013年初，北京市文化市场执法总队在巡检中发现"思路网"（www.siluhd.com）涉嫌传播盗版高清影视、游戏及音乐作品。2月27日，在国家版权局的指导下，北京市文化市场行政执法总队会同市公安局海淀分局成立专案组，对该案进行联合调查。经查，"思路网"号称国内最大数字高清门户网站，在业内享有很高知名度，有注册会员140余万人。用户通过每月缴纳会费，随意下载各种蓝光高清盗版影视和音乐、游戏作品。调查显示，该网站未经权利人许可，提供《泰囧》、《十二生肖》等国内外最新知名高清影视剧作品18 772部、音乐作品3 316个、游戏软件208种，累计下载量达2 000多万次。盗版作品上传者涉及国内诸多省份以及美国、日本等多个国家（地区），每天同时在线用户达上万人。4月24日，专案组抓获周某、苏某、白某等11名犯罪嫌疑人。（截至"剑网行动"十大案件发布时，该案正在进一步侦查过程中。2014年5月15日，该案在海淀法院审结。"思路网"总裁周志全因侵犯著作权罪被判处有期徒刑5年，并处罚金100万元。同案6人分别被判处1年到3年不等的有期徒刑。）

三、上海王某等利用互联网销售侵权盗版ISO标准案

2013年5月，国家版权局收到国家标准委办公室反映某网站涉嫌销售侵权盗版ISO标准的投诉函，随后部署上海市有关部门处理。上海市文化市场行政执法总队、市版权局、市公安局等单位迅速成立专案组，在国家标准委版权保护工作组办公室、上海市质量技术监督局的配合下进行立案侦查。经查，自2010年起，犯罪嫌疑人王某等人先后向境外租借4个服务器，架设www.pdfstd.com等5个网站，上传10万余条各国标准的目录，涉及美、法等100余个国家，标注销售价格，并留下邮箱地址和购买链接，通过使用国外第三方支付平台销售国外的标准从中非法牟利。9月24日，专案组将犯罪嫌疑人王某、易某抓获。同时，上海市文化市场行政执法总队进一步深挖线索，对为犯罪嫌疑人提供网络支付渠道的合作单位"易趣网"进行了深入调查，责令该单位停止相关违规活动及交易类别并依法立案查处上述严重违规行为。（截至"剑网行动"十大案件发布时，该案已进入司法审判程序。）

四、江苏国泰新点软件被侵犯著作权案

2012年12月，江苏省张家港市版权局接到江苏国泰新点软件有限公司报案，其自主研发的建筑业常用热门"一点智慧"软件，自2010年起被多地不法商家盗版并通过淘宝网大肆销售，给公司造成了巨大经济损失。1月30日，张家港市版权局将案件移交市公安局，双方成立联合专案组。经查，这是一个专门制售假冒软件的犯罪网络，人员众多、分工细致。网店一旦接到客户订单，将订单以及发货信息传递给制假窝点，由其发货给客户。3月29日，江苏、安徽、湖南、浙江4省公安机关联合行动、统一收网，抓获主要犯罪嫌疑人12名，打掉犯罪团伙4个，摧毁13家销售侵权软件网店，捣毁假冒软件"加密狗"产、储、销犯罪窝点8处，缴获成品假冒软件"加密狗"1 100余只，作案用电脑20台，"加密狗"生产设备1套。6月5日，张家港市公安局又根据线索，在四川省成都市将销售侵权复制品的犯罪嫌疑人郑勇抓获，现场查获大量"加密狗"和盗版软件。该案涉案金额达6.5亿元。（截至"剑网行动"十大案件公布时，涉案地检察院已向法院提起公诉。）

五、北京"阳光教育"网店销售盗版少儿出版物案

2013年10月，根据举报线索，北京市文化市场行政执法总队调查发现淘宝店铺"阳光教育"通过网络大量销售涉嫌盗版的少儿出版物、少儿动画片及少儿音乐光盘。经查，该网店未经权利人许可，销售盗版音乐儿童童话故事、红黄蓝早教教案、热门动画片精选等涉嫌盗版光盘，自2006年至2013年10月，交易数为3.3万次，仅2013年6月至10月的销售金额就达16万元。同时，发现犯罪嫌疑人采取了以"阳光教育"为主店，以"爱婴乐园99"、"宝宝贝贝"、"与梦飞翔"、"天才管家"4个网店为辅店的犯罪模式，违法行为恶劣，违法经营额较高。在国家版权局的直接指导下，北京市文化市场行政执法总队会同市公安局海淀分局抓捕王某、姜某等

4名犯罪嫌疑人，扣押涉嫌盗版音像制品6 000多张。（截至“剑网行动”十大案件公布时，该案正在进一步侦查过程中。）

六、浙江“爆米花”网传播侵权影视作品案

案件详情，参见本栏目“2013年度打击侵权盗版十大案件三”（267页）。

七、江苏扬州“动漫屋”网传播盗版漫画案

案件详情，参见本栏目“2013年度打击侵权盗版十大案件二”（267页）。

八、安徽“音扑网”侵犯著作权案

2012年8月，根据国际唱片业协会投诉线索，安徽省版权局经初步查证后，将“音扑网”涉嫌通过信息网络擅自向公众提供他人作品、表演、录音录像制品案移转至黄山市版权局办理。黄山市版权局在调查取证过程中与国际唱片业协会就侵权歌曲认证问题、会员数问题等进行反复沟通，最终确认该网站有侵权歌曲264首，点击数近8万次，已达到刑事追诉标准，将案件移交公安部门立案侦查。公安部门经过4个月的调查，在上海将犯罪嫌疑人江某抓获。（截至“剑网行动”十大案件公布时，案件已进入审查起诉环节。）

九、山东康某等侵犯《热血传奇》网络游戏案

2012年11月，在山东省版权局的督办下，济南市文化市场行政执法局联合济南市公安局组成专案组，成功破获“玫瑰小组私服案”。通过“玫瑰小组私服案”的办理，专案组深挖案件线索，获知《热血传奇》游戏服务器软件的来源是www.3KM2.com,专案组立即对该网站进行立案侦查。经调查，康某等犯罪嫌疑人未经网络游戏《热血传奇》权利人上海盛大网络发展有限公司许可的情况下，非法复制、发行《热血传奇》服务器软件，伪造《热血传奇》游戏软件的开发及销售、私服的发行与维护、私服的经营等环节，通过支付宝、财付通等支付平台收取客户相关服务费用，牟取非法利益，涉案金额4 000多万元。2013年7月26日，济南市公安局市中分局网警大队正式立案，分赴黑龙江大庆、广东深圳、湖南岳阳、四川蓬安、浙江杭州等地抓获康某为主犯的犯罪嫌疑人7人，关停服务器110台。（截至“剑网行动”十大案件公布时，该案已交检察机关提起公诉。）

十、上海某音乐移动软件侵犯著作权案

2013年4月16日，上海市文化市场行政执法总队根据国际唱片业协会的投诉，对上海某信息技术有限公司未经著作权人许可，擅自通过信息网络向公众提供他人音乐作品案进行立案调查。经查，该公司经营移动互联网音乐软件，供用户在当事人网站下载后，通过互联网和移动信息网络在电脑终端设备及安卓（Android）操作系统的手机、平板电脑等移动终端设备上利用当事人软件产品搜索、浏览、点播、下载和收听索尼唱片公司享有著作权的《二人世界》、《命案》、《动物农庄》、《时机》和《Espresso先生》5首音乐作品以及正东唱片有限公司等享有著作权的《不成熟》、《闯》、《棉花》等其他42首音乐作品。该公司被查处后立即整改，删除了侵权作品文件，停止了通过信息网络向公众提供上述侵权音乐作品的违法行为，主动消除违法行为的危害后果。6月21日，上海市文化市场行政执法总队对该公司依法从轻作出罚款人民币28 000元的行政处罚。

（以上案件由国家版权局、国家互联网信息办公室、工业和信息化部、公安部于2013年12月30日联合发布）

2013年地方著作权司法保护典型案件

北 京 市

一、“钱锺书书信手稿拍卖”诉前禁令案

案件详情，参见本栏目“2013年中国著作权司法保护典型案件一”（255页）。

二、“谷歌数字图书馆”著作权案

案件详情，参见本栏目“2013年中国著作权司法保护典型案件四”（258页）。

（以上案件摘自《北京高院发布2013年度十大知识产权案例》，原载中国知识产权网，2014年4月30日更新，http://www.cipnews.com.cn/showArticle.asp? Articleid=31421）

上 海 市

一、央视国际网络有限公司诉上海全土豆文化传播有限公司侵犯作品信息网络传播权纠纷案

【案情摘要】 《舌尖上的中国》是中央电视台摄制的一部大型美食类纪录片，于2012年5月14日首映。该节目在介绍美食的同时巧妙融入各地特色的文化和礼仪，展现了中华美食文化的博大精深和源远流长，有较高的艺术价值和知名度。中央电视台将该节目的信息网络传播权授予原告央视国际网络有限公司（以下简称央视公司）独占行使。2012年5月23日，原告发现被告上海全土豆文化传播有限公司（以下简称全土豆公司）在其经营的“土豆网”（www.tudou.com）上提供《舌尖上的中国》节目在线点播服务。原告认为，土豆网未经许可，在涉案节目热播期内提供在线点播服务，给原告造成了重大经济损失，故诉至法院，请求判令被告赔偿经济损失人民币80万元及合理费用人民币5万元。被告辩称，其提供存储空间服务，无事先审查义务，不明知也不应知涉案视频的存在，不构成侵权。

【判决结果】 上海市闵行区人民法院经审理认为，涉案作品是我国著作权法规定的类似电影摄制方法创作的作品，应受《著作权法》保护。全土豆公司未经授权于作品热播期内在其经营的网站上提供涉案作品的在线点播服务，属于侵犯作品信息网络传播权的行为，应当承担相应的侵权责任。全土豆公司辩称涉案作品系网友上传，但未就该主张提供证据证明；且有关实际上传者的信息属于其掌控和管理范围之内，理应由其举证，其自行删除原始数据导致该事实无法查明，应对此承担不利后果。据此判决被告全土豆公司赔偿原告央视公司经济损失人民币24万元，合理费用人民币8 000元。一审判决后，被告不服，提起上诉。上海市第一中级人民法院经审理，判决驳回上诉，维持原判。

【典型意义】 该案是一起典型的视频网站侵犯作品信息网络传播权纠纷案件。涉案作品《舌尖上的中国》创作过程花费了巨大的人力、物力、财力，体现出较高程度的独创性，享有良好的社会知名度。土豆网是专业视频分享网站，在国内具有较大的影响力，其在涉案作品热播期就在自己网站上擅自提供在线点播服务，给权利人造成较大的经济损失。法院充分考虑涉案作品的类型、社会知名度、侵权行为的性质以及侵权网站的经营规模、经营模式、社会影响力等因素，合理确定法定赔偿金额，不仅体现了人民法院加强著作权保护的司法政策，而且有助于警示网络服务提供商加强自律，遏制日益多发的网络著作权侵权现象。

二、株式会社倍乐生诉广东泰茂食品有限公司、小桂（上海）食品有限责任公司、敖小平侵犯作品复制权、发行权、信息网络传播权纠纷案

【案情摘要】 原告株式会社倍乐生享有“巧虎”卡通形象美术作品的著作权。1996年，“巧虎”卡通形象的动画、图书等幼儿用品开始进入中国大陆。被告广东泰茂食品有限公司（以下简称泰茂公司）在其生产、销售的巧克杯等产品包装上印有手持不同食品的“欢乐虎”图案，还将印有“欢乐虎”图案的产品图案印制在其产品宣传册上或发布在其网站上。被告小桂（上海）食品有限责任公司（以下简称小桂公司）、被告敖小平销售了上述带有“欢乐虎”图案的产品。原告认为，泰茂公司在其生产、销售的产品、产品宣传册和公司网站上使用的“欢乐虎”图案与原告的“巧虎”卡通形象构成实质相似，三被告的行为侵犯了原告的著作权，故诉至法院，请求判令三被告停止侵权并赔偿其经济损失人民币500万元、合理费用人民币128 746元，并判令被告泰茂公司在《法制日报》上公开赔礼道歉、消除影响。

【判决结果】 上海市第一中级人民法院经审理认为，原告对“巧虎”卡通形象的美术作品享有著作权。1996年“巧虎”卡通形象即以在中国广东电视台播放动漫影视节目的形式被引进中国大陆地区，其后原告对“巧虎”卡通形象投入了大量广告宣传，“巧虎”卡通形象在中国大陆地区的相关公众尤其是少年儿童中享有一定的知名度。泰茂公司作为中国广东地区的企业，其相关的消费者亦主要为少年儿童，故其在产品市场营销时完全有机会接触到原告的“巧虎”卡通形象。被控侵权的“欢乐虎”图案中包含了“巧虎”卡通形象的全部主要特征，与“巧虎”卡通形象构成实质相似。泰茂公司在其产品、宣传册及网站上擅自使用“欢乐虎”图案的行为，小桂公司以及敖小平擅自销售含有“欢乐虎”图案的产品的行为，均侵犯了原告的著作权。故判决三被告停止侵权；被告泰茂公司赔偿原告经济损失人民币30万元、合理费用人民币8万元，合计人民币38万元；被告泰茂公司在《法制日报》上刊登声明，消除影响。判决后，泰茂公司不服，提起上诉。上海市高级人民法院经审理，判决驳回上诉，维持原判。

【典型意义】 本案权利人系日本企业，其“巧虎”卡通形象在中国具有相当高的知名度，依法应受我国法律保护。被告泰茂公司未经许可在其儿童食品上使用与“巧虎”卡通形象极其近似的“欢乐虎”图案，这是一种典型的仿冒行为，被告泰茂公司“搭便车”的故意十分明显。法院根据本案的侵权事实，依法判决包括合理费用在内的人民币38万元的赔偿数额，给予了知名卡通形象充分保护，严厉打击了此类“搭便车”行为，充分体现了中国法院依法平等保护中外当事人知识产权的良好形象。

三、传线网络科技（上海）有限公司诉上海和高文化传播有限公司著作权许可使用合同纠纷案

【案情摘要】 2011年10月，原告传线网络科技（上海）有限公司、被告上海和高文化传播有限公司签订《影视节目信息网络传播权授予合约书》一份，约定：被告将电视剧《大秦帝国之纵横》在中国（香港、澳门、台湾地区除外）的信息网络传播、公开播映等权利授予原告及其关联公司上海全土豆网络科技有限公司独家享有，授权期限为5年，授权费用为人民币5 035万元；被告须确保《大秦帝国之纵横》于2012年12月31日前在北京、安徽、东南、陕西四家卫视至少一家的黄金时段（19:30—23:00）播出，若授权节目未能在前述约定的时间以及约定的卫视播出，则原告有权退片或以50%的总价同被告进行最终结算。合同签订后，原告依约向被告支付了首期版权费人民币3 775万元。但至2012年12月31日，涉案电视剧并未依约在四家卫视中任何一家的黄金时段播出。原告遂诉至法院，请求判令确认《影视节目信息网络传播权授予合约书》已依法解除；被告返还原告人民币3 775万元版权费并承担相应的违约金。诉讼过程中，涉案电视剧在央视一套播出。

【判决结果】 上海市第一中级人民法院经审理认为，原、被告签订的《影视节目信息网络传播权授予合约书》系双方的真实意思表示，内容合法有效，双方均应恪守。根据该份合约书约定，被告须确保涉案电视剧《大秦帝国之纵横》于2012年12月31日前在北京、安徽、东南、陕西四家卫视至少一家黄金时段（19:30—23:00）播出，但至2012年12月31日，该剧未能在上述卫视及时段播出，故被告的行为已经构成违约。被告关于涉案电视剧未依约播出是由于审批流程、档期安排等所致的辩解理由，既不属于不可抗力之范畴，亦不属于情事变更之范畴，故该辩解理由不能成立。同时，合同解除权的行使并不要求以损害结果的发生为前提条件，也不以解除合同对当事人的利益带来何种影响作为考虑因素，法院应该充分尊重当事人的意思选择。因此，被告关于涉案电视剧已在中央电视台一套播出，迟延播出未给原告带来损失反而会带来更大收益，故不同意解除合同的辩解亦不能成立。据此判决支持了原告的全部诉讼请求。一审判决后，双方当事人均未提出上诉，一审判决已发生法律效力。

【典型意义】 本案涉及在中央电视台热播的电视剧《大秦帝国之纵横》的著作权许可使用合同纠纷，涉案合同标的额大，案件的审理社会关注度高。本案判决充分遵循了当事人意思自治原则和诚实信用原则，依法保护了合同当事人的合法权益。同时，本案判决对于规范影视剧著作权许可使用合同的订立和履行，有效防范合同风险，具有一定的指导意义。

（以上案例摘自《上海高院召开新闻发布会发布知识产权司法保护白皮书及十大案例》，原载中国法院网，2014年4月24日更新，http://www.china-court.org/article/detail/2014/04/id/1281548.shtml）

安 徽 省

一、曹某某诉合肥合晚传媒有限公司、合肥在线、《恋爱婚姻家庭》杂志社等单位侵犯著作权纠纷案

2008年8月21日，曹某某在新浪网上以夏季紫

罗兰的网名开通博客，至 2013 年总点击量逾 5 000 万次，2009 年至 2011 年，曹某某获得新浪博客回馈博主最具贡献奖、年度新浪女性情感十大草根写手等荣誉，被新浪网认证为新浪女性情感专栏知名博主。合晚传媒有限公司、合肥在线、《恋爱婚姻家庭》杂志社等 8 个单位的网站未经曹某某许可，擅自转载其博客中的原创文章，将内容标题加以修改，且在网站页面中上传广告牟取利益。曹某某遂于 2013 年 2 月向合肥高新技术产业开发区人民法院分别提起 29 起侵犯著作权诉讼，请求判令各被告停止侵权，赔礼道歉，赔偿其经济损失及合理开支 29 万元。

案经合肥高新技术产业开发区人民法院适用简易程序审理，并主持各方当事人调解，在立案后的一个月内促成各方当事人达成和解，并对以后的用稿方式亦达成合作意向，使该 29 起系列案件均得以圆满解决。随后，曹某某申请撤回起诉，该院裁定予以准许。

二、央视国际网络有限公司诉中国电信股份有限公司合肥分公司、上海百视通电视传媒有限公司宽带“ITV”著作权侵权纠纷案

《防务新观察》系中央电视台制作的一档战略谈话类节目。央视国际网络有限公司系经中央电视台授权，取得央视所拍摄或制作节目的著作权。而中国电信股份有限公司（以下简称中国电信）合肥分公司在其 ITV 产品上提供《防务新观察》节目的在线视频点播业务，上海百视通电视传媒有限公司（以下简称上海百视通公司）则向中国电信合肥分公司提供了涉案节目的来源。央视国际网络有限公司认为，中国电信合肥分公司、上海百视通公司的行为侵犯其享有的信息网络传播权，遂诉至合肥高新技术产业开发区人民法院，请求判令中国电信合肥分公司、上海百视通公司断开其 ITV 电视服务中关于《防务新观察》节目的全部链接，删除、屏蔽 ITV 电视服务中《防务新观察》节目；连带赔偿其经济损失 48 万元及合理开支 2 万元。

案经合肥高新技术产业开发区人民法院审理，并多次组织各方调解，最终促成三方当事人就数字电视“回看”业务达成合作意向协议，央视国际网络有限公司撤回起诉，ITV 用户仍可以通过点播收看央视相关电视节目。据此，该院对央视国际网络有限公司撤回起诉的申请，裁定予以准许。

三、尤艳、宋兵峰、马化涛侵犯著作权罪刑事案

案件详情，参见本栏目“2013 年中国著作权司法保护典型案件十三”（266 页）。

（以上案件摘自《安徽省高院发布知识产权十大案例》，原载中安在线，2014 年 4 月 24 日更新，http://ah.anhuinews.com/system/2014/04/24/006406669.shtml）

湖　南　省

潇湘电影频道被诉侵权案

原告国家电影频道经授权取得了电影《人在囧途》在 2010 年 9 月 1 日至 2060 年 12 月 31 日期间全球范围内的广播权。被告湖南电视台潇湘电影频道于 2012 年 9 月 15 日播放了涉案影片《人在囧途》，被诉至法院。

法院经审理认为，潇湘电影频道在未经原告授权或许可，且未支付任何报酬的情况下，擅自播放电影作品《人在囧途》的行为侵犯了原告的权利。遂判决潇湘电影频道立即停止播放电影作品《人在囧途》并赔偿经济损失。

（以上案件摘自《我省公布知识产权司法保护 10 大典型案例》，原载 2014 年 4 月 25 日《湖南日报》）

广　东　省

“快播”搜索链接服务侵权案

【案情摘要】 在快播播放器搜索框内输入关键词“我愿意 I Do”，即被导向第三方搜索网站，而该搜索网站显示仅有 5 项搜索结果，均为完整的涉案影片视频（即影片《我愿意 I Do》）；同时，根据上述搜索结果又可链接至视频播放网站，点击播放涉案影片。中国电影股份有限公司电影营销策划分公司认为快播软件的上述功能已经侵害其作品的信息网络传播权，遂向法院提起诉讼。

法院审理认为，被告主张的搜索引擎集成虽未直接搜索、链接涉案侵权作品，但其将用户需要的内容导向第三方搜索网站，而该搜索网站不但将搜索对象限于特定类型文件，还将搜索范围局限于特定网站，因此可以认定被告与搜索网站共同实施了搜索、链接涉案侵权作品的行为；被告主观上存在过错。因此，法院判令被告停止侵权并赔偿原告损失。

【点评】 快播软件提供的搜索链接服务，与传统搜索引擎直接提供搜索、链接、下载等服务有较大区别，而由其引发的信息网络侵权行为也具有特殊性。法院的判决准确把握了信息网络侵权行为的本质特征。

（以上案件摘自《省高院公布上年度十大知识产权案例》，原载2014年4月21日《南方日报》）

云南省

一、符必昌诉徐林荣、机械工业出版社、云南清华实业有限公司侵犯著作权纠纷案

符必昌与案外人黄某、方某系《红土化作用及红土的工程地质分类》一文（以下简称涉案论文）的作者，该文首次发表在《云南地质》1997年第2期上。2010年，符必昌从云南清华实业有限公司（以下简称清华公司）处购得《高等工程地质学》一书，符必昌认为该书中“红粘土”一节抄袭了涉案论文，故该书的出版者机械工业出版社、销售者清华公司及该书“红粘土”一节的编写者徐林荣侵犯了其著作权，遂诉至法院。后符必昌放弃对清华公司的诉讼请求。案外人黄某、方某均明确表示不参与本案诉讼，并同意涉案论文的相关著作权利及诉讼权利由符必昌单独行使。本案经一、二审法院审理认为，根据《著作权法》第四十七条第一款第五项的规定，剽窃他人作品的行为属于侵犯著作权的行为。徐林荣编写的《高等工程地质学》“红粘土”一节中的“红粘土的形成”部分大量覆盖了符必昌涉案论文的相关内容，在表述形式上也基本一致或高度近似，二者构成相同或实质相似。而徐林荣既没有在参考文献中列出涉案论文，也未在引注中体现该书参考了此文，更不是引用相关文字，其行为已构成将他人作品窃为己有，侵犯了符必昌的著作权。机械工业出版社未对出版物的合法授权尽到出版者的合理注意义务，将含有侵犯符必昌著作权的作品以图书形式出版、发行，与徐林荣共同侵犯了符必昌的著作权。据此，判决徐林荣、机械工业出版社在《云南日报》上向符必昌公开赔礼道歉，并连带赔偿符必昌经济损失人民币2万元。

二、外语教学与研究出版社有限责任公司诉辛渭侵害其著作财产权纠纷案

外语教学与研究出版社有限责任公司（以下简称外研社）依据权利人的授权，获得《新概念英语》系列图书在中国内地的专有出版权及发行权。2011年6月，外研社在辛渭经营的书店内公证购买了《新概念英语4》等3本新概念英语系列书籍。外研社认为辛渭侵犯其合法权益，遂诉至法院。本案经一、二审法院审理认为，被控侵权图书不具有正版图书的防伪特征，被控侵权图书应系盗版图书。辛渭虽抗辩称其为二手旧书，但从被控侵权图书的表面看不出具有使用过的痕迹，而该书的销售价格与正版图书的定价几乎没有差别，辛渭亦无法披露前一手的出售者，因此无法认定被控侵权图书为二手旧书，故辛渭不具有《著作权法》规定的免责条件。辛渭销售盗版图书的行为侵犯了外研社的发行权。据此，判决辛渭停止侵权，并赔偿外研社经济损失及合理维权费用共计人民币15 000元。

三、陈林诉昆明五华启航教育培训学校、石永光、彭林强、张峰、北京市海淀区启航考试培训学校、中国发展出版社侵犯著作权纠纷案

陈林在对2003—2011年历年考研政治理论真实试题进行整理的基础上编纂完成了《历年真题解析》书稿。陈林认为中国发展出版社出版的《启航考研思想政治高频考点及历年真题精解》与《考研思想政治高频考点及历年真题精解》大部分内容抄袭了《历年真题解析》书稿，侵犯了其著作权，遂将被控侵权书籍的出版方、委托出版方、主编等人起诉至法院。一审法院认为，陈林虽然能够证明其整理编纂了涉案《历年真题解析》书稿，且该书稿属于我国著作权法保护的文字演绎作品，陈林依法享有著作权，但是一旦该演绎作品用于公开出版、传播并获利，则陈林就此作品行使著作权应当得到真实试题（即原作品）著作权人的许可，否则其行使权利存在法律上的瑕疵。由于陈林承认其自始未征得真实试题的著作权人的许可，因此，陈林无权就《历年真题解析》书稿这一演绎作品在本案中主张著作权。据此，判决驳回陈林的诉讼请求。一审宣判后，陈林不服，提起上诉。经二审法院组织调解，各方达成调解协议。

（以上案件摘自《云南高院发布2013年知识产权司法保护十大典型案例》，原载云南法院网，2014年4月24日更新，http://www.gy.yn.gov.cn/Article/xwgj/fyxw/201404/37970.html）

甘肃省

一、杨振中诉杨德栋侵犯著作权纠纷案

【案情摘要】 《西杨家族史》是镇原县西杨家族的第一部家族史书，主要收录了西杨家族人口分布及世系表、人物名录、家族轶事、家族文存、家族俗规、族人作品摘撷等内容，共30余万字。书中资料均由其族人和编委会成员采集提供，再由杨振中批阅增删并酌定体例编撰，于2007年10月出版

发行。后经增添、修订，于2010年12月经庆阳市文化局批准，再版发行了《西杨家族史（修订本）》。在该书修订期间，杨德栋受族人杨廷玺等委托成立新的族谱编委会，于2009年9月未经杨振中同意，从西峰博文彩印厂获得《西杨家族史》的电子版，并在此基础上进行加工整理，于2012年12月未经审批出版了《西杨族谱》一书。此间，杨振中曾多次与杨德栋等人沟通，但未能阻止该书出版。

经比对，两部作品的编排体例基本相同，《西杨族谱》在《西杨家族史（修订本）》内容的基础上对各卷内容进行了增添，达到约80万字。《西杨家族史》和《西杨族谱》各出版发行300册和460册，费用来自族人捐款和家族内部购书所得，均不以营利为目的。杨振中遂诉请庆阳市中级人民法院判令杨德栋停止盗版书的销售、没收销毁盗版版本《西杨族谱》及违法所得、赔礼道歉并赔偿经济损失15万元及精神损失30万元等。

一审法院审理认为，《西杨家族史》属于我国《著作权法》第十四条规定的汇编作品。汇编作品受著作权法保护的根本原因不在于汇编材料本身是否受著作权法保护，而是汇编人对汇编材料内容的选择或编排付出了创造性劳动。本案诉争的《西杨家族史》一书，从体例和内容看，并非对相关资料的简单堆积或机械记录，而是融入了编著者自己的创造性劳动，是其智力劳动成果的结晶，属我国《著作权法》保护的作品。遂判决杨德栋立即停止侵权，不得在族内传播、扩散、销售《西杨族谱》；在《陇东报》上登载声明公开致歉；赔偿杨振中精神损害抚慰金1万元等。宣判后，双方均未上诉。

【点评】 汇编作品是对已有作品编排整理而形成的新作品，属于我国《著作权法》保护的作品形式，但汇编作品不得侵犯原作品的著作权。《西杨家族史》内容来源于历史资料、个人收藏、族人收集、发表文章以及编著者的再创作，形式上属于对已有作品、历史资料和现有资料的编辑、整理，在编排体例上体现了独创性。《西杨族谱》在《西杨家族史》的基础上增添了内容，同样属于汇编作品。但其编著者未经原作者许可使用了原作者的作品，侵犯了其著作权，应承担侵权民事责任。由于上述作品只在其族人内部销售，且不以营利为目的。因此，请求赔偿损失于法无据。原告为修族史，投入了大量心血。被告未经同意，擅自使用其作品，增添内容更名后在家族销售，给原告造成较大精神损害。判令被告赔偿其精神损失是著作权法精神权利的体现。

二、华盖创意（北京）图像技术有限公司诉甘肃启航网络科技有限公司著作权权属、侵权纠纷案

【案情摘要】 美国Getty Images，Inc. 是全球最大的图片供应商，其图片为许多著名的新闻出版机构所采用，是中国国务院办公厅新闻办图片供应商和2008年北京奥运会官方指定摄影机构。华盖创意（北京）图像技术有限公司（以下简称华盖创意公司）是该公司在中华人民共和国境内的授权代表，对该公司图片享有著作权等相关权利，并有权在我国境内以自己的名义追究任何未经授权使用其图片及图像素材的侵权行为。甘肃启航网络科技有限公司（以下简称启航公司）未经授权，在其官方微博上使用了华盖创意公司编号为200516223-001、2005172357-001图片2张。华盖创意公司遂诉诸法院，请求判令启航公司停止侵权、赔礼道歉并赔偿经济损失1万元及合理支出4 000元。启航公司认可侵权事实，同时经华盖创意公司以电子邮件通知侵权事宜之后，启航公司已停止图片的使用。经兰州市城关区人民法院主持调解，双方当事人自愿达成协议，启航公司给付华盖创意公司图片使用费6 000元，华盖创意公司放弃其他诉讼请求。

【点评】 网络作品与其他作品一样，同样受我国《著作权法》的保护。该案系典型的侵犯网络图片著作权纠纷。作为经营性机构，被告未经许可，擅自在其官方网站上使用了原告享有著作权的图片作品，具有营利目的，已超出了合理使用的范围，涉嫌侵权。该案警示公众：网络并非公共资源，网络作品亦不能随意免费使用。

（以上案件摘自《甘肃高院发布2013年知识产权司法保护十大案例》，原载每日甘肃网，2014年4月25日更新，http://gansu. gansudaily. com. cn/system/2014/04/25/014988660_02. shtml）

2013年地方著作权行政执法案件

河 北 省

一、石家庄市辉芳书店销售盗版图书案

2013年3月7日，石家庄市桥东区文体局执法人员在对辉芳书店进行检查时，发现该书店销售的60册《新华字典》涉嫌侵权盗版，执法人员当即对涉嫌侵权出版物进行了先行登记保存。之后，经对辉芳书店法人梁辉军进行询问，其无法提供合法有效的图书进货渠道以及销售票据。版权部门依据《中华人民共和国著作权法》、《著作权行政处罚实施办法》、《中华人民共和国著作权法实施条例》相关规定，对辉芳书店作出了没收侵权制品《新华字典》60册、罚款2 000元的行政处罚。

二、石家庄市盛达书店销售盗版图书案

2013年3月7日，石家庄市桥东区文体局在对辖区书店进行日常检查中，发现盛达书店销售的14本《阿衰全集》彩色版图书涉嫌盗版，执法人员立即采取了先行登记保存的措施。之后，在对盛达书店法人李玉顺的调查询问中，当事人承认其销售盗版图书的违法事实。版权部门依据《中华人民共和国著作权法》、《著作权行政处罚实施办法》、《中华人民共和国著作权法实施条例》相关规定，对该书店作出了罚款1 000元的行政处罚。

三、赵县明星泡泡堂歌厅侵犯音乐作品案

2013年3月10日，赵县文广新局执法人员在对明星泡泡堂歌厅进行例行检查时发现，该场所在经营中使用未经合法授权的《自由飞翔》、《我从草原来》、《爱你一万年》等音乐作品。执法人员当场对该歌厅的违法行为予以制止，并对场所违法设备、工具依法进行先行登记保存，同时收集、提取有关证据。12日，执法人员对歌厅法人王庆伟进行了询问，当事人承认使用盗版音乐作品的违法事实。版权部门依据《中华人民共和国著作权法实施条例》相关规定，对当事人作出了罚款8 000元的行政处罚。

四、三河市燕郊新家和书店销售盗版图书案

2013年3月中下旬，教育部考试中心和北京大学出版社等单位到三河市版权局通报了燕郊新家和书店发行非法出版物的有关情况。经三河市版权局立案调查，该书店负责人王磊自2012年2月起，多次通过电话订购了134种、共计411册自考类图书。另外，王磊于2009年还从华北科技学院内一书店盘过来大约660册自考类图书。经教育部考试中心鉴定，上述全国高等教育自学考试教材未经该中心授权，全部为盗版图书。截止到案发时间，王磊共销售涉案出版物120册，违法经营额约为1 900元。三河市版权局依据《中华人民共和国著作权法》、《中华人民共和国著作权法实施条例》之相关规定，对该书店作出没收《管理会计（一）》等侵权出版物960册、罚款5 000元的行政处罚。

五、赵县星光大道歌厅侵犯音乐作品案

2013年5月11日，赵县文广新局执法人员在对星光大道歌厅进行检查时，发现该场所在经营中使用未经合法授权的《等》、《无所谓》、《原来你也在这里》等音乐作品。执法人员当场对该歌厅的违法行为予以制止，并对场所违法设备、工具依法进行登记保存。13日，执法人员对歌厅当事人赵翠芳进行询问，其承认了使用未经授权的音乐作品的违法事实。版权部门依据《中华人民共和国著作权法实施条例》相关规定，对其作出了罚款4 000元的行政处罚。

六、新乐市辉煌印刷厂印刷盗版教辅材料案

2013年6月16日，新乐市文广新局执法人员在对辖区内部分印刷厂进行例行检查中，发现辉煌印刷厂正在印刷《八年级历史试卷（河北版）》辅导材料，印刷成品400份。执法人员要求该厂提供印刷委托书等相关手续文件，相关人员称没有任何委托手续。执法人员据此认为该印刷厂涉嫌侵权盗版，并对存放的400份成品进行了先行登记保存。18日，执法人员对辉煌印刷厂负责人田利辉进行了询问。该负责人承认为了经济利益，未经著作权人的许可，擅自为外县一学校印刷《八年级历史试卷（河北版）》辅导材料400份的违法事实。版权部门依据《中华人民共和国著作权法》、《著作权行政处罚实施办法》、《中华人民共和国著作权法实施条例》之相关规定，对该厂作出了没收侵权制品《八年级历史试卷（河北版）》辅导材料400份、罚款2 000元的行政处罚。

七、石家庄市卢国胜盗印图书案

2013年7月11日，根据群众举报，石家庄市版权局和新华区文体局执法人员，在新华区公安局国

保大队配合下对西营村进行了检查。在该村安宁巷8号一住户的出租屋内发现复印机等设备，以及已经复印且装订成册的《多孔砖砌体结构技术规范》系列20本、《注册公用设备工程师执业资格考试专业基础考试复习教程》1套和《2013国家司法考试分类解析》31套。经询问，这家打字复印店不具备出版图书的资质，且所复印装订的书籍均没有权利人授权及相关手续，执法人员当即对涉案书籍和复印设备进行了先行登记保存。之后，在对打字复印店法人卢国胜进行调查询问中，其承认了盗印图书的违法事实。版权部门依据《中华人民共和国著作权法》、《中华人民共和国著作权法实施条例》相关规定，对其进行了罚款3 000元的行政处罚。

八、赵县红河谷歌厅侵犯音乐作品案

2013年8月23日，赵县文广新局执法人员在对红河谷歌厅进行例行检查时，发现其在经营中使用未经合法授权的《梦醒时分》、《至少还有你》、《爱很简单》等音乐作品。执法人员当场对该歌厅的违法行为予以制止，并对场所内涉案设备、工具依法进行先行登记保存。25日，执法人员对歌厅法人白东尧进行了调查询问，当事人承认了使用盗版音乐作品的违法事实。版权部门依据《中华人民共和国著作权法实施条例》相关规定，对涉案歌厅作出了罚款10 000元的行政处罚。

九、石家庄市连彩彬网上销售盗版图书案

2013年9月上旬，石家庄市桥西区文体局执法人员对涉案人员连彩彬依法作出停止在网络平台上销售盗版图书、罚款50 000元的行政处罚。8月19日，省版权局接国家版权局移转函，称河北省“北京读趣天下图书销售中心”涉入“亚马逊卓越有限公司出版物发行网络交易平台销售盗版书”一案，销售疑似盗版书。20日，省局向石家庄市版权局移交了案件线索。27日，石家庄市版权局及桥西区文体局执法人员到涉案现场检查，查明涉案人在淘宝网上开办“天天批发吧”和“完美图书城”网店进行网上售书。9月6日，执法人员再次对涉案地点进行检查。经多次检查和询问，涉案人虽与国家版权局移送案件无关，但据查证，自2013年1月至8月，涉案人在未经著作权人许可的情况下，擅自在“天天批发吧”、“完美图书城”、“八方来客图书城”、“淘宝图书批发社”等网络交易平台上销售《笑猫日记》、《查理九世》等盗版图书650套。根据《中华人民共和国著作权法》、《著作权行政处罚实施办法》和《中华人民共和国著作权法实施条例》相关法律规定，执法人员依法对涉案人员作出上述行政处罚。

十、石家庄市新鑫印刷厂印刷盗版图书案

2013年9月21日，石家庄市新华区文体局执法人员在对杜北乡印刷企业进行检查时，发现新鑫印刷厂内有《注册公用设备工程师执业资格考试复习教程》60册。经现场询问，该厂不能提供相关手续，执法人员当即对60册涉案图书进行先行登记保存。之后，经对新鑫印刷厂法人王荣来进行调查询问，该厂不具备出版物印刷资质，且提供不出涉案图书的相关手续，属于盗印。版权部门依据《中华人民共和国著作权法》、《著作权行政处罚实施办法》和《中华人民共和国著作权法实施条例》相关规定，对该印刷厂作出了责令其停止侵权行为、罚款5 000元的行政处罚。

十一、石家庄市泽榕书社销售盗版图书案

2013年10月18日，石家庄市桥西区文体局依据《中华人民共和国著作权法》、《中华人民共和国著作权法实施条例》相关规定，对非法销售侵权盗版图书的泽榕书社给予没收盗版出版物4 650册、没收非法所得300元、罚款30 000元的行政处罚。8月7日，中国财政经济出版社、经济科学出版社举报桥西区图书批发市场泽榕书社涉嫌出售盗版图书。省版权局了解案情后高度重视，迅速组成专门督导组，协调石家庄市版权局、桥西区文体局立即组织查处。石家庄市版权局、桥西区文体局通过区“扫黄”办调动公安干警参与行动。8月8日，省市区三级执法人员直奔该书店位于西岗头村的仓库，迅速控制了在现场的泽榕书社经营人樊永成。为避免涉案人员转移证据，执法人员立即派人与樊永成一同返回泽榕书社进行检查。经查，涉案《保险基础知识》、《统计法基础知识》、《经济法》、《期货法律法规习题集》、《房地产基本制度与政策》、《建筑工程管理与实务》等30个品种4 650册图书无有效进货凭证。执法人员依法查扣涉嫌盗版图书并进行了异地封存。后经鉴定，涉案图书均系伪造、假冒中国财政经济出版社、经济科学出版社、中国建筑工业出版社的盗版出版物。桥西区文体局依法作出了上述行政处罚。

十二、石家庄市赵坤英网上销售盗版图书案

2013年10月18日，石家庄市桥西区文体局依法对“教育书城0311”网店作出停止在网络平台上销售盗版图书、没收盗版图书3 000册、罚款5 000元的行政处罚。9月23日，接群众举报，“教育书城0311”网店涉嫌网上贩卖盗版图书，发货地址为玉村小区7号楼3单元202室。9月25日，石家庄市版权局联合桥西区文体局执法人员与区公安干警一起对涉案地进行突击检查。因店主赵坤英不能提供相关进货凭证，故执法人员现场依法查扣《遇见未知的你》、《查理九世》等图书3 000册，并提取样品进行鉴定。之后，经对赵坤英进行询问，其仍无法提供进货凭证及与案件有关的证据，并最终承认所售涉案图书为盗版图书。依据《中华人民共和国著作权法》、《著作权行政处罚实施办法》、《中华人民共和国著作权法实施条例》相关规定，桥西区文体局对该网店作出上述行政处罚。

十三、石家庄市学海书店销售盗版教辅材料案

2013年10月25日，石家庄市裕华区文体局接群众举报，称河北科大商城有商户经营盗版图书，裕华区文体局执法人员当即赶往该商城。检查中，执法人员发现商户学海书店正在销售的《肖秀荣命题人1 000题》涉嫌侵权盗版，当场将此书共计26册予以先行登记保存。28日，执法人员依法对学海书店负责人进行调查询问。经查，学海书店系个人经营书店，其负责人于2013年6月接手该店，《肖秀荣命题人1 000题》一书系盗用作者名义印制的教辅材料，涉案书店共购进此书40本，截至文体局执法人员检查时，已销售14本。调查过程中，当事人对上述行为据实承认，并有悔意。版权部门依据《中华人民共和国著作权法》、《著作权行政处罚实施办法》和《中华人民共和国著作权法实施条例》相关规定，对涉案书店作出没收侵权制品《肖秀荣命题人1 000题》26册、罚款480元的行政处罚。

十四、"听微微"网侵权案

2013年11月8日，秦皇岛市版权局协调燕大正洋电子有限公司对涉案网站"听微微"作出关停处理。9月10日，国家版权局向河北省移送案件线索，称"听微微"网（www.tingvv.com）侵权，其域名服务器位于河北省秦皇岛市电信公司，要求河北省查处。省版权局9月11日向省通信管理局发函，请其核实网站信息。10月24日，省通信管理局反馈了核查情况。10月31日，省版权局将该案移交到秦皇岛市版权局。秦皇岛市版权局在省局指导下，对案情进行了详细分析，并协调相关部门对案件进行了调查，之后要求接入公司关停了涉案网站。

十五、盐城市唐明干论文被侵权案

2013年11月上旬，邯郸市版权局向省版权局反馈了案件查处情况。10月8日，省版权局收到江苏省盐城市唐明干先生的投诉材料，称邯郸市三位教师涉嫌抄袭其已经发表的文章，侵犯了其著作权。经初步审查投诉材料后，省版权局立即将案件线索移交给邯郸市版权局，责成该局立即派人调查。在邯郸市执法人员协调下，临漳县李振海、曲周县薛书莲就侵权一事很快与作者达成赔偿协议。峰峰矿区柴某侵权事实不成立，执法人员终止了调查。省版权局立即将调查情况和处理结果通报给举报人，举报人对河北省版权部门的处理结果非常满意，并通过邮件表示了衷心感谢。

十六、"游视"网侵权案

2013年11月26日，唐山市版权局反馈了对"游视"网的查处情况。9月10日，河北省版权局接国家版权局移转函，称"游视"网（www.youshiw.net）侵权，其域名服务器位于唐山市联通公司，要求河北省查处。9月11日，省版权局向省通信管理局发函，请其核实网站信息。10月24日，省通信管理局向省版权局反馈了调查情况。10月31日，省版权局将该案移交到唐山市版权局，并对其执法人员进行了详细指导。唐山市版权局立即组织相关执法人员对涉案网站进行了远程勘验，发现其正在提供侵权音乐的播放服务，执法人员对网页截图进行了打印取证。通过ip138.com网站查询，涉案音乐文件来源IP地址及服务器所在地属唐山市联通公司IDC主机托管，执法人员立即要求唐山联通公司通知该用户删除涉案的侵权音乐文件。

（河北省版权局）

天 津 市

天津"9·5"非法印刷发行图书案

案件详情，参见本栏目"2013年度打击侵权盗版十大案件十"（268页）。

（天津市版权局）

内蒙古自治区

一、松山区欢乐时光量贩式歌城侵犯音乐作品著作权案

2013年2月19日，赤峰市文化市场综合执法局按照中国音像著作权集体管理协会提供的著作权人音乐作品曲目清单，安排执法人员依法对松山区欢乐时光量贩式歌城进行检查，对涉嫌侵权的歌厅包房或机房点歌系统内歌曲曲目进行抽样检查，填写现场检查笔录，并对歌厅当事人进行调查询问，对现场拍照、录像进行取证。该歌厅负责人未能提供中国音像著作权集体管理协会的授权许可，涉嫌侵权盗版。赤峰市版权局于2月20日对该歌厅进行了立案，并于当日现场封存了该歌厅歌曲点播系统。

该歌厅违反了《中华人民共和国著作权法》第四十七条第一款规定，根据《中华人民共和国著作权法实施条例》第三十六条规定，赤峰市版权局对该歌厅处罚款 20 000 元。

二、王某某非法销售盗版软件案

2013 年 7 月 8 日，赤峰市文化市场综合执法局在对赤峰市红山区钢铁街四门市电脑商城检查时发现，位于该商城三楼文启电脑配件柜台内摆有《英雄联盟》、《魔兽》等游戏软件光盘 235 张。执法人员依法对这些软件光盘进行了先行证据登记保存，并制作了《现场检查笔录》、《调查询问笔录》。文启电脑配件负责人王某某未能提供正版软件原始发票。王某某的行为涉嫌侵权盗版，赤峰市版权局于 7 月 9 日立案，要求王某某提供正版软件相关证明材料。王某某未能提供相关证明材料，承认所销售的游戏软件为盗版软件。根据《中华人民共和国著作权法》第四十七条、《中华人民共和国著作权法实施条例》第三十六条规定，赤峰市版权局对王某某处罚款 15 000 元。

三、包头市三联电力建筑书店销售盗版图书案

2013 年 8 月 5 日，包头市文化市场综合执法局收到中国计划出版社工作人员举报，称包头市三联电力建筑书店销售由该社出版的《砌体结构工程施工质量验收规范》等 39 种图书，涉嫌盗版。当即派执法人员对该书店进行了检查，现场查缴举报中所列涉嫌盗版中国计划出版社图书 39 种 547 册。经中国计划出版社鉴定均为盗版图书。包头市文化市场综合执法局依据《出版物市场管理规定》第三十三条和《出版管理条例》第六十五条之规定，决定给予包头市三联电力建筑书店行政处罚 1 万元，收缴全部盗版图书的行政处罚。

（内蒙古自治区版权局）

辽 宁 省

一、锦州市公安局食品药品犯罪侦查支队“6·21”打击侵权盗版专案

2012 年 6 月 21 日，锦州市公安局在省厅治安总队的指挥下，一举打掉了海城西柳市场张平、张珍销售盗版、淫秽光盘窝点，在“1·5”（2012 年查办案件）、“6·21”两个专案中共收缴的盗版光盘 5 000 余种、70 余万张，淫秽光盘 4 000 余张，涉案金额 200 多万元，抓获违法犯罪人员 5 人。依据最高人民法院、最高人民检察院、公安部《关于办理侵犯知识产权刑事案件适用法律若干问题的意见》，2013 年法院对涉案 5 人依法判决，2014 年 3 月，锦州市公安局对依法扣押的侵权盗版光盘依法进行了销毁。

依《刑法》第二百一十八条，锦州市凌河区人民法院作出刑事处罚。张平：有期徒刑 1 年 6 个月，缓刑 2 年，并处罚金 16.5 万元；张珍：有期徒刑 3 年，缓刑 4 年，并处罚金 71.4 万元；高春霞：有期徒刑 3 年，并处罚金 1 万元；迟明旋：有期徒刑 3 年，并处罚金 1 万元；谢利华：罚金 1 万元。

二、阜新新网（七彩影院）网络侵权盗版案

2013 年 5 月 30 日，阜新市文化市场综合执法大队接到举报，阜新新网（七彩影院）未经许可，擅自通过互联网向公众提供视听（录音录像）作品在线播放服务。6 月 7 日在王者天下网吧进行在线截屏取证；6 月 8 日专案组对中国联合网络通信有限公司阜新市分公司进行现场执法检查；6 月 9 日立案，开始对阜新新网（七彩影院）进行取证；6 月 13 日调查结束。

6 月 18 日，执法大队依据《中华人民共和国著作权法》第四十九条、《互联网等信息网络传播视听节目管理办法》第二十五条、《信息网络传播权保护条例》第十八条第一款的规定，给予当事人罚款人民币 2 万元整的行政处罚。当事人已自动履行完成行政处罚。

（辽宁省版权局）

黑龙江省

一、“第一教育网”侵犯著作权案

2013 年 3 月 20 日，哈尔滨市公安局网安支队发现，一个号称全国最大的名为“第一教育网”（域名为 www.1jyw.com）的网站，其内容涉嫌侵犯他人著作权、非法牟利问题。哈尔滨市公安局网安支队立即抽调精干警力成立专案组开展调查，并派专人就案件情况向市版权局及省版权局有关领导进行汇报；省版权局牵头组成联合专案工作组，并向国家版权局版权管理司进行了汇报。版权管理司领导对此案高度关注，积极为专案组进行工作协调，派专人联系版权所有者进行确权认定。经调查发现，该网站在国内教育资源网站当中是整合教育类资源最多、最全、最广的网站。然而，该网站也是国内最著名的盗版教育类资源网站。

该网站内有被侵权作品 36 万余部，下载次数 480 万余次，自 2012 年 6 月开始经营，已发展会员 1 600 余名，非法获利 10 万余元。网站下设名师讲座、大学视频、教育视频、外语视频、影视视频、生活区视频、计算机视频、有声小说、论文课件视频、电子书下载共十个板块。

该案取证环节复杂、烦琐、工作量大，侦查员先后多次赴北京、上海、江苏、浙江、山西、内蒙古、河北、广东、鸡西等地取证，该网站内有36万余部被侵权作品，确权认定难度大，工作程序复杂。

嫌疑人具有很强的反侦察能力，其盗用彭某、刘某的身份证件在互联网上租用服务器、注册淘宝网店及服务器，并通过将网站ICP备案分设异地及使用未在当地通信部门登记的无名字电话进行经营联络等多种方式隐藏身份。5月27日，在鸡西网警的配合下，将嫌疑人唐某抓获。经查，嫌疑人唐某，男，35岁，黑龙江省鸡西市鸡冠区人，以在鸡西大学院内开办“山林电脑培训学校”为掩护。其未经授权复制和传播各类网络教学课件、讲座视频、教学出版物等，并以被侵权人（单位）的视频、语音、电子文档为商品，以招收会员代理加盟的方式在其网站上经营并牟利。

犯罪嫌疑人唐某被哈尔滨市南岗区人民检察院以涉嫌侵犯著作权罪提起公诉。2014年1月26日，哈尔滨市南岗区人民法院认定其构成侵犯著作权罪，判处其有期徒刑3年，缓刑3年。

此案被国家版权局列为督办案件、“剑网行动”一号案件，在2013年11月被公安部列为督办案件。该案的成功侦破有力地打击了网络侵犯著作权犯罪分子的嚣张气焰，有力地维护了著作权人在网络上的合法权益，同时也为净化互联网网络环境作出了重要贡献。

二、纳奇网络科技有限公司被侵犯著作权案

2012年8月，哈尔滨市网安支队在对哈尔滨联通IDC机房检查时，发现有多台服务器未按规定到公安机关进行备案。经调查，在上述服务器上搭建运行的网络游戏涉嫌仿冒大庆纳奇网络科技有限公司运行的网络游戏《逐鹿中原》。为了将事实查清，哈尔滨市网安支队专门将上述情况与哈尔滨市版权部门进行了沟通，并得到版权部门的大力支持。鉴于其涉嫌黑龙江省首例地方网游企业知识产权被侵，为有效保护地方企业，加大侦办力度，遂组成联合专案组，开展案件侦查。在哈尔滨市版权部门的积极协调下，大庆纳奇网络科技有限公司委托国内权威的鉴定机构对上述服务器搭建的网络游戏进行鉴定，鉴定结果为构成侵犯大庆纳奇网络科技有限公司著作权。

2014年3月17日，哈尔滨市南岗区人民法院对此案作出一审判决：以侵犯著作权罪判处被告人范某有期徒刑3年，缓刑5年，并处罚金人民币19万元；判处被告人富某有期徒刑3年，缓刑3年，并处罚金人民币15万元；判处被告人黄某有期徒刑1年，缓刑1年，并处罚金人民币2万元；判处被告单位牡丹江易联网络科技有限公司罚金人民币11万元；判处被告人付某免予刑事处罚。

“纳奇网络科技有限公司被侵犯著作权案”的成功破获和审结，有力地打击了网络侵权盗版违法犯罪行为，切实维护了著作权人的合法权益，维护和净化了黑龙江省的网络安全环境，促进了互联网产业的健康、繁荣发展。

（黑龙江省版权局）

江苏省

一、南京“6·4”特大批销侵权盗版光盘案

2011年11月至2012年7月，被告人王某以牟利为目的，从山东、广东等地购进大量盗版光盘，并向他人贩卖；2012年7月24日，公安机关根据线索在被告人王某租用的平房内查获大量盗版光盘，经鉴定，其中205 286张为侵权盗版制品。2012年3月至7月间，被告人罗某从被告人王某处多次购买侵权盗版光盘，并在其音像店内进行贩卖；2012年8月12日，公安机关在被告罗某的音像店内查获大量光盘，经鉴定，其中1 105张为侵权盗版制品。2013年3月28日，南京雨花台区人民法院以侵犯著作权罪，判处王某有期徒刑10年，罚金13万元；判处罗某有期徒刑1年6个月，缓刑2年，罚金1万元。

该案查缴侵权盗版光盘数量巨大，并追根寻源，查到非法光盘的生产源头，捣毁了非法生产线，有力打击了犯罪分子非法制售盗版音像制品牟利的气焰，较好地树立了版权部门、行政执法部门在群众中的形象，中央电视台和江苏省内多家广播电视台及《光明日报》、《新闻出版报》等主流报纸都对此案作了相关报道。

二、张家港国泰新点软件著作权被侵犯案

案件详情，参见本栏目“2013年‘剑网行动’十大案件四”（270页）。

三、扬州“动漫屋”网站侵犯著作权案

案件详情，参见本栏目“2013年度打击侵权盗版十大案件二”（267页）。

四、常州某公司擅自复制软件案

2013年3月18日，常州执法人员接欧特克软件

(中国) 有限公司投诉，对常州某照明工程有限公司进行了检查。在检查过程中，执法人员对计算机主机名为 WZH 的计算机进行了抽查，发现该计算机上安装了盗版的 AutoCAD 2009、AutoCAD 2013、3DSMAX 2009、3DSMAX 2013。2013 年 4 月 24 日，常州市版权局对常州某照明工程有限公司作出了责令停止侵权行为，并处罚款 1 万元的行政处罚。

版权保护在我国已取得很大进步，但电脑软件的盗版率依然很高。在市场上，很大比例的商业电脑软件仍被非法拷贝，我国在软件保护方面仍有很长的路要走。通过具体案例，鼓励网络版权权利人主动寻找线索，通过行政、司法等途径，维护自己的权利，抑制网络侵权的发生。

五、南京“9·4”制售侵权盗版音像制品案

2012 年 2 月，祝某为获取非法利益，未经著作权人中国检察出版社音像中心的授权，擅自委托付某复制《诱发公职人员职务犯罪的 20 个认识误区》光盘 1 000 套，计 10 000 张。自 2012 年 2 月至 9 月，已销售 469 套计 4 690 张，非法经营额达 600 300元人民币。付某明知祝某没有合法授权手续，仍按其要求完成了复制行为。2012 年 9 月 4 日，公安机关在被告人祝某办公室扣押 169 套尚未销售的《诱发公职人员职务犯罪的 20 个认识误区》光盘，共计 1 690 张。上述光盘均为侵权盗版制品。2013 年 3 月 25 日，南京市鼓楼区人民法院判处：(1) 祝某犯侵犯著作权罪，处有期徒刑 3 年，缓刑 5 年，并处罚金 50 万元。(2) 付某犯侵犯著作权罪，处有期徒刑 3 年，缓刑 3 年，并处罚金 1 万元。(3) 被公安机关扣押的 169 套光盘予以没收，依法销毁。

该案是一起国家警示教育电视教材被侵权的刑事案件，盗版数量及非法经营额巨大，销售对象大多为各地企事业单位、政法机关等，影响极坏。案件的成功破获，较好地树立了版权部门、行政执法部门在群众中的形象，有力打击了犯罪分子非法制售盗版音像制品牟利的气焰，对保护知识产权和促进南京文化市场健康有序的发展产生了积极影响。该案被全国“扫黄”办和公安部同时列为督办案件。

六、江阴市张某某制售侵权盗版音像制品案

自 2007 年以来，张某以营利为目的，从互联网下载大量影视视频作品，自行翻译制作字幕后刻录成光盘，再贴上打印的影视海报，在淘宝网上开设的“伊影屋”网店对外出售。2013 年 4 月 3 日，江阴市公安局月城派出所对张某住处进行联合突击检查，检查发现其住处一楼、二楼房间内有大量自制影视光盘，共计 3 679 张。2013 年 11 月 6 日，江阴市人民法院判处：(1) 被告人张某犯侵犯著作权罪，判处有期徒刑 3 年，缓刑 3 年 6 个月，并处罚金 1 万元。(2) 扣押在案的侵权盗版复制光盘及作案工具台式电脑 1 台、笔记本电脑 1 台，并予以没收。

该案件的处理体现了江阴市严厉打击侵犯著作权犯罪行为的决心和能力，也对其他网络侵权行为起到了警示作用，有效遏制了网络侵权现象的蔓延，切实净化了网络社会文化环境。

七、泰州贾某侵犯网络游戏著作权案

2010 年初至 2013 年 6 月，犯罪嫌疑人贾某在明知上海久游网络科技有限公司是《劲舞团》游戏在大陆地区唯一合法运营商的情况下，未经著作权人许可，私自通过他人购买《劲舞团》网络游戏程序，将网络游戏版本更名为《舞与伦比》，并对其中部分非关键程序作修改，从阿里云计算有限公司租用服务器，绑定域名，架设《舞与伦比》游戏服务器端，用于在互联网上发布《舞与伦比》网络游戏、为玩家提供客户端下载等服务，又在互联网上注册了腾讯 QQ 账号，通过腾讯 QQ 聊天等方式为网络游戏玩家提供客户服务，还通过购买他人制作的游戏充值支付平台程序并自行修改游戏程序控制其网络游戏链接充值平台，收取玩家玩游戏时购买“金猪”等道具产生的费用，并将其私自购买的身份信息为“闫静”的中国工商银行卡捆绑于上述支付平台，用于销售上述虚拟货币后进行套现。至案发，犯罪嫌疑人贾某通过架设服务器端、运营《舞与伦比》网络游戏非法经营额达 2 065 194.1 元。泰州市公安部门赶赴河南省郑州市通过当地公安机关的配合将犯罪嫌疑人贾某抓获，贾某对相关犯罪事实供认不讳。案件已移交司法部门审理。

“私服”从本质上说是一种侵犯游戏版权的盗窃行为，“私服”运营者既不向游戏的版权所有者交纳费用，也脱离了政府有关部门的监管，还可能成为其他违法犯罪的温床。它的存在不仅损害了中国保护知识产权的国际声誉，而且妨碍了文化创意产业的对外交流合作与贸易。这起案件涉案金额较大，案件的破获有力地打击了一批以从事“私服”活动为业的犯罪分子，切断了一条以“私服”为业的黑色产业链，对广大的人民群众起到了很好的警示作用，而且更好地保护了网络版权，维护了正常的版权秩序，促进了版权相关产业的健康发展。

(江苏省版权局)

安 徽 省

一、滁州滕某某等侵犯著作权案

案件详情，参见本栏目“2013年度打击侵权盗版十大案件六”（268页）。

二、“蚌埠特色美食网”销售侵权音像制品案

蚌埠市版权执法部门根据举报对“蚌埠特色美食网”涉嫌侵犯著作权情况进行调查，查明涉案当事人将从互联网收集的各类侵权美食制作电子文档资料、视频母盘等加工制作成教学光盘，自行制作外包装胶盒，利用网络销售侵权盗版音像制品，通过快递运输方式发往各地，牟取不当利益。2012年10月12日，蚌埠市版权执法部门正式立案，随即通报公安治安部门组成联合专案组，研析办案方案，实行案件移交。通过摸排、蹲守等侦查手段确定违法经营地后，专案组采取突查行动，并远赴广东、浙江等地全面彻查，确定违法事实，查实此案涉案金额人民币180余万元。

法院审理认为，被告人以营利为目的，未经著作权人许可，复制发行其录像制品，违法所得数额巨大，三被告人均属于“有其他特别严重情节”，均构成侵犯著作权罪。判处主犯尤某有期徒刑5年，并处罚金100万元，从犯宋某、马某2年和3年的有期徒刑，并处6 000元和16万元不等的罚金。

三、“DJ疯吧音乐网”侵犯著作权案

2013年1月，安徽省版权局接到国际唱片业协会（IFPI）关于DJ疯吧音乐网侵权的投诉，铜陵市版权执法部门迅速立案。经查，涉案人覃某某在IP地址位于铜陵的服务器上创建注册DJ疯吧音乐网（www.djf8.com），未经权利人许可，采集3万余首音乐作品放置在服务器上供公众在该网站上试听和下载，通过广告点击获得不当得利。经权利人认证，该网站上有超过250首音乐作品未经授权使用，注册会员816人。

2013年9月13日，辖区法院作出判决，以侵犯著作权罪判决被告人覃某某拘役6个月，并处罚金4 000元，没收作案工具并追缴全部违法所得。

四、定远网络游戏私服侵犯著作权案

被告人刘某以营利为目的，未经著作权人许可，擅自从互联网上复制、修改上海盛大网络游戏有限公司经营的《千年》游戏软件程序客户端；利用自己购买并托管在江苏扬州市的服务器为全国十余个省市的客户架设私服并出售游戏平台30余个；开办专门为私服游戏提供第三方交易平台的“千付宝游戏支付平台”，获取巨额非法经济利益，经营额达百余万元，非法获利30万元。被告人马某、张某在刘某支持下，非法经营《千年》私服网络游戏，非法获利共30多万元。被告人洪某某为刘某等人发布广告，宣传《千年》私服游戏，非法获取广告费13万余元。该案涉案范围达10多个省。在侦查中，滁州定远县公安人员依法扣押涉案服务器16台、电脑10台，捣毁涉案窝点9个，关闭涉案网站61个，切断各类非法链接100余个，收缴非法所得100余万元。

法院审理认为：刘某等四人以营利为目的，侵犯著作权，违法所得数额较大，四人的行为均构成侵犯著作权罪。判处被告人洪某某有期徒刑2年6个月，缓刑3年，并处罚金5万元；判处被告人刘某有期徒刑1年6个月，缓刑2年，并处罚金4万元；判处被告人张某有期徒刑1年6个月，缓刑2年，并处罚金人民币2万元；判处被告人马某有期徒刑6个月，缓刑1年，并处罚金1万元。同时对四被告人的违法所得，依法予以追缴。

五、黄山“音扑网”侵犯著作权案

根据国际唱片业协会举报，黄山市版权执法部门对“音扑网”涉嫌通过信息网络擅自向公众提供他人作品、表演、录音录像制品一案进行了调查，会同公安部门、检察部门与举报人国际唱片业协会就侵权歌曲认证问题、会员数确认问题等进行反复沟通，确认该网站存在未经国际唱片业协会授权的侵权歌曲250余首，点击数近9万次。其间，被告人江某利用“音扑网”在百度联盟参与广告投放宣传，共获利2万余元。公安部门经过近4个月的调查，最终在上海将涉案人抓获。

2013年2月，法院作出判决：被告人江某以营利为目的，未经著作权人许可，通过信息网络向公众传播他人音乐作品，情节严重，判决江某犯侵犯著作权罪，判处有期徒刑6个月，缓刑1年，并处罚金4万元，同时追缴全部违法所得。

（安徽省版权局）

江 西 省

南昌“5·23”销售侵权复制教辅案

按照《江西省2013年打击网络侵权盗版专项治理“剑网行动”工作方案》的布置，由各级版权部门牵头，全省有关执法部门联合开展了专项治理行动，加强对重点音视频网站、网络销售平台的监管力度，以查破、办结一批案件为目标，有力维护网络环境下健康、规范的版权秩序。在专项治理行动

中，全省各级版权部门主动出击、寻找线索、深入追查、坚决依法查处了一批网络侵犯著作权案件。

其中，由南昌市文化市场综合执法支队查获的南昌“5·23”销售侵权复制教辅案是一个典型的网络销售侵权复制品案。公安机关于2013年5月23日立案进行侦查，经南昌经济技术开发区人民法院审理查明，被告人张某某从南昌市两湖区洪北图书城购得江西高校出版社出版的《江西省中小学教师招聘考试》系列辅导教材，并将上述书籍提供给复印店进行复制，2013年1月至5月，张某某在淘宝网上出售其复制的系列辅导教材，据统计已经交易了1 415笔，约2 400册，销售金额为人民币39 474.8元。另在其住处扣押了1 757册复制品，合计4 100余册。2014年2月21日，南昌经济技术开发区人民法院判决被告人张某某犯侵犯著作权罪，判处有期徒刑3年，缓刑4年，并处罚金人民币3.9万元。

该案件金额虽不大，但涉及教辅材料，影响恶劣，并且通过网络销售平台进行销售，如不及时侦破，将会迅速发展，造成更严重的后果。快速查破、办结该案，对网络侵权盗版行为起到了一定的警示作用，有力维护了网络环境的健康，进一步规范了版权秩序，有效遏制了网络环境下侵权盗版违法行为的高发势头。

（江西省版权局）

湖 北 省

一、黄石“6·11”制售盗版图书案

自2004年以来，犯罪嫌疑人王艳军、汤艳霞等人长期在武汉市武昌区武珞路三巷租用民房，从北京、河南郑州、湖北咸宁等地购进或直接委托印刷盗版图书，然后销往全省各地书店或书贩，获取高额不法利润。2012年8月下旬，湖北、北京、河南等涉案地警方分别对涉案人员、窝点、印刷厂采取统一行动，黄石警方在武汉、咸宁、黄石等地查处印刷厂1家，查获存储和销售窝点10个，摧毁盗版图书发行网络3个，抓获王艳军、汤艳霞等犯罪嫌疑人8人，现场查获《新概念英语》、《现代汉语词典》等涉嫌盗版图书10万余册。2013年7月4日，黄石市黄石港区人民法院以侵犯著作权罪判处被告人王艳军有期徒刑3年，并处罚金3万元；判处被告人汤艳霞有期徒刑2年6个月，缓刑3年，并处罚金3万元。

二、荆州“5·24”非法外挂案

2011年11月左右，犯罪嫌疑人谭晓辉编写出“龙之谷包包”外挂。该外挂能够在一台电脑上实现客户端多开、模拟键盘和鼠标操作、自动赚金币等功能。为牟取利益，谭晓辉在网上组建QQ群，发展了19个买家，将该外挂出售获利；覃俊国、王桃等买家购买其外挂后，申请了大量游戏账号打金币，获取了高额的不法利润。2012年5月24日至7月31日，公安机关在湖北荆州和广东佛山共抓获犯罪嫌疑人6人，扣押银行卡7张、电脑主机191台，并冻结了嫌疑人的违法收入。该案涉案金额达1 040万元。2013年6月14日，荆州市沙市区人民法院以侵犯著作权罪判处被告人谭晓辉有期徒刑3年，缓刑5年，并处罚金600万元；判处被告人覃俊国有期徒刑1年，缓刑1年，并处罚金12万元；判处被告人王桃拘役5个月，缓刑1年，并处罚金3.5万元。所扣押被告人的车辆、电脑、赃款均依法予以没收。

三、武汉“4·24”制售非法出版物案

2010年以来，犯罪嫌疑人李发伍从事制售非法出版物活动，销售非法出版物100余万册，非法牟利200余万元，销售网点遍布12个省（区、市）。其间，李发伍委托裘学初所经营的武汉沧海桑田彩印有限公司印制《植物大战僵尸大迷宫》等非法出版物3万余册。2013年4月24日，执法部门查获犯罪嫌疑人李发伍在武汉市东西湖区囤积非法出版物的6个大型仓库，现场收缴非法出版物150余万册，冻结违法资金180余万元；在武汉沧海桑田彩印有限公司查获非法出版物《植物大战僵尸大迷宫》1.422万册。2014年1月14日，武汉市武昌区人民法院以非法经营罪判处被告人李发伍有期徒刑3年，缓刑5年，并处罚金5万元；判处被告人裘学初有期徒刑2年，缓刑3年，并处罚金5万元。

四、武汉“8·13”制售盗版光盘案

自2011年以来，犯罪嫌疑人刘少武及其家族长期在武汉市城乡接合区域租用民宅，以从网上下载内容及购买的光盘为母本，自行翻录刻制，非法从事制售盗版光盘活动，涉案金额达200余万元。2013年8月13日，执法部门在位于黄陂区刘店康城小区6栋101室的制售盗版光盘黑窝点，当场抓获犯罪嫌疑人刘少武，现场查获光盘刻录机103台、发货记录本10余册，收缴非法复制的盗版光盘10万余张。

五、咸宁张万里侵犯著作权案

自2010年上半年开始，犯罪嫌疑人张万里入侵北京完美公司、北京麒麟公司、广东百游公司窃取网络游戏《赤壁》、《成吉思汗1》、《成吉思汗2》、

《兽血沸腾》、《凡人修仙》源码，并与犯罪嫌疑人范玉东合伙架设私服牟利。2013年12月17日，通城县人民法院判决，被告人张万里犯侵犯著作权罪，判处有期徒刑1年，缓刑1年，并处罚金人民币24万元；被告人范玉东犯侵犯著作权罪，处罚金人民币12万元。

六、汉川邹恒系列游戏私服侵犯著作权案

2007年3月至2013年5月期间，犯罪嫌疑人曾宪钰利用互联网租赁服务器，未经上海盛大网络发展有限公司许可，采取用他人身份证开设银行账户之手段，购买lyule777.com、shengda520.com等23个域名，擅自经营《邹恒中变》、《邹恒神峰中变》等传奇私服游戏，非法经营额达400余万元，营利50余万元。此案已交由汉川市人民法院审理中。

七、武汉梅超侵犯著作权案

2012年9月以来，犯罪嫌疑人梅超将广联达软件程序连同破解的广联达加密软件写入空白加密狗，通过自己开设的淘宝网店铺进行销售。截止到2013年4月16日，犯罪嫌疑人梅超在淘宝网两个店铺销售盗版广联达预算软件实际成交705笔、1 542件。2013年9月13日，武汉市江岸区人民法院一审判处梅超犯侵犯著作权罪，判处有期徒刑6个月，并处罚金人民币50 000元。

八、枣阳市人事培训中心非法编印盗印培训教材案

2012年10月，枣阳市人事培训中心擅自编印培训资料《心理健康与心理调适资料选编》1 200册，盗印培训教材《公务员职业道德培训教程》600册。2013年4月，该中心将上述培训资料和培训教材有偿发放给培训对象使用。2013年9月，枣阳市新闻出版（版权）局依法对枣阳市人事培训中心作出没收非法出版物、罚款24.3万元的行政处罚。

九、李秀芝侵权盗版出版物案

2013年10月6日，谷城县在2013年秋季中小学生教材教辅专项检查中在谷城县城关、庙滩等4个乡镇中心学校初二年级发现《九年义务教育八年级上学期（数学）导学案》。经调查询问，上述学校均称是一名叫李秀芝的书商在各学校批量销售的。经抽样取证鉴定为“侵权盗版出版物”，后经进一步的调查询问，当事人李秀芝对侵权盗版出版物违法事实进行了确认。依据《中华人民共和国著作权法》第四十八条第一款第一项和《中华人民共和国著作权法实施条例》第三十六条对当事人李秀芝侵权盗版出版物违规行为处于罚款人民币16 380元的行政处罚。

十、恩施市龙门书店发行侵权盗版出版物案

2012年恩施市文化市场综合执法大队对恩施市龙门书店进行检查时，发现该书店仓库存放有涉嫌侵权盗版出版物《名侦探柯南》、《小学生必背古诗词70首》。经恩施州新闻出版（版权）局鉴定，《名侦探柯南》、《小学生必背古诗词70首》为非法（侵权盗版）出版物。恩施市文体局对龙门书店处罚款人民币15 000元整，并对侵权盗版出版物《名侦探柯南》、《小学生必备古诗70首》850本予以没收。

（湖北省版权局）

湖　南　省

一、长沙李某、赵某侵犯网络游戏著作权案

2012年6月，长沙市雨花公安分局网安大队（以下简称网安大队）接到上海盛聚网络科技有限公司（以下简称盛聚网络）举报，称有人在长沙私设《热血传奇》游戏，侵犯其著作权。网安大队立案后依法开展侦查，发现犯罪嫌疑人李某先后在网络上发布多个域名，并在“1.76小极品一区”和“激情合击一区”私服网站吸引玩家推销私服，游戏玩家则通过该私服使用的“百度宝宝”和“我的网易”等支付工具进行充值。根据这一线索，网安大队执法人员对私服相关银行账号进行了调查，迅速查明犯罪嫌疑人的基本情况，并成功将李某抓获。犯罪嫌疑人李某归案后，交代同案人员赵某。至此案情已经清楚：2012年5月至7月，犯罪嫌疑人李某、赵某在未经著作权人许可的情况下，开设、经营《热血传奇》私服游戏，共非法获利人民币86 000余元。经鉴定，李某、赵某运营的《热血传奇》私服游戏与著作权人盛聚网络运行的《热血传奇》游戏存在实质性相似。2013年9月29日，经长沙市雨花区法院审判，李某、赵某因触犯《刑法》第二百一十七条第一款第一项侵犯著作权罪，被分别判处有期徒刑1年6个月，缓刑2年和有期徒刑10个月，缓刑1年，并判处罚金，没收非法所得。

二、郴州市蓝电科贸经营部侵犯音乐著作权案

2013年初，郴州市文化市场综合执法局接到群众举报，反映郴州市蓝电科贸经营部未经著作权人许可，擅自将系统操作软件和歌曲复制到KTV娱乐场所的点播系统中，涉嫌侵犯著作权人的知识产权。郴州市文化市场综合执法局迅速成立专案组，对资兴市鲤鱼江镇江都KTV、桂阳县维也纳KTV、永兴县凯博斯俱乐部进行初步调查，发现3个KTV点歌系统中的操作系统以及歌库，均由郴州市蓝电科贸经营部安装。2013年5月7日，执法人员按照线索，对郴州市蓝电科贸经营场所进行突击检查，在现场查获了用于复制系统软件的安装母盘和用于复制歌曲的电脑硬盘，并对公司经营部负责人刘晓武进行了调查询问，要求当事人提供相关软件和歌库中歌曲的授权证明，但当事人均未能提供。同时，当事人坦称，该公司还为桂东县兰海 KTV、苏仙区白露塘新视听 KTV 安装了上述点歌系统。执法人员又对这两家 KTV 实施了补充调查取证，全面核实了该公司的侵权事实。在郴州市工商部门的协助下，查询到郴州市蓝电科贸经营部在 2012 年 7 月 17 日已注销郴州工商企业登记营业执照，但该公司注销后，仍然在为 KTV 娱乐场所提供点歌系统复制安装维护服务。2013 年 5 月 27 日郴州市版权局依据著作权法对当事人作出行政处罚，责令郴州市蓝电科贸经营部停止侵权行为，并处以罚款人民币 10 万元的行政处罚。

三、岳阳万科电脑有限公司侵犯软件著作权案

2013 年 5 月 10 日，岳阳市文化市场综合执法局开展正版化检查时，发现岳阳万科电脑有限公司涉嫌未经许可复制发行盗版计算机软件，遂进行立案调查。经查，2012 年 12 月，岳阳万科电脑有限公司向岳阳市民政局销售了 1 套中文专业版 Windows 7 和 65 套 Windows XP（OEM 版）操作系统，经微软（中国）有限公司鉴定，65 套 Windows XP（OEM 版）操作系统均为盗版软件。岳阳万科公司承认未经许可，擅自复制微软公司享有著作权的计算机软件，并销售给岳阳市民政局。由于其行为严重侵犯了著作权人的合法权益，损害了公共利益，违反了《计算机软件保护条例》的相关规定。2013 年 5 月 28 日，岳阳市文化市场综合执法局依法对该公司作出没收违法所得 3.2 万元并处人民币 10.8 万元罚款的行政处罚。各项行政处罚均按期执行到位。

四、长沙好乐迪音乐娱乐广场侵犯音乐音像作品著作权案

案件详情，参见本栏目“2013 年度打击侵权盗版十大案件四”（267 页）。

五、娄底市大德科技有限公司侵犯软件著作权案

2013 年 4 月 12 日，微软（中国）湖南代理商向娄底市文化市场综合执法局举报娄底市大德科技有限公司涉嫌未经权利人许可，将微软 Windows 操作系统软件复制安装至网吧计算机。5 月 31 日，娄底市文化市场综合执法局立案对此进行调查，执法人员对娄底市大德科技有限公司服务的 130 家网吧中的 15 家进行调查、取证，取证包括现场拍照、业主调查询问、电脑截图等。经查实，2011—2013 年，该公司通过网上下载等方式非法取得 Windows 操作系统，并将其复制安装在所服务的网吧计算机上，共收取初装费用 8 万余元，相关软件未取得任何授权和许可。由于上述行为违反了《中华人民共和国著作权法》、《计算机软件保护条例》的相关规定，严重侵犯著作权人的合法权益。娄底市文化市场综合执法局依法对该公司作出罚款人 5 万元并责令停止侵权行为的行政处罚。

（湖南省版权局）

广　东　省

一、托肯恒山科技（广州）有限公司未经授权使用 Pro/Engineer 软件案

2013 年 3 月，广州市文化市场综合行政执法总队执法人员在托肯恒山公司工程部办公室的两台电脑内发现安装了涉嫌盗版的 Pro/Engineer Wildfire 5.0 软件，软件序列号为“88888888”。执法人员现场对上述电脑的使用者作了现场询问，使用者均承认上述软件是使用者从网络上下载安装的盗版软件。其行为违反了《计算机软件保护条例》第八条的规定，广州市文化市场综合行政执法总队责令其停止侵权行为，删除非法安装复制的 Pro/Engineer Wildfire 5.0 软件，并根据《计算机软件保护条例》第二十四条，给予托肯恒山公司罚款人民币 124 000 元的行政处罚。该案案值高，处罚力度也较大。

二、深圳市奇正电子科技有限公司非法复制“凯立德”汽车导航软件案

2013 年 6 月，深圳市场监督管理局罗湖分局成功查获深圳市奇正电子科技有限公司非法复制“凯立德”汽车导航软件一案。以此为线索，公安部经侦局组织指挥广东、上海、四川、河南等地公安机关，联合开展奇正公司侵犯著作权案集群战役收网行动。上海、四川、河南、湖北、广东 5 个省市共捣毁侵犯著作权窝点 8 处，打掉犯罪团伙 4 个，抓获犯罪嫌疑人 15 名，查获侵犯凯立德著作权商品 23 00 余件，全国涉案金额达 8 000 余万元，刑拘 6 人。汽车导航领域最大软件盗版案成功告破。

三、广州市某某公司侵犯著作权案

2013 年 10 月，汕头市版权局根据广东省版权局关于查处“动听 MP3”等网站的通知要求，对“动听 MP3”网站进行了远程勘验并对网站服务器所在地汕头市电信大楼互联网数据中心机房进行检查。经查，网站服务器租赁者为广州市某某公司，该公司法定代表人蔡某某在接受调查询问时，承认上传至“动听 MP3”网站的音乐作品未取得著作权人许可这一事实，但辩解网站是自己个人开办，自己早已离开广州市某某公司。为确保查处的违法主体准确无误，办案人员远赴广州，在广州市文化市场综合行政执法总队的协助下前往广州市某某公司进行调查取证，掌握了该公司实际经营状况，并取得了蔡某某还在该公司工作的确凿证据；同时，办案人员到汕头市某某公司（涉案服务器托管方）进行调查取证，获取了涉案服务器租赁费用由广州市某某公司支付的财务凭证等关键证据。在充分证据面前，蔡某某最终承认了“动听MP3”网站是由广州市某某公司运营，并对通过信息网络擅自向公众提供著作权人的音乐作品的违法事实供认不讳。根据《信息网络传播权保护条例》第二条、第十八条第一款第一项的规定。汕头市版权局依法对其作出没收涉案服务器并处以罚款人民币25 000元的行政处罚。当事人对处罚决定无异议并按期执行。该案是广东省查处的第一起手机音乐作品侵权案。

（广东省版权局）

四　川　省

一、成都“8·21”王飞非法销售侵权盗版音像制品案

此案为国家版权局督办案。2013年8月21日，成都市文化市场综合执法总队会同成都市成华区公安分局猛追湾派出所，对位于成都市成华区站北中街一涉嫌非法销售音像制品窝点进行突击检查，现场截获窝点负责人王飞，查获涉嫌侵权盗版光盘61 171张，其中印有淫秽封面光盘6 866张，经公安部门鉴定属淫秽光盘，其余54 305张经新闻出版部门鉴定属非法出版物。经查实，自2013年7月起，该窝点在未办理“出版物经营许可证”的情况下，从广州购进淫秽色情光盘6 000余张，非法及侵权盗版光盘70 000余张，已售出12 000余张。11月25日，成都市成华区人民检察院向成华区人民法院提起公诉。12月5日，成华区人民法院依据《刑法》第三百六十三条、二百一十七条等条款，以贩卖淫秽物品牟利罪、侵犯著作权罪数罪并罚判处被告人王飞有期徒刑3年3个月，并处罚金20 000元。

二、成都“5·15”非法销售盗版音像制品案

2012年5月15日，成都市文化市场综合执法总队和成都市金牛区文化市场综合执法大队会同成都市金牛区公安分局在金牛区城隍庙金房市场，现场截获董周、董学龙、董学娟等7名当事人，查获涉嫌非法音像制品18万余张，其中127 904张经新闻出版部门鉴定属非法出版物，其中4 290张经公安部门鉴定属淫秽光碟。2013年1月4日，成都市金牛区人民检察院向金牛区人民法院提起公诉。4月23日，金牛区人民法院依据《刑法》第三百六十三条、二百一十七条等条款，以被告人董周犯侵犯著作权罪、贩卖淫秽物品牟利罪，判处有期徒刑12年6个月，并处罚金90 000元；其余两名被告人董学龙、董学娟分别被判处有期徒刑4年、3年10个月。

三、广元“雷神工作室”侵犯著作权案

2012年5月底至6月，根据群众举报，广元市文化市场综合执法支队会同广元市利州区公安分局，对广元市南河桂丰园“雷神工作室”利用互联网架设《天龙八部》游戏私服推广网站涉嫌违法行为进行调查。经查实，该工作室自行研发私服登录器，架设三个网站www.ot99.com、www.wozz88.com和www.63mu.com发布私服广告，吸引玩家并售卖游戏装备和虚拟元宝，同时建成玩家充值管理后台121.14.156.124：8881gm/tologin.html，用于私服玩家充值，通过网银、支付宝等进行支付，总结算资金达430余万元。12月21日，利州区公安分局向利州区检察院移送审查。2013年9月，利州区人民法院对该案中的8名犯罪嫌疑人进行有罪判决，当事人不服提起上诉，10月31日，广元市中级人民法院依据最高人民法院、最高人民检察院《关于办理侵犯知识产权刑事案件具体应用法律若干问题的解释（二）》第四条之规定，以被告人“雷神工作室”负责人雷鸣犯侵犯著作权罪，判处有期徒刑3年，宣告缓刑3年6个月，并处罚金2 303 141元，其余7人分别被判处有期徒刑缓刑，并处罚金。

四、成都远之豪科技有限公司侵犯著作权案

2013年6月27日，根据权利人深圳凯立德科技股份有限公司投诉，成都市武侯区文化市场综合执法大队会同武侯区公安分局对位于成都市红牌楼二街的成都远之豪科技有限公司进行调查，发现该公司共有225台E路航系列导航仪安装有未经授权的“深圳凯立德导航电子地图软件”，涉嫌侵犯了软件著作权。武侯区文化市场综合执法大队对其中10台进行现场抽样并实行证据先行登记异地保存，其余215台现场封存。后经查实，成都远之豪科技有限公司销售的E路航系列导航仪内的电子导航地图软件属侵权盗版软件。7月3日，成都市武侯区版权局依据《计算机软件保护条例》第二十四条第二款之规定，对成都远之豪科技有限公司作出以下行政

处罚：1. 没收销售侵权软件的违法所得 8 976 元；2. 责令停止侵权并自行删除225 台E路航系列导航仪内的侵权软件；3. 消除影响，向该软件著作权人深圳凯立德科技股份有限公司作出书面道歉。

五、乐山“QQ190”音乐网站侵权案

此案为国家版权局督办案。2013 年 9 月 30 日，乐山市文化市场综合执法支队会同乐山市公安局网警支队，对“QQ190”音乐网站涉嫌侵权行为开展调查。经查实，成都蓝海之星科技有限公司所经营的“QQ190”音乐网站，未经国际唱片业协会会员唱片公司授权，擅自向公众提供《好想为你哭》、《那天再相聚》两首音乐作品的试听服务。11 月 21 日，乐山市文化市场综合执法支队对该公司托管于成都中讯通博网络技术有限公司的两台服务器（存放于中国电信乐山公司机房内）实行证据先行登记保存。11 月 25 日，乐山市版权局责令该公司提供删除侵权内容的相关证明材料和加强管理保证书。11 月 29 日，乐山市版权局依据《信息网络传播权保护条例》第十八条第一款之规定，对成都蓝海之星科技有限公司作出罚款 3 000 元的行政处罚。

六、广元凤凰驾驶员培训有限公司侵犯著作权案

经广元市文化市场综合执法支队查实，2013 年 3 月中旬，广元凤凰驾驶员培训有限公司教务处负责人从相关网站和参考资料中搜集人民交通出版社出版的《安全驾驶从这里开始》一书汇编成《凤凰驾校凤凰考场》教材，委托山西生活向导广告有限公司广元分公司印刷 5 000 册，其中第一批委印 500 册免费提供，再次批量印刷按每册 6 元价格执行，并以每册 40 元价格共 486 册发行给该公司教师和学员使用，其余 14 册由广元市文化市场综合执法支队予以证据先行登记保存。4 月 9 日，经人民交通出版社鉴定，《凤凰驾校凤凰考场》为侵权复制品。该公司上述行为侵犯了人民交通出版社的著作权，应承担相应的侵权责任。6 月 21 日，广元市版权局依据《中华人民共和国著作权法》第四十八条第一款、《中华人民共和国著作权法实施条例》第三十六条之规定，对广元凤凰驾驶员培训有限公司作出以下行政处罚：1. 责令停止侵权；2. 没收侵权复制品 14 册；3. 罚款 10 000 元。

七、宜宾清华书店侵犯著作权案

2013 年 9 月 25 日，根据权利人北京龙门书局举报，经宜宾市文化市场综合执法支队查实，宜宾清华书店从成都千帆至文化传播有限公司购进《2013 年秋季黄冈小状元作业本五年级语文（上）》、《2013 年秋季黄冈小状元作业本三年级语文（上）》、《2013 年秋季黄冈小状元作业本六年级语文（上）》等系列丛书共 1 943 册，以 4.3 折或 4.5 折销售，至案发时剩余 158 册（总码洋 2 496.4 元），经北京龙门书局出版社鉴定为侵权盗版图书。该书店上述行为侵犯了北京龙门书局出版社的著作权，应承担相应的侵权责任。11 月 20 日，宜宾市版权局依据《著作权法》第四十八条第一款、《著作权法实施条例》第三十六条之规定，对宜宾清华书店作出如下行政处罚：1. 没收侵权盗版图书 158 册；2. 罚款 3 000元。

八、南充心韵音像书店侵犯著作权案

2012 年 12 月 24 日，南充市文化市场综合执法支队会同顺庆区文化市场综合执法大队对南充市顺庆区骏达小区心韵音像书店进行突击检查，现场查获 16 件涉嫌侵权盗版音像制品共计 6 789 张，其中 6 254 张经新闻出版部门鉴定为侵权盗版音像制品。2013 年 1 月 15 日，顺庆区文化市场综合执法大队正式立案，并于 1 月 29 日将此案移交南充市顺庆区公安分局，同日，心韵音像书店负责人朱茂华被刑事拘留。5 月 27 日，朱茂华被顺庆区人民检察院以涉嫌侵犯著作权罪提起公诉。6 月 3 日，南充市顺庆区人民法院依据《刑法》第二百一十七条，以侵犯著作权罪判处朱茂华有期徒刑 3 年，缓刑 3 年，并处罚金 2 500 元。

九、达州开江万卷书店发行盗版幼儿图书案

经达州市开江县文化市场综合执法大队查实，2013 年 2 月，开江县万卷书店从成都市图书大厦诚迅书店为开江县教育局征订了青海人民出版社出版的幼儿教材《幼儿益智学前教育》，发行给全县各幼儿园使用。至案发时，该书店共对全县 13 所民办幼儿园发行了教材《幼儿益智学前教育》共 3 193 本，每本单价为 3.8 元，违法经营额达 12 133.4 元。经青海人民出版社鉴定，该书店所发行《幼儿益智学前教育》系盗版教材。该书店上述行为侵犯了青海人民出版社的著作权，应承担相应的侵权责任。9 月 30 日，开江县版权局依据《中华人民共和国著作权法》第四十八条第一款之规定，对开江万卷书店作出以下行政处罚：1. 责令停止侵权；2. 罚款 25 000元。

十、成都鑫赫书店销售盗版图书案

经四川省出版物市场稽查总队查实，2012 年 11 月和 12 月，成都市青羊区鑫赫书店从北京行知堂书店购进人民出版社出版的《十八大报告辅导读本》55 册与《坚定不移沿着中国特色社会主义道路前进为全面建成小康社会而奋斗》单行本600册，总码洋为4 350元，实际进货价为2 697元。该书店以全价或8折、7.5折的价格分别销售给四川省食品公司、成都大唐洪雅公司等7个单位。除予以证据先行登记保存的130册涉案图书外，该书店已销售525册图书，获利1 492.5元。12月28日，经人民出版社鉴定，以上两种图书均系盗版图书。该书店上述行为侵犯了人民出版社的著作权，应承担相应的侵权责任。2013年2月26日，省版权局依据《中华人民共和国著作权法》第四十八条第一款之规定，对成都市青羊区鑫赫书店作出以下行政处罚：1. 责令停止侵权；2. 没收盗版图书130册；3. 罚款4 350元。

（四川省版权局）

贵州省

一、贵州万协科技公司销售盗版软件案

2012年10月，贵州省贵阳市修文县开展县级政府机关、事业单位软件正版化工作，修文县政府以询价方式确定贵州万协科技公司中标。在正版化工作过程中，县新闻出版（版权）局发现万协科技公司提供的软件版本与协议中的版本不相符合。2013年2月县新闻出版（版权）局进行立案调查。经查，万协科技公司安装销售的是未经授权许可的软件。根据《中华人民共和国著作权法》第四十八条和《计算机软件保护条例》第二十四条的规定，县新闻出版（版权）局对贵州万协科技公司作出“没收侵权复制品、罚款81 900元”的行政处罚，同时责成万协科技公司必须按合同要求提供正版软件进行安装。行政处罚已执行完毕。

二、罗森侵犯著作权罪案

2013年7月15日，安龙县新闻出版局与县公安局经济犯罪侦查大队民警联合出击，在辖区一店铺内查获涉嫌盗版光碟及淫秽光碟14 135张，2013年8月1日，县公安局对罗森涉嫌侵犯著作权罪、贩卖淫秽物品牟利罪立案侦查。2013年11月12日县法院根据《刑法》第二百一十七条作出一审判决：被告人罗森犯侵犯著作权罪，判处有期徒刑6年6个月，并处罚金人民币7 000元；犯贩卖淫秽物品牟利罪，判处有期徒刑3年，并处罚金人民币3 000元，决定执行有期徒刑6年，并处罚金人民币1万元，公安机关扣押的盗版光碟及淫秽光碟全部没收销毁。

（贵州省版权局）

陕西省

一、赵健、张敏、张秋利销售盗版光盘案

2012年9月3日晚，接群众举报，咸阳市文广新局联合公安机关对咸阳市渭城区凤凰广场赵健、张敏、张秋利摆设的3个经销盗版光盘的摊点进行了检查，分别依法查扣了盗版光碟3 910张、1 035张、1 280张，经认定3个当事人涉嫌犯罪，遂向咸阳市治安警察支队进行了移交，渭城区公安分局予以立案。省市相关部门立即成立了相应专案组，加大了该群案的侦办、督办力度。经渭城人民法院审理，以侵犯著作权罪等分别判处张敏有期徒刑2年，缓刑3年，罚款7 000元；判处赵健有期徒刑1年8个月，缓刑3年，罚款7 000元；判处张秋利拘役3个月，缓刑5个月，罚款1 000元。

二、陕西佳创卓讯信息技术有限公司擅自修改并销售软件案

何丹为西安奥茨科技发展有限责任公司（以下简称西安奥茨）的法定代表人。杭州西软科技有限公司（以下简称杭州西软）为西软快捷连锁酒店管理软件和西软C7酒店管理软件两款软件的著作权人。2005年10月，杭州西软的全资子公司成都西湖电脑软件有限公司授权西安奥茨为其在陕西地区的总代理，有效期为2005年10月1日至2008年9月30日。2010年，在代理权已过期的情况下，何丹控制的另一家公司陕西石基西湖软件有限公司（以下简称陕西石基），未取得杭州西软公司授权便雇用他人擅自修改其公司所有的两款酒店管理软件（FOXHIS SMART版、FOXHIS C7版）的背景、标徽与名称，并以陕西石基SJHIS商务版和SJHIS企业版酒店管理软件为名对外进行销售，违法所得共计人民币30.945万元。

2011年底，陕西省版权局陆续接到杭州西软的举报，称何丹将盗版杭州西软的酒店管理软件以低于正常的市场价格进行销售安装。接到举报后，陕西省版权局根据线索，对涉嫌侵犯西软酒店管理软件著作权的相关酒店电脑系统进行检查，并固定证据。经中国版权保护中心版权鉴定委员会对两个公司的软件进行异同性鉴定，确认陕西石基销售的酒店管理软件是在杭州西软享有著作权的软件的基础上稍作改动而产生的，是后者的复制品。

法院经审理认为，陕西石基以营利为目的，未经著作权人的授权许可，对杭州西软公司两款酒店管理软件进行简单修改，擅自对外进行销售，非法

经营额较大，其行为亦构成侵犯著作权罪。何丹作为陕西石基的实际负责人，亦构成侵犯著作权罪，均应依法惩处。最后判决陕西佳创卓讯信息技术有限公司（原陕西石基西湖软件有限公司）犯侵犯著作权罪，判处罚金人民币 16 万元；被告人何丹犯侵犯著作权罪，判处有期徒刑两年，缓刑 3 年，并处罚金人民币 2 万元。

2013 年 2 月，在陕西省版权局的协调下，何丹与杭州西软就未经许可向 6 家酒店销售安装软件的行为达成和解，向权利人赔礼道歉，并停止对这 6 家酒店侵权软件的售后维护，同时赔偿杭州西软经济损失 15 万元。在案件审理过程中，何丹也认识到了自己的错误，一次性赔偿杭州西软经济损失 50 万元，取得了被侵权单位的谅解，最终也获得缓刑的判决。

三、西安嘉业航空科技有限公司擅自使用软件案

陕西省版权局查明，当事人未经权利方授权安装使用 CATIA 及 AutoCAD 系列软件各十余套。对此，陕西省版权局移交西安市文化市场行政执法总队进行处理。在省版权局的有力指导下，该总队积极促成侵权方合法购买了 70 余万元相应软件，与权利方达成和解，最后作出 1 万元罚款的行政处罚。

四、陕西坚瑞消防股份有限公司擅自复制使用计算机软件案

2013 年 3 月，根据举报，西安市文化市场行政执法总队执法人员依法检查，查明陕西坚瑞消防股份有限公司是一家上市公司（股票代码：300116），其使用的 20 套 Windows XP 操作系统均未得到著作权人授权，属未经著作权人许可，擅自复制使用计算机软件的违法行为，同时损害了社会公共利益，总队依据《计算机软件保护条例》第二十四条的规定，对其作出了罚款 2 万元的行政处罚。

（陕西省版权局）

宁夏回族自治区

一、天恩音像店侵犯著作权案

2013 年 7 月 8 日，宁夏回族自治区“扫黄打非”办收到举报，称银川市老城区小吃街 188 号天恩音像店涉嫌大量批销盗版光盘。自治区版权局版权管理处与银川市文化市场综合执法队成立了联合办案组，对该案件进行查处。办案组在天恩音像店发现 15 000 张盗版光盘。该案涉及源头多、地域广，调查取证复杂，按照“追根溯源、落地查人”的要求，专案组对案件进行调查取证后，依据《音像制品管理条例》、《出版物市场管理规定》等有关规定，对“天恩音像店”作出吊销“音像制品经营许可证”、并没收全部盗版光盘的行政处罚。

二、程红报刊店侵犯著作权案

2013 年 7 月 11 日，宁夏回族自治区版权局在对程红报刊店进行检查时发现，其正在经营的书刊中，有 57 本为非法出版物。经调查取证，依据《出版管理条例》、《出版物市场管理规定》等有关规定，自治区版权局对程红报刊店作出没收 57 本非法出版物，罚款人民币 2 000 元整的行政处罚。

（宁夏回族自治区版权局）

版

法律法规及规章文件

FA LV FA GUI JI GUI ZHANG WEN JIAN

权

行政法规

国务院关于修改《计算机软件保护条例》的决定

中华人民共和国国务院令第632号

国务院决定对《计算机软件保护条例》作如下修改：

将第二十四条第二款修改为："有前款第一项或者第二项行为的，可以并处每件100元或者货值金额1倍以上5倍以下的罚款；有前款第三项、第四项或者第五项行为的，可以并处20万元以下的罚款。"

本决定自2013年3月1日起施行。《计算机软件保护条例》根据本决定作相应修改，重新公布。

计算机软件保护条例

（2001年12月20日中华人民共和国国务院令第339号公布　根据2011年1月8日《国务院关于废止和修改部分行政法规的决定》第一次修订　根据2013年1月30日《国务院关于修改〈计算机软件保护条例〉的决定》第二次修订）

第一章　总则

第一条　为了保护计算机软件著作权人的权益，调整计算机软件在开发、传播和使用中发生的利益关系，鼓励计算机软件的开发与应用，促进软件产业和国民经济信息化的发展，根据《中华人民共和国著作权法》，制定本条例。

第二条　本条例所称计算机软件（以下简称软件），是指计算机程序及其有关文档。

第三条　本条例下列用语的含义：

（一）计算机程序，是指为了得到某种结果而可以由计算机等具有信息处理能力的装置执行的代码化指令序列，或者可以被自动转换成代码化指令序列的符号化指令序列或者符号化语句序列。同一计算机程序的源程序和目标程序为同一作品。

（二）文档，是指用来描述程序的内容、组成、设计、功能规格、开发情况、测试结果及使用方法的文字资料和图表等，如程序设计说明书、流程图、用户手册等。

（三）软件开发者，是指实际组织开发、直接进行开发，并对开发完成的软件承担责任的法人或者其他组织；或者依靠自己具有的条件独立完成软件开发，并对软件承担责任的自然人。

（四）软件著作权人，是指依照本条例的规定，对软件享有著作权的自然人、法人或者其他组织。

第四条　受本条例保护的软件必须由开发者独立开发，并已固定在某种有形物体上。

第五条　中国公民、法人或者其他组织对其所开发的软件，不论是否发表，依照本条例享有著作权。

外国人、无国籍人的软件首先在中国境内发行的，依照本条例享有著作权。

外国人、无国籍人的软件，依照其开发者所属国或者经常居住地国同中国签订的协议或者依照中国参加的国际条约享有的著作权，受本条例保护。

第六条　本条例对软件著作权的保护不延及开发软件所用的思想、处理过程、操作方法或者数学概念等。

第七条　软件著作权人可以向国务院著作权行政管理部门认定的软件登记机构办理登记。软件登记机构发放的登记证明文件是登记事项的初步证明。

办理软件登记应当缴纳费用。软件登记的收费标准由国务院著作权行政管理部门会同国务院价格主管部门规定。

第二章　软件著作权

第八条　软件著作权人享有下列各项权利：

（一）发表权，即决定软件是否公之于众的权利；

（二）署名权，即表明开发者身份，在软件上署名的权利；

（三）修改权，即对软件进行增补、删节，或者改变指令、语句顺序的权利；

（四）复制权，即将软件制作一份或者多份的权利；

（五）发行权，即以出售或者赠与方式向公众提供软件的原件或者复制件的权利；

（六）出租权，即有偿许可他人临时使用软件的权利，但是软件不是出租的主要标的的除外；

（七）信息网络传播权，即以有线或者无线方式向公众提供软件，使公众可以在其个人选定的时间和地点获得软件的权利；

（八）翻译权，即将原软件从一种自然语言文字转换成另一种自然语言文字的权利；

（九）应当由软件著作权人享有的其他权利。

软件著作权人可以许可他人行使其软件著作权，并有权获得报酬。

软件著作权人可以全部或者部分转让其软件著作权，并有权获得报酬。

第九条 软件著作权属于软件开发者，本条例另有规定的除外。

如无相反证明，在软件上署名的自然人、法人或者其他组织为开发者。

第十条 由两个以上的自然人、法人或者其他组织合作开发的软件，其著作权的归属由合作开发者签订书面合同约定。无书面合同或者合同未作明确约定，合作开发的软件可以分割使用的，开发者对各自开发的部分可以单独享有著作权；但是，行使著作权时，不得扩展到合作开发的软件整体的著作权。合作开发的软件不能分割使用的，其著作权由各合作开发者共同享有，通过协商一致行使；不能协商一致，又无正当理由的，任何一方不得阻止他方行使除转让权以外的其他权利，但是所得收益应当合理分配给所有合作开发者。

第十一条 接受他人委托开发的软件，其著作权的归属由委托人与受托人签订书面合同约定；无书面合同或者合同未作明确约定的，其著作权由受托人享有。

第十二条 由国家机关下达任务开发的软件，著作权的归属与行使由项目任务书或者合同规定；项目任务书或者合同中未作明确规定的，软件著作权由接受任务的法人或者其他组织享有。

第十三条 自然人在法人或者其他组织中任职期间所开发的软件有下列情形之一的，该软件著作权由该法人或者其他组织享有，该法人或者其他组织可以对开发软件的自然人进行奖励：

（一）针对本职工作中明确指定的开发目标所开发的软件；

（二）开发的软件是从事本职工作活动所预见的结果或者自然的结果；

（三）主要使用了法人或者其他组织的资金、专用设备、未公开的专门信息等物质技术条件所开发并由法人或者其他组织承担责任的软件。

第十四条 软件著作权自软件开发完成之日起产生。

自然人的软件著作权，保护期为自然人终生及其死亡后50年，截止于自然人死亡后第50年的12月31日；软件是合作开发的，截止于最后死亡的自然人死亡后第50年的12月31日。

法人或者其他组织的软件著作权，保护期为50年，截止于软件首次发表后第50年的12月31日，但软件自开发完成之日起50年内未发表的，本条例不再保护。

第十五条 软件著作权属于自然人的，该自然人死亡后，在软件著作权的保护期内，软件著作权的继承人可以依照《中华人民共和国继承法》的有关规定，继承本条例第八条规定的除署名权以外的其他权利。

软件著作权属于法人或者其他组织的，法人或者其他组织变更、终止后，其著作权在本条例规定的保护期内由承受其权利义务的法人或者其他组织享有；没有承受其权利义务的法人或者其他组织的，由国家享有。

第十六条 软件的合法复制品所有人享有下列权利：

（一）根据使用的需要把该软件装入计算机等具有信息处理能力的装置内；

（二）为了防止复制品损坏而制作备份复制品。这些备份复制品不得通过任何方式提供给他人使用，并在所有人丧失该合法复制品的所有权时，负责将备份复制品销毁；

（三）为了把该软件用于实际的计算机应用环境或者改进其功能、性能而进行必要的修改；但是，除合同另有约定外，未经该软件著作权人许可，不得向任何第三方提供修改后的软件。

第十七条 为了学习和研究软件内含的设计思想和原理，通过安装、显示、传输或者存储软件等方式使用软件的，可以不经软件著作权人许可，不向其支付报酬。

第三章 软件著作权的许可使用和转让

第十八条 许可他人行使软件著作权的，应当订立许可使用合同。

许可使用合同中软件著作权人未明确许可的权利，被许可人不得行使。

第十九条 许可他人专有行使软件著作权的，当事人应当订立书面合同。

没有订立书面合同或者合同中未明确约定为专

有许可的，被许可行使的权利应当视为非专有权利。

第二十条 转让软件著作权的，当事人应当订立书面合同。

第二十一条 订立许可他人专有行使软件著作权的许可合同，或者订立转让软件著作权合同，可以向国务院著作权行政管理部门认定的软件登记机构登记。

第二十二条 中国公民、法人或者其他组织向外国人许可或者转让软件著作权的，应当遵守《中华人民共和国技术进出口管理条例》的有关规定。

第四章 法律责任

第二十三条 除《中华人民共和国著作权法》或者本条例另有规定外，有下列侵权行为的，应当根据情况，承担停止侵害、消除影响、赔礼道歉、赔偿损失等民事责任：

（一）未经软件著作权人许可，发表或者登记其软件的；

（二）将他人软件作为自己的软件发表或者登记的；

（三）未经合作者许可，将与他人合作开发的软件作为自己单独完成的软件发表或者登记的；

（四）在他人软件上署名或者更改他人软件上的署名的；

（五）未经软件著作权人许可，修改、翻译其软件的；

（六）其他侵犯软件著作权的行为。

第二十四条 除《中华人民共和国著作权法》、本条例或者其他法律、行政法规另有规定外，未经软件著作权人许可，有下列侵权行为的，应当根据情况，承担停止侵害、消除影响、赔礼道歉、赔偿损失等民事责任；同时损害社会公共利益的，由著作权行政管理部门责令停止侵权行为，没收违法所得，没收、销毁侵权复制品，可以并处罚款；情节严重的，著作权行政管理部门并可以没收主要用于制作侵权复制品的材料、工具、设备等；触犯刑律的，依照刑法关于侵犯著作权罪、销售侵权复制品罪的规定，依法追究刑事责任：

（一）复制或者部分复制著作权人的软件的；

（二）向公众发行、出租、通过信息网络传播著作权人的软件的；

（三）故意避开或者破坏著作权人为保护其软件著作权而采取的技术措施的；

（四）故意删除或者改变软件权利管理电子信息的；

（五）转让或者许可他人行使著作权人的软件著作权的。

有前款第一项或者第二项行为的，可以并处每件100元或者货值金额1倍以上5倍以下的罚款；有前款第三项、第四项或者第五项行为的，可以并处20万元以下的罚款。

第二十五条 侵犯软件著作权的赔偿数额，依照《中华人民共和国著作权法》第四十九条的规定确定。

第二十六条 软件著作权人有证据证明他人正在实施或者即将实施侵犯其权利的行为，如不及时制止，将会使其合法权益受到难以弥补的损害的，可以依照《中华人民共和国著作权法》第五十条的规定，在提起诉讼前向人民法院申请采取责令停止有关行为和财产保全的措施。

第二十七条 为了制止侵权行为，在证据可能灭失或者以后难以取得的情况下，软件著作权人可以依照《中华人民共和国著作权法》第五十一条的规定，在提起诉讼前向人民法院申请保全证据。

第二十八条 软件复制品的出版者、制作者不能证明其出版、制作有合法授权的，或者软件复制品的发行者、出租者不能证明其发行、出租的复制品有合法来源的，应当承担法律责任。

第二十九条 软件开发者开发的软件，由于可供选用的表达方式有限而与已经存在的软件相似的，不构成对已经存在的软件的著作权的侵犯。

第三十条 软件的复制品持有人不知道也没有合理理由应当知道该软件是侵权复制品的，不承担赔偿责任；但是，应当停止使用、销毁该侵权复制品。如果停止使用并销毁该侵权复制品将给复制品使用人造成重大损失的，复制品使用人可以在向软件著作权人支付合理费用后继续使用。

第三十一条 软件著作权侵权纠纷可以调解。

软件著作权合同纠纷可以依据合同中的仲裁条款或者事后达成的书面仲裁协议，向仲裁机构申请仲裁。

当事人没有在合同中订立仲裁条款，事后又没有书面仲裁协议的，可以直接向人民法院提起诉讼。

第五章 附则

第三十二条 本条例施行前发生的侵权行为，依照侵权行为发生时的国家有关规定处理。

第三十三条 本条例自2002年1月1日起施行。1991年6月4日国务院发布的《计算机软件保护条例》同时废止。

国务院关于修改《中华人民共和国著作权法实施条例》的决定

中华人民共和国国务院令第 633 号

国务院决定对《中华人民共和国著作权法实施条例》作如下修改：

将第三十六条修改为："有著作权法第四十八条所列侵权行为，同时损害社会公共利益，非法经营额 5 万元以上的，著作权行政管理部门可处非法经营额 1 倍以上 5 倍以下的罚款；没有非法经营额或者非法经营额 5 万元以下的，著作权行政管理部门根据情节轻重，可处 25 万元以下的罚款。"

本决定自 2013 年 3 月 1 日起施行。

《中华人民共和国著作权法实施条例》根据本决定作相应修改，重新公布。

中华人民共和国著作权法实施条例

（2002 年 8 月 2 日中华人民共和国国务院令第 359 号公布　根据 2011 年 1 月 8 日《国务院关于废止和修改部分行政法规的决定》第一次修订　根据 2013 年 1 月 30 日《国务院关于修改〈中华人民共和国著作权法实施条例〉的决定》第二次修订）

第一条　根据《中华人民共和国著作权法》（以下简称著作权法），制定本条例。

第二条　著作权法所称作品，是指文学、艺术和科学领域内具有独创性并能以某种有形形式复制的智力成果。

第三条　著作权法所称创作，是指直接产生文学、艺术和科学作品的智力活动。

为他人创作进行组织工作，提供咨询意见、物质条件，或者进行其他辅助工作，均不视为创作。

第四条　著作权法和本条例中下列作品的含义：

（一）文字作品，是指小说、诗词、散文、论文等以文字形式表现的作品；

（二）口述作品，是指即兴的演说、授课、法庭辩论等以口头语言形式表现的作品；

（三）音乐作品，是指歌曲、交响乐等能够演唱或者演奏的带词或者不带词的作品；

（四）戏剧作品，是指话剧、歌剧、地方戏等供舞台演出的作品；

（五）曲艺作品，是指相声、快书、大鼓、评书等以说唱为主要形式表演的作品；

（六）舞蹈作品，是指通过连续的动作、姿势、表情等表现思想情感的作品；

（七）杂技艺术作品，是指杂技、魔术、马戏等通过形体动作和技巧表现的作品；

（八）美术作品，是指绘画、书法、雕塑等以线条、色彩或者其他方式构成的有审美意义的平面或者立体的造型艺术作品；

（九）建筑作品，是指以建筑物或者构筑物形式表现的有审美意义的作品；

（十）摄影作品，是指借助器械在感光材料或者其他介质上记录客观物体形象的艺术作品；

（十一）电影作品和以类似摄制电影的方法创作的作品，是指摄制在一定介质上，由一系列有伴音或者无伴音的画面组成，并且借助适当装置放映或者以其他方式传播的作品；

（十二）图形作品，是指为施工、生产绘制的工程设计图、产品设计图，以及反映地理现象、说明事物原理或者结构的地图、示意图等作品；

（十三）模型作品，是指为展示、试验或者观测等用途，根据物体的形状和结构，按照一定比例制成的立体作品。

第五条　著作权法和本条例中下列用语的含义：

（一）时事新闻，是指通过报纸、期刊、广播电台、电视台等媒体报道的单纯事实消息；

（二）录音制品，是指任何对表演的声音和其他声音的录制品；

（三）录像制品，是指电影作品和以类似摄制电影的方法创作的作品以外的任何有伴音或者无伴音的连续相关形象、图像的录制品；

（四）录音制作者，是指录音制品的首次制作人；

（五）录像制作者，是指录像制品的首次制作人；

（六）表演者，是指演员、演出单位或者其他表演文学、艺术作品的人。

第六条 著作权自作品创作完成之日起产生。

第七条 著作权法第二条第三款规定的首先在中国境内出版的外国人、无国籍人的作品，其著作权自首次出版之日起受保护。

第八条 外国人、无国籍人的作品在中国境外首先出版后，30日内在中国境内出版的，视为该作品同时在中国境内出版。

第九条 合作作品不可以分割使用的，其著作权由各合作作者共同享有，通过协商一致行使；不能协商一致，又无正当理由的，任何一方不得阻止他方行使除转让以外的其他权利，但是所得收益应当合理分配给所有合作作者。

第十条 著作权人许可他人将其作品摄制成电影作品和以类似摄制电影的方法创作的作品的，视为已同意对其作品进行必要的改动，但是这种改动不得歪曲篡改原作品。

第十一条 著作权法第十六条第一款关于职务作品的规定中的"工作任务"，是指公民在该法人或者该组织中应当履行的职责。

著作权法第十六条第二款关于职务作品的规定中的"物质技术条件"，是指该法人或者该组织为公民完成创作专门提供的资金、设备或者资料。

第十二条 职务作品完成两年内，经单位同意，作者许可第三人以与单位使用的相同方式使用作品所获报酬，由作者与单位按约定的比例分配。

作品完成两年的期限，自作者向单位交付作品之日起计算。

第十三条 作者身份不明的作品，由作品原件的所有人行使除署名权以外的著作权。作者身份确定后，由作者或者其继承人行使著作权。

第十四条 合作作者之一死亡后，其对合作作品享有的著作权法第十条第一款第五项至第十七项规定的权利无人继承又无人受遗赠的，由其他合作作者享有。

第十五条 作者死亡后，其著作权中的署名权、修改权和保护作品完整权由作者的继承人或者受遗赠人保护。

著作权无人继承又无人受遗赠的，其署名权、修改权和保护作品完整权由著作权行政管理部门保护。

第十六条 国家享有著作权的作品的使用，由国务院著作权行政管理部门管理。

第十七条 作者生前未发表的作品，如果作者未明确表示不发表，作者死亡后50年内，其发表权可由继承人或者受遗赠人行使；没有继承人又无人受遗赠的，由作品原件的所有人行使。

第十八条 作者身份不明的作品，其著作权法第十条第一款第五项至第十七项规定的权利的保护期截止于作品首次发表后第50年的12月31日。作者身份确定后，适用著作权法第二十一条的规定。

第十九条 使用他人作品的，应当指明作者姓名、作品名称；但是，当事人另有约定或者由于作品使用方式的特性无法指明的除外。

第二十条 著作权法所称已经发表的作品，是指著作权人自行或者许可他人公之于众的作品。

第二十一条 依照著作权法有关规定，使用可以不经著作权人许可的已经发表的作品的，不得影响该作品的正常使用，也不得不合理地损害著作权人的合法利益。

第二十二条 依照著作权法第二十三条、第三十三条第二款、第四十条第三款的规定使用作品的付酬标准，由国务院著作权行政管理部门会同国务院价格主管部门制定、公布。

第二十三条 使用他人作品应当同著作权人订立许可使用合同，许可使用的权利是专有使用权的，应当采取书面形式，但是报社、期刊社刊登作品除外。

第二十四条 著作权法第二十四条规定的专有使用权的内容由合同约定，合同没有约定或者约定不明的，视为被许可人有权排除包括著作权人在内的任何人以同样的方式使用作品；除合同另有约定外，被许可人许可第三人行使同一权利，必须取得著作权人的许可。

第二十五条 与著作权人订立专有许可使用合同、转让合同的，可以向著作权行政管理部门备案。

第二十六条 著作权法和本条例所称与著作权有关的权益，是指出版者对其出版的图书和期刊的版式设计享有的权利，表演者对其表演享有的权利，录音录像制作者对其制作的录音录像制品享有的权利，广播电台、电视台对其播放的广播、电视节目享有的权利。

第二十七条 出版者、表演者、录音录像制作者、广播电台、电视台行使权利，不得损害被使用作品和原作品著作权人的权利。

第二十八条 图书出版合同中约定图书出版者享有专有出版权但没有明确其具体内容的，视为图书出版者享有在合同有效期限内和在合同约定的地域范围内以同种文字的原版、修订版出版图书的专有权利。

第二十九条 著作权人寄给图书出版者的两份订单在 6 个月内未能得到履行，视为著作权法第三十二条所称图书脱销。

第三十条 著作权人依照著作权法第三十三条第二款声明不得转载、摘编其作品的，应当在报纸、期刊刊登该作品时附带声明。

第三十一条 著作权人依照著作权法第四十条第三款声明不得对其作品制作录音制品的，应当在该作品合法录制为录音制品时声明。

第三十二条 依照著作权法第二十三条、第三十三条第二款、第四十条第三款的规定，使用他人作品的，应当自使用该作品之日起 2 个月内向著作权人支付报酬。

第三十三条 外国人、无国籍人在中国境内的表演，受著作权法保护。

外国人、无国籍人根据中国参加的国际条约对其表演享有的权利，受著作权法保护。

第三十四条 外国人、无国籍人在中国境内制作、发行的录音制品，受著作权法保护。

外国人、无国籍人根据中国参加的国际条约对其制作、发行的录音制品享有的权利，受著作权法保护。

第三十五条 外国的广播电台、电视台根据中国参加的国际条约对其播放的广播、电视节目享有的权利，受著作权法保护。

第三十六条 有著作权法第四十八条所列侵权行为，同时损害社会公共利益，非法经营额 5 万元以上的，著作权行政管理部门可处非法经营额 1 倍以上 5 倍以下的罚款；没有非法经营额或者非法经营额 5 万元以下的，著作权行政管理部门根据情节轻重，可处 25 万元以下的罚款。

第三十七条 有著作权法第四十八条所列侵权行为，同时损害社会公共利益的，由地方人民政府著作权行政管理部门负责查处。

国务院著作权行政管理部门可以查处在全国有重大影响的侵权行为。

第三十八条 本条例自 2002 年 9 月 15 日起施行。1991 年 5 月 24 日国务院批准、1991 年 5 月 30 日国家版权局发布的《中华人民共和国著作权法实施条例》同时废止。

国务院关于修改《信息网络传播权保护条例》的决定

中华人民共和国国务院令第 634 号

国务院决定对《信息网络传播权保护条例》作如下修改：

将第十八条、第十九条中的“并可处以 10 万元以下的罚款”修改为：“非法经营额 5 万元以上的，可处非法经营额 1 倍以上 5 倍以下的罚款；没有非法经营额或者非法经营额 5 万元以下的，根据情节轻重，可处 25 万元以下的罚款”。

本决定自 2013 年 3 月 1 日起施行。

《信息网络传播权保护条例》根据本决定作相应修改，重新公布。

信息网络传播权保护条例

（2006 年 5 月 18 日中华人民共和国国务院令第 468 号公布　根据 2013 年 1 月 30 日《国务院关于修改〈信息网络传播权保护条例〉的决定》修订）

第一条 为保护著作权人、表演者、录音录像制作者（以下统称权利人）的信息网络传播权，鼓励有益于社会主义精神文明、物质文明建设的作品的创作和传播，根据《中华人民共和国著作权法》（以下简称著作权法），制定本条例。

第二条 权利人享有的信息网络传播权受著作权法和本条例保护。除法律、行政法规另有规定的外，任何组织或者个人将他人的作品、表演、录音录像制品通过信息网络向公众提供，应当取得权利人许可，并支付报酬。

第三条 依法禁止提供的作品、表演、录音录像制品，不受本条例保护。

权利人行使信息网络传播权，不得违反宪法和法律、行政法规，不得损害公共利益。

第四条 为了保护信息网络传播权，权利人可以采取技术措施。

任何组织或者个人不得故意避开或者破坏技术措施，不得故意制造、进口或者向公众提供主要用于避开或者破坏技术措施的装置或者部件，不得故意为他人避开或者破坏技术措施提供技术服务。但是，法律、行政法规规定可以避开的除外。

第五条 未经权利人许可，任何组织或者个人不得进行下列行为：

（一）故意删除或者改变通过信息网络向公众提供的作品、表演、录音录像制品的权利管理电子信息，但由于技术上的原因无法避免删除或者改变的除外；

（二）通过信息网络向公众提供明知或者应知未经权利人许可被删除或者改变权利管理电子信息的作品、表演、录音录像制品。

第六条 通过信息网络提供他人作品，属于下列情形的，可以不经著作权人许可，不向其支付报酬：

（一）为介绍、评论某一作品或者说明某一问题，在向公众提供的作品中适当引用已经发表的作品；

（二）为报道时事新闻，在向公众提供的作品中不可避免地再现或者引用已经发表的作品；

（三）为学校课堂教学或者科学研究，向少数教学、科研人员提供少量已经发表的作品；

（四）国家机关为执行公务，在合理范围内向公众提供已经发表的作品；

（五）将中国公民、法人或者其他组织已经发表的、以汉语言文字创作的作品翻译成的少数民族语言文字作品，向中国境内少数民族提供；

（六）不以营利为目的，以盲人能够感知的独特方式向盲人提供已经发表的文字作品；

（七）向公众提供在信息网络上已经发表的关于政治、经济问题的时事性文章；

（八）向公众提供在公众集会上发表的讲话。

第七条 图书馆、档案馆、纪念馆、博物馆、美术馆等可以不经著作权人许可，通过信息网络向本馆馆舍内服务对象提供本馆收藏的合法出版的数字作品和依法为陈列或者保存版本的需要以数字化形式复制的作品，不向其支付报酬，但不得直接或者间接获得经济利益。当事人另有约定的除外。

前款规定的为陈列或者保存版本需要以数字化形式复制的作品，应当是已经损毁或者濒临损毁、丢失或者失窃，或者其存储格式已经过时，并且在市场上无法购买或者只能以明显高于标定的价格购买的作品。

第八条 为通过信息网络实施九年制义务教育或者国家教育规划，可以不经著作权人许可，使用其已经发表作品的片断或者短小的文字作品、音乐作品或者单幅的美术作品、摄影作品制作课件，由制作课件或者依法取得课件的远程教育机构通过信息网络向注册学生提供，但应当向著作权人支付报酬。

第九条 为扶助贫困，通过信息网络向农村地区的公众免费提供中国公民、法人或者其他组织已经发表的种植养殖、防病治病、防灾减灾等与扶助贫困有关的作品和适应基本文化需求的作品，网络服务提供者应当在提供前公告拟提供的作品及其作者、拟支付报酬的标准。自公告之日起30日内，著作权人不同意提供的，网络服务提供者不得提供其作品；自公告之日起满30日，著作权人没有异议的，网络服务提供者可以提供其作品，并按照公告的标准向著作权人支付报酬。网络服务提供者提供著作权人的作品后，著作权人不同意提供的，网络服务提供者应当立即删除著作权人的作品，并按照公告的标准向著作权人支付提供作品期间的报酬。

依照前款规定提供作品的，不得直接或者间接获得经济利益。

第十条 依照本条例规定不经著作权人许可、通过信息网络向公众提供其作品的，还应当遵守下列规定：

（一）除本条例第六条第一项至第六项、第七条规定的情形外，不得提供作者事先声明不许提供的作品；

（二）指明作品的名称和作者的姓名（名称）；

（三）依照本条例规定支付报酬；

（四）采取技术措施，防止本条例第七条、第八条、第九条规定的服务对象以外的其他人获得著作权人的作品，并防止本条例第七条规定的服务对象的复制行为对著作权人利益造成实质性损害；

（五）不得侵犯著作权人依法享有的其他权利。

第十一条 通过信息网络提供他人表演、录音录像制品的，应当遵守本条例第六条至第十条的规定。

第十二条 属于下列情形的，可以避开技术措施，但不得向他人提供避开技术措施的技术、装置或者部件，不得侵犯权利人依法享有的其他权利：

（一）为学校课堂教学或者科学研究，通过信息网络向少数教学、科研人员提供已经发表的作品、表演、录音录像制品，而该作品、表演、录音录像制品只能通过信息网络获取；

（二）不以营利为目的，通过信息网络以盲人能够感知的独特方式向盲人提供已经发表的文字作品，而该作品只能通过信息网络获取；

（三）国家机关依照行政、司法程序执行公务；

（四）在信息网络上对计算机及其系统或者网络的安全性能进行测试。

第十三条 著作权行政管理部门为了查处侵犯信息网络传播权的行为，可以要求网络服务提供者提供涉嫌侵权的服务对象的姓名（名称）、联系方式、网络地址等资料。

第十四条 对提供信息存储空间或者提供搜索、链接服务的网络服务提供者，权利人认为其服务所涉及的作品、表演、录音录像制品，侵犯自己的信息网络传播权或者被删除、改变了自己的权利管理电子信息的，可以向该网络服务提供者提交书面通知，要求网络服务提供者删除该作品、表演、录音录像制品，或者断开与该作品、表演、录音录像制品的链接。通知书应当包含下列内容：

（一）权利人的姓名（名称）、联系方式和地址；

（二）要求删除或者断开链接的侵权作品、表演、录音录像制品的名称和网络地址；

（三）构成侵权的初步证明材料。

权利人应当对通知书的真实性负责。

第十五条 网络服务提供者接到权利人的通知书后，应当立即删除涉嫌侵权的作品、表演、录音录像制品，或者断开与涉嫌侵权的作品、表演、录音录像制品的链接，并同时将通知书转送提供作品、表演、录音录像制品的服务对象；服务对象网络地址不明、无法转送的，应当将通知书的内容同时在信息网络上公告。

第十六条 服务对象接到网络服务提供者转送的通知书后，认为其提供的作品、表演、录音录像制品未侵犯他人权利的，可以向网络服务提供者提交书面说明，要求恢复被删除的作品、表演、录音录像制品，或者恢复与被断开的作品、表演、录音录像制品的链接。书面说明应当包含下列内容：

（一）服务对象的姓名（名称）、联系方式和地址；

（二）要求恢复的作品、表演、录音录像制品的名称和网络地址；

（三）不构成侵权的初步证明材料。

服务对象应当对书面说明的真实性负责。

第十七条 网络服务提供者接到服务对象的书面说明后，应当立即恢复被删除的作品、表演、录音录像制品，或者可以恢复与被断开的作品、表演、录音录像制品的链接，同时将服务对象的书面说明转送权利人。权利人不得再通知网络服务提供者删除该作品、表演、录音录像制品，或者断开与该作品、表演、录音录像制品的链接。

第十八条 违反本条例规定，有下列侵权行为之一的，根据情况承担停止侵害、消除影响、赔礼道歉、赔偿损失等民事责任；同时损害公共利益的，可以由著作权行政管理部门责令停止侵权行为，没收违法所得，非法经营额5万元以上的，可处非法经营额1倍以上5倍以下的罚款；没有非法经营额或者非法经营额5万元以下的，根据情节轻重，可处25万元以下的罚款；情节严重的，著作权行政管理部门可以没收主要用于提供网络服务的计算机等设备；构成犯罪的，依法追究刑事责任：

（一）通过信息网络擅自向公众提供他人的作品、表演、录音录像制品的；

（二）故意避开或者破坏技术措施的；

（三）故意删除或者改变通过信息网络向公众提供的作品、表演、录音录像制品的权利管理电子信息，或者通过信息网络向公众提供明知或者应知未经权利人许可而被删除或者改变权利管理电子信息的作品、表演、录音录像制品的；

（四）为扶助贫困通过信息网络向农村地区提供作品、表演、录音录像制品超过规定范围，或者未按照公告的标准支付报酬，或者在权利人不同意提供其作品、表演、录音录像制品后未立即删除的；

（五）通过信息网络提供他人的作品、表演、录音录像制品，未指明作品、表演、录音录像制品的名称或者作者、表演者、录音录像制作者的姓名（名称），或者未支付报酬，或者未依照本条例规定采取技术措施防止服务对象以外的其他人获得他人的作品、表演、录音录像制品，或者未防止服务对象的复制行为对权利人利益造成实质性损害的。

第十九条 违反本条例规定，有下列行为之一的，由著作权行政管理部门予以警告，没收违法所得，没收主要用于避开、破坏技术措施的装置或者部件；情节严重的，可以没收主要用于提供网络服务的计算机等设备；非法经营额5万元以上的，可处非法经营额1倍以上5倍以下的罚款；没有非法经营额或者非法经营额5万元以下的，根据情节轻重，可处25万元以下的罚款；构成犯罪的，依法追究刑事责任：

（一）故意制造、进口或者向他人提供主要用于避开、破坏技术措施的装置或者部件，或者故意为他人避开或者破坏技术措施提供技术服务的；

（二）通过信息网络提供他人的作品、表演、录音录像制品，获得经济利益的；

（三）为扶助贫困通过信息网络向农村地区提供

作品、表演、录音录像制品，未在提供前公告作品、表演、录音录像制品的名称和作者、表演者、录音录像制作者的姓名（名称）以及报酬标准的。

第二十条 网络服务提供者根据服务对象的指令提供网络自动接入服务，或者对服务对象提供的作品、表演、录音录像制品提供自动传输服务，并具备下列条件的，不承担赔偿责任：

（一）未选择并且未改变所传输的作品、表演、录音录像制品；

（二）向指定的服务对象提供该作品、表演、录音录像制品，并防止指定的服务对象以外的其他人获得。

第二十一条 网络服务提供者为提高网络传输效率，自动存储从其他网络服务提供者获得的作品、表演、录音录像制品，根据技术安排自动向服务对象提供，并具备下列条件的，不承担赔偿责任：

（一）未改变自动存储的作品、表演、录音录像制品；

（二）不影响提供作品、表演、录音录像制品的原网络服务提供者掌握服务对象获取该作品、表演、录音录像制品的情况；

（三）在原网络服务提供者修改、删除或者屏蔽该作品、表演、录音录像制品时，根据技术安排自动予以修改、删除或者屏蔽。

第二十二条 网络服务提供者为服务对象提供信息存储空间，供服务对象通过信息网络向公众提供作品、表演、录音录像制品，并具备下列条件的，不承担赔偿责任：

（一）明确标示该信息存储空间是为服务对象所提供，并公开网络服务提供者的名称、联系人、网络地址；

（二）未改变服务对象所提供的作品、表演、录音录像制品；

（三）不知道也没有合理的理由应当知道服务对象提供的作品、表演、录音录像制品侵权；

（四）未从服务对象提供作品、表演、录音录像制品中直接获得经济利益；

（五）在接到权利人的通知书后，根据本条例规定删除权利人认为侵权的作品、表演、录音录像制品。

第二十三条 网络服务提供者为服务对象提供搜索或者链接服务，在接到权利人的通知书后，根据本条例规定断开与侵权的作品、表演、录音录像制品的链接的，不承担赔偿责任；但是，明知或者应知所链接的作品、表演、录音录像制品侵权的，应当承担共同侵权责任。

第二十四条 因权利人的通知导致网络服务提供者错误删除作品、表演、录音录像制品，或者错误断开与作品、表演、录音录像制品的链接，给服务对象造成损失的，权利人应当承担赔偿责任。

第二十五条 网络服务提供者无正当理由拒绝提供或者拖延提供涉嫌侵权的服务对象的姓名（名称）、联系方式、网络地址等资料的，由著作权行政管理部门予以警告；情节严重的，没收主要用于提供网络服务的计算机等设备。

第二十六条 本条例下列用语的含义：

信息网络传播权，是指以有线或者无线方式向公众提供作品、表演或者录音录像制品，使公众可以在其个人选定的时间和地点获得作品、表演或者录音录像制品的权利。

技术措施，是指用于防止、限制未经权利人许可浏览、欣赏作品、表演、录音录像制品的或者通过信息网络向公众提供作品、表演、录音录像制品的有效技术、装置或者部件。

权利管理电子信息，是指说明作品及其作者、表演及其表演者、录音录像制品及其制作者的信息，作品、表演、录音录像制品权利人的信息和使用条件的信息，以及表示上述信息的数字或者代码。

第二十七条 本条例自 2006 年 7 月 1 日起施行。

教科书法定许可使用作品支付报酬办法

中华人民共和国国家版权局
中华人民共和国国家发展和改革委员会
令第10号

《教科书法定许可使用作品支付报酬办法》已经2013年9月2日国家版权局局务会议通过，并经国家发展和改革委员会同意，现予公布，自2013年12月1日起施行。

国家版权局局长　蔡赴朝
国家发展和改革委员会主任　徐绍史
2013年10月22日

教科书法定许可使用作品支付报酬办法

第一条　为保护文学、艺术和科学作品作者的著作权，规范编写出版教科书使用已发表作品的行为，根据《中华人民共和国著作权法》、《中华人民共和国著作权法实施条例》及《著作权集体管理条例》，制定本办法。

第二条　本办法适用于使用已发表作品编写出版九年制义务教育和国家教育规划教科书的行为。本办法所称教科书不包括教学参考书和教学辅导材料。

本办法所称九年制义务教育教科书和国家教育规划教科书，是指为实施义务教育、高中阶段教育、职业教育、高等教育、民族教育、特殊教育，保证基本的教学标准，或者为达到国家对某一领域、某一方面教育教学的要求，根据国务院教育行政部门或者省级人民政府教育行政部门制定的课程方案、专业教学指导方案而编写出版的教科书。

第三条　在教科书中汇编已经发表的作品片断或者短小的文字作品、音乐作品或者单幅的美术作品、摄影作品，除作者事先声明不许使用的外，可以不经著作权人许可，但应当支付报酬，指明作者姓名、作品名称，并且不得侵犯著作权人依法享有的其他权利。

作品片断或者短小的文字作品，是指九年制义务教育教科书中使用的单篇不超过2 000字的文字作品，或者国家教育规划（不含九年制义务教育）教科书中使用的单篇不超过3 000字的文字作品。

短小的音乐作品，是指九年制义务教育和国家教育规划教科书中使用的单篇不超过5页面或时长不超过5分钟的单声部音乐作品，或者乘以相应倍数的多声部音乐作品。

第四条　教科书汇编者支付报酬的标准如下：

（一）文字作品：每千字300元，不足千字的按千字计算；

（二）音乐作品：每首300元；

（三）美术作品、摄影作品：每幅200元，用于封面或者封底的，每幅400元；

（四）在与音乐教科书配套的录音制品教科书中使用的已有录音制品：每首50元。

支付报酬的字数按实有正文计算，即以排印的版面每行字数乘以全部实有的行数计算。占行题目或者末尾排印不足一行的，按一行计算。

诗词每十行按一千字计算；不足十行的按十行计算。

非汉字的文字作品，按照相同版面同等字号汉字数付酬标准的80%计酬。

第五条　使用改编作品编写出版教科书，按照本办法第四条的规定确定报酬后，由改编作品的作者和原作品的作者协商分配，协商不成的，应当等额分配。

使用的作品有两个或者两个以上作者的，应当等额分配该作品的报酬，作者另有约定的除外。

第六条　教科书出版发行存续期间，教科书汇编者应当按照本办法每年向著作权人支付一次报酬。

报酬自教科书出版之日起2个月内向著作权人支付。

教科书汇编者未按照前款规定向著作权人支付报酬，应当在每学期开学第一个月内将其应当支付的报酬连同邮资以及使用作品的有关情况交给相关的著作权集体管理组织。教科书汇编者支付的报酬到账后，著作权集体管理组织应当及时按相关规定向著作权人转付，并及时在其网站上公告教科书汇编者使用作品的有关情况。

著作权集体管理组织收转报酬，应当编制报酬收转记录。

使用作品的有关情况包括使用作品的名称、作者（包括原作者和改编者）姓名、作品字数、出版时间等。

第七条 教科书出版后，著作权人要求教科书汇编者提供样书的，教科书汇编者应当向著作权人提供。

教科书汇编者按照本办法通过著作权集体管理组织转付报酬的，可以将样书交给相关的著作权集体管理组织，由其转交给著作权人。

转交样书产生的费用由教科书汇编者承担。

第八条 教科书汇编者按照本办法第六条第三款规定将相应报酬转交给著作权集体管理组织后，对著作权人不再承担支付报酬的义务。

第九条 教科书汇编者未按照本办法规定支付报酬的，应当承担停止侵权、消除影响、赔礼道歉、赔偿损失等民事责任。

第十条 教科书汇编者向录音制作者支付报酬，适用本办法第六条、第八条和第九条规定。

第十一条 本办法自2013年12月1日起施行。本办法施行前发布的其他有关规定与本办法不一致的，以本办法为准。

关于印发《全国版权示范城市、示范单位、示范园区（基地）管理办法》的通知

国版发［2013］4号

各省、自治区、直辖市版权局，解放军总政治部宣传部版权局：

为全面贯彻落实《国家知识产权战略纲要》，充分发挥版权在推动经济发展、文化繁荣方面的积极作用，提升自主创新能力，促进并规范版权示范城市、示范单位和示范园区（基地）健康发展，更好地为经济建设服务，国家版权局修订了《全国版权示范城市、示范单位、示范园区（基地）管理办法》，现予以印发，请各地认真执行。

附件：《全国版权示范城市、示范单位、示范园区（基地）管理办法》

国家版权局

2013年9月6日

全国版权示范城市、示范单位、示范园区（基地）管理办法

第一条 为贯彻落实《国家知识产权战略纲要》，充分发挥版权示范城市、示范单位和示范园区（基地）在诚信守法、依法经营、带动版权产业发展方面的示范作用，提升城市、单位和园区（基地）自主创新能力，推动版权保护工作更好地为经济建设服务，促进经济、文化、科技和社会发展，特制定本办法。

第二条 全国版权示范城市，是指能够有效实施著作权法律法规，版权保护措施得力，市场运作规范，版权产业在其经济发展中占有重要地位，版权创造、运用、保护、管理能力强，在全国具有示范效应的城市（不含直辖市）。

全国版权示范单位，是指在作品的创作与传播、产业发展、版权保护与管理、教学科研等方面取得优异成绩，并在全国具有示范效应的企事业单位、相关机构和经营市场。

全国版权示范园区（基地），是指在版权保护与管理、集聚版权要素、促进版权贸易、推动版权产业发展等方面取得优异成绩，并在全国具有示范效应的产业园区和产业集群。

第三条 申报全国版权示范城市应当具备以下条件：

（一）高度重视版权保护工作，将版权保护工作纳入城市经济和社会发展的议事日程。

（二）注重版权保护组织和队伍建设，有健全的司法审判、版权管理、行政执法、社会服务等组织机构和干部队伍，有必要的版权工作专项资金。

（三）具有形成规模的新闻出版、广播影视、文学艺术、文化娱乐、广告设计、工艺美术、计算机软件、信息网络等版权产业的产业带、产业集群或产业园区，版权产业在本区域经济中占有重要比例，有鼓励和扶持版权产业发展的政策和优惠措施。

（四）建立完善的版权产业统计制度和作品登记制度，及时统计和上报各类版权统计数据。作品登记和计算机软件登记数量年平均增长10%以上，年登记总量在本省居于前列。

（五）保护版权、打击侵权盗版措施得力，及时查处本辖区内严重损害社会公共利益的重大侵权盗版案件。市场规范有序，没有侵权制品销售的集散场所。

（六）政府相关部门带头使用正版软件，软件正版化率达100%，并建立软件正版化长效机制和软件资产管理制度，积极推进本地区企事业单位使用正版软件工作。

（七）具有完善的版权宣传和教育机制，积极开展版权宣传教育工作，版权保护氛围良好，社会公众版权认知水平较高。

第四条 申报全国版权示范单位应当具备以下条件：

（一）有健全的版权保护制度，配备负责版权工作的专职（兼职）人员，有较为完善的版权保护机制，在全国具有推广价值。

（二）具有自主创新能力，注重版权的创造、运用、保护和管理，在作品的创作、传播、使用领域具有示范效应。

（三）遵纪守法、诚信经营，不生产、不传播、不使用侵权制品，软件正版化率达100%，无恶意侵权盗版行为。

（四）建立健全的版权资产管理制度和长效机制，版权资产权属明晰、管理规范。.

（五）有较完善的版权保护宣传和教育机制，其员工具备较强的版权保护意识。

（六）申报主体为企业的，须具有独立法人资格，注册时间2年以上，经营状况良好；申报主体为教学科研单位的，须以版权为核心，开展科学研究、人才培养、学术交流、信息咨询等业务，科研成果突出。

（七）已获得省级版权示范单位称号。

第五条 申报全国版权示范园区（基地）应当具备以下条件：

（一）具有专业化的管理机构和清晰完整的发展规划，发展方向明确，实际运营时间在2年以上，经营状况良好。

（二）拥有可独立支配的产业园区，建筑面积在2万平方米以上，入驻企业30家以上，或者在特定区域内已形成具有全国性影响的产业集聚基地，其中80%以上的企业在产品、服务、技术、人才等方面与版权有实质性关联。

（三）具有完善的版权服务体系，能为企业提供与版权相关的交流、交易、融资、合作、咨询、培训等服务。

（四）具有版权统计制度和鼓励创新的激励机制，园区（基地）企业具有自主创新能力和自主版权，创造和运用版权的数量在同行业中居领先地位。

（五）具有良好的版权保护氛围，园区（基地）企业不生产、不传播、不使用侵权制品，软件正版化率达100%，无恶意侵权盗版行为。

（六）已获得省级版权示范园区（基地）称号。

第六条 申报全国版权示范城市，由所在地人民政府向省级人民政府的著作权行政管理部门申请，经省级人民政府的著作权行政管理部门同意，由该部门向国家版权局提交书面申请。书面申请要载明申报理由和所具备的条件。

第七条 申报全国版权示范单位和示范园区（基地），由所在地市级人民政府的著作权行政管理部门向省级人民政府的著作权行政管理部门申请，经省级人民政府的著作权行政管理部门同意，由该部门向国家版权局提交书面申请。书面申请要载明申报理由和所具备的条件。

第八条 全国版权示范城市，实行自愿申报、创建考核、期满授牌和监督管理的程序。申报城市按照本办法第六条规定，提出创建申请，经国家版权局同意后，开展创建活动，创建期为2年。

创建期间，申报城市应每年向国家版权局汇报一次创建工作进展。

创建期满一年内，申报城市提出考核申请，国家版权局依据本办法第三条规定进行考核，对考核合格者授予全国版权示范城市称号，制作颁发牌匾并通过媒体向社会公告。考核不合格者，保留创建资格2年，2年仍达不到标准的，取消创建资格。

第九条 全国版权示范单位、示范园区（基地），实行自愿申报、考核授牌和监督管理的程序。申报单位和园区（基地）依据本办法第七条规定提出申请后，国家版权局依据本办法第四条或第五条规定进行考核，对考核合格者授予全国版权示范单位或全国版权示范园区（基地）称号，制作颁发牌匾并通过媒体向社会公告。

第十条 对获得全国版权示范称号的城市、单位和园区（基地），国家版权局将在媒体宣传、作品登记、执法资源、公共服务建设等方面给予政策支持，并建议其所在地人民政府给予物质奖励、政策资金支持。

第十一条 国家版权局和各省、自治区、直辖市人民政府的著作权行政管理部门负责对全国版权示范城市、示范单位和示范园区（基地）的监督检查。国家版权局对全国版权示范城市、示范单位和示范园区（基地）进行不定期抽查巡检，各省、自治区、直辖市人民政府的著作权行政管理部门对本辖区内的全国版权示范单位和园区（基地）进行不定期检查考核。

第十二条 全国版权示范城市应于每年3月底前将上一年度有关制度建设、政策实施、强化保护、产业创新、宣传教育等工作情况，报送国家版权局并抄送省级人民政府的著作权行政管理部门备案。

全国版权示范单位和园区（基地）应于每年3月底前将上一年度有关守法经营、制度建设、规范管理、产业和贸易发展、教学科研等工作情况，报送所在地省级人民政府的著作权行政管理部门并抄报国家版权局。

第十三条 全国版权示范城市、示范单位和示范园区（基地）存在申报材料作假、不及时处理本辖区或本单位重大侵权盗版案件、连续2次考核不合格等情况的，由国家版权局撤销示范称号并通过媒体向社会公告。

第十四条 本办法由国家版权局负责解释。

第十五条 本办法自2013年10月1日起施行。2010年1月1日起施行的《全国版权示范城市、示范单位和示范园区（基地）管理办法》同时废止。

国务院办公厅关于印发《政府机关使用正版软件管理办法》的通知

国办发［2013］88号

各省、自治区、直辖市人民政府，国务院各部委、各直属机构：

《政府机关使用正版软件管理办法》已经国务院同意，现印发给你们，请认真贯彻执行。

国务院办公厅

2013年8月15日

政府机关使用正版软件管理办法

第一条 为进一步规范政府机关使用正版软件行为，建立长效机制，根据《中华人民共和国著作权法》、《中华人民共和国审计法》、《中华人民共和国政府采购法》、《中华人民共和国预算法》和《计算机软件保护条例》，制定本办法。

第二条 本办法所称软件包括计算机操作系统软件、办公软件和杀毒软件三类通用软件。

第三条 各级政府机关的计算机办公设备及系统必须使用正版软件，禁止使用未经授权和未经软件产业主管部门登记备案的软件。

各级政府机关工作人员不得随意在计算机办公设备及系统中安装或卸载软件。

第四条 国务院各部门、地方各级政府及其部门对本部门和本地区政府机关使用正版软件工作负总责，其主要负责人是使用正版软件工作的第一责任人；负责信息化工作的部门及其负责人具体负责本地区、本单位使用正版软件的推进工作。

第五条 各级政府机关要按照勤俭节约、确保政府信息安全的原则，充分考虑实际工作需要和软件性价比，科学合理制定软件采购年度计划。

各级财政部门应当将政府机关软件采购经费纳入本级财政预算。

第六条 各级政府机关采购软件应当严格执行《中华人民共和国政府采购法》的有关规定，严格遵守国家软件产品管理制度，采购软件产业主管部门登记备案的软件产品。

各级政府机关应当规范政府采购软件行为，建立健全相关工作机制，准确核实拟采购软件的知识产权状况，防止侵权盗版软件产品进入政府采购渠道。

各级政府机关应当明确需采购软件的兼容性、授权方式、信息安全、使用年限、技术支持与软件升级等售后服务要求，对需要购置的纳入政府集中采购目录的软件，依法实行政府采购。

政府集中采购机构负责组织实施政府机关软件集中采购，采取协议供货等采购形式，定期公布软件价格、供应商目录等。

各级政府机关购置计算机办公设备时，应当采购预装正版操作系统软件的计算机产品，对需要购置的办公软件和杀毒软件一并作出购置计划。

第七条 各级政府机关通过各种方式形成的软件资产均属于国有资产，应当按照《固定资产分类与代码》（GB/T 14885—2010）等有关国家标准和规定纳入部门资产管理体系，软件配置、使用、处置等应当严格执行国有资产管理相关制度，防止因机构调整、系统或软件版本升级、系统或设备更新和损毁等造成软件资产流失或非正常贬值。

各级政府机关应当根据不同软件资产的特点，坚持制度手段、技术手段并重，有针对性地实施软件资产日常管理和维护。

各级政府机关应当完善有关标准和管理工作程序，实现软件资产管理与预算管理、政府采购、财务管理、信息技术管理相结合。

第八条 推进使用正版软件工作部际联席会议负责组织、协调和指导全国政府机关使用正版软件工作。联席会议办公室设在国务院著作权行政管理部门，并保障必要的工作条件。

各省、自治区、直辖市人民政府建立相应的工作机制，负责组织、协调和指导本地区政府机关使用正版软件工作，并保障必要的工作条件。

第九条 著作权行政管理部门会同推进使用正版软件工作机制各成员单位负责政府机关使用正版软件情况日常监管、督促检查及培训工作。

工业和信息化部门负责软件产品质量管理工作，督促软件生产商和供应商提高软件产品质量、做好售后服务；会同著作权行政管理等部门做好新出厂计算机预装正版操作系统软件的管理工作。

财政部门负责软件采购资金保障和使用的监督检查，指导软件集中采购工作，研究制定规范软件资产管理的指导意见和政府机关办公通用软件的配置标准等。

审计部门负责对政府机关采购软件资金管理使用和软件资产管理情况进行审计监督，并将相关审计结果纳入审计报告。

工商部门负责依法查处垄断和不正当竞争行为，维护软件市场公平竞争秩序。

机关事务主管部门按照本级政府分工做好软件资产管理相关工作。

第十条 各级政府机关应当于每年11月底前将本单位当年使用正版软件的资金保障、软件采购、软件资产管理等情况书面报本级著作权行政管理部门。

各省、自治区、直辖市人民政府应当于每年12月底前将本地区当年推进使用正版软件工作情况书面报国务院著作权行政管理部门，国务院著作权行政管理部门汇总、核实后书面报国务院。

第十一条 各级政府应当将使用正版软件工作纳入年度考核，建立考核评议制度和责任追究制度，定期对使用正版软件工作进行考核、评议。对未按要求完成软件摸查、采购、安装验收、资产管理、年度报告、长效机制建设等工作的，由本级政府或上级政府有关部门依法依规对相关责任人进行诫勉谈话或给予处分。

第十二条 政府机关违反本办法规定的，由本级政府或上级政府有关部门责令改正；造成他人损失的，依法承担相应的民事责任；情节严重的，对相关责任人依法给予处分；涉嫌犯罪的，移送司法机关依法追究刑事责任。

第十三条 推进使用正版软件工作机制各成员单位在履行职责的过程中滥用职权、玩忽职守、徇私舞弊或消极塞责的，由本级政府或上级政府有关部门责令改正；情节严重的，对相关责任人依法给予处分；涉嫌犯罪的，移送司法机关依法追究刑事责任。

第十四条 政府机关以外的其他国家机关、事业单位、人民团体和免予登记的社会团体使用正版软件工作，参照本办法执行。

第十五条 本办法由国务院著作权行政管理部门负责解释。

第十六条 本办法自印发之日起施行。

关于同意国际唱片业协会北京代表处延长驻在期限的批复

新出审字［2013］582号

国际唱片业协会：

关于国际唱片业协会北京代表处延长驻在期限的申请收悉。

经研究，同意国际唱片业协会北京代表处延长驻在期限，延长后的驻在期限为2013年1月28日至2016年1月27日。

请依照《国外著作权认证机构在中国设立常驻代表机构管理办法》（国权联［1996］35号）有关规定办理相关手续。

国家新闻出版广电总局

2013年5月15日

关于同意国际唱片业协会北京代表处变更驻在地址的批复

新出审字［2013］1236 号

国际唱片业协会：

关于国际唱片业协会北京代表处变更驻在地址的申请收悉。

经研究，同意国际唱片业协会北京代表处驻在地址由北京市东城区北三环东路 36 号北京环球贸易中心 B 座 1507 室变更为北京市东城区安定门外大街 2 号安贞大厦 1708 室。

请依照《国外著作权认证机构在中国设立常驻代表机构管理办法》（国权联［1996］35 号）到国家工商行政管理总局申请办理变更登记。

国家新闻出版广电总局

2013 年 9 月 18 日

关于同意美国电影协会北京代表处延长驻在期限的批复

新出审字［2013］1202 号

美国电影协会：

关于美国电影协会北京代表处延长驻在期限的申请收悉。

经研究，同意美国电影协会北京代表处延长驻在期限，延长后的驻在期限为 2013 年 9 月 13 日至 2016 年 9 月 12 日。

请依照《国外著作权认证机构在中国设立常驻代表机构管理办法》（国权联［1996］35 号）有关规定办理相关手续。

国家新闻出版广电总局

2013 年 9 月 12 日

关于同意韩国著作权委员会北京代表处延长驻在期限的批复

新出审字［2013］1548 号

韩国著作权委员会：

关于韩国著作权委员会北京代表处延长驻在期限的申请收悉。

经研究，同意韩国著作权委员会北京代表处延长驻在期限，延长后的驻在期限为 2013 年 12 月 14 日至 2014 年 12 月 13 日。

请依照《国外著作权认证机构在中国设立常驻代表机构管理办法》（国权联［1996］35 号）有关规定办理相关手续。

国家新闻出版广电总局

2013 年 12 月 3 日

关于进一步推进新闻出版行业企业使用正版软件工作的通知

新出厅字［2013］274号

各省、自治区、直辖市新闻出版局（版权局），北京、上海、天津、重庆市文化市场行政执法总队，各新闻出版上市企业、大型出版集团、报刊集团、发行集团：

软件产业是国家战略性新兴产业，是国民经济和社会信息化的重要基础。2006年以来，在国务院的部署指导下，原新闻出版总署（国家版权局）、财政部、工业和信息化部、商务部、国资委、银监会、证监会、保监会、全国工商联九部委联合印发了《关于推进企业使用正版软件工作的实施方案》（国权联［2006］2号），并经国务院批准成立推进企业使用正版软件工作部际联席会议，积极推进企业使用正版软件工作。

2011年12月国家版权局下发《关于推进新闻出版行业企业使用正版软件工作的通知》以来，各新闻出版企业积极落实工作责任，推动使用正版软件。截至2012年12月底，全国166家新闻出版上市企业、大型出版集团（总部）、报业集团（总部）、发行集团（总部）（以下简称“新闻出版集团”）已实现软件正版化，初步建立了软件资产管理长效工作机制，基本完成了使用正版软件工作目标。

为进一步推进新闻出版行业企业使用正版软件工作，全面完成新闻出版行业企业软件正版化既定目标，按照推进使用正版软件工作部际联席会议《2013年工作计划》要求，在巩固2012年新闻出版集团（总部）软件正版化工作成果的基础上，2013年将继续推进新闻出版集团所属二级企业的使用正版软件工作。现就新闻出版行业企业使用正版软件工作通知如下：

一、工作目标

各新闻出版上市企业、大型出版集团、报刊集团、发行集团所属的二级企业应于2014年12月底前完成使用正版软件工作。

二、工作内容

（一）开展使用正版软件检查整改。各相关企业要对本单位现有的计算机种类、数量，已有正版软件的种类、数量，拟采购正版软件的种类、数量等进行自查。

（二）及时采购更换正版软件。各相关企业对使用的未经合法授权的软件，要采取有效措施及时予以更换。要积极推广正版软件集中采购，降低采购成本。

（三）建立软件资产管理制度。各相关企业要加强对软件的使用管理，将软件作为资产纳入部门资产管理体系，制定软件资产管理制度，对软件配置、使用、处置等环节规范管理，提高企业软件资产管理水平。

（四）做好信息报送。各相关企业要指定专门人员负责信息报送工作，通过“新闻出版企业软件正版化工作平台”的信息采集系统报送相关信息，并将相关报表打印，加盖企业签章和所属集团公章后，经所在省（区、市）新闻出版局（版权局）报送至新闻出版总署信息中心。

三、工作要求

（一）按照工作目标，切实落实工作责任。上述有关企业人员要切实增强保护知识产权意识，自觉使用正版软件。各相关企业负责信息化建设和维护的部门是软件正版化的责任部门，分管领导是第一责任人。要把使用正版软件工作责任分解到人，确保按时完成使用正版软件各项工作。

（二）国家新闻出版广电总局（国家版权局）负责中央级相关企业、各省（区、市）新闻出版局（版权局）负责所辖区域内相关企业使用正版软件工作，要做好使用正版软件的日常监管和督促检查工作，确保相关企业按时完成使用正版软件工作。

（三）各新闻出版集团（总部）负责推进所属二级企业的使用正版软件工作，定期开展企业正版软件使用情况检查和使用正版软件工作培训，统筹安排企业正版软件的采购，指导企业建立完善软件资产管理制度。

（四）为推进新闻出版企业使用正版软件工作，国家新闻出版广电总局（国家版权局）委托新闻出版总署信息中心建设了“新闻出版企业软件正版化工作平台”。各相关企业应通过平台信息采集系统及时、准确报送各类信息数据，并可通过平台集中采购相关软件。新闻出版总署信息中心要做好新闻出版企业正版软件集中采购工作的组织协调，做好正版软件需求调查等基础工作，不断完善工作机制，逐步扩大集采软件种类，为新闻出版企业争取更优惠的价格和更好的服务，推动新闻出版企业正版软件集中采购工作顺利开展。

（五）各新闻出版集团所属二级企业应在2013年9月至11月完成企业使用正版软件的自查工作；2013年12月至2014年8月完成整改落实工作；2014年9月至11月各省（区、市）新闻出版局（版权局）完成本省新闻出版企业使用正版软件情况检查；2014年12月各省（区、市）新闻出版局（版权局）、各新闻出版行业企业完成总结工作。

此项工作由新闻出版总署信息中心配合国家新闻出版广电总局（国家版权局）开展具体推进工作。国家新闻出版广电总局（国家版权局）将适时派出工作组对各地相关企业推进工作进行督促检查。

国家新闻出版广电总局办公厅

2013年8月13日

关于同意美国商业软件联盟北京代表处延长驻在期限的批复

新出审字［2013］1546号

美国商业软件联盟：

关于美国商业软件联盟北京代表处延长驻在期限的申请收悉。

经研究，同意美国商业软件联盟北京代表处延长驻在期限，延长后的驻在期限为2013年12月11日至2016年12月10日。

请依照《国外著作权认证机构在中国设立常驻代表机构管理办法》（国权联［1996］35号）有关规定办理相关手续。

国家新闻出版广电总局

2013年12月3日

关于同意设立法国国际作者和作曲者协会联合会北京代表处的批复

国版发［2013］5号

国际作者和作曲者协会联合会：

关于设立法国国际作者和作曲者协会联合会北京代表处的申请收悉。

经研究，同意设立法国国际作者和作曲者协会联合会北京代表处，驻在地址为：北京市朝阳区建国门外大街2号院3号楼15层1549室，首席代表张晶，驻在期限自国家工商行政管理总局核准之日起3年，业务范围：开展国际作者和作曲者协会联合会成员著作权认证和保护相关联络工作。

根据《国外著作权认证机构在中国设立常驻代表机构管理办法》（国权联［1996］35号）第五条之规定，请持此件及相关文件向国家工商行政管理总局申请登记。

国家版权局

2013年12月11日

关于同意授予广州市全国版权示范城市称号的复函

国版字［2013］12号

广州市人民政府：

你市上报的《广州市人民政府关于申请对全国版权示范城市创建工作进行考核验收的函》（穗府函［2013］90号）收悉。

广州市委、市政府高度重视版权工作，将版权工作纳入城市发展战略总体规划，严格按照国家版权局《全国版权示范城市、示范单位和示范园区（基地）管理办法》的要求，积极有效推进创建工作，形成了政府引导、企业参与、群众支持的创建格局，充分发挥了版权工作在城市经济社会发展中的影响力，有力地促进了智力成果的创造、运用、保护与管理，取得了良好成效。

我局经对你市全国版权示范城市创建工作考核验收，认为符合规定条件，同意授予广州市“全国版权示范城市”称号。希望你市认真贯彻落实《国家知识产权战略纲要》和《版权工作“十二五”规划》，深入开展版权知识的宣传普及工作，加大版权执法力度，保障著作权法律、法规的有效实施，加强版权保护队伍和版权服务体系建设，努力打造版权产业集群，推动智力成果的创新与运用，促进区域经济、文化、科技和社会全面发展。

国家版权局

2013年10月22日

国家版权局关于奖励2012年度查处侵权盗版案件有功单位及个人的决定

国版字［2013］9号

各省（区、市）版权局，解放军总政治部宣传部版权局，北京市、天津市、上海市、重庆市文化市场行政执法总队；工业和信息化部、公安部、海关总署、工商总局办公厅，国家互联网信息办公室秘书局，最高人民法院、最高人民检察院办公厅；各相关协会、出版单位、新闻媒体：

为充分调动版权相关执法部门和执法人员查处侵权盗版案件的积极性和主动性，树立先进典型的引导、示范作用，为建设创新型国家营造良好氛围，根据《国家版权局举报、查处侵权盗版行为奖励暂行办法》及实施细则的规定，国家版权局决定对在2012年度查处侵权盗版案件工作中作出突出贡献的安徽省公安厅治安行动队等230家有功单位、万洪东等157名有功个人给予奖励。

全国版权相关执法部门及广大执法人员要向查处侵权盗版案件有功单位和有功个人学习，自觉弘扬求真务实、勇于创新的精神，以提升我国版权保护水平为己任，为建设创新型国家、推动文化大发展大繁荣作出更大贡献。

附件：2012年度查处侵权盗版案件有功单位及个人名单（详见《中国版权年鉴2013》“表彰评奖”栏目，343页。）

国家版权局

2013年7月2日

国家版权局办公厅关于进一步加强互联网传播作品版权监管工作的意见

国版办字［2013］70号

为规范互联网环境下作品的合法传播，维护著作权人合法权益，促进版权相关产业健康发展，依据《信息网络传播权保护条例》，就进一步加强互联网传播作品版权监管工作，提出如下意见：

一、确定重点监管网站：国家版权局根据传播作品网站的行业影响力、传播作品的数量和点击率、版权保护状况等因素，确定国家版权局重点监管网站名单。

网站类型包括直接提供内容服务的网站（以下简称直接提供内容网站），为用户上传内容提供存储空间的网站（以下简称用户上传内容网站），提供搜索、链接服务的网站（以下简称提供搜索链接网站）以及为传播作品提供平台的电子商务网站和应用平台（以下简称电商网站及应用平台），监管范围包括网站的计算机端和移动端。

国家版权局于每年1月通过国家版权局网站公布本年度重点监管网站名单。

二、确定重点审核作品：国家版权局根据直接提供内容网站、用户上传内容网站、提供搜索链接网站等三类网站传播作品的点击率、下载量等因素，定期确定各网站的重点审核作品名单，并将名单发送至各网站。

三、提交材料：上述三类网站应当在收到重点审核作品名单后10个工作日内向国家版权局分别提交以下材料：

（一）直接提供内容网站和用户上传内容网站应提交完整填写的国家版权局编制的作品授权信息表，以及重点审核作品的权利证明文件，包括：作品登记证书；著作权合同登记证书；著作权授权书；著作权许可或转让合同；其他权利证明文件。

（二）提供搜索链接网站应提交本网站与被跳转网站的合作协议，以及用以证明对重点审核作品享有信息网络传播权的被跳转网站的签章确认文件。

网站提交的权利证明文件应合法有效，其中著作权授权书、著作权许可或转让合同或其他权利证明文件应反映完整的授权关系。

四、审核材料：国家版权局对上述三类网站上报的材料进行审核，发现存在权利证明文件和作品授权信息表信息不一致、作品授权信息表填写不完整、报送材料不齐全等情形的，书面通知网站，网站应当在收到通知后5个工作日内按要求补齐材料或作出书面说明。

对于审核后发现无授权或权利有瑕疵的作品，网站应当在收到国家版权局书面通知后立即删除相关内容或断开相关链接，并向国家版权局提交书面整改结果。

五、自查自纠：电商网站及应用平台应于每季度末向国家版权局报送本网站本季度版权保护自查自纠报告，内容包括本季度取得著作权人授权的情况、采取的保护著作权人的措施以及处理权利人投诉的情况等。

六、重点作品预警：国家版权局不定期确定热播、热映、热销的重点作品预警名单，并将作品名单及基本授权信息等情况在国家版权局网站公布，同时书面通知各重点监管网站。

各重点监管网站收到预警名单后，应对名单内的作品采取以下保护措施：直接提供内容网站未经许可不得上传预警名单内的作品；用户上传内容网站应禁止用户上传预警名单内的作品；提供搜索链接网站应仅提供正版授权网站的搜索结果及跳转链接服务；电商网站及应用平台应加快处理预警名单内作品权利人关于删除侵权内容或断开侵权链接的通知。

七、公示公开：重点监管网站应于每年1月向国家版权局提交至少2名联系人信息。如联系人信息发生变动，应当在变动情况发生后3日内向国家版权局书面报送新联系人信息。国家版权局将各网站联系人信息在国家版权局网站上公布。

国家版权局对直接提供内容网站、用户上传内容网站、提供搜索链接网站上报的授权材料进行审核后，将作品名称、授权范围等信息在国家版权局网站进行公示，供相关权利人、使用人和公众查询。

国家版权局对电商网站及应用平台上报的自查自纠报告进行审核后，将主要内容在国家版权局网站进行公示，供公众及相关权利人和使用人查询。

八、警示名单：列入版权重点监管范围的网站存在以下情形之一的，国家版权局将其列入警示名单，并在国家版权局网站予以公布。

（一）未按要求提交相关材料，并且经通知后仍未提交的；

（二）对于材料审核中发现权利存在瑕疵等问题的作品，未立即删除相关内容或断开相关链接的；

（三）传播了重点作品预警名单内的作品，未能提交权利证明文件的；

（四）有其他严重情节的。

被列入警示名单的网站应当在10个工作日内进行全面整改，并向国家版权局提交书面整改报告。

在规定时间内完成整改并通过核查的网站，国家版权局将其从警示名单中删除并在国家版权局网站予以公布。未在规定时间内进行整改、整改后仍未通过审核或者有其他特别严重情节的，国家版权局对其立案调查或者移送至省级人民政府著作权行政执法部门立案调查。

九、保密义务：各地版权局、著作权集体管理组织、著作权认证机构、著作权登记机构等相关部门和机构，在协助核查权利证明文件过程中，应当遵守国家保密法律法规的规定，对涉及网站商业秘密的信息严格保密。

十、省（区、市）版权局职责：省（区、市）版权局对国家版权局重点监管网站进行日常监管。

省（区、市）版权局可以确定本行政区域内重点监管网站名单，并书面报告国家版权局。

省（区、市）版权局参照国家版权局的监管方式进行重点监管。

国家版权局办公厅

2013年12月30日

关于加强重点网站版权主动监管的实施意见

权司［2013］114号

各有关网站：

为加强网络环境下的版权行政执法和监管工作，净化网络版权环境，国家版权局于2010年9月15日下发了《关于做好“剑网行动”主动监管有关工作的通知》，启动了对重点视频网站的版权主动监管工作。三年来，版权主动监管工作逐步提高了视频网站传播作品的正版率，净化了网络视频行业的版权环境，遏制了企业之间的恶性竞争，带动了视频网站健康有序发展。为应对版权主动监管工作出现的新情况和新问题，切实巩固版权主动监管工作成果，现就进一步加强重点网站版权主动监管工作通知如下：

一、启动重点视听作品版权监管预警保护

（一）启动对热播、热映影视剧和以类似摄制电影的方法创作的作品以及热播音乐视频作品（以下称重点视听作品）的版权监管预警保护工作，即：相关权利人向国家版权局报送重点视听作品信息，国家版权局审核后确定预警重点视听作品名单，并将名单及基本授权信息在国家版权局网站公布，并发送到各个列入主动监管的名单的网站（以下称有关网站）。（列入主动监管的网站名单见附件1）

（二）相关权利人向国家版权局报送重点视听作品信息包括但不限于：作品名称、上映或播出日期、著作权人信息、信息网络传播权授权情况等，并附上权利证明文件以及该作品正版授权网站名单。权利人应保障权利证明文件及正版授权网站名单真实有效。

（三）各有关网站收到预警重点视听作品名单后，须对名单内的作品采取如下保护措施：1. 未经许可不得上传预警名单内的作品；2. 针对用户上传内容应采取措施，禁止用户上传预警名单内的作品；3. 提供搜索链接的网站应仅提供预警名单内正版授权网站的搜索结果及跳转链接服务。

二、完善版权主动监管工作程序

（一）国家版权局确定各视频网站每季度点击率排名各前50位的电影和电视剧名单，并于每季度末将名单发送至各视频网站。在首次确定100部影视剧名单后，下一季度影视剧名单将排除重复的影视剧作品，列出相比上一季度发生变化的名单。

（二）各视频网站在收到国家版权局确定的影视剧名单10个工作日内，向国家版权局报送相关文件：1. 直接提供内容的视频网站须报送国家版权局确定影视剧的完整授权证明文件，以及根据授权证明文件填写的影视剧授权信息表；2. 悠视、VeryCD、百度视频和奇虎360视频须报送本网站与被跳转网站的合作协议、用以证明对国家版权局确定影视剧享有信息网络传播权的被跳转网站的签章确认文件。（影视剧授权信息表及材料报送要求见附件2）

（三）音乐视频作品的版权主动监管主要通过版权监管预警机制对重点音乐视频作品进行保护。

三、强化版权主动监管工作措施

（一）国家版权局收到有关网站上报的材料并初步核查后，发现网站存在授权证明文件和影视剧授权信息表信息不一致、影视剧授权信息表填写不完整、应当报送的材料不齐全等情形的，以书面方式告知网站，网站应当在收到《告知通知书》后5个工作日内按照要求补齐材料或作出书面说明。

（二）国家版权局对报送材料和权利核查发现问题的，要求有关网站提交书面说明并认真整改。对于核查后发现无授权或权利有瑕疵的作品，网站应立即删除相关内容或断开相关链接。网站整改后应向国家版权局提交整改报告，国家版权局对有关网站的整改情况进行复核。

（三）国家版权局定期通报有关网站传播作品的著作权授权情况。对授权情况良好的网站进行通报表扬，对授权情况较差的网站进行警示、约谈并责令整改。有关网站上报材料是否及时、上报授权证明文件的数量、授权证明文件能否反映完整的授权链、授予权利是否真实有效等作为评判各有关网站使用正版作品情况优劣的标准。

（四）对存在以下五种情形之一的有关网站，国家版权局将其列入“警示名单”，并予以公布：1. 未按要求提交材料，并且经通知后仍未纠正的；2. 对于权利核查发现问题的影视剧不立即删除相关内容或断开相关链接的；3. 传播了国家版权局确定的预警重点视听作品，未能提交相关证明文件的；4. 对核查后发现的问题不作认真整改的；5. 有其他严重情节的。

被列入“警示名单”的网站，应当在2周内进行整改，并向国家版权局提交整改报告。在规定时间内完成整改并通过核查的，国家版权局将其从“警示名单”中删除。未在规定时间内进行整改或整改后仍未通过核查的，国家版权局将对其立案调查。

四、其他事项

（一）请各有关网站、集体管理组织、权利人及权利人组织于2013年9月30日前将本单位负责版权主动监管工作的联系人信息表（附件3）报送至国家版权局版权管理司执法处。如出现联系人离职或工作岗位变动等情况，请于变动情况发生后3日内报送新联系人的信息。

（二）各视频网站须按影视剧授权信息表及材料报送要求（附件2）认真报送材料。各网站报送的授权信息表电子版请发送至：zhgf0328@163.com，授权信息表及授权文件（书面文件）请快递至工作小组：北京市西城区天桥南大街1号天桥艺术大厦A座4层，中国版权保护中心法律部，邮编100050。

（三）版权主动监管工作联系人

孙洁，国家版权局重点网站版权主动监管工作小组

电话：010－68003569

传真：010－68004679

郑晓飞，国家版权局版权管理司执法处

电话：010－83138735

传真：010－83138743

附件：1. 列入主动监管的网站名单

2. 影视剧授权信息表及材料报送要求

3. 版权主动监管工作联系人信息表

国家版权局版权管理司

2013年9月22日

附件1

列入主动监管的网站名单

视频类：

暴风影音、迅雷、56网、酷6网、PPS、悠视网、土豆网、风行网、腾讯视频、VeryCD、PPTV、优酷网、百度视频、皮皮网、搜狐视频、新浪视频、激动网、乐视网、爱奇艺、360视频

音乐类：

一听音乐网、虾米音乐网、酷狗音乐网、多米音乐网、酷我音乐网

附件 2

影视剧授权信息表及材料报送要求

一、影视剧授权信息表

序号	授权影视剧名称		电影/电视剧	电影时长/电视剧集数	原始权利人	原始权利人国别	权利取得方式	直接授权方	授权内容	授权期限		授权区域	是否专有权	可否转授权	是否经认证	是否有连续授权文件	备注
	中文	英文								起始日期	截止日期						

二、授权信息表填写要求

1. 请按表格要求填写每一项信息；非中国地区电影、电视剧应填写对应授权影视剧的完整英文名称。

2. 剧目名称应严格按照公映许可证或者发行许可证上的片名填写和报送材料，勿在名称附加其他内容条目，包括但不限于“在线观看”、“高清”、“全集”。

3. 对于电视剧及电影时长，应按照发行许可证上载明的剧集数或时长进行填写。

4. 原始权利人填写制片者名称，可以参照电影和电视剧的署名、公映许可证或发行许可证上被许可人的名称；直接授权方栏目须按照授权合同的授权方名称填写。

5. 授权期限请列明具体的起始日期，如授权书中授权期限写明为“首映日起三年或某电视台首播之日起三年”，应补充报送授权方的上线通知、首映日或首播日等相关证明文件，以明确具体的授权起始日期。

6. 授权信息表应填写填报日期并加盖公司公章。

7. 不要删减授权信息表的项目。

三、授权文件报送要求

1. 授权文件应为从发行许可证至授权给公司的完整的、连续的授权文件；如涉及网站自制剧，应报送片头或片尾网站的署名情况截图。

2. 如果报送的影视剧涉及已经生效的法院判决，可以将判决书作为影视剧的授权文件报送。

3. 请装订报送的授权文件，并按授权信息表填写的序号及顺序，在授权文件的右上角进行标注，并按顺序排列报送。

4. 请将每一份授权文件均加盖公司公章。

附件 3

版权主动监管工作联系人信息表

姓名	单位	职务	联系方式	
			座机	
			手机	
			传真	
			邮箱	
			地址	
			邮编	

（请将此表于 2013 年 9 月 30 日前传真至 010－68004679，或将电子版发至 zhgf0328@163.com）

关于印发《2013 年打击网络侵权盗版专项治理“剑网行动”实施方案》的通知

各省、自治区、直辖市版权局、网信办（网宣办、网管办）、通信管理局、公安厅（局），新疆生产建设兵团版权局、公安局，北京市、天津市、上海市、重庆市文化市场行政执法总队：

为贯彻落实党的十八大精神，进一步加强网络环境下版权执法和监管工作，打击网络侵权盗版行为，保护权利人合法利益，净化网络版权环境，促进互联网产业的健康发展，根据国务院 2013 年打击侵犯知识产权和制售假冒伪劣商品工作的部署，国家版权局、国家互联网信息办公室、工业和信息化部、公安部定于2013年6月20日至10月20日联合开展第九次打击网络侵权盗版专项治理“剑网行动”。现将《2013年打击网络侵权盗版专项治理“剑网行动”实施方案》印发给你们，请认真贯彻落实文件要求，及时上报工作进展情况。

国家版权局
国家互联网信息办公室
工业和信息化部
公安部
2013年6月19日

2013年打击网络侵权盗版专项治理“剑网行动”实施方案

为加强网络环境下的版权行政执法和监管工作，打击网络侵权盗版行为，净化网络版权环境，促进互联网产业的健康发展，根据国务院2013年打击侵犯知识产权和制售假冒伪劣商品工作的部署，国家版权局、国家互联网信息办公室、工业和信息化部、公安部（以下简称“四部门”）制定《2013年打击网络侵权盗版专项治理“剑网行动”实施方案》，具体内容如下：

一、工作目标

从2013年6月20日开始，利用4个月的时间，围绕网络文学、音乐、影视、游戏、动漫、软件等重点领域以及图书、音像制品、电子出版物、网络出版物等重点产品，加强对重点音视频网站、网络销售平台的监管力度，严厉打击各种网络侵权盗版行为。通过查处一批案件、关闭一批违法网站、处理一批违法人员，有力维护网络环境下健康、规范的版权秩序，建立完善互联网版权保护长效工作机制，进一步促进互联网产业繁荣发展。

二、主要任务

（一）查办一批大案要案。各地版权执法部门、公安机关要确定一批网络侵权盗版重点案件，集中力量、快速查办。对查处的案件确定违法的，要在法定职权范围内加大行政处罚力度；涉嫌犯罪的，要根据“两法衔接”机制及时移送司法机关，强化刑事打击工作力度。

（二）深入开展对音视频网站的主动监管工作。今年国家版权局将主动监管工作扩大至重点音乐网站，各地版权管理部门要将本地有影响力的较大视频网站和音乐网站纳入主动监管的范围，明确要求网站按时开展自查自纠活动，加强对监管网站报送材料的监督和审核，指派专门执法人员对网站上传的内容等进行不定期检查，对发现的违法行为要严肃查处。

（三）加强对移动互联网的版权监管工作。各地版权执法部门要加大对手机等移动设备侵权盗版的查处力度，主动监控通过移动网络传播文学、音乐、影视、游戏、动漫、软件等情况，重点强化对音视频播放软件、游戏软件等领域侵权盗版的打击力度。

（四）加强对网络交易平台的版权监管工作。各地版权管理部门要加强对本地有影响力的各类电子商务交易平台的版权监管工作，要求相关企业建立健全版权保护制度和交易规则，切实采取有效措施积极配合版权执法部门的工作。要积极推动权利人及组织与网络交易平台企业建立版权保护协作机制。版权执法部门要严厉查处各种利用网络交易平台销售侵权盗版制品等违法行为，涉嫌犯罪的，要及时移送司法机关追究刑事责任。

（五）健全完善督办协调机制。国家版权局将会同国家互联网信息办公室、工业和信息化部、公安部联合挂牌督办一批网络侵权盗版重点案件，对列入督办范围的案件采取派员参加专案组、巡视督促、跨区域协调等方式，积极构建迅速、顺畅、便捷、高效的办案工作机制。

（六）加强法制宣传教育工作。要通过曝光一批网络侵权盗版典型案件，深入开展警示教育工作，对检查、督查中发现的违法企业、个人进行法制教育，帮助企业树立保护版权、“先授权、后传播”的法律意识，使其自觉遵守相关法律法规。

三、重点工作

（一）提高查处案件的数量和质量。各地要发布举报奖励公告，充分发挥权利人组织的积极性，鼓励社会各界积极提供案件线索。要继续加大对网络侵权盗版案件的处罚力度，在进一步提高办案的数量和质量上下功夫。尤其是要重点打击一批人民群众反响强烈、社会影响力大的侵权盗版网站，确保在办理大案要案方面取得实质性突破。

（二）进一步加大刑事打击力度。各地要深入落实“两法衔接”机制的要求，版权执法部门在执法检查和接受举报投诉时，发现网站侵权盗版行为涉嫌犯罪的，要及时向公安机关移送，并积极配合公安机关深入打击网络侵权盗版犯罪行为。

（三）突出重点工作领域。要重点围绕网络文学、音乐、影视、游戏、动漫、软件以及网络销售平台等领域，严厉打击未经许可非法上载、传播他人作品以及通过电子商务平台销售盗版制品等违法行为；严厉打击故意为侵权盗版分子提供搜索链接、信息存储空间以及服务器托管、网络接入等服务的违法行为；严厉打击利用手机等移动设备、电视机顶盒、电视棒和音视频播放器等软硬件工具侵权盗版的违法犯罪活动。

四、职责分工

（一）健全领导及工作机构。为加强对本次专项行动的组织与领导，四部门成立“全国打击网络侵权盗版专项治理工作领导小组”，新闻出版广电总局副局长、国家版权局副局长阎晓宏担任组长，领导小组成员由国家版权局版权管理司、国家互联网信息办公室网络新闻协调局、工业和信息化部电信管理局、公安部治安管理局相关司局级干部组成，统一部署重大任务，协调解决相关问题，指导各地开展相关工作。领导小组办公室设在国家版权局版权管理司。各地要成立相应的工作领导小组，协调指导本地区工作的开展，组成情况请于7月10日前同工作计划一并上报领导小组办公室。

（二）版权管理部门负责专项治理行动的牵头工作。版权管理部门要协调互联网信息内容主管部门、通信管理部门、公安机关开展工作；负责组织梳理网上侵权信息，收集案件线索，查处违法行为，移送涉嫌犯罪案件，提请通信管理部门予以暂停网站接入或者关闭网站；开展音视频网站主动监管及网络交易平台版权监管工作；组织专项治理行动的宣传和奖励工作；协调、指导文化市场综合执法机构开展版权执法工作。

（三）互联网信息内容主管部门负责指导、协调、督促有关部门加强网络内容管理、依法从严查处侵权盗版违法网站，利用版权手段加强对网络内容的监管。

（四）通信管理部门配合版权、公安部门开展打击网络侵权盗版工作，协助开展网络侵权盗版案件调查取证工作，协助提供查处网络侵权盗版案件涉及网站的备案信息，对经版权、公安部门查处且侵权盗版情节严重的网站依法吊销电信业务经营许可证或者注销备案，并通知相关接入服务商停止为其提供网站接入服务。组织开展行业自律活动。

（五）公安机关要加大对网络环境下侵权盗版涉嫌犯罪案件的线索收集、立案查处工作，及时受理版权部门移送的涉嫌犯罪的案件，进一步加大对侵权盗版犯罪案件的刑事打击力度。

五、工作要求

（一）高度重视，列入考核。各地要高度重视今年的“剑网行动”，国家版权局等四部门已将该项工作列入2013年“双打”工作考核的重点，将适时向国务院打击侵权假冒工作领导小组报告考核情况并反馈各地党委政府。

（二）做好计划，周密部署。各地版权管理部门要根据本地情况，协调版权执法、互联网信息内容主管、通信管理、公安部门，周密部署、制订具体的详尽的工作计划，于7月10日前上报国家版权局版权管理司。

（三）创新工作方法，加强制度建设。各地要在执法技术手段和管理方式等方面进行创新，通过约谈网站负责人、督办重点案件等方式，督促问题网站进行认真整改。要不断总结工作经验，健全完善网络版权执法和监管工作的各项制度，逐步建立统一、规范的版权执法监管工作流程。

（四）构建多部门共同参与的联动工作机制。各地版权、互联网信息内容主管、通信、公安部门要进一步加强配合，联合办案，按照分工认真开展工作。各地版权管理部门要做好工作部署和协调，版权执法部门要切实承担版权行政执法任务，互联网信息内容主管部门要利用版权手段加强网络监管并做好指导、协调和督促工作，通信管理部门要配合加大对违法网站的查处力度，公安部门要加大网络侵权盗版案件的侦查力度。

（五）加强信息报送工作。各地要高度重视执法信息汇总和上报工作。省级版权局、文化市场执法总队整理、汇总地方各级版权行政执法部门案件查处及音视频网站主动监管情况，统一填写附件1、附件2、附件3、附件4，从7月份起每月15日前、30日前向国家版权局版权管理司各报送1次；省级互联网信息内容主管部门、通信管理局、公安（厅）局分别整理、汇总地方各级互联网信息内容主管、通信管理、公安部门查处或配合查处案件情况，统一填写附件3，按月分别报送到国家互联网信息办公室网络新闻协调局、工信部电信管理局、公安部治安管理局。各地、各部门上报的执法情况材料将作为评价各地、各部门执法工作以及奖励查处侵权盗版有功单位和个人的重要依据。

六、实施步骤

2013年打击网络侵权盗版专项治理“剑网行动”分四个阶段进行。

（一）工作部署阶段（6月20日—7月10日）。1. 四部门召开新闻发布会，全面启动今年“剑网行动”。2. 各地积极落实文件要求，上报专项治理行动工作领导小组办公室组成情况和具体工作安排，各地确定主动监管网站名单。3. 制定专项行动宣传方案，组织媒体宣传相关法律法规与政策，宣传打击网络侵权盗版典型案例。

（二）自查自纠与收集案源阶段（7 月 11 日—7 月 31 日）。1. 进行自查自纠，组织引导合法经营的互联网企业和重点网站开展自查自纠活动，查找侵权盗版隐患。2. 收集案件线索，组织动员国内外权利人组织和社会公众投诉举报网络侵权盗版行为，充分利用国家版权局的举报电话等途径以及各地的投诉举报平台，收集案件线索。3. 开展执法培训，组织各有关部门行政执法人员的培训工作。编辑印发专项治理行动法律政策、业务指南和案例汇编。

（三）集中治理阶段（8 月 1 日—9 月 30 日）。1. 限期整改，各地有关部门要责令本地确定为主动监管的互联网企业和网站对自查出来的问题进行限期整改，对未按期完成整改的要依法查处。2. 集中执法，四部门确定一批重点案件进行挂牌督办。各级版权、互联网信息内容主管、通信管理、公安部门要根据上级移交和自行收集到的案件线索开展打击行动，要充分发挥联合执法机制，依法加大行政处罚力度，加强涉嫌犯罪案件的移送工作，集中办理一批大案要案，始终保持集中打击的高压态势。

（四）督查总结阶段（10 月 1 日—10 月 20 日）。1. 各地汇总专项治理工作情况，形成总结报告，于 10 月 31 日前上报国家版权局版权管理司。2. 开展督查，四部门对重点地区、重点企业进行督导检查，调研专项治理行动开展的情况。3. 新闻通报，四部门联合召开新闻通气会，对外宣传我国政府为打击网络侵权盗版所做的努力和取得的成绩；通报专项治理行动中的典型经验和典型案例。4. 总结奖励，四部门及时总结专项治理行动成果，依据《举报、查处侵权盗版行为奖励暂行办法》对专项治理行动中工作突出的单位和个人予以奖励，纳入 2013 年度版权执法有功单位和个人奖励范围，对重大典型案件进行专项奖励。

附件（略）：

1. 2013 年“剑网行动”主动监管网站名单（省级版权局、文化市场行政执法总队汇总填报）

2. 2013 年“剑网行动”工作情况统计表（省级版权局、文化市场行政执法总队汇总填报）

3. 2013 年“剑网行动”案件统计表（省级版权局、网信办（网宣办、网管办）、通信管理局、公安厅（局）、文化市场行政执法总队汇总填报）

4. 2013 年“剑网行动”主动监管网站检查情况统计表（省级版权局、文化市场行政执法总队汇总填报）

5. 2013 年“剑网行动”侵权盗版案件举报奖励办法

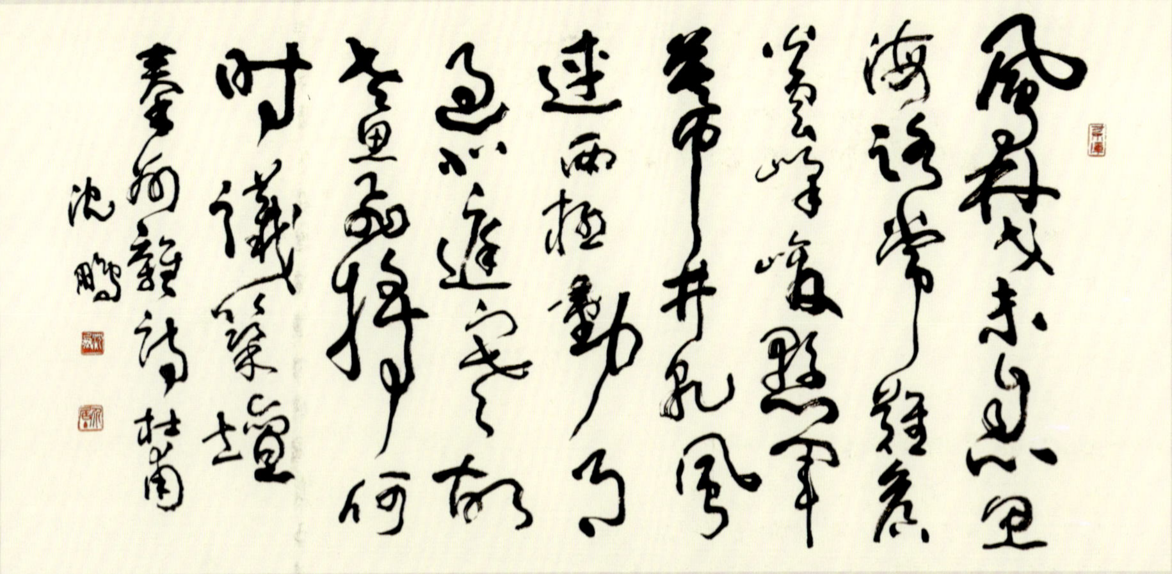

杜甫诗句（136cm×68cm）

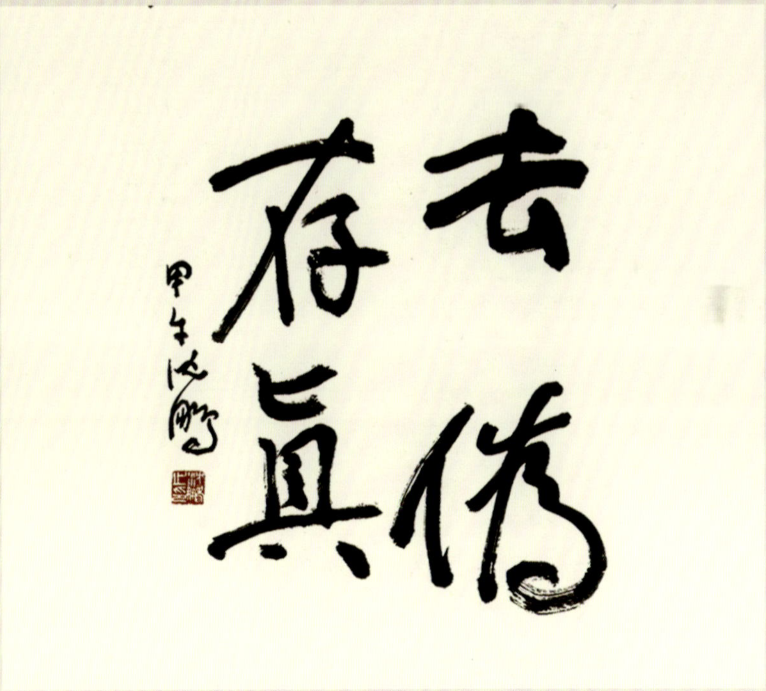

《去伪存真》（68cm×68cm）

沈鹏，1931年生于江苏江阴。多年从事美术编辑工作。现任中国美术出版总社顾问，中国书法家协会名誉主席，中央文史馆馆员，中国国家画院书法篆刻院院长等职。自1993年起任全国政协委员至今。曾出版书法作品集，美术书法评论集，诗词著作三十余种。

苏士澍，1949年3月生于北京，满族。

现任全国政协常委、国家文物局文物出版社名誉社长、全国政协书画室副主任、中国书法家协会副主席、中国书画收藏家协会会长、中央国家机关书画协会主席、中国文物保护基金会副会长、中国绿色基金会副主席、国家文物鉴定委员会委员、中国经济社会理事会常务理事、《书法丛刊》主编、西泠印社理事、中国和平统一促进会理事、中华海外联谊会理事、中国绿色基金会中国艺术家生态文化工作委员会主任等。多次在日本及中国港澳台地区举办个人展及书法讲学活动。1997年荣获中国文联“德艺双馨”百家会员称号，同年享受国务院政府特殊津贴。1999年荣获国家人事部“有突出贡献中青年专家”称号。2008年荣获新闻出版总署第十届韬奋出版奖。主编《中国书法艺术》和《中国法书全集》等。

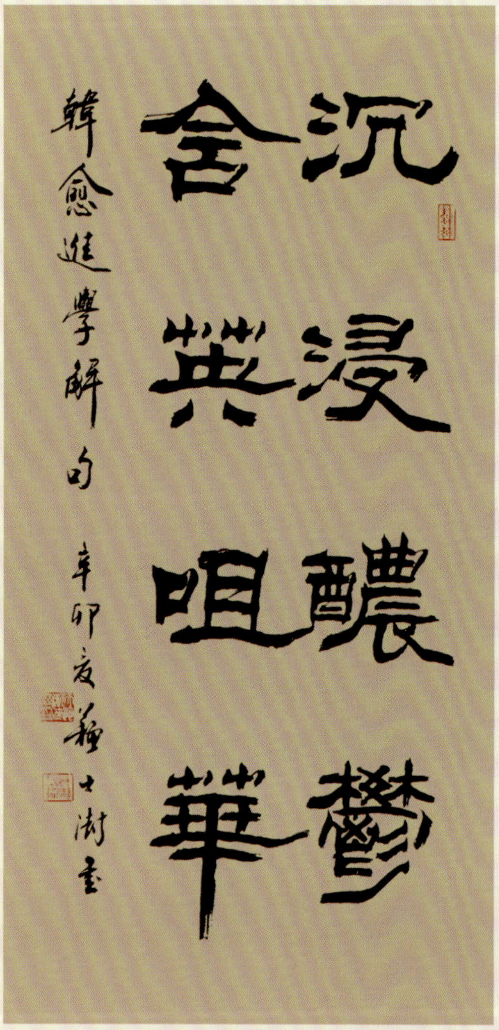

《韩愈进学解句》（68cm×136cm）

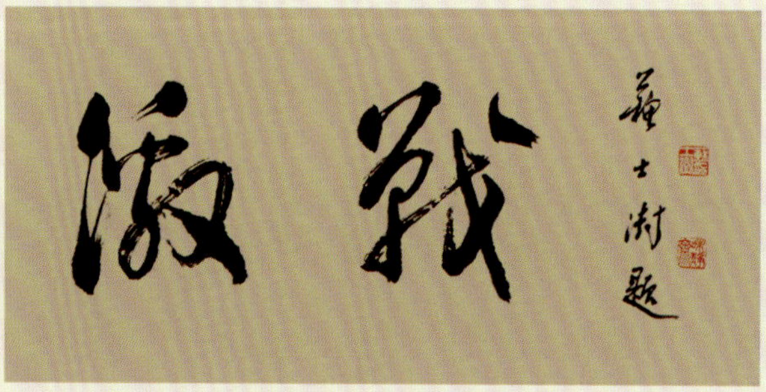

《激战》（68cm×34cm）

《厚德载物》（68cm×68cm）

龙开胜，湖南隆回人，毕业于首都师范大学美术系书法专业，现为空军政治部文艺创作室创作员、第十届中华全国青年联合会委员、中国书法家协会理事、中国书法家协会行书专业委员会委员、北京书法家协会副主席、中国书法家协会培训中心教授，全国第五届中华英才获得者，荣获《书法》杂志2006年中国书坛青年百强榜“十佳”书法家称号。被中国传媒艺术委员会评为2007年度、2009年度两届“最具影响力十大书法家”之一，被北京书法家协会评为京华书坛十佳中青年书法家，北京市第五届中青年“德艺双馨”艺术家。多次担任中国书法家协会重要展览评委。入选第二届“兰亭七子”，入选中国美术馆第二届当代书法名家提名展，入选中国书协“三名工程”展。2014年3月作为中国书法界唯一代表参加第六届迪拜国际文艺节并作了专题演讲。

曾获得首届全国电视书法大赛金奖，第二届、第三届中国书法兰亭奖艺术奖一等奖，第九届全国书法篆刻展一等奖，“羲之杯”全国书法大赛一等奖，首届大字展一等奖，第四届全国正书展最高奖，第三届、第四届全军书法大赛一等奖等大奖十余项；出版《龙开胜书法字帖五种》、《楷书千字文》、《行书千字文》、《行书三字经》、《中国美术馆第二届当代名家书法提名展名家专集龙开胜卷》等。作品被中南海、中国美术馆、国家博物馆、军委大楼等重要场所收藏。

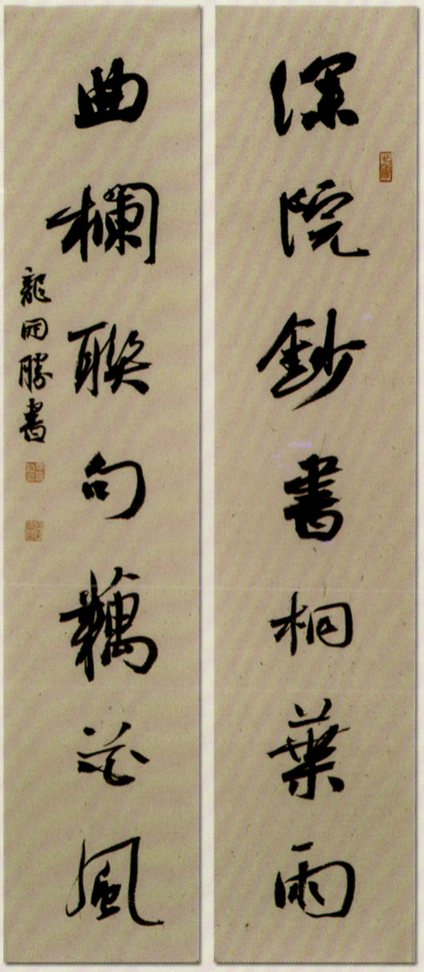

对联（35cm×138cm×2）

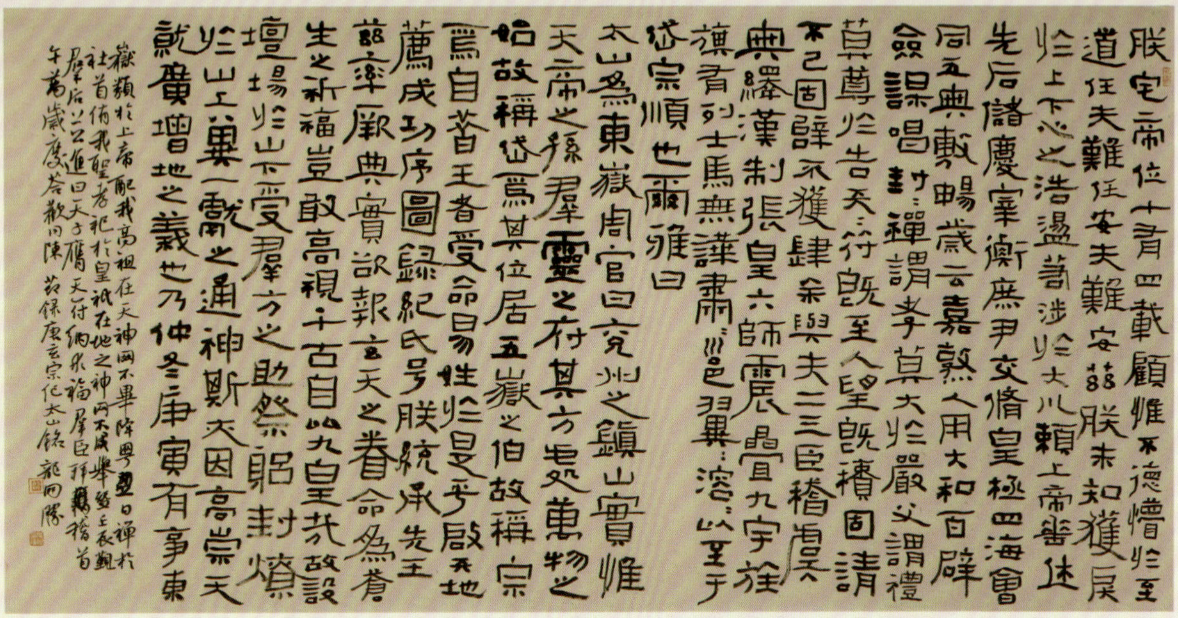

《唐玄宗纪太山铭》（180cm×97cm）

《高泉泻石玉淙淙》（68cm×133cm）

《天地浮一气》（180cm×180cm）

喻建十，天津美术学院美术创作研究院执行院长，天津美术学院中国画系教授，硕士研究生导师。教育部高等学校美术类专业教学指导委员会委员，中国美术家协会会员，中国美术家协会教育委员会委员，中国书法家协会会员，中国书法家协会教育委员会委员，天津书法家协会副主席。兰州大学特聘萃英讲席教授，天津商业大学艺术学院客座教授。

1959年12月3日出生。自幼从外祖父、著名书画家王颂余教授研习书画。1985年于天津美术学院毕业并留校任教。1993年公派赴日留学，获硕士学位，后在日本明海大学任教，2003年回国。2004年起任天津美术学院中国画系副主任。2007年起任天津美术学院教务处处长。

《长风万里》（180cm×90cm）

《欢乐颂》（120cm×120cm）

《红色旋律》（136cm×68 cm）

《黄河颂》（120cm×120cm）

李习勤，1932年9月出生于湖南省邵东县。自1951年起先后就读于湖南省艺术学校、西安美术学院、中央美术学院（研究生），毕业后一直在西安美术学院从事教学工作。现为西安美术学院教授、教学督导组组长，享受国务院特殊津贴专家。中国美术家协会会员，中国国画家协会理事，中国版画家协会常务理事，英国皇家艺术研究院荣誉院士。曾获优秀版画家“鲁迅奖”，曾当选陕西省人大代表。数次担任国家级评委。作品多次参加全国美展，先后在二十余个国家展出、收藏，先后十六次获奖。

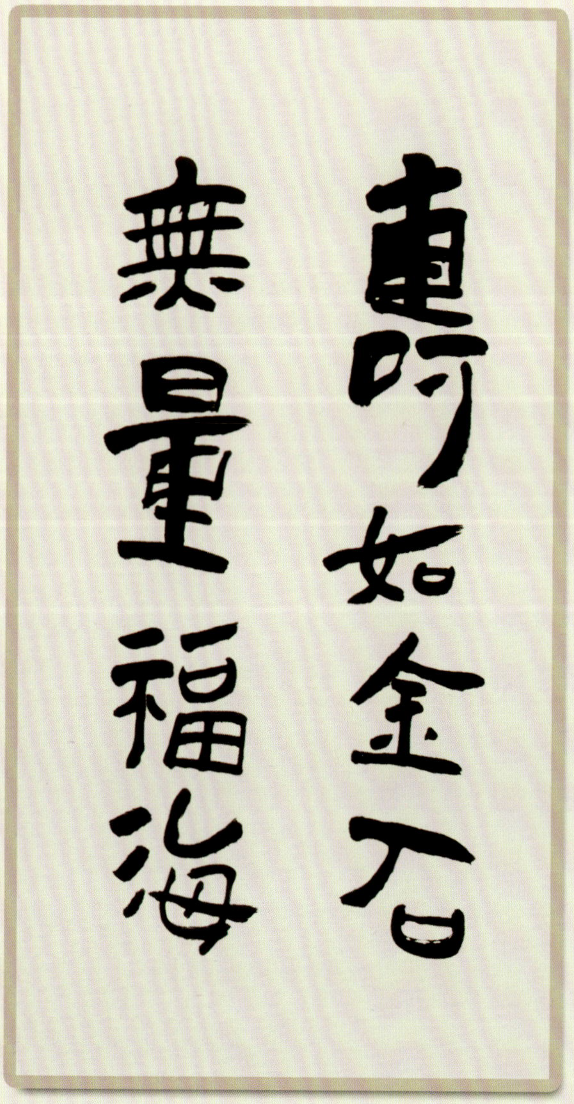

《寿如金石 无量福海》（30cm×150cm）

《真趣》（200cm×70cm）

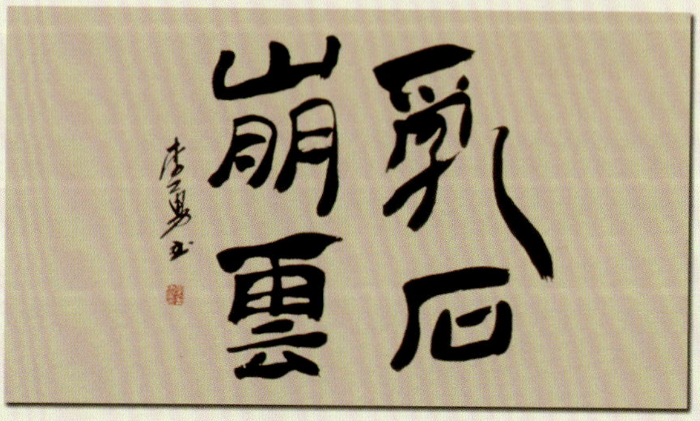

《乱石崩云》（90cm×60cm）

《心有猛虎 细嗅蔷薇》（100cm×50cm）

李勇，皈依在广济寺演觉大师门下，法号弘勇。书法师从欧阳中石，首都师范大学书法专业毕业。现为中国书法家协会会员，北京市书法家协会会员，北京市宣武区青联第五届、西城区青联第一届常委，中国民主促进会北京市西城区三联副主任，民进北京市艺委会委员，民进北京书画院常务理事，西城文联理事，中国国家美术院理事，中证首席文化执行官（CCO）。2007年被文化部评为中国十大青年书法家，2009年被文化部授予中国文化突出贡献奖，作品被国家行政学院指定为教材，个人信息被录入北京市人才库，2011、2013年被评为西城年度人物，2014年被中国人民解放军总后勤部授予“拥军爱民艺术家”称号。

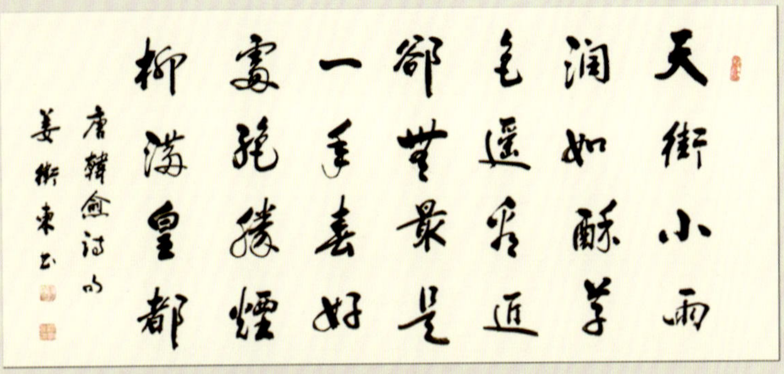

唐韩愈诗句（136cm×68cm）

对联（34cm×136cm×2）

《精气神》（136cm×68cm）

姜卫东，书法家、楹联家、诗人、音乐家、企业文化专家。工商管理硕士，高级政工师，高级企业文化管理师，高级品牌管理师，高级职业经理人。河南许昌人，1952年1月出生。曾长期在中南海中央警卫部队工作，历任政委、政治部副主任。后转业地方。现为全聚德文联副主席、作协主席。中国书法家协会会员，中华诗词学会会员，中国音乐家协会会员，中国楹联学会理事，毛泽东书法艺术研究会理事，首都企业家诗书画院院士，中国水墨艺术研究院研究员，中国诗书画印学会常务理事，东方神州书画院秘书长，中国企业文化管理专业委员会副理事长，河南钧瓷文化研究会副会长，ISO9000国家注册审核员。

曾担任32集电视连续剧《天下第一楼》策划，专题片《百年全聚德》、文献片《永远的全聚德》策划和解说词撰稿；参与“全聚德鼎”、“全聚德展览馆”的设计、策划和撰稿。主要作品有《全聚德记》、《丰泽园记》、《仿膳记》、《四川饭店记》和《饮食赋》、《海参赋》、《宴天下赋》、《金丝楠赋》、《食王府序》及2 000余副楹联、300余首诗词、30余首歌曲。作词作曲的《托起明天的太阳》、《盛世欢歌唱未来》由著名歌唱家阎维文在中央台专题晚会上首唱。书法作品被收入《中南海珍藏书画集》等数十部书刊。为李鹏、朱镕基、迟浩田等党和国家领导人撰书嵌名联，书法楹联作品被领导同志作为贵重礼品赠送国际奥委会终身名誉主席萨马兰奇先生。

许一川，名志广，笔名笑冰，号长风堂主、无为斋主、龙虎山人等，现居北京。国家一级美术师、教授。现为中国美术家协会、中国摄影家协会、中国书画联谊会会员，中国中外文化研究会学术委员，中国诗书画协会副秘书长，中华国礼艺术家协会常务理事，北京行宫书画院常务院长，中国国画创作研究院副院长，美中美艺术研究院院长，北京大学传统文化与社会责任研究所高级顾问，新加坡神州艺术院院特聘高级荣誉顾问，上海国画研究院副院长，中国创意产业联盟理事，长风堂美术工作室主任。

擅长水墨重彩山水兼工人物花鸟，探索开创了“丹青重彩山水画和相纸融雕画种”之先河。对美学、诗文、摄影、书法、金石也有较深的涉猎与研究。1990年举办个展。有两部学术专著，13篇论文和近百幅（篇）美术、书法、摄影作品发表于国家各级报刊或在国内外大型专业展览中获奖或被国内外美术馆、博物馆收藏。

《和美图》（中国画 360cm×145cm）

《晴岚飞涧图》（中国画 四尺整宣）

《月下学步》（纸雕画 60cm×72cm）

《圣境三清》（局部）（史创丹青重彩“三清山圣境图十米长卷”在2013北京第八届文博会展出获奖）

《香满乾坤》（136cm×68cm）

《寒宇飘香》（68cm×68cm）

《冰肌玉骨》（68cm×68cm）

《云姿傲冰雪》（68cm×68cm）

王一凡，汉族，1968年生于北京，首都师范大学毕业，中国民主促进会会员（西城民进第三联合支部副主任），中国民主促进会北京市艺术委员会委员，中国民主促进会北京书画院副秘书长，中国国家美术院画师，中国收藏家协会研究员，北京市文艺界联合会会员，北京美术家协会会员，北京市西城区文艺界联合会理事，北京工商业联合会会员，北京广缘文化艺术公司总经理。

自幼酷爱书画艺术，少年时就曾多次获奖并得到过孙其峰、张世简、白雪石、康宁等先生的关心和指导，多次代表北京市青年学生与日本学校艺术团体交流。近年来，一面率领团队从事工业、印刷设计，一面醉心书画创作。作品曾在全国政协礼堂、北京中山公园、北京青年宫等地展出并被人民大会堂等多家机构及国际友人收藏。多年热心公益事业，多次向社会捐钱、捐画。被中国公益联盟授予“爱心公益大使”称号；被中国人民解放军总后勤部授予“拥军爱民艺术家”称号；被民进西城区委评为“2013年年度人物”。

《宝庆故事》（340cm×140cm）

《小桥流水人家》（68cm×68cm）

《暮韵》（60cm×60cm）

何斌阳，汉族，1944年出生。湖南省美术家协会会员，邵阳市昭陵书画院院长。

1973年至邵阳市羽毛画厂工作，从此与工艺美术结缘，转而专攻国画山水。期间数次参加湖南美展，为早期湖南省美术家协会会员。1975年所作羽毛画《红军当年过此山》参加中国工艺美术展览，获优秀奖；1977年创制的立体羽毛工艺品——羽毛蝴蝶，以其别致造型、绚丽色彩打入国际市场，畅销欧美乃至世界各国，累计创外汇3 000余万美元，并获全国工艺美术铜奖；2012年羽毛画《家园》获全国农业休闲创意展中南赛区金奖。现为省级非物质文化遗产邵阳羽毛画传承人。

退休以后，为淬炼国画笔墨功夫，闭门四年，遍临古代山水名作。

《疏枝唤雨》（68cm×136cm）

《花鸟扇面》（70cm×33cm）

《花鸟斗方》（68cm×68cm）

邹高昆，青年艺术家，号蘅香居士，斋号魏晋堂，自幼习书作画，书画印兼修，尤擅花鸟画。1984年出生于湖南衡阳；2008年毕业于天津美术学院中国画系并获学士学位，师从霍春阳；2013年毕业于天津美术学院中国画系并获硕士学位，师从喻建十。现工作生活于天津。

参加主要艺术活动：2007年参加天津美术学院首届篆刻艺术展（地点：天津美术学院美术馆）；2008年参加天津美术学院2008届学生毕业作品展，毕业创作荣获银奖；2008年参加中央电视台《书画频道》演播《邹高昆笔墨艺术》；2008年接受天津电视台《书画情缘》采访；2009年举办个人画展（地点：天津）；2010年参加“学院水墨五人展”（地点：河南周口）；2011年参加“天津美术学院六人展”（地点：山东潍坊）；2012年参加“学院水墨新星”邀请展（地点：北京）；2013年参加“甲午迎春喻建十邹高昆师生作品展”（地点：山东潍坊美术馆）；2014年参加“案台清供——青年艺术家邀请展”（地点：河北石家庄美术馆）。

《绿萝》（69cm× 138cm）

《曼妙》（68cm× 68cm）

《平安》（68cm× 68cm）

李宏威，满族，1967年生。河北农业大学艺术学院教授，吴冠中艺术研究中心研究员，中国工业设计协会会员。

先后两次在北京798艺术区和河北大学科技园举办个人画展，作品曾在美国，韩国，日本以及中国北京、香港、昆明、石家庄、泉州、保定、承德展出。出版《淡定——李宏威水墨画艺术》画集。

李宏威的水墨画水墨语言娴熟、清新洒脱，画面具有丰富的色彩感和现代形式感，看似淡雅宁静的画面中蕴含着生命本真的律动。她已将传统水墨语言成功地转化为具有当代艺术特性的水墨语言。

影青雕刻薄胎皮灯《唐人打马球》

《海为龙世界》

釉下五彩薄胎皮灯《唐人打马球》

六件头釉下五彩芙蓉茶具

釉下五彩薄胎皮灯《富贵有余》

万海凤(林凤)，祖籍南昌，1964年生于景德镇，国家一级美术师，国家一级技师。从事陶瓷艺术30余年，自创“凤翔瓷苑”并多次参加国内外陶瓷作品展，青花大泼墨瓷板画《陶渊明诗意》、《西域夜月》先后荣获金奖，《桂林山水》等三件作品刊登于《中国艺术》大型人物史志，《桂林山水》泼墨画被江西博物馆收藏。《晨曲》荣获“唱响世博”金奖，被南京工艺美术馆收藏。《海为龙世界》荣获2011年中国工艺美术“百花奖”铜奖。薄胎刻画皮灯《碧波仙子》荣获首届人物画展金奖，并被景德镇市古窑遗址博物馆收藏。《荷花仙子》荣获江西省奥运陶瓷大赛“华月杯”银奖。《海鹤天空》青花瓷板、《唐人打马球》影青雕刻薄胎皮灯，荣获“奥林匹克之旅——中华民族艺术珍品博物馆”优秀金奖，并被永久收藏。作品《山峰秀岭》青花瓷瓶与《唐人打马球》釉下五彩薄胎皮灯在2013年“国粹杯——纪念毛泽东同志诞辰120周年中国实力派艺术家精品展”活动中获评特等奖，本人被授予“中国实力派人民艺术家”荣誉称号。

傅真忻，1943年生于湖南省湘乡县，现定居北京。先后毕业于湖南师范大学美术系中国画专业、西安美术学院高研班，师从著名画家李习勤、刘文西教授。中国美术家协会会员，中国美术家协会综合材料绘画艺术委员会顾问，中国滩头年画研究会会长。曾任湖南省邵阳市美术家协会主席、湖南省美术家协会理事。

《大吉图》
（综合材料绘画88cm×98cm）

《新绘老鼠娶亲图》
（综合材料绘画96cm×103cm）

《春牛图》
（重彩画78cm×70cm）

《打泥坨》（水印木版画68cm×62cm）

《山鬼》（综合材料绘画68cm×68cm）

《碧池清影》（30cm×90cm）

《和月香》（30cm×90cm）

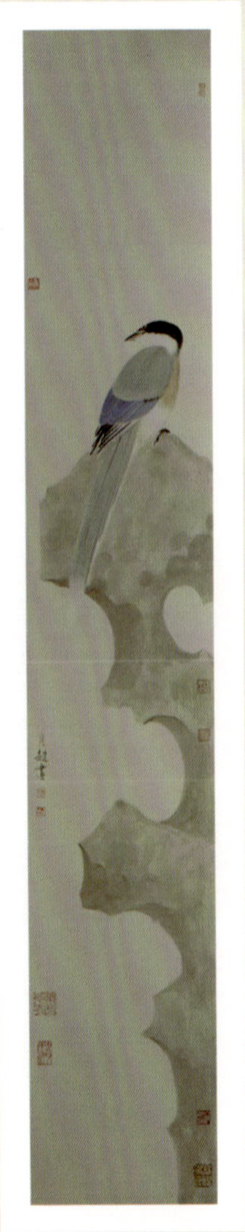

《花鸟四条屏》之四（22cm×131cm）

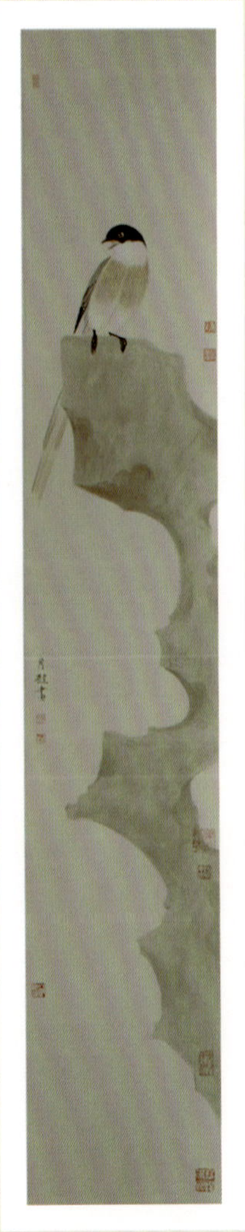

《花鸟四条屏》之三（22cm×131cm）

杜月超，生于河北保定，2004年毕业于河北工艺美术学校，2009年毕业于天津美术学院中国画系，师从霍春阳、贾广健等先生。现为天津美术学院贾广健工作室在读研究生、天津青年美术家协会会员。作品多次发表于《京城大家》、《中国当代核心书画家作品集》等刊物。

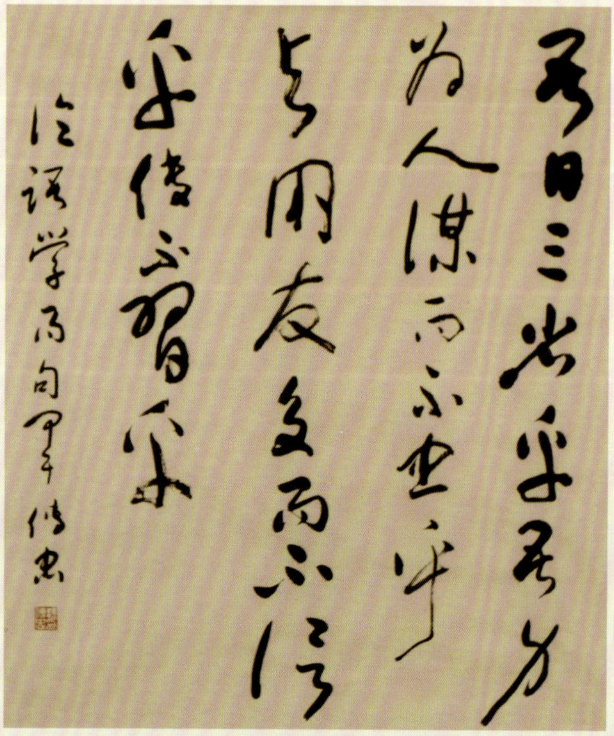

《论语·学而》（68cm×100cm）

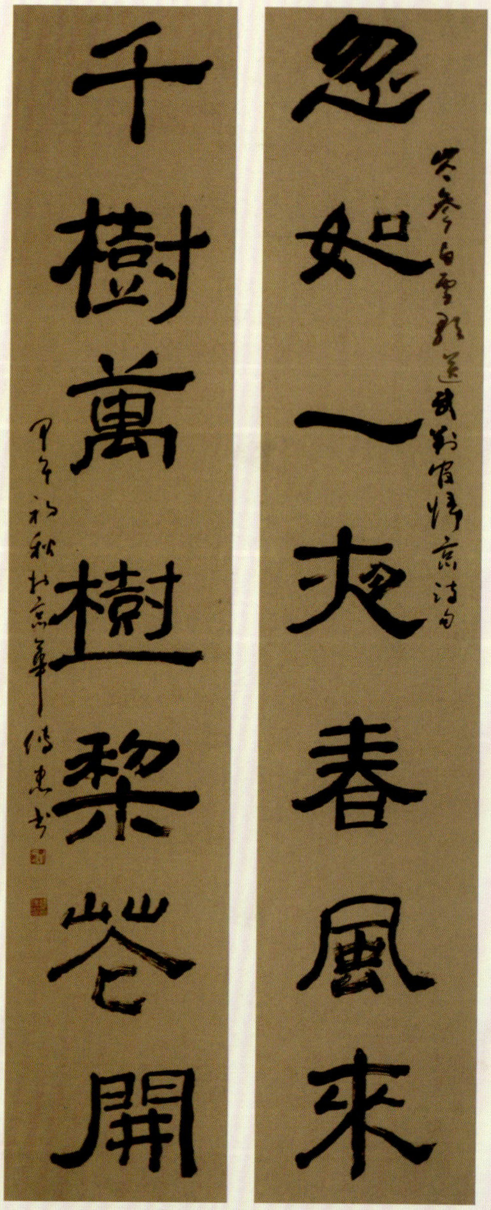

对联（35cm×138cm×2）

魏传忠，中国当代著名书法家，中国书法家协会会员。曾任国家质量监督检验检疫总局副局长，现任全国政协委员，中国检验检疫学会会长，世界卫生组织亚太旅行卫生学会主席，中央国家机关美术家协会名誉主席，中央国家机关书法家协会副主席，中国质检书法家协会主席，中国国门书画院名誉院长。先后出版《国学墨韵》、《魏传忠书法作品集》、《魏传忠书法》等多部专著。

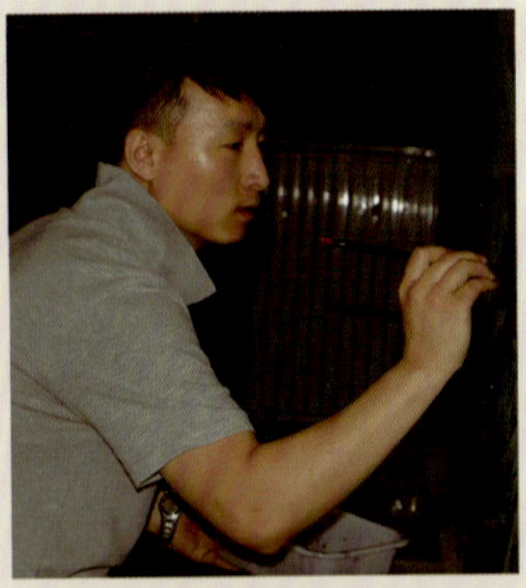

陈丙利，山东临朐人。现为南开大学艺术博士，师从尹沧海教授。2004年本科毕业于天津美术学院中国画系。2010年获天津美术学院中国画系硕士学位，师从杨沛璋教授。

其坚持文人画艺术创作道路，山水作品意境清幽、笔墨醇厚，人物作品造型生动、别开生面，花鸟作品清奇古雅、意趣盎然，于书法、篆刻亦有涉猎。书画作品被中国文学艺术基金会、鸿德艺术展览中心、龙韵文化艺术展览馆等单位和艺术机构收藏。艺术理论作品发表于《美术》、《美术观察》、《中国书画》、《国画家》、《美术报》等报刊。出版有《澄怀观道——陈丙利山水作品集》、《明心见性——陈丙利作品集》等专辑。

《家在青山绿水碧树间》（98cm×196cm）

《湘南》系列之二 （68cm×68cm）

《湘南》系列之四 （68cm×68cm）

《兰石图》（50cm×68cm）

《花卉》（68cm×68cm）

《荷花扇面》（70cm×33cm）

《蝶恋花》（50cm×68cm）

霍春阳，1946年出生于河北省清苑县，1969年毕业于天津美术学院并留校任教至今。曾任天津美术学院中国画系系主任，教授，硕士研究生导师。荣获天津高校名师称号。现任天津美术学院美术馆馆长，天津美术家协会副主席，中国美术家协会会员，中国书法家协会会员，美国内申大学特聘教授、博士生导师暨大中华学区专家委员会委员，天津画院院外画师，天津青年美协顾问，兼任清华大学美术学院、天津音乐学院、山西师范大学、山西大学、烟台大学等高校客座教授，此外担任北京大学国学社专家顾问。天津市第九届、第十届政协委员，享受政府特殊津贴。

唐三超，当代画家，世界华人华侨社团联合总会艺术委员会理事、西安艺术教育学会副会长兼客座教授、西安油画院副院长。

生于湖南省，毕业于中央美院写实油画班。曾在二十多年中，求教于多位名师、大家，深得中央美院副院长、中国油画学会副主席朱乃正先生教诲。许多优秀作品被海内外人士所收藏。

《关东大爷》（150cm×110cm）

《纯真》（60cm×90cm）

《奶奶的幸福》（60cm×90cm）

《秋日白桦》（90cm×60cm）

《一任群芳妒六条屏》（22cm×132cm×6）

余晓庆，满族，1987年2月生于河北唐山。2006—2010年本科就学于天津美术学院中国画系；2011—2014年研究生就学于天津美术学院中国画系，师从喻建十教授，获硕士学位。现任教于河北联合大学艺术学院绘画系。

尹枫，字沐风，号果明。2007年六月获天津美术学院文学学士学位。2008年，入霍公春阳先生门下，遂孜孜于古典花鸟画写意，2011年获天津美院美术学硕士学位。2011年，入南开园，求学于孙公立群先生门下，从事艺术史论、文人画、禅宗书画、魏晋玄学等研究，2014年获历史学博士。

现为安徽省美术家协会会员、中国楹联协会会员、天津市美学学会会员，南开大学书画艺术与美学研究中心办公室主任，天津师范大学美术与设计学院教师。

《寒秋图》（68cm×138cm）

《江山高隐》（138cm×68cm）

《山叶红时觉胜春》（68cm×136cm）

《邺侯论道》（136cm×68cm）

《开创美好未来 》（136cm×68cm）

《深山古寺钟声幽》（136cm×68cm）

肖德荣，汉族，湖南祁东人。本科毕业于湖南师范大学美术系，中南大学建筑与艺术学院硕士研究生毕业。现任中南林业科技大学家具与艺术设计学院副教授、硕士生导师，中南林业科技大学艺术研究所所长。

朱寒冬，安徽文艺出版社社长，安徽大学硕士生导师。任职安徽文艺出版社以来，先后制定了出版社“一体两翼”产业发展规划、四大战略经营策略和图书“四大版块均衡发展、三大主攻强势崛起”的战略布局。带领文艺社先后获安徽省新闻出版系统先进单位、安徽出版集团突出贡献单位、中国图书世界影响力出版100强等多项荣誉。由其主持并责任编辑出版的《陆洪非林青黄梅戏剧作全集》、《西方科幻文论经典译丛》、《梦焰》先后荣获“中国出版政府奖”、“中华优秀出版物奖”和“五个一工程奖”。荣获“安徽省省直机关优秀青年”、“安徽省第四批学术和技术带头人”、“全省首批宣传文化系统拔尖人才”等光荣称号。

（供稿：安徽文艺出版社）

章思英，本科和研究生就读于北京大学英语语言文学系。曾就职于中国外文局，期间公派留学英国，获出版学硕士学位；留学美国，获传媒学硕士学位。2001年8月至今在外研社工作，现任副总编。具有丰富的翻译、编辑及国际交流经验。

（供稿：外语教学与研究出版社）

伍奇，云南大学出版社副总编，1993年至云南大学出版社工作。云南大学在读博士。主持国家级出版项目多项，主持省级社科规划项目多项，主编《鲁甸七昼夜》、《简约故事》等书籍，编撰《云南名胜楹联赏析》，在重要核心期刊发表论文多篇。

（供稿：云南大学出版社）

王壮，编审，管理学博士，现为北京语言大学出版社副社长，主管海外拓展和外语图书出版工作。历任编辑部主任、总编办主任、版权贸易部负责人、副社长，组织策划编写和引进出版图书400余种，其中多种产品荣获国家及省部委级奖项。从事版权贸易工作16年，对于版权引进及国际营销推广工作具有丰富的经验。撰写出版方面学术论文11篇，出版专著《出版企业知识管理研究》。

（供稿：北京语言大学出版社）

张天蔚，编审，毕业于上海交通大学。1985年进入上海交通大学出版社工作，1994年至1997年担任常务副社长，1997年2月至2006年11月担任社长，2006年12月至今担任总编辑。曾担任中国大学出版社协会副理事长、中国大学出版社协会发行工作委员会主任。2004年荣获“上海出版人奖”，2010年荣获中国大学出版社协会首届“高校出版人物奖”。发表过多篇学术论文。长期致力于推进版权输出与引进工作，工作成绩显著。

（供稿：上海交通大学出版社）

刘光宇，1998年参加工作即开始从事版权贸易工作。直接参与了以中国人民大学出版社“经济科学译丛”和中国人民大学出版社“工商管理经典译丛”为代表的人大社数套重点译丛的项目运作，这些图书至今仍然畅销不衰。任国际合作室主任后，更加积极地开拓国际市场，与国际上大型和知名的出版公司展开广泛、深入的双向版权合作，帮助人大社在版权领域取得了优异的成绩。每年参加重要书展并负责人大社的主宾国活动相关工作，并在新闻出版广电总局等有关单位举办的版权学习班、研讨会中担任讲员或国外专家协同讲员及翻译，力争为版权领域的人才培养贡献一份力。

（供稿：中国人民大学出版社有限公司）

卢芳，文学硕士，副编审，现任南方出版传媒股份有限公司版权贸易主管。从事图书出版及版权贸易工作多年，具有丰富的行业经验。在负责公司的“走出去”工作期间，全力提升图书版权输出项目的数量和质量，公司的版权输出取得飞跃式进步，稳居全国前列；在开拓、推动公司与全球大型文化出版机构产品、版权、资本等方面的重大合作项目上起着至关重要的作用；善于在实践中总结经验，撰写了大量“走出去”论文，公开发表于全国性报刊，成果显著。

（供稿：南方出版传媒股份有限公司）

殷忠民，东北师范大学学校教育专业毕业，大学本科学历，学士学位，工商管理研究生班毕业，专业技术职务为编审。现任人民教育出版社社长。他带领人教社积极对外输出、引进优秀版权，仅2013年就输出136项，推动了出版行业的版权保护与发展。

（供稿：人民教育出版社）

王瑞玲，山东大学外国语学院硕士毕业，副编审，中华书局对外合作部副主任。策划和编辑出版《佛教十五题》、《跟大师学语文》等经典普及书，引进《西方哲学史》、“剑桥学术前沿丛书”等学术经典，输出《于丹论语心得》、《陶渊明影像——文学史与绘画之交叉研究》等，多种在海外获奖和畅销。《于丹论语心得》列入商务部、中宣部、文化部、国家广电总局、新闻出版总署“文化出口重点项目”，获得“世界知识产权组织版权金奖”。她本人多次获得“全国优秀版权经理人”等称号。

（供稿：中华书局）

刘轩，负责高等教育出版社海外合作部多年，带动高教社海外合作工作全面发展，推动版权输出引进工作不断进步，取得了卓越的成绩。在她的带领下，近年来高教社坚持“走出去”与“引进来”并重，积极拓展海外市场。目前，高教社已与包括众多知名出版商在内的200多家合作伙伴开展了版权贸易业务，版权输出数量在全国单体出版社中连年名列前茅。一大批输出版/引进版优秀图书取得了很好的社会效益和经济效益，也获得了政府部门和行业的认可与高度评价。

（供稿：高等教育出版社）

版权

表彰评奖

BIAO ZHANG PING JIANG

2013年度查处侵权盗版案件有功单位及个人

[编者按] 2014年6月9日，国家版权局下发《关于奖励2013年度查处侵权盗版案件有功单位及有功个人的决定》，对在2013年度查处侵权盗版案件工作中作出突出贡献的有功单位和有功个人给予奖励。

2013年度查处侵权盗版案件有功单位名单

【特等奖】

1. 北京百度网讯科技有限公司侵犯著作权案专案组（上海市文化市场行政执法总队稽查五处）
2. 深圳市快播科技有限公司侵犯著作权案专案组（北京市版权局版权保护处）

【一等奖】

1. 最高人民法院刑事审判第二庭
2. 最高人民检察院侦查监督厅
3. 公安部治安管理局一处
4. 中国版权保护中心法律部
5. 北京“6·7”侵犯著作权案专案组（北京市公安局治安管理总队、北京市朝阳区公安分局治安支队、北京市朝阳区文委执法队法制办公室、北京市朝阳区人民检察院公诉二处、北京市朝阳区人民法院刑事审判二庭）
6. 北京董子祥批销侵权盗版出版物窝点案专案组（北京市文化市场行政执法总队执法一队、北京市海淀公安分局刑侦支队、北京市海淀区人民检察院知识产权检察处）
7. 天津“9·5”侵犯著作权案专案组（天津市文化市场行政执法总队、天津市版权局、天津市新闻出版局、天津市公安局治安管理总队六支队、天津市高级人民法院刑二庭、天津市公安局河北分局经侦支队、天津市河北区人民检察院、天津市河北区人民法院）
8. 山西省朔州市文化市场行政综合执法大队
9. 辽宁省锦州市公安局食品药品犯罪侦查支队
10. 上海市版权局版权管理执法处
11. 上海市通信管理局互联网管理处
12. 上海市嘉定区人民检察院公诉科
13. 上海市浦东新区人民检察院公诉二处
14. 上海朱建军、罗明勇等19人侵犯著作权、销售侵权复制品案专案组（上海市杨浦区人民检察院金融检察科、上海市杨浦区人民法院民事审判第三庭）
15. 江苏省版权局版权处
16. 江苏南京“6·4”侵犯著作权案专案组（江苏省南京市版权局版权管理处、江苏省南京市公安局地铁分局、江苏省南京市文化综合执法总队三支队、江苏省南京市江宁区文化广电市场管理办公室）
17. 江苏省扬州市文化行政综合执法支队
18. 江苏省张家港市文化广电新闻出版局
19. 江苏省连云港市版权局
20. 浙江省版权局版权处
21. 安徽省版权局版权处
22. 安徽省公安厅治安总队
23. 安徽滁州滕长雪等侵犯著作权案专案组（安徽省滁州市文广新局、安徽省滁州市公安局治安支队、安徽省天长市文广新局、安徽省天长市公安局）
24. 安徽省蚌埠市文化市场管理局
25. 福建省福州市晋安区人民检察院侦查监督科
26. 福建省福州市鼓楼区人民检察院
27. 江西省南昌市文化综合执法支队
28. 山东省新闻出版广电局版权管理处
29. 山东省章丘市文化广电新闻出版局
30. 山东省济南市文化市场综合执法局
31. 山东省济南市文化市场综合执法支队
32. 山东青岛“5·10”侵犯著作权案专案组（山东省青岛市文化市场行政执法局、山东省青

岛市公安局、山东省青岛市通信管理局）
33. 河南省郑州市文化市场综合执法支队
34. 河南省周口市公安局治安和出入境管理支队
35. 湖北省通信管理局互联网管理处
36. 湖北省武汉市江岸区人民法院知识产权审判庭
37. 湖北省黄石市公安局经济犯罪案件侦查支队
38. 湖南省郴州市文化市场综合执法局
39. 湖南省岳阳市文化市场综合执法局版权执法大队
40. 湖南省岳阳市文化市场综合执法局
41. 湖南省长沙市文化市场综合执法局
42. 广东省肇庆至强网络科技有限公司及王志坚、于通、梁云钊侵犯著作权案专案组（广东省肇庆市中级人民法院刑二庭、广东省肇庆市端州区人民法院刑事审判庭）
43. 广东省东莞市中级人民法院刑二庭
44. 广东省广州市文化市场综合行政执法总队
45. 广西壮族自治区版权局版权管理处
46. 广西南宁农丽冰“2·9”销售盗版教材案专案组（广西壮族自治区南宁市文化新闻出版局、广西壮族自治区南宁市公安局治安支队、广西壮族自治区南宁市中级人民法院、广西壮族自治区南宁市检察院）
47. 重庆何代映制售盗版图书案专案组（重庆市大足区文化广电新闻出版局、重庆市大足区文化市场行政执法支队）
48. 四川成都销售盗版音像制品案专案组（四川省成都市版权局、四川省成都市金牛区广播电视新闻出版版权局、四川省成都市金牛区公安分局）
49. 四川省广元市公安局利州区分局
50. 贵州罗森侵犯著作权案专案组［贵州省黔西南州安龙县公安局经济犯罪侦查大队、贵州省黔西南州安龙县新闻出版局（版权局）］
51. 宁夏“6·15”侵犯著作权案专案组（宁夏回族自治区版权局版权管理处、宁夏回族自治区“扫黄打非”办公室、宁夏回族自治区吴忠市文化市场综合执法队、宁夏回族自治区吴忠市公安局利通区分局刑警大队、宁夏回族自治区吴忠市利通区人民法院刑事审判庭）

【二等奖】

1. 最高人民检察院公诉厅
2. 公安部经济犯罪侦查局知识产权处
3. 公安部网络安全保卫局网侦行动处
4. 工业和信息化部电信管理局市场管理处
5. 中央宣传部新闻局新闻三处
6. 中央宣传部出版局出版研究处
7. 全国打击侵犯知识产权和制售假冒伪劣商品工作领导小组办公室督察联络组
8. 中国新闻出版报社版权监管部
9. 外语教学与研究出版社有限责任公司
10. 中国建筑工业出版社
11. 北京陈君南网络销售侵权盗版教材案专案组（北京市文化市场行政执法总队、北京市通州公安分局觅子店派出所、北京市通州区人民检察院侦查监督处、北京市通州区人民法院刑事审判一庭）
12. 北京高建伟盗版考试教材案专案组（北京市海淀公安分局中关村西区派出所、北京市海淀区人民法院刑事审判二庭）
13. 河北省石家庄市桥西区文化体育局
14. 山西省版权局版权管理处
15. 内蒙古自治区赤峰市文化市场综合执法局
16. 辽宁省沈阳市文化市场行政执法总队直属执法二大队
17. 辽宁省沈阳市文化市场行政执法总队直属执法三大队
18. 吉林省敦化市文化市场综合执法大队
19. 吉林省辉南县文化市场综合执法大队
20. 黑龙江省通信管理局网络信息安全处
21. 上海海关法规处
22. 上海“3·6”侵犯著作权案专案组（上海市公安局经侦总队、上海市公安局虹口分局、上海市公安局技侦总队）
23. 上海市公安局治安总队治安行动队三大队
24. 上海市文化市场行政执法总队稽查三处
25. 江苏省宜兴市版权局
26. 江苏省淮安市“扫黄打非”办公室
27. 江苏南京“9·4”侵犯著作权案专案组（江苏省南京市公安局鼓楼分局华侨路派出所、江苏省南京市鼓楼区文化局、江苏省南京市鼓楼区人民检察院、江苏省南京市鼓楼区人民法院）
28. 江苏“7·8”侵犯著作权案专案组（江苏省徐州市版权局、江苏省徐州市公安局网安支队、江苏省徐州市中级人民法院民事审判第三庭）
29. 江苏“4·3”张怡神侵犯著作权案专案组

（江苏省江阴市“扫黄打非”办公室、江苏省江阴市公安局、江苏省江阴市文化广电新闻出版局、江苏省江阴市人民法院）
30. 江苏南京吴阵海侵犯著作权案专案组（江苏省南京市公安局秦淮分局白鹭洲派出所、江苏省南京市秦淮区文化局）
31. 江苏刘怀勤等销售侵权复制品案专案组（江苏省徐州市版权局、江苏省徐州市铜山区版权局、江苏省徐州市铜山区公安局）
32. 浙江省嘉兴市文化市场行政执法支队
33. 浙江省海宁市文化市场行政执法大队
34. 浙江赵日舟等侵犯著作权系列案件专案组（浙江省宁波市江东区市场行政执法大队、浙江省宁波市公安局江东分局经济犯罪侦查大队）
35. 浙江省温州市瓯海区公安分局治安大队
36. 浙江省永嘉县文化市场行政执法大队
37. 浙江省义乌市文化市场行政执法大队
38. 浙江省舟山市文化市场行政执法支队
39. 安徽定远刘斌等侵犯网络游戏著作权案专案组（安徽省定远县文广新局、安徽省定远县公安局）
40. 福建苏荣兴、朱贤文侵犯著作权案专案组（福建省福州市文化市场综合执法支队、福建省福州市公安局鼓楼分局经济犯罪侦查大队）
41. 福建省厦门市中级人民法院民三庭
42. 山东省平度市文化市场行政执法局
43. 山东省济宁市文化市场综合执法局
44. 山东省青岛市城阳区文化市场行政执法局
45. 山东省即墨市文化市场行政执法局
46. 山东省潍坊市文化市场综合执法局
47. 山东省潍坊市奎文区文化市场综合执法局
48. 河南省版权局版权管理处
49. 河南省光山县人民法院
50. 河南省周口市文化广电新闻出版局
51. 河南省信阳市文化市场综合执法支队
52. 河南省新乡市凤泉区人民检察院公诉科
53. 河南魏作义侵犯著作权案专案组（河南省新乡市凤泉区人民检察院公诉科、河南省新乡市凤泉区人民法院刑事审判庭）
54. 湖北省版权局版权管理处
55. 湖北荆州“5·24”非法外挂案专案组［湖北省荆州市新闻出版局（版权局）、湖北省荆州市公安局沙市区分局崇文街派出所］
56. 湖南省娄底市文化市场综合执法局
57. 广西壮族自治区柳州市新闻出版局
58. 广西壮族自治区柳州市鱼峰区人民法院刑事审判庭
59. 广西壮族自治区柳州市公安局鱼峰分局经济犯罪侦查大队
60. 广西桂林陈守德“9·20”侵犯著作权案专案组［广西壮族自治区桂林市新闻出版局（版权局）、广西壮族自治区桂林市公安局经济犯罪侦查支队］
61. 海南省海口市公安局龙华分局经侦大队
62. 重庆赵碧侵犯著作权案专案组（重庆市九龙坡区文化广电新闻出版局、重庆市九龙坡区科监支队）
63. 重庆市渝中区文化市场行政执法大队
64. 重庆市荣昌县文化广电新闻出版局
65. 重庆市沙坪坝区人民法院知识产权庭
66. 四川省通信管理局电信管理处
67. 四川省南充市顺庆区文化综合执法大队
68. 贵州省修文县新闻出版局（版权局）

【三等奖】

1. 国家互联网信息办公室网络新闻协调局专项处
2. 海关总署政法司知识产权处
3. 国家工商总局反垄断与反不正当竞争执法局案件督查协调处
4. 公安部光盘生产源鉴定中心
5. 中国打击侵权假冒工作网
6. 中国知识产权报社
7. 首都版权产业联盟
8. 北京市文化市场行政执法总队执法五队
9. 河北省版权局版权处
10. 河北省石家庄市版权局
11. 河北省石家庄市赵县文广新局
12. 河北省石家庄市新华区文化体育局
13. 河北省通信管理局通信保障处
14. 河北省三河市新闻出版局
15. 河北省石家庄市裕华区人民检察院公诉科
16. 山西省忻州市文化市场行政综合执法大队
17. 辽宁“精品伴奏网”侵犯著作权案专案组（辽宁省版权局版权处、辽宁省通信管理局市场监管处）
18. 辽宁省沈阳市文化市场行政执法总队直属执法四大队
19. 辽宁省大连市文化市场综合执法总队执法三大队

20. 辽宁省大连市文化市场综合执法总队指挥调度中心
21. 辽宁省阜新市文化市场综合执法大队
22. 辽宁省抚顺市文化市场综合执法大队
23. 吉林省版权局版权处
24. 吉林省长春市文化市场综合执法支队
25. 吉林省长春市朝阳区文化体育局
26. 吉林省长春市二道区文化体育局
27. 吉林省长春市双阳区文化市场综合执法大队
28. 吉林省四平市文化市场综合执法支队
29. 吉林省延吉市文化市场综合执法大队
30. 吉林省白城市洮北区文化市场综合执法大队
31. 吉林省公主岭市文广新局
32. 吉林省公主岭市公安局治安防范大队
33. 黑龙江哈尔滨“9·4”销售盗版音像制品案专案组（黑龙江省哈尔滨市文化和新闻出版局、黑龙江省哈尔滨市文化市场行政执法局、黑龙江省哈尔滨市公安局经侦支队、黑龙江省哈尔滨市南岗区法院刑事审判庭）
34. 黑龙江省哈尔滨市文化市场行政执法局
35. 黑龙江省鹤岗市文化市场综合执法支队
36. 黑龙江省高级人民法院刑二庭
37. 上海市互联网信息办公室网络管理处
38. 上海市虹口区人民检察院公诉科
39. 江苏省川姜镇知识产权办公室
40. 江苏省扬州市治安警察支队行动大队
41. 江苏省无锡市公安局新区分局南站派出所
42. 江苏省盐城市建湖县公安局网安大队
43. 浙江省嘉兴市平湖市文化市场行政执法大队
44. 浙江省宁波市文化市场行政执法总队
45. 浙江省杭州市文化市场行政执法总队
46. 浙江省丽水市文化市场行政执法支队
47. 安徽省铜陵市文化广电新闻出版局
48. 安徽省淮北市文化市场综合执法大队
49. 福建省版权局版权管理处
50. 福建省泉州市文化市场综合执法支队
51. 福建省漳州市文化综合执法支队
52. 江西省版权局版权处
53. 江西省吉安市版权局
54. 江西省上饶市版权局
55. 山东省青岛市文化市场行政执法总队
56. 山东省德州市文化市场综合执法局
57. 山东省日照市莒县文化市场综合执法局
58. 山东省青岛市市南区文化市场行政执法局
59. 山东省淄博市淄川区文化旅游和新闻出版局
60. 山东省聊城市文化市场综合执法局
61. 湖北省武汉市公安局武昌区分局经侦大队
62. 湖北省武汉市公安局汉阳公安分局鹦鹉派出所
63. 湖北省通城县公安局网络安全保卫大队
64. 湖北省十堰市公安局治安支队
65. 湖南省版权局版权管理处
66. 湖南省长沙市公安局雨花区分局网络安全保卫大队
67. 湖南省怀化市文化市场综合执法局
68. 湖南省株洲市文化市场综合执法局
69. 广东省版权局版权管理处
70. 广东省江门市文广新局综合执法分局
71. 广东省汕头市文化市场综合执法大队
72. 广东省黄埔海关法规处
73. 广西壮族自治区南宁市公安局南湖分局巡警大队
74. 广西壮族自治区南宁市文化市场综合执法支队
75. 广西贺州罗广发、蒋金佳销售盗版光盘案系列案件专案组（广西壮族自治区贺州市钟山县“扫黄打非”办公室、广西壮族自治区钟山县公安局治安大队、广西壮族自治区钟山县文化市场综合执法大队）
76. 广西贺州谢福斌、黎运花、麦科发销售盗版光盘案系列案件专案组（广西壮族自治区贺州市“扫黄打非”办公室、广西壮族自治区贺州市版权局、广西壮族自治区贺州市文化市场综合执法支队、广西壮族自治区贺州市公安局八步分局、广西壮族自治区贺州市八步区“扫黄打非”办公室、广西壮族自治区贺州市八步区检察院、广西壮族自治区贺州市八步区法院）
77. 海南肖正清侵犯著作权案专案组（海南省海口市公安局龙华分局经侦大队、海南省海口市人民检察院侦查监督科）
78. 海南王地浩侵犯著作权案专案组（海南省儋州市文化市场行政执法大队、海南省儋州市公安局经侦支队）
79. 重庆市奉节县文化市场行政执法大队
80. 重庆市武隆县文化市场行政执法大队
81. 重庆市渝中区法院刑事审判庭
82. 四川省版权局版权管理处
83. 四川“8·21”王飞销售侵权盗版音像制品案专案组（四川省成都市文化市场综合执法总

队、四川省成都市成华区公安分局猛追湾派出所、四川省成都市成华区人民法院刑事审判庭）

84. 四川“4·2”盗版光盘案专案组（四川省成都市版权局、四川省大邑县文化体育广电新闻出版局）

85. 云南腾冲“3·24”侵犯著作权专案组（云南省保山市腾冲县公安局治安管理大队、云南省保山市腾冲县人民检察院、云南省保山市文化广播电视新闻出版局、云南省保山市文化市场综合执法支队、云南省保山市腾冲县公安局、云南省保山市腾冲县文化广播电视体育局）

86. 陕西省版权局版权管理处

87. 陕西咸阳赵健、张敏、张秋利销售盗版光盘著作权侵权系列案专案组（陕西省咸阳市文化广电新闻出版局、陕西省咸阳市公安局治安支队、陕西省咸阳市中级人民法院研究室、陕西省“扫黄打非”办公室、陕西省版权局版权管理处）

88. 陕西省西安市文化市场行政执法总队

89. 陕西省西安市中级人民法院刑事第二审判庭

90. 甘肃文苑图书有限公司发行非法出版物案专案组（甘肃省兰州市文广局版权管理处、甘肃省兰州市文化市场行政执法支队）

91. 甘肃郭维俊等侵犯著作权案专案组（甘肃省秦安县文化广播影视局、甘肃省天水市文化广播影视新闻出版局新闻出版科）

92. 新疆维吾尔自治区新闻出版局（版权局）版权处

93. 新疆维吾尔自治区出版物市场稽查队

94. 新疆维吾尔自治区乌鲁木齐市文化市场稽查支队

2013年度查处侵权盗版案件有功个人名单

【一等奖】

1. 王　珅（最高人民法院刑事审判第二庭）
2. 余　岚（最高人民检察院侦查监督厅）
3. 罗　曦（最高人民检察院公诉厅）
4. 徐　强（工业和信息化部电信管理局）
5. 孙晓慧（公安部治安管理局）
6. 王　飞（公安部经济犯罪侦查局）
7. 北京百度网讯科技有限公司侵犯著作权案专案组个人（杨　勇、万　赟、王　浩，上海市文化市场行政执法总队稽查五处）
8. 深圳市快播科技有限公司侵犯著作权案专案组个人（赵红仕、孙振伟、王惠文，北京市版权局版权保护处）
9. 梁　飞（中国版权保护中心法律部）
10. 吴　勤（高等教育出版社有限公司法律事务与版权管理部）
11. 天津“9·5”侵犯著作权案专案组个人（张露娜，天津市版权局版权处；吕学军、高旋，天津市文化市场行政执法总队；张作泽，天津市公安局治安管理总队六支队；熊　灿，天津市高级人民法院刑二厅；白　陆、何立影，天津市公安局河北分局经侦支队；高婕，天津市河北区检察院公诉科；宫兆军，天津市河北区人民法院刑事审判庭；张贯华，天津市新闻出版局印刷发行管理处）
12. 曹春生（山西省朔州市文化市场行政综合执法大队）
13. 辽宁“1·5”、“6·21”侵犯著作权案专案组个人（金福乔、杨　军、范俊政、贾洪涛，辽宁省锦州市公安局食品药品犯罪侦查支队）
14. 陈琳琳（上海市版权局版权产业促进处）
15. 上海朱建军、罗明勇等19人侵犯著作权、销售侵权复制品案专案组个人（陈蔓莉，上海市杨浦区人民法院民事审判第三庭；陈胤玖，上海市公安局技术侦查总队一支队）
16. 江苏扬州动漫屋侵犯著作权案专案组个人（刘光明，江苏省扬州市文化行政综合执法支队；袁学术、宋晓春、万进萍，江苏省版权局版权管理处）
17. 江苏朱一冬网上销售KTV曲库侵犯著作权案专案组个人（陈世海、陈彩芬，江苏省张家港市文化广电新闻出版局；蔡　平，江苏省张家港市文化行政综合执法大队；李凤才，江苏省张家港市公安局经济犯罪侦查大队；俞李扬，江苏省张家港市公安局网络警察大队）
18. 江苏南京“6·4”侵犯著作权案专案组个人（后连武、谌赟文、陈博晓，江苏省南京市公安局地铁分局；尤荣喜、吴坚勇、黄　锋，江苏省南京市文化综合执法总队；袁培珍、张红伟、许　军，江苏省南京市版权局版权管理处；谢万能，江苏省南京市江宁区文化广电局文化市场管理办公室；周朝阳，江苏省南京市雨花台区检察院；全金华，江苏省南京市雨花台区人民法院刑事审判庭）

19. 肖　斌（浙江省版权局版权处）
20. 刘志平（安徽省公安厅治安总队）
21. 吴安宁（安徽省版权局版权处）
22. 安徽滁州滕长雪等侵犯著作权案专案组个人（陈晓萱、杨海鹰，安徽省滁州市文化广电新闻出版局；虞志祥，安徽省天长市公安局治安大队；叶　军，安徽省天长市公安局刑侦大队）
23. 安徽蚌埠中国特色美食创业网侵犯著作权案专案组个人（杨　斌，安徽省蚌埠市文化广电新闻出版局；丁　钢、张　林、冯疏裕、黄　翔、杨　阳，安徽省蚌埠市文化市场管理局）
24. 山东卢云峰侵犯著作权案专案组个人（张晓生，山东省新闻出版广电局版权管理处；赵骑韬、刘建峰、宋　涛，山东省济南市文化市场综合行政执法局；张文安，山东省济南市文化市场综合执法支队；王　凯，山东省章丘市公安局治安大队二中队）
25. 山东青岛“5·10”侵犯著作权案专案组个人（杜荣华、陈　琛、于　涛、孙晨光，山东省青岛市文化市场行政执法局；王培楠，山东省青岛市通信管理局；丁　强、董海亭、吴　涛，山东省青岛市公安局；庄　杰，山东省青岛市公安局网警支队四大队）
26. 山东济南李恒峰、李恒珍侵犯著作权案专案组个人（刘　琳，山东省济南市文化市场综合行政执法局；邢　鹏，山东省济南市文化执法支队；宫鹏飞，山东省章丘市文广新局；武雪霜，山东省章丘市文化执法大队；侯磊，山东省章丘市公安局治安大队）
27. 山东章丘郝绣江侵犯著作权案专案组个人（高　睿、于少海，山东省新闻出版广电局版权管理处；王家军、戎小路，山东省济南市文化市场综合执法支队；景慎兵，山东省章丘市公安局治安大队二中队）
28. 河南郑州坤原印务有限公司侵犯著作权案专案组个人（朱晓东、马继东，郑州市文化市场综合执法支队）
29. 湖北黄石“6·11”系列侵犯著作权案专案组个人（王军红、张　卫、徐水平，黄石市公安局经济犯罪侦查支队）
30. 龚建辉（湖南省长沙市文化市场综合执法局）
31. 广东省肇庆至强网络科技有限公司及王志坚、于通、梁云钊侵犯著作权案专案组个人（方仲伟，广东省肇庆市中级人民法院刑事审判二庭；黄敏琼，广东省肇庆市端州区人民法院刑事审判庭）
32. 梁瑞龙（广东省中山市文化市场综合执法支队）
33. 宁夏“6·15”侵犯著作权案专案组个人（付满玉、门军华，宁夏回族自治区版权局版权管理处；李　勇、杨建忠，宁夏回族自治区吴忠市文化市场综合执法队；郝少荣，宁夏回族自治区吴忠市公安局利通区分局刑警大队；马万清，宁夏回族自治区吴忠市利通区人民法院）

【二等奖】

1. 周巧玲（中央宣传部出版局）
2. 赵　阳（工业和信息化部电信管理局）
3. 庄　浩（公安部治安管理局）
4. 袁和嵘（公安部十一局）
5. 湖北黄石侵犯著作权案件组个人（李　晶、夏有利、赵小刚、王　鸿、宁建群、刘克强、王建民，外语教学与研究出版社有限责任公司法律事务部）
6. 唐　玮（中国建筑工业出版社版权管理办公室）
7. 罗皓菱（北京青年报社）
8. 王运平（《中国出版》杂志社）
9. 北京“6·7”侵犯著作权案专案组个人（吴树超、牛志国，北京市公安局治安管理总队；张于峥，北京市朝阳区公安分局治安支队；荣铁城，北京市朝阳区文化委员会行政执法队法制办公室；王　巍，北京市朝阳区人民检察院公诉二处；刘砺兵，北京市朝阳区人民法院刑事审判二庭）
10. 北京董子祥批销侵权盗版出版物窝点案专案组个人（刘北旺、王志峰，北京市文化市场行政执法总队；陈京东，北京市公安局治安管理总队；贾晓飞、王朝昀，北京市公安局海淀公安分局刑侦支队；杨岱君，北京市海淀区人民检察院知识产权检察处；郭　晟，北京市海淀区人民法院刑事审判二庭）
11. 杨志云（山西省版权局版权管理处处长）

12. 姚　立（吉林省镇赉县文化市场综合执法大队）
13. 征向武（上海市通信管理局互联网管理处）
14. 陈　铭（江苏省连云港市版权局）
15. 侯化槐（浙江省义乌市文化市场行政执法大队）
16. 浙江家纺产业花样侵犯著作权系列案专案组个人（高　力、金珂星、李　琴，浙江省海宁市文化市场行政执法大队）
17. 朱　贤（浙江省温州市鹿城区文化市场行政执法大队）
18. 毛元州（浙江省杭州市拱墅公安分局经侦大队）
19. 邱善庆（福建省人民检察院侦查监督处）
20. 陈　璟（福建省厦门市中级人民法院民三庭）
21. 刘成爱（山东省平度市文化市场行政执法局）
22. 马长兴（山东省即墨市文化市场行政执法局）
23. 孙萍萍（山东省莱西市文化市场行政执法局）
24. 王子全（山东省潍坊市文化市场综合执法局）
25. 河南周口市龙图印刷公司侵犯著作权案专案组个人（郭　冰、龙文钦、李德民、刘香成，河南省周口市公安局治安和出入境管理支队，朱秀丽，河南省周口市川汇区人民检察院）
26. 河南信阳第二高级中学侵权案专案组（蔡筱筱、陈　勃、池　源、李铸红，河南省信阳市文化市场综合执法支队）
27. 郭红文（河南省原阳县人民法院）
28. 河南陈承磊、魏作义侵犯著作权案专案组个人（常鹏庆、范守敏，河南省新乡市凤泉区人民检察院；李　瑞，河南省新乡市凤泉区人民法院）
29. 彭　骏（湖北省通信管理局互联网管理处）
30. 湖北武汉打击侵权盗版刑事审判专案组（曹　辉、胡慧莉、李俊波，湖北省武汉市江岸区人民法院；田　军，湖北省武汉市司法警察大队）
31. 阳　勇（湖南省长沙市雨花区人民法院）
32. 邓　静（湖南省郴州市文化市场综合执法局）
33. 黄贵武（湖南省岳阳市文化市场综合执法局）
34. 袁　平（湖南省岳阳市文化市场综合执法局）
35. 阎桦泽（广西壮族自治区版权局版权管理处）
36. 广西南宁农丽冰“2・9”销售盗版教材案专案组个人（何家军，广西壮族自治区南宁市文化新闻出版局；周　恒，广西壮族自治区南宁市文化市场综合执法支队）
37. 广西贺州“3・18”销售盗版光盘案专案组个人［冯　飞，广西壮族自治区贺州市文化新闻出版局（版权局）版权管理科；尹之辉，广西壮族自治区贺州市钟山县公安局治安管理大队］
38. 孟祥海（海南省洋浦经济开发区公安局经侦大队）
39. 孟　澜（四川省通信管理局电信管理处）
40. 贵州罗森侵犯著作权案专案组个人［岑　侃，贵州省黔西南州安龙县新闻出版局（版权局）；杨　刚，贵州省安龙县文化市场综合执法大队；陈　屿，贵州省安龙县公安局经济犯罪侦查大队］
41. 贵州万协科技公司销售盗版软件案专案组个人（易德华，贵州省修文县文化市场综合执法大队；肖永宏，贵州省修文县文化市场综合执法大队）
42. 沙庆超（陕西省版权局版权管理处）

【三等奖】

1. 齐砚秋（国家工商总局反垄断与反不正当竞争执法局案件督查协调处）
2. 工信部查处网络侵权盗版维护网络秩序专案组个人（宋海彬，工业和信息化部通信保障局信息安全管理处；苗　琳、万欣欣，国家计算机网络应急技术处理协调中心）
3. 中国互联网协会“剑网行动”专项组个人（曹华平、刘　昕、王　佳、陈逸舟，中国互联网协会备案部）
4. 浙江绍兴某贸易有限公司申报出口侵犯著作权案专案组个人（李群英、王丽婷，海关总署政法司知识产权处）
5. 河北容城某公司申报出口侵犯著作权案专案组个人（黄建华、解新红，海关总署政法司知识产权处）
6. 花建华（国家标准版权保护工作组办公室）
7. 田　军（人民出版社办公室）
8. 孙自法（中国新闻社政文部）
9. 北京陈君南网络销售侵权盗版教材案专案组个人（沈　睿、王锋杰、郭松涛，北京市文化市场行政执法总队；贺燕欣、安　峰，北京市通州公安分局漷县镇觅子店派出所；陈　旭，北京市通州区人民检察院侦查监督处；蒋为杰，北京市通州区人民法院刑事审判一庭）
10. 北京高建伟盗版考试教材案专案组个人（周

长亮、邵大明，北京市文化市场行政执法总队；曹　钊、甘　勇，北京市海淀公安分局中关村西区派出所；邱志英，北京市海淀区人民检察院知识产权检察处；王启亮，北京市海淀区人民法院刑事审判二庭）

11. 北京侵犯软件著作权案专案组个人（郭　涌、高　坤，北京市文化市场行政执法总队执法五队）
12. 河北连彩彬网上销售盗版图书案专案组个人（解　芳，河北省版权局；蔡风国、吴晓娟，河北省石家庄市桥西区文化体育局）
13. 河北泽榕书社经营盗版图书案专案组个人（李　波、任晓英，河北省石家庄市版权局）
14. 河北明星泡泡堂歌厅侵犯音乐作品著作权案专案组个人（吴　杰、李　雷，河北省石家庄市版权局）
15. 常志辉（河北省赵县文化市场行政执法队）
16. 旺　娜（河北省栾城县检察院侦查监督科）
17. 郭锦云（内蒙古自治区新闻出版广电局版权管理处）
18. 辽宁“精品伴奏网”侵犯著作权案专案组个人（李安庆、田大鹏、石　帅，辽宁省版权局版权管理处；王　奇、张文利，辽宁省通信管理局市场监管处；李景鹏，辽宁省大连市通信管理局市场监管处）
19. 辽宁沈阳侵犯音乐作品著作权系列案件专案组个人（张靖弢、张彦钧、陈　曦，辽宁省沈阳市文化市场行政执法总队直属执法三大队）
20. 孙建设（辽宁省丹东市文化市场综合执法支队）
21. 康　彤（吉林省吉林市新闻出版局）
22. 黑龙江士林图书经销有限公司销售盗版教材案专案组个人（于海航、于　森，黑龙江省哈尔滨市文化市场行政执法局）
23. 李冬柏（黑龙江省鹤岗市文化市场综合执法支队）
24. 李　冰（黑龙江省双鸭山市文化市场综合执法支队）
25. 杨克正（黑龙江省通信管理局网络信息安全处）
26. 刘雨茎（黑龙江省高级人民法院刑二庭）
27. 应　健（上海市互联网信息办公室）
28. 孙　军（上海市公安局经侦总队二支队）
29. 胡　煜（上海市治安总队行动队三大队）
30. 俞永杰（上海市金山分局网安支队）
31. 上海侵犯软件著作权系列案件专案组个人（金义强、谷申安，上海市文化市场行政执法总队稽查三处）
32. 江苏刘惠兴通过互联网销售盗版电子书案专案组个人（李　明、葛显平、蔡　平，江苏省张家港市文化行政综合执法大队；茅小平，江苏省张家港市公安局经济犯罪侦查大队；李睿智，江苏省张家港市公安局网络警察大队）
33. 江苏顾燕亚等盗版音像制品系列案专案组个人（许夕华、杭科军，江苏省宜兴市版权局）
34. 江苏南京“9·4”侵犯著作权案专案组个人（顾　杰、周文豪，江苏省南京市文化综合执法总队；徐　军、孙　琰，江苏省南京市公安局鼓楼分局治安大队；程　颖，江苏省南京市鼓楼区文化局社文办；顾明君，江苏省南京市鼓楼区人民检察院知识产权科）
35. 江苏南京吴阵海侵犯著作权案专案组个人（蒋　涛、方　伟，江苏省南京市公安局秦淮分局白鹭洲派出所；王永凯，江苏省南京市秦淮区文化局文化市场管理科）
36. 江苏刘怀勤等销售侵权复制品案专案组个人（解硕群，江苏省徐州市版权局；蒋昌超、赵　汉，江苏省铜山区公安局网警大队；谢礼营，江苏省铜山区版权局）
37. 江苏“7·8”侵犯著作权案专案组个人（王善翌，江苏省徐州市公安局网安支队；颜茂苏，江苏省徐州市中级人民法院民三庭）
38. 江苏“在线漫画”网站侵犯动漫作品著作权案专案组个人（刘　岩、林　磊、刘延胜，江苏省无锡市文化行政综合执法支队）
39. 郑忠良（浙江省宁波市江东区文化市场行政执法大队）
40. 浙江厉某某、李某侵犯出版物著作权案专案组个人（江武吉、曹　剑、杨　丹、张　辉，浙江省宁波市文化市场行政执法总队；周李勇，浙江省宁波市公安局治安支队）
41. 浙江永嘉打击侵权盗版专项行动专案组个人（叶洪泽、包国焕、戴　磊，浙江省永嘉县文化市场行政执法大队；徐顺海，浙江省永嘉县公安局乌牛派出所）
42. 浙江裴英努侵犯著作权案专案组个人（邢君平、齐宏扬，浙江省天台县文化市场行政执法大队）

43. 辛祥武（浙江省温州市公安局龙湾分局）
44. 黄朝晖（浙江省温州市公安局瓯海分局梧田派出所）
45. 伍利敏（浙江省温州市瓯海区公安分局茶山派出所）
46. 钟结义（浙江省泰顺县公安局筱村派出所）
47. 浙江吴克金侵犯著作权案专案组个人（杨仲抽、褚长谦，浙江省苍南县文化市场行政执法大队）
48. 安徽“DJ 疯吧音乐网”侵权案专案组个人（孙德勇，安徽省公安厅治安总队；方静泉，安徽省铜陵市文化广电新闻出版局；黄　勇，安徽省铜陵市文化市场综合执法大队；周陵，安徽省铜陵市公安局治安支队行动队；陈克武，安徽省铜陵市公安局网安支队）
49. 后开龙（安徽省马鞍山市文化市场综合执法大队）
50. 福建苏荣兴、朱贤文侵犯著作权案专案组个人（余洪亮、叶彦章，福建省福州市文化市场综合执法支队；陈龙标、王　桦，福建省福州市公安局鼓楼分局经济犯罪侦查大队）
51. 曾朝晖（福建省泉州市文化市场综合执法支队）
52. 陈　竑（福建省厦门市文化市场综合执法支队）
53. 王晓燕（江西省版权局版权处）
54. 罗盛磊（江西省南昌市文化市场综合执法支队）
55. 山东青岛中孚电子有限公司侵犯著作权案专案组个人（吴连炜，山东省青岛市文化市场行政执法局；付　晓、蒋万成，山东省平度市文化市场行政执法局；李书伟，山东省平度市公安局治安大队；金秉坤，山东省平度市法院）
56. 山东毛曰昆侵犯著作权案专案组个人（韩家林、马　聪，山东省济南市市中区文化执法大队；陈　涛、李红岩，山东省济南市市中区公安局王官庄派出所）
57. 吴明哲（山东省临沂市文化市场管理执法局）
58. 王宗友（山东省日照市文化市场综合执法局）
59. 范　新（山东省德州市文化市场综合执法局稽查二队）
60. 辛　利（山东省德州市文化市场综合执法局）
61. 林志坚（山东省青岛市李沧区文化市场行政执法局）
62. 山东潍坊查处商业系统侵犯著作权案专案组个人（戴顺昌、徐　勇，山东省潍坊市文化市场综合执法局；刘玉梅，山东省高密市文化市场综合执法局；杨茂枢，山东省寿光市文化市场综合执法局）
63. 山东济宁梁山“1・4”侵犯著作权案专案组个人（宋明国、刘奉军、鄢四兵，山东省济宁市文化市场综合执法局；李　雪，山东省梁山县文化市场综合执法局；于美强，山东省梁山县公安局治安大队）
64. 山东济宁“6・8”侵犯著作权案专案组个人（孙德鹏，山东省济宁市任城区文化市场综合执法局；周中华，山东省济宁市公安局市中分局）
65. 李　斌（山东省青岛市开发区文化市场行政执法局）
66. 赵锡鹏（山东省昌邑市文化市场综合执法局）
67. 赵凤华（山东省聊城市文化广电新闻出版局）
68. 张英林（山东省淄博市文化市场执法支队二大队）
69. 邢丽群（山东省淄博市文化市场执法局监察科）
70. 河南周口鑫鸿基印务有限公司非法印制侵犯他人著作权出版物案专案组个人（李英华、魏小钧、王　磊、居清山、李江涛、李会中、何　兵，河南省周口市文化广电新闻出版局；孙　楠，河南省周口市川汇区人民法院少年庭）
71. 朱晓燕（河南省汝州市文化广电局文化市场综合执法大队）
72. 秦　军（河南省洛阳市文化市场综合执法支队）
73. 焦艳娜（河南省版权局版权处）
74. 张　威（湖北省版权局版权管理处）
75. 曾　毅（湖北省武汉市公安局武昌区分局粮道街派出所）
76. 湖北张某某侵犯网络游戏著作权案专案组个人（赵志强，湖北省通城县公安局网安大队；李　奎，湖北省公安厅网安总队）
77. 湖北荆州“5・24”非法外挂案专案组个人（陈明武，湖北省荆州市文化市场综合执法支队；张　辉，湖北省荆州市公安局荆州区分局东城派出所）
78. 龙　松（湖北省武汉市公安局武昌区分局梅苑派出所）

79. 湖北梅超侵犯著作权案专案组个人（孟庆梅，湖北省武汉市公安局经侦支队六大队；谢云欣，湖北省武汉市人民检察院侦查监督处）
80. 肖建明（湖北省谷城县文化市场综合执法大队）
81. 湖南衡阳查处侵权盗版系列案件专案组个人（刘小平、唐能平、刘意福、尹忠国、胡文艺、沈　蓓、邓　洺，湖南省衡阳市文化市场综合执法局）
82. 舒清明（湖南省怀化市溆浦县文化市场综合执法局）
83. 李　军（湖南省岳阳市文化市场综合执法局）
84. 谭励军（湖南省株洲市文化市场综合执法局）
85. 王如彬［广东省肇庆市文化广电新闻出版局（版权局）版权综合科］
86. 叶　剑（广东省深圳海关法规处知识产权科）
87. 廖志祖（广西壮族自治区南宁市公安局南湖分局巡警大队）
88. 沈廉杰（广西壮族自治区柳州市新闻出版局版权科）
89. 何　亮（广西壮族自治区柳州市鱼峰区人民检察院侦查监督科）
90. 广西桂林罗登“7·7”侵犯著作权案专案组个人［陈新明，广西壮族自治区桂林市新闻出版局（版权局）版权管理科；李文涛，广西壮族自治区桂林市公安局经济犯罪侦查支队七大队］
91. 广西贺州邓钦珍、宋延倩、陈海华、李娘兵等售盗版光盘系列案专案组个人（黄燕青，广西壮族自治区贺州市公安局八步分局；龙　杰，广西壮族自治区贺州市八步区法院刑事审判庭）
92. 广西贺州罗仕华、石新萍、蔡小弟销售盗版光盘系列案专案组个人（黎小栓，广西壮族自治区贺州市公安局八步分局；谢明鸣，广西壮族自治区贺州市八步区检察院）
93. 海南杨国忠、吴里初侵犯著作权案专案组个人（彭　毅，海南省海口市公安局龙华分局经侦大队；周世宝，海南省公安厅经侦总队）
94. 海南龙春梅侵犯著作权案专案组个人（黎学成，海南省琼海市文化广电出版体育局；周德胜，海南省琼海市公安局经济犯罪侦查大队）
95. 何　旭（重庆市渝中区公安分局治安支队）
96. 张万富（四川省版权局版权管理处）
97. 四川“8·21”王飞非法销售侵权盗版音像制品案专案组（夏应添、龚秉贵、杜　林，四川省成都市文化市场综合执法总队；钟学贵，四川省成都市成华区公安分局猛追湾派出所；徐　佐，四川省成都市成华区人民法院刑事审判庭）
98. 张　海（四川省“扫黄打非”办公室）
99. 云南腾冲“3·24”侵犯著作权案专案组个人（李启山、李定昌，云南省腾冲县文化广播电视体育局；许　强、罗英华，云南省保山市文化广播电视新闻出版局；段登瑜、朱　琦，云南省保山市文化市场综合执法支队；赵斌、李开松，云南省腾冲县公安局；王　晏、梁本章，云南省腾冲县公安局治安管理大队）
100. 云南西双版纳“7·4”侵犯著作权案专案组个人（张娅丽，昆明海关法规处知识产权科；刘佳龙，西双版纳海关监管一科）
101. 陕西咸阳赵健、张敏、张秋利销售盗版光盘著作权侵权案专案组个人（范　涛，陕西省咸阳市中级人民法院研究室；高　军，陕西省咸阳市公安局治安支队；王炳乾，陕西省咸阳市文化广电新闻出版局；王勇虎，陕西省咸阳市文化广电新闻出版局；吴　为，陕西省咸阳市文化市场综合执法支队；石新娟，陕西省“扫黄打非”办公室）
102. 成喜全（甘肃省天水市文化广播影视新闻出版局新闻出版科）
103. 付成久（青海省文化和新闻出版厅版权管理处）
104. 新疆缤纷一号娱乐会所侵犯著作权案专案组个人（杨建新、郭庆龙，新疆维吾尔自治区新闻出版局版权处）

2013 CPCC 十大中国著作权人

［编者按］ 2014 年 2 月 26 日，中国版权保护中心主办的 2013 CPCC 十大中国著作权人评选活动结果揭晓。演员邓天和，相声演员李伟建、武宾，中国交响乐团，北京人民艺术剧院，北京开心麻花娱乐文化传媒有限公司，北京新坐标文化发展有限公司、北京交响乐团，北京网元圣唐娱乐科技有限公司，北京电视艺术中心有限公司，浙江华谊兄弟影业投资有限公司，北京明宇时代信息技术有限公司等 10 组著作权人获选。

1. 邓天和——中国传统戏曲特技绝活的传颂者

邓天和，文化部艺术发展中心演员。他十分重视版权登记与保护，2012 年在中国版权保护中心登记的文字作品《中华戏曲精粹特技绝活汇演》，是一篇致力于挖掘、保护濒临失传的中国传统戏曲特技绝活，传承戏曲技艺的艰辛力作。在此基础上，他亲自担任导演，通过创新编排，组织完成了多台大容量、快节奏、高技艺、易欣赏的“中华戏曲绝活”新编舞台表演，形成有情节、有人物，“以戏带技，技在戏中”的独特表演风格，让海内外观众在有限的时间和空间里集中欣赏到众多剧种里最精彩、最刺激、最完美的特技绝活表演。著名京剧表演艺术家孙毓敏称赞他做了一件大好事，对戏曲艺术中的精华技艺进行挖掘集中展示，是前所未有的创作。邓天和创作的《中华戏曲精粹特技绝活汇演》为非物质文化遗产的活态传承做了很好的示范，并以全新的舞台表演样式将中华戏曲绝活的精华部分凝练成粹，演变成为具有丰富版权价值的可持续延伸、市场化的文化产品，为中国传统戏曲艺术走向市场、走出国门做了大胆有益的尝试。

2. 李伟建、武宾——誓将相声创作进行到底

李伟建、武宾是中国广播说唱艺术团的相声演员，也是深受广大观众喜爱的一对黄金搭档。二人合作表演的相声《娘家人》、《调个儿》、《较劲》、《趣味解说》在中国中央电视台、中国文联、中国曲艺家协会等单位举办的全国相声大赛中频频获奖，他们表演的相声《咨询热线》荣获了 2004 北京相声、小品邀请赛一等奖，并参加了中央电视台 2005 年春节联欢晚会。李伟建、武宾不仅在表演艺术上刻苦钻研，推陈出新；而且在相声创作上也是勤奋耕耘，笔耕不辍。曲艺作品《出租车司机》就是二人合作完成的表现百姓生活的原创相声，通过乘客与司机的聊天过程，将普通人的喜怒哀乐，幽默风趣地表达出来，让人在笑声中排解了烦恼。所以，《出租车司机》一经表演就获得了观众认可和社会好评。2013 年，李伟建、武宾将《出租车司机》在中国版权保护中心进行了作品著作权登记，并报名参加了 CPCC 十大中国著作权人评选活动，表明了他们重视版权保护、热心支持版权公益宣传的积极态度。

3. 中国交响乐团

中国交响乐团是中国的国家乐团，是中国最优秀的职业交响乐团之一。乐团注重中国作品的创作与推广，著名钢琴协奏曲《黄河》就是由乐团创作并首演。近年来，乐团坚持推出《龙声华韵》系列音乐会，为推广和弘扬杰出的中国作曲家及优秀作品作出了积极的贡献。中国交响乐团重视版权保护，积极将拥有著作权的作品在中国版权保护中心进行登记，2013 年登记的音乐作品《第一交响序曲》以充满人性化的音乐表述方式，注重人的心灵及情感诉求，调动管弦乐手段以营造出厚重的情感氛围，满怀激情地颂扬了改写中国历史进程、无怨无悔奉献一生的老一辈革命者的精神风貌，并结合时代特征升华出昂扬向上的时代精神。以《激情燃烧的岁月》主题音乐创作的《第一交响序曲》被许多中外著名交响乐团演奏。乐团除了为广大国内听众奉献精彩演出外，还成功出访了欧洲、亚洲、大洋洲、北美洲的各主要国家和地区，以令人折服的艺术演奏和独具特色的中国神韵赢得了各国听众的高度赞誉，为国家赢得了荣誉。

4. 北京人民艺术剧院

北京人民艺术剧院（以下简称北京人艺）创建

于 1952 年 6 月 12 日，以演出郭沫若、老舍、曹禺和田汉的作品而享誉海内外。北京人艺 2013 年在中国版权保护中心登记的戏剧作品《窝头会馆》是近年来北京人艺不可多得的原创当代剧。《窝头会馆》的首轮演出就出现了“一票难求”的盛况，创下北京人艺票房历史上的新纪录。北京人艺注重版权保护，历来尊重作家的著作权，保护作者利益，尽心尽力地支持和爱护作家的创造性劳动，始终不渝地履行合同，在业内的良好信誉有口皆碑。近几年来，北京人艺秉承着努力打造精品、在继承中发展的方针，以建设世界一流的学者型剧院为目标，聘请了包括莫言、刘恒、邹静之、何冀平等在内的十余位重量级作家为北京人艺的荣誉编剧，为剧院“量体裁衣”提供剧本，加上剧院自身的创作力量，为剧院在新时期的文化改革和发展作出新尝试，并不断推出原创新剧走向市场，《窝头会馆》、《生・活》、《知己》、重排《原野》、《我们的荆轲》、《甲子园》等剧目获得了票房和口碑的双赢，北京人艺中生代演员的集体精彩演出，令新老观众再次感受到北京人艺几十年来保持水准和勇于创新的艺术魅力。

5. 北京开心麻花娱乐文化传媒有限公司

北京开心麻花娱乐文化传媒有限公司（以下简称开心麻花公司）成立于 2003 年，以人民娱乐服务为宗旨，把智慧与快乐拧成舞台剧。公司积极进行版权保护，已就《开心麻花 2013 夏洛特烦恼》等 30 余件作品进行了登记。《开心麻花 2013 夏洛特烦恼》是麻花团队由娱乐团体向艺术团体转变的标志之作，幽默依然但不再是装饰，而是深入该剧肌髓，与剧情相扶相依，使喜剧因素格外生动，使观众在欢笑之余，能够产生思考和共鸣。公司注重对开心麻花系列舞台剧的法律保护，演出期间，均与合作方签订严密的版权合同，尽可能杜绝版权侵权的风险，为公司的发展和版权保护打下了扎实的基础。开心麻花公司秉承“近市场、大制作、出精品”的经营理念，针对市场、特定观众需求，创新完成了一批青年观众喜闻乐见的舞台喜剧，并使之成为一个市场品牌，成为北京舞台剧的一大亮点。公司首创“贺岁舞台剧”概念，每年打造一部贺岁剧，十年时间，“开心麻花系列舞台剧”从北京出发走遍上海、武汉、深圳、西安、杭州等 30 多个城市，超过 2 000 场大剧场演出。演出场次、观众人数、票房收入三个指标全面领先同行，已成为北京舞台剧领域最具市场号召力的民营机构，在中国最大票务代理网站“大麦网”大剧场戏剧排行第一。近年来更从戏剧舞台登上央视春晚，创作、演出了《今天的幸福》、《今天的幸福 2》、《大城小事》三个小品。

6. 北京新坐标文化发展有限公司、北京交响乐团

北京新坐标文化发展有限公司（以下简称新坐标公司）是从事音乐与动漫制作的专业公司，北京交响乐团已成立 35 年，是重视推广中国当代作品的首都交响乐团。新坐标公司和北京交响乐团联合打造的大型全息动漫情境交响音乐会《〈露露 and 猪猪〉之〈乐器也疯狂〉》2013 年在中国版权保护中心进行了登记。它是一场音乐与动漫完美交融的创新，是世界上首次使用全息三维影像制作的交响音乐会，是具有世界创新意义的动漫舞台剧。它们针对市场需求勇于创新，以青少年朋友喜闻乐见的动漫为载体，把相应的乐器卡通化，通过深入浅出的方式传播音乐知识，改变了交响音乐会的演出形式。新坐标公司自成立以来就重视版权保护，2005 年就在中国版权保护中心进行了 18 集动画片《露露 and 猪猪》以及卡通形象的著作权登记，并陆续将 10 多个衍生产品进行版权登记，保证企业的权益得到保护。新坐标公司和北京交响乐团打造的动漫情景音乐剧《〈露露 and 猪猪〉之〈乐器也疯狂〉》以最具创新力的艺术形态集众多亮点于一身，动漫、音乐、舞蹈、全息影像相交融，真实虚拟时空相交替，高雅艺术与纯真童趣相融合，多元混搭，掀动音乐界清新时尚风。音乐会于 2012 年 2 月 10 日、11 日在国家大剧院歌剧院首演后，受到到场观众的一致好评和热捧，近百家媒体追踪报道。本音乐剧作为北京市文化创意重点项目，曾获得了 2010 年度北京市文化创意产业基金扶持。

7. 北京网元圣唐娱乐科技有限公司

2009 年成立的北京网元圣唐娱乐科技有限公司（以下简称网元盛唐公司）是一家重视原创、品牌塑造，快速发展的网络游戏专业公司。其在中国版权保护中心登记的原创游戏《古剑奇谭》已先后被改编成小说、舞台剧、电视剧、电影、移动平台游戏等衍生品，使其作品的版权价值不断丰富和延伸，社会效益和经济效益均取得了大丰收。2013 年，网元盛唐公司在中国版权保护中心登记的舞台剧《古剑奇谭之琴心剑魄今何在》是国内第一次将游戏正式搬上话剧舞台，其作为游戏的衍生产品已于 2013 年 8 月在北京东方剧院连映两场，取得了十分可观的票房，在全世界拥有数千万粉丝。公司自成立以来就对版权保护和盗版打击工作给予高度的重视，建立了较为完善的知识产权保护工作制度，积极组织员工进行培训，重视版权登记，陆续将十多个作品做了版权登记，并积极投入了大量的人力物力打击侵权盗版行为，维护自身合法的权益。网元盛唐公司努力挖掘品牌游戏产品的衍生价值，不断使其原创的文化产品利益多元化、最大化。其创作的《古剑奇谭》已从一个单纯的游戏作品，发展成为横跨游戏、文学、艺术、音乐、影视等多维度的综合品牌。2013 年，《古剑奇谭一》荣获第四届中华优秀出版物奖（音像、电子和游戏出版物奖），以及第三届中国出版政府奖（印刷复制奖）。

8. 北京电视艺术中心有限公司

北京电视艺术中心有限公司（以下简称北艺中心）成立于 1982 年，是中国最有影响、最具实力的电视剧专业制作单位之一。北艺中心在电视剧创作过程中紧跟时代步伐，坚持精品意识，不断求新求变，创造了中国电视剧多个第一：第一部长篇电视连续剧《四世同堂》；国内第一部室内长篇电视连续剧《渴望》等。其中，《诱惑》、《贫嘴张大民的幸福生活》等 12 部电视剧均在中国版权保护中心进行了登记。北艺中心注重版权保护，并积极通过著作权质权登记与银行合作进行融资，不断挖掘其版权价值，利用版权资源促进了公司的可持续发展。《贫嘴张大民的幸福生活》、《一年又一年》、《结婚十年》、《幸福像花儿一样》、《金婚》、《甄嬛传》等优秀作品已成为中国电视剧发展史上的经典之作。其作品曾多次荣获“飞天奖”、“金鹰奖”、“五个一工程奖”和多项各类国内外电视剧大奖，并创造了“飞天奖”三连冠的纪录。

9. 浙江华谊兄弟影业投资有限公司

浙江华谊兄弟影业投资有限公司（以下简称浙江华谊兄弟）是一家主要负责电视剧的制作、发行的专业公司，先后制作发行了《夫妻那些事》、《连环套》、《唐山大地震》等一批家喻户晓、观众喜爱的电视剧作品。公司与国内最成熟的制片人建立了科学作业的工作室制度，目前工作室已发展至 12 个，并计划通过更多投资扩大市场份额。浙江华谊兄弟在文化产业的发展竞争中，越来越重视影视版权的保护、运用和管理并视其为公司的核心资源。公司就《夫妻那些事》、《连环套》等 11 部作品进行了版权登记，并成功运用版权管理，将自身从单纯的制片商转型为资金管理等平台，为我国影视产业的快速创新发展树立了典范。2013 年浙江华谊兄弟以《连环套》获得 2013 年北京市广播电影电视剧推荐优秀电视剧奖；《夫妻那些事》、《唐山大地震》荣获第 12 届优秀长篇电视剧入围奖。

10. 北京明宇时代信息技术有限公司

北京明宇时代信息技术有限公司（以下简称明宇时代）是中国首个打造 3D 数字文化体验的专业展览公司。展览内容与形式上的创新具有较强的参与性、互动性及体验性，在一定程度上满足了公众对多元文化的需求。2013 年，明宇时代自行设计的 3D 壁画如《巨龙》、《751 创意工厂火车》等 17 件美术作品在中国版权保护中心进行了登记，这些美术作品是 3D 博物馆展览中的重要元素。公司注重版权保护，对版权保护有较高的认识，并积极参加 2013 CPCC 十大中国著作权人年度评选活动。公司开发了 751 D・PARK 时尚设计广场工业园区特色故事的户外场景 3D 作品，参观人员将使用智能手机拍摄的照片转发至微信、微博等，并利用现场自动抓拍系统拍摄的照片，通过 360 度环幕等各种方式显示，进行微影展的展示互动，而且可通过微信、微博等 3D 博物馆公众平台进行你画我演的创意 3D 作品的互动。此展览吸引了近 20 万人次的观众参观互动，成为 798 及 751 园区一个靓丽、全新的旅游景点。

2013年中国版权协会年度评选

［**编者按**］ 2013年11月30日，由中国版权协会主办、中国联通协办的第六届中国版权年会在北京召开，年会评选出了“中国版权事业终生成就者”、“中国版权事业卓越成就者”、“2013年中国版权最具影响力企业”等三个奖项。其中，“中国版权事业终生成就者”4名，“中国版权事业卓越成就者”12名，“2013年中国版权最具影响力企业”37家。

一、中国版权事业终生成就者（4名）

1. 宋木文

原国家版权局局长，新时期中国著作权法律制度的创建者、亲历者和领导者。著有《宋木文出版文集》、《亲历出版三十年》和《八十后出版文存》等。在上述著述中，宋木文以亲身经历讲述了中国版权事业不凡的历程。在退出领导岗位以后，他以更大的精力和热情指导参与了多项与版权相关的重大活动，为中国版权制度建设作出了重大贡献。

2. 刘 杲

著名出版人，原新闻出版总署副署长、国家版权局副局长，新时期中国版权制度建设的参与者和领导者。作为著作权法起草小组组长，刘杲直接领导、参与了新中国著作权法体系的建立工作以及中国加入《保护文学和艺术作品伯尔尼公约》、《世界版权公约》等几个国际版权公约的历程。退出领导岗位之后，他积极关注国际、国内版权重大动态，分析研究我国版权事业的发展及存在的问题，不遗余力地关心和支持版权工作，为中国版权制度建设作出了重大贡献。

3. 郭寿康

中国人民大学法学院教授、博士生导师，杰出的法学家和法律教育家。曾全面参与我国《专利法》、《商标法》、《著作权法》、《反不正当竞争法》、《计算机软件保护条例》的起草工作，是我国唯一一位参加过全部知识产权立法的学者。郭寿康通晓多国语言，多次参加修订《保护工业产权巴黎公约》等国际条约，他创办了联合国教科文组织版权与邻接权教席并曾任首席主持人，为中国版权制度与教学研究作出了杰出贡献。

4. 谷建芬

当代著名作曲家。谷建芬创作的《年轻的朋友来相会》、《妈妈的吻》、《今天是你的生日我的中国》等歌曲传遍祖国大江南北。在她担任全国人大常委会委员期间，多次提议、建议加强版权保护工作，为推动中国版权事业进步作出了突出贡献。

二、中国版权事业卓越成就者（12名）（排名不分先后）

1. 张抗抗

著名作家、国务院参事、中国作协副主席。张抗抗曾多次向全国政协提交加强版权保护、加快修改著作权法的提案，并于2011年3月上书温家宝总理，呼吁尽快修改著作权法，为我国的版权保护及版权事业作出了重要贡献。

2. 吴汉东

著名学者、中南财经政法大学校长。吴汉东是中国知识产权研究和教育的先行者与开拓者，世界知识产权最有影响力50人之一，著有《著作权合理使用制度研究》、《西方诸国著作权制度研究》、《中国区域著作权制度比较研究》等多部学术专著，主编司法部统编教材、全国自考统编教材《知识产权法》等，为我国的版权制度研究及版权教学事业作出了突出贡献。

3. 蒋志培

最高人民法院知识产权庭原庭长。蒋志培曾参与著作权立法、司法保护工作以及组织起草制定最高法院著作权司法解释，审理过版权大案、要案，主编、创作和参与创作了《知识产权诉讼》、《网络与电子商务法》等多部著作和论文。在应对互联网版权的挑战中，蒋志培组织起草制定了具有重要影响的网络著作权保护司法解释，解决审判实践中的难题，为我国版权事业作出了重要贡献。

4. 陈一丹

腾讯主要创始人、终身荣誉顾问。在陈一丹的领导下，腾讯的知识产权创造、保护、开发和运用取得了令人瞩目的成绩，腾讯获得世界知识产权组织版权创意金奖、中国专利金奖、中国驰名商标认定等殊荣。他热衷版权公益事业，统筹组织腾讯旗下多个互联网产品，开展知识产权宣传，活动影响覆盖7亿互联网用户，他还筹建了深圳首家版权保护组织——深圳市版权协会，为我国版权事业作出了重要贡献。

5. 刘春田

著名学者、中国人民大学知识产权学院院长。作为中国知识产权制度的建设者、中国知识产权高等教育的主要开创者和学科带头人，刘春田参加了《著作权法》的起草和历次修订工作，并被聘为多部国家级《知识产权法》教材主编，担任中宣部、教育部“马克思主义理论研究和建设工程”《知识产权法》首席专家。他积极推进国际版权理论的交流与合作，为我国的版权制度研究及版权教学工作作出了突出贡献。

6. 张胜友

著名作家、中国作协原书记处书记。张胜友2003年挂帅中国作家出版集团，被任命为党委书记兼管委会主任。在他的带领下，作家出版社涌现出了一大批贴近市场、具有“双效”的优秀图书，获得了100多项国家级和省部级图书奖项。

7. 万　捷

雅昌文化集团董事长兼总裁。万捷带领雅昌创建了全球最大的“中国艺术品数据库”，建立了艺术家数字资产管理系统，对知识产权进行创造性应用；对传统印刷行业提出了革命性的挑战，大胆地将传统印刷业与现代IT技术及文化艺术完美结合。他致力于艺术品版权保护，积极提交议案，对我国印刷产业发展及版权保护作出了重要贡献。

8. 贺耀敏

著名出版人、中国人民大学出版社有限公司总编辑。贺耀敏始终坚持“国际化发展”这一方向，针对出版社的对外合作和“走出去”工作制定了切实可行的发展战略，并取得了明显成效，版权输出数量快速增长，版税收益显著。同时，依托中国人民大学深厚的学术资源，在版权引进与输出过程中高举“中国学术”的旗帜，形成了鲜明的出版特色和巨大的品牌价值，有力地扩大了出版社的国际品牌影响力。

9. 朱永德

著名制片人、中国电影著作权协会理事长。朱永德在中国电影行业工作50余年，是曾获得广电总局表彰的电影百年50名优秀艺术家中唯一的电影企业家。他致力于电影版权保护、促进电影版权交易和电影版权产业发展，为中国电影产业的发展和版权保护作出了重要贡献。

10. 陈锦川

北京市高级人民法院知识产权庭庭长。陈锦川从事知识产权审判20余年，审理了大量版权案件，作为现行著作权法修改专家小组成员，曾获得中国科技法学会“突出成就奖”、“全国知识产权保护最具影响力人物”和“中国版权产业风云人物”称号，并撰写了大量有关版权制度建设与版权保护的论文，为我国版权事业的发展作出了重要贡献。

11. 宋　柯

著名音乐人，恒大音乐公司董事、总经理。作为著名的音乐制作人，宋柯先后推出了叶蓓、老狼、朴树等歌手，对我国音乐产业的发展功不可没，同时他不断呼吁加强音乐版权保护，并为音乐版权保护献计献策，为音乐产业的版权保护事业作出了积极贡献。

12. 邹　忭

中国软件联盟常务理事长。邹忭曾参与《计算机软件保护条例》等立法起草工作，从事国产软件版权开发策略研究、司法保护鉴定咨询、软件正版化等工作，为我国软件版权保护事业作出重要贡献。

三、2013年中国版权最具影响力企业（37家）（排名不分先后）

1. 腾讯科技（深圳）有限公司
2. 中央电视台版权管理部
3. 上海广播电视台上海东方传媒集团有限公司
4. 联通宽带在线有限公司
5. 北京金山办公软件有限公司
6. 北京国际版权交易中心
7. 北京东方雍和国际版权交易中心有限公司
8. 北京人大文化科技园建设发展有限公司（中国人民大学国家版权贸易基地）
9. 北京搜狐新媒体信息技术有限公司
10. 央视国际网络有限公司
11. 北京爱奇艺科技有限公司
12. 乐视网信息技术（北京）股份有限公司
13. FAB精彩集团
14. 无锡永中软件有限公司
15. 中华书局有限公司
16. 人民教育出版社有限公司
17. 北京大学出版社有限公司

18. 北京北大方正电子有限公司
19. 二十一世纪出版社
20. 上海世纪出版股份有限公司译文出版社
21. 读者出版传媒股份有限公司
22. 中国水利水电出版社
23. 明天出版社有限公司
24. 四川新华文轩出版传媒股份有限公司
25. 《中华医学杂志》社有限责任公司
26. 北京中文在线数字出版股份有限公司
27. 南通家纺城版权事务服务有限公司
28. 天舟文化股份有限公司
29. 北京掌中浩阅科技有限公司
30. 广州市朗声图书有限公司
31. 西安电视剧版权交易中心有限公司
32. 橡胶谷有限公司
33. 北京盛世骄阳文化传播有限公司
34. 浙江画之都文化创意股份有限公司
35. 北京数码大方科技有限公司
36. 福建神画时代数码动画有限公司
37. 鄂尔多斯东胜天风动漫影视有限公司

2013年（第六届）全国大学生版权征文获奖名单

［编者按］ 2014年6月13日，由国家版权局主办、《中国版权》杂志社承办的第六届全国大学生版权征文活动评选结果揭晓，活动分为研究生组和本科生组，评委会最终评选出本科生组：一等奖10名、二等奖18名、三等奖30名、鼓励奖60名。研究生组：一等奖10名、二等奖19名、三等奖30名、鼓励奖60名。组织奖20名。

一、本科生组获奖名单（排名不分先后）

一等奖（10名）

杨　晋　中南民族大学
李　灿　安徽大学
沙晓晨　南京理工大学
方培思　中南财经政法大学
黄宇璐　中南财经政法大学
孙斐然　华东政法大学
曾仲皙　北京师范大学
张　倩　对外经济贸易大学
吴伟南　集美大学
刘旻轩　北京理工大学

二等奖（18名）

陈建宏　中南民族大学
万宝月　安徽师范大学
高雅文　中国政法大学
陈宇雯　南京师范大学
陈　瑜　安徽大学
姚　艳　湘潭大学
吴永祺　湘潭大学
宋　璇　华南理工大学
刘梦雪　中南大学
王心怡　浙江大学
李　婕　武汉大学
汪　偲　华东政法大学
周青松　中南财经政法大学
杨　洋　重庆理工大学
刘　凡　西南科技大学
郑文初　上海外国语大学
卢佳静　北京理工大学
葛瑞琦　天津商业大学

三等奖（30名）

蔡昌盛　华东政法大学
刘晓旦　华东政法大学
熊崇菁　中山大学
魏若男　西北政法大学
许晨夕　北京师范大学
曹玉沙　河北经贸大学
张　好　中国传媒大学
王婧娟　中南财经政法大学
田　园　中南财经政法大学
刘雅琨　武汉大学
胡佳琪　北京印刷学院
陈　丹　西北大学
程柯焙　南京师范大学
戴富媛　北京理工大学
殷　玥　北京理工大学
董世勋　北京理工大学
唐海佳　重庆理工大学
赵林熠　河南科技大学
周鑫耀　湖北文理学院
张　麒　上海商学院
陈丽萍　集美大学
区树添　中南民族大学
王荣辉　中南民族大学
余锦腾　安徽师范大学
丁　蕾　安徽大学
付斯阳　中南大学
孙鹏飞　西南政法大学
王文婷　西南政法大学
傅叶妮　南方医科大学
倪素栋　湘潭大学

鼓励奖（60 名）

马静妍　华东政法大学
刘晶晶　华东政法大学
谢　媛　华东政法大学
马　潇　华东政法大学
谈　天　华东政法大学
何雨菁　华东政法大学
阎维博　西北政法大学
何晓琴　西北政法大学
何崇龄　西北政法大学
武　谦　中南财经政法大学
刘桂强　中南财经政法大学
陆　婷　中南财经政法大学
乔　娜　中南财经政法大学
王勤明　西北大学
司圆歌　西北大学
李妙雅　北京印刷学院
胡雯静　北京印刷学院
闫柯帆　北京印刷学院
王　娜　兰州大学
李元策　武汉理工大学
赵　钰　河南科技大学
李　萌　河南科技大学
雷永翠　河南科技大学
符亚威　河南科技大学
李牧男　南京师范大学
黄毓倍　南京师范大学
翁燕霜　对外经济贸易大学
王　琪　对外经济贸易大学
李瑶菲　山东大学
王　宇　西安财经学院
田　悦　天津商业大学
马　晗　天津商业大学
梁　艳　重庆理工大学
兰　雄　重庆理工大学
黄晶晶　重庆理工大学
郑慧玲　北京理工大学
丁雨晴　北京理工大学
王　莹　北京理工大学
姜　源　上海大学
曾　娅　湖北文理学院
农彩连　中南民族大学
高　瑶　中南民族大学
王幸哲　中南民族大学
杨　静　安徽师范大学
周新宇　安徽师范大学
程操红　安徽师范大学
董　政　安徽师范大学
黄　瑞　安徽师范大学
马宝飞　安徽大学
张　姝　安徽大学
朱华阔　安徽大学
曹刘小甜　南京理工大学
陈雪瑶　南京理工大学
丁小星　南京理工大学
董　垚　南京理工大学
潘丹丹　南京理工大学
王学秋　南京理工大学
许康丹　西南政法大学
王　壬　西南政法大学
翁苑荧　南方医科大学

二、研究生组获奖名单（排名不分先后）

一等奖（10 名）

蔡崇山　华东政法大学
曲金东　北京外国语大学
刘彬海　中国人民大学
项　韵　同济大学
白超霞　中南财经政法大学
吴　穹　中国社科院
邹明伟　华南理工大学
刘　宇　北京师范大学
秦　春　南京大学
刘　静　西南政法大学

二等奖（19 名）

尚广振　华东政法大学
何　鹏　华东政法大学
龙立志　对外经济贸易大学
鲁　甜　中南财经政法大学
陈　越　中国政法大学
周贺微　中国政法大学
黄春洁　暨南大学
黄钱欣　厦门大学
李雅男　武汉大学
黄　照　湘潭大学
吕凌锐　中国人民大学
黄炜杰　中山大学
李晨曦　华南理工大学
陈厚锦　华南理工大学
陶中怡　香港大学

汤　凝　南京大学
黄　亮　上海交通大学
邓欣欣　中南大学
吉佳琳　天津商业大学

三等奖（30名）

毛姗姗　华东政法大学
阮开欣　华东政法大学
乔芳林　北京航空航天大学
彭　瑜　北京航空航天大学
苏裴裴　北京外国语大学
刘时剑　北京外国语大学
陆　宸　华中师范大学
李得顺　华中师范大学
范庆荣　武汉大学
易　颜　湘潭大学
陈恩德　湘潭大学
陈能军　中国人民大学
常公元　中南财经政法大学
李维扬　中南财经政法大学
程艳华　中国政法大学
陈　欣　中山大学
陈　丹　河北经贸大学
李惠霞　河北经贸大学
熊斌斌　浙江工商大学
张　茹　华南理工大学
张　润　北京师范大学
龚佳慧　上海大学
王德慧　台北大学
周宇佳　南开大学
郑柯楠　西北政法大学
席晓运　西北政法大学
杨　琦　中南大学
章　玲　中国传媒大学
史旭颖　北京理工大学
李　珂　西南政法大学

鼓励奖（60名）

唐　伟　西南政法大学
王　莹　南京理工大学
徐佳璐　华东政法大学
肖　月　华东政法大学
邱　江　北京航空航天大学
倪　晶　北京航空航天大学
王思晴　北京外国语大学
李　策　北京外国语大学
乔亚亚　对外经济贸易大学
何闪闪　河北经贸大学
赵金芝　河北经贸大学
张　诚　华中师范大学
李莹莹　华中师范大学
王　芳　南京师范大学
葛珊珊　清华大学
周　杰　厦门大学
谢金玲　四川大学
崔汪卫　同济大学
王　彤　同济大学
罗　伟　武汉大学
杨丽娜　武汉大学
邰嘉欣　浙江大学
傅枫雅　浙江工商大学
丁德凤　湘潭大学
梁畅华　湘潭大学
李　芊　湘潭大学
何　伟　湘潭大学
程志远　中国人民大学
文诚公　中国人民大学
杨　堃　中国人民大学
陈小茹　中南财经政法大学
汤宏发　中南财经政法大学
杨青青　中南财经政法大学
郝明英　中国政法大学
张晶荣　中国政法大学
张日广　中国政法大学
莫欣影　中山大学
张　芳　华南理工大学
易磬培　华南理工大学
崔芸義　华南理工大学
戴　蕾　福州大学
李天然　北京电影学院
慎　言　上海大学
杨　雪　北京印刷学院
李　琼　北京印刷学院
常　帅　北京印刷学院
张明晰　北京印刷学院
赵　渊　西北政法大学
王玉杰　西北政法大学
易搏群　中南大学
钮效崇　中央民族大学
钟　馨　中国传媒大学
刘　勇　重庆工商大学
魏彬彬　重庆工商大学

常佳佳　广东财经大学
谭　清　武汉理工大学
张　芳　天津商业大学
于　清　天津商业大学
梁　松　重庆理工大学
曾　佳　北京师范大学

三、组织奖名单（排名不分先后）

北京印刷学院
安徽师范大学
安徽大学
北京理工大学
重庆理工大学
河南科技大学
湖北文理学院
华东政法大学
中南财经政法大学
南京理工大学
西南政法大学
华南理工大学
天津商业大学
中南大学
湘潭大学
中南民族大学
西北政法大学
北京外国语大学
西北大学
重庆工商大学

第十三届输出版引进版优秀图书推介活动获奖名单

［编者按］ 2014年8月29日，由中国版协国际合作出版工作委员会、中国新闻出版研究院、《出版参考》杂志社联合主办的第十三届输出版引进版优秀图书推介活动颁奖典礼在第21届北京国际图书博览会期间举办。此次推介活动获奖情况包括2013年度输出版优秀图书100种、引进版社科类优秀图书50种、引进版科技类优秀图书30种、推动版权输出引进的典型人物10名、优秀版权经理人10名。

2013年度输出版优秀图书（100种）

序号	书名	出版社	作者	输出地	图书类别
1	红色的起点	安徽教育出版社	叶永烈	波兰、法国	文艺
2	非常2+1·亲子游中国（10册）	安徽科学技术出版社	陈登梅等	美国	少儿
3	中国原创新漫画·西游记	安徽美术出版社	陈维东编创、彭超漫画	中国台湾	少儿
4	转型中国：农业、农村、农民	安徽人民出版社	姜长云	英国	社科
5	驯龙记	安徽少年儿童出版社	刘海栖	黎巴嫩	少儿
6	贾平凹散文典藏大系（7册）	安徽文艺出版社	贾平凹	中国台湾	文艺
7	中国天机	安徽文艺出版社	王蒙	中国台湾	文艺
8	西藏的孩子	北京出版集团有限责任公司	鹰萨·罗布次仁	英国	文艺
9	新结构经济学	北京大学出版社有限公司	林毅夫	韩国	社科
10	敦煌学十八讲	北京大学出版社有限公司	荣新江	荷兰	社科
11	超前引领：对中国区域经济发展的实践与思考	北京大学出版社有限公司	陈云贤	德国	社科
12	中国葛氏捏筋拍打疗法	北京科学技术出版社有限公司	葛凤麟、俞国旭	中国香港、中国台湾、中国澳门	科技
13	中华美少年（9册）	北京时代华文书局	杨永青、黄梨梨等	埃及	少儿
14	汉字的智慧	北京语言大学出版社有限公司	石定果、罗卫东	韩国	社科
15	中西文字并排设计	大连理工大学出版社	王小枫	中国台湾	科技
16	重建汶川——人类抗震救灾史上的奇迹	地震出版社	王文洪	中国香港	社科
17	药食两用的家庭进补	第二军医大学出版社	张如青	中国香港	科技

续前表

序号	书名	出版社	作者	输出地	图书类别
18	Web 前端黑客技术揭秘	电子工业出版社	钟晨鸣、徐少培	中国台湾	科技
19	腰门	二十一世纪出版社有限责任公司	彭学军	法国	少儿
20	天啊！错啦！	二十一世纪出版社有限责任公司	徐萃、姬炤华	法国	少儿
21	中国文学史新著（中卷）	复旦大学出版社	章培恒、骆玉明	日本	文艺
22	中国思想史	复旦大学出版社	葛兆光	美国	社科
23	生命之河：北美土著人的可持续实践	高等教育出版社有限公司	马钱德等	德国	科技
24	模手册（3 卷）	高等教育出版社有限公司	加夫里尔·法卡斯（Gavril Farkas）、伊恩·莫里森（Ian Morrison）	美国	科技
25	华为四张脸	广东经济出版社有限公司	张贯京	英国	社科
26	中国家庭史（5 卷）	广东人民出版社有限公司	张国刚主编	美国	社科
27	流动中国	广东人民出版社有限公司	刘旦等	德国	社科
28	地书：从点到点	广西师范大学出版社集团有限公司	徐冰	法国	文艺
29	糖尿病健康教育实用指南	湖北科学技术出版社有限公司	彭小春	中国台湾	科技
30	中国最美	湖北美术出版社	王海霞	中国香港	社科
31	世纪的馈赠：章开沅与池田大作的对话	湖北人民出版社有限公司	池田大作、章开沅	中国香港	文艺
32	步步惊心	湖南文艺出版社	桐华	韩国	文艺
33	大海的第三岸	华东师范大学出版社有限公司	杨炼、威廉·尼尔·赫伯特等	英国	文艺
34	书法（国际版）初级（上、下）	华文出版社	欧阳中石	新西兰、新加坡、西班牙、伊朗、埃及	文艺
35	新版《中国美术全集》（20 卷）	黄山书社	金维诺主编，孙华、罗世平副主编	澳大利亚	文艺
36	中国历代文物集（10 卷）	黄山书社	中国文物学会专家委员会总主编	波兰	社科
37	非名言　微思考	黄山书社	王亚非	法国、澳大利亚	文艺
38	第八号街灯	江苏凤凰少年儿童出版社有限公司	曹文轩	法国	少儿
39	子涵童书（4 册）	江苏凤凰少年儿童出版社有限公司	梅子涵	越南	少儿
40	她的城	江苏凤凰文艺出版社有限公司	池莉	泰国	文艺
41	话说长城	江苏科学技术出版社	董耀会	法国	科技
42	儒家孝道	江苏人民出版社	高望之	美国	社科
43	黑焰	接力出版社有限公司	格日勒其木格·黑鹤	加拿大	文艺

续前表

序号	书名	出版社	作者	输出地	图书类别
44	生态马克思主义经济学原理（上、下）	人民出版社	刘思华	土耳其	社科
45	中国开放 30 年：增长、结构与体制变迁	人民出版社	江小涓	韩国	社科
46	民族复兴之路的回望与思考	人民出版社	颜晓峰、章传家	俄罗斯	社科
47	读图识中国	人民教育出版社	人民教育出版社地图编辑室	中国香港	社科
48	名方 60 首讲记	人民军医出版社	宋永刚	韩国	科技
49	常见病特效穴位全真图解	人民军医出版社	郭长青	英国	科技
50	人体反射区全真图解	人民军医出版社	郭长青	英国	科技
51	图说中医·针灸	人民卫生出版社	黄龙祥、黄幼民	韩国	科技
52	肝门部胆管癌	人民卫生出版社	刘允怡	德国	科技
53	腧穴热敏化：艾灸新疗法	人民卫生出版社	陈日新	日本	科技
54	永远有多远	人民文学出版社	铁凝	土耳其	文艺
55	英格力士	人民文学出版社	王刚	土耳其	文艺
56	衙门口：为官中国千年史	陕西人民出版社	张程	中国台湾	文艺
57	微观西藏	商务印书馆	聂晓阳主编	香港	社科
58	中国语言生活状况（2006—2007）（英文版第 1 卷）	商务印书馆	国家语言文字工作委员会	德国	社科
59	动态系统可靠性分析	上海交通大学出版社有限公司	吴斌	美国	科技
60	超常增长：1979—2049 年的中国经济	上海人民出版社有限责任公司	史正富	中国香港	社科
61	Chinese Museums Association Guide	译林出版社	米里亚姆·克利福德（Miriam Clifford）、凯西·詹格兰德（Cathy Giangrande）、安东尼·怀特（Anthony White）	英国	社科
62	女生贾梅全传	上海世纪出版股份有限公司少年儿童出版社	秦文君	韩国	少儿
63	国事忆述——陈锦华回忆录	上海世纪出版股份有限公司译文出版社	陈锦华	美、法、德、俄、阿拉伯、西班牙	文艺
64	中国智慧	上海文艺出版社	易中天	韩国	文艺
65	羊道三部曲（3 册）	上海文艺出版社	李娟	中国台湾	文艺
66	超越人口红利	社会科学文献出版社	蔡昉	新加坡	社科
67	唯一的规则——《孙子》的斗争哲学	生活·读书·新知三联书店	李零	韩国	社科
68	非常规油气地质	石油工业出版社	邹才能等	英国	科技

续前表

序号	书名	出版社	作者	输出地	图书类别
69	陕西非物质文化遗产名录图典（6册）	世界图书出版西安有限公司	钟顺虎	美国	社科
70	邓小平画传	四川人民出版社有限公司	中共中央文献研究室	埃及	社科
71	麻瓜小魔女	四川少年儿童出版社	肖云峰	中国香港	少儿
72	杯子的故事：失踪的婷婷	天天出版社	曹文轩	瑞典	少儿
73	根鸟	天天出版社	曹文轩	韩国	少儿
74	中国印·李岚清篆刻书法艺术展作品集	外语教学与研究出版社有限责任公司	李岚清	韩国	文艺
75	“人文中国”系列（30册）	五洲传播出版社	陈连山、韩鉴堂、徐城北等	西班牙	社科
76	中国著名神话传说绘本（12册）	五洲传播出版社	段立欣	土耳其	少儿
77	手机	五洲传播出版社	刘震云	古巴	文艺
78	中国当代短篇小说选	五洲传播出版社	王蒙、刘震云等	墨西哥	文艺
79	梅子涵美绘本（4册）	希望出版社	梅子涵	英国	少儿
80	2013云南普洱茶（4册）	云南科技出版社有限责任公司	云南科技出版社有限责任公司	韩国	社科
81	杨红樱画本·科学童话系列（8册）	长江少年儿童出版社有限公司	杨红樱	中国台湾	少儿
82	SmartShadow：Models and Methods for Pervasive Computing	浙江大学出版社有限责任公司	吴朝晖、潘纲	德国	科技
83	Uncetainty Modeling for Data Mining：A Label Semantics Approach	浙江大学出版社有限责任公司	秦曾昌、汤永川	德国	科技
84	Food Safety Management in China：A Perspective from Food Quality Control System	浙江大学出版社有限责任公司	周洁红、金少胜	新加坡	科技
85	中国古盐	浙江古籍出版社有限公司	宋举浦、静泓	美国	社科
86	中国书法艺术和硬笔书法指南	浙江教育出版社	浙江教育出版社编	美国	文艺
87	中国文学读本	浙江教育出版社	熊欢	美国	文艺
88	狼王梦	浙江少年儿童出版社有限公司	沈石溪	法国	少儿
89	绘本中国故事·中国成语故事（2册）/中国童话故事（2册）	浙江少年儿童出版社有限公司	任溶溶	法国	少儿
90	中国建筑装饰艺术	中国建筑工业出版社	楼庆西	美国	文艺
91	室内设计资料图集	中国建筑工业出版社	康海飞	日本	科技
92	中斯友谊的象征——“纪念班达拉奈克国际会议大厦”援建工程技术及纪实	中国建筑工业出版社	由宝贤	斯里兰卡	科技
93	振荡微分方程保结构算法	中国科技出版传媒股份有限公司	吴新元、游雄、夏建林	德国	科技

续前表

序号	书名	出版社	作者	输出地	图书类别
94	中国经济体制改革重大事件	中国人民大学出版社有限公司	彭森等	波兰	社科
95	中国新闻事业通史	中国人民大学出版社有限公司	方汉奇	新加坡	社科
96	Q版绘本技法从入门到精通	中国水利水电出版社	飞乐鸟	泰国	科技
97	温文尔雅	中国言实出版社	汪龙麟、何长江	美国	文艺
98	文史中国（10册）	中华书局有限公司	王学泰、任士英等	俄罗斯	文艺
99	历代诗话	中华书局有限公司	（清）何文焕	韩国	文艺
100	白银秘史	重庆出版集团	江月照人	韩国	社科

2013年度引进版社科类优秀图书（50种）

序号	书名	出版社	图书类别
1	全球通史：从史前史到21世纪（青少版）	北京大学出版社有限公司	少儿
2	元照英美法词典（缩印版）	北京大学出版社有限公司	社科
3	科学与艺术	地震出版社	少儿
4	DK地球大百科	电子工业出版社	少儿
5	儿童百问百答系列（7册）	二十一世纪出版社有限责任公司	少儿
6	世界战争	广东人民出版社有限公司	社科
7	小屁孩日记（2册）	广东新世纪出版社	少儿
8	大汗之国：西方眼中的中国	广西师范大学出版社集团有限公司	社科
9	被禁锢的头脑	广西师范大学出版社集团有限公司	文艺
10	古老的农夫　不朽的智慧	国家图书馆出版社	社科
11	人的宗教（珍藏版）	海南出版社	社科
12	爱之阅读（12册）	海燕出版社	少儿
13	羊毛战记（上、下）	湖南人民出版社	文艺
14	正能量·实验版	湖南文艺出版社	文艺
15	深夜食堂（8册）	湖南文艺出版社	文艺
16	身体的历史（3卷）	华东师范大学出版社有限公司	社科
17	儿童情绪管理与性格培养绘本（4册）	化学工业出版社	少儿
18	小牛顿科普馆（60册）	黄山书社	少儿
19	小学生世界名人堂（12册）	吉林出版集团有限责任公司	少儿
20	中国的捐纳制度与社会	江苏人民出版社	社科
21	2052：未来四十年的中国与世界	译林出版社	社科
22	艾丽斯·门罗作品集（全7册）	译林出版社	文艺
23	青少年情绪美学漫画心理丛书（4册）	江西科技出版社	社科
24	安妮·范恩大奖小说丛书（5册）	接力出版社有限公司	少儿
25	拉维尼亚的学校	明天出版社	少儿
26	游戏、儿童发展与早期教育（教育实验丛书）	南京师范大学出版社	社科
27	欧洲形成中的亚洲（3卷）	人民出版社	社科

续前表

序号	书名	出版社	图书类别
28	美帝国的崩溃：过去、现在与未来	人民出版社	社科
29	和声学教程（上、下）	人民音乐出版社	文艺
30	论美国的文化：在本国与全球之间双向运行的文化体制	商务印书馆	社科
31	东京审判：被遗忘的纽伦堡审判	上海交通大学出版社有限公司	社科
32	美国人民史（第 5 版）	上海人民出版社有限责任公司	社科
33	爱达或爱欲	上海文艺出版社	文艺
34	每日必练管乐系列	上海音乐出版社	文艺
35	巨变：当代政治与经济的起源	社科文献出版社	社科
36	中国的历史（全 7 卷）	福建人民出版社	社科
37	剑桥中国文学史（上、下）	生活·读书·新知三联书店	社科
38	中国抉择	世界知识出版社	社科
39	与大师一起艺术创想（四季篇）（4 册）	天天出版社	少儿
40	牛津现代英汉双阶大辞典	外语教学与研究出版社有限责任公司	社科
41	哈佛大学的博弈论课	新华出版社	社科
42	我有友情要出租	新疆青少年出版社	少儿
43	灿烂千阳（维语）	新疆人民出版社	文艺
44	哈扎尔辞典	译文出版社	文艺
45	最励志校园童话（3 册）	长江少年儿童出版社有限公司	少儿
46	蒲公英自然绘本（5 册）	浙江教育出版社	少儿
47	DK 儿童能力培养百科全书·美食出自我的手	中国大百科全书出版社有限公司	少儿
48	心事	中国民主法制出版社	文艺
49	策略思维：商界、政界及日常生活中的策略竞争	中国人民大学出版社有限公司	社科
50	中华文化基础教材	中华书局有限公司	社科

2013 年度引进版科技类优秀图书（30 种）

序号	书名	出版社
1	禽肉加工（第 2 版）	中国农业大学出版社有限公司
2	生物质评估手册——为了环境可持续的生物能源	中国农业大学出版社有限公司
3	美国结直肠外科医师学会结直肠外科学（第 2 版）	北京大学医学出版社有限公司
4	心力衰竭——Braunwald 心脏病学（姊妹卷）（第 2 版）	北京大学医学出版社有限公司
5	血液病理学	北京科学技术出版社有限公司
6	bbc 生命三部曲——生命、地球、海洋	北京理工大学出版社
7	项目管理知识体系指南（PMBOK 指南）（第 5 版）	电子工业出版社
8	多源多目标统计信息融合	国防工业出版社
9	MIMO 雷达信号处理	国防工业出版社
10	蓝色海洋之殇——全球海洋生态危机之旅	江苏科学技术出版社
11	肿瘤生殖学	兰州大学出版社有限责任公司
12	脊柱外科手术图谱	辽宁科学技术出版社有限责任公司
13	坎贝尔骨科手术学	人民军医出版社
14	胎儿学——诊断与治疗	人民卫生出版社

续前表

序号	书名	出版社
15	小儿骨科手术技术	人民卫生出版社
16	适航性：航空器合格审定导论	上海交通大学出版社有限公司
17	希格斯——“上帝粒子”的发明与发现	上海科技教育出版社
18	Wiesel 骨科手术学（4卷）	上海世纪出版股份有限公司科学技术出版社
19	深水砂岩新论——成因、识别、触发机制与储层性质	石油工业出版社有限公司
20	格林泌尿外科手术学	世界图书出版西安有限公司
21	病毒性肝炎	天津科技翻译出版有限公司
22	美式整脊技术：原理与操作	天津科技翻译出版有限公司
23	医学纳米技术与纳米医学	西安交通大学出版社有限责任公司
24	药物基因组学：在患者医疗中的应用	浙江大学出版社有限责任公司
25	生态住宅——实现更绿色更健康的住所	中国建筑工业出版社
26	桥梁抗震预加固——从灾后应急修复到抗震维修加固	中国建筑工业出版社
27	Lewin 基因 X	中国科学技术出版传媒股份有限公司
28	高超声速和高温气体动力学	中航出版传媒有限责任公司
29	商用飞机项目——复杂高端产品的研发管理	中航出版传媒有限责任公司
30	量子宇宙——一切可能发生的正在发生	重庆出版集团

2013 年度推动版权输出引进的典型人物名单（10 名）

序号	姓名	单位	性别	职称	职务
1	朱寒冬	安徽文艺出版社	男	编审	社长
2	张天蔚	上海交通大学出版社有限公司	男	编审	总编辑
3	章思英	外语教学与研究出版社有限责任公司	女	编审	副总编辑
4	刘光宇	中国人民大学出版社有限公司	女	副编审	主任
5	伍奇	云南大学出版社有限责任公司	女	副编审	副总编辑
6	王壮	北京语言大学出版社	女	编审	副社长
7	王瑞玲	中华书局有限公司	女	副编审	对外合作部副主任（主持工作）
8	殷忠民	人民教育出版社有限公司	男	编审	社长
9	刘轩	高等教育出版社有限公司	女	编审	海外合作部主任
10	卢芳	南方出版传媒股份责任有限公司	女	副编审	版权贸易主管

2013 年度全国优秀版权经理人名单（10 名）

序号	姓名	单位	性别	职称	职务
1	马丽娜	中国大百科全书出版社有限公司	女	副编审	对外合作中心主任
2	赵薇	译林出版社	女	副编审	副主任

续前表

序号	姓名	单位	性别	职称	职务
3	王妍	北京大学出版社有限公司	女	中级	海外合作部副主任
4	董秋香	接力出版社有限公司	女	无	国际合作部副主任
5	郑良	中南出版传媒集团	女	中级	国际合作部主管
6	姚丹宁	中国建筑工业出版社	女	副编审	版权经理人
7	路艳艳	上海世纪出版股份有限公司少年儿童出版社	女	中级	总编办副主任
8	吴小红	江苏凤凰少年儿童出版社有限公司	女	副编审	对外合作事业部副主任
9	林珊	二十一世纪出版社有限责任公司	女	中级	国际合作部副主任
10	芮嘉	安徽少年儿童出版社	女	无	版权经理人

版权

理论研究

LI LUN YAN JIU

2013年中国著作权法研究综述

向 波

自著作权制度产生以来，每一次传播技术的发展都会对著作权制度带来或多或少的影响。近几十年来，网络传播技术的迅猛发展日益改变着人们的生活方式和交往方式。同时，网络传播技术也对现有著作权制度下的社会利益格局带来了持久且深刻的变化，使得现有著作权制度的诸多规则难以适应更加便利、快速、分散的网络传播环境。在此背景下，著作权制度只有紧跟上社会情势的变化才能发挥出其应有的社会功能，而如何在网络环境下有效地保护著作权就成为当前世界各国都必须面对的重要课题。当然，对于网络环境下的著作权保护，学术界、产业界、实务界等领域都各有尝试与探索，也提供了诸多思路。但是，为何著作权制度一直都对传播技术的迅猛发展表现出如此敏感的状态？其中缘由，值得深思。

一、关于著作权法基本理论问题

1. 著作权的正当性。有学者指出，著作权的工具性作用在于激励、公平与回报，不能简单视同于建立在"个人效用"基础上的市场利益最大化工具。在著作权法的观念层面上，应强调以"道"驭"术"，构建著作权最终指向公共福利的道德哲学基础。著作权法应秉持"技术中立"原则，充分体现技术自身的发展规律和特性。① 另有学者认为，现行著作权法的成立是基于对作者概念、作品的独创性以及作者与作品的所有关系的确信，而后现代理论恰恰认为作者概念是历史建构出来的，作者与作品的关系也并不是所有关系，作品的特性是独创性。正是在这个意义上，后现代理论对著作权法构成了严峻的挑战。② 个体独创论是现代个体著作权得以成立的理论出发点，但现代著作权的个体独创论难以解释民间音乐乃至民间文艺作品的真实创作过程。个体独创论并不是文艺创作活动的客观规律总结，而是现代文化私有产权出现后对历史的人为建构。③ 还有学者认为，私权框架下，版权逃避公权力正当干预进行大肆扩张，有违经济规则与信息正义。版权是一种基于政策考量而法定的权利，应是一种有限制的行政特权。④ 著作权法必须依循表达自由的基本价值和规则，它是国家促进表达自由的一项制度安排，通过著作权法制度设计减少作者与公众在表达自由方面的冲突。⑤

2. 著作权的客体。有学者认为，著作权客体即受著作权保护的作品，是著作权存在及其边界的判断标准，构成著作权法的逻辑起点。著作权客体制度涉及作品的内涵（构成条件）、外延（保护范围）、种类及著作权对象的排除等问题，其范围的界定与标准的确立，构成著作权法的基础。⑥ 另有学者指出，2010年修改后的《著作权法》第四条取消了原法对作品合法性要件的规定，只涉及对作者行使权利的违法规制。建议著作权法恢复作品合法性要件的规定，在此前提下加以修改完善。⑦ 关于作品的独创性要件，有学者在分析国内外对独创性的理论研究、立法规范以及个案研究的基础上，从法律符号学的视角诠释了我国著作权独创性的应然之义。⑧

3. 版权扩张。有学者主张，在版权扩张的同时不应忽视对文化公共领域的维护，文化的商品化也需反思其不利的一面，而文化的全球化与本

---

① 参见黄柯、李扬：《著作权之"道"：著作权法理论框架的观念重塑》，载《广西社会科学》，2013（4）。

② 参见刘汉波、谢精兵、曾晓锋：《后现代理论对著作权法的挑战》，载《赣南师范学院学报》，2013（5）。

③ 参见李斯特：《个体独创论的解构与重建——基于〈乌苏里船歌〉著作权纠纷的研究》，载《华南师范大学学报》（社会科学版），2013（2）。

④ 参见李君：《版权：私权抑或特权》，载《河北法学》，2013（3）。

⑤ 参见宋岳：《试析著作权与表达自由的关系》，载《知识产权》，2013（3）。

⑥ 参见杨利华：《我国著作权客体制度探讨》，载《法学杂志》，2013（8）。

⑦ 参见赵海燕：《我国著作权法取消作品合法性要件探析》，载《陕西行政学院学报》，2013（1）。

⑧ 参见郑英龙：《著作权独创性之鉴衡：基于符号学视角》，载《浙江学刊》，2013（2）。

土化之间的关系则要求我们秉持多元宽容的视角。[①] 另有学者认为，版权扩张中，技术措施权、P2P服务提供者的侵权责任认定以及网络时代的私人复制问题是三个与网络发展有关的侧面，体现出技术理性对著作权法的平衡原则及公众自由的侵蚀。基于哈贝马斯教授的商谈民主视角，就能找到使著作权法回归其价值取向的民主路径。[②]

4. 中国版权史。有学者认为，《大清著作权律》的颁布，宣告法律文本意义上的中国著作权法正式生成。通过对著作权制度之"生存土壤"的经济、文化和政治方面进行分析，会发现缺乏尊重著作权的法律文化才是造成中国著作权制度实施现状的本质原因。[③] 晚清政府制定和颁布中国第一部著作权法律——《大清著作权律》，使中国版权保护从分散的、不完整的地方官署告示制度向全国范围的版权保护过渡，改变了中国版权发展的历史分期。[④] 另有学者则指出，清末著作权法近代化的动因既有外国的压力又有中国社会内部的需要。清末的著作权法存在着"超前性"的问题，其原因在于著作权法产生的主要动力来自外部压力而非内部的真实需求。[⑤] 另有学者认为，在1949—1979年间的中国，作者和作品之间的关系不是根据所有权，而是根据作者作为社会成员的资格来界定的，因此最终的作者是作为集体的人民。[⑥]

5. 公有领域。有学者认为，数字技术促进著作权法公有领域发展的实现路径是，数字技术的运用应遵循"鼓励创造"的著作权法立法目的，符合公有领域与私权领域的界分规则，促进公有领域作品的丰富并维护公有领域作品的自由使用。[⑦] 而且，对中国而言，公有领域的自由使用是知识创新的基础，公有领域的创新又是消除知识贫困、对抗文化霸权的有效途径。[⑧] 另有学者认为，现代著作权法的发展导致公共领域不断遭受蚕食和掠夺，部分公共利益的维护岌岌可危，私人利益与公共利益之间呈现出失衡状态。为使著作权法重新回归生态和谐的平衡状态，必须尽力维护并相应地扩展著作权法中公共领域的范围，以与不断扩张的私人利益相对抗。[⑨]

6. 新技术对著作权制度的挑战。有学者认为，著作权作为知识产权的重要组成部分，其演变受到技术发展的深刻影响。为了适应技术的发展，著作权制度中的占有规则和传播规则面临深刻调整。这种调整在现阶段因互联网环境中作品流通特质性的影响而出现失灵的状况，为解决这种失灵状态，有必要在利益平衡原则的基础上对著作权制度进行重新的调整。[⑩] 互联网产业与版权产业的分离，使两者在传播效率与许可效率的需求上出现差异。为适应互联网产业模式的兴起，一方面应发掘私立著作权规则的制度优势，并承认其合法性；另一方面在保留既有法定权利体系的前提下调整权利类型及其限制方式，以配合私立著作权规则的运作。[⑪]

还有学者认为，在确立著作权的边界时，应从著作权人的单一主体模式转变为著作权人、传播者、使用者的多元主体模式，进而实现著作权作为财产利益的"分配伦理"。为了确立著作权的边界，在权利作用构造上要考虑作为对象的作品范围问题。"传播"是著作权人实现作品利益的主要利用方式，即传播权是著作权体系的基础性权利。[⑫] 有学者修正了兰德斯-波斯纳的版权模型，得出结论认为：单部作品的产量随知识产权保护的加强而递减；单部作品带来的净福利水平随知识产权保护的加强而递减；某类作品带来的总福利水平随知识产权保护的加强而递减。[⑬]

二、关于著作权对象

1. 视听作品。有学者认为，在完善电影作品

① 参见詹艳：《版权扩张：文化商品化与文化全球化》，载《河北法学》，2013（6）。
② 参见初萌：《版权扩张之反思——以技术理性为视角》，载《科技与法律》，2013（1）。
③ 参见杨明：《制度与文本：〈大清著作权律〉的历史审视》，载《华中科技大学学报》（社会科学版），2013（5）。
④ 参见曾佩珊：《西学东渐和中国近代版权制度的建立》，载《韶关学院学报》（社会科学版），2013（1）。
⑤ 参见王留彦：《我国著作权法近代化的动因与路径研究》，载《出版发行研究》，2013（5）。
⑥ 参见彭丽君：《著作权与所有权——以1949—1979年的中国实践为例》，载《杭州师范大学学报》（社会科学版），2013（4）。
⑦ 参见卫绫华：《数字技术环境下著作权法公有领域的发展》，载《学术论坛》，2013（6）。
⑧ 参见卫绫华：《论著作权法上公有领域的创新观——以民间文学艺术作品为研究模型》，载《广西社会科学》，2013（9）。
⑨ 参见董慧娟：《公共领域理论：版权法回归生态和谐之工具》，载《暨南学报》（哲学社会科学版），2013（7）。
⑩ 参见孟兆平：《互联网环境中著作权规制基本原则研究》，载《电子知识产权》，2013（4）。
⑪ 参见熊琦：《互联网产业驱动下的著作权规则变革》，载《中国法学》，2013（6）。
⑫ 参见李杨：《公共效用与权利作用构造：从"作品"到"著作权"的功能性分析》，载《出版科学》，2013（1）。
⑬ 参见周翼：《兰德斯-波斯纳版权模型的关键性修正及经济学解释》，载《财经问题研究》，2013（5）。

版权保护制度时，要充分考虑到国内电影业的发展水平，把权利人的“私权”保护与公众利益结合起来，理顺、协调电影作者、电影制片人、影视公司以及社会公众之间的利益关系，在利益平衡的框架下制定政策，建构电影版权归属与流转制度、版权保护制度以及版权限制制度，从而促进国内电影版权产业的发展。① 导演、编剧、专门为视听作品创作音乐作品的作者等为视听作品的合作作者，享有视听作品的原始著作权。为促进视听作品创作及其产业发展，在确立著作权归属问题上应当遵循意思自治优先原则；同时，实行“推定转让”制度，将在制片人与作者就视听作品著作权的归属问题没有合同约定或者约定不明时，视听作品的著作权转让给制片人行使。② 另有学者认为应根据不同作品创作团队的人员状况，具体分配著作权归属，以此来平衡那些为作品的创作作出贡献的人们的利益。③ 还有学者认为，应从法律角度给予视听作品明确的规定，采取可行的技术保护措施，建立完善补偿金、集体管理等制度，健全视听作品出租权，使视听作品的著作权得到有效保护。④ 在数字时代，需要对电影作品的认定、电影作品版权归属及作者身份认定、电影作品在网络传播过程中著作权人的信息网络传播权的重构进行适应性的调整。⑤

2. 孤儿作品。有学者认为，在数字环境下，孤儿作品的版权利用问题不断出现，应在借鉴国外经验的基础上加大孤儿作品版权保护。⑥ 我国《著作权法》在引入孤儿作品概念和相关制度时，现阶段宜采取欧盟模式，将孤儿作品的使用主体限制在传统图书馆等公共文化机构范围内，并建立著作权补偿金制度对权利人进行弥补、辅以著作权集体管理延伸制度。⑦ 我国应在立足我国国情的基础上，分别吸收法定许可模式与技术措施模式的优点来构建对孤儿作品的保护规则。⑧ 另有学者认为，对于孤儿作品利用模式上的选择，加拿大的强制许可模式在经过改造后比较适合我国国情，并且应在立法中细化“尽力查找”的标准。⑨ 还有学者在借鉴发达国家先进的孤儿作品著作权法律保护理念和模式的基础上，提出了我国孤儿作品的强制许可使用模式、强化著作权集体管理组织职能、建立孤儿作品的登记备案制度、明确“尽力查找”的判断标准以及健全孤儿作品强制许可使用费的提存制度等完善建议。⑩

3. 计算机字库、字体及单字。有学者认为，应对计算机字库和字体从立法上分别进行规制，给予前者演绎作品著作权的保护，后者则按照美术作品进行保护。⑪ 计算机字体单字作为美术作品保护符合著作权的基本法理，有其逻辑上的自洽性。⑫ 从著作权法公共领域理论的角度也可以给予计算机字库单字著作权保护。⑬ 还有学者认为，只有包含显示控制指令序列的单字计算机程序，才构成著作权法保护的计算机软件作品。⑭ 目前我国字体产业的生存困境主要是由于规范和保护字体单字的制度缺失而造成的，以他国字体单字版权保护立法为借鉴，以对字体单字可版权性论证为基础，在我国构建适当的字体单字法律保护体系。⑮ 单字形体设计是一种创作，属于美术作品，在具备原创性

① 参见唐建英：《国内电影版权制度的建构：一种利益平衡的分析框架》，载《电影艺术》，2013（1）。

② 参见曾梦倩：《视听作品的作者及著作权归属研究——以我国〈著作权法〉第15条的修改为背景》，载《邵阳学院学报》（社会科学版），2013（3）。

③ 参见董思远：《视听作品著作权问题探讨》，载《宁波广播电视大学学报》，2013（4）。

④ 参见梁晶晶、方圆：《视听作品的版权保护研究》，载《出版广角》，2013（8）。

⑤ 参见马晓鹏：《数字时代的电影版权与法律保护》，载《重庆社会科学》，2013（7）。

⑥ 参见李致：《数字环境下孤儿作品的版权保护》，载《江淮论坛》，2013（4）。

⑦ 参见管育鹰：《欧美孤儿作品问题解决方案的反思与比较——兼论我国〈著作权法〉相关条款的修改》，载《河北法学》，2013（6）。

⑧ 参见郑伦幸、聂鑫：《论孤儿作品的版权保护——兼评〈著作权法〉第三次修改草案》，载《求索》，2013（10）。

⑨ 参见张艳冰：《“孤儿作品”著作权保护研究——以〈著作权法〉第三次修改为视角》，载《邵阳学院学报》（社会科学版），2013（5）。

⑩ 参见刘宁：《试论我国孤儿作品的著作权法律保护》，载《电子知识产权》，2013（7）。

⑪ 参见刘金露：《字库字体的著作权保护研究——从方正诉宝洁案出发》，载《四川文理学院学报》，2013（3）。

⑫ 参见黄汇：《计算机字体单字的可著作权问题研究——兼评中国〈著作权法〉的第三次修改》，载《现代法学》，2013（3）。

⑬ 参见黄汇、郑家红：《论计算机字体单字著作权保护中的公共领域保留——以方正诉宝洁侵犯计算机倩体字“飘柔”案为例展开》，载《法律适用》，2013（4）。

⑭ 参见石必胜：《汉字字库的计算机软件著作权属性》，载《电子知识产权》，2013（Z1）。

⑮ 参见曹新明、郑伦幸：《关于字体单字著作权问题的思考》，载《南京理工大学学报》（社会科学版），2013（4）。

时，可获得著作权保护。① 对此种观点，另有学者认为，字库属于计算机软件，应受到我国著作权法的保护，但没有必要对字库中的单字给予著作权保护。②

4. 功能性作品。有学者认为，应完善我国功能性作品著作权保护制度，根据图形作品、立体作品、建筑作品、实用艺术作品的各自特点，赋予其合理的著作权保护。③ 我国应当吸收域外的有益经验，分析我国现实国情，通过在著作权法中规定功能性作品的概念内涵、保护条件、权利内容、保护期限等重要问题，并在实施条例中制定配套规则，建立起完整、有效的功能性作品著作权保护体系。④ 还有学者认为，鉴于实用艺术作品与外观设计具有很大程度上的重合性，实用艺术作品的著作权与外观设计专利权的保护期限的差距将对外观设计专利制度带来冲击，建议借鉴欧盟的规则，规定给予外观设计专利权“首期 5 年，可续展 4 次，最长 25 年”的保护。⑤ 还应明确规定受著作权法保护的实用艺术作品仅指实用性和艺术性可分离的实用艺术作品，包括实用性与艺术性绝对可分的实用艺术作品和实用性与艺术性相对可分的实用艺术作品，而实用性与艺术性不可分的实用艺术作品应排除在著作权法保护之外。⑥ 另有学者认为，对于实用艺术作品中可能出现的外观设计专利权与著作权权利竞合问题，可于著作权法中引入知识产权选择原则，明确规定外观设计专利权对同一客体既有著作权的排除效力。⑦

5. 新闻作品。我国新闻作品的著作权失范现象与问题主要表现为：新闻作品究竟有无著作权、没有著作权的新闻作品为何享有署名权、新闻作品的著作权和署名权到底归谁所有等问题。这些问题可留待将来制定《新闻法》时加以完善。⑧ 有学者认为，通过作品观、可版权性、独创性以及新闻传播目的的取舍，可以厘清著作权法不保护的新闻学中的新闻作品、著作权法上的新闻作品以及其中适用法定许可的作品，由此完成我国著作权法中的“新闻作品”的建构，以回应实践需要及时代要求。⑨ 我国著作权法可取消关于“时事新闻”的制度，对于“时事新闻”按照独创性的标准来判断是否以著作权加以保护。⑩ 还有学者认为，记录性新闻作品基本上无版权；调查性新闻的调查行为本身没有版权性；解释性新闻在事实性新闻作品中版权性最强；评论性新闻作品的版权受到较大限制，新闻标题、名称、电视节目表等在对抗竞争时可以享有版权保护。⑪ 对于新闻职务作品，应首先尊重当事人的意思自治；在未作约定的情况下，“专有使用权”已可基本满足媒体的权利需求，所以应将新闻职务作品归为任意性规范中的一般类型。⑫

6. 魔术。有学者认为，魔术只有在符合作品的实质和形式要件后才能成为魔术作品，从而受到著作权法的保护。一旦发生未经著作权人许可，擅自模仿其魔术表演，或擅自进行录音录像传播等，表演者可以以作者身份，通过侵犯作者表演权的诉由等来加以追究。⑬ 魔术虽然可以成为作品，但从思想、表达相区分原则出发，著作权法的保护并不延及魔术中包含的各种元素，唯有对魔术表演的动作、语言、表情等形成的艺术性表达才属于著作权法的保护范围。⑭ 魔术表演中观众可感知的部分，即呈现给观众的动作和景象，可以由著作权法给予魔术作品、美术作品等保护。而观众难以感知的部分，即魔术中保密的部分，可以考虑用商业秘密进行保护。⑮ 另有学者认为，隐藏于内的技巧是魔术的核

---

① 参见卢海君：《单字形体设计的著作权保护》，载《北方法学》，2013（3）。

② 参见刘少伯、宋天智：《字库的著作权保护——以北大方正诉“飘柔”为例》，载《山西省政法管理干部学院学报》，2013（1）。

③ 参见杨利华：《功能性作品著作权保护制度研究》，载《知识产权》，2013（11）。

④ 参见刘颖：《功能性作品的著作权保护探析》，载《邵阳学院学报》（社会科学版），2013（5）。

⑤ 参见张伟君：《实用艺术作品著作权法保护与外观设计专利法保护的协调》，载《知识产权》，2013（9）。

⑥ 参见李雅琴：《实用艺术作品的著作权适格性问题研究——兼论我国〈著作权法〉的修改》，载《湖北社会科学》，2013（8）。

⑦ 参见谢渊：《论实用艺术作品双重保护的正当性——兼评著作权法第三次修改草案第一稿涉实用艺术作品相关内容》，载《宁夏大学学报》（人文社会科学版），2013（3）。

⑧ 参见沈正斌：《我国新闻作品著作权失范现象与问题新探》，载《新闻研究导刊》，2013（10）。

⑨ 参见向光富：《论我国著作权法对新闻学中新闻作品的立法保护》，载《知识产权》，2013（2）。

⑩ 参见王骁：《浅谈时事新闻的著作权保护》，载《法制与经济》，2013（10）。

⑪ 参见翟真：《新闻作品的版权性分析》，载《中国出版》，2013（12）。

⑫ 参见邹举：《论新闻职务作品的著作权归属：兼议〈著作权法〉相关条款的修改》，载《国际新闻界》，2013（10）。

⑬ 参见王勉青：《我国魔术作品的著作权保护》，载《中国版权》，2013（6）。

⑭ 参见张丹丹：《魔术的著作权法保护之思》，载《北京理工大学学报》（社会科学版），2013（5）。

⑮ 参见周春慧：《狼蛛魔术作品著作权案》，载《电子知识产权》，2013（3）。

心动作和关键环节，却并非著作权法所要保护的客体。而表达于外的动作、舞蹈等即使具有独创性也不足以体现出与舞蹈等作品形式得以区分的可能性和必要性，因此魔术作品不应纳入著作权法保护范围。①

7. 民间文学艺术作品。有学者认为，对于民间文学艺术作品的著作权保护，可将创作该民间文学艺术的来源群体作为权利主体，无主者或无法确定来源群体者权利主体为国家或者整个民族；其权利内容在设置上与普通著作权有所区别；基于民间文学艺术作品而产生的派生作品属于一般作品，但其著作权要受到一定的限制。② 对于可纳入非遗保护的民间文学艺术赋予其传承人独占权，对不能纳入非遗保护的民间文学艺术由国家专门机构行使独占权。③ 还有学者认为，从对代表性传承人的著作权保护入手，传承人享有了著作权保护，就意味着民间文艺实际也得到了著作权的有效保护；代表性传承人以外的本国传承传播者的著作权保护也是对民间文艺有效保护的途径之一；政府应承担对民间文艺著作权保护的重任。④ 在对外关系上，民间文学艺术作品作为公共资源，应防止未经持有人同意对民间文学艺术作品进行占有和使用。对内部而言，民间文学艺术作品原生境群体中的全部传承人对于作品商业化后的收益应当利益均沾。⑤ 民歌作品可纳入著作权法意义上作品的范畴，受著作权法的保护。从理论上讲，原生作品的所有权和著作权应该属于产生这些作品的群体或民族，他们是民歌作品事实上的主体。⑥

8. 古籍点校本。有学者认为，古籍点校本本身不具有独创性，不应勉强地采用著作权保护。可借鉴德国等国著作权法，设立一种针对“科学版本”的相关权保护制度：对科学研究形成的古籍点校本，当其实质性地区别于既有版本时，给予类似著作财产权的相关权保护。⑦ 还有学者建议借鉴现行《著作权法》第六条对“民间文学艺术作品”保护的规定，增加“古籍整理的著作权保护办法由国务院另行规定”的表述。⑧ 或者将古籍整理形成的成果纳入邻接权的保护范围。⑨

还有学者探讨了电视节目版式⑩、标准⑪、电子书⑫、动画角色⑬、工业设计图⑭、药品说明书⑮、功能性肢体动作⑯、计算机软件⑰、计算机用户界面⑱、违法作品⑲、建筑作品⑳、教学课件㉑、科技期

① 参见袁博：《论魔术可版权性的证伪——以我国首例魔术作品著作权纠纷案为切入点》，载《中国版权》，2013（2）。

② 参见潘翠云：《民间文学艺术版权保护法理探析》，载《理论与改革》，2013（2）。

③ 参见李静、王喆：《我国民间文学艺术版权保护制度的完善》，载《天津商业大学学报》，2013（3）。

④ 参见白慧颖：《民间文艺著作权保护的现实可行路径之思考》，载《河南财经政法大学学报》，2013（6）。

⑤ 参见邓玲：《民间文学艺术作品司法保护路径探索——以云南〈蟒蛇记〉著作权纠纷案为例》，载《法律适用》，2013（6）。

⑥ 参见徐蕾、踪琦：《我国民歌著作权的归属与侵权防范探究》，载《中国出版》，2013（23）。

⑦ 参见何怀文：《古籍点校本的法律保护：特设民事权益与著作权之外第三条出路》，载《中国出版》，2013（13）。

⑧ 参见秦柯：《基于立法视角的古籍整理著作权问题分析——关于〈著作权法〉第三次修改的思考》，载《图书馆理论与实践》，2013（3）。

⑨ 参见王迁：《古文点校著作权问题研究——兼评“中华书局诉国学网案”等近期案例》，载《华东政法大学学报》，2013（3）；袁博：《论古文点校智力成果可版权性的证伪》，载《中国版权》，2013（5）。

⑩ 参见黄小洵：《电视节目版式版权保护之法律困境和进路探索》，载《北方法学》，2013（4）。

⑪ 参见李中锋：《论国家标准的版权和出版权》，载《中国浦东干部学院学报》，2013（3）。

⑫ 参见张慧春：《电子书带来的版权新问题——以著作权法第三次修改为视角》，载《编辑之友》，2013（1）。

⑬ 参见袁秀挺、孙金淋：《动画角色造型的著作权归属》，载《人民司法》，2013（4）。

⑭ 参见王迁：《论著作权法保护工业设计图的界限——以英国〈版权法〉的变迁为视角》，载《知识产权》，2013（1）。

⑮ 参见陈笑尘：《药品说明书不是著作权法意义上的作品》，载《人民司法》，2013（20）。

⑯ 参见江丽丽：《论功能性肢体动作不受著作权法保护——兼评美国瑜伽动作侵权案和我国广播体操案》，载《中国版权》，2013（5）；袁博：《论广播体操不构成作品——从中国体育报社总社诉北京图书大厦有限公司、广东音像出版社、广东豪盛文化传播有限公司著作权侵权案切入》，载《中国版权》，2013（1）。

⑰ 参见张吉豫：《计算机软件著作权保护对象范围研究——对美国相关司法探索历程的分析与借鉴》，载《法律科学（西北政法大学学报）》，2013（5）；张吉豫：《软件接口代码可著作权性研究——兼评〈著作权法〉第三次修改草案“反向工程条款”》，载《吉林大学社会科学学报》，2013（1）。

⑱ 参见陈霞：《计算机用户界面版权保护的困境与出路》，载《知识产权》，2013（10）。

⑲ 参见林亮春：《违法作品的著作权保护》，载《福建农林大学学报》（哲学社会科学版），2013（2）。

⑳ 参见曹尧瑶：《建筑作品的著作权保护相关问题探析》，载《湖北警官学院学报》，2013（9）；黄细江：《论建筑作品的复制侵权与合理使用——盛放鸟巢烟花侵犯著作权案评析》，载《延边教育学院学报》，2013（1）。

㉑ 参见闫文焱、蒋柳、危思敏：《教学课件的著作权问题研究》，载《经济研究导刊》，2013（12）。

刊[①]、体育赛事节目[②]、体育竞赛表演[③]、网络小说[④]、证券投资分析报告[⑤]、戏仿作品[⑥]、室内设计[⑦]、园艺作品[⑧]、广告语[⑨]等的著作权保护问题。

三、关于著作权法主要制度

1. 著作权的归属。有学者认为，我国应当在尊重意思自治的前提下，将记者职务作品的著作权授予记者所有，同时规定单位两年的专有使用权，以达到劳资双方的利益平衡。[⑩] 未发表数字化作品一旦发生侵权纠纷，在没有纸质手稿的前提下，著作权人很难对作品的作者身份予以证明，造成权利人维权困难。对此，著作权人可通过有效保全数字化作品证据、加强作品身份标识效果、选择适当的作品持有方式等来保障自己的权利。[⑪] 还有学者认为，应删除我国著作权法中关于法人作品的规定。一般情形下，创作作品的自然人为作者，享有完整的著作权。当作者创作的作品为职务作品时，他与法人（单位）可就相关著作权归属做出约定。如果无约定或约定不明，若作品属一般职务作品，作者享有完整的著作权，但在两年内会受到许可限制，若作品属特殊职务作品，作者可享有署名权，其他权利属法人。[⑫] 另有学者讨论了主编作品[⑬]、地质资料[⑭]的著作权归属问题。

2. 著作权的内容。随着知识产权全球化进程的发展，各国著作权立法不同的理论基础对著作权权能设置的影响逐渐弱化，著作权国际公约对各国著作权权能设置的制约力度加大，各国著作权权能设置已呈扩张态势。我国在修改《著作权法》时，应当借鉴域外立法经验，增设著作收回权的权能、启用作者身份权的立法名称、规范著作他项权的立法表述。[⑮] 关于著作人身权，有学者认为“修改权”并非指作者有权修改自己的作品，而是指作者有权禁止他人未经许可修改作品。《计算机软件保护条例》中的“修改权”在性质上有别于《著作权法》中的“修改权”，后者是人身权利，而前者属于“演绎权”这一经济权利。[⑯] 另有学者认为，修改权和保护作品完整权并不是一个权利的两个方面，修改权有其独立的意义和存在的必要性，修改权的价值并不在于禁止他人非法修改作品，而在于作者观点变化后可以依照自己的观点无拘束地决定作品的内容。因此，《著作权法》修改仍然应当留存修改权。[⑰] 我国《著作权法》对死者发表权的保护在实践中出现困境，解决这一困境的出路在于取消现行《著作权法》中关于发表权的规定。[⑱]

关于著作财产权，有学者认为，在现行《著作权法》中，复制行为与复制权紧密相连。只有明晰复制行为的物理特征和时空特征，才能将复制行为类型化为“从有到有”和“从无到有”两大类。同理，也只有在此基础上，才能将复制行为与出版行为、复制行为与引用行为更好地区别开来。[⑲] 在数字时代，复制权仍然应当且仅适用于控制作品传播，

---

① 参见邬静：《数字环境下科技期刊版权问题研究》，载《西安石油大学学报》（社会科学版），2013（4）；张雁凌：《欧美学术期刊网络版权机制研究》，载《编辑之友》，2013（11）。

② 参见朱文斌：《体育赛事节目的著作权保护——央视公司诉世纪龙公司侵害信息网络传播权纠纷案评析》，载《科技与法律》，2013（2）。

③ 参见孔伟：《我国体育竞赛表演著作权保护的法律性质探析》，载《济宁学院学报》，2013（6）。

④ 参见周亮、唐宗超：《论我国网络原创小说的著作权保护》，载《中共贵州省委党校学报》，2013（6）；韩笑：《网络小说版权问题分析——从作家声讨“百度文库”谈起》，载《长春教育学院学报》，2013（16）。

⑤ 参见郑军欢、范静波：《证券投资分析报告的著作权保护》，载《人民司法》，2013（24）。

⑥ 参见刘兴树、李红青：《戏仿作品的著作权保护》，载《湖南警察学院学报》，2013（2）。

⑦ 参见诸葛语丹：《室内设计的版权法保护研究》，载《经济与社会发展》，2013（2）。

⑧ 参见柴耀田：《论园艺作品的可版权性》，载《中国版权》，2013（1）。

⑨ 参见王瑞、龚亚东：《论广告语的著作权法保护》，载《北方工业大学学报》，2013（4）。

⑩ 参见李国庆：《论记者职务作品的著作权归属——关于〈著作权法〉（修改草案第三稿）第20条的一点看法》，载《新闻界》，2013（13）。

⑪ 参见陈庄：《未发表数字化作品著作权权属认定及保护》，载《出版发行研究》，2013（5）。

⑫ 参见刘银良：《著作权归属原则之修订——比较法视野下的化繁为简》，载《政治与法律》，2013（11）。

⑬ 参见李峰：《主编作品的著作权原始归属》，载《编辑学刊》，2013（1）。

⑭ 参见蒋瑞雪、马治国：《地质资料版权归属的国外模式与借鉴》，载《中国国土资源经济》，2013（7）。

⑮ 参见尹西明：《域外著作权权能设置及对我国的立法启示》，载《河南财经政法大学学报》，2013（6）。

⑯ 参见王迁：《论软件作品修改权——兼评“彩虹显案”等近期案例》，载《法学家》，2013（1）。

⑰ 参见胡彦涛：《修改权权利类属分析及其留存的必要性》，载《安阳师范学院学报》，2013（4）。

⑱ 参见刘胜红、卢玉超：《我国著作权法应取消发表权——从一则案例引发的思考》，载《中国版权》，2013（2）。

⑲ 参见刘杨东：《著作权法视域下复制行为的界定》，载《廊坊师范学院学报》（社会科学版），2013（2）。

凡是导致传播的内容复制都受到著作权人的控制。而进入消费领域的个人复制，在创作中使用他人作品则应当受责任规则规制，著作权人不能事先禁止他人使用其作品的行为。① 在著作权法规制私人复制问题上，以复制权与复制权限制对立统一关系为指导仍然是一个基本的思路，而这在本质上是重构著作权法利益平衡机制。② 还有学者建议在具有公开性、传播性之共性的发行权、出租权、展览权、表演权、播放权和网络传播权等权项之上构建一个技术中立、开放包容的“传播权”。传播权整合之后，值得进一步规定的是“不具有公开性质、不侵犯传播权的复制和演绎是著作权侵权的例外”③。随着电视广播、有线电视、移动视听设备、计算机网络技术等新兴传播手段飞速发展，传统的复制权、表演权、发行权已不足以保护著作权人的利益和满足作品使用者获取信息的需要，公开展示权与发行权、复制权相比较更适合保护网络作品传播展示。④ 另有学者讨论了“二次报酬权”⑤、技术措施⑥和权利管理电子信息⑦的保护等问题。

3. 相关权。有学者认为，虽然作品创作是作品传播的前提，但是对邻接权的保护是著作权产生的基础，是第一性的权利。可以基于网络传播本身的特点，研究为网络服务提供者合理地设计一些邻接权。⑧ 在网络时代，广播组织权无论是主体、客体，还是内容，都有新的拓展和变化，而这些变化，需要在新的《著作权法》中予以反映和界定。⑨ 期刊出版者权属于出版者权的一种，源于其法定的出版主体的身份以及从著作权人获得授权的行为。《著作权法》此次修改在修改权、专有出版权等问题上仍应通过实施细则予以进一步完善，以实现良好、规范的期刊出版秩序和著作权保护之间的平衡。⑩ 新闻出版商作为关键的新闻信息传播者，掌握着新闻信息来源，与公共利益息息相关，赋予新闻出版商邻接权无异于赋予新闻出版商控制信息走向的权利，应三思而后行。⑪

4. 著作权的限制。有学者认为，著作权法在保护网络作品著作权人权利的同时也应当对其权利进行合理的限制，以平衡网络作品的创作者与社会公众之间的利益。对网络作品著作权的权利限制是虚拟的网络世界发展的必然。应平衡网络作品著作权的权利限制与反限制。⑫

关于著作权的保护期限，有学者认为延长著作权保护期限与文化消费者权益有着密切关系，缺乏对消费者利益保护而延长著作权期限的做法是非民主化立法的表现，也是对处于社会弱势地位公众利益的直接侵害。⑬ 我国没有必要对发达国家亦趋亦步，不用再非理性地延长著作权的保护期限，而应当结合自己的国情，将著作权的保护焦点着眼在平衡作者利益和社会公益上。⑭ 还有学者认为，期限的延长可以实现新经济条件下的均衡，发挥著作权制度所要求的激励作用，符合资源配置所要求的效率标准，因此，期限的延长具有合理性，将期限延长的幅度界定为10年，有助于更好地平衡作者和社会公众的利益。⑮

关于首次销售原则，有学者认为著作权法上的作品使用者具有不同的面孔，它们是作品载体的所有者，是消费者，也是重要的创作者。这些使用者利益分别得到了默示许可、首次销售和合理使用原

① 参见高富平：《数字时代的作品使用秩序——著作权法中“复制”的含义和作用》，载《华东政法大学学报》，2013（3）。

② 参见冯晓青、胡梦云：《“私人复制”著作权问题探讨——以复制权与复制权限制对立统一关系为视角》，载《广东社会科学》，2013（4）。

③ 吕炳斌：《试论我国〈著作权法〉中传播权的类型化整合》，载《中国出版》，2013（21）。

④ 参见蔡晓东：《公开展示权与作品传播的版权保护》，载《世界贸易组织动态与研究》，2013（3）。

⑤ 戴哲：《视听作品“二次报酬权”研究》，载《电子知识产权》，2013（12）；周园、邓宏光：《论视听作品作者的利益分享权——以〈中华人民共和国著作权法〉第三次修订为中心》，载《法商研究》，2013（3）。

⑥ 参见杨涛：《著作权视野下反规避条款的法律协调机制》，载《知识产权》，2013（3）；郭鹏：《网络版权法国际趋同化中的路径分析——以技术保护措施的反规避制度为视角》，载《华南师范大学学报》（社会科学版），2013（6）；谢惠加、王影航：《论版权人的技术保护措施信息披露义务》，载《知识产权》，2013（6）。

⑦ 参见谢惠加：《版权权利管理信息的法律保护》，载《中国出版》，2013（16）。

⑧ 参见姚洪军：《从著作权与邻接权的关系谈网络服务提供者权》，载《山东行政学院学报》，2013（6）。

⑨ 参见石月平：《网络时代广播组织权若干问题的思考——写在〈著作权法〉修订之时》，载《声屏世界》，2013（1）。

⑩ 参见祁雪冻、焦楠：《〈著作权法〉修改背景下期刊出版者权的内容及其法律保护探析》，载《中国出版》，2013（7）。

⑪ 参见黄昱绯：《新闻出版商邻接权的困境——对德国著作权法第七次修改的评价》，载《电子知识产权》，2013（10）。

⑫ 参见任燕：《论著作权的权利限制及其立法完善——以网络作品权利限制为视角》，载《河南财经政法大学学报》，2013（5）。

⑬ 参见梅术文：《著作权期限的延长与消费者利益保护》，载《现代经济探讨》，2013（8）。

⑭ 参见杨卓黎：《论我国著作权保护期限没有必要延长之原因》，载《怀化学院学报》，2013（8）。

⑮ 参见程国琴：《著作权保护期限延长合理性的法律经济分析》，载《嘉应学院学报》，2013（1）。

则的庇护。但是，这些规则均有适用范围上的局限性，适用范围广于首次销售的权利穷竭原则为成文法和司法判例所共同确认，它通过三要素来确定使用者利益是否应得到保护。① 美国“吉尔特桑诉威利父子公司案”判决首次明确指出版权领域首次销售原则的适用范围与合法生产该版权产品的地理区域无关。美国最高司法机关在处理知识产权保护与贸易自由化关系问题上的务实立场为我国修订《著作权法》带来一定的启示。② 另有学者认为，我国的著作权平行进口立法是否效仿美国的做法，应当从灰色市场、消费者、制造业和就业以及作为进口管制工具的著作权的角度分析立法的潜在影响。③ 对于平行进口采取何种选择在于是否赋予著作权人在各国不同的定价权，哪种选择更有利于著作权人与公众之间的利益平衡可能根据不同国家的国情而存在不同。④

关于合理使用，有学者认为，具有人权属性的著作权必须接受必要的限制，对日益弱化的合理使用制度进行大胆改进。这就要求合理使用制度的未来变革应当与国际人权标准相符，努力达成激励与接近的动态平衡，真正发挥其保障文化权的工具性作用。⑤“合理使用”的立法模式主要有三种：开放式、半开放式和封闭式。这三种模式各有其哲学和历史的背景，其实际的运行效果并不仅仅取决于立法本身，更取决于立法与司法的互动。在总体趋势上，越来越多的国家倾向于增加“合理使用”的立法弹性。基于我国的司法现状，著作权法应当改变现有的完全封闭式立法技术，但要谨慎地设计立法的表述，平衡立法的可预见性与灵活性。⑥ 我国著作权合理使用制度采用具体列举的立法模式，并将其适用的对象限定于著作财产权，这已经不能适应我国社会与科学技术的发展需要。未来应将其适用的对象扩充至著作人身权，改采概括加列举的立法模式，制定合理使用的一般条款，修订现有具体列举条款，增加新的具体列举规范。⑦ 我国目前作品合理使用制度应改为半封闭式立法模式，即采用以三步检验法为中心的开放条款、加以具体合理使用情形的模式设计，既符合国际条约的规定，也符合我国的立法实践和司法实践现状。⑧ 对比我国现行著作权相关立法及近期的著作权法修改草案，我国立法者已经开始重新审视“合理使用”在网络环境下的适用态度及价值取向，即希望能够在适当的标准下扩大“合理使用”的范围。⑨ 还有学者认为，在网络环境下，合理使用制度的理论基础发生动摇，合理使用制度面临着前所未有的挑战和困境。默示许可制度的运作方式与网络环境下作品的使用方式相契合，更便于著作权人自主行使权利，与合理使用制度相比具有明显的优势。应当将默示许可确认为独立的制度，合理划定默示许可制度与合理使用制度的界限，明确两者的制度分工。⑩ 伴随数字技术特别是互联网技术的飞速发展，“个人使用是否依然合理”乃至“著作权法是否还需要个人使用”等问题成为著作权法极具争议的课题。⑪ 还有学者讨论了建筑作品⑫、公共数字图书馆⑬的合理使用问题。

四、关于著作权交易制度

1. 著作权登记。我国现有的著作权登记制度的法律性质、法律效力不明确，缺乏统一的著作权登记体系，救济制度不健全。应借鉴域外先进经验，明确著作权登记的性质和效力，建立统一的著作权登记机构，统一著作权登记的内容和程序，建立著

---

① 参见梁志文：《论版权法上使用者利益的保护》，载《法律科学（西北政法大学学报）》，2013（6）。

② 参见苟大凯、朱奎彬：《美国版权法首次销售原则的最新发展——美国联邦最高法院“吉尔特桑诉威利父子公司案”判决评析》，载《知识产权》，2013（7）。

③ 参见金春阳：《著作权首次销售理论的效力边界研究》，载《西北农林科技大学学报》（社会科学版），2013（2）。

④ 参见阮开欣：《灰色市场不再灰暗：首次销售原则对版权平行进口的适用》，载《中国版权》，2013（3）。

⑤ 参见向凌：《人权法视野下著作权合理使用制度改进的原则》，载《广东社会科学》，2013（4）。

⑥ 参见李琛：《论我国著作权法修订中“合理使用”的立法技术》，载《知识产权》，2013（1）。

⑦ 参见李庆保、张艳：《对我国著作权合理使用制度的反思》，载《知识产权》，2013（7）。

⑧ 参见王洪友：《论作品合理使用制度的立法模式重构——兼评我国〈著作权法〉的两份修改草案》，载《理论与改革》，2013（4）。

⑨ 参见张理：《网络环境下著作的“合理使用”——对〈著作权法〉（修改草案二稿）第四十二条的解读》，载《湖北行政学院学报》，2013（3）。

⑩ 参见李建华、王国柱：《网络环境下著作权默示许可与合理使用的制度比较与功能区分》，载《政治与法律》，2013（11）。

⑪ 参见李杨、任蓉：《著作权法“个人使用”的价值考察》，载《湖北社会科学》，2013（1）。

⑫ 参见祝建军：《建筑作品合理使用条件的探析——“盛放鸟巢”著作权侵权案引发的思考》，载《电子知识产权》，2013（Z1）。

⑬ 参见闫翠翠、周慧：《论公共数字图书馆著作权合理使用制度的适用范围》，载《广东第二师范学院》，2013（1）。

作权登记救济和赔偿制度。[①] 也有学者认为我国法律法规应该明确规定版权登记的效力、登记机关在版权登记中的责任和义务，依法建立版权登记的同一程序以便对版权登记规范管理，还须准确、及时地提供版权登记证明文件、明确权利归属。[②] 另外，我国的计算机软件保护走过了从强制登记到自愿登记的历程，而这种改变让计算机软件的著作权登记效力越来越模糊，以致影响到计算机软件产业的发展，因此，确定计算机软件著作权登记的效力及构建我国计算机软件著作权登记机制是当今计算机产业发展过程中亟待解决的问题。[③]

2. 著作权集体管理。有学者认为，我国著作权集体管理组织仍然存在着定位不清晰、行政色彩浓厚、权利滥用等问题。针对这些问题，我国应建立适度竞争型著作权集体管理模式，即对同一类作品只允许一定数量组织同时管理；并允许权利人平行授权，通过如此设置，以期最大限度地发挥著作权集体管理组织的优势。[④] 著作权集体管理组织的性质及运作方式决定了其具备垄断地位的合理性，因此，世界各国普遍重视对这类组织可能滥用垄断地位的规制。反思我国现行《反垄断法》和《著作权集体管理条例》在权利救济方面的困境，通过设置专门的争议解决机制是合理规制著作权集体管理组织强势地位的新思路。[⑤] 在著作权集体管理制度中，保证权利人、集体管理组织与使用者的私人自治，是集体管理得以发挥其制度优势，并在交易成本问题上优于其他类似制度的前提。私人自治的贯彻，既能实现市场供求信息在权利人与集体管理组织之间及时传递，也能保证定价机制随利用方式的变化灵活调整。[⑥] 从理论上讲，权利人对集体管理组织授权形式的多样性，本应使二者之间的关系呈现出信托、代理甚至转让等多种形态。从著作权的私权属性出发，并不能简单地将权利人与著作权集体管理组织之间的关系局限于信托模式，应给予二者更多的选择空间。[⑦] 欧盟的著作权集体管理制度由国际层面、欧盟层面和国家层面的制度组成，涵盖知识产权和竞争法等方面的内容。我国可以在著作权法律制度与反垄断法律制度的结合、法律体系的一致性以及个人权利与社会利益的平衡上借鉴欧盟的经验，提高著作权集体管理水平。[⑧]

基于著作权的私权属性，在著作权集体管理制度框架下，权利人将其权利授权集体管理组织行使理应完全出于自愿。延伸性集体管理与强制性集体管理的出现在一定程度上异化了权利人与集体管理组织之间的关系。[⑨] 有学者认为，延伸管理制度能有效减少版权交易成本，保护无力管理或怠于管理作品的权利人的利益，解决“孤儿作品”的利用难题，增加使用者的合法确定性，符合“卡尔多-希克斯”标准。[⑩] 著作权延伸性集体管理制度降低了著作权交易的成本，便利了作品的利用，增强了著作权人的博弈能力，保护了著作权人的经济利益。但是在移植该制度时应严格限制实施延伸性集体管理的资格条件、适用范围及程序。[⑪] 延伸性集体管理是非会员权利人经著作权集体管理组织行使权利的一种方式，其扩展了现有著作权集体管理组织的代表性，有利于提高作品利用效率，节约作品交易成本，为著作权人的权益提供更有效的保护，并达到权利人、使用者与产业三者利益的平衡发展。[⑫] 著作权集体延伸管理制度对于较好地维护网络时代和特殊领域著作权人的利益、保护使用者的利益、促进文化产业的发展具有十分重要的积极意义。可通过完善延伸管理的相关法律制度解决在实践中可能存在的问题。[⑬] 另有学者认为，延伸性集体管理制

① 参见赵明正：《论我国著作权登记制度的完善》，载《吉林工程技术师范学院学报》，2013（6）。

② 参见王凌燕：《版权登记的法律属性及其完善探析》，载《出版发行研究》，2013（9）。

③ 参见齐爱民、彭振：《我国计算机软件著作权登记机制的反思与完善》，载《河北法学》，2013（5）。

④ 参见胡志海、邹宇婷、苍渊博：《我国应当确立适度竞争型著作权集体管理模式》，载《科技与法律》，2013（1）。

⑤ 参见倪静：《论著作权集体管理组织反垄断规制的新思路——兼论〈著作权集体管理条例〉的完善》，载《西南民族大学学报》（人文社会科学版），2013（6）。

⑥ 参见熊琦：《论著作权集体管理中的私人自治——兼评我国集体管理制度立法的谬误》，载《法律科学》，2013（1）。

⑦ 参见王华：《集体管理组织与权利人法律关系的重新定位——以〈著作权法〉第三次修订为视角》，载《华北电力大学学报》（社会科学版），2013（5）。

⑧ 参见刘利：《著作权集体管理制度的欧盟经验及其对我国的启示》，载《中国版权》，2013（6）。

⑨ 参见王华：《论著作权集体管理组织与权利人关系的异化》，载《北京化工大学学报》（社会科学版），2013（4）。

⑩ 参见林秀芹、李晶：《构建著作权人与作品使用人共赢的著作权延伸性集体管理制度——一个法经济学角度的审视》，载《政治与法律》，2013（11）。

⑪ 参见胡开忠：《构建我国著作权延伸性集体管理制度的思考》，载《法商研究》，2013（6）。

⑫ 参见杜伟：《著作权延伸性集体管理制度若干问题探析——基于著作权法的立法考量》，载《知识产权》，2013（1）。

⑬ 参见李玉香：《延伸性著作权集体管理研究——写在我国〈著作权法〉第三次修订之际》，载《法学杂志》，2013（8）。

度并非著作权利用制度，而是一种著作权限制制度，将其作为一种著作权利用制度植入著作权法中并不合适。在著作权权利限制制度之外所建立的著作权延伸性集体管理制度中集体管理组织没有正当的权力来源，该制度也不可能有好的运行效果。因此，在我国现阶段，我国《著作权法》第三次修订草案语境下的著作权延伸性集体管理制度应该缓行。①

3. 法定许可。有学者认为，广播电台电视台播放作品的法定许可制度是《保护文学和艺术作品伯尔尼公约》及部分国家著作权法所认可的一项制度，在性质上属于对著作权的限制。为了更好地发挥该制度的作用，《著作权法》修订时应完善相应的付酬机制和法律救济机制。② 关于音乐作品的法定许可，有学者认为我国可借鉴美国法定许可制度百年来的改革历程，我国《著作权法》应该深入探讨法定许可制度建立的可行性，不宜因社会公众的一些误读而简单拒绝。③ 制作录音制品的法定许可并非《著作权法（修改草案）》新规定。为防止垄断发生，平衡各方利益，使公众可以欣赏到多种版本的录音制品，该项法定许可应予保留。④ 实际上，该规则并不是对表演权而是对复制权和发行权的限制。在立法中做出相应的规定，不仅有助于维护公平的竞争环境，而且是保障著作权人和消费者利益的需要。⑤《著作权法（修改草案）》第一稿第四十六条变我国原有的“准法定许可”为“完全法定许可”，具有进步性。第二稿删除了第四十六条，取消了音乐作品的法定许可录音制度。但回避态度不是法治之进步，立法应在调查研究我国音乐产业实际发展情况的基础上制定出合理可行的法定许可制度，以平衡著作权人、首次录音制作者和后续录音制作者的利益。⑥ 从我国的现实国情看，应当对“制作录音制品法定许可”采取批判性保留态度，在肯定其利益平衡价值的基础上，立法者应通过制度完善尽量弥补该项制度所固有的缺陷。⑦

还有学者讨论了补偿金⑧、著作权交易合同⑨、著作权质押⑩、异质媒体作品转载许可⑪、音乐作品网络交易⑫、著作权出资⑬、著作权交易平台⑭等相关问题。

五、关于著作权的法律保护

1. 民事保护。有学者认为，知识产权侵权归责原则可采差异化政策，国外版权侵权的无过错责任立法模式，为我国提供了有益的借鉴。版权产业从业规范造就了侵犯版权的危险，遵守严格的版权从业规范可有效控制这一危险，而对从业者施以严格的无过错责任，具有实现实质正义的功能。此外，明确版权制品从业者的共同侵权性质，要求其承担连带责任，是维护版权产业秩序和著作权人合法权益的根本。⑮

关于间接侵权。有学者认为，在具体的著作权间接侵权认定中，需要考虑的因素往往极为广泛，不仅包括其行为和危害对于著作权人的利益保护，更包括对于科技进步、民众对先进技术的使用、相关产业的发展及社会公共利益等多个方面。⑯ 在版权教唆引诱侵权的认定上，教唆引诱行为人的主观

① 参见卢海君、洪毓吟：《著作权延伸性集体管理制度的质疑》，载《知识产权》，2013（2）。

② 参见胡开忠：《广播电台电视台播放作品法定许可问题研究——兼论我国〈著作权法〉的修改》，载《知识产权》，2013（3）。

③ 参见罗静：《美国版权法中法定许可制度的审视——兼论我国〈著作权法〉相关条款的修订》，载《湖南大学学报》（社会科学版），2013（6）。

④ 参见张春艳：《反思与重构：制作录音制品的法定许可——兼评〈著作权法〉（修改草案）第46条》，载《当代法学》，2013（2）。

⑤ 参见梅术文：《制作录音制品著作权法定许可的争论与思考》，载《南京理工大学学报》（社会科学版），2013（1）。

⑥ 参见杨美玲：《音乐作品法定许可录音制度之我见——〈著作权法〉修改草案第46条之立与废》，载《保定学院学报》，2013（2）。

⑦ 参见刘鸿羚：《对著作权法修改草案取消“制作录音制品法定许可”条款的思考》，载《长春理工大学学报》（社会科学版），2013（12）。

⑧ 参见王晨安：《网络时代的版权补偿金制度及其对我国的启示》，载《中国版权》，2013（6）；李玲：《数字时代版权补偿金制度的正当性及其引入》，载《中国出版》，2013（14）。

⑨ 参见冯晓青：《我国著作权合同制度及其完善研究——以我国〈著作权法〉第三次修改为视角》，载《法学杂志》，2013（8）；杨健、杨再扬：《关于完善著作权授权要约模式的思考》，载《河北学刊》，2013（5）；胡开忠：《关于出版合同立法的反思与重构——兼议著作权法修改草案中的相关规定》，载《当代法学》2103（3）。

⑩ 参见李明发、田地：《文化创意产业版权质押融资法律问题研究》，载《安徽大学学报》（哲学社会科学版），2013（2）；郑万青、熊斌斌：《电影期待版权预告质押制度研究》，载《知识产权》，2013（9）。

⑪ 参见赵凯：《异质媒体间转载作品的著作权许可规则》，载《编辑之友》，2013（5）。

⑫ 参见熊琦：《音乐著作权制度体系的生成与继受》，载《法学》，2013（12）。

⑬ 参见陈奇伟、张海宝：《我国软件著作权出资制度的缺陷与重构》，载《南昌大学学报》（人文社会科学版），2013（6）。

⑭ 参见高慧芬：《不同版权交易模式对我国版权交易平台建设的启示》，载《中国报业》，2013（16）。

⑮ 参见沈世娟：《版权侵权无过错责任研究——兼议音像制品从业者的连带责任》，载《知识产权》，2013（12）。

⑯ 参见刘彬彬、陈星宇：《著作权的间接侵权之比较研究》，载《内蒙古社会科学》（汉文版），2013（4）。

故意是该间接侵权行为的成立要件。[①]“以主观过错为构成要件”是间接侵权与直接侵权的最大区别，即在判断行为是否构成间接侵权时，必须考量行为人是否具有主观过错。而这也是实践中争论较为集中之处，因此对著作权间接侵权主观过错判断标准的把握，成为破解该类案件实务难题的关键。[②]

关于损害赔偿，有学者认为，过错与著作权侵权损害赔偿具有天然的紧密关系，它应成为著作权侵权损害赔偿责任的构成要件，主观过错程度也应成为确定著作权侵权损害赔偿数额的考量因素。[③]侵害人过错程度对确定著作权侵权损害的法定赔偿金额具有重要作用。通常，故意侵权是侵害人积极从事并且希望发生的行为。故在适用法定赔偿制度确定侵害著作权的赔偿金额时，在其他侵权情节基本相同的情况下，对故意侵权所确定的赔偿金额应当高于过失侵权的赔偿金额。[④]还有学者认为，作品的公共产品属性使得著作权易受侵害，补偿性损害赔偿无法为著作权提供足够的保护。因此，在著作权侵权中应引入惩罚性赔偿制度。同时，考虑到惩罚性赔偿有可能会不合理地限制作品的传播，在惩罚性赔偿的适用范围、条件和数额上应当做出一定限制。[⑤]

2. 行政保护。著作权制度在不断应对复制技术的发展中得到完善，随着数字技术的迅速发展和广泛应用，著作权侵权成本日益下降和侵权行为更加快捷便利，给著作权的保护带来新的困难。基于保护公共利益为出发点的著作权行政保护和刑事保护，对于遏制日益严重的著作权侵权行为显得尤为必要。[⑥]有学者认为，明确著作权行政保护手段的法律属性，是完善行政保护的前提，现行行政保护手段主要有行政检查、行政强制措施、行政裁决、行政处罚和行政命令等。通过在著作权法和单行法中增加行政处罚的种类、明确处罚主体和处罚行为等，可以提高执法效率并有效遏制规模化的侵权行为；通过规范行政裁决的立案条件和民事诉讼证据规则的准用，可以平衡各方利益主体的权益，而合理规范行政裁决的救济途径，则可有效提高司法效率。[⑦]当前我国版权行政保护体系的核心症结在于管理体制发展滞后，以及与司法保护的矛盾和不衔接；现阶段需完善与理顺管理体制，未来需精简行政保护体系，以司法保护为主导。[⑧]还有学者认为，版权行政保护应坚持正确的行政理念，理顺版权行政管理体制，提高版权行政保护工作效能，完善版权行政工作的保障机制，提高保护能力与水平。[⑨]

3. 刑事保护。著作权刑事救济水平作为衡量著作权司法保护水平和实效的重要指征，应从司法救济的整体视角对其进行理性的考量。单纯的刑事案件量和刑罚强度的国内外对比不是衡量我国著作权刑事救济水平的独立依据，而入刑门槛和刑罚的严密则是主要的衡量标准。因此，在提升刑罚的严密性和确定性的同时，还应注意与民事救济功能的配合，从而真正提升我国著作权刑事救济的水平。[⑩]

有学者认为，可以从三个方面来完善侵犯著作权罪的规则：首先，从主观方面来说，我国应考虑参照美国法律的规定，从判断侵权人“蓄意”的角度进行重新考量；其次，从客观方面来说，除应明确侵犯著作权罪与销售侵权复制品罪的界限，还应不断完善通过信息网络传播他人作品的法律规定；再次，要学习其他国家较为完善的法律规范设置，依现实需要适当扩大侵犯著作权罪的适用范围。[⑪]我国现行法律在打击网络著作权犯罪方面存在诸多缺陷，如与刑法规定脱节，主观归责要件过于严苛以及网络服务提供者是否构成共犯的主观标准尚待明确等问题。[⑫]还有学者认为，互联网资源共享已成为信息社会知识产品传播与获取的重要途径，与此同时也为所涉及的著作权权益保护带来严峻挑战，加强刑法规制互联网资源共享中侵犯著作权的行为紧迫而必要。[⑬]网络背景下侵犯著作权罪的主观目的不应以“以营利为目的”作为规制条件，应修改

① 参见徐铭勋：《中美版权教唆引诱侵权比较研究》，载《知识产权》，2013（6）。
② 参见刘永祥：《司法实务视角下的著作权间接侵权问题研究》，载《海峡法学》，2013（2）。
③ 参见周园：《论过错与著作权侵权损害赔偿关系的立法表达——以我国〈著作权法〉第三次修改为中心》，载《知识产权》，2013（5）。
④ 参见朱丹：《过错认定及其著作权侵权赔偿责任》，载《人民司法》，2013（7）。
⑤ 参见唐伟：《论侵犯著作权的惩罚性赔偿——以〈著作权法〉第三次修改为中心》，载《电子知识产权》，2013（12）。
⑥ 参见徐铭勋：《论数字环境下著作权行政保护与刑事保护的强化》，载《河北法学》，2013（1）。
⑦ 参见沈世娟：《著作权行政保护的完善》，载《知识产权》，2013（4）。
⑧ 参见汪曙华：《当代中国版权行政保护体系的核心症结及其对策》，载《现代出版》，2013（4）。
⑨ 参见汪曙华：《论我国版权行政保护的制约因素与完善途径》，载《东南传播》，2013（7）。
⑩ 参见张宏、何国强：《我国著作权刑事救济水平评析——以司法救济的整体效果为视角》，载《湖北社会科学》，2013（3）。
⑪ 参见史琦：《中、美两国侵犯著作权罪若干问题研究》，载《净月学刊》，2013（2）。
⑫ 参见肖倩、卢纯昕：《网络著作权刑事保护的主要问题及其对策》，载《哈尔滨师范大学社会科学学报》，2013（2）。
⑬ 参见王鑫、罗泽胜：《互联网资源共享涉及侵犯著作权犯罪问题探讨》，载《中国科技论坛》，2013（9）。

《刑法》完善网络环境中著作权犯罪的相关规定。① 在现代网络环境下，侵犯版权的犯罪表现出新的特征。面对这些挑战，一方面应当确立著作权人“权利优位”的刑法理念；另一方面应适当扩展侵犯版权犯罪的犯罪圈，完善犯罪构成要件。② 为了顺应数字网络时代著作权刑法保护的需求，应当对著作权刑法诸多方面加以完善。③ 另有学者认为，基于著作权法益的正当性和重要性以及网络侵犯著作权行为的刑罚需罚性，对严重侵害著作权法益的行为诉诸刑法制裁存在合理根据，但合理化的实现必须遵守适时性原则、必要性原则、可行性原则、利益平衡原则与适度性原则。④

对于网络游戏“私服”类侵犯著作权犯罪案件，应严格按照侵犯著作权犯罪构成要件，建立严密的证据体系，从刑事立法和刑事司法两个角度出发，加大对网络游戏“私服”的打击力度，为网络文化产业健康、持续发展保驾护航。⑤ 随着网络的进一步普及，即使是不以营利为目的私设服务器的行为，也使权利人的权利受到了严重的侵犯。为了更有效地打击这种网络盗版行为，同时也为了与国际公约的规定相契合，就不应把“以营利为目的”作为侵犯著作权罪的成立条件。⑥

六、关于网络环境下的著作权保护

网络传输的开放性、便捷性特性，导致网络盗版侵权的形式呈现出多元化的趋势。近年来，为在版权与互联网产业的发展中找到动态平衡，侵犯网络版权归责原则出现了许多新的变革，主要表现为过错责任原则的限缩、间接侵权责任的引入和“三振出局”的逐步引入。⑦

1. 网络服务提供者。有学者认为，著作权网络侵权行为在本质上虽同于传统的侵权行为，但显然也具有其独特的表现形式和规制特点。因此，应根据不同的侵权主体来加以区别规制。⑧ 不同类型的网络服务提供者，包括技术服务提供者、内容服务提供者、兼有技术与内容的综合服务提供者，其承担侵权责任的请求权基础亦应有所不同。⑨ 从实践与理论的分析来看，正视避风港条款、红旗标准的价值定位与适用审查，改革现行的版权制度里的合理使用原则，消除 ISP 履行版权保护协助义务的消极态度，创新版权网络保护的方法机制，能够有效地应对网络环境下版权诉讼适用规则的冲突，并起到防患于未然的效果。⑩ 还有学者认为，在网络著作权侵权案件中，对于网络服务提供者是否应当承担赔偿责任的问题，需要综合考虑多方面因素进行判断，动态系统论从方法论层面对此提供了有益的启发。⑪ 从规范的解释论出发，我国《侵权责任法》第三十六条的法规范属性是归责要件而非免责事由，在归责原则上应坚持过错责任原则，本条所适用的民事权利应具有信息属性。⑫ 为保障开放平台健康发展，以确保其承载的社会公共利益，需要对开放平台知识产权侵权予以一定的豁免，避风港原则适用即为其一。正在进行第三次修改的我国《著作权法》引进了避风港原则，具有重要的意义，但需要对相关规定进行细化。⑬ 关于网络服务提供者的审查义务，有学者认为，保留特殊情况下的审查义务既有历史和现实的原因，也有理论和实践基础。规定不承担“普遍”性审查义务，并辅以“特殊”审查义务这一例外规定，是著作权法修改的方向。⑭

2. 微博。微博只要其具有合法性、独创性和文学艺术或科学价值，就应当被认为是著作权法保护的作品。常见的微博著作权侵权行为有微博用户之间相互侵权以及微博和传统媒体之间相互侵权。其

---

① 参见刘伟丽：《网络环境中著作权犯罪研究》，载《周口师范学院学报》，2013 (6)。

② 参见蔡军：《网络环境下我国版权刑法保护面临的挑战与应对》，载《中国出版》，2013 (10)。

③ 参见王爱鲜：《数字网络时代我国著作权刑法的适用困境与完善》，载《河南大学学报》(社会科学版)，2013 (5)。

④ 参见杨彩霞：《网络环境下著作权刑法保护的合理性之质疑与反思》，载《政治与法律》，2013 (11)。

⑤ 参见朱军：《网络游戏“私服”类侵犯著作权犯罪剖析》，载《公安研究》，2013 (10)。

⑥ 参见俞锋、周宏伟：《试论网络游戏著作权的刑法保护》，载《中国出版》，2013 (8)。

⑦ 参见王斌：《网络侵犯版权归责原则的发展》，载《江西社会科学》，2013 (3)。

⑧ 参见郑英龙：《网络环境中著作权侵权问题研究》，载《编辑学报》，2013 (3)。

⑨ 参见黄玲玲、林恩伟、陈红：《网络服务提供商版权间接侵权问题探讨》，载《上海市经济管理干部学院学报》，2013 (4)。

⑩ 参见邓嵘：《网络环境的版权诉讼适用规则》，载《重庆社会科学》，2013 (4)。

⑪ 参见周金龚、何琼：《网络服务提供者之著作权侵权损害赔偿责任探究——兼论动态系统论的应用》，载《法治研究》，2013 (3)。

⑫ 参见谢雪凯：《网络服务提供者第三方责任理论与立法之再审视——以版权法与侵权法互动为视角》，载《东方法学》，2013 (2)。

⑬ 参见周贺微：《开放平台知识产权侵权中避风港原则适用问题研究——兼论我国〈著作权法〉》，载《邵阳学院学报》(社会科学版)，2013 (5)。

⑭ 参见谢光旗：《普遍与特殊：网络服务提供者的著作权审查义务》，载《西部法学评论》，2013 (3)。

侵权责任应根据侵权责任法，采用过错责任原则。[①] 在微博内容构成作品的前提下，在微博范围内，一方面，原文转发的行为并不侵权，但是抄袭发布行为则侵犯了原博主的著作权；另一方面，微博用户使用微博以外作品的行为亦有可能导致侵权。侵权博主应当就其侵权行为承担法律责任，而微博服务商应承担通知—删除义务。[②] 还有学者认为，微博版权不同于传统的非网络版权，也不同于其他类网络版权，微博版权的保护举措应充分尊重微博分享、传播和免费的特点。一方面要完善微博的传播规则，便于确权；另一方面要完善微博侵权行为的认定和归责标准，成立网络仲裁机构。[③] 具有独创性的微博应当受到著作权法保护，因此我们要正确使用微博，正确处理微博中的转发、合理使用与侵权的界线问题。[④] 关于微博转发行为，基于微博平台信息共享的特点，转发他人原创的微博不构成著作权侵权；转发他人著作权不明的微博，应根据转发者是否具有营利性目的进行判断。[⑤]

3. 云技术。云计算环境下作品创作、传播和利用的新特征既给著作权制度带来了严峻挑战，也给著作权制度提供了有效实施的极佳机遇。[⑥] 有学者引用直接侵权和间接侵权理论，以合理注意义务的标准综合认定间接责任之过错，从而分析是否承担云计算环境下的间接侵权。同时提出补偿金制度，寻求利益平衡的支点，以期在保护知识产权的同时，促进新兴技术的发展。[⑦] SaaS模式提供软件服务具有“临时使用”的特点，其延伸内涵为再次租赁之可能性，与传统出租行为要件相符，适用出租权进行规制可以更好地调整其权利义务关系。[⑧] 还有学者认为，依据直接侵权责任与间接侵权责任的区分结果配置不同的归责标准已经与云计算技术脱节，法官当区分著作权人请求权的不同权利基础，统一适用过错归责标准追究云计算服务提供商的侵权责任。云计算服务提供商侵权行为的可归责性应结合“红旗标准”以及“合理替代标准”加以认定。[⑨] 在判断云音乐存储服务商版权间接侵权责任承担时，法院主要从终止用户重复侵权政策的采用、是否构成“飘扬的红旗”以及“通知—删除”规则的适用范围这三个方面，来确定云音乐存储服务商能否适用避风港规则；云服务提供商对于用户直接侵权行为的主观认知状态则成为判断其版权间接责任的关键。[⑩]

另有学者讨论了搜索引擎[⑪]、“三网融合”[⑫]、电子商务[⑬]、P2P技术[⑭]、博客[⑮]、“三振出局”[⑯]、视频网站[⑰]、视频播放器[⑱]、高校BT网站[⑲]等情形下的著作权保护问题。

七、结语

从2013年我国学者对于著作权法的研究整体态势来看，除了仍关注《著作权法》第三次修改涉及

---

① 参见曹孟昱、桑晓鹏：《微博著作权保护问题的初步探讨》，载《宿州学院学报》，2013（1）。

② 参见姜颖、穆颖：《涉微博著作权问题研究》，载《知识产权》，2013（6）。

③ 参见郭丹：《微博版权的比较研究》，载《山西省政法管理干部学院学报》，2013（3）。

④ 参见刁胜先、刘仲秋：《微博版权法律问题探析》，载《重庆与世界》（学术版），2013（1）。

⑤ 参见张惠彬：《微博转发的著作权法边界》，载《图书馆学研究》，2013（21）。

⑥ 参见王太平：《云计算环境下的著作权制度：挑战、机遇与未来展望》，载《知识产权》，2013（12）。

⑦ 参见张耕、黄细江：《略论云计算环境下的著作权保护》，载《法学杂志》，2013（1）。

⑧ 参见鲍征烨：《云计算著作权问题探析——以SaaS模式为例》，载《暨南学报》（哲学社会科学版），2013（4）。

⑨ 参见周洋：《论云计算服务提供商的著作权侵权责任之判定》，载《科技与法律》，2013（5）。

⑩ 参见刘姣、肖冬梅：《云音乐存储服务提供商的版权责任——以“百代诉MP3tunes案”为视角》，载《科技与法律》，2013（5）。

⑪ 参见杨颖：《试论搜索引擎服务提供商版权侵权责任的认定》，载《广东公安科技》，2013（1）。

⑫ 祝建军：《网络电视版权案停止侵权责任的适用——评电影〈画皮〉著作权侵权案》，载《中国版权》，2013（1）。

⑬ 参见谭梅吾：《电子商务B2B模式下的版权保护》，载《广西政法管理干部学院学报》，2013（3）。

⑭ 参见张翼飞：《论P2P技术使用与著作权问题关系》，载《山东省农业管理干部学院学报》，2013（3）；吕凯、张飞：《P2P共享网络著作权保护问题研究》，载《嘉应学院学报》，2013（3）。

⑮ 参见谢金华：《我国博客著作权法规缺陷及其完善建议》，载《广东行政学院学报》，2013（1）；黄亚男：《博客著作权若干问题研究》，载《赤峰学院学报》（汉文哲学社会科学版），2013（8）。

⑯ 杨敏：《版权与言论自由：从“三振出局”法说开去》，载《前沿》，2013（4）。

⑰ 参见张凌寒：《视频网站的版权侵权责任及规避》，载《学术探索》，2013（10）。

⑱ 参见祝建军：《视频播放器经营者侵犯著作权的司法认定》，载《人民司法》，2013（8）。

⑲ 参见刘畅、梅艺苑：《高校BT网站与网络版权的冲突与保护——基于“北邮人BT”》，载《北京邮电大学学报》（社会科学版），2013（4）。

的诸多问题[①]之外，学者们也对著作权法的基础理论与具体制度展开了深度探讨。现行著作权制度是以“著作权配置与保护”为核心构建起来的，但这种结构模式越发受到先进传播技术的挑战。为了及时应对社会形势的急剧变化，可能需要学者们深入反思现有著作权制度本身存在的不足与缺陷。就笔者看来，在当前形势下，学者们应该高度重视对于“著作权交易制度”的研究与探讨，这可能是我们化解网络环境下著作权保护困境的有效途径。

（作者单位：南开大学法学院）

① 参见王自强：《著作权法修订与版权产业发展》，载《中国版权》，2013（4）；王自强：《从著作权法第三次修改谈科学立法》，载《中国版权》，2013（6）；曹新明：《作品原件所有人的告知义务研究——兼论〈著作权法〉第三次修改》，载《法治研究》，2013（11）；李扬：《著作权法修改应注重逻辑性》，载《中国专利与商标》，2013（4）；刘银良：《百尺竿头，何不更进一步？——评著作权法第三次修改》，载《知识产权》，2013（2）；张惠彬：《挑战与回应：云计算环境下我国著作权法的修改》，载《编辑之友》，2013（1）；赵克祥：《民法典形式理性与我国〈著作权法〉修订》，载《暨南学报》（哲学社会科学版），2013（7）；丛立先：《论著作权制度中的利益博弈与利益平衡》，载《政法论丛》，2013（3）；肖生高：《论著作权法目的及其司法实现》，载《西安电子科技大学学报》（社会科学版），2013（6）；马忠法、孟爱华：《论我国〈著作权法〉立法宗旨的修改——以促进文化产业发展为视角》，载《同济大学学报》（社会科学版），2013（3）；顾威豪：《非交互式网络传播行为的规制——浅谈〈著作权法修改草案〉中扩张“信息网络传播权”的必要性》，载《电子知识产权》，2013（12）；徐炎：《〈著作权法〉第三次修改草案第二稿评析》，载《知识产权》，2013（7）。

2013年著作权热点问题研究

论《马拉喀什条约》及对我国著作权立法的影响

王　迁

2013年6月17日，世界知识产权组织在摩洛哥的马拉喀什召开“关于缔结一项为视力障碍者和印刷品阅读障碍者获取已出版的作品提供便利的条约的外交会议”，会议成功缔结了世界上第一部以对版权的限制与例外为内容的国际条约《关于为盲人、视力障碍者或其他印刷品阅读障碍者获得已出版作品提供便利的马拉喀什条约》（以下简称《马拉喀什条约》）。

中国作为世界上视障者最多的国家之一[①]，积极参与了《马拉喀什条约》的谈判并最终签署了《马拉喀什条约》。《马拉喀什条约》为缔约方提出了较为详细的立法要求，缔约方必须根据条约在国内法中规定各项限制与例外，我国《著作权法》和《信息网络传播权保护条例》虽然已经规定了适用于盲人的限制与例外，但与《马拉喀什条约》的要求相比，尚有一定差距。因此，为了批准加入《马拉喀什条约》，我国势必对立法作出必要的调整。本文试研究《马拉喀什条约》中与我国利益密切相关的内容以及我国立法与之存在的差距，并对《著作权法》修改相关内容提出建议。

一、条约对“受益人”和“无障碍格式版”的界定与我国立法的修改

在国际版权条约和国外版权立法中，经常会使用“受益人”（beneficiary）这一术语指代那些有资格利用限制与例外的人。[②] 目前，我国《信息网络传播权保护条例》第6条和《著作权法》第22条中涉及视障者的限制与例外均将受益人的范围限于“盲人”。而《马拉喀什条约》第3条（受益人）则对限制与例外的受益人作了较为宽泛的定义，包括以下三类人：

> （1）盲人；（2）有视觉缺陷、知觉障碍或阅读障碍的人，无法改善到基本达到无此类缺陷或障碍者的视觉功能，因而无法像无缺陷或无障碍者一样以基本相同的程度阅读印刷作品；（3）在其他方面因身体伤残而不能持书或翻书，或者不能集中目光或移动目光进行正常阅读的人。

显然，条约中的受益人不仅包括盲人，还包括其他视障者和其他阅读障碍者，其范围远大于我国立法的规定。与对受益人范围的广义界定相适应，《马拉喀什条约》对允许为受益人制作和向其提供的“无障碍格式版”（accessible format copy）也作出了宽泛的定义。条约第2条规定：

> “无障碍格式版”是指采用替代方式或形式，便于受益人使用作品，包括让受益人可以与无视力障碍者或其他印刷品阅读障碍者一样切实可行、舒适地使用作品的作品版本。无障碍格式版为受益人专用，必须尊重原作的完整性，适当考虑将作品制成替代性无障碍格式所需要的修改和受益人的无障碍需求。

该定义采用的是“技术中立”的立法方式，即不限定“无障碍格式版”的具体表现形式，而是只说明其能够达到的实际效果。据此，任何能够使视障者感知作品内容的版本，均属于无障碍格式版。与之相比，《信息网络传播权保护条例》第6条规定的“盲人能够感知的独特方式”显然是指只有盲人能够感知，视力正常者一般无法感知的方式。我国《著作权法》第22条规定的“盲文”显然也仅指作品的文字形式，并不包括“大字版”纸质书、电子书，也不包括有声读物，因此范围远小于《马拉喀什条约》规定的“无障碍格式版”。

由此可见，《著作权法》和《信息网络传播权保

---

① 参见全国残疾人抽样调查领导小组于2006年12月1日发布的《第二次全国残疾人抽样调查主要数据公报（第一号）》，见http://www.cdpf.org.cn/sytj/content/2008-04/07/content_30316033.htm，2013年7月20日访问。

② 参见《视听表演北京条约》第10项议定声明、欧盟《版权指令》第6条第4款。

护条例》规定的受益人和无障碍格式版的范围，均未达到《马拉喀什条约》的要求。① 《马拉喀什条约》第 4 条第 1 款第 1 项规定："缔约方应在其国内版权法中规定……例外或限制，以便于向本条约所界定的受益人提供作品的无障碍格式版"。可见，根据本条规定，缔约方有义务为条约所界定的"受益人"规定限制与例外，以向其提供条约所界定的"无障碍格式版"。因此，为了批准加入《马拉喀什条约》，我国应当扩大《著作权法》和《信息网络传播权保护条例》界定的受益人范围，与条约的要求保持一致。

二、条约对限制与例外适用的作品类型的界定和我国立法的修改

《马拉喀什条约》对适用作品范围的规定与我国立法之间并不存在实质差异，但其相关条文对我国立法的修改具有积极影响。《马拉喀什条约》第 2 条规定：

> "作品"是指《伯尔尼公约》第 2 条第 1 款所指的文学和艺术作品，形式为文字、符号和/或相关图示，不论是已出版的作品，还是以其他方式通过任何媒介公开提供的作品。

与之相比，我国《信息网络传播权保护条例》第 6 条和《著作权法》第 22 条中涉及盲人的限制与例外的规定均明确了适用的作品范围是文字作品。因此，我国现行立法为盲人规定的限制与例外适用的作品范围，与《马拉喀什条约》第 2 条的规定是基本相同的。②

但是，《马拉喀什条约》为缔约方扩大限制与例外适用的作品范围提供了充分的灵活性。条约第 12 条（该条原名称为"发展条款"，后被称为"其他限制与例外"）规定：

> 缔约各方承认，缔约方可以依据该缔约方的国际权利和义务，根据该缔约方的经济条件与社会和文化需求，在其国内法中实施本条约未为受益人规定的其他版权限制与例外。……

该条是中国等发展中国家尽力争取而来的，我国在修法时应当充分利用，为我国视障者规定更多的限制与例外，其中最需要规定的是对影视作品的限制与例外。这是因为要使视障者较为全面地欣赏影视作品，就需要将影视作品制作成"解说版"有声读物，而制作和提供影视作品的"解说版"有声读物，会涉及影视作品的复制权、改编权和发行权。在专供视障者使用的影院播放该"解说版"，还会涉及"放映权"。如将限制与例外适用的作品范围限于"形式为文字、符号和/或相关图示"，就剥夺了视障者全面欣赏影视作品的能力。因此，我国在修改《著作权法》和《信息网络传播权保护条例》时，有必要扩大限制与例外适用的作品范围，不再将其局限于文字作品，而应当将影视作品也纳入其中。

三、条约对限制与例外针对的专有权利的规定和我国立法的修改

所谓"限制与例外"，就是指未经许可实施受特定专有权利控制的行为并不构成侵权。因此，对于以规定限制与例外为内容的《马拉喀什条约》而言，其适用的专有权利是一个核心问题。《马拉喀什条约》第 4 条规定 ：缔约方应当在其国内版权法中规定对复制权、发行权和向公众提供权的限制或例外。同时，缔约方还可以规定对公开表演权的限制或例外。

与之相比，我国《著作权法》第 22 条第 12 项的规定实际上是对复制权和发行权的限制，而《信息网络传播权保护条例》第 6 条第 6 项则规定了对信息网络传播权的限制。这符合条约提出的缔约方应当规定对复制权、发行权和信息网络传播权的限制与例外的要求。但是，如前文所述，由于我国上述立法中受益人和无障碍格式版的范围远小于条约的规定，导致对复制权、发行权和信息网络传播权规定的限制并未达到条约预期实现的效果。同时，条约有关允许缔约方对公开表演权规定限制与例外，以及根据自身经济条件与社会文化需要，为受益人规定其他限制与例外的条款，都是经过包括中国在内的发展中国家努力争取而得来的，我国在修改立法时也应当加以充分利用。

因此，我国在修改立法时，除应当扩大受益人和无障碍格式版的范围，以充分实现限制复制权、发行权和信息网络传播权的效果，并允许对"有声书"的复制和提供之外，还应考虑做以下两项修改：

一是为视障者增加对公开表演权的限制。我国立法可以规定，在视障者聚集的场所，如视障者学校、疗养场所和文化场所，可以不经权利人许可对

① 在已为视障者规定了限制与例外的 50 余个国家中，除了中国之外，也仅有喀麦隆、爱尔兰、印度尼西亚、摩尔多瓦和乌克兰 5 个国家将"无障碍格式版"限于盲文版。参见 WIPO，Doc. SCCR/15/7，Study on Copyright Limitations and Exceptions for the Visually Impaired，prepared by Judith Sullivan，P. 36。

② 按照中国《信息网络传播权保护条例》第 6 条的字面含义，"符号和相关图示"并未包括在内，但这一差异是可以通过合理地解释"文字作品"加以解决的。

作品进行公开表演。值得注意的是，由于我国《著作权法》第22条已经规定了“免费表演”的合理使用，但该条针对的仅仅是“现场表演”，而不包括“机械表演”。因此修法时无须再为视障者规定针对“现场表演”的限制与例外，只应当为视障者规定针对“机械表演”的限制与例外，如允许在视障者聚集的场所播放有声小说的CD等。①

二是为少数民族视障者规定对翻译权的限制。虽然《马拉喀什条约》没有明确允许缔约方规定对翻译权的限制与例外，但缔约方可以根据条约第12条（“其他限制与例外”）自行作出这种规定。由于我国有大量少数民族视障者，为了满足其使用本民族语言欣赏作品、接受教育的需求，有必要在修法时为其规定对翻译权的例外，允许不经许可，将外国作品翻译成少数民族语言后制成无障碍格式版向其提供。

四、条约对技术措施的规制和我国立法的修改

技术措施是权利人在数字时代保护自己利益的技术性手段，包括我国在内的许多国家都已在著作权立法中规定了对技术措施的保护。但技术措施又可能对制作和提供无障碍格式版形成干扰，如在电子书中加入防止复制的技术措施后，就无法为视障者复制其中内容并制作成无障碍格式版了。对此，《马拉喀什条约》第7条规定：

> 缔约各方应在必要时采取适当措施，确保在其为制止规避有效的技术措施而规定法律保护和有效的法律救济时，这种法律保护不妨碍受益人享受本条约规定的限制与例外。

该条规定授权缔约方为实现条约规定的限制与例外，可以在适当情况下规避技术措施，由此解决了技术措施和限制与例外之间的冲突。

我国《著作权法》和《信息网络传播权保护条例》都规定了对技术措施的保护。② 与此同时，《信息网络传播权保护条例》第12条也规定了适用规避技术措施的情形，其中第2项规定针对的是“盲人”，但该条规定的内容与条约的要求存在一定差距，体现在：

首先，该条只允许为“通过信息网络”向盲人提供作品而规避技术措施，而条约并无此项限制，只要是为了实现条约规定的限制与例外而利用作品，缔约方均应在必要时允许规避技术措施。其次，该条将“该作品只能通过信息网络获取”作为允许规避技术措施的前提条件。这就意味着只要对一部作品存在网络之外的获取途径，就不能规避技术措施。但在现实中，采用技术措施的数字化作品往往并非只通过网络向公众提供，而是同时以光盘、电子阅读器为载体发行，或者是在广播电台、电视台播出。

上述严格的条件限制，很难符合《马拉喀什条约》的精神，而这一问题产生的部分原因，在于《信息网络传播权保护条例》作为授权立法③，只能涉及与信息网络传播有关的问题。因此其为合法规避技术措施设置的条件，也与信息网络传播有关。考虑到制作无障碍格式版时，作品的来源并不一定是网络，向视障者提供无障碍格式版，也并非必须通过网络，因此需要在修法时另行规定为制作和提供无障碍格式版而合法规避技术措施的合理条件。

五、条约对“被授权实体”的规定和我国立法的修改

在《马拉喀什条约》中，“被授权实体”是一个极为重要的概念。条约第2条将“被授权实体”定义为：

> 是指得到政府授权或承认，以非营利方式向受益人提供教育、指导培训、适应性阅读或信息渠道的实体，也包括其主要活动或机构义务之一是向受益人提供相同服务的政府机构或非营利组织。

由此可见，“被授权实体”是被一国政府授权或承认的向视障者提供服务的非营利组织。虽然条约并没有规定只能通过被授权实体制作无障碍格式版并向受益人提供，但对于我国而言，为了同时实现保障视障者获取作品的权利和保护著作权的目标，应当借助管理制度健全的被授权实体来制作和提供无障碍格式版。目前已有一些国家在立法中明确规定：无障碍格式版只能由被授权实体制作和提供④，或盲文版之外的无障碍格式版只能由被授权

---

① 由于上文建议将限制与例外适用的作品类型扩展至影视作品，此处的“机械表演”是广义上的，包括放映影视剧的行为。《中华人民共和国著作权法（修订草案送审稿）》第13条也已将“放映权”并入“表演权”。

② 参见《著作权法》第48条第6项、《信息网络传播权保护条例》第4条第2款。

③ 《著作权法》于2001年修改，为权利人增加“信息网络传播权”时，在第58条规定：“……信息网络传播权的保护办法由国务院另行规定”。

④ See New Zealand Copyright Act，Article 69，Ireland Copyright Act，Article 104.

实体制作和提供。[1] 其做法可以成为我国立法的参考。

在我国，已有中国盲文出版社[2]和中国盲文图书馆[3]等机构向盲人提供盲文版等无障碍格式作品，其属于《马拉喀什条约》定义的“被授权实体”。但是，《马拉喀什条约》对被授权实体的管理机制和行为准则都提出了具体的要求。[4] 而我国对被授权实体缺乏有关成立条件、管理机制和行为方式的规定，因此根据条约的要求，为我国“被授权实体”制定一整套严密、精细和具有可操作性的管理制度和行为规范显得十分必要也极具挑战。

六、结论：我国需要制定有关视障者限制与例外的单行法

由于《马拉喀什条约》对于涉及视障者的限制与例外作出了较为全面和细致的规定，有实质性条款12条和13条议定声明，故要全面履行条约规定的立法义务，仅靠在《著作权法》中作出较为原则的规定是不够的。《信息网络传播权保护条例》作为保护信息网络传播权的授权立法，也不可能对有关视障者的限制与例外作出全面规定。《著作权法实施条例》虽然是全面涉及著作权问题的行政法规，但该条例一共只有38条。基于协调各部分内容比例关系的考虑，也不宜由该条例承担履行条约义务的使命。笔者认为：应仿效《信息网络传播权保护条例》的立法模式，在修改《著作权法》时，在对涉及视障者的限制与例外作出原则性规定的同时，授权国务院规定具体办法。如将第22条第12项规定修改为：将已经发表的作品改成无障碍格式版，以公开表演、放映、发行和信息网络传播的方式非营利性地向视障者和其他阅读障碍者提供。具体办法由国务院另行规定。国务院可以据此制定授权立法，如《便利视障者和其他阅读障碍者使用作品条例》，以对涉及视障者的限制与例外作出全面和细致的规定，为我国批准加入《马拉喀什条约》并切实履行条约义务，保障我国视障者权利做好充分的准备。

（原载《法学》，2013（10），本文有删节。作者单位：华东政法大学）

论我国著作权法修订中“合理使用”的立法技术

李　琛

中国《著作权法》的第三次修订已经启动，其中涉及的一个议题就是著作权限制中“合理使用”的立法技术。[5]在国家版权局公布的《中华人民共和国著作权法（修改草案）》第二稿中，第42条在列举了各项具体的“合理使用”之后，增加了一项“其他情形”，并增加了一款限定：“以前款规定的方式使用作品，不得影响作品的正常使用，也不得不合理地损害著作权人的合法利益。”这一修改采用了开放式的立法技术，而现行著作权法则完全采用封闭式列举。知识产权界对此变动评价不一，有的表示赞许，认为符合技术发展与利益平衡的需求；有的表示质疑，认为“合理使用”只能是一种例外性制度，必须由立法明确列举，不宜引入弹性条款。本文拟对“合理使用”的不同立法模式——尤其是“封闭”与“开放”两种模式的由来、文化背景、运行效果进行梳理与比较，以期为我国著作权法修订的最终选择提供参考。

一、“合理使用”的主要立法模式

“合理使用”的立法模式主要有三种。

第一种是美国法上的“合理使用”（fair use）模式，其最大的特点是保持完全的开放性，法官不受立法所列举的“合理使用”类型的限制。美国版权法第107条规定，为诸如批评、评论、新闻报道、教学、学术或研究的目的合理使用有版权的作品，不侵害版权。此条对目的的限定使用了“诸如”（such as）一词，表明上述列举的目的并非是穷尽的。同时，第107条还规定，在特定案件中判断“fair use”时，考量的因素应当包括：使用的目的与性质；作品的性质；相对于被使用的作品的整体，所使用部分的量与质；使用行为对作品潜在市场或价值的影响。立法对这些考量因素使用了“应当包

---

① See Japan Copyright Act, Article 37 (3).

② 对其简介可参见 http://www.cbph.org.cn/Article/ArticleShow.asp? ArticleID=1。

③ 对其简介可参见 http://news.xinhuanet.com/edu/2011-10/08/c_122126360.htm。

④ 参见《马拉喀什条约》第2条、第4条。

⑤ 严格说来，“合理使用”不宜作为一个理论概念，它对应的英译“fair use”本是美国法特有的一个规范概念。其他国家使用“fair dealing”（合理利用）或“exception of copyright”（著作权的例外）。但我国学术界已经将“合理使用”作为一般理论概念使用，为确保学术对话的顺畅，本文采用此表述作为著作权限制中“无偿自由使用”的通称，但加注引号。如果特指美国制度时，则用“美国式合理使用”之表述。

括”（shall include），表明这四个要件也不是穷尽的。

美国学者认为，美国法的“fair use”是自成一派（sui generis）的，其弹性程度连其他普通法系国家的“fair dealing ”概念也无法比拟。①

第二种是除美国之外的版权体系国家采用的“合理利用”（fair dealing）模式，该模式对合理利用行为进行了目的限定。例如，英国版权法第29条和第30条规定，出于三种目的可构成合理利用：研究或个人学习；批评或评论；时事报道。这三种目的的列举是封闭式的，而美国式合理使用中的目的限定只是示例性的，故从此意义上讲，合理利用制度不是完全开放式的。合理利用在立法中仅规定了目的限定，目的以外的因素完全留给法官在个案中判断。在实践中，法官要综合判断作品是否已发表、获取作品的手段、使用的量、使用的方式、使用的动机、使用的结果、使用的目的可否通过其他方式实现等因素。②可见，立法为法官判断具体行为的合理性留下了很大的空间，此点又不同于具体规定行为要件的“权利例外”模式。

第三种是作者权体系采用的“著作权例外”（exception of copyright）模式。此表述暗示了著作权的享有是原则，而著作权的受限是例外。“例外”是一种非正常的状态，因此要受到严格的限制，在立法上反映为完全封闭的规范技术，法律穷尽式地列举构成例外的具体行为。相应地，在解释上也只能采用狭义解释原则，只要法律没有明确规定，法官不得认定为权利的例外。有德国学者认为，“甚至不允许类推——只要存在原则/例外关系”③。

二、不同“合理使用”模式的成因

各国“合理使用”模式的形成，与其各自的法律文化传统相关。

在法哲学层面，版权体系与作者权体系对著作权的正当性有不同的诠释。作者权体系认为作者的权利是自然权利，版权体系的国家虽然在建立著作权之初或多或少地都借用了自然权利理论，尤其是洛克的劳动财产权理论，但在19世纪之后，版权体系逐渐地疏离了自然权利观，更多地从功利主义的角度看待著作权。“在19世纪初，在发明和知识创造行为中的自然权利概念失去了它的潜在意义。”④在版权体系的法律传统中，甚至有观点认为著作权是特殊垄断，著作权本身是垄断的“例外”，故而权利的内容才需要详尽列举。⑤因此，对于限制著作权以求利益平衡的制度，版权体系的文化给予了正面的评价，从“合理使用”、“合理利用”之称谓中可窥一斑，甚至在学理上和判例中提出了“使用者权”的概念。⑥作者权体系认为作品与作者的人格有内在的关联，作者控制其作品合乎自然正义。对于一项自然权利的限制必然是非原则的，“权利的例外”传达了一种消极的、不得已而为之的态度。这就不难理解作者权体系对权利的限制何以采取封闭式的立法技术，而版权体系采取开放或半开放式的立法技术。

在法律实践层面，版权体系国家属于普通法系，“合理使用”原本是法官在判例中创立的，只不过后来以成文法确认而已，所以在立法技术上仍要在一定程度上延续其原有的实践传统，为法官保留解释空间。美国国会在关于1976年法的立法报告中明确指出：“第107条旨在重述现有的合理使用司法原则，而非以任何方式对其改变、缩小或扩充。”⑦在版权体系学者所撰写的著述中，“合理使用”通常归入“侵权抗辩”部分，可见“合理使用”与司法认定有着内在的逻辑联系。作者权体系的学者通常在“权利的内容”部分或紧随“权利的内容”之后介绍“权利的例外”，把“权利的例外”视为权利范围设定的一部分，属于纯粹的立法范畴，故而偏重其确定性。

在版权体系内部，之所以存在“美国式合理使用”和“合理利用”的区别，一个重要的原因是美国版权法与宪法之间的密切联系。《美国宪法》第1条第8款第8项规定，国会有权通过保障作者和发明人在一定期限内对其作品与发明的独占权，以促进科学与实用技艺的发展。这是美国著作权保护的宪法依据，该条款清晰地阐释了著作权保护的目的约束——促进社会文化的发展。法院甚至可以裁决某个法令本身是否违反宪法的版权条款，尤其是

---

① William F. Partry，*The Fair Use Privilege in Copyright Law*，BNA Books，1995，p. 589.

② Lionel Bently，Brad Sherman，*Intellectual Property Law*，Oxford University Press，2001，pp. 195-197.

③ ［德］M. 雷炳德：《著作权法》，297页，北京，法律出版社，2005。

④ ［美］罗纳德·V·贝蒂格：《版权文化——知识产权的政治经济学》，27页，北京，清华大学出版社，2009。

⑤ 参见［西］德利娅·利普希克：《著作权与邻接权》，31页，北京，中国对外翻译出版有限公司，2000。

⑥ 参见［加］迈克尔·盖斯特：《为了公共利益——加拿大版权法的未来》，325页，北京，知识产权出版社，2008。

⑦ 美国第94届国会第二次会议，第94—1476号报告，1976。

"促进科学发展"和"在一定期限内"这两个限定条件。①在判例中，法院明确提出"合理使用"是基于"宪法赋予版权保护的首要目的，即，'促进科学与实用技艺的发展'"②。因此，宪法条款对著作权保护的目的约束为法院的个案认定提供了正当性，著作权保护本身并不是最终目的。

三、对"合理使用"法哲学的评析

上述用以解释"合理使用"的两种法哲学——自然权利论和功利论，属于知识产权正当性的理论范畴。知识产权正当性理论只能用以证立知识产权，即"要不要知识产权"，而无法论证出知识产权的具体范围。因为实定法中的"权利"必然是一种社会关系的描述，它不能无视权利人以外的主体。即使我们接受"著作权是一项自然权利"，这也只能在抽象意义上强化著作权的正当性，而无法确定著作权的具体制度设计。权利制度的设计是对现实社会关系的调整，它必然是"人工"的而非"自然"的。因此，任何一种知识产权法哲学都无法直接推出著作权限制的立法技术。

著作权在实定法上已经被定性为财产权，是一种私权。它和所有的私权一样，只有在例外的情况下才受到限制和剥夺，正如所有权只有在例外的情况下才能被征用。事实上，"合理使用"在两种体系之下都是"例外的"。由《伯尔尼公约》首先创立继而为后来的国际条约所沿袭的"三步检验法"是约束各国著作权限制的原则：1. 使用属于特殊情况；2. 使用与作品的正常使用不相抵触；3. 不得不合理地损害作者的合法利益。这是对不同法律文化的协调，"国际法列举了版权例外和限制的评估标准，这些标准既适用于封闭式体系，也适合于开放式体系"③。即使在美国法上，"合理使用"也属于"特殊情况"。把"合理使用"看作例外情形，和"如何判定例外情形"是两个问题。不同"合理使用"模式的差异，仅在于赋予法官判断例外情形的权力之大小。

因此，法哲学无法作为评判"合理使用"模式优劣的依据。

四、不同"合理使用"模式的实际运行效果

比较法的主要任务不是比较法条，而是观察不同文化背景下的人们如何处理生活中相似的问题，所以既不能局限于某些制度话语，也不能局限于孤立的立法文本。每个国家的法律制度都是一个完整的系统，在比较一项具体制度时，还要考察其实际的运行效果，尤其是该制度与其他法律子系统之间的合力效果。

因为美国式合理使用是开放式的，本身就可以应对社会关系的新变化，无须借助其他制度。但灵活性必然有损确定性，美国式合理使用使当事人难以预知自己的行为，反而令一些本可自由使用的当事人因担心被诉而寻求许可④，所以在事实上，美国式合理使用并不如人们想象得那样一定有利于社会公众。不过，这个缺陷并不是立法造成的，就美国的法律演进而言，从完全交由司法判定到立法规定指导性原则，是一种加强确定性的走向，我们在比较研究时不能只作横向比较而忽略制度的历史脉络。此外，美国版权法的其他条款也明确列举了一些"合理使用"的具体类型，诸如图书馆与档案馆的复制、广播组织的临时录制等。与美国法相比，合理利用模式与权利例外模式则要面临另一个问题：如何克服立法的僵化？如果一种使用行为具有极强的正当性，但不符合立法规定的权利限制条件，法院应如何处理？

在合理利用模式之下，因为目的限定是概括性的，所以法官可以对使用目的作出较为灵活的解释。例如在英国，"法官已经对特定目的进行了自由的解释。因此，第一道槛（即利用行为须合乎 1988 年法规定的目的之一）相对而言比较容易得到满足"⑤。其次，在难以满足合理利用的条件时，法官也可能援引"公共利益"或"公共政策"等普通法的抗辩。有学者认为，"普通法系国家的审判意见有时会以泛泛的'公共利益'为由对上述使用行为进行辩护，在某种程度上说与'合理使用原则'具有类似的效果"⑥。

所以，合理利用模式能否应对现实的需求，主要取决于法官的解释态度。以加拿大为例，加拿大沿袭了英国的合理利用制度，在 2002 年之前，加拿大法院对合理利用的解释非常严格。尽管"戏仿"在很多国家（包括作者权体系的国家）都被认定为

① Paul Edward Geller, *International Copyright Law and Practice*, LexisNexis, 2001.
② Rosemont Enterprises, Inc. v. Random House, Inc., 366 F. 2d 303 (2d Cir. 1966).
③ [法] 安娜·勒帕热：《数字环境下版权例外和限制概况》，载《版权公报》，2003 (1)。
④ 参见宋海燕：《中国版权新问题——网络侵权责任、Google 图书馆案、比赛转播权》，104 页，北京，商务印书馆，2011。
⑤ Lionel Bently, Brad Sherman, *Intellectual Property Law*, Oxford University Press, 2011.
⑥ [美] 保罗·戈尔斯坦：《国际版权原则、法律与惯例》，287 页，中国劳动社会保障出版社，2003。

"合理使用"，加拿大法院却认为戏仿不属于立法规定的"批评"。①但通过"CCH Canadian Ltd v. Law Society of Upper Canada"一案（简称CCH案），加拿大法院的态度发生了明显的转变。初审法院认为，侵权例外必须"严格解释"。上诉法院却认为"这一说法既没有法律依据，也没有政策依据，对版权法例外作过于严格的解释，与版权法平衡所有者权利与合法的公共利益的使用不相符合"②。最高法院赞同上诉法院的立场，甚至提出了"使用者权"的概念："合理使用例外，与版权法中其他例外一样，是使用者的一项权利。为保持版权人和使用者之间利益的确当平衡，对它的解释不应是限制性的。"③尽管如此，有加拿大学者仍然认为，在现有立法模式之下法院是否愿意扩大解释合理利用具有不确定性，应该修改立法，采用美国式的合理使用。④

对作者权体系的法官而言，如果一项使用行为不符合立法列举的"权利例外"，"权利例外"的规定本身并不能提供扩大解释的依据。但是，这并不意味着法官不能求诸其他制度。

首先，在西方知识产权理论中，侵犯著作权的构成要件之一是存在"实质性利用"（substantial taking）。例如在德国，"立法本身没有规定在判断侵权时如何检验实质性（substantiality），这一判断留给法院"⑤。因为实质性利用的判断本身也包含对使用的量与质的考量，且一旦认定利用是非实质性的即可免责，所以在一定程度上起到了与"合理使用"类似的实际效果。

在德国法上，还有一个特别的概念——自由利用（德国学者采用的英译是 free utilization），自由利用不属于实质性使用。德国著作权法第24条规定：对他人作品进行与著作权无关的利用而创作的独立作品，可不经被利用的作品的著作权人许可，予以发表或使用。从逻辑上讲，"合理使用"的行为应当是已经构成利用著作权的行为，所以"自由利用"并不属于"合理使用"的范畴。"自由利用"是为了平衡创作者之间的关系，适当地为新创作提供自由空间，以防止著作权人对在后创作的压制，与"合理使用"确保社会文化进步的目的是一致的。由于"自由利用"的构成也需要在个案中解释，所以在实际运用中与"合理使用"的界限并非泾渭分明。例如，在很多国家被归入"合理使用"的戏仿，在德国著作权法中并没有明确规定，但法院将该行为解释为"自由利用"。⑥在法国，曾有法院依据"著作权的目的"允许某种使用行为。⑦可见，作者权体系的法官在其他的著作权法概念中可以找到解释的依据，弥补"权利例外"的不足。

其次，在特殊情况下，作者权体系的法官也可能求诸著作权制度以外的法律依据。例如，德国法院有时会援引宪法，德国联邦宪法法院曾经根据宪法上的艺术自由，认定一位戏剧家的引用行为合法。⑧在法国，曾有法院援引《欧洲人权公约》，在立法限定之外允许为了公共利益而使用作品的行为。⑨

综上，无论采取哪种模式，各国都试图平衡法律的灵活性与可预见性，这一目标的达成并不全然借助立法中的"合理使用"条款，甚至并不完全借助著作权制度本身，对于一个司法经验成熟、法官拥有很好的体系意识和解释能力的国家而言，立法模式本身的局限是可以克服的。不同"合理使用"模式在实践中的差异性并不一定很大。

五、中国的立法模式选择

我国的著作权制度主要是移植外国立法和国际条约而来，并无从自身历史中孕育而成的著作权哲学理念。清末以来，我国的民事立法主要借鉴大陆法系，所以著作权制度在形式上也接近作者权体系，例如承认著作人格权，但同时也采纳了"法人作品"等版权体系的制度，故而在立法模式的选择上没有文化观念的障碍。如前所述，知识产权法哲学与著作权限制的立法模式之间也没有必然的对应关系，无论我们接纳哪一种法哲学，都不妨碍立法模式的选择。因此，我国立法的选择，主要应当基于社会需求和司法现状。本文认为，我国著作权立法应当改变现行的封闭式，适当地增加立法弹性。理由

① 参见［加］迈克尔·盖斯特：《为了公共利益——加拿大版权法的未来》，318页，北京，知识产权出版社，2008。
② 同上书，320页。
③ 迈拉·J·陶菲克：《国际版权法与作为"使用者权"的合理使用》，载《版权公报》，2007（1）。
④ 参见［加］迈克尔·盖斯特：《为了公共利益——加拿大版权法的未来》，327、330页，北京，知识产权出版社，2008。
⑤ Paul Edward Geller, *International Copyright Law and Practice*, LexisNexis, 2001.
⑥ 参见上书。
⑦ 参见上书。
⑧ 参见上书。
⑨ 参见上书。

如下：

（一）现行立法的弊端已经显现

在我国的司法实践中，已经在诉讼中多次出现立法未能预见的“合理使用”行为。早在上个世纪90年代，在“北影录音录像公司诉北京电影学院”一案中，法院认定电影学院为教学目的而拍摄电影属于合理使用，而我国著作权法允许的出于教学目的的合理使用仅限于“翻译、复制”行为。[①]在“覃绍殷诉北京荣宝拍卖有限公司侵犯著作权”案中，被告在拍卖过程中对作为拍卖标的的原告作品进行了展览、幻灯放映，并复制在拍卖图录中。为拍卖目的而合理展示作品，是很多国家立法中明确规定的合理使用行为。尽管我国著作权法对此并未规定，北京市一中院认定被告的行为构成“合理使用”。[②]在涉及电视剧《激情燃烧的岁月》的著作权纠纷中，法院认为电视剧中短暂地使用已发表的音乐作品，属于“合理使用”。[③]

这些裁判表明，法院已经在事实上突破了立法的规定，如果立法不及时作出回应，一方面会损害立法的权威，使当事人难以预见自己的行为后果；另一方面由于缺乏立法的原则性指引，法院的司法裁量有可能行使不当。

（二）我国的司法经验尚不足以弥补立法的缺陷

如前所述，作者权体系的法官可能借助“合理使用”以外的概念和制度弥补立法的僵化。而我国的理论与实践对“实质性利用”这一概念的研究和运用很不成熟，直接援引“立法目的”或宪法条款，在我国的司法实践中也非常罕见。例如，在涉及歌曲《月亮之上》与《敖包相会》著作权之争的一起案件中，法院虽然认定被告只使用了原告作品的六小节，占被告作品的比例很小，但仍然指出这种使用不属于现行《著作权法》第22条规定的行为，不构成“合理使用”。[④]法院并没有考虑被告的使用是否构成实质性利用。

基于我国目前的司法经验，封闭式的“合理使用”条款形成的弊端会远远超过法制成熟的作者权体系国家，我们不能孤立地将本国立法与外国立法进行比较，还要考察外国立法与司法的互动效果。

（三）增加“合理使用”的弹性合乎当今的立法趋势

在整体趋势上，各国“合理使用”制度的改革方向是增加弹性，而非相反。有的作者权体系国家虽然在形式上保留了封闭式列举，但在所列举的具体类型描述中引入弹性规定。例如德国著作权法第51条有关合理引用的原规定是：“在下述目的允许的范围内可以复制、发行、公开再现：1. 为说明内容而在独立的科学作品中引用已发表的个别作品；2. 在独立的语言作品中引用已发表作品的片段；3. 在独立的音乐作品中引用已发表的音乐作品的片段。”此条在2008年修改为：“为引用之目的，只要在此特殊目的范围内利用已发表的作品有正当理由，本法允许复制、发行与公开再现。本法尤其允许：1. 为说明内容而在独立的科学作品中引用已发表的个别作品；2. 在独立的语言作品中引用已发表作品的片段；3. 在独立的音乐作品中引用已发表的音乐作品的片段。”[⑤]可见，新法中的合理引用带有开放性。

一些原本继受作者权体系的国家和地区，也逐渐吸收美国式的合理使用。我国台湾地区的著作权法在1998年之前对“合理使用”采用穷尽式列举，1998年修订时将第65条改为：“著作之利用是否合于第四十四条至第六十三条规定或其他合理使用之情形，应审酌一切情状，尤应注意下列事项，以为判断之标准……”由于增加了“其他合理使用之情形”，使此条款变更为弹性规定。台湾学者指出，此修订是因为旧法“并不足以涵盖社会上所有有使用必要之正当行为，为避免法律之适用陷于僵化……”[⑥]

在一些保持“合理利用”或“权利例外”模式的国家，学术界也出现了借鉴美国式合理使用的意见。例如加拿大学者克雷格认为：“确保具有社会效益的使用不被排除的唯一办法就是，借鉴美国的合理使用模式，规定开放式合理使用条款。”[⑦]日本学者田村善之认为，日本的著作权限制规定在技术上

① 参见北京市一中院（1995）一中知终字第19号民事判决书。鉴于我国封闭式的立法语境，笔者曾对此种解释技术提出批评。参见李琛：《知识产权片论》，186页，北京，中国方正出版社，2004。

② 参见北京市一中院（2003）一中民初字第12064号民事判决书。

③ 参见北京市高院（2004）高民终字第627号民事判决书。

④ 参见北京市一中院（2008）一中民终字第5194号民事判决书。

⑤ 《十二国著作权法》，162页，北京，清华大学出版社，2011。

⑥ 谢铭洋：《智慧财产权法》，243页，台北，元照出版公司，2008。

⑦ ［加］迈克尔·盖斯特：《为了公共利益——加拿大版权法的未来》，330页，北京，知识产权出版社，2008。

无法与社会环境的变化相对应。①

对这种趋势，至少可以给出三点解释：(1) 随着技术的变化，尤其是数字化和网络技术的发展，封闭式的立法模式越来越不适应现实的需求；(2) 权利的保护与权利的限制是著作权制度的两大重点，是天平的两端，随着著作权范围的不断扩大，著作权的限制也要相应地适度扩展；(3) 在现实中，著作权人往往不是作为个体的实际创作者，而是商业组织，他们具有很强的游说立法的能力。相反，作为使用者的社会公众由于力量的分散，缺乏统一有力的意见代表，反而在立法博弈中居于弱势，因此司法机关有必要在个案的利益平衡中发挥更大的作用。田村善之认为，引入著作权限制的一般性条款的真正意义在于，将著作权限制的具体化任务从立法转移到司法。②

六、对我国著作权“合理使用”条款的具体建议

虽然本文认为我国著作权法应当引入“合理使用”的弹性条款，但并不意味着可以采用极度概括的表述方式。我国并非判例法国家，在过去封闭式的立法模式之下，我国法院并没有积累足够的依据个案判断“合理使用”的经验。因此，著作权法的修订只需保证法官在特殊情况下有依据在立法列举的情形之外认定“合理使用”的机会，而不宜使立法之外的自由裁量成为常态。

国家版权局公布的《著作权法（修改草案）》第二稿第42条笼统地规定“合理使用”包括列举之外的“其他情形”，在接下来的一款中规定了“三步检验法”中的两个条件：不得影响作品的正常使用；不得不合理地损害著作权人的合法利益。这种表述遗漏了“三步检验法”中的另一个条件：仅限于特殊情形，而“其他情形”这一措辞中并不包含“特殊情形”的含义，因此不够严谨。此外，“三步检验法”是国际条约对各国立法的约束标准，是立法的指导原则，作为司法认定的原则显得过于抽象。

本文建议，我国的“合理使用”制度可从以下方面完善：

(1) 立法应当保持“可为之处尽量有所作为”的立场，对于其他国家和我国司法实践中认识比较一致、成熟的“合理使用”行为，尽量明确列举，例如前述案例中出现的拍卖品的合理展示、作品中附带性地再现其他作品等。

(2) 对于涉及后续创作的合理引用，应当增加立法的弹性。在很多采用“权利例外”模式的国家和地区，合理引用都规定得比较宽松。例如，日本著作权法规定：“已经发表的作品可以通过引用加以使用。但引用必须符合公正的惯例，且必须是在报道、批评、研究目的的正当范围内。”③日本学者指出，这是日本著作权法中最为抽象的限制规定。④韩国著作权法规定：“在新闻报道、批评、教育、研究等合理范围内，可以以符合合理惯例的方式引用已发表的作品。”⑤ 我国台湾地区著作权法第52条规定：“为报道、评论、教学、研究或其他正当目的之必要，在合理范围内，得引用已公开发表之著作。”相比之下，我国著作权法把合理引用的目的限于“介绍、评论作品或说明问题”，显得过于狭隘，不利于创造的后续发展。

(3) 应当允许法官在立法列举的情形之外认定“合理使用”，但要限定“合理使用”的认定条件。建议借鉴台湾著作权法的表述，在示例性“合理使用”的条款之后规定：

在判断是否构成第*条规定的合理使用或其他合理使用时，应综合考虑各种相关因素，尤其是……（所列举的因素可以借鉴美国法上的四个标准，也可考虑适当细化，具体设计应充分听取司法界的意见。）

（原载《知识产权》，2013 (1)，本文有删节。
作者单位：中国人民大学法学院）

欧美孤儿作品问题解决方案的反思与比较

——兼论我国《著作权法》相关条款的修改

管育鹰

“孤儿作品”属于版权领域的新概念，是指著作权领域的一种特殊情形，即著作权人身份难以确定或找不到著作权人的作品。本文主要探讨孤儿作品的利用问题，尤其是在互联网环境下可否对其进行商业性利用的问题。

① 参见［日］田村善之：《日本知识产权法》，4版，463页，北京，知识产权出版社，2011。
② 参见［日］田村善之：《“知识创作物未保护领域”之思维模式的陷阱》，载《法学家》，2010 (4)。
③ 《十二国著作权法》，377页，北京，清华大学出版社，2011。
④ 参见［日］田村善之：《日本知识产权法》，4版，465页，北京，知识产权出版社，2011。
⑤ 《十二国著作权法》，516页，北京，清华大学出版社，2011。

一、欧美关于孤儿作品问题的讨论及方案

（一）美国关于孤儿作品问题的讨论

孤儿作品（Orphan Work）的概念是美国先提出的。为了与《保护文学和艺术作品伯尔尼公约》的要求相一致，美国通过了《1976 年版权法案》，取消了其长期以来要求作品登记以获版权保护的做法，宣布“任何固定在有形介质上的有独创性的表达都享有版权”。取消作品版权登记强制性要求，大大降低了通过登记查询和确定版权人的可能性。这样，除了法律允许的合理使用等例外情形，打算使用版权作品的潜在使用者都必须自己去考察每个作品的版权状况并寻找权利人进行洽谈。没有了版权登记中心数据库，找到版权人并签约有时很困难；在这种情形下如何使用那些难以找到版权人洽谈的作品，就提出了孤儿作品问题。尤其是自 2004 年以来围绕谷歌数字图书搜索计划产生的争议，使得孤儿作品的使用问题成为美国各界关注的焦点，并引起了立法、司法上的回应。

1. 谷歌和解协议[①]提出的孤儿作品问题

2004 年，谷歌决定推出名为“阿波罗”计划的数字图书馆项目，将一批重要图书馆的所有书籍数字化；这样，全世界的人只要能上网就能浏览、阅读这些书籍。因为种种原因，谷歌事先并没有同出版商和版权人商讨过这个计划；2005 年，美国作家协会和美国出版商联合会以“大规模版权侵害”提起诉讼。谷歌声称该业务是“合理使用”，并辩解说：仅仅公有领域的著作谷歌才会全文发布，其他尚受版权保护的书籍，只提供可搜索的在线节选。这一官司一直持续了多年。2009 年原被告达成了同意谷歌建立数字图书馆的方案（简称“谷歌和解协议”）：谷歌将出资 1.25 亿美元，其中包括建立非营利的图书版权注册中立机构的 3 450 万美元，该机构由出版商联合会和作家协会各出一半代表负责运营，负责登记那些尚处于保护期但已绝版或找不到权利人的图书，并为这些图书的版权人提供版权费，今后谷歌图书搜索计划产生的任何销售、订阅和广告收入都将与该机构按 63%和 37%分成，并由它向权利人转付。此外，谷歌将就数百万本已完整扫描的图书每本向版权人支付 60 美元；向美国作家协会和出版商协会支付律师费；版权人如果不愿意自己的作品被数字化扫描，则可声明退出（opt-out）谷歌的图书搜索计划。

值得注意的是，谷歌和解协议本身基本上未采用“孤儿作品”的措辞，代之以“市场供应”这一更广泛的概念，也就是说，协议允许谷歌使用通过商业渠道无法获得的作品，包括孤儿作品；“商业渠道获得”被定义为当时除了扫描图书馆藏书外，还可以通过图书的权利人或指定代理人的某种贸易销售渠道在世界任何地方获得该书[②]。这里，“图书”的定义是狭窄的，排除了期刊、论文、歌词曲谱等文字作品；而且，也排除了在加拿大、英国、澳大利亚和美国之外出版的图书[③]。

谷歌和解协议不只受到谷歌的对手（微软、雅虎、亚马逊等）的反对，而且遭到一些版权专家甚至美国司法部的反对。谷歌和解协议存在的关键问题，是假设权利人事先已经同意使用其作品，事后发现不同意再退出；其本质是赋予谷歌一种强制许可，使其能在商业及非商业用途上使用这些作品，并由此支付所获利润的一部分。而版权强制许可新规则的设置是需要法律程序的，不是由当事人来设立。因此，解决谷歌数字图书搜索计划争议的方案应该是由美国国会作出关于“孤儿作品”的规定，修改版权侵犯中所采用的严格责任原则，重新厘定“孤儿作品”侵权及损害赔偿规则。果然，2011 年 3 月 22 日，美国纽约联邦法院法官驳回了该协议。在长达 48 页的裁决中[④]，法官说，1.25 亿美元的交易将给予谷歌这家互联网大公司“剥削”书籍的能力，公司不再需要获得版权人的首肯，这也是司法部对这项交易的担忧，“虽然书籍数字化，以及创建全球数字图书馆将惠及很多人，但这项协议也真的走太远了；因为它将给谷歌一项压倒竞争对手的优势：不需要准许，就能扫描受版权保护的作品，并以此获利。它还将让谷歌控制整个（书籍）搜索市场，这会引起争议”。最后法官指出会重新考虑修订后的版本，该版本应该能更好地保护版权所有者，即征询他们的意见，是否愿意“加入”（opt-in）数字化程序。

可以预见，若照此要求修订和解协议，将谷歌之前设想的被动、事后的“退出”改为主动、事先的“加入”机制，将会大大削弱谷歌的数字图书馆

① 协议内容参见“Google 图书和解”网站，http://www.googlebooksettlement.com/。

② 参见谷歌和解协议第 1.31 条，6 页。

③ 参见谷歌和解协议第 1.19 条，4～5 页。

④ 参见美国法院 Authors Guild v. Google，Inc.（2011）案裁决，见 http://www.nysd.uscourts.gov/cases/show.php?db=special&id=115。

计划，因为这样一来谷歌失去了处置权，很多孤儿作品无法找到权利人事先征询加入意见。

2. 美国版权局的孤儿作品方案

在前述谷歌案中，秉承判例法传统的美国法官却称“关于委托谁对孤儿作品进行监护，以及相关的条件、措施等，由国会立法来确定比利害当事人之间的私人协议更恰当……国会已一直致力于颁布孤儿作品问题的立法议案……最好由国会而不是法院来解决这个问题”①。看来，谷歌和解协议中的孤儿作品解决方案已经触动了版权法的根基，即不再是对已有法律规则的阐释而是属于新法律规则的设置问题了。事实上，几乎与谷歌案进入诉讼程序的同时，美国版权局开始了孤儿作品问题的立法讨论，尝试在立法上明确一定的规则平衡像谷歌这样的使用者与权利人之间的关系，以使更多普通公众获得平常难以获得的作品、充分发挥法律鼓励文化传播的作用。

根据2006年1月美国版权局签发的、美国国会图书馆的《关于孤儿作品问题的报告》，“孤儿作品”这一用语用来描述使用者想以必须经过许可的方式使用某一仍受版权保护的作品，但却无法确定版权人身份或找不到版权人的情形。② 从这一概念看，“孤儿作品”并不是真正的没有“父母”（版权人）的作品。正如美国众议院司法委员会下设的“法院、互联网及知识产权小组委员会”主席霍华德·L·伯尔曼法官在相关听证会上所说的：“我认为必须纠正这一名不副实的称谓。我们所说的作品并不是孤儿；事实上，我们所面临的特殊情形是当其父母出现时应当怎么描述和解决已经发生的事。对此更为准确的描述可能是无法确定版权人身份的作品。不过为了方便讨论，我们仍以孤儿来形容这种情形。”③ 可见，最早提出此问题并讨论其立法可能性的美国，一开始就明确了孤儿作品实际上是指“无法确定版权人身份的作品”，而非“无版权人的作品”。

此外，上述《报告》强调，其所提出的关于孤儿作品问题的议案，前提条件是承认使用孤儿作品仍构成侵权（后面介绍孤儿作品法案时我们会发现该法案一直称使用者为“侵权人”），只不过是重新出现的版权人要获得充分的损害赔偿是有限制的而已。也就是说，如果使用者在使用孤儿作品之前经过了“勤勉的查找”而无果、且履行了相关手续、而版权人在其使用后才出现的，版权人就只能获得适当的补偿而不能主张律师费、法定损害赔偿等等。而且，有些情况下，比如侵权作品是使用者对孤儿作品的演绎、使用者也有大量独创性表达的情况下，版权人还可能不能获得临时禁令。上述《报告》中还明确指出孤儿作品最常见的领域是照片，未出版的文字作品或匿名手稿，信件及其他私人材料，家庭录像带和教学影片等视听作品，美术和视觉艺术品，以及明信片、小册子和宣传页等临时出版物。

从上述《报告》所描述的背景看，议案的宗旨并不是将孤儿作品置于公有领域，而是在缺乏版权登记有效引导的情况下、让潜在的孤儿作品使用者对将来可能面临的最高损害赔偿有心有数，并依照规定放心去使用。美国学者认为孤儿作品问题的实质，是潜在使用者无法与版权人联系商谈这一市场机制失灵的情形下如何让使用者们不必考虑商业上的惯例而利用孤儿作品的问题。④

美国版权局一直在讨论的议案名为“涉及孤儿作品版权侵权案件的有限救济规定”（简称“孤儿作品法案”），主要内容是在《美国法典》第17编第5章末尾增加第514节，即：“涉及孤儿作品案件的有限救济”。该节主要内容是对达到“勤勉的查找”标准查找权利人的侵权人，适用“合理补偿”这一对权利人有限的救济方案。该法案具体条款适用有限救济的条件，尤其是合格的检索及其程序，包括合理的方式、以某种符号或布告标注、迅速而诚信的调查、友好诚信的协商、支付合理赔偿等。

在侵权人满足法案详细列举之各项条件的情况下，权利人仅能获得原先《版权法》第502～505节规定的金钱救济和禁令两个方面的有限救济。即金钱方面仅能要求支付合理补偿（不包括实际赔偿、法定赔偿、诉讼成本以及律师费）；而且，如果侵权人是非营利教育机构、图书馆、档案馆或公共广播机构，且能以优势证据证明其侵权行为没有任何直接或间接的商业目的，主要是教育、宗教或慈善性质，以及在收到侵权通知并迅速诚信地对其进行调

① 参见美国法院 Authors Guild v. Google, Inc.（2011）案裁决，22～24页，见 http://www.nysd.uscourts.gov/cases/show.php?db=special&id=115。

② 参见美国版权局：《关于孤儿作品问题的报告》，1页，见 http://www.copyright.gov/orphan/orphan-report-full.pdf, 2006。

③ 美国版权局：《促进孤儿作品的利用：版权人与使用者利益的平衡》听证会材料，2页，见 http://www.copyright.gov/orphan/orphan-hearing-3-10-2008.pdf, 2008。

④ Hansen, David R., Orphan Works: Definitional Issues (December 19, 2011). Berkeley Digital Library Copyright Project White Paper No. 1. Available at SSRN, http://ssrn.com/abstract=1974614。

查后立即停止了侵权行为的，也不必支付合理补偿。在禁令方面，如果侵权人已准备或开始准备使用的作品是对被侵权作品的改动、转换、改编，或者在被侵权作品中融合了大量侵权人原创性表达，则法院的禁令不得阻止侵权人继续准备或使用该新作品；但侵权人使用新作品应向被侵权的合法权利人或受益人支付合理的补偿，并应权利人要求根据具体情形以合理的方式标注权利人的署名。

孤儿作品法案公布后一直在争议中，至今仍未获通过。

（二）欧洲关于孤儿作品的讨论及方案

1. 欧洲数字图书馆计划中的孤儿作品问题

欧洲对孤儿作品问题的提出几乎与美国同时，诉求和困境大致相同，而且在英文用词上采用的也同样是"Orphan Work"。欧洲关于孤儿作品问题的讨论，来源于旨在在线提供欧洲丰富的文化科学遗产的庞大的"数字图书馆"计划。2006 年 10 月，欧洲"数字图书馆高级专家组"的一份内部建议报告中提出了图书馆数字化保存孤儿作品及绝版作品等问题："作品著作权状态的清晰明确在很多情况下都是十分重要的，对于欧洲数字图书馆的倡议而言也是如此。有些情况下著作权人无法明确或找到，这样的作品可划归'孤儿'。可以想见，大规模的数字化和在线提供以及其他一些使用方式，都会因孤儿作品现象受到阻碍。因此，图书馆、博物馆、档案馆及其他一些非营利机构将难以充分利用信息技术的优势来履行其保存和传播知识的使命。无论是文字作品还是视听材料，都存在相当数量的著作权状态不明的情况，尤其是那些老资料。"① 欧盟委员会于 2009 年 11—12 月进行的一项调查结果显示，每个数字化项目都遇到相当高比例的孤儿作品问题，全欧洲仍有著作权的作品中有 300 万是孤儿作品（占总数的 13%）；比如，欧洲各电影资料馆存档的视听作品中孤儿作品占 20%，而英国各博物馆保存的摄影作品中孤儿作品所占比率高达 90%。② 由于有著作权法的限制这类作品无法通过合法渠道得到传播和利用，大量无法确定权利人的孤儿作品不能数字化，使欧洲数字图书馆的建设和发展受到阻碍。这样，制定一项新的旨在解决孤儿作品使用法律问题的欧盟指令提上了日程。

2. 欧盟孤儿作品指令方案

与美国孤儿作品问题由谷歌这样的商业化数字图书馆开发所引起不同，欧洲数字图书馆建设和发展更多体现了区域文化整体发展的政策因素。经过多次讨论和听证，2011 年 5 月 24 日，欧盟委员会提出了《关于欧洲议会和欧盟理事会通过允许适当使用孤儿作品指令的提案》；2012 年 9 月 20 日，欧盟颁布了《欧洲议会与欧盟理事会关于孤儿作品许可使用特定问题的指令》③（简称《孤儿作品指令》）。显然，欧盟关于孤儿作品问题的立法进程比美国要快得多。

欧盟《孤儿作品指令》首先指出其适用范围是成员国设立的对公众开放的图书馆、教育机构、博物馆、档案馆、电影或录音资料馆及公共广播组织等执行"公共利益使命"的机构对孤儿作品的特定使用。该指令适用的作品是指：（1）在欧盟成员国首次出版或首次广播，受著作权或相关权保护，并由对公众开放的图书馆、教育机构、博物馆和档案馆、电影录音资料馆所收藏的图书、期刊、报刊、杂志及其他出版物及电影、音像作品或录音，以及公共广播组织 2002 年 12 月 31 日前制作并存放于其档案室的电影、音像作品或录音；（2）虽未正式发布或广播、但经权利人同意由上述公共文化机构收藏的上述各类作品（成员国可将这类作品限定为于某具体日期前存放于上述机构）；（3）与前两项提到的作品或录音不可分割的作品或内容。

根据该指令，孤儿作品是指无法确定权利人，或者即使确定，但经过法律规定的有记录的勤勉检索也无法找到权利人的作品。使用机构应诚信地参考相关作品类别的适当信息资源对拟使用的作品或受保护的资料进行勤勉的检索，相关作品或资料类别的适当信息资源由成员国与权利人和使用者协商决定，同时包括指令附件中所列的信息资源。指令还就勤勉检索的范围和具体操作程序、要求作了详细规定，比如勤勉检索的执行状况、使用孤儿作品的情况、孤儿作品状态的任何变化、相关机构的联络信息及公开等。成员国须确保被认定的孤儿作品之权利人任何时候都可以出现并结束该作品的孤儿

① Report on Digital Preservation, Orphan Works, and Out-of-Print Works, Selected Implementation Issues (adopted by the High Level Expert Group at its third meeting on 18.4.2007), http://ec.europa.eu/information_society/newsroom/cf/itemlongdetail.cfm?item_id=3366.

② Anna Vuopala, Assessment of the Orphan Works Issue and Costs for Rights Clearance, http://ec.europa.eu/information_society/activities/digital_libraries/doc/reports_orphan/anna_report.pdf, 2012.

③ 参见欧盟网站，http://ec.europa.eu/internal_market/copyright/orphan_works/index_en.htm。

作品状态。在符合前述条件的情况下，对公众开放的图书馆、教育机构、博物馆、档案馆、电影及录音资料馆和公共广播组织等能以下列方式使用其所收藏的孤儿作品：（1）将孤儿作品提供给公众；（2）复制孤儿作品，包括作品的数字化、发行、索引、分类、编目、保存或重制等活动。

欧盟《孤儿作品指令》强调，其所适用的机构以上述方式使用孤儿作品是为了其公共利益使命，尤其是为了文化教育目的而保存、重制和提供其馆藏作品；这些机构可以从使用中获得补偿，用于弥补其数字化并向公众提供孤儿作品的成本之唯一目的。成员国应确保相关机构在使用孤儿作品时均标注已经确定的作者或其他权利人的姓名名称。孤儿作品的权利人现身而终止孤儿作品状态的，应当获得使用者的公平补偿；补偿的具体规则由各国确定。

二、我国关于孤儿作品问题的讨论

（一）现行《著作权法实施条例》相关规定

我国《著作权法》本身没有直接涉及"孤儿作品"的规定，但是，现行《著作权法实施条例》第十三条规定："作者身份不明的作品，由作品原件的所有人行使除署名权以外的著作权。作者身份确定后，由作者或者其继承人行使著作权。"这里，"作者身份不明的作品"指无法从通常途径了解作者身份的作品；这一规定成为我国近年来讨论孤儿作品问题最接近的法律依据。

必须指出，"作者身份不明的作品"不能等同于著作权法意义上的"匿名作品"，也就是说，并不是凡以匿名方式发表的作品都是"作者身份不明的作品"；相反，根据著作权法对作者精神权利的规定可知，署名权是作者才能享有的精神权利，理论上只要不违法，作者可以通过署真名、笔名、假名、不署名（有的作者故意署名为"佚名"）等方式行使自己的署名权。不管以哪一种方式行使署名权，只要发表该作品时投稿人向出版者提供了联系方式，就能核查作者、权利人或作品原件持有人的身份，这都不属于"作者身份不明的作品"。真正意义上的"作者身份不明的作品"，指那些作品没有署名，而且通过正常的途径（比如投递到出版社或报社等部门的照片或手稿等资料中没有署名，也没有说明联系方式）也无从核查其作者身份难以确定作者身份的作品。

应该说，我国《著作权法实施条例》这一规定的立法原意应当是将"作者身份不明的作品"限定为有"原件"的作品，即美术作品或传统意义上的摄影作品，其适用范围在实践中相当狭窄，因此也从未引起过学界太多关注。但是，随着技术的发展，越来越多的研究者在考虑网络环境下的著作权保护难题时，将目光投向了《著作权法实施条例》这一条款，呼吁对此进行扩张阐释并更新相应的法律规则使之更符合互联网产业发展的需要。

（二）关于孤儿作品问题的讨论

谷歌案件发生后，"孤儿作品"之概念也开始被引进到我国。① 有观点认为，在网络环境下，作品的复制和传播速度非常快，复制作品与原件很难识别，该规则对于孤儿作品而言，难以为其提供合法、有效、充分的制度支撑；无人继承的著作财产权归国家，存在国有资产权利行使主体虚化的问题，且与属于公有领域的无主作品以及孤儿作品之间的边界模糊化，不利于相关使用人对作品的合法使用。因此建议我国著作权法作出关于孤儿作品的定义并建立相关制度。② 还有观点认为，"现有规定不仅不能为孤儿作品的合法、有效使用提供正常途径和足够的制度支撑，而且还存在着不合理因素。迄今为止，我国法律既没有对'身份不明的作品'（实际上属于孤儿作品）的认定程序作出明确规定，也没有对孤儿作品的授权、使用规则进行规定，更没有规定使用孤儿作品的报酬、许可费或补偿费等费用的支付规则。法律的这种消极态度，导致潜在的孤儿作品使用人只有两种选择：要么放弃使用计划，避免遭遇侵权风险，让孤儿作品继续尘封，导致文化资源浪费；要么冒着被指控侵权的风险，在未经授权许可的情况下，先使用再说。因此，我国法律也急需对孤儿作品的认定和潜在使用人对孤儿作品的使用规则进行研究，最终提供明确的法律依据。这不仅关系到孤儿作品的使用问题，还关系到作品的有效授权模式和数字图书馆的建设"③。

需要指出的是，我国目前绝大多数以"数字图

---

① 比如，袁泽清：《论孤儿作品的利用与保护》，载《西南民族大学学报》（人文社科版），2008（2），作者认为孤儿作品是指对于尚在版权保护期内的作品，使用者打算以依法需要征得版权人的许可方可使用的方式使用该作品，虽然经过勤勉的努力寻找但是仍然无法找到该版权人的作品；周艳敏、宋慧献：《版权制度下的"孤儿作品"问题》，载《出版发行研究》，2009（6），作者认为孤儿作品是指享有版权但很难，甚至不能找到其版权主体的作品；黄旭春：《浅析美国2008年孤儿作品议案》，载《电子知识产权》，2009（7），作者认为孤儿作品是指客观上无法找到权利人的作品。

② 参见赵力：《孤儿作品法理问题研究——中国视野下的西方经验》，载《河北法学》，2012（5）。

③ 董慧娟：《孤儿作品的利用困境与现行规则评析》，载《中国出版》，2010（18）。

书馆”为主题的研究都是来自改制中的传统图书馆以及各类图书情报机构。这些研究基本上发现图书馆在进行数字化和在线服务时遭遇著作权保护的瓶颈，产生“公益性”信息服务与“商业性”数据服务性质划分的困惑，从而将解决问题的关注点投向扩大合理使用、法定许可等著作权限制制度的适用范围。我们看到，无论是重新建立著作权利益平衡机制的构想①，还是推定著作权人为默认、延伸合理使用和法定许可②，以及近年来提出的设立著作权补偿金制度以及适当调整合理使用制度的建议③等，都是建立在权利人与使用者之间的利益已经失衡的假设下。

但事实上，在网络环境下权利人的著作权不是扩张而是更容易受到侵害了。尤其在我国文化体制改革刚开始、公共文化机构的定义和范围还未明确的情形下，著作权法关于“图书馆”的合理使用规则并不能随意扩大。正因为此，我国知识产权法学界关于数字图书馆建设、专门为其设立对著作权进行进一步限制的讨论并不热衷。而且，2006 年《信息网络传播权保护条例》已经明确了图书馆等公共文化机构的合理使用之限制，即在网络环境下也仅适用于馆内提供有数字化必要的馆藏作品之复制件、不能扩大到无限制的互联网在线提供。④ 同时，超出此范围的许多以“数字图书馆”为名的在线数据库服务商因未经许可扫描提供书籍论文也无例外地被法院判为侵权。在如此明确的立法和司法导向下，在《著作权法》修订过程中，重提扩大合理使用或法定许可范围、建立新的法律规则，即使是针对孤儿作品这一著作权交易更为困难的特例，也需要认真考虑是否打破维系各方利益平衡的基本法理。

（三）《著作权法》修改稿中的方案

国家版权局 2012 年 3 月提出的《中华人民共和国著作权法（修改草案）》第二十五条首次提出了我国的孤儿作品方案：“下列著作权的保护期尚未届满的作品，使用者可以向国务院著作权行政管理部门申请提存使用费后使用作品：（一）作者身份不明且作品原件的所有人经尽力查找无果的；（二）作者身份确定但经尽力查找无果的。前款具体事项，由国务院著作权行政管理部门另行规定。”与其他引起重大社会反响的修订条款不同，这一利用现行《著作权法实施条例》之“作者身份不明”规定的增设条款仍旧几乎没有引起法学界和社会各界关注。其实，《著作权法》中这一修改是针对欧美国家陷入持久争论的孤儿作品问题的，是涉及了我国著作权制度的重要修改，理应受到更多的关注，我国知识产权法学界也应进行更深入的研究。

2012 年 12 月，国家版权局提交的《中华人民共和国著作权法（修订草案送审稿）》第五十一条规定：“著作权保护期未届满的已发表作品，使用者尽力查找其权利人无果，符合下列条件之一的，可以在向国务院著作权行政管理部门指定的机构申请并提存使用费后以数字化形式使用：（一）著作权人身份不明的；（二）著作权人身份确定但无法联系的。前款具体实施办法，由国务院著作权行政管理部门另行规定。”

可见，我国的立法方案中孤儿作品制度的主要内容包括：使用对象是“著作权人身份不明或身份确定但无法联系的、已经发表的未期满的”作品，使用条件是“尽力查找无果”且“提存使用费”，使用方式是“数字化”，“使用者”没有特别条件限制。前面这些引号内的内容，都是需要“另行规定”的具体实施办法。笔者看来，每一个引号内的内容都尚处于讨论阶段，即使《著作权法（修订草案送审稿）》之孤儿作品条款获得通过，这些具体内容的缺失也使得该制度仅仅流于形式，并无实际意义，而且极有可能因争议长期搁置而无法颁布施行。这种匆匆以法律形式通过某一新的制度却难辅以配套措施的立法思路是需要慎重考虑的。笔者认为，我国拟设之孤儿作品制度存在以下几个问题：

1. 使用的前提条件

著作权人身份不明或身份确定但无法联系，是孤儿作品之基本概念的核心部分，对此并无太大争议；孤儿作品概念中最饱受争议的，是如何在法律意义上确定其属于“著作权人身份不明或身份确定但无法联系”的情形。为了避免使用者以“无法找到权利人”为借口逃避相应的法律义务，必须周详地设置孤儿作品的认定程序，作为其使用的前提条件。目前我国《著作权法（修订草案送审稿）》借鉴欧美孤儿作品方案中的“勤勉查找（或检索）”之措辞，规定了“尽力查找无果”的前提条件。

我们前面考察欧美相关立法或动议，都包含了

① 参见程文琴：《数字图书馆的著作权问题研究》，北京，中国农业出版社，2011。

② 参见马玉珍等：《知识经济时代与数字图书馆》，161～164 页，兰州，甘肃人民出版社，2006。

③ 参见秦珂等：《图书馆著作权管理问题研究》，北京，知识产权出版社，2010。

④ 参见《信息网络传播权保护条例》第七条。

十分详尽的“勤勉查找（或检索）”之内容。相比而言，在法治大环境远不如欧美的我国，没有配套细则要推行孤儿作品制度恐怕更容易使权利人的作品沦为“孤儿”，被轻易以“尽力而无果”为名随意使用、极大损害著作权人的利益（根据向来经验，提存费用一般以国家机关拟定的法定许可之报酬相当，而基本不考虑作品的市场价值等因素）。

2. 使用的方式

《著作权法（修订草案送审稿）》对孤儿作品的使用方式，使用了一个非著作权法律意义上的措辞——“数字化”。事实上，数字化仅是一种将各类载体上的作品进行复制的一种方式；严格地说，数字化仅指复制。那么，我国《著作权法（修订草案送审稿）》拟设的孤儿作品使用方式，是否仅限于复制呢？就数字环境下作品的传播之迅捷的特点，数字化恐怕仅是孤儿作品使用之第一个步骤，随后将孤儿作品提供给公众，甚至以此获取利益恐怕才是最终目的。

因此，对孤儿作品进行数字化使用，从著作权法角度来说，是严格限定在“复制”意义上，还是扩展到发行、网络传播，其法律后果应当是不同的，需要进一步明确。若仅限于“数字化”，则其他极有可能发生的后续使用是否超出法律规定范围而侵权？若“数字化”使用包括各种数字化形式的复制、传播，则对于孤儿作品的权利人来说，仅用为“数字化”使用而“提存”的使用费（且不说这一使用费还可能要扣除行政管理成本）来弥补作品数字化之外的各种使用费是有失公平的。

3. 使用者的范围

在我国《著作权法（修订草案送审稿）》设定的孤儿作品方案中，“使用者”并没有特别的条件限制；换句话说，使用者可以是欧盟指令中所说的非营利性公共文化机构，也可以是美国法案中未作限定的像谷歌这样的商业使用者。

《信息网络传播权保护条例》规定图书馆等“可以不经著作权人许可，通过信息网络向本馆馆舍内服务对象提供本馆收藏的合法出版的数字作品和依法为陈列或者保存版本的需要以数字化形式复制的作品，不向其支付报酬，但不得直接或者间接获得经济利益。当事人另有约定的除外。前款规定的为陈列或者保存版本需要以数字化形式复制的作品，应当是已经损毁或者濒临损毁、丢失或者失窃，或者其存储格式已经过时，并且在市场上无法购买或者只能以明显高于标定的价格购买的作品”①。可见，我国的非营利性公共文化机构已经依法获得了将包括孤儿作品在内的馆藏作品进行数字化，而不必担心侵权责任的依据。这样，作为类似法定许可制度、限制著作权人权利的孤儿作品条款若获通过，其适用获益最多的多半是那些最应当与著作权人协商对价的商业使用者，如数据服务提供者。也就是说，我国《著作权法（修订草案送审稿）》在构建孤儿作品制度时，采取简化谈判过程、豁免侵权的方式鼓励使用者（这里指非公众的商业使用者）对孤儿作品进行利用，这实际上是一种类似法定许可的著作权限制制度。

三、结论

笔者认为，在信息时代，互联网给著作权制度造成的冲击对我国来说并不比欧美国家少，那么，我们趁《著作权法》修改时机将孤儿作品问题提出来讨论也是有必要的。通过上述对目前《著作权法（修订草案送审稿）》关于孤儿作品问题之规定的分析，我国的这一立法尝试更多类同于美国的孤儿作品法案，而且相比而言，我国的现有拟定条款远不如美国的成熟、详尽，缺少像美国孤儿作品法案那样具体明晰的操作规程（比如登记通知、勤勉查找证据等等），使权利人难以获得哪怕是基本的有限的救济；另一方面，我国的方案却试图解决孤儿作品的商业化使用问题，即像美国方案一样对孤儿作品的使用者、使用目的不作任何限制。试想一下，美国看似已经比较完善的孤儿作品法案讨论这么多年都迟迟不能通过，我国如果率先为孤儿作品的使用开放商业性使用的绿灯，恐怕会引起不必要的争议。而且，不清晰地界定孤儿作品的相关规则适用条件和范围，如果仅通过粗略的条款极有可能带来后续法律实施或适用上的困难或阻力。

更重要的是，是否建立和建立何种孤儿作品使用制度，关系到一国如何制定相应的政策和法律，调节平衡权利人、使用者、公众利益，以推动文化发展的需要。孤儿作品制度的实质是设立一种法定许可，属于著作权的限制问题；围绕这个问题的各种考量，对数字化或网络技术发展的适应仅是表象，更深层次上其涉及的是著作权法的立法导向问题。具体说，我国现阶段是应更强调对权利人的保护以促进创作，还是更注重为作品使用者创造便利条件以促进作品的利用。

笔者认为，相对以作品创作为主的内容产业来说，我国互联网产业的发展已经十分发达，海量信

① 《信息网络传播权保护条例》第七条。

息的网上传播，已经对著作权制度造成了挑战。考虑到我国整个文化产业原创力的匮乏，现阶段仍应注重发挥著作权法鼓励创作的作用，保护作品创作者和著作权人的利益。即使设立孤儿作品制度，也应当像欧盟那样严格限定并辅以配套措施，对著作权人的利益进行比较充分的弥补，而不宜将孤儿作品的利用无限制的扩大范围。事实上，即使像美国那样将使用者视为侵权人，仅在满足法定义务时限制权利人获得充分救济的孤儿作品使用方案也一直难以出台，其根本原因也是多数观点认为应该将对权利人的保护放在第一位。

因此，我国《著作权法》在引入孤儿作品概念和相关制度时，需要更加慎重地考虑具体规则的适用范围，并建立可操作性配套措施。笔者的建议是现阶段宜采取欧盟模式，将孤儿作品的使用主体限制在传统图书馆等公共文化机构范围内，并建立著作权补偿金制度对权利人进行弥补，辅以著作权集体管理延伸制度以便于实施。

（原载《河北法学》，2013（6），本文有删节。作者单位：中国社会科学院法学研究所）

论著作权集体延伸管理的有益性及其制度完善

——写在《著作权法》的第三次修订之际

李玉香

一、著作权集体延伸管理的概念和特点

著作权集体延伸管理是集体管理的一种特殊形式，是指具有广泛代表性的著作权集体管理组织，在国务院著作权行政管理部门的授权下，可代表非会员开展延伸性著作权集体管理业务。① 其核心是已取得足够代表资格的集体管理组织在全国范围内代表广大著作权人包括非会员进行权利管理。②

延伸管理具有如下特点：

1. 具有法定性、授权性和广泛代表性

必须是通过法律规定，以及国务院著作权行政管理部门的授权，某具有广泛代表性的集体管理组织才可以实施延伸管理。

2. 对于非会员来说，具有非自愿性和特殊性

著作权是私权，著作权人是否加入著作权集体管理组织本应是著作权人个人的自由选择。③ 而著作权的集体延伸管理则是对这种自由选择权的突破。著作权集体管理组织根据法律规定对某些需要延伸管理的版权作品通过“一揽子许可的形式”将管理强加于非会员版权人身上，对于非会员版权人来说，具有非自愿性。当然，非会员权利人也具有依法单独取得报酬及在某些情况下单独禁止使用其作品④等特殊权利。

二、引进著作权集体延伸管理制度有益性的思考

（一）引进著作权延伸集体管理制度的经济学思考

著作权是无形财产的一种，具有经济特征。支配著作权法律制度的经济根源在于著作权具有的公共性和外部性经济效应。公共性指著作权是具有一定公共性的资产，无数个人可以共享某一公开的思想，而按照著作权法的要求，知识资产想要得到法律保护，必须将其思想或知识公之于众，即从公共性产生外部性经济效应，“一人创造，百人受益”。⑤

传统著作权由于复制技术的有限性，其外部性效应相对不明显，著作权人维权的成本也相对低廉；数字技术的不断发展，新的资讯手段的多样化，使著作权的外部性效应愈加明显，同时也给侵权者带来了更大的便利，从而使著作权人的维权成本激增；此时若仍用传统著作权法来维护和行使著作权，势必会导致社会交易成本的无限加大。

美国经济学家 R. 科斯 (Ronald Coase)⑥ 认为，在现实交易成本存在的条件下，能使交易成本效应最小化的法律才是最适当的法律。对于著作权集体管理组织来讲，统一性是使成本效应最小化的唯一途径，而著作权集体延伸管理恰恰可以实现这种统一性。

（二）引进著作权集体延伸管理制度的法理思考

首先，集体延伸管理制度符合著作权的社会性特征。针对“公权力介入，使著作权人被代表，有违私法领域的自治原则”的质疑，笔者以为，著作权是私权，但因其公共性的存在，使得其又不仅仅

---

① 参见罗向京：《著作权集体管理组织的发展与变异》，185页，北京，知识产权出版社，2011。

② 参见魏芳：《奥拉夫·斯托克莫：延伸集体管理应适用于中国》，载《中国新闻出版报》，2012-12-27。

③ 世界知识产权组织早在1990年出版的一份研究报告（第688号）就把自愿集体管理原则，视为著作权集体管理的重要原则，指导各国集体管理组织予以遵守。

④ 参见罗向京：《著作权集体管理组织的发展与变异》，186页，北京，知识产权出版社，2011。

⑤ 参见刘茂林：《知识产权法的经济分析》，71～72页，北京，法律出版社，1997。

⑥ 美国经济学家 R. 科斯提出的成本理论是经济分析法学中的理论基础和前提，被称为“科斯定理”。

是私权，它涉及公众利益与私权的平衡问题，这是由著作权的社会性特征所决定的。一方面，著作权的社会性要求立法者必须对著作权人的权益进行保护；另一方面，社会性特征也要求立法者对著作权人在作品上享有的权利进行限制，以满足社会其他各方的需要[①]。延伸管理中所谓“公权力”的介入，即是著作权的社会性特征中对著作权人在作品上享有的权利进行限制的体现。

其次，集体延伸管理是小权利规则的运用。小权利规则是指基于某些特定权利使用方式的特殊性（例如商场播放背景音乐）和权利的特殊性（例如复制权、汇编权和信息网络传播权等涉及的作者和使用者众多，需要即时使用而获得授权的时间较长，事前取得单一授权也很难实现），为保证授权的完整，避免出现侵权的可能，在不改变其权利性质的前提下，无论著作权人是否加入著作权集体管理组织，都由著作权集体管理组织统一行使该权利的规则。一般来讲，各国法律都会认同集体管理组织所管理的权利是作者难以有效行使的权利。对于这一类权利，其一般适用基于小权利规则。集体管理组织的延伸管理允许把集体管理组织的“一揽子许可”协议的效力延伸到非会员，是小权利规则的运用。

再次，延伸管理不同于强制管理。延伸管理的“非自愿性”预示着延伸管理的强制性，但同时它又不同于“强制管理”，其与强制管理的不同点在于延伸管理的排除机制：第一，延伸管理允许非会员的著作权人做出“禁止使用作品”的声明，并通过这种声明排除集体管理组织的延伸管理；第二，延伸管理允许非会员权利人单独获得报酬，可以不截留其报酬的一部分作为文化社会发展基金。[②]

（三）引进著作权集体延伸管理的现实思考

1. 引进著作权集体延伸管理是否符合国情的思考

世界范围的著作权集体管理组织大多数产生于20世纪30年代，相对于国外的著作权集体管理制度，中国的著作权集体管理制度起步稍晚，2001年10月27日，中国《著作权法》的修改第一次以法律的形式确立了著作权集体管理制度；2005年3月1日，我国施行《著作权集体管理条例》，进一步明确了著作权集体管理运行中的各项规定。自1992年起，我国先后成立了中国音乐著作权协会、中国音像著作权集体管理协会、中国文字著作权协会、中国摄影著作权协会和中国电影著作权协会等五家集体管理组织。[③] 不可否认，这些集体管理组织由于成立时间较短，管理水平确实存在不尽如人意的方面，正如质疑者所言，我国目前的集体管理组织的相关法律法规以及现有管理水平没有达到相当的高度，也还存在着很多的问题，但笔者以为，这些并不构成我国实施著作权集体延伸管理不可克服的障碍。一方面，集体管理组织的管理水平可以改进；另一方面，随着著作权法第三次修订的完善，相关的著作权集体管理的法律制度也会相应得到完善。

2. 引进著作权集体延伸管理是否会产生垄断的思考

著作权集体管理组织官方性产生的原因在于，权威性是著作权集体管理组织工作的基本前提。一般来讲，著作权集体管理比较发达的国家将其定位为民间组织，而对于建立著作权集体管理制度时间不长的国家而言，树立该组织权威性简单而快捷的办法就是给予其一定的官方性，所以一般多将其定位为官方或半官方机构。但笔者以为，这种官方性不是一成不变的，其会随着组织的发展逐渐被政府职能的社会化所取代。政府职能的社会化是指政府原先扮演的角色将越来越多地由社会自己来承担，但是这并不代表国家的作用完全退出，减少的只是直接的干预，而非间接的管理。

有关我国著作权集体管理组织的性质，因其设立、管理都要受著作权行政管理部门的监督，大多数学者都认为是一种半官方的组织，因此，笔者较为赞同这种观点，认为著作权管理组织的半官方性，亦即垄断性是客观存在的，但是，如何保证这种垄断在合法的范围，亦即防止集体管理组织滥用权力是我们要重点思考的问题，德国法律在这方面积累了较好的、值得我们借鉴的经验。

3. 引进著作权集体延伸管理的现实有益性思考

（1）在发生大规模著作权侵权的情况下，著作权集体延伸管理可有效保护非会员著作权人的权利。

2009年10月23日，中央电视台《朝闻天下》

① 参见［德］M. 雷炳德：《著作权法》，7页，北京，法律出版社，2005。

② 参见罗向京：《著作权集体管理组织的发展与变异》，186页，北京，知识产权出版社，2011。

③ 参见杨东锴、朱严政：《著作权集体管理》，5～13页，北京，北京师范大学出版社，2010。

报道，谷歌图书馆涉嫌大规模侵犯中文图书著作权。[1] 中国文字著作权协会在维权中遇到的一个突出问题即是，被侵权的权利人并不都是协会的会员，此时若没有延伸管理，协会将无权代理他们维权。而且一般情况下，发生大规模侵权的主体都是公司或企业，著作权人作为个体，在维权中往往处于弱势地位。因此，在类似情况下，唯有著作权集体延伸管理才能更好地保护非会员著作权人的权利，并降低著作权集体管理组织的维权成本。

（2）著作权的集体延伸管理可有效保护网络环境下海量作品著作权人的权利。

随着互联网的发展，各种类型的网络作品应运而生，但由于技术上的困难，权利人自己单独行使权利的难度大大增加；面对海量作品，要实现一部作品事先获得授权再在网络上传播几乎无望。[2] 传统著作权集体管理方式面对网络环境的变化捉襟见肘，亟须制度完善。[3]

针对网络侵权行为普遍存在的现象，各国著作权法为了维护著作权人和邻接权人的权益，纷纷利用各种各样的技术措施[4]以保护其作品不受非法复制、传播。[5] 这些技术措施是双刃剑，一方面起着保护著作权人权益的作用，另一方面对作品的传播有阻碍的作用。著作权集体延伸管理可较好地解决这一矛盾。在数字版权管理系统的支持下，集体管理组织可以通过提供灵活多样的一揽子许可协议，以使用者可以接受的价格，向使用者发放许可，使用者接受协议条件和支付价格后，就可以到特定的网络平台享用版权，集体管理组织可以代表会员维护其权利，非会员可以通过精确的使用记录及时迅速地得到单独补偿。[6]

（3）著作权的集体延伸管理可有效保护孤儿作品著作权人的权利。

孤儿作品是指尚在版权保护期内而无法找到该权利人的作品。对于孤儿作品的利用，一般会导致两种后果，一种是不经过著作权人的同意，直接利用该作品，从而有可能构成侵权；另一种是因害怕受到侵权追诉而放弃对孤儿作品的利用。[7]在版权交易日益繁荣的今天，孤儿作品的存在无疑对各国集体管理组织都是一个难题。在 2012 年北京召开的“国际复制权组织联合会与中国国家版权局 ”研讨会上，国际复制权组织联合会秘书长奥拉夫·斯托克莫向与会代表展示了一个名为 ARROW 的电子工具，它相当于一个界面接口，能够搜索世界上任何一个国家图书馆或集体管理组织的数据库，来寻找权利人。[8] 而这个软件有效运行的前提必须是所有的作品都能够被数字化，集体管理组织可以代表它[9]，也就是集体管理组织的权力能够延伸。

（4）著作权集体延伸管理可有效保护使用者的利益。

我们现在已经到了一个应“认真对待使用者权”的年代。[10] 著作权集体延伸管理实际是以使用者为中心的制度，集体延伸管理的目标是保护签订了一揽子许可协议的使用者可以放心使用作品，而不会受到起诉；对于使用者来说，从集体管理组织那里获得一揽子许可，可以节省搜寻成本和交易成本。[11] 如果个别非会员权利人试图起诉使用者，则发放这种带有延伸效力的集体许可协议的集体组织，可以通过预定的程序予以化解；如果该非会员权利人的起诉是合理的，由此引起的任何费用，将由集体管理组织来补偿。[12] 避免了使用者在向集体管理组织

---

① 谷歌公司自 2004 年以来即开始寻求与图书馆和出版商合作，大量将全球尚存有著作权的近千万种图书收入其数字图书馆，而没有通知著作权人本身。2009 年从中国文字著作权协会获悉，中国有 570 位权利人的 17 922 部作品未经授权被谷歌扫描上网。

② 参见张平：《数字环境下著作权集体管理谋破困局》，见 http://news.xinwenren.com/2009/1210/5999.html。

③ 参见孙冠绯：《网络环境下我国著作权集体管理延伸探析》，载《法制与社会》，2012（7）。

④ 著作权人常用的技术措施主要有：反复制设备、电子水印、数字签名或数字指纹技术、电子著作权管理系统、追踪系统以及控制进入受保护作品的措施。

⑤ 参见梁志文：《数字著作权论》，68 页，北京，知识产权出版社，2007。

⑥ 参见罗向京：《著作权集体管理组织的发展与变异》，190～191 页，北京，知识产权出版社，2011。

⑦ 参见王琴、曾若溪：《浅析我国延伸性集体管理》，载《商业文化》，2012（4）。

⑧ 据斯托克莫介绍，英国已经进行了试点项目，效果非常好，使用 ARROW 之后，找到作者的时间只有原来的 5%，例如在英国一般情况下用 185 个小时可以找到作者，使用 ARROW 则只用 4 分钟就能找到。

⑨ 参见魏芳：《各国专家眼中的著作权集体管理》，载《中国新闻出版报》，2012-12-06。

⑩ 参见［加］亚伯拉罕·德拉西诺韦尔：《认真对待权利》，见［加］迈克尔·盖斯特主编：《为了公共利益——加拿大版权法的未来》，332 页，北京，知识产权出版社，2008。

⑪ 参见罗向京：《著作权集体管理组织的发展与变异》，171 页，北京，知识产权出版社，2011。

⑫ See Mihaly Ficsor, Collective Management of Copyright and Related Rights in the Digital, Networked Enviroment, Presumption-based, Extended, Mandatory, Possible, Inevitable? in: Deniel Gervais (ed), *Collective Management of Copyright and Related Rights*, Kluwer Law International, 2006, p. 47.

付费后还会被诉讼的风险，有效地保护了使用者的利益。

（5）著作权集体延伸管理可充分发挥中介作用，促进文化产业的发展。

随着著作权集体管理组织制度的完善和其网络建设的完善，著作权集体管理组织的中介平台作用[①]将愈加重要。权利人和使用者通过资格注册、作品登记及相关资料的提供，通过网络进行协商洽谈进而达成合同；或者在网络上设立“版权交易超市”，使不愿成为会员的权利人能将其著作权中的一项或几项权能自主定价，使用者需要购买的则可点击、同意格式合同条件、付款即可。这样既大大简便了双方交易程序，又使著作权交易市场商品丰富，增强竞争活力。同时，著作权集体管理组织可以预先制定好各类权能交易的基本合同，交易双方可以选择一类合同并补充或修改双方所需要的其他条款。

党的十七届五中全会首次提出要“推动文化产业成为国民经济支柱性产业”的要求。我国现有《著作权法》和《著作权集体管理条例》由于没有规定著作权集体延伸管理制度，使得我国现有的著作权集体管理在音乐作品和音乐电视作品等领域遇到很大难题。在广播、背景音乐、卡拉OK歌厅等领域，大量使用音乐的场所，由于涉及的权利人众多，必然会发生在集体管理组织发放的一揽子许可中含有非会员的作品的情况，由于集体管理实践的“一揽子许可”与我国著作权法规定的自愿许可是冲突的，使得集体管理组织在实际操作中承担了较大的担保责任。[②] 也出现了一些集体管理组织在实际操作中因为代表非会员向使用者发放一揽子许可而招致起诉的案例[③]，而法院对非会员提起诉讼判决的赔偿往往比加入协会的会员高出数百倍，如此下去，会导致有更多的人退出协会而选择到法院诉讼获益，其后果是导致集体管理的崩盘，而相关文化行业也将会由于无法承担诉累和高额的赔偿而出现严重萎缩甚至不复存在。

三、完善著作权集体延伸管理制度的建议

（一）应保证著作权集体管理组织在特定领域的代表性[④]和运行良好

在实施延伸集体管理制度的过程中，集体管理组织将承担更多的责任，它需要花费更多的时间和精力完善自己的作品库以甄别作品和权利人，处理非会员权利人的要求，并应对可能的诉讼。因而实施集体延伸管理的重要条件是保证著作权集体管理组织在特定领域内的高度代表性且运作良好。世界知识产权组织（WIPO）和国际复制权组织联合会（IFRRO）一再建议，只有那些集体管理组织具有高度代表性并且运作良好的国家，才可以由法律规定延伸集体管理制度。[⑤] 在实践中，考核一个著作权集体管理组织是否具有高度的代表性且运作良好的指标可以包括会员的数量，代表作品的数量和市场使用的比例，著作权集体管理组织成立的年限和影响力，操作的规范程度、分配工作是否公开、透明等。

（二）应明确著作权集体管理组织延伸管理的管理范围及权能限制范围

世界知识产权组织1990年出版的一份研究报告（第688号）指出，将集体管理扩大于没有重大实际困难和经济损失而可以由个人管理的权利，是不可取的。[⑥] 笔者以为，对于非自愿的集体延伸管理，更不能没有边界，因此建议借鉴俄罗斯民法典的规定，对我国著作权集体管理组织的延伸管理的权利范围及管理范围规定如下边界：

1. 应当将著作权延伸管理的授权范围限制在对小权利和网络传输权的许可上

具体来说，小权利包括广播权、表演权、放映权、复印权和信息网络传播权等，而对于著作权人可以自己行使的权利则不允许延伸管理。

2. 要对进行集体延伸管理的集体管理组织进行权能限制

（1）著作权集体延伸管理对非会员的著作权只

---

① 日本《著作权中介业务法》所指的著作权中介业务为“根据契约就著作物的出版、翻译、演出、广播、摄制电影、录音以及其他使用方法，为著作权人开展代理或媒介业务行为”。

② 参见马继超：《我国实行延伸著作权集体管理制度的必要性和紧迫性》，2010年10月在著作权百年论坛上的发言。

③ 例如：台湾知名的音乐人叶佳修（创作《外婆的澎湖湾》、《爸爸的草鞋》等）在广东、湖北等地提起了几十个对已经付费的卡拉OK歌厅的诉讼，四川的音乐人从2008年起陆续提起了对已经付费的卡拉OK歌厅的诉讼，在北京、上海、杭州、南京等地都发生了对已经付费歌厅的诉讼；另一个案例则是2005年元旦，一篇名为《音著协200元“出卖”〈丁香花〉》的新闻报道也引起了业内人士的广泛关注。

④ 参见孙冠绯：《网络环境下我国著作权集体管理延伸探析》，载《法制与社会》，2012（7）。

⑤ 参见罗向京：《著作权集体管理组织的发展与变异》，189页，北京，知识产权出版社，2011。

⑥ 参见《著作权和邻接权集体管理的基本原则》，见国家版权局编：《著作权的管理和行使论文集》，31页，上海，上海译文出版社，1995。

能进行非专有许可；（2）非会员著作权人享有事前禁止许可与事后确认或否认许可的权利；著作权人不允许著作权集体管理组织延伸管理其著作权的，可以通过法定方式公示以禁止延伸管理，没有公示的视为默认延伸管理。对于已经由著作权集体管理组织延伸管理并许可他人使用的权利，著作权人可以通过事后确认或者不溯及既往地否认许可来确定延伸许可的效力。[①] 但同时，法律上也应作出明确规定，对于不愿意通过集体管理组织发放授权获取报酬的权利人，在通过诉讼等行为向使用者获取的报酬不应高于集体管理组织会员的待遇。

（三）完善使用费的协商机制和司法最终裁决权机制

缺乏著作权授权使用费的平等协商机制以及司法最终裁决机制是我国进行著作权集体延伸管理的重大障碍。在平等协商机制之上，笔者以为，我们可以借鉴日本和德国《著作权法》的规定。对于使用费规则，从业者应尽力听取来自使用者或其团体的意见，事先将使用费规则报告于文化厅长官，报告之后，应公开、公告所报告的使用费规则或其概要。如果协商没有达成一致意见，有关当事人可申请裁定，裁定由文化厅长官主持进行。[②] 同时必须坚持司法最终裁决原则，对此，德国《著作权集体管理组织法》做了明确的规定，即集体管理组织有义务按照适当标准向任何使用人授予使用权，使用人不同意付酬标准的，先按标准支付，同时可到法院起诉，标准是否适当，最后由法院判决。[③]

（四）明确规定著作权集体管理组织实施延伸管理的义务

针对“集体管理组织通过延伸管理获得巨大权利却不承担相应义务”的质疑意见，笔者以为，随着《著作权法》的修订，我国下一步即应对《著作权法实施条例》和《著作权集体管理条例》进行相应的修订，而此修订中应重点加入著作权集体管理组织实施延伸管理的基本义务，其中应包括：一揽子许可所收使用费如何完全交付到著作权人手上、如果没有交付应承担何种责任、交付的具体期限是多少等相关内容。

（五）完善对作品交易情况的监督机制，防止集体管理组织滥用公权力

世界上大多数发达国家（德国、法国、瑞士、西班牙等）均通过制定专门的法律来监督集体管理组织的活动。例如：德国《著作权实施保障法》的官方说明就指出了著作权集体管理组织垄断地位的危险性，为了避免这些潜在的危险，《著作权实施保障法》对著作权集体管理组织的职责制定了特定的规则，它们执行规则的情况受到国家监督机关的监督。[④] 德国《著作权集体管理组织法》（1965 年 9 月 9 日制订，2007 年 10 月 26 日修订）的第三节也专门对集体管理组织的监督机关、监督的内容以及告知义务等做了明确规定。[⑤]

在中国，对著作权集体管理组织的监督管理也十分重要。笔者以为，监督的具体内容应该包括如下：

1. 确定适格的监督主体

《德国集体管理组织法》规定的监督机关是专利局；我国《著作权集体管理条例》第三十一条规定，著作权集体管理组织的资产使用和财务管理受国务院著作权管理部门和民政部门的监督。但笔者以为，这种监督仅仅是对集体管理组织的资产使用和财务管理的监督，而非对其滥用权力的监督。而目前能够承担起监督大任的应属国家版权局，其应当更好地承担起监督的责任。

2. 运用有效的监督方式

通过作品交易管理信息电子化平台进行延伸管理的监督是十分有效的方式。作品管理信息平台可改变现有按作品类型分类建立信息数据库的状况，而将各类作品的信息发布在同一个信息平台上，供著作权人、使用者、著作权集体管理组织查询，利用网络数据储存记录功能，将数字化作品的使用情况等予以完整记录，供版权费收取和转付分配时参考。

我国现有的五家著作权集体管理组织虽然都拥有自己的官方网页，提供相关信息供会员查询其作品的管理情况；但就目前情况来看，没有一家主页的信息是完整的，若进行集体管理的延伸管理，完整的作品交易管理信息电子化平台的建设是十分必要的。

（原名为《论著作权集体延伸管理》，
载《法学杂志》，2013（8）。
作者单位：中国政法大学）

① 参见孙冠绯：《网络环境下我国著作权集体管理延伸探析》，载《法制与社会》，2012（7）。

②③ 参见陈明涛：《学者称，〈著作权法〉延伸性集体管理制度不合时宜》，载《检察日报》，2012-09-28。

④ 参见［德］M. 雷炳德：《著作权法》，556 页，北京，法律出版社，2005。

⑤ 《十二国著作权法》，212 页，北京，清华大学出版社，2011。

略论云计算环境下的著作权保护

张　耕　黄细江

随着计算机硬件技术、虚拟化技术、分布式并行计算、多租户架构以及移动互联网的发展、精心优化与组合，集这些技术大成者的云计算开始出现，并以燎原之势迅速发展。云计算对著作权等传统知识产权制度带来的新问题值得深入研究和探讨。

一、云计算及交付模式

对于云计算的定义，目前众说纷纭，如自来水使用一般"按需即用，随需应变"。它是对基于网络、可配置的共享计算资源池能够方便地、随需访问的一种模式，如纳米手机、在线编辑、在线游戏、在线搜索、网上点菜等等。云计算是传统互联网技术的升级，除具备存储、缓存、联网等功能外，云计算的硬软件可虚拟化，使资源置于云端，减少软件对设备的依赖，可节省流量、存储量大且方便，使用户可以按需所用，随取随用。云计算一般有三种交付模式：基础设施即服务（IaaS）、平台即服务（PaaS）、软件即服务（SaaS）。[①] 三种交付模式并非完全独立，都存在相互关联或支撑。根据部署模式，云计算又可分为私有云、公共云、社区云和混合云。私有云云基础设施仅为一个组织运作，可谓某主体在"空中云"中租赁某一空间获取、存储信息；公共云通常用于公共场所，属于开放的云场所，任何人可以通过网络获取服务；社区云和混合云则是私有云与公共云的结合，既有私有空间也有公共部分。[②]

二、云计算环境下的著作权归属

云用户和云计算服务提供者在云计算环境下都可能产生独创性的作品。如果云用户将作品上传或曰数字化，仅是作品的复制，若本身是权利人则为权利的自由使用，若为非权利人则需要获得著作权人的许可，否则可能构成侵权。如果云计算服务提供者提供计算机程序，云用户输入信息，计算机程序根据用户指令自动生成作品，如在线翻译，云用户对其结果无任何创造性劳动，无著作权可言。鉴于该作品的形成是由云服务提供商技术的自动生成，其技术程序可以获得计算机软件著作权或者专利权保护，云服务提供商对自动生成作品也无著作权。在交互创作的情况下，云服务提供商在平台即服务、软件即服务过程中设计的程序与用户创作双方共同形成作品，如"OBS"[③]。有论者认为应该认定该具有独创性作品为合作作品，然而这种合作作品在云计算环境下影响作品的完全利用，如不能自由转让。这种限制不利于作品的最大化利用，云服务提供商在多租户的云计算环境下做到协商利用也不现实，因而在此情况下最好将云用户视为交互式创作下的作品的著作权人。如果进行在线编辑，云用户在云计算环境中单独进行创作，毋庸置疑其形成的作品也应当获得著作权的保护，云用户是独立的著作权人。当然，云服务提供商在服务提供过程中，会基于一定的目的创作形成作品，如云服务提供商对网页的编辑、设计达到一定创作高度，可以成为著作权主体。

三、云计算环境下的版权责任

随着技术的不断进步，著作权责任制度因技术变化和判例而不断丰富和完善。著作权侵权责任承担是技术进步和著作权保护的关键。

（1）直接责任和间接责任的区分。

侵害著作权可分为"直接侵权"和"间接侵权"。云服务提供商未经用户（权利人）许可，主动将其作品直接放置于网络中传播，无免责事由，构成直接侵权。在私有云中，云服务提供商将本通过加密等方式锁定的作品开放，直接开闸用于作品传播，严重侵害权利人的著作权，构成直接侵权需要承担责任。基于此，用户也对于这种安全的担忧而却步于云计算。对于间接侵权，基于云计算的技术特点显得复杂。

云服务提供商提供的主要是一种中性的技术服务。信息输入与传输通道、信息存储空间、信息定位（深层链接）因基础设施、平台、软件的虚拟化而演变成云服务提供商的服务。在服务提供过程中，服务内容之侵权作品并非云服务提供商直接所为。云服务提供商此时作为一个中介技术服务主体，至多是间接侵权人，仅承担间接侵权责任。

（2）间接侵权过错的认定。

间接侵权赔偿责任需要具备主观过错。在云计算环境下，云服务提供商对其提供的接入和传输服务、信息存储服务、信息定位服务等客观行为是否

① 参见雷万云：《云计算——技术、平台及应用案例》，2～4页，北京，清华大学出版社，2011。

② 参见贾一苇、赵迪、蒋凯元、栾国春：《美国联邦政府云计算战略》，载《电子政务》，2011（7）。

③ 即美国一家出版公司在网站上开设的"开放书籍系统"，用户阅读使用作品的同时提供评论或交流，作品作者基于意见交流创作，消除创作和阅读的界限，使读者创造性阅读为作品创作作出贡献。

存在侵权的主观过错较难认定。在1984年美国联邦最高法院“索尼案”中认定帮助侵权时引用了“实质非侵权”理论，当被告提供的某种商品同时具有合法和非法用途时，可以免除其侵权责任。[①] 这种技术中立原则又称为“网络中立”，即使产品提供者知道有人可能会使用产品侵权，也不能仅以有用户确实使用该产品侵权为由，推定产品提供者具有主观过错并构成“间接侵权”。实质非侵权在之后的判例中不断被引用，成为高科技特别是网络技术的免责法宝。然而云服务提供商帮助他人侵权已得到证明，仍可以基于其部分合法用途而逍遥法外与法之正义价值理念不符。所以双重用途的简单划分使那些主要用于侵权的产品或明知帮助侵权者难以适用，从而引诱侵权规则被引入。在美国Grokster案中最高法院以一点主要理由和两点辅助理由认定被告是否构成引诱侵权[②]，主要理由在于被告以清晰的语言和积极的行为诱使用户使用软件实施侵权，两点辅助理由是被告没有通过开发过滤工具等方式减少用户实施侵权的几率，被告通过在软件中内嵌广告获得大量经济利益。辅助理由不能单独认定引诱侵权，仅是主要理由的印证和补充，但是引诱中的广告、宣传等并非每一个云服务提供商使用，方式多样，有时也难以证明。这种较高的门槛在间接侵权中的认定难度较大，美国之后的几个判例也仅以明显证据证明的几个要素综合考虑而给予引诱侵权认定。于此，我们回到过错认定的民法范畴，以一个善良人的合理注意义务来考量云服务提供商是否存在过错。基于善良人之诚信有其职业上、经验上、年龄上的要求，我们可根据专业水平、预见能力、案件具体情况等综合判断过错。只是云计算提供的服务唯一用途在于侵害著作权时，过错明显，容易认定间接侵权责任。

就被传播的作品而言，若传播的是处于档期或热播、热映期间的影视作品，凭一般人的注意可知投入大量成本的著作权人不可能会让这些作品放置网络中免费传播。[③] 对此类作品，云服务提供商有较高的注意义务，不管是平台即服务还是软件即服务，从存储、传播文件名称可以明知侵权可能，对于内容也具有审查的可能性，如果某作品内容时间长，需要采取措施屏蔽或删除。只是对于某些音乐作品，云环境下的音乐作品单就名称、歌手、专辑名而言难以判断是否侵权，因为存在某用户自己演唱后冠以流行音乐、歌手名称的可能，且刚录制的音乐作品非常红，也不排除其他同名音乐作品，此时云服务提供商负一般注意义务。随着现代音乐作品利用形式的新变化，云服务提供商与唱片公司的合作，云服务提供商对提供的音乐作品采取技术措施，用户需要注册或付费才能获取音乐作品，其他云服务提供商所应承担的注意义务较前者要重，基于版权合同、音乐作品流行程度、定向传播途径等方式可知非法复制而继续提供服务需要承担责任。对普通文字作品、摄影作品等内容合法性难以判断，不能苛求云服务提供商承担较高的义务。所以，对于处于档期的热播影视作品或者非常出名的作品，云服务提供商具有较高的注意义务，需要对其合法性进行审查，其他普通作品仅负一般注意义务。

就云服务的部署模式而言，私有云中云服务提供商需要采取措施确保私有空间的安全和作品的保护，这是云服务提供商基于技术提供而需要承担的法定义务。如果出现私有云中的作品被放置网络中传播，除云用户自身主动传播外，推定云服务提供商构成直接侵权。而有确切证据证明因技术故障或者其他用户解密致使数据外泄时，诚然就技术而言云计算服务提供商未实施直接侵权行为，但云服务提供商有义务和责任确保云安全，对私有云下的作品保护负较高注意义务，此时应推定云服务提供商侵权，承担间接侵权责任。公共云中，作品在网络环境下自由传播和利用，云服务提供商承担的注意义务较之私有云要轻。对于混合云而言，则区别私有云、公共云的不同模式承担有差别的注意义务。就云服务提供商的服务类型而言，虽然IaaS、PaaS、SaaS三者将基础设施、平台、软件虚拟化，以服务形式供用户使用。然而不同模式的服务提供方式，云服务提供商过错的标准并不相同。软件即服务以信息定位服务为例，云服务提供商仅提供深层链接，并没有复制作品，仅能说明的是提供的链接可能扩大侵权作品的传播。云服务提供商不可能对所有设链作品的合法性进行审查，仅以一般合理之注意义务而在明知或者应知设链作品侵权情况下承担间接侵权责任。或者适用“避风港”原则在权利人通知的情况[④]，云服务提供商未删除链接时推定过错，

① 参见梁志文：《云计算、技术中立和版权责任》，载《法学》，2011（3）。

② 参见王迁：《网络环境中的著作权保护研究》，181～206页，北京，法律出版社，2011。

③ 参见陈锦川：《网络服务提供者过错认定的研究》，载《知识产权》，2011（2）。

④ 参见《信息网络传播权保护条例》第二十条。

从而构成间接侵权。平台即服务以信息存储服务为例，云服务提供商提供的浅层链接，使作品置于云服务环境下，服务提供者应当对侵权作品的注意义务和可能性显然比深层链接要高，未依业界惯例对作品内容审查，应知热播剧可能侵权而置之不理，权利人通知警告后未删除者，云服务提供商需要承担责任。基础设施即服务，传统的网络接入和传输服务会基于物质设备的纯粹中立或自动性而不承担赔偿责任。然而云服务提供商因基础设施的虚拟化使诸如光驱、硬盘等硬件成为随网提供，如网上光盘播放器，但是当云服务提供商明知或者应知提供的硬件辅助侵权，或者因违反合同义务而又有合理理由知道侵权时，可能构成帮助侵权。

就云服务提供商的实施方式而言，当云服务提供商对提供的内容进行选择、编辑人工干预时，明知或应知侵权的注意程度较高，如环球唱片有限公司诉北京阿里巴巴信息技术有限公司录音制作权案中，被告音乐搜索的分类有“全部男女歌手”、“新歌飙升”、“欧美经典”等，一个合理理性人都可能知道这些经过编辑的文件可能侵权，违反注意义务从而应当承担间接侵权责任。相反，对于纯粹的技术搜索形成目录，理性人之一般注意不能知道侵权，无须承担侵权责任。

总之，在云计算环境下，云服务提供商因基础设施、平台、软件虚拟化集传输管道、系统缓存、信息存储、信息定位于一体，是否承担间接侵权责任，需要根据云被传播的作品、计算部署模式、实施方式等因素综合认定其过错。

四、寻求利益平衡杠杆的支点：补偿金制度

对云计算环境下著作权保护制度的合理构建，不应局限于事后补救的责任承担问题，还应寻求云计算环境下事前的作品利用模式的完善。许可是作品的一种合法利用方式。然而在云计算服务提供的过程中，每次涉及著作权的利用时，如果需要得到各个权利人的许可，将消耗巨大的成本，且对于某些价值性较小的作品而言，难实现经济效益，掣肘云计算快捷便利之操作及其规模化。就用户而言，享受云服务的过程在于其内容的消费，乐在技术的共享和便利，对每一作品是否归属于谁、创造性如何为其次。权利未定的孤儿作品，云计算服务提供商基于侵权担忧怯于使用，这对于作品的利用或者云计算的发展而言都是不利的。此外，云计算服务提供者并不在一国之内，要获得许可利用，法律冲突之余更有现实的困境。所以，云计算环境下作品的最佳利用模式需要兼顾新兴技术的发展和著作权保护，同时需要具备现实的可操作性。

云计算过程中基于数据的保护会通过匿名、加密、分区存储的方式实现信息保护。匿名技术的采用有时本身就是对著作权的剥夺，如署名权，存在直接侵权的危险。而对于技术措施本身，加密、分区存储的攻克或者解密之合理使用，在全球众多租户的使用下，著作权权利更难以确定、可能公开或不再那么重要。既然这种秘密的状态难以维持，换一种实用主义的角度，通过补偿金制度来寻找知识产权与云计算发展平衡杠杆的支点。

在著作权制度发展早期，简单的复制使人们并没有注意到间接侵权。随着技术的发展，如复印机、空白录音带、磁带的出现，这些辅助物成为侵害著作权的“帮凶”。虽然这些设备可能并不一定用于侵权，有其他合理用途，如空白录音带可用于个人或自然声音的存储。补偿金制度是为保障权利人能够从作品中获得充足的收入，针对复制设备和复制媒介在出售时，必须按照其价格的一定比例向权利人支付“补偿金”，以补偿权利人因随后的复制行为蒙受的损失。[①]《德国著作权法》对录音录像设备的使用就规定了补偿金制度。云计算环境下扩张补偿金的适用范围，对于某些多样化用途的设备或服务商收取补偿金，可能造成不公平。然而在技术措施无法有效控制著作权侵权行为时，补偿金对于发生侵权频率较高的服务过程仍旧具有一定合理性。首先，云服务提供商所提供的服务虽然并不完全用于侵权，但是不可否认的是，有部分会因为辅助而获得利益，如通过深层链接增加点击量而获得广告收益，这种“不当得利”是建立在著作权人利益牺牲之上的，对著作权人不公平。其次，补偿金制度的理念并不在于“权利和义务相适应”的形式公平，而在于使著作权人获得合理补偿，鼓励创作的同时又促进云用户的服务共享，刺激云计算的发展，使全社会受益，从而实现实质公平。诸如孤儿作品的难题，也可以通过事先使用，权利人复出后付费的方式解决，将补偿金交予著作权管理组织，从而在现实生活中公众不敢利用的瑕疵权利在云计算环境下得到有效解决。在现实操作层面，鉴于云计算有跨国化的趋势，补偿金制度的适用，需要政府加强

① 参见王迁：《网络环境中的著作权保护研究》，436页，北京，法律出版社，2011。

国际合作，结合作品在云计算服务提供过程中体现的价值，制定能够灵活反映市场规律的补偿金标准以及实施细则。同时集体管理组织可以开发出与云计算服务提供商合作的计算机软件，让用户登录系统时自动向集体管理组织注册，按照上传或下载作品的数量交纳一定的版税。因此，补偿金制度能够作为知识产权利益平衡的支点，在知识产权法和技术的发展、社会的进步紧密联系中，实现知识产权垄断效益和技术进步之社会效益的“帕累托最优”。

（原载《法学杂志》，2013（1），本文有删节。作者单位：西南政法大学）

涉微博侵犯著作权行为的判定及责任承担

姜 颖 穆 颖

全民微博时代，著作权已成为微博不得不面对的问题，与微博有关的著作权问题引发了不少关注和讨论。本文重点分析了微博用户使用微博原创作品及微博用户使用非微博原创作品这两种行为的侵权判定及责任承担问题，并分析了微博服务商的共同侵权责任问题。

一、微博用户使用微博原创作品行为分析

（一）原文转发行为分析

在微博的几项基本功能中，由于关注和收藏并不涉及作品的复制或者传播行为，因而不会有侵犯著作权的风险，那么另一项基本功能转发是否侵权呢？微博之间的转发，只需点击微博帖子下的“转发”字样，就可以实现。这种转发具有两个突出特征：第一，能在显示原始帖子内容的同时，显示原始发帖人的昵称；第二，转发不允许更改原微博的内容，只能全部原文转发。从技术层面上看，转发必然要对微博内容进行复制和网络传播；从法律层面上看，就涉及微博作品信息网络传播权的行使。

从目前的研究成果和微博用户的态度看，均对转发行为持包容态度，认为上述转发不侵犯著作权。本文认为，正如上文所分析的，分享是微博最重要的特征之一，分享可以说是微博的生命，是微博存在的根本价值。同时，大多微博用户之所以使用微博，其初衷也是为了分享。而转发这一功能可以说是实现分享的最重要的途径。因此，在转发行为尤其是原文转发行为是否侵犯著作权的问题上，我们应当充分考虑微博的价值和功能，尊重这一新兴社交方式的惯例，采取更加包容的态度，鼓励微博的健康发展。

然而，从法理上分析，虽然原文转发表现出对原博主和原博文的尊重，但是如果没有法定理由，这种行为的确已经侵犯了作品的信息网络传播权。因此，原文转发必须满足某种法定理由的要求，才能说其不构成侵权。

目前，研究成果中，对于转发行为并不侵权的法理依据有所不同，归纳起来体现为两种观点：一种观点认为，微博的转发属于合理使用，合理使用要求指明作者姓名、作品名称，而转发满足上述要求，因此不侵犯著作权。① 另一种观点认为，微博的转发属于微博用户之间的默示许可，转发得到了博主的授权，因此不侵权。②

虽然两种观点的结论从表面上来看并无不同，但如果对上述两种观点的法理依据进行深入分析，我们不难发现，适用两种截然不同的理论，对转发的法律行为性质的认定将大相径庭。例如：如果博主在博文中注明“不得转发”是否有效力呢？如果转发是合理使用行为，那么即使博主注明亦不能影响其他微博用户的转发，但如果转发是默示许可，那么博主明示的不予许可实际上是否定了默示许可，则作者的意愿应当得到尊重，其他微博用户“不得转发”。再例如：在技术能够实现的前提下，如果腾讯微博用户将新浪微博用户的作品转发到腾讯微博上，是否侵权？按照合理使用的理论，只要是规范的合理使用，则不侵权；如果按照默示许可的理论分析，由于微博用户仅与某一微博服务商及其用户之间存在合同关系，因此，这种行为并不在许可范围之内，应当构成侵权。

综上，虽然认定转发行为不侵权的结论更符合微博的特点，能够满足用户信息共享的需求，但不同的法理分析仍有值得探讨的价值。

我国《著作权法》第二十二条明确规定了十二种合理使用的情形。第一种观点认为，微博之间的转发属于其中“为个人学习、研究或者欣赏，使用他人已经发表的作品”；或者“为介绍、评论某一作品或者说明某一问题，在作品中适当引用他人已经发表的作品”的情形。

对此，本文有不同看法。如果为个人学习、研

① 参见杨成梅：《对微博著作权侵权问题的几点思考》，载《法制与社会》，2011（22）。

② 参见邹欢艳：《微博著作权侵权的认定与立法建议》，载《上海政法学院学报（法治论丛）》，2012（1）。

究或欣赏，那么浏览微博内容，或者将微博内容下载到自己的电脑、手机等数据储存设备中即可，而转发是将浏览内容在自己的微博空间内再次发布，该行为与个人学习、研究或者欣赏没有任何关系，已经超出了这一范围，不属于“为个人学习、研究或者欣赏，使用他人已经发表的作品”的合理使用的情形。

那么转发是否属于“为介绍、评论某一作品或者说明某一问题，在作品中适当引用他人已经发表的作品”的情形呢？该合理使用情形应当包括以下三个构成要件：一是要有介绍、评论或者说明；二是在自己的作品中使用他人作品，也就是说自己附加的内容形成新的作品；三是要适当引用。那原文转发是否符合以上三个要件呢？

没有附加任何内容的单纯转发行为，不能认定为是以介绍、评论或说明为目的的作品使用行为，不能认定为此种合理使用。那么，我们通过微博的“评论”功能所实现的转发，是否符合这一要件呢？这就要看“评论”的内容能否构成一个新的作品。如果无法构成新作品，则不符合上述合理使用的情形，但是附加的评论如果构成新作品，则满足这一要件。当然，新作品的判断标准与其他作品并无区别，仍要看其是否满足作品的法定要件。那么，接下来，如果“评论”内容可以构成新的作品，原文转发是否满足第三个要件“适当引用”的要求呢？什么叫作“适当”呢？如果是字数较多的文字作品，我们应当选取其中的一部分“适当引用”，但是“适当引用”是否就意味着不能“全部引用”呢？对于字数较少的文字作品，比如一句广告词，又或者是一幅摄影作品，如何引用才是“适当”呢？为了充分发表评论，大多时候不得不全部引用，或者说根本无法引用其中的一部分。所以，对于是否“适当引用”的判断恐怕仍应具体情况具体判断。应当说，原则上，并不排除存在满足以上三个要件的合理使用的情形存在，但从目前微博上转发的大多数情况来看，能满足上述要求的“评论”并不多，因此，绝大多数的转发行为很难构成合理使用。

另一种观点认为，微博的转发属于微博用户之间的默示许可，转发得到了博主的授权，因此不侵权。本文认为默示许可的法理依据更具合理性。

所谓默示许可，也可以称为默认许可或推定许可，其含义在于即使著作权人没有明说许可某人使用其作品，但是从著作权人的行为可以推定其对某人使用其作品不会表示反对。①

本文对我国著作权法承认默示许可持肯定态度。虽然，曾有观点认为，《著作权法实施条例》第二十三条规定，许可使用应当订立合同，且应当采取书面形式，默示许可似乎无法满足著作权许可的形式要件，但亦有观点指出《民法通则》第五十六条规定“民事法律行为可以采取书面形式、口头形式或者其他形式”，而默示许可可以被认为是其他形式的一种。② 本文支持后一种观点。首先，在网络环境下，要求所有网络用户以明示方式签订一系列包括著作权许可协议在内的许可协议并不现实，也不符合网络时代快速分享的特点。大多时候，我们只能以网络用户的某种行为推定其所表达的意愿。③ 因此，承认著作权使用的默示许可在网络环境下更具有合理性。其次，我们可以从用户与微博服务商之间签订的服务协议来分析，以新浪《微博服务使用协议》为例，第1.2条规定“用户提交、发布或显示的信息将对其他微博服务用户及第三方服务及网站可见”，第2.1条规定“微博服务的具体内容由微梦公司根据实际情况提供，包括但不限于授权用户通过其账号，使用微博服务发布观点、评论、图片、视频、转发链接等”。从以上协议内容可以推断，微博用户既然同意使用由服务商为其提供的服务，那么就应当对其中的功能予以认可并接受，因此，可以说微博用户应当是以默示许可的方式允许其他用户转发其微博内容的。最后，默示许可也符合微博用户使用微博服务的初衷，其正是通过默示许可他人转发自己的微博内容，实现获取、传播信息的目的。当然，在确定许可范围时，要注意与微博用户的上述目的相一致，比如，默示许可的被许可人应当是微博用户，许可使用的范围应当是微博范围内，许可的权项仅限于信息网络传播权，并许可无偿使用。当然，人身权利不得许可他人使用，因此，博主的署名权、修改权、保护作品完整权仍应当得到尊重。

（二）抄袭发布行为分析

所谓抄袭发布行为，就是将其他博主的作品内容当作自己的微博内容予以发布的行为。

---

① 参见薛虹：《网络时代的知识产权法》，162页，北京，法律出版社，2000。

② 参见赵莉：《网络环境下默示许可与版权之权利限制分析》，载《信息网络安全》，2009（2）。

③ 参见王国柱、李建华：《著作权法定许可与默示许可的功能比较与立法选择》，载《法学杂志》，2012（10）。

本文认为，抄袭发布的行为是一种明显的侵权行为，其未经著作权人许可使用微博作品，并且该行为既不符合合理使用的要件，也并非默示许可的范围。合理使用要求必须表明作者，默示许可也无法许可人身权，故署名权并不在被许可的权利范围内，因此，抄袭发布这种不表明原作者（原博主）身份的情况下，反而以自己微博的名义发表，是一种典型的侵犯著作权的行为。

抄袭发布行为至少侵犯了原作者的署名权和信息网络传播权，还有可能侵犯其修改权和保护作品完整权。可能有人认为微博正文内容仅 140 字，其修改权、保护作品完整权被侵犯的可能性微乎其微，但微博内容构成的作品已经远远超出了正文的限制，我们应当以更宽泛的视野来看待。例如：微博发布的漫画被修改后以其他微博用户的名义发表，则很可能侵犯原作者的修改权，甚至保护作品完整权。

二、微博用户使用非微博原创作品的行为分析

微博用户使用来自微博以外的作品是否构成侵权呢？在现实中主要体现为两种使用方式：一种是将他人作品作为自己的作品或者自己作品的一部分在自己的微博中发布；另一种是将他人以其他方式发表的作品在自己的微博中发布，并注明作品出处。前一种行为，从本质上来看，与之前分析的抄袭发布行为性质基本一致，因此，侵犯了原作品的著作权。这一观点在司法判决中也已有所体现。例如，在华盖创意（北京）图像技术有限公司诉广东欧派家居集团有限公司、北京微梦创科网络技术有限公司①一案中，原告认为被告未经许可，在自建的新浪官方微博中使用原告享有著作权的图片，认为两被告侵犯了其拥有的著作权，要求两被告共同赔偿侵权损失。该案的一审法院广州市白云区法院经审理认为，被告的行为构成对原告作品著作权的侵犯。

当然，也有人提出，这种行为确实在微博中使用了他人作品，但并没有获利，所以不应当被认定为侵权。这也是上述案件中，被告的一项重要的抗辩事由。然而，这种理由显然难以成立，因为获利与否并非侵犯著作权行为的构成要件，不能仅因获利就判定侵权成立，而未获利就不侵权。实际上，这种行为已经复制并在网上传播了作品，如果没有法定理由，应当是构成侵权的，至少侵犯了原作品的复制权、信息网络传播权、署名权等权利。

对于后一种行为，基于与前文相同的理由，本文仍然认为，合理使用的理由难以成立。而且，由于该行为系对微博外作品进行使用，原作者并无任何明示或者默示许可他人在微博上发布其作品，故很难以获得默示许可进行抗辩，因此，这样的行为是侵犯原作品著作权的行为。

有人担心，如果这种行为被认定为侵权，有可能会阻碍微博的发展，有悖于微博分享价值的实现，甚至可能会导致微博用户为避免侵权风险而不再使用微博。对此，本文认为，微博的发展当然应当得到支持，但他人的智力成果同样应得到尊重。我们在确定这种使用行为应承担的责任时，可以充分考虑微博的特殊性，在侵权的救济方式上进行适当的平衡。比如：仅判决侵权行为人承担停止侵权的责任，而无须承担损害赔偿责任，这样更能够体现著作权这种私权利与微博社会价值之间的平衡，两者才能更好地相互促进。

然而，对于确实通过在微博中发布涉案作品而获利的行为，当然仍应按照法律规定赔偿作品著作权人的经济损失。例如，在上文提到的案件中，法院在判决中认为，被告开通微博的目的是提高公司的知名度，其发布涉案内容可以吸引更多的网友点击关注，“至于能否给公司带来经济利益，不能简单地把涉案微博的内容从公司微博整体内容中剥离出来，要综合考虑被告公司开设公司微博的总目的是宣传公司”。正是基于这样的考虑，法院判决被告赔偿了原告 1 000 元的经济损失。

可见，在微博用户使用微博以外的作品时，并不能绝对地得出一概未获利，因而无须赔偿经济损失的结论。仍然要根据不同的作品、不同行为方式，尤其是区分不同的微博用户，例如企业用户和个人用户，具体分析微博用户使用涉案作品的真正目的，得出符合事实的结论，让著作权人的利益得到适当保护，而非过度保护，同时也要让微博分享的价值得以实现，但并非无限宽容。

三、微博服务商的共同侵权责任分析

如果微博用户的行为侵犯了他人作品的著作权，那么，微博服务商是否需要就该行为承担相应的责任呢？

笔者认为，微博的本质就是网络存储空间，因此，微博服务商仅应承担作为网络服务提供者的法律责任。

① 北京微梦创科网络技术有限公司为新浪微博的独立注册公司，于 2010 年 10 月 11 日在北京海淀区注册，是新浪微博的运营商。

首先，法律并未给微博服务商规定事前审查的义务，但规定了其承担通知删除的义务。我国《侵权责任法》第三十六条规定，“网络用户利用网络服务实施侵权行为的，被侵权人有权通知网络服务提供者采取删除、屏蔽、断开链接等必要措施。网络服务提供者接到通知后未及时采取必要措施的，对损害的扩大部分与该网络用户承担连带责任。网络服务提供者知道网络用户利用其网络服务侵害他人民事权益，未采取必要措施的，与该网络用户承担连带责任”。《信息网络传播权保护条例》第十四条亦有相关规定。我们认为，一般情况下，微博服务商接到符合法律规定的通知时，应履行删除义务即可，而并不负有事前审查的义务。在上文提到的华盖创意诉欧派公司及微梦创科公司案中，一审法院即认定微梦创科公司作为运营商，对海量信息进行事前审查不符合实际，因此无须担责任。

目前，某些微博服务商已经在注册使用协议中，对于如何通知、通知的要求等做出了更为细致的约定，例如腾讯微博注册使用协议第四部分专门对此做出了约定。① 这种约定有利于微博用户提供更加符合法律要求的“通知”，但是应当注意的是，在微博即时分享、极速传播情形下，包括发布时间前后等一系列事实很难确定，判断侵犯著作权的行为并不容易。

目前新浪微博采用了社区自律公约，采用微博用户举报、运营商处理等机制，尝试在微博内部解决包括著作权在内的一系列纠纷，取得了一定的积极效果。但是，其突出问题是，微博用户关于著作权被侵犯的“举报”是否就是法律规定的“通知”呢？微博服务商是否一经“举报”即应履行“删除”义务呢？本文认为，“举报”是否就是“通知”并不能一概而论，应当具体情况具体分析举报内容，分析应对该“举报”是否披露了涉嫌侵权的博主信息、涉嫌侵权行为的初步证据等进行综合考虑，不能得出只要有博主“举报”，运营商就应“删除”的简单结论。

（节选自《涉微博著作权问题研究》，原载《知识产权》，2013（6）。作者单位：北京市第一中级人民法院）

论视听作品作者的利益分享权

——以《中华人民共和国著作权法》第三次修改为中心

周　园　邓宏光

《著作权法》第三次修改正在紧锣密鼓地进行，国家版权局在2012年3月、7月和11月拟定了《中华人民共和国著作权法（修改草案）》② （以下简称为《草案第一稿》）、《中华人民共和国著作权法（修改草案第二稿）》③ （以下简称为《草案第二稿》）和《中华人民共和国著作权法（修订草案送审稿）》（以下简称为《送审稿》）三个版本，这三个修订版本均规定了视听作品作者原则上享有利益分享权，即视听作品的作者有权分享视听作品的相关收益。该规定打破了视听行业长期以来形成的利益平衡格局，如果规定不当，可能打开“潘多拉魔盒”，我们有必要从产业发展的角度，审视视听作品作者利益分享权及其条款设计。

一、视听作品作者利益分享权的修法动态

根据现行《著作权法》的规定，视听作品作者以拿一次性劳动获酬为原则，以享有利益分享权为例外。而修改视听作品著作权权利规定的基本思路，是让视听作品作者原则上享有利益分享权，让他们不仅可以因参与制作视听作品而获得劳动报酬，而且还应当分享视听作品的后续使用收益。

为了直观地展现这些条款之间的异同，我们在此将《著作权法》第15条的规定与三个修改版本的相关规定作一个简单的列表比较。

① 该协议第四部分“知识产权”约定：用户在腾讯微博上发布信息表示腾讯有权传播该信息，用户在腾讯微博上发布的信息不得侵犯任何第三人的知识产权，未经具有相关所有权所有者之事先书面同意，用户不得以任何方式上传、发布、修改、传播或复制任何受著作权保护的材料、商标或属于其他人的专有信息。如果收到任何著作权人或其合法代表发给腾讯微博的适当通知后，腾讯公司将移除该等侵犯他人著作权的内容。除前述规定以外，如果您认为有人复制并在腾讯微博服务上发布您的作品，并已构成对您著作权的侵犯，请及时向我们的著作权代表提供包含如下信息的书面通知：(i) 证明您作为涉嫌侵权内容所有者的权属证明；(ii) 明确的身份证明、住址、联系方式；(iii) 涉嫌侵权内容在腾讯微博服务上的位置；(iv) 您声称遭受侵犯的著作权作品的描述；(v) 您著作权遭受侵犯的相关证明；(vi) 在同意承担伪证处罚之后果的前提下，出具书面陈述以声明您在通知中所述内容是准确的。

② 参见 http://www.ncac.gov.cn/cms/html/309/3502/201203/740608.html。

③ 参见 http://www.ncac.gov.cn/cms/cms/upload/info/201207/759779/134155751827383085.doc。

表 1　　视听作品作者利益分享权利的制度设计之比较

	在条文中的表述	视听作品的作者	视听作品利益分享的主体	视听作品著作权的归属	利益分享权利是否可约定	请求对象
现行规定	有权按照与制片者签订的合同获得报酬	编剧、导演、摄影、作词、作曲等	所有作者	著作权属于制片者，不可约定	以不享有为原则，以约定享有为例外	制片者
草案第一稿	有权就制片者使用或授权他人使用该视听作品获得合理报酬	编剧、导演、摄影、作词、作曲等	编剧、作词、作曲等作者	著作权以制片者享有为原则，约定为例外	以享有为原则，以约定排除为例外	制片者
草案第二稿	有权就他人使用视听作品获得合理报酬	原作作者、编剧、导演、摄影、作词、作曲等	原作作者、导演、编剧、作词、作曲五类作者	著作权由制片者享有，不可作相反约定	不可作相反约定	视听作品的使用者
送审稿	作者享有分享收益的权利	导演、编剧以及专门为视听作品创作的音乐作品的作者等	所有视听作品的作者	著作权以制片者享有为原则，以约定为例外	以享有为原则，以约定排除为例外	制片者

二、视听作品作者利益分享权的权利性质

从《著作权法》三个修改版本的规定可以看出，视听作品作者利益分享权是向制片者请求，还是向视听作品的使用者请求，是一个存在争议的问题。该问题涉及视听作品作者利益分享权的性质：它是一种独立的著作权，还是源于著作权的报酬请求权，抑或是基于与制片者签订合同而产生的债权？我们认为，视听作品作者利益分享权是基于与制片者签订的合同而产生的权利。

视听作品作者的利益分享权并非传统意义上的著作权。著作权的基本特征之一是专有性，即法律没有规定或未经权利人许可，任何人不得使用其作品。[①] 对视听作品作者的利益分享权而言，权利人无法限制他人对作品的使用，只能待他人使用该作品后收取报酬，本质上就是获取报酬、分享收益的权利。从作者与制片者之间的法律关系看，作者所享有的利益分享权，不是源于其对视听作品的著作权，而是源于其与制片者签订的合同。因为，从视听作品制作过程看，制片者是整个活动的中心，它是整个活动的发起人、组织者和责任人。所有参与视听作品创作的人，都是由制片者邀请并支付报酬，他们与制片者之间是典型的合同关系。对视听作品利益分享权的性质，可以从合同解释的角度进行分析。

一般而言，在解释合同条款时，应当根据合同所使用的词句、合同的有关条款、合同的目的、交易习惯以及诚实信用原则，确定该条款的真实意思。[②] 如果说作者参与视听作品的创作是获取报酬，那么，制片者支付报酬的目的就是获得对视听作品的使用权，制片者通过支付报酬而获得了视听作品作者对视听作品的著作权。在订立合同目的可合理预见的范围内，制片者有权免费使用该视听作品。因为制片者与视听作品作者的紧密程度，介于雇主与雇员和委托人与受托人之间。在雇佣关系中，员工在工作岗位中创作的作品为职务作品，单位至少享有特定期限内的排他性优先使用权，并有权对第三人使用该作品请求报酬[③]，如果该作品符合“由法人或者其他组织主持，代表法人或者其他组织意志创作，并由法人或者其他组织承担责任”的条件，单位被视为该作品的作者，并享有完整的著作权。[④] 在委托关系中，委托人和受托人可以就委托作品的归属作出约定，未约定或约定不明确的，委托作品著作权属于受托人。[⑤] 视听作品的作者在与制片者签订协议时，都已知悉制作视听作品的目的在于使用该视听作品，这种使用包括了电影放映、音像、电视、网络、国际版权等最惯常的使用方式。对于这些使用方式，制片者有权免费使用，也有权许可他人使用。被许可人在该范围内使用视听作品，只要

① 参见吴汉东：《知识产权基本问题研究》，22 页，北京，中国人民大学出版社，2009；李明德、许超：《著作权法》，4 页，北京，法律出版社，2003。

② 参见《合同法》第 125 条。

③ 参见《著作权法》第 16 条和《著作权法实施条例》第 12 条。

④ 参见《著作权法》第 11 条第 3 款。

⑤ 参见《最高人民法院关于审理著作权民事纠纷案件适用法律若干问题的解释》（法释〔2002〕31 号）第 12 条。

获得制片者的授权，就无须再征得视听作品作者的许可，也不必再向其支付费用。从这个角度来说，《草案第二稿》规定视听作品的作者“有权就他人使用视听作品获得合理报酬”，但未对“他人使用”作合理限定，其范围涵盖了所有视听作品最常见的使用方式，与产业实际不符，也与著作权合同的解释规则相冲突，还可能与著作权法的相关规定不协调。

反之，如果认定视听作品作者分享利益的权利源于作者所享有的著作权，那么，其请求权对象是视听作品的使用者，在实践中将增加视听作品传播者的风险和成本。这种风险主要体现为两点：一是视听作品利益分享权主体存在不确定性。二是无法事先确定利益分享的比例和标准。可以试想，任何人只要使用了视听作品，就可能有无数视听作品利益分享的权利人陆陆续续上门索要“合理报酬”。[①]对视听作品的作者而言，他们为了实现其利益分享权，要监督他人使用视听作品的情况，并分别与相关使用者交涉报酬支付事宜，成本也极高。虽然权利主体的分散化和义务主体的碎片化，可以通过著作权集体管理组织制度加以缓解，但缓解并非解决之道。我国虽然建立了一些著作权集体管理组织，但其相关作者的广泛性和内部管理的科学性都有待提高[②]，能否担此大任，尚须时间检验。《草案第二稿》规定视听作品作者“有权就他人使用视听作品获得合理报酬”，将可能因为视听作品作者范围以及“合理报酬”的不确定性而引发大量诉讼，从而阻碍视听作品的传播。

总之，根据视听作品作者与制片者的法律关系，可以推断出视听作品作者分享收益权本质上是合同权利，视听作品作者在行使利益分享权时就只能以制片者为请求对象。

三、视听作品作者利益分享权的权利主体

从《著作权法》三个修改版本的规定可以看出，它们对视听作品作者利益分享权的权利主体存在较大的分歧，主要体现为两点：第一，视听作品作者的范围多大？第二，是否视听作品的所有作者都享有利益分享权？

原作作者是否为视听作品的作者，与视听作品的演绎作品属性相关。视听作品，大多以已有小说或戏剧为基础改编成剧本后再拍摄而成，是典型的演绎作品。因此，视听作品制片者使用小说、音乐和戏剧等已有作品制作视听作品，应当取得著作权人的许可，但不能因此认定已有作品的作者都是视听作品的作者，因为演绎作品是一件独立的作品，其著作权由演绎者享有。《伯尔尼公约》第14条之二第1款也明确规定：“在不损害已被改编或复制的作品的版权的情况下，电影作品应作为原作受到保护”，将电影作品与被改编的作品独立出来。反之，如果按照《草案第二稿》的规定，将原作作者作为视听作品的作者，而他与视听作品的其他作者显然不是一种“合作作品”的关系，因为合作作品必须以行为人有合作的意愿和行为为前提。因此，我们认为，《送审稿》第19条第1款规定：“制片者使用小说、音乐和戏剧等已有作品制作视听作品，应当取得著作权人的许可”，将已有作品的作者与视听作品的作者区别开来，较为合理。

视听作品作者问题与法律如何处理视听作品这种特殊的合作作品有关。视听作品具有合作作品的属性，但又不同于一般的合作作品。它具有以下特点：（1）摄制过程复杂，参与人数众多，需要许多创作者、艺术家和辅助工作人员的协助；（2）投资大，风险高，成则赚得盆满钵满，败则亏得血本无归；（3）使用形式不同，有特殊的商业运作模式。

虽然原则上“创作作品的人”都是作者，但要界定哪些人仅仅是为他人创作进行辅助性工作，哪些构成著作权法意义上的创作，并非易事。因此，在界定视听作品的作者时，各国的规定差异非常大。例如，在英国，制片者和总导演是电影作品的合作作者[③]；俄罗斯规定导演、电影剧本作者、作曲者为视听作品的合作作者[④]；在日本，原作作者、负责制作、导演、演出、摄影、美术等工作、对电影作品整体制作作出了独创性贡献的人，都是电影作品的作者[⑤]；德国甚至没有规定哪些人为视听作品的作者，却将视听作品的保护期限规定为自“主导演、剧本著作人、为相关电影著作配乐的作曲家”中最后死亡者死亡之日起七十年后归于消灭[⑥]。《伯尔尼公约》对此也没有给出答案，它绕过了“视听作品的作者”，而直接规定“确定视听作品版权的所

① 参见张玉敏、李杨：《“个人使用”的著作权法定位及政策选择》，载《西南民族大学学报》（人文社会科学版），2011（1）。

② 参见吴汉东：《〈著作权法〉第三次修改的背景、体例和重点》，载《法商研究》，2012（4）。

③ 参见《英国版权法》第9条第（2）款（ab）项。

④ 参见《俄罗斯民法典》第1263条第2款。

⑤ 参见《日本著作权法》第16条。

⑥ 参见《德国著作权法》第65条。

有者，属于被要求给予保护的国家法律规定的范围”①。正因为无法确定视听作品作者的范围，各个版本的草案和送审稿中都用“等作者”作为兜底性表达，具有合理性。

在处理视听作品利益分享权的权利主体与视听作品的作者之间的关系时，《草案第一稿》“漏列”了“导演和摄影”，《草案第二稿》“省略”“等作者”，但似乎很难为这种“漏列”或“省略”行为找到充分的理由。我们认为，现行《著作权法》和《送审稿》采取“列举＋兜底”的表达方式，平等对待所有的作者，赋予他们相同的利益分享权，在逻辑上似乎更严谨。但这也使得利益分享权的权利主体过于模糊，以至于我们无法事先确定权利人的范围，在实践中极有可能引发纷争。

将视听作品利益分享权定性为合同权利，是解决视听作品利益分享权主体不确定的最佳方式。因为，作为合同权利，其内容需当事人磋商约定，其权利也只能向合同相对人请求。对视听作品利益分享权而言，如果定性为合同权利，那么可以通过合同来确定权利主体的范围，而且即便对权利主体存有争议，也因为“合同的相对性”，这种争议仅限于视听作品作者与制片者之间，为第三人构筑了一道有效的“防火墙”，防止视听作品利益分享权主体的不确定性给社会造成不必要的影响。

四、视听作品作者利益分享权的权利样态

如果视听作品的作者与制片者签订的合同中未约定或未明确约定视听作品利益分享权，视听作品的作者是否享有利益分享权？对于该问题，《著作权法》三个修改版本与现行《著作权法》截然相反：《著作权法》规定，只有当事人在合同中明确约定才能享有利益分享权；而《草案第一稿》和《送审稿》则规定，视听作品作者以享有利益分享权为原则，以不享有为例外，《草案第二稿》甚至规定视听作品作者的利益分享权是一种不允许作出相反约定的法定权利。我们认为，视听作品作者除非与制片者明确约定享有利益分享权，否则不应当享有该权利，即视听作品作者利益分享权以不享有为原则，以享有为例外。

从理论层面看，视听作品作者以享有利益分享权为原则还是为例外，两种立法模式之间并无优劣之分。利益分享权本身只不过是一种利益分配规则而非利益创造机制，社会财富不会因为分配方式的改变而增加或减少。因此，必须从实践的角度比较两种模式的合理性和可行性。

从我国实践看，现行《著作权法》采取的视听作品作者利益分享权以享有为例外的模式，具有合理性和可行性。因为“著作权法关于视听作品各主体间权属的分配和规定是清晰的，实践中也较少产生因具体界定不明而导致的困惑”②，而且该模式也为作者享有视听作品利益分享权预留了足够的操作空间。现行《著作权法》第15条的规定能够满足社会实践的需要，且法律调整的结果井然有序。这种以作者不享有视听作品利益分享权为原则、以约定享有为例外的模式，经受住了时间和实践的考验。

相反，作者享有视听作品利益分享权为原则的立法模式，可能不具有可操作性。作者享有视听作品利益分享权在理论上具有合理性，它体现了作者报酬源于作品收益且与作者的贡献度挂钩的基本原理，但从实践层面看，它可能形同虚设，原因在于：(1) 视听作品作者的贡献度大小不一，贡献度越小的作者可能越不适合按照视听作品收益比例来分成；(2) 法律不可能确定视听作品各类作者对视听作品的贡献度，也不可能划定达到多大贡献度的作者可享有视听作品利益分享权；(3) 法律无法确定各类作者的利益分享比例，分配比例只能由当事人通过合同约定；(4) 作者缺乏监督视听作品收入和成本的必要手段，即便有这些手段，其成本也非常高。正因为如此，虽然《法国知识产权法》第L.132-25条和第L.131-4条规定作者报酬按每一使用方式的一定比例付给，但第L.131-4条第2款又规定了6种“一次性获酬”的情形。从相关文献反映的情况看，几乎所有视听作品的作者都不选择按照收益比例获酬，而更愿意采用一次性获酬的计算方式。③

作者享有视听作品利益分享权为原则的立法模式，不仅不便于操作，而且可能导致作者和制片者“双输”的结果。对制片者而言，在其与作者未作出明确约定时，要求其按照视听作品收益的比例支付作者报酬，至少增加了与每一个作者协商甚至诉讼的成本、聘请第三方机构统计视听作品的收益与支出的成本，以及泄露其商业秘密的风险。对视听作品的作者而言，目前可盈利的国产片数量较少，绝大多数视听作品作者按照视听作品利益分享权模式拿到的酬劳很可能比直接拿片酬要少得多。另外，

① 《伯尔尼公约》第14条之二第2款a项。

② 陈锦川：《关于设计视听作品著作权纠纷的几个问题（上）》，载《中国版权》，2009（6）。

③ 参见华蕊芳：《视听作品的作者权利（上篇）》，见 http://blog.sina.com.cn/s/blog_63d9aa9001015l7n.html，2012年10月4日访问。

按照视听作品利益分享权模式，作者拿到相应的报酬，可能需要两三年甚至更久的时间。因此，视听作品的绝大多数作者都会“很明智”地选择放弃收益分成的报酬计算方式。

法律的制度设计应当尊重和反映社会现实。视听作品作者分享视听作品的收益并非常态，也不符合视听作品作者和制片者的普遍意愿，而且视听作品作者原则上享有利益分享权的立法模式不具有可行性。因此，我们认为我国《著作权法》第三次修改时，应当摒弃三个修改稿的立法模式，回归到现行《著作权法》的“视听作品作者的利益分享权以不享有为原则，以双方明确约定享有为例外”之立法模式。

五、结束语

视听作品作者的利益分享权本质上就是获取报酬和分享收益的权利，它不是一种独立的著作权，也不是基于作者的身份或作者对视听作品所享有的著作权，而是源于作者与制片者签订的合同。这决定了视听作品的作者只能以制片者为请求对象，而不能向该视听作品的使用人请求支付报酬。基于合同平等和合同自由的原则，任何视听作品的作者都可以与制片者约定视听作品的利益分享权，但该权利以双方合同有明确约定为前提，未约定或约定不明则无此权利。

从视听作品作者利益分享权的权利主体、法律性质和权利生存机制等角度看，《著作权法》第15条的规定似乎比《著作权法》修改稿相关条款更科学、更合理。正如美国法官Holmes所言：“除非从调整现状中能够获得明显的利益，否则，（立法）这种笨重而昂贵的机器就不应当开动。如果不能取得良好的效果，法律的干涉就是一种罪过。”① 鉴于此，我们建议不对《著作权法》第15条第1款作实质性修改。

（原载《法商研究》，2013（3），本文有删节。作者单位：重庆理工大学，西南政法大学）

实用艺术作品著作权保护对外观设计专利制度的影响及其对策

张伟君

作为知识产权的客体，“实用艺术作品”和“外观设计”事实上具有很大的重合性。《伯尔尼公约》第二条第七款就将“实用艺术作品以及工业品平面和立体设计”两者相提并论。②

我国现行《专利法》对产品所作出的富有美感并适于工业应用的新设计，即工业品外观设计提供了10年的专利保护。2012年，我国《著作权法》第三次修改草案（送审稿）首次明确要对“实用艺术作品”提供25年的著作权保护，并将实用艺术作品界定为“指玩具、家具、饰品等具有实用功能并有审美意义的平面或者立体的造型艺术作品”。可以看出，那些富有美感并适于工业应用的新设计，很大程度上都是属于具有实用功能并有审美意义的平面或者立体的造型艺术。

那么，我国《著作权法》修改草案准备给予实用艺术作品25年的著作权保护究竟会对外观设计制度带来怎样的影响？如何合理地设计我国外观设计专利权和实用艺术作品著作权保护制度？本文试图回答这些问题并提出有关建议。

一、我国目前对实用艺术作品与工业品平面和立体设计保护与《伯尔尼公约》的差距

《伯尔尼公约》第七条第四款规定：

> 作为艺术作品保护的实用艺术作品的保护期限由本同盟各成员国的法律规定；但这一期限不应少于自该作品完成之后算起的二十五年。

《伯尔尼公约》第二条第七款又规定：

> 在遵守本公约第七条第四款之规定的前提下，本同盟各成员国得通过国内立法规定其法律在何种程度上适用于实用艺术作品以及工业品平面和立体设计，以及此种作品和平面与立体设计受保护的条件。在起源国仅仅作为平面与立体设计受到保护的作品，在本同盟其他成员国只享受各该国给予平面和立体设计的那种专门保护；但如在该国并不给予这种专门保护，则这些作品将作为艺术作品得到保护。

我们可以看出，《伯尔尼公约》并没有要求对实用艺术作品必须用著作权法来进行保护，而是允许对其根据外观设计法“仅仅作为平面与立体设计受到保护”。但是，如果实用艺术作品不给予外观设计专门保护，则应该作为艺术作品受到著作权保护。

① Oliver Wendell Holmes, Jr., The Common Law 77, Mark DeWolf ed., 1963.

② 《伯尔尼公约》第二条第七款规定：“……本同盟各成员国得通过国内立法规定其法律在何种程度上适用于实用艺术作品以及工业品平面和立体设计，以及此种作品和平面与立体设计受保护的条件。……”

我国1984年《专利法》就规定了外观设计专利权，实用艺术作品完全可以通过申请外观设计专利来获得保护。从这个意义上讲，虽然我国《著作权法》目前没有规定实用艺术作品的保护，但因为有外观设计专利权的存在，其实已经可以基本满足《伯尔尼公约》对实用艺术作品与平面和立体设计的保护要求。

但是，即便如此，仍有两点不符合该公约的要求：第一，我国外观设计专利权的保护期限只有10年，而《伯尔尼公约》要求至少25年；第二，那些未申请外观设计专利的平面和立体艺术设计难以得到有效的保护。

二、我国外观设计专利权以及实用艺术作品著作权保护制度的演进

按理说，我国《专利法》只要规定外观设计专利给予25年保护就可以满足《伯尔尼公约》的要求，为什么只给予外观设计专利10年保护期限呢?我国《著作权法》没有规定实用艺术作品，却为什么后来又专门立法规定“外国”实用艺术作品25年的著作权保护呢?

首先，也许是受国际条约对于外观设计保护期限没有要求或要求较低的影响。《巴黎公约》并未规定外观设计的保护期限要求。根据汤宗舜先生的回忆，由于“1984年时缺乏经验”，《专利法》第四十五条第二款曾经规定：外观设计专利权的期限为5年，期满前专利权人可以申请续展3年。这样，一共保护8年。[①] 1992年《专利法》修改时，考虑到GATT的乌拉圭回合谈判中起草的TRIPS协议（《与贸易有关的知识产权协议》）规定了工业品外观设计的保护期应不少于10年[②]，出于当时恢复关贸总协定缔约国地位的需要，在第四十五条规定外观设计专利权的期限为10年，但是，没有再规定续展。

其次，可能没有考虑到外观设计保护和实用艺术作品保护之间的衔接。1992年9月修改《专利法》时，可能并没有考虑我国1991年生效的《著作权法》没有给予实用艺术作品著作权保护——这样，如果仅仅通过《专利法》对实用艺术品进行外观设计保护，一次性10年的保护期仍然是不够的，因为《伯尔尼公约》是要求给予至少25年保护的。

另外，如果实用艺术作品未申请外观设计专利，如何进行保护，也成了问题。这尤其不符合《伯尔尼公约》关于实用艺术作品“如并不给予外观设计的专门保护，将作为艺术作品得到保护”的要求。于是，1992年9月国务院不得不又出台《实施国际著作权条约的规定》，给予外国实用艺术作品著作权保护，以便在那些外国实用艺术作品没有向中国申请外观设计专利保护的情况下，对这些作品进行《著作权法》保护，以暂时符合《伯尔尼公约》的要求，而规定的著作权保护期限则是《伯尔尼公约》的最低要求：该作品完成起25年。

这样的保护体系，对于我国国民的实用艺术作品与工业品平面和立体设计的创作者存在着两个明显的歧视：第一，在没有申请外观设计专利的情况下，我国国民的一些工业品平面和立体设计无法获得著作权的保护；第二，即使我国国民的实用艺术作品与工业品平面和立体设计获得了外观设计保护，其保护期限只有10年，而外国实用艺术作品即使没有申请外观设计专利，也可以享受25年著作权保护。

为此，我国《著作权法》第三次修改草案全面规定了对实用艺术作品的著作权保护，以解决没有申请外观设计专利的情况下，我国国民的工业品平面和立体设计无法获得著作权保护的问题；同时，草案又延续了《实施国际著作权条约的规定》的做法，对实用艺术作品的保护期限作出了不同于其他作品的特殊规定：“实用艺术作品著作权中的财产权的保护期为首次发表后二十五年。”

三、《著作权法》修改草案规定实用艺术作品保护后可能存在的问题

《著作权法》第三次修改草案有关实用艺术作品保护的立法建议，虽然消除了对我国国民的实用艺术作品与工业品平面和立体设计保护上的歧视，但仍然存在着一些深层次的问题。

外观设计专利权提供的是禁止他人擅自制造外观设计产品的权利，实用艺术作品著作权提供的是禁止他人擅自复制实用艺术作品的权利，但是，因为著作权法原则上对于实用艺术作品可以提供“从平面到立体的复制”的保护，这种保护与外观设计专利权的保护就几乎没有实质性的区别了。因此，世界上除了法国等少数国家对于实用艺术作品与平面和立体设计不加区分地给予外观设计权和著作权的双重保护之外，很多国家的著作权制度对此都做出了限制和约束，以避免对同一客体的重叠保护。

比如，在美国，只有实用性和艺术性可以分离

---

① 参见汤宗舜：《专利法教程》，193页，北京，法律出版社，2003。

② 参见TRIPS第26条第3款。

的实用艺术品才受版权法保护；对于实用性和艺术性不能分离的实用艺术品，只能申请外观设计专利保护。① 再比如，在英国，虽然原则上对实用艺术品给予版权保护，但如果一个艺术作品经版权人许可或者版权人自己将其制作成工业品或销售这样的产品，就只享有缩短到25年（从将该艺术作品制作成工业品首次销售的年度结束起计算）的工业版权保护，此后就不能禁止他人制作这样的产品。② 还有，在德国，虽然其《著作权法》明确规定保护实用艺术作品，但是，因为德国对作品的独创性有较高的要求，那些仅仅具有客观方面的独特性的产品——它们没有体现艺术家独特的观点与特殊的创造力，而仅仅体现了大众口味或者某种新颖的时尚趋势、对某种新颖风格的感受——就只能根据外观设计法来进行保护。③

但是，从我国著作权法的司法实践来看，《著作权法》保护的实用艺术作品显然包括实用性和艺术性不能分离的实用艺术品，我国也没有像英国这样对实用艺术品从版权保护转化为工业版权保护的制度设计，而像德国那样从独创性高度的角度来区分外观设计和实用艺术作品，无疑是对司法实践的极大挑战。因此，可以预见的是：如果实用艺术作品正式成为我国《著作权法》保护的客体，很大程度上，我国将和法国一样实现对同一客体（实用艺术作品或平面和立体设计）的重叠保护——无论这是否真的是我国这次修改《著作权法》的主观意图。

更大的问题在于，基于制度演进的惯性，我国的知识产权制度设计将外观设计专利权的保护期限规定为10年，实用艺术作品的保护期限则将是25年，再加上著作权是自动保护，而外观设计专利则是需要授权才获保护（即使进行著作权登记，也远比申请外观设计专利便捷）。这样，实用艺术作品与工业品平面和立体设计的创作者很自然地会更多地寻求著作权保护，外观设计专利权制度的价值就会大打折扣。

总之，对同一客体进行实用艺术作品著作权和外观设计专利权的重叠保护，再加上实用艺术作品著作权和外观设计专利权保护期限存在的差异，将对我国外观设计专利制度的有效实施带来冲击。

四、延长我国外观设计专利权保护期限以减少实用艺术作品著作权保护带来的冲击

在实用艺术作品正式成为我国《著作权法》保护的客体后，实用艺术作品或平面和立体设计受到我国《专利法》和《著作权法》的重叠保护，应该是不可避免的。但是，实用艺术作品著作权和外观设计专利权保护期限上存在的人为差异，则是可以消除的。

我国《专利法》只给予外观设计10年的保护，除了受TRIPS协议影响的缘故外，可能还有一个理论或者说心理上的障碍：同样受《专利法》发明专利的保护也仅仅只有20年，实用新型专利的保护期限也比发明专利短，怎么可以给外观设计专利25年的保护呢？其实这个理论障碍是并不成立的。

汤宗舜先生对此有过清楚的分析：实用新型与发明一样都是技术方案，如果保护期限长了，不利于技术发展传播和社会公众利益，而且实用新型技术比较简单、经济价值较低，其保护期限较发明专利短是合理正常的。但是，“外观设计的专利权期限规定的长些……在理论上是可行的”。我国给予10年保护，“这个期限虽然达到了TRIPS规定的下限，但是看来是太短了一点。有些名酒的瓶子外观很独特，如果申请外观设计专利，10年以后任何人就可以仿制，恐怕保护是太不够了”④。其实，外观设计专利权保护25年，比发明专利权的保护期限20年更长，这并没有什么可以奇怪的：因为外观设计和发明本身就是性质不同的创新成果，著作权的保护期限不也比发明专利权长吗？注册商标权如果不停续展甚至可以永久得到保护。

事实上，很多国家和地区已经给予外观设计长达25年的保护，最为典型的就是2001年12月12日欧盟理事会通过的《共同体外观设计保护条例》。该条例第12条规定：注册外观设计保护期限自申请日起5年，期满后可以续延，每次5年，最长保护期限为25年。⑤ 就是说，外观设计的起始保护期限实际上只有5年，只是最长延续到25年。我国1984年《专利法》也曾作出过类似的制度设计：外观设计专利权保护期限5年，期满可以续展3年。

笔者认为，如果我国外观设计专利权可以延长到25年的保护，那么，即便《著作权法》规定了对

---

① 参见商家泉：《实用艺术作品的法律保护》，见 http://article.chinalawinfo.com/Article_Detail.asp? ArticleID=69955。

② 参见英国1988年《版权、外观设计和专利法》第52条，见 http://www.wipo.int/wipolex/zh/text.jsp? file_id=127294。

③ 参见［德］雷炳德：《著作权法》，142～143页，北京，法律出版社，2005。

④ 汤宗舜：《专利法教程》，193页，北京，法律出版社，2003。

⑤ 参见 http://www.wipo.int/wipolex/en/text.jsp? file_id=181814。

实用艺术作品的25年著作权保护，也不至于对外观设计专利制度造成过大的冲击。而且，我们可以借鉴欧盟的规则，因为欧盟这样的制度设计更具有灵活性，既可以满足国际条约对于实用艺术作品保护期限25年的最低要求，也可以使那些没有什么商业价值的外观设计尽早（申请日起5年内）进入公有领域。当然，在外观设计专利权的维持费用和续展费用方面，应该要考虑到企业的合理承受能力，以提高其申请和维持外观设计专利权的积极性。

五、结论

综上，就我国现行知识产权法律对实用艺术作品以及平面与立体设计的保护与国际条约的差距而言，与其说是在于没有给予其著作权保护，还不如说是在于我国现行《专利法》给予外观设计专利权的保护期限不够长。我国《著作权法》修改草案对实用艺术作品提供25年的著作权保护，虽然可以弥补那些未申请外观设计专利的实用艺术品无法受到法律保护的缺陷，却会造成对同一客体的重叠保护，对现有的外观设计专利制度的有效实施带来冲击。为了减少这种冲击，我国《专利法》有必要借鉴欧盟的规则，规定给予外观设计专利权“首期5年，可续展4次，最长25年”的保护。[①] 这样，我国的知识产权制度体系将更为协调。

（原载《知识产权》，2013（9）。
作者单位：同济大学知识产权学院）

三网融合下广播权与信息网络传播权的重构

——兼评我国《著作权法（修改草案）》前两稿[②]

焦和平

一、问题的提出

三网融合也称“三网合一”，是指目前的电信传输网、广播电视传输网、计算机互联网在向宽带通信网、数字电视网、下一代互联网演进过程中，其技术功能趋于一致，业务范围趋于相同，最终实现网络互联互通、各种资源共享的新型信息传播技术。“三网融合”已成为我国信息传播领域和社会经济发展的大趋势。[③]

但也对我国《著作权法》中的广播权和信息网络传播权提出了新的挑战。以互联网电视机为例：我国现行《著作权法》规定的广播权和信息网络传播权是典型的技术主义立法路径的产物，即“根据特定传播媒介设定特定权利”。在此立法路径下，广播权专为“广播技术”创设仅用于规范以“广播”传播作品的行为；信息网络传播权专为“网络技术”创设仅用于规范以“信息网络”传播作品的行为。但三网融合下，广播和网络已经可以互联互通，上述各种传播行为都可以跨广播和网络进行，在这种背景下对作品的传播基于“广播”或“网络”所作的区分已经没有实际意义，由此便提出现行立法规定的广播权与信息网络传播权在三网融合的技术背景下的修改和重构的问题。2012年3月31日、7月30日，国家版权局先后公布了《著作权法（修改草案）》第一稿和第二稿，本文拟就此展开讨论，并提出对广播权和信息网络传播权进行重构的设计，以期为正在进行的新一轮《著作权法》修改提供参考。

二、三网融合下广播权与信息网络传播权面临的新挑战：以互联网电视为例

“互联网电视机”是三网融合技术在电视这一传播终端的典型表现。互联网电视机是网络技术与电视技术结合的产物，其在整合电视与网络两大传播媒介过程中，既保留了电视形象直观、生动灵活的表现特点，又具有了互联网按需获取的交互式特征，是综合两种传播媒介优势而产生的一种新的传播形式。在功能上，互联网电视既可以作为一般电视机接收电视节目，又可以成为电脑终端获取互联网上的内容。[④]这样，通过互联网电视机传播作品的行为就打破了三网融合前广播与网络原有的壁垒，形成“一个传播终端、六类传播行为、三种法律定性”的复杂局面。“一个传播终端”是指所有传播行为最终都经由互联网电视机这一终端进行，所有被传播的作品也都由互联网电视机这一个终端接收。“六类传播行为”是指用户通过互联网电视机这一传播终端获取作品时涉及六种类型的传播行为，具体如下：（1）有线直接广播。（2）无线广播。（3）有线交互式网络传播。（4）有线单向式网络传播。（5）无线交互式网络传播。（6）无线单向式网络传播。

三网融合下出现的“一个传播终端、六类传播行为、三种法律定性”的复杂局面对现行著作权制度的挑战表现为以下三个方面：（1）增加了法律适

① 考虑到我国外观设计专利维持费是按年支付，也可以一次性给予25年保护。

② 《著作权法（修改草案）》第三稿已于2012年10月形成，但因未向社会公开，且与第二稿相关内容一致，因此不专门分析。

③ 2011年5月8日，武汉移动与武汉广电共同签署“三网融合·共建G3数字家庭”战略合作协议，这在全国属首批，标志着三网融合正式走入寻常百姓家。参见《武汉率先实现三网融合电视可直接上网》，载《中国日报》，2011-05-09。

④ 现在的技术已经发展到甚至无须专门的互联网电视机，任何普通的电视机加上一个智能机都可进行。

用的难度。(2)增加了作品的授权难度。(3)不利于作品的国际交流和著作权的国际贸易。

三、问题成因的进一步追问：技术主义立法路径之反思

从表面上看，无论是广播权对于“有线直接广播”的规范难题，还是信息网络传播权对于“单向式”网络传播行为的规范难题，乃至三网融合下由互联网电视机所表现的“一个传播终端、六类传播行为、三种法律定性”的复杂局面，都可直接归结于传播技术的迅猛发展。但这只是问题的一个方面，从更深层次的角度分析，如果广播权没有将其规范对象仅限于“广播”而是更加开放；如果信息网络传播权没有将其规范对象仅限于“交互式”传播而是更加前瞻，则不会面临本文提出的诸多问题。由此便提出是否有必要对我国《著作权法》一直以来采取的“技术主义立法路径”进行反思的问题。在我国现行《著作权法》中，技术主义立法路径表现得非常明显，机械表演权、放映权、广播权和信息网络传播权的定义均依赖于特定传播媒介的表述。例如机械表演权规范的“机械表演”被定义为“用各种手段公开播送作品的表演”；放映权规范的“放映”被定义为“通过放映机、幻灯机等技术设备公开再现美术、摄影、电影和以类似摄制电影的方法创作的作品”；广播权规范的“广播”被定义为“以无线方式公开广播或者传播作品，以有线传播或者转播的方式向公众传播广播的作品，以及通过扩音器或者其他传送符号、声音、图像的类似工具向公众传播广播的作品”；信息网络传播权规范的“信息网络传播”被定义为“以有线或者无线方式向公众提供作品，使公众可以在其个人选定的时间和地点获得作品”。从这几项权利的定义可以看出，不同的传播技术是它们划分的唯一标准，这就是技术主义立法路径的直接体现。

技术主义立法路径存在的第一个弊端是，这种立法路径违背了“技术中立”的立法原则。根据“技术中立”的立法原则，一种行为的法律定性不应当取决于其借以实施的技术手段，而应当取决于行为自身的特征和后果。但技术主义立法路径忽略了行为本身，本末倒置，将技术本身作为法律规范的对象，其极端表现就是“把知识产权混同于技术，把上层建筑混同于生产力，目光限于技术领域，动辄用技术思维、技术语言、技术指标描述知识产权战略，颠倒彼此，必有碍知识产权战略的健康实施”①。

技术主义立法路径存在的第二个弊端是，技术发展的历史表明，传播技术的发展变革是永无止境的，“根据新媒体创设新权利”的应对思路必然会因技术的飞跃而疲于奔命。因此这种技术应对型立法注定永远无法跟上技术的发展，如果不采取新的思路，必将陷入频繁修法的怪圈。②

技术主义立法路径存在的第三个弊端是，这种随着新技术增加新权利的做法最终将导致这些权利在数量上烦琐众多；在体系上庞杂臃肿；在关系上叠床架屋、冲突交叉。我国现行《著作权法》规定的具体权利有16项，这16项权利不但本身晦涩难懂、过于繁杂琐碎，而且彼此之间的界限并不分明，存在相互重合和交叉的问题。

四、重构设计：以权利整合应对技术融合

（一）《著作权法（修改草案）》第一稿、第二稿相关规定评析

2012年3月31日国家版权局公布了《著作权法（修改草案）》第一稿，其中关于广播权与信息网络传播权的修改，积极回应了司法实践中存在的“有线直接广播”和“单向式”网络传播的规范难题，填补了广播权和信息网络传播权的规范漏洞，使这两种行为可以纳入新的“播放权”和“信息网络传播权”的控制范围，这是《著作权法（修改草案）》第一稿的进步之处。但不容忽视的是，这样的修改方案在立法理念和立法技术上仍然存在以下问题：其一，在立法理念上遵循的仍是一种“临时补救型”的被动应对立法思路。这种思路表现为修法仅仅是着眼于当下最突出、最紧急问题的“修补”，其对于广播权和信息网络传播权的修改仅仅是为了补救实践中“有线直接广播”和“单向式”网络传播的法律适用难题，而缺乏应有的全局观、主动性与前瞻性。对此已有学者提出预警：“20年前互联网刚兴起之时，由于业界缺乏应有的认识和相应的措施，造成了现在的互联网版权纷乱现象，在三网融合之初以及融合之后，如果不能有效地把版权保护工作的相关问题和对应措施尽可能地考虑周全，势必会给版权保护工作带来更大的麻烦，同时也必将给三网融合工作和相关产业的发展形成掣肘。”③其二，

---

① 刘春田：《奠定现代文明社会的重要基石》，载《中国版权》，2009（4）。

② 参见李琛：《论我国著作权立法的新思路》，载《中国版权》，2011（5）。

③ 此为中国版权协会常务副理事长张秀平在“2010中国版权年会”上的发言，参见肖虹：《关注三网融合与版权保护——2010中国版权年会在深圳举行》，载《中国版权》，2011（1）。

在立法技术上采取的仍然是技术主义的立法路径，因此不可避免地存在矛盾和冲突。具体表现为，修改后的信息网络传播权采用了几乎和 WCT（《世界知识产权组织版权条约》）“向公众传播权”同样的表述[①]。而前文已述，WCT“向公众传播权”的涵盖范围同时包括广播权与信息网络传播权，是一种典型的将二者合并立法的模式，以此推论，我国修改后的信息网络传播权也应当涵盖广播权，即与修改前的定义相比，“交互式”网络传播不再是其规范的唯一内容，而仅为其调整对象之一（这一点从定义所使用的“包括”、“或者”这些表述可以直接反映），除此之外还包括“直播”、“转播”以及其他“以无线或者有线”方式传播作品的行为，而后者正好落入修改后的播放权所控制的“以无线或者有线方式向公众播放作品”的范围，由此就产生修改后的信息网络传播权与播放权在内容上的重叠交叉。

值得注意的是，修改后的信息网络传播权增加了“在信息网络环境下”这一限定，反映出立法者有意将传播行为是否发生在“信息网络环境下”作为播放权与信息网络传播权的区分标准之一，即发生在“信息网络环境下”的“无线或者有线”传播为信息网络传播权的控制范围，反之则为播放权的控制范围，但这一限定不仅不能达到区分的效果，反而使权利混淆交叉问题暴露得更加明显。首先，《著作权法（修改草案）》第一稿本身、现行《著作权法》及《著作权法实施条例》都没有对“信息网络”作出界定，使得何为“信息网络”无法从法律层面判断；其次，已有的规范性文件都将“广播”包括在“信息网络”范围内。例如国家广电总局2004年颁布的《互联网等信息网络传播视听节目管理办法》第二条将“信息网络”定义为“移动通信网、固定通信网、微波通信网、有线电视网、卫星或其他城域网、广域网、局域网等”。可以看出，在已有的规范性文件和司法实践中，“信息网络”并非仅指“互联网”，而是包括了“广播电视网”，由此使得“信息网络”不但不能成为区分信息网络传播权与播放权的要素，反而增加了二者的混淆程度，这正是技术主义立法路径的结果。

2012年7月30日，国家版权局又公布了《著作权法（修改草案）》第二稿，该稿对第一稿中“播放权”的定义基本没有变化，但将信息网络传播权的定义修改为：“以无线或者有线方式向公众提供作品，使公众可以在其个人选定的时间和地点获得作品，以及通过技术设备向公众传播以前述方式提供的作品的权利”。这一定义仍然没有走出“临时补救型”被动应对立法理念和技术主义立法路径的窠臼，因此难免存在以下问题：第一，仍着眼于修补现行立法的规范漏洞，对三网融合技术的回应不足。第二，将信息网络传播权的控制范围仅限于交互式传播，又回到了修改前现行立法的规定，由此形成交互式传播由信息网络传播权调整、单向式传播由播放权调整的架构。但同属于通过互联网传播他人作品，交互式传播和单向式传播在行为方式、所利用的传播媒介、造成的侵权后果完全相同的情况下，却将其割裂为两种行为，对其分别定性从而适用不同的法律规定，不但徒增法律适用和作品授权的难度，而且与人们日常生活认知亦相差甚远。第三，“以及通过技术设备向公众传播以前述方式提供的作品”的表述要么属于重复规定，要么与播放权混淆。该规定仅对“通过技术设备传播”的对象作了限定，即“以前述方式提供的作品”，而“前述方式”就是“以无线或者有线方式向公众提供作品，使公众可以在其个人选定的时间和地点获得作品”（交互式），而对“通过技术设备传播”本身采用何种方式没有明确。实践中“通过技术设备传播”的方式无非有两种：交互式或单向式。如果“通过技术设备”采用交互式传播“以前述方式提供的作品”，则完全可以涵盖于前半句的交互式规定中，虽然这里强调传播的对象是“以前述方式提供的作品”，而不是“通过技术设备”直接传播作品，似乎可以与前半句相区分，但由于其仍然属于交互式传播可以被涵盖在前半句的文义范围内，从而造成重复规定。相反，如果“通过技术设备”采用单向式传播“以前述方式提供的作品”，则属于播放权的控制范围，因为后者的定义就包括通过技术设备以单向式向公众传播“作品的播放”，从而造成信息网络传播权与播放权的混淆。

（二）重构方案及理由

基于以上分析，本文认为，应当将我国现行立法规定的广播权与信息网络传播权整合为一项权利，名称为“远程传播权”，其定义如下：“远程传播权，

① 不同之处仅在于增加了“直播”、“转播”。但在笔者看来，这一增加是没有意义的。因为即使不增加“直播”和“转播”，它们也可以被包括在修改后的信息网络传播权的前半句“以无线或者有线方式向公众提供作品”中，因为后半句“使公众可以在其个人选定的时间和地点获得作品”这一“交互式”要求仅是修改后的信息网络传播权规范的行为之一，而不是全部，因此单向式的“直播”与“转播”无须强调也当然属于修改后的信息网络传播权的调整范围，这也是修改前后信息网络传播权定义的最大不同。

即以任何无线或有线方式向远端公众传播作品的权利。”笔者提出这一重构方案是基于以下理由：

第一，这一重构方案可以填补目前广播权与信息网络传播权存在的规范漏洞。在“远程传播权”的定义下，广播权所无法规范的“有线直接广播”、信息网络传播权所无法规范的“单向式”网络传播都可以被纳入“以无线或有线方式”中，从而可以被“远程传播权”所涵盖。当然这是重构广播权与信息网络传播权时首先要考虑的，也是最低限度的要求。

第二，这一重构方案具有前瞻性，不仅可以解决三网融合下的问题，而且足以应对将来未知新技术的挑战。一方面，所有通过互联网电视机这一个传播终端的行为，都可以归结为“以无线或者有线”方式传播作品这一类行为，从而在法律上都落入“远程传播权”的控制范围，因此这一重构方案足以应对因三网融合产生的各种法律问题。另一方面，在这一重构方案中，不仅我们现在已知的“有线或无线方式”（包括直接传播或转播、交互式或单向式、广播或互联网乃至电信网等），而且即使将来出现了其他形式的“有线或无线”新技术形态，仍然可以为“远程传播权”所控制。[①]

第三，这一重构方案是技术主义立法路径向行为主义立法路径的回归。在“远程传播权”中，除了保留“有线或者无线”外，现行立法和修改草案中使用的直播、转播、交互式、单向式等技术性表述都被去掉，这样就使“远程传播权”保持了技术上的中立。

第四，这一重构方案具有充分的比较法依据。将广播权和信息网络传播权合并为一项“远程传播权”并非是标新立异，而是对多数国家成熟做法的借鉴。

第五，这一重构方案之所以将新的权利称为“远程传播权”，是为了将此项权利与那些控制将作品向现场公众传播的权利相区别，例如表演权和放映权。后两者权利虽然也属于广义上的传播权的范畴（即都是以无形方式传播作品），但它们都属于将作品传播给现场观众的行为。而“广播”和“网络传播”涉及的是将作品传播至远端供公众接收的行为，即属于非现场的远程传播行为。将合并后的权利称为“远程传播权”既是为了区别于现行立法已经存在的表演权和放映权，也是为了与国际公约保持一致。

五、结论与展望

1997年世界知识产权组织刚通过WCT时，郑成思教授就曾预言：“将来，随着受网络服务影响而比重越来越大的听（观）众点播广播服务的发展，这点（广播与网络）不同之处可能将被冲淡。”[②] 三年多前，笔者也曾撰文提出，随着传播技术的发展，传统广播电视系统与互联网之间的界限将会越来越模糊，在两者最终达到融合的状态时，广播权将会被信息网络传播权吸收而形成涵盖范围更广的新权利。[③] 而今，这一时代已经到来，这就是三网融合时代。三网融合时代的特征是传播技术的融合，传播技术的融合会导致传播行为的融合，而传播行为的融合必然导致传播权利的融合。面对三网融合时代的到来，顺应技术发展趋势，借鉴国际立法的成熟经验，打破现行立法在广播与网络之间存在的“壁垒”，构建一个包容广播权和信息网络传播权的“远程传播权”应当成为我国著作权立法未来的发展方向。

（原载《法律科学》，2013（1），本文有删节。
作者单位：西北政法大学）

电视节目版式版权保护之法律困境和进路探索[④]

黄小洵

2001年，第一个欧洲电视节目版式版权协会在法国戛纳成立。这是一个在版权纠纷各方之间起斡旋、协调作用的民间机构，而非具有法律权限的官方机构。随后，英国、荷兰、美国等国家的电视台开始授权别的国家电视台模仿自己的节目形态并从中收取高额的许可费。如果对电视节目版式不给予法律保护，那这种授权的权利来源是什么呢？如果给予保护，又该采取何种方式进行保护？这在法律

① Andrew Christie，Eloise Dias，The New Right of Communication in Australia，*The Sydney Law Review*，Vol. 27，2005，pp. 237-241.

② 郑成思：《两个新的国际版权条约评介》，载《外国法译评》，1997（4）。

③ 参见焦和平：《论我国著作权法上“信息网络传播权”的完善》，载《法律科学》，2009（6）。

④ 本文系国家社会科学青年基金项目“生物企业技术创新中的知识产权策略研究：基于创新‘接力’过程的博弈分析”（项目编号12CGL016）和成都市科技局软科学项目“成都市现代生物技术企业知识产权策略研究：基于技术创新的视角”（项目编号12RKYB029ZF）的研究成果。

上仍是一个难题。

一、电视节目版式的概念

电视节目版式又被称为电视节目形式或模式，在传媒学中还将之称为电视节目形态。电视节目形态是动态表述，强调的是动的流程，而电视节目版式更着重静态的陈述，主要是与报纸、期刊、杂志等出版物的装帧版式相对比而言。法律意义上的电视节目版式应当具有高度概括性、准确性和易用性。目前电视节目版式并没有一个被普遍接受的定义，各国司法判决和学术界试图对此进行界定，但各执一词，难以统一。由于立法上并没有明确的法律定义，法院在对相关争议案件进行判决时就需要对电视节目版式给予界定。国家法院对电视节目版式的定义也莫衷一是。英国枢密院司法委员在格林诉新西兰广播公司一案中，认定版式是每次演出中不断重复的表演的特殊性质综合。德国高院在 Sendeformat 一案中，对版式做了更为明确的描述："电视节目版式就是指整体特征，这些特征能够构成一种常规模式，形成一个单独的节目。让观众轻易辨识出一次播放，而不受节目自身内容变化的影响。电视节目版式属于系列电视节目的组成部分。……作为一个准则，电视节目版式是一种方案，即一套演出说明或指导一套相似电视广播说明的一般性框架。"①

电视节目版式应当是由系列节目中不变的固定因素构成，可以不断重复的基本框架，正因如此，电视节目版式有时会显得比较模糊和抽象，故常被视为是一种思想层面而非表达层面的创意。因此，在普遍认为电视节目中的表演应给予保护的同时，在电视节目版式应否给予版权保护的问题上，各国的司法态度显得比较暧昧。

二、司法实务对电视节目版式保护的考量——以电视节目版式域外判例为视点

关于版权保护对象，无论是英美法系国家还是大陆法系国家法律规定都是一致的，即保护的不是思想而是思想的表达形式。但是在许多情况下，思想及其表达的分界点并非十分清晰。电视节目版式是否属于版权保护对象，从著作权法对作品的保护要件来看，关键是要判断它究竟属于思想还是思想的表达。而恰恰是思想—表达两分法这个最基本的标准，使得各国法院在对相关电视节目版式争议判决时带有一种疑义。

（一）英美法系国家有关电视节目版式的判例

英国第一起有关电视节目版式的案件是 1979 年的"Green v. Broadcasting Corporation of New Zealand"案。Green 是英国电视问答比赛秀节目"机会来敲门"（Opportunity Knocks）的作者和制作人，他认为新西兰广播公司制作的同一名字的节目构成了对自己节目的名称、脚本和节目的戏剧形态的侵权。但是英国枢密院司法委员会认为节目脚本不能获得文学作品的版权保护，因为版式不符合版权作品所要求的必要因素。脚本仅表述的是一个通常的想法和概念，而抽象的思想不属于版权保护对象。另一方面，枢密院司法委员会还认为该节目版式是由那些彼此间不相关的要素组成，每次节目相互孤立，资料每次更换，不符合戏剧作品要求的能够表演的足够统一性。②

但发生在 2010 年的"Meakin v. BBC"一案，英国高等法院的裁决却显示了英国法院对这个问题态度的变化。在此案中，Meakin 起诉 BBC 在其录制播出的电视智力游戏类节目"Come and Have a Go"侵犯自己"三个点子"的版权并且使用与自己点子相关的信息违背了保密义务。Meakin 诉称自己的点子构成了文学戏剧作品，这些点子首次建议家中和演播室的竞赛者可以使用电话或其他交互方式积累分数来赢得现场电视智力问答奖。对此主张，本案的审理法官首先认定关于"三个点子"的文本是属于文字戏剧作品且享有版权。但是在判断是否构成侵权时，法官认为原告提出的这三个点子仅是相当高抽象程度的常规的想法，而且在电视游戏类节目的领域，这种节目版式设计想法很普遍。因此被告播放的节目相似环节并没有构成侵权。尽管该案经简易审理被裁决 BBC 未侵权，但是在裁定书中法官承认了对电视节目版式陈述的脚本可以作为作品保护。

无独有偶，因为电视节目版式相似而引起的争端近几年在美国也时有发生，从"CBS 广播公司诉 ABC 公司"一案中可以看出美国法院的态度也逐渐向英国法院靠近。此案中《幸存者》的制作人 CBS 广播公司并没有成功阻止竞争对手 ABC 公司播放《我是名流（Celebrity）……让我离开这儿》节目。《幸存者》包括 16 名在恶劣环境下为争夺 100 万美元大奖而彼此竞争的竞赛者。《名流》则以 8 个小有

① Ute Klement, Protecting Television Show Formats under Copyright Law—new Developments in Common Law and Civil Law Countries, European, *Intellectual Property Review*, 2007, 29 (2), pp. 52-60.

② Green v. Broadcasting Corporation of New Zealand, [1988] 2N. Z. L. R. 490 (CA).

名气的人在雨林中勇敢经受苦难作为节目元素。纽约区法院法官 Preska J. 在审理本案时对两个节目的构成因素进行比较认为虽然两个节目的构成要素有相同之处，但这些要素本身是真人游戏类节目构成的一般因素，而对这些要素经过筛选设计后呈现的整个节目而言两者是不同的。所以 ABC 有权播放 Celebrity。[①]

从后两个案件判决意见中可以看出，英美法官均认为电视节目版式是由不同的要素结合构成的，这些要素的合成使电视节目版式呈现了与其他节目不同的样态。电视节目版式中不变的要素使得电视节目版式虽然每次在具体内容上有所差异，但是基本框架是不会发生变化的。在英美国家，要求受到保护的作品必须是固定的，因此以脚本将构成要素固定下来就成为了电视节目版式的书面形式。

（二）大陆法系国家有关电视节目版式的判例

与英国版权法不同，德国版权法采取列举和抽象定义的方式。根据德国版权法的规定，个人智力创作是构成作品的必要条件。独创性要求作品必须由个人独立创作完成并且达到最低的创造性高度。虽然德国版权法仍然只保护思想的表达形式，但却并未要求作品必须是固定的。在1981年的 Quizmaster 案和2003年的 Sendeformat 案中，德国最高法院对电视节目版式能否受版权保护做出了判断。

在 Quizmaster 案中，名叫“Dalli Dalli”的电视游戏节目的主持人向法院主张他应作为表演艺术家而受保护，德国法规定要获得表演艺术家身份，须该人所表演的作品受版权保护。德国高院在裁定电视节目游戏文本受保护的同时附带对整个系列能否受保护给出了一定考量，在裁定中法官特别指出“将音乐、歌曲表演、舞台布置、报告、会面、介绍宣布以及游戏主持活动融合在一个娱乐广播中通常缺乏形式结合的统一性。只有每次单独的表演可能具备一个作品的特性”。而在 Sendeformat 一案中，法国一个内容涉及儿童的电视节目起诉德国一个同类型节目侵犯自己的版权。但德国高院认为电视节目版式和虚构系列节目不同，后者通过连续故事情节的内容构成了属于自己的虚构世界。但是电视节目版式仅仅是对同一类节目的形式做一般的指导或构成一个框架，而非和具体内容连接。版权保护的是思想的表达形式，因此法国的电视节目版式不能取得版权保护。[②] 就德国高院的观点来看德国法院对电视节目版式的保护持否定态度，但是这种观点在近几年遭到了强烈的批评。

三、电视节目版式保护之法律困境

因电视节目版式引发版权争议有两种情况：一是电视节目版式创作者和制作人之间的争议；二是竞争电视台之间互相抄袭电视节目而产生争议。在第一种情况下节目创作人往往会给制作人提出一些节目方案甚至仅仅是一些点子的组合，由制作人根据这些节目方案编排制作具体节目。基于电视行业自身的特点，创作人的节目方案和变成具体的电视节目之间还是有所不同，那节目创作人的点子能否构成作品呢？“Meakin v. BBC”一案中英国高等法院法官认定关于“三个点子”的文本是属于文字戏剧作品且享有版权。这里法官的观点认同创作人“点子”构成了作品，且因为英美法系保护的作品要求须为固定形式，所以对“点子”的保护体现为对“点子”文本的保护。这里的“点子”实际只是构成电视节目的某个要素，本案法官的判决体现了将电视节目分割成数个独立部分，对每个独立部分分别作为一个作品的观点。这与新西兰上诉法院法官在1979年“Green v. Broadcasting Corporation of New Zealand”一案中的意见是完全不同的，在后一案中，新西兰上诉法院法官强调对电视节目应当作为一个整体来看而不能将其分割为数个独立部分分别对待。按照后者的立场，在判断某一电视节目是否对创作人构思构成侵权时，创作人往往处于不利地位。因为电视节目版式是由数个要素构成，如果这些要素中的大多数是一般节目普遍要素，只有极少数是创作者的创新，那就节目整体而言也很难视为侵权。

我国著作权法并没有能够直接给出作品与其他成果相界定的标准，但《著作权法实施条例》第二条规定：“著作权法所称作品，是指文学、艺术和科学领域内具有独创性并能以某种有形形式复制的智力成果。”由此推导出作品的构成要件主要包括：某种表达形式、独创性和智力成果。这三个条件须同时具备方能成为著作权法所指作品。缺乏其中之一则不能受到著作权法的保护。版权保护的是思想的表达而非思想本身。但思想的表达和思想的区别界限在何处，在某些情况下却缺乏一个显而易见的判断标准。思想可以混合于表达之中。就电视节目版

① CBS Broadcasting Inc v. ABC Inc，02 Civ. 8813（LAP）（S. D. N. Y. 2003）at LEXIS.

② Ute Klement，Protecting Television Show Formats under Copyright Law—new Developments in Common Law and Civil Law Countries，European，*Intellectual Property Review*，2007，29（2），pp. 52-60.

式争议而言，权利人主张自己的权利往往立足于自己对这个节目版式具有一定的创新，是基于一种市场竞争的目的而言。但如果法官认定电视节目版式不属于表达，即使思想上再有创意也不可能受到著作权法的保护。电视节目版式属于思想还是思想的表达呢？不同判断基础结论也是不同的。这些矛盾的结论正体现了“思想—表达二分法”的判断方式看起来似乎客观，但事实上却往往是主观的特点。当法官认为诉争对象不应予以保护时，就把它解释为思想；而当认为诉争对象应当受到保护时，就把它解释为表达。这导致了电视节目版式保护上的司法困境。因为对电视节目版式法官的主观差异如此之大以致很难达成一个统一的结论，致使电视节目版式保护争议的处理结果是如此之不同。

早期的英国司法判决认为电视节目版式的脚本是对通常想法的描述，且电视节目不构成表演的统一性因而属于思想而非表达。但是近期欧美的司法判决对电视节目版式的脚本却有承认其不属于思想而是属于表达的趋势，判断某个脚本属于思想还是表达的关键在于脚本的叙述究竟是抽象的还是具体的。如果脚本描述内容是抽象而模糊的，则此时有关节目框架的陈述属于思想范畴。反之，当脚本描述非常具体清晰，则电视节目版式就属于表达层面。这一点在2008年比利时布鲁塞尔一审法院审理“超级冠军（Super Champs）v. 永恒的荣耀（Eternal Glory）”一案的判决书中清楚地体现出来。此案中，原告的节目是由10名来自不同领域的顶尖运动员竞争全能型最强的位置，而被告的节目则是由11名前专业运动员生活在一个独立的别墅中，通过一些测验来竞争，以发现谁是最全面的运动员。法官最后裁决侵权不成立，一个重要的理由就是原告的脚本文件只是列举了一些想法和游戏，没有具体生动的内容。没有足够的具体内容，就不能被认为是版权保护的形式。即使这些想法有独特性可以被当作不同电视节目的基础，模糊的表述也不能使这些想法得到保护。①

就电视节目版式本身而言，它是由诸多要素构成而形成的一个动态框架。在这个框架下，构成要素似乎是不变的但具体呈现的时候每次又是不同的。如果把电视节目版式比作一个文学作品，电视节目版式构成要素就好比文字作品中的结构和情节，结构和情节通过文字描述来体现，而电视节目版式的构成要素则是通过脚本的文字描述表现。在美国传统版权理念中，结构和情节作为表达的基础构建往往归入思想而不能受到保护。但是英国的一些判例表明，如果某部作品的结构和情节具有独创性，而他人借用了这一独创性的结构或情节，尽管没有使用原作的语言，仍被认定为侵权。② 可见，将情节和结构作为思想的判断也并非是唯一结论。电视节目最终呈现在观众面前的是一系列动态环节组合而成的立体表演。电视节目版式不是每一次节目表演的剧本，而是一个系列节目表演的指导框架。因此每一期节目可能主持人、节目流程和环节虽基本相同，但包括主持人对白、节目参与人及节目表现等内容所呈现的具体情节却又是不同的。由这些不同但固定的要素组合而成的电视节目版式应作为作品受到保护。但并非对电视节目版式的文字陈述就一定属于作品，是否满足作品要件还需要根据具体内容判断。

四、电视节目版式法律保护进路

（一）整体保护原则

电视节目版式是对节目表演结构的总概述，这往往是以脚本体现出来的。虽然每次的具体对话、动作是不一样的，但是电视节目的演绎规则、节目流程、板块组合、节目风格等内在的结构性要素却是不变的，如果这些不变的要素已经构成了基本框架，依此架构即可不断重复进行表演，对这个框架进行具体描述的脚本显然可以视为一种表达。由于结构性因素本身常被认为是表达的基础构建，所以某些环节的创新被认定属于创意层面，原则上不能单独受到保护的观点可能更为适当。因此对电视节目版式的保护不应将构成电视节目的各个因素分立出来分别保护，而应当对整个电视节目版式予以整体保护。如果仅是节目中某个环节相似，不能认定为复制。当然对能够脱离电视节目版式而独立存在的部分，可以作为被分割作品给予专门的保护，比如节目中使用的音乐等。

电视节目版式的保护是通过对电视节目脚本的保护体现出来的。给予节目事实内容的保护有可能对信息的自由传播造成一种威胁，为了避免保护版式可能导致的对某种娱乐形式的垄断，只有那些包含具体文本内容的文件才能受到版权保护，文本表述比较抽象、简单，或仅是就游戏规则进行直接概

① International Law Office，Protecting Television Format Rights，http://www.internationallawoffice.com/newsletters/Detail.aspx? g = 963bd546-8955-4034-a1ce-8dd1d287c085，2012-03-01。

② 参见李雨峰：《著作权的宪法之维》，154页，北京，法律出版社，2012。

述，则不能给予版权保护。

（二）版权保护和其他相关法律竞合保护方式

以版权方式保护电视节目版式，是电视节目版式保护的主要方式。为了使电视节目版式获得更完整的保护，应允许电视节目版式进行版权登记。对电视节目版式能否作为作品予以登记，在我国实务界也存在争议。2011年《梦想成真》制作方在申请版权登记时遭到拒绝。这显然是值得商榷的。根据我国著作权法，作品不需要登记自创作完成之日起即应该享有著作权保护，但是登记有利于权利人更好地主张自己的权利。电视节目版式如果满足作品的要求当然应该允许登记，关键是登记的电视节目版式书面内容。对电视节目的信息越详细，就越可能被视为作品而受到保护。因此对电视节目和节目构成要素予以清晰的描述是必需的，一般来看一个电视节目版式文本应该包括以下要素：标题、示例脚本、主要人物及其名称和特征、节目设置、主要道具、主持人角色、打算使用的标语、专业人员参与的角色、所有参与其中的公众角色、电视节目运行的不同章节和顺序、节目的长度等。

除版权保护之外，电视节目版式还可以寻求其他法律保护。对电视节目栏目的名字可以注册为商标，可以和节目一起受到反不正当竞争法的保护。如果其他竞争者盗用该名称，或者在节目编排上完全盗用他人节目编排，使观众认为两个节目相同并在收视上造成可替代性，那后者的行为就应当视为一种盲目的复制，构成了不正当竞争行为。对于与制作节目相关的具体情节可以通过商业秘密的方式给予保护。因此，对电视节目版式的保护可以以版权保护模式为核心，同时以反不正当竞争法和商标法等其他相关法律为补充。

（原载《北方法学》，2013（4），本文有删节。
作者单位：电子科技大学政管学院法律系）

论字库中单字的美术作品性质

——兼评方正电子诉上海百味林及沃尔玛侵犯著作权案

姚兵兵　卢　山

一、案情回顾

南京市中级人民法院经审理查明，2010年6月30日，国家版权局就原告北京北大方正电子有限公司（以下简称方正电子公司）申请登记的“方正喵呜体”，颁发2010-F-028702号《著作权登记证书》。被告上海百味林食品有限公司（以下简称百味林公司）生产，被告沃尔玛华东百货有限公司南京新街口分店销售的“苏式话梅”、“广式话梅”、“盐津半话李”、“盐津橄榄”食品包装上商品名称所使用字体笔画特征，与方正喵呜体设计稿打印件中“苏、式、话、梅、广、盐、津、半、李、橄、榄”11字，区别仅体现在大小及颜色上，其余均相同。

南京市中级人民法院经审理认为，涉案喵呜体字库中的每个单字都采用经过设计者设计的线条和结构，体现设计者创意思想的具体表达方式，这个过程凝聚着设计者的智慧和创造性劳动。与现有美术字书体相比，喵呜体具有独特的艺术效果和审美意义，体现了设计者的独创性。被诉侵权产品商品名称中所使用的“苏、式、话、梅、广、盐、津、半、李、橄、榄”11字，经庭审比对与方正喵呜体字稿及字库中相同汉字的笔画、结构特征，除大小、颜色外其余均相同。被告百味林公司认为其使用的字体后有阴影部分，与方正喵呜体字库中对应的汉字不同。法院认为，如上所述，被告在使用涉案“苏、式、话、梅、广、盐、津、半、李、橄、榄”11个汉字作为商品名称使用时，虽在字体背景上添加了阴影部分，但并未改变汉字的笔画、结构特征。因此，被告百味林公司未经原告方正电子公司许可，在其商品名称中使用了原告方正电子公司享有著作权的喵呜体字库中“苏、式、话、梅、盐、津、半、李、橄、榄”10字，侵犯了原告方正电子公司对此所享的美术作品复制权、获得报酬权，应承担相应的侵权法律责任。遂判决：（1）被告百味林公司自本判决生效之日起停止使用并销毁带有原告方正电子公司享有著作权的方正喵呜体“苏、式、话、梅、盐、津、半、李、橄、榄”10字的产品名称标识和包装装潢；（2）被告百味林公司自本判决生效之日起10日内，赔偿原告方正电子公司经济损失计人民币3万元。

二、简要评析

（一）书法作品是受著作权法保护的美术作品

书法作品无疑是受我国著作权法保护的美术作品，书法是中国传统文化的瑰宝。中国书法三千年的发展轨迹，经历了甲骨文、大篆、小篆、隶书、草书、楷书、行书等几个演变阶段。在书法语境下，其中的篆、隶、草、楷、行就是通说的字体。其中的一种或几种字体因书写者艺术成就和艺术风格影响力等原因，习惯上称某某体，如众所周知的唐代著名书法家欧阳询、颜真卿、柳公权书写的楷书、行书等书法作品，俗称为“欧体”、“颜体”、“柳体”。这里所指的欧体等不是字体而是书体。字体是固定的，而书体却是无穷尽的。

书法是汉字的书写艺术，是把线条按一定规律组合起来塑造出具有审美意义的平面造型艺术。其中的线条就是通说的点、横、撇、捺等基本笔画，平面造型就是由基本笔画构建的汉字间架结构。具有审美意义的书法作品是线条美和结构美相得益彰的智力成果，书法家的创意和情感通过汉字的线条和结构以特定形态为表达方式。因此，书法作品受著作权法保护的要素是直接体现为构成“表达”的汉字线条（即笔画）和结构。

美术字是经过加工、美化、装饰而形成的文字，是一种运用装饰手法美化文字的一种书写艺术。美术字的源头是宋体字，是我国唐宋时期由于雕版印刷术的发明和社会对书籍需求的增长，要求刻工必须更快、更好地完成雕刻印版的任务，由楷书逐渐演变的一种便于雕刻又兼具书法和木板刀刻韵味的专门用于雕版印刷的书体。宋体字发端于唐宋，成熟于明。所以在东邻日本又称之为“明朝体”。美术字与用毛笔书写的书法作品既有共同之处又有区别。共同之处在于：两者都是美化汉字的书写艺术；区别在于，除书写工具不同外，两者的书写方式不同，审美标准不同。对于一个单字或一件作品，书法家每次书写都不可能一样。而美术字则不同，适于印刷使用的美术字强调的就是整齐划一，每个字的笔画特征、重心相同。所以对于相同的单字，每一次的描绘，基本上（或完全）都是相同。

（二）用于字库的单字特点

用于字库的美术字，不仅要求每个单字赏心悦目，而且要求整篇文字的艺术风格都达到整体美观、和谐统一的艺术效果。因此，单字的创作、设计者需对汉字的局部与整体进行全面的把握。本文引用案例字库中的方正喵呜体，其笔画特点是：笔触模仿少儿水彩笔的特征，笔画两端稍圆，将字体结构适当调整，字面大小参差有致，重心高低错落，笔迹蹒跚，笔笔清晰，给人一种天真可爱之感。其表现的形态与公知领域的美术字的基本笔画相比具有鲜明特色。设计者在此基础上就其确定的艺术风格，对字库收录的每个单字根据笔画的多少，在既定的间架结构框架下，对每个单字的重心、空间划分、黑白对比进行合理的编排，然后根据字库中单字整体艺术风格须统一、协调的要求，对每个单字逐一进行适当的修正，使之从整体上体现设计者的艺术风格，实现设计者的创意和追求的完美艺术效果。由此可见，字库中的每个单字都是用经过设计者设计的线条和结构，体现设计者创意思想的具体表达方式，这个过程凝聚着设计者的智慧和创造性劳动。设计完成的喵呜体中的单字为追求自然亲切的手写感，将笔画设计得轻松随意，看似简单的线条，组合出的字体，在天真中显露灵气，愈看愈“萌”。整套字体如少儿初学写字，歪歪扭扭中蕴含着孩子的天真淳朴，与现有美术字书体相比，具有独特的艺术效果和审美意义，体现了设计者的独创性。

虽然美术字或计算机字库中的单字的创作难度和高度均无法与书法家用毛笔书写的书法作品相比，但我们不能因此就否定美术字或涉案喵呜体的独创性，关键是看美术字或涉案喵呜体整体的线条（笔画）和间架结构是否具独创性。特别是其与公知领域美术字相比所具有的不同特点，即表达的新颖性或表达的创新性，其受保护的要素体现为构成“表达”的符号和结构本身。

（三）字库中具有独创性的单字应受著作权法保护

美术字看似简单且宜于复制，但是设计一款具有创意并符合审美意义的美术字远非想象的那么容易。在现有上百种汉字美术字的基础上设计一款富有美感并被人们接受的美术字，就要求书体的设计人员具备一定的书法、美学、平面设计及相关学科的文化、艺术方面的知识和修养，具有较高的书法艺术审美水平和汉字分间布白的结构造型能力。美术字与用毛笔书写的书法作品一样，都要有艺术特色并具备吸引大众的视觉效果。分析计算机字体的独创性，应当关注该字体是否具备个性特征，是否明显不同于现有字体，而不应当孤立地追问其制作过程是否存在创作行为。一款字体只要具有特色鲜明的形体外观，而这种独特性是独立创作而产生的，就足以证明该字体具备了独创性。[①] 涉案字库中的每个单字都是用经过设计者精心创作、设计的线条（笔画）和结构，体现设计者创意思想的具体表达方式，这个过程凝聚着设计者的智慧和创造性劳动。创作、设计完成的喵呜体中的单字所表现出的艺术特征，与现有美术字字体相比，具有独特的艺术效果和审美意义，体现了喵呜体的个性特征，理应获得著作权保护。

（作者单位：江苏省南京市中级人民法院）

① 参见张今：《计算机艺术字体的可版权性》，载《人民法院报》，2011-10-12。

2013年著作权相关图书简介

《版权与文化产业国际竞争力研究》，蔡翔、王巧林等著，北京：中国传媒大学出版社，2013年12月。

本书提出如何提高中国文化产业劳动生产率的政策建议：（1）加大对文化产业的资金投入。（2）提升文化产业的技术水平。更多的人均资本投入会带来更高的人均产出，但要达到并保持较高的人均产出增长率，则必须不断提高技术水平，即维持较高的全要素生产率。这就要求相关企业加大投入，提升企业乃至整个产业的创新水平。只靠模仿和引进不会真正提高中国文化产业的技术水平。另外，通过教育和培训提升文化产业劳动力的素质也非常重要，这有助于增强整个产业的创新能力。从长期来看，只有较强的创新能力才能使中国文化产业的国际竞争力不断增强，劳动生产率接近乃至超过英、美平均水平，从而实现文化产业的持续发展和振兴。

《知识产权制度下的学术交流质量提升问题研究》，徐小钦著，重庆：重庆大学出版社，2013年12月。

知识产权制度产生以来，世界科技和经济的迅猛发展得益于知识产权制度的激励，但知识产权制度也影响了学术信息的有效传递，进而影响到科技经济创新能力的提高。本书在梳理知识产权制度和科技创新之间的关系基础上，对如何完善知识产权制度、促进科技创新进行了分析和研究，同时对知识产权制度与科技创新互动机理等问题进行了探讨。

《中国海关知识产权保护状况及备案名录》，海关总署政策法规司编，北京：中国海关出版社，2013年12月。

本书全面、系统地展示了海关2012年知识产权保护工作的整体情况，海关总署政策法规司希望通过本书的出版，提高海关知识产权保护工作的透明度，增加社会公众对海关知识产权保护制度和执法措施的了解和关注，提高社会公众知法守法的自觉性和知识产权保护的意识，同时为相关政府主管部门、法律工作者、知识产权权利人、从事进出口和相关加工生产企业、相关政府主管部门、法律工作者、知识产权权利人、从事进出口和相关加工生产企业、大专院校和研究机构提供一个全面、系统地了解和研究我国近期知识产权海关工作的窗口。

《中国知识产权年鉴2013》，国家知识产权局主办，北京：知识产权出版社，2013年11月。

本书是反映我国知识产权领域工作基本状况的大型资料性工具书，从2001年开始，每年出版一卷。2013卷反映的是2012年度我国知识产权工作的情况，2013年11月出版。本卷内容由“领导讲话”、“特约文章”、“概况”、“大事记”、“新闻百条”、“统计资料”、“评选和认定”、“法律、法规、规章及司法解释”、“典型案例”、“学术成果”、“知识产权出版物”11部分组成。

《知识产权保护的新思维——知识产权司法前沿问题》，孔祥俊著，北京：中国法制出版社，2013年11月。

本书结合新近发生的典型案例，针对知识产权领域的新问题，全面研究探讨知识产权保护和司法审判的新方法、新思路。如涉国际贸易知识产权案件的审理、反垄断民事诉讼的若干问题等。兼具理论性和实务指导价值。

《粮食安全与我国知识产权政策选择》，万志前著，北京：知识产权出版社，2013年11月。

粮食安全始终是关系国民经济发展、社会和谐稳定、国家安全自立的全局性重大战略问题。面临粮食安全大考，通过知识产权掌控粮食生产链的关键环节，赢得粮食生产主控权，对保障粮食安全至关重要。知识产权制度是保障一国粮食安全的重要政策支撑和参与农业国际竞争的必要政策工具。本书从跨学科的角度，揭示了知识产权政策关乎粮食安全这一主题；分析了作为政策工具的知识产权对粮食安全利弊两方面的影响；从国际、国外和国内三个层面评价了涉粮知识产权的法律政策；从激励创造、有效运用、依法保护、科学管理四个维度，提出了保障我国粮食安全的知识产权公共政策。

《上海法院知识产权审判新发展（第一辑）》，陈立斌主编，北京：知识产权出版社，2013 年 11 月。

本书全面梳理 2012 年上海法院知识产权审判工作，汇编成司法概况、精选案例、精选文书、审判研究和调研报告五个板块内容，全方位展示了 2012 年上海法院知识产权审判工作，可作为从事知识产权法学研究的第一手资料，也是中外人士了解上海乃至中国知识产权司法保护状况的窗口。

《著作权集体管理机制研究》，陈凤兰著，北京：知识产权出版社，2013 年 11 月。

著作权集体管理制度是现代著作权法制重要的组成部分。传统的著作权管理方式是著作权人自己行使权利，许可他人使用并收取版税。随着现代社会的发展，著作权使用人和使用方式日益扩大，著作权利人控制不了所有的使用，这就必然导致著作权人对著作权的个人管理越来越困难。因此，著作权集体管理制度就成为现代社会著作权管理的基本制度之一。与我国著作权集体管理制度相比较，发达国家的著作权集体管理制度已臻成熟，并在著作权领域发挥重要的作用。由于我国著作权集体管理制度建设刚刚起步，著作权集体管理组织尚不健全，导致在保护著作权人权益和促进文化传播方面显得力不从心。因此，面对知识经济浪潮，如何在借鉴国外经验的基础上，完善我国著作权集体管理制度，就成为当前著作权制度建设的当务之急。笔者认为，我国完善著作权集体管理制度进程并非轻而易举。究其原因，一是广大公众缺乏著作权意识；二是著作权集体管理组织与国家权力机构的关系异常；三是著作权人尚无发展真正自治组织的意愿和动力；四是相关法律制度尚未完善。

《开放型机构知识库著作权管理研究》，谷秀洁著，上海：上海交通大学出版社，2013 年 11 月。

本书全面回顾了 IR 兴起的背景，从知识产权法赋予的控制权、例外、IR 角色定位与利益相关者角度，分析了知识产权制度赋予的控制、开放和利益平衡机制，从而使 IR 著作权管理研究构筑在坚实的理论基础之上。作者以利益平衡原则为基点，从 IR 开放各类资源的利益相关者关系入手展开分析，抓住了问题的实质。

《知识产权——反观、妄议与臆测》，唐广良著，北京：知识产权出版社，2013 年 11 月。

本书是作者唐广良自 1987 年师从郑成思教授学习知识产权法以来对该领域的一些基本问题所形成的认知与体会的总结。与其他知识产权法学著作相比，《知识产权——反观、妄议与臆测》的突出特点是没有按照一般知识产权法学研究的体系和结构来撰写。作者试图从几个不同的视角加以展开，以期展示并分享其个人对与知识产权法律制度相关的几个关键性问题的理解、感悟、判断与预期。

《中国——影响知识产权保护和实施措施案（DS362 号）》，商务部条约法律司、上海 WTO 事务咨询中心编译，上海：上海人民出版社，2013 年 11 月。

为进一步加强争端解决案例的整理、研究和宣传，跟踪世贸组织法律规则发展动向，加强与国内各部门合作，推动国内更多专家学者研究掌握对中国参与的所有世贸组织争端解决案件裁决结果（包括专家组报告、上诉机构报告、第 21.5 条专家组和上诉机构报告、仲裁程序报告）进行全文翻译，按照“一案一书”、中英文对照形式，推出系列出版物。本书介绍了关于美国起诉我国对知识产权保护的某些措施的争议。

《从私法的角度规制知识产权滥用问题》，李艳著，北京：法律出版社，2013 年 11 月。

本书以私法的研究视角，针对知识产权滥用这一热点问题，深入探讨知识产权滥用的理论根源、知识产权滥用的表现形式和法律规制。主要涉及知识产权滥用法律规制的选择，提出私法规制知识产权滥用有其不可替代的益处。通过对知识产权滥用的条约、知识产权滥用的防止机制、滥用知识产权的执法程序以及平行进口中的知识产权滥用及驰名商标的滥用、防止对技术措施的滥用等问题的深入研究，进一步论证了用私法规制知识产权滥用的效力和作用。

《知识产权司法前沿（2012）》，上海市第一中级人民法院知识产权审判庭编，北京：知识产权出版社，2013 年 11 月。

本书内容包括司法概况、审判调研、理论研究和案例精选四个部分。司法概况部分全面总结了 2012 年上海市第一中级人民法院开展知识产权司法保护工作的主要做法和成效。审判调研和理论研究部分体现了该院知识产权法官对新类型案件、疑难案件、基础理论问题、审判前沿问题的研究和探讨。案例精选部分收录了该院知识产权法官对一系列新类型案件、疑难案件的相关判决。本书可供知识产权审判工作者、知识产权纠纷当事人及代理人、高等院校研究人员和广大师生参考使用。

《知识产权依法维权手册》，罗立新主编，北京：金盾出版社，2013年11月。

本书以通俗的语言、浅显的道理从认识知识产权入手，对著作权、商标权、专利权以及其他类型的知识产权进行了介绍，着重阐述了怎样进行著作权维权、商标权维权和专利权维权；收录了最新公布的中国法院知识产权司法保护十大案件、《中华人民共和国著作权法》、《中华人民共和国商标法》和《中华人民共和国专利法》。本书所述知识产权既涉及企业、机关团体，也涉及普通百姓工作生活的方方面面，是现代社会维护自己基本权益的法律依据。

《知识产权侵权诉讼疑难问题研究》，赵春兰著，北京：法律出版社，2013年10月。

知识产权侵权诉讼所涉法律问题复杂多样，我国相关理论研究总体上呈现关注点多、观点分歧多、研究内容不平衡等特点。本书以新修改的民事诉讼法为背景，主要对知识产权侵权诉讼的时效问题、管辖问题、共同诉讼问题、证据规则及专业技术事实的查明问题、诉前禁令问题、侵权诉讼损害赔偿问题、知识产权侵权诉调对接机制等疑难问题进行了深入系统的研究。

《企业技术创新与知识产权战略》，华鹰主编，北京：科学出版社，2013年10月。

本书全面系统地对企业技术创新与知识产权战略中的重大理论问题、技术创新链中各环节知识产权战略以及个案进行研究，提出了一系列具有新意的观点：企业技术创新与知识产权战略是一种互动关系，企业的技术创新应导入知识产权战略；关于企业技术研发中的七种创新策略；技术创新活动与专利战略构成价值链；关于"前端控制型"专利池构建与运作模式的理论框架；关于企业技术创新中的技术标准战略的四种模式；关于企业技术转移中存在的问题与对策。

《报纸版权问题研究》，刘海明著，北京：中国社会科学出版社，2013年10月。

本书从寻找报纸版权的合理性入手，首先从哲学角度进行了系统阐述。接着，针对我国报纸的版权具体问题，分别从转载与摘编、图片的版权、广告的版权、报纸作者的版权，以及报纸的版权保护意识和报纸版权的集体管理等六大方面进行论述，构成了报纸版权的研究体系。最后，提出解决我国报纸版权问题的建议：版权法律的困境与版权法律的完善，是解决报纸版权问题的出发点；报纸新闻的创新与新闻文化的创造，是衡量报纸版权多少的终极标准；报业人才的培养与人力资源的竞争，是推动报纸版权产生的原动力。

《著作权合理使用制度研究》（第三版），吴汉东著，北京：中国人民大学出版社，2013年9月。

合理使用是现代著作权法中的一项重要制度，在著作权研究中被美、日学者称为世界性难题。本书通过学说理论分析和制度规范分析，回答了合理使用领域中的一系列重要问题。作者以民法学理论为基础，借助法历史学、法哲学、法经济学、宪法学、比较法学，对这一问题进行多维角度的探讨，提出了著作权法的平衡精神、合理使用的正义构成、表达自由优先原则、使用者权利等新的理论命题和观点；同时，运用大量立法、判例资料，分析了合理使用中的"合理性判断标准"、传播技术中的合理使用规则适用以及我国著作权修法的合理使用方案等，在实务研究中评介了国际经验和中国做法。本书是中国第一部关于合理使用研究的著作权专著，其研究方法与学术观点在知识产权界和学术理论界产生了重要影响。

《著作权法研究——国际条约、中国立法与司法实践》，吴伟光著，北京：清华大学出版社，2013年9月。

本书从国际公约到中国立法与司法实践的维度，以及从法理、立法与司法的维度两个方面对中国著作权法律制度进行了系统研究和讨论；其中包括对国际公约、国外立法例以及中国立法和相关司法判例的研究、分析和比较。并且从经济、社会和政治的角度对著作权法制度进行了历史发展层面的分析和研究，从而为读者提供一个有机的和立体的著作权法制度研究成果。本书还对著作权制度中的一些重点和热点问题进行了分析，包括著作权保护的客体、作品的独创性、中文字体的著作权保护、民间文学艺术作品、著作权的限制与例外、权利集体管理制度以及侵权的民事责任和赔偿具体内容等。

《著作权法》，潘灿君著，杭州：浙江大学出版社，2013 年 9 月。

本书结合案例详细论述了著作权法的各个方面，主要内容包括著作权法律制度概述、著作权客体、著作权主体、著作权内容、邻接权、著作权的利用、著作权的限制、著作权集体管理、著作权侵权与救济、计算机软件法律保护、网络著作权、民间文学艺术法律保护、著作权国际保护等 13 个方面。

《数字版权保护技术与应用》，张立等编著，北京：电子工业出版社，2013 年 9 月。

本书以内容产业和版权制度为大背景，以互联网和数字技术为主线条，介绍了数字版权保护技术的各种要素及其相互关系，及数字版权保护技术在内容产业中的具体应用。本书在全面介绍数字版权保护技术的同时，对其局限性和未来趋势也有所探讨。

《中小学知识产权教育读本——创作与版权》，冯宏声撰文，北京：知识产权出版社，2013 年 9 月。

在这本书中，我们将学习《中华人民共和国著作权法》及相关法律、法规的基本内容，学习版权保护与版权应用的基本知识。我们将了解法律意义上“作品”的基本要素；了解一部作品如何才能进入法律保护的范围；了解法律赋予作品创作者、作品传播者的各项权利以及如何保护自己的版权。通过学习，帮助我们掌握版权知识，思考如何用版权来创造财富、创造文明、创造未来。

《无形财产权基本问题研究》（第三版），吴汉东著，北京：中国人民大学出版社，2013 年 9 月。

发展到如今，当初主要包括著作权、专利权和商标权的知识产权已经不能涵括最近出现的各类新型权利。由于存在一些无法用知识或创新予以解释的客体，因此，吴汉东教授提出“无形财产权”的概念以建立一个大于知识产权的理论制度体系。这一理论体系的提出无论对知识产权法还是对所谓的物权法、财产法甚至整个民法的基本理论和制度都提出了巨大的挑战，吴汉东教授的这本著作由此确立了其在民法和知识产权法基础理论研究中的重要地位。本书总分论相结合，其总论部分的内容相当充实，奠定了整个理论的基础；分论部分按照体系的划分，基本上将目前已经出现的各类无形财产或无形财产权都囊括其中。

《知识产权边境保护制度原理与实案》，朱秋沅著，上海：复旦大学出版社，2013 年 9 月。

在创新驱动、转型发展的战略指引下，知识产权边境保护已经成为国家知识产权战略和知识产权保护机制的重要组成部分。本书按照从理论到实务、从宏观到微观、从实体到程序的思路，以理论探索和案例分析讨论相结合的方式和新颖的视角，分别阐述和探析了知识产权边境保护的基础理论、实体制度、程序制度和疑难问题，并对此领域中的前沿与热点问题进行了深入的探讨。

《自由贸易协定知识产权条款研究》，杨静著，北京：法律出版社，2013 年 9 月。

本书对知识产权条款在自由贸易协定中的缘起与生成、规律与趋势进行了探析，试图观察、分析、评价自由贸易协定知识产权之制度旨趣、秩序主张和价值取向，揭示塑造知识产权国际保护制度的主体、力量、作用机制与具体作用过程。本书深入微观层面对主要自由贸易协定中的总则、版权、专利、商标、地理标志及知识产权执法条款进行了梳理、解读和比较，也从宏观层面对自由贸易协定知识产权保护进行了定量分析和定性评价。在对策部分，分析了发展中国家应对 TRIPS—plus（知识产权协定递增条款）扩张的策略，并从总体目标、基本原则、模式选择和具体框架等方面对中国自由贸易协定知识产权制度安排进行了构想，提出了中国自由贸易协定知识产权范本建议稿。

《种子企业知识产权战略：理论、实证与协同发展》，陈燕娟著，武汉：武汉大学出版社，2013 年 8 月。

本书通过对国内外种子行业发展现状、种业知识产权保护现状以及我国种子企业的知识产权综合实力进行重点分析，探讨如何围绕种子企业知识产权构建能够形成可持续竞争优势的企业发展战略，基本研究结论如下：第一，种子企业发展呈现出围绕知识产权构建核心竞争力的重要特征。第二，我国种子企业知识产权创新和运营能力不足。第三，全面提升知识产权综合能力成为种子企业发展的迫切要求。第四，国际化、战略联盟和后向一体化三大战略方向是中国种子企业当前的优先战略选择。第五，知识产权与种子企业战略协同发展是缓解当前我国种业安全危机的有效途径。

《图书馆数字资源版权管理实践与案例》，吕淑萍等著，北京：北京图书馆出版社，2013年8月。

本书的最大特点与创新之处在于能够从图书馆实际业务工作出发，在严格遵循现有版权法律框架的前提下，探讨数字资源建设与服务中版权问题的解决方案，具有较强的针对性和实践性。书中引用了大量图书馆版权管理的相关案例及有关司法判例，在翔实的资料基础上进行系统深入的分析，对于图书馆在数字资源建设与服务中更好地避免侵权风险和维护自身合法权益具有重要的借鉴意义和较高的实用价值。

《数字版权保护技术及应用》，冯柳平编著，北京：电子工业出版社，2013年8月。

本书重点讲述数字版权保护技术及其应用。全书共分9章，包括数字版权管理技术、加密技术与数字签名技术、数字水印技术、数字指纹技术、DRM标准、权利描述语言、DRM应用、印刷品防伪技术、抗几何攻击的数字水印算法等内容。

《中美知识产权三十年》，黄宇蓝著，南宁：广西人民出版社，2013年8月。

改革开放以后，中国保护知识产权制度逐步发展起来，并向国际先进水平靠拢。在中国发展知识产权制度的同时，美国就知识产权问题一直在向中国施压。由于美国国内经济发展的需要和政治形势的需要，中美意识形态不同以及中国知识产权发展的阶段性和局限性，中美知识产权纠纷一直伴随着中国知识产权制度发展至今。但从客观角度来说，美国的压力也促进了中国知识产权制度的发展。知识产权争端一直是中美关系、中美经贸关系中长期存在的问题。本书梳理了1979—2009年30年间中美知识产权纠纷，以历史材料整理为主，着重整理了主要谈判过程中双方立场、协调的过程，用历史的研究方法阐明了中国自身发展与外来因素的交互作用。

《知识产权法案例研习》，来小鹏、李玉香编著，北京：中国政法大学出版社，2013年8月。

随着我国知识产权综合发展水平逐年提升和法学教育事业的迅速发展，知识产权法学案例教学和案例研究越来越受到关注。通过案例教学和研究，能够培养学生发现与提出法律问题的能力，提升学生对立法和司法适用的深入理解，提高学生的综合分析能力和解决问题的能力，激发学生的思考、辩论、演讲、应变等能力，同时可以加强学生相互之间的交流与合作。研习案例的基本方法要求学生能够运用所学的基本知识和理论，分析研究具体案件的性质、涉及的相关法律关系及效力、现行相关立法的规定以及法律的正确适用，寻求案件得以客观、公正处理的途径和方法，并取得良好的社会效果。

《中国古代图书著作权研究》，李明杰著，北京：社会科学文献出版社，2013年8月。

本书基于丰富翔实的文献资料，在前人既有的研究基础之上，以中国古代著作权形成的内在发展逻辑为主线，即沿着“著作权保护意识—著作权保护活动—著作权保护制度”的发展过程，详细地描述和解读了中国古代各个历史时期围绕图书创作、发表、复制和利用各个环节产生的种种著作权现象；从经济性、学术性、技术性、法制性四个方面重点总结了中国古代图书著作权保护的各种不同形式和方法，并分析了中国古代未能产生成文著作权法的深层次原因，从而展现了一幅宏阔的中国古代图书著作权发展的历史画卷。本书立论清楚，逻辑严密，史料翔实，具有相当的学术价值。

《知识产权专业英语》（第二版），厉宁、周笑足编著，北京：知识产权出版社，2013年8月。

本书为高等院校知识产权专业教育的英语示范教材。全书分为32个单元，共收录涉及知识产权内容的英文文献56篇，以阅读理解为主，辅以专业词汇、文章注释，全面介绍了知识产权的基本理论、相关法律和组织、专利申请文件的撰写与阅读、知识产权学术交流英语和国家知识产权发展战略的研究等内容；每一单元介绍一个主题，文后附有口头和笔头练习，便于读者加深对原文和专业问题的理解。

《美国知识产权法原理》（第三版），［美］谢尔登·W·哈尔彭、克雷格·艾伦·纳德、肯尼思·L·波特著，宋慧献译，北京：商务印书馆，2013年8月。

本书分为版权、专利与商标三大部分，全面阐述博大精深的、以判例发展起来的美国知识产权法。本书将其制度与理论融会贯通，将成文法、判例与学说铸成一体，既简明扼要，又面面俱到；既有我们惯常所见法学通论或教材类著作的系统性，又将美国特色——判例法融汇在其系统性的框架中，同时避免了传统法学教材抽象、空洞的缺陷，以及烦琐的案例材料汇编的堆砌、隔膜，是一部了解美国知识产权法的精要读本。

《企业 IPO 知识产权风险防范与纠纷解决》，刘明俊、操乐龙、史迎春、刘曦雨著，北京：法律出版社，2013 年 7 月。

本书主要以企业在上市过程中发生诉讼后如何解决以及相关风险为主题，从证券市场相关诉讼的典型案例出发，进行深入探讨分析，力图从这些典型案例中找到拟上市公司遭遇诉讼时如何防范和处理风险的一般性规律和策略、技巧。而拟上市公司在上市进程中，不可避免地会遭遇到投诉、纠纷甚至诉讼，本书对于疲于应付这些纠纷诉讼的企业投资人和高管而言，有一定的借鉴价值。本书从商标权、专利权、著作权和商业秘密四大类别着手，全面介绍企业在上市过程中可能遭遇的各类知识产权纠纷，并从实战角度，对近年发生的有影响的知识产权案件所包含的法律问题、应对思路与处理策略进行了分析。

《中国知识产权指导案例评注（第四辑）》，奚晓明主编，北京：中国法制出版社，2013 年 7 月。

每年“4·26 知识产权宣传周”期间，最高人民法院在各高级人民法院推荐的基础上，向社会公布中国法院知识产权法保护 10 大案件和 50 件典型案例。本书涵括 2011 年中国知识产权司法保护案件和典型案例，以及解读评析。含专利权侵权、著作权侵权、商标权侵权、不正当竞争、技术合同、植物新品种、专利授权确权、商标授权确权、知识产权刑事等，几乎涉及知识产权领域的所有典型疑难问题。

《最高人民法院知识产权审批案例指导（第五辑）》，奚晓明主编，北京：中国法制出版社，2013 年 7 月。

每年定期发布的知识产权案件年度报告，已成为最高人民法院指导知识产权审判工作的重要载体和社会公众了解最高人民法院知识产权审判发展动态的重要渠道，并日益受到社会的普遍关注和有关方面的高度重视。案件年度报告在明晰法律规则、指导审判实践、统一法律适用方面的作用和意义也越来越大。本书包含最高人民法院知识产权案件年度报告（2012）及其所涉及的 34 个典型案例裁判文书全文，共归纳出 37 个具有普遍指导意义的法律适用问题，总结和梳理了最高人民法院在知识产权和竞争审判领域处理新型、疑难、复杂案件的审判标准、裁判方法和司法政策。

《中国著作权法律百年论坛文集》，刘春田主编，北京：法律出版社，2013 年 6 月。

著作权法律一百年，这是一个重要的里程碑。2010 年 10 月，中国人民大学和中国法学会、中国版权协会在中国人民大学隆重举行了“中国著作权法律百年国际论坛”。来自十几个国家和地区的百余所著名大学和研究机构教授学者、外国驻华使馆知识产权专员、外国驻京商会代表、世界 500 强企业驻华机构知识产权总监以及国内政府部门、司法机关、知识产权协会、出版机构等单位的 400 多名代表出席了论坛。本文集收录了国内外专家学者提交本次论坛的大部分论文，既为本次盛会留下了宝贵的文本记忆，也让未能与会的读者能够了解中外专家学者们对中国著作权制度的过去、现在和未来的思考。

《北京企业知识产权管理规范工作指导手册》，北京市知识产权局、中国知识产权培训中心编，北京：知识产权出版社，2013 年 5 月。

本书全面记载了北京市知识产权局在国家知识产权局的支持下，推动企业知识产权管理规范试点工作的全过程，其中既涵盖了企业知识产权管理规范国家标准以及国家知识产权局关于推动企业知识产权管理规范试点工作的有关文件，集纳了北京市知识产权局推动企业知识产权管理规范运行的工作要求、实施方案、工作思路和推进方法、工作的组织与机制、具体操作程序、形成的文件与参考资料、专业培训与辅导对接等活动的安排等，同时还融入了企业及专业辅导机构在运行企业知识产权管理规范过程中形成的典型案例、启示及经验，着重介绍了企业知识产权管理规范在线运行平台的功能、特点和操作实践。

《著作权司法裁判标准与尺度》，骆电、胡梦云著，北京：法律出版社，2013 年 5 月。

本书是关注著作权司法实践的结果。一直以来，在著作权法研究中，许多学者专家都很关注司法案例对著作权保护的影响，并且积极参与讨论。但是这样的讨论通常是就事论事，针对特定问题的经纬罗织，而缺乏一以贯之的立场。然而在司法实践中，除了关注个案的正义之外，法院更需要关注基于司法统一性存在的普遍正义。具体到案件裁判，意味着法院对法律的解释和适用需要有相对一贯的标准和尺度，以维护法律的稳定性和可预期性。基于此种考虑，作者通过对这些年来著作权司法实践中一些典型案例的梳理和评析，试图概括出法院在著作权法律解释和适用中的一些经验性的标准和尺度，以供大家参考。

《美国版权法经典案例评析》，周长玲、朱斌编，北京：中国政法大学出版社，2013年5月。

本书精选了15个美国历史上的经典版权案例，目的是想通过对这些经典案例进行介绍和评析，帮助读者了解、熟悉美国版权法及其发展，同时领略美国法官审理案件时独特的逻辑思维和分析问题的方法，让这些经典案例带领读者徜徉于美国的版权历史，体味美国版权法的独特性。

《著作权基本理论批判》，李琛著，北京：知识产权出版社，2013年5月。

本书通过对著作权制度基础预设的还原与审视，对著作权若干基本理论进行了批判性思考，涵盖著作权的正当性、著作权制度的功能与历史范畴、著作权的对象、著作权的性质与内容、著作权的限制等论域。《著作权基本理论批判》的研究目的不仅在于著作权理论批判本身，也意在提示人类文化经验的局限所决定的法律制度局限。

《金融与知识产权业务》，北京市中伦律师事务所编，北京：法律出版社，2013年5月。

本书内容涵盖知识产权创造、管理、运用和保护各个环节，全面整合知识产权法律服务中的热点、难点问题，汇集了知识产权法律服务精英们的诸多研究成果和实务经验，深入探讨知识产权法律服务业务和操作技能。本书是知识产权律师集体智慧的结晶，探讨的是知识产权领域的前沿和热点问题，从实务的角度展开分析和探讨，提出许多前瞻性的观点和法律难题的对策，每个律师都把自己实践中的心得体会无私呈现，具有很好的借鉴和参考价值。

《知识产权年刊（2012年号）》，吴汉东主编，北京：北京大学出版社，2013年4月。

本书由国家知识产权战略实施研究基地、教育部人文社会科学重点研究基地——中南财经政法大学知识产权研究中心承办，知名专家吴汉东教授担任主编。本书特别聘请了德国马克斯-普朗克知识产权法、竞争法和税法研究所所长约瑟夫·施特劳斯教授（Joseph Straus）及中国人民大学郭寿康教授担任学术顾问。书中刊登了国内外学者关于知识产权立法和司法的研究文章，主要涉及著作权法、专利法、商标法等法律的修订问题，并附有学者们关于相关法律提出的专家建议稿。

《知识产权制度变革与发展研究》，吴汉东等著，北京：经济科学出版社，2013年4月。

本书分为四编，分别是“新国际贸易体制与知识产权制度国际化”、“新技术发展与知识产权制度现代化”、“创新型国家建设与知识产权制度战略化”与“法律体系变迁与知识产权制度法典化”。

《商标、专利、著作权不可不知360问》，杨安进、黄腾编著，北京：法律出版社，2013年4月。

本书体系科学、问题全面、回答详尽，从生活中的常见问题出发，用通俗易懂的语言，结合最新的法律法规倾情打造，为读者维护合法权益、办理相关法律事务提供切实的指导和帮助。

《国外版权案例翻译（1）》，王迁编，北京：法律出版社，2013年4月。

在法律规则大致相似的前提下，我国司法实践中产生的知识产权问题，西方国家大都已经历并提出过解决方案，因此，西方法院的判决对我国法院有较大的借鉴作用。本书精选了若干西方最新版权案例，采用中英文对照的形式，展现这些案例的判决书原貌，并加上译者的介绍与评论，以便读者了解该案的事实背景、主要争议点和主要结论以及对我国法院的借鉴意义。从与司法互动的角度，这些判决书针对的正是我国司法实践中法院面临的复杂与疑难问题，阅读这些最新案例，可以为法院在审理相关纠纷时提供有益的借鉴。而从知识产权专业英语学习的角度，以中英对照形式出现的判决书翻译，也可以作为专业律师、法务人员与法官的阅读学习材料。

《音乐版权》，［美］莫泽著，权彦敏、曹毅搏译，西安：西安交通大学出版社，2013年4月。

新技术使复制和销售创造性作品更加方便，也使侵犯创作者和创造性作品所有者的权利的行为更加容易实现。部分互联网文化建立在一个错误的概念上，即在互联网上获得的一切都是免费的。虽然在现实生活中，涉及网络侵权的案件都得到了公正的判决，但绝大多数用户仍片面地认为他们可以免费复制、交换互联网上的原创作品。版权法总是涉及两个重要利益团体间的紧张关系。一方面，公众应当能够方便地接触创造性作品，从而提高社会公益。另一方面，花费时间和金钱来创作和销售这些作品的作者和出版商也应为其付出的努力得到补偿。美国是一个基于自由和公益原则而建立的民主国家。这种自由原则似乎表明人们可以免费接触那些原创作品。然而，在某些情况下，公正原则可能会对个体自由产生限制。公正原则意味着虽然原创作品的流入有利于社会公益，但是社会中的某些个体在未付报酬、未获得授权的情况下，擅自使用他人的创造性成果是不公正的。版权法所谋求的是维持自由与公正之间的微妙平衡，其体现在向原创作品的作者们提供经济补偿，以鼓励他们持续创作，从而在长远的范围内提高社会公益。

《数字图书馆版权利益平衡机制研究》，任宁宁著，北京：经济管理出版社，2013 年 4 月。

近年来，数字网络技术得到广泛运用，不同性质的数字图书馆纷纷涌现。这对传统版权制度形成了前所未有的挑战。各国立法部门面对挑战，对版权制度做了适应数字环境的修订和完善，以平衡版权人及相关权利人与社会公众之间的利益冲突。随着版权保护程度的提高，版权人权利呈现扩张态势，然而版权授权渠道相对狭窄，版权授权等问题成为不同性质数字图书馆获取海量版权作品和开展各项服务的“瓶颈”。为了发展业务，一些不同性质的数字图书馆自觉或不自觉地越过版权人，直接“使用”版权作品，违反了现行版权制度的规定，引发了多起版权纠纷，酿成版权危机。为遏制版权侵权行为的发生，不少国家从法律、司法和社会等方面投入相当大的力量加强监管，但效果堪忧。究其根本原因，是版权制度中依然存在一些不适合数字环境发展的规定，这些规定导致版权人的个人利益与社会公众利益不同程度的“失衡”。为了纠正这种“失衡”现象，现行版权制度需要与时俱进地进行调整，实现版权制度的动态平衡，以处理好版权人、传播者、使用者的利益关系，处理好保护版权与保障传播的关系。只有这样，版权制度才能起到防止权利滥用、保障权利行使的作用，才能有利于不同性质数字图书馆在数字环境下的生存和发展。本书作者在此社会背景下，选择了“数字图书馆版权利益平衡机制”这一重要课题作为研究对象，力求使不同性质数字图书馆从版权危机中解脱出来，这不仅具有一定的理论意义，还具有重大的现实意义。

《著作权法定许可制度研究》，张曼著，厦门：厦门大学出版社，2013 年 3 月。

早在 2009 年 8 月，“国际条约与中国著作权法修订”会议在厦门大学召开。德国马克斯-普朗克知识产权法、竞争法和税法研究所所长瑞托·赫尔提（Reto Hilty）教授在会上做了《国际版权法框架下的中国著作权法：底线与弹性》的报告。赫尔提教授特别提出：中国著作权法定许可的历史由来是什么？与合理使用的界限如何划分？这些问题引发了与会者的热烈讨论，也激发了张曼的兴趣和思考。此后她选择著作权法定许可问题作为博士论文的题目展开研究。几度寒暑，终于完成《著作权法定许可制度研究》一文并以优秀的成绩通过答辩。本书的问世可谓“生逢其时”。张曼博士论文答辩之时，恰逢 2012 年新的《著作权法》修改草案两度公示。著作权法定许可制度引起社会各界强烈反响，前后数稿的著作权法草案中对此修改幅度很大。其中，有关录音制品著作权“法定许可”制度的存废可谓一波三折，争论异常激烈。2012 年《中国好声音》大型选秀活动再次将音乐翻唱推至风口浪尖。但是，2012 年 7 月公布的《著作权法（修改草案）》第二稿终究删除了实行 20 多年的录音制品法定许可，法律的天平开始向权利人倾斜。可喜？可惜？作者引经据典的分析也许可为论争双方带来些许清凉。

《广播影视版权保护问题研究》，郑文明、杨会永、刘新民著，北京：法律出版社，2013 年 3 月。

随着我国逐步融入全球化体系，广播影视领域版权法制所面临的国际压力越来越大，为助力我国广播影视产业的改革与发展，实施文化强国战略，本书结合中国国情与广播影视领域特有的版权制度，详尽地研究并提出了具有可操作性的建议。

《数字版权管理与安全技术》，张志勇、范科峰著，北京：国防工业出版社，2013 年 3 月。

本书全面讨论和阐述了数字版权管理（Digital Rights Management，DRM）的相关原理和方法、关键技术、国内外标准技术规范和原型系统实例等。全书分为四大部分，共 8 章。第一部分，着重分析了 DRM 体系结构和最新国内外研究现状；第二部分，研究并探讨了密码学保护技术、DRM 使用控制和数字水印技术等 DRM 三种关键技术；第三部分，阐述了 DRM 安全增强系统、国内外技术标准规范和一个原型系统；第四部分，提出了多媒体社交网络下的数字版权保护和信任评估等开放式问题与挑战。《数字版权管理与安全技术》不仅适合于从事数字版权保护、信息系统安全、信息管理与电子商务等研究与开发的科研人员、工程技术人员、管理与决策人员等，也可供高等院校、科研单位作为研究生及高年级本科生的教材或参考书。

《知识产权法律适用的基本问题——司法哲学、司法政策与裁判方法》，孔祥俊著，北京：中国法制出版社，2013年3月。

在司法实践中，基本问题是根本性和终极性的，具体问题的不清晰往往最终要回到“原点”，追问到基本问题之上，在基本问题上刨根问底，寻求支持和答案。本书针对知识产权法律适用的基本问题，研究知识产权司法哲学、司法政策及裁判方法，探索法官在裁判中适用知识产权法的基本态度、基本思路和基本方法。

《知识产权法——学生常用法规掌中宝 2013—2014》，教学法规中心编，北京：中国法制出版社，2013年3月。

本书主要内容：关键知识点速查表，读者可以通过熟知的知识点迅速找到对应法条。重点法条标记，对重点法条予以标记。要点提示揭示，重点法条的理解、运用要点。关联精选收录了与理解、运用重点法条密切相关的关联法条附于该法条下，便于读者理解、参照。对比记忆归纳将有助于对比记忆的其他法律条文附于重点条文之后。司考真题直接附于法条之后，方便读者在翻阅时随时自测。案例索引标明案例名称和来源，读者可以依此检索相关案例。考研前瞻收录部分重点高校考研真题及备考指南。

《知识产权垄断的法律控制》，吕明瑜著，北京：法律出版社，2013年3月。

伴随知识经济的快速发展，知识产权垄断的危害日益突出。作为发展中国家的中国，面对实践中此起彼伏的知识产权垄断案件及其严重危害，控制知识产权垄断更加重要与紧迫。本书以知识经济条件下垄断法的理论发展与制度创新为视角，提出“在现有反垄断法制度体系中构建与其二大支柱制度相并列的、新的知识产权垄断法律控制制度以适应解决具有知识经济特点的此类新型垄断问题的需要”这一创新观点，重点探讨了构建知识产权垄断法律控制制度的理论依据、制度设计及规则体系，并对中国知识产权垄断法律控制制度的构建提出了系统见解。全书着力于知识经济条件下反垄断法的一种新制度的系统构建，既有关于世界范围内反垄断法制度创新的一般研究，又有关于中国此类问题的典型研究；既做出了系统的实体制度安排，又进行了具体的程序规则设计，创造性研究成果突出。

《知识产权一般效力研究》，关永宏著，北京：知识产权出版社，2013年2月。

知识产权一般效力问题主要是知识产权法的基础理论问题，同时也是对知识产权法律制度的变迁进行梳理、审视及对现行知识产权法律规范进行剖析与抽象的问题。知识产权的一般效力是指知识产权权利所具有的共同作用力、约束力和保障力。知识产权的一般效力既不同于知识产权的特别效力，也不同于知识产权的属性、特征和权能。知识产权一般效力的内容由控制效力、排他效力、时间效力、地域效力及请求权效力构成。在制度层面这些效力体现于国际条约及国内法的规范之中。知识产权效力因经济、科技、文化和国际贸易的全球化发展处于不断变迁、扩张之中。本书可供高校及科研院所的知识产权研究人员、知识产权法律和管理实务工作人员、民商法及知识产权法研究生阅读、参考使用。

《企业知识产权管理规范》，中华人民共和国国家质量监督检验检疫总局、中国国家标准化管理委员会编，北京：中国标准出版社，2013年2月。

本书规定的标准包括企业策划、实施、检查、改进知识产权管理体系的要求。本书规定的标准适用于有下列愿望的企业：建立知识产权管理体系；运行并持续改进知识产权管理体系；寻求外部组织对其知识产权管理体系的评价。

《中华人民共和国知识产权法典（应用版）》，法律出版社法规中心编，北京：法律出版社，2013年1月。

中华人民共和国分类法典系列涵盖法律与社会生活的各个领域，全面收录现行有效的法律、行政法规、司法解释，以及常用的部门规章、司法文件和请示复函。此外，为了方便读者理解和适用相关法律法规，对于重要的法律和行政法规还附有“导读”、“参见”、“条文注释”、“文书范本”和“典型案例”等内容。本书为其中一册。

《2013 中华人民共和国知识产权法律法规全书（含司法解释）》，法律出版社法规中心编，北京：法律出版社，2013 年 1 月。

法律法规全书系列选取公众关心的热点法律领域，全面细致地收录了各领域内的全部法律、司法解释，以及重要的行政法规、行政规章、规范性文件。部分分册根据实际情况，加收典型案例或者文书范本。全书采用大开本，大字体，便于摊开，方便阅读；分类细致，编排合理，读者可以轻松通过目录查找到自己关心的法律问题所对应的法律文件。本书为其中一册。

《知识产权法律·法规·规章·司法解释·裁判要旨》（第二版），中国法制出版社编，北京：中国法制出版社，2013 年 1 月。

本书涵盖综合、专利权、商标权、著作权、其他知识产权、知识产权国际保护六类 115 件现行有效的法律文件，同时收录典型裁判要旨 29 件，均为最高人民法院编辑出版的指导性案例；提供 137 个重点法条索引，并列出配套法规，便于读者全面迅速查找法律依据。同时，对重难点法条进行注释和解读，有针对性地对司法实践问题进行阐释，避免适用法条的失误。

《伯克利科技与法律评论：美国知识产权经典案例年度评论（2012）》，万勇、刘永沛主编，北京：知识产权出版社，2013 年 1 月。

《伯克利科技与法律评论：美国知识产权经典案例年度评论（2012）》为美国最具影响力的知识产权案例年度评论《伯克利科技与法律年度评论（2012）》的中文版。全书共有 13 个经典案例，由伯克利科技与法律中心选取 2012 年度在美国最具影响力的知识产权案件进行分析、评论，展现了美国法学家和法官对最前沿的司法判例、最先进的司法技术、最热点的理论的研究成果和成熟经验，是一套从学说到判例、从理论到实践的著作，同时也是国内从多角度了解美国知识产权司法判例的专业参考书。

《论企业知识产权保护》，徐家力著，上海：上海交通大学出版社，2013 年 1 月。

本书从企业知识产权战略制定到企业知识产权国际保护，从知识产权保护在区域经济发展中的作用到企业知识产权价值评估等，从宏观到微观，从全体到局部，对企业知识产权保护所涉及的各领域进行了全面论述。本书适合律师、法律专业师生以及企业管理者参考阅读。

《德国知识产权理论与经典判例研究》，刘晓海主编，北京：知识产权出版社，2013 年 1 月。

本书翻译了德国法院主要是联邦最高法院的 18 个判决和奥地利最高法院的一个判决，同时还翻译了三篇相关文章并对一些判决进行了评论，目的是帮助读者加深对本书涉及的相关法律问题的理解。翻译的判决涉及商标法、著作权法、专利法、反不正当竞争法、反垄断法和人格权法的内容，并对每个判决进行了极具专业指导性的评论，是国内不可多得的多角度了解德国知识产权研究和司法保护现状的专业参考书。

《著作权法执行实务指南》，国家版权局版权管理司编，北京：法律出版社，2013 年 1 月。

本书根据当前知识产权保护所面临的新任务、新要求，总结打击侵权假冒专项行动的有效经验，从法律运用、业务指南、案例指导等角度，为各项版权执法部门及执法人员加强执法能力建设提供较为系统的全面指导。本书代表了版权执法领域的最新成果，针对性和可操作性都很强，既可以作为各级版权部门开展执法培训的参考教材，又可以作为广大版权执法人员开展执法工作的指导用书。

《著作权纠纷诉讼指引与实务解答》，许伟基主编，北京：法律出版社，2013 年 1 月。

近年来，人民法院的案件数量一直处于增长的态势，不少地区的法官面临巨大的办案压力，当事人基本法律知识的欠缺在一定程度上也加大了案件处理的难度。为了帮助法官有效地提升办理案件的审判质量、效率和效果，本书从法官办案和对当事人进行诉讼指引两个角度出发，让当事人了解法院诉讼的流程、步骤和常见法律问题，促使当事人服判息诉，做到案结事了，实现“群众诉求妥善解决，矛盾纠纷有效化解，两个效果相得益彰”的目标。本书特点：（1）指引性、指导性。紧紧抓住各类纠纷诉讼活动的每个流程，指明诉讼各个阶段当事人所需提供的材料以及法官需要审查的内容，让当事人的诉讼活动更加流程、高效。（2）实践性、权威性。通过梳理、提炼、总结、归纳审判实践中遇到的常见、疑难新型问题，结合实践中的典型案例，运用法官的专业知识和办案经验，将这些问题通过简单明了的文字，生动清晰地予以分析解答。(3)全面性、系统性。程序指引与实体问题处理兼备，流程部分的介绍系统清晰；实务问题的解答全面涵盖了各领域的常见、疑难新型问题。

《美国著作权法》，杜颖、张启晨译，北京：知识产权出版社，2013年1月。

本书为美国著作权法最新中文译本。内容包括：著作权的客体和范围、著作权的归属和转让、著作权的存续期间、著作权标记、交存物品和登记、著作权侵权和救济、进口和出口、版权局、版税裁判官程序、数字音频录音设备和介质、录音作品和音乐视频、著作权保护和管理制度等。

《德国著作权法——德国著作权与邻接权法》，范长军译，北京：知识产权出版社，2013年1月。

本书共分为五部分，包括著作权、邻接权、对电影的特别规定、对著作权与邻接权的共同规定等，内容通俗易懂，可供相关读者阅读学习。

《知识产权经典判例7（著作权卷）》，北京市高级人民法院知识产权庭编，北京：知识产权出版社，2013年1月。

本书是从北京市法院2009年审结的数千件各类知识产权案件中精选出来的，著作权卷收录了34个涉及传统类型的著作权及网络传播作品的著作权案件，这些案件均具有一定典型性和代表性。

《版权许可制度论》，杨红军著，北京：知识产权出版社，2013年1月。

本书对三种许可制度的共性原理进行了提炼，包括许可的制度基础、许可对象的界定、许可的价值、精神权利与财产权利冲突的协调等。对数字化环境下授权许可方式的革新、授权许可过程中不当行为的规制、法定许可制度适用范围的调适、强制许可制度的理性选择等问题进行了深入研究。对版权许可合同实践中的法律适用问题，包括合作作品版权的许可、权属变动对作品使用权的影响等内容进行了系统论述。

《表演者权比较研究：以中、日著作权法为中心》（日文版），胡云红著，北京：知识产权出版社，2013年1月。

本书以中日著作权法中表演者权的比较研究为视角，对表演者的定义及范围、表演者人格权、二次使用费制度、向公众传播权以及表演者权的限制等问题进行了分析和探讨，并对我国未来著作权法中表演者权的构筑提出了意见和建议。

版权

统计资料

TONG JI ZI LIAO

2013年中国版权统计资料

2013年全国作品自愿登记情况统计

单位：份

	合　计	文字	口述	音乐	曲艺	舞蹈	杂技	美术	摄影	建筑	影视	设计图	地图	模型	其他
合　计	**834 569**	**124 948**	**28**	**62 119**	**118**	**21**	**5**	**171 059**	**429 903**	**244**	**11 943**	**14 971**	**29**	**462**	**18 719**
中国版权保护中心	**140 558**	22 994	1	59 853	6	6	0	43 563	4 536	2	3 589	2 452	1	5	3 550
北　京	**428 701**	78 077	—	194	2	—	—	12 817	334 680	—	760	143	—	—	2 028
天　津	**87**	29	—	12	3	—	—	18	23	—	1	—	—	—	1
河　北	**187**	71	—	11	—	—	—	104	—	—	—	1	—	—	—
山　西	**263**	28	—	19	—	—	—	133	17	—	18	14	1	12	21
内蒙古	**170**	38	2	37	—	—	—	85	—	—	6	—	—	—	2
辽　宁	**21 126**	4 395	0	288	47	2	—	2 053	69	0	4 928	3	—	—	9 341
吉　林	**2 277**	595	—	106	1	1	—	1 025	—	—	2	—	—	—	547
黑龙江	**1 192**	960		95				67			61	1			10
上　海	**82 563**	2 169	0	76	7	0	0	13 715	63 295	0	984	1 844	0	0	473
江　苏	**32 488**	5 486	3	121	5	2	1	15 893	9 662	85	311	420	6	0	493
浙　江	**16 050**	129	—	23	—	1	—	15 632	51	—	53	24	—	—	137
安　徽	**647**	145	—	6	—	—	—	169	—	70	102	46	—	—	109
福　建	**21 038**	158	—	189	—	—	—	20 518	15	—	85	62	—	—	11
江　西	**643**	59	—	16	—	—	—	461	3	1	58	—	—	—	45
山　东	**30 292**	1 649	21	58	36	6	0	4 114	12 961	75	375	9 526	1	441	1 029
河　南	**594**	135	1	152	2	0	4	227	—	—	15	41	1	—	16
湖　北	**1 126**	362	0	16	0	0	0	299	200	1	205	32	3	2	6
湖　南	**1 201**	87	0	13	0	1	0	781	0	2	224	7	0	0	86
广　东	**14 185**	2 362	0	121	0	0	0	7 826	2 962	7	131	315	9	2	450
广　西	**115**	45	—	32	—	—	—	33	5	—	—	—	—	—	—
海　南	**—**	—	—	—	—	—	—	—	—	—	—	—	—	—	—
重　庆	**35 370**	3 822	0	84	0	0	0	29 977	1 148	0	0	0	0	0	339
四　川	**1 309**	242	—	20	—	—	—	1 007	12	—	13	9	—	—	6
贵　州	**181**	16	—	1	—	—	—	159	4	—	1	—	—	—	—
云　南	**215**	58	—	60	—	—	—	96	—	1	—	—	—	—	—
西　藏	**—**	—	—	—	—	—	—	—	—	—	—	—	—	—	—
陕　西	**680**	459	—	12	9	—	—	158	1	—	18	4	7	—	12
甘　肃	**81**	40	—	4	—	—	—	33	—	—	—	—	—	—	4
青　海	**28**	9	—	—	—	—	—	18	1	—	—	—	—	—	—
宁　夏	**120**	46	—	18	—	2	—	54	—	—	—	—	—	—	—
新　疆	**1 082**	275	—	482	—	—	—	24	258	—	13	27	—	—	3

2013 年全国版权合同登记情况统计

单位：份

	合计	图书	期刊	音像制品	电子出版物	软件	电影	电视节目	其他
合　计	**19 521**	**17 205**	**226**	**150**	**183**	**1 161**	**44**	**9**	**543**
北　京	**9 577**	9 215	186		56	120	—	—	—
天　津	**345**	314	—	10	2	19	—	—	—
河　北	**197**	197	—	—	—	—	—	—	—
山　西	**55**	55	—	—	—	—	—	—	—
内蒙古	**—**	—	—	—	—	—	—	—	—
辽　宁	**343**	327	—	2	—	14	—	—	—
吉　林	**229**	193	36	—	—	—	—	—	—
黑龙江	**130**	130	—	—	—	—	—	—	—
上　海	**1 596**	990	—	138	65	232	43	—	128
江　苏	**2 031**	1 632	—	—	—	8	—	—	391
浙　江	**568**	307	—	—	56	205	—	—	—
安　徽	**166**	163	—	—	—	3	—	—	—
福　建	**86**	76	—	—	—	10	—	—	—
江　西	**620**	620	—	—	—	—	—	—	—
山　东	**351**	348	—	—	—	3	—	—	—
河　南	**260**	260	—	—	—	—	—	—	—
湖　北	**314**	276	—	—	—	37	1	—	—
湖　南	**559**	551	—	—	4	1	—	3	—
广　东	**223**	190	—	—	—	3	—	6	24
广　西	**301**	301	—	—	—	—	—	—	—
海　南	**—**	—	—	—	—	—	—	—	—
重　庆	**361**	361	—	—	—	—	—	—	—
四　川	**206**	201	4	—	—	1	—	—	—
贵　州	**43**	43	—	—	—	—	—	—	—
云　南	**148**	148	—	—	—	—	—	—	—
西　藏	**—**	—	—	—	—	—	—	—	—
陕　西	**782**	277	—	—	—	505	—	—	—
甘　肃	**—**	—	—	—	—	—	—	—	—
青　海	**—**	—	—	—	—	—	—	—	—
宁　夏	**17**	17	—	—	—	—	—	—	—
新　疆	**13**	13	—	—	—	—	—	—	—

2013年全国版权执法情况统计

案件查处情况		收缴盗版品情况	
项目	本年度数量	项目	本年度数量
行政处罚数量（件）	7 019	书刊	6 426 681
案件移送数量（件）	539	软件	413 632
检查经营单位数量（个）	1 032 721	音像制品	9 921 835
取缔违法经营单位数量（个）	10 208	电子出版物	272 516
查获地下窝点数量（个）	543	其他	362 048
罚款金额（人民币元）	14 182 263.58	未分类项	270 000
—	—	合计	17 666 712

2013年版权输出地汇总表

计量单位：册、盒、张、件、部、集

版权输出项目 / 版权输出的国家或地区	合计	图书	录音制品	录像制品	电子出版物	软件	电影	电视节目	其他
总计（项）	10 401	7 305	300	193	646	20	0	1 937	0
美国	1 266	753	0	1	183	0	0	329	0
英国	731	574	0	0	78	20	0	59	0
德国	452	328	21	0	44	0	0	59	0
法国	243	184	0	0	0	0	0	59	0
俄罗斯	125	124	0	1	0	0	0	0	0
加拿大	157	46	0	0	0	0	0	111	0
新加坡	532	171	0	0	169	0	0	192	0
日本	388	292	24	2	69	0	0	1	0
韩国	695	656	34	2	3	0	0	0	0
香港地区	1 051	402	192	183	1	0	0	273	0
澳门地区	143	24	0	0	0	0	0	119	0
台湾地区	1 899	1 714	0	0	53	0	0	132	0
其他	2 719	2 037	29	4	46	0	0	603	0

2013年版权引进地汇总表

计量单位：册、盒、张、件、部、集

原版权所在国家或地区 \ 版权引进项目	合计	图书	录音制品	录像制品	电子出版物	软件	电影	电视节目	其他
总计（项）	18 167	16 625	378	538	72	169	0	381	4
美国	6 210	5 489	109	474	17	36	0	83	2
英国	2 698	2 521	38	60	4	9	0	66	0
德国	763	707	29	1	1	18	0	7	0
法国	787	772	3	0	0	4	0	8	0
俄罗斯	84	84	0	0	0	0	0	0	0
加拿大	114	111	1	0	0	1	0	1	0
新加坡	330	310	2	0	0	1	0	17	0
日本	1 905	1 852	27	0	2	18	0	4	2
韩国	1 619	1 472	13	2	19	2	0	111	0
香港地区	509	354	55	0	13	36	0	51	0
澳门地区	7	7	0	0	0	0	0	0	0
台湾地区	1 215	1 100	83	1	7	2	0	22	0
其他	1 926	1 846	18	0	9	42	0	11	0

2013年全国版权输出情况统计

单位：种

	合计	图书	录音制品	录像制品	电子出版物	软件	电影	电视节目	其他
合　计	**10 401**	**7 305**	**300**	**193**	**646**	**20**	**0**	**1 937**	**0**
北　京	4 329	3 351	108	9	583	20		258	
天　津	22	22							
河　北	51	51							
山　西	34	33		1					
内蒙古	2	2							
辽　宁	234	234							
吉　林	279	279							
黑龙江	7	6			1				
上　海	1 958	220	1		58			1 679	
江　苏	193	193							
浙　江	322	322							
安　徽	887	887							
福　建	127	127							
江　西	210	210							
山　东	181	181							
河　南	1	1							
湖　北	299	295			4				
湖　南	116	116							
广　东	560	186	191	183					
广　西	192	192							
海　南	1	1							
重　庆	74	74							
四　川	86	86							
贵　州	42	42							
云　南	17	17							
西　藏									
陕　西	39	39							
甘　肃	73	73							
青　海									
宁　夏									
新　疆	65	65							

2013 年全国版权引进情况统计

单位：种

	合计	图书	录音制品	录像制品	电子出版物	软件	电影	电视节目	其他
合　计	**18 167**	**16 625**	**378**	**538**	**72**	**169**	**0**	**381**	**4**
北　京	9 391	9 215			56	120			
天　津	268	268							
河　北	157	157							
山　西	40	40							
内蒙古	4	4							
辽　宁	343	327		2		14			
吉　林	229	229							
黑龙江	125	125							
上　海	2 442	1 730	253	75	6			378	
江　苏	541	535				6			
浙　江	307	307							
安　徽	212	212							
福　建	86	76				10			
江　西	191	191							
山　东	348	348							
河　南	260	260							
湖　北	462	456			6				
湖　南	559	551			4	1		3	
广　东	731	145	125	461					
广　西	301	301							
海　南	250	250							
重　庆	270	270							
四　川	120	115				1			4
贵　州	43	43							
云　南	148	148							
西　藏									
陕　西	294	277				17			
甘　肃	15	15							
青　海									
宁　夏	17	17							
新　疆	13	13							

2013年中国新闻出版产业统计资料

2013年全国各地区图书出版总量

	图书总计										
	种数（种）		租型种数（种）	总印数（万册、张）			总印张（千印张）			定价总金额（万元）		
	合计	新出		合计	新出	租型	合计	新出	租型	合计	新出	租型
全国总计	**444 427**	**255 981**	**9 786**	**831 048**	**267 486**	**147 423**	**71 258 143**	**26 827 556**	**10 505 048**	**12 892 796**	**6 215 518**	**1 077 685**
中　央	**182 307**	**106 193**	**63**	**227 285**	**91 923**	**392**	**25 612 685**	**11 365 211**	**24 551**	**5 173 780**	**2 798 021**	**3 628**
地　方	**262 120**	**149 788**	**9 723**	**603 763**	**175 563**	**147 031**	**45 645 458**	**15 462 345**	**10 480 497**	**7 719 016**	**3 417 497**	**1 074 057**
北　京	9 830	5 672	—	12 857	6 040	—	1 340 869	686 481	—	280 078	154 126	—
天　津	5 539	3 957	229	5 132	1 816	1 496	454 384	181 881	107 938	105 760	60 276	10 910
河　北	6 896	3 548	372	23 736	6 281	9 262	1 695 014	460 086	653 100	241 669	80 037	63 323
山　西	4 009	2 643	276	13 452	5 489	4 317	1 293 226	711 656	323 329	202 984	111 416	34 326
内蒙古	3 015	1 989	388	6 543	1 206	3 737	500 308	108 215	288 976	61 918	22 258	28 936
辽　宁	10 737	6 772	3	11 788	6 073	16	962 712	513 448	1 435	193 790	112 316	136
吉　林	21 770	12 586	594	26 585	10 867	3 808	2 263 978	964 958	266 659	440 002	216 038	27 805
黑龙江	5 247	3 832	273	6 037	2 414	1 700	530 248	194 200	118 598	89 022	42 339	13 489
上　海	24 694	13 510	6	33 288	13 345	40	3 179 711	1 425 157	11 918	722 654	382 101	2 063
江　苏	23 268	14 143	421	56 657	21 240	9 725	3 971 988	1 769 886	699 019	664 229	346 400	71 247
浙　江	12 706	7 389	266	38 491	13 401	6 551	2 376 982	911 363	476 711	415 212	201 748	48 599
安　徽	9 444	5 471	717	25 798	5 435	10 170	2 003 893	512 414	756 492	310 754	119 603	82 232
福　建	3 320	2 283	227	8 870	3 189	3 208	699 137	268 393	233 615	109 569	56 295	22 023
江　西	5 583	3 562	231	18 668	4 107	6 060	1 262 093	351 528	468 509	199 644	85 129	43 802
山　东	13 885	6 362	441	49 943	9 634	11 785	3 249 869	734 537	649 083	490 704	154 673	72 361
河　南	6 889	4 204	292	23 897	4 051	9 504	1 787 805	337 556	712 992	244 449	75 815	67 087
湖　北	13 900	8 445	525	26 274	7 660	6 921	2 088 169	746 470	489 801	386 723	198 477	55 124
湖　南	11 468	5 611	307	35 901	9 472	7 195	2 468 059	824 390	437 039	469 320	193 744	50 086
广　东	10 355	6 866	160	33 023	9 455	8 367	2 524 990	868 801	647 778	361 809	176 105	59 593
广　西	8 803	4 747	368	34 385	10 113	7 259	2 400 524	735 264	541 892	353 559	143 192	50 781
海　南	3 431	1 134	222	6 353	1 042	1 101	458 792	102 407	71 237	83 886	23 886	8 549
重　庆	5 356	2 363	259	13 942	3 181	2 569	891 408	233 079	167 874	157 176	50 954	20 789
四　川	8 554	4 946	385	23 416	4 655	6 739	1 867 706	404 348	530 104	260 468	89 919	51 020
贵　州	894	667	259	6 279	962	4 732	440 711	72 777	333 942	55 004	15 035	34 522
云　南	7 739	4 232	308	17 167	3 819	6 011	1 352 928	335 912	452 551	206 173	77 037	43 691
西　藏	658	246	272	1 200	100	700	83 070	10 883	47 174	11 369	2 542	5 152
陕　西	9 395	4 967	540	19 327	4 393	5 275	1 640 070	461 108	381 269	304 037	110 206	39 649
甘　肃	2 907	1 521	233	6 574	857	3 481	573 843	107 923	269 448	85 051	24 489	28 784
青　海	663	331	219	1 331	163	748	97 915	16 305	48 844	11 751	4 078	5 203
宁　夏	2 385	1 417	203	3 530	1 009	896	302 746	96 244	63 904	58 399	23 647	7 403
新　疆	8 780	4 372	727	12 719	4 094	3 559	882 310	314 675	229 266	141 853	63 616	25 372

2013 年全国各级报纸出版数量

	合计					中央及省、自治区、直辖市级					地、市级					县级				
	种数（种）	平均期印数（万份）	总印数（万份）	总印张（千印张）	总金额（万元）	种数（种）	平均期印数（万份）	总印数（万份）	总印张（千印张）	总金额（万元）	种数（种）	平均期印数（万份）	总印数（万份）	总印张（千印张）	总金额（万元）	种数（种）	平均期印数（万份）	总印数（万份）	总印张（千印张）	总金额（万元）
全国总计	**1 915**	**23 695.77**	**4 824 132**	**209 784 090**	**4 403 603**	**1 018**	**17 760.95**	**3 261 266**	**137 799 559**	**3 115 330**	**878**	**5 903.66**	**1 554 576**	**71 821 109**	**1 281 880**	**19**	**31.16**	**8 290**	**163 422**	**6 393**
中　央	**219**	**3 331.48**	**808 190**	**23 102 647**	**877 423**	**219**	**3 331.48**	**808 190**	**23 102 647**	**877 423**	**—**	**—**	**—**	**—**	**—**	**—**	**—**	**—**	**—**	**—**
地　方	**1 696**	**20 364.29**	**4 015 942**	**186 681 443**	**3 526 180**	**799**	**14 429.47**	**2 453 076**	**114 696 912**	**2 237 907**	**878**	**5 903.66**	**1 554 576**	**71 821 109**	**1 281 880**	**19**	**31.16**	**8 290**	**163 422**	**6 393**
北　京	35	405.9	108 986	6 716 981	100 900	35	405.9	108 986	6 716 981	100 900	—	—	—	—	—	—	—	—	—	—
天　津	24	286.28	81 627	4 586 030	76 048	24	286.28	81 627	4 586 030	76 048	—	—	—	—	—	—	—	—	—	—
河　北	64	840.1	164 244	4 404 406	116 098	28	632.45	112 350	2 679 297	75 600	35	206.81	51 703	1 723 196	40 269	1	0.83	191	1 912	229
山　西	60	2 413.28	219 427	2 893 716	174 008	36	2 249.46	186 539	2 121 101	145 840	23	162.45	32 634	771 343	28 041	1	1.37	254	1 272	127
内蒙古	60	130.76	27 465	742 819	25 733	25	78.52	13 507	461 979	14 513	32	50.44	13 630	276 473	11 123	3	1.8	329	4 368	97
辽　宁	70	895.95	163 232	8 145 524	125 941	19	636.02	93 644	4 615 377	65 980	48	258.22	69 301	3 528 711	59 680	3	1.7	287	1 437	281
吉　林	52	1 064.03	99 827	3 481 111	96 015	24	972.28	77 477	2 743 347	77 664	28	91.75	22 350	737 764	18 352	—	—	—	—	—
黑龙江	68	474.87	74 931	2 814 190	53 746	27	184.04	36 784	1 243 395	25 985	41	290.82	3 8147	1 570 795	27 761	—	—	—	—	—
上　海	73	579.48	131 055	5 882 003	128 098	73	579.48	131 055	5 882 003	128 098	—	—	—	—	—	—	—	—	—	—
江　苏	81	1 237.34	285 738	13 404 435	264 863	30	725.66	161 719	8 424 486	151 279	51	511.68	124 019	4 979 949	113 583	—	—	—	—	—
浙　江	69	1 163.28	346 280	16 224 654	288 921	22	448.2	122 156	6 155 180	110 467	45	699.56	218 865	9 935 766	174 157	2	15.51	5 260	133 708	4 295
安　徽	51	517.16	124 719	5 090 951	89 751	19	267.39	56 912	1 530 361	46 632	32	249.77	67 806	3 560 590	43 119	—	—	—	—	—
福　建	42	608.87	120 576	5 662 580	108 429	19	449.07	67 827	3 562 566	62 931	23	159.8	52 748	2 100 014	45 498	—	—	—	—	—
江　西	41	1 355.9	128 159	3 286 278	97 920	19	1 259.93	96 455	2 222 867	70 812	20	92.62	31 175	1 058 123	26 754	2	3.35	529	5 288	355
山　东	87	1 076.64	316 315	15 723 696	221 096	29	592.14	180 863	9 972 807	128 429	58	484.5	135 452	5 750 889	92 667	—	—	—	—	—

续前表

	合计					中央及省、自治区、直辖市级					地、市级					县级				
	种数(种)	平均期印数(万份)	总印数(万份)	总印张(千印张)	总金额(万元)	种数(种)	平均期印数(万份)	总印数(万份)	总印张(千印张)	总金额(万元)	种数(种)	平均期印数(万份)	总印数(万份)	总印张(千印张)	总金额(万元)	种数(种)	平均期印数(万份)	总印数(万份)	总印张(千印张)	总金额(万元)
河南	78	1 536.99	214 226	7 119 359	197 833	33	1 259.63	146 162	4 799 230	130 383	45	277.37	68 064	2 320 129	67 450	—	—	—	—	—
湖北	74	816.05	198 202	8 585 076	198 086	27	368.13	90 069	4 375 577	101 735	44	442.97	106 894	4 197 107	95 472	3	4.95	1 239	12 392	880
湖南	49	651.87	133 717	5 266 558	114 332	23	499.4	93 141	4 060 828	87 477	26	152.48	40 576	1 205 729	26 856	—	—	—	—	—
广东	101	1 734.43	436 021	38 654 745	474 931	34	845.6	206 323	19 582 734	270 810	67	888.82	229 698	19 072 012	204 120	—	—	—	—	—
广西	54	269.21	71 812	2 516 898	61 197	21	136.15	32 476	1 350 428	27 105	33	133.06	39 336	1 166 470	34 093	—	—	—	—	—
海南	14	90.6	25 331	825 286	27 979	10	72.24	20 769	679 937	23 278	4	18.36	4 563	145 349	4 700	—	—	—	—	—
重庆	27	287.94	62 639	3 198 491	62 566	25	282.13	61 029	3 146 967	61 450	2	5.81	1 610	51 524	1 116	—	—	—	—	—
四川	89	656.02	169 920	8 323 624	166 924	39	381.27	89 023	4 762 568	97 526	50	274.75	80 897	3 561 056	69 398	—	—	—	—	—
贵州	31	150.25	38 816	1 619 892	36 647	14	75.85	17 596	683 925	15 891	17	74.41	21 220	935 967	20 756	—	—	—	—	—
云南	42	223.12	65 124	3 068 846	46 961	18	169.24	48 237	2 711 558	36 907	24	53.88	16 887	357 288	10 054	—	—	—	—	—
西藏	23	37.15	7 624	206 507	5 588	11	24.17	5 214	119 565	3 337	12	12.98	2 410	86 942	2 251	—	—	—	—	—
陕西	43	289.85	68 281	4 344 767	63 684	27	196.22	43 492	3 498 097	40 199	15	93.63	24 789	846 671	23 485	1	—	—	—	—
甘肃	51	220.47	51 548	1 103 325	39 938	24	137.74	26 423	604 332	23 919	27	82.74	25 125	498 993	16 019	—	—	—	—	—
青海	27	50.62	12 418	474 316	7 760	15	30.04	7 100	212 178	4 986	10	19.17	5 140	259 318	2 659	2	1.42	178	2 820	115
宁夏	14	47.8	11 164	330 379	11 497	9	34.81	7 211	201 893	7 592	5	12.99	3 952	128 485	3 905	—	—	—	—	—
新疆	102	252.08	56 518	1 984 000	42 690	40	150.03	30 910	989 318	24 134	61	101.82	25 585	994 456	18 542	1	0.23	23	225	14

2013 年全国各地区各类期刊出版的种数、印数、总印张、总金额（1）

	合计					综合					哲学、社会科学				
	种数（种）	平均期印数（万册）	总印数（万册）	总印张（千印张）	总金额（万元）	种数（种）	平均期印数（万册）	总印数（万册）	总印张（千印张）	总金额（万元）	种数（种）	平均期印数（万册）	总印数（万册）	总印张（千印张）	总金额（万元）
全国总计	**9 877**	**16 453.46**	**327 243**	**19 469 519**	**2 533 506**	**368**	**1 131.23**	**23 993**	**1 286 566**	**138 086**	**2 577**	**7 471.36**	**143 293**	**7 531 890**	**1 056 310**
中　央	**2 883**	**5 907.00**	**99 803**	**7 529 879**	**1 003 496**	**68**	**149.22**	**3 657**	**266 698**	**36 090**	**857**	**3 687.50**	**62 661**	**3 341 379**	**505 160**
地　方	**6 994**	**10 546.46**	**227 440**	**11 939 640**	**1 530 010**	**300**	**982.01**	**20 336**	**1 019 868**	**101 996**	**1 720**	**3 783.86**	**80 632**	**4 190 511**	**551 150**
北　京	170	187.08	3 749	271 819	40 023	2	0.40	1	185	91	49	71.61	1 665	119 899	15 104
天　津	253	246.22	3 964	199 068	31 361	3	1.80	21	1 125	206	50	64.68	976	45 869	6 385
河　北	229	248.88	5 391	246 279	32 753	9	2.75	28	1 692	388	59	116.35	2 321	108 778	12 242
山　西	199	166.67	3 384	219 276	33 314	3	0.77	22	1 648	320	52	63.47	1 127	61 425	10 220
内蒙古	148	120.31	2 636	131 005	15 269	3	1.35	15	979	204	52	63.18	900	35 366	4 541
辽　宁	323	526.06	9 185	396 981	54 290	6	8.35	124	11 575	1 247	71	292.07	6 003	237 833	30 533
吉　林	237	350.84	10 259	461 720	59 666	3	3.95	93	6 473	1 047	61	82.01	2 295	107 956	17 630
黑龙江	314	266.32	5 789	292 134	40 793	8	3.04	12	1 717	317	78	125.97	2 480	129 670	16 658
上　海	635	873.15	16 233	901 622	116 419	15	33.00	1 177	59 156	5 693	140	254.02	5 391	305 689	41 662
江　苏	468	441.19	11 846	472 034	82 000	20	5.99	106	6 706	1 794	102	159.76	4 190	163 090	27 869
浙　江	223	537.22	8 149	416 743	63 281	22	3.77	23	1 612	310	48	126.91	2 343	141 052	24 373
安　徽	186	396.62	6 227	259 808	48 961	23	2.88	13	1 380	335	35	74.56	1 271	60 931	9 742
福　建	176	230.72	4 920	236 286	27 555	8	3.58	39	1 698	394	55	147.60	3 130	152 703	15 756
江　西	161	273.44	7 328	236 181	30 966	6	3.33	98	6 402	736	43	71.69	1 388	50 114	6 983
山　东	269	482.50	11 998	587 560	76 245	19	11.55	354	18 582	3 333	72	224.88	4 588	295 576	40 054

续前表

	合计					综合					哲学、社会科学				
	种数（种）	平均期印数（万册）	总印数（万册）	总印张（千印张）	总金额（万元）	种数（种）	平均期印数（万册）	总印数（万册）	总印张（千印张）	总金额（万元）	种数（种）	平均期印数（万册）	总印数（万册）	总印张（千印张）	总金额（万元）
河　南	248	399.26	9 748	458 281	58 795	21	2.90	16	1 811	222	68	191.20	4 570	223 671	28 929
湖　北	423	1 166.39	30 937	1 781 708	168 429	19	423.12	7 417	340 031	32 101	101	298.95	9 623	435 949	48 918
湖　南	253	556.58	12 991	565 767	73 382	14	1.79	10	1 135	209	55	137.67	3 103	130 810	16 968
广　东	388	833.63	17 460	1 080 031	147 161	28	31.39	536	39 960	6 319	101	360.26	8 186	468 781	57 998
广　西	182	193.43	4 870	201 151	31 593	13	8.78	307	14 365	1 846	49	71.18	1 394	67 462	9 596
海　南	44	49.12	793	59 477	8 395	2	3.55	40	5 311	793	12	18.21	252	15 062	2 256
重　庆	137	262.23	5 664	349 189	45 247	4	2.70	48	3 972	1 010	34	152.52	2 308	154 669	17 956
四　川	351	417.32	7 508	546 756	62 696	14	24.53	751	24 678	4 415	74	149.08	2 485	139 786	20 654
贵　州	88	84.49	1 575	77 922	13 224	5	2.62	40	2 370	690	26	53.54	924	52 637	9 104
云　南	128	235.51	4 158	252 758	31 798	6	1.24	21	1 163	329	37	111.43	1 462	122 691	14 917
西　藏	35	16.97	225	13 388	2 041	1	0.30	1	60	3	12	8.34	89	4 078	557
陕　西	286	281.41	5 498	389 092	53 803	6	1.88	13	1 142	290	56	107.57	2 078	111 635	15 187
甘　肃	136	491.23	11 038	559 045	48 628	7	383.00	8 921	457 218	36 762	35	67.33	1 316	53 620	5 314
青　海	53	28.87	379	22 064	3 207						18	9.01	150	6 236	948
宁　夏	37	57.50	1 743	164 980	16 606	1	0.50	6	521	288	14	42.68	1 402	134 587	13 785
新　疆	214	125.33	1 794	89 516	12 110	9	7.22	86	5 202	306	61	66.16	1 224	52 886	8 311

2013 年全国各地区各类期刊出版的种数、印数、总印张、总金额（2）

	自然科学、技术					文化、教育					文学、艺术				
	种数（种）	平均期印数（万册）	总印数（万册）	总印张（千印张）	总金额（万元）	种数（种）	平均期印数（万册）	总印数（万册）	总印张（千印张）	总金额（万元）	种数（种）	平均期印数（万册）	总印数（万册）	总印张（千印张）	总金额（万元）
全国总计	**4 944**	**3 113.22**	**46 344**	**3 794 100**	**517 621**	**1 353**	**3 293.21**	**75 626**	**4 566 412**	**556 838**	**635**	**1 444.45**	**37 986**	**2 290 549**	**264 649**
中　　央	**1 491**	**1 237.70**	**17 302**	**1 996 261**	**255 141**	**338**	**646.97**	**12 397**	**1 651 123**	**159 969**	**129**	**185.62**	**3 785**	**274 417**	**47 135**
地　　方	**3 453**	**1 875.52**	**29 042**	**1 797 839**	**262 480**	**1 015**	**2 646.24**	**63 229**	**2 915 289**	**396 869**	**506**	**1 258.83**	**34 201**	**2 016 132**	**217 514**
北　　京	77	41.92	569	44 095	8 005	30	64.62	1 336	94 704	15 466	12	8.53	177	12 936	1 356
天　　津	148	79.12	1 077	59 627	12 234	35	52.18	1 243	48 399	7 379	17	48.43	647	44 048	5 157
河　　北	112	56.69	836	56 872	10 079	35	57.08	1 879	59 021	7 036	14	16.02	328	19 916	3 008
山　　西	92	49.48	784	61 684	7 913	32	28.25	895	57 781	8 040	20	24.69	556	36 739	6 820
内 蒙 古	51	12.93	213	14 158	1 661	20	11.53	301	15 284	1 528	22	31.31	1 208	65 218	7 335
辽　　宁	184	111.87	1 385	78 603	13 021	45	100.44	1 390	48 615	7 010	17	13.33	283	20 355	2 478
吉　　林	104	35.71	595	46 308	6 483	42	55.49	1 520	57 323	9 149	27	173.68	5 756	243 660	25 358
黑 龙 江	159	45.23	716	41 015	5 789	50	69.46	2 028	99 292	14 173	19	22.62	552	20 441	3 855
上　　海	368	247.02	3 108	251 148	31 705	77	106.38	1 660	99 921	16 777	35	232.74	4 897	185 707	20 581
江　　苏	264	133.63	2 562	102 499	18 155	56	114.66	4 373	169 181	28 549	26	27.14	615	30 558	5 633
浙　　江	106	70.53	644	33 191	5 524	31	297.33	4 486	186 023	27 987	16	38.68	653	54 865	5 087
安　　徽	89	58.50	694	41 937	5 658	26	234.40	3 836	114 025	16 990	13	26.28	413	41 536	16 237
福　　建	71	22.42	205	15 991	2 515	29	33.59	967	38 366	5 084	13	23.53	579	27 528	3 806
江　　西	70	27.52	442	21 951	3 024	33	160.71	5 154	147 845	19 147	9	10.19	247	9 869	1 077
山　　东	131	69.34	1 499	77 253	9 684	32	143.02	4 491	161 382	18 330	15	33.72	1 067	34 768	4 844

续前表

	自然科学、技术					文化、教育					文学、艺术				
	种数（种）	平均期印数（万册）	总印数（万册）	总印张（千印张）	总金额（万元）	种数（种）	平均期印数（万册）	总印数（万册）	总印张（千印张）	总金额（万元）	种数（种）	平均期印数（万册）	总印数（万册）	总印张（千印张）	总金额（万元）
河　南	115	57.32	1 257	64 473	8 596	24	90.67	2 279	83 649	10 362	20	57.17	1 626	84 678	10 686
湖　北	211	77.23	885	64 536	11 531	62	110.84	2 601	128 935	15 621	30	256.26	10 412	812 257	60 258
湖　南	130	113.44	1 608	77 491	12 413	39	275.24	7 554	321 071	39 552	15	28.45	717	35 261	4 239
广　东	182	248.42	5 231	269 861	37 322	46	163.49	3 017	251 247	39 017	31	30.08	490	50 181	6 505
广　西	75	37.62	558	26 982	4 299	31	70.88	2 569	89 705	15 322	14	4.97	42	2 636	531
海　南	15	9.28	176	12 333	1 554	12	14.87	293	23 215	3 241	3	3.21	33	3 556	551
重　庆	80	39.54	911	78 064	10 530	16	67.04	2 395	112 237	15 719	3	0:42	3	248	32
四　川	202	91.75	1 176	134 311	16 312	42	135.42	2 618	200 870	15 244	19	16.53	478	47 111	6 071
贵　州	33	6.79	62	4 481	668	16	16.04	457	11 909	1 784	8	5.51	91	6 525	978
云　南	52	23.58	354	18 403	2 650	20	23.83	667	34 345	5 147	13	75.43	1 654	76 156	8 755
西　藏	4	0.37	1	60	7	13	6.96	130	8 890	1 440	5	1.00	5	300	34
陕　西	172	66.76	1 097	72 694	10 963	38	89.59	1 990	183 817	24 709	14	15.60	319	19 804	2 654
甘　肃	67	16.23	179	14 612	2 213	20	23.29	608	32 362	4 202	7	1.38	14	1 233	137
青　海	18	1.99	10	615	91	9	2.21	19	1 075	120	8	15.67	201	14 138	2 049
宁　夏	11	3.23	32	2 451	491	7	10.19	293	26 558	1 961	4	0.90	9	864	80
新　疆	60	20.07	175	10 143	1 392	47	16.53	182	8 244	781	37	15.36	128	13 041	1 320

2013 年全国电子出版物出版品种、数量汇总表

单位：种、万张

	电子出版物					只读光盘（CD-ROM）				高密度只读光盘（DVD-ROM）				交互式光盘（CD-I）及其他			
	合计		其中：新版		发行数量	合计		其中：新版		合计		其中：新版		合计		其中：新版	
	种数	数量	种数	数量		种数	数量	种数	数量	种数	数量	种数	数量	种数	数量	种数	数量
全国总计	**11 708**	**35 220.18**	**6 835**	**11 371.20**	**30 525.75**	**7 279**	**29 596.15**	**3 998**	**7 913.05**	**3 281**	**4 001.90**	**2 497**	**3 273.21**	**1 148**	**1 622.13**	**340**	**184.94**
中　央	**8 058**	**27 234.61**	**4 387**	**8 821.81**	**20 836.41**	**4 436**	**22 082.88**	**2 213**	**5 706.52**	**2 568**	**3 550.46**	**1 917**	**2 949.39**	**1 054**	**1 601.27**	**257**	**165.90**
地　方	**3 650**	**7 985.57**	**2 448**	**2 549.39**	**9 689.34**	**2 843**	**7 513.27**	**1 785**	**2 206.53**	**713**	**451.44**	**580**	**323.82**	**94**	**20.86**	**83**	**19.04**
北　京	71	38.66	71	38.66	74.37	19	14.96	19	14.96	35	23.60	35	23.60	17	0.10	17	0.10
天　津	121	40.81	117	39.81	43.70	41	13.51	39	13.01	63	20.70	63	20.70	17	6.60	15	6.10
河　北	50	18.99	50	18.99	37.52	23	6.99	23	6.99	17	2.00	17	2.00	10	10.00	10	10.00
山　西	64	9.25	64	9.25	7.36	64	9.25	64	9.25	—	—	—	—	—	—	—	—
内蒙古	—	—	—	—	—	—	—	—	—	—	—	—	—	—	—	—	—
辽　宁	262	247.18	167	36.83	234.64	246	243.28	155	34.73	16	3.90	12	2.10	—	—	—	—
吉　林	12	0.95	12	0.95	21.80	6	0.60	6	0.60	6	0.35	6	0.35	—	—	—	—
黑龙江	—	—	—	—	—	—	—	—	—	—	—	—	—	—	—	—	—
上　海	695	1 889.01	371	204.09	1 923.88	515	1 727.31	237	112.62	147	161.28	107	91.13	33	0.42	27	0.34
江　苏	442	2 921.43	148	1 202.01	2 933.05	353	2 874.38	106	1 184.46	89	47.05	42	17.55	—	—	—	—
浙　江	267	588.11	220	338.19	574.55	163	584.04	116	334.12	101	3.47	101	3.47	3	0.60	3	0.60
安　徽	55	7.38	55	7.38	10.21	52	5.88	52	5.88	1	0.50	1	0.50	2	1.00	2	1.00
福　建	95	16.26	16	10.67	22.97	95	16.26	16	10.67	—	—	—	—	—	—	—	—
江　西	33	20.72	33	20.72	105.84	28	19.32	28	19.32	5	1.40	5	1.40	—	—	—	—
山　东	286	182.42	234	94.24	1 195.08	241	156.52	189	68.34	42	25.30	42	25.30	3	0.60	3	0.60
河　南	45	279.95	35	8.95	393.20	41	273.85	31	2.85	4	6.10	4	6.10	—	—	—	—
湖　北	215	122.90	148	104.96	261.99	203	119.92	138	102.58	12	2.98	10	2.38	—	—	—	—

续前表

	电子出版物					只读光盘（CD-ROM）				高密度只读光盘（DVD-ROM）				交互式光盘（CD-I）及其他			
	合计		其中：新版		发行数量	合计		其中：新版		合计		其中：新版		合计		其中：新版	
	种数	数量	种数	数量		种数	数量	种数	数量	种数	数量	种数	数量	种数	数量	种数	数量
湖　南	93	287.45	46	68.10	462.24	68	233.44	23	15.19	23	52.90	23	52.91	2	1.11	—	—
广　东	195	1 078.44	106	224.63	1 044.60	161	1 017.68	77	167.85	33	60.76	28	56.78	1	0.00	1	0.00
广　西	34	5.27	34	5.27	6.51	19	4.07	19	4.07	11	1.20	11	1.20	4	0.00	4	0.00
海　南	—	—	—	—	—	—	—	—	—	—	—	—	—	—	—	—	—
重　庆	162	70.67	84	24.68	79.40	92	43.43	45	15.77	68	26.81	38	8.61	2	0.43	1	0.30
四　川	366	96.89	365	32.43	148.79	346	92.09	345	27.63	20	4.80	20	4.80	—	—	—	—
贵　州	—	—	—	—	—	—	—	—	—	—	—	—	—	—	—	—	—
云　南	21	48.83	21	48.83	51.09	18	48.14	18	48.14	3	0.69	3	0.69	—	—	—	—
西　藏	—	—	—	—	—	—	—	—	—	—	—	—	—	—	—	—	—
陕　西	53	11.55	38	7.30	52.31	42	7.70	32	6.85	11	3.85	6	0.45	—	—	—	—
甘　肃	6	0.60	6	0.60	3.00	6	0.60	6	0.60	—	—	—	—	—	—	—	—
青　海	6	1.80	6	1.80	1.20	—	—	—	—	6	1.80	6	1.80	—	—	—	—
宁　夏	1	0.05	1	0.05	0.04	1	0.05	1	0.05	—	—	—	—	—	—	—	—
新　疆	—	—	—	—	—	—	—	—	—	—	—	—	—	—	—	—	—

2013 年全国各地区录音制品出版品种、数量及发行总量（按载体形式分类）

单位：种、万盒、万张

	录音制品合计					录音带（AT）				激光唱盘（CD）				高密度激光唱盘（DVD-A）及其他			
	合计		其中：新版		发行数量	合计		其中：新版		合计		其中：新版		合计		其中：新版	
	种数	数量	种数	数量		种数	数量	种数	数量	种数	数量	种数	数量	种数	数量	种数	数量
全国总计	**9 576**	**23 920.64**	**5 230**	**7 720.25**	**23 856.32**	**2 281**	**17 924.23**	**900**	**4 364.45**	**5 356**	**4 321.38**	**3 376**	**2 609.12**	**1 939**	**1 675.03**	**954**	**746.68**
中　央	**4 212**	**18 256.25**	**1 854**	**4 902.09**	**14 697.38**	**1 241**	**15 235.48**	**234**	**3 585.20**	**2 064**	**2 284.48**	**1 309**	**1 143.40**	**907**	**736.29**	**311**	**173.49**
地　方	**5 364**	**5 664.39**	**3 376**	**2 818.16**	**9 158.94**	**1 040**	**2 688.75**	**666**	**779.25**	**3 292**	**2 036.90**	**2 067**	**1 465.72**	**1 032**	**938.74**	**643**	**573.19**
北　京	143	70.86	143	70.86	64.30	69	7.82	69	7.82	64	60.64	64	60.64	10	2.40	10	2.40
天　津	67	36.60	66	36.30	32.98	6	2.40	6	2.40	46	28.60	46	28.60	15	5.60	14	5.30
河　北	42	169.71	42	169.71	548.05	24	147.13	24	147.13	16	21.98	16	21.98	2	0.60	2	0.60
山　西	53	12.90	52	12.60	195.88	—	—	—	—	19	3.50	19	3.50	34	9.40	33	9.10
内蒙古	32	19.34	32	19.34	25.00	—	—	—	—	21	15.30	21	15.30	11	4.04	11	4.04
辽　宁	297	214.38	164	141.71	435.17	8	3.15	8	3.15	19	49.61	19	49.61	270	161.62	137	88.95
吉　林	63	15.60	62	15.30	144.86	14	5.75	14	5.75	40	7.80	40	7.80	9	2.05	8	1.75
黑龙江	20	7.10	20	7.10	4.60	—	—	—	—	10	4.10	10	4.10	10	3.00	10	3.00
上　海	2 143	2 198.68	803	754.93	2 296.23	250	1 063.19	72	253.50	1 448	673.85	489	292.88	445	461.64	242	208.55
江　苏	311	937.45	113	68.85	939.50	103	785.27	32	6.70	192	144.46	69	56.45	16	7.72	12	5.70
浙　江	103	306.45	76	118.43	310.65	33	191.42	17	6.92	61	113.70	50	110.18	9	1.33	9	1.33
安　徽	114	43.34	93	41.44	70.35	65	25.25	44	23.35	40	10.25	40	10.25	9	7.84	9	7.84
福　建	72	11.31	72	11.31	70.25	1	0.30	1	0.30	70	10.91	70	10.91	1	0.10	1	0.10
江　西	132	131.88	132	131.88	119.02	35	21.47	35	21.47	97	110.41	97	110.41	—	—	—	—
山　东	98	43.22	95	39.14	1 149.79	11	3.82	11	3.82	63	23.88	61	21.40	24	15.52	23	13.92
河　南	42	12.14	42	12.14	266.75	2	6.96	2	6.96	13	2.50	13	2.50	27	2.68	27	2.68
湖　北	95	40.85	73	30.12	230.93	42	16.90	40	12.08	44	20.83	25	15.02	9	3.12	8	3.02

续前表

	录音制品合计					录音带（AT）				激光唱盘（CD）				高密度激光唱盘（DVD-A）及其他			
	合计		其中：新版		发行数量	合计		其中：新版		合计		其中：新版		合计		其中：新版	
	种数	数量	种数	数量		种数	数量	种数	数量	种数	数量	种数	数量	种数	数量	种数	数量
湖　南	175	572.54	142	470.63	670.94	32	228.68	20	168.32	111	160.55	95	134.12	32	183.31	27	168.19
广　东	813	462.95	744	439.16	1 199.04	88	21.79	61	19.90	670	398.43	639	381.64	55	42.73	44	37.62
广　西	142	54.51	130	47.31	58.09	105	22.71	105	22.71	37	31.80	25	24.60	—	—	—	—
海　南	48	22.90	32	18.10	3.60	14	14.00	14	14.00	34	8.90	18	4.10	—	—	—	—
重　庆	87	48.06	26	8.01	75.59	38	14.07	13	4.09	39	27.59	13	3.92	10	6.40	—	—
四　川	35	19.70	35	19.70	22.42	1	0.20	1	0.20	33	19.20	33	19.20	1	0.30	1	0.30
贵　州	1	0.10	1	0.10	0.10	—	—	—	—	1	0.10	1	0.10	—	—	—	—
云　南	92	18.91	91	18.41	17.30	56	1.80	56	1.80	36	17.11	35	16.61	—	—	—	—
西　藏	3	1.00	3	1.00	1.20	—	—	—	—	3	1.00	3	1.00	—	—	—	—
陕　西	119	187.31	70	109.98	194.75	43	104.67	21	46.88	43	65.30	34	54.30	33	17.34	15	8.80
甘　肃	14	2.20	14	2.20	3.65	—	—	—	—	14	2.20	14	2.20	—	—	—	—
青　海	1	0.80	1	0.80	1.10	—	—	—	—	1	0.80	1	0.80	—	—	—	—
宁　夏	—	—	—	—	—	—	—	—	—	—	—	—	—	—	—	—	—
新　疆	7	1.60	7	1.60	6.85	—	—	—	—	7	1.60	7	1.60	—	—	—	—

2013 年全国各地区录像制品出版品种、数量及发行总量（按载体形式分类）

单位：种、万盒、万张

	录像制品合计					激光数码视盘（VCD）				高密度激光视盘（DVD-V）				录像带（VT）及其他			
	合计		其中：新版		发行数量	合计		其中：新版		合计		其中：新版		合计		其中：新版	
	种数	数量	种数	数量		种数	数量	种数	数量	种数	数量	种数	数量	种数	数量	种数	数量
全国总计	**7 396**	**16 683.93**	**5 113**	**13 654.92**	**10 539.53**	**1 852**	**3 299.46**	**677**	**1 683.46**	**5 353**	**13 303.15**	**4 259**	**11 894.41**	**191**	**81.32**	**177**	**77.05**
中　央	**3 734**	**5 860.50**	**2 231**	**3 261.09**	**5 168.35**	**1 002**	**2 590.67**	**177**	**1 133.93**	**2 620**	**3 258.52**	**1 942**	**2 115.85**	**112**	**11.31**	**112**	**11.31**
地　方	**3 662**	**10 823.43**	**2 882**	**10 393.83**	**5 371.18**	**850**	**708.79**	**500**	**549.53**	**2 733**	**10 044.63**	**2 317**	**9 778.56**	**79**	**70.01**	**65**	**65.74**
北　京	89	239.63	89	239.63	139.97	1	0.00	1	0.00	83	201.13	83	201.13	5	38.50	5	38.50
天　津	33	16.90	32	16.60	17.30	4	1.50	4	1.50	29	15.40	28	15.10	—	—	—	—
河　北	53	8.10	53	8.10	5.98	36	3.80	36	3.80	17	4.30	17	4.30	—	—	—	—
山　西	33	56.32	7	46.90	72.94	17	7.64	—	—	16	48.68	7	46.90	—	—	—	—
内蒙古	9	5.78	9	5.78	20.00	—	—	—	—	9	5.78	9	5.78	—	—	—	—
辽　宁	293	7 683.56	292	7 683.37	1 685.70	27	47.01	27	47.02	261	7 634.07	260	7 633.86	5	2.48	5	2.49
吉　林	25	5.65	24	4.65	43.89	11	1.10	11	1.10	14	4.55	13	3.55	—	—	—	—
黑龙江	1	0.50	1	0.50	0.50	—	—	—	—	1	0.50	1	0.50	—	—	—	—
上　海	676	410.62	335	220.61	378.60	184	95.36	6	25.14	445	292.44	283	173.17	47	22.82	46	22.30
江　苏	205	134.66	100	86.94	139.47	74	36.07	4	1.40	130	98.38	96	85.54	1	0.21	0	0.00
浙　江	190	94.36	168	75.80	69.64	38	24.87	16	6.30	152	69.49	152	69.50	—	—	—	—
安　徽	71	14.61	38	5.93	28.07	42	9.53	9	0.85	29	5.08	29	5.08	—	—	—	—
福　建	45	43.50	25	22.40	236.04	10	15.00	10	15.00	34	28.40	14	7.30	1	0.10	1	0.10
江　西	96	27.11	96	27.11	323.78	83	18.30	83	18.30	13	8.81	13	8.81	—	—	—	—
山　东	123	173.46	120	171.75	307.41	2	0.40	2	0.40	121	173.06	118	171.35	—	—	—	—
河　南	77	34.25	77	34.25	313.05	10	1.20	10	1.20	67	33.05	67	33.05	—	—	—	—
湖　北	197	111.47	193	110.97	197.86	128	76.21	125	75.91	69	35.26	68	35.06	—	—	—	—

续前表

	录像制品合计					激光数码视盘（VCD）				高密度激光视盘（DVD-V）				录像带（VT）及其他			
	合计		其中：新版		发行数量	合计		其中：新版		合计		其中：新版		合计		其中：新版	
	种数	数量	种数	数量		种数	数量	种数	数量	种数	数量	种数	数量	种数	数量	种数	数量
湖　南	175	298.54	164	288.18	470.07	28	13.00	23	12.00	147	285.54	141	276.18	—	—	—	—
广　东	833	1 025.11	666	938.80	589.40	69	187.26	65	186.61	764	837.85	601	752.19	—	—	—	—
广　西	57	54.22	50	44.17	60.24	18	30.12	18	30.12	39	24.10	32	14.05	—	—	—	—
海　南	8	8.41	8	8.41	5.14	—	—	—	—	8	8.41	8	8.41	—	—	—	—
重　庆	41	31.74	22	20.92	23.08	9	8.52	2	1.55	14	17.62	14	17.32	18	5.60	6	2.05
四　川	77	45.54	77	45.54	34.14	10	3.03	10	3.03	67	42.51	67	42.51	—	—	—	—
贵　州	5	0.90	5	0.90	0.80	—	—	—	—	5	0.90	5	0.90	—	—	—	—
云　南	114	223.87	111	223.17	126.92	35	116.90	35	116.90	79	106.97	76	106.27	—	—	—	—
西　藏	11	6.30	11	6.30	2.50	—	—	—	—	11	6.30	11	6.30	—	—	—	—
陕　西	59	37.14	43	24.97	24.53	14	11.97	3	1.40	45	25.17	40	23.57	—	—	—	—
甘　肃	13	3.50	13	3.50	9.60	—	—	—	—	13	3.50	13	3.50	—	—	—	—
青　海	14	7.73	14	7.73	17.65	—	—	—	—	12	7.43	12	7.43	2	0.30	2	0.30
宁　夏	2	9.00	2	9.00	6.80	—	—	—	—	2	9.00	2	9.00	—	—	—	—
新　疆	37	10.95	37	10.95	20.11	—	—	—	—	37	10.95	37	10.95	—	—	—	—

2013 年全国新华书店系统、出版社自办发行单位出版物发行进、销、存情况

单位：万册（张、份、盒）、万元

	购进		销售		库存	
	数量	金额	数量	金额	数量	金额
全国总计	**2 053 467**	**24 182 149**	**1 993 343**	**23 461 488**	**651 911**	**9 643 972**
中　央	**247 065**	**5 306 529**	**245 569**	**5 059 459**	**131 027**	**3 767 938**
地　方	**1 806 402**	**18 875 621**	**1 747 774**	**18 402 029**	**520 884**	**5 876 034**
北　京	16 149	440 391	14 471	392 586	9 638	249 569
天　津	10 932	152 863	11 222	158 853	4 635	99 847
河　北	93 474	737 371	87 841	727 223	48 448	165 612
山　西	44 764	596 288	51 701	665 542	6 840	71 308
内蒙古	13 077	182 914	10 586	175 085	5 587	34 566
辽　宁	29 128	379 320	28 561	377 884	11 758	243 675
吉　林	26 602	312 327	25 629	310 717	11 341	123 160
黑龙江	20 087	271 087	18 891	262 931	7 694	75 076
上　海	47 473	736 759	48 037	764 405	21 032	463 069
江　苏	191 589	1 786 498	181 174	1 718 779	64 369	712 275
浙　江	112 726	1 401 637	110 224	1 319 693	59 075	833 144
安　徽	113 409	1 074 545	85 925	974 467	34 701	234 079
福　建	37 343	407 033	38 364	399 903	8 298	84 607
江　西	82 551	785 492	82 129	788 492	7 315	112 089
山　东	154 796	1 433 069	145 257	1 307 911	59 299	460 836
河　南	127 756	1 033 593	132 910	1 069 284	14 032	170 265
湖　北	71 551	764 477	72 723	776 470	13 599	193 778
湖　南	132 591	1 586 139	138 728	1 628 610	31 003	340 021
广　东	64 852	758 190	52 046	651 673	24 179	207 608
广　西	72 307	614 502	71 768	609 061	5 144	67 328
海　南	11 934	139 792	12 697	140 321	1 245	22 113
重　庆	30 754	393 237	28 860	376 204	9 976	160 237
四　川	80 466	759 790	80 466	753 276	15 584	225 858
贵　州	36 401	249 708	38 344	261 276	2 837	19 201
云　南	44 448	482 563	40 872	446 366	10 860	133 322
西　藏	3 368	23 751	2 571	22 652	2 930	10 986
陕　西	61 165	570 087	60 932	550 237	16 816	215 971
甘　肃	36 299	336 067	36 271	332 510	4 603	49 804
青　海	3 764	29 533	3 696	28 282	852	7 808
宁　夏	4 128	74 349	4 020	73 477	636	14 063
新　疆	30 521	362 248	30 859	337 859	6 559	74 760

注：本表中购进、销售为总购进、总销售（按国家商品流通企业统计口径，包括新华书店系统内购销）。

2013 年全国图书、期刊、报纸进出口情况

载体	类别	出口		进口	
		数量（万册、份）	金额（万美元）	数量（万册、份）	金额（万美元）
总计		**1 992.86**	**6 012.40**	**2 361.54**	**28 048.63**
图书	合计	1 737.58	5 216.38	857.89	12 054.66
	哲学、社会科学	159.54	1 750.25	57.23	1 632.33
	文化 、教育	386.27	1 029.52	152.23	1 998.77
	文学、艺术	203.52	891.95	176.14	1 998.97
	自然、科学技术	62.26	383.84	123.20	3 250.18
	少儿读物	724.39	447.31	106.88	476.91
	综合性图书	201.60	713.51	242.21	2 697.49
期刊		215.68	744.85	397.14	14 620.06
报纸		39.59	51.17	1106.51	1 373.92

注：以上数据为全国有出版物进口经营许可证的出版物进出口经营单位数据。

2013 年全国音像、电子出版物、数字出版物进出口情况

载体	类别	出口		进口	
		数量（盒、张）	金额（万美元）	数量（盒、张）	金额（万美元）
总计		**34 136**	**122.43**	**285 070**	**20 022.34**
录音	合计	800	0.40	164 671	128.93
	录音带（AT）	—	0.00	—	0.00
	激光唱盘（CD）	800	0.40	164 671	128.93
	高密度激光唱盘（DVD-A）	—	0.00	—	0.00
录像	合计	33 236	32.16	16 780	13.26
	录像带（VT）	—	0.00	—	0.00
	高密度激光视盘（DVD-V）	31 425	31.46	16 780	13.26
	激光数码视盘（VCD）	1 811	0.70	—	0.00
电子出版物		100	0.16	103 619	73.86
数字出版物		—	89.71	—	19 806.29

注：以上数据为全国有出版物进口经营许可证的出版物进出口经营单位数据。

2013 年全国广播电视发展主要指标一览表（1）

	节目制播情况								覆盖情况					有线电视发展情况						
	广播节目播出时间（万小时）	增长率（%）	电视节目播出时间（万小时）	增长率（%）	广播节目制作时间（万小时）	增长率（%）	电视节目制作时间（万小时）	增长率（%）	广播综合人口覆盖率（%）	电视综合人口覆盖率（%）	无线广播综合人口覆盖率（%）	无线电视综合人口覆盖率（%）	有线广播电视用户（万户）	增长率（%）	数字电视用户（万户）	增长率（%）	付费数字电视用户（万户）	增长率（%）	有线广播电视入户率（%）	有线广播电视网络传输干线总长（万公里）
全国合计	1 379.54	3.08	1 705.72	0.42	739.12	2.82	339.78	−1.12	97.79	98.42	96.35	95.77	22 893.80	6.44	17 159.69	19.97	3 498.41	39.87	54.14	381.58
总局直属	43.20	47.92	27.01	0.62	28.89	0.51	31.76	−6.19	—	—	—	—	—	—	—	—	—	—	—	—
北　京	17.29	0.41	12.70	1.23	11.62	−14.04	13.39	−43.30	100.00	100.00	100.00	99.75	636.91	27.74	513.60	35.58	11.42	1 116.51	125.06	21.97
天　津	14.98	3.76	16.88	−5.22	8.12	7.10	2.78	12.97	100.00	100.00	100.00	100.00	292.29	5.16	255.71	5.84	18.74	−1.31	83.22	0.69
河　北	64.64	1.54	78.17	0.04	33.25	1.51	15.97	4.89	99.34	99.27	98.47	97.03	865.82	9.24	687.29	17.90	61.62	365.73	37.73	17.56
山　西	39.84	5.54	47.78	0.30	17.61	7.26	8.88	−3.56	96.76	98.45	96.74	98.39	498.90	5.08	344.65	12.65	9.29	2.01	38.90	10.07
内蒙古	66.95	0.30	63.90	−0.61	26.74	1.88	7.01	4.91	98.25	97.64	98.08	92.17	317.95	−0.59	240.98	7.65	14.84	−0.22	37.76	3.76
辽　宁	67.33	−3.90	73.43	0.39	39.38	−8.98	18.48	4.60	98.63	98.72	98.50	97.25	995.54	8.02	672.85	25.19	13.90	4.65	65.98	12.91
吉　林	45.44	0.61	50.50	0.71	25.39	2.19	9.22	7.64	98.59	98.71	98.30	93.55	556.48	8.65	476.86	17.96	120.72	51.66	56.89	9.94
黑龙江	47.04	13.04	62.56	0.90	29.31	26.01	10.72	−0.85	98.60	98.80	98.60	98.69	703.87	14.78	620.73	66.79	88.71	−10.93	55.22	18.10
上　海	13.78	−0.44	18.01	−0.29	8.07	−3.12	5.31	−0.29	100.00	100.00	100.00	100.00	681.76	5.21	518.56	26.78	155.91	225.74	130.03	4.34
江　苏	80.09	0.80	82.15	−1.40	60.07	3.21	21.77	5.80	99.99	99.88	99.93	99.87	2 249.44	3.29	1 661.94	14.65	316.33	5.95	93.10	34.37
浙　江	74.10	3.69	73.81	0.58	49.34	6.18	14.86	−9.97	99.56	99.64	98.99	99.11	1 449.05	6.76	1 334.31	13.10	316.33	17.91	89.65	26.25
安　徽	50.85	−2.81	60.26	−5.31	17.27	−5.95	7.69	−11.50	98.34	98.57	98.27	98.38	708.26	36.51	348.00	18.41	36.69	14.43	33.12	5.01
福　建	51.93	1.09	34.06	2.24	25.23	−2.88	6.62	8.83	98.20	98.63	96.89	95.50	691.53	4.83	489.12	27.39	173.07	209.33	66.92	8.87
江　西	36.97	2.36	63.88	−0.55	18.27	−5.48	9.71	4.11	97.42	98.50	96.56	97.37	595.19	10.25	420.30	30.14	83.06	60.63	48.33	11.55
山　东	88.32	1.41	104.48	7.22	50.03	3.80	21.28	3.07	98.49	98.21	98.11	97.52	1 870.15	1.89	1 369.49	25.46	314.97	68.97	61.81	30.22
河　南	64.37	0.20	88.24	0.09	30.16	1.08	14.15	−0.51	98.09	98.11	98.03	97.96	1 034.36	21.63	369.10	153.54	26.02	227.16	33.26	16.92

续前表

	节目制播情况								覆盖情况						有线电视发展情况					
	广播节目播出时间（万小时）	增长率（%）	电视节目播出时间（万小时）	增长率（%）	广播节目制作时间（万小时）	增长率（%）	电视节目制作时间（万小时）	增长率（%）	广播综合人口覆盖率（%）	电视综合人口覆盖率（%）	无线广播综合人口覆盖率（%）	无线电视综合人口覆盖率（%）	有线广播电视用户（万户）	增长率（%）	数字电视用户（万户）	增长率（%）	付费数字电视用户（万户）	增长率（%）	有线广播电视入户率（%）	有线广播电视网络传输干线总长（万公里）
湖北	47.07	2.04	68.39	−0.41	24.29	5.27	10.65	−1.77	98.80	98.81	98.43	98.00	1 045.31	−0.29	872.14	5.75	227.59	65.41	51.48	22.91
湖南	38.59	4.21	74.49	1.42	17.28	0.54	13.76	1.38	93.25	97.40	91.22	95.47	841.06	12.76	679.49	14.33	155.29	78.93	41.72	11.37
广东	76.75	−3.93	70.34	−5.53	61.24	14.45	17.58	1.16	99.90	99.50	99.79	99.55	1 960	2.46	1 571.11	9.65	175.06	−6.68	80.55	21.35
广西	32.48	3.52	54.31	2.58	18.85	−0.21	10.63	20.28	96.24	98.00	93.49	94.82	623.44	0.07	370.73	5.93	125.88	90.21	45.81	7.74
海南	11.76	−0.78	8.83	−1.53	5.88	6.53	1.81	7.06	96.48	95.45	96.30	95.13	110.01	15.70	92.30	21.61	16.99	106.73	42.66	0.86
重庆	15.81	13.20	29.97	6.67	7.20	9.90	5.95	0.06	98.30	98.88	89.70	89.81	519.53	2.01	360.20	21.24	112.43	185.54	42.56	15.27
四川	59.35	2.40	110.49	2.69	21.29	1.35	12.63	13.92	96.98	97.89	93.94	93.95	1 450.9	4.18	948.31	43.67	330.05	42.96	46.52	36.32
贵州	22.55	8.06	23.50	−2.09	12.06	−6.82	4.15	−10.04	90.00	94.10	76.41	66.02	394.28	−0.59	394.28	10.23	105.80	6.27	32.06	5.57
云南	29.36	4.67	76.30	−1.31	15.64	3.37	9.69	−0.71	96.27	97.28	94.43	89.52	520.35	−5.72	478.51	18.32	225.47	−11.97	37.50	10.76
西藏	4.25	0.58	5.85	28.20	2.90	−1.73	1.05	24.66	94.38	95.51	92.96	93.77	21.52	15.74	13.06	91.06	1.84	166.83	30.37	0.37
陕西	45.83	9.75	61.15	2.26	25.46	11.14	11.82	15.68	97.37	98.26	96.14	95.97	639.47	7.24	526.26	11.69	205.22	36.28	51.39	4.42
甘肃	30.95	4.92	44.19	1.40	11.96	5.05	6.66	14.38	97.69	98.04	93.28	93.48	207.34	3.06	196.09	21.22	32.64	17.84	25.75	4.73
青海	7.49	23.36	8.93	0.03	3.76	17.52	2.05	7.46	95.74	96.93	95.64	96.79	61.90	1.60	57.55	−3.14	18.41	95.93	37.81	0.59
宁夏	10.05	−1.45	15.40	0.16	4.46	1.88	2.45	1.98	96.06	99.09	95.52	97.89	89.80	7.92	89.80	7.92	—	—	45.65	1.31
新疆	80.12	3.09	95.77	−0.97	28.08	−2.58	9.31	0.64	95.68	95.95	95.32	95.38	199.50	−7.98	186.36	−6.95	4.11	97.81	32.54	3.73
新疆生产建设兵团	—	—	—	—	—	—	—	—	97.50	99.10	—	—	61.89	6.57	—	—	—	—	70.00	1.75
计划单列市合计	33.75	−0.13	42.81	2.19	24.70	−6.94	11.01	−9.91	99.52	99.61	99.37	99.38	954.65	24.89	863.04	31.03	88.62	42.57	101.53	14.64
大连	7.87	−0.86	10.31	5.11	4.32	−19.46	2.37	27.96	99.36	99.85	99.36	99.85	185.39	170.45	156.37	328.42	5.17	456.13	88.11	2.15
宁波	9.10	0.93	9.03	5.21	7.09	−0.80	1.46	−22.22	100.00	100.00	100.00	100.00	244.85	7.45	215.74	12.62	40.32	124.47	109.57	4.53
厦门	4.05	−2.40	5.46	5.62	3.28	−15.40	0.81	29.14	99.31	100.00	99.31	100.00	77.35	6.29	69.63	12.38	15.05	206.30	125.54	0.46
青岛	9.24	6.12	9.35	1.58	7.04	6.98	1.99	19.12	98.71	98.52	98.10	97.58	233.05	53.36	208.05	65.14	—	—	93.54	4.94
深圳	3.49	−12.37	8.66	−5.11	2.97	−16.87	4.39	−29.24	100.00	100.00	100.00	100.00	214.01	−12.01	213.25	−12.12	28.09	−18.95	109.38	2.56

2013年全国广播电视发展主要指标一览表（2）

	总收入（亿元）	增长率（%）	实际创收收入（亿元）	增长率（%）	广告收入（亿元）	增长率（%）	广播广告收入（亿元）	增长率（%）	电视广告收入（亿元）	增长率（%）	网络收入（亿元）	增长率（%）	收视费收入（亿元）	增长率（%）	付费数字电视收入（亿元）	增长率（%）	资产总额（亿元）	增长率（%）
全国合计	3 734.88	14.26	3 242.77	15.67	1 387.01	9.19	139.92	2.74	1 119.26	6.97	754.91	14.21	437.87	7.23	58.60	30.57	8 919.67	20.43
总局直属	635.53	9.43	557.26	8.52	336.48	6.93	8.77	13.43	322.15	6.59	25.52	16.77	10.97	−8.73	3.45	15.53	1 434.53	30.67
北京	418.71	35.97	360.95	48.93	169.84	56.99	9.44	−13.60	80.48	66.32	44.21	37.60	10.67	6.30	0.62	31.73	906.80	13.19
天津	46.68	7.30	39.22	4.13	16.83	2.28	4.79	−4.30	10.91	−3.73	9.89	4.32	5.38	−5.55	0.20	19.87	102.43	6.62
河北	57.42	9.02	49.69	9.72	22.42	1.85	4.82	10.92	15.99	0.15	19.72	14.71	16.65	13.43	0.47	8.04	121.14	2.69
山西	35.35	3.57	23.99	3.53	10.75	−1.12	2.28	9.93	8.07	−4.04	11.16	6.99	9.52	−2.24	0.06	11.24	78.51	7.57
内蒙古	37.39	−4.88	20.10	18.90	4.96	−8.50	1.31	−23.99	3.59	−1.06	14.52	33.13	10.00	42.94	1.30	35.03	67.56	−2.69
辽宁	81.66	13.79	69.88	12.93	29.70	4.11	7.51	1.11	21.76	6.79	25.99	18.11	20.13	19.03	0.37	−37.95	241.11	32.56
吉林	43.95	8.30	34.14	1.56	13.46	0.07	2.81	3.67	10.61	−1.07	19.27	5.27	10.43	−3.51	2.89	46.67	193.58	46.80
黑龙江	54.86	5.04	47.86	2.59	22.33	1.78	5.02	−0.95	16.78	5.85	17.91	−7.17	15.15	−0.48	0.84	11.37	111.72	−1.61
上海	322.91	14.87	310.71	15.87	72.02	0.27	5.48	0.03	56.24	−4.27	30.76	14.63	13.60	4.23	2.95	45.02	795.58	35.58
江苏	259.74	2.72	244.84	3.25	99.83	−3.19	12.85	−4.11	83.76	−3.49	72.51	7.32	39.63	1.64	4.71	18.35	855.06	22.61
浙江	304.54	26.70	290.59	29.70	81.79	12.91	12.56	9.38	64.98	12.54	60.06	10.89	30.95	10.40	3.86	35.13	666.64	26.90
安徽	83.22	16.34	73.11	18.43	43.44	11.50	3.03	−2.03	39.28	12.47	13.64	14.73	4.35	7.68	5.87	15.33	149.97	6.64
福建	89.17	35.27	60.78	34.30	21.39	2.51	3.21	7.26	15.76	0.84	20.88	42.79	10.29	6.63	2.15	79.65	176.84	15.92
江西	52.92	11.47	46.09	11.22	18.13	1.50	1.33	−0.96	16.29	3.39	17.72	18.03	13.13	22.40	1.56	−9.02	104.77	9.45
山东	145.36	15.57	135.64	14.18	61.31	1.15	11.36	16.80	47.82	−1.69	51.31	24.24	33.75	13.70	2.83	47.95	363.76	−0.97
河南	63.67	2.69	46.98	−7.98	23.95	−24.98	3.69	−2.43	19.20	−28.80	13.42	6.71	9.93	15.55	0.24	−27.64	162.61	17.46
湖北	82.02	5.18	73.12	7.05	26.61	2.98	4.43	8.36	20.97	−0.31	29.51	1.27	22.17	0.00	1.97	57.66	237.99	13.30
湖南	189.57	19.31	179.40	19.70	91.73	23.47	3.82	11.79	86.09	24.04	28.88	12.11	19.15	9.67	2.75	10.90	443.68	17.42

续前表

	总收入(亿元)	增长率(%)	实际创收收入(亿元)	增长率(%)	广告收入(亿元)	增长率(%)	广播广告收入(亿元)	增长率(%)	电视广告收入(亿元)	增长率(%)	网络收入(亿元)	增长率(%)	收视费收入(亿元)	增长率(%)	付费数字电视收入(亿元)	增长率(%)	资产总额(亿元)	增长率(%)
广　东	236.45	10.25	221.82	10.58	93.13	3.90	12.23	5.57	78.54	4.31	75.96	16.01	44.70	1.73	3.46	31.60	614.08	16.09
广　西	47.89	8.69	36.86	10.43	13.08	6.38	1.64	6.74	10.25	1.16	18.14	6.73	8.94	2.12	1.07	−6.95	93.53	−3.20
海　南	13.96	9.97	10.03	0.84	5.97	−3.76	0.44	23.91	5.25	−8.21	3.80	8.07	2.60	1.66	0.08	43.20	27.61	1.44
重　庆	38.91	6.01	35.25	12.87	12.46	17.86	1.78	20.37	9.76	11.80	17.74	16.22	9.92	9.02	1.38	119.20	104.52	4.80
四　川	115.78	14.56	89.03	8.03	31.09	−0.61	4.25	25.09	25.96	0.77	44.73	21.64	23.29	17.98	4.96	48.60	270.49	21.86
贵　州	54.59	11.00	47.42	11.09	12.88	6.12	1.65	9.30	10.73	1.99	14.95	15.84	7.84	8.28	2.86	80.63	88.35	18.52
云　南	51.24	−0.81	35.26	−0.10	15.12	−1.40	2.29	45.58	12.49	−7.57	16.02	−1.54	9.55	−1.37	2.33	−10.92	174.39	22.76
西　藏	9.77	35.78	2.38	19.55	1.65	10.32	0.01	−46.81	1.63	10.05	0.46	38.31	0.40	35.54	0.01	23.28	15.98	21.08
陕　西	70.55	22.02	57.59	33.51	20.72	10.40	4.00	−32.22	13.54	5.53	16.29	−6.77	10.93	−1.78	2.80	105.42	141.34	47.17
甘　肃	26.57	−6.89	13.47	11.32	3.88	2.52	0.72	1.64	3.13	3.68	6.75	36.59	5.23	22.40	0.33	176.11	64.87	67.48
青　海	12.68	61.60	3.74	21.65	0.60	10.69	0.15	43.45	0.44	2.13	2.42	28.49	1.75	27.39	0.20	100.36	16.04	30.39
宁　夏	12.92	−28.17	9.56	17.75	2.56	−26.45	0.25	11.20	2.27	−30.80	2.90	4.09	2.48	−0.52	—	—	25.31	14.98
新　疆	36.60	15.18	14.10	20.60	5.58	9.28	2.01	0.74	3.52	16.60	7.46	35.37	3.96	38.94	0.02	−46.38	68.88	17.73
新疆生产建设兵团	2.33	125.56	1.91	112.62	1.32	290.22	—	—	1.32	290.22	0.43	3.74	0.43	3.74	—	—	—	—
计划单列市合计	119.19	0.51	104.45	−0.84	47.49	−0.14	9.68	6.91	36.98	−0.65	25.93	−2.36	14.11	−10.96	2.68	15.98	258.16	−2.46
大　连	12.46	−0.98	10.72	14.21	4.80	−15.60	1.98	8.63	2.76	−26.66	2.03	37.91	1.85	32.57	0.04	491.89	33.39	14.87
宁　波	19.15	9.18	16.05	14.94	5.41	2.44	1.00	0.11	4.26	3.17	9.13	25.90	4.92	17.40	0.85	103.48	59.32	17.18
厦　门	13.92	−5.84	7.99	−25.51	3.78	16.92	0.77	34.94	2.56	37.82	—	—	—	—	—	—	32.71	−10.78
青　岛	12.98	−5.82	12.26	−6.46	7.67	−1.67	2.63	4.20	4.90	−5.90	1.19	−58.42	0.45	−80.95	—	—	31.54	−15.20
深　圳	60.68	1.31	57.42	−1.24	25.83	1.08	3.29	5.17	22.50	1.07	13.58	12.22	6.90	3.04	1.79	35.39	101.21	−8.93

2013 年全国软件产业主要经济指标完成情况

单位：万元

	企业个数（个）	软件业务收入（年度累计）	软件产品收入（年度累计）	信息系统集成服务收入（年度累计）	信息技术咨询服务收入（年度累计）	数据处理和存储服务收入（年度累计）	嵌入式系统软件收入（年度累计）	集成电路设计收入（年度累计）
合计	33 335	305 874 743	98 768 379	65 490 568	30 140 911	54 817 342	46 801 020	9 856 525
北京	2 682	42 106 310	15 544 967	10 521 853	2 986 874	12 164 398	74 747	813 471
天津	560	7 113 918	205 0111	892 798	831 702	990 599	1 126 643	1 222 065
河北	255	1 342 256	358 602	906 358	53 418	9 722	12 360	1 796
山西	127	277 592	147 671	92 656	10 319	3 356	23 403	187
内蒙古	69	278 411	135 935	102 912	31 728	6 040	1 778	18
辽宁	4 140	27 795 023	9 700 132	6 662 475	3 977 157	3 999 569	3 199 471	256 219
吉林	908	3 195 737	825 656	905 193	552 852	412 587	499 138	311
黑龙江	468	1 182 164	504 758	284 048	205 312	132 315	55 011	720
上海	2 498	25 389 882	8 693 380	4 757 609	2 565 004	5 545 072	1 632 299	2 196 518
江苏	4 540	51 772 720	16 017 599	8 534 653	3 311 671	6 071 392	15 682 097	2 155 309
浙江	1 768	18 988 428	5 527 447	3 462 372	916 641	6 582 902	2 099 867	399 200
安徽	337	995 709	507 062	313 286	57 338	50 343	67 353	327
福建	1 457	10 140 097	3 303 401	2 896 237	1 297 106	886 139	1 301 203	456 011

续前表

	企业个数（个）	软件业务收入（年度累计）	软件产品收入（年度累计）	信息系统集成服务收入（年度累计）	信息技术咨询服务收入（年度累计）	数据处理和存储服务收入（年度累计）	嵌入式系统软件收入（年度累计）	集成电路设计收入（年度累计）
江　西	139	650 215	182 318	282 611	84 825	40 225	16 879	43 356
山　东	2 191	22 640 508	7 933 664	4 398 114	3 334 580	2 031 915	4 679 161	263 073
河　南	331	1 932 503	716 346	806 410	216 397	63 913	108 907	20 531
湖　北	2 368	7 094 478	3 069 070	1 412 349	544 253	1 352 229	654 307	62 270
湖　南	650	2 556 576	1 115 257	699 903	26 312	60 863	653 405	836
广　东	4 196	49 063 790	13 455 542	8 134 033	4 150 937	8 691 771	13 624 010	1 007 497
广　西	235	754 924	342 650	284 395	53 249	61 003	11 747	1 880
海　南	37	157 958	45 322	97 967	7 038	7 277	353	
重　庆	616	5 469 408	750 027	1 813 423	981 108	1 384 059	527 894	12 897
四　川	1 291	16 003 086	5 345 359	3 879 166	2 151 603	3 906 156	76 095	644 707
贵　州	210	70 7286	286 687	380 754	20 720	6 905	11 772	448
云　南	103	552 841	80 557	410 913	16 501	42 226	2 643	
陕　西	864	6 883 102	1 966 777	2 050 169	1 695 387	229 289	645 135	296 345
甘　肃	90	245 034	81 582	122 138	13 372	23 359	4 551	33
青　海	16	8 952	674	5 134	736	991	1 418	
宁　夏	69	79 315	33 393	32 781	4 098	3 017	6 027	
新　疆	120	496 520	46 433	347 858	42 673	57 710	1 346	500

版权

名录

MING LU

版权行政管理部门

国家版权局

局　长：蔡赴朝
副局长：阎晓宏
地　址：北京市西城区宣武门外大街 40 号
邮　编：100052
电　话：010-83138740
传　真：010-83138740
邮　箱：copyright@ncac. gov. cn
网　址：www. ncac. gov. cn

北京市版权局

局　长：李春良
副局长：王野霏
处　长：卢志鹏
地　址：北京市东城区朝内大街 55 号
邮　编：100010
电　话：010 64081100
邮　箱：webmaster@bjcab. gov. cn

天津市版权局

局　长：刘玉红
副局长：梁淳久
地　址：天津市河西区尖山路 82 号
邮　编：300211
电　话：022-28335745
传　真：022-28331888

河北省版权局

局　长：王景武
处　长：尹志军
地　址：石家庄市和平西路新文里 8 号
邮　编：050071
电　话：0311-67561096
传　真：0311-67561039，67561016
邮　箱：hebeibanquan@163. com

山西省版权局

局　长：齐　峰
副局长：田奇越
处　长：杨志云
地　址：太原市迎泽大街 318 号
邮　编：030001
电　话：0351-4922148
传　真：0351-4922148
邮　箱：sxsbqj@163. com

内蒙古自治区版权局

局　长：艾丽华
副局长：牧　仁
处　长：沙　力
地　址：呼和浩特市成吉思汗西街 1 号
邮　编：010010
电　话：0471-4590193/190
传　真：0471-3288042

辽宁省版权局

局　长：刘向阳
副局长：崔铁民
处　长：李安庆
地　址：沈阳市和平区北一马路 108 号
邮　编：110001
电　话：024-23261003
传　真：024-23255549
邮　箱：lnbqfgc@163. com

吉林省版权局

局　长：冯　晨
副局长：董维仁
处　长：王培舒
地　址：长春市人民大街 4646 号
邮　编：130021
电　话：0431-85644760
传　真：0431-85644760

黑龙江省版权局

局　长：赵勤义
处　长：周美胜
地　址：哈尔滨市道里区森林街 68 号
邮　编：150010
电　话：0451-84616590

传　真：0451-84614852
邮　箱：hljbanquanju@163. com

上海市版权局
局　长：徐　炯
副局长：蔡纪万
版权管理执法处处长：薛　彬
版权产业促进处处长：陈琳琳
地　址：上海市绍兴路 5 号
邮　编：200020
电　话：021-64370176
传　真：021-64332452
邮　箱：bqc@sppa. gov. cn

江苏省版权局
局　长：周　琪
副局长：曹玉梅
处　长：张明明
联系人：万进萍
地　址：南京市鼓楼区高云岭 56 号
邮　编：210009
电　话：025-83221565
传　真：025-83359836
邮　箱：jsbq2013@126. com

浙江省版权局
局　长：寿剑刚
副局长：单　烈
地　址：杭州市体育场路 178 号
邮　编：310039
电　话：0571-87163108
传　真：0571-87163107

安徽省版权局
局　长：郭永年
分管副局长：汪东恒
处　长：吴安宁
地　址：合肥市回龙桥路 1 号
邮　编：230063
电　话：0551-62846150
传　真：0551-62822677
邮　箱：anhuibanquan@126. com
网　址：www. ahpress. gov. cn

福建省版权局
局　长：陈碧涛
副局长：蒋达德
处　长：邱建宏
地　址：福州市东水路 76 号
邮　编：350001
电　话：0591-87532711
传　真：0591-87532711
邮　箱：fjbq001@163. com

江西省版权局
局　长：杨六华
副巡视员：兰丽华
处　长：王晓燕
地　址：南昌市红谷滩区翠林路 339 号
邮　编：330038
电　话：0791-86895365
传　真：0791-86894610
邮　箱：wanjing@jiangxi. gov. cn

山东省版权局
局　长：司安民
副局长：郭爱玲
处　长：张晓生
地　址：济南市省府前街 1 号综合楼 7 层
邮　编：250011
电　话：0531-86061783，86061883
传　真：0531-86061795
邮　箱：b86061783@126. com

河南省版权局
局　长：朱夏炎
副局长：来有功
处　长：王晓军
地　址：郑州市农业路 3 号
邮　编：450002
电　话：0371-69129706
传　真：0371-69129689
邮　箱：hnsbqj@163. com

湖北省版权局
局　长：张良成
副局长：陈　锋
处　长：卢文俊
地　址：武汉市武昌区黄鹂路 39 号
邮　编：430077
电　话：027-68892433

传　真：027-68892433

湖南省版权局

局　长：朱建纲
副局长：尹飞舟
处　长：谭　昕
地　址：长沙市营盘东路 38 号
邮　编：410005
电　话：0731-84302558
传　真：0731-84405095
邮　箱：hncopyright@126. com

广东省版权局

局　长：黄小玲
副局长：钟庆才
处　长：张同英
地　址：广州市水荫路 11 号
邮　编：510075
电　话：020-37605702
邮　箱：415791705@qq. com

广西壮族自治区版权局

局　长：彭　钢
分管副局长：秦益功
处　长：马永志
地　址：南宁市金湖路 53 号
邮　编：530028
电　话：0771-5516174
传　真：0771-5516087

海南省版权局

局　长：朱寒松
处　长：吕　军
地　址：海口市海府路 59 号
邮　编：570203
电　话：0898-65399213
传　真：0898-65399213
邮　箱：707227327@qq. com

重庆市版权局

书　记：郭　翔
副局长：雷　平
处　长：左图强
地　址：重庆市渝北区金山路 8 号科创楼
邮　编：401147
电　话：023-67502723
传　真：023-67502722
邮　箱：cbjxw@163. com

四川省版权局

局　长：赵　勇
副局长：于　丽
处　长：张万富
地　址：成都市桂花巷 21 号
邮　编：610015
电　话：028-86697076，86697093
传　真：028-86697076，86697093
邮　箱：sccopyright@163. com

贵州省版权局

局　长：徐　圻
副局长：胡德怀
处　长：付　琳
地　址：贵阳市延安中路 5～9 号
邮　编：550001
电　话：0851-5813428
传　真：0851-5813428
邮　箱：2534243157@qq. com

云南省版权局

局　长：杨文虎
副局长：洪耀星
处　长：马云虹
地　址：昆明市环城西路 609 号
邮　编：650034
电　话：0871-4196648
传　真：0871-4196708
邮　箱：bqj@ynppb. gov. cn

西藏自治区版权局

局　长：韩　辉
副局长：许文彤
处　长：张百忍
地　址：拉萨市江冲路 7 号
邮　编：850000
电　话：0891-6356150
传　真：0891-6356150

陕西省版权局

局　长：刘　斌

副局长：曹先觉
处　长：沙庆超
地　址：西安市北大街147号
邮　编：710003
电　话：029-87205031
传　真：029-87205022
邮　箱：sxbqc@162.com

甘肃省版权局

局　长：管钰年
副局长：范延军
处　长：夏玲
地　址：兰州市东港西路226号
邮　编：730000
电　话：0931-8539060
传　真：0931-8539408
邮　箱：gsbqj@163.com

青海省版权局

局　长：曹　萍
副局长：康海民
地　址：西宁市同仁路10号
邮　编：810001
电　话：0971-6143650
传　真：0971-6141050

宁夏回族自治区版权局

局　长：杨洪峰
副局长：黄洪乾
处　长：付满玉
地　址：银川市北京东路139号
邮　编：750001
电　话：0951-5014264
传　真：0951-5035310

新疆维吾尔自治区版权局

局　长：古力先·吐拉洪
处　长：施晓娟
地　址：乌鲁木齐市北京南路591号
邮　编：830011
电　话：0991-3637542
传　真：0991-3637555
邮　箱：xjbqj@sina.cn

版权公共服务机构

中国版权保护中心

主　任：段桂鉴
副主任：邹建华 索来军 魏　红 范继红
纪委书记：段即克
地　址：北京市西城区天桥南大街1号天桥艺术大厦A座
邮　编：100050
电　话：010-68003887
网　址：www.ccopyright.com

北京版权保护中心

主　任：薛　峰
地　址：北京市东城区朝阳门内大街55号新闻出版大厦
邮　编：100010
电　话：010-64081206
传　真：010-64081900
邮　箱：bcpc@bjcab.gov.cn
网　址：www.bjcopyright.org.cn

北京计算机软件登记中心

主　任：崔玉军
地　址：北京市东城区朝阳门内大街55号新闻出版大厦
邮　编：100010
电　话：010-64081391
传　真：010-64081204
邮　箱：bcpc@bjcab.gov.cn

河北省版权保护中心

副主任：刘　浏
地　址：石家庄市和平西路新文里8号
邮　编：050071
电　话：0311-67561197
传　真：0311-67561176

浙江省版权服务中心

负责人：傅丽英
地　址：杭州市庆春路219号601～603室

邮　编：310006
电　话：0571-88137853
传　真：0571-85062879

江西省版权保护中心
调研员：聂文星
地　址：南昌市红谷滩区翠林路339号
邮　编：330038
电　话：0791-86894615
传　真：0791-86894652

湖北省版权保护中心
主　任：郑凌辉
地　址：武汉市武昌区黄鹂路39号
邮　编：430077
电　话：027-68892433
传　真：027-68892433

重庆市版权保护中心
主　任：许家伟
地　址：重庆市江北区洋河一村78号国际商会大厦10层
邮　编：400020
电　话：023-67708231
传　真：023-67856872
邮　箱：cpc1604@yahoo.com.cn

版权协会

中国版权协会
理事长：阎晓宏
常务副理事长：王国庆
秘书长：孙　悦
地　址：北京市海淀区知春路23号量子银座1403室
邮　编：100191
电　话：010-68003910
传　真：010-68003910

北京市版权保护协会
会　长：孙安民
地　址：北京市东城区朝内大街55号1006室
邮　编：100010
电　话：010-64081076，64081075
邮　箱：bjbqbhxh@163.com

天津市版权保护协会
会　长：李树仁
秘书长：陈燕丽
地　址：天津市河西区卫津路241号金桥国际宾馆
邮　编：300074
电　话：022-23377538
传　真：022-23377538
邮　箱：tca2011@126.com

河北省版权协会
会　长：尹志军
地　址：石家庄市和平西路新文里8号
邮　编：050071
电　话：0311-67561177
传　真：0311-67561176
邮　箱：hebeibanquan@126.com

山西省版权协会
会　长：李锐锋
副会长：王吉敏
秘书长：王葆柯
地　址：太原市迎泽大街318号
邮　编：030001
电　话：0351-4922148
传　真：0351-4922148
邮　箱：sxsbqj@163.com

内蒙古自治区版权保护协会
会　长：高金祥
秘书长：志　民
地　址：呼和浩特市成吉思汗西街1号
邮　编：010010
电　话：0471-4913872
传　真：0471-4913872
邮　箱：519369499@qq.com

辽宁省版权保护协会
负责人：李世俊
秘书长：李安庆

地　址：沈阳市和平区北一马路 108 号
邮　编：110001
电　话：024-23259229
传　真：024-23255549

吉林省版权保护协会
会　长：董维仁
秘书长：王培舒
地　址：长春市人民大街 4646 号
邮　编：130021
电　话：0431-85644760，86037735
传　真：0431-85644760
邮　箱：brli@163. com

黑龙江省版权保护协会
理事长：陈景文
秘书长：周美胜
地　址：哈尔滨市道里区森林街 68 号
邮　编：150010
电　话：0451-84616590
传　真：0451-84614852
邮　箱：hljbanquanju@163. com

黑龙江省反盗版联合会
理事长：陈景文
秘书长：周美胜
地　址：哈尔滨市道里区森林街 68 号
邮　编：150010
电　话：0451-84654520
传　真：0451-84614852
邮　箱：hljbanquanju@163. com

上海版权保护协会
会　长：胡大卫
地　址：上海市张江路 69 号
邮　编：200020
电　话：021-50278103
传　真：021-50278103

江苏省版权协会
会　长：傅杰三
常务副会长：华颂瑞
联系人：黄达敏
地　址：南京市鼓楼区高云岭 56 号
邮　编：210009
电　话：025-83207838
传　真：025-83207838
邮　箱：bqxhhdm@126. com

浙江省版权协会
会　长：单　烈
秘书长：吾晓红
地　址：杭州市庆春路 219 号
邮　编：310006
电　话：0571-88137853
传　真：0571-88137853

安徽省版权保护协会
理事长：徐发成
常务秘书长：吴安宁
地　址：合肥市廻龙桥路 1 号安徽新闻出版大厦
邮　编：230063
电　话：0551-62846150，62850753
传　真：0551-62822677
邮　箱：anhuibanquan@126. com

福建省版权协会
会　长：白京兆
秘书长：谢振芳
地　址：福州市东水路 76 号
邮　编：350001
电　话：0591-87535956
传　真：0591-87535956

山东省版权协会
会　长：孙友海
秘书长：陈　钟
地　址：济南市省府前街 1 号
邮　编：250011
电　话：0531-86061783
传　真：0531-86061795
邮　箱：bqc@sdxwcb. gov. cn

河南省版权协会
会　长：来有功
秘书长：王晓军
地　址：郑州市农业路 3 号
邮　编：450002
电　话：0371-69129706

传　真：0371-69129689
邮　箱：hnsbqj@163.com

湖北省版权保护协会

会　长：吴汉东
地　址：武汉市武昌区黄鹂路39号
邮　编：430077
电　话：027-68892460
传　真：027-68892453

湖南省版权保护协会（湖南省反盗版联盟）

会　长：张树青
秘书长：张树青
地　址：长沙市营盘东路3号
邮　编：410005
电　话：0731-84302572
传　真：0731-84302572

广东省版权保护联合会（广东省版权事务所）

会　长：刘扳盛
秘书长：梁守坚
地　址：广州市环市东水荫路44号
邮　编：510075
电　话：020-37667333，37638239
传　真：020-37638192
邮　箱：gdcopyright@126.com

广西壮族自治区版权保护协会

会　长：于开金
秘书长：石　卫
地　址：南宁市金湖路53号
邮　编：530028
电　话：0771-5516174
传　真：0771-5516087
邮　箱：gxbqbhxh@163.com

海南省版权协会

会　长：柳松华
秘书长：吕　军
地　址：海口市海府路59号
邮　编：570203
电　话：0898-65399213
传　真：0898-65399213
邮　箱：707227327@qq.com

四川省版权保护协会

负责人：李正培
地　址：成都市大石西路36号东楼3单元405室
邮　编：610075
电　话：028-87041970
传　真：028-87041970
邮　箱：sccopyright@163.com

云南省著作权保护协会

会　长：艾罕炳
秘书长：马云虹
地　址：昆明市环城西路609号
邮　编：650034
电　话：0871-4110371
传　真：0871-4110371

陕西省版权保护协会

会　长：冀东山
秘书长：张　静
地　址：西安市北大街147号
邮　编：710003
电　话：029-87205031
传　真：029-87205031
邮　箱：sxbqbh@163.com

新疆维吾尔自治区版权协会

会　长：古力先·吐拉洪
秘书长：施晓娟
地　址：乌鲁木齐市北京南路591号
邮　编：830011
电　话：0991-3637542
传　真：0991-3637555
邮　箱：xj30993@163.com

深圳市版权协会

会　长：陈一丹
秘书长：陈　彦
地　址：深圳市南山区科技园南区高新南一道TCL大厦B座9层
邮　编：518060
电　话：0755-86185519
传　真：0755-86185516
邮　箱：scsorgcn@qq.com
网　址：www.scs.org.cn

宁波市版权协会

会　长：陆开江
秘书长：曹　云
地　址：宁波市解放北路148号新金穗大厦C座9层
邮　编：315000
电　话：0574-87864970
传　真：0574-83860570
邮　箱：nbbq2011@126.com

苏州市版权协会

会　长：张　梅
秘书长：冯　坚
地　址：苏州市三香路998号5号楼3层
邮　编：215004
电　话：0512-68615320
传　真：0512-68615314

青岛市版权保护协会

会　长：赵秀军
秘书长：胡明波
地　址：青岛市香港中路19号
邮　编：266071
电　话：0532-85913201
传　真：0532-85913204
邮　箱：qdqcpa@163.com

大连市版权保护协会

会　长：李东平
秘书长：王延生
地　址：大连市沙河口区西安路107号
邮　编：116621
电　话：0411-84522067
传　真：0411-84522055
网　址：www.dlcopyright.org.cn

南京市版权保护协会

会　长：赵德群
秘书长：冯　晶
地　址：南京市白下区瑞金北村57幢5层
邮　编：210016
电　话：025-84592703
传　真：025-84592703
邮　箱：js_av2004@163.com

郑州市版权协会

会　长：董现仓
秘书长：王玉林
地　址：郑州市郑东新区商务内环路17号（郑州广电中心1202室）
邮　编：450018
电　话：0371-69095848
传　真：0371-69095835

厦门市版权协会

联系人：吴玉清
地　址：厦门市软件园二期望海路6号303室
邮　编：361008
电　话：0592-5914419
传　真：0592-2070020-807
邮　箱：1942570521@qq.com

著作权集体管理组织

中国音乐著作权协会

主　席：赵季平
总干事：屈景明
地　址：北京东单三条33号京纺大厦5层
邮　编：100005
电　话：010-65232656
传　真：010-65232657

中国音像著作权集体管理协会

理事长：张振华
总干事：王化鹏
地　址：北京朝阳区呼家楼京广中心商务楼401室
邮　编：100020
电　话：010-66086649
传　真：010-66086475
邮　箱：cavca@cavca.org

中国文字著作权协会

会　长：陈建功

总干事：张洪波
地　址：北京市朝阳区京广中心商务楼 4 层 403 室
邮　编：100020
电　话：010-65978905/06/16/17
传　真：010-65978926
邮　箱：chinacopyright@yahoo. cn

中国电影著作权协会

理事长：任仲伦
秘书长：毛小茂
地　址：北京市西城区北展北街 5 号楼 5 层
邮　编：100044
电　话：010-62364640，62368086，62364675
传　真：010-62369799

中国摄影著作权协会

主　席：李前光
总干事：林　涛
地　址：北京市东城区东四 12 条 48 号
邮　编：100007
电　话：010-65978100
传　真：010-65595720
邮　箱：hyb@icschina. net

版权相关行业协会

中国软件联盟

负责人：邹　忭
地　址：北京海淀区紫竹院路 66 号赛迪大厦 3 层
邮　编：100085
电　话：010-62187306
传　真：010-62187306
邮　箱：csachina@csachina. org

中国互联网协会网络版权工作委员会

主　任：高卢麟
秘书长：石现升
地　址：北京海淀区板井路曙光花园智业园 B 座 6E 室
邮　编：100097
电　话：010-88466861
传　真：010-88546086

中国音像与数字出版协会

理事长：孙寿山
常务副理事长兼秘书长：王　炬
地　址：北京市西城区莲花池东路 102 号天莲大厦 10 层
邮　编：100055
电　话：010-65122882，65125853，65125524
传　真：010-65127030
邮　箱：cava2008@163. com

版权代理公司

中华版权代理总公司

总经理：段桂鉴
地　址：北京市西城区天桥南大街 1 号天桥艺术大厦 A 座 3 层
邮　编：100050
电　话：010-68003908
传　真：010-68003541

中国图书进出口（集团）总公司版权部

主　任：李迎庆
地　址：北京市朝阳区工体东路 16 号
邮　编：100020
电　话：010-65086949，65866992
传　真：010-65866992
邮　箱：copyright@cnpiec. com. cn

中国出版对外贸易总公司版权事务部

地　址：北京市安定门外安华里 504 号
邮　编：100011
电　话：010-64210403

传　真：010-64214540

中国国际电视总公司
地　址：北京市海淀区羊坊店路 9 号京门大厦
邮　编：100038
电　话：010-63950016
传　真：010-63955916
邮　箱：office@citvc. com

九洲音像出版公司版权贸易部
负责人：王渊海
地　址：北京市朝阳区外馆斜街甲 1 号泰利明苑 A 座 510 室
邮　编：100011
电　话：010-85285399

北京版权代理公司
负责人：刘志伟
地　址：北京市海淀区知春路 23 号量子银座 1403 室
邮　编：100191
电　话：010-82357056/57/58/59

山西省版权事务所
所　长：吉　平
地　址：太原市建设南路 21 号 C 区 1804 室
邮　编：030012
电　话：0351-4922117

上海版权代理公司
负责人：王　艳
地　址：上海市张江路 69 号
邮　编：201203
电　话：021-50278100
传　真：021-50278101
邮　箱：myyang@shbanquan. org

湖南省版权代理公司
负责人：刘跃伟
地　址：长沙市营盘东路 3 号
邮　编：410005
电　话：0731-82231655
传　真：0731-82231655

广西万达版权代理中心
负责人：邓　锟
地　址：南宁市金湖路 53 号
邮　编：530028
电　话：0771-5516127，5516044

重庆市版权代理有限公司
负责人：王京
地　址：重庆市江北区洋河一村 78 号国际商会大厦 10 层
邮　编：400020
电　话：023-67708231
传　真：023-67856872
邮　箱：cpc1604@yahoo. com. cn

陕西省版权事务中心（陕西版权代理公司）
负责人：沙庆超
地　址：西安市北大街 147 号
邮　编：710003
电　话：029-87205009
传　真：029-87205009
邮　箱：achao969@163. com

国家级版权交易机构

中国人民大学国家版权贸易基地
执行主任：彭　翊
地　址：北京市海淀区中关村大街甲 59 号文化大厦 2104 室
邮　编：100872
电　话：010-6251434
传　真：010-62519147
邮　箱：banmao@cspruc. com
网　址：www. copyrightmall. com

北京国际版权交易中心
董事长：李　蘅
地　址：北京市朝阳区京广中心商务楼 501 室
邮　编：100020

电　话：010-65974890（总机）
传　真：010-65978017
网　址：www.e-bq.com

国际版权交易中心
总经理：殷秩松
地　址：北京市东城区安定门东大街28号雍和大厦E座208室
邮　编：100007
电　话：010-64097700
传　真：010-84195406
邮　箱：public@cbice.com
网　址：www.cbice.com

华中国家版权交易中心
主　任：卢文俊
地　址：湖北省武汉市武昌区黄鹂路39号
邮　编：430077
电　话：027-68892430
传　真：027-68892433

台儿庄国家版权贸易基地
负责人：段　玉
地　址：山东省枣庄市台儿庄区文化路258号
邮　编：277400
电　话：0632-6611762
传　真：0632-6611762

知识产权教学与研究机构

中国人民大学知识产权学院
地　址：北京市海淀区中关村大街59号中国人民大学明德法学楼
邮　编：100872
电　话：010-62511340，62511156
邮　箱：ipr@ruc.edu.cn
网　址：http://ipr.ruc.edu.cn

北京大学知识产权学院
地　址：北京大学凯原楼309室
邮　编：100871
电　话：010-62751268
邮　箱：zscq@pku.edu.cn
网　址：www.iplaw.pku.edu.cn

中国社会科学院知识产权中心
地　址：北京市东城区沙滩北街15号
邮　编：100009
电　话：010-64035493
传　真：010-64014045
网　址：www.iolaw.org.cn

中国政法大学民商经济法学院知识产权法研究所
地　址：北京市海淀区西土城路25号
邮　编：100088
电　话：010-58909114
网　址：www.cupl.edu.cn

中南财经政法大学知识产权学院
地　址：湖北省武汉市东湖高新技术开发区南湖大道182号
邮　编：430073
电　话：027-88386157
网　址：www.iprcn.com

上海大学知识产权学院
地　址：上海市上大路99号法学院办公室
邮　编：200444
电　话：021-66132597
传　真：021-66133938
网　址：www.ips.shu.edu.cn

华中科技大学知识产权学院
地　址：湖北省武汉市武昌区珞瑜路1037号东四楼
邮　编：430074
电　话：027-87542228，87545438
邮　箱：stud201@hust.edu.cn
网　址：www.hust.edu.cn

复旦大学知识产权研究中心
地　址：上海市淞沪路2005号法学楼410室
邮　编：200438
电　话：021-51630042
传　真：021-51630112

邮　箱：zhangng@fudan. edu. cn
网　址：www. ipcenter. fudan. edu. cn

华东政法大学知识产权学院

地　址：上海市松江区龙源路 555 号
邮　编：201620
电　话：021-67790083
邮　箱：zsb@ecupl. edu. cn
网　址：www. ipschool. net

暨南大学知识产权学院

地　址：广东省广州市黄埔大道西 601 号
邮　编：510632
电　话：020-85220130，85228929
邮　箱：ozsb@jnu. edu. cn
网　址：www. jnu. edu. cn

同济大学知识产权学院

地　址：上海市四平路 1239 号
邮　编：200092
电　话：021-65982200，021-65981014
邮　箱：rsc@mail. tongji. edu. cn
网　址：http://law. tongji. edu. cn

武汉大学知识产权高级研究中心

地　址：湖北省武汉市武昌区珞珈山街 16 号
邮　编：430072
电　话：027-68752135
邮　箱：wdzsb@whu. edu. cn
网　址：www. whu. edu. cn

西安交通大学知识产权学院

地　址：陕西省西安市咸宁西路 28 号
邮　编：710049
电　话：029-82665824
邮　箱：xjtuzs@mail. xjtu. edu. cn
网　址：http://fxy. xjtu. edu. cn

中国科学技术大学知识产权研究中心

地　址：安徽省合肥市金寨路 96 号
邮　编：230026
电　话：0551-63602924
邮　箱：yangling@ustc. edu. cn
网　址：http://pas. ustc. edu. cn

西北大学知识产权学院

地　址：陕西省西安市长安学府大道 1 号
邮　编：710127
电　话：029-88308080
传　真：029-88308079
邮　箱：lawdep@nwu. edu. cn
网　址：http://fxy. nwu. edu. cn

华南理工大学知识产权学院

地　址：广东省广州市天河区五山路 381 号
邮　编：510006
电　话：020-39380308
传　真：020-39380308
邮　箱：scutg06@scut. edu. cn
网　址：www. scut. edu. cn/iplaw

南京理工大学知识产权学院

地　址：江苏省南京市孝陵卫 200 号
邮　编：210094
电　话：025-84303386
传　真：025-84432546
网　址：http://ip. njust. edu. cn

中山大学知识产权学院

地　址：广东省广州市新港西路 135 号
邮　编：510275
电　话：020-84112828
邮　箱：adado@mail. sysu. edu. cn
网　址：www. sysu. edu. cn

重庆知识产权学院（重庆理工大学知识产权学院）

地　址：重庆市巴南区李家沱红光大道 69 号重庆理工大学花溪校区
邮　编：400054
电　话：023-68822995
传　真：023-68654964
邮　箱：cgzs@cqut. edu. cn
网　址：http://ipschool. cqut. edu. cn

湘潭大学知识产权学院

地　址：湖南省湘潭市雨湖区湘潭大学 811 信箱
邮　编：411105
电　话：0731-58292501
邮　箱：zhaosheng@xtu. edu. cn

网　址：http://ipf. xtu. edu. cn

厦门大学知识产权研究院

地　址：福建省厦门市思明南路422号
邮　编：361005
电　话：0592-21861100
网　址：www. iprixmu. com

西南政法大学知识产权学院（民商法学院）

地　址：重庆市渝北区宝圣大道301号西南政法大学集美楼3层
邮　编：401120
电　话：023-67258430
邮　箱：xsczsb@supsl. cn
网　址：www. swupl. edu. cn/msfxy

深圳大学知识产权学院

地　址：广东省深圳市南山区南海大道3688号
邮　编：518060
电　话：0755-26534171
传　真：0755-26534482
邮　箱：zsb@szu. edu. cn
网　址：www. szu. edu. cn

中南大学知识产权研究院

地　址：湖南省长沙市麓山南路932号
邮　编：410012
电　话：0731-8830555，8830995，8830804
邮　箱：admis@mail. csu. edu. cn
网　址：http://law. csu. edu. cn/zscq/

附录：国际版权动态

FU LU: GUO JI BAN QUAN DONG TAI

信息技术进步对著作权制度改革发展的影响

——2013年全球著作权法制动态与回顾

郭　禾

时间从来都不会停下其匆匆的脚步，世间的一切都不得不连滚带爬地跟着时间往前行进。技术如此，法律制度亦如此。只是在比较技术与制度时，技术总是处在自变量的地位，而制度则只能是技术的函数。在过去的2013年中，全球著作权法律制度的变革可谓五彩缤纷、绚丽多姿。信息技术的不断进步和发展对既有的著作权制度提出新的要求，有关国际组织以及各国立法机构和官方组织无不努力地调整各自现行的著作权制度以适应现实生活的要求。与此同时，民间机构也正在改变自己的行为模式，各个企业均着力研究信息经济时代的市场需求以求适应环境的变化；更有一些企业已经看准了商机，正力推文化创意产业的发展；著作权集体管理组织也正在改变自己的收费模式和方法，以图获得更高的效率。相应地，作为个体的相关作者和著作权人也开始意识到技术进步对其利益的影响，正以其特有的方式影响著作权制度的后续发展。在云计算、大数据技术正逐渐普及的时代，全世界所有国家看似势单力薄的个体著作权人大多已经意识到著作权制度的特殊作用，因为自媒体已经在全球范围实质性地影响着作品的传播和使用，并开始对传统媒体的市场构成挑战。可以肯定地说，在2013年中，全球著作权法制的发展在总体上正受到信息技术的直接挑战和制约，大家都在寻找各自的出路，因此制度的变革正处于百花齐放阶段，未来何时走向单一或统一模式以及走向何种模式都尚待尘埃落定后才可见分晓。

一、国际组织的努力

2013年12月16—20日，世界知识产权组织（WIPO）版权及相关权常设委员会召开第26次会议。会议专门讨论了有关《保护广播组织条约（草案）》、图书馆、档案馆以及残疾人士在作品复制等方面的例外。其中最有争议的问题还是作品的数字化问题。以非洲为代表的发展中国家和西方发达国家对此态度各异。[①] 这集中反映出不同发展阶段的国家在著作权问题，尤其是信息技术对著作权制度影响上的立场和态度差异。尽管WIPO试图协调南北国家间的矛盾，但在当今南北经济发展水平差距巨大的情况下，这种对立的局面还将长期存在。然而，由于著作权制度是市场经济的产物，市场的力量将在很大程度上决定未来制度的发展方向。未来一段时间里，发达国家凭借其对国际贸易市场的主宰地位，定将在作品数字化使用的著作权制度方面发挥主导作用。这将更进一步加大南北国家在经济发展水平甚至知识产权思想观念上的差距。

在信息经济时代，互联网技术的普及使作品的使用方式变得越来越丰富，但与此同时这些使用方式所对应的著作权如类似于表演权等小权利，著作权人或作者靠个人的力量往往难以控制。这便为著作权集体管理组织又创造了一片可供开垦的新天地。毫无疑问，信息技术给作品的使用控制带来了挑战，但同时也为作品的使用管理提供了技术手段。WIPO正是在这种形势下，直接研发了WIPOCOS计算机信息系统。这是一套专门用于帮助著作权集体管理组织进行著作权和邻接权的管理工作的可实现量化管理的数字化平台。世界知识产权对该系统拥有完全的权利。通常情况下可以为独立的集体管理组织提供免费专业维护和技术支持。[②] 目前，美国谷歌公司已经为该系统提供了进一步的技术支持，且已有十余个非洲国家开始使用该系统，并共享在该系统中注册的相关作品信息。[③] WIPO积极研发该

① 参加 http://www.wipo.int/meetings/en/details.jsp? meeting_id=29944。

② 参见 http://www.wipo.int/copyright/en/initiatives/wipocos.html。

③ 参见 http://www.wipo.int/pressroom/en/articles/2011/article_0017.html。

系统的目的无疑是让落后国家或地区能够尽快地加入到知识产权国际保护的大家庭中。这有利于知识产权制度在全球的普及。

2013 年 6 月，WIPO 通过《关于为盲人、视力障碍者或其他印刷品阅读障碍者获得已出版作品提供便利的马拉喀什条约》(以下简称《马拉喀什条约》)，包括中国政府在内的 80 个国家在条约文本上签字。然而，仅有印度一个国家批准了该条约。[①] 该条约至今未能生效。各国的残疾人代表正呼吁各国政府尽快批准该条约，以使其得以生效。一个帮助盲人或视障人士的条约从人道主义的角度考虑原本不会引起各国过多的顾虑。然而，当今信息传播技术如此迅捷，致使有关国家和权利组织对此采取了慎重的态度。这同样反映出技术进步所带来的双面效应。

二、各国官方组织的作为

曾几何时，互联网技术的广泛应用致使相关国家纷纷修订其著作权法，以适应技术进步带来的新环境。有的国家和地区甚至在一年内多次修订著作权法，非此不足以跟上日新月异的信息技术的脚步。近年来，国际社会逐渐意识到囿于各国严格的立法程序，仅仅靠调整立法并不能完全满足现实的需求。一些在立法上难以实现的模式，还可以通过网络服务商与用户之间订立的协议等方式得以实施。比如英国近年来的做法就是这样。

然而，毕竟还是有一些国家在立法中直接规定了“三振出局”规范。新西兰就是如此。新西兰的“三振出局”法案明确规定，权利人发现有利用网络侵犯著作权行为后，可立即告知网络服务提供商。服务商即向上传侵权文件的网络账户持有人发送检测通知 (detection notice)。这便是第一次警告。通知发出后，涉嫌侵权人未继续上传侵权文件，则该通知在 9 个月后失效。当权利人再次发现该涉嫌侵权人有侵权行为，可再次通知网络服务提供商。服务商即向涉嫌侵权人发出警告通知 (warning notice)，即第二次警告。该通知发出后，若涉嫌侵权人未继续上传侵权文件，则该警告通知在 9 个月后失效。第二次侵权通知应在第一次警告通知发出 28 天后至失效期前发出。若该权利人就上述侵权行为第三次通知网络服务提供商，服务商将向被指控的侵权人发出实施通知 (enforcement notice)，即第三次警告。若通知发出后，被指控方未继续上传侵权信息，则该通知将在 35 天后失效。第三次侵权通知应在第二次警告通知发出 28 天后至失效期前发出。经上述三次警告后，权利人仍发现存在侵权行为，即可向法院提出最多 1.5 万新西兰元（约合人民币 7.2 万元）的赔偿金请求，还可请求法院下令暂停侵权人最长 6 个月的网络接入服务。2013 年 1 月新西兰法院根据修订后的著作权法判决了“三振出局”第一案。这是新西兰唱片协会根据“三振出局”法案赢得的第一案。[②] 虽然新西兰唱片协会赢得了该案，但相对于已经发出的数千封警告函，该案的胜利显然入不敷出。从新西兰的实践看，“三振出局”法案的实施效果并非如事先的想象。维权成本过高是该法案实施中的最大问题。类似的问题同样也出现在更早实施“三振出局”的英国和法国[③]。

新西兰的这个案件还反映出传统的媒介形式正在受到网络等新兴媒体形式的挑战。以唱片形式发行音乐作品的方式在全球范围内正在逐渐被一些新兴的作品传播方式所取代，虽然这个过程的完成还需要一段时间。类似地，各类平面媒体，比如报纸、杂志等也正面临着来自新媒体的竞争。随着被称为互联网“原住民”的 90 后进入成年，其阅读习惯更倾向于网页而不是纸媒。为了适当缓和新兴媒体对传统纸媒的冲击，德国联邦议院在 2013 年 2 月底批准了扶助新闻出版商的法律。因为网络技术的普及造就了一些以搜索引擎和网络内容聚合为业的公司。其中不少公司不经权利人许可将各类传统报刊或媒体的新闻报道进行删节、选择、重新编辑，然后根据用户需求通过网络进行个性化推送。这使传统纸媒的市场份额受到极大影响。新法案将禁止未经权利人同意以商业目的对第三方享有著作权的内容进行摘编并使用的行为。这样一来，那些专门通过搜索引擎将互联网上的内容进行聚合的公司的原有商业模式即受到挑战。虽然该法案出于保护传统纸媒的目的在德国议会得到了通过，但只要存在市场利益，网络公司或新兴媒体仍然可以通过订立协议的方式为自己的商业模式争得生存空间。早些时候，德国有关杂志和报纸等出版商已经与谷歌达成协议，允许在网络上“显示单个词或非常小的文本摘录”，在这个限制之外，传统出版商仍保留“独家使用权”。[④]

近年来各国的电子商务活动随着第三方认证主

① 参见 http://www.wipo.int/treaties/en/ShowResults.jsp?lang=en&treaty_id=843。

② 参见 http://www.nzherald.co.nz/business/news/article.cfm?c_id=3&objectid=10862707。

③ 参见 http://www.intellectualpropertymagazine.com/incoming/three-strikes-and-youre-out-87365.htm?origin=internalSearch。

④ 参见 http://searchengineland.com/google-avoids-link-tax-as-german-parliament-declines-ancillary-copyright-rule-150153。

体的建立，相继如雨后春笋般破土而出。然而普通的电子商务活动一定伴随着物流，因为市场中的商品大多以有体物的方式存在。网络在这种电子商务活动中只能作为签约或付款的工具，卖方还必须以物流方式将具体的商品送至买方。然而，在著作权等知识产权交易中，由于其对象是一种无体财产，因而不需要物流即可通过互联网直接将买方所购买的商品传送过去。作品就是这样一种无体财产。很显然，通过网络传播作品的效率较之传统的以有体物为载体的作品传播方式显然是高效且低成本的。在当今互联网已经遍及全球，且作品的复制也极为方便的情况下，传统知识产权法中权利用尽是否还如某些国家所规定的仅仅限于本国范围内用尽？这个问题将直接影响到国际贸易中平行进口的合法性。

2013年3月19日，美国联邦最高法院在“Kirtsaeng v. John Wiley & Sons”一案的判决中对权利用尽的效力范围做了明确的拓展。这给了所有著作权人强烈一击。审理该案件的Stephen Breyer法官声称，美国版权法第109条的首次销售原则不受地域限制。只要作品的复制件是在美国版权人许可的情况下合法制作的，无论复制件的制作地点在世界的何处，都适用首次销售原则。[①] 长期以来，首次销售的效力范围一直是知识产权界争议的话题。该案的判决无疑与在美国长期以来所奉行的知识产权政策相左。但是，若将该案放到当下信息技术如此普及的环境中考察，作品在网上的传播事实上已经突破了传统的国界限制。该案的判决仅仅是法律对技术发展的一种顺水推舟、因势利导的反应。

事实上，信息技术对著作权制度的影响直接反映在世界各国近期分别进行的著作权法修订工作中。欧盟在2013年12月5日就欧盟著作权立法问题开始征求意见；澳大利亚法律改革委员会也在2013年6月发布了约400页的著作权制度改革建议报告的征求意见稿；就连非洲知识产权组织也在2013年10月召开著作权机构领导人会议，讨论非洲的著作权战略问题。由此可见，信息技术的确从各个方面对著作权制度的发展构成了实质性的影响。

三、来自民间的声音

2013年8月，牙买加作曲家、作家和出版商协会（JACAP）为提高公众对著作权问题的关注，提高其知识产权意识，举办了一个题为“了解著作权、重视音乐创作者权利”的论坛。论坛吸引了不少协会成员、媒体及相关人士参加。这一事件反映出发展中国家已经意识到著作权在现代生活中的重要性，开始重视著作权并试图改变其国内漠视知识产权的状态。类似的例子还有很多。

在全球范围内，一些社会团体和权利人组织也积极开展活动，试图对有关国际条约和国内立法的制定或修订工作施加影响。在《马拉喀什条约》和《世界知识产权组织保护广播组织条约》的制定过程中，国际上的视障人士组织以及著作权集体管理组织均直接参与了WIPO的版权及相关权常设委员会会议，并在会上就有关条约的具体条款提出了各自的建议。毫无疑问，这些民间组织的参与对于著作权制度的理性发展起着至关重要的作用。近几十年来，国际上一些跨国公司或者大财团站在自己的立场上对知识产权立法给予了极大的关注，致使多年来知识产权的各类立法均倾向于权利人。前述非政府组织或民间团体的参与无疑使各方意见均可以在立法过程中得到反映。这种局面也反映了在信息经济时代价值取向和利益的表现逐渐多元化的趋势。

近年来各国学者在著作权立法的未来走向方面也倾注了大量的精力。在美国，Pamela Samuelson教授主持了研究计划；在欧洲，有The Wittem Group研究计划。他们各自都对美国、欧洲立法以及相关国际条约的发展和未来走向进行了预测，并就制度的完善提出了各自的建议。参与这些项目的人员也是多元化的，除了学术研究人员外，还有来自律师界、企业界等各方面的代表。尽管其中的一些建议很难为立法者所采纳，但这直接反映了一种理念和不同于主流观点的声音，且这种声音对于著作权制度的健康发展是非常重要且有益的。

总之，在知识经济时代著作权制度的发展在很大程度上直接受到信息技术进步的影响。无论是发达国家还是发展中国家都面临着同样的问题，即面对突飞猛进的技术，法律应当如何改革才能适应环境的变化。中国作为一个发展中的大国既不能完全学舌于发达国家，更不能在未来制度发展这一重大问题上无所作为。这要求中国政府应当在充分了解国情的基础上，学习先进国家的经验，克服自身制度中存在的弱点，使著作权制度真正成为鼓励文化创意产业发展、促进信息技术进步的催化剂和保鲜剂。

---

① 参见http://www.ip-watch.org/2013/03/19/us-supreme-court-applies-first-sale-doctrine-worldwide/?utm_source=weekly&utm_medium=email&utm_campaign=alerts。

2013年国际版权动态

◆ 立法与行政

【欧盟委员会颁布版权特许法案】

2013年2月4日，欧盟委员会数字化进程委员会会长尼尔·肯（Neelie Kroes）在布鲁塞尔的演说中宣布了一项名为“欧洲特许”（Licenses for Europe）的法案，尼尔·肯清楚地解释，该法案的核心是对受版权法保护内容的许可，旨在通过促进版权许可，使传统版权法可以在新的数字技术下继续适用。

“欧洲特许”法案的背景

在过去的20年中，数字经济成为经济发展的主要驱动力量。在线网络提供了创造、发布信息和创造价值的新方法。利用互联网来传递信息的商业模式的出现，对于创作产业、作家、艺术家和其他参与者既是机遇也是挑战。基于这样的背景，欧盟委员会的目标之一就是确保版权法和版权相关的行为比如许可，在这种新的数字环境下依旧适用。

2010年，在欧洲数字化进程中，欧盟委员会将新的获取信息途径作为策略之一，以便实现充满活力的数字化统一市场，同时确定了一些受到版权保护的行为。2011年，在“知识产权统一市场”的战略中，欧盟委员会也认识到版权保护战略的重要性。这一策略试图寻找具有针对性的解决方法，旨在通过最合适有效的工具来清除障碍。

在这样的大背景之下，欧盟委员会采取了一系列行动，包括对孤儿作品的立法和集体管理的立法；对于绝版书籍和有视觉障碍的人获得作品采用谅解备忘录的形式来解决；通过发展技术的方式来解决其他问题。在2012年6月关于经济增长和就业的官方协议中，国家首脑和政府强调，为了在2015年之前实现完善的数字化统一市场，考虑到欧洲版权体系现代化和促进许可的重要性，在确保对于知识产权有一个高水平保护的同时充分考虑到文化的多样性。

欧盟委员会双管齐下，一方面尽力促使欧洲版权立法体制现代化，另一方面着手解决一系列重大问题。“欧洲特许”法案试图发挥创新性许可和技术解决方式的潜能，使得欧洲版权立法和实践能够更好地适应数字化时代的需要。

“欧洲特许”法案的内容

“欧洲特许”法案主要由四部分内容组成，致力于有效的市场引导而不受公共政策影响。因此，参与相关对话的人员必须是：权利人、许可人、作品的商业和非商业使用者、互联网终端用户。这项法案于2013年初在欧盟首次全体会议上发布，同时成立工作小组来推进工作，并于2013年年中和第四个季度向全体成员汇报进程。这项草案的主要内容如下：

1. 跨境访问和服务的可移植性

欧盟委员会的目的是明确在线的跨界访问和跨界内容的可移植性。受益于新技术的发展，比如云计算，应当允许对云存储内容和服务的跨界合法访问。网络服务提供者更乐于将服务提供给消费者，多区域许可和统一市场许可都是可能的，这最终将取决于行业领域、网络服务提供商和权利人。但是当前网络服务提供商（网络平台）或者权利人实行跨界销售限制将使得内容的传播经常受限于一个或几个成员国。

2. 用户生成的内容和受版权保护作品的小规模许可

欧盟委员会的目的是提高透明度。确保终端用户更加清楚对于受保护作品的使用哪些是合法的，哪些是不合法的。这项内容应当确定在欧洲“一次点击”许可项目的边界和范围。

3. 视听行业和文化遗产机构

欧盟委员会的目的是在欧洲促进电影的在线可访问性。对于网络服务提供商来说，提供可以在线访问的欧洲电影目录依然很困难。在一些成员国，文化遗产机构考虑到当前的情况，不允许为履行公共利益的使命而同意电影的在线许可访问。

4. 文本和数据利用

欧盟委员会的目的是促进出于科学研究目的对文本和数据的有效利用。现在的文本和数据利用需要通过使用者和权利人之间的合同协议来建立相关数据的技术访问。

（信息搜集、编译：姜冬雪。

资料来源：http://www.ip-watch.org/2013/02/05/european-commission-launches-copyright-licensing-initiative/；http://www.ip-watch.org/2012/

12/06/european-commission-embarks-on-process-to-modernise-copyright/；http://europa.eu/rapid/press-release_MEMO-12-950_en.htm#PR_metaPressRelease_bottom；http://www.ip-watch.orgwww.ifrro.org/content/european-commission-agrees-tracks-action-modernising-copyright-digital-economy；http://www.ip-watch.org/2012/12/05/libraries-ngos-warn-eu-commissioners-against-restrictive-copyright-licensing/；http://www.etno.be/news/etno/2012/103；http://www.ip-watch.org/2012/12/03/groups-urge-european-commission-to-back-strong-copyright-in-upcoming-debate/；http://www.ipetitions.com/petition/support-authors/；http://www.copyright4creativity.eu/Public/C4C_Send_Letter_to_European_Commissioners_Ahead_of_Copyright_Discussion）

【德国《辅助版权法》引起各方争论】

早在2012年8月，德国政府就决定通过一项专门的法律提案。该法案旨在向包括谷歌在内的搜索引擎，在其展示报刊媒体的新闻报道的节选并附上相关链接时，收取相应的费用。

到2013年2月底，德国联邦议院批准了辅助新闻出版商的版权法律，这意味着搜索引擎和内容聚合公司未经许可将不能够再使用报刊媒体的新闻报道的节选。新的法案将仅适用于那些商业化利用第三方内容的公司，如搜索引擎和内容聚合公司。此法案标志着所有其他用户、消费者、博客或者公司和协会都不再有免费使用链接或发布的内容的渠道。这将为双方就出版商的内容用于商业用途的价格谈判铺平道路。

虽然该法案已经在德国联邦议院通过，但早些时候利益双方达成了妥协，德国杂志和报纸出版商将允许谷歌"以显示单个词或非常小的文本摘录"，超过这些限制的内容，出版商仍保留"独家使用权"。不过，在没有内容许可证的前提下到底有多少可以被摘录，显然仍然含糊不清。

在法国，谷歌是以通过同意创建价值6 000万欧元的"数字出版创新基金"，"以帮助法国出版商刺激创新和增加收入"的方式避免了遭受到在德国一样的命运。

就德国的该方案，各方争议颇多。欧洲出版商理事会（EPC）表示欢迎，该理事会董事长兼首席执行官说："欢迎今天在德国联邦议院这个重要的投票，它明确表明版权法承认专业新闻报道在内容上的投资和价值。"然而，德国的互联网行业协会则表示反对，其坚信不应当给予出版商禁止任何第三方使用报刊媒体的新闻报道的节选的权利，这种控制权使法律的保护范围过于广泛，将导致法律的不确定性，从而阻碍创新并损坏民主价值观。

（资料搜集、编译：于浩。

资料来源：http://searchengineland.com/google-avoids-link-tax-as-german-parliament-declines-ancillary-copyright-rule-150153；http://www.edri.org/edrigram/number10.18/ancillary-copyright-proposal-madness；http://international.eco.de/2012/news/eco-comments-on-planned-ancillary-copyright.html；http://www.pcmag.com/article2/0,2817,2416116,00.asp）

【西班牙通过新的知识产权法修正草案《拉萨尔法案》】

网络文件共享一度是文件共享网站及其用户的避风港，然而西班牙政府决定制裁这种知识产权侵权行为。西班牙内阁会议于2013年3月22日通过知识产权法修正案草案。新的修正案被称作《拉萨尔法案》。草案规定，大规模侵犯著作权的网站将面临高达30万欧元的罚款，并负有移除付款处理器和广告商的责任。P2P下载也将通过限制私人复制权而被禁止。

早在2012年3月，西班牙迫于美国政府的压力，通过了所谓的《辛德法案》，该法案创立了知识产权委员会，该部门的职能是阻止著作权人因非法下载而受到的损失。著作权人一旦发觉其作品被某些网站非法传播，就可以向知识产权委员会投诉。知识产权委员会按照新法案的规定对该投诉进行审查，并判断是否有必要进行法律诉讼。一旦发现某网站构成了著作权侵权，案子即被移交给法院，法院将做出关闭侵权网站、惩罚网站服务提供商或者驳回诉讼请求的判决。

该举措实施以来仅使得少量非法网站被关闭，现在西班牙政府采取了新的改革方案，通过了知识产权法修正案草案。这次改革旨在加大知识产权委员会处理侵权事务的权利。

在一个新闻发布会上，西班牙文化部部长威尔特指出此次改革有三个目的：

第一，对2011年的西班牙著作权和音乐协会（SGAE）丑闻进行表态，确保内容权利管理实体的可操作性和透明性，一旦出现非法行为将会面临罚款。

第二，制裁那些为大规模下载电影、音乐、电视节目和其他文化内容提供帮助的主体。

第三，建立了对私人复制权进行审查的制度。

草案认为委员会有权迫使企业从非法网站上删除它们的广告。已经在美国和欧洲其他地方使用的付款处理器也将被迫退出它们的服务。在特定权利人或艺术家的请求下，网站需要一次性移除大批量的侵权内容，而不是个案处理。如果反复怠于移除非法内容，网站将面临高达 30 万欧元的罚金。文化部部长威尔特指出，这是一种预防侵权行为复发的措施，像谷歌这样的搜索引擎，可能不经意地链接到某些侵权内容，在遵守移除请求的情况下可以得到责任豁免。

最后，私人复制权利内容的修改将引起文件共享网络如 BT 用户的兴趣。当前通过对空白媒体征税从而使得网络用户不会因他们的下载行为而被起诉，但是草案预示着网络用户的这些自由将不存在。如果不限制私人复制品的创建，P2P 下载将被禁止。合法的复制品应该基于原创的内容而不包括电子作品、从已有内容得到的复制品、借来或被赠予的复制品。

（信息搜集、编译：徐淑红。

资料来源：http://torrentfreak.com/spain-to-crackdown-on-pirate-sites-and-outlaw-file-sharing-130322/；http://torrentfreak.com/pirate-party-threatened-with-lawsuit-for-hosting-the-pirate-bay-130219/；http://www.neurope.eu/article/spain-adopts-law-protect-intellectual-property；http://vrritti.com/2013/03/23/spain-to-crackdown-on-pirate-sites-and-outlaw-file-sharing/；http://www.engadget.com/2012/01/04/sinde-law-brings-sopa-like-restirctions-to-spain/）

【南非拟将传统知识列入知识产权保护领域并为其建立备案管理系统】

2013 年 4 月 9 日，南非共和国政府官方公布了《传统知识保护法案草案》（Draft Protection of Traditional Knowledge Bill），拟将传统知识（TK）保护列为知识产权保护体系中的一个新领域，希望得到广大民众和业界对此草案的反馈。

该项草案是在南非知识产权法研究所的前任所长、南非版权法手册作者迪恩教授（Owen Dean）所撰写的《传统知识保护法案》的基础上形成，并由贸易工业部递交至政府。南非政府解释，基于南非多元文化以及种族需求，传统文化知识必须被保护，而选择一个合适的途径来保护传统文化知识是南非现在面临的一个难题。这项草案的意义主要有以下两点：

（1）创造性地提出将传统知识列入知识产权保护体系，并主要以版权等形式对民间传说、民俗音乐、民俗表演等多项传统文化知识进行保护。

（2）特别定义了“土著群体”（traditional community），即传统语言、习俗等文化知识所有者，从而将有效保护这些土著艺术家们的文化知识产权等。

草案公布以来，得到了民众积极的初步反馈。南非政府希望能尽快通过此草案，从而确立统一有效的保护传统文化知识的法律途径。

在相关立法工作展开的同时，2013 年 5 月 24 日，南非政府同步推出记录其土著知识的国家备案系统（NRS），以便日后与相关法案配套实施使用，形成一个全方位立体的保护体系。

国家土著知识系统办公室（NIKSO）主任 Yonah Seneti 表示，南非大多数传统知识是通过口述方式代代相传的，因此没有留下记录，而目前面临的一个问题是，年长的人是这些传统知识文化的知晓者，但他们正日渐离世。NRS 包括建立土著知识网络、省级土著知识系统文献中心（IKSDC）和一个信息通信技术（ICT）知识平台。此备案系统会找出这些“土著群体”并登记其信息，同时记录所有类型的传统文化知识，目的在于使国家传统知识遗产能够被保存、使用并进行系统网络管理，同时实现国家保护土著传统知识的知识产权目标。该系统还将为知识产权部门版权专利审查提供现有技术信息。当然，建立系统会面临一定的挑战：

（1）技术上的挑战，即如何确保数据的安全性，以便它不易被发现并获取；

（2）信息渠道上的挑战，即如何找到掌握这些“土著群体”，并且取得他们的信任，使他们确信备案系统不但不会剥夺他们对文化知识的所有权，反而更能保护他们的利益。

南非科学技术部（CSIR）称，为了搜集尚未获取的传统知识，相关的新技术正在研发中，所有环节都会尊重传统知识持有者的文化习俗及权利等。

（资料搜集、编译：方潇怡。

资料来源：http://www.ip-watch.org/2013/04/10/new-traditional-knowledge-bill-published-in-south-africa/；http://www.ip-watch.org/2013/09/09/new-south-african-ip-policy-receives-initial-positive-reactions/；http://www.theguardian.com/world/2013/nov/08/south-africa-debates-protect-lullabies-beadwork；http://www.ip-watch.org/2013/03/25/south-africa-trampling-tradition-a-call-for-support/；http://www.ip-watch.org

/2013/03/20/at-us-led-workshop-african-stakeholders-call-for-home-grown-ip-agenda/）

【世界知识产权组织拟订立保护广播组织条约】

自 1961 年制定《保护表演者、录音制品制作者和广播组织的罗马公约》（以下简称《罗马公约》）以来，解决电视广播盗版问题的规则就没有更新过。但随着信息技术的高速发展，《罗马公约》已无法为广播组织提供全面的保护。其中信号盗播已成为全世界广播组织一个头疼的问题。

为解决这个问题，2013 年 4 月 10 日至 12 日举行的版权及相关权常设委员会非正式会议与特别会议讨论了广播组织的保护问题。各国代表还研究了一份在 24 届版权及相关权常设委员会上通过的文件。上述保护广播组织的文件包括 16 个条款，但在为期三天的特别会议上只讨论部分条款。

世界知识产权组织称，在关键问题上文件反映了各种不同的观点。三天的时间难以完成对全部条文的讨论，所以此次会议主要讨论了几个问题：条约目标、适用范围及保护对象。

条款 5 反映的定义问题，包括了有关信号、广播、广播组织的定义，以及转播权、固播权与向公众传播权的定义。条款 6（适用范围）涉及工具的范围，条款 9（广播组织的保护）涉及可能被授予的权利。尽管目前阶段这三个条款存在较多争议，但讨论并不限于这些条款。

世界知识产权组织文化与创意版权法务部部长伍兹说道："本次会议体现多方利益，比如说有一部分重要的非政府组织来参加。会议的总体目标是在核心问题上深入讨论，这对未来工作的推进是十分重要的。"

在 24 届会议上印度曾对文件提出保留意见，认为这与 2007 年规定的保护范围仅仅包括广播信号存在分歧。计算机与通信工业协会提出，会议中提到的固定信号在"物理上的不可完成"，因为一旦具有感知节目的设备接收到它，它就不存在了。协会还警示人们，条约可能将 YouTube 中的上传者都变成广播者。

倘若世界知识产权组织最终能达成此项国际条约，那么与《罗马公约》相比，两者主要差别在于对广播者保护的时间期限不同。《罗马条约》的保护期限只有 20 年，而本条约将其延长至 50 年。此外，条约还要求缔约国禁止规避广播者所使用的技术措施。

（信息搜集、编译：董芳。

资料来源：http://www.ip-watch.org/2013/04/09/protection-of-broadcasting-organisations-another-treaty-brewing-at-wipo/；http://www.ala.org/advocacy/copyright/internationalcopyright/WIPOBroadcstTreaty）

【美国版权法将面临全面"审查"】

在 2013 年世界版权日到来之际，美国宣布了一项对现行版权法展开全面"审查"的计划，弗吉尼亚州共和党众议院司法委员会主席 Bob Goodlatte 透露，该计划旨在使版权制度更好地适应数字时代的到来。Goodlatte 在一次发言中表示，"毫无疑问，数字时代为美国版权法带了诸多新挑战，网络使作品全球流通变成可能的同时，也使得他人无须支付任何费用便获得这些作品"，在他看来，"重新审视版权法的时机已经成熟"。

在对现行法律是否适应数字时代做出评判前，众议院司法委员会将在接下来的几个月内举行一系列听证会，Goodlatte 鼓励各方主体在此期间对该问题发表意见。

此举得到了美国唱片协会 Cary Sherman 的支持，他在一次发言中表示："他十分赞成司法委员会主席 Bob Goodlatte 的看法，版权法中的一些关键性因素已无法与技术的进步、商业模式的更新、市场环境的变革保持同步"，他也认为"法律需要更新与变革"。

无独有偶，在该计划宣布前的一个月，一位名叫 Maria Pallante 的版权登记员也表达了同样的观点，在其论文《下一个版权法制度》中，她希望国会重新考察现行的权利限制制度、执法措施、权利许可制度和版权登记制度，以此满足数字时代的需要。在其论文发表后，白宫网站的"We the People"版块发布了一项名为"重建数字时代版权法"的请愿书，声称"公众之所以漠视现行版权法是因为它已与数字时代脱节，现有法律必须做出改变"。目前，该请愿书已经得到了 1 375 人的签名，同时有 10 000 人要求国会对此展开讨论。

（信息搜集、编译：温迪。

资料来源：http://www.ipworld.com/ipwo/doc/view.htm? id=321290&channelID=copyright&sectionID=news&searchCode=SEC）

【英国"三振出局"反盗版措施延迟实施】

由上届英国国会卸任前匆匆通过的《2010 数字经济法案》（Digital Economy Act 2010）中关于反盗版的措施自通过之日就受到大规模的批判。英国 BT

电信集团与英国 Talk Talk 电信集团股份有限公司向最高院对该措施提出抗议，尽管该抗议在法庭审理及上诉阶段均以失败告终，但自此以后该项措施就陷入了延迟实施的困境。

这项被喻为“三振出局”的著名反盗版措施在法国、新西兰、中国台湾、韩国、英国都有相应的出台或实行。在英国《2010 数字经济法案》中这项内容的具体规定为：一旦发现有持续违法共享文件（给予三次警告信后依然实施盗版行为）者，掐断其网络链接。虽然这是为整治著作权网络侵权行为，但该措施也被认为很可能极大地限制网络信息自由。

2013 年 2 月，英国政府撤回了 2011 年初所公布的“三振出局”反盗版计划次级立法执行条例草案。5 月，英国通信部部长艾德维泽与多方著作权人代表、网络服务提供商、谷歌等召开了圆桌会议，再次提起对这项法案的挑战，联合政府召开的此次圆桌会议的会议记录显示：这项被认为是最剥夺人权的规定直至 2015 年大选前都不会得到真正生效，反盗版措施被明确再次延迟实施。

相类似的法案在法国率先带头生效，但似乎也临近失效，2012 年法国通信部部长公开称这项管理制度的实施“太过昂贵”，并且也没达到停止侵权的目的。

网络服务提供商协会认为这项措施无法获得全面实施的原因在于，私人网络协议和网络代理等模式的存在已经绕过了数字经济法案的计划，可以避开被发觉；同时，通过一个单一的网络地址来限制可能实施的潜在侵权行为具有很大缺陷，尤其是对无线网络使用者，使得无线网络提供商为了避免受使用用户的牵连可能要断开大量的链接。因此这项措施是否能得以实施还将面临很多问题。

（资料搜集、编译：沙鸥。

资料来源：http://www.intellectualpropertymagazine.com/incoming/three-strikes-and-youre-out-87365.htm?origin=internalSearch；http://torrentfreak.com/copyright-holders-want-voluntary-uk-three-strikes-anti-piracy-scheme-130902/；http://www.legislation.gov.uk/ukpga/2010/24/contents；http://www.bbc.co.uk/news/technology-13141986；http://www.theguardian.com/technology/digital-economy-act）

【日本决定延长著作权保护期】

日本在参加跨太平洋伙伴关系协议（TPP）谈判之际，决定将著作权保护期从权利人死后 50 年延长至 70 年。在 2013 年 4 月举行的日美预备磋商中，日本对美国做出了让步，表示接受美国包括著作权在内的知识产权领域的谈判方针。

著作权保护期限延长对电子文库的影响

“青空文库”是将在日本国内著作权已到期的文学作品，或者著作权虽未消灭但其所有人允许网站上传的文学作品加以收集、公开的网上电子图书馆。志愿者本着资源共享和文化交流的精神，将这些文学作品制作成电子版图书发布在网络上供所有人免费阅读和下载，已经收录了近 12 000 部作品。“青空文库”在日本参与 TPP 谈判后面临着危机。

小说、音乐、美术、电影、电脑软件等在日本都受到著作权的保护。但是，著作权的保护并不是无限期的，日本《著作权法》第 51 条规定“著作权的存续期间为自创作该作品之时开始。除另有规定者外，著作权存续到著作人死亡后 50 年（合作作品自最后一位作者死亡）”。依据日本现有著作权法的规定，尾崎士郎、江户川乱步、谷崎润一郎、山本周五郎和三岛由纪夫的作品的著作权保护期都将在接下来的 10 年内陆续到期，都会由于作者死后 50 年的保护期限届满使得公众可以自由地使用。

著作权保护期延长至 70 年的修改案实施后，也可能涉及对之前作品的溯及适用的问题。也就是说，作者已经去世 50 年后原本已经被“青空文库”收藏的作品如果落入作者去世后 70 年的范围内，就面临着原本已经失去著作权保护的作品又重新受著作权保护的问题。比如 1948 年去世的太宰治和 1953 年去世的堀辰雄的作品就遇此“著作权复活”的情况，这将大大影响“青空文库”的收藏量，对电子书籍的普及造成障碍。

著作权保护期限延长的其他影响

著作权保护期限延长并不止于对电子文库造成影响，也引起了其他方面的一些问题。

一是根据预测，日本对其他国家尤其是美国，支付的著作权使用费将增加。目前，日本向美国支付的著作权使用费是其从美国收取的使用费的 4～5 倍，必须支付著作权使用费的作品一旦增加，向美国支付的使用费也会随之增加。

二是著作权人不明情形下的作品，即通常所称“孤儿作品”的问题。日本的孤儿作品并不能因其著作权人不明而自由使用，由于权利关系的确认是必要的，保护期限一旦延长，就需要考虑调查需要花费的时间等各种问题。很多人会面临著作权人突然出现而被请求支付高额赔偿的风险，考虑到调查需要花费的时间，就会犹豫是否利用其占有的孤儿作品。这样导致的后果是，多数人选择将这些权利不明的作品占有而不使用，为这些作品设置保存障碍，日本过去的文化资产就变得容易丧失。

电影作品会被波及吗？

从日本方面的相关报道来看，此次TPP的议点在于“除电影外”的作品的保护期限，似乎并没有与电影的著作权保护期限延长相关的问题。日本《著作权法》第54条规定电影作品的著作权保护期限为公开发表后的70年（创作后70年内未发表的以创作后的70年计算）。2003年之前对此的规定都是“创作后的50年”，《著作权法》修正后才被延长至70年。由于该法在修正时并无法律的溯及适用，1953年以前公开发表的电影作品都无须支付著作权使用费即可使用。

美国的电影作品著作权保护期是以法人作品为对象公开发表后的95年或者创作完成后的120年间，与美国相比，日本电影著作权保护期是比较短的。在之后的TPP会议中有可能也会提到与延长电影的保护期限相关的议题，这会导致难以廉价提供早期公开发表的电影DVD等问题，将会对日本带来很大的影响。

著作权的保护毋庸置疑是极为重要的。但也有日本学者认为，如果过度地保护著作权，很可能招致像孤儿作品一样使过去的文化遗产遭到损坏的情况。

（资料搜集、编译：王召闻。

资料来源：http://www.yomiuri.co.jp/otona/life/law/20130909-OYT8T00643.htm；http://www.yomiuri.co.jp/otona/life/law/20130909-OYT8T00646.htm；http://www.cacs.gov.cn/news/newshow.aspx?articleId=114811；http://cn.nikkei.com/politicsaeconomy/economic-policy/5966-20130710.html）

【知识产权组织通过为视障人士提供便利的《马拉喀什条约》】

2013年6月28日，在世界知识产权组织外交会议的最后一日，超过50个国家签署了《关于为盲人、视力障碍者或其他印刷品阅读障碍者获得已出版作品提供便利的马拉喀什条约》（以下简称《马拉喀什条约》），该条约正式生效，签署国包括大多数发展中国家及少数发达国家，如瑞士、英国。该条约的正式生效对解决全球数亿视障者所面临的“书荒”问题具有重大意义。

条约共二十二条，大致可分为三部分。第一至三条分别规定了该条约与其他公约及条约的关系，条约中所指的“作品”、“无障碍格式版”及“被授权实体”的定义，以及该条约受益人的范围。第四至十二条是条约的主体部分，其中第四至九条明确了各缔约方的义务，包括各缔约方应当调整其国内法，规定复制权、发行权及向公众提供权的限制或例外，以便于向受益人提供无障碍格式版作品，同时应当允许对作品进行必要的修改以制成无障碍格式版本，各缔约方还可以规定对公开表演权的限制或例外；各缔约方应当规定，如果无障碍格式版本系根据限制或例外或者依法制作的，该无障碍格式版可以由一个被授权实体向另一缔约方的受益人或被授权实体发行或提供；各缔约方只要允许受益人、代表受益人行事的人或被授权实体制作作品的无障碍格式版本，则也应同样允许其在未经权利人授权的情况下，为受益人的利益进口无障碍格式版本；各缔约方的国内法为制止规避有效的技术措施进行规定时应不妨碍受益人享受该条约规定的限制与例外；各缔约方在实施该条约规定的限制与例外时应平等地保护受益人的隐私；且各缔约方应为无障碍格式版本的跨境交换提供便利。第十至十二条分别规定了各缔约国实施该条约的一般原则，各缔约国的国内法做出限制与例外规定的一般义务，以及各缔约方可以根据各自的实际情况在国内法中为受益人实施该条约未规定的其他版权限制与例外。条约第十三至二十二条为组织和程序性规定，包括缔约方应设立的大会的组织形式、职能、召集形式、表决形式，指定世界知识产权组织国际局履行与本条约有关的行政工作，明确了成为该条约缔约方的资格、每一缔约方平等地享有权利并承担义务、条约的签署和生效、成为缔约方的生效日期、退约相关事宜以及条约的文本和保存人。

《马拉喀什条约》不仅要求缔约方在国内法中增加规定，对版权权利人的权利规定限制和例外，允许复制、发行和提供已出版作品的无障碍格式版；而且旨在对各缔约方的限制和例外进行协调，使无障碍格式作品实现跨境共享，消除以往几个国家为同一部作品制作多个无障碍版本的重复情况，提高效率，今后它们将能各自制作不同作品的无障碍版本，然后共享，因此应能增加可用作品的总数。同时条约在第十一条重申，根据限制和例外创作的作品，其跨境共享必须被限于某些不与作品的正常利用相抵触，也不至不合理地损害权利人合法利益的特殊情况，这兼顾了受益人、被授权实体和版权人各方的利益。

（资料搜集、编译：陆燕。

资料来源：http://www.ip-watch.org/2013/07/01/

over-50-countries-sign-marrakesh-treaty-on-copyright-exceptions-and-limitations-for-the-blind/；http://www.un.org/news/dh/pdf/english/2013/27062013.pdf；http://www.wipo.int/pressroom/en/articles/2013/article_0018.html）

【俄罗斯通过《反网络盗版法案》】

俄罗斯通过了《反网络盗版法案》，并于2013年8月1日生效。该法案规定：版权所有人可以对包含侵犯其著作权内容的网站提起诉讼；网站所有权人需要在72小时内移除侵权内容和相关链接，否则该网站全部域名将在ISP层面上被阻止，以等待法院庭审结果。

该法案的实施不但引起盗版网站的警惕，还受到网站巨头如谷歌和维基百科的高度关注，因为它们将面临一项不可能完成的任务——监管由它们海量用户的操作引起的侵权行为。因此，该法案引起了网民的批评以及谷歌等大公司的抗议。

《反网络盗版法案》生效不到一个星期，立法者就决定要重新修改法案。俄罗斯文化部部长称，新法案一开始旨在保护电影和电视节目，但是现在需要通过修正案把保护范围扩大，法案保护客体包含电影和电视节目以外的其他有创意的作品，包括音乐作品、图片、其他图像以及文字材料。

（资料搜集、编译：徐淑红。

资料来源：http://torrentfreak.com/russias-anti-piracy-law-triggers-blackouts-and-protests-130720/；http://torrentfreak.com/court-rejects-first-russian-sopa-law-suit-target-offers-snowden-a-job-130802/；http://torrentfreak.com/russia-prepares-to-broaden-brand-new-anti-piracy-law-130807/）

【巴西版权法修正案出台】

巴西在公开讨论版权法案6年之后，终于在2013年8月15日公布了第12.853号修正案，关于版权的第一次具体变革体现于法律之中。

该修正案主要关注对巴西音乐集体管理组织（CMO）的规制，并致力于实现一些重要的改变，例如建立一个负责监管、调解、仲裁的政府机构，建立严格并透明的集体管理组织规则等。

巴西过去的版权保护体系中存在着创作者与投资者之间的不平衡、版权保护与公民获取知识和文化的权利之间的不平衡等诸多问题。加之数字时代的到来和互联网的繁荣给版权保护带来的巨大变化，巴西当局迫切需要建立一个可以真正在全国范围内长期有效的知识产权体系和创新政策。因此，历时多年，在多个修正草案被提出、讨论修改并公开征询意见后，版权法修正案终获通过，巴西版权制度中存在的诸多问题也在一定程度上得以解决。

巴西版权法修正案的出台在巴西国内产生了较大的反响。毫无疑问，一部清晰明确的法律有助于减少诉讼数量，并可以避免人们由于不清楚法律法规的界限而发生侵权。然而，法律永远无法涵盖现实生活中的所有情况，更何况是在当今技术工具日新月异的情况下。因此，在版权法实施的过程中，法院和专家的角色也至关重要。只有对法律做出最合理最恰当的解释，保证公平，避免做出不切实际的决定，才能更好地推动巴西版权体系的发展完善。

（资料搜集、编译：温崇学。

资料来源：http://www.ipr.gov.cn/guojiiprarticle/guojiipr/guobiehj/gbhjnews/201308/1771913_1.html；http://www.ip-watch.org/2010/07/15/brazil%e2%80%99s-discussion-on-copyright-law-reform-response-to-the-digital-era/；http://www.ip-watch.org/2009/12/23/copyright-law-reform-in-brazil-anteprojeto-or-anti-project/# five；http://infojustice.org/archives/30527；http://www.ip-watch.org/2011/02/08/inside-views-brazils-copyright-reform-schizophrenia/）

【英国《信息自由法案》新修订案要求政府以可重复使用的形式公布信息资料】

英国《信息自由法案》（Freedom of Information Law）的新修订案于2013年9月1日生效，该修订案要求：当请求者要求政府机构提供电子版政府公开信息时，政府机关应当以可重复使用（re-usable）的电子数据形式公开信息资料（dataset information）。

经过这项改革后，政府机关有义务将其享有著作权的信息资料实施许可，允许他人重复使用；即使对于那些政府机关不享著作权的信息资料，政府机关也应当将其制作成可被重复使用的形式。

一位信息委员会的发言人表示："如果数据集中的信息是享有著作权保护的作品，并且政府机关是唯一的著作权人，那么政府机关应当在一定的许可条件下公开该数据信息；但如果该数据信息并非是享有著作权的作品，又或者虽为著作权保护的作品，但著作权人并非政府机关，那么政府机关仍然要以一种技术上可重复使用的形式发布该信息。这里看起来存在一点矛盾之处，即对于某些信息，其本身受著作权限制并不支持重复使用但作为政府信息资料仍需要被制作成可实现重复使用的形式。"对于这一点，该发言人解释称，作为政府公开的信息资料，它本身承担着信息自由的意义远远超过了它应当作为作品受著作权保护的意义。

（资料搜集、编译：沙鸥。

资料来源：http://www.out-law.com/en/articles/2013/august/foi-reforms-dataset-information-could-be-disclosed-in-re-usable-format-even-though-copyright-restrictions-may-still-apply/）

【日本文化厅拟创设“电子出版权”应对盗版】

日本文化厅初步决定创设“电子出版权”，欲规定在电子书遭遇盗版的情况下，出版社有权通过诉讼要求停止发行流通盗版。电子出版权若能实现，将有利于电子书的流通。

日本书籍出版协会的调查显示，2011年，日本国内由于书籍盗版而造成的损失达到了270亿日元（约合人民币17亿元）。其中，有224亿日元（约合人民币14亿元）为非法上传漫画内容所带来的损失。而根据现行法律，出版社对于纸质出版物是存在出版权的，可以申请对盗版书籍的禁令。但是，就电子书籍而言，出版社并没有出版权，所以即使网上出现盗版电子书，出版社也无权起诉，只能由作家等著作权人起诉。针对这一状况，日本文化厅在文化审议会设立了分委员会，讨论创设电子出版权，在著作权人和出版社达成协议的前提下将现行的出版权对象范围扩大到电子书。

审议会分委员会从2013年5月起对法律论点进行整理归纳，8月下旬至9月上旬汇总提出了中期报告并于9月5日批准了该中期报告。报告中指出，将修改现行的著作权法，为电子书籍设立出版权。但是对于如何设立出版权，出版社和著作权人有不同意见，需要进一步听取民众的广泛的意见，并以此来推进对策的讨论。

（资料搜集、编译：刘惠韬。

资料来源：http://china.kyodonews.jp/news/2013/07/56966.html；http://www.chinanews.com/cul/2013/07-30/5103376.shtml；http://www.nipso.cn/onews.asp?id=18799；http://japan.people.com.cn/n/2013/0908/c35465-22845795.html；http://www.sipo.gov.cn/wqyz/gwdt/201309/t20130918_819216.html）

【英国伦敦警察局成立打击知识产权犯罪的部门】

一、概况

2013年9月13日，伦敦警察局成立了专门打击知识产权犯罪的部门，即知识产权犯罪专管单位（The Police Intellectual Property Crime Unit，PIPCU）。该部门主要打击对象是利用盗版牟利的犯罪分子，政府通过这一举措增加版权所有人的信心，再一次表明政府将严厉打击盗版的决心。英国首相卡梅伦还任命保守党议员为打击知识产权犯罪方面的顾问。

PIPCU由伦敦市警察局和英国知识产权办公室、商业创新技能部（The Department for Business，Innovation & Skills，BIS）联合设立，除此之外PIPCU还将与众多政府组织、非政府组织合作打击犯罪。在英国国内层面，PIPCU将与英国知识产权联盟（The Alliance for Intellectual Property）、打假专组（Anti-counterfeiting Group，ACG）、国际唱片业协会（IFPI）、反盗版联盟（FACT）、英国唱片工业协会、英国出版商协会合作；在国际层面，PIPCU将与美国的FBI及国家安全局合作，打击国际知识产权犯罪。

二、机构设置与运作模式

1. 人员构成与经费

伦敦市警察局是全国性打击假冒产品的机构，知识产权犯罪专管单位（PIPCU）属于伦敦市警察局的下设部门，由19名工作人员组成，其中有侦探、数据分析专家和研究人员，这些人员之前主要供职于伦敦市经济犯罪部门，具有保险欺诈、贪污受贿、银行卡诈骗方面的专业知识和丰富的经验。在接下来两年中，PIPCU将从英国政府中的知识产权办公室获得256万欧元的经费支持，PIPCU将独立支配这笔资金。

2. 打击重点

PIPCU的打击重点是严重并且有组织性的知识产权犯罪（主要是假冒、盗版行为），但不包括打击假冒伪劣药品的犯罪，而且PIPCU主要打击通过网络平台实施的知识产权犯罪，如盗版的在线电影等。

3. 运作模式

为获得效率最大化、尽量减少重复工作，PIPCU将会与其他利益相关机构合作，主要的合作机构包括行业、国家和国际执法机构（即英国税务海关总署、英国边境局、交易标准处、欧洲刑警组织、英国国家犯罪署）、知识产权办公室情报中心等。

以上提及的机构可以自行收集关于网络知识产权犯罪的证据，并提交给PIPCU，工作人员将根据这些证据采取行动。PIPCU的人员也会自行调查知识产权犯罪，根据不同的犯罪情节采取早期干预、介入网络中间商的活动、教育、调查和起诉、扣押犯罪资产等措施。

2013 年 9 月 13 日，PIPCU 在伯明翰首次出击，逮捕了两名犯罪嫌疑人，他们涉嫌刻录、倒卖数以千计的盗版 DVD 套装，如《犯罪现场调查》(CSI)、《吸血鬼日记》等光盘，这些盗版光盘的总价值达 4 万英镑。

（资料搜集、编译：屠煜丽。

资料来源：http://www.bbc.co.uk/news/technology-22796723；http://www.bbc.co.uk/news/technology-24079518；http://www.theguardian.com/law/2013/sep/13/police-intellectual-property-crime-unit-first-arrests；http://www.cityoflondon.police.uk/CityPolice/Departments/ECD/PIPCU/090913.htm；http://www.cityoflondon.police.uk/CityPolice/Departments/ECD/PIPCU/PIPCUNews/）

【英国延长音乐作品版权及录音制品表演者权的保护期限至 70 年】

2013 年 11 月 1 日，英国商业创新技能部（BIS）正式宣布，将音乐作品的版权及录音制品中的表演者权利从原先的 50 年延长至 70 年。

BIS 表示，该期限的延长是英国将欧盟 2011 年第 77 号关于版权保护的指令在本国法律中得以体现的结果。在录音制品发行的 50 年后，表演者与音乐家也将会从以下几点新增的管理措施中受益，包括：

（1）“录音基金”——录音制品销售额的 20% 需要支付给表演者；

（2）“从零开始”条款（“clean slate” provision）——依据本条，制作人不能在录音制品发行时扣减支付给表演者的报酬（例如预先扣除版税）；

（3）“使用或失去”条款——允许表演者与音乐家在其表演权未能被商业利用时将其收回。

英国知识产权大臣杨格勋爵（Lord Younger）在声明中表示：“这些新规将会给世界级的唱片艺术家们带来持续的收益。它表明政府对价值数十亿的创新产业不间断的投入与支持，也是对这些艺术家们付出创造性与辛勤劳动而获取回报的保证。他们将会从这次的版权保护期限的延长中受益。”

欧盟 2011 年第 77 号指令中曾提及针对合作作品的版权期限长度的调整。英国政府此次修法也算是对欧盟指令的及时回应。

（资料搜集、编译：莫野。

资料来源：http://www.ip-watch.org/2013/11/04/uk-implements-copyright-term-extension-from-50-to-70-years/；http://www.lexology.com/library/detail.aspx? g=268e739f-0378-429d-8026-5488f31b0f98）

【澳大利亚提出《版权和数字经济》报告】

澳大利亚法律改革委员会（ALRC）对版权问题所做的最终报告《版权和数字经济》，已于 2013 年 11 月 29 日提交给澳大利亚联邦总检察长，报告就修改《版权法》提出建议，政府已将该报告列入议程。

该报告是 ALRC 就数字经济中版权问题开展了 18 个月的意见征询的结果。在意见征询过程中，ALRC 最初在 2012 年 8 月发布了一份主题报告，征求意见和建议。之后在 2013 年 6 月发布了接近 400 页的讨论稿，再次诚征各界意见。意见征询稿包含一系列版权改革草案，例如废除面向教育机构和政府的版权法定使用许可，转而以免费豁免、内容创作者直接授权使用及一些集体许可等多种举措并举的方式进行替代，以及修订澳大利亚版权法，在其中加入一项宽泛的合理使用规定。ALRC 收到了 860 条意见，这些意见来自世界各地的企业及个人，包括主要版权所有人及公司、出版商、作家、律师事务所和拥护知识获取的人们。

意见征询稿中的一项主要建议是将合理使用原则纳入澳大利亚法律，该建议在澳大利亚引起了广泛的争议。国际复制权组织联合会（IFRRO）在提交的意见中对澳大利亚版权法上述修订草案提出质疑，认为“合理使用”这一概念脱离了澳大利亚法律传统，引入这一概念将增加法律的不确定性。

类似地，澳大利亚版权委员会（ACC）也拒绝了澳大利亚法律改革委员会提出的版权法改革草案，称后者“支持合理使用将是澳大利亚独有的一种奇特条款”。澳大利亚版权委员会强调称“宽泛的合理使用例外可能会给权利人带来诉讼负担”。澳大利亚家庭娱乐发行人协会（AHEDA）会长声称，“建立在合理使用原则基础上的体制将会导致盗版的增加，并需要诉讼来进行界定”，而这“将会对版权所有人施加压力让其直接起诉消费者”。他继续说：“我们并不想起诉终端用户。这是我们最不愿意做的事，任何建议诉讼的政策提案都是有缺陷的。”媒体娱乐与艺术联盟（MEAA）反对这些变革，该组织坚持主张用一个开放式的“合理使用”例外代替版权法案中现有的例外规定，并认为移除现有的版权法定使用许可将导致分配给记者的版权收入减少。

澳大利亚决心进行版权改革一方面是为了明确数字经济中的版权问题，另一方面是为了应对澳大利亚盗版的猖獗，进一步促进澳大利亚的创意产业及文化产业的发展。ALRC 提交报告之后，澳大利亚政府计划邀请知识产权拥有者、电信运营商和互联网服务供应商共同商讨反盗版的解决方案。

（资料搜集、编译：闫美霓。

资料来源：http://www.alrc.gov.au/news-media/2011-2013/copyright-enews-issue-9-final-report-delivered-g；http://www.ipr.gov.cn/guojiiprarticle/guojiipr/guobiehj/gbhjnews/201308/1769560_1.html；http://if.com.au/2013/10/14/article/Senator-the-Hon-George-Brandis-QC-talks-piracy-in-AIMC-2013-keynote-address/HGQQXIZVTD）

【欧盟委员会就欧盟版权法的修订征求意见】

2013年12月5日，欧盟委员会（EU）启动了一项公共调查行动，旨在就欧盟版权法的修订寻求公众的意见，关于如何修订目前的欧盟版权法框架，受访者要求回答的事项涉及贸易集团间的数字内容的可得性、版权保护的限制与免责条款和版权所有人的报酬等。

然而，该调查也涉及是否制定一致的版权法规，并应用到整个欧盟。目前，各欧盟成员国都自行规定了版权方面的法律。欧盟委员会在其调查书中提到："建立一部统一的欧盟版权法的理念至今为止仍处于争论之中，关于该目标的优点与可行性的意见也存在分歧。一部统一的欧盟版权法会整体协调欧盟范围内的版权法律法规并代替各国内部的相关法律，那将会是一部单一的欧盟法取代一堆国家的法律。一些人认为统一的欧盟版权法才是在欧洲统一市场中保障版权所保护的对象的唯一方式，但另一些人则相信，通过建立一个协调性更高的法律的同时，允许各成员国内部法律体系一定程度的灵活性与特殊性这种方式，能够更好地达成相同的目标。"

受调查的版权所有人与其他利益相关人同时也被要求详细描述他们在欧盟范围内跨国获取版权的经历。欧盟委员会表示欧盟可能需要采取进一步措施，通过引入新的法律或者采取非立法的方式，针对欧盟范围内版权保护服务的更强需求与"一个对版权所有者的充分保护水平"的需要，来平衡二者之间的问题。

欧盟委员会在调查中也提及超链接涉及的受版权保护内容是否应当需要版权所有人的许可。欧盟法院在这一尚处于发展中的法律范围内裁决了大量的案件，但调查中仍旧问及是否需要在未来新的立法中建立关于超链接的法律规则。

此外，调查中还提及欧盟各成员国是否应该在国内法上实施版权的某些限制或免责条款。一些免责条款允许受版权保护的材料在某种范围内出于一些目的可以免费使用，例如私人复制和新闻报道而不被视为侵权行为。目前，在欧盟版权框架的规定下，大部分的限制与免责条款对各成员国而言是选择性实施。例如，英国政府最近扩大了英国版权法中所承认的免责条款的范围。

（资料搜集、编译：莫野。

资料来源：http://www.out-law.com/en/articles/2013/december/review-into-eu-copyright-laws-launched/；http://www.ip-watch.org/2013/12/05/european-commission-launches-consultation-on-eu-copyright-modernisation/）

◆ 司法判例

【美国法院判决社交网站上的照片受版权保护】

2010年1月，美国摄影师Morel将其拍摄的关于海地地震灾情的照片上传至Twitter，引起人们的关注。法新社未经Morel许可使用该照片，随后Getty图片社和《华盛顿邮报》通过法新社先后使用了该照片，但照片的署名却是利桑德罗·苏尔诺（Lisandro Suero），后经查明是利桑德罗把Morel的照片下载下来转贴在自己的网站上。Morel认为其版权受到侵犯，要求媒体删除这些照片，或者更正照片的署名。法新社则认为Morel不正当行使权利，于2010年3月将Morel告上法庭。之后便是双方长期诉讼与反诉的较量。

2013年1月14日，美国曼哈顿地区法官埃里森·纳森（Alison Nathan）做出判决，认为法新社和《华盛顿邮报》擅自使用Twitter上照片的行为侵犯了Morel的版权。

该案是首批涉及社交网站作品版权归属的案件，因此备受关注。美国曼哈顿地区法院的判决率先明确了美国在此问题上的立场，使新闻媒体对其使用的照片等资料负有一定的审查义务，对其他地区解决此问题具有一定的参考意义。

（信息搜集、编译：陈雪娇。

资料来源：http://www.ipworld.com/ipwo/doc/view.htm? id=319162&searchCode=S&searchPage=basic_search&queryString=US；http://www.nphoto.net/news/2013-01/16/a4b0c9bf25f5fac3.shtml）

【新西兰"三振法案"开始执行，维权者"入不敷出"】

2013年1月30日，新西兰版权法庭首次依照新修订的"三振法案"对一名音乐盗版者判处了

616.57 美元的罚款，但是该名音乐盗版者依然没有意识到该行为是不合法的。

代表唱片公司的新西兰唱片工业协会（RIANZ）2011 年将一名不知名的侵权者告上了版权法庭。这名侵权者在互联网上分享了两首歌曲，一首由巴贝多流行歌手 Rihanna 在两个不同场合所演唱的一首歌，另一首是纳什维尔洲乐队 Hot Chelle Rae 的歌曲。在做出的裁判中，法庭支持 RIANZ 的诉求，命令这名侵权者（他是一名电信用户）支付 616.57 美元的罚款。

这是版权法做出修改以来法院第一次就这种类型的案件做出裁判。2011 年版权法做出修改，允许权利持有者比如电影公司、音乐公司向被认为非法下载或上传受版权保护的内容的行为人发出警告通知，在第三次通知之后，权利的持有人可以将案件诉诸法庭，法庭可以对违法者判处最高达 15 000 美元的罚款。这起案件中只涉及两首歌，在知晓侵权者非法分享 Rihanna 歌曲后，RIANZ 发出了第一份警告通知，大约 7 个月之后法院又向此人发送了第二份警告通知。这名盗版者在向法庭提交的意见中表示，他对于侵权行为的违法性并没有认识到。他申辩道：“第一首下载的歌是 Rihanna 的《男人出局》，对此我愿意承当责任，我下载这首歌时并没有意识到从这个网站上下载歌曲是违法的。”然而他并不承认自己对于非法下载 Hot Chelle Rae 歌曲的责任。虽然侵权人只提到下载音乐，但是根据 RIANZ 的表述，该用户的侵权行为还应包括上传音乐，这一点被法庭接受了，法庭也说到盗版音乐者也有可能仅仅是打算通过文件共享网络（盗版行为发生的地方）下载音乐。

最终法庭命令盗版者赔偿 6.57 美元的歌曲购买费，50 美元的 RIANZ 发送通知费以及 200 美元的诉讼费。此外，这名违法者还被命令支付每次侵权 120 美元总共 360 美元的警告费。

新西兰唱片工业协会终于第一次在新西兰“三振法案”实施后成功地使一位共享文件的侵权人被定罪，也许新西兰唱片工业协会对此感到满意，因为他们终于得到了一个结果，但随之而来的维权费用又使人们对这样一部法律实施的有效性产生了疑问。

自 2011 年 9 月新西兰“三振法案”实施以来，代表大唱片公司利益的新西兰唱片工业协会已为打击音乐盗版花费了共计约 25 万美元，其中向非法共享或下载音乐作品的侵权者发送警告通知的费用就高达 15 万美元之多，因其共向侵权者发送了超过 6 000 封警告通知，而其每向侵权者发送一封警告通知，便需向互联网公司支付 25 美元。

虽然新西兰版权法庭做出了“三振法案”实施以来的首例判罚，认定新西兰唱片工业协会胜诉，并责令违法者支付 616.57 美元的罚金，但该“收入”与新西兰唱片工业协会的维权支出相比，实在相差甚远。

修订后的“三振法案”强调，经三次警告后，若版权所有人仍发现存在侵权行为，即可向版权法庭提出最多 1.5 万美元的赔偿金请求。与此同时，版权所有人还可请求地区法院下令暂停侵权人最长 6 个月的网络接入服务。

然而目前的情况是，新西兰唱片工业协会虽发送了超过 6 000 封警告通知，但只有 12 名侵权者进入到版权法庭的审判阶段，而目前只有 1 名侵权者被判罚 616.57 美元，新西兰唱片协会无疑是“入不敷出”。

就此，新西兰唱片工业协会希望将发送通知的费用降低为每封 2 美元，这样根据每月的相关经费，其可向违法者发送 5 000 封通知，“三振法案”的立法目的才能得以实现。但该提议遭到了政府的拒绝。

维权费用是“三振法案”实施过程中的一个非常重要的问题，如果版权所有人需要花费如此之大的一笔费用去发送上千封通知，而仅仅有 1 名侵权人受到仅几百美元的处罚，这显然对“维权投资”算不上是一个好的回报。如果这样的情况一直持续下去，那么“维权投资”经费的削减只是一个时间问题。届时，“三振法案”的实施效果也必将大打折扣。

（信息搜集、编译：李婕、汪涛。

资料来源：http://www.nzherald.co.nz/business/news/article.cfm?c_id=3&objectid=10862707；http://www.freezenet.ca/rianz-spends-250000-on-three-strikes-law-to-reap-616-57/；http://www.nzherald.co.nz/business/news/article.cfm?c_id=3&objectid=10862359；http://www.nbr.co.nz/opinion/first-music-pirate-nailed-under-new-copyright-law）

【澳大利亚高等法院裁定谷歌无须为付费广告的内容负责】

澳大利亚高等法院于 2013 年 2 月 6 日做出一项最终裁决，认定谷歌在其发布的广告赞助链接（sponsored links）中并不存在误导、欺骗用户的行为，谷歌无须对付费广告的内容负责。这一决定推翻了澳大利亚联邦法院 2012 年的判决，也为澳大利亚竞争与消费者委员会（ACCC）和谷歌之间长达六年的诉讼画上了一个句号。谷歌在这次法律诉讼中获得了里程碑式的胜利，这一裁定，为互联网广告产业减轻了一些法律责任，将对整个互联网广告产业产生深远影响。

诉讼由来

该案可以追溯至2007年，澳大利亚竞争与消费者委员会对谷歌发起诉讼。ACCC对于谷歌的指控基于该机构于2006年和2007年所查询的互联网搜索结果。ACCC发现，在2006年和2007年期间，澳大利亚网民在使用谷歌查询搜索"本田澳大利亚"（Honda Australia）的关键词后会显示本田竞争对手CarSales的付费广告。ACCC称，这些广告带有欺骗性和误导性，会让消费者误以为CarSales与本田公司有关，谷歌的行为是在鼓励商业性欺诈。

该案涉及的付费广告源于谷歌公司的一项广告服务，即关键词广告服务Adwords。关键词广告服务是谷歌公司的一个非常重要的收入来源，该服务允许广告商购买由一个特定搜索项目所引发的广告空间。本案的争议焦点就是：谷歌需不需要为通过其关键词广告服务而发布的带有欺骗性、误导性的广告内容负责。谷歌多次表示，谷歌本身并不充当内容发行商的角色，而仅仅是传递由第三方所提供的各类信息。

最终裁决

在澳大利亚高等法院的裁决中，五位法官一致认为，谷歌没有创建赞助商链接，不必对链接内容负责。法院声明，使用谷歌搜索引擎的普通理性用户都知道，赞助链接传达的内容来自广告主，代表广告主的立场，而非谷歌的立场，用户不会认为谷歌支持那些内容。

此次裁决结果，对于网络服务提供商以及搜索引擎公司来说是好消息，证明他们并不是出版商，而仅仅只是第三方信息的载体。澳大利亚高等法院做出裁决后，谷歌在一份简短声明中对该裁决表示欢迎。ACCC则表示，将对该声明做出评估，以了解该裁决是否会对澳大利亚消费者法律带来更广泛的影响。ACCC主席罗德·西姆斯（Rod Sims）在一则声明中说："ACCC之所以采取了这些行为，是希望进一步使互联网时代的广告行为得以法制化和规范化。"澳大利亚网络产业协会（Internet Industry Association）的负责人彼特·李（Peter·Lee）在接受路透社采访时表示，"其他人肯定也会持续关注这次审判。谷歌是一个全球性的企业，这次审判是史无前例的，判决结果也将为这个快速发展的行业带来一些确定性"。

目前，谷歌已在澳大利亚调整了赞助链接的显示方式，即出现在搜索结果返回页面顶部，且注明这些是广告内容。澳大利亚网民在谷歌搜索中再查询"本田澳大利亚"时，所返回的付费广告将指向本田澳大利亚网站。

虽然此判决只在澳大利亚当地适用，但是世界各地的媒体、同行也在密切关注着事件的进展。这一案件的审判结果也将成为其他地区审理类似案件的参考。

（信息搜集、编译：李婕。

资料来源：http://www.copyright.org.au/news-and-policy/；http://copyright.org.au/news-and-policy/details/id/2060/；http://www.hcourt.gov.au/assets/publications/judgment-summaries/2012/hcasum16_2012_04_20_iiNet.pdf；http://www.austlii.edu.au/au/cases/cth/HCA/2012/16.html；http://apcprojects.com/iinetdocs/iiNetApplication.pdf；https://jade.barnet.com.au/Jade.html#article=289620；http://www.accc.gov.au/content/index.phtml/itemId/11007-29/fromItemId/142）

【美国瑜伽动作侵权纠纷案】

2013年3月，美国法院对乔杜里·比克拉姆（Choudhury Bikram）诉Evolation瑜伽公司一案做出最终判决，认为被告采用"高温瑜伽"体系进行教学和实践并没有侵犯原告的版权。

1971年乔杜里·比克拉姆开创了著名的"高温瑜伽"系统，在40度左右的高温下利用26个姿势变换来刺激身体从而达到平衡状态。多年来，比克拉姆出版了许多讲解瑜伽动作的书和视听作品，并且到美国版权局做了登记。在2011年前后，比克拉姆得知他之前的学生未经他的许可在他们自己的健身房里教授这套"高温瑜伽"动作，随即以侵犯版权之名将这些人和加利福尼亚的一家名为Evolation的瑜伽公司告上法庭。

原告比克拉姆认为，他的瑜伽动作属于受版权保护的舞蹈作品，即使不构成舞蹈作品，至少他对这些动作的独创性地取舍和安排也应当受版权法的保护。

被告Evolation则认为，比克拉姆的版权仅仅及于他书中的文本和视频中的视听要素，而不涉及里面介绍的瑜伽方法，瑜伽方法本身不应获得版权保护。

根据美国版权法，对于固定于任何有形表现媒介中的独创作品予以版权保护，美国版权法第 102 条规定了八类受版权保护的作品，包括：(1) 文字作品；(2) 音乐作品，包括所配任何歌词；(3) 戏剧作品，包括所配任何乐曲；(4) 哑剧和舞蹈作品；(5) 绘画、刻印和雕塑作品；(6) 电影和其他音像作品；(7) 录音作品；(8) 建筑作品。

对于何为舞蹈作品，美国版权局的官方解释是："舞蹈作品是对舞步和动作的安排，通常配有音乐"，美国国会认为舞蹈作品不包括社交舞步和简单的步伐。

地方法院的主审法官认为，瑜伽书籍和教学录像的确受版权法的保护，但瑜伽动作本身并不是美国版权法的保护客体，美国版权局的版权登记针对的是书和视频录像，而非瑜伽动作本身。同时，瑜伽动作也不是可受版权保护的汇编作品，因为它不属于版权法第 102 条规定的任何一种作品类型，根据美国立法者在版权法案中的声明，作品类型的分类仅仅是列出了一般可受版权保护的客体，并没有穷尽所有具有独创性的作品，法律尽管有允许法院自由裁量特定的作品是否受版权保护的意图，但是不管是法院还是版权局都没有权力创设新的作品类型。而且，这套由 26 个姿势构成的瑜伽动作中，每一个独立的动作事实上在几千年以前就有了，比克拉姆的编排不是一种艺术上的安排，而是一种对健康有益的科学的锻炼方法，版权保护不延及作品的思想、程序、方法、体系、操作方法等，因此，瑜伽动作不受版权法的保护。

2013 年 1 月，比克拉姆向第九巡回法院提出上诉。2013 年 3 月初，上诉法院确认了地区法院的判决，认为被告并未侵犯比克拉姆的版权。

（信息搜集、编译：陈雪娇。

资料来源：http://www.ip-watch.org/?s=YOGA）

【欧盟法院判决互联网在线转播的电视、广播节目受著作权法保护】

2013 年 3 月 6 日，欧盟法院做出如下判决：地面电视节目的原创广播公司有权阻止他人将其节目内容转播给在线观众。由于在线转播使用的技术手段不同于原始的通信方式，即在线转播构成了一种公众传播，需要得到权利人的授权。据此，欧盟法院指出，提供流媒体服务的组织如果要向用户在线提供广播电台节目需要获得权利人的许可。

法院指出其调查结果与转播是否是一种商业行为或转播组织与原创广播公司是否为竞争对手无关。欧盟法院做出的上述判定是对英国高等法院相关案例的回应。

英国发生的案情是：网站 TVCatchup.com 将免费收听的电视节目转播到电脑和移动设备上，广播电视台 ITV 频道 4 和 5 主张 TVCatchup 未经许可使用了其节目。针对此案，法官弗洛伊德曾指出"由 TVCatchup 提供的媒体流服务构成'公众传播'"，不过他又声明这只是他的个人观点，他将请求欧洲联盟法院澄清此事。

TVCatchup 公司表示，根据英国电视授权，观众有权观看这些节目。但是欧洲联盟法院驳回了其主张，并指出：在 TVCatchup 的案件中，通过互联网转播作品应该被判定为是面向所有居住在英国有网络连接或电视许可证的所有人，这些人可以同时在网上看直播的电视节目。因此即使节目转播是建立于一对一的基础上的，还是可能造成一个人观看节目的同时另外的人也在看的公众传播效果。因此，欧盟版权法意义下的转播应该是面向不确定的多数潜在用户。

ITV 等几家商业电视台表示，这一判决明确指出，广播电视公司和内容制作方应当可以阻止免费频道内容的无授权流媒体转播。这些商业电视台将保留起诉任何涉嫌侵权，或在无授权情况下使用其内容的网站或服务的权利。

（信息搜集、编译：徐淑红、李婕。

资料来源：http://www.out-law.com/en/articles/2013/march/online-retransmission-of-tv-programmes-protected-by-copyright-rules-cjeu/；http://finance.takungpao.com/tech/q/2013/0308/1478626.html；http://www.out-law.com/page-12096；http://www.smh.com.au/business/musicians-lose-case-over-copyright-fees-for-internet-radio-20120215-1t689.html；http://www.brisbanetimes.com.au/business/online-and-on-air-the-waves-in-radio-20101012-16hrs.html；http://www.copyright.org.au/news-and-policy/；http://www.austlii.edu.au/au/cases/cth/FCA/2012/93.html；http://jade.barnet.com.au/Jade.html#article=261164；http://www.judgments.fedcourt.gov.au/judgments/Judgments/fca/full/2013/2013fcafc0011；http://ppca.com.au/IgnitionSuite/uploads/docs/Media%20Release%20-%20PPCA%20Simulcast%20Case.pdf；http://www.copyright.org.au/news-and-policy/details/id/2049/；http://www.dbcde.gov.au/digital_economy/convergence_review；http://www.alrc.gov.au/inquiries/copyright；http://www.austlii.edu.au/au/cases/cth/FCA/2012/93.html）

【美国最高法院将首次销售原则的适用范围扩展到全球】

2013年3月19日，美国联邦最高法院在“Kirtsaeng v. John Wiley & Sons”一案中的判决给了所有美国版权人以猛烈的一击，在这份判决中，美国最高法院严厉地削减了美国版权所有人控制自己作品复制件的能力。与此同时，这也意味着这份判决给美国电影、电视、图书和软件公司的全球营销战略布局炸开了一个大洞。

美国法律长期以来都认可版权所有人的权利要受到首次销售原则的限制。这已经被写进版权法第109条的规定中，尽管版权人有控制作品销售、出版、发行的权利，依据美国版权法规定合法复制件的所有者，或者经该所有者授权的任何人，无须经版权所有者的许可，仍然有权出售或以其他方式处置该复制件。

然而，许多美国公司都采取这样的立场，即首次销售原则仅仅适用于在美国制作的复制件。美国最高法院在“Quality King v. L'Anza Research International”一案中也采取这样的立场，尽管在1998年那个案件中最高法院的声明仅仅是原则性的表述，但是这一法律解释已经成为美国电影、电视、图书和软件公司全球营销战略的重要的一部分，这些公司利用版权法，以地域划分市场，在美国销售作品复制件的价格比在印度、中国等地的价格高。过去如果有人试图把在美国境外制作的价格较低的作品复制件倒卖到美国，美国版权所有人就会控告其侵犯版权。因为复制件是在美国境外制作的，被告不可以请求首次销售原则的保护。

这个案件就是如此，John Wiley在泰国出版了一部分英语语言学教科书的复制件，Supap Kirtsaeng购买了这些教科书中的一部分，并卖到了美国。这些用过的教科书与Wiley在美国出版和销售的教科书相比是相当便宜的。Wiley起诉Kirtsaeng侵犯了其版权。

美国最高法院赞成Kirtsaeng受首次销售原则的保护。审理该案件的Stephen Breyer法官声明，第109条的首次销售原则不受地域限制。只要作品的复制件是在美国版权所有人的允许下合法制作的，无论复制件的制作地点在世界的何处，都适用首次销售原则。

这份判决将使美国音乐、电影、软件公司去阻止计划销售到国外的复制件又被倒卖到美国的行为变得更加艰难。然而，这份判决保护了代理销售商和消费者随自己的意愿处分复制件的权利。过去法院不是这样裁决时，精明的公司就会利用版权法去阻止许多在海外制造的商品的倒卖行为。这些公司因此就可以摧毁二手书籍、音乐、平板电脑甚至汽车（汽车里包含受版权保护的软件）市场。

（信息搜集、编译：孟庆贺。

资料来源：http://www.ip-watch.org/2013/03/19/us-supreme-court-applies-first-sale-doctrine-worldwide/?utm_source=weekly&utm_medium=email&utm_campaign=alerts; http://www.supremecourt.gov/opinions/12pdf/11-697_d1o2.pdf)

【好莱坞在与文件共享网站的版权诉讼中赢得胜利】

2013年3月21日，美国第九巡回上诉法院确认了BT索引网站isoHunt的责任，判决好莱坞影城取得版权案件的胜利。裁判委员会认为网站及其创始人加里·冯（Gary Fund）非法诱使用户交换受版权保护的文件。

背景

比特流（BitTorrent，简称BT）是一种互联网新兴的P2P传输协议，用户通过特定的客户端进行下载，在下载的同时也为其他用户提供该文件的上传。iosHunt是美国最大的BT索引器之一，在其最受欢迎的时候，该网站为750万独立访客处理数百万的流量。

网站创始人冯在2006年第一次被哥伦比亚电影公司起诉，2009年败诉，并且在2010年受到限制令的严厉打击——要求按照内容公司提供的搜索词目录过滤掉相关内容。然而现今的isoHunt与2006年对比，并没有任何功能上的不同。

争议

冯认为网站应该受《数字千年版权法案》（DMCA）中安全港规则的保护。同时他认为不应该以传播工具——用以下载的软件及技术的理由被指控有罪，他的服务事实上仅仅是将已经存在的数据编入索引。

第九巡回法院法官Marsha Berzon则认为版权保护不同于专利保护，版权保护的是表达，而不是产品或设备。诱导性侵权责任不能被限制，无论是逻辑上的还是如格雷斯特案中的链接，即使它们都能够与设备相区分。

判决

在地区法院中，冯被认为与用户一同构成共同侵权，因为其引诱他人侵犯了原告的版权作品。法院出具了一个禁令，要求冯解除那些对侵犯原告版权作品有所帮助的行为。

在上诉法院中，法官接受了先例——格雷斯特案中的判决理由，认为如果一个人提供一种能够被用来侵犯版权的服务，又有明显的意图使这种服务在事实上也能够以这种方式被使用，那么这个人就对这种服务在使用中出现的侵权负有责任。

同时，法院还指出冯的网站通过广告从大量的非法文件中获取了利益，因此不能适用 DMCA 中“安全港”的保护。冯做了一个很好的营销，他向广告商提供了一个指向特定电视及电影的数据，这些电视及电影处在搜索频繁度的顶端。

影响

这一裁决确认了版权法的一个核心原则：那些鼓励、支持、帮助他人侵犯版权的企业，自己也会因非法行为被追究责任。这有助于保护创意产业中数百万工作者的利益。

（信息搜集、编译：潘莹。

资料来源：http://www.ipworld.com/ipwo/doc/view.htm?id=319938&searchCode=H；http://movies.yahoo.com/news/hollywood-studios-win-isohunt-appeal-050000117.html；http://arstechnica.com/tech-policy/2013/03/appeals-court-deals-a-major-blow-to-torrent-site-isohunt/）

【“挪用艺术”（appropriation art）与合理使用】

2013 年 4 月 25 日，美国第二巡回法院对著名挪用艺术家理查德·普林斯（Richard Prince）侵犯帕特里克·凯瑞（Patrick Cariou）版权一案做出二审判决，该判决部分撤销、部分维持了一审法院的判决。地区法院认为普林斯必须在其作品中对凯瑞的作品做出评论，或者是与凯瑞本人进行联系方能使使用趋于合理化，然而二审法院认为此种观点是错误的。二审法院认为，对作品的二次使用不需要对原始的作品、创作者或作品反映的流行文化做任何的评论，在本案 30 件涉案作品中，有 25 件是符合合理使用规定的。二审法院要求地区法院在合适的标准下重新考虑普林斯合理使用的抗辩。

案件回顾：凯瑞是一名职业摄影师，在 2000 年，他出版了一本名为 *Yes Rasta* 的书，书中印有一系列黑人回归主义者的肖像和牙买加的风景照，这本书在商业上小有成功，一度脱销。普林斯作为一名“挪用艺术家”，在 2007 年到 2008 年间未经凯瑞的同意，将凯瑞书中的图画纳入自己创作的诸多艺术作品中，其对凯瑞每件作品使用的比例与程度都有所不同。2008 年，高古轩画廊（Gagosian Gallery）展出了一系列普林斯的抽象拼贴画（其中包含了凯瑞的作品），凯瑞立即对普林斯、画廊、画廊的所有者提出侵犯版权的诉讼，被告提出合理使用的抗辩。

一审法院支持了原告的诉求，判决被告停止侵权、没收侵权物并予以销毁。二审法院认为，涉案的 30 件作品中有 25 件是符合合理使用规则的，对于那些与原作品太过近似的，可能构成侵权的作品，发回一审法院重新审理。

（资料搜集、编译：陈雪娇。

资料来源：http://www.intellectualpropertymagazine.com/copyright/the-artful-dodger-90294.htm；http://www.sampsung.org/index.php/cases/2012-12-04-19-14-54/394-cariou-v-prince-a-question-of-rastafarians-and-fair-use；http://jpgmag.com/ne-ws/2013/06/copyright-fair-use-orphan-works-legal-conundrums-in-the-use-misappropriation-of-photographs-and-visu.html）

【德国最高法院确认云托管提供商必须监管网络内容并限制匿名用户】

2013 年 8 月 19 日，德国最高法院维持地区高院的判决，确认网络运营商 RapidShare 有义务主动监管网络内容以阻止网络剽窃。该公司成为第一家被法律要求监督包含侵权内容的外部网站链接的云托管提供商，并且，文件托管服务用户将来可能会被禁止以匿名的方式通过托管服务共享文件。

在过去的几年里，RapidShare 已做了巨大的努力来配合著作权人并限制著作权侵权行为的发生，但是，还是未能阻止该公司卷入部分著作权人的侵权诉讼案件。

2012 年，德国一地区高院确认了初级法院针对 RapidShare 公司的两个裁决，这两个案件是由图书出版商和音乐权利组织发起的。高院进一步阐明，RapidShare 没有义务主动监管由用户上传的文件；但是，RapidShare 需要监督包含著作权内容的外部网站链接，并要确保这些文件不能被公众接触到。此外，判决中还指出，如果这些措施不足以遏制侵权行为的发生，文件托管网站需要限制用户匿名使用网站的机会。RapidShare 公司不服地区高院判决上诉至最高法院，但是上诉被驳回，即最高法院维持了地区高院的判决。

（资料搜集、编译：徐淑红。

资料来源：http://torrentfreak.com/supreme-court-orders-rapidshare-to-police-the-internet-130819/；

http://www.techdirt.com/articles/20130820/1222592-4257/german-supreme-court-confirms-rapidshare-must-police-internet-restrict-anonymous-use.shtml; http://te-hparadox.com/forum/f11/supreme-court-orders-rap-idshare-police-5757314/index2.html）

【剑桥大学出版社诉德里大学版权侵权案】

2013 年 10 月 22 日，印度德里高等法院聆讯了剑桥大学出版社诉德里大学版权侵权的有关情况。

一、案件起因

2012 年 8 月，英国三大著名的学术出版社——剑桥大学出版社、牛津大学出版社和泰勒·弗朗西斯出版集团，在德里高等法院，对德里大学和德里大学授权影印的名为“拉梅什瓦里”的校内小复印店提起侵害版权的诉讼，要求德里大学一方赔偿经济损失、承担诉讼费及因管辖所造成的各种费用总计 6 066 200 卢比（约 59.3 万元人民币）。

事件源于德里大学影印剑桥、牛津大学出版社的教科书，为学生提供经济实惠的教材套装。在德里大学，相当一部分学生无法负担正版教材的费用，因此学校提供的影印教材是他们继续学业的重要保证。在 2012 年 10 月，法院通过了一项“对复印课程包需要付费”的决议。

二、出版社主张复印课程包的行为非法

出版社宣称，复印课程包的行为是非法的，违反了印度 1957 年版权法案中对作品的复制权归版权所有人的规定。

剑桥大学出版社认为出版商并非慈善家，在通过支付作者费用取得版权后为什么要免费提供他们的作品？出版商也表明，他们在出售给学生书的同时也承担了出版的费用，如果每个学生都可以随意复印他们的作品，就没有学生再愿意买他们的新书，那么他们将承担损失。在印度的确存在很多学生因经济困难，负担不了这些书的费用的情况，但这就意味着要允许他们侵犯知识产权以低廉的价格获得这些书吗？支持这种非法复制行为是违反著作权强制许可规定的。

三、学生组织的反对声浪

2013 年 3 月，学生联合成立了专门的公平获取知识组织（The Association of Students for Equitable Access to Knowledge），以维护学生的利益。2013 年 4 月，法院聆讯时，该学生组织以考试将要临近为由，向法院提出了反对必须通过购买的方式取得课程包的请求。2013 年 10 月 1 日，德里高等法院聆讯了此案件的有关情况，在庭上，该学生组织极力反对高等法院所通过的决议，维护学生的权益。但法院仍拒绝了此项请求，维持之前的决议。

德里大学的大多数学生都认为如果没有书籍以及讲解，想要学好这些课程几乎是不可能的，这也就是学生成立专门组织参与诉讼以坚决捍卫其利益的原因。前述学生组织的主席阿普娃·高塔姆在庭上代表团体发言时表明：“在这个版权诉讼案中，我们将极力表达自己的观点以反对法院关于课程包复印付费的决议。我们的立场是，无论这项决议基于何种理由，我们都将反对这项决议。我们将极力说服法院重新考虑这个决议，因为这是关系到众多学生的问题。”

四、其他各界对学生的声援

这项诉讼同时也遭到世界众多学者和团体的反对，他们通过请愿信、社会运动等方式表达了自己的反对之声。

德里大学里的老师们也联名给出版商写信，希望他们能考虑学生的利益，采取更宽松的立场。

五、此类情形可能的解决方案

这些学生的做法也是可以得到印度版权法案正当保护的，因为这些学生复印这些书只是用于学术目的，并没有用于商业用途，因此，它在印度版权法案公平交易实践中是被允许的。

近年来，关于出版社诉各大学为学生非法提供复印书籍的案例频出，这也迫使大学与出版社之间不得不面对面展开对话以解决问题。对此，很多学者也给出一些解决方案，版权法案的规定在出版商和学生之间的利益应当有一个平衡，没有得到印度复制权组织（The Indian Reprographic Rights Organization）（IRRO）授权的复印店不能继续非法复制课程包。复印店若要向学生提供更便宜的复印材料则需要向复制权组织申请并以支付年费的方式获得授权，同时也让出版商从学生支付的费用里享有 50%的份额，从而在保证出版商利益的同时也能以较低的价格为学生提供书籍，提高教育的质量。

（资料搜集、编译：赵铃莉。

资料来源：http://articles.timesofindia.indiatimes.com/2013-10-03/people/42618096_1_rameshwari-photocopy-service-delhi-high-court-delhi-university; http://www.firstpost.com/delhi/delhi-universitys-photocopying-dilemma-after-piracy-raid-429263.html; http://spicyip.com/docs/petition-in-delhi-high-court.pdf; http://www.lawinfowire.com/articleinfo/amicable-solution-delhi-university-photocopy-row）

【英法两国法院判令互联网公司屏蔽盗版网站】

2013年10月，英国唱片业协会（BPI）将包括维珍传媒（Virgin Media）在内的多家互联网服务提供商告上法庭，要求其断开21个链接到盗版音乐的网站。法院判决支持了BPI的诉求。被屏蔽的网站名单包括BeeMPS、Abmp3和几家资源网站，这些网站都含有侵犯版权内容的链接。BPI首席执行官杰夫·泰勒称："我们曾要求这些站点停止侵犯版权，遗憾的是它们并未执行，所以我们除了诉诸法庭外别无选择。"维珍传媒发言人加雷斯·米德表示："作为一家负责任的互联网服务提供商，我们将遵守对公司生效的法院判决。"英国电信公司也宣称将会屏蔽掉涉案的网站。BPI认为，近期有效的屏蔽已经大大地减少了英国范围内盗版网站的访问量。

然而，音乐产业分析家马克·穆里根指出，其他方面因素的发展才是文件共享网站访问量减少的更主要的原因。他解释道："随着信息越来越多地通过云模型和流技术传播，点对点网站的访问量正在减少。""虽然屏蔽可以阻止临时的盗版行为，但对于那些一心想获得免费作品的人，仍有很多的变通方法。"如著名的资源网站isoHunt，在经历了与好莱坞影城漫长的诉讼后关闭，然而仅仅在关闭两周后，它就已经在新的运营者手中复活。

2013年12月，法国巴黎高等法院判令谷歌、微软和雅虎三大搜索引擎公司从其搜索结果中去除16家视频流媒体网站的信息。该案件由代表电影公司、经销商和制片人利益的五个团体提起。这场持续两年的诉讼主要涉及受版权保护的作品在网站中的流传播，包括allostreaming、fifostream和dpstream等网站。法院判决认为，网站通过流媒体技术传播未经作者许可的作品的行为违反了法国知识产权法的规定；谷歌、微软和雅虎公司必须采取措施，以确保被屏蔽的网页不会从其搜索结果中被找到。

代表权利人的团体在一份声明中指出，法院裁判认可了一种在网络环境中从法律层面保护文学艺术财产权的途径，即促使互联网服务提供商和搜索引擎公司与权利持有者进行合作。一些牵涉进该案件的公司向法院辩称，仅仅屏蔽流媒体网站是徒劳的，因为网络用户换一个不同的名称就可以创建新的网站，并且通过论坛广而告之，盗版作品还是很容易获得。

随着云计算和流媒体技术的发展，使用点对点网络的用户将逐步减少，著作权侵权的形式也出现了新的变化，仅仅依靠阻止盗版网站已无法满足打击盗版的需求。如何在新的技术条件下有效保护著作权，是需要进一步研究和探讨的问题。

（资料搜集、编译：聂朋云。

资料来源：http://www.bbc.co.uk/news/technology-25185819；http://www.bbc.co.uk/news/technology-24726078；http://msl1.mit.edu/furdlog/docs/nytimes/2009-05-12_nytimes_france_piracy_legislation.pdf）

【新西兰八所大学因拒绝增加年度许可费用而面临版权诉讼】

新西兰八所大学因拒绝为学生复制作者作品向新西兰版权许可组织（Copyright Licensing New Zealand，CLNZ）支付更高的许可年费而面临版权诉讼。该案是新西兰版权法院首次审理有关大学支付许可费的案件。

根据新西兰《版权法》的规定，教育机构仅可以复制某一作品的3%或者3页。CLNZ是一家非营利性组织，由新西兰作家协会（New Zealand Society of Authors）和新西兰出版商协会（Publishers Association of New Zealand）共同运营，致力于保护和许可使用受版权保护的作品。CLNZ的许可能够提供更高的权限，被许可者可以复制、扫描和分享更多受版权保护的书籍、杂志、期刊和报纸材料。CLNZ与大多数的新西兰教育机构签署了版权协议，包括私立培训机构、工科院校和综合大学，上述机构按照入学学生的数量支付许可年费。

CLNZ还为大学提供范围更广的法律保护，使其免遭版权侵权的困扰。大学要想超出《版权法》规定的范围并合法地为学生提供大量复制的课程资料，就必须获得适当的许可。如果没有取得上述许可，学生将不得不购买整本书或出版物。由CLNZ运作的许可方案使得大学教师可以复制和分享大量的印刷资源以确保其教学符合国际标准，同时也可确保作者和出版商能够因其作品的使用而获得公平的报酬。许可方案所得款项将全部支付给作品的作者和出版商。

鉴于目前大学为每个学生复制的平均作品页数有所增加，并且5年多来许可费的价格都没有调整过，CLNZ提出自2013年起大学需为每位学生每年多支付6美元的许可费方案。但此方案经过一年多的谈判，仍遭到新西兰八所大学的拒绝，这使CLNZ别无选择，只能向版权法院提起诉讼。

CLNZ首席执行官宝拉·布朗宁（Paula Browning）表示，CLNZ不得不采取此次行动，原因是大学每年仅需为每个学生支付20美元的许可费，而许多大学都已经按照最大限额提高学生每年要支付的费用，还向学生收取每个单独课程包的费用，大学生一般每年都会被要求购买横跨两个学期的多个课程包。在有些情况下，每个课程包的费用可高达85美元。此次诉讼，CLNZ想寻求一个为期4年的许可协议：其中2013年每年每个全职学生的许可费为26美元，之后每年的费用根据当年的CPI指数进行调整。

新西兰这八所大学与CLNZ现有的许可协议在2012年12月31日就已到期，CLNZ将延长现行许可至2013年2月28日直到完成新收费标准的谈判，并承诺本案在版权法院审理期间，CLNZ将为大学提供现行许可以确保大学不会因版权侵权而遭到法律诉讼。

版权法院的任务是将所有有关情况都考虑进去，进而得出一个合理的版权许可费。如果版权法院支持CLNZ提出的新许可费标准，那么法院有权将新标准的生效日追溯到2013年3月1日。

（信息收集、编译：李婕。

资料来源：http://www.nzherald.co.nz/nz/news/article.cfm?c_id=1&objectid=10870331；http://www.scoop.co.nz/stories/ED1303/S00067/authors-and-publishers-seek-fair-copyright-deal.htm）

◆ 业界动态

【美国公共数字图书馆推出免费在线使用服务】

2013年4月18日，美国公共数字图书馆（DPLA）推出免费在线访问的测试版，数字图书馆有约240万的馆藏量，内容包括图书、图片、手稿、艺术品等，旨在建立一个开放、分配式的在线网络系统，使得公众能够免费接触到来自图书馆、大学、档案馆和博物馆的资源。

对于数字图书馆的建构，谷歌曾经有所尝试，但是因版权问题最终败诉。

2010年10月，哈佛大学图书馆馆长、历史系教授罗伯特·达顿（Robert Darnton）提出了同样的想法，由哈佛图书馆主持，为了公共利益，把所有版权保护期已过的图书完全数字化。他的提议得到许多机构的响应和支持，包括国家档案和记录管理局（NARA）、史密森学会纽约公共图书馆和哈佛大学等，并得到一些包括阿尔弗雷德斯隆基金会在内的机构资助。历时两年多，美国公共数字图书馆基本成形，测试版开始投入使用。

美国公共数字图书馆的执行董事丹·科恩表示："人们将会从这个平台上发现很多小众收藏。除了来自史密森学会这种大机构的资源，我们还有很多小机构的资源，比如明尼苏达州雷德温市的一个历史社会协会，他们就保存有历史上第一个热气球飞行的照片。这些点滴的记录，都使得人们能够发掘当地历史中的不可思议之处。"

但是，想要扩充数字图书馆的容量仍然是一种挑战。依据现行美国版权法的规定，DPLA仅仅可以收录过了保护期（作者的有生之年加上死后70年）的作品，而对于仍在保护期的作品未经作者许可不得擅自收录。科恩表示："我们希望作者和出版商挣钱，但是绝大多数书籍所挣的钱都是发行后5年内所得，之后其实很难持续创造利润。我们认为，如果作者愿意的话，可以在书籍出版一定时期后，从出版商那里拿回版权并捐赠给我们，或是创建'图书馆许可证'，这样，书籍出版5～10年后，我们就可以获得书籍电子版的版权了。"

（信息搜集、编译：陈雪娇。

资料来源：http://dp.la/.；http://www.ip-watch.org/2013/04/18/us-digital-public-library-launches-free-online-access/；http://epaper.ccdy.cn/html/2013-05/16/content_97112.htm）

【澳大利亚质疑美国"合理使用"规则】

2013年7月，澳大利亚"法律、媒体与艺术卡诺肯中心"向澳大利亚法律改革委员会（ALRC）提交意见书，以通过提供有关美国版权立法、政策和实践方面的信息从而帮助法律改革委员会进行关于版权与数字经济的研究。在意见书中，卡诺肯中心（the Kernochan Center）对美国版权法中的合理使用规则提出了一些具体的问题。

在卡诺肯中心提交的意见书中，提出了以下八个质疑：

（1）美国的经验是否表明了"合理使用"具有不可预测性？

（2）美国最近的案例是否表明合理使用在适用中的不确定性？

（3）在美国，"合理使用指南"（fair use guidelines）的地位如何？

（4）各种不同的"最优方法"规则在美国的地位是什么？

（5）对于美国教育界，合理使用规则意味着什么？

（6）随着时间的推移，澳大利亚的合理使用规则是否逐渐与美国背道而驰？

（7）采用合理使用原则是否会导致更多的诉讼？没有实质的争讼，合理使用是否还能发挥作用？

（8）根据美国法，教育目的的合理使用与反规避技术措施条款之间的关系如何？

（资料搜集、编译：陈雪娇。

资料来源：http://www.ip-watch.org/2013/07/30/infojustice-setting-the-record-straight-on-fair-use-in-us/；http://papers.ssrn.com/sol3/papers.cfm?abstract_id=2298833）

【美国对澳大利亚质疑其“合理使用”规则的回应】

对于澳大利亚对美国“合理使用”规则提出的质疑，来自加利福尼亚大学伯克利分校法学院的Gwen Hinze教员、华盛顿大学的Peter Jaszi教授和洛约拉大学芝加哥学院的Matthew Sag教授于2013年7月26日，共同对此做出回应。

（1）对于“合理使用”规则是否具有可预测性的问题。

卡诺肯中心认为合理使用在适用上很难评估，即便是理智且有学识的人对此经常产生分歧。他们提交的意见书中强调了很多美国著名的案子，这些案子的一审判决被二审法院推翻之后又被最高院恢复，使得案件的判决具有不可预测性。卡诺肯中心认为规则应具体而确定，以规则为基础的限制和例外也应该如此，但合理使用规则容易受技术的影响，其适用随着莫名的不同的分类方法而改变，这使得合理使用更加具有不可预测性。

美国三位学者对此的回应是：关于合理使用规则的争议确实很多，但是他们很难找到一个高度一致的法律领域。对于那些被推翻后又被恢复的判决，出现的概率并非很高。合理使用规则确实容易受到技术的影响，但是规则本身也在随着技术的发展不断发生变化，而且这种变化在时间上内容上都是连续一致的。卡诺肯中心用一些过去的事实和一些偶然的发现来质疑“合理使用”的可预测性是不恰当的。判断法律是否具有“预测性”的测试方法应该是：同样的案子是否得到同样的解决；在将来行为的风险收益上，法律是否给那些熟知法律的人提供了连贯且一致的意见。在美国，“合理使用”规则是能够通过这种测试的。

（2）美国最近的案例是否表明“合理使用”在适用中具有不确定性的问题。

卡诺肯中心认为美国最近发生的关于完全复制的案子，表明了非改动地复制或者是完全复制可被认为合理使用，这与过去的实践有所不同。

美国学者则认为，最近关于完全复制的案子正好说明了合理使用规则的连续性和灵活性。在关于网络搜索引擎、抄袭检测软件和图书馆的数字化案件中，对作品的使用的判断一直都坚持是否是“转变形式的使用”（transformative use）为基准，这些案件中，这种非表达性的使用（non-expressive）虽然包括了完全复制，但是这种复制在目的上根本不同，也没有产生任何表达替代（expressive substitution）的威胁。

（3）关于“合理使用指南”的法律地位问题。

卡诺肯中心认为，美国的经验表明通过制定指南和行为准则可以解决“合理使用”范围不确定的问题。这些自发性的指南文件（voluntary guidance documents）如果满足自发有机形成、其内容平衡了作者和使用人之间的利益、被作者团体接受而且在实践中已被广泛采用这些条件，则会非常实用。但是卡诺肯中心认为，这些规则在美国事实上具有权威性，但是它们的形成过程是缺乏深思熟虑的，容易使人们对“合理使用”产生误导。

对此，美国学者认为，卡诺肯中心没有注意到美国国内存在对这些合理使用指南的大量的批评，而且进行这方面的讨论时不得不提到美国哥伦比亚大学版权咨询中心肯尼思（Kenneth）教授的一篇文章《合理使用的法律及合理使用指南的幻影》，该文对指南性文件的权威性提出质疑，批判它们对“合理使用”的判断产生的歪曲影响。事实上，目前许多指南或规则已经被法律所替代或者已被废除，而并非卡诺肯中心所认为的那样具有重要的地位。

（4）各种不同的“最优方法”（best practice）在美国的地位。

在美国的教育领域，在课堂教学、在线视频、开放课件、交流式研究方面使用受到版权保护的作品时，有相应的不同的“最优方法”指导规则。这些规则指导使用人在未经权利人许可的情况下如何使用作品。

卡诺肯中心认为，这类规则的制定是为了将相关使用者通常一致的做法进行准确的书面表述，但这些规则的制定没有国会授权，也没有权利人参与协商，其合法性和有效性是值得质疑的。在卡诺肯中心的报告中还引用了学者们对此类规则的批判性言论。

美国学者回应称，卡诺肯中心忽略了对“最优方法”给予肯定的声音，也误解了这类规则的目的。“最优方法”旨在教育团体内部寻求强有力的共识，即在未经授权的情况下使用作品，既不会侵犯版权又达成了教育的目的。“最优方法”规则是使用者自发制定，而非在立法机关主持之下与权利人协商的结果，没有强制执行力。但其制定以“合理使用”为基础理论，并在实践中得到广泛执行。

（5）“合理使用”与美国教育领域。

关于“合理使用”与美国教育界的关系，美国学者认为，在合理使用的论证中经常看到关于教育目的的分析，因为出于教育目的使用作品通常都是合理使用，这引发了是否会打击到作者创作的积极性的问题。事实上，这种做法并没有影响到教育性材料的许可与销售，教材出版的发展仍然很兴旺，而且，教育领域的相关团体根据“合理使用”规则的发展变化不断修改相应“最优方法”规则。

（6）关于澳大利亚的合理使用规则是否与美国的先例渐行渐远的问题。

美国学者认为，尽管澳大利亚采用了美国的合理使用制度，随着时间的推移，差异难免会发生。澳大利亚的案件应当根据澳大利亚的法律原则和规定审理，没有必要采纳美国对相同案件的判决结果，当然，参考美国的司法判决也是有好处的，它能为澳大利亚法院的判决增强说服力。

（7）合理使用原则与诉讼的关系。

关于采用合理使用原则是否会导致更多的诉讼的问题，取决于具体的国情，很难在美国和澳大利亚之间进行对比。美国自1976年版权法颁布以来，关于合理使用的诉讼数量并非很多。同样，美国学者认为，拿合理使用发生频率最高的教育领域来说，澳大利亚的教育者们有很好的版权意识并且富有经验，采用合理使用原则并不会使诉讼量激增。

（8）出于教育目的的合理使用和反规避条款之间的关系问题。

《世界知识产权组织版权条约》、《世界知识产权组织表演和录音制品条约》和世界知识产权组织的互联网条约都允许签署国对出于非侵权目的规避技术措施的行为给予免责，卡诺肯中心注意到在美国法中没有这样的免责条款，但是，美国的反规避条款提供了一种所谓的“三年规则制定”程序（a triennial rule-making process），即当适用反规避条款对合法非侵权使用已经产生或者在之后三年内会产生实质性负面影响的话，国会可以对此类使用行为给予豁免。

美国的经验表明，通过合理地设计法律制度，可以为权利人提供充分有效的保护，同时也都能实现教育这一重要的公共政策目标。

（9）合理使用原则是否与美国所承担的国际义务相一致。

美国学者强调，虽然在卡诺肯中心的报告中没有提到这一问题，但是在评估美国合理使用原则的过程中，这个问题非常重要。

（资料搜集、编译：陈雪娇。

资料来源：http://www.ip-watch.org/2013/07/30/infojustice-setting-the-record-straight-on-fair-use-in-us/；http://papers.ssrn.Scom/sol3/papers.cfm?abstract_id=2298833）

【美国发布数字经济下著作权政策、创造性和创新性绿皮书】

美国商务部于2013年7月31日发布了一份有关数字经济下著作权政策、创造性和创新性的绿皮书，主要探讨了在法律不断更新的情况下，如何在法律权利和例外之间保持适当平衡。

该绿皮书对1995年以来美国所有机构颁布的数字著作权政策做出了最为深入和全面的分析。报告是美国商务部互联网政策特别小组（IPTF）在美国专利商标局（USPTO）和美国国家电信与信息管理局（NTIA）的协助下完成的。绿皮书提供了一个视角，用以评估关于著作权和互联网的现行政策，识别那些已被法庭解决和亟待进一步探讨和发展的问题。

绿皮书主要包含四大部分：著作权和网络——机会与挑战；维持法律权利与例外间平衡；保持在线环境中有意义的权利；确保高效的在线交易市场。

一、著作权和网络——机会与挑战

独占性权利通过一系列对作者权利的限制和例外保持平衡。著作权保护对于200多年来美国的文化与经济产业的发展都起着重要作用。促进生产和传播有价值的表达的这一理念，把美国推向了全球创造性市场的最前沿。数字技术的发展给著作权带来了新的机遇，同时也带来了很多复杂的问题，数字侵权问题十分严重。绿皮书中描述了美国正在采取的积极措施，试图寻找可以继续促进有活力的著作权生态系统的对社会有价值的解决办法。

二、维持法律权利与例外间平衡

起初，著作权法已经平衡了在鼓励创造过程中的法律权利与例外。但是，法律随着科学技术的变化在不断变化，二者的关系也需要不断调整。自20世纪90年代中期以来，美国和国际著作权法关于权利和例外的部分已多次修订，以应对数字技术的变化。该部分主要介绍了这些修订内容。

三、保持在线环境中有意义的权利

如今，网络著作权侵权已经对美国经济造成了巨大的损失，包括创作者和其他著作权密集型产业的参与者收入的减少。该部分将主要描述现有关于著作权保护的执法手段，明确手段间的主要差异和不足以及为弥补这些不足可采取的一系列潜在的解决方案。

四、确保高效的在线交易市场

网络使著作权市场得到了巨大发展，包括通过新增的多样化的方式将更多的作品传播给更多的人以及简化了许可程序。该部分将主要研究广泛使用的互联网分销平台以及一些已经确定的妨碍其发挥全部潜力的问题，并针对在线许可机制的发展进行介绍，最后以政府对促进市场进一步发展提出的建议作为总结。

（资料搜集、编译：贺晓雪。

资料来源：http://www.patentbaristas.com/archives/2013/08/20/department-of-commerce-publishes-green-paper-on-updating-copyright-policies/；http://www.uspto.gov/news/publications/copyrightgreenpaper.pdf；http://keionline.org/node/1781）

【美国网络广告运营商制定新措施遏制网络侵权】

2013年7月，美国的一些网络广告运营商（以下简称运营商）与政府部门共同制定了一项旨在遏制网络侵权的新措施，对于那些销售盗版与假冒商品的网站，运营商将通过减少其广告收入的方式，以使其“迷途知返”，不再实施侵权。

该措施采用自愿原则，根据上述机构共同制定的指导文件，将主要针对那些销售假冒商品、涉及版权侵权的网站。同时，采取该措施的运营商将设立专门的机构接受权利人的权利声明并对如何撰写此类声明提供指导。此外，这些运营商也将成立专门的机构对权利人提供的举报信息进行调查核实。

该举措一经公布便得到了不少支持，根据白宫的最新统计，24/7 Media、Adtegrity、AOL、Condé Nast、谷歌、微软、SpotXchange、雅虎等公司均加入了此项行动。一些评论文章也毫不吝惜赞美之词，称之为遏制版权侵权的“明智之举”。

虽然该措施是否真的“明智”尚待实践的考验，但其意图实现权利人与侵权人“双赢”的初衷却给公众带来了诸多启发：单纯依靠法律保护版权的时代已经远去，在新的时代背景下，权利人应化被动为主动，通过制定互惠措施引导他人主动放弃侵权，实现保护版权的共赢。

（资料搜集、编译：温迪。

资料来源：http://www.ip-watch.org/2013/07/15/us-advertising-networks-issue-best-practices-for-online-infringement/）

【图书馆版权协会发布关于《马拉喀什条约》的使用指南】

图书馆版权协会（LCA）于2013年8月13日发布《关于为盲人、视力障碍者或其他印刷品阅读障碍者获得已出版作品提供便利的马拉喀什条约》（以下简称《马拉喀什条约》）的使用指南。

该使用指南由三部分组成。第一部分主要介绍《马拉喀什条约》的特点及意义——该条约仅设定关于印刷品阅读障碍者的版权限制与例外的最低标准，并未限定缔约方在国内法中履行该限制与例外的具体方式；该条约是版权法领域内第一个专门设定版权限制与例外最低标准的国际条约。第二部分详细解读条约的定义条款、实质性义务条款、实施条款以及其他条款。第三部分对比分析美国现行版权法的规定与条约最低限制要求的契合度，指出美国可以在不修改国内法的情况下签署和批准该条约。

该使用指南在最后指出，尽管美国现行版权法中已含有关于印刷品阅读障碍者的版权限制与例外的规定，《马拉喀什条约》仍能为美国的印刷品阅读障碍者带来实质性的利益；尤其是条约中的跨境交换条款，能使热衷于阅读外文书籍的美国阅读障碍者获益颇多。

（资料搜集、编译：甘瑶。

资料来源：http://www.ip-watch.org/2013/08/27/library-group-publishes-user-guide-to-wipo-marrakesh-treaty/；http://www.librarycopyrightalliance.org/bm～doc/user-guide-marrakesh-treaty-060813.pdf）

【牙买加举办“了解版权、重视音乐创作者权利”论坛】

2013年8月28日，在纳茨福德酒店，牙买加作曲家、作家和出版商协会（JACAP）举办了一个主题为“了解版权、重视音乐创作者权利”的论坛，吸引了利益相关者、协会成员与媒体的广泛参与，提高了公众对版权和与知识产权相关问题的关注。

开放论坛的特邀发言嘉宾有牙买加工业与投资商业部部长安东尼·希尔顿（Anthony Hylton）。希尔顿部长在演讲中指出：此次论坛的主题非常恰当，必须把对于作曲家、作家和出版商的版权保护放在一个更广阔的背景下来看，文化创意产业将成为经济持续增长的支柱之一。

希尔顿部长对牙买加的现实情况表示惋惜，认为虽然牙买加有着众多的创新人才，但牙买加对于版权的保护还远远不够，不过，“艺人挣扎的日子快要结束了”，因为“一个现代的、精致的、创意的工业”即将出现。

希尔顿部长告诉在座的全体人员，政府已经意识到像JACAP这样的许可机构面临的挑战，政府正在加紧行动强化版权法的修订，立法委员会将在很短时间内审查修正案。新的规章制度将出台帮助像JACAP这样的集体管理组织更好地代表创意部门的权利，同时确保其运作的尽职尽责和透明性。

希尔顿部长解释说，在修订后的法案中，集体管理组织将有望成为牙买加知识产权组织的合作伙伴，参与提高知识产权意识、打击盗版和促进形成尊重知识产权的文化等活动。

协会的主席，W·保罗·巴克利（W. Paul Barclay）先生也在开放论坛上作了报告。他强调，集体管理机构不向音乐用户征税，“确保活跃的作品的创作者对他们向这个行业提供的服务获得应有的补偿，就像需要支付对价的任何其他服务一样”。

JACAP的总经理莉迪亚·罗斯（Lydia Rose）女士，给出了这个组织过去15年发展的综合报告，以及该集体管理机构为其全世界范围内成员支出的数以亿计的详细支出数据。她披露：“1999—2012年期间，JACAP已经为其成员分发了超过1.6亿美元，包括国内及海外的成员。”

牙买加知识产权局的执行理事卡罗尔·辛普森女士（Carol Simpson）认为，牙买加作为一个有着众多作家的国家，却有着不尊重法律规章制度的文化，牙买加人遵守国际法，却蔑视国内法。

代表广播委员会发言的是卡琳·萨尔蒙女士（Karlene Salmon），她赞扬了JACAP的主动精神，也强调了一部分流行排行榜不透明的运作机制以及音乐业贿赂成灾的问题。

警察局副局长卡尔·贝瑞（Carl Berry）先生说，维护和加强版权法是牙买加警察部队的骄傲。他披露，他的执行部队曾查获超过500万张的侵权CD和录像带，同时也将许多犯罪分子送上法庭。此外，贝瑞还透露，牙买加警察部队已经加紧努力，在牙买加和加勒比海沿岸已经培训了545名警察。

（资料搜集、编译：王瑜。

资料来源：http://chatychaty.com/2013/09/jacap-copyright-forum-a-success/；http://www.jamaica-observer.com/news/Copyright-Act-to-be-strengthened-Minister-Hylton-tells-JACAP-forum；http://www.jipo.gov.jm/?q=node/1229；http://www.ipr.gov.cn/guojiiprarticle/guojiipr/guobiehj/gbhjnews/201309/177-4292_1.html）

【非洲版权机构领导人会议在津巴布韦召开】

为期三天的非洲地区知识产权组织（ARIPO）成员国版权机构领导人会议于2013年10月23日至25日在位于津巴布韦首都哈拉雷的总部召开。

津巴布韦、利比亚、乌干达等15个ARIPO成员国参加了该次会议。出席会议的代表由来自以上各国版权机构的官员组成。

会议商谈了关于版权及其相关权利的战略草案。在提出该草案之前，相关机构已经就有关问题的处理提出了诸多创新性的建议，这也为该草案的提出做出了铺垫。此项草案的目标在于促进ARIPO内部版权及其相关权利授权事宜的完善。

在此次版权机构领导人会议之前举办了一次咨询会议，咨询会议召集了来自7个成员国的12名参会人员。参加者中有来自版权机构、管理组织、海关以及警方等各方面的版权专家。咨询会议商议了相关草案并且对其做出了改进，进而为版权机构领导人会议做好准备。

（资料搜集、编译：李翔。

资料来源：http://www.aripo.org/index.php/news-events/press-room/312-meeting-of-heads-of-copyright-offices-of-aripo-member-states）

【泰国、韩国扩大版权法层面的合作】

2013年11月7日，泰国和韩国于曼谷签署《关于版权以及邻接权交流和合作的谅解备忘录》（MOU），决定扩大在版权法方面的合作。泰国知识产权局代办员、韩国文化体育观光部总干事，分别代表泰国和韩国进行了签署仪式。根据谅解备忘录，两国将逐步推动有关版权政策和版权制度的信息互换，促进人力资源的交流合作与培训，并加强在国际社会中的合作等。此外，双方于签署仪式的次日即11月8日，举行了版权论坛。该论坛的主题是“数字时代的著作权政策和许可”，两国政要和著作权领域的相关人士参加了该论坛。与会者主要讨论了版权法和知识产权法的发展趋势、版权制度的改革动向、视频音乐许可使用等内容，两国政府还针对两国版权产业发展中需要进行务实合作的课题交换了意见。

泰韩双方在版权保护方面的合作由来已久。韩国于 2007 年在曼谷设立了版权中心，以加强同泰国在版权方面的交流协作。2012 年双方召开题为“韩泰版权论坛——促进数字内容产业和版权保护”的研讨会，与会者提到，“科技进步促使在版权所有者知情和不知情的情况下受到各种形式的版权侵权，然而一些版权所有者却没有意识到他们可以通过许可费来获利”，因此，此次研讨会着重培训了数字内容产业的经营者，增强其对知识产权的了解，提高其知识产权意识。

泰韩双方在版权法方面的合作对每一方都意义深远。于泰国而言，音乐、电影盗版形势依旧严峻，其已经连续 7 年被美国贸易代表处编制的 301 特别报告列于“优先观察名单”之中，名单所列均为世界上盗版形势最为严重的国家。泰国寄希望于通过广泛的国际合作，改善盗版形势，提升国际形象；于韩国而言，泰国是在东南亚的韩流中心国家之一，对于韩流文化有较高的好感，而泰国猖獗的盗版对于韩流文化的传播和保护是一个棘手的问题，因此韩国希望通过与泰国广泛而有效的合作，对韩流文化提供有效的版权保护，促进合法流通市场的形成。

（资料搜集、编译：张礼杰。

资料来源：http://www.korea.net/NewsFocus/Policies/view?articleId=114819；http://www.mcst.go.kr/web/s_notice/press/pressView.jsp?pSeq=13119；http://www.bangkokpost.com/news/local/347947/us-still-rates-thailand-as-top-copyright-pirate&usg=ALkJrhj-dC3GXTK8SnqINWSlwtw8c-bFUHw；http://www.ipr.gov.cn/guojiiprarticle/guojiipr/guobiehj/gb-hjnews/201205/1295375_1.html)

【海盗党国际成为 WTO 观察员】

2013 年 11 月 7 日，世界贸易组织（WTO）正式接受海盗党国际（Pirate Parties International，PPI）成为 WTO 观察员。成为世界贸易组织的观察员对于 2010 年成立的 PPI 无疑是一重大突破，这意味着其可以派遣至多四人的代表团参加巴厘岛会议，为其运动目标进行游说。然而，就在 2013 年 9 月 25 日联合国世界知识产权组织（WIPO）拒绝了 PPI 成为 WIPO 观察员的申请。

2012 年 10 月 3 日世界知识产权组织大会在这两种现实之间徘徊——各国海盗党组织在全国性选举中与日俱增的影响力与来自于其几个成员国的反对，决意等到 2013 年决定 PPI 的观察员的申请，尽管当时 PPI 提出的申请完全符合 WIPO 观察员的要求。

2013 年 9 月 25 日 WIPO 成员国代表团拒绝了 PPI 观察员的申请。在该届 WIPO 的成员国会议上，比利时、美国（工业国家的发言人）和波兰的代表团对 PPI 成为 WIPO 观察员的申请持反对态度。比利时代表 B 组发达国家提出这样一个问题：是否已经有任一联合国机构批准政党的保护组织（umbrella organizations）成为观察员。美国则要求知道包括与 WIPO 有关的 PPI 的活动和目标的更多信息。此外，波兰代表中欧和波罗的海国家（CEBS）发言说，WIPO 的宗旨是促进世界各地的知识产权建设，而海盗党是一个目标与此相悖的政党组织。

“WIPO 接受非政府组织作为观察员成员的目的在于得到它涵盖的主题全貌。有许多代表版权产业的组织，但只有极少数代表社会的其他部分。通过拒绝 PPI 的观察员入会申请，WIPO 表明对包括公民社会的所有游戏参与者的公开辩论不感兴趣，宁可拥抱版权产业的游说者。”PPI 的联合主席格雷戈里·恩格斯说。

尽管如此，PPI 表示将重新向 WIPO 申请观察员。“我们将再次申请观察员，因为 WIPO 所涵盖的主题是我们所有成员的议程的核心，我们需要在政策得已制定的国际层面取得发言权。”负责 PPI 向 WIPO 申请的丹尼斯·西莫说道。

除了世界贸易组织和世界知识产权组织之外，PPI 还希望加入其他联合国机构，以提高自己的知名度，取得 WTO 观察员的身份绝对是一个突破，但也仅仅是个开始。

（资料搜集、编译：毛玫洁。

资料来源：https://mc9.wto.org/system/files/documents/INF11.pdf；http://rt.com/news/pirate-party-wto-observer-096/；http://piratetimes.net/ppi-blocked-from-becoming-observer-members-of-wipo/；http://www.pp-international.net/WIPO-denied-PPI-application-for-admittance-as-a-Permanent-Observer；http://torrentfreak.com/member-states-block-pirate-parties-wipo-application-130925/；http://www.ip-watch.org/2013/09/25/wipo-approves-15-new-observers-including-dndi-cohred-pirate-party-rejected/；http://www.pp-international.net/wto-has-accepted-PPI-as-an-observer-of-the-wto-ministerial-conference-in-bali；http://rt.com/news/pirate-party-wto-observer-096/；http://torrentfreak.com/pirate-party-gets-observer-status-at-world-trade-organization-131121/；http://en.wikipedia.org/

wiki/Pirate_Parties_International；http://creativecommons.org/）

【世界知识产权组织成员国大会第52届系列会议召开】

世界知识产权组织成员国大会第52届系列会议于2013年12月10日至12日在瑞士日内瓦召开，会议计划的战略目标主要有九项。其中战略目标一是以兼顾各方利益的方式发展国际知识产权规范性框架，包含专利法，商标、工业品外观设计和地理标志，版权及相关权，传统知识、传统文化表现形式和遗传资源四方面的内容。会议内容涉及著作权的主要有：

第一，会议第九项讨论了关于版权及相关权常设委员会（SCCR）的事项，对于受各国普遍关注的广播组织条约问题，大会并未做出决定，仍转回SCCR解决。大会同时要求SCCR继续就该文件中所报告的各项议题开展工作。

第二，大会通过的2014/2015两年期计划和预算报告中，公布了WIPO在下一两年期内对于版权及相关权优先考虑的事项：

（1）准则和政策制定的相关工作。

版权及相关权准则制定议程的发展，将把重心放在为条约谈判和满足成员国提出的实施新条约和提供立法咨询的要求提供便利上。拟实施的新条约，即《视听表演北京条约》和《关于为盲人、视力障碍者或其他印刷品阅读障碍者获得已出版作品提供便利的马拉喀什条约》。作为成员国批准和实施条约的举措，对这两个条约中的每项条款都会提出大量的立法请求。为此提供便利的工作，将涉及拟议的广播条约和目前正在SCCR进行讨论的有关图书馆、档案馆、教育、教学和研究机构及其他残疾人例外与限制的适当国际法律文书。在政策领域，还将特别注意国际互联网和数字技术不断给版权制度带来的各种挑战和机遇。

（2）对发展中国家和最不发达国家的技术援助。

对发展中国家和最不发达国家的技术援助，将继续侧重鼓励发展中国家使用版权及相关权制度实现其文化的经济潜力。中期战略计划、战略目标、发展议程和本组织预期成果都承认对发展中国家进行技术援助的重要性。WIPO将加大努力以确保发展中国家和最不发达国家的实际和重大成果的可持续性。技术援助将根据正与各地区局协作查明的国家需求进行。该两年期会更多启用地区顾问开展国家和地区活动，WIPO工作人员也将在根据每个国家的具体需要制定战略方法上投入更多时间。

（3）推动版权及相关权基础设施的发展。

这方面的工作将侧重于加强集体管理及其在数字市场中的作用。旨在鼓励发展中国家开展运用版权及相关权制度开发文化的活动，强化其法律框架、版权局的改进，特别是加强集体管理组织的改进。正在开发在线培训模块，一项使集体管理组织改进其透明度、问责制和治理的雄心勃勃的计划正处于规划阶段；与此同时，为改进集体管理组织后勤部门的管理工作，已启动了增强WIPOCOS软件的工作。此外，拟拓展正在进行的旨在实现全球音乐数据管理的可能性的初步工作，使之囊括诸如音乐、电影、照片、图书等互联网上的所有内容。将开展工作加快《马拉喀什条约》的生效，并与条约受益人协会代表、被授权实体和成员国开展协调，以加快其实施。信息技术基础设施和具有公信力的全球资源无障碍项目组织框架的落实将继续取得进展。经成员国批准，将借助多方利益相关者实体对这项工作进行强化和整合。

（资料搜集、编译：张文兰。

资料来源：http://www.wipo.int/about-wipo/en/assemblies/2013/session_52.html；http://www.wipo.int/meetings/en/details.jsp?meeting_id=31246；http://www.wipo.int/meetings/en/details.jsp?meeting_id=31247；http://www.ip-watch.org/2013/12/12/wipo-members-progress-but-external-offices-design-treaty-still-unresolved/）

【SCCR第26届会议召开】

原定于2013年7月底召开的世界知识产权组织版权及相关权常设委员会（SCCR）第26届会议延迟至2013年12月16日至20日在瑞士日内瓦举行。经过一周五天的工作，成员国大多在《世界知识产权组织保护广播组织条约》上取得进展，而与图书馆和档案馆有关的限制与例外、与教育和教学机构及视障者之外的其他残疾人的限制与例外仍处于确定广泛的概念阶段。

保护广播组织

世界知识产权组织于1998年最早提出了《世界知识产权组织保护广播组织条约》的草案以保护广播组织的权利，该公约在制定过程中引起了各国政府和代表的激烈争论，其原因是公约涉及著作权人、表演者、广播组织者、社会公众等多个主体之间的利益，合理平衡各个主体之间的利益是制定该公约所必须解决的主要问题。会议审议了第24届会议的

《保护广播组织条约工作文件》第5条即广播组织的相关定义，第6条即条约适用范围，第7条即保护的受益人和第9条即对广播组织的保护以及日本政府就保护计算机网络上传播信号的提案。

限制与例外

《载有关于图书馆和档案馆例外与限制适当国际法律文书（不论何种形式）的评论意见和案文建议的工作文件》中关于为图书馆和档案馆而对版权设定的限制与例外的议题分别是：保存、复制权与备用复制品、法定存缴、图书馆出借、平行进口、跨境使用、对图书馆和档案馆责任的限制、技术保护措施、合同、翻译作品权。会议认为，图书馆和档案馆是关键机构，旨在提供组织良好的作品和信息资源，支持并发展教育和文化。该届会议上主要讨论了议题1、2、3和4，即保存、复制权与备用复制品、法定存缴、图书馆出借的议题。

限制与例外：教学机构、研究机构及其他残疾人

关于为教学和研究机构及其他残疾人而对版权设定的限制与例外，委员会讨论并承认例外与限制主题对教学和研究机构的重要性。

（资料搜集、编译：韩啸。

资料来源：http://www.wipo.int/meetings/en/details.jsp?meeting_id=29944；http://www.ip-watch.org/2013/12/22/broadcasting-treaty-moving-at-wipo-library-copyright-exceptions-slower/；http://www.ip-watch.org/?s=Standing+Committee+on+Copyright+and+Related+Rights）

巩固创建成果 实现版权工作新跨越

——昆山市版权局

近年来，昆山市版权部门以科学发展观为指导，认真贯彻落实《国家知识产权战略纲要》，认真履行职责，积极开展工作，在版权宣传培训、版权作品登记、使用正版软件、版权市场监管、版权产业发展等方面做了大量工作，取得了较好成效，初步形成了昆山版权创造、运用、保护和管理四轮齐动、全面发展的良好格局。

2013年，更是昆山版权工作的丰收年，经过两年的创建，国家版权局正式授予昆山“全国版权示范城市”称号，昆山由此成为全国同类城市中第一个“全国版权示范城市”。借助成功创建的东风，昆山版权工作又实现了几大新跨越，版权登记总量强势突破8 000件大关，达到8 543件；启动印刷行业正版化工作，并按照三年完成全行业正版化的目标，顺利完成首批印刷行业软件正版化；实现版权产业主营收入约4 000亿元，增加值约400亿元，同比增长约10%以上；昆山软件园、昆山文化创意产业园被省版权局批准为“江苏省级版权示范园区”；神州图骥地名信息技术服务有限公司、山猫兄弟动漫游戏有限公司、魔卡童创意设计有限公司被批准为“江苏省版权示范单位”。

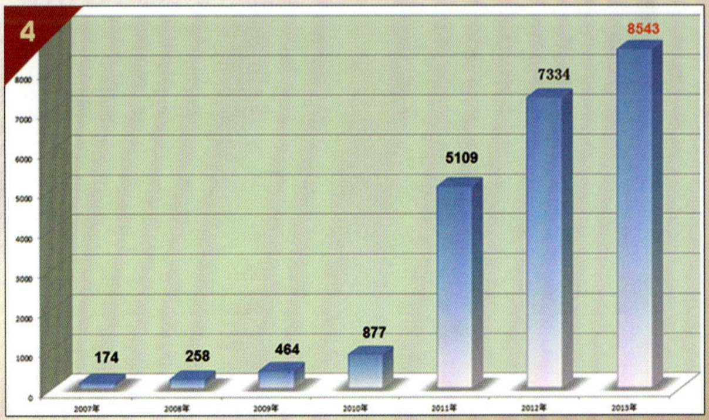

图片注释

1. 昆山市版权局向30家完成软件正版化的印刷企业赠送市场价值1万元的正版软件；2. “我的梦想 我的家园”版权知识问答及纸玩拼装竞赛；3. 版权知识专题宣讲会；4. 昆山版权登记总量逐年递增，2013年突破8 000件大关，达到8 543件。

国家版权交易网

www.copyrightmall.com

作品版权交易平台

展示　交易　邀约　认领　评估

海纳版权需求

汇集作品信息

网聚创作精英

评估版权价值

国家版权交易网（www.copyrightmall.com）由中国人民大学国家版权贸易基地主办，于2010年8月创建，截至2014年10月，已实现挂牌交易项目5 000多项，挂牌总额超过15亿元，注册会员超过15 000名，遍布近84个国家和地区。

国家版权交易网旨在为作品权利人与版权需求方搭建交易服务平台，促进优秀作品的创作与传播，实现作品价值的提升。

电话：010-62519147　邮箱：copyrightmall@126.com

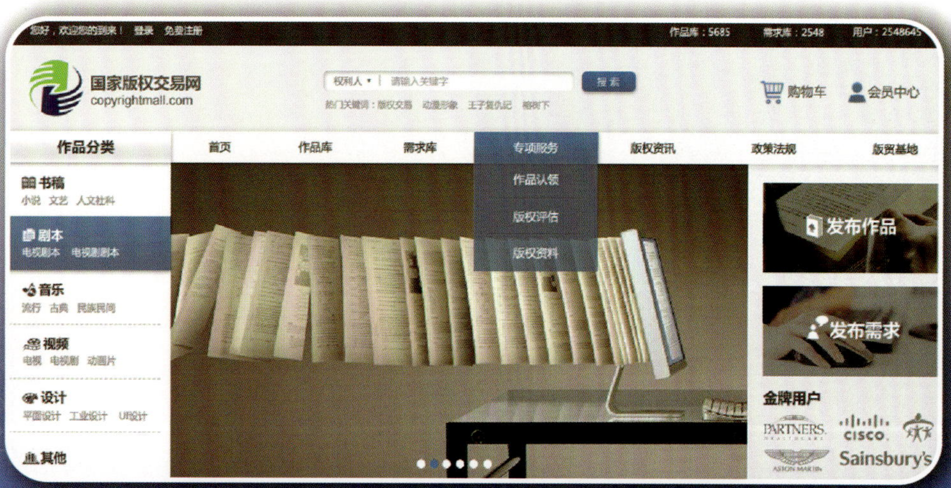

交易网首页

中国人民大学国家版权贸易基地

国家级版权相关产业要素市场
版权资产管理综合服务平台

全国第一家专业的版权资产评估中心
全国第一家国家版权贸易基地
版权领域全国唯一的中央级年鉴——《中国版权年鉴》

中国人民大学国家版权贸易基地于2007年10月由国家版权局授牌成立，由中国人民大学主管，是全国第一家国家版权贸易基地。基地以推进国内版权交易与国际版权贸易为目的，提供版权相关产业与版权贸易专业服务，建设国家级版权相关产业要素市场及版权资产管理综合服务平台。

图片注释

1.2007年10月，时任新闻出版总署副署长、国家版权局副局长阎晓宏为基地授牌。2.2008年4月，时任新闻出版总署署长、国家版权局局长柳斌杰走访基地企业。3.2008年5月，基地创办“版权人沙龙”活动，截至2014年10月已举办38期。4.2009年12月，由基地与中国人民大学出版社共同编辑出版的首卷本《中国版权年鉴》正式面世。图为国家版权局召开年鉴出版座谈会。5.2010年11月，国家版权交易网正式开通。6.2012年1月，中国人民大学国家版权贸易基地版权评估中心成立。

中国人民大学国家版权贸易基地版权评估中心

全国首家专业的版权评估中心

2012年1月6日，在国家版权局和文化部的指导与支持下，中国人民大学国家版权贸易基地版权评估中心正式成立。中心建有专业的版权资产评估体系和行业专家委员会，擅长文字作品、影视作品、音乐作品、动漫作品、游戏作品、计算机软件和戏剧曲艺作品的版权价值评估。中心成立当年，即完成全国最大一笔版权质押融资业务的版权资产评估工作，帮助一家影视制作单位通过11部电视剧版权打包质押的方式获得北京银行1亿元贷款。《人民日报》、《经济日报》、《中国知识产权报》、《中国新闻出版报》等媒体对中心进行了报道。

2014年，中心建立了版权交易数据库，并于近日完成版权在线批量评估系统。在线批量评估系统针对电影、电视剧、软件、音乐、文字、游戏、动漫7类作品的版权特征，以海量市场数据为基础，采用市场法、成本法、收益法基本原理，通过确定版权的价值影响因素及相关参数，构建版权评估模型，实现专业化、智能化评估。

国家新闻出版广电总局（国家版权局）副局长阎晓宏为评估中心揭牌

评估中心成立前开展版权资产评估准则研究

在线版权评估系统

评估中心与北京银行签订战略合作协议

→ 合作单位

北京银行 BANK OF BEIJING
中国进出口银行 THE EXPORT-IMPORT BANK OF CHINA
连城资产评估 Liancheng Assets Appraisal Ltd., Co.
CAEE 上海文化产权交易所 SHANGHAI CULTURE ASSETS AND EQUITY EXCHANGE
中国银行 BANK OF CHINA
中国农业银行 AGRICULTURAL BANK OF CHINA
中通诚资产评估有限公司
深圳文化产权交易所 SHENZHEN CULTURE ASSETS AND EQUITY EXCHANGE

人大文化科技园

RUC CULTURE&SCIENCE PARK

★全国第一家文化创意特色的国家大学科技园
★全国第一家文化创意特色的留学人员创业园
★全国第一家国家版权贸易基地
★全国第一家依托大学建设的国家文化产业示范基地

中国人民大学文化科技园是教育部和北京市共建中国人民大学的重点项目之一，是全国第一家依托大学建设的文化创意产业园区。园区地处中关村核心区，交通便利，配套设施完备。园区致力于孵化文化创意企业，以“服务国家文化发展战略、服务地方经济发展、服务学校学科建设与人才培养、产学研相结合”为总体定位，着力打造中国文化创意产业品牌和有全球影响力的文化创新中心。

入驻企业

目前，中国人民大学文化科技园集聚文化、科技企业150余家，企业年销售收入100亿元以上，年地区增加值30亿元以上，园区就业人数近3 000人。

华锐风电科技（集团）股份有限公司
英国安德鲁·纳伯格联合国际有限公司北京代表处
英国麦克米伦有限公司北京代表处
中盈优创资讯科技有限公司
中国人民大学书报资料中心
中国人民大学出版社有限公司
中国人民大学文化产业研究院
中国人民大学国家版权贸易基地
中国人民大学重阳金融研究院
人大数媒科技（北京）有限公司
中国人民大学国际货币研究所
中国人民大学公共政策咨询中心
UCHICAGO(北京）咨询有限公司（芝加哥大学中国研究中心）
英国阿法赫斯有限公司北京代表处
泰勒·弗朗西斯出版集团北京代表处
极晨智道信息技术（北京）有限公司
量邦信息科技（北京）有限公司
北京爱戏时代科技有限公司
北京云华软件有限公司
北京灵游坊网络科技有限公司

苏州国际科技园位于中新合作苏州工业园区，是苏州市和苏州工业园区科技创新的重要载体，它是中国科技企业孵化器、国家软件产业基地、国家动画产业基地、国家海外高层次人才创新创业基地、中国服务外包示范基地以及苏州市云计算产业基地。

经过14年的发展，苏州国际科技园形成了以云计算产业为主，以软件开发、集成电路设计、数码娱乐和行业应用高新科技等为主的四大特色产业群。

版权支撑始终是苏州国际科技园重点提供的创业创新服务，版权政策服务窗口每年接受各类企业咨询及版权相关业务办理1万余人次，客户经理团队全年上门辅导超500家次，2014年举办相关公益辅导26场。

扎实的版权工作得到了上级领导单位的认可，苏州国际科技园于2014年荣膺中国版权示范园区。

创 业 的 天 堂 · 创 新 的 沃 土

建好国家版权示范园区 引领潍坊版权产业发展

——充满活力的潍坊高新区

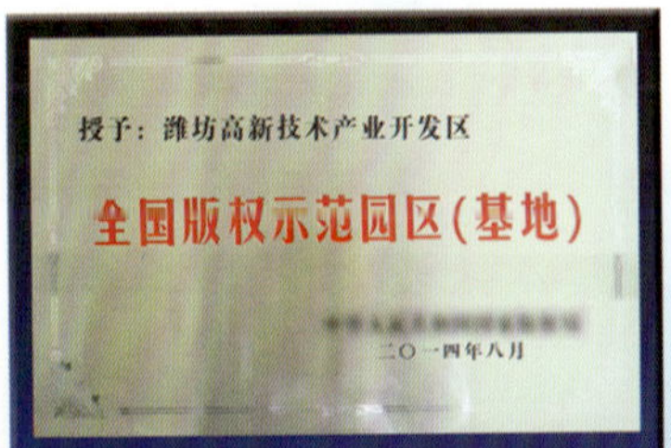

2014年8月潍坊高新区荣获“全国版权示范园区（基地）”称号

潍坊高新区是1992年经国务院批准的国家级高新区，面积110平方公里，人口20万，是潍坊市政治经济科技文化中心，先后获批建设国家创新型科技园区、国家知识产权试点园区和国家可持续发展实验区，被科技部评为“国家高新区建设20年先进集体”，2013年综合实力居全国国家高新区第25位。

2014年8月，潍坊高新区被国家版权局授予“全国版权示范园区（基地）”称号。该园区（基地）是贯彻落实《国家知识产权战略纲要》和《版权工作“十二五”规划》，充分发挥版权先进典型的示范引领作用，不断提升版权创造、运用、保护和管理的整体水平，依托良好的产业技术和企业发展平台而创建。2012年，高新区投资120余万元率先在潍坊市完成政府机关、事业单位软件正版化工作，被山东省版权局评为“山东省推进软件正版化工作先进单位”。2013年获批建设山东省（潍坊）数字出版基地、山东中动数字出版创意研发园区、山东云计算版权交易园区、山东省版权服务中心及潍坊知识产权综合服务平台。歌尔声学、青鸟华光、中动传媒等5家企业荣获山东省“版权示范单位、园区（基地）”及“版权保护示范单位、园区（基地）”称号。该园区（基地）的获批建设将在推动智力成果的创新与运用，促进区域经济、文化、科技和社会事业的全面发展方面发挥更大的作用。

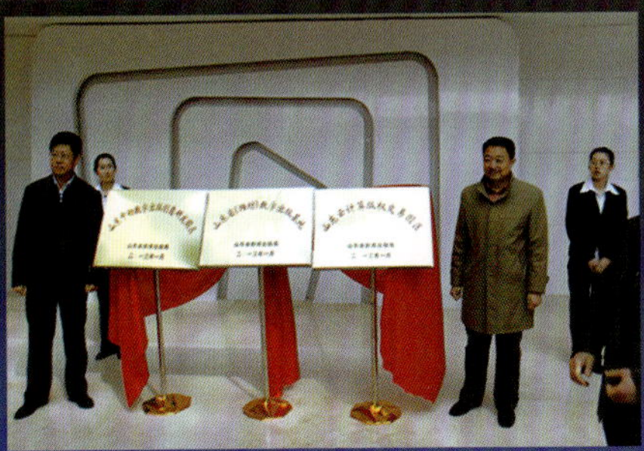

高新区“一个基地两个园区”揭牌仪式

高新区版权保护知识进校园

山东省版权服务中心内景

热烈祝贺西部国家版权交易中心揭牌成立

2014年10月23日，首届丝绸之路国际电影节期间，经国家版权局正式批准设立的西部地区唯一一家国家级版权贸易机构——西部国家版权交易中心在西安揭牌成立。国家新闻出版广电总局副局长童刚和陕西省副省长白阿莹共同为西部国家版权交易中心揭牌。国家版权局版权管理司司长于慈珂宣读批文。

成立伊始，西部国家版权交易中心就与中国建设银行、招商银行、成都银行签订协议，未来五到十年内，西部国家版权交易中心将分别获得这三家银行各10亿元的融资支持；分别与国家海峡版权交易中心、陕西新华出版传媒集团、陕西动漫产业平台签订战略合作协议。其中，在与国家海峡版权交易中心的战略合作中，双方将以版权交易为纽带，在“丝绸之路经济带”与“21世纪海上丝绸之路”新起点，共同打造携手发展的国家级版权产业交易服务合作平台。

西部国家版权交易中心是贯彻落实国家版权工作“十二五”规划的重大举措，由陕西省版权局依托陕文投集团西安电视剧版权交易中心建设并运营。该中心成立后，将充分整合陕西及西部地区版权资源优势、区位优势和人才资源优势，充分发挥陕西作为西部大开发桥头堡的战略地位和作用，依托丰富的文化版权资源，完善机制、规范运作，为权利人和使用者提供合法、高效、便捷的版权交易综合服务，推动文化创意产业的繁荣发展，推进西部地区及全国文化产品的版权贸易和广泛传播。

根据规划，西部国家版权交易中心将采用市场化运营模式，聚集全版权产业资源，构建涵盖文学艺术、广播影视、新闻出版等领域的版权交易体系。通过打造版权信息交流平台、版权交易服务平台、版权投融资平台、版权社会化服务平台，提供文字、图片、音乐、影视、设计、广告、动漫、游戏、软件等多个门类的版权交易服务，同时开展行业咨询、市场调查、信息发布、项目推荐、投融资、版权评估、作品登记、版权合同备案、版权质押登记、法律维权、仲裁、培训、展览、产业园运营等业务。

中国版权产业网
WWW.CNCRI.COM
搭建服务平台
解读行业资讯
传播书画艺术
提升品牌价值
关注版权产业
促进交流协作
助推产业发展
产业服务
新闻资讯
产业联盟
产业巡礼
媒体出版

中国教育出版传媒股份有限公司

自2011年起，中国教育出版传媒股份有限公司在伦敦书展、法兰克福书展等重要国际展会上均设独立展位参展

2013年度，中国教育出版传媒股份有限公司在扩大品牌影响力、输出品种、产品形态、合作伙伴开拓等方面均有新的突破，全年共向美国、德国、荷兰、新加坡、巴西、韩国、印度、约旦、马来西亚、老挝等国家输出版权307项，同比增长12%，获得国家“2013—2014年度国家文化出口重点企业”称号。

2013年度，人教社共实现版权输出120项。其中，优秀原创绘本童书成为其版权输出的重点产品。人教社与美国Trajectory公司签订了童书的英文、法文、西班牙文、简体中文、繁体中文等电子版权输出协议，这是人教社率先将童书版权输往欧美国家。法兰克福书展期间，约旦出版商Dar Al-Manhal Publishers与人教社签订了六个童书系列阿拉伯语版的翻译出版协议，这是人教社出版的童书率先输往中东国家，扩大了人教社图书的版权输出范围。

2013年度，高教社共实现版权输出187项。在维护既有合作伙伴关系的同时，高教社在电子书和数字化课程等方面锐意进取，探索出新的合作之路。其中包括与美国泰勒与弗朗西斯出版集团（Taylor & Francis Group, LLC）开展的理工科教材的版权输出合作，与美国亚马逊（Amazon Digital Services, Inc.）开展的对外汉语图书kindle版合作，与新加坡圣智学习亚洲有限公司（Cengage Learning Asia Pte Ltd）开展的人文社科中文版图书的电子书合作。这些合作借助国际知名数字运营商的平台，开辟了高教社电子书的国际市场。

2013年9月10日，高教社社长苏雨恒与泰国教育部职业教育委员会副秘书长阿伽尼·康善博士（Dr.AGANIT KLUNGSANG）洽谈合作项目

2013年11月伊斯坦布尔国际书展，人教社总编辑韦志榕、版权部主任张晓霞与土耳其出版商商讨人教社图书版权输往土耳其事宜

60年，高等教育出版社与共和国教育事业同行

1954—2014

全国优秀出版社、全国先进出版单位、全国百佳图书出版单位

产品形态覆盖图书、音像制品、电子出版物、网络出版物、期刊

国际型产品以24个语种行销世界60多个国家和地区，版权输出国内领先

1 000余种出版物获得中国出版政府奖、国家优秀教学成果奖、“五个一工程”奖、国家科技进步奖、中华优秀出版物奖等奖项

2014年是高等教育出版社建社60周年。60年来，高教社伴随新中国教育和出版事业发展不断壮大，出版了一批又一批符合中国国情、体现国家意志、代表国家水平的精品教材，为我国教育文化发展，为培养社会主义事业的合格建设者和可靠接班人做出了重要贡献。

60年来，高教社肩负光荣的历史使命，在不同历史时期都出色完成了党和国家交给的任务。从新中国成立初期通过学习引进苏联教材、探索建设新中国教材体系，到“大跃进”、“教育大革命”后重建被破坏的教材体系，1976年后迅速恢复和全面发展教育事业，高教社在中央和教育部的领导下，参与了教材规划的制定和组织实施，承担了主要出版任务，为教育事业的发展发挥了极其重要的作用。改革开放30多年来，高教社是历次国家五年教材建设规划的主要承担者、重大教育教学改革活动的参与者和积极支持者。世纪之交，高教社大力支持、积极参与“高等教育面向21世纪教学内容和课程体系改革计划”，并出版了几乎全部的“面向21世纪课程教材”。高教社始终承担出版高校思想政治理论课教材的重要任务，出版的“马克思主义理论研究和建设工程”重点教材，对推进马克思主义中国化，形成中国特色、中国气派的哲学社会科学理论体系发挥了巨大的推动作用。

经过60年发展，高教社已经成为以教育出版、学术出版为主的综合性大型出版社，成为服务教育发展的重要基地。60年累计出书4万余种、30余亿册，并成功以单体出版社身份跻身世界出版企业50强。

面对激烈的市场竞争，高教社始终坚持企业属性、教育属性、文化属性相统一，坚持社会效益和经济效益并重，将体制改革与业务转型、机制创新、实现科学和可持续发展紧密结合，在做强做大出版主业的同时，积极迎接数字化浪潮，迎难而上，勇立潮头，创新前行。

植根教育　弘扬学术　繁荣文化　服务社会

教育科学出版社：全国百佳图书出版单位 国家一级出版单位

为中国教育寻找思想支点

自1980年成立以来，科学教育出版社秉承“弘扬教育学术，繁荣教育研究；传播国内外先进教育理念，促进中国教育改革与发展”的出版理念，勇于担当为中国教育提供理论和实践滋养的重任，孜孜以求为中国教育寻找思想支点。

三十余年来，科教社坚持不懈，奉献精品。上百种图书问鼎中华优秀出版物奖、国家图书奖等重量级奖项；连续三届入选“三个一百”原创出版工程且入选品种较多。教科社在国内外享有盛誉，被读者誉为“教育理论图书出版的旗帜”。

“冰波童话”系列原创图画书

关键词：儿童本位 儿童视角 儿童情趣

2009年向全国青少年推荐百种优秀图书

第三届“三个一百”原创出版工程

成功实现向海外的版权输出

· 由国内著名儿童文学作家、画家、幼教专家倾力打造

· 童话故事蕴含丰厚的情感和深远的意境

中国教育叙事研究丛书

关键词：回归教育实践研究的本真

第三届“三个一百”原创出版工程

· 以叙事方法研究中国教育与社会实践的图文并茂的系列著作

· 持续关注以教育叙事研究推进教育经验的理论研究

《嵌入村庄的学校——仁村教育的历史人类学探究》

关键词：百年乡村历史教育的微观图景

第三届“三个一百”原创出版工程

· 运用口述史和田野调查的研究方法，汇集翔实丰富的史料

· 呈现一个真实的村落教育的历史演进历程

教育科学出版社
ESPH Educational Science Publishing House

地 址：北京市朝阳区安慧北里安园甲9号 邮 编：100101
电 话：010—64989003 64989009 传 真：010—64891796
网 址：http://www.esph.com.cn

中国外文局
——我国图书版权输出的排头兵

2013年8月28日北京国际图书博览会，中国外文局局长周明伟向全国政协副主席罗富和与国家新闻出版广电总局党组书记、副局长蒋建国介绍该局图书。

中国外文局，又称中国国际出版集团(China International Publishing Group，CIPG)，前身为1949年10月成立的中央人民政府新闻总署国际新闻局，是承担党和国家图书、期刊、网络对外宣传任务的新闻出版机构，在美国、加拿大、英国、德国、法国、比利时、俄罗斯、埃及、南非、墨西哥、秘鲁、土耳其、日本、中国香港等14个国家和地区设有22个海外分支机构，形成了涵盖翻译、出版、印刷、发行、互联网和多媒体业务、理论研究等领域的事业格局。现有在职员工3 000余名，其中包括外籍雇员百余名。每年以十多种文字出版4 000多种图书、50多种纸质及电子期刊，拥有中国网（www.china.org.cn）等30多家网站，书刊发行到世界180多个国家和地区，网络受众遍及世界各地。在海外组织多次大型书展和文化交流活动。中国外文局对外传播的信息，全面反映了中国悠久的历史文化，真实展现了中国改革开放取得的新进展、新成就，为增进中外理解和友谊发挥了积极作用。

近年来，该局（所属七个出版社）图书版权输出数量连创新高，一直领先全国同业，每年输出数量均占全国500多家出版单位输出总量的10%以上，2013年输出图书版权511种，同比增长10%。自2008年以来，该局图书输往五大洲50多个国家和地区，其中输往欧美发达国家的数量逐年提高。2013年，输往欧美发达国家的图书数量占该局输出总数量的70%。2014年有望继续稳定输出数量，进一步提高输出质量。

外文出版社

新世界出版社

华语教学出版社

自2008年以来，该局版权输出呈现如下特点：

1.输出图书产品题材广泛、门类齐全。题材涵盖中国基本概况、时政经济、文化艺术、中国文学、中国医药、少儿读物、语言工具书、汉语教材、历史地理、生物科学等近二十种门类。反映当代中国改革与发展、城市和乡村多彩生活的优秀图书的输出数量明显提高。如外文出版社《中国道路——从科学发展观解读中国发展》、《20个当代中国重要事件》、《20个当代中国的基本问题》、《唐家璇回忆录》、《中国当代女作家作品选》，新世界出版社《对话：中国模式》、《当代百姓生活实录》、《世界500强企业CEO谈中国攻略》、《足迹》、《一百个中国人的梦》、《新闻背后的故事》、《漫游中国》，海豚出版社《中国读本》、《认识中国》，新星出版社《我和父亲季羡林》、《北京的美丽村庄》，中国画报出版社“走近北京”系列，华语教学出版社《中国进行时》、《认识中国人》。

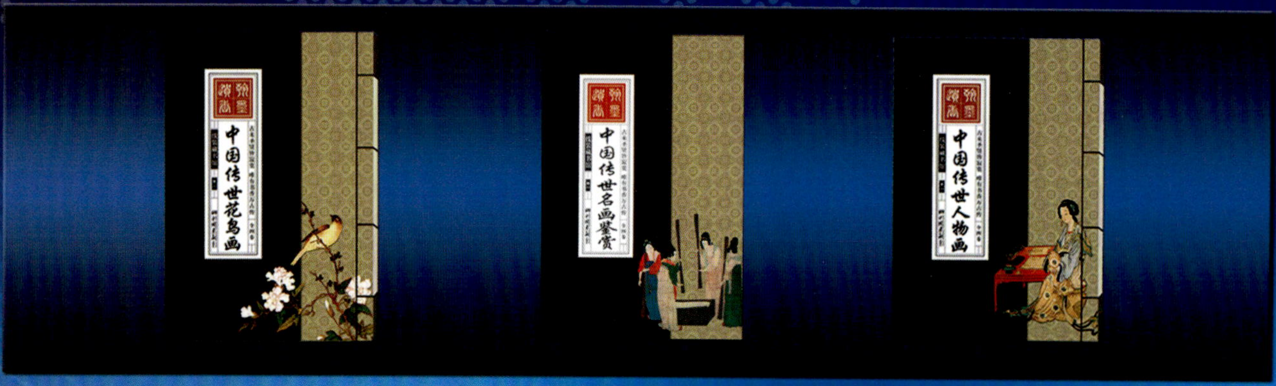

中国画报出版社

海豚出版社

2.版权输出的语种多，覆盖的国家和地区广泛。2006年至今，该局输出的图书文种包括英文、法文、德文、意大利文、西班牙文、葡萄牙文、阿拉伯文、俄文、日文、韩文、越南文、荷兰文、波兰文、罗马尼亚文、捷克文、匈牙利文、乌克兰文、拉脱维亚文、土耳其文、印地文、印尼文、泰文、蒙古文、僧伽罗文、泰米尔文、马来文、希伯来文、希腊文等40余个文种，覆盖全球五大洲50多个国家和地区，为中国文化更全面、广泛地走向世界打下了坚实的基础。

3.经典、精品图书越来越多，已形成国际品牌。该局所属各出版社立足自身专业特色和优势，精心规划，合理定位，在版权贸易中形成了自己的体系和品牌，涌现了一大批社会效益和经济效益俱佳、经得起市场检验和时间考验的优秀外销图书。例如：外文出版社出版的《红楼梦》、《本草纲目》等经典图书至

朝华出版社

新星出版社

今被世界公认为最权威译作；出版于20世纪70年代的《中国针灸学》至今仍畅销于国际市场，被称为“海外研究中国针灸的《圣经》”；以数十种语言文字出版的“互动汉语”教学丛书，受到众多国家和读者的欢迎，有的国外发行商一次订购数千套、价格达上百万元；国家重点出版项目“大中华文库”，以及“21世纪中国当代文学书库”、“四大名著”、“中国民间遗产”、“大中国上下五千年”、“中国古代哲学思想全集”系列丛书等一大批外文图书在国际市场产生了重要影响。2011年，新世界出版社的《历史的轨迹：中国共产党为什么能？》出版后不久即被英国新经典出版社购买英国英文版版权，2012年陆续又有七种语言（俄、阿、法、西、葡、意、日）的版本授权海外。2013年该社献礼党的十八大重点图书之一的《中国共产党如何治理国家？》出版后又引起国内外强烈反响。

凤凰出版传媒股份有限公司
PHOENIX PUBLISHING & MEDIA,INC.

凤凰出版传媒股份有限公司是全国出版发行行业的龙头企业，也是中国上市公司的标杆企业之一。2013年度，凤凰传媒实现营业收入73.16亿元，利润9.5亿元，总资产145亿元，净资产101亿元。公司辖全资子公司85家、控股子公司26家、参股公司11家，拥有销售网点856个。所属6家出版社被评为国家一级出版社并入选“全国百佳图书出版单位”。2013年，凤凰传媒被有关部委评为“2013—2014年度国家文化出口重点企业”。

2014年以来，凤凰传媒在海外拓展方面迈出了坚实的步伐，海外投资与国际合作取得多项成果，版权贸易态势良好，图书实物出口成效显著，获多个外向型项目资助。凤凰传媒正在按照上市文化企业要求，努力打造以书业为核心、以物业为依托、以数字技术为基础的多元化新传媒企业。

图片注释

1.陈海燕董事长参加中英两国文化合作项目签约仪式；2.刘云山同志在2014年BIBF期间参观凤凰展台；3.凤凰传媒收购美国出版国际有限公司（PIL）童书业务；4.凤凰传媒“走出去”成果展示（部分）。

地　址：南京市湖南路1号A楼（210009）　　电话/传真：025—51883371
网　址：www.ppm.cn　　E-mail：liuqq@ppm.cn

吉林出版集团股份有限公司

Jilin Publishing Group Co., Ltd.

吉林出版集团股份有限公司由吉林出版集团有限责任公司整体变更设立，2013年12月19日完成工商登记并取得营业执照。主要经营范围有：中小学教材、书报刊、电子音像出版物出版、发行；代印、租型及相关产业。现已形成每年14 000多种的出版规模，集团版图书市场占有率连续五年在全国稳居第二位，其中少儿类、生活类的动销品种在全国排名前三位。吉林出版集团百余种图书入选国家重大工程项目。

作为国家图书对外推广成员单位，吉林出版集团以版权合作为起点，聚拢国际高端出版资源，已经与美国的麦克劳·希尔出版公司、哈珀·柯林斯集团，英国培生教育朗文集团，日本讲谈社、小学馆，韩国中小出版协会等境外30多家世界知名的出版公司建立了长期交流与合作友好关系，并结成了出版战略合作联盟。在2009年法兰克福国际书展、2012年伦敦国际书展、2013年伊斯坦布尔国际书展与2014年北京国际图书博览会中，吉林出版集团分别举办了约翰·奈斯比特夫妇的新书发布会、庞中华“书法传播大爱”讲座，并与韩国中小出版协会共同举办图书“走出去”推介会，加深了国际社会对中国的了解，受到国家新闻出版总署等部门的表彰。2013年，集团有限责任公司再次被国家确认为“2013—2014年度国家文化出口重点企业”。

《中国杂文（百部）》获得2013年“经典中国国际出版工程”资助

2014年拟向韩国、日本、俄国输出新书《铁证如山》版权

《神契幻奇谭》获得国家输出版优秀图书奖

图片注释 1.2012年8月30日，吉林出版集团与麦克劳·希尔出版公司签约；2.2014年4月10日，吉林出版集团与奈斯比特夫妇就新书举行全球版权的签约仪式；3.2014年8月27日，吉林出版集团与韩国中小出版协会在北京国际图书博览会期间举办“走出去”推介会；4.2014年8月27日，吉林出版集团与腾讯文学签署战略合作协议。

青岛出版集团
QINGDAO PUBLISHING GROUP

《世界名人故居》

《世界名人故居》是记录古今世界名人故居的大型摄影图典，通过图片、文字、编写体例的有机结合，为读者、收藏者营造一个具有独特文化魅力和艺术魅力的阅读欣赏空间，使读者在轻松愉快的阅读浏览中，把握不同国家和地域的历史轨迹与文化特色，弘扬名人的伟大精神、信念、品格和情操，自觉爱护和保护名人故居这一人类宝贵的文化遗产。

《三江源》

全景式展示三江源的波澜壮阔
记录河流20年变化的真实
探寻自然人文保护与河流生命的价值
一部沉甸甸的视觉档案
我国知名自然文化守望者、摄影师郑云峰作品

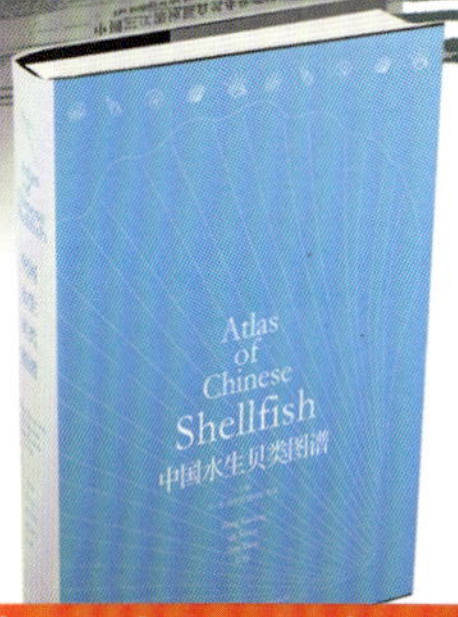

《中国八卦医学丛书》

构建了中国八卦医学体系，属于奠基性著作。它以系统论述与专题探讨相结合的方式，在中医学的各个领域进行了广泛的相关性研究。

《世界名酒名庄品鉴》丛书

《世界名酒名庄品鉴 》丛书包括《中国，葡萄酒新贵》、《法国，葡萄酒王国》、《香槟，帝王之酒》等 16 本图书，系统地向中国及世界读者揭示酒庄的历史文化源流。世界一流葡萄酒专家撰写、拍摄，精装大开本，中英文混排。此丛书为葡萄酒专家、爱好者以及酒庄研究业界文化、馈赠客户的必备资料。

《中国水生贝类图谱》

本书按分类体系确认贝类分类，匡正讹误，收录标本 800 种，隶属 5 纲 152 科，全面反映了贝类生物的基本面貌。

《中国木版年画代表作》

《中国木版年画代表作》汇集我国 22 个年画产地物质性精妙画作近千张，摘菁选萃，爰印成集，由冯骥才先生亲自主持编纂大事。弘开有系统、大规模整理民间优秀传统艺术之先风。为使读者赏读有序，分作南北两卷，由此可看出大江南北风物人情之迥异；每卷又以产地自成篇章，从中以获知各产地个性审美之独特。

地址 ■ 青岛市海尔路182号 邮编 ■ 266061 电话 ■ 0532-68068608 传真 ■ 0532-68068607 网址 ■ www.qdpub.com QINGDAO PUBLISHING GROUP www.qdpub.com

中国人民大学出版社成立于1955年，是中华人民共和国成立后的第一家大学出版社。1982年被教育部确定为全国高等学校文科教材出版中心，2007年获首届“中国出版政府奖”先进出版单位奖，2009年获首届“全国百佳图书出版单位”荣誉称号，是中国最重要的高校教材和学术著作出版基地之一。

人大出版社依托中国人民大学的综合优势，始终高扬人文社会科学的旗帜，秉承“出教材学术精品，育人文社科英才”的出版理念，实施精品战略，以优秀的出版物传播先进文化，目前年出书3 000余种，发行码洋9亿多元。建社近60年来，人大出版社已累计出书万余种，出版了一大批具有文化传播、文化累积价值的优秀教材和学术著作。

新世纪以来，人大出版社继续实施新的发展战略，以体制改革为契机，把出版工作同我国教育事业、文化事业的发展，同我国经济、社会的发展紧密结合，不断创新机制，着力培养核心竞争力，形成了鲜明的出版特色，成为图书、音像、电子、网络和数字出版物等多种媒体兼营的大型综合性出版社。

中国人民大学出版社近年部分“走出去”图书

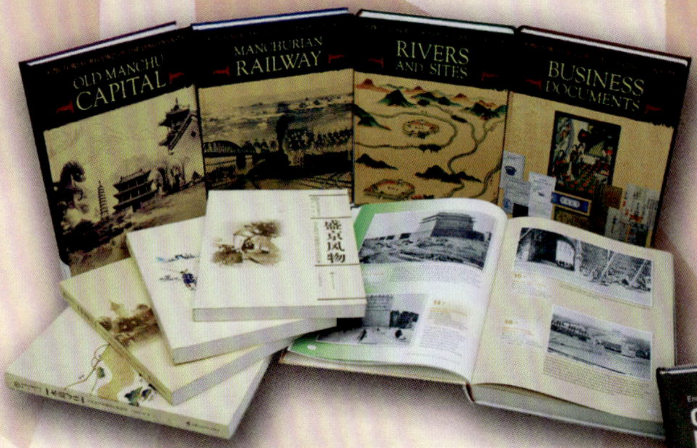

“国家清史编纂委员会图录丛刊”英文版

中国人民大学财政金融政策研究中心与
国家开发银行联合主编的
《开发性金融论纲》等图书英文版

《中国图书出版产业报告》中英文版

李瑞环同志重要著作简体中文版、
繁体字版及外文版

中国人民大学出版社与韩国出版社合作出版的韩文版学术著作

方立天教授《中国佛教文化》中英文版

出学术精品
传经典中国

Producing Academic Classics

Presenting Classic China

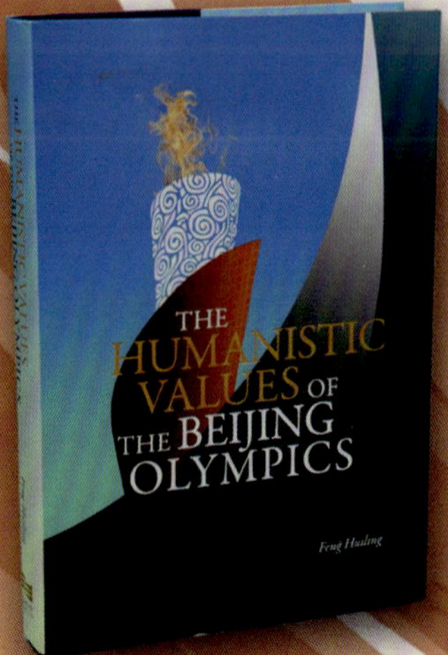

冯惠玲教授《北京奥运的人文价值》英文版

金灿荣教授《大国的责任》中英文版

北京大学出版社
PEKING UNIVERSITY PRESS

北京大学出版社，始终贯彻落实党的出版方针，把握正确导向。坚持“传播知识，积累文化，繁荣学术，服务社会”的办社宗旨，坚持“立足北大，面向全国，走向世界”的开放型办社模式，坚持“教材优先，学术为本，建设一流”的经营方针，取得了较好的社会效益和经济效益，成为国内有重要影响和良好声誉的大学出版社。

北京大学出版社依靠北大雄厚的教学科研力量，同时积极争取国内外专家学者的合作支持，出版了大量高水平的高等教育教材、学术著作，以及大、中、小学教参、教辅类图书；强调学术创新和文化积累，注重出版物内容的高质量，尤其注重组织高水准的原创性、开拓性著作，不断推出高水平的学术著作和前沿、边缘学科著作，受到学术界的欢迎，在海内外产生了广泛影响。

北京大学出版社把发展版权贸易作为走向世界、融入国际社会、参与国际竞争的重要途径，在版权贸易工作中一直坚持“输出引进并举”的工作思路，并建立了让版权贸易健康发展的长效机制。2014年，北京大学出版社已同几十个国家、地区的上百家出版社建立了业务往来，共向海外输出版权1 000多种，引进各种版权3 000余种。北大出版社在版权贸易和对外交往中，一贯自觉维护出版社形象和国家形象，坚持诚信为本的基本商业伦理道德，在版权贸易工作建立了良好的国际形象，逐步形成了“北大出版”的品牌，为进一步“走出去”打开了有利的局面。

北京大学出版社是“中国图书对外推广计划”工作小组首批成员单位之一，并被国家相关主管部门联合认定为2007—2008年度、2009—2010年度、2011—2012年度、2013—2014年度“国家重点文化出口企业”，2011年因版权输出成绩突出被评为全国“新闻出版走出去先进单位”，2012年获评北京市新闻出版和版权工作先进集体，2013年荣获“中国版权事业最具影响力企业”奖。

《中国儒学史》（共9卷）

第三届中国出版政府奖·图书奖

汤一介、李中华 主编

ISBN：978-7-301-10570-2

《新结构经济学》

第三届中国出版政府奖·图书奖

林毅夫 著

ISBN：978-7-301-17497-5

《南画十六观》

央视2013年“中国好书”

朱良志 著

ISBN：978-7-301-21915-7

《中国古代官阶制度引论》

第三届中国出版政府奖·图书奖提名奖

阎步克 著

ISBN：978-7-301-16161-6

《中国现代美术之路》

第三届中国出版政府奖·图书奖提名奖

潘公凯 主撰

ISBN：978-7-301-16601-7

《纸》

第三届中国出版政府奖·装帧设计奖

陈燮君 主编

朱锷设计事务所 设计

ISBN：978-7-301-21582-1

清华大学出版社 重点推荐

《服饰中华》

中华服饰源于旧石器时代，数千年来华夏服饰不断受到少数民族和域外异质服饰文化的滋养，使中华服饰不断创新和丰富，形成世界上独树一帜的中华服饰传统，为世人所称羡。

本书按历史顺序，以最简明易懂的文字与服饰实际文物的图片相对照，全面系统地介绍了中国自原始社会至今的服饰发展，着重介绍服装形式、服饰制度、服装面料、服饰纹样、首饰配饰的具体面貌。本书内容丰富，史料翔实，正文及图文说明文字约86万字，附图精美，内有彩图2 708幅，黑白图528幅。为迄今出版的中国服饰艺术史类书籍中内容最全面、图片最丰富、编排最科学，具有历史研究价值、艺术鉴赏价值、收藏价值且兼具普及价值的学术巨著。

“中国古代建筑知识普及与传承”系列丛书·中国古典园林五书

中国是一个地域广大的国家，各地的地理、气候、民俗、文化千变万化。“中国古代建筑知识普及与传承”系列丛书按地域的不同，展示了上下五千年中国园林发展的历史梗概，对于不同地区各具特色的园林加以细致深入的分析。通过《江南私家园林》、《岭南私家园林》、《闽台私家园林》、《北方私家园林》四部书，涵盖了中国具有地方特色的私家园林。除了经典的私家园林之外，丛书还特别包括了《中国皇家园林》。皇家园林是中国园林史上最重要的园林类型之一，反映了中国历史上的三大盛世——秦汉、隋唐和清代皇家造园之风最盛的三个时期的建筑艺术成就。

万达集团商业地产系列丛书

中国商业地产发展前景十分广阔，但随着越来越多的企业进入这个行业，商业地产已出现过热迹象，导致很多项目招商和经营出现困难。大连万达商业地产股份有限公司所著的《商业地产投资建设》、《商业地产运营管理》两本书，总结万达集团十余年商业地产运作经验，填补理论空白，介绍实操经验，提供成功案例。《商业地产运营管理》从三个层面论述“运营管理”，按照商业地产项目筹备期、开业期、经营期的顺序来编写。书中着重描述万达商业地产管理全流程实操和理论创新，解密万达速度与万达模式，给商业地产从业者提供一些有益的参考，以推动商业地产行业走向专业化。

商務印書館 The Commercial Press

创于1897

2013年商务印书馆引进版权200多项，品种涉及外语工具书、社科学术著作、经管类图书等，与英、美、德、日等十余个国家的一流出版机构，如牛津大学出版社、德国德古意特出版社、荷兰威科集团、哈佛商学院出版公司、日本小学馆等国际知名的出版机构保持着密切的合作关系，引进的高质量的图书产品受到了广大读者的欢迎。

在输出方面，商务印书馆积极向德国、英国、荷兰、新加坡、马来西亚、日本、格鲁吉亚以及中国港、澳、台等地输出法律、管理、语言、文学等类别的图书版权，如《中国专利案例精读》、《中国语言规划论》、《语法六讲》、《中国古代经典名句英译》、“英语轻松学”系列图书等。2013年，商务印书馆输出版权40余项，输出产品形式有纸质出版物、数字出版物、APP等，许多输出产品在海外市场颇受好评。

2013年，商务印书馆参加了第20届北京国际图书博览会、第65届法兰克福书展、伦敦书展、美国书展、莫斯科书展等各种版权贸易和交流活动，这些活动推动了版权引进与输出工作，扩大了商务印书馆的品牌影响力。

2013年，《新汉语水平考试大纲》（1~6级、口语）荣获中国出版协会国际合作出版工作委员会、中国新闻出版研究所、出版参考杂志社评选的“输出版优秀图书奖”；《旧制度与大革命》（全译本）荣获“引进版优秀图书奖”。

2013年，经国家相关部门共同审定，商务印书馆被评为“2012—2013年度国家文化出口重点企业”。作为文化出口重点企业，商务印书馆将在市场开拓、技术创新、海关通关等方面得到国家的有力支持。

图片注释

1. 2013年，《中国专利案例精读》（英文版）签约仪式；
2. 2013年，《牛津英语同义词学习词典》（英汉双解版）新书发布会；
3. 2013年，商务印书馆参加法兰克福书展；
4. 2013年，商务印书馆与牛津大学出版社会谈；
5. 2013年，商务印书馆参加北京国际图书博览会。

地址：北京市东城区王府井大街36号　邮编：100710　电话：010—65278537　65126429
传真：010—65249763　邮购：010—65258899—9282　网址：www.cp.com.cn

中国石化出版社 CHINA PETROCHEMICAL PRESS 30周年庆 1984—2014

中国石化出版社成立于1984年，是世界500强企业中国石油化工集团公司直属的科技出版社。30年来，石化出版社在中国石化历届党组的正确领导下，在各企事业单位和社会各界的大力支持下，高举中国特色社会主义伟大旗帜，以邓小平理论、“三个代表”重要思想和科学发展观为指导，严格遵守党和国家的出版政策和法律法规，始终坚持正确的出版方向，坚持把社会效益放在首位，坚持为人民服务、为社会主义服务，出版了一大批石油石化科技图书、大专院校教材、石油石化行业标准和企业文化建设等方面的图书，为中国石油化学工业的繁荣发展、为石油石化工业技术进步、为社会主义精神文明建设做出了应有的贡献。

人民邮电出版社
POSTS & TELECOM PRESS

人民邮电出版社成立于1953年10月，是工业和信息化主管部门主管的大型科技出版社。60多年来，人民邮电出版社始终坚持"立足文化产业、面向现代社会、传播科学知识、服务科教兴国，为走中国特色新型工业化道路服务"的出版宗旨，不断改革进取，目前图书出版领域涵盖信息技术、少儿、经管、摄影、集邮、旅游、心理学、军事科普、家庭教育等，2013年出版新书3 380种，再版图书3 060种，出版物总销售码洋达11.7亿元，信息技术类、旅游类、摄影类、军事类图书的市场占有率位列全国图书零售市场前茅，科普类、少儿类、美术类、经管类图书位列前三。人民邮电出版社还出版《无线电》、《集邮》、《通信世界》、《通信学报》、《米老鼠》、《童趣》等16种期刊，年出版音像电子出版物1 000余种，网络出版物1 000余种，拥有遍及全国四通八达的发行渠道和国内外众多的合作伙伴，已发展成为集图书、期刊和数字出版于一体的综合性科技出版大社。

人民邮电出版社近年来荣获了"全国优秀出版社"、"全国百佳图书出版单位"、"中央国家机关文明单位标兵"、"首都文明单位"、"全国新闻出版行业文明单位"、"全国图书对外版权贸易先进单位"、"讲信誉、重服务"出版单位等荣誉称号，成为"数字出版转型示范单位"，并连续三届荣获"中国出版政府奖先进出版单位奖"。历年来，有数百种图书、期刊和音像电子出版物获得"中国出版政府奖"、"中华优秀出版物奖"、"向全国青少年推荐百种优秀图书奖"、"文津图书奖"、"中国图书奖"、"国家期刊奖"等荣誉。

2013年，人民邮电出版社参与组建的中国工信出版传媒集团正式成立。2014年，站在发展的新起点上，人民邮电出版社正以坚毅的步伐和开拓进取的精神，不断深化体制机制改革，努力为建设社会主义文化强国、实现文化大发展大繁荣做出新的更大贡献！

地址：北京市丰台区成寿寺路11号邮电出版大厦
邮编：100164
电话：010—81055137（综合部） 010—81055315（总编室） 010—81055051（发行部）
传真：010—81055044 网址：www.ptpress.com.cn 电子邮箱：315@ptpress.com.cn

学习出版社

学习出版社自1993年11月成立以来，以传承中华民族优秀传统文化、传扬党的革命传统和红色文化、传播社会主义先进文化为己任，共计出版1 500多种图书、期刊、音像电子出版物，形成了精品制作、特色鲜明、创新进取、专业专注的出版风格。中国特色社会主义理论学习读本系列、“理论热点面对面”系列、“学习”理论文库、国家哲学社会科学成果文库等一批精品出版物的推出，使学习出版社具有较强的社会影响力和品牌号召力。

学习出版社获得“中国出版政府奖”、“全国百佳图书出版单位”等荣誉。在全面深化改革、全面建成小康社会的历史背景下，作为率先完成转企改制工作的文化创意企业，学习出版社将继续坚持“导向正、高品质、有特色、优而强”的发展方针，“专注传播先进文化、致力弘扬主流价值”，为建设一流的现代出版企业和传播社会主义先进文化的坚强阵地而不懈努力。

二十一世纪出版社蝉联地方少儿社冠军

近日国家新闻出版主管部门发布《2013 年新闻出版产业分析报告》，据其显示，在少儿类图书出版社总体经济规模综合排名中，二十一世纪出版社蝉联地方同类出版社冠军，在全国 580 余家出版社中排名第 51 位，比上一年又有进步。

此外，据《2012 年新闻出版产业分析报告》显示，二十一世纪出版社总体经济规模综合得分 0.610 6，跃居全国地方少儿出版社冠军。

全国地方少儿出版社经济实力都比较强，大多是各省出版集团的王牌军。二十一世纪出版社地处江西，无地域和资金的优势，却能脱颖而出，实属不易。

《不老泉》入选国家新闻出版主管部门
2014 年向全国青少年推荐的百种优秀图书

《彩乌鸦中文原创系列》（20 册）
荣获第三届中国出版政府奖图书奖

《中华成语千句文》（2 册）、《少年红色经典·革命先驱系列》（10 册）等
入选中宣部等三部委向青少年推荐的建国以来百种优秀图书

《不一样的卡梅拉·我爱平底锅》
入选 2013 年“中国好书”

金城出版社
GOLD WALL PRESS

金城出版社（Gold Wall Press）创建于1989年6月，是国家保密行政管理部门主管主办的中央级出版社。以“为保密长城添砖加瓦、为大众生活着色生辉”为出版理念，注重国际间文化交流，加快“走出去”步伐，引进、输出了一批优秀图书。自2004年开展版权业务以来，输出版权图书近百种。从2012年起，规划建立“国家安全书架”，开发多条产品线路，以国内权威著作和国外前沿佳作充实书架，内容涉及国家安全、保密（泄密）、谍战情报、信息安全、保密文化、网络监控等诸多领域。2014年已推出披露“斯诺登事件”的权威著作《斯诺登档案》、“情报与反情报丛书”、“国家安全译丛”等引进图书几十种；“十二五”国家重点图书出版规划项目“国家安全战略研究丛书”20种。金城出版社充分发挥在国家安全战略、信息安全保密等专业领域的独特出版优势和传播渠道作用，获得相关领域的广泛关注和一致好评。

版权引进图书（国家安全书架）

版权输出图书

河北少年儿童出版社

HEBEI CHILDREN'S PUBLSHING HOUSE

河北少年儿童出版社有限责任公司成立于1984年8月，是一家主要出版适合少年儿童阅读的知识读物、科普读物、儿童文学读物、低幼读物及部分中小学教学用书和教辅的专业出版社。2010年转企改制，拥有1家全资子公司——北京乐尚华星国际发展有限公司，资产总额为1.58亿元，年出版图书超千种，年销售收入超亿元。

建社30年来，该社为广大少年儿童提供了万余种优秀少儿读物和教材教辅读物。《半岛哈里哈气》获第三届中国出版政府奖提名奖，《五星红旗》、《郝月梅幽默儿童小说系列》等18种图书荣获国家级大奖。获“三个一百”原创和向全国青少年推荐的百种优秀图书数量在全国名列前茅；《阳光姐姐美绘馆》等40余种图书被评为全国畅销书；义务教育新课程标准教科书初中《生物》、小学和初中《音乐》均已通过国家教育主管部门审定，在全国十几个省市推广使用。

图片注释

1.向北京小学生赠送河北少年儿童出版社获国家宣传主管部门向青少年推荐图书仪式；2.领导参观河北少年儿童出版社博览会展台；3.河北少年儿童出版社博览会展台一瞥。

地址：河北省石家庄市中华南大街172号　　邮编：050051　　电话：0311—83055074

河南日报报业集团

巩固主业，发展产业，资本运作，壮大实力

河南日报报业集团成立于2000年7月28日，是以《河南日报》为旗帜和核心组建起来的现代化报业集团。

集团把提高媒体的传播力和影响力作为重中之重，持之以恒狠抓媒体建设，已初步形成涵盖纸质媒体、网络媒体、移动媒体、户外媒体的现代传播体系，正致力构建定位明确、特色鲜明、功能互补、覆盖广泛的舆论引导新格局。2013年，集团拥有10报2刊3网站，包括《河南日报》、《河南日报》（农村版）、《大河报》、《大河文摘报》、《大河健康报》、《河南商报》、《河南法制报》、《期货日报》、《今日消费》、《河南手机报》、《漫画》月刊、《新闻爱好者》杂志、大河网、大豫网、河南一百度等。

作为省委机关报，《河南日报》坚持“时代高度、中原向导”的办报方针，着力提高权威性和影响力，2014年征订发行量达到53万份，居全国省级党报前列。《大河报》是全省都市报的龙头，日发行量突破100万份，连续多年入选“全球日报发行百强”。《河南商报》是经济类都市报，是全省第二大都市报。积极发展新媒体，推动传统媒体和新媒体融合发展，集团有一定影响力的新媒体产品总数有40余个。其中，大河网是省级重点新闻网站，《河南手机报》用户近百万人，集团所属媒体和个人微博粉丝总数已逾2 000万，《河南日报》官方微博影响力在全国党报中位居前列。在中国新闻奖评选中，集团近十年共获奖26次。

集团准确把握传媒产业、文化产业发展的趋势，按照“巩固主业，发展产业，资本运作，壮大实力”的发展思路，全面推进各项事业快速发展，努力实现向传媒集团、文化集团的转型。集团把报业作为主业，千方百计稳定报纸广告、发行，积极推进《河南日报》、《大河报》等媒体布局地市级市场，开辟报业发展的新空间。坚持多元经营，利用报业核心竞争力进一步壮大非报产业，重点培育新媒体、户外广告、文化物流、印刷、教育、酒店、房地产等产业，提升集团整体实力。在做好产业经营的基础上融入资本市场，探索新的发展方式，通过资本经营打造文化财团。2013年，集团有8家单位年收入超过1亿元。

“报业为主，多元经营”，壮大了集团实力，优化了经济结构，增强了抵御市场风险的能力。2013年，集团非报产业收入在总收入中的比重接近50%。近两年，全国报业经营遇到了极大的困难，报纸广告收入逐年下降，在这种不利的局面下，河南日报报业集团由于多元经营起步较早、成效较大，得以继续保持稳步发展的态势。

2013年，在复杂多变的经济形势下，集团经营工作以改革创新为动力，加快产业发展和项目建设步伐。全年完成经营收入19.4亿元，同比略有增长；实现利润3.6亿元，同比增长45%。截至2013年底，集团总资产34.3亿元，同比增长19%。

集团与郑州铁路局高铁广告合作签约仪式

新版《河南手机报》上线

集团经营的郑州高铁站媒体广告

中国汽车社会舆论领袖

中国汽车报
CHINA AUTOMOTIVE NEWS

2013年7月6日中国汽车报专家顾问委员会成立

2011年12月27日中国能源汽车传播集团举办成立庆典

中国汽车报社2009年在上海车展展位

《中国汽车报》1984年1月7日在长春出版，1988年迁至北京，2000年底划转到人民日报社，开启了改革的新篇章，进入到高速发展时期。

贯彻落实中央深入文化体制改革的决定，中国汽车报社于2012年9月被评为“全国文化体制改革先进单位”。目前，报社已改制为中国汽车报社有限公司，成为拥有《中国汽车报》、《汽车族》、《汽车与运动》、《家用汽车》、《商用汽车新闻》、《新能源汽车新闻》、《城市轨道交通》、中国汽车报网、电动北京网、北京东方艾狄尔会展有限公司、北京车之族广告有限公司、北京易卡先锋信息技术有限责任公司、易卡绿色（北京）汽车租赁有限公司、北京雁翎传讯无限网络技术有限公司、东方文创（北京）展示设计有限公司、汽车影像数字出版部、汽车产业经济研究院以及《中国汽车手机报》、《中国汽车报》官方微博、《中国汽车报》微信订阅号的专业化传媒集群。

《中国汽车报》的定位

中国汽车社会的舆论领袖　　决策参考价值的创造者
商业运作价值的创造者　　消费指导价值的创造者

《中国汽车报》的大家庭

《中国汽车报》　《汽车族》　《汽车与运动》　《家用汽车》　《商用汽车新闻》　《新能源汽车新闻》
《城市轨道交通》　中国汽车报网　电动北京网　北京东方艾狄尔会展有限公司　北京车之族广告有限公司
北京易卡先锋信息技术有限责任公司　易卡绿色（北京）汽车租赁有限公司
北京雁翎传讯无限网络技术有限公司　东方文创（北京）展示设计有限公司　汽车影像数字出版部
汽车产业经济研究院　《中国汽车手机报》　《中国汽车报》官方微博　《中国汽车报》微信订阅号

《中国汽车报》获得的主要荣誉

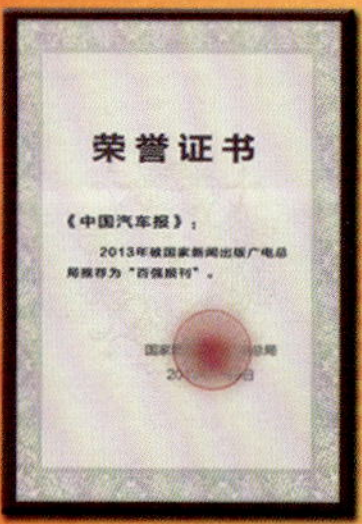

国家新闻出版主管部门：2013年度中国百强报刊；
国家新闻出版主管部门：“中国最具竞争力的行业报”；
第二届中国传媒创新年会：2006年度中国十大创新行业报；
《哥伦比亚新闻评论》中文版：中国标杆品牌——汽车类标杆品牌；
2009中国企业发言人与传媒价值年会：“2009年度中国最具企业投放价值专业报”；
2007年至2012年世界品牌实验室：“中国500最具价值品牌”；
全球广告主周组织委员会：“2011年中国最具广告影响力专业媒体”。

新浪是服务于中国及全球华人社群的网络媒体公司

新浪通过门户网站新浪网（sina.com）、移动门户与移动应用提供方手机新浪网（sina.cn）和社交网络服务及微博客服务微博（weibo.com）组成的数字媒体网络

帮助广大用户通过互联网与移动设备获得专业媒体和用户自生成的多媒体内容并与友人进行兴趣分享。

sina 新闻客户端

sina SPORTS

sina.cn 手机新浪网

sina 新浪

微博 weibo.com

娱乐

多元化合作伙伴 + 原创 = 正版、优质、精彩、全面的网络体验

新浪坚持合法取得授权和推进自身原创相结合的道路，保证网络内容版权的合法合规。新浪合作伙伴不仅包含法新社、美联社、新华社、中新社、《人民日报》、中央电视台、湖南卫视、《中国日报》等众多国内外主流媒体；还与国际奥委会、美国篮球协会、中国足球协会超级联赛、中国网球公开赛、纳斯达克、港交所、上交所、深交所、金马奖组委会、香港电影金像奖协会等行业领先机构开展各项合作，给网友提供全面、正版的内容服务；在原创方面，新浪投入大量人力物力打造了一批优质的内容，如《杜拉拉升职记》网络剧、《财经面对面》、《新中超客栈》、《NBA密探》、《DO IN STYLE》、《人物志》等原创节目，并成功地将节目版权输送给一批视频网站和电视台，获得了用户的广泛好评。

百度版权管理中心简介

百度版权管理中心成立于 2013 年 6 月，是百度内容版权资源的管理部门；百度是世界上领先的中文搜索引擎，在当前移动互联网迅猛发展的时代正从连接人与信息转向连接人与服务，更深刻地诠释了“让人们平等、便捷地获取信息，找到所求的企业使命”。无论是音乐、文字、图片还是音视频、影视剧，我们希望用户的每次点击都为创作者和传播者带来实实在在的收益，我们希望百度的传播平台能成为艺术家和传播者共同的舞台。

百度版权管理中心工作分解

版权管理
资源梳理、有序整合
高效利用、规避风险

版权保护
版权备案、认证登记
检测预警、维护权利

版权引进与分发
需求梳理、洽谈合作
全面引进、择优分发

版权开发
渠道拓展、最优利用
资源互换、共力双赢

版权管理

版权开发

版权保护

版权引进与分发

搜狐视频

tv.sohu.com

1

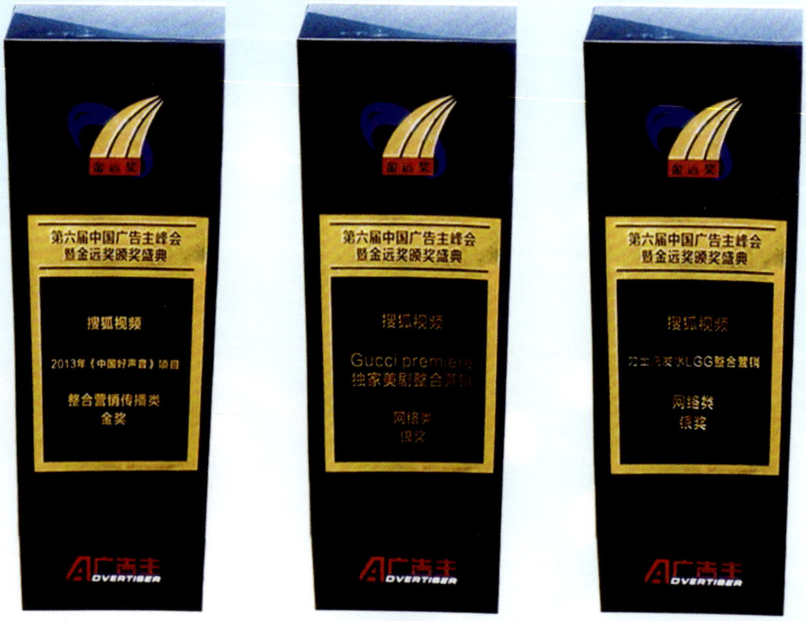

2

搜狐视频成立于2006年，是深受中国用户喜爱的网络视频平台。作为中国率先推出“正版+高清”的网络视频服务商，在8年的成长过程中，凭借丰富的视频内容、媒体影响力和领先的技术优势，搜狐视频已成为中国颇具影响力和公信度的媒体平台之一。搜狐视频秉承“源于网络，先于流行”的内容理念，在各个领域进行全媒体创新。作为行业领跑者，搜狐视频致力于扩大多屏全时影响力，打通移动、PC、电视等多个屏幕，实现了全方位的无缝对接，多屏联动下的创新成为其产品最大亮点，为行业翘楚。

因为专注，所以懂得。搜狐视频在国内视屏行业中占据领先地位，并已经成为广大用户和品牌商的首选。

搜狐视频拥有国内庞大的视频资源储备库，覆盖数十万部集电视剧、电影、纪录片、动漫作品及国内外数百档综艺节目。

搜狐视频率先引进海外正版版权，上线百余部美剧，拥有巨大的海外影视库。2013年3月，搜狐视频独家获得美剧《纸牌屋》的版权，第一时间引入当下播放大热和口碑杰出的美剧，显示出搜

狐视频持续领跑美剧的决心。据艾瑞等权威机构的数据显示，搜狐视频的美剧用户覆盖领先。

2013年10月，搜狐视频在视频行业首度进行重大综艺独播，与《中国好声音》第二季进行独家媒体合作，获得了空前的成功。搜狐视频携手传统媒体，进军上游产业，打造中国娱乐产业新布局！

在动漫方面，搜狐视频力求打造新的王牌品类，冠压全行业，搜狐视频已成为国内动漫收视强势平台。

图片注释：

1.2013中国网络视听产业十大营销案例；2.搜狐视频获第六届中国广告主峰会奖项；3.搜狐视频当家女主播于莎莎主演《极品女士》；4.搜狐视频—互联网美剧平台；5.韩国殿堂级制作团队打造的明星真人秀节目《隐秘而伟大》；6.网络神剧《屌丝男士3》；7.2014年搜狐视频巨制《匆匆那年》。

重庆广播电视集团（总台）

重庆广电集团（总台）2004年11月18日挂牌成立，经过近十年跨越发展，已成长为特色鲜明、具有较强品牌影响力的省级广电媒体之一。

2014年，集团（总台）拥有22个广播电视频率频道，其中电视频道16个，重庆卫视为上星频道；广播频率6个。

近年，重庆广电集团（总台）注重广播电视节目的生产品质，致力于节目品牌的打造。重庆卫视推出了《周末驾到》、《征服全场》、《大声说出来》等自办大型综艺类节目，被业界评为2012年中国十大影响力卫视；地面频道推出的金牌栏目，如《天天630》、《生活麻辣烫》、《冷暖人生》、《拍案说法》、《大律师在线》等都深受广大观众喜爱；广播频率自办节目量超过100小时/日，《妈咪宝贝》、《桑榆情》、《955资讯早班车》、《音乐风情之旅》、《吃在重庆》、《大头小当家》等一批有代表性的栏目彰显了各频率差异化特色。

重庆广电集团（总台）追求节目品质的同时，也不遗余力地推进版权保护工作，并取得了一些成效。2013年6月28日，由市版权局和重庆广电集团（总台）共同设立的“重庆广播电视集团（总台）版权服务工作站”正式挂牌成立，该版权站的成立在全国广电媒体行业中尚属先列，也是西南地区首家媒体版权服务专业工作机构。

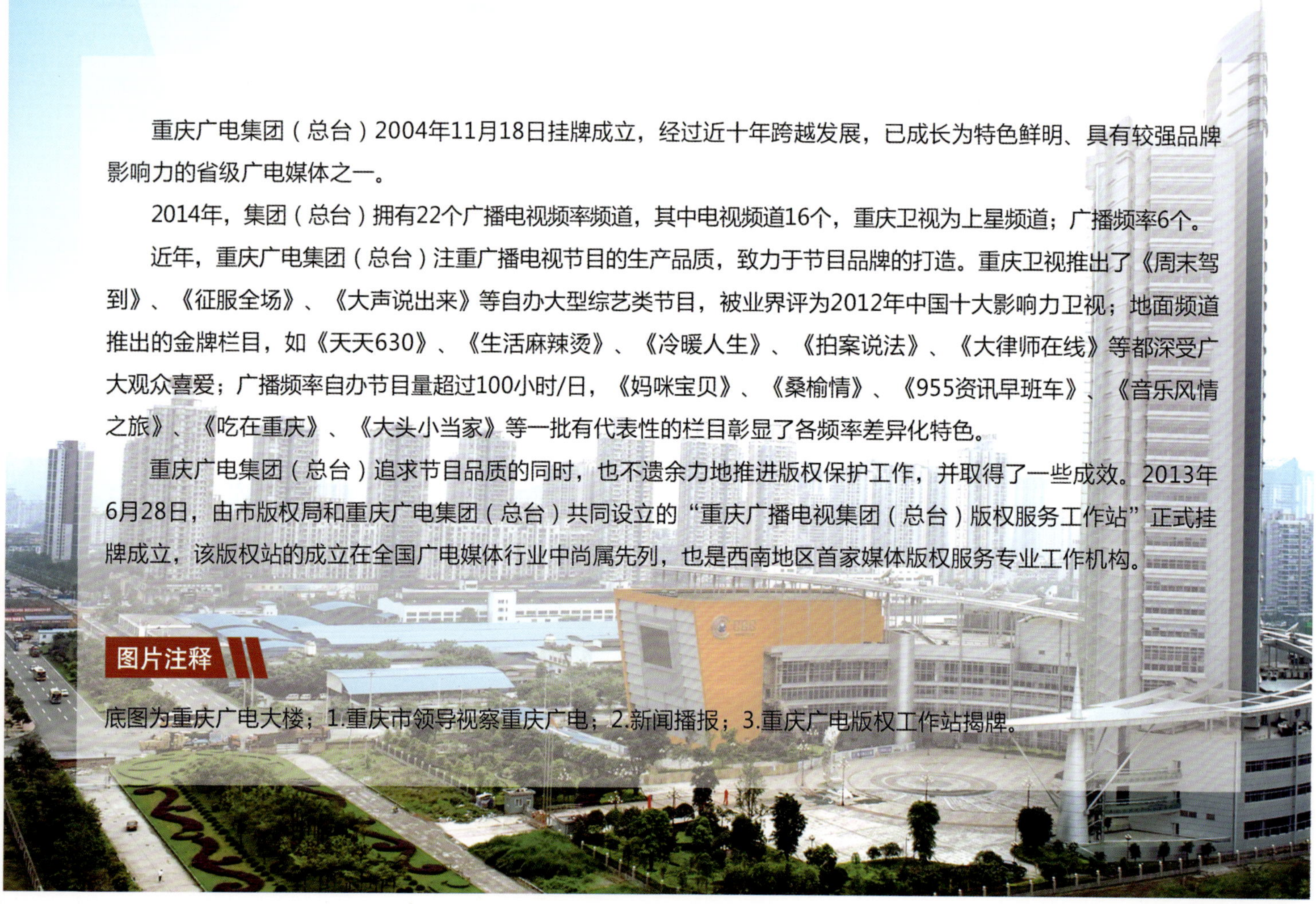

图片注释

底图为重庆广电大楼；1.重庆市领导视察重庆广电；2.新闻播报；3.重庆广电版权工作站揭牌。

SZMG 深圳广播电影电视集团 SHENZHEN MEDIA GROUP

深圳广播电影电视集团于2004年6月28日正式挂牌成立，是一家拥有11个电视频道、5套广播频率和电影制片厂、电视剧制作公司、广播电视传输中心、有线电视传输网络、移动电视、DV电视、手机电视、宽带接入、新媒体网站等多种业态的综合性传媒集团。

10年间，在激烈的中央媒体、省级媒体竞争中，实现了深圳卫视在48个城市省级卫视排名稳居前十方阵的大跨越；凭借《直播港澳台》、《军情直播间》、《决胜制高点》、《关键洞察力》等一系列新闻节目的创新，树立了深圳卫视、深圳广电独有的品牌特色；打造了《年代秀》、《辣妈学院》、《第一现场》、《民心桥》等一系列优质品牌节目和“金钟奖”、“金鹏奖”、“鹏程歌飞扬”、“设计之都(中国深圳)公益广告大赛” 等一大批广播电视文化精品。

为加强集团各类节目在立项、制作、购买、入库、播出、开发各环节的版权管理，集团于2013年11月成立版权管理中心。逐步梳理各类节目的版权权限，明晰版权管理权责，统筹协调版权运营，着力快速推进集团版权管理、维护、维权等各项工作。

图片注释

1.深广电成立十周年集团总裁致辞；2.2014年深广电十佳电视主持人；3.深圳广电大厦；4.《直播港澳台》节目。

MOTION PICTURE ASSOCIATION OF AMERICA

MPA
MOTION PICTURE ASSOCIATION
Audiovisual Entertainment
For Global Audiences

美国电影协会

美国电影协会成立于1922年，是由全球领先的电影、电视及家庭娱乐节目制作发行公司组成的非营利行业组织。成员公司包括迪士尼、派拉蒙、索尼影视、二十世纪福斯、环球，以及华纳兄弟电影公司，代表了美国当今影视娱乐业的重要力量和制作水准。

作为美国影视娱乐产业的发言人和推动者，美国电影协会协助政府和国际组织在美国及全球范围内开展打击盗版和版权保护工作，提倡自由贸易体系下的公平竞争，协助各国、各地区建立合理有序的电影市场，在迎接技术挑战的同时为消费者提供形式多样的创新选择。此外，美国电影协会还在全球首创了行业制定和管理的电影分级系统。通过业界公认的标准，在尊重消费者选择权的同时，为从事内容产业的艺术家提供了广阔的自由创作空间，极大地丰富了人们的文化娱乐生活。

美国电影协会总部设在首都华盛顿和加州的洛杉矶，在布鲁塞尔、新加坡、圣保罗、墨西哥城、多伦多设有地区总部，同时在包括中国在内的30多个国家设有办事机构。

The Motion Picture Association of America

The Motion Picture Association of America, Inc. (MPAA), together with the Motion Picture Association (MPA) and MPAA's other subsidiaries and affiliates, serves as the voice and advocate of the American motion picture, home video and television industries in the United States and around the world. MPAA's members are the six major U.S. motion picture studios: Walt Disney Studios Motion Pictures; Paramount Pictures Corporation; Sony Pictures Entertainment Inc.; Twentieth Century Fox Film Corporation; Universal City Studios LLLP; and Warner Bros. Entertainment Inc. We are a proud champion of intellectual property rights, free and fair trade, innovative consumer choices, freedom of expression and the enduring power of movies to enrich and enhance people's lives.

MPAA's principal U.S. offices are located in Washington, D.C., and Los Angeles, California. We also have content protection teams in Chicago, Dallas and New York. The MPA, and other subsidiaries and affiliates of MPAA, have commercial and regional offices in Brussels, Singapore, Sao Paulo, Mexico City and Toronto. Along with our own subsidiaries and affiliates, we work with many content protection groups and other organizations in more than 30 countries around the world.

图片注释： 1. 2014年4月美国电影协会主席兼首席执行官多德代表成员公司向国家新闻出版广电主管部门负责人赠送牌匾，感谢中国政府在改善和加强影视行业版权保护方面所做的不懈努力；2. 2013年6月国家新闻出版广电主管部门负责人会见来访的美国电影协会主席兼首席执行官多德一行；3. 2014年4月第四届北京国际电影节期间，美国电影协会主席兼首席执行官多德和中国著名电影导演冯小刚等参加“电影人之夜”晚宴。

imind Soft 一铭软件股份有限公司

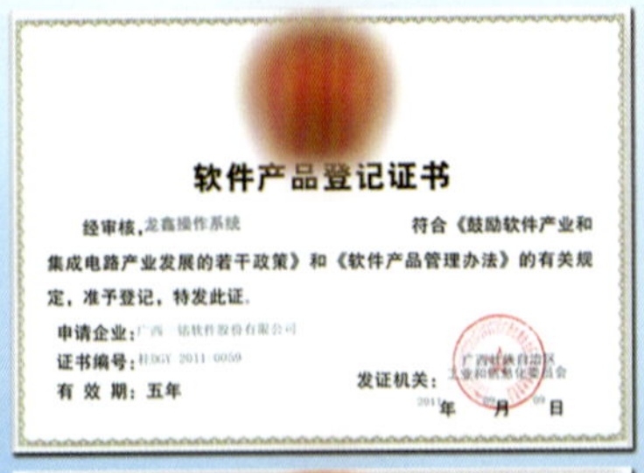
软件产品登记证书

经审核，龙蕊操作系统 符合《鼓励软件产业和集成电路产业发展的若干政策》和《软件产品管理办法》的有关规定，准予登记，特发此证。

申请企业：广西一铭软件股份有限公司

证书编号：

有效期：五年

发证机关：

年 月 日

软件企业认定证书

经审核，广西一铭软件股份有限公司 符合《鼓励软件产业和集成电路产业发展的若干政策》和《软件企业认定标准及管理办法》（试行）的有关规定，认定为软件企业，特发此证。

证书编号：

发证机关：

年 月 日

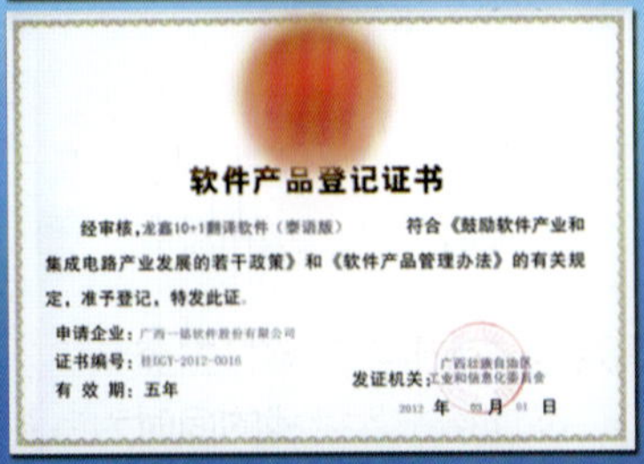
软件产品登记证书

经审核，龙蕊10+1翻译软件（泰语版） 符合《鼓励软件产业和集成电路产业发展的若干政策》和《软件产品管理办法》的有关规定，准予登记，特发此证。

申请企业：广西一铭软件股份有限公司

有效期：五年

发证机关：

年 月 日

计算机软件著作权登记证书

UCS

环通认证中心有限公司

质量管理体系认证证书

广西一铭软件股份有限公司

GB/T19001-2008/ISO9001:2008

计算机软件开发及服务

CNAS

IAF

广西一铭软件股份有限公司（以下简称一铭软件）成立于2004年，是一家拥有自主知识产权，集产品研发、生产和销售于一体的高新技术企业。

十年来一铭软件始终致力于开发国产软件，并取得了可喜的成绩。作为国内大型通用软件提供商之一，一铭软件一直与国内的科研机构、高等学府和高端人才进行合作，共同开发高新软件产品。公司主要有操作系统、办公软件、云平台系统、翻译软件、软件资产管理系统等产品，其中多项曾获得权威机构的认证，得到业内的嘉奖。

过硬的产品，更需要贴心的服务。一铭软件完善的售后服务体系，为客户提供专业的技术支持及海量学习资料，真正做到资源共享，为客户解决后顾之忧。

在今后的发展中，公司将继续加大投入，力争国产软件行业的领头羊！

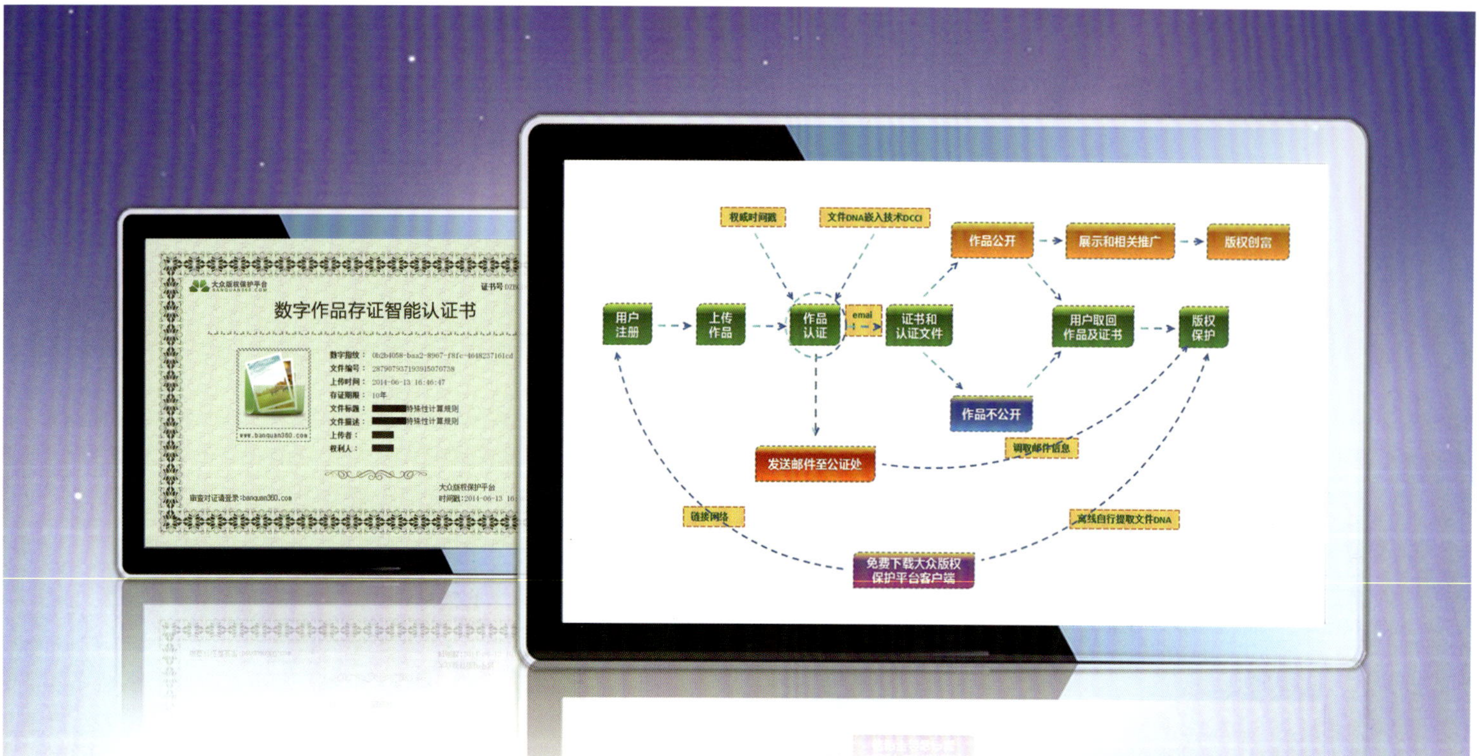

大众版权保护平台

BANQUAN360.COM

大众版权保护平台是各种专家智慧、领先的数字保护技术、可信第三方和互联网时代服务新模式集成的结晶。该平台是国内将自主知识产权的全媒体多因子、多纬度版权自主存证和智能认证技术，数字隐藏技术，水印标示技术，独特的反盗载、反截屏全媒体作品展示技术，集成可信时间戳和公证邮箱等可信第三方群融为一体，为各种多媒体数字内容特别是蕴含在全社会中具有包括并不限于传统版权价值的专家智慧、大众创意和草根版权资源提供自主云存证、归属权智能认证，使各种数字资源拥有“出生证”，做到内容和归属权人“亲子鉴定”，并通过不断开发完善自主信息发布和智能授权的服务，起到“原创智能认证、预防侵权纠纷、促进版权创富、释放创新能量”，为社会文化创意事业发展和建设创新型国家战略添砖加瓦的作用。

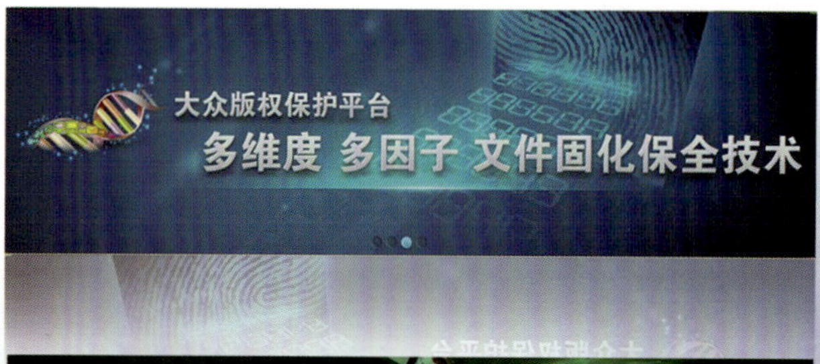

今日头条

你关心的 才是头条

《今日头条》是一款基于数据挖掘的推荐引擎产品，它为用户推荐有价值的、个性化的信息，提供连接人与信息的新型服务，是国内移动互联网领域成长较快的产品服务之 。它由国内互联网的连续创业者张一鸣于2012年3月创建，于2012年8月发布第一个版本，至2014年上半年，两年时间，《今日头条》已经在为超过1.5亿的忠诚用户服务，每天用户使用总时长达4亿分钟，月度活跃用户超过4 000万。

当用户使用微博、QQ等社交账号登录《今日头条》时，它能5秒钟内通过算法解读使用者的兴趣DNA，用户每次动作后，10秒可更新用户模型，越用越懂用户，从而进行精准的阅读内容推荐。《今日头条》的团队是一支拥有丰富创业与成熟公司经验的技术驱动型团队，聚集了来自一流学校和一流公司的顶尖人才，在推荐引擎、机器学习、数据挖掘等技术领域拥有与世界领先公司接轨的能力。《今日头条》的创始人与团队希望产品能在移动互联网时代，像造纸术和印刷术一样，改变信息的传播。

图片注释：1. 张一鸣参加中国新兴媒体产业融合发展大会；2. 2013年第二届中韩互联网圆桌会议；3.《互联网时代》：王小丫访谈张一鸣。

www.toutiao.com

北京掌阅科技有限公司

北京掌阅科技有限公司于2008年成立。掌阅iReadr是掌阅科技的主打产品，领衔各移动阅读品牌。成立6年以来，公司一直秉承专注、务实的企业精神，为超过3亿多的用户提供高品质的图书内容及智能化的用户体验，拥有畅销、生活、文学等类别的优质图书数字版权30万册，在移动阅读领域，市场占有率远远领先于其他同类产品。

掌阅科技

尊重知识，保护版权

全国版权示范单位

掌阅科技与中信出版集团、磨铁、作家出版社等300多家知名出版机构及刘震云、阿来、毕淑敏等知名作家展开了数字阅读的深度合作，掌阅科技致力于通过更便捷的移动设备、数字化图书来传播知识，弘扬中华传统文化。掌阅科技让每个人的手掌上拥有一座专业、权威的图书馆，让知识的获取变得更加快捷和便利！

中华书局　人民文学　创于1897 商务印书馆　中信出版社　中作华文 Digital Media Co.,Ltd

知音　三联书店　READERS 读者　Jieli 接力出版社 Publishing House　时代光华

博集天卷 CS-BOOKY　译林出版社　北京大学出版社 PEKING UNIVERSITY PRESS　FONGHONG 凤凰联动

PIONEER 新华先锋　江苏凤凰文艺出版社 JIANGSU PHOENIX LITERATURE AND ART PUBLISHING, LTD　中国轻工业出版社 CHINA LIGHT INDUSTRY PRESS　长江数字

北京掌阅科技有限公司

地址：北京市朝阳区四惠东通惠河南岸四惠大厦二层2029E

电话：010—59231388

传真：010—59231388—802

客服：400—881—3311（6:00—24:00）

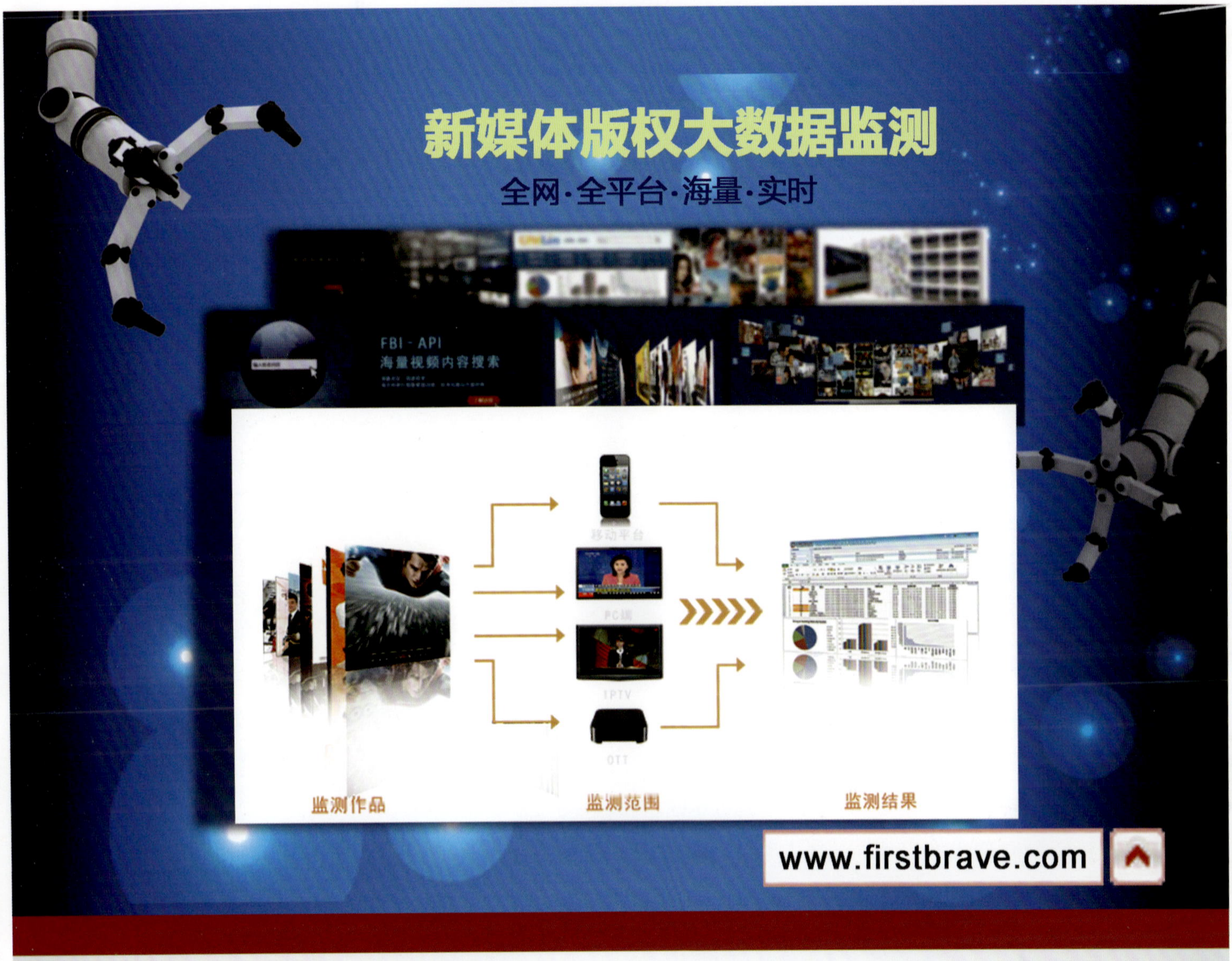

FIRSTBRAVE
新媒体大数据搜索服务商

上海冠勇信息科技有限公司

上海冠勇信息科技有限公司是国内领先的第三方版权大数据监测服务机构，主要为客户提供版权监测、版权代理发行的新媒体解决方案。

冠勇科技成立于2011年4月，是一家总部位于上海紫竹高新区，在美国洛杉矶、北京设有办事处的新媒体领域知名企业，其核心专利技术“海量视频图像内容搜索API”在新媒体版权监测市场中久经考验，已经成为行业的领先标准。

冠勇科技专注于海量视频搜索、图像搜索、音频搜索、文本采集等核心技术的研发，核心团队历时六年自主研发，已拥有多项发明专利（专利号：201110249085.3）、软件著作权（著作权号：2012SR069752）等自主知识产权；主要从事海量图像搜索、智能语音搜索、文本采集等方面的应用软件产品的开发、销售、技术服务以及系统集成等。

冠勇科技以领先的新媒体影视版权大数据监测平台为核心，先后签约央视网、SMG集团、优酷土豆、腾讯网、乐视网、美国华纳等各大新媒体集团并达成合作。2012年，与央视网联合，成功保护2012年伦敦奥运新媒体的版权；2013年携手优酷土豆等中国知名网络视频分享网站，共建新媒体行业应用新模式。

冠勇科技荣获2011年度紫竹国家高新区“潜力企业”荣誉称号，在400多家紫竹高新技术企业中，成为四家知识产权试点企业之一。

RAINBOW CENTURY MEDIA 彩 虹 音 乐

彩虹世纪（北京）文化传媒有限公司

彩虹音乐成立于2010年10月，总部位于北京，业务覆盖全国20多个省份。公司核心团队有近10年的互联网音乐版权运营经验，现专注于数字音乐业务。

在三网合一的大背景下，公司独立开发运营了数字电视音乐视频点播平台“彩虹音乐频道”，在互动电视、互联网及手机端建立起新兴的音乐传媒平台，核心渠道为数字电视新媒体领域，业务覆盖中国内地数字电视全领域，包括IPTV网络、有线电视网络、牌照方平台、智能电视终端及OTT终端，是目前国内知名的数字电视音乐视频点播平台。

自2010年起，彩虹音乐积极推动中国数字电视领域音乐业务正版化进程，发起并成立了中国数字电视领域音乐视频版权保护联盟，联盟成员包括金牌大风、华研国际、大国文化等一系列国内、国际知名唱片公司，为音乐视频版权在数字电视新媒体领域的规范化使用，打下了良好的基础。

彩虹音乐还致力于音乐视频类内容及产品在数字电视新媒体领域的正版化应用，以健康的商业模式带动行业的良性发展，是在IPTV、有线电视和智能电视终端领域拥有成熟的收费体系的正版音乐视频电视点播平台。

彩虹公司已成为：

- 数字电视音乐版权商
- 拥有正版音乐电视点播平台及庞大的曲库资源
- 完善的音乐电视收费体系
- 知名的演艺活动公司
- 综合的无线数字音乐行销商
- 综合的文化产业品牌

北京……成都……西安……上海……昆明……南京……长沙……

Kingbond
金版国际文化传播(北京)有限公司
立足版权 携手产业
网络新媒体 版权代理 书画艺术……
《中国版权》杂志 | 《中国版权年鉴》 | 中国版权年会 | 中国版权产业网 | 书画艺术版权网
联系电话:010—58604520

《中国版权》杂志

《中国版权》杂志是国家版权局的机关刊物。创刊三十多年来，围绕版权进行广泛报道和深入探讨，现已成为国家版权主管部门和各级版权管理机构及相关单位开展交流协作的重要平台，具有极强的权威性、指导性和可读性。

国际标准刊号：ISSN1671-4717　国内统一刊号：CN11-4780/G2

主办：中国版权协会　中国版权保护中心　咨询电话：010—58604520
E-mail：chinacopyright@126.com

索　引

D

E

F

G

S

T

Z